장소의 운명

장소의 운명
철학의 역사

초판 1쇄 인쇄일 2016년 10월 15일   초판 1쇄 발행일 2016년 10월 20일

지은이 에드워드 S. 케이시 | 옮긴이 박성관
펴낸이 박재환 | 편집 유은재 | 관리 조영란
펴낸곳 에코리브르 | 주소 서울시 마포구 동교로 15길 34 3층(04003) | 전화 702-2530 | 팩스 702-2532
이메일 ecolivres@hanmail.net | 블로그 http://blog.naver.com/ecolivres
출판등록 2001년 5월 7일 제10-2147호
종이 세종페이퍼 | 인쇄 · 제본 상지사 P&B

ISBN 978-89-6263-151-7 94300
ISBN 978-89-6263-033-6 (세트)

책값은 뒤표지에 있습니다.   잘못된 책은 구입한 곳에서 바꿔드립니다.

부산대학교 한국민족문화연구소
로컬리티 번역총서 L13

철 학 의　역 사 ┃ The Fate of Place: A Philosophical History

장소의 운명

에드워드 S. 케이시 지음 ┃ 박성관 옮김

에코

이 번역 총서는 2007년도 정부 제원(교육과학기술부 인문학 진흥방안 인문학국지원사업비)으로 한국연구재단의 지원을 받아 연구되었음(NRF-2007-361-AL0001).

가슴속에 살아 있는 세 분의 스승

미켈 뒤프렌(Mikel Dufrenne, 1910~1995), 윌리엄 얼(William Earle, 1919~1988),

존 니마이어 핀들레이(John Niemeyer Findlay, 1903~1987)를 기억하며.

이분들의 이야기와 글은 내게 철학사에 대한 진지한 탐구가

얼마나 강력하고 가치 있는 일인지 모범적으로 가르쳐주었다.

차례

감사의 글

이 책을 쓰는 데 가장 직접적인 영감을 얻은 것은 1992년 봄 에모리 대학에서 내가 지도한 대학원 세미나였다. 세미나는 에모리 대학 철학과의 후원 그리고 학과장 데이비드 카(David Carr)의 권유 덕분에 마련할 수 있었다. 그 세미나에서 장소의 역사에 대한 강렬한 흥미를 생생하게 느꼈는데, 나는 거기에 참석한 학생들의 두드러진 반응과 예리한 질문에 더욱 고무되어 마침내 이 주제에 관한 책이 절실히 필요하다는 생각을 하기에 이르렀다. 장소와 관련한 철학적 설명의 역사는 아직 쓰인 적이 없으므로, 나는 이 이야기를 (장소를 좀더 정확히 인식하고자 했던 이전 저작들의 연장선상에서) 포괄적 형태로 다루기로 결심했다. 다른 대학원 세미나들 또한 이런 시도에 실질적 도움을 주었다. 하나는 1993년 열린 신사회연구원(New School for Social Research)의 세미나, 다른 하나는 1994년 열린 스토니 브룩 주립대학의 세미나였다. 두 세미나에 참가한 학생들이 모두 열심히 검토해준 덕분에 내 잠정적인 가설을 점점 더 세련되게 다듬을 수 있었다. 나는 '장소의 의미'라는 주제 아래 일주일짜리 세미나에서도 내 견해를 발표했다. 뉴멕시코 주 샌타페이에 있는 아메리칸 연구소(School of American Research)에서 열린 이 세미나 때 많은 인류학자들이 새로운 방향성과 논지를 제공해주

었다. 그중에서도 이 이벤트를 주재하고 자신들의 선구적 연구를 소개해준 키스 바소(Keith Basso)와 스티븐 펠드(Steven Feld)에게 특히 감사드린다. 이 주제에 대해 강의할 때는 특히 밴더빌트 대학, 빙엄턴의 뉴욕 주립대학, 신사회연구소, 듀케인 대학, 예일 대학에서 일반 청중들로부터 역시 유익한 도움을 받았다.

장소의 은닉된 역사에 관해 지속적으로 연구하는 동안 개인적 차원에서도 매우 중요한 도움을 많이 받았다. 재닛 갸초(Janet Gyatso)는 원고 대부분을 읽고 매우 가치 있는 조언을 해주었다. 특히 명료한 논증, 내용, 문체에 대한 조언이 유익했다. 그녀의 편안하고도 따뜻한 격려가 없었다면 이 책은 세상의 빛을 보지 못했을 것이다. 아울러 커트 와일더머스(Kurt Wildermuth)의 예리한 안목과 균형 잡힌 시선을 거치면서 원고 전체가 개선되었다. 로버트 구딩윌리엄스(Robert Gooding-Williams), 아이리스 영(Iris Young), 톰 플린(Tom Flynn), 데이비드 마이클 레빈(David Michael Levin), 엘리자베스 벤크(Elizabeth Behnke), 헨리 틸버(Henry Tylbor), 브루스 윌셔(Bruce Wilshire), 글렌 매지스(Glen Mazis) 그리고 특히 엘리자베스 그로스(Elizabeth Grosz)와의 의견 교환을 통해 유익한 도움을 받았다.

스토니 브룩의 동료들도 아낌없는 도움을 주었다. 톰 앨티저(Tom Altizer)는 신화가 장소를 설명하는 방식에 대한 내 초기 견해에 대해 토론해주었다. 피터 맨체스터(Peter Manchester)는 《티마이오스》에 관한 내 해석을 재고해보도록 이끌어주었다. 플라톤, 후설, 메를로퐁티, 이리가레이를 논하는데는 아이린 클레이버(Irene Klaver)가 큰 도움을 주었다. 리 밀러(Lee Miller)는 중세의 인물들(특히 니콜라우스 쿠사누스)에 관한 내 견해에 대해 코멘트를 해주었다. 월터 왓슨(Walter Watson)은 아리스토텔레스에 대한 내 견해를 면밀히 읽어주었고, 로버트 크리스(Robert Crease)는 라이프니츠에 대한 내 견해를 검토해주었다. 데이비드 앨리슨(David Allison)은 데카르트를 다룬 장을 깊이 숙고해주었고, 프랑수아 라풀(François Raffoul)과 제프리 에드워즈(Jeffrey Edwards)는 칸트에 대해 현명한 시야를 열어주었다. 이들로부터 나는 많은 걸 배울 수 있었다. 아울러 메리 롤린슨(Mary Rawlinson)은 이리가레이에 대한 내 논의를 수정해주었다. 원고의 최종 교정본을 성심껏 타이핑해준 셸리언 쇤바흐(Celian Schoenbach), 색인을 작성해준 앤 캐힐(Ann Cahill)에게도 감사드린다.

브렌다 케이시(Brenda Casey)에게는 마음으로부터 감사를 보내고 싶다. 그녀는 마지막까지 내 시야를 요리조리 빠져나가며 괴롭힌 수많은 골치 아픈 문제에 대해 도움을 주었다. 콘스턴스 케이시(Constance Casey)는 언제나 내게 중요한 존재였다. 중요한 순간에 맞닥뜨렸을 때 조언을 해준 것은 에릭 케이시(Eric Casey)였다. 고대 세계의 언어와 문화에 대한 그의 지식은 이 책을 완성하는 데 없어서는 안 될 것이었다.

제임스 힐먼(James Hillman) 덕분에 나는 장소의 가장 후미진 구석까지 샅샅이 뒤져 장소의 역사를 충분하고도 효과적으로 전달할 수 있었다. 힐먼과는 장소의 다양한 측면, 특히 우리 시대에 간과하고 있는 장소의 중요성에 대해 이야기를 나누었고, 그 대화를 통해 나는 언제나 영감을 받곤 했다. 이 계획을 진행하는 데 캘리포니아 대학 출판국의 철학 분야 담당자 에드워드 디멘드버그(Edward Dimendberg)의 지적이고 섬세한 노력에 큰 도움을 받은 것은 행운이었다. 무엇보다도 그는 이 책을 내보자고 제안했고, 모든 문제에 대해 건전한 방향을 제시해주었다. 같은 출판국의 미셸 노던(Michelle Nordon)에게는 출판 과정 전체를 친절하고 책임 있게 관리해준 것에 대해 감사드린다.

서론

사라져가는 장소

장소의 힘은 주목을 받을 것이다.

— 아리스토텔레스, 《자연학(Physics)》

그러므로 뭔가를 생각하려 할 때, 그것을 어떤 장소 내에서 생각하지 않기란 불가능하다.

— 토머스 홉스, 《리바이어던(Leviathan)》

지금의 시대는 필경 무엇보다도 우선 공간의 시대일 것이다. ……우리 시대의 불안은 근본적으로 공간과 관련이 있다. 시간 쪽보다 훨씬 더 그러하다는 데 의심의 여지가 없다.

— 미셸 푸코, 〈다른 공간에 대해서(Of Other Spaces)〉

1

시간과 공간에 대한 진실이 무엇이든 장소에 관해서라면 확실히 말할 수 있는 게 있다. 요컨대 우리는 장소 안에 푹 잠겨 있고, 그래서 장소 없이는 아무것도 할 수 없다. 무릇 존재한다는 것은, 즉 어쨌거나 실존한다는 것은 어딘가에 존재한다는 것이고, 어딘가에 존재한다는 것은 어떤 종류의 장소 안에 있다는 걸 말한다. 장소는 우리가 숨 쉬는 공기, 우리가 서 있는 대지, 그리고 우리가 가진 신체와 마찬가지로 꼭 필요한 것이다. 우리는 장소에 둘러싸여 있다. 우리는 장소 위를 걷고, 장소 속을 통과해 걷는다. 우리는 장소 안에서 살고, 장소 안에서 타자와 관계를 맺고, 장소 안에서 죽는다. 우리가 하는 모든 일은 장소와 무관하지 않다. 달리 어떤 방법이 있겠는가? 이 원초적인 사실을 어찌 인정하지 않을 수 있을까?

아리스토텔레스는 이 사실을 인정했다. 그는 '어디'를 무릇 실체라면 필수적으로 갖춰야 할 열 가지 기본 범주 중 하나로 간주했으며, 자신의《자연학》에서 장소를 일관되고 명확하게 설명했다. 그의 논의로 촉발된 논쟁은 오늘날까지도 계속 이어지고 있다. 예컨대 하이데거(M. Heidegger)는 어떤 장소 **안에** 있다는 것이 '세계 내 존재(being-in-the-world)'에게 무엇을 의미하는가와 관련해 아리스토텔레스와 맞선다. 나아가 더 최근 들어 뤼스 이리가레이(Luce Irigaray)는 성차(性差)의 윤리학에 본질적인 것으로서 아리스토텔레스의 장소 개념으로 되돌아갔다. 아리스토텔레스와 이리가레이 사이에는 장소에 관해 사색하고, 가르치고, 글을 써온 2000년 이상의 시간이 뻗어 있다. 아울러 이 기간은 이암블리코스(Iamblichus) 대 플로티노스(Plotinus), 쿠사누스(Cusanus) 대 브루노(Bruno), 데카르트(Descartes) 대 로크(Locke), 뉴턴(Newton) 대 라이프니츠(Leibniz), 바슐라르(Bachelard) 대 푸코(Foucault)처럼 다양한 논쟁 상대를 모두 품고 있다.

장소에 대한 관심은 이처럼 끊임없이 이어져왔지만, 그 역사는 사실상 거의 알려져 있지 않다. 그도 그럴 것이 이러한 역사가 지금까지 은폐되어왔기 때문이다. 이는 그러려고 해서 그런 것도 아니고, 그 역사가 흐릿하거나 어둑해서도 아니다. 누군가가 오도(誤導)해서는 더더욱 아니다. 무의식과 달리 장소는 특별히 억압해야 할 만큼 논란을 불러일으키지도 않고, 중뿔나게 끼어들거나 우리를 당혹스럽게 만들지도 않기 때문이다. 그와 정반대로 장소는 우리에게 너무나도 친숙하고 또 늘 우리와 함께 있기 때문에, 오히려 그렇기 때문에 더 당연시되고, 그래서 따로 특별히 고찰할 만한 가치가 없는 것처럼 여겨졌다. 아울러 우리가 애초부터 장소 지어진 존재(implaced beings)이며, 장소는 지상의 우리 존재와 관련해 선험적인 것이라는 사실 또한 당연하게 여겨지고 있다. 이 문제에 관한 한 우리에게는 선택의 여지가 없으므로, 우리는 이 기본적 사실에 대해 (설혹 생각할 필요가 있다 해도) 그다지 심각하게 생각할 필요는 없다고 믿는다. 우리가 방향이나 길을 잃는 경우, 혹은 아리스토텔레스의 《자연학》에 이의를 제기하는 경우가 아니라면, 이는 이미 해결된 문제, 다시 말해 그 주제에 대해서는 더 이상 말할 게 남아 있지 않다고 믿어버리는 것이다.

하지만 이전의 사상가들이 이미 많은 이야기를 했다 해도, 여전히 언급해야 할 것은 많다. 그럼에도 불구하고 장소에 대해 이야기해온 이 풍요로운 전통은 대부분 무시당하거나 잊혀왔다. 이는 주로 장소가 추정상 절대적인 것(putative absolute)으로 여겨진 다른 용어들, 특히 시간과 공간에 종속되었기 때문이다. 6세기의 필로포노스(Philoponus)를 필두로 14세기의 신학 그리고 무엇보다 17세기의 자연학에서 그 정점에 도달하기까지 장소는 계속해서 공간에 흡수되었다. 무한한 연장(extension)으로 여겨진 공간은 우주적 및 우주 외적 몰렉(Molek: 셈족이 섬기던 신—옮긴이)이 되어 그 탐욕이 미치는 장소 내의 온갖 미립자를 다 먹어치운다. 그 결과 장소는 (로크의 계발적 용어를 빌리자면) 공간의 단순한 '변용(modification)'으로 간주되기에 이른다. 적절히 표현하면 이른바 사이트(site)라고 부를 수 있는 변용, 즉 건축을 비롯해 인간이 여러 사업을 하기 **위한** 단조롭고 납작한 **공간**으로 여겨지기에 이른 것이다. 18세기와 19세기를 거치면서 사태는 더욱 악화해 장소가 시간─크로노미터(chronometer)로 측정할 수 있는 보편적인 것으로서 칸트의 멋진 문장에 따르면 "모든 현상 일반의 **선험적** 형식 조건"[1]─에도 종속되고 만다. 공간조차 '외감(outer sense)'의 형식으로 시간 규정에 종속되었다. 장소는 여러 소재(所在, location), 즉 물리적 존재의 운동이 발생하는 소재로 환원됨으로써 시간중심주의(요컨대 시간의 헤게모니에 대한 믿음) 시대에 시야에서 거의 전적으로 사라져버렸다. 이러한 시간중심주의(temporocentrism)는 헤겔(Hegel) 이래로 마르크스(Marx), 키르케고르(Kierkegaard), 다윈(Darwin), 베르그송(Bergson), 윌리엄 제임스(William James)의 영향 아래 지난 200년간 철학을 지배해왔다.

나는 장소가 '거의 전적으로' 사라졌다고 말한다. 다시 말해, 장소는 결코 전적으로 사라지지 않았다는 얘기다. 하이데거식으로 말하자면, 은닉된 부분이 있다는 것은 적어도 부분적으로 은닉되지 않은 게 있다는 걸 함축한다. 장소의 은닉된 역사를 밖으로 끄집어냄으로써 나는 장소가 (비록 늘 그랬던 것은 아니지만) 상당히 중요한 의의를 부여받아왔다는 점을 보여주고자 한다. 가령 플라톤의 《티마이오스(Timaeus)》는 코라(chōra)라는 공간을 중시하면서도, 결국에는 물질적 사물을 위해 일정한 장소를 창조하는 것으로 끝난다. 필로포노스는 공허한 차원이라는 아이디어에 사로잡혀 있었음에도 불구하고, 3차원 공간은 사실상 늘 장소로 가득 차 있다고 주장한다. 데카르트에게 세계는 연장된 공간이었지만, 그 세계 내부에서 용적(volume)과 위치의 형태로 장소에 어떤 여지를 찾아낸다. 칸트조차 자신이 "우주적 방역(cosmic regions)"이라고 부른 것을 구성함에 있어 장소에 특권을 부여한다. 이는 방위(orientation)에서 물체(body)가 중요한 역할을 하는 것과 관련이 있다. 즉 약 150년 후 화이트헤드(A. N. Whitehead), 후설(E. Husserl), 메를로퐁티(M. Merleau-Ponty) 그리고 이리가레이의 연구에서 나타나는 20세기의 장소 개념에 대해 물체가 핵심적인 역할을 제공한다. 그러나 이런 모든 경우 각각에서 (그리고 이 책에서 앞으로 논의할 다른 경우에도 또한) 중요한 것은 서구 철학의 텍스트 속에 묻혀 있는 장소의 위치를 바깥으로 끌어내는 것, 즉 장소를 텍스트라는 무덤에서 파내 그 위치를 회복시키는 것이다.

이 책의 목적은 현대 서양 사상에 너무나 깊이 잠들어 있는 장소라는 개념을 깨워 그것이 다시 한 번 철학적 논의의 밝은 볕을 쬐도록 해주는 것이다. 이 책은 4부로 이루어졌다. 1부에서는 우선 신화나 종교의 창조 서사를 검토한다. 검토 시각은 태초의 장소의 원초적 성격을 식별해내는 데 맞출 것이다. 그다음에는 《티마이오스》에 나타난 플라톤의 준신화적 우주론뿐 아니라 《자연학》에서 아리스토텔레스가 장소를 세세하게 다룬 것에도 주목할 것이다. 2부에서는 헬레니즘 및 신플라톤주의 사상부터 중세 및 르네상스의 사유에 이르는 매력적이면서도 굴곡진 도정을 따라간다. 3부에서는 가상디(P. Gassendi)부터 칸트에 이르기까지 장소와 공간에 대한 근대 초기의 이론을 상세히 살펴볼 것이다. 마지막 4부에서는 위의 과정을 토대로 근대 후기 및 탈근대 사상가들 사이에서 장소─더 이상 공간이나 시간에 종속되지 않는─에 대한 관심이 되살아나는 현상을 탐구한다.

나는 전작 《장소로의 회귀(Getting Back into Place)》에서 '장소-세계'가 지닌 구체적이고 다중적이며 경험적인 측면을 설명한 바 있다.[2] 이번 책에서는 장소의 힘을 다시 한 번 인식하는 프로젝트를 더 진척시키고자 한다. 물론 이번에는 전작과 매우 다른 방식을 취했다. 요컨대 장소와 공간에 대한 서구의 숙고가 위기에 봉착했을 때 출현한 '장소의 이론'을 다룬다. 그럼으로써 나는 이 책을 통해 그러한 이론들이 실제로 말하고자 한 것─그리고 말하지 않은 것─을 기술할 것이다. 내가 앞으로 추적할 것은 장소 자체의 역사가 아니다. 다시 말해, 예술이나 건축, 지리나 세계사에서 장소가 실제로 어땠는지를 다루지 않는다. 오히려 인간(주로 철학자)이 장소라는 개념 혹은 아이디어를 어떤 식으로 간주해왔는지에 대한 이야기를 펼칠 것이다. 그런 까닭에 이 책은 하나의 지성사(intellectual history), 더 구체적으로 말하면 장소에 대한 철학적 사색의 역사를 서술한 에세이다. 서양 철학은 역사적으로 지금까지 장소에 대해 얼마나 지적이고 통찰력 있는 사유를 해왔는가? 이를 이해하는 것만으로도 우리는 장소의 광범위한 성격에 대해, 아니 장소에 우리가 생각지도 못했던 어떤 중요성이 있다는 사실에 대해 새로이 눈을 뜨기 시작할 것이다.

2

역사적으로 볼 때 현재는 장소의 운명을 평가하는 데 가장 좋은 시기다. 철학에서, 나아가 심리학이나 사회학·문학 이론이나 종교학에서 장소에 관한 귀중한 언설이 거의 없음에도 불구하고 그러하다. 물론 건축학·인류학·생태학 분야에서 장소에 대한 관심이 급증하고 있는 것은 사실이지만, 이러한 관심 속에서도 장소라는 개념 자체는 불명료한 채로 남아 있다. 한마디로 기대는 크지만 실제 결과는 결핍되어 있는 기묘한 상황이다. 앞으로 충분히 입증해 보이겠지만, 장소는 그 자체만으로도 얼마든지 복잡하고 다양한 논의를 불러일으킬 수 있다는 걸 과시해왔다. '장소'는 비록 일목요연하다고는 할 수 없지만, 그렇다고 해서 면밀한 분석 앞에서 산산이 흩어져버리는 지리멸렬한 개념도 아니다. 아울러 근본적으로 무슨 결함이 있어 간단히 다른 용어로 환원할 수 있는 것도, 그저 사소한 무엇으로 전락하는 것도 아니다. 그럼에도 불구하고 오늘날 우리는 장소가 사유할 만한 가치 있는 개념이라는 사실을 간과한다. 부분적으로 이는 근대 초기에 비롯된 상황, 즉 사이트를 특정화하는 공간 모델이 주도권을 장악한 상황과 관련이 있다. 이는 또한 시간중심주의가 장소의 복잡 미묘한 구조를 자신의 혼돈스러운 지배 아래 끌어들이면서 끊임없이 악영향을 끼치고 있음을 반영하는 것이기도 하다.

　장소가 이렇게 흐리멍덩해진 데에는 서구 문화에 맨 처음부터 내재해 있던 보편주의가 작동한 결과이기도 하다. 이런 보편주의는 보통 '본질(essence)'이라고 명명한 관념을 탐구할 때 극명하게 드러난다. 이런 본질은 **모든 곳**에서 통용되는 반면 주어진 장소, 즉 특정한 **어딘가**와는 추측건대 아무런 관련이 없다. 무한하고 편재적인(ubiquitous) 공간에 대한 강박이 보편주의적 열망을 가진 종교인 기독교의 확산과 시기적으로 일치하는 것은 과연 우연일까? 기독교 신봉자 필로포노스는 단순한 공허가 아닌 절대 공간이라는 아이디어를 받아들인 서양 최초의 철학자였다. 캔터베리 대주교 토머스 브래드워딘(Thomas Bradwardine)은 14세기에 그와 같은 공간의 지도적 이론가였다. 브래드워딘 입장에서 보면 신의 광대무변함은 기지(旣知)의 우주뿐 아니라 그 우주가 놓여 있는 텅 빈 무한 공간과도 외연이 같다. 그다음 세기에 시작된 대항해 시대의 원주민 지배는 그들을 탈장소화(deplacialization)함으로써, 즉 세계의 여러 현지 문화에 구체적 배경이던 지역 경관을 조직적으로 파괴함으로써 이루어졌다.

금세기(20세기─옮긴이)의 윤리학과 정치학은 지속적인 보편주의의 열망 속에서 탐구를 계속하고 있다. 그런 가운데 장소는 침식을 거듭하며 협소한 범위를 가진 것으로 쪼그라들었다. 논리나 언어를 다룰 때는 아예 외면당하는 경우도 드물지 않다. 마치 우리의 이야기나 생각이 그런 것들이 발생하는 장소성(locality)에 아무런 영향도 받지 않는 것처럼 말이다. 제1차 세계대전이 임박했을 무렵, 러셀과 화이트헤드는《수학의 원리(Principia Mathematica)》를 썼다. 이 책은 순수수학의 보편적이고 논리적인 토대를 탐구한 것인데, 여기서 뉴턴의《자연철학의 수학적 원리(Philosophiae naturalis principia mathematica)》[《프린키피아(Principia)》라고도 한다─옮긴이]를 연상하지 않기란 불가능하다. 화이트헤드와 러셀이 이 획기적인 저서를 출판한 바로 그 시기에 페르디낭 드 소쉬르(Ferdinand de Saussure)는 체계적인 '일반언어학'에 대해 강의하고 있었다. 이 언어학의 목적은 우리에게 알려진 모든 언어에 타당한 공시적(synchronic) 원리를 탐구하는 것이었다(그러한 언어가 발해지는 시기나 장소의 차이와 상관없이). 그에 비하면 19세기 초의 언어철학자 헤르더(J. G. Herder)와 훔볼트(W. Humboldt) 쪽이 훨씬 더 나았다고 할 수 있다. 그러나 소쉬르의 성공은 뒤이은 야콥슨(R. Jakobson)과 프라하학파의 성공, 그리고 후에 등장한 (전적으로 다른 맥락에서긴 하지만) 촘스키 언어학(Chomskian linguistics)까지 이어지면서 언어 이론의 핵심에 형식주의적 보편주의를 재도입했다.

장소를 그다지 중요한 개념으로 보지 않으려는 데는 다른 이유도 있다. 그 이유는 논리학적으로나 언어학적으로 그리 대단할 게 없지만 지금까지 거론한 것보다 중요하다. 우선 세계대전이라는 대격변으로 인해 영속적인 장소가 안겨주던 안정감이 무너졌다. 〔실제로 아우슈비츠같이 철두철미한 반장소(anti-place)의 경우에는 안정감이 송두리째 파괴되었다.〕 민족 전체의 강제이주에 따라 수많은 개인이 계속해서 표류했다. 이는 세계가 끝없는 이동(displacement)의 무대와 다름없음을 시사한다. 그리고 전자(electronic) 테크놀로지의 대규모 확산으로 같은 기술을 이용하는 다른 유저와 링크할 수 있는 한 **당신이 어디에 있든** 중요하지 않게 되었다. 이런 현상 하나하나는 진실로 '우주적'이다. 즉 문자 그대로 월드와이드(worldwide)하며, 시간중심주의와 매한가지인 속도중심주의(dromocentrism)를 과시한다. 요컨대 단순한 시간이 아니라 가속된 시간(dromos는 '달리기', '경주', '경주로'를 뜻한다)이 시대의 본질을 이룬다.[3] 마치 갈릴레오가 낙하하는 물체에서 발견해낸 가속도가 (단일 소통권으로 여겨지는) 지구 전역에 널리 퍼짐으로써 이 행성을 하나의 '지구촌'으로, 긍정적인 의미에서가 아니라 실제로 장소 없는 장소(placeless place)로 만들어버린 듯하다.

이토록 다양한 이론적·문화적·역사적 경향을 살피다 보면, 앞으로 장소에 대해 새로운 관심을 가질 전망이 꽤나 어둡게 느껴질지도 모르겠다. 그러나 이런 상황임에도 불구하고 장소에 대한 성찰적 사유로 회귀하자는 요구가 일고 있다. 이런 상서로운 움직임의 징후는 베르그송, 제임스, 후설 등 시간중심주의 사도들이 모두—(살아온 시대에 대한 그들의 유명한 분석에 가려져) 훨씬 덜 알려졌지만 중요한 저작들을 통해—시간과 장소에 대해 신중히 주목했다는 사실에서 찾을 수 있다. 하이데거도 이와 유사하다. 초기 저작에서는 진정한 시간중심주의자였던 그도 현대의 기술 문화가 도달할 운명을 깊이 고찰할 때에는 장소가 중요하다고 단언했다.

더 한층 두드러진 것은 20세기의 몇몇 파괴적인 현상이 그와 함께—말하자면 그 충격의 여파로—장소에 대한 감수성에 새로운 생기를 부여했다는 사실이다. 핵무기는 주어진 한 영역에서 지각 가능한 모든 장소를 쓸어버릴 능력이 있다. 바로 그 능력 때문에 핵무기가 모든 것을 지워버릴지 모른다는 전망은 역으로 장소 배치의 고유함과 그 역사의 반복 불가능성, 요컨대 장소의 대체 불가능성(unreplaceability)에 대한 의식을 고양시켜준다. 이와 거의 마찬가지 논리를 도시와 교외의 평온함을 교란시키는 파괴적 사건에 대해서도 적용할 수 있다. 아마도 가장 결정적인 것은 지구 전체의 온갖 차이를 삼켜버리는 장소의 동일화로 인해—수많은 도시가 건축적으로나 상업적으로 거의 천편일률적이기 때문에 우리는 때때로 내가 어느 도시에 있는지 확신할 수 없는 지경에까지 이르렀다—인간이라는 주체가 장소의 다양성을, 즉 장소의 차이를 갈망하게 되었다는 점이다. 그러한 차이는 서양(더 특정해서 말하면 미국)의 경제적, 정치적 패러다임에 입각한 월드와이드한 단일 문화 속에서 상실되어왔다. 이는 단순히 노스탤지어의 문제가 아니다. 우리가 장소 각각의 특이함을 적극적으로 욕망하는 것은—진정으로 '국지적인(local)' 혹은 진정으로 '지역적인(regional)' 것을 욕망하는 것은—우리의 경험이 점점 더 비슷해져가는 사태에 자극을 받기 때문이다. 우리가 장소와 함께 얻는 것은 사이트의 편평화(planiformity) 과정에서 잘려나간 바로 그 요소, 즉 독자성, 특성, 미묘한 차이 그리고 역사다.

테크놀로지에 휩쓸릴 때조차 우리는 그 휩쓸림 덕분에 예기치 못하게 장소로 되돌아간다. 테크놀로지에 빠져 있을 경우, 그 사람이 문자 그대로 어디에 위치해 있는지는 전혀 중요하지 않다. 하지만 그렇다 해도 그 위치가 **그 어디도 아닐 수는 없다.** 내가 텔레비전을 보거나 전자 메일을 주고받을 때, 내 직접적인 환경은 내가 지금 보고 있는 드라마에, 혹은 내가 지금 읽기도 하고 직접 키보드를 두드리기도 하는 문자에 얼마나 빠져 있느냐와 거의 상관이 없다. 하지만 장소에 대한 새로운 감각은 바로 이 환경, 즉 오늘날의 관점에서 이른바 '가상현실(virtual reality)'이라고 부르는 '가상적인 장소'에서 출현한다. 가상적 장소에 거주할 때 나는 내가 소통하고 있는 사람이나 내가 보고 있는 인물이 비록 물리적으로 현전(present)하지 않지만, 그럼에도 불구하고 얼굴을 맞대고 상호 작용하는 것에 버금갈 정도로 그들이 내 앞에 현전하고 있다는 뚜렷한 인상을 받는다. 나는 그들에게 액세스(access)할 수 있고, 그들은 내게 액세스할 수 있다. (적어도 전자 메일 또는 라디오 청취자 참여 프로그램의 경우는 그러하다.) 사실상 나는 이 행성의 어딘가 다른 장소에 있는 타인들과 '같은 공간'을 공유하고 있다는 느낌을 받는다. 이러한 가상적인 공동 장소 부여(coimplacement)는 이미지에서나 이야기에서, 혹은 둘 모두에서 발생한다. 이와 같은 공현전(compresence)의 아늑함과 이산성(離散性, discreteness)은—비록 명확하지는 않다 해도 일정한 경계를 갖는다는 의미에서—장소의 진정한 현상이라 할 만하다(여전히 충분히 이해할 수는 없지만).[4]

철학적 무대와 관련해서 보면―말할 것도 없이 이것이야말로 이 책의 가장 중요한 무대다―심지어 가장 열악한 상황에서도 단순히 장소의 메아리나 유령 이상의 뭔가가 잠복해 있다. '정치학(politics)'과 '윤리학(ethics)'의 어원은 장소를 의미하는 희랍어 polis와 ēthea로 거슬러 올라간다. 각각 도시 국가와 거주지를 의미하는 말이다. '사회(society)'라는 말 자체도 '함께 나누는 것'을 의미하는 socius에서 유래한 것이다. 그리고 함께 나누는 일은 공동의 장소에서 이루어진다. 여기서 문제는 언어의 역사에 그치지 않는다. 금세기의 거의 모든 윤리학자나 정치학자는 직접적으로든 간접적으로든 **공동체** 문제를 다루었다. 빅터 터너(Victor Turner)가 강조했듯 공동체는 단지 함께 떼를 이루는(banding together) 문제가 아니라, 사람들을 적극적으로 공동체 성원으로 만들어주는 의례를 통해 함께 엮이는(bonding together) 것이다. 아울러 이를 위해서는 그 의례를 실행할 특정 장소가 필요하다.[5] 한나 아렌트(Hannah Arendt)가 폴리스를 공적 논쟁을 위한 무대였다고 선언했을 때―더 정확히 말하면 그런 관점을 다시 소생시켰을 때―그녀가 "공적 출현권(the public sphere of appearance)"의 토대로 불러낸 것이 바로 제도적으로 인정받고 경계 지어진 **장소**다.[6] 인간 사회에서 "정의의 객관적 환경"이라는 존 롤스(John Rawls)의 아이디어는 (비록 롤스가 이 논의를 분명히 개진하고 있지는 않지만) 장소화가 갖는 구체적 특이성을 함의하고 있다.[7] 더욱 놀라운 것은 장소적 관점에서 언어 및 논리의 일정한 발전이 가능하다는 점이다. 내가 염두에 두고 있는 것은 비형식적 논증이 갖는 구조, 즉 국소적 습관이나 문화를 반영한다고 여겨지는 구조에 대한 탐구다. 여기에는 자크 데리다(Jacques Derrida)나 폴 드망(Paul DeMan)의 추종자들, 나아가 레오 슈트라우스(Leo Strauss)의 아류들에게서도 공히 나타나는 수사학에 대한 새로운 관심도 포함시킬 수 있고, 비트겐슈타인(L. Wittgenstein)이 처음 도입한 가족 유사성이라는 개념도 당연히 포함된다. 가족 유사성이라는 개념은 인식론이나 언어철학, 그리고 마음의 철학 같은 분야에서 국소성과 영역이 특히 적절한 기본 논제라는 점을 (비록 지지까지는 아니라 해도) 함의한다.

하지만 현대의 사유에서 이런 유망한 방향성이 보임에도 불구하고 '장소'가 바로 그런 것이라고 명명하는 일은 거의 없다. 진지하게 논의하는 경우는 더 말할 필요도 없다. 장소는 여전히 은닉되어 있다. 하이데거가 특히 공간에 대해 언명했듯 장소는 "여전히 베일에 싸여 있다".[8] 그런 연유로 이 시점에서 장소의 운명을 찬찬히 사고한다는 것은 새로운 긴급 상황을 상정하고, 새로운 전망을 향하는 것이다. 문제는 이것이다. 즉 우리는 장소를 은닉 상태로부터 끄집어내 새로이 고찰할 수 있을까? 출발하기 좋은 장소는 그 자체의 복잡한 역사를 고찰하는 것이다. 이런 역사에 친숙해진다는 것은 장소가 우리 삶에 얼마나 널리 퍼져 있는지를 입증할 더 좋은 위치에 서게 된다는 걸 의미한다. 윤리학이나 정치학에서처럼 우리의 언어나 논리는 물론 신체적 태도와 개인적 관계 등 우리의 모든 삶에서 말이다. 은닉되어 있는 장소의 역사를 벗겨내는 것은 '장소-세계'로 돌아가는 길―심지어 끝까지 완강하게 저항하는 영역에서조차 장소의 부흥을 만끽하는 길―을 찾아내는 일이다.

1부 공허에서 그릇으로

01

공허를 회피하다
태곳적 패턴

───────────

하지만 처음에는 오직 창조자 타이오와(Taiowa)만이 있었다고 한다. 그 밖에 존재하는 것이라고는 끝없는 공간, 즉 토크펠라(Tokpela)뿐이었다. 창조자 타이오와의 마음에는 시작도, 끝도, 시간도, 형태도, 생명도 없었다.

−호피족(Hopi) 창조 신화

처음에는 대지도, 하늘도 없었다. 슈장구(Shuzanghu)와 그의 아내 주미앙누이(Zumiang-Nui)만이 위에서 살았다. 어느 날 슈장구가 아내에게 말했다. "언제까지 발 디딜 장소 없이 살아야 하는 거지?"

−담마이(Dhammai: 인도 북서부의 비(非)힌두 종족 중 하나─옮긴이) 전설

1

니체는 《도덕의 계보(The Genealogy of Morals)》에서 이렇게 경고했다. "사람은 목적이 없기보다는 차라리 공허를 목적으로 삼으려 한다."[1] 이 경고에 따르면 사람의 경험에는 공허가 구성적 역할을 하며 인정받는 영역이 있는 셈이다. 이는 사물이 맨 처음에 어떻게 존재하게 되었는가에 관심을 기울이는 창조 이론에서 생겨난다. '맨 처음에(in the first place)'라는 것은 극히 문제 있는 설정이다. 만일 어떤 **사물**도 아직 존재하지 않은 우주적 순간이 있다고 한다면, **장소**(place) 또한 그 '때(time)'에는 존재할 수 없을 것 같기 때문이다. 물론 장소는 통상적 의미(즉 물질적 의미)에서의 사물이 아니다. 말하자면 **어떤** 종류의 존재자(entity) 또는 계기(occasion)일 것이다. 그렇지만 설령 그렇다 해도 장소는 무(nothing)가 아니다. 이 태곳적 순간(이는 영

원히 지속될 수도 있다)에 절대적 의미에서 어떤 것도 존재하지 않았다고 한다면, 비록 장소를 단지 어떤 사물을 놓기(situate) 위한 것이라 상정한다 해도 어떻게 장소 같은 것이 존재할 수 있겠는가! 그런 상황(situation)은 단순히 **비장소**(nonplace)가 아니라, **어떤 장소도 전혀 없음**(no-place-at-all), 즉 완전한 공허다.[2]

'우주에 대한 이야기'의 바로 이런 특성 때문에 무장소(no-place)라는 개념은 사려 깊은 창조론이라면 결코 그냥 넘어갈 수 있는 문제가 아니다. 이 문제는 언뜻 보면 우주론적 추론으로부터 불가피하게 도출되는 것처럼 보임에도 불구하고, 완전한 공허라는 관념은 인간들 사이에 커다란 실존적 불안을 초래하는 텅 빈 장소와 닮았다. 유대교와 기독교의 공통 창조주인 신(God)도 이와 유사한 불안을, 즉 인간이 안전한 장소로부터 유리되었을 때 겪는 곤경만큼이나 견딜 수 없는 신적인(divine) 분리를 경험했을지 모른다는 이야기가 제기되기도 한다. 만약 그렇다고 한다면, '유한자인 인간(mortal)'이 훨씬 더 한정된 자신의 공허를 메우도록 운명 지어져 있듯 창조자 또한 우주적 공허를 존재들로 가득 메우기 위해 필사적으로 애썼을 것이다. 아니 그 정도를 넘어 신은 다른 어디서도 손에 넣을 수 없는 내용물을 생성하기 위해 자신을 비우는 행위로 기꺼이 나아갔을지 모른다. **공허화**(kenosis: '공허'를 의미하는 kenon에서 유래)라는 이 역설적 행위를 통해 창조자는 외부의 공허를 채우기 위한 첫 단계로 내부의 공허를 창조했을 것이다.

세계 또는 보편 우주(universe)를 시작과 함께 창조된 것이라고 볼 경우, 장소는 우주론적(cosmological) 관점에서 특히 문제가 많다. 〔저자는 cosmos와 universe를 구분하는데, 우리말로는 두 단어 모두 '우주'라고 번역한다. 그러나 이 둘을 구별할 필요가 있을 경우에는 universe를 특히 '보편 우주'라고 번역한다. 참고로 이 책에서 자주 언급하는 과학사가 알렉상드르 코이레(Alexandre Koyré)는 근대 이후의 우주를 universe,

그 이전의 우주를 cosmos로 구분한 바 있다—옮긴이.〕 사물은 영구히 존재하는 것이라고 주장하는 비(非)창조 이론에 따르면 장소는—그 밖의 다른 모든 것과 함께— 영원히 존재할 것이다. 예컨대 자이나교의 경전 마하푸라나(Mahapurana)에는 "세계는 창조되지 않는다는 것을 알라"[3]라고 적혀 있다. 이런 견해는 영원한 충만함을 옹호하지만, 창조되지 않은 하나의 보편 우주가 다양한 양상으로 변화한다는 개념이 종종 눈에 띄는 것으로 볼 때 결국은 변화나 발전을 허용하는 셈이다. 예컨대 힌두교의 우주창생론(宇宙創生論, cosmogony: 여기서는 cosmogony를 '우주창생론', cosmology를 '우주론'이라고 번역한다—옮긴이)은 이렇게 이야기한다. "우주의 시원적 창조는 불가능한 상상이다. 오직 부분적 또는 전체적으로 외현(外現, manifestation)되었다가 내축(內縮, withdrawal)되는 교대 과정만 있을 뿐이다."[4]

비창조론은 (언뜻 떠오르는 것과 달리) 장소가 널리 퍼져 있음을 부정하기는커녕 장소의 필연성을 강화할 뿐이다. 왜냐하면 창조나 창조자를 통해 사물의 존재 양상을 설명하지 않을 경우, 사물이 어떻게 존재하고 어떤 식으로 서로 엮여 있는지, 또 그 운명은 어떻게 되는지에 대한 설명은 대부분 장소의 몫일 수밖에 없기 때문이다. 타렌툼의 아르키타스(Archytas of Tarentum)는 이렇게 주장했다. "(어쨌거나) **존재한다는 것은** (어떤) **장소 안에 있다는 것이다.**"[5] 아르키타스의 이 공리를 조금 변경하면 이렇게 말할 수도 있다. 즉 세계의 사물이 이미 존재하고 있다면, 이러한 사물은 장소 또한 아마도 소유하고 있을 것이다. 세계는 기본적으로, 그리고 영원히 '장소-세계'다. 실제로 창조 또는 창조자가 존재나 실재를 부여해주지 않는다면, '창조자-신' 또는 그 창조 행위의 역할을 장소가 떠맡는다고 할 수 있다. 요컨대 장소가 사물이 존재하고 유지되도록 하는 역할을 하는 것이다. 사물이 창조된 것이 아니면서 **동시에** 장소마저 없는 것이라면, 어떤 의미에서도 **존재한다**고 말할 수 없다. 창조나 창조자에 의존하지 않는 원초적 장소화(implacement)—진정한 '최초의 장소(first place)'—를 전제할 수 있다면, 사물은 적어도 실존하는 데 필요한 엄격한 요구 한 가지를 만족시키는 셈이다. 만일 분리가 창조를 위한 조건이라면, 장소화는 (비록 사물이 결코 창조된 게 아니라 할지라도) 사물이 존재하기 위해 필수적인 요소다.

그러나 우리의 초점을 우주가 장소우주론(topocosm), 곧 창조 활동으로부터 생겨난다고 여기는 우주 창생 상황에 맞춰보자. 장소우주론이라는 표현은 민족학자들에게서 빌려온 것인데, 그들은 전통 사회의 비교적 안정된 세계 체계, 즉 그러한 사회의 우주론을 제시하기 위해 이 용어를 사용한다. 이 단어는 우연히도 '장소'와 '우주'를 하나로 결합한 것인데, 그럼으로써 우주의 완결적 구성, 즉 질서정연한 세계에서 장소가 중요한 역할을 수행한다는 점을 시사한다. 사실 조금 전 확인했듯 비창조론의 시나리오에서도 장소는 중심 역할을 수행한다. 그리고 (곧 확인하겠지만) 장소를 완전한 공허라는 개념과 분리하는 것은 불가능하다. 이 모든 사례에서 장소는 특정한 등장물(dramatis persona), 즉 우주라는 극장에 나오는 하나의 배우로서뿐 아니라 우주 창생의 무대 자체, 곧 영원히 펼쳐지는 장소우주론의 물질적 또는 영적[6] 매개체로서도 출현한다. 우주의 창생은 곧 모든 단계에서 그리고 철두철미하게 장소의 창생이다.[7]

'우주창생론'은 이렇듯 이중의 창생기(genesis)다. 우주창생론은 창조된 우주가 어떻게 존재하게 되었는지를 설명해준다. '창생'은 (우주창생론 자체에 포함된 말로서) 가장 넓은 의미에서 생성(becoming)을 함의한다. 따라서 시간적 순서에 따라 발전하는 것으로만 축소할 수 없는 말이다. 그렇기 때문에 우주 창생을 전하는 신화나 이야기가 뭔가 일관된 형태로 연속성을 갖는 경우는 드물다. 하물며 시간적 질서에 따르는 경우는 말할 것도 없다. 그런 신화나 이야기의 서술 방식은 연대기적이지 않으며, 그 논리도 연대순이 아니라 우주론적이다. 우주론은 동시에 존재하는 여러 실재가 한 단계에서 다음 단계로 연속해서 발전하는 것을 다루기보다는 그러한 실재자의 요소가 상호 침투하는 것을 다룬다. 이런 점에서 우주창생론에서 우주론으로의 이행—이러한 이행을 우리는 다음 장에서 자세히 추적할 것이다—은 몇몇 사상사가(思想史家)들이 제시한 것만큼 그리 단절적이지 않다. 왜냐하면 우주의 창생에는 이미 밀접히 연결되고 고도로 편제된 요소, 즉 적어도 논리나 이성적 구조를 예감케 하는 그런 요소가 들어 있기 때문이다. 장소는 그러한 원초적 구성에 기본적인 것이다. 왜냐하면 세계에 공간적 질서를 도입하는 게 바로 장소이기 때문이다. 아니, 차라리 이렇게 말할 수도 있다. 요컨대 그 형성 국면에서 세계가 이미 질서 쪽으로 향하고 있음을 보여주는 것이 바로 장소다. 이리하여 장소는 우주창생론에서 우주론으로 이행할 때, 양자를 이어주는 기본적인 가교 역할을 한다.

이는 단지 신들의 계보나 신학을 논하는 사변적 문제가 아니다. 실제로 장소화 의례가 우주 창생에 대한 설명을 다시 한 번 확인하고 그것을 재현하는 경우를 드물지 않게 발견할 수 있다. 미르체아 엘리아데(Mircea Eliade)가 설명하듯 토착민 중에는 새로운 장소로 이동할 경우 실질적으로 우주 창생 과정의 재연(再演)에 해당하는 의식을 거행하는 경우가 많다. 예컨대 오스트레일리아의 유목민 아킬파(Achilpa) 부족은 이동할 때 카우와아우와(kauwa-auwa)라는 거룩한 막대를 들고 다닌다. 그들은 이 막대를 새로운 야영지에 묻는데, 이런 행위를 통해 그곳을 신성화함과 동시에 처음 유칼립투스 줄기로 카우와아우와를 만든 신화 속 그들의 조상 눔바쿨라(Numbakula)의 우주적 힘과—거기에 자리하고 있는 '세계의 중심축(axis mundi)'에 의해—연결된다. 그러므로 "아킬파의 세계가 실제로 **그들의** 세계가 되는 것은 늄바쿨라께서 조직하고 성스럽게 만들어준 우주를 그들이 얼마나 재생해내느냐에 달린 셈이다".[8] 그러한 의례는 특정 장소와 관련이 있는데, 그로 인해 그곳이 특별해지거나 새로워지는 게 아니라 선재(先在)하는 우주 창생의 **장소**를 대신할 능력을 얻는다. 만일 "어떤 영역에 정착하는 것이 하나의 세계를 세우는 일과 마찬가지"[9]라면, 이때의 정착은 **장소에 의한 장소의** 정착이다. 이는 그 장소—창조의 원초적 '장소'(결코 창조의 원초적 '시간', 즉 모든 것이 시작된 때가 아니다)—의 반복으로서 **이** 장소의 틀을 잡고 신성화하는 것이다.

그러한 원초적 장소의 회복은 우주창생론/우주론의 추상성 그리고 장소를 박탈당한 개인의 실존적 곤경 중간쯤에 위치하는 구체적 행위다. 이런 곤경은 '장소-패닉'의 하나다. 텅 빈 장소라는 생각만 해도 암울하거나 공포감을 느끼는데, 그런 장소를 실제 경험했을 때의 공포는 어떻겠는가! 어떤 사람들은 미지의 장소—흔히 여행을 하다가 잠시 머무르는 장소조차—를 예상하기만 해도 매우 불안정해지고, 또 다른 사람들은 전적으로 낯선 장소에 대해 몹시 적막하거나 섬뜩한 경험을 한다. 두 경우 모두 지극히 공허하다는 전망을, 완전히 무장소라는 전망을 참기 힘든 것으로 느낀다. 이런 전망은 너무나 견디기 힘들고 개인이나 집단의 정체성을 근저에서 뒤흔들기 때문에 사람들은 장소를 확정하고 그 장소를 채우는 그러한 실천을 곧장 실행한다. 이런 실천은 우주 창생을 재연하는 공적인 의례가 되는 경우도 있고, 극도로 강박적인 개인적 의례로 발생하는 경우도 있다—무슨 수를 써서라도 그 심연(深淵)을 덮으려는 노력이다. 이렇듯 양상은 다르지만 목적은 두 경우 모두 동일하다. 요컨대 충만한 장소가 안겨주는 안정감을 성취하려는 것이다. 무장소의 공허는 어떤 대가를 치러서라도 회피해야 하는 것이다.

철두철미한 우주창생론이라면 반드시 장소의 문제, 그리고 특히 무장소의 문제가 생겨나기 마련이다. 왜냐하면 우주 창생에서 가장 기본적인 문제 중 하나는 "사물은 대체 **어디에서** 생겨나기 시작하는가?"이기 때문이다. 이 문제에 대해 '어디도 아니(nowhere)'라고 답하고 싶을 수도 있다. 우주 창생론을 엄밀하게 무(無)로부터의 창조 이론으로 간주하는 경우라면 특히 그러하다. 만일 무가 전력(全力)을 행사하고 있다면―가령 창조의 순간 이전에 완전히 텅 빈 상태가 있다면―처음 시작하는 곳은 그 어디에도 존재할 수 없다. 즉 창조할 사물들을 위치 지을 장소가 어디에도 없다. 이 경우 공허는 한낱 쓸모없는 개념이 아니라, 무로부터의 창조를 이론화하려는 요구를 충족시키는 적극적인 (그리고 대단히 경제적인) 역할을 수행한다.

이런 이론화에는 두 가지 전제가 작동한다. 첫 번째 전제는 다양한 사물로 이루어진 우주는 불변하지도 않고, 초시간적으로 영원하지도 않다는 것이다. 요컨대 지금 우리가 알고 있는 사물이 존재하지 않던 때가 있었다. 그렇다면 별도의 창조력이 다양한 사물을 실재하게끔 만들었어야 한다. "무로부터는 아무것도 생기지 않기"[10] 때문이다. 두 번째 전제는 무장소의 조건으로만 묘사할 수 있는, 그 어떤 것도 포함하지 않은 엄밀하게 공허한 상태가 있었다는 것이다. 어떤 장소도 없고 또한 어떤 사물도 없는 이 최초의 상태에서 창조된 실재(피조물)의 상태로 나아가기 위해서는 우주적 창조력뿐 아니라, 공허에서 충만으로 이행하기 위한 일련의 시간성이 필요하다. 이런 이행 이야기가 우주 창조, 곧 우주창생론의 서사(narrative) 그 자체다. 말(word)로 표현되는 이 서사와 함께 장소 없는 상태에서 장소로 가득 찬 실재로의 이행이 이루어진다. 요컨대 서사 자체가 우주적 창조 과정의 일부이며, 따라서 양자는 분리될 수 없다. "태초에 말씀이 있었다." 이런 주장은 결코 기독교의 구약성서에만 해당하는 얘기가 아니다. 말리(Mali)의

도곤족(Dogon) 또한 우주 창생의 힘을 '말'에서 찾는다. 그들에게 창조는 말의 교직(交織) 과정이다.

> '말'은 베틀의 도르래와 북실통 소리(sound) 안에 들어 있다. 도르래라는 이름은 '말의 삐걱거림'을 뜻한다. 누구든 이런 관련성에서 '그 말'이 무엇을 의미하는지 이해한다. 말은 실(thread)로 교직되어 천의 빈틈을 채운다. 말은 여덟 조상에 속한다. 일곱 조상은 말을 소유하고, 그중 일곱 번째 조상이 말의 주인이다. 그리고 말 자체는 여덟 번째 조상이다.[11]

우주 **창생**에 대해 진지하게 생각하는 곳이라면—즉 다양한 사물이 늘 그렇듯 그냥 존재한다고 생각하지 않는 곳이라면—어디서나 창조에 대한 서사를 찾아볼 수 있을 것이다.

우주창생론의 서사는 사건을 시간의 흐름에 따라 죽 늘어놓기만 해서 되는 게 아니다. 시간의 흐름은 물론 창조 행위(들)와 관련이 있다. 따라서 '전/후', 즉 '창조 이전/창조 이후'를 최소한의 구조로 삼는 우주적 시간성을 전제한다. 그러나 이런 서사는 또한 **장소 안에 있는** 사물에 대해 그것들이 어떻게 장소를 점하는가, 혹은 어떻게 장소를 획득하는가에 대해서도 이야기한다. 나아가 장소 안에서 벌어지는 **사건**에 대해서도 이야기한다. 사건(원형적 시간상의 사건)은 우주적 장소화를 요구한다. 사건은 어쨌거나 장소 없는 아이테르(aithēr: 희랍 신화에서 우주 창조와 관련해 천상의 밝은 빛과 대기를 신격화한 것. 에테르(ether)라고도 함─옮긴이) 속에서 장소도 없이 표류하듯 발생할 수는 없으니 말이다. 창조라는 사건 자체도 예외일 수 없다. 창조 또한 그 장소가 있어야만 한다. 우주 창조에서는 창조된 사물 자체를 위한 장소의 창조뿐 아니라, 창조할 장소(그러니까 창조자를 위한 장소) 또한 창조해야 한다.

우주의 발생 자체를 장소의 발생과 따로 분리할 수는 없다.

'맨 처음에(in the first place)' 창조한다는 것은 곧 **최초의 장소**(a first place)를 창조하는 것이다. 처음에 '말(word)'이 있었다는 것은 아마도 진실일 것이다. 그러나 처음에 '장소'—창조 그 자체의 장소—가 있었다는 것도 마찬가지로 진실 아닐까? '말'이 '장소'보다 선행해 '장소'를 존재케 했다고 상정해야 할까? 그게 아니라면 '말' 자체가 '장소'를 전제하는 것일까? 어느 쪽을 선호하든 창조의 서사적 설명은 그것이 시간과 언어에 의존하는 경우조차 장소와 관련이 있다는 사실만은 분명하다. 그런 까닭에 우리는 이런 설명을 대할 때 장소에 주목하지 않을 수 없다—아울러 다른 모든 사물과 함께 장소 자체가 발생한 원천이라고 그토록 자주 간주해온 무장소 또한 고려해야만 한다. 그렇다면 존재도 없고 장소 또한 없는 상태는 어떻게 해서 '존재의 장소'라는 상태에 길을 내주는 걸까? 그리고 이런 존재들은 (특성상 자신을 장소화하는 원초적 창조 행위로부터) 어떻게 자신의 장소와 그 실재를 모두 얻는 것일까?

2

> 그렇게 사물은 무질서한 혼란으로부터 생겨났고, 각각의 사물은 자신의 장소를 찾음으로써 영원한 질서 속에 묶였다.
>
> —오비디우스, 《변신 이야기》

모든 것은 혼돈(chaos)에서 비롯되었다고 할 수 있을까? 이런 생각에는 영원히 마르지 않는 호소력이 있다. 현대의 '혼돈 이론가들'이 펼치는 일련의 사변은 그 연원을 따져보면 극히 오래된 몇몇 창조 이론까지 소급할 수 있다. 적어도 기원전 3500년으로 거슬러 올라가는 펠라스기족(Pelasgi: 고대 희랍의 민족—옮긴이)의 창조 이야기는 이렇게 전해진다.

> 태초에 만물의 여신 에우리노메(Eurynome)가 '혼돈'으로부터 발가벗은 채 태어났다. 그녀는 발을 디딜 수 있는 실재적인 게 전혀 없다는 걸 깨달았다. 그래서 하늘로부터 바다를 분리해내고 그 물결 위에서 홀로 춤을 추었다.[12]

'혼돈'은 실재적이지 못해서 요소들이 마구 뒤섞여 있는 심연적 특성을 갖는다.[13] '혼돈'의 이런 특성은 이 경험 특유의 공포를 초래한다. 요컨대 장소가 없음으로 인해 발생하는 '장소-패닉'과 밀접히 연관된 공포를 낳는다. 그러나 펠라스기족의 '혼돈'에 "실재적인 게 전혀 없다"는 것은 정말 아무것도 없는 것과 같은 것일까? 전적인 공허와 다름없는 것일까? 만물의 창조주인 여신의 이름이 '에우리노메'라는 사실로 미루어볼 때, 우리는 위와 같은 질문에 모두 '아니다'라고 답해야 한다는 걸 알 수 있다. 왜냐하면 에우리노메를 문자 그대로 이해하면 '널리 방랑함'이라는 뜻이기 때문이다. 방랑자는—설령 우주를 창생하는 근원적 방랑자라 해도—무(無)의 한가운데서 돌아다닐 수 없다. 방랑한다는 건 이런저런 **장소들 사이**를 배회하는 것이다. 실제로 에우리노메가 "혼돈으로부터 발가벗은 채 태어났다"는 것은 '혼돈'이 애초부터 뭔가가 태어날 수 있는 어떤 실재성을 갖추고 있었음을 보여준다. 만일 이 실재성이 힘껏 발을 디딜 만큼 굳건하지 못하다면, 그걸 더 확고하게 만들 수 있을 것이다. 마치 에우리노메가 "그래서 하늘로부터 바다를 분리해내고 그 물결 위에서 홀로 춤을 추었"듯이 말이다. 여기서 "그래서"는 매우 의미심장하다. 어떤 일이 이루어지면 다른 뭔가가 **필연적으로** 수반된다는 특별한 우주창생론적 힘이 들어 있기 때문이다.

여기서 문득 대지로부터 하늘이 분리(이러한 분리로부터 모든 것이 따라 나온다)되는 구약성서 창세기 1장의 이야기가 "물로부터 물의" 원초적 분리를 요구한다는 데 생각이 미친다. 다시 말해, 그러지 않았으면 미분화 상태였을 '심연' 속에서 창공을 창조한 것이다. 잠시 후 다시 창세기로 돌아가겠지만, 지금 여기서 주목할 것은 구약성서나 펠라스기족의 설명에서는 한결같이 **창조 과정이 진전되려면 분화**(differentiation)**가 발생해야만 한다**는 것이다. 나아가 이러한 분화는 **어떤 장소로부터 다른 장소의 분화**를 뜻한다. 그렇다면 '혼돈'은 장소의 원초적 분화에 꼭 필요한 작용을 달리 표현한 것일까? 헤시오도스(Hesiodos)는 《신통기(神統記, Theogony)》(이 문서는 시기적으로 펠라스기족의 서사와 창세기 중간에 씌어졌다) 도입부에서 실제로 그러하다는 걸 시사한다.

맨 처음에 생긴 것은 '혼돈'이었고, 그다음에 생긴 것은 눈 덮인 올림포스의 봉우리들에 사는 모든 불사신의 영원토록 안전한 거처인 넓은 가슴의 '가이아(Gaia, 대지)'였다. 그리고 널찍한 대지의 멀고 깊은 곳에 있는 '타르타로스(Tartaros)'와 불사신 가운데 가장 잘생긴 '에로스'가 생겨났다. 사지를 나른하게 하는 에로스는 모든 신과 인간의 가슴속에서 이성과 생각을 다스린다. '혼돈'에게서 '에레보스(Erebos)'와 어두운 '밤'이 생겨나고, 밤과 에레보스가 사랑으로 결합해 다시 '아이테르(에테르)'와 '낮'이 생겨났다. 가이아는 맨 먼저 자신과 대등하고 별로 충만한 '우라노스(Ouranos, 하늘)'를 낳아 자기 주위를 완전히 감싸도록 함으로써 축복받은 신들에게 영원토록 안전한 거처가 되게 했다. 가이아는 또한 나무로 우거진 골짜기에 사는 요정들의 즐거운 처소인 높은 '산'들을 낳았다. 그리고 사랑으로 교합하지 않은 채 추수할 수 없는 바다, 곧 거칠게 파도치는 '폰토스(Pontos)'도 낳았다. 그런 다음 우라노스와 동침해 소용돌이치는 '오케아노스(Okeanos, 대양)'를 낳았다.[14]

몇몇 주석자가 지적했듯 기원전 7세기에 쓰여진 이 문서와 창세기는 일정한 시간을 두고 대지를 하늘로부터 분리한다는 점에서 놀라우리만큼 서로 닮았다.[15] 그러나 가장 인상적인 것은 헤시오도스의 설명이 시사하는 내용이다. 헤시오도스에 따르면 '혼돈'은 맨 처음에 어떤 안정된 상태로서가 아니라, 즉 (어떤 해석자가 표현했듯) "우주의 미분화 상태로 영원한 과거부터 줄곧 함께 존재했던"[16] 것으로서가 아니라, 그 자신이 분화되면서 동시에 분화하는 것으로서 생겨났다는 것이다.

'혼돈'을 원초적 심연이나 '간격(gap)'으로 보는 고대의 사고는 동일한 지점을 가리킨다. 간격이란 이미 실존하는 것 둘(예컨대 대지와 하늘) 사이의 틈(opening)임과 동시에 그것들(요컨대 처음 이 두 가지 사물의 분화를 초래한 것들) 사이의 틈이다. 간격에는 경계가 있게 마련이고, 따라서 극히 원초적일지언정 어떤 형식이 있다. 간격은 한정 없는 공간이 아니며, 하물며 텅 빈 무한 공간 따위일 수 없다. 존 버넷(John Burnet)이 주목한 것처럼 헤시오도스에게 '혼돈'은 "형식 없이 뒤섞인 상태가 아니라, 오히려 그 어원에서 알 수 있듯 그 안에 아직 아무것도 없는 쩍 벌어진 심연 또는 간격"[17]이다. '혼돈' 안에 아직 아무것도 없을지라도, '혼돈' 자체는 결코 무가 아니다. 간격으로서 '혼돈'은 다양한 사물이 발생할 수 있는 원초적 장소다. 아리스토텔레스는 《신통기》의 처음 몇 행을 인용하며 지지를 표한 다음 이렇게 논평한다. "사물은 먼저 공간을 가질 필요가 있다. 왜냐하면 [헤시오도스는] 대부분의 사람과 마찬가지로 모든 사물은 어디든 장소 안에 있다고 생각했기 때문이다."[18]

그렇다면 '혼돈'은 현대인이 근시안적으로 '혼돈스러운 것(the chaotic)'이라고 칭하는 것, 즉 무질서가 지배하는 장(scene)이 아니다.[19] 이는 질서가 출현하는 장이다. 이러한 장은 순전한 공허, 즉 그저 텅 비어 있는 공간일 수 없다. 공간화하는 장으로서 단지 쩍 벌어져 있는 게 아니라 우주창생론적 의미에서 능동적으로 '간격을 벌리는' 장인 것이다. 이런 의미에서 '혼돈적'이라는 것은 질서를 파괴하는 게 아니라 창조하는 것이다. 실제로 헤시오도스의 설명에서는 '혼돈'이 창조의 바로 1단계다. 요컨대 무엇보다도 우선 질서 창조에서 나머지 과정을 가능케 하는 것이다. 말 그대로 '혼돈'은 창조의 첫 번째 장소다. 커크(G. S. Kirk), 레이븐(J. E. Raven), 스코필드(M. Schofield)의 말마따나 '혼돈'은 "분화된 세계의 영원한 전제 조건이 아니라, 그 전제 조건의 변양(modification)이다".[20] 활동이지 불변의 상태가 아니라는 점에서, '혼돈'은 영구불변한 것이 아니다. '혼돈'은 발생한다. 다만 다양한 사물이 존재하기 위한 장소로서 발생한다.

이것은 대체 어떤 종류의 장소일까? 펠라스기족의 우주창생론, 창세기 그리고 《신통기》는 한 목소리로 이것이 **분리의 장소**라고 주장한다. 텅 빈 장소로서가 아니라 분리의 장으로서 발생하며 구분 짓는 활동을 한다. 무엇보다도 대지를 하늘로부터(혹은 다른 경우 바다를 하늘로부터) 구분 짓는다. 그러므로 '혼돈'이 발생한다〔희랍어로 말하면 'chaos genet'. 이 책에서는 Greece와 Greek를 '그리스'와 '그리스어' 대신 강대진의 제안에 따라 '희랍'과 '희랍어'로 번역한다. 그 이유는 강대진, 《고전은 서사시다》(안티쿠스, 2007), 19쪽 주 2 참조—옮긴이〕는 것은 "**대지와 하늘 사이의 간격이 생성되었음**을, 즉 우주 창생의 첫 번째 단계는 대지와 하늘의 분리였음을 시사한다".[21] 이 최초의 분리가 발생한 뒤(요컨대 '장소를 취한 뒤'—옮긴이) '낮'에서 '밤'이 분리되어 나오고, '대지'에서 '산'들이 분리되었다. 그리고 '대양'에서 '바다'의 분리 같은 좀더 한정된 그 밖의 분리—"국소적 분화(local differentiations)"[22]—가 발생했다. 점점 더 구체적인 차이들이 원초적 '차이', 다시 말해 아리스토파네스가 (헤시오도스를 장난스럽게 패러디하면서) "최초의 격리"라고 부른 것으로부터 잇달아 생겨난다.

처음에 격리, 밤, 깊은 어둠, 심연, 균열, 타르타로스가 있었다.

아직 대기도, 대지도, 하늘도 없었다.

그때 바닥 모를 깊은 어둠의 자궁 안에서

검은 날개를 가진 밤이 무정란을 낳았다(홀로 알을 낳았다는 뜻—옮긴이).[23]

'간격'으로서 '혼돈'은 무질서도, 공허도 아니다. (초기 희랍인 중에는 원초적인 간격에 공기가 포함된다고 주장한 사람도 있었다.) 그럼에도 불구하고 '혼돈'은 전(全) 우주적 분리로서 얼른 채우지 않으면 안 될 정도로 위협적인 것이었다. 아리스토파네스가 거기에 원초적인 무정란을 놓은 것은 그 때문이다. 헤시오도스 자신은 이 '간격'을 처음에는 에로스로 채우고—에로스는 자신의 분열된 부모인 대지와 하늘을 재통합하기 위해 활동한다—그 뒤에는 크로노스와 제우스로 채우려 한다. 《신통기》 자체가 이들의 영광에 바친 작품이다.)[24] 그 '간격'을 메우려는 기발한 시도가 이토록 다양하게 펼쳐지는 것을 통해 우리는 어떤 장소도 전혀 없는 건 도저히 견딜 수 없다는 '공허에 대한 공포(horror vacui)' 현상을 이미 목도한다.

우주창생론적 '간격'을 매우 빈번하게 하늘과 대지 사이의 깊은 심연(gulf)으로 간주하는 것은 우연이 아니다. 우리는 바로 이러한 분리를 지극히 구체적인 현상학적 이유에서 **최초의** 분리라고 생각할 수 있다. 야외에서 주변을 죽 둘러보면 대부분 육지와 하늘(바다의 경우는 물과 하늘) 간의 강렬한 차이를 발견한다. 이는 우리가 통상 분리된 것으로 지각하는 원초적 구역(protoregion)이다. 경관을 지각하는 **첫 시작부터** 나누어버리는 것이다. 바로 이러한 시작이 우주 창생에서의 시작을 확증해준다. 그리고 특히 다수의 창조 설화에서 문자 그대로 대지와 하늘 사이가 열리며 동이 트는 게 기원에 대한 우의적(寓意的) 표현이라는 사실까지 고려하면, 이러한 시작이 우주 창생의 시작에 모델을 제공하는 것도 그리 이상할 것 없다. 일상적인 지각 생활이 "불쑥 끼어듦(obtrusions)"(후설은 우리가 기초적인 차원에서 대상을 지각할 때, 실제로 그 대상이 마치 우리에게 불쑥 끼어드는 것과 같다며 이 용어를 사용했다)[25]으로 가득 차 있고, 그런 만큼 우리의 지각 생활이 수많은 '간격'에 의해 격리되어 있다면, 고대의 우주창생론이 모든 격리 중에서도 가장 강하게 불쑥 끼어드는 이러한 격리를 특별히 선별했다는 게 그리 놀라운 일일까?

　이러한 격리는 초기의 지중해적 우주창생론만의 전유물이 아니다. 중국 남부의 창조 신화에서는 창조주 팡쿠(P'an Ku)가 "즉각적이고도 강력하게 일에 착수해 세계에 질서를 세웠다. 그는 세계를 잘라 육지와 하늘로 만들었다".[26] 팡쿠 자신은 '혼돈'을 포함한 우주의 알에서 태어났다. 마치 '혼돈'이 경계도 없이 무한하지 않음을 보여주는 듯하다.[27] 전혀 다른 여러 전승이 하늘과 대지의 분리를 동일하게 사물의 시작으로 설정한다. 켈트족, 고대 일본인, 그리고 현대 나바호족(Navajo)의 전통이 모두 그러하다.

> 나바호족의 세계 혹은 우주는 접시처럼 생긴 얕고 평평한 원반으로 구성되어 있고, 그 꼭대기를 덮고 있는 것 또한 원반처럼 생겼다. 아랫부분은 '대지'이고, 윗부분(말하자면 덮개)은 '하늘'이다. ……이 두 부분은 마치 활이 쫙 벌어지듯 한쪽이 다른 쪽 위에 놓이면서 인간적인 혹은 의인화한 형태로 표현되어 있다. ……사물은 '대지' 위에, 그리고 '하늘' 중에 '신성한 방식'으로 자리를 갖춘다.[28]

　나바호족에게 '대지'와 '하늘'은 창조될 운명을 지닌 특정 사물이라면 반드시 그 안에 "자리를 갖춰야" 하는 커다란 두 영역이다. 고대의 지중해 연안과 극동에서의 설명과 마찬가지로, 나바호족이 원초적인 안개의 시대로 상상한 '혼돈'이라는 최초 단계는 태곳적 '하늘'과 '대지'의 분리에 길을 내준다(더 근본적으로는 그렇게 발생한다).**29** 마치 이 분리의 중요성을 강조하기 위해서인 양 나바호족은 '대지'와 '하늘'의 이중 원반 구조 가장자리에 하나의 틈이 있다고 믿는다. "'하늘'은 어떤 장소에서도 '대지'와 접하지 않는다. 심지어 지평(horizon)에서조차 그러하다."**30** 만일 '하늘'과 '대지'가 서로 닿기라도 하면, 이는 곧 세계의 붕괴를 의미한다. 마치 창조된 세계가 정합적인 우주로서 정체성을 보존하려면, 분리라는 본래적 행위가 **지평으로서** 계속 존속해야만 한다고 말하는 듯하다.

지평이 우리의 일상적 지각에서 '대지'와 '하늘'의 우주 창생적 분리를 구현하는 요소가 아니면 그 무엇이겠는가? 매일 매일의 실존적 과정 속에서 이 두 영역을 서로 구분 짓는 지평의 기묘한 힘―우리는 그와 같은 힘에 거의 주의를 기울이지 않지만―이 '하늘'과 '대지'를 격리하는 역학적 토대다. 화가들이라면 알고 있겠지만 이는 '지평선', 즉 시간에서의 시간선(time line)과 대응하는 공간상의 선 같은 게 전혀 아니다. 우리가 경험하는 지평은 시각 영역에서 핵심 창조력이며, 하루가 시작할 때나 끝날 때 목도하는 경우 특히 그러하다.**31** 이렇게 차이를 짓는 분화 활동―나바호족은 이를 다양한 색채 변화를 통해 상징화한다―없이는 미분화한 원초적 안개, 지각적인(perceptual) 늪, 미결정 상태(indetermination)의 '진창' 속에서 실제로 길을 잃을 것이다. 일본의 아이누족(Ainu)이 사물의 첫 상태로 여겼던 그런 진창 속에서 말이다. "처음에 세계는 진창이었다. 왜냐하면 물과 진흙이 모두 한데 뒤섞여 있었기 때문이다. 있는 것이라고는 침묵뿐 소리 또한 일체 없었다. 춥고, 공중에는 새 한 마리 없었다. 살아 있는 것은 어디에도 없었다."**32** 지평 없는 세계는 지극히 황량한 환경(environment)일 것이다. 만약 그런 것도 뭔가를 둘러싸고 있는(environing) 것이라고 간주할 수 있다면 말이다. 이는 '하늘'과 '대지'의 구분이 없는 세계다. 그러므로 세계라 할 수도 없고, 나아가 '우주'도 뭣도 아니다. 그러한 진창, 그러한 혼돈에 최소한의 질서를 부여하지 않는다면, 그것은 하나의 세계(그리고 세계-내-존재(being-in-the-world))일 수 없다. 바로 이 최소한의 질서를 조성하기 위해 창조자를 불러내야만 한다는 것은 전혀 이상할 게 없다. '혼돈'부터 '우주'에 이르는 도정에서 '대지'와 '하늘'이라는 지평적 분화는 결정적 중요성을 갖는다.

세계를 창조하는 지평의 특징, 즉 대지와 하늘을 상호 역동적으로 인접케 해주면서도 그 둘이 별개의 우주적 영역으로서 갖는 차이를 존중하는 지평 특유의 능력을 파악하기 위해 나바호족이 거주하는 미국 남서부(혹은 어떤 다른 특정 장소)에 살 필요는 없다. 달에서 촬영한 사진만으로도 지구라는 구(球)와 그 지구의 지평 너머로 모든 걸 포괄하는 하늘을 볼 수 있으니 말이다. 이 주목할 만한 이미지—한편으로는 동요를 일으키고, 다른 한편으로는 영감을 불어넣는—를 통해 우리는 지구 자체가 장소들 중의 장소, 더 특수한 존재들을 위한 "기초적인 존재"임을 관찰할 수 있다.[33] 실제로 우리는 '하늘'로부터 '대지'가 분리된 원초적 사건, '혼돈'으로부터 질서 잡힌 '우주'가 분화된 사건을 보고 있는 셈이다. 바로 우리 눈앞에 '창조'의 아이콘 같은 어떤 것이 있다.

3

물은 산을 넘고, 골짜기를 타고 내려가서 주님께서 정해주신 그 장소로 흘러갑니다. 주님께서는 경계를 정해놓아 물이 거기를 넘지 못하게 하시며.

—시편 104:8~9

일반인들의 믿음과 달리 창세기 1장, 즉 모세 1서는 무로부터의 창조 이야기를 들려주지 않는다. 그러한 이야기라고 믿어온 것은 오해라기보다 어떤 우주론적 힘, 즉 창조라는 행위에는 그 어느 것도 선행할 **수 없으며,** 선행해**서도 안 된다**는 명령과도 같은 힘 때문이다. 그렇지만 창세기의 유명한 모두(冒頭)에는 상당히 다른 이야기가 쓰여 있다.

> 태초에 하나님이 천지를 창조하셨다. 대지는 형태 없이 공허하고, 암흑이 심연의 표면 위에 있었다. 그리고 '하나님의 영'이 수면 위에서 움직이고 있었다.[34]

"심연(히브리어로는 tehom)"—이 용어에 대해서는 나중에 기술하기로 한다—은 창조 이전에 존재했을 뿐만 아니라, 그것에는 이미 "표면(face)"이 있었다. 표면 자체는 단지 껍질뿐이지 않다. 그것은 '물의' 표면, 그러니까 지극히 원소적인 어떤 것의 표면이고, 하나님의 영이 그 "위에서 움직일" 수 있을 정도로 단단하다. 그렇다면 처음에 존재한 것은 그 위에서 하나님의 영(바꿔 말하면 '바람')이 이동할 수 있을 만큼 농밀함과 일정한 꼴을 갖춘 원소적인 덩어리였다. 이런 '심연'을 무라고 한다면, 이는 '혼돈'과 마찬가지로 '실재성 있는 무', 즉 기묘하게 실재성 있는 무다!

성경에는 대지가 "형태 없이 공허"하다고 쓰여 있다. 그러나 이것이 곧 우주론적 추론에서 여지없이 상정해버리는 절대적 공허를 가리키는 것일까? 그렇지는 않은 것 같다. 여기서 문제 되는 공허는 형태 없음, 즉 형태를 결여하고 있다는 의미에서 상대적 공허다. 이는 몇 행 뒤에 다음과 같은 구절을 덧붙임으로써 명백해진다.

> 그리고 하나님이 말했다. "하늘 아래 물은 한 장소에 몰려 모여 마른 땅이 드러나게 하라." 그러자 그렇게 되었다. 하나님은 마른 땅을 대지라 부르고, 물이 한

데 모인 곳을 바다라고 불렀다. 하나님이 이것들을 보기에 좋았다.(창세기 1:9~10)

이 문장을 보면 분명해지듯 "대지"는 대양이나 그 밖에 다른 물로부터 갈라져 나온 연후에야 충분한 정체성을 획득하는 미규정적인 존재로서 처음 언급된다. 그러므로 "마른 땅"이 되었을 때에야 비로소 "대지"라는 명칭에 합당한 상태가 된다. 이는 형태 이전의 상태에서 자신의 고유 상태로 이행한 것이고, 바로 이 순간 하나님은 그것이 굳건한 무언가로 형성되었음을 축복한다. "이것들을 보기에 좋았다." 이 문장을 창세기 텍스트 중 바로 이 대목에서, 말하자면 바다로부터 땅을 분리해내는 원초적 작용이 발생했을 때 최초로 사용했다는 것은 주목할 만하다.

이 작용에 의해 **두** 장소가 창조되었고, 이로써 우주-장소-론(cosmo-topo-logy)의 기본 원리, 즉 "단 **하나의** 장소는 어디에도 존재하지 않으며, 처음 창조가 이루어지는 과정에서조차 그러하다"는 원리가 잘 드러난다. 이는 마치 우주창생론이 아리스토텔레스가 다른 맥락에서 선언한 일반 규칙, 곧 "엄밀히 말하면 최소의 수는 2다"[35]라는 일반 규칙을 존중하고 있는 듯하다. 무릇 창조한다는 것은 그 자체로 두 장소를 창조하는 것이다. 이 원리는 바로 창세기 1장 첫 문장에서 작동하며("태초에 하나님이 천지를 창조하셨다"), 바다와 육지의 분리를 기술한 대목에 이르기 전까지 두 번씩이나 반복된다. 첫째는 하나님이 "어둠으로부터 빛을 나누었다"(창세기 1:4)는 대목이다. 아울러 그럼으로써 그 특성상 시간적임과 동시에 공간적인 커다란 두 권역을 창조했다. 둘째는 "궁창(穹蒼)", 즉 하늘의 궁륭(穹隆) 혹은 '천공(天空)'이 "물을 물로부터"(1:6) 분리, 곧 대양의 물을 하늘의 물로부터 분리하는 대목이다. 물의 이러한 두 영역은 물이 존재하기 위한 별개의 두 장소를 지시한다.

우리는 몇 줄밖에 안 되는 공간에서, 장소 창조의 양가적 논리(bivalent logic)에 따라 우리가 이미 알고 있는 세계의 시작이란 게 놀라우리만치 복잡하다는 사실을 목격한다. 창세기는 실제로 창조 과정에서 장소가 이중화된다고 주장한다. 그것도 두 번이나 말이다. '천공'이 '대지'로부터 분리하기 위해서는 궁창의 창조에서 물의 두 영역이 미리 분리해 있어야 한다. 아울러 대지가 진정한 의미의 '대지'가 되기 위해 이번에는 바다로부터 육지의 분리가 필요하다. 여기서 단순함이라는 것은 찾아볼 수 없다! 특히 뭔가를 시작할 장소가 없다느니 하는 것은 전혀 존재하지 않는다.

따라서 공허**로부터의** 창조니, 공허**로서의** 창조니 하는 것은 존재하지 않는다. 하나님의 창조는 아무것도 없는 심연이 선재(先在)한 후의 일이 아니다. 하나님이 창조를 시작할 때 사물들은 이미 여기저기에 존재했다. 요컨대 물의 '심연', 이 '심연'의 표면에 있는 암흑, 미결정 상태의 대지 같은 원소 덩어리 모양을 한 사물들이 이미 존재한다. 또한 하나님은 자기 존재 내에 공허를 구성하기 위해 자신을 텅 비우는 활동도 하지 않는다. 창세기에서 세상이 막 움트기 시작할 때, 거기에는 바깥의 공허도, 안의 공허도 존재하지 않는다.

공허 대신 다양한 장소가 있다. 아울러 영역을 장소로 간주할 수 있다면―물론 당연히 그래야 하지만―더더욱 그러하다. 심연과 암흑이라는 권역이 이미 현존한다. 실제로 "하나님의 영"이 여기서 활동하고 있으며, "하나님의 영이 수면 위에서 움직"인다면 장소들 사이로 옮겨 다니지 않을 도리가 없다. 왜냐하면 장소 없이는 여하한 이동도 없기 때문이다. 아리스토텔레스가 말했듯 "장소 없이는 어떠한 변화도 있을 수 없다".[36] 그리고 이동이란 확실히 변화의 일종이다. 하나님이 어두운 '심연' 위에서 움직일 때, 그는 이미 장소 위는 물론 장소들 사이에서도 움직이는 셈이다. 예컨대 하나님은 그 자신의 우주 창생 여정의 출발 장소와 종착 장소 사이에서 움직이고 있다. 비록 창세기 텍스트에서는 명명되지 않았지만, 이 근원적 장소는 명명되고 **있는** 더 특수한 개별 장소들에 앞서 실재한다.

사실 우리는 창세기 1장에서 세 가지 수준의 장소를 구별할 수 있다. 1. 하나님 자신의 활동 자체를 통해 그의 운동 원천으로 전제되는 근원적 장소. 2. 암흑, '심연' 그리고 아직 형태를 갖추지 못한 '대지' 등의 원소적 영역. 3. 마른 땅으로서 '대지'라는 형태를 부여받은 영역, 한 장소에 모인 물로서 '바다' 그리고 '낮'과 '밤'이라는 체계. 구약성서의 설명은 분명 창조가 이미 주어져 있는 충분한 장소들에서 나타난다는 그림을 우리에게 제공한다. 그리고 마찬가지로 한 장소에서 다른 장소 — 더 정확히 말하면 어떤 **종류**의 장소에서 다른 **종류**의 장소 — 에 이르는 어떤 우주적 진전 과정을 묘사한다. 요컨대 창조란 장소**의** (그리고 여러 장소에 놓여 있는 사물들의) 창조일뿐더러 장소 **없이는** 일어날 수 없다. 창조라는 행위는 장소에서 일어난다.

물론 이것으로 이야기가 끝나는 건 아니다. 창조가 진행됨에 따라 또 다른 종류의 장소가 출현한다. 이렇듯 창조 과정에 의해 잇따라 생겨나는 장소는 뒤에 생겨난 것일수록 더 확연한 특성을 갖는다. 여기에는 다음과 같은 장소가 포함된다. "낮과 밤을 주관하고, ……어둠으로부터 빛을 분리해 내는"(창세기 1:14~18) "두 가지 커다란 빛"인 태양과 달의 장소. "하늘의 궁창을 가로지르며 대지 위를 나는"(1:20) 새들의 장소. "물속에 우글거리는"(1:21) 바다 괴물들의 장소. "대지의 야수들"(1:25)의 장소. "모든 대지의 표면 위에 씨앗을 퍼뜨리는 모든 식물"(1:29)의 장소. 그리고 이러한 창조물과 사물 모두에 대한 지배권을 부여받은 인간들(1:26~28)의 장소 등등. 창세기 2장의 "땅에서 물이 솟아나 온 땅을 적셨고"(2:6), "신은 동쪽의 에덴에 동산을 일구셨다"(2:8)는 구절까지 아울러 접하면, 우리는 한층 더 확실한 장소 규정에 도달한다. 즉 각각의 고유한 이름과 주요한 방향까지 부여받은 극히 개별적인 장소들을 포함한 장소 규정(예컨대 토지의 구획)에 도달하는 것이다.

방금 묘사한 진전 과정에는 대다수 창조 이론에 공통된 우주 창생의 패턴이 나타난다. 다시 말해 창조에서의 이행은 무장소에서 장소로의 단순한 이행이 아니라, 덜 규정된 장소에서 더 규정된 장소로의 이행이다. 예를 들어 옵기에서 볼 수 있듯 덜 규정된 장소에서 측정 가능한 장소로 한 걸음만 더 내딛으면 된다.

> 내가 땅의 기초를 놓을 때에 네가 거기에 있기라도 하였느냐?
> 네가 그처럼 많이 알면, 내 물음에 대답해보아라.
> 누가 그것의 측량법을 정하였는지, 너는 아느냐?
> 누가 그 위에 측량줄을 띄웠는지, 너는 아느냐?
> 무엇이 땅을 버티는 기둥을 잡고 있느냐?
> 누가 모퉁이에 주춧돌을 놓았느냐?
> 그날 새벽에 별들이 함께 노래하였고,
> 천사들은 모두 기쁨으로 소리를 질렀다.[37]

'기하학(geometry)'의 기원—말 그대로 '대지의 측량(geō-metria)'—은 장소 안에 있다. 무엇보다도 우선 자연의 경계가 건물을 세우거나 측량하는 사람들이 부과하는 규칙적인 배치, 즉 '한계-형태(limit-shapes)'에 길을 내어줌에 따라 점점 더 엄밀해져간 데에 기하학의 기원이 있다.[38] 그렇다고 해서 이 패러다임에 입각해 측량은 오직 창조 이후에 할 수밖에 없다는 얘기는 아니다. 측량하는 것 자체가 창조 행위이기 때문이다. **측량한다는 건**

곧 창조하는 것이다. 이 대담한 등식은 창조를 다루는 다른 문헌에서도 되풀이된다. (다음 장에서는 한 가지 특정한 사례를 통해 이를 확인할 것이다.)

일단 지금 확인해두고 싶은 한 가지 사실은 유대-기독교 전통에서 최초의 창조 텍스트에는 장소가 편재적임과 동시에 다종다기하다는 것이다. 아울러 장소가 펼쳐지는 방식은 착착 진보해 나아가는(물론 단순히 연속적이지는 않은) 방식으로 나타나기까지 한다. 공허를 회피하고, 대신 우주창생론적으로 중요한(창조 서사가 진전되는 데에 꼭 필요한) 장소들이 우리 앞에서 계속 확산된다. 장소들의 확산을 이런 식으로 서사화했다는 것은 공허의 구렁텅이를 재빨리 덮으려는 그들의 노력을 은연중 누설하는 게 아닐까? 만일 그렇다고 한다면 이는 다른 곳에서도 볼 수 있는 행위—우리 자신의 '장소-패닉'을 처리하는 우리의 방식부터가 그러하다—를 되풀이하는 것에 지나지 않는다. 사실 그 누가 공허와 대면할 수 있겠는가? 절대적 공허와 대면하는 건 불가능하다. (절대적 공허라는 말이 뭘 의미하든 그러하다.) 창세기가 선언하듯 하나님 자신은 이미 표면(face)이 있는 '심연' 위에서만 움직일 수 있다. 그가 이 '심연'과 대면하는 것은 오직 '심연' 자체의 얼굴(face)이 그 어두운 겉면(surface) 위에 윤곽을 드러낼 때에만 가능하다.

4

어떤 한 장소에서 순수한 무(無)에 대해 생각하는 것은 모든 장소에서 무에 대해 생각하는 것만큼이나 정신에 커다란 충격을 준다. 어떤 한 장소뿐만 아니라 다른 장소에도 무가 있을 수 있다는 것은 자명하다. 만일 어떤 장소에 무가 존재할 수 있다면, 모든 장소에 존재할 수 있다는 얘기다.
— 조너선 에드워즈(Jonathan Edwards), 〈존재에 대하여(Of Being)〉

지금까지의 이야기는 우주창생론적 설명이 명백하게 공허로 시작되는 일은 **결코 없다**는 것일까? 이번 장의 제사(題詞)로 인용한 호피족 창조 신화는 그렇게 시작하는 것이 실제로 가능하다는 걸 보여준다. 호피족에게 '최초의 세계', 즉 세계 최초의 상태는 정확히 토크펠라, 즉 '가없는 공간' 상태다. 토크펠라는 시작이나 끝이 없는 '측량할 길 없는 공허'로 여겨진다. 요컨대 시간도, 형태도, 생명도 없다. 그렇지만 일단 가없는 공간이라는 전망이 주어지자마자 지체 없이 이 공간을 좀 덜 섬뜩한, 텅 빈 무언가로 변화시키려는 시도가 이루어진다. 무시무시한 공허란 바로 창조에 의해 변화해야만 하는 것이고, 이것이야말로 타이오와, 즉 호피족의 창조신이 하고자하는 일이다.

> 그런 다음 그, 즉 무한자는 유한자를 회임(懷妊)했다. 처음에 그는 이 유한자를 명확히 하기 위해 소투크낭(Sotuknang)을 창조하고 그에게 이렇게 말했다. "내가 너를 창조한 것은 가없는 공간에서 생명을 산출하려는 내 계획을 이행하기 위해서다. 너는 최고로 강력한 도구가 인격화한 것이다. 나는 네 '큰아버지'며 너는 내 '조카'다. 그러니 가라. 가서 이 우주들을 잘 펼쳐 적합한 질서를 갖추도록, 그리하여 내 계획에 따라 서로 조화로운 형태로 작동할 수 있도록 하라."
> 소투크낭은 명받은 대로 행했다. 가없는 공간으로부터 그는 장차 견고한 실체로서 명확해질 것들을 모으고, 이것들이 다양한 형태를 갖추도록 만들었다.[39]

이러한 과업이 너무나도 엄청나서 타이오와는 그 일을 떠맡을 더 젊고 더 강력한 인격, 즉 자신의 조카 소투크낭을 창조한다. "이 우주들을 잘 펼쳐 적합한 질서를 갖추도록" 소투크낭은 **모으는** 활동에 종사한다. 창세기에서 물들이 "한 장소에 몰렸던"(1:9) 것과 마찬가지로, 호피족의 창조 이야기에서는 견고한 실체들 혹은 대지의 부분들이 한데 몰림으로써 형태가 만들어진다. 어느 경우든 형태 부여는 장소의 증여를 수반한다. 형태를 부여받은 사물들이 **다른 어디에서** 존재할 수 있겠는가? 우주 창생에서 모은다는 것은 실제로 장소를 형성한다는 뜻이다. 그러므로 비록 우주의 시작을 장소 없는 상황으로 특징지을지라도, 불가피하게 분투의 노력이 향하는 곳은 바로 장소다. 아울러 장소는 점점 더 특정한 방향으로, 즉 올바른 (그리고 최종적으로는 측량할 수 있는) 질서가 펼쳐지는 방향으로 향한다. 만일 공허가 그 자체로 하나의 장소가 아니라 해도, 공허는 하나의 장소가 될 수밖에 없다.

창조에 대해 우리가 검토해본 다양한 설명에도 불구하고 한 가지 기본적인 '우주-공리'만은 일치한다. 즉 창조된 사물들은 오직 장소로부터만 생겨날 수 있다는 것이다. 우리가 친숙하게 알고 있는 우주는 비록 공허에서 비롯했다 할지라도 장소에서 장소로 전개되었다. 이로써 우리는 창조란 점진적인 장소 설정 과정이라는 결론에 도달한다.

5

지금까지 우리는 매우 다양한 우주창생론의 모델을 살펴보았다. 뉘앙스상 중요한 차이가 있음에도 불구하고 어느 모델에서도 장소는 뚜렷이 모습을 드러낸다. 창세기의 경우, 널리 퍼진 구역화한 장소에서 시작되는데, 이 장소는 창조의 단계가 진전됨에 따라 점점 더 강한 규정성을 부여받는다. 헤시오도스의 《신통기》는 혼돈 모델로서 이미 존재하는 영역은 전혀 상정하지 않는다. 단지 우주적 괴물 같은 원초적 '간격'만을 상정하는데, 이 '간격'이 분열함으로써 다양한 종류의 장소를 산출한다. 창세기에서는 분열(이때의 분열은 이미 거기에 있는 것을 가르는 행위다)이 사물의 첫 상태 뒤에 나타나는 데 반해 헤시오도스 이야기에서는 분열 자체가 최초의 상태다. 더 적확하게 말하면 최초의 상태란 사실 어떠한 상태가 아니라, 바로 본성에 따라 장소를 창조하는 분열 활동이다. 나바호족의 창조 신화에 대해서도 완전히 똑같은 얘기를 할 수 있다. 여기서는 특별한 우주창생론적 의의가 '하늘'과 '대지'의 원반 사이에 있는 운명적인 지평에 부여된다. 호피족 전설의 경우에는 창조가 영역도, 행위도 불가능한 가없는 공간 상황에서 시작된다.[40] 하지만 호피족 신화에서 시작하는 순간의 장소가 없다는 이 근원적 상황은 곧장 이를 대체하는 충전(充塡) 활동으로 이어진다. 이런 충전 활동은 우리로 하여금 《신통기》에서 간격을 메우는 에로스, 크로노스, 제우스의 존재를 떠올리게 한다. 하지만 이러한 구제 활동을 차치한다 해도 우주창생론적 공허는 그 본래 상태에서 장소의 속성이 전적으로 결핍되어 있지는 않다. 아무리 텅 비어 있어도 그것은 여전히 창조의 장소요, 또한 창조를 위한 장소다. 장소 안에서 그리고 장소로부터 창조가 일어난다. 무엇보다도 대부분의 경우 천공(혹은 하늘)이 대지나 바다와는 다른 별도의 권역으로서 창조된다는 점에서 그러하다.

장소 없이는 어떠한 창조도 없다. 이는 장소가 (창세기의 어두운 '심연'이나 나바호족이 믿는 대로 원초적 안개가 피어오르는 지하 세계의 경우에서처럼)[41] 미리 존재해 있다고 간주하든, 아니면 (도가(道家)의 표현을 빌리자면) "1만 가지 창조"의 하나로서 혼돈으로부터 생겨났다고 간주하든 그러하다. 이뿐만이 아니다. (우리가 자신을 텅 비우는 창조신의 공허화 모델에서 극적으로 실행되는 걸 보았듯) 정확히 세계−창조에 필수적인 텅 빈 상태**로서**든, 아니면 (고대 바빌로니아인들의 설명처럼) 창조의 장소, 더 특정하게는 창조자의 장소로서든 모두 그러하다.[42] 장소는 미리 상정된 것이든 산출된 것이든, 창조와 동시에 주어지는 것이든 아니면 창조 뒤에 이어지는 것이든 반드시 그 모습을 드러낸다. 장소란 여러 창조 이야기를 끊임없이 관통하는 서브텍스트(subtext: 겉으로 드러나지 않는 생각, 느낌, 판단 등의 내용―옮긴이)이고, 그 이야기들이 빚어내는 혼성 멜로디의 통주저음(通奏低音, figured bass: 가장 낮은 성부의 음을 제시하고 연주자가 그 위의 성부를 즉흥적으로 연주할 수 있도록 자유의 여백을 남겨둔 것―옮긴이)이다.

6

공허하다고 일컬어짐으로써, 혹은 아예 일컬어지지도 않음으로써 공허는 공(空)해진다.
―에드몽 자베스(Edmond Jabès), 《유사(類似)의 서(The Book of Resemblances)》

그러나 공허, 즉 **철저한** 공허는 이를 제거하려는 가장 단호한 노력으로도 쉽게 사라지지 않는다. 공허는 개인적 생활에서처럼 창조 신화에서도 계속 되돌아온다. 마오리족이 "가없는 공간을 채우는 공허"[43]에 대해 이야기한다면, 주니족(Zuñi)은 "모든 곳을 쓸어버리는 공허"[44]를 가리켜 사물들의 근원적 상태라고 한다. 무한정(無限定, 희랍어로는 'to apeiron'), 즉 "경계를 갖지 않는 것"이라는 아낙시만드로스(Anaximandros)의 관념은 사실상 "장소 없는 상태"와 같은 것이다. (전 우주적으로 광대한 장소까지 포함해 기본적으로 장소라면 모종의 경계가 있어야 한다고 전제할 경우 말이다.) "경계를 갖지 않는 것"이라는 관념은 장소를 자신의 권역에서 단호히 배제한 근대적 무한 공간 관념을 선취한다. (장소를 배제하지 않는 경우가 있다 해도, 그것은 아무런 차이 없는 영역으로서일 뿐이다.) 장소라는 관점에서 보면, 어떤 종류의 경계도 갖지 않는다는 것, 즉 무한히 텅 비어 있다는 것은 실제로 엄청난 곤경 속으로 진입하는 것이다. 이렇게 괴로운, 제한 없는 물(waters)에는 실효적인 울타리가 전혀 없지만, 그럼에도 불구하고 그것은 '곤경'이다.[45] 사실 완전한 공허를 설정하는 우주창생론에서라면 물 자체도 아직 실존하지 않을 수 있다. 심지어 '심연', 원초적 안개, 혹은 '이집트 사자의 서'에 설정되어 있는 "혼돈-흐름(chaos-fluid)"이라는 형태로도 말이다.

> 나는 모든 것을 완성하는-떠오르는 (주발   모든 것의 군주   흐름   올빼미)
> 아툼(ATUM)
> 누(Nu), 곧 혼돈-흐름 안의
> 유일한 것[46]

〔전체적으로 불분명한 이 대목의 이해를 돕기 위해《이집트 사자의 서》(서규석 편저, 문학동네, 2000) 29~32쪽을 발췌한다. "태초에 세계는 땅도 바다도 공기도 존재하지 않았고 하늘의 폭포수에서 흘러내리는 물만이 존재했다. 이를 이집트인들은 '누'라고 명명했다. ……누라는 말은 아툼의 화신으로 태고부터 하늘에 있는 거대한 폭포의 물, 또 여기에 살았던 신을 지칭한다. ……누는 물의 화신 …… 누의 물은 아툼이 거주하는 곳이며, 태양도 여기에서 떠오르는 것으로 간주했다. ……아툼은 자신의 의지에 의해 태어난 신이다. 그는 신들을 만들고, 인간을 만들고, 자신의 두 눈(태양과 달을 가리킨다)으로 하늘까지 비추는 능력을 가진 위대한 신이며, 모든 신 가운데 가장 오래된 신이다. ……아툼 신은 하늘과 지구가 존재하지 않았던 시대에, 그리고 사람도 신도 아직 태어나지 않았고, 죽음도 없었던 태초에 존재하였다. ……태양의 신은 라(Ra)다ㅡ옮긴이.〕

생명을 주는 물의 요소가 없다면, 그리고 특히 그러한 물의 요소가 대지나 하늘로부터 분리되지 않는다면, 우리는 극한적인 텅 빈 상태에 다다른다, 즉 창조가 '무로부터' 생겨나야만 하는 아포리아적(aporetic: 해결 방도를 전혀 찾을 수 없는 난관의 상태를 의미하는 철학 용어ㅡ옮긴이) 우주창생론의 입장에서 절대로 없어서는 안 될 듯한 극한에 다다르는 것이다. 이런 극한, 즉 제로 지점에 대해 우리는 이렇게 물어야만 한다. 마침내 여기서 우리는 어떤 의미에서도 장소를 제공할 수 없을 만큼 근본적인 공허와 맞닥뜨리는 것일까?

이러한 아포리아(aporia)—문자 그대로 막다른 곳(im-passe, 궁지)이라는 뜻—에서 아리스토텔레스는 극히 혼란스러운 주장을 한다. "공허가 실재한다는 이론에는 장소의 실존이 포함되어 있다. 즉 우리는 공허를 〔심지어〕 물체를 박탈당한 장소라는 정의 수준으로까지 규정할 수 있을 것이다."[47] 만일 아리스토텔레스가 옳다면 공허 자체에는 장소가 결여되어 있지 않으며, 어쩌면 그 자체가 일종의 장소일 수도 있다. 아무리 상상하기 어려울지라도, 그리고 그 체험이 틀림없이 불안을 초래한다 해도 가장 철저한 공허조차 장소와 아무런 관계가 없지는 않다. 적어도 이 공허는 잔여적인(residual) 장소의 성질, 예컨대 "물체를 **박탈당한**"과 같은 성질을 갖고 있을 수 있다. 물체가 결여되어 있다는 것은 (비록 문제의 그 물체가 아직 실재하지 않거나, 혹은 더 이상 실재하지 않는다 해도) 또한 **물체를 포함할 가능성**이 있다는 뜻이다. 여기서 아리스토텔레스는 아르키타스의 공리에 단서를 단다. 즉 (물체가) 존재한다는 것은 장소 안에 있다는 것이지만, (어떠한) 물체조차 없는 (공허한) 장소도 있을 수 있다는 것이다. 보통 공허와 장소는 반대 관계로 해석하지만, 양자는 모순되지 않을 수도 있다. 요컨대 이들은 어떤 노모스(nomos, 법), 혹은 어떤 구조를 공유할 수 있다.

공허와 장소가 공유하고 있는 것은 **다양한 물체가 출현하기 위한 장**(arena) (따라서 이러한 물체들이 부분을 구성하는 사건들의 장)이라는 공통의 성질이다. 하지만 장소가 그렇게 출현하기 위한 직접적인 장이라면—물체는 엄밀하게 **어떤 특정 장소에서** 출현하므로—공허는 이런 장소를 위한 무대(scene)다.

창조 이전의 존재로서 공허는 1차적으로 장소가 결여되어 있고, 2차적으로 물체가 결여되어 있다. 공허란 물체를 결여한 장소를 결여하고 있는 것이다. 따라서 우리는 아리스토텔레스의 격언을 이렇게 정정할 필요가 있다. 요컨대 공허란 단지 "물체를 박탈당한 장소"가 아니라, "물체를 박탈당한 장소를 박탈당한 것이다"라고 말이다. 공허는 이중적으로 박탈당한 것이다. 하나의 무대로서 공허는 장소 **혹은** 물체와 관련해 아직 구체화하지 않은 텅 빈 무대다. 〔scene은 본디 연극 무대를 의미하기 전까지 텅 빈 텐트 또는 부스(booth)를 의미했다.〕

여러 장소나 사물이 출현하는 무대로 간주할 때, 공허는 우주창생론에서 단지 유명무실한 역할이 아니라 적극적인 역할을 수행한다. 이는 정확히 호피족이 '토크펠라(가없는 공간)'라고 명명한 무대로서, 혹은 하와이의 고대 부족 투아모투족(Tuamotu)의 '타아로아(Taaroa)'—문자 그대로 '광대무변함' 혹은 '공허'라는 뜻—로서 출현한다.[48] 이런 공허한 무대 중 그 어떤 것도 아무런 힘 없이 그저 미리 부여되기만 한 존재가 아니다. 호피족 전통에 따르면, '창조자' 타이오와는 곧장 토크펠라를 점유한다. 실제로 토크펠라의 가없는 광대무변성은 무기력하게 그저 선재(先在)하고 있기만 한 것과는 매우 거리가 멀다. 그것은 이미 **타이오와의 마음 안에** 실존하고, 그런 연유로 처음부터 능동적 행위자의 일부다. 토크펠라는 "자신의 시작과 끝, 시간, 형태, 생명을 '창조자' 타이오와의 마음속에 갖고 있는 측량 불가능한 공허"[49]인 것이다. 역으로 투아모투족에게 창조신은 **공허 안에** 실존하며, 그럼으로써 그 내적 역동성을 보증한다. "키호(Kiho)는 '공허' 안에 살았다고 한다. 키호는 하바이키(Havaiki)의 토대 밑에〔즉 어떤 특정한 장소 안에〕 살았다고 하며, 이는 '하바이키의-가물거리는 빛조차 없는-검은-영역'이라고 불렀다."[50] 이렇듯 내재적인 방식으로 공허 안에 사는 것은 창조의 능동적 무대에, 즉 '나타날 것(what-is-to-come)'의 무대에 사는 것이다. 이는 **장소를 제공하는 것으로서 공허 안에 사는 것**, 즉 공허 안에 놓여지는(placed) 것이다. 투아모투족 서사의 그다음 행들은 이 기묘한 장소론(topology)을 또박또박 들려준다.

> 키호가 사는 장소는 '토지가 실존하지 않는 상태'라고들 했다. 그 장소의 이름은 '하바이키의-가물거리는 빛조차 없는-검은-영역'이었다.
> 키호는 바로 거기에 살고 있었다. 실제로 그 장소에서 그는 모든 온갖 것들을 창조했다.
> 이제 그가 사는 장소의 다양한 이름〔을 나는 주노라〕.

> 키호는 '밤의 영역' 저 밑바닥에 있는 자신의 하늘에 산다.
> 키호는 '가물거리는 빛조차 없는-검은-영역'에 있는 자신의 하늘에 산다.
> 키호는 '많은 것들이 균형을 이루고 있는 밤의 영역'에 있는 자신의 하늘에 산다.

> 이런 장소들은 '밤의 영역' 내에 처해 있었다.[51]

창조가 이루어지는 이 밤의 영역은 '장소-생성'의 무대다. "많은 것들이 균형을 이루고 있는" 이 무대는 많은 장소가 나타날 가능성이 있는 장이다. 우주창생론의 공허는 장소와 전혀 무관하거나 단지 장소를 박탈당한 것이기는커녕 장소들이 잇따라 증식한다는 점에서 '장소-산출적(place-productive)'인 곳이다.

투아모투족의 텍스트에는 '장소-반전(topo-reversal)'이라고 지칭할 수 있는 원리가 예시되어 있다. 공허는 무장소로 설정되지만, 곧바로 장소의 설정이 이어진다. 더 정확히 말하면, 어떠한 장소도 없는 상태 다음에 무언가가 자신과 더불어 장소를 끌고 들어오는 정확히 **그 무엇**으로서 따라온다. 히카리야 아파치(Jicarilla Apache) 인디언들의 창조 이야기에는 이러한 반전이 그 어떤 것보다도 극적으로 명백하게 드러나 있다.

> 처음에는 지금 세계가 서 있는 이곳에 아무것도 없었다. 어떤 바탕(ground)도, 대지도 없었다—다만 '암흑', '물' 그리고 '돌풍(Cyclone)'을 제외하고는. 살아 있는 인간은 아무도 없었다. 유일하게 〔사물의 힘이나 자연력을 인격화한〕 하크트신(Hactcin)만이 실재했다. 그것은 고독한 장소였다.[52]

여기서 반전은 "아무것도 없음"이 갑작스레 "다만 ~을 제외하고는"으로 이행함으로써 뚜렷이 드러난다. 최초의 단계가 근본적으로 텅 빈 상태로 표현되는 데 반해, 두 번째 단계에는 적어도 세 가지 자연적 사물과 몇 가지 인격화한 힘이 존재한다. 완전히 동일한 한 문장에서조차 방향의 반전이 발생하고, 이러한 반전은 뒤의 문장이 이어짐에 따라 더욱 확장된다. 그러나 이런 확장에도 불구하고 공허는 결코 완전한 포화(saturation)에 다다르지 못한다—문제의 장소는 여전히 너무나 "고독"하다. 하지만 전혀 아무것도 없는 상태로부터 극히 미미하긴 하지만 뭔가가 있는 상태로의 전환은 우주창생론적으로 진전된 것이다. 전혀 장소화하지 않았던 상태가 장소화 상태에 길을 내어준다. 돌풍, 암흑 그리고 물은 자신의 우주적 위치에 끈질기게 매달린다.

이러한 '장소-반전'은 반대 방향으로도 움직일 수 있다. 뭔가가 있는 상태에서 아무것도 없는 상태로의 반전이 그것이다. 《회남자(淮南子)》라는 중국 한대(漢代) 문헌에서는 위대한 시작이 텅 빈 상태로 이행한다. 또 다른 텍스트에서는 뭔가(something)와 무(nothing)가 동시에 공존한다고 여기기도 한다. 그리하여 장자(莊子)는 이렇게 썼다. "유(有)가 있다. 비유(非有)가 있다."[53] 고대 마야족의 텍스트는 이렇게 선포한다. 처음에는 "아무것도 서 있지 않았다. 오로지 잔잔한 물, 고요한 바다만이 고독하고도 평온할 뿐이었다. 아무것도 실재하지 않았다".[54] 아무것도 우뚝 서 있지 않다—그럼에도 불구하고 물과 바다는 이미 거기에 엄연히 있다. '~을 제외하고는 아무것도 없음' 또는 '단지 ~뿐'처럼 최소한의 실존(즉 아무것도 갖지 않은 뭔가)조차 부정당한 것은 이러한 교차적(交叉的, chiasmatic) 전환에 의해, 그럼에도 불구하고 역시 실존을 **부여받은** 셈이다. 또한 우파니샤드 중 하나는 이런 전환을 다음과 같이 표현한다. "처음에 이 세계는 단지 비존재(non-being)였다. 세계는 실존하고 있었다."[55] 비존재로서 **실존하는** 것, 바로 이것이 복잡하게 뒤얽힌 우주론의 '자기-복잡화'를 통한 언명이다.

이러한 반전이나 뒤틀림에도 불구하고, 실제로 이들을 **통해서** 우리가 목격하는 것은 장소가 무에 직면해서도 끈질기게 존속하는 모습이다. (장소의 죽음 자체라 여길 수도 있을 그 무 앞에서 말이다.) "가물거리는 빛조차 없는-검은-영역"의 참으로 가냘픈 어떤 것으로서든, 그보다 훨씬 더 가냘픈 비존재— 이것은 그럼에도 불구하고 **실존한다**[따라서 문자 그대로 '밖에 서 있다(stands-out)']—로서든 장소는 계속 버티고 있다. 우주창생론의 맥락에서(다시 말하면, 세계의 **생성**에 대한 설명에서) **장소 없는 상태를 위한 장소는 없다.** 장소의 결핍, 아니 문자 그대로 비장소 상태조차 우리는 인정할 수 있다. 다름 아닌 히카리야 아파치족의 창조 신화에 나오는 "고독한 장소"가 바로 그런 상태다. 그러나 이는 장소의 죽음, 즉 어떠한 장소도 전혀 없는 상태와 동일시할 수 없다. 우주창생론은 장소의 사망을 다루는 게 아니라, 오히려 장소 자체의 탄생에 관한 것이다.

그런 연유로 완전한 공허조차 여러 사물이 장소를 점하는 것으로서, 그리고 자기 자신의 장소를 갖는 것으로서 발생할 수 있는 '무대 앞면(proscenium)', 즉 그들이 출현하는 무대라는 역학적 힘(dynamic property)을 보유하고 있다. 혼돈이라 해도 형태를 완전히 결여한 것은 아니라는 점을 앞서 확인한 바 있는데, 이와 꼭 마찬가지로 우리는 이제 다음과 같은 것을 이해할 수 있다. 즉 공허라는 텅 빈 무장소 상태는 우리가 상상하는 것 이상의 형태와 힘을 가진다. 실제로 만일 혼돈을 전(前) 규정 장소로 간주할 수 있다면, 공허는 장소가 나타나는 무대로 해석하는 게 가장 적절할 것이다. 우주창생론적 관점에서 생각해보면, 공허는 '장소-규정성'을 점점 더 강화해가는 도상에 있다. 공허란 세계 창조의 배경이고, 따라서 점점 더 정합적이고 농밀하게 조직화하는 '장소-세계'의 기초다.

7

공허를 전술한 방식으로 해석한다고 해서 장소성이 회복되는 것은 아니다. 아니 오히려 그런 해석은 장소—개별적인 장소—로부터 공허를, 그리고 공허로부터 장소를 박탈한다. 그러나 다른 한편, 이런 해석은 공허 자체가 자신이 처음에 갖고 있던 특성(장소화되지 않은, 그리고 장소화하지 못하는 특성)을 여의게 **될 수 있다**고 주장함으로써 공허에 장소가 **가능할 수 있는** 여지를 만들어준다. 내가 '가능하다'거나 '될 수 있다'고 표현하는 것은 그럼으로써 공허를 우주창생론의 맥락 속에 보존하고자 함이다. 어떤 종류의 경험이나 지식이 가능하려면 반드시 장소를 전제**해야만 한다**는 식으로 장소를 초월론적으로 연역하고픈 유혹 앞에서, 이러한 맥락을 보존하는 것은 중요하다. 이런 유혹에는 저항하지 않으면 안 된다. 칸트류(類)의 초월론적 논증으로부터 연역할 수 있는 것은 기껏해야 **텅 빈 공간**이라는 전제뿐이다. 이러한 공간은 특히 직관의 형식 속에(더 정확히 말하면 직관 형식으로서) 위치 지어졌을 때에는 단순히 정신적 지위를 갖는 것으로 끝나지 않는다. 더 심각한 것은 그것이 단지 대상적 위치, 즉 '손-앞에-있는 존재(a present-at-hand entity)'라는 점이다. 그러한 것으로서―단정적인(categorical), 혹은 하이데거의 용어로 말하면 '앞에-현전하는(vorhanden)' 것으로서―공간은 장소 특유의 뭔가를 포착하지 못한다. 요컨대 사물을 보유하고 위치 짓는 능력(capacity), 그리하여 사물에 국지적 거처를 제공할 수 있는 능력이 빠져나가버리는 것이다. 이러한 보유 행위는 '손-닿는 데-있는(ready-to-hand)' 무언가, 즉 구체적으로 느낄 수 있고 그에 대해 애착을 품을 수 있는 무언가를 제공한다. 구체적으로 느낄 수 있는 이런 성질은 공간이 아니라 장소에 고유한 것이다.[56]

가차 없는 연역적 우주론은 텅 비고 경계 없는 무장소 상태를 전제하도록 강요받는다. 이 상태는 수많은 신화적 설명에서는 아직 '공간'이라고 일컫지 않지만, 근대적 사고방식의 공간만큼이나 추상적이며 '보유하고-위치 짓는' 속성이 결여되어 있다. 이러한 우주론주의(이것에 의해 한 존재가 우주적으로 필수적인 것으로 자리 잡지만, 이는 어떠한 구성적 역할도 수행할 수 없다)를 피하기 위해, 공허에는 신속하게 다양한 장소가 채워진다. 나바호족의 우주 창생론에서는 발생의 장소, 즉 지하 세계를 주장한다. 이 세계는 (눈으로 볼 수 있는 상부 세계 **밑에**) 국소화되고, 또한 (상부 세계 **위와 안에** 있는 모든 것을) 국소화한다. 이러한 하위 세계(subworld)는 사물을 보유하는 구체적 환경으로서 공허만 갖고는 할 수 없는 일을 해낸다. 즉 사물에 감각 가능한 장소화를 제공한다. 문자 그대로 장소우주론적인 이런 움직임의 이점은 장소의 역할이 처음부터 명백하고 중심적이라는 것이다. 장소는 은밀히 상정되는 뭔가로서 추론할 필요가 없다. 공간을 초월론적으로 연역하는 행태는 장소를 우주창생론적으로 옹호하는 것을 보며 가르침을 받는다.

공허를 장소화의 출현 무대로 해석할 때, 우리는 은밀히 초월론적인 길과 명확히 신화적인 길 중 그 어느 것도 아닌 샛길을 택하게 된다. 이 샛길은 공허를 장소가 생성되는 무대로 간주한다. 그러나 이런 관점을 취한다는 것은 철저한 공허를 무한하고 등방향적인 공간으로 변환시키는 것도 아니고, (신화에서 볼 수 있듯) 이미 결정되어 있는 장소로 공허를 미리 채워버리는 것도 아니다. 규정적인 것이나 비규정적인 것이 아니라 전(前) 규정적인 것이야말로 우주창생론에서 형성적 능력을 갖는다. 철저한 공허는 공허를 **이미 장소로 향하고 있는 것**으로 간주함으로써 회피한다. 그러한 공허는 전제되지 않으며, 우주론적이나 인식론적 관점에서 필수적인 것으로 연역되는 일 따위는 더더구나 없다. 이는 처음에(in the first place) 설정된다—최초의 장소**로서**가 아니라, **장소 자체의 첫 생성**으로서. 마치 초월론적 연역을 통해 상정된 공간이 스스로 특정한 장소를 제공할 수 있음을 보여주듯 우주창생론적 설명의 공허도 자체의 방식으로 개별 장소를 규정하는 것이다. 공허는 장소를 위한 채비를 갖춘다. 그것이 잠재성으로서 장소다.

그런데 지금 언급한 사고(thought)의 노선을 추구하면서, 나는 우주창생론적 공허라는 심연을 그저 나 자신의 종잡을 수 없는 고찰로 덮어버리고 있는 건 아닐까? 만일 그렇다 해도, 내가 '형성-중인-세계(the world-in-the-making)'에 방대한 전(前) 장소성을 부여함으로써 '장소-패닉'을 피하자고 제안한 최초의 철학자는 아닐 것이다. 우리는 바로 다음 장에서 플라톤이 그런 비슷한 시도를 하는 걸 목격할 것이다. 앞에는 공허가 버티고 공간의 연역 가능성은 부재할 때, 장소에 호소하는 일은 실로 유혹적으로 다가온다.

하지만 장소의 영속적인 전(前) 존재성을 보장하기 위해 흔히 시도하는 상투적인 (그러면서 필시 대단히 방어적인) 조치와는 별도로, 결국 우리는 공허 자체 내에서 어느 정도의 위안을 찾을 수 있을 것이다. 우리가 이미 살펴본 대로 사물이 전혀 없는 상태, 즉 완전한 공허에 직면한 경우에도 장소는 이미 예시되어 있다. 장소는 어두운 '심연'의 표면을 형성하고, 그 위치를 규정한다. 우주창생론에서 무장소를 필연적인 출발점으로 설정하거나 그 기원에서 혼돈을 발견하는 것은 매우 엄격한 설명 방식이다. 한데 그런 경우조차 장소의 다양한 원천이 결코 없다고는 할 수 없다. 그런 원천이 완전히 결여된 설명은 도대체 있을 장소가 없다. 심지어 공허도 장소를 산출한다. 만일 **지금** 물체와 장소를 모두 박탈당한 상태라면(다시 말해 물체도, 장소도 없다면), 공허는 창조 작업이 이루어진 **연후에** 물체 및 장소에 공허 길을 내주겠다고 약속하는 셈이다.

실제로 모든 우주창생론의 계기(moments)에 장소가 중요하다는 점을 성찰해볼 때(단 이러한 계기는 어떤 엄격한 연대순으로 배열되어 있지는 않다), 다른 전망의 낌새가 느껴지기 시작한다. 이런 전망 아래서 우리는 창조된 세계의 원초적 전(前) 장소화, 즉 장소화가 진행되고 있음을 본다. 실존하는 비존재로서든, 우주로 이행 중인 혼돈으로서든, 아니면 각 창조 단계의 질서정연한 진전으로서든 우주창생론은 그 기원에서 장소를 창조(혹은 발견)하며, 그럼으로써 장소창생론(topogenesis)이 된다. **우주와 장소**는 장소우주론의 생성에서 결합한다.

슈장구가 아내에게 "언제까지 발 디딜 장소 없이 살아야 하는 거지?"라는 질문을 던진 것은 "'대지'도 '하늘'도 없던" 때였다. 그러나 일단 '대지'와

'하늘'이 서로 분리되자(항상 이미 그렇듯 창조가 시작되자) 슈장구의 질문에 대한 답은 명백해진다. "올바른 장소에─최초의 장소에─눈길을 던지기만 하면, 발 디딜 수 있는 어딘가가 있을 것이오." 아리스토텔레스가 우리에게 "시간은 소진되지 않을 것"[57]이라고 확언하듯 슈장구는 장소가 결여되는 일은 결코 없으리라고 확신할 수 있다.

02

모태를 지배하다
《에누마 엘리시》와 플라톤의 《티마이오스》

그 누가 찾아낼 수 있으리요, 너무나 깊은 곳에 아득히 떨어져 있는 것을?

─전도서 7:24

(마르두크(Marduk: 고대 바빌로니아 신화에 나오는 으뜸 신─옮긴이)는) 하늘을 가로질러 무한히 먼 거리까지 조망했다. 그는 압수(Apsu) 위에 자리 잡고 있었다. 압수는 지금 그가 널리 둘러보면서 측정하고 표시한 그 오래된 심연 위에 누딤무드(Nudimmud)가 지은 것이었다.

─《에누마 엘리시(Enuma Elish)》(바빌로니아 또는 메소포타미아 창조 서사시─옮긴이)

그 이전에는 이 모든 것에 아직 비율도, 척도도 없었다. ……이 우주가 질서를 갖도록 하는 일에 착수했을 때, 그들의 본성이 그런 상태였으므로, 신은 형태(shape)와 수(number)를 사용해 그들에게 하나의 뚜렷한 배열을 부여하기 시작했다.

─플라톤, 《티마이오스》 53b

모두들 장소는 그 어떤 것이라고 말한다. 오직 한 사람(플라톤)만이 장소가 무엇인지 말하려 했다.

─아리스토텔레스, 《자연학》 4권

1

일단 공허라는 것이 패닉을 산출하며, 따라서 항상(미리) 장소의 문제라는 것─그래서 패닉을 초래하는 무시무시한 아무것도 없음, 즉 철저한 무장소로 환원될 수 없다는 것─을 받아들이면, 우리는 두 번째 주요한 문제에 직면하지 않을 수 없다. 그것은 단지 불안 경감의 수단으로서 공허를 채우려는 경향일 뿐만 아니라, 더 특별하게는 그 공허를 **지배하려는** 경향이다. 지배한다는 건 일차적으로 없던 것을 생겨나게 하는 게 아니라, 이미 생겨나 있는 것을 제어하고 어떤 꼴을 부여하는 것이다. 이런 것 또한 창조의 문제인데, 적어도 창세기 1장에서 사용한 히브리어 바라(bará)에 본래적으로 내재하는 창조의 의미에서는 그러하다. 왜냐하면 이 어휘가 포함된 같은 계열의 단어들에는 (예를 들면, 화살의 끝을) '깎아낸다' 혹은 (예를 들면, 사체 덩어리를) '잘게 자른다'는 의미가 있기 때문이다.[1] 여기서 문제는 무로부터의 창조─이 활동은 우리가 이미 발견한 대로 문제적일 정도로 드문 일이다─가 아니라 **주어진 것으로부터**(ex datis), 즉 '소여(所與)로부터(out of the given)'의 창조다. 그러나 만일 공허에 내용이 있다는 점을, 즉 무언가가 공허 자체 안에 그리고 공허와 함께 (심지어는 공허 자체로써) 이미 주어져 있다는 점을 기꺼이 인정할 경우, 과연 창조 활동은 어떻게 이뤄져가갈까?

이미 주어져 있는 것이란 통상적으로 물질적인 것, 즉 질료(matter)의 문제로 간주된다. 그러나 고대의 전통적 우주창생론에서는 '질료'가 단단하고 불변인 것─즉 규정성과 저항성을 가진 '물질적 대상'이라는 형태로 엄격하게 **물리적인** 것─을 의미하지 않았다. 그와 정반대였다. 질료는 **모태**(matrix)를 의미했으며, 모태는 질료와 어원이 같은, 확실히 질료적인 어떤 것이다(비록 완결적으로 명확히 구성된 것은 아니라 해도). 모태는 문자 그대로 '자궁'이나 '태내(胎內)'라는 뜻으로 창조된 사물을 낳는 생성체(generatrix)다. 요컨대 그들의 모친(mater) 혹은 질료적 전제 조건이다. 그러한 것으로서 모태는 사물을 형성하는 국면이다. (사물은 창조 과정에서 점점 더 충분히 규정되어간다.) 모태의 생성력과 관련해 창조 과업은 모태 자체 내의 미(未)형성적인 혹은 전(前) 형성적인 것을 교묘하게 만지작거려 형상을 부여하고, 궁극적으로는 그것을 제어하는 것이다. 창조 활동은 질료를 지배하는 문제가 된다.

혼돈이 실은 하나의 장소라는 게 입증된 것과 꼭 마찬가지로, 우주 창생에서 모태 또한 하나의 장소다. 엄밀한 해부학적 의미로 가두지 않는다면, 모태는 "뭔가가 태어나거나, 만들어지거나 발전하는 장소 혹은 매체"다. 즉 "탄생하고 성장하는 장소 또는 지점"을 의미한다. 모태라는 질료에서 장소는 여전히 일차적이다. 《옥스퍼드 영어사전》에 따르면, 방금 인용한 정의는 적어도 16세기 중엽까지 거슬러 올라간다. 그러나 우리가 창세기 같은 텍스트를 잘 살펴보면, 그런 정의는 그보다 훨씬 더 오래전의 시대까지 거슬러 올라갈 수 있을 듯싶다. 창세기는 "'암흑'이 '심연'의 표면에 있었다"라는 구절이 잘 보여주듯 혼돈도 아니고 공허도 아닌 모태라는 상태를 기술하면서 시작되기 때문이다. 우주창생론의 최초 순간인 어두운 '심연'은 질료적인, 더 정확히 말하면 **원소적인** 모태인 것이다. 세계는 물 같은 성질을 가진 "다른 것들을 제 안에 묻거나 에워싸는 덩어리"(이는 《옥스퍼드 영어사전》에 나오는 '모태'의 또 다른 정의다)로부터 시작한다. 요컨대 세계는 앞으로 존재할 사물, 즉 장차 나타날 사물을 생성하는 모태인 '물'에서 시작된다.

여기서 훨씬 더 위로 거슬러 올라갈 수도 있다. 히브리어 테홈(Tehom)은 '깊은 [물]'이라는 뜻인데, 티아마트(Tiamat)에서 유래한 것이다. 티아마트는 함무라비가 군림하던 시대(대략 기원전 1900) 이전까지 거슬러 올라가는 창조 신화, 즉 《에누마 엘리시》의 맨 처음 부분에 나온다. 여기서 보면 티아마트는 메소포타미아어의 고유명사로서 원초적인 대양의 힘을 의미한다. 티아마트는 아득한 옛날부터 원소적인 모태로서 장소에 존재한다. 따라서 창조 활동 이전에 티아마트라는 거대한 덩어리가 이미 존재하고 있어야 한다.

하늘도 없던 때,

대지도, 높은 곳도, 깊은 곳도, 이름도,

아프수만이 홀로 있던 때,

단물, 최초의 아버지, 그리고 티아마트

쓴물, 그리고

자궁, 그녀의 뭄무(Mummu)로 돌아가는

신들이 아무도 없었던 때―

단것과 쓴 것이 뒤섞여 있던 때
갈대밭도 만들어지지 않고 물을 어지럽히는
골풀 따위도 없었으며,
신에게는 이름도 없고 본성도 없고 미래도 없었다. 그때
아프수와 티아마트로부터
그 물속에서 신들이 창조되었다.
그 물속에 침니(沈泥)가 가라앉았다.[2]

창세기와 달리 바빌로니아 텍스트는 대지를 언급하지 않는다. 심지어
는 "형체도 공허도 없는" 대지조차 없다. 어떤 신도―물론 유일신 또는 야
훼도―전혀 보이지 않고, 신이 창조를 위해 호명할 단어는 더더구나 없다.
이름도 없는 이런 상황에서는 아무도 "빛이 있으라"고 말할 수 없다.

다른 한편 (그리고 여기서는 헤시오도스의 《신통기》와 대조적으로)[3] 《에누마 엘리
시》에는 창조든 뭐든 시작할 혼돈이 없고, 하늘과 대지의 원초적 분리 또
한 전혀 없다. 현존해 있는 것이라곤 물뿐이다. 요컨대 염수(鹽水), 즉 '티아
마트'와 담수(淡水), 즉 '아프수' 두 종류의 물뿐이다. 뭄무, 즉 근원적인 안
개조차 수성(水性)이다. 모든 것은 '물과 함께/물에서' 시작된다. 신들 자신
도 물로부터 창조된다. 요컨대 창조는 창조자 없이 일어난다. 창조는 결정
적 분리 활동에서 생기는 게 아니라, 여러 종류의 물이 감각 불가능한 방
식으로 섞임으로써 일어난다. 요컨대 모든 것은 **물의 두 영역이 뒤섞여 원
소적 혼합이 이루어짐으로써** 시작된다. 왜냐하면 아프수와 티아마트는 신의
이름이라기보다 태곳적 장소들의 이름이기 때문이다. 이것들은 우주창생

론에서 '장소-이름'이다. "쓴물"과 "단물"은 서로 다른 종류의 장소다. 그 둘이 서로 섞일 때, 그들은 (특정 신들의 장소와 더불어) 좀더 특정한 장소들이 공유하는 공통의 장소(모태)를 창조한다.

뒤섞인 물속에서 응집된 침전물 덩어리는 '아프수-티아마트'라는 모태로부터 출현하는 최초의 확고한 장소이며, 이로 인해 최초의 네 신이 이름을 얻기에 이른다. 여기서 장소와 이름은 동시적이다.

라흐무(Lahmu)와 라하무(Lahamu)의 이름이 지어졌다.

그들은 나이가 많이 들지도 않았고

충분히 자란 것도 아니었다.

안샤르(Anshar)와 키샤르(Kishar)가 그들을 따라잡았을 때,

하늘과 대지의 선(線)들이

쪽 뻗음으로써 지평들이 서로 만난다.

구름을 침니로부터 분리하기 위해.[4]

침니라는 장소, 즉 "원초적 침전물"[5]이라는 장소로부터 대지와 하늘의 분리가 발생한다. 라흐무와 라하무는 (전자가 남성이고, 후자가 여성이라는 점을 제외하면) 이름으로는 거의 구별되지 않는다. 이제 그들은 안샤르와 키샤르라는 더 뚜렷이 분화된 형상들(figures)에게 추월당한다. (그들은 각각 하늘의 지평과 대지의 지평의 신이다.) 비교적 지연된 하늘과 대지의 분리, 이는 우리가 앞서 살펴본 천공과 대지의 분리에 해당한다. 후자의 경우는 특히 창세기에서 뚜렷한데, 거기서 신은 "창공 위에 있는 물로부터 창공 밑에 있는 물을 분리했다". 이러한 구약성서의 설명과 달리 《에누마 엘리시》에서는 지평선의 특질이 안샤르와 키샤르라는 고유명사 속에 분명히 담겨 있다. 이것을

《에누마 엘리시》는 안샤르와 키샤르의 모습이 보이는 곳은 바로 "구름을 침니로부터 **분리하기 위해** 지평들이 서로 **만나는 곳**"이라고 모순어법적으로 표현한다. 이런 모순어법이 가능한 것은 모든 지평은 결합함과 동시에 분리되기 때문이다. 특히 육지 끝에 있는 지평선은 한편으로는 대지와 하늘을 동일한 주변 공간의 두 인접 영역으로 모두 보유하며, 다른 한편으로는 그것들을 확실하게 다른 두 구역으로 나눈다.

안샤르와 키샤르가 사실상 결정적으로 다른 장소라는 것은 이들 두 신이 구현하고 있는 대지/하늘 구분을 곧바로 이어지는 후속 세대가 그대로 반복한다는 사실에서 확실히 알 수 있다. 안샤르의 아들 아누(Anu)는 "텅 빈 하늘"의 신이며, 그에게서 '누딤무드-에아(Nudimmud-Ea)'라는 자식이 태어났다. '누딤무드-에아'는 단물의 신이자 지혜의 신으로 "천공의 지평보다 광대"[6]하다. 그리고 '누딤무드-에아'는 물의 속성을 가진 자신의 조상 아프수를 살해한다. 아프수가 티아마트와 함께 자기들 사이에서 태어난 몹시 시끄러운 신들을 파괴하려 했을 때였다. 아프수를 살해할 때 '누딤무드-에아'는 "똬리를 튼 혼돈의 깊이를 측정한 다음, 혼돈에 반하는 교묘한 우주 체계를 고안해냈다".[7] 그리고 나서 '누딤무드-에아'는 아프수를 추도하는 기념비를 세운다. 〔《토템과 타부(Totem and Taboo)》의 저자 프로이트는 그리 놀랄 일도 아니겠지만 말이다.〕

에아는 아프수를 포박하고 그를 살해했다. ……자신의 승리가 확정되자 에아는 깊고 평온한 휴식을 취하며, 자신의 신성한 궁전에서 잠들었다. 그 거대하게 벌어진 깊은 심연 위에 그는 자신의 집과 사원(shrine)을 짓고, 거기서 자신의 아내 담키나(Damkina)와 함께 장엄한 삶을 영위했다.[8]

"교묘한 우주 체계"는 여기서 에아의 '궁전-사원', 즉 최초로 지은 거주 장소라는 형태로 나타난다. 건축물 자체는 심연 위에서 발생하는데, 바로 이런 사실로 인해 그 건축물이 아프수에게 바치는 기념비인 것이다. 아프수는 셈족(Semitic)의 언어로 수메르어 아브주(abzu)에 상응하는 말이다. 아브주는 '깊은 심연', '대양', '최외곽 한계'를 의미한다. 심연 위에 세운다는 것은 단지 혼돈으로부터 우주를 창조하는 게 아니다. 그것은 구조화하지 않은 질료적 모태로부터 장소를 구축하거나 '고안'하는 것, 그럼으로써 모태 자체를 추도하는 행위다.[9]

창조의 궁극적 건축자이자 티아마트 징벌자인 마르두크가 에아와 담키나 사이에서 태어난 것은 바로 이런 심연적 모태로부터다.

> 그 방에서, 태어날 자가 탄생하기로 미리 정해져 있는 결정의 지점에서, 그는 잉태되었다. 가장 명민한 자, 처음부터 절대적 행위자인 그가 태어났다.
> 그 깊은 심연에서 그는 잉태되었다. 마르두크는 아프수 한가운데서 태어났다. 마르두크는 거룩한 아프수의 한가운데서 창조되었다.[10]

심연에서 잉태된다는 건 창조의 모태에서—"태어날 자가 탄생하기로 미리 정해져 있는" "그 방에서"—생성되는 것이다. 이 모태적 심연의 깊이는 티아마트의 깊이, 즉 그녀의 자궁의 깊이(티아마트는 연속적으로 새로운 신과 괴물을 산출한다)와 대양으로서 존재의 깊이(티아마트는 문자 그대로 쫙 펼쳐진 물, 곧 바다나 호수 같은 것을 포함한 '원초적인 물'을 뜻한다)와 공명(共鳴) 관계에 있다. 수메르의 신들은 "똬리 튼 티아마트의 신체가 너무나도 깊어 그 깊이를 측량할 길이 없음"[11]에 동의한다.

마르두크가 그녀에 대해 반란을 일으켜야 하는 것은 바로 티아마트의 똬리 튼 신체―엄청난 혼란―가 헤아릴 길 없이 너무나 깊기 때문이다. 왜냐면 마르두크는 **측량 가능한** 깊이만을 다룰 수 있기 때문이다. 따라서 그는 티아마트와 대결하도록 운명 지어져 있다. 요컨대 양자의 차이는 문자 그대로 우주적이다. 대결을 시작하는 것도 "그녀가 '심연'을 살피는 것을 그가 측량할"[12] 때다. 그녀가 결코 대상이 되지 않는 것을, 즉 궁극적으로 자신과 동일시되는 것을 살펴보는 일에 온통 몰두해 있을 동안, 마르두크는 **그녀를** 측량한다―그녀를 정복의 대상으로 삼는다. 정확히 무정형의 비대상으로서, 즉 자기 자신인 '심연'으로서 티아마트는 우주 전쟁(cosmomachia)에서 정복당할 수 있으며, 결국 이 전쟁을 통해 건축이 비(非)구조에 대해 승리를 거두고 모태를 지배하게 되었다는 노래가 울려 퍼진다. 만일 에아가 이 우주창생론에서 최초의 건축자(architect)―'archi-tect'는 '최초의 건축자'를 의미한다―라면, 마르두크는 최고의 건축자다.[13] 마르두크는 전투에서 티아마트를 잔혹하게 짓부숨으로써 자신이 모태의 지배자임을 입증한다. 그가 "쏜 화살은 그녀의 배를 가르고, 내장을 뚫고, 자궁을 찢어버렸다".[14] 마르두크의 남근(男根)을 상징하는 화살이 자궁-모태를 침략한다. 죽음이 생명의 자리를 관통해 들어가는 것이다. 유기적인 모태, 생성의 원천을 파괴함으로써만 비유기적 건조(建造) 활동은 앞으로 나아갈 수 있다. 폴 리쾨르(Paul Ricoeur)가 마르두크에 대해 언급하며 지적했듯 "무질서가 무질서를 정복한다. 신들 중에서도 가장 젊은 신이 질서를 수립하는 것은 바로 폭력에 의해서다".[15]

최고의 건축자로서―"대지의 군주"로서, "태양의 아들"로서[16]―마르두크는 이미 존재하는 무언가**로부터** 구축해야만 한다. 여기서 무로부터 생겨나는 것은 아무것도 없다! 마르두크는 건축 재료를 살해당한 티아마트의 신체 안에서 발견한다. 그녀의 깊디깊은 신체가 문명화한 우주의 재료

(resource) 혹은 원천(source)이 되는 것이다.

주재자는 휴식을 취했다. 거대한 신체를 응시하면서, 저것을 어떻게 사용할지, 저 죽어버린 몸뚱이를 가지고 무엇을 창조할지 곰곰이 생각했다. 그는 그 몸뚱이를 벌려 조개껍질처럼 둘로 찢어버렸다. 윗부분으로는 하늘의 궁창을 구축하고 빗장(bar)을 내리고는, 물 위에 감시(a watch)를 두어 물이 결코 새어나가지 못하게 했다.[17]

이런 폭력 행위―이는 바로 'bará', 즉 찢어버리는 행위로 발생한다―를 통해 마르두크는 하늘과 바다를 구분 짓는 수평선 또는 "빗장"을 창조함으로써 안샤르와 키샤르 간에 일어났던 최초의 분리를 되풀이한다. "물위에 감시를 두는" 것은 물 위에 우주적 경계선을 놓음으로써 각각의 물에 한계를 부여하는 쪽으로 결정적 일보를 내딛는 것이다. 이러한 한계 지음(delimitation)은 하늘의 "궁창"을 창조한 것(요컨대 하늘이 고유한 영역을 갖도록 활 같은 외곽 한계를 창조한 것)과 마찬가지로 그 힘에 의해 장소를 만드는 것이다. 이 새로운 장소 설정 덕분에 더 이상 열린 하늘을 "아누"라고 부르거나, 지상과 하늘이 공유하는 지평을 "안샤르"와 "키샤르"라고 부를 필요가 없다. 태곳적 요소들이 신으로 발전했다는 것은 더 이상 신화적인 이름이 필요없는 우주적 장소로 이행한 것이다.[18] 그러나 이야기는 여기서 끝나지 않는다.

마르두크는 하늘을 가로질러 무한히 먼 거리까지 조망했다. 그는 아프수 위에 자리 잡고 있었다. 아프수는 지금 그가 널리 둘러보면서 측정하고 표시한 그 오래된 심연 위에 누딤무드가 세운 것이었다.

그는 광대한 궁창을 쫙 펼치고는 에샤라(Esharra)를 지었다. 에샤라의 모습은 지상의 '대궁전'과도 같았다. 그리고 아누, 엔릴(Enlil), 에아는 각각 합당한 자리를 가졌다.[19]

이 서사시 앞쪽에서는 신들이 창조되고(이는 '신들의 계보' 자체다), 뒤이어 **신들을 위한 장소**, 즉 신들에게 "합당한 자리"가 창조된다. 마르두크의 행위를 통해 신들은 "자신의 장소를 할당받는다".[20] 다시 한 번 '장소 창생'이 '우주 창생'의 뒤를 따른다. 이러한 위치 지정 행위가 이루어지려면 그 조건으로서 심연의 "무한히 먼 거리"를 한눈에 조망해야만 하며 "광대한 궁창"을 쫙 펼쳐야 한다. 쫙 펼친다는 것은 시각적으로 조망하는 것과 실체적으로 등가다. 쫙 펼침과 시각적 조망 모두, 어떤 것의 전(全) 범위를 문자 그대로 주변을 잘 살피는〔circumspection: 통상 '세심한 관찰'이라는 뜻이지만, 저자는 이 단어가 주변(circum)과 잘 봄(spectrum)이라는 두 단어의 합성어라는 점에서 이렇게 말하고 있다—옮긴이〕예비 활동을 통해 미리 죽 훑어보는 것이다. 흔히 말하듯 '치수를 평가하는' 것이다. 이런 일을 하려면 마르두크는 쫙 펼쳐서 치수를 재기 위한 안정된 위치를 확립해야 한다. 그러한 위치는 마르두크가 "**아프수** 위", 즉 심연의 위라 여기는 지점에서 발견된다. 마르두크가 거기에 자리 잡는 것은 실제로는 이중의 중첩(double superpositioning)이다. 우선 에아의 집과 사원 위에, 그리고 원소적인 아프수인 "오래된 심연" 위에. 그러므로 이 위에서 무한한 범위를 측량하는 셈이다.

여기서 문제는 조망 수준에 그치지 않는다. 마르두크는 나아가 심연을 "측정하고 표시함"으로써 작업에 착수한다. 측량(mensuration)으로, 즉 공간적인 동시에 시간적인 측정(measurement)으로 나아가는 것이다.

그는 '위대한 신들'의 자리를 하늘에 두드러지도록 투사(投射)했다. 그는 그 신들에게 반짝이는 형상, 즉 별자리를 부여했다. 그는 1년을 측정해 그 시작과 끝을 부여하고, 열두 달 각각에 세 신성(新星)을 부여했다.[21]

신들이 공간적 위치를 부여받는 것과 마찬가지로, 시간적 위치 또한 매겨진다―이 위치는 일차적으로 각각 태양 및 달의 주기에 따라 정해진다.[22] 이러한 위치(이는 실제로 볼 수 있고 셀 수도 있는 장소다)에 더해 마르두크는 새로운 세계에 기본적인 방향성을 부여한다. "그녀의 갈빗대를 통해서 그는 동쪽과 서쪽으로 문을 열고, 그 문 좌우에 강력한 나사를 박았다. 그리고 티아마트의 복부 높이 천정(天頂)을 두었다."[23] 사지가 갈가리 찢긴 '심연'으로부터 하나의 전경(全景)이 출현한다.

그런 다음 마르두크는 티아마트에 대해 생각했다. 그는 쓴 바닷물에서 거품을 걷어내고, 그 거품을 쌓아올려 구름을 만들었다. 티아마트의 침을 가지고는 습한 물보라, 바람, 차가운 비를 빚었다.
그는 자신의 손으로 김이 오르는 안개를 가지고 구름을 널리 퍼뜨렸다. 그는 물머리를 내리눌러 그 위에 산을 쌓고 구멍을 열어 샘이 흐르게 했다. 유프라테스 강과 티그리스 강은 그녀의 두 눈으로부터 흘러나왔는데, 그는 그녀의 콧구멍을 막아 그 원천을 억제했다.
그는 티아마트의 젖꼭지 위에 거대한 산들을 쌓고, 작은 못들이 그 산들 사이로 흘러 깊은 원천에 이르도록 했다. 그리고 머리 위쪽으로는 그녀의 꼬리를 활처럼 휘게 해 하늘의 수레바퀴에 끼워 넣었다. 그의 발밑에는 구덩이가 있었다. 하늘과 구덩이 사이에는 가랑이가 있었으니, 그것이 하늘의 지주(支柱)다. 이제 대지는 굳건한 토대 위에 섰고, 하늘에는 덮개가 있었다.[24]

마르두크가 여기서 창조한 것은 바로 지구의 지세도(地勢圖, topography)
자체였다. 즉 티아마트의 초거대 신체로부터 지구의 대기 및 지형을 창조
한 것이다. 원래 바다의 영역이었던 이 거대한 신체가 창조된 지구로 치환
및 변형되었다. 대지는 더 이상 심연에 매달려 있지 않고, 마침내 굳건한
"토대"를 부여받았다.

마르두크가 만들어내는 것 중 마지막 두 가지는 인간(human being)과 그
들의 거주 장소다. 거주 장소를 거기에 거주할 인간**보다 먼저** 창조한다는
게 인상적이다. 마치 거주처가 인간이 있기(being human) 위한 전제 조건이
라고 말하려는 듯하다. 신전 그리고 특히 바빌론 도시의 건축가로 불린 것
은 '에아'다.[25] 그 후 인간이 창조된다. 티아마트의 두 번째 배우자이자 그
녀의 괴물 같은 여러 힘들의 우두머리인 킹구(Kingu)를 희생해 얻은 피로써
말이다. 마르두크가 스스로를 창조신이라고 강력하게 주장하는 것은 바로
이 대목에서다.

피를 피와
내가 연결하고,
뼈와 뼈에
내가 형태를 부여한다.
최초의 것,
그 이름은 '인간(MAN)'이다.
최초의 인간은
내 것이니, 내가 만들었음이라.[26]

강한 소유욕에 스스로 자신을 축복하는 이러한 선포—앞에서도 이와 유

사한 것들이 있다[27] ─ 에도 불구하고, 마르두크는 창조력이라는 면에서 전적으로 만능이라고 할 수는 없다. 그가 창조한 것 중 **무**로부터 나온 것은 아무것도 없다. 그의 가장 자랑스러운 **창조물**인 인류는 이전에 존재하던 신의 피로 만들어졌다. 여기서도 그가 한 것은 "질료에 형태를 부여한 것"[28]이다. 마르두크는 비(非)질료인 무로부터 질료를 산출하는 게 아니다. "참패한 티아마트의 잔해로부터, 쓰러진 신들의 사체로부터 인간을 지은"[29] 것이다. 모든 것은 티아마트의 신체로부터, 즉 창조의 원초적 재료인 신체로부터 창조된다.

티아마트의 신체는 단순히 원초적인 것만이 아니다. 이는 소진될 수 없는 것, 따라서 창조 과정을 거치고도 완전히 없어지지 않는다. 《에누마 엘리시》의 제일 마지막에 나오는 화해의 기도는 이렇게 간원한다.

그녀가 미래 속으로 물러나

인류로부터 아득히 멀어지기를……

오랜 시간 뒤까지

영원히 존재하지 않도록[30]

티아마트는 현재의 창조 현장으로부터는 '사라져'버렸을지 모른다. 그녀의 신체는 온전히 살아남지 못했다. 그러나 완전히 정복당하지는 않았다. 그녀의 질료, 그녀의 모태는 존속하고 있다. 창조 이후의 과정은 어떤 것이든 이것에 의거해야 할 것이다.

《에누마 엘리시》를 영어로 번역한 샌다스(N. K. Sandars)는 이 서사시에서 "질료는 영원하다. 〔그리고〕 티아마트와 아프수는 그들 자신의 내부로부터 (한층 더 복잡한 것으로 전개될) 우주 전체의 질료를 제공한다"[31]고 주장했다.

그녀의 이런 주장은 확실히 옳다. 그러나 샌다스는 이로부터 "엄격히 말하자면 바빌로니아 서사시에 **창조란 전혀 존재하지 않는다**"[32]는 결론을 도출하는데, 반드시 그렇다고는 할 수 없다. 샌다스 자신의 번역으로 충분히 확인한 것처럼 창조는 일어난다. 실제로 연속적으로, 서사시 전편에 걸쳐서 일어난다. 그러면서도 창조 자체에는 두 가지 제약이 따른다. 첫째 제약은 늘 **무언가로부터의**, 즉 질료적 모태(그리고 특히 티아마트 자신의 신체)로부터의 창조다. 둘째 제약은 일차적으로 **장소들의** 창조다. 창조된 세계가 "더 한층 복잡한 세계"로 전개된다는 것은 세계가 더 한층 특정한 종류의 장소로, 즉 점점 더 인간이 거주할 만한 세계로 되어간다는 것이다.

실제로 《에누마 엘리시》는 창조의 주요 단계를 셋으로 제시하는데, 그 각각은 장소적 관점에서 뚜렷이 구별된다. (1) 처음에 제시하는 것은 긴밀히 연관된 두 액체, 즉 단물과 쓴물로 이뤄진 물의 세계다. 이 물의 혼합으로부터 초기의 신들이 출현한다. 즉 하늘과 땅에 있는 지평의 신, 대지에 있는 물의 신, 그리고 텅 빈 천공의 신. 이러한 신들의 계보는 아프수와 티아마트 간 부모 성교(intercourse)라는 근원적 장면으로부터 영역이 분화해가는 형태로 생겨난다. (2) 적대와 갈등의 장소는 신들 사이에서 오이디푸스 콤플렉스적인 드라마가 연출되면서 함께 생겨난다. (3) 마지막으로 우주 자체의 창조가 발생하는 것은 창조의 장인 티아마트의 거대한 덩어리에서 및 그 덩어리를 통해서다. 마르두크는 "우주의 왕"[33] 역할을 하도록 타고났다고 믿는 자답게 신들과 천체, 대지와 인간을 포함한 모든 것이 제각기 고유한 장소를 차지하는 질서 있는 우주를 구성한다. "그의 영광이 심연에 닿았으니"[34], 마르두크가 심연 자체 위에 공들여 건설한다는 사실이 그것을 증거한다. 그는 그 심연을 개별적인 장소들의 충만한 현존으로 채운다.

《에누마 엘리시》 전편에 걸쳐 장소는 만물을 생성하는 모태로서 등장한다. 비록 이 텍스트에서는 '공허'를 한 번, '혼돈'을 두 번 언급하고 있지만, 이는 모두 이미 생겨난 존재를 회고적으로 해석할 때의 언급일 뿐이다.[35] 실제로 생겨나는 것, 즉 **장소로서** 나타나는 것은 모태라는 형태로, 더 적확하게 말하자면 '모태로서 장소'라는 형태로 나타난다. 이처럼 우주창생론의 시작에서 철저한 공허 따위는 전혀 존재하지 않으며(물론 공허라는 말이 나오는 것은 사실이다. 하지만 이는 아직 대지가 실존하지 않는다는 점에서 상대적으로 공허하다는 것일 뿐 물은 이미 실존하고 있다), 그와 마찬가지로 진정한 혼돈 역시 존재하지 않는다. 티아마트는 유체적인(fluid) 것이지, 혼란스러운(chaotic) 것이 아니다. 그리고 티아마트는 마르두크에게 참패를 당했을 때를 제외하고는(!) 무질서하지도 않다.[36] 티아마트 자신의 견지에서 보면 그녀는 나름대로 질서 잡힌 존재다. 요컨대 마르두크의 최종적인 형상화 활동에 의해 우주, 즉 질서 잡힌 세계를 산출할 만큼 충분한 질서를 갖춘 존재다.

질서, 특히 장소의 질서는 모태에서 이미 초기 단계에 있다. 원소적인 물의 단계에서뿐 아니라, 뒤에 이어지는 대립과 창조의 단계에서도 장소는 모태로서 나타난다. 실제로 창조 자체가 바로 파괴의 장소에서, 즉 마르두크가 위업을 이루는 피비린내 나는 장면에서 일어난다. "창조적 행위란 구분 짓고, 분리하고, 측정하고, 질서 짓는 것으로 가장 오래된 신들의 생명을 끝장내는 범죄적 행위와 뗄 수 없으며, 〔그리고 또한〕 신적인 존재 특유의 살신(殺神)과 뗄 수 없는 것이다."[37] 이 우주창생론의 최종 단계에서 이전의 두 가지 모태, 즉 원소적 모태와 파괴적 모태는 새로운 모태에 길을 내준다. 새로 건설된 이 모태는 티아마트의 죽은 몸뚱이를 통해 제공된 재료로부터 마르두크가 구축한 충분히 질서 잡힌 세계에 내재한다. 티아마트의 '자궁-모태'에서 비롯된 남신과 여신 및 괴물들의 과잉 수태(superfetation)는 마르두크의 남근에 의한 생성에서 인간 및 건조물(建造物)의 과잉 생산

(superproduction)으로 대체된다. 연속적인 출산이 바지런한 건축적 질서화에 길을 내주는 것이다.[38] 공허나 혼돈 대신 모든 곳에 충만과 장소가, 장소들의 충만이, 실제로는 장소로서 충만이 배치된다. 점점 더 구체화하는 모태가 연속적으로 커져가듯.[39]

그리고 마지막으로 재연(再演, reenactment)의 장소가 존재한다. 왜냐하면 《에누마 엘리시》는 바빌론에서 신년제를 시작할 때 구송(口誦)했기 때문이다. 물론 바빌론 어디에서나 그런 것은 아니고 "특별한 장소, 즉 마르두크 신의 조상(彫像)이 1년 내내 살고 있는, 그의 안쪽 깊숙한 방 혹은 지성소(holy of holies)에서"[40] 구송했다. 이 방은 웁슈키나(Ubshukinna), 즉 '운명의 방'과 동일한 것으로 간주되며, 마르두크를 "우주의 대(大)주재자"[41]로 선포한 곳이다. 웁슈키나 또한 하나의 모태, 즉 재연의 모태다. 제대로 의식을 거행할 경우, 배우들은 마르두크와 티아마트의 전투를 연행(演行)하고, 주관 사제는 이렇게 소리친다. "마르두크가 티아마트를 계속 정복해 그녀의 수명을 단축시키기를!" 의식화(儀式化)한 이 퍼포먼스에서 쟁점은 원초적 대결의 단순한 재현이나 회상 이상의 것에 있다. 재연된 전투는 새로운 해로 접어들 때 세계를 혼란보다 더 근본적인, 대단히 위험한 전(前) 질서 또는 비(非)질서 상태로부터 질서가 갱신된 상태로 되돌린다. 엘리아데가 주목했듯

'창조'의 이러한 축전(祝典, commemoration)은 사실 우주창생론적 행위의 **재현실화**(reactualization)다. ……배우들이 양편으로 나뉘어 벌이는 전투는 …… 우주창생론을 〔재〕현실화했다. 신화적 사건은 다시 한 번 **현재**(present)가 되었다. ……그 전투와 그 승리 그리고 그 창조가 **그 순간에, 지금 여기에서** 일어난 것이다.[42]

엘리아데의 이런 견해에 우리가 덧붙일 것은 한 가지뿐이다. 재현실화한 사건은 또한 **그 장소에서**, 즉 바빌론에 있는 마르두크의 안쪽 깊숙한 방에서 일어났다. 티아마트 자신의 비옥한 신체와 매우 비슷하게도 이 방은 단지 파괴와 창조의 무대로서가 아니라, 지속적인 재탄생의 자궁으로 기능했다. 생성하는 존재와 건축하는 존재, 원초적인 모태와 최고의 건설자는—다른 경우에는 몹시 맹렬하게 적대하지만—재연을 행하는 공통의 방에서는 힘을 합친다.

2

마르두크와 아주 유사하게 플라톤의 《티마이오스》에 나오는 데미우르고스(Demiurgos)에게도 원래부터 매우 다루기 힘든 공간을 길들인 장소들로 이뤄진 하나의 권역으로 개조해야 하는 상당히 버거운 과업이 주어져 있다. 플라톤의 권능자(power figure)는 마치 마르두크와 발을 맞춘 듯 역시 '남성적인' 존재인데, 대접전에서 치명적 역할을 한 마르두크의 화살을 기하학의 직선으로 대체한다. 그러나 두 사례 모두에서 전(前) 우주적인 '여성적인' 신체는 창조의 원천이자 한계이며, 그 거대한 신체가 선재(先在)한다는 것은 개입하는 신이 전능함과는 거리가 멀다는 걸 증명한다. 두 서사시는 공히 창조가 단지 일정한 상황—엄밀히 말하면 처음에 주어진 '세계-신체'라는 거대하고 장대한 덩어리 속에 구현되어 있는 상황—아래서만 일어난다는 것을 분명히 한다. 창조는 이 신체 **안에서,** 이 신체와 **함께** 이루어져야 하는데, 플라톤은 이 신체를 '필연(ananké)'—또한 '코라(공간)'—이라고 명명한다.

그렇다면 공간은 처음에, 심지어 창조 행위가 발생하기 전에도 거기에 존재해야 하는 그 무엇이다. 이런 점에서 플라톤은 우리가 앞서 설명한 여러 사례에서 살펴본 것을 정식화할 뿐이다. 창조를 행하기 위해서는 선재하는 공간들(즉 여러 장소, 영역)이 반드시 필요하다. 왜냐하면 존재하게 될 것은 모두 "어떤 일정한 장소 안에 존재하지"[43] 않을 수 없기 때문이다. 한편 그러한 공간적 필연성과 비교할 때, 시간의 지위는 부차적이다—시간은 단지 천체의 원운동 궤도를 유지하기 위해 데미우르고스가 고안한 "영겁의 동적인 이미지"[44]에 불과하다. 《에누마 엘리시》 첫 번째 연(聯, stanzas)에서도 그렇듯 플라톤적 우주의 원초적 상태에서도 시간은 본질적이지 않다. 양자의 경우 모두 시간은 창조의 무대에 별개로 뒤늦게 덧붙여진다. 첫 번째로 가장 중요한 문제는 공간의 운명, 즉 공간의 본래 지위와 이후의 변천 과정이다.

플라톤 또한 '수용체(Receptacle)'라는 용어를 쓰는데, 이는 데미우르고스가 출발지로 삼아야 했던, 미리 주어진 공간을 지시하는 말이다. "모든 '생성'의 유모(nurse)"[45]로서 '수용체'는 티아마트 못지않게 깊고 비옥하다. 그리고 티아마트 못지않게 모성적이기도 한데, 그 이유는 신화적인 존재자와 철학적인 존재자가 모두 창조에 자궁으로의 회귀, '자연(phusis)' 자체의 자궁으로의 회귀를 포함하도록 요구하기 때문이다. 남근에서 유래하는 데미우르고스의 부성적 행위는 "어머니"[46]로 해석되는 '수용체'에 의해, 또한 '수용체' 내에서 일어난다. 요컨대 모태 내부에서 일어난다.

그것은 그 자신의 특성에서 벗어나는 일이 전혀 없습니다. 그것은 언제나 모든 걸 받아들이면서도, 자기 속으로 들어오는 것 중 어떤 것과도 어떤 식으로건 닮은 형태를 갖는 일이 결코 없을 것이기 때문입니다. **그것은 본성상 모든 것에 대해 모태로 있으면서, 그 안으로 들어오는 모든 것에 의해 변화하고 모양도 다양하게**

그러나 플라톤적 모태의 특성은 엄밀한 의미에서 물질적이지 않다. 물질적 성질을 띠긴 하지만, 그 자체가 물질로 구성되어 있지는 않기 때문이다. 물질적 성질을 드러내거나 반영한다는 점에서, 그것은 물리적 사물 자체라기보다는 물리적인 것의 거울 같다고 할 수 있다.[48] 그것은 자기 자신의 성질을 갖지 않는다. 만약 고유의 성질을 갖는다고 한다면, 그것을 점유하는 사물의 여러 가지 성질을 전적으로 수용할 수 없을 것이고, 그런 성질을 충실히 반영할 수도 없을 테니 말이다. "자신 안에 모든 종류를 수용할 수 있는 것은 모든 특정으로부터 자유로워야 한다"(50e). 따라서 우리는 수용적인 모태를 물 같은 존재로 특징짓는—물론《에누마 엘리시》의 첫 부분과 창세기는 우리를 그런 쪽으로 유도하지만—것조차 불가능하다. 사실 네 가지 원소적 성질 중 어느 것도 플라톤적 모태를 특징짓는다고 할 수 없다. "가시화를 비롯해 우리 감각에 나타나는 것들의 어머니와 '수용체'가 흙, 물, 불, 공기 같은 특정한 성질의 것이라고는 말할 수 없다"(51a). 수메르적인 모태나 구약성서의 모태가 분명 원소적인 것이라면, 이는 희랍의 예에서는 더 이상 가능하지 않다. 전(前) 원소적인 것으로서 '공간' 혹은 '수용체'는 "비가시적이고 특징 없는 자연"(51b)이다. 그러나 다른 한편 '수용체'는 공허도 아니고, 장소가 없는 것도 아니다.

'공허' 아닌 '수용체'. 《티마이오스》에서 플라톤의 첫 번째 논적(論敵)은 고대의 '원자론자'인데, 그들은 우주 창생이 주위의 텅 빈 공간(kenon) 내부에서 이리저리 산재한 물질의 조각이 상호 작용함으로써 일어난다고 주장했다. 텅 빈 공간 자체는 미리 규정된 경로를 전혀 갖지 않으며, 그 자신의 고유한 성질 따위는 말할 것도 없다. 그것은 장소나 영역 또한 갖지 않는다. 근원적으로 장소조차 없다는 점에서, 그것은 내가 "철저한 공허"와 "무장소"라 부르는 것이 될 수 있는 일순위 후보다.[49] 이 모델과 대조적으로 '수용체'는 풍요롭게 충만하다. '수용체'가 아는 단 하나의 텅 빈 상태는 그것을 채우게 될 규칙적인 형상(regular figure)의 가장자리에 있는 극히 미미한 간극(interstice)이라는 형태로 생긴다.[50] (규칙적인 형상은 직접 잇닿아 있을 경우에도 서로를 구별 지어주는 선으로서 '간극' 혹은 틈이 있을 수밖에 없다 — 옮긴이.) '수용체' 자체의 외부에도(왜냐하면 '수용체'는 **외부**가 없으므로), 수용체 자체의 내부에도 순전히 텅 빈 상태는 없다.[51]

장소를 결여하지 않은 수용체. '수용체'는 "때에 따라 다른 성질을 갖도록 '나타난다'"(50c, 강조는 필자). 나타난다는 것은 어쨌거나 **나타나는 장소**를 필요로 한다. 달리 말하면 '수용체'는 비록 그 자신의 장소는 갖지 않는다 해도(즉 수용체는 '공간' 자체이기 때문에 자신보다 더 크게 연장된 어떤 공간에 위치하지 않는다), 다양한 감각적 성질에 장소를 제공한다. 《에누마 엘리시》에서 사물의 첫 상태가 장소를 제공하는 것과 마찬가지로 '수용체'는 장소를 증여하고, 그럼으로써 "존재하게 될 모든 사물에 상황(hedran)을 제공한다".[52] 이러한 장소 제공이 일어나는 데에는 형식적 이유와 실질적 이유가 있다.

(1) **형식적으로는** 감각적 성질조차(아울러 그러한 성질이 깃드는 물질적 존재는 더더욱) **어딘가에서** 드러나지 않을 수 없다. 이 점과 관련해 콘퍼드(F. M. Cornford)는 이렇게 언급한다. "'수용체'는 '그것으로부터' 사물이 만들어지는 무엇이 아니다. 그것은 '그 안에서' 성질이 나타나는 것으로 마치 여러 이미지가 그 **안에서** 휙휙 지나치는 거울과도 같다."[53] 여기서 플라톤과 아르키타스의 주장이 포개지는데, 심지어 아르키타스의 주장을 말만 바꿔 표현한 게 아닌가 싶을 때조차 있다. 플라톤은 이렇게 말했다. 단지 겉으로 나타나는 것뿐만 아니라 "존재하는 것은 반드시 어떤 장소 안에 존재하고,

또 어떤 여지(room)를 점할 필요가 있다. ……지상이나 천상 어디에도 존재하지 않는 것은 무다"(52b). 그러므로 어떤 종류의 장소는 늘 가까이에— **그리고 이미 '수용체' 자체의 내부 가까이에**—존재해야 한다. 그렇다면 이는 대체 어떤 종류의 장소란 말인가?

우리는 방금 '수용체'가 티아마트의 신체와 대조적으로, 엄밀한 의미에서 창조의 물질적 자리(locus, 로쿠스)일 수 없음을 확인했다. 여기서 물질적 자리란 마르두크가 "티아마트의 젖꼭지 위에 거대한 산들을 쌓고, 작은 못들이 그 산들 사이로 흐르도록" 했을 때 중요했던 물리적 종류의 영역이다. '수용체'는 내재적으로 고유한 특성이 없기 때문에 거기에 산이나 작은 못이라 비유할 수 있는 특징을 포함할 수 없다. 그것은 '흙'이나 '물'이라고 칭해서는 안 될 뿐만 아니라, 플라톤이 치밀하게 덧붙였듯 "어떤 복합체나 구성 성분들"(51a)로 이루어진 것도 아니다. 그렇다면 그것은 무엇으로 이루어져 있을까? 답은 **여러 영역**이다. 다시 말해, 감각할 수 있는 원소적인 것들이 그 안에서 서로서로 들러붙으며 순간적인 집합체를 이루는 원초적 지대(zones)다. 유유상종(類類相從)한다는 우주론적 규칙 덕분에 이러한 성질들이 각기 집단화하며 원시적 영역이 만들어진다.

'생성'의 유모는 물의 상태로 되는가 하면, 불타는 상태로 되기도 하고, 흙과 공기의 모습을 받아들이기도 하며, 이것들에 동반하는 하고많은 그 밖의 상태를 겪음으로써 보기에 온갖 모습으로 나타났다. 그러나 그것은 결코 닮지 않고 고르게 균형 잡히지도 않은 힘들로 가득 차 있기 때문에, **그 어떤 영역 내에서도** 평형을 이루지 못했다. 그것(힘)들로 인해 모든 곳에서 불규칙하게 흔들리는가 하면, 또한 그것이 운동함으로써 역으로 그것들을 흔들어놓게 되었다. 운동을 하게 된 그것들은 언제나 각기 다른 방향으로 분산되어 옮겨갔다. ……[수용체'는] 가장 닮지 않은 것들은 서로 최대한 멀리 떨어지게 하고, 가장 닮은 것들은 같은 곳으로 최대한 모이게 하는데, 바로 이 때문에 상이한 종류들은 **서로 다른 영역을 갖게 되었다**. 심지어 그것들로 이뤄진 질서 있는 전체가 생겨나기 전에도 말이다.[54]

이렇게 긴 대목을 인용한 것은 플라톤의 우주론에서 여러 영역(혹은 여러 '원초적 영역'이라고 하는 쪽이 더 나을 테지만)은 맨 처음에 나타난다는 점을 강조하기 위해서다. 흔드는 혹은 "까부르는(winnowing)"[55] '수용체'의 작용은 닮은 것을 닮은 것들의 무리 속으로 운반한다는 점에서, 그 자체가 **영역화**(regionalization) 활동이다. 요컨대 그렇게 활동한다는 점에서 '수용체'라는 '공간'은 영역적인 지위를 갖는다.

(2) 하나의 영역이라는 것은 단지 가능성의 형식적 조건만은 아니다. 그것은 **실질적인** 점유의 장소다. 콘퍼드는 'chōra'를 '공간'이라고도 번역하고 '영역'이라고도 번역하는데, 이 말에는 예컨대 곡물로 가득 찬 밭이나 사물로 가득 찬 방 같은, **점유된 장소**라는 의미를 내포하고 있다. 영역이라는 것에는 함유하는 것과(the container)과 함유되는 것(the contained)이 모두 포함되며—아리스토텔레스는 이 두 용어를 분리해야 한다고 주장한다—따라서 우리는 그것을 명시적으로 '이러한 영역'이라 지시할 수 있다. (반면 플라톤이 주장하듯 우리는 곧 사라져버리는 감각적 성질을 '이것'이라고 지시할 수 없다.) 공간적 영역은 실체적이긴 하지만 그것이 곧 실체인 것은 아니다. 그것은 하나의 사물이라기보다 오히려 사물들을 **위한** 위치적인 모태다.[56] 그러한 영역은 결국 공간의 질료라기보다 오히려 장소의 질료다. 만일 '장소'가 유한한 소재화(所在化, locatedness) 상태를 함의하고, '공간'이 무한하거나 무한정한 연장을 함의한다면 말이다. '수용체'는 흥미롭게도 공간을 눈에 보이지 않는 무엇으로 보는 근대적 공간관을 예시하는 측면이 있지만, 그럼에도

불구하고 여전히 무엇보다도 우선 장소화의 무대로 남아 있다.[57]

　'수용체'는 두 가지 측면에서 '장소-제공적'이다. 첫째, 우리가 방금 살펴 보았듯 그것은 내적으로 고유하게 영역화되면서 동시에 영역화한다. 이런 능력으로 인해 '수용체'는 유사한 성질의 집합을 위해 "공간을 밝게 틔우고 (clear)", 그것들에게 "여유(leeway)"를 제공한다.[58] 이런 의미에서 영역은 원 초적인 지대(zones)다— 이는 프로이트가 성심리학의 주요 "지대"라고 포착 한 것과 크게 다르지 않다. 성심리적 지대, 즉 성감대는 체험된 신체(lived body) 위에(혹은 안에라고 하는 편이 더 좋겠지만) 자리 잡고 있지만, 정확히 어디 어디라고 엄밀히 구획할 수는 없다. 바로 그런 것처럼 우주론적 지대는 '수 용체'의 신체를 구조화하기는 하지만, 엄밀하게 경계 지어져 있지 않다. (어 떤 한 영역 안에서, 닮은 것은 닮은 것 쪽으로 끌린다. 그러나 닮았다는 건 정도의 문제이므 로 엄밀히 한계 짓는 것은 불가능하다.) 둘째, 영역은 열려 있고 모호한 상태기 때 문에 장소의 훨씬 더 특정적인 의미, 곧 토포스(topos)로서 장소라는 의미 를 필요로 한다. 사실 플라톤이 늘 코라와 토포스를 구별하려 애쓴 것은 아 니지만, 데미우르고스가 구축한 "일차적 존재들"에 대해 논의할 때에는 바 로 이런 구별이 필요하다. 왜냐하면 그러한 존재 각각은 감각적 성질과 규 칙적인 기하학적 형상으로부터 형성되는 것으로서 "어떤 일정한 장소 안에 서 존재하게 될 무언가이기"(52a) 때문이다. 여기서 "어떤 일정한 장소 안에 서"란 "그 용적에 따른 외부 윤곽에 의해 규정되는 그 자신의 토포스 안에 서"라는 뜻이다. 그러나 이 토포스는 또 역으로 하나의 영역 안에, 즉 코라 적 공간의 포괄적이면서도 동시에 한계 지어진 부분 안에 위치 지어진다.[59]

　코라가 창조에 선행하듯— 이는 데미우르고스가 여러 사물의 도식 속으 로 개입해 들어가자마자 맞닥뜨린 것으로, 이 때문에 이것을 '필연'이라 부 른다— 개개의 토포스는 창조의 뒤를 이어 나타난다. **데미우르고스의 창조**

본령은 미리 주어진 (그리고 이미 영역화한) '공간' 내부의 개별적 장소들 내에서 사물을 배치하고 특정화하는 데 있다.

3

《에누마 엘리시》에서도 마찬가지로 창조의 본령은 이미 실존하는 영역들로부터 개별 장소를 생산하는 데 있다. 비록 개별성의 **종류**가 두 경우(《에누마 엘리시》와 《티마이오스》—옮긴이)에 서로 다른 게 사실이라 해도 그러하다. 요컨대 수메르의 서사시에서 개별성은 단순한 물리적 존재가 아니라 건축체(architectural entity)나 도시체(civic entity) 같은 존재자에 속한다. 《에누마 엘리시》가 확고하게 유한하고 역사적인 반면—궁극적으로는 바빌론의 창설과 관련이 있다—《티마이오스》는 유한성을 초월하며 비역사적이고자 한다. 게다가 이 두 설명 체계는 **일반성**의 종류에서도 다르다. 이를테면 초기의 텍스트, 곧 《에누마 엘리시》에서 제시한 전(前) 우주적 영역의 현실적(down-to-earth) 물질성(예컨대 단물과 쓴물)은 희랍의 창조 이야기 《티마이오스》에서 순수하게 수용적인 영역으로 대체된다. 그렇지만 산재된 영역에서 간결한 장소로의 전면적 이동은 두 경우에서 모두 확인할 수 있다—각각의 경우 영역 개념을 특징짓는, 모태의 뿌리 개념이 그러한 것처럼 말이다.

이 두 서사시(하나는 2000년 전 것이고 다른 하나는 기원전 4세기의 것이다) 간의 더 깊은 차이는 다른 곳에서 찾을 수 있다. 그것은 바로 우주창생론에서 우주론으로 이행했다는 점이다. 창생이 《에누마 엘리시》 같은 우주 **창생적** 텍스트의 항상적 관심사인 데 반해, '생성'(genesis를 이렇게 번역할 수 있다)은 《티마이오스》에서 세 가지 주요 관심사 중 하나일 뿐이다. 세 가지 관심사는 간략히 말하면 "'존재', '공간', '생성'이다—이 셋은 엄밀하게 별도의 것이다"(52d). 생성되는 사물(to gignomenon)은 그 안에서 이 사물이 생성되는 것(to en hō gignetai), 즉 '공간'과 구별된다. 한편 양자는 모두 생성되는 사물의 무시간적 패턴을 제공하는 '형상(form)'과 구별할 수 있다. 감각 가능한 사물이 소멸될 운명이고 '공간'은 "영속적인(everlasting)"[60] 데 반해 '형상'은 영원하다(eternal). '형상'을 명백하게 '공간' 및 '생성'과 동등하게 시원적인 것으로 간주한다는 사실만으로도, 우리가 지금 뮈토스(muthos)에서 로고스(logos)로, 즉 우주론의 권역으로 진입했음을 알 수 있다. 왜냐하면 창조된 **우주**가 지금 어떤 상태인가는 거기에 로고스라는 영원불변의 구조가 얼마나 침투해 있느냐에 따를 뿐이기 때문이다. 아울러 그러한 우주에 대한 적절한 설명은 '합리적인 설명'(로고스의 또 하나의 기본적 의미)이다. 철학은 그러한 설명을 제공하며, 바로 이런 것이야말로 철학이 신화와 가장 뚜렷하게 다른 점이다. 비록 플라톤 자신은 《티마이오스》를 단지 "그럼직한 이야기"(29a)일 뿐이라고 간주했을지라도, 또한 비록 현대 철학자들이 그의 말을 액면 그대로 받아들여 그러한 이야기의 지위(status)에 절망할 수 있다 해도,[61] 《티마이오스》와 함께 우리가 우주론 속으로 운명적인 일보를 내딛었다는 것은 여전히 부정할 수 없는 사실이다. 그러한 설명에서 다만 "그럼직한"〔개연성(eikos)〕 것이란 정확히 우주창생론과 관련해 살아남은 것이다. 예를 들면 '수용체'의 모태로서 지위, 창조자의 역할과 활동, 이야기의 준(準)서사적 질서화, 물질적 성질의 강조 등이 그것이다. 우리가 '수용체'는 "그 것(힘)들로 인해 모든 곳에서 불규칙하게 흔들리는가 하면, 또한 그것이 운동함으로써 역으로 그것들을 흔들어놓게 되었다"(52e)는 대목을 읽을 때, 이를 티아마트 자신에 대한 기술이라고 바꿔 생각해도 **거의** 무방할 정도다. (특히 그녀의 괴물 같은, 곧 바다뱀 같은 형상에서 그러하다.) 그러나 고유한 이름이 없다는 것—무시무시한 '마르두크'는 얼굴 없는 '데미우르고스'로 이미 대체되어 있다—은 우리가 이미 다른 장르의 언설(목적도 주요 관심사도 모두 다른) 안에 있다는 표시다. 설령 '수용체'가 티아마트 자신과 거의 유사하게 "물의 성질이나 불의 성질"을 가진 것이라고 불린다 해도, '수용체'는 단지 그러한 성질을 **수용하고** 그러한 성질을 **반영할** 뿐이다. 즉 수용체는 실제적으로 그것이 수용하는 성질에 의해 특징지어지지 않기 때문에 그가 나타나 보이는 모습이 곧 수용체는 아니다. 수용체는 그러한 성질이 나타나는 영역의 전(前) 논리적 배열(collocation)이기 때문에 확실히 괴물 같고 혼돈스러운 것, 곧 야생적 감성을 가진 물질처럼 **보일** 수 있다. 그러나 이는 감각할 수 있는 대상이 **아니며**, 사실 물질도 아니다. 데리다가 지적하듯 "코라는 모든 규정들을 수용하며, 그리하여 〔그것들에 어떤 하나의〕 장소를 부여하지만, 이러한 규정들 중 어느 것도 고유하게 제 것으로 소유하지 않는다. 공간은 이러한 규정들의 특징을 소유하고 그것들을 갖지만(왜냐하면 공간은 그것들을 수용하므로), 그것들을 자기의 속성으로서 소유하지는 않는다. 공간이 고유하게 소유하는 것은 없다".[62]

그렇다면 결국 '수용체'는 무엇인가? 수용체에 해당하는 희랍어 명사 중 하나인 'hupodochē'라는 말이 결정적 실마리를 제공한다. 〔그 밖에 dechomenon도 있는데, 문자 그대로 '수용하는 자(recipient)'라는 뜻이다.〕 '수용체'란 물리적 세계 안에서 나타나는 것 **아래에**(hupo) 있는 것이다. 이는 아래에 있는 "여러 영역들의 영역"—후설의 개념을 빌리면(물론 후설은 이 개념을 물질적 세계가 아니라 의식에 적용했지만)[63]—이다. '수용체'는 '그것으로부터(ex hou)' 사물들이 만들어지는 무엇(티아마트가 그러하듯)이 아니라 '그 안에서(en hō)' 사물들(성질이나 힘, 운동 등, 궁극적으로 말하면 감지 가능한 사물들)이 나타나고, 위치를 교환하고, 자신의 장소를 얻는 것이다. 엄밀히 말하면 그 자체가 이질적인 것은 아니지만〔왜냐하면 그것은 다양한 것이기(be)에 충분할 만큼 물질적이지 않기 때문에〕, 그럼에도 불구하고 그것은 물리적 우주의 이질성 아래에 있고 (underlie), 그러한 이질성을 가능케 한다. 수용체가 격렬하게 요동치는 것인 이상, 그곳의 점유자는 끊임없이 장소를 바꿔갈 것이다.

모든 것은 위아래로 자신의 운동 방향을 바꾸면서 그들 자신의 영역으로 향한다. 왜냐하면 각각〔일차적 존재〕은 크기를 변화시킴으로써 또한 그 영역상의 위치(situation)도 변화시키기 때문이다. 바로 이런 식으로, 그리고 이런 수단을 통해 이질성이 영구적으로 발생할 수 있고, 바로 이런 상황이 이러한 물체들의 영구적 운동이 간단없이 계속되고, 또 미래에도 계속되도록 해준다.[64]

이 대목은 '수용체'의 원초적 영역조차 정지해 있거나 안정된 것이 결코 아님을 분명히 한다. 왜냐하면 특정한 종류의 물체가 처해 있는 영역이란 그 물체가 마치 안정된 어떤 것에 그러듯 거기에 기댈 수 있는 고정된 구역이라고 간주할 수 없기 때문이다. 그런 점에서 "그것의 어떠한 영역 내에도 평형은 없다".[65] 실제로 어떤 특정한 물체의 특정 장소도, 그 존재가 속하는 일반적 영역도 모두 지속적으로 변형이 발생하는 상태에 있다. 이는 "모든 것을 수용한다(pandeches)"(51a)는 '수용체'의 특성에 기인한다. 모든 것을 수용한다 함은 운동, 성질, 양 등등 모든 종류의 변화를 반영한다는 얘기다.

따라서 '수용체'는 감각적 세계 내에서 발생하는 모든 것을 〔잉태케 하는 자(begetter), 곧 아버지가 아니라〕 태어나게 하는 자(bearer, 어머니)다.[66] 그것은 (원소적인) 영역이나 (개개의) 장소 안에 위치해 있는 온갖 것을 (그 아래에서) 떠받치고, 그럼으로써 "존재하게 될 모든 것을 위한 상황을 제공한다"(52b).

그러나 이처럼 상당한 소재화(所在化) 능력이 있음에도 불구하고 '수용체'는 우주론적인 '이것'이라고 불리는 지시 대상일 뿐 그 측면 말고는 아무것도 없다. 어떻게 보더라도 결국 '공간'의 '형상'은 없는 것이다.[67]

기묘한 짐승이요, 반(半) 잡종인 것이 바로 이 '수용체'다. 그것은 다른 것을 위치화하지만 자신은 위치화되지 않고, 항구 불변하지만 비가시적이며, 바탕에 깔려 있지만 비실체적이다. 플라톤은 그것을 "감각적 지각을 동반하지 않는 일종의 짝퉁 추론(bastard reasoning)에 의해서나 포착할 수 있는 것, 따라서 도무지 믿음(또는 '확신'—옮긴이)의 대상이 될 수 없는"(52b) 것이라고 선언하며, 그 지각을 꿈속의 지각에 빗댄다.[68] '수용체'는 또 다른, 훨씬 더 포괄적인 의미에서도 역시 잡종적인 존재자다. 그것은 과학과 신화 사이에 있다. (그 둘을 결합할 때조차 그러하다.) 특히 그것은《에누마 엘리시》와 아리스토텔레스의《자연학》사이에 있다. 그것은 수메르 서사시에 비하면 '추론'은 너무나 많고 '신앙'은 너무나 없다. 그러나 다른 한편으로 아리스토텔레스의 논문에 비하면, 사유하는 형식도 너무나 정연하지 못하고 구체성 또한 너무나 부족하다. 만일 티아마트가《티마이오스》의 코라에 길을 내준다면, 코라는《자연학》의 토포스에 장소를 양도할 것이다. 영역화한 '장소'에 관한 플라톤의 우주론은 원소적 모태에 대한 신화학(mythics)과 정확한 위치를 갖는 장소에 대한 자연학에 각각 한 다리씩 걸치고, 그 어두운 중간 지대에서 위태위태하면서도 도발적인 문제들을 자극한다.

4

데미우르고스가 받았을 충격을 상상해보라. 불변하는 '형상'의 패턴에 따라 세계에 형태를 부여하려는 탁월한 이성적 창조자가 '수용체'의 누덕누덕 불규칙한 운동, "방황하는 원인들"(48a)에 의해 산출된 운동과 맞닥뜨렸을 때의 충격을 말이다. 데미우르고스의 바람은 "이 우주가 지성에 의해 알 수 있는 것들 중에서 가장 아름답고 모든 면에서 완전한 것—이것이 곧 '형상'이다—을 거의 최대한 닮게끔 만드는"(30d) 것이다. 이런 바람을 가진 그가 엄청나게 혼란스러운 광경을 마주했으니 나오는 건 한탄뿐이다. 실제로 이런 광경은 격노한 티아마트가 분노의 과녁인 마르두크 안에 공포와 방향 상실을 초래한 것처럼 데미우르고스를 두렵게 만들었다. 메소포타미아 전설에서 질서화를 시작할 수 있으려면 먼저 티아마트를 살해하고 그녀의 시체를 변용해야만 했다. 그러나 플라톤의 이야기에서는 도저히 통제할 수 없는 '수용체'가 합리적으로 규제된 행동을 하도록 만들기 위해 물리적 힘이 아니라 설득을 동원한다. "'이성'은 '필연'을 설득해 필연으로 하여금 생성되는 것들 대부분을 최선의 것을 향하도록 이끎으로써 그녀를 지배한다"(48a). 모태에 대한 지배는 난폭한 힘을 행사함으로써가 아니라 이성에 의한 통치로부터 생겨난다.

마르두크가 바빌론을 건설할 때 세계를 질서 지은 방식으로 공간을 수립하기 위해서는 티아마트의 신체를 파괴하고 물리적으로 말소시켜야 했는데, 이는 바로 원초적 공간과 물리적 신체 사이에—장소로서 티아마트와 신체로서 티아마트 사이에—구별이 없었기 때문이다. 《티마이오스》에서는 코라와 그 안에서 나타나는 감각적 성질이 처음부터 구별되어 있는데, 그래야만 가차 없는 말소 행위에 호소하지 않고서도 그러한 성질들을 질서화할 수 있다. 나아가 데미우르고스가 개입하기 전에도—비록 합리적 질서화는 아니라 해도—상당한 규모의 구조화가 이미 발생한 상태인데, 이는 닮은 것을 닮은 것에 동화(assimilation)시키는 데 따라 감각적 성질들이 배분되어 있기 때문이다. 이러한 동화는 너무나 쉽사리 조잡하게 이루어지긴 하지만(그것은 결코 안정된 상태에 도달하지 못한다), 여전히 데미우르고스에게 완전히 혼돈스럽지는 않은 어떤 전망을 제시한다. 그러나 이러한 전망에는 여전히 수많은 도전이 도사리고 있다.

> 이는 신(즉 데미우르고스)이 모든 게 훌륭하기를 바랐지, 그 어떤 것도 가능한 한 볼품없기를 바라지는 않았기 때문이다. 그는 이처럼 가만히 있지 않고, 조화롭지 못하고, 무질서하게 움직이는 가시적인 모든 것을 받아서는, 그것을 무질서 상태에서 질서 있는 상태로 이끌었다. 질서 있는 상태가 무질서한 상태보다 모든 면에서 더 좋다고 생각했기 때문이다.(《티마이오스》 30a)

그러나 설령 '수용체' 내에서의 운동이 실제로 엄청나게 혼란스러운 것이라 해도, 그것은 **위치상의** 이동, 바꿔 말하면 이미 뚜렷하게 장소화 및 영역화해 있는 곳에서 일어나는 운동이다.[69] 그러한 '위치 이동'은 창조 이전의 순간에도 최소한의 정합성을 보장한다. (역으로 이 동일한 방랑적 운동, 이 방황하는 원인성 중 최소한 어느 정도는 창조 과정을 거치면서도 살아남는다. 방황은 창조된 우주에도 마찬가지로 끊임없이 따라다닌다.)[70]

원초적 상태의 질서가 아무리 변변치 않다 해도, 심지어 아예 질서 지어져 있지 않다 해도 데미우르고스는 자신에게 주어져 있는 것을 갖고 일을 착수할 수밖에 없다. 그는 전능한 존재가 아니므로 미리 주어져 있는 이 상태에 제약을 받는다. 즉 그는 단지 "'필연'이 허용하는 만큼의 질서와 비례(proportion)"[71]만을 도입할 수 있다. 이리하여 창조 행위는 단지 이전에 실존하지 않았던 사물뿐 아니라 구조를 초래한다. 창조란 질서의 창조다. **데미우르고스는 다그친다**─질서를 산출하도록 '필연'을 다그친다. 비록 "가능한 한 최대의 완벽함을 갖추지"(53b)는 못한다 해도, 최소한 감각적인 것 속에 수학적인 것을 주입함으로써 산출하는 것 정도의 질서는 창조한다.

마르두크와 데미우르고스 모두 거의 동일한 결정적 지점에서 수학을 원용한다는 사실은 인상적이다. 티아마트로부터 승리를 거둔 무대를 둘러본 마르두크는 "광대한 창공" 내부에서 다양한 위치와 방향을 "측정하고 또 표시를 매길" 수 있었다. 데미우르고스의 경우, 수학이라는 원천과 그것이 불어넣는 영감은 하늘 안에도, 즉 천체 운동의 주기성 안에도 존재한다.[72] **우주**를 형성하는 수학의 특별한 힘은 하늘로부터 밑으로 내려온다. "'이성'의 작용이 비이성적 힘의 어두운 권역으로 가능한 한 옮겨진다."[73] 일견 거의 가능성이 없어 보임에도 불구하고, 아리스토파네스가 "어두운 암흑의 바닥도 없는 자궁"이라고 불렀던 것─어지럽게 요동치는 코라의 자궁뿐 아니라 티아마트의 생식성(generativity)의 자궁─이 질서를 산출한다. 뚜렷이 수학적인 질서를 말이다.

창조를 행하려면 "'하늘'이 존재하기 전에도"(52d) '수용체'에 의해 달성되는 가장 진보적인 상태와 가장 기초적인 형태의 수학적 질서를 하나로 묶어야─문자 그대로 **접합시켜야**─한다. 콘퍼드가 주석한 대로 "'이성'의 작품들(works)에서 완전히 분리된 신체적 '힘들'의 심연으로부터, 우리는 바야흐로 최하층으로 올라간다. 엄청난 양의 흙·물·불·공기가 사납게 날뛰는 가운데, 데미우르고스가 부여한 질서 및 설계의 요소를 분간할 수 있는 수준으로".[74] 이 상황을 그림으로 표현하면 우리는 꼭짓점에서 서로 접하는 삼각형 2개를 그릴 수 있다. 아래 삼각형[N은 '필연(Necessity)'을 뜻한다]은 '수용체'의 '심연' 및 '엄청나게 날뛰는 것'─이는 아프수의 심연과 티아마트의 대혼란을 연상시킨다─을 나타내고, 위의 삼각형[R은 '이성(Reason)'을 뜻한다]은 수학적 합리성의 '질서와 설계'를 나타낸다.

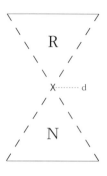

두 꼭짓점의 접점('d')―즉 '필연'과 '이성'이라는 두 요인이 서로 접하는 지점―은 '깊이(depth)'인데, 바로 메를로퐁티가 "차원들의 차원"[75]이라고 명명한 것이다. 왜냐하면 깊이는 공간적 길이와 폭이라면 반드시 갖는 차원이기 때문이다. 그러한 길이와 폭을 어떤 식으로 규정하고 또 측정하든 말이다. 그것은 운동의 중요한 차원이기까지 한데, 이러한 운동에는 '수용체' 안에서 닮은 것이 닮은 것을 찾도록 하고, 닮지 않은 것을 닮지 않은 것으로부터 멀어지게 만드는 원초적인 운동도 포함된다.

깊이는 면(面, surface)이라면 반드시 갖는 성격이다. 순전한 감각적 성질('수용체'를 구성하는 고유한 성분)의 영역으로부터 감각적 물체로 운명적 일보를 내딛는 것은 운동의 깊이에 의한 것보다 면의 깊이가 지닌 힘 덕분이다. 그리고 이러한 물체의 체적을 측정할 수 있는 형상은 바로 데미우르고스에 의해, 그의 최초이자 가장 결정적인 '세계-창조' 행위 안에서 제공된다. 깊이는 감각적 성질과 존재(또는 '물체'―옮긴이) 간의 매개자이고, **또한** 동시에 기하학을 물질적 물체 자체에 적용할 수 있도록 해준다.

그러니까 첫째, 흙·물·불·공기가 물체라는 것은 누구에게나 분명할 것이다. 그리고 **모든 물체에는 깊이가 있다.** 한데 이 깊이가 다시 면에 의해 경계 지어지

는 것도 전적으로 필연이다. 그리고 직선으로 둘러싸인 면은 모두 삼각형으로 구성되어 있다.[76]

일차적 물체의 기하학적 입체 도형 네 가지는 모두 두 가지 삼각형 — 직각이등변삼각형과 반(半)등변(half-equilateral)삼각형 — 의 조합으로 이뤄진다. 왜냐하면 정사면체(불), 정팔면체(공기), 정이십면체(물), 정육면체(흙)는 각각 그 면이 이런 삼각형들로 구성된 3차원 도형이기 때문이다. (정육면체의 면은 직각이등변삼각형으로, 다른 도형의 면은 반등변삼각형으로 구성되어 있다.) 이런 응용수학에서 중요한 것은 그런 식의 수학이 본질적으로 개연성 있다는 측면 — 그런 개연성을 설득력 있게 보여주는 사례를 실제로 만들어낼 수도 있다[77] — 보다는 '수용체' 본래 상태의 조야한 특징을 수학화하려는 응용수학의 열렬한 노력 쪽에 있다. 이런 노력이야말로 데미우르고스(문자 그대로 '사람들을 위해 일하는 것'이라고 해석할 수 있다)[78]의 고유한 일(ergon)이요, 유일하게 창조적인 과업이다. 중요한 것은 '수용체'를 수학화하는 일이다. 오직 여기에서만 '이성'이 '필연'을 설득해 자신의 목적을 달성할 수 있기 때문이다.[79]

5

플라톤의 "그럼직한 이야기" 속에서 우리는 근본적으로 이질적인 공간으로부터 균질화해가는 공간에까지 이르는 일반적 운동을 목도한다. 이는 엘리아데의 용어로 말하면 (예컨대 신전과 그 외부의 세속적 공간 간) 불연속성과 차이의 "성스러운 공간"으로부터, 균질화해서 모든 일이 너무나도 예측 가능한 등질성을 갖춘 "세속적 공간"으로의 운동이다.[80] 하이데거의 평가에 따르면, 이는 근대적 공간 개념을 뚜렷이 예시해준다.[81]《티마이오스》자체의 언어를 빌리면, 이는 감각적 성질의 방황적인 (그리고 직선적인) 운동으로부터, 천체의 운동을 모방하는 기하학화한 물리적 존재의 규칙적인 (그리고 원을 그리는) 궤도에 이르는 움직임이다. 그러나 그럼직하든 않든, 예언적이든 아니든 이 이야기는 장소에 대한 질문과 관련해 우리를 대체 어디에 남겨두는 걸까?《티마이오스》의 우주창생론이 장소의 창생에 대해 이야기해야 하는 것은 무엇인가?

우주창생론이 이야기해야 하는 것은 장소 자체—토포스—가 일련의 세 단계에서 파생적이고 또 비교적 늦게 나타나는 계기(moment)라는 사실이다. (장소보다 앞선 앞의 두 계기는 코라와 관련이 있다.)

공간: 개개의 장소를 위한 모태. 전체로서 '수용체'의 구성 성분이며, 그런 수용체와 외연이 같다. 이런 공간 안에 놓인다는(be placed) 것은 '코라' 안에 놓인다는 것이다. 그것은 '수용체' 안의 **어딘가에**(그러나 어떤 특정 장소나 영역은 아니다) 놓이는 일인데, 그 수용체는 거대한 공간권(spatial sphere)으로 여겨지며 그 너머에는 아무것도 없다. 심지어 '공허'조차 없는 그런 곳이다. 따라서 '공간'이란 "장소화 전체를 의미한다".[82] 그러나 대단히 발생적인 상태에서만 그렇다.

원초적 영역: 유사한 감각적 성질끼리 모인 가변적 무리에 의해 구성된 '수용체' 내부의 구역(area). 그러나 엄밀한 의미의 균질성에는 결코 도달하지 못하는 구역이다. 만일 이러한 구역이 그러한 균질성에 도달할 수 있다면, 운동이 그쳐버릴 것이다. 즉 "운동은 균질 상태에서는 결코 실재하지 않을 것이다"(57e). 어떤 일차적 물체로부터 다른 일차적 물체로 끊임없이 변용되는 한 그러한 정체 상태는 전적으로 배제되어 있다.[83]

원초적 영역 내부의 개별 장소: 완연하게 형성된 감각적 물체가 점유하는 산재적인 장소. 따라서 그러한 장소 각각은 유사한 물체끼리 모여 있는 원초적 영역 내부의 로쿠스다. 자리 자체는 정지한 것이 아니다. 실제로 자리는 그러한 물체들이 순간순간 **장소를 바꿈**으로써 그리는 운동의 궤적이다.

따라서 《티마이오스》는 장소화가 갈수록 증대하는 것에 대한 이야기다. 앞의 두 단계는 데미우르고스의 개입보다 먼저 있으며, 또한 그의 개입 **뒤에 이어진다.** 코라적인 공간성과 영역성은 사라지는 일 없이 시종일관 남아 있다. 마지막 단계는 장인(craftsman) 같은 신에 의한 창조라기보다 앞의 두 단계에서 제공한 물질적인 것으로부터 그 신에 의해 재단된(fashioned) 것이다. 왜냐하면 형상을 부여하는 데미우르고스의 기하학주의는 감각적 물체의 **형태**에만—즉 물체의 성질, 힘, 깊이, 질료, 운동이 아니라—작용하기 때문이다. 이러한 물체에 그 체적을 측정할 수 있도록 형태를 부여한다는 점에서, 데미우르고스는 창조자로서 신이라기보다는 미시적 관리자(micro-manager)에 가까운 존재다. 그의 노력은 개개의 장소들이 요구하는 것에 정확히 합치하는 한에서만 대상을 형성할 수 있다. 왜냐하면 어떤 장소 안에 처해 있는 물질적 존재의 형상과 크기가 그것을 둘러싼 물체의 표면과 불일치하는 일이란 있을 수 없기 때문이다. 데미우르고스의 행위는 주로 이미 (그리고 늘) 실존하는 코라적 '필연성'을 어떻게 편성하고 상호 변화(covariation)시키느냐와 관련이 있다.

코라의 끈질긴 존속은 극히 일반적인 요점을 잘 보여준다. 《티마이오스》에서 우리는—질서정연한 평형을 (보통 양극 간의 중용이라는 형태로) 유지하려는 고대 희랍인의 관심이라는 견지에서 볼 때—'이성'과 '필연', 균질성과 혼질성(heterogeneity), 무질서한 것과 수학화한 것과 같은 양극단의 항목 간에 미묘하면서도 확고한 균형을 찾아볼 수 있다. 그러한 균형이 가장 두드러지게 나타나는 것은 데미우르고스가 개입하기 이전의 상궤를 벗어난 물체 운동의 불규칙성과 헤매며 옮겨 다니는 물체에 접합된 기하학적 도형의 규칙성 사이에 상보성이 존재한다는 대목에서다. 알베르 리보(Albert Rivaud)는 이렇게 언급한다.

> 기본 도형들에 대한 이론은 결국은 질서를 어떻게 다양한 성질로 이루어진 가변적인 혼돈 속으로 도입할 수 있는지 설명한다. 기본 도형들은 그 명확하고 불변적인 속성에 의해 어떤 확정성을 '생성' 속으로 주입한다. 하지만 이런 도형들이 생성의 실체를 형성하지는 못하는데, 그 실체는 여전히 변화하는 다양한 성질에 의해 구성되기 때문이다.[84]

처음에는 제멋대로였던 운동이 데미우르고스에 의해 "종속된다"[85]기보다는—"종속된다"는 표현은 마르두크와 티아마트 간에 벌어진 전쟁을 기술할 때 더 적절할 것이다—세계를 구성하는 데 방황과 규칙성이 협동한다고 하는 게 적절하겠다. 이렇게 구성된 세계는 방황 및 규칙성이라는 이질적 경향의 공동 산물, 문자 그대로 '둘의 산물(biproduct)'이다. 이런 연유로 인해 데미우르고스가 '수용체'에 질서를 **외적으로 부과하는** 것인지, 아니면 데미우르고스에게 미리 주어져 있는 필연성에 이미 내재해 있는 것을 **끌어내는** 것인지 어느 한쪽을 택하기 곤란하다. 아마도 화이트헤드가 시사하듯 두 주장 모두 옳을 것이다.

《티마이오스》에서 플라톤은 법칙에 관해 각기 이처럼 '내재(Immanence)'와 '부과(Imposition)'를 주장하는 두 가지 학설 사이에서 흔들리는 초기의 사례를 보여준다. 무엇보다도 플라톤의 우주론에는 자신의 구상을 '우주'에 부과하는 그림자 같은, 정의되지 않는 궁극적인 창조자가 들어 있다. 〔그러나〕 두 번째로 내부 구성 요소의 작용과 반작용은—플라톤의 입장에서는—세계의 유동(流動)에 대한 자기 충족적인 설명이다.[86]

6

모든 것이 햇빛도 없는 사막, 소리 없는 음울한 밤이었던 때
사물 아닌 사물마저
아직 텅 빈 '어머니 소재(MotherTimberStuff)'에 의해 충족되지 않았다.
그녀의 사랑스러운 자태가 이 느슨한 시간을 써야만 했기 때문이다.

그리고 나서 '어머니 세계 시작(WorldMotherStart)'은 만물을 그녀의 방식대로
재단했다.
안전과 건강을 위해 만물을 그녀의 몸 안으로 끌어들여
그것들을 산출하기 위해
그녀의 아름다움인 우주를, 질서이기도 한 우주를 낳았다.
대지를 하늘로부터 떼어내고 가없는 육지와 바다를 펼쳤다,
서로서로 얽혀 있는 것을 풀어내면서.

그녀는 만물에 대해 모든 것을 생각해본 다음,
각각에게 제 장소를 배분해주기 전에
신은 …… 그녀에게는 확실한 선호가 없었기 때문에

한때는 목적이 없던 그녀의 신체를 분리해 형상을 갖도록 했다.[87]

이 고대 희랍의 창조시는 앞서 우리가 살펴본 것들과 아주 중요한 점에서 다르다. "어머니 소재"(hulē), 곧 창조의 모태는 그녀 자신을 아직 완전한 사물이 아닌 사물들로ー"그 특징이 아직 확고해지지 않은 상태의 사물들"[88]로ー 채우고 나서 창조로 나아간다. 그녀는 처음에 영역들을 상호 분리시킴으로써 창조한다. 대지를 하늘로부터 떼어내고, 육지를 바다로부터 갈라낸다. 그 원초적 분리 덕분에, 그녀는 창조된 사물을 위한 일정한 장소를 찾아 "각각에게 제 장소를 배분"할 수 있다. 창세기와 《신통기》, 《에누마 엘리시》 그리고 《티마이오스》에서와 마찬가지로, 세계 창조는 영역 및 장소의 창조로서 일어난다. 그리고 모든 사례에서 공히 코라의 창조는 토포스의 창조보다 선행한다. 그러나 문법가 헤라클레이토스의 텍스트에는 결정적 차이가 있다. "어머니 세계"는 다른 등장인물ー남성 창조신나 창조주, 예를 들면 야훼, 제우스, 마르두크, 데미우르고스ー의 개입을 요청하는 대신 그녀 자력으로, 그녀 자신으로부터 창조 행위를 한다. 그녀는 세계를 자기 자신의 "사랑스러운 자태"로부터 창조한다. 그것은 자생적 탄생, 자기를 섭취하고 자기를 산출하는 모태로부터의 탄생이다. 이 **엄마**-어머니(mater-mother)는 어디에도 의존하지 않는 독립적 존재인 주인(master)의 외적 도움을 필요로 하기는커녕 자기로부터(sui generis) 창조한다. 그녀는 자신의 모태를 지배하면서, 자기 **자신을** 분리해 "형상을 갖도록" 한다.

이런 설명과 앞의 '남근 논리 중심적' 창조 버전 간의 이질적 차이는 꽤 중요하지만(젠더에 관한 문제들로 빼곡하다) 둘 중 어느 쪽을 선택할지 문제는 어쩌면 결정 불가능할지도 모른다. 마치 《티마이오스》가 '부과론' 패러다임과 '내재론' 패러다임 중 어느 쪽을 우리에게 제시하고 있는지 결정 불가

능한 것처럼 말이다. '부과'와 '내재' 중 어느 쪽이 더 옳은 표현일까? 우리
는 이 질문에 대해 언제까지나 해답을 얻지 못할 수 있다. 그와 마찬가지로
모성 중심적 모델과 남근 논리 중심적 모델 중 어느 쪽이 더 옳은지 끊임
없이 물어야 할지도 모른다. 만일 결정 불가능성 논리에 따른다면, 우리는
당연히 다음과 같은 결론에 이른다. 즉 이쪽도 아니고 저쪽도 아니면서, **동
시에 둘 모두다.**[89]

동일한 결정 불가능성이 우리를 훨씬 더 강하게 압박하는 다른 질문과
관련이 있다. 장소는 세계 창조에 선행하는가―세계 창조의 전제인가―
아니면 창조 자체의 결과인가? '장소'의 의미를 어떤 특정한 소규모 지역
(locale)나 지점(spot) 같은 것으로 규정한다면, 장소는 선행하는 것이 명백
히 **아니다.** 이 정도의 구체성을 가진 어떤 것, 즉 토포스나 테시스(thesis, 위
치) 정도의 어떤 것을 떠올려서는 문제의 핵심에서 빗나간다. 왜냐하면 완
전히 규정된 장소가 이미 실존하는 상황에서 세계 창조가 이뤄진다는 얘기
는 명백히 부조리한 것이기 때문이다. 사실상 그 경우에 창조는 쓸데없는
군더더기가 될 것이다. 장소 차원의 질서가 이미 잡혀 있어 세계는 크게 볼
때 **하나의 세계로서 이미** 구성되어 있는 셈이니 말이다. 장소를 위한 세계,
또 장소로 구성된 세계 없이는 어떤 장소도 없는 것과 마찬가지로 장소 없
이는, 그 안에서 사물이나 사건이 출현할 수 있는 확실한 자리 없이는 어
떤 세계도 있을 수 없다. 모든 세계는 전부 '장소-세계'다. (이런 주장은 단지
아르키타스의 공리를 연장한 것일 뿐이다.) 장소와 세계 간의 본질적이고 내적인
관계에 비추어보면, 장소가 세계에 선행한다느니, 혹은 장소가 세계 창조
에 의해 전제된다느니 하는 것은 무의미할 뿐이다(이런 창조의 특징이 자기 발생
적인 것이든, 개입주의적인 것이든).

하지만 그와 동일한 이유로 장소가 그러한 창조의 단순한 **산물**인 것도

아니다. 우리는 장소가 창조 과정 **전체에 걸쳐** 이런저런 의미로 계속해서 중요한 문제임을 여러 번 확인했다. 산재적인 장소의 형태가 아니라면 창조가 이루어지는 무대의 전(前) 규정적인〔그리고 종종 극히 미(未)규정적인〕부분으로서 장소는 계속 중요한 문제다. 이렇게 장소가 미리 주어져 있다는 것은 그 자체로 논제가 될 수 있다. 전(前) 우주적 '공간'('수용체')과 이 '공간' 내부의 다양한 코라를 설정하는《티마이오스》야말로 정확히 그런 텍스트다. 하지만 그런 미리 주어져 있음이 매우 함축적으로만 남아 있는 경우도 있을 수 있는데, 헤시오도스가 언급한 원초적인 '혼돈'이 그러하다. (우리는 그 혼돈이 자신의 특이한 '장소-술어'를 갖고 있는 상태라는 걸 확인한 바 있다.) 장소의 역할을 확연히 부정하는 것처럼 보이는 경우—《에누마 엘리시》의 시작 부분("하늘도, 대지도, 높은 곳도, 깊은 곳도 없다")에서처럼, 혹은 "밝게 빛나는 집을 위한 장소도 없고 …… 육지 〔혹은〕 바다도 없다"[90]는 말로 시작되는 '수메르-아카드(Sumer-Akkad)'의 정화(淨化) 의식에서처럼—조차 우리는 전망적인 의미나 잔재적(殘滓的) 의미에서 여전히 장소의 현전성을 확인할 수 있다. 주의 깊게 살펴보면, 원초적 장소화 과정이 진행되고 있음을 알 수 있다. 예컨대 "그 물 안에서 신들이 창조되었다"고 주장한다든가, "바다의 여음(女陰) 속에서 운동"을 언급한다든가 할 때 그 과정이 드러난다.[91] 실제로 '~ 안에서(in)'라는 말을 사용하는 곳에서는 어디서나 이미 장소가 문제 되고 있다. 문자 그대로 장소라는 말이 안 나온다 해도, 능동적 힘으로서 역시나 중요하게 함의되어 있다. 이는 플라톤이 '수용체'에 대해 신중하게 기술한 내용으로부터 우리가 배운 것이기도 하다. (플라톤은 '수용체'를 그 안에서 사물이 생겨나고 나타나는, 창조 사건 자체가 일어나는 '공간'이라고 기술한다.) 만일 이렇듯 장소가 늘 창조의 일부이고 창조와 외연이 같은 것이라면, 이러한 장소를 창조의 단순한 소산물로—예를 들어 창세기에서 인류의 창조나 마르두크에 의한 바빌론 도시의 창조 같은 급으로―간주할 수는 없다. 창세기나 마르두크의 경우에는 그 이전에 현전하지 않았던 것이, 무정형적 구성 방식으로라도 현전하지 않았던 어떤 것이 새로 산출된다.

그러나 우리는 또한 이와 크게 다르지 않은 일련의 이유로 이렇게도 말할 수 있다. 즉 장소는 창조 과정에서 전제되고, **아울러** 산출된다고 말이다. 한편으로는, 만일 무로부터의 창조 행위라는 말을 창조 행위가 **아무 곳도 아닌 곳에서**(nowhere at all) 일어난다는 의미로 사용한다면, 완전한 무로부터의 창조 행위는 있을 수 없다. 지금까지 보아왔듯 무로부터의 우주 창생을 확증하고자 할 때 매우 빈번히 인용하는 창세기의 바로 그 동일한 몇몇 행에는 그와 어긋나는 내용이 조건절의 형태로 명백히 표현되어 있다. 심지어 가장 지고한 존재로 떠받드는 일신교의 '하나님'조차 그 스스로 "'심연'의 표면" **위에서** 움직이지 않고서는 창조를 할 수 없다. 깊이가 장소를 함의하는 것―깊이는 거리, 운동, 표면, 크기, 형상을 규정하면서 장소의 깊이(depth-of-place)를 동반한다―과 마찬가지로 장소는 깊이를 함의한다. 요컨대 거기로 진입할 수 있을 만큼의 범위를 갖는 어떤 것을 함의한다. 그러니 특히 우주 창생적인 깊이의 산물인 티아마트의 모습이 구약성서에 끈질기게 따라붙는 것도 하등 이상할 게 없다.[92] 이 사례에서 장소는 개념적**으로도**, 언어학적**으로도**, 신화적**으로도** (당연한 얘기지만 종교적으로도) 전제되어 있다. 물론 이보다 덜 극적이거나 덜 복합적으로 전제되어 있는 다른 예들도 있긴 하다. 하지만 그런 예도 방금 인용한 예 못지않게 창조의 조건으로서 장소에 결정적으로 의존한다.

다른 한편, 장소가 창조된 존재자인 것 **또한** 사실이다. 이는 창조에 의해 전면에 내세운(set forth) 것이다. 내가 '전면에 내세운다'는 표현을 쓴 것은 최초로 실존하게 된다(즉 새로운 산물로서)는 의미가 아니라 더 뚜렷이 강조한다든가, 구조적으로 구체화한다는 것을 의미하기 위해서다. 《티마이오스》에서 일어나는 것이 정확히 그런 일이다. 《티마이오스》에서 기하학적 형상이 진입함으로써 '수용체'라는 주변 환경 내부에서 나타나는 물질적 존재가 점유하는 원초적 영역은 훨씬 더 엄밀히 규정된다. 특정 토포스, 즉 산재하는 장소가 그것이 보유하고 소재화하는 것에(아울러 오직 그것에만) 정확히 합치하며 또한 그것을 정확히 반영하는 한―따라서 장소에 의해 위치 지어지는 것들이 아무리 미미하게라도 형상을 바꾸면 그 장소 또한 결정적으로 바뀌는 한―실제로 우리는 내재하는 영역으로부터 장소가 문자 그대로 생산된다고 얘기할 수 있다. 플라톤의 텍스트에서 전면에 내세우는 이 작용은 존재론적이라기보다 기하학적이다. 왜냐하면 이 작용의 본령은 방랑적인 존재자에게 형태적인 형상을 접합하는 데 있기 때문이다. 바로 이 접합이 어떤 일정한 장소를 앞으로-끄는(pro-duce: 즉 '생산하는'―옮긴이) 것이다. 그리고 장소가 기하학화하기 이전의 모습은 느슨하게 모인, 자생적으로 산출된, '수용체'의 여러 영역 내에서 발견할 수 있다.

~도 아니고 ~도 아니다. ~임과 동시에 ~이다. 우리는 창조와 장소 간 관계의 표현 방법으로 이 두 가지 선택지 중 최종적으로 어느 쪽을 취해야 옳은지 결정할 수 없다. 더 한층 의미심장한 것은 우리가 각각의 선택지를 긍정해야 한다는 점이다. 그러한 선택지 사이에서 선택을 강요하는 이분법, 다시 말해 이쪽인가 **혹은** 다른 쪽인가라는 말은 양자를 모두 긍정하는 포함적인 '혹은'에 굴복한다. 이로부터 우리는 창조라는 것이 장소**의** 창조임과 동시에 장소**로부터의** 창조라는 결론에 이른다. 창조로부터 장소가 생겨 나온다. 그러나 창조 자체는 오직 장소 안에서만 일어난다.[93]

7

만일 방금 전술한 반성적 성찰이 결정 불가능성에 너무나 쉽사리 의존하는 것처럼 느껴진다면, 나는 이러한 제안을 하고 싶다—그러한 성찰은 사실상 2장 및 1장에서 검토한 여러 텍스트에 (최소한 암묵적으로라도) 이미 현전하고 있는 것을 반성적 언설 속으로 옮겨 넣은 것일 뿐이다. 앞 절을 시작하면서 헤라클레이토스의 텍스트를 다루었는데, 그렇게 대단히 단편적인 표현에서조차 '두 길을 모두 택하는' 자세를 발견할 수 있다. 거기서도 장소("세계 어머니"의 신체)는 전제되고 또한 생산된다(예컨대 대지와 하늘, 육지와 바다, 또는 좀더 개별적인 장소로서). 그리고《오르페우스의 아르고호 이야기(Orphic Argonautica)》에서 인용한 다음과 같은 시사적인 몇 행에서조차 동일한 이중적 우주 논리가 작동하고 있음을 볼 수 있다.

> 만물은 태어났다
> > 만물은 끌어당겨졌다
> 서로서로 떨어지도록[94]

만일 **만물**이 태어난 것이라면, '장소-내-사물(things-in-place)'뿐만 아니라 장소에 대해서도 같은 얘기를 적용해야 한다. 장소 자체는 창조된 산물이어야만 할 것이다. 그러나 만일 만물이 "서로 떨어지도록 당겨진" 것으로 태어난다면, 그때 만물은 **어떤 장소 내에서** 태어나기도 한다. (왜냐하면 끌어당기는 작용은 '어떤 장소로부터' 혹은 '어떤 장소로'라는 방식이 아니고서는 불가능하기 때문이다.) 만물은 처해지면서(placed) 태어난다. 요컨대 무릇 태어난다는 것은 분리된 존재로서 그 자신의 장소를 갖고 태어나는 걸 말한다. 탄생 과정도

이 규칙에서 예외일 수는 없다. 분만은 오직 **장소 내로부터**(from within place) 일어나는 일이다. 이는 단지 사물의 기원에 미리 주어져 있는 다른 상태와 함께 장소를 설정하는 데 그치지 않는다. 그것은 훨씬 더 대담하게도 장소를 그 기원**으로서** 설정한다.

물(water) 혹은 물들(waters)을 태초부터 거기에 있는 것으로서 빈번히 불러내는 것은—창세기와《에누마 엘리시》에서는 이런 점이 매우 뚜렷이 나타나 있는데, 창조에 대한 다른 많은 고대의 설명에서도 뚜렷하지는 않을 뿐 사정은 동일하다("처음에는 아무것도 없었다. 물, 물, 물 이외에는 아무것도 없었다")[95]—산출적인 원천으로서뿐 아니라 장소나 영역으로서도 불러내는 것임에 명백하다. 이는 '원천으로서 장소(place-as-source)'를 불러내는 것이다. 헤라클레이토스의 〈호메로스의 비유〉에 나오는 "햇빛도 없는 사막", 혹은 야훼를 신봉하는 전통에 속하는 더 오래된 히브리 우주창생론에 나오는 "야생의 덤불숲조차" 없었다는 대지처럼 수성적(水性的)이지 않은 다른 요소들에 대해서도 같은 얘기를 적용할 수 있다.[96] 이 두 가지 사례에서 전(前)우주적 '장소'는 바로 창조의 바로 그 원천으로서 혹은 바로 그 원천에서 받아들여진다(창조는 장소 위에서 일어나는 것이므로). 그러한 장소는 창조 자체가 일어나는 데 필수불가결하다. 이 장소 내에서 그리고 이 장소로부터 무수한 창조 아이템들이 나온다. 그리고 이 아이템들은 창조된 세계에 거(居)할 뿐 아니라 그 내부에서 각각 독자적인 장소를 점유할 것이다. 그러한 방식으로 장소는 '장소'에 더해질 것이다. 혹은 더 잘 표현하면, '장소'는 여러 장소를 안아 들이는 것처럼 보일 것이다.

이는 어쩌면 플라톤이 '수용체'의 원소적 단위가 될 수 있는 후보자로서 강고한 물리적 물체라는 관념—플라톤보다 이른 시기의 물질 중시적(physiocratic) 사색의 초점—을 실제로 파괴했을 때, 그가 염두에 두었던 것 아닐까? 가장 원시적인 것이란 원소가 아니라 ─ 원자는 더 말할 것도 없고 ─ 코라적인 영역이 아닐까? 이는 아리스토파네스가 "공기와 대지와 하늘" **이전에** "깊은 '암흑'"을 배치했을 때 말하려 한 것이 아닐까? '장소'(예를 들면 '공간'이자 '영역'으로서 코라)[97]가 깊은 '암흑' 자체의 "바닥조차 없는 자궁" ─ 이것은 비록 아무리 어둠에 싸여 있더라도 어쨌든 장소를 낳는 모태다 ─ 을 제공하는 것일 수 있을까? 아니면 아마도 궁극적으로는 장소가 곧 "바닥조차 없는 자궁" **그 자체**일 수 있을까?

혹시 이런 물음에 대한 대답이 긍정 쪽이라면, 아르키타스가 옳았다는 게 다시 한 번, 아니 두 번 되풀이해서 입증되는 셈이다. 왜냐하면 장소는 실제로 (아르키타스가 핵심을 간추려 표현했듯) "모든 사물 중 가장 첫 번째 것"[98]일 테니 말이다. 모든 물리적 사물은 **어떠한** 개별 장소를 점유해야 한다는 형식적 이유에서, 그뿐만 아니라 세계 자체의 산출은 장소 안에서, 장소로부터, 장소로서 일어나는 것이어야만 한다는 실질적 이유에 의해서도 그러할 것이다. 만일 그렇다면 장소는 우주적으로, 그리고 심지어 전(前) 우주적으로도 특권을 부여받은 셈이다.

이 특권을 긍정하는 것은 1장에서 소개한 매우 기본적인 사고방식을 더욱 강화한다. 여기서 기본적인 사고방식이란 무장소 개념, 특히 세계 창조에 선행하는 단적인 공허라는 개념에는 문제가 매우 많다는 생각을 말한다. 그런 공허 ─ '격리', '심연', '간격' 등 뭐라 이름 붙이든 ─ 가 사물의 원시적 상태를 구성한다고 상정하는 것이 수사학적으로 쉽게 가능하다고 해서 다음과 같은 사실을 가릴 수는 없다. 즉 면밀히 검토해보면 '세계-창조'에 대한 설명 중 사물의 기원에서 엄밀하게 '아무 데도 없는 것 (nowhereness)'을 계속 유지하는 일은 거의 드물다. 밀턴의 《실낙원》에 나오는 다음과 같은 유명한 구절을 고찰해보자.

만고의 심연 속 비밀들,

한계 지어지지 않은 어두운 망망대해, 경계도 없고,

차원도 없으니, 거기엔 길이도 폭도 높이도 없고,

시간도 장소도 상실되었다. 거기에서 가장 늙은 '밤'과

'혼돈', 즉 '자연'의 조상들은 끝없는

전쟁의 소란 속에서 영원한 무질서를

간직하고, 혼란에 의해 그것을 지켜나간다.[99]

이 몇 행은 얼핏 '창조' 이전의 우주 상태에 대해 간단히 '무로부터'라는 유형을 제시하고 있는 것처럼 보인다. "경계도 없고", "차원도 없으니"라는 것은 깊이가 없다는 얘기다—따라서 방금 논한 대로, 곧 장소가 없다는 뜻이다. 그렇긴 하지만 밀턴이 "만고의 심연"과 "한계 지어지지 않은 어두운 망망대해"—로마인들이 "광대무변하고 요동치는 대양"이라고 불렀던 것—와 함께 "혼돈"과 "밤"[100]을 확실히 언급한다는 사실로 인해 우리는 어떠한 창조 행위에도 선행하는 원초적 영역들로 향한다. 시인이 "시간도 장소도 **상실되었다**"고 말하는 것 또한 시사적이다. 이 표현에서 알 수 있듯 그는 창조 이전의 이 순간에 시간과 장소가 아직 **실존하지 않는다**고 말하는 게 아니다. 상실되었다는 것은 비록 무정형적이거나 덮여 있어 보이지 않더라도 여전히 실존한다는 뜻이다. 밀턴의 설명에 따르면, 장소는 여전히 도처에 존재한다—히브리나 플라톤의 우주창생론의 경우와 마찬가지로 말이다. 그 어떤 사례를 보더라도, 비록 장소가 심하게 무형상적이긴 해도—장소가 "길이도 폭도 높이도" 결여하고 있다는 것—그것이 곧 해당 존재가 이미 거기에 있고, 또한 계속 존속하고 있다는 걸 의심할 이유는 못된다.[101]

내가 밀턴을 특별히 거론한 것은 앞서 소개한 구절에서 그가 제시하는

설명이 공허에 직면했을 때 끊임없이 발휘되는 불안의 힘을 잘 보여주기 때문이다. 이 책 1부 도입부에서, 나는 우리 삶에서―혹은 앞으로 덧붙이겠지만, 세계의 기원에 대해 사색할 때조차―장소가 전혀 없을 가능성에 직면하는 걸 회피하기 위해 우리가 취하는 극단적 조처에 대해 언급한 바 있다. 밀턴의 우아한 '시적-신화적' 종합 자체가 거대하게 다가오는 공허를 "혼돈"과 "밤"의 '혼합물'로라도 메우려는 극단적 조처의 하나다. 다른 극단적 조처 중에는 창조를 설명할 때 장소를 처음부터 실재하는 것으로 설정하는 경우를 들 수 있다. 후자의 경우 장소가 없는 걸 참을 수 없다는 바로 그 점이 설명 자체에 영향을 끼친다. 그래서 이때의 설명은 실제로 장소가 없는 상태에 도달할까봐 두려워할 필요 따위는 전혀 없다고, 우리가 잘 알고 있는 우주가 처음 비롯될 때조차도 그렇다고 우회적으로든 직접적으로든 지시한다. **만약 창조가 그 자체로 최초의 무대**(ur-scene)**라면,** 그것은 불가피하게 우주 창생적으로 상당히 중요한 '장소'일 것이기 때문이다.

혹시 이것이 (우리가 1장에서 살펴보았듯) "태초에 만물의 여신 에우리노메가 '혼돈'으로부터 발가벗은 채 태어났다. 그녀는 발을 디딜 수 있는 실재적인 게 전혀 없다는 걸 깨달았다. 그래서 하늘로부터 바다를 분리해내고 그 물결 위에서 홀로 춤을 추었다"고 말하는 펠라스기족의 신화가 가르쳐주는 것 아닐까? 장소의 이런 원초적 창조 및 분할은 어떤 대가를 치르더라도 장소가 전혀 존재하지 않는 상황으로부터 달아나려는 노력을 표현하고 있는 것 아닐까? 프리드리히 니체가 "무에 대한 의지(will to nothingness)"라고 부른 것―"사람은 아무것도 의지하지 **않기**보다는 차라리 **무**를 의지하려 한다"[102]―보다도, **공허 대신 장소 자체를 의지하고자 하는** 노력 쪽이 더 깊은 것인지도 모른다. 그러한 의지는 어쩌면 우리가 지금까지 고찰해온, 창조에 대한 모든 이질적인 견해를 전부 결합시키는 아리아드네의 실(Ariadne's thread)이 아닐까 생각해본다. 역사적으로나 지리적 위치라는 점에서도, 의식적인 의도에 있어서도, 원본의 명료함이라는 점에서도 모두 상이한 견해들 말이다.

하지만 그렇다고 해서 마치 공허를 충만으로 대체하기만 하면 되는 문제인 양 장소가 단순히 공허의 반대물이라고 말하는 것은 아니다. 장소를 제공하는 '수용체'조차 그것이 분명 '원자론자들'의 공허에 대한 비판으로 구상(構想)되었음에도 엄밀히 말하면 충만은 아니다.[103] 장소에는 분리할 수 없는 수많은 부재가 포함되어 있다―깊이로서, 거리로서, 소재지(所在地)의 차이로서, 소재지의 변화 자체로서. 장소는 공허를 채우지도 않고, 그것을 덮어버리지도 않는다. 장소는 그 자신의 혼성적이고도 모호한 존재를 갖고 있다. 하지만 그 본질적 속성 중 하나는 **결합성**(connectivity)―다양하게 위치 지어진 존재자나 사건을 내부로부터 연결 짓는 힘―이다.[104] '수용체'의 풍부한 장소성은 "존재하게 되는 모든 사물에 상황을 제공한다"(《티마이오스》 52b)는 점에서 '수용체'의 결합성과 일체되어 있고, 또한 닮은 것과 닮지 않은 것 모두에 계속 진보되어가는 환경을 제공한다는 '수용체'의 코라적 능력과 일체를 이룬다. 비록 데미우르고스의 이성적인 정신에는 '수용체'가 "부조화하고 질서화하지 않은" 것으로 보일 수밖에 없지만, 그럼에도 불구하고 플라톤의 실제 설명을 보면 거기에는 거의 변경할 수 없는 운명을 미리 허용하고 있다는 것을 우리는 확인한 바 있다. 이는 결국 "'천공'이 존재하기 전에도" 사물의 내재적인 질서 전체를 허용하고 있는 셈이다. 내재적인 이 질서는 '수용체'가 가진 주목할 만한 결합성의 기반이다.

마지막에―혹은 더 정확히 말하면 맨 처음에―'수용체'는 거기에 거주하는 다양한 존재에 화이트헤드가 "위치의 공동체(community of locus)", 곧

"궁극적인 실재들 간의 실제적인 소통"이라고 부른 것을 제공한다.[105] 따라서 '수용체'는 내가 다른 저서에서 "모아들임(in-gathering)"[106]이라고 불렀던 것을 공급한다. 결합을 할 수 있는 능력 덕분에 전(前) 우주적인 '수용체'는 이질적인 구성 요소들을 자기 '공간'의 호(弧) 속으로 모아들여 그렇지 않으면 깊이도, 장소도 없었을 것들에게 **장소를 준다**—이럼으로써 가장 격심한 형이상학적 불안을 누그러뜨린다. '수용체'의 작용은 그 포괄적인 포용 속에 모아들인 모든 것을 위해 장소화를 창조한다. 플라톤 자신의 말로 하면 "그것은 늘 모든 사물을 수용하고 있다"(50b).

이런 방식으로 우리는 이번 장을 시작할 때 소개한 모태로서 장소 관념과 다시 재회한다. 우리가 지금까지 소재를 잉태케 하는 것, 물리적인 근본 및 기원이라는 차원에서의 장소 개념을 거절해야 했다면—'모태'라는 말을 직역한 이러한 의미들은 '수용체'의 작용에 의해 의문스러워지며, '수용체'는 괴물을 낳는 티아마트의 신체와 달리 우리로 하여금 감각적 성질과 물질적 신체 그리고 장소를 구별하도록 인도한다—거기에는 모태로서 장소가 갖는 타당한 의미가 이미 나타나 있다. 그리고 이러한 의미의 본령은 장소가 아무리 다양한 모습으로 나타나더라도 오직 장소만이 줄 수 있는 순전한 결합성에 있다. 우리는 플라톤에게서 수용성이 곧 결합성임을 배운 셈이다.

그러나 우리가 장소화의 한 패러다임으로서 '수용체'에 국한해야만 하는 것은 아니다. 이 패러다임이 오늘날에도 여전히 자극적이고 시사하는 바 또한 풍부하다고 하더라도 말이다. 우주창생론이나 우주론의 맥락에서든, 현상학이나 형이상학의 맥락에서든, 또 일상생활에서든 **장소화함과 장소화됨**(placing and being placed)**이 결합하는 문제라는 것**이 진정 사실이라고 한다면 '수용체' 이외의 다른 모델들도 가능하다. 깊이 없이는 장소도 없지만,

그와 마찬가지로 존재와 경험, 지각과 언어, 혼돈과 질서 같은 상이한 것들을 결합하지 않는 장소 또한 없다. 그리고 만일 (키르케고르가 말했듯) "실존은 분리한다"는 것 또한 사실이라고 한다면, 우리는 "단지 결합하기만 하라!"는 포스터(E. M. Forster)의 유명한 조언을 경청할 필요가 있다.[107] 키르케고르와 포스터는 모두 장소보다 인간에 대해 생각했다. 그러나 인간들 간의 결합도 포함해 가장 오래 지속되고, 또 가장 다양하게 가지를 뻗는 결합은 바로 장소들 내부에서, 또 장소들에 의해 만들어진다.

만일 장소가 "만물을 위한 모태로서 거기에"(《티마이오스》 50c) 존재한다면, 이는 장소의 모태—이를 예컨대 시원적인 물, 밤, 혼돈, 대지 혹은 '수용체' 등 어떤 것으로 간주하든—가 온갖 것을 황폐화시키는 공허, 혹은 심연 같은 반(反)장소가 아닐까 하는 어떠한 공포도 완화시킨다. 만일 우리가 '수용체'를 모종의 무장소로 **생각할** 수 있다면, 이는 오직 이와 같은 이유에서다. 즉 장소에 가득한 동시에 장소를 가득 채우는 '수용체'의 잠재성이 언젠가 도래할, 혹은 적어도 언젠가 구체화할 여러 결합의 보고(寶庫)로서 도래할 시간에 늘 여전히 실현될 것이기 때문이다. 결국 장소가 나타나려면 충분한 시간이 흘러 적절한 때가 와야 한다. 그리고 우리가 지금까지 확인한 대로 비록 장소가 사물의 창조 시점에 이미 널리 현전하고 있다 해도, 자신의 결합성이 계속 진보하고 점점 더 증대해가는 것 또한 장소들의 운명이다.

그러므로 플라톤 자신의 말을 빌리면, 장소는 "영속한다(ever-lasting)". 아울러 이 표현은—aiōnios의 어원 aei on은 문자 그대로 '늘 존재함'을 뜻한다—시간과 장소를 한데 모으고, 동일한 이 두 가지 힘은 기원후 6세기 신플라톤주의의 다음과 같은 명시적인 구절(fragment)에 결합되어 있다.

네가 보는 모든 것, '장소' 혹은

　　　'시간'

　　'둘'로 분리하는 것
　　이중의 쌍을 만들어내면서

'지혜의 주(OROMESDES)'　　　　그는 '빛'이요
아후라마즈다(Ahura-Mazda)

'악령(AREIMANIOS)'　　　　그는 '어둠'이라
아흐리만(Ahriman)

　'장소(Topos)'
　　　　───── 무한한 시간(Zerauné akerené)
　'시간(Chronos)'[108]

03

포함자로서 장소
아리스토텔레스의《자연학》

모든 것은 자연적 상태라면 제 고유한 장소에 머문다.

　　　　　　　　　　　　　－아리스토텔레스, 《자연학》 212b34~35

바로 이 사실로 인해 장소의 실존을 인정하지 않고서는 그 누구도 생각하거나 이야기할 수 없다―그 사고나 말이 틀렸을 때조차도 그러하다.

　　　　　　　　　－앙리 베르그송, 〈아리스토텔레스의 장소 개념(The Idea of Place in Aristotle)〉

1

장소는 고대 희랍에서 사유(thought)를 인도하는 북극성과도 같은 것이었다. 이는 아리스토텔레스가 장소론을 다루는 것을 보면 여러 가지로 분명하다. 아리스토텔레스에게 어떤 것이 **어디에** 존재하는가는 형이상학적으로 하나의 기본 범주를 구성하는 것이다.[1] "부동의 동자(the Unmoved Mover)"와 하나의 전체로서 천구들(ouranos) 같은 특별한 경우를 제외하면, 달 아래 세계에 속하는 필멸의 존재(하나의 전체로서 지구를 포함해)는 그 천구들에 의해 부여받은 "공통 장소" 안에 실존할 뿐만 아니라 자기 자신의 "고유 장소"를 가진다는 점에서 장소적으로 구속되어 있다.[2] 이처럼 개개의 "가변적 물체"―즉 운동이나 크기에 변화가 일어날 수 있는 물체―각각에 장소가 중요하다는 점을 강조한 관계로, 이 스타기라인(Stagirite: 아리스토텔레스는 고대

마케도니아의 도시 스타기라에서 태어났다. 흔히 아리스토텔레스를 '스타기라인'이라고 부르는데, 저자는 그런 관행에 더해 아리스토텔레스가 장소를 중시했다는 맥락에서 이렇게 표현한 듯하다—옮긴이]은 장소에 대한 가장 꼼꼼한 검토를 우주론이 아니라 자연학의 맥락에 위치 짓고 있다. 우주론은 확실히 (플라톤에 비해) 아리스토텔레스에게 그다지 큰 관심사가 아니다. 우주창생론에 대해서도 아리스토텔레스의 텍스트에는 그걸 다뤘다는 흔적 정도만 남아 있을 뿐이다. 그것도 대부분 곤혹스럽고 회의적인 태도로 소크라테스 이전 인물들로부터 인용을 하는 데 그친다. 《티마이오스》에는 적어도 신화에 준하는 분위기(aura)—예컨대 상이한 성격이 뒤섞인 "세 번째 종류(triton genos)"(48e, 52a)의 언설이라는 모호한 지위—가 있는데, 이는 허튼 소리를 배제하는 《자연학》의 견고한 태도에 길을 내준다. 《자연학》에서 장소는 포함자(container)와 한계(limit), 경계(boundary)와 점(point) 같은 신중하고 한정적인 용어로 표현된다. '코라'는 '토포스'에 굴복하고, 풍요로운(bountiful) 것이 경계 지어진(bounded) 것으로 대체된다.

아리스토텔레스에게 장소가 "다른 모든 사물보다 가장 우선인 것"(《자연학》 208b35)은 바로 장소가 자연 세계 내에서 없어서는 안 될 역할을 담당하고 있기 때문이다. 특히 장소는 무한한 것, 공허, 시간보다 우선적 지위를 갖는다.[3] 장소는 변화(kinēsis) 자체를 파악하는 데도 필수적인데, 이 변화라는 게 또한 자연학 연구가 늘 관심을 갖는 문제다. "변화의 종류 (중에서) 가장 일반적이고 기본적인 것은 바로 장소에서의 변화, 즉 우리가 위치 이동(locomotion)이라 부르는 것"[4]이기 때문이다. '위치(loco)-이동(motion)'이란 결국 **장소로부터 장소로의** 운동이다.[5] 아리스토텔레스의 견해에 따르면, 장소를 고려하지 않고 자연 세계를 연구하는 것은 단적으로 불가능하다. "자연을 연구하는 자는 장소에 대한 지식을 가져야 한다"(208a27). 왜냐하면 우리가 이미 알고 있는 우주―우주 바깥에는 "장소도, 공허도, 시간도 없다" 〔《천체론(De Caelo)》 279a18〕―어디를 향하더라도 장소가 우리를 기다리고 있으며, 우리가 하고자 하는 어떤 운동도 규정한다는 걸 확인할 수 있기 때문이다. 심지어 공허조차―만일 그것이 실재한다면―"물체를 박탈당한 장소"(208b26)라는 사실을 잊지 말라.

장소를 이렇게 널리 퍼져 있는 것으로 전제한다면, 아리스토텔레스가 제시하는 내용이 장소의 우위성에 대한 아르키타스의 원형적 논증을 아리스토텔레스식으로 변형한 것임을 발견한다 해도 그리 놀랍지 않을 것이다. 〔장소의 우위성을 옹호한 사람으로는 그 밖에 제논(Zenon), 파르메니데스(Parmenides), 고르기아스(Gorgias), 플라톤 그리고 극히 최근에는 화이트헤드를 들 수 있다.〕 아리스토텔레스는 이를 다음과 같이 표현한다.

왜냐하면 존재하지 않는 것은 어디에도 없으므로, 존재하는 것은 어딘가에 존재한다고 누구나 상정하기 때문이다. 예를 들면, 특히 '반은 염소 반은 사슴(goat-stag)'이니 스핑크스니 하는 것들은 과연 어디에 존재하는가?[6]

아리스토텔레스가 《신통기》를 장소화의 불가피성에 대한 초기 증언으로 인용하면서 드물게도 신화(muthos) 쪽에 손짓하는 대목이 바로 이 지점이다. 아리스토텔레스는 안티페리스타시스(anti-peristasis: 한 물체를 다른 물체로 대체하는 것. 물체가 바뀌어도 장소는 동일하게 남아 있다)의 다양한 현상, 자연 운동〔이것에 의해 종류가 다른 물체는 "전혀 다른 분리된"(208b18) 영역들로 이동한다〕과 공허(텅 빈 장소 같다는 의미에서) 등으로부터 이러한 불가피성을 주장한 다음 이렇게 말한다.

따라서 이런 이유들로부터 장소는 물체 위에 있는, 물체보다 우월한 무엇이라고, 또한 감각에 의해 지각할 수 있는 모든 물체는 장소 내에 있다고 상정할 수 있다. 그리고 헤시오도스 또한 '혼돈'을 맨 처음에 두었다는 점에서 아마도 옳았던 것으로 보인다. 그는 이렇게 말한다.

> 모든 것에 앞서서
> '혼돈'이 생겨났다.
> 그리고 이어서 드넓은 품을 가진 '대지'가 태어났다.

이는 존재하는 사물이 이용할 수 있는 코라가 처음에 있어야 하는 게 필연임을 시사한다. 왜냐하면 대부분의 사람과 마찬가지로 그 또한 모든 것은 어딘가에 (pou) 있고, 또한 장소 안에(en topō) 있다고 생각하기 때문이다.(208b27~33)

여기서 아리스토텔레스는 앞의 두 장에서 논의한 혼돈에 대한 분석에 재합류한다. 아리스토텔레스에게 혼돈이란 아무리 미숙하고 형태를 갖추지 못한 것이라 해도 무장소의 한 종류거나 전적인 공허가 **아니라** 모종의 장소다. 실제로 혼돈은 모종의 장소이지 공허가 아니기 때문에 아리스토텔레스는 이렇게 외칠 수 있었다. "장소가 지닌 힘은 경탄스러운 것이고, 다른 무엇보다 우선하는 것임에 틀림없다." 그리고 아리스토텔레스는 그 이유를 다음과 같이 덧붙인다. 왜냐하면 "그것 없이는 다른 어떤 것도 존재할 수 없지만, 다른 무엇이 없어도 존재할 수 있는 것이야말로 첫 번째여야만 하기"[7] 때문이다. 자연 세계의 장소 우위성에 대해 자신의 논증을 준비하며 방금 인용한 이런 표현을 구사함으로써 아리스토텔레스는 아르키타스의 공리를 자신의 텍스트에 문자 그대로 다시 새겨 넣었다.

그러나 아리스토텔레스가 이런 논증을 하기 위해서는 우선 장소라는 주제에 대해 플라톤과 타협을 해야 한다. 아리스토텔레스는 이를 상찬과 비판을 반씩 섞는 방식으로 수행한다. 상찬하는 쪽은 아주 간단하다. "모든 사람이 장소는 그 어떤 것이라고 말하는 동안 오직 〔플라톤〕 혼자만 장소가 무엇인지 말하려 했다"(209b16~17). 그러나 비판 쪽은 그리 간단치 않다. 왜냐하면 첫째, 그 비판은 플라톤 입장에서 "질료와 공간은 동일한 것"(209b12)이고, 그런 까닭에 장소 또한 질료로 환원할 수 있다는 가정에 바탕을 두고 있기 때문이다. "장소를 〔그 장소를 점하고 있는 물리적 사물의〕 크기의 확장이라고 여기는 한 그것은 질료다"(209b6~7). 둘째, 《자연학》에서는 코라로서 '공간'이 '수용체'에서 볼 수 있는 것과 같은 엄청난 범위를 지시하기 위한 독립적 용어가 더 이상 아니기 때문이다. 공간은 '크기(megethos)'로 간주됨으로써 산재하는 토포스로서 '장소'라는 수준으로 — 다만 장소는 특정한 '장소-내-사물'의 크기와 외연이 같다는 전제 아래 — 떨어진다.[8] 로스(W. D. Ross)가 조금 거칠게 표현하듯 《자연학》에서 장소에 대한 학설은 공간에 대한 학설이 아니다. 여기서는 물론이고 다른 어디에서도 아리스토텔레스는 공간, 즉 코라에 대해 그리 많은 얘기를 하고 있지 않으며, 따라서 그에게 공간에 대한 이론이 있다고 할 수도 없다".[9] 공간에 대한 이론을 갖지 않는 대신 크기와 토포스에 대한 고찰로 대체해버린 것은 플라톤의 우주론에서 가장 중요한 것, 혹은 어쨌든 가장 도발적인 것을 거절하는 것과 다름없다.

더 나아가 아리스토텔레스는 플라톤을 겨냥해 그에게 일반적으로 행하는 비난을 퍼붓는다. "우리는 플라톤에게 물어야 한다. 만일 장소가 '분유자(分有者, the participative)'라고 한다면, 이 '분유자'가 큰 것이든 작은 것이든, 아니면 《티마이오스》에서 플라톤이 쓴 것처럼 질료든 왜 '형상(form: 사물의 본질, 곧 '이데아'를 말함—옮긴이)'과 수(number)는 장소 안에 없는가라고"
(《자연학》 209b34~36). 이런 비난은 대답할 수 있는 게 아니다. 왜냐하면《티
마이오스》에는 '분유자'라는 말이 나오지 않을 뿐만 아니라[《티마이오스》
는 '수용체'가 "가지적(intelligible)이지만, 매우 까다로운 방식으로 그러하다"(《티마이오스》
51a~b)라고 주장하는 데 그친다], 더 중요하게는 플라톤이 '생성'하는 여러 존재
와 나란히 '형상'과 '공간'도 궁극적인 형이상학적 소여로서, 즉 적합한 우
주론에 꼭 필요한 공준(公準, postulate: 자명한 명제는 아니지만 기본적인 전제가 되
는 것—옮긴이)으로서 상정하고 있기 때문이다. 다른 대목, 특히《생성 및 소
멸에 대하여(On Generation and Corruption)》에서 아리스토텔레스는 플라톤
에 대해 "전적인 수용체(이를테면 모든 것을 받아들이는 것으로서 '수용체')가 요소
들과 구별되는지 아닌지 명확히 말하지"(《자연학》 329a14~15; 329a23~25 또한 참
조) 않고, "이를 이용하지 않는다"고 비난한다. 이는 '생성'의 모태가—데
미우르고스의 개입과는 별도로—기하학적으로 구성된 일차적인 물체들
로 어떻게 변질되는지 플라톤이 정확하게 제시하지 않기 때문이다(《자연학》
329a15~23).[10]

2

장소는 어떤 종류의 표면이고, 그릇이나 울타리(surrounder)처럼 여겨진다.
— 《자연학》 212a28~29

아리스토텔레스는 플라톤의 장례를 치른 후—무덤 자리가 뒤숭숭하긴 했
지만—장소의 우위성에 대한 자신의 논증을 펼치기 시작한다. 아리스토텔
레스가 이 논증을 수행한 것은 하이데거가 "서양 철학의 기본서"[11]로 간주

한 "자연에 귀 기울이기(Physikē akroasis)"라는 제목의 텍스트에서였다. 여기서 아리스토텔레스는 자연학자(physicist)로서만큼이나 현상학자로서 태도를 아울러 견지하며 "〔장소는〕 어떤 **방식으로** 존재하는가"[12]에 대해 주의 깊게 탐구한다. 이렇게 탐구를 수행함으로써 아리스토텔레스는 자연학과 현상학의 동맹을 개시했고, 이런 관계는 지금으로부터 별로 멀지 않은 과거까지 이어져왔다. '현상학'이라는 말은 1764년 람베르트(J. H. Lambert)가 고안한 신조어로, 자연적(물리적) 현상을 감관(sense)에 나타나는 대로 연구하는 것을 가리키는 말이었다. 에른스트 마흐(Ernst Mach)와 아인슈타인은 이 말의 원래 의미를 이어받아 계속 사용했다.[13] 아리스토텔레스의 기획이 독특했던 것은 변화 및 운동의 일반적 원리에 관심—구체적 현상에 대한 세심한 기술(description)과 결합한 관심—을 가졌다는 점에 있다. 아리스토텔레스가《자연학》첫 대목에서 말하듯 이는 "우리에게 더 많이 알려질 수 있는 것과 더 명확한 것부터 시작해 본성상 더 명백하고 더 알려질 수 있는 것으로 나아가는"(184a17~18) 것이었다. "**우리에게** 더 많이 알려질 수 있고 더 명확한" 것이란 기술적(descriptive)·현상학적 탐구를 할 수 있는 잠재성을 가진 대상이라는 얘기다. 왜냐하면 그러한 탐구는 사물이 인간 관찰자에 대해 그 또는 그녀의 직접적인 생활 세계에서 자기 자신을 어떻게 나타내는지를 고찰하는 것이기 때문이다.

아리스토텔레스가 원(原, proto) 현상학적 기술이라고 할 만한 방식으로 진술하는 첫 번째 사례는《자연학》4권 앞부분에 있다.

장소의 부분과 종류는 다음과 같다. 즉 상·하 그리고 여섯 가지 차원 중 나머지 네 가지가 있다. 이들은 단지 우리하고만 관련 있는 게 아니다. 우리와의 관계에서 이들(상, 하, 좌, 우)은 늘 동일하지 않고, 우리가 어느 쪽으로 방향을 바꾸느냐에 따라, 우리 위치와의 관계에 따라 달라진다. 그렇기 때문에 오른쪽이 왼쪽이 되기도 하고, 또 위와 아래가, 앞과 뒤가 바뀌는 일이 종종 일어난다. 그러나 각각은 자체적으로 전혀 다른 별개의 것이다. '위'는 우리 멋대로 할 수 있는 게 아니라, 불(火) 같은 가벼운 것이 움직여 가는 곳이다. 마찬가지로 '아래'도 우리 멋대로 할 수 있는 게 아니라 흙(土) 같은 무거운 것이 움직여 가는 곳이다. 따라서 이들은 그 위치에서뿐 아니라 그 능력에서도 다르다.[14]

이 인용문이 ("자체적으로" 고찰할 경우, "전혀 다른 별개의" 것, 고유의 "능력"을 가진 것으로 여겨지는) 자연학 고유의 문제와 현상학적 기술의 문제(예컨대 좌우는 어떤 주어진 순간 우리의 특정한 위치와 관련이 있다) 사이에서 절묘한 균형을 취하고 있다는 점에 주목하라. 장소에 대한 온전한 고찰은 양쪽의 문제, 곧 장소는 '그 자체로' 어떠하고, 다른 사물과의 관계에서는 어떠한지를 모두 고려해야 할 것이다.

아리스토텔레스가 장소의 두 가지 기본적 측면을 다룰 때, 이와 동일한 방식으로 이중 초점을 구사한다는 사실은 명백하다. (a) 후설 현상학의 경우, "자유 변주(free variation)"라는 방법을 통해 하나의 소여 현상에 얼마나 많은 기본종(基本種)이 있는지 식별할 수 있는데, 그와 마찬가지로 아리스토텔레스도 장소의 두 가지 상이한 종류를 주저 없이 제시한다. 첫째는 "공통 장소"로서 "그 안에 모든 물체가 존재"(209a33)하는 것이며, 둘째는 "고유 장소"로서 "어떤 물체가 처음으로 그 안에 있게 되는 것"(209a34)이다. (b) 어떤 종류의 장소에도 '안에는' 필수적인 요소로 들어 있으므로, 아리스토텔레스는 나아가 어떤 것 **안에** 있다는 것의 의미를 여덟 가지로 구체화한다.[15] 이 여덟 가지 의미 중 둘은 논리적 혹은 분류적인 것으로 간주된다. 그 밖에 형이상학적인 것 두 가지, 정치적인 것 한 가지, 부분과 전체의 관계를 나타내는 것 두 가지가 있다. 그리고 마지막 한 가지는 특별히 기술적인 (descriptive) 것이다. 요컨대 "그릇 안에, 그리고 일반적으로는 장소 안에 [한 사물이 존재하는] 것처럼"(210a23~24). 인상적인 것은 '안에'의 마지막 의미, 즉 가장 명백하게 현상학적인 의미를 "모든 것 중에서도 가장 기본적"(ibid.)이라고 선언하고 있다는 사실이다.[16] 장소 안에 있는 것은 그릇 안에 있는 것과 거의 같으며, 그래서 문제는 이것이 **어떻게** 그러한가가 된다—이리하여 좀더 세련된 기술(description)이 요구된다.

그릇이라는 유비(analogy)는 아리스토텔레스로 하여금 형상이나 질료를 장소의 본성에 이르는 열쇠로 간주하라는 끈질긴 유혹을 논박할 수 있게 해준다. "그릇은 그 안에 존재하는 것에 속하지 않으므로(일차적인 '무엇'과 '그 안에'는 다르므로), 장소는 질료도 아니고 또한 형상도 아닌 다른 어떤 것일 터이다"(210b27~30). 질료와 형상은 어떤 주어진 장소 안에 위치 지어져 있는 물체에 내재하는 것이다—질료는 기체(基體, substratum)를 제공하고, 형상은 모양(shape)을 부여한다. 형상과 장소는 비록 서로 인접하고 또 외연이 같다 해도, 일차적으로 형상은 위치 지어진 물체의 표면에 속하는 것이지 그 물체를 위치 짓는 장소에 속하지 않는다.[17] 아리스토텔레스가 현상학적 의미에서 정밀하게 진술하듯,

형상을 장소로 여기는 것은 바로 장소가 둘러싸는 것이기 때문이다. 둘러싸는 것의 극단과 둘러싸이는 것의 극단은 같은 [곳(spot)] 안에 있지 않다. 이 둘은 모두 한계(limit)이긴 하지만, 동일한 것의 한계는 아니다. 형상은 대상의 한계고, 장소는 물체를 둘러싸고 있는 것의 한계다.(211b10~14)

그러나 이렇게 말한다 해도, 정확히 어떻게 해서 장소가 "그릇 같은 뭔

가로 여겨지는가"(209b27~28)에 대한 대답은 되지 못한다. 그 대답은 분명 그릇의 포함하는 능력 안에서, 더 구체적으로 말하면 둘러싸는 능력 안에서 찾아야만 한다. 그 능력이란 (사물을) **담아 들이는** 능력이다. 담아 들이는 이 능력을 주의 깊게 묘사함으로써 아리스토텔레스는 장소에 대한 적확한 정의, 즉 "그것이 무엇인지"(211a8)를 규정할 수 있었다. 이 정의 자체는 2단계로 제시된다. 우선 아리스토텔레스는 포함성이라는 요인 자체에 집중한다. 그리고 대기에 의해 둘러싸임으로써, 나아가 이 대기는 천구들(heavens)에 의해 둘러싸임으로써 결국 우리는 천계(celestial system) 내에 위치 지어진다고 말한다. 우리는 "대기 안에" 위치 지어짐으로써 이 천계 내에 장소 지어진다. "그러나 우리가 대기 안에 있다고 말하는 것은 대기 **전체**가 아니라 우리를 둘러싸고 있는 대기의 한계 때문이다."[18] 따라서 장소라는 것의 '일차적' 의미는 "물체 각각을 둘러싸는 최초의 것"[19]이다. 이는 어떤 한계를 지닌 채 직접 사물을 둘러싸고 있는 것이다. 그러나 이때의 한계는 둘러싸고 있는 것에 속하는 것이지, 둘러싸이는 물체에 속하는 게 아니다. 〔후자의 한계는 그 사물의 형상에 의해, 즉 외형(outer shape)에 의해 규정된다(209b3~6 참조).〕 유리잔이나 주전자 같은 그릇이 그 내용물—가령, 공기나 물 같은 것—을 둘러싸듯 장소는 그 안에 위치 지어져 있는 물체(들)을 둘러싼다. 여기서 '둘러싼다'는 periechein을 번역한 것으로 "어떤 것을 자기의 구성 성분으로 삼지 않으면서, 경계를 긋는 것"을 의미한다. 문자 그대로는 예컨대 perimeter(주변) 같은 단어처럼 '주위에서(peri-) 보유하는 것(echein)'을 가리킨다. 그릇이 그 안에 물이나 공기를 보유하듯 장소는 그 안에 물체(들)이 잘 들어맞도록 보유한다.

그러나 아리스토텔레스는 장소에 대한 이 최초의 정의에 안주하지 않는다. 왜냐하면 무엇보다 그릇과의 유비가 불완전하기 때문이다. 그릇은 옮길 수 있지만 장소는 그럴 수 없다. "그릇을 운반할 수 있는 장소라고 표현한다면, 장소는 이동시킬 수 없는 그릇인 셈이다"(212a14~15). 훨씬 더 심각하게 문제 되는 것은 강은 배를 위한 장소인 반면 배를 직접 둘러싸고 있는 물의 내용물은 계속 변화한다는 사실이다. 배를 둘러쌈으로써 배의 장소를 한계 짓는 물의 안쪽 면은 시시각각 달라진다. 장소이기 위한 최소한의 조건은 동일해야—장소 내에 위치 지어지는 사물이 달라지더라도 그 다양한 사물에는 **동일한** 장소여야—하므로 아리스토텔레스는 처음의 정의에 장소는 그 자체로는 변화도, 운동도 할 수 없다는 것을 덧붙인다. 장소는 "변화할 수 없어야" 한다. 이에 따라 아리스토텔레스는 자신의 가장 결정적인 정식화로 이행한다. "장소란 이런 것이다. 즉 뭔가를 둘러싸고 있는 것의 첫 번째 불변의 한계다"(212a20~21). 따라서 강의 경우, 장소는 "강 전체"인 셈이다. "강 전체"라는 이 구절을 심플리키오스(Simplicius)를 비롯한 몇몇 사람은 강둑이나 강바닥, 그러니까 물체를 둘러싸는 부동의 안쪽 면을 의미한다고 해석한다.[20]

이렇게 해석한다면 장소란 "어떤 물체를 포함하고 있는 것 중 가장 안쪽에 있는 부동의 포함자"[21]다. 그러한 것으로서 장소는 물체에 하나의 환경(둘러싸는 것)을 부여함으로써 그 물체를 '포함-하고-둘러싼다(contain-and-surround)'. 이때 둘러싼 환경은 비록 늘 안정된 것이 아니라 해도(강에 떠 있는 배가 지금 있는 '곳'은 일시적으로 있는 곳이지 지속적인 자리는 아니다), 그 사물을 규정하는 위치상의 현전(presence)이다. 이런 현전성 덕분에 장소는 단순히 **수용적인 것**이 아니라 활동적으로 **둘러싸는 것**이다.[22] 바로 이 지점에서 아리스토텔레스는 플라톤과 가장 명백하게 결별한다. 《티마이오스》에서 코라로서 공간—여러 영역과 개개의 장소도 포함해—은 수용적인 것으로 여겨진다. 실제로 그것은 "전적으로 수용한다". 장소는 바로 그런 것으로서 감각적 성질에 의해 자격을 부여받으며, 물리적 물체가 출현하는 매체로서 역할을 할 수 있다. 그러나 이런 물체는 자신의 규정성, 즉 자신의 한계 혹은 형태를 기하학적 형상으로부터 수용한다. 그런 까닭에 그 한정하는 요인은 데미우르고스가 여러 형상을 능동적으로 부어 넣음으로써 생겨난다.

아리스토텔레스의 설명에 따르면, 그 한정하는 능력은 **이미 장소 내에 있**다. 요컨대 포함하고 둘러싸는 능력, 즉 둘러쌈으로써 포함하는 그 능력을 통해 그러한 한계 설정을 제공하는 것은 장소 자체의 본질에 속한다. 플라톤의 흥미는 물리적 물체의 바깥쪽 표면에 형태를 부여하는 데 있었던 반면, 아리스토텔레스의 관심사는 에워싸는 장소들의 안쪽 표면이 가진 고정된 윤곽에 있었다. 아리스토텔레스에게 한계는 장소 내부에서, 실제로는 장소 자체의 부분으로서 나타난다. 한계는 처음부터—실제로, 질서 지어진 자연 세계의 맨 처음**이라는 의미에서**—장소 내의 구성 성분이지, 질서를 부여하는 외적 행위자가 부과하는 것이 아니다. 따라서 신과 같은 규정자(deific regulator), 즉 진리의 씨앗(logos spermatikos)을 가진 신성한 파종자(inseminator)를 불러낼 필요는 없다. 장소에는 다른 것에 의존치 않는 장소 고유의 능력이 있다. 아리스토텔레스가 특유의 삼가는 어투로 표현하듯 장소는 "어떤 능력을 가진다"(208b11). 이 조심스러운 제안은 그러나 매우 광범위하고 강력한 결과를 낳는다. 요컨대 세계는 항상 이미 충분히 장소화되어 있다. 장소의 한계가 자신의 직접적인 환경 속에서 개개의 사물에 위치를 부여하는 규정적인 토포스는 반드시 존재한다.

3

화이트헤드의 두 가지 창조 모델—"내재론" 대 "부과론"—중에서 하나를 택해야 한다면, 아리스토텔레스는 두말없이 내재론 모델을 선택하며 플라톤과 대조적인 자신의 입장을 드러낼 것이다. 마땅히 그럴 것이라 예상할 수 있는 건 아리스토텔레스의 사물에 대한 인식 틀에는 혼돈은커녕 그 비슷한 것도 찾아볼 수 없기 때문이다. (《자연학》에 혼돈이라는 말이 나오는 경우는 과거의 흔적이 잔존해 있는 용어로서일 뿐이다.) 아리스토텔레스는 개념적으로 추상해가는 과정에 의해서만 "제1 질료(prōtē hulē)"라는 단계에 도달하는데, 그가 이 단계에 도달했다는 것은 아리스토텔레스 자신이 혼돈 가까이 이르렀다는 의미다. 그러나 제1질료는 지위상 너무나 몰(沒)규정적이어서 그것만으로는 실존할 수 없다. 그 대신 자연 세계—"모든 것은 〔이〕 세계에 있기" (212b18) 때문에 실제적으로는 **모든 곳**을 의미한다—에서 우리는 이미 형상을 부여받은 질료만을 만난다. 이 세계에 존재하는 질료적 물체는 그 질료와 형상의 분리 불가능한 특성 덕분에 각자의 통합성을 보유하고 있다. 그러므로 형상이 질료 **속으로** 유입되는 것을 설명할 필요는 없으며, 형상을 잘 부여받은 우주 전체가 생성된 것을 설명할 필요는 더더욱 없다. 순전히 감각적인 성질이 3차원적으로 측정할 수 있는 형태를 가진 완숙한 질료적 물체로 변형되어야만 하는 상황 아래서는 데미우르고스를 불러내는 일이 필수적이었을지도 모른다. 그러나 이제는 그럴 필요가 전혀 없다. 자연 세계는 첫출발 때부터 충분히 형상을 부여받은 것으로 나타남으로써 스스로를 돌보는 세계다. 따라서 적절한 신(deity)은 철저히 정지해 있는 '동자(動者, Mover)'뿐이다. 이러한 동자는 (그 이름과는 딴판으로) **세계 바깥에서** 영원히 정지해 있고, 따라서 실제적으로는 **어디에도 전혀 있지 않은** 자다. 모든 장소는 세계에 속하지만 세계 전체 자체가 자신의 고유한 장소를 갖지는 않는다.[23] 우리는 지금까지 장소 없는 원초적 상태를 정립하고자 하는 유혹으로부터 먼 길을 걸어왔다. 이제 철학적으로 정당화할 수 있는 유일한 장소 부재 상태는 창조 **이전**(무로부터의 설명에서 그리하듯)도 아니고, 창조된 물질의 조각 **사이**(원자론자들이 말하는 무한한 공허에서 그리하듯)도 아닌 '부동의 동자'라는 존재 자체 안에 위치를 부여받는다. 만일 진정으로 "천구 바깥에는 장소도, 공허도, 시간도 없다"(《천체론》 279a12~13)고 한다면, 그 '동자' 자체는 장소가 없는 셈이다.

하나의 결정적 패러독스가 이 상황으로부터 출현한다.[24] 《티마이오스》 같은 텍스트에서는 창조를 준(準)통시적인 방식으로 설명하기 때문에, 그 결과 '공간'을 (그 다양한 영역이나 장소와 함께) 미리 실재하는 것으로 설정하고, 동시에 형태 없는 감각적 성질에 규칙적인 형상을 부여하기 위해 데미우르고스의 중재를 필요로 한다. 요컨대 '공간'이 주제화하는 것은 서사의 흐름에 의해 '시간'이 수반되는 설명 방식에서다. 한편 《자연학》의 경우는 비서사적 설명 방식으로 인해 세계의 기원에서 장소를 경시하고, 장소가 없다는 것은 곧 "우주의 바깥"(212b18)이 되어버린다. 이리하여 패러독스는 양면성을 갖는다. 우선 《티마이오스》의 시간-구속(time-bound) 이야기에서는 신이 자신을 문자 그대로 **장소 안으로** 들이기를―요컨대 개별 장소 안에 있는 각각의 성질에 형태를 부여해 "그 성질들로 구성된 질서 있는 전체가 존재하〔는 게 가능하〕도록"(《티마이오스》 53a) 해주길―요구한다. 반면 《자연학》에서 이야기하는 무시간적 설화에서는 **신이 개입할 장소**를 전혀 주지 않는다. 그도 그럴 것이 여기서의 신은 지각할 수 있는 물체들로 이루어진 '세계-전체'의 바깥에, 즉 이 신 자신의 형이상학적 "미지의 나라(Erehwon: nowhere의 철자를 거꾸로 해서 만든 말―옮긴이)"에 존재할 것이기 때문이다. 전자의 경우에는 시간과 공간이 공모해 신을 세계 안으로 끌어들인다―최소한 창조라는 결정적 사건이 일어나는 동안에는 그러하다. 후자의 경우 신은 세계 바깥에, 시간도 장소도 결여된 상태로 남아 있다. 풍부하게 영역화해 있지만 아직 질서는 없는 세계, 비록 철두철미하게 혼돈스럽지는 않다 해도 여전히 공간적으로는 미분화 상태에 있는 세계에 대한 이해는 정합적으로 장소 지어져 있으면서 동시에 형상적 형태를 갖춘 세계라는 관념으로 이행한다. 이때 세계는 '부동의 동자'의 독립성과 엄밀하게 짝을 이루는 내재적 질서를 갖는다.

이러한 견해의 이행은 수학, 특히 기하학의 역할과 관련 있는 하나의 중요한 결과를 초래한다. 《티마이오스》의 창조 세계에 "이식된 기하학주의"―즉 입체의 표면을 이루는 제1구조로서 삼각형 평면을 도입한 것―라고 부를 만한 게 포함되어 있다면, 《자연학》에서는 물질적 사물이 그런 식으로 외부로부터 기하학적 형태를 주입받는다든가 하는 일은 흔적조차 찾아볼 수 없다. 플라톤 우주론에서 본질적이었던 것(즉 《티마이오스》의 설명에서 창조에 필연적으로 포함했던 기하학화)이 아리스토텔레스의 눈에는 깊은 회의를 초래할 뿐이다. 설령 아리스토텔레스가 〔외젠 민코프스키(Eugène Minkowski)가 구사한 냉소적인 병리학적 표현인〕 "병적인 기하학주의"[25]라는 꼬리표를 플라톤 우주론에 붙였다 해도 하등 이상할 게 없을 정도다. 만일 이 세계가 장소는 물론 형상이나 형태도 포함하는 내재적 질서를 이미 갖추고 있다면, 거기에 또 별도의 기하학화 행위를 요구하는 것은 헛짓거리에 불과하다.[26]

내가 이처럼 플라톤과 아리스토텔레스의 상이함을―특히 부과론 대 내재론, 기하학주의 대 자연물리학주의라는 대립적 용어를 사용해―계속해서 강조하는 것은 장소에 대해 근본적으로 다른 두 가지 사고방식이 이미 고대 희랍 사상에 존재했었다는 사실을 보여주기 위해서다. 나아가 고대 희랍 초기에 존재했던 또 다른 중요한 두 가지 패러다임—헤시오도스의 '혼돈'과 원자론자들의 공허로 대표되는—과는 대조적으로, 장소에 대한 플라톤과 아리스토텔레스의 견해는 장소에 대한 현대의 비과학적 사고방식에까지 이어져 커다란 중요성을 갖고 있다. 기하학은 근대 초기의 몇몇 공간 개념을 위한 모델을 제공했고, 이러한 개념은 20세기인 오늘날에도 비록 과학적 사유에 대해서는 아닐지 몰라도 상식 수준에서는 널리 작동하고 있다. 한편 아리스토텔레스식의 견해는 오늘날의 여러 가지 현상학적 접근에 영향력을 행사하는 원형이다. 그런 접근법은 예컨대 후설이나 메를로퐁티의 저작을 통해 기하학의 과잉 부과(superimposition)에 의문을 제기하면서 그 대신 세계에 내재하는 형태적 질서에 대해 인식할 것을 요구한다.

원(原) 현상학자로서 아리스토텔레스에 대한 비판적 물음은 이 세계가 (왜가 아니라) 어떻게 그토록 깊게 내재화해 있는 장소적 질서를 소유하고 있는가라는 것이다. 이에 대한 답은 이러하다. "장소는 [모든] 대상과 함께 있다"(212a30~31). 왜냐하면 "그 한계들은 한계 지어져 있는 것과 함께 있기 때문이다"(212a30~31). "~와 함께(hama)"야말로, 장소의 '어떻게'에 대한 질문을 푸는 실마리다. 그렇게 볼 경우, 장소란 어떤 사물이 다른 사물 **안에** 있을 수 있는 '가장 기본적인 방식'이다. "사물들이 장소 내에 '함께' 있는 것은 그것들의 직접적 혹은 일차적 장소가 하나일 경우다."[27] 물질적 사물은 그에 고유한 장소, 즉 그 사물에 밀착하는 장소에 잘 들어맞는다. 왜냐하면 사물과 장소는 함께 작용해 어떤 주어진 상황을 규정하기 때문이다. 나는 방금 장소가 자기 안에 있는 것을 능동적으로 둘러싸 어떤 위치에 처하는 능력이라는 관점에서 "함께 **작용한다**"는 표현을 썼다. 이런 관점에서 볼 때, 자연적 사물이나 물체는 단순히 수동적 점유자로서 거기에 있는 게 아니다. 그것들은 또한 현행적(actually)으로나 잠재적으로 변화하고 운동하는 것으로서, 또한 동시에 그에 고유한 장소 '안에서/안으로(in/to)' 변화하거나 운동하는 것으로서 능력을 가졌다.

사물과 장소가 서로에게 속하는 것, 즉 이들의 이중적 내재성은 공리적 수준의 정식으로 종합되는데, 이 정식에서 '안에(in)'의 두 가지 사용법은 극히 적절하게 통합된다. 즉 "모든 물체는 반드시 어떤 장소에 있는 것처럼, 모든 장소 안에는 반드시 물체가 있다"(209a25~26). 이는 단순히 공허하고 하나 마나 한 진술이 아니다. 물체 없는 장소(즉 공허)를 상정한 것은 원자론자들만이 아니었다. 플라톤도 역시 그렇게 했다. '수용체' 내에서 활동하고 있는 원초적인 영역 중 그 어디에도 어엿한 자연물리적(physical: physical은 근대 물리학 탄생 이후로는 주로 '물리적'이라는 의미를 갖지만, 그 이전에는 '자연적'이라는 뜻도 함의했다. 그런 연유로 문맥에 따라 '자연물리적' 또는 '물리적'을 구별해 번역하기로 한다—옮긴이) 물체는 포함되어 있지 않다. (또한 장소 없이는 어떠한 물체도 없다는 것 역시 결코 인정받지 못한다. 하물며 장소와 장소 **사이에** 있는 상황에 대해서는 어떻겠는가?) 아리스토텔레스에 따르면 운동 중이거나 정지 중이라는 것은 곧 장소 안에 있다는 것이다. 비록 그 장소가 아무리 순간적인 것이라 해도, 과도적인 것이라 해도 그러하다. 이러한 끊임없는 장소화는 그 자체가 장소와 사물의 긴밀한 협동적 작용의 결과다. 사물들이 늘 장소 지어지(고 있)는 것과 마찬가지로, 장소 자체도 늘 (계속) 채워진다—그것도 정확히 사물들로 채워진다.

주로 그러한 협동 방식에 의해 한계는 한계 지어지는 것과 함께 작용한다. 포함되는 물체의 바깥쪽 한계는 포함하는 장소 안쪽의 한계와 합류한다. 한쪽의 한계가 다른 쪽의 한계 없이는 실존할 수 없을 뿐만 아니라 각각은 상대방에게 적극적으로 영향을 끼치면서 진정한 연합 공간을, 포함하는 자와 포함되는 자 사이의 상호 공존 공간을 형성하도록 돕는다. 함께 구성되고, 일치하고(coincidental), 공현전하는(compresent) 이러한 이중의 한계 야말로 장소를 일차적으로 규정하는 것이다.[28]

4

점이란 어떤 부분도 갖지 않는 것이다.
— 유클리드, 《기하학 원론(Elements)》 1권, 정의 1

점은 상상 안에 투영되어 존재한다. 말하자면 어떤 장소 안에 그리고 (자연물리적 질료가 아닌—옮긴이)
사유적 질료 안에 구현되어 존재한다.
— 프로클로스(Proclus) 《유클리드 기하학 원론 1권 주해》

점의 장소는 …… 필연적으로 존재해야 하는 것은 아니다.
— 아리스토텔레스, 《자연학》 212b24

장소는 그 이중의 한계 지음에도 불구하고, 장소의 고유한 점유자인 가변적 사물에 비춰볼 때 불변하는 어떤 것이다. 아리스토텔레스가 경고하듯 "왜냐하면 장소 내에 있는 것은 존재하는 모든 게 아니라, 변화할 수 있는 물체(뿐)이기 때문이다"(212b27~28). 사실 아리스토텔레스의 체계 내에는 장소를 결여한 것이 넷 있는데, 천구들 및 '부동의 동자'는 물론 수와 점도 여기에 포함된다. 가장 고귀한 자연물리적 존재와 형이상학적 존재가 장소 없는 상태라는 공통 상황 속에서, 산술과 기하학의 최소 구성단위와 힘을 합치고 있는 것이다. 창조라는 우주창생론적 설명에 늘 따라다니는 무장소 성이라는 유령은 바야흐로 변화하고 움직이는 사물들 너머에—나아가 그 사물들을 포괄하는 천구들까지 뛰어넘어—초연하게 (그리고 뚫고 지나갈 수 없게) 존재하는 '신'을 특징지을 뿐만 아니라, 그 동일한 사물들을 산술적으로나 기하학적으로 파악할 수 있게끔 해주는 수와 점조차 특징짓는다. 상황이 이렇게 기이한 것은 다음과 같은 이중의 패러독스 때문이다. (a) '신'은 '부동의 동자'로서 **궁극의 장소**인 것처럼 여겨질 수 있다. 왜냐하면 '신'은 천구들 바깥쪽 혹은 그 바깥쪽 끝에 있으므로 이 자연적 우주 자체를 포함하거나 둘러싸고 있다(아울러 그리함으로써 자연적 우주 자체에 장소를 제공한다)고 생각할 수 있기 때문이다. (b) 수와 점, 특히 점은 과학적으로 인식할 수 있는 물질적 세계의 형식적 구성 요소로서 우리가 이 세계를 수학적 관점에서 이해하는 데 (질서와 위치에 입각한) 그들 특유의 역할을 수행하기 위해 어떤 내생적인 **장소스러움**(placelikeness)을 요한다고 여겨질 수도 있다. 그러나 가령 형이상학적이고 수학적인 '장소들'을 아리스토텔레스의 자연학 체계 내부에서 이토록 강하게 암시한다 해도, 그런 장소들이 동일한 체계 내부에서 부정된다는 것 또한 확실한 사실이다.

내가 이중적으로 복잡한 이 상황을 해결하겠다는 것은 아니다—'신'이나 수는 신플라톤주의자들의 즐거움을 위해, 또 천구들에 대해서는 코페르니쿠스·케플러·갈릴레오의 해석을 위해 남겨두고(신, 수, 천구들에 대해서는 뒷장들에서 다루겠다는 뜻—옮긴이), 이 절에서는 아리스토텔레스가 점을 장소와의 관계 속에서 어떻게 취급하고 있는지에 초점을 맞추고자 한다. 점이 장소를 갖는가(혹은 그렇지 않으면 장소인가)를 둘러싼 물음은 언뜻 보기보다 복잡하고 또 꽤나 흥미로운 문제다. 우선 어떻게 점과 장소를 구별할 수 있는가라는 기본적 물음이 있다.

물체는 장소와 공간을 가지므로 표면도 그리고 다른 한계들도, 장소와 공간을 갖는 것은 분명하다. 왜냐하면 같은 논증을 적용할 수 있기 때문이다. 즉 아까 물의 표면이 있었던 곳에 이번에는 대기의 표면이 존재할 것이다. **그럼에도 불구하고 우리는 점과 점의 장소를 구별하지 않는다.** 그래서 만일 점의 장소조차 〔점 자체와) 구별되지 않는다면, 그 밖에 어떤 것의 장소에 대해서도 그러할 것이다. 즉 장소는 그중 어느 것과도 구별되지 않을 것이다.[29]

이러한 추론 과정에는 전제가 있는데, 그것은 선·면·입체로 표현되는 일련의 "한계들(perata)"이 끝까지 따지고 들어가면 궁극의 구성 요소 또는 시원인 점들에 궁극적으로 의존한다는 사실이다. 플라톤은 불가분한 **선**을 우주론에서의 기본 단위로 선호했지만, 아리스토텔레스는 "점은 더 이상 나눌 수 없다. 이 사실이야말로 공통의 토대다"[30]라고 말한다. 그러나 만일 점에 장소가 결여되어 있다면 어떻게 해서 선·면·3차원 물체 같은, 점들로 구축되는 모든 것에 장소가 자연히 생겨날 수 있단 말인가? 아무도, 다른 사람은 몰라도 최소한 아리스토텔레스는 입체에 장소가 결여되어 있다는 사실을 부정하고 싶어 하지 않는다.

"점이 **부분을 일체 갖지 않는 것**"[31]인 한 점이 장소를 점하는 일 따위는 불가능하며, 포함자에 의해 둘러싸이는 일 따위는 더더욱 그러하다고 생각할지도 모른다. 왜냐하면 포함하거나 둘러싸는 게 성립하기 위해서는 표준적으로는 그렇게 포괄되는 것이 최소한 하나의 부분을 갖고 있어야 하기 때문이다. 플라톤의 《파르메니데스》의 다음과 같은 대목은 이러한 연관성을 잘 보여준다.

만일 그것(一者)이 다른 사물 안에 있다고 한다면, 추정컨대 그것은 자신이 그 안에 있는 바로 그것에 의해 제 주변이 둘러싸이게 될 것이다. 그리고 그것은 자기를 둘러싸는 것과 많은 부분, 많은 장소에서 접촉할 것이다. 그러나 일자이면서 부분을 갖지 않고 원의 성질도 갖지 않는 어떤 것과 많은 방향에서 온통 접촉하는 것은 불가능하다.[32]

그렇지만 점은 늘 둘러싸여 있는 것 아닌가? 사실상 점은 자신이 처해 있는 공간 안에 **총체적으로** 둘러싸여 있고, 그리하여 감각적 물체처럼 자신을 둘러싸고 있는 것 안에 전적으로 담겨 있는 것 아닌가? 장소를 철저하게 '포함'이라는 관점에서 보는 아리스토텔레스 자신의 견해에 따르면, 점은 정확히 장소 안에 있는 것의 모범적 사례가 아닐까? 점이 단독으로 나타나든, 아니면 선이나 면 혹은 입체의 부분으로 나타나든 점보다 **더** 완전히 포함되거나 둘러싸일 수 있는 것이 과연 있을까?[33]

이 문제를 해결해보겠다고 점이란 자연물리적인 어떤 게 명백히 아니다, 이는 분할 불가능성이라는 점에 대한 관념에서도 '한계'라는 그 지위에서도 잘 나타나 있다고 주장할 수 있는데, 그건 별 도움이 안 될 것이다. 그런 얘기는 유클리드의 점 개념에는 타당할지 모른다. "그렇다면 '점'이란 …… 우리가 공간적 현상으로서 (관찰하는 것은 아니지만) 여전히 생각할 수 있는 것의 극한이며, 만일 그 이상으로 더 나아간다면 연장성이 소실되어버릴 뿐만 아니라, 점에 상응하는 **장소**조차 그리고 이런 의미에서는 점의 부분조차 무가 되어버린다."[34] 이는 점이 오롯이 평면기하학에 속할 때에는—이것이 바로 유클리드의 일차적 관심사인데—타당할 수 있지만, 이 자연물리적 세계에서 점이 수행하는 역할에 대해서는 거의 해당 사항이 없다. 이 세계에서 점은 확실히 관찰할 수 있는 것이다. 예를 들면 (아리스토텔레스 자신이 든 사례를 인용하면) 어떤 주어진 지각 현상의 중심이나 그 끝으로서 그러하다.[35] 〔프로클로스가 이번 절의 모두(冒頭) 인용문에서 단언하듯〕 만일 점을 위한 하나의 장소를 우리 상상에 의해 "사유적 질료" 속으로 투영할 수 있다면, 점을 위한 장소는 확실히 자연물리적 질료 안에서도 인식할 수 있을 것이다.[36] 실제로 아리스토텔레스 자신의 철두철미한 내재주의와 자연물리주의—"공간적 크기는 사물과 떨어져서는 존재할 수 없다"《형이상학》

1085b35)는 그의 확신과 여기에서 비롯한, 외부로부터 부과되는 온갖 기하학주의에 대한 반감―는 우리로 하여금 바로 이 자연물리적 세계 내에서 점의 유효한 역할을 찾도록 요구하고 있는 것 아닐까?

실제로 그렇다. 그리고 현재의 곤경―점이 (임의의 평면 도형이나 입체 도형을 구성하는 최소 단위로서) 필수불가결함과 동시에 (물리적 자연 자체 안에서) 관찰 가능하면서도 장소를 갖지 않는 것은 대체 어떻게 가능한가―에 대해 아리스토텔레스가 선호한 해결책은 그가 **장소**와 **위치**를 구별했다는 데서 찾을 수 있다. 점은 비록 엄밀한 의미에서는 장소를 갖지 않는다 해도 소재 또는 '테시스'를 보여준다. 이런 면모와 관련해 점을 앞서 인용한《파르메니데스》에서 플라톤이 암시한 "일자(monas)"와 대비할 수 있다. 일자란 산술상의 기본 단위로서 "위치 없는 실체"로 정의할 수 있고, 그에 반해 점은 "위치를 갖는 실체"다.[37] 궁극적으로 따져보면 피타고라스학파까지 거슬러 올라가는 이러한 견해를 취한 덕분에,[38] 아리스토텔레스는 점에 (장소를 갖지 않음에도 불구하고 존재한다는) 공간적 규정성을 부여할 수 있었다. 이러한 규정성은 순전한 소재성을 넘어선, 방향에 본래 내재하는 양극성에 그 본령이 있다. 예컨대 우리가 좌우, 상하, 전후를 분간할 때 점이 도움을 주는 것처럼 말이다. 또한 점이 (비기하학적 도형을 포함한) 많은 종류의 도형 형태는 물론, 주어진 공간적 간격의 한계를 획정하는 방식에서도 이 규정성은 분명하다.

그런데 이어서 거론할 세 가지 사실은 위치에 의해 산출된 이 규정성이 범위상 한계가 있다는 점을 보여준다. (1) '테시스'라는 말이 의미할 수 있는 것은 '위치' 외에는 '규약' 또는 '방위'뿐이라는 언어학상의 사실.[39] (2) 점과 점의 간격은 그것들을 연결하기 위해 선분을 필요로 하고, 앞서 언급한 양극적 방위 또한 마찬가지(비록 명시적으로는 그어지지 않는다 해도, 최소한 가상의 선

이라도 그어져야 한다)라는 기하학상의 사실. (3) 방위는 그리고 심지어 간격조
차 통상적으로는 지각자 자신의 위치와 상관적이라는 현상학적 사실. "우
리와의 관계에서 보자면 상하좌우는 늘 동일하지 않고, 우리가 어느 쪽을
향하는가에 따라, 즉 **우리 위치와의 관계에서** 상하좌우도 있는 것이다"(《자연
학》 208b14~16, 강조는 필자). 이때 "우리 위치"란 어떤 자연물리적 물체의 위
치이며, 그 자체에 고유한 장소를 동반하는 하나의 위치다.

점에는 장소가 부여되어 있다는 견해에 대해 유력한 반론이 세 가지 있
다. 물론 아리스토텔레스가 이러한 반론을 펼치지는 않지만, 여기서 고찰
해볼 만한 가치는 있다.

1. 첫 번째 반론은 위치에 대한 것이다. 설령 위치가 장소의 필요조건이라
   해도 충분조건은 아니다. 따라서 점은 위치만을 갖는 것이고, 아직 어엿
   한 장소라고는 할 수 없다. 그렇다고 해서 점이 **장소를 특징지을** 수 있다
   는 점까지 부정하는 것은 아니다. 예컨대 장(場, field)의 끝에서 경계를
   표시하는 것〔메소포타미아의 쿠두루(kudduru:일종의 경계석─옮긴이)부터 좀더 최
   근의 콘크리트 기둥까지〕, 방의 벽과 벽이 만나는 곳, 혹은 농구 코트나 축구
   장의 코너 등 각각의 경우에 점은 규정된 위치를 확립하는데─점은 위
   치를 '콕 집어서 지정한다'─바로 이런 역할과 관련해 점은 너무나 가
   치 있는 것이다. 아니 절대로 없어서는 안 될 것이다. (사실 피타고라스학
   파의 점은 처음에는 경계석을 표현한 것으로 여겨진다.)[40] 그러나 점이 **장소 자체
   를 확립한다**고 말하는 것은 점의 역할을 너무 과장하는 처사일 것이다.
   장소를 확립하기 위해서는 밭, 건물, 코트 등의 내부에서 뭔가 **다른 어
   떤 것**이 생기든가 현전해야 한다. 예를 들어 곡식을 키운다든가 운동 경
   기를 한다든가 하는 구체적 활동이든, 주거 같은 일반적 활동이든, 혹은

전적인 잠재성(이를테면 바로 그 장소에서 일어나도록 예정되어 있는 장래의 사건)이 든 말이다. 그 경우 점은 자연물리적으로 규정된 것으로서—즉 세계 공 간 안에 고정된 것으로서—결정적으로 장소의 경계를 획정할 수는 있 다. 장소 자체만 생기게 하는 건 아니라 해도 말이다. 따라서 우리가 만 일 점의 작용이 장소 자체를 초래하기에 충분하다고 계속해서 주장하지 만 않는다면, 프로클로스가 점에 바친 찬사—점은 "분할되는 모든 사물 을 통합하고, 그들의 행렬을 포함하고 경계 지으며, 그것들 모두를 무대 표면으로 올리고, 그 주변을 둘러싼다"[41]—에 동의할 수 있다.

2. 점은 모든 장소로부터 제거 불가능한 차원, 곧 **깊이**라는 차원을 구성할 수 없다.[42] 점은 그 자체만으로 면의 현실적 차원으로서 깊이를 초래하 지 않는다. 따라서 면으로 구성되는 입체나, 나아가 입체로 이루어진 장 에 대해서는 더 말할 것도 없다. 그리고 같은 이유로, 점만 가지고는 그 러한 면·입체·장으로부터 깊이를 **지각**하는 일도 거의 없다. 그런 까닭 에 비행기에서 보이는, 도시의 불빛들로 이뤄진 매우 복잡한 모습을 지 각할 때조차 나는 내 아래 있는 도시의 깊이감을 잡아내기 힘들 것이 다—그것은 완전히 점묘화 같은 장면으로 남는다. 깊이를 지각하려면 예컨대 멀리 있는 도시의 건물 윤곽 같은, 면으로서 수많은 형태를 공지 각(co-perception)할 필요가 있다.[43] 이러한 고찰을 할 때, 나는《티마이오 스》의 친숙한 구절에 다시금 합류할 뿐이다. "모든 물체〔의 형태(eidos)〕에 는 깊이가 있다. 나아가 이 깊이가 다시 면에 의해 경계 지어지는 것도 전적으로 필연이다"(《티마이오스》53c). 기본적인 점을 인정하기 위해 모든 자연물리적 덩어리가 "깊음와 얕음"[44]의 변증법으로부터 생성된다고 주 장할 필요는 없다. (아리스토텔레스는 플라톤이 그렇게 한다고 비판한다.) 즉 깊이

의 최소한의 요건은 면이고, 또 면이 되려면 그 전제 조건은 직선이다. 그리고 우리가 비록 "운동하고 있는 직선이 면을 생성하고, 운동하고 있는 점이 직선을 생성"(《영혼론(De Anima)》 409a4~5)한다는 것을 인정한다 해도, 점은 단지 면을 간접적으로만 구성하며, 따라서 면이 동반하는 깊이에 대해서는 훨씬 더 간접적인 구성 요소일 뿐이다.[45] 깊이는 면이 점을 동반해 생기는 것이기 때문이다.

3. 점이 전적으로 포함될 수 있는 것―아리스토텔레스 자신의 장소화 기준에 따르면, 점은 자신의 직접적인 환경에 의해 철저히 둘러싸여 있고, 따라서 완전히 장소 **안에** 있다―이라 인정한다 해도, 그 역은 주장할 수 없다. 즉 점이 포함자라고는 할 수 없다. 실제로 점은 점점이 떨어져 있는 존재물로서 자신 이외의 어느 것도 포함하지 못한다. 점은 문자 그대로 **자기**(self) 포함적이다. 그러한 것을 "이동할 수 없는 그릇"(《자연학》 212a15)에 유비할 수는 없다. 이 유비의 테스트를 통과하지 못한다는 것은 곧 아리스토텔레스가 규정하는 장소의 테스트를 통과하지 못한다는 것이다. 포함성이라는 기준을 체현하는 데 실패하기 때문이다. 점은 연장할 수 있는 것, 즉 조작할 수 있음과 동시에 눈에 보이기도 하는 것이다. 그러나 점은 또한 농밀하고 속이 꽉 찬 것이므로 꽃병이나 주전자, 강처럼 뭔가를 둘러싸지 못한다.[46] 뭔가를 둘러싸려면 다음 두 가지 조건을 충족해야 한다. 즉 단위가 둘 이상 있어야 하고, 그들 사이에 선을 그을 수 있어야 한다. 어느 쪽이든 뭔가를 포함하는 상황이 되려면 우리는 임의의 **한** 점을 넘어 움직여야만 한다. 점은 (면의 구성 요소이므로) 포함성에 없어서는 안 될 것이지만, 그럼에도 불구하고 점 자체는 포함자가 아니다.[47]

이러한 논의를 하다 보면 어느 시점에서 우리는 **경계**(boundary)와 **한계** (limit)를 구별하게 된다. 우리는 점이 "소재화의 한계"[48]—정확히 말하면 **하** **한**(下限, *lower* limit)이고, 그보다 밑으로는 갈 수 없다(또한 갈 필요도 없다)—라 는 걸 인정할 수 있다. 왜냐하면 한계는 형태(shape)와 마찬가지로[49] 일차 적으로는 한계 지어져 있는 것에 속하기 때문이다. 한계가 한계 짓는 것(예 컨대 포함자)에 속하는 것은 부차적인 경우뿐이다. 적어도 아리스토텔레스적 자연학에서는 상황이 그러하다(그의 자연학이 외부에서 부과하는 수학화에 저항한다 는 점에서). 그러한 자연학에서는 프로클로스가 시사하는 것처럼 "한계는 자 신이 한계 짓고 있는 사물에 굴복한다. 한계는 그 사물 내에 자신을 확립한 다. 말하자면 그 사물의 부분이 되어, 그것이 가진 더 열등한 성질로 채워 진다".[50] 실제로 아리스토텔레스 자연학의 고유한 세계에서 점은 그 압축 성과 자기 포함성 때문에 한계의 범형(範型, paradigm: 본보기가 되는 모형—옮긴 이)으로까지 간주할 수 있다. 프로클로스가 말하듯 "모든 한계는 …… 점이 라는 관념(idea) 아래 단일 형상으로서 은밀하게, 분할 불가능한 방식으로 존속하고 있다".[51]

그와 반대로, 경계는 뭔가에 외적인 것, 혹은 더 정확히 말하면 그것 **주** **변에** 있고, 그것을 **에워싸며**(enclosing), 마치 둘러싸는 것(surrounder)처럼 작 용한다. 그러한 것으로서 경계는 피(被)포함자가 아니라 포함자에 속한다. 따라서 어떤 것을 안에 담아 포함하는 것의 안쪽 면으로 간주되는, 즉 (토마 스 아퀴나스의 정식화에 따르면) **"포함자의 최종 한계"**[52]로 간주되는 장소에 고유 하게 속한다. 장소 자체와 마찬가지로 경계는 "뭔가를 그 주위에 있는 것으 로부터 차단하고 가둔다".[53] **점으로서는 결코 할 수 없는 일이다.** 경계가 점으 로 구성되는 게 사실이라 해도, 경계는 또한 에워쌈과 동시에 차단하는 방 식으로 작용하기 위해 최소한의 선적인(linear) 특성을 갖지 않으면 안 된다.

그런 까닭에 경계는 '경계선(borderline)'이라는 개념과 근연 관계에 있는 말이다. 그러나 선적인 것으로서 경계는 면 또는 입체의 경계이지 점의 경계는 **아니다**. 점이 공간에 의해 둘러싸여 있다는 것은 공간 **안에** 푹 잠겨 있다는 의미이지, 공간에 **의해** 테두리가 쳐져 있다는 의미는 아니다. 점 자체가 경계의 일부이기 위해서는 다른 점들과 연합해 선을 구성해야만 한다.

지금처럼 경계와 한계를 구별할 경우, 이 구별로부터 도출할 수 있는 결론은 두 가지다. 첫 번째 결론은 점 자체는 장소일 수 없다는 아리스토텔레스의 논증이 강화된다는 것이다. 점은 실제로 하나의 한계일 수는 있어도 경계를 구성하지 못한다. 그리고 아리스토텔레스 자신의 모델에서 장소에 필수적인 것이 경계라는 점을 고려하면, 점은 장소일 수 없고, 아마도 장소에 꼭 필요한 부분일 수도 없을 것이다. 또한 점은 화려한 싱글일 때는 자기 한계에 가두어지고, 그렇지 않고 다른 것을 한계 지을 때에는 연속적인 선의 부분일 뿐이다. 따라서 점에는 포함성의 결정적 기준이 결여되어 있는 셈이다. 두 번째 결론은 장소 자체는 한계라기보다 경계라는 것이다. 장소는 경계와 동일한 방식으로 양면적일 뿐만 아니라―즉 포함적임과 동시에 배타적이다―하이데거가 고대 희랍의 호리스모스(horismos)라는 개념에서 찾아낸 특별한 의미에서도 또한 경계와 유사하다. 호리스모스, 즉 '지평'이라는 이 말 자체는 horos(경계)에서 파생한 것으로 "그로부터 뭔가가 **현전하기 시작하는** 그 바탕"[54]을 가리킨다. 장소란 실제로 현전화하는 능동적 원천이고, 장소 안에 꼭 안길 때 사물이 위치 지어지고 생기기 시작하기 때문이다.

장소에 경계성이 상당하다는 관점에서 보면,[55] 우리가 어떤 조치를 취해야 할지 분명해지는 듯하다. 아리스토텔레스의 장소에 대한 정의가 이리저리 새나가는 체처럼 되지 않으려면(예컨대 한 번에 너무나 많은 것을 제안하는 그릇처럼 되지 않으려면), 장소에 대해 정식화할 때는 '한계(peras)'라는 말을 '경계 (horos)'라는 말로 대체해야 한다. 그렇게 하면 새로운 정의는 다시 한 번 물을 담을 수 있고, 또한 그렇게 함으로써 결국 점 자체를 그 고유의 장소에 두게 될 것이다. 그런데 이런 장소란 대체 무엇일까?

5

그런데 상상하고 지각할 수 있는 여러 대상에서 점은 선 안에 있으면서 그 선을 한계 짓고 있지만, 비질료적인 형상들의 영역에서는 점이 부분을 갖지 않는다는 개념이 앞서 존재하고 있다. ……그러므로 그것은 한계 지어져 있지 않음과 동시에 한계 지어져 있다—그 자신이 앞으로 나아감에 있어서는 한계 지어져 있지 않지만, 그 한계 같은 원인을 분유(分有)한다는 사실에 의해서는 한계 지어져 있다.

—프로클로스, 《유클리드 기하학 원론 1권 주해》

점이란 어떤 '형상'을 동반하는 현실적 존재들의 결합체(nexus)다.

—화이트헤드, 《과정과 실재(Process and Reality)》

어떤 유일한 점에 대한 느낌 외에는 어떠한 감각도 떠올릴 수 없다고 가정하자. 그 경우 특별히 **어딘가에 있다든가, 거기에 있다든가** 하는 느낌이 과연 가능할까? 물론 불가능하다. ……어떤 점도 그것이 **장소 지어져 있는** 한 그것이 **아닌** 것에 의해, 즉 다른 점에 의해 …… (존재한다).

—윌리엄 제임스, 《심리학의 원리(Principles of Psychology)》

점과 장소를 비교하는 데에는 회의적인 독자들이 상상할 수 있는 것 이상의 의미가 있다. 첫째, 눈에 띄게 기하학적 영감을 불어넣는, 장소에 대한 그 어떤 우주창생론에서도 점은 중요한 문제라는 사실이다. (피타고라스학파의 설명이나 몇몇 신플라톤주의자들이 이해한 유클리드에서처럼) 뚜렷하게 현전함으로써든 아니면 (플라톤의 경우에서처럼) 뚜렷하게 생략되기 때문이든 점은 어쨌든 중요한 문제다. 둘째, 어떤 우주론적·기하학적 함축도 결여한 채 장소에 대해 구체적으로 묘사할 때에도 점을 언급한다는 점이다. 예컨대 '교점', '반도의 끝/곶', '(인접한 두 영역이) 포개지는 부분', '이제는 돌아설 수 없는 지점' 등의 구절이 그러하다. 실제로 아리스토텔레스 스스로도 자신의 경계(警戒, precaution)를 무시하고 장소와 장소 간 이동을 기술할 때에는 때로 점-언어(point-language)에 기대곤 한다.

점의 경우에도 그런 것처럼 움직이는 사물의 경우에도 우리는 움직이는 사물에 의해 변화, 즉 장소 안에서의 이전과 이후를 깨닫는다. 운동하고 있는 사물은 그게 현재의 것이도록 만들어주는 관점에서는 동일한 사물이다. (점도 그러하고, 돌 같은 다른 종류의 경우에도 그러하다.) 그러나 정의라는 관점에서 그것은 다르다. ……[즉] 다른 장소 안에 있다는 사실에 의해 다르다.[56]

점은 하나의 단위이며, 이 단위에 의해 장소뿐 아니라 공간의 그 밖의 영역도 상상하고 체험할 수 있다는 사실은 오래도록 변치 않는 관심사였다. 플라톤이 피타고라스학파에 반대해 점을 "기하학상의 허구"[57]로 간주했다면, 아리스토텔레스는 점이 자연학에서는 문제가 있는 것도 사실이지만 다른 한편으론 기하학에서 없어서는 안 될 것으로 간주하면서 점의 변치 않는 중요성을 복권시켰다. 프로클로스(410~485) 시대에 점은 이미 거의 저항하기 어려운 매력을 띠었고, 그 후에도 데카르트·헤겔·라이프니츠·베르그송·화이트헤드·데리다 등 극히 다양한 철학자들—하나같이 공간과 시간에서 점의 운명에 몰두한 사상가—의 관심을 계속 사로잡았다.

이 주제에 대한 관심이 계속 이어지는 전통 가운데 프로클로스는 어떤 면에서 분수령에 해당하는 인물이다. 그에게 점은 우주론적으로나 기하학적으로 모두 생성적 능력을 갖는다. 그렇지만 이때의 점은 어떤 기적적인 힘에 의해 기저의 모태에 공격적으로 부과되는 것이 아니라 점 자체가 산출해내는 원리다. 프로클로스가 말하듯 "점이라는 존재는 '한계'에 의해 규정되지만, 〔점은〕 '한계 지어지지 않은 것'의 잠재성을 은밀히 포함하고 그 힘에 의해 모든 간격을 생성한다. 아울러 그 모든 간격의 행렬(procession)은 '아직' 그 무한한 수용력을 다 소진하지 않았다".[58] 방금 말한 "간격"은 선이나 모든 종류의 거리(장소를 계측에 의해 규정하는 것으로 여기는 수많은 근대적 장소관의 토대)를 포함한다. 그런데 간격이 점에 의거한다는 사실은 점이 선의 시작 이외에 아무것도 아니라는 플라톤적 견해를 뒤집는 것이다.[59] 그러니 프로클로스가 다음과 같이 선언할 수 있었던 것도 하등 놀랄 게 없다. "우리가 이 문제들에 대한 논의를 상당히 확장해온 것은 점이, 그리고 일반적으로 한계가 이 우주에서 힘을 가지며 또한 '만유(萬有)'에서 제1의 지위를 차지한다는 사실을 보여주기 위해서였다."[60]

이런 확장된 견해에 입각하면, 점은 '만물 중 가장 첫 번째 것'으로서 장소를 대체하기에 이른다. 아리스토텔레스가 플라톤에 대적하며 공간이 아니라 장소를 최고 위치에 놓는 내재적 자연물리주의 편에 섰던 것과 마찬가지로, 프로클로스는 이 창조된 우주에서 장소가 아니라 점이야말로 가장 큰 힘을 발휘하는 내재적 생성 원리라는 관점을 제안한다. 실제로 우리는 프로클로스에게서 점묘주의적인 독특한 장소관의 출현을 목도한다. 여기서 점은 우주의 제1요소로서 단지 자연스럽게 연장되기만 하면 장소를 산출한다. 프로클로스에게 문제는 점 같은 사물이 과연 존재하는지 **여부**(플라톤이 의문시했던 문제), 점 자체가 장소나 혹은 장소 비슷한 것인지 여부(아리스토텔레스가 숙고했던 문제), 점은 차이 없는 공간 위에 부가되는 것인지 여부(데카르트가 이후 사색하게 될 문제) 따위가 아니라, 점이 **어떻게** "모든 간격"을 산출하는 장점을 가지고 선·면·입체를 생성하며, 나아가 궁극적으로는 장소 자체까지 생성하는가였다.

아리스토텔레스의 관심은 **점을** (그 점의) **장소에 놓는 것**—이는 점을 기하학에서 한계 개념의 지위로 국한하는 것인데, 이때 기하학은 자연물리적 세계에 형태를 불어넣는 게 아니라 오히려 이 세계를 반영한다―인 데 반해, 프로클로스는 점의 장소 형성 능력을 강조한다. 이런 능력은 아리스토텔레스가 "장소〔그 자체〕의 능력"(《자연학》 208b34)이라고 불렀던 것을 초월한다. 이렇게 되면 점〔요컨대 아리스토텔레스의 자연학에서는 (장소를 형성하는 능력은커녕) 엄밀히 말해 전혀 장소를 갖지 않았던 것〕은 우리가 알고 있는 우주 내 모든 장소나 영역도 포함해 어쨌거나 "분할되는 것 모두를 통합하는"[61] 우주 창생적 힘이 된다. 점이 우주 출산(cosmic procreation) 과정에서 첫 번째 원리, 즉 기원(archē)이 되는 것이다.

그러한 원리의 반향은 헤겔 자연철학에서도 여전히 울려 퍼진다. 헤겔 자연철학에서 공간(자기-외부의-존재로 간주되는)의 운동, 즉 전적으로 미분화한 시원적 상태로부터 최초로 규정성을 갖는 순간으로 진입하는 것은 정확히 점에 의해 이루어진다.

그러나 본질적으로 공간의 차이는 규정성의 차이이며, 질적인 차이다. 그렇게 볼 때, 〔점은〕 무엇보다 공간 자체의 부정이다. 공간이라는 것이 직접적이고, 차이 없는 자기 외부성인 〔한에서는〕.[62]

데리다는 이 구절에 대해 다음과 같은 두드러진 주석을 단다.

점은 공간을 차지하지 않는 공간이며, 장소를 취하지 않는 장소다. 그것은 장소를 억압하고 장소를 대체한다. 그것은 자신이 부정하면서 또한 보존하는 공간, 바로 그것의 장소를 취한다. 그것은 공간적으로(spatially) 공간을 부정한다. 그것은 최초로 공간을 규정한다.[63]

헤겔에게 점은 공간적 세계 자체를 **내부로부터** 규정하는 것이지, 별도의 신이 있어 그에 의해 부수적으로 일어나는 어떤 작용의 결과가 아니다. 그것은 순수 공간을 내적으로 부정함으로써 특히 장소를 규정한다. 따라서 점은 헤겔 변증법에서 공간과 시간 **뒤에** 오는 장소보다 선행한다.[64] 점은 사물의 최종 체계에서 장소에 **앞선다는** 바로 그 위치에 의해 장소를 '대체한다'. 따라서 점이 전(前) 위치적인 것은 그것이 장소**보다 높은 곳에** 놓이기 때문이 아니라, 우선은 장소를 생기게 하는 추상적 계기로서 설정되기 때문이다.

우리는 이러한 내재적인 '점-능력'에 대한 '프로클로스-헤겔적' 비전을 마르두크의 매우 다른 견해와 대비할 수 있다. 마르두크가 쏜 치명적이고 끝이 뾰족한(pointed) 화살은 티아마트의 "배를 가르고, 내장을 뚫고, 자궁을 찢어버렸다". 앞서 주장했듯 똬리를 튼 신체가 "너무나도 깊어 깊이를 측량할 길이 없다"는 점에서 티아마트는 '수용체'의 신화적 조상이다. 그러한 존재로서 티아마트는 세계를 질서 짓고 싶어 하는 마르두크를 심각하게 위협하고, 따라서 마르두크는 군사적 작전 및 끝이 뾰족한 화살촉의 힘으로 **바깥으로부터** 그녀를 굴복시켜야만 한다. 그런 힘을 적용함으로써만 티아마트라는 '원-장소(ur-place)'는 규정된 무대를 동반한 질서정연한 '장소-세계'가 될 수 있다.[65] 이 원기하학적(protogeometric) 창조 행위—우리는 앞에서 이것이 《티마이오스》에 나오는 데미우르고스의 행위와 두드러지게 유사하다는 것을 살펴봤다—에서 우리는 점이 공간과는 서로 용납할 수 없는 낯선 힘(alien power)이라는 것을, 즉 공간을 파괴하는 것임을 목도한다. 실제로도 점은 공격적인 외부의 입장에서 공간을 소멸시킨다. 점은 공간을 존중하거나 보존하지 않는다—"자신이 부정하**면서 동시에 보존하**는〔이를테면 **지양**(Aufhebung) 작용에 의해〕공간의 자리"를 대체하지 않는다. 마치 티아마트의 공간이 너무나 위험해서 공존할 수 없고 보존하는 건 더욱 더 그럴 수 없으니 제거해야만 한다고 말하는 듯하다. 이 일은 끝이 뾰족한 점, 원초적 '장소'로서 공간의 생명력을 뽑아버리는 점에 의해 성취된다. 점은 모태를 파괴한다—이런 입장은 (장소의 지위를 점보다 승격시킨) 아리스토 텔레스와 (점을 장소 자체 중 제1의 것으로 만든) 프로클로스가 제안한 복합적인 '점-모태적(dot-matrix)' 해결책과 날카롭게 대비된다.

한 가지 알아두면 좋을 것은 희랍의 초기 사상가 중에서 아리스토텔레 스야말로 '점'을 가리킬 때 스티그메(stigmē)라는 말을 일관되게 사용한 마 지막 인물이라는 사실이다. 스티그메는 **찔러 뚫어버리는** 점으로서,[66] 여기 에는 마르두크의 화살, 구두점, 고립을 강요당하며 따로따로 떨어져 있는 기하학상의 점도 포함된다. 스티그메로서 점이 갖는 야심과 적의를 가라앉 힘으로써—찔러 뚫어버리는 점(stigmatism)을 장소의 주위 내부에 끼워 넣 음으로써—아리스토텔레스는 점과 모태 사이에 한층 평화적인 관계가 가 능해지는 비(非)스티그메적 시기(astigmatic era)를 개시한다.[67]

6

하지만 공허가 이동한다느니, 공허를 위한 장소니 하는 것들이 대체 어떻게 가능하겠는가? 공허가 움직 여 가는 곳은 공허의 공허일 텐데…….

—《자연학》 217a3~5

아리스토텔레스는 공허에 대한 이론을 장소에 대한 이론으로 반복해서 동화시킨다.

—에드워드 허시(Edward Hussey), 《아리스토텔레스의 자연학 3·4》

아리스토텔레스는 《자연학》 4권 앞쪽 몇 장에 무한(infinity)에 대한 내용을 배치하고, 공허에 대해서는 같은 권 중에서 장소와 시간을 다루는 **사이에** 논한다. 아리스토텔레스가 이런 구조를 취했다는 것은 인상적이다. 이럴 경우 공허는 장소와 시간 사이에 존재한다. 마치 장소로부터 빠져나오는 것은 공허 속으로 들어가는 것이고, 또 시간 속으로 들어가는 것은 공허로 부터 빠져나오는 것이라고 말하려는 듯 말이다. 따라서 시간은 공허(void) 를 피하는(avoiding), 아니 공허를 탈공허화하는(devoiding the void)—계량화 한 박자와 안정된 운율을 공허의 심연 속에 도입함으로써 공허의 공허성을 공허화하는—하나의 방법이다. 이 박자와 운율은 운동과 크기에 의존하는 데, 여기서 운동과 크기는 결국 장소에 속한다.[68] 이리하여 장소에서 공허 로, 공허에서 또 시간으로 가는 것은 마침내 다시 장소로 귀환한다. 장소로 부터 떠나 출발할 때조차 계속해서 장소로 돌아오는, 요컨대 '장소를 목적 지로 삼는 궤도(topoteleological trajectory)' 속에서 옮겨 가는 것이다.

이러한 순환적 위상학(topology)의 견지에서 보면, 아리스토텔레스가 장 소와 공허의 분리 불가능성에 대해 주장하는 것은 그리 놀랄 일이 못된 다.[69] 그는 두 가지 수준에서 그렇게 주장한다. 첫째, 엔독사(endoxa), 곧 공 통의 신념 수준에서다. "공허가 있다고 말하는 사람들은 그것을 일종의 장 소로 간주한다"(213a16). 사람들이 그렇게 생각하는 것은 외관상 상식적으 로 보이는 (그러나 실은 논리적으로 오류인) 추론 과정 때문이다. "사람들은 존 재하는 것은 물체이고, 모든 물체는 장소 안에 있으며, 공허란 그 안에 어 떤 물체도 없는 장소라고 생각한다. 그래서 물체 없는 어딘가가 있다면, 거 기엔 무가 있다고 생각한다"(213b32~34). 둘째, 개념적 분석의 수준에서다. 아리스토텔레스는 자기의 목적을 위해 일단 앞서 말한 통상적 신념의 오 류 추리를 받아들이기로 한다. 그는 이 신념이 참일 가능성을 가정하는데, 이는 만일 그럴 경우 그 신념은 장소를 함의할 수 있기 때문이다. 즉 공허는—**만일 그런 것이 실존한다면**—장소 같은 것일 **것이다.** 그러나 그것은 장소 같은 것으로서 '분리되어서는', 즉 자기 혼자의 능력으로는 실존할 수 없다. 왜냐하면 장소는 그 장소의 점유자와 하시라도 분리될 수 없기 때문이다. 그런데 분리되지 않는 공허—자신의 내용물에 의거하고 있는 공허—는 더 이상 공허가 아니다. 요컨대 공허가 장소와 닮은 것이라면, 공허는 꼭 그만큼 참된 공허일 수 없게 된다. 역으로 말하면, 장소는 텅 비어 있는 한 참된 장소일 수 없다. 아리스토텔레스는《자연학》에서 이 대목에 이르기 전 바로 몇 장에 걸쳐 설명한 장소에 대한 논의를 언급하며 이렇게 결론짓는다. "장소에 대한 분석은 이미 했고, 또한 공허란—만일 그러한 것이 있다고 한다면—물체가 제거된 장소여야 하며, 장소가 존재한다는 것과 존재하지 않는다는 것은 각각 어떤 의미에서 그러한가에 대해서도 이미 설명했다. 이런 의미에서 공허가 존재하지 않는 것은 분명하다" (214a16~18). 공허를 단지 '물체들 간의 연장'으로—즉 원자론자들이 설정한 **간격**(diastēma)으로—간주할 수도 있지만, 그럴 때조차 우리가 발견하는 건 장소다운 것이다. 왜냐하면 그러한 연장은 물체에 의해 점유 가능한 장소이기 때문이다.[70]

원자론자들이 제기한 공허에 대한 주된 논증을 고찰해보자. 그들에 따르면 공허는 (운동을 포함한) 모든 변화가 나타날 수 있도록 하는, "거기서 변화가 일어날 수 있도록" 배경을 제공한다는 의미에서 변화의 "원인"이다.[71] 그러나 만일 공허가 차이 없이 구조화해 있다면, 자연 운동의 고유한 방향성이나 속도의 상이함을 공허를 통해 설명하기는 불가능하며—사실상 공허는 어떤 것이 왜 움직이는지조차 설명할 수 없다—따라서 자연학에서 공허를 들먹이는 것은 전혀 쓸모없는 일이다. "그렇다면 공허는 대체 무엇의 원인일까? 공허를 변화의 원인이라고 보는 것은 장소와 관련해서 그런 것인데, 지금까지 살펴본 것처럼 공허는 그럴 수 없으니 말이다."[72] 반면 장소는 위치 이동을 포함해 어떤 변화에 대해서도—속도와 방향성도 포함해—설명할 수 있다. 장소는 '정적인 것(stationariness)'이므로, 정지에 대해서도 설명할 수 있다. 공허로는 정지뿐 아니라 운동도 일관성 있게 설명할 수 없지만, 아리스토텔레스에게 포함자로서 장소는 두 가지 현상 모두를 경제적이고도 효과적으로 설명한다.[73] 이와 유사하게, 우리가 압축이나 희박화 혹은 실체들의 전치(轉置, displacement: 장소 바꿈—옮긴이)에 대해 고찰할 경우에도 공허는 아무것도 설명하지 못할 것이다. 만에 하나 그런 게 실제로 존재한다면, 사태는 더욱 심각해진다. 그 속에서는 운동과 관련한 변화가 아예 무의미해질 테니 말이다.[74]

이상의 모든 이유로 인해 아리스토텔레스는 (단지 신념으로서뿐 아니라) 개념으로서 공허를 없애도 되는 것으로 여겼다. 공허라는 관념은 아무리 매혹적일지라도, 또 원자론자들에게 틀림없이 거부할 수 없는 힘을 가진다 해도 궁극적으로는 쓸데없는 허구다—결코 쓸데없지 않은 것, 즉 **장소**의 허울(ghostly double)일 뿐이다. 공허가 분명히 밝히겠노라고 호언장담하는 모든 것을 장소는 너끈히 설명한다. 에드워드 허시는 이 논증의 함의를 이렇게 설명한다. "공허라는 게 어떤 것의 설명 요소도 될 수 없다면 이는 쓸모없는 것이고, 그렇다면 공허는 실존할 수 없다."[75]

점을 공허와 결부 지으려는 어떠한 노력도—이러한 시도는 점과 "한계 지어지지 않은 것"[76]을 결부 지으려 한 피타고라스학파에서 유래했다—역시 소용없는 일이다. 아리스토텔레스는 퉁명스러운 어조로 이렇게 말한다. "만일 점이 공허일 수 있다면, 그것은 부조리하다. 왜냐하면 〔공허란〕 그 안에 유형의 물체가 〔들어갈〕 연장이 있는 〔장소〕여야 하기 때문이다"(214a4~6). 장소와 닮지 않은 어떤 공허를 상상한다든가 생각하는 게 불가능한 것처럼 점을 공허라고ㅡ혹은 이 문제와 관련해 표현하자면 공허를 점이라고ㅡ상상한다든가 생각하는 것은 불가능하다. 그런 까닭에 아리스토텔레스는 장소의 후보로서 점을 해체해버릴 뿐만 아니라, 소재(所在) 규정에서 장소와 맞서는 경쟁자 지위에서 점과 공허를 결국은 제거해버린다. 소재 규정에서 장소는 맨 처음에 생겨난다. 그리고 이러한 특권적 위치에서 장소는 점이나 공허가 설명해주는 것도, 지지해주는 것도 필요로 하지 않으며 스스로 자기 자신을 돌본다. 만일 모든 것이 충분히 장소 지어진다면ㅡ즉 어떤 것도, 혹은 최소한 감각적인 어떤 것도 자신의 장소를 갖지 않은 것이 없다면ㅡ현실적으로든 잠재적으로든 어떤 공허도 존재할 필요가 없으며, 사물도 자기 지위를 특정하기 위해 점을 필요로 하지 않는다.[77] 달리 표현하면, 자연물리적 물체라는 것은 어떤 규정된 토포스를 점유하는 것이다. 토포스란 말하자면 '장소-주머니(place-pocket)' 같은 것으로 바로 이러한 물체에 의해 채워지고, (또 다른 때에는) 동일한 차원을 가진 또 다른 물체에 의해 재점유될 수 있다. 프로이트는 "어떤 대상을 발견한다는 것은 사실상 그것을 재발견하는 것"이라고 말했는데, 이 금언에 어떤 장소 부여(implacement)도 실제로는 재장소 부여(reimplacement)라는 아리스토텔레스의 규칙을 덧붙여도 좋을 것이다.[78] 그리고 만일 자연물리적 세계의 모든 것이 장소 지어져 있을 뿐만 아니라 전치될 수 있고 또 새로 장소 지어질 수 있다면, 우리는 모든 성분이 다 참여하고 있는 하나의 세계〔위치중심주의적인 세계-전체 (a lococentric world-whole)〕와 함께하고 있음에 틀림없다. 이는 점과 공허가 부재한다기보다(특정한 점이나 산재적인 진공은 여전히 생길 수 있다) 잉여적인 것이 되는 세계다. 베르그송이 말한 대로 "아리스토텔레스의 세계에서는 모든 것이 충만하다".[79]

아리스토텔레스는 자신의 탐구 범위를 확장함으로써가 아니라 **제한함**으로써 이 '장소-세계'를 사유한다. 아리스토텔레스가 미묘한 뉘앙스를 가진 설명을 통해 말하려는 것은 바로 장소란 무엇인가, 그리고 그것은 자연 물리적 세계의 다른 구성 성분과 어떻게 다른가이다. 이는 제논이나 파르메니데스·고르기아스 같은 사람들이 하나같이 장소 자체에 대해 구체적으로는 일언반구도 하지 않은 채 장소의 편재성만을 찬양해대는, 요컨대 과도한 논리학과 수사학을 구사하는 태도와 상반된다. 그는 또한 플라톤과도 대조된다. 즉《티마이오스》에서 구별했던 세 종류의 공간적 존재물 중 딱 **하나**만을 택해 그것의 적확한 특징을 기술하는 데에만 한정해 노력을 경주한다.《자연학》은 가장 개별적인 그러한 존재물, 즉 토포스에만 관심을 쏟고, 일반적 영역이나 코라는 변방으로 밀려나버린다. 풍요로운 '수용체'는 엄격한 포함자에 길을 내주고, 포함자로서 장소 내부에서는 구체적인 문제, 즉 경계와 한계, 선과 면, 점과 공허 같은 문제를 세세하고도 꼼꼼하게 다룬다.

7

장소에 우위를 부여해야 하는 것은 분명하다.

—아르키타스

그렇다고 해서 아리스토텔레스의 장소 개념이 복잡하지도 않고 난점도 없다고 주장하려는 건 아니다. 무엇보다도 우선, 초기에 저술한《범주론(Categories)》부터《자연학》텍스트 사이의 기간에 그의 장소 모델이 중요한 점에서 변화했다는 사실부터가 문제다. 즉《범주론》의 장소는 코라로서 텅 빈 '간격'과 등가인 것으로 해석하는 데 반해,《자연학》텍스트에서는 이 모델 자체를 전적으로 거부한다.[80] 더 중요한 것은 아리스토텔레스의 성숙한 장소관에, 즉 장소를 포함자의 '부동의 안쪽 면(the immobile inner surface)'이라고 보는 견해에 적어도 다음과 같은 네 가지 심각한 문제가 있다는 점이다. (1) 장소는 **입체적인** 대상을 둘러싸는 것인 이상, 그 자체로 분명히 3차원임에도 불구하고 앞서와 같은 아리스토텔레스의 견해는 표면(epiphaneia)을 강조함으로써 2차원적 장소 모델밖에 가질 수 없도록 한정되어버린다는 데 문제가 있다. (비교하자면, 아리스토텔레스가 점에 매혹된 것은 1차원, 아니 심지어 0차원적 공간에까지 흘러들어가는 것으로 간주할 수도 있다. 하지만 이 모든 흥미로운 가능성에도 불구하고, 그는 결국 체적 계측적인 특징을 잘 표현할 수 있는 모델로 귀착될 운명이었다.) (2) 포함자 모델의 **국지주의**(localism)—이 모델의 시선은 직접적으로 둘러싸 "바싹 밀착되어 있는 장소"로서 자연물리적 사물 쪽으로 향한다—및 자연물리적 우주에 대한 스타기라인의 몇 가지 설명에 함의되어 있는 **세계주의**(globalism) 간의 긴장이 미해결 상태로 남아 있다.[81] 비록 "모든 것이 세계 내에 있고"(212b17), 또한 이 세계 **바깥에는** 아무것도 없다—외부의 공허 따위는 없다—는 게 참이라 해도, '세계-전체'는 주어진 가변적 물체의 개별적 장소를 둘러싸고 있으며, 따라서 '물체를-가진-장소(place-cum-body)'를 위한 세계적인 '장소'가 있어야만 한다. (세계 전체가 하나의 '장소'라는 것은 그 세계 전체가 더 부분적인 장소들을 모두 그 안에 포함하고, 또한 둘러싸고 있다는 사실에서 비롯된다.) 하나의 장소라는 것은 어떤 물체를 **위한** 장소일 뿐 아니라, 더 커다란 '세계-장소' **안에 있는** 하나의 장소다.[82] 덧붙이자면 그러한 우주적 '장소'만이 아리스토텔레스가 왜 그토록 상·하 차원의 환원 불가능성을 고집스레 주장했는지 설명해줄 수 있다. 우주적으로 해석할 때의 상·하 차원은 지구가 우주 중심에 있고 천구들은 우주 바깥쪽 한계에 있다는 것을 의미한다.[83] 후자 쪽을 주장한다는 것—즉 지구가 항상 그리고 오직 우주 중심에 있다고 말하는 것―은 절대적이거나 세계적인 의미의 공간을 요구한다는 뜻이다. 그런데 이는 압축하고 국지화하는 특성을 지닌 포함자 모델에서는 엄밀히 말해서 허용할 수 없는 것이다. (3) "둘러싸고 있는 것의 첫 번째 불변의 한계"라는 것이 장소에 대한 완전한 규정인지는 이론(異論)의 여지가 있다. 물 위에 떠 있는 그릇의 경우 한계란 이상적인 주변으로 간주되는, 그 용기를 직접 둘러싸고 있는 물일까? (그러나 흘러가는 물은 끊임없이 변화한다. 따라서 배가 정지해 있어도 그 장소는 **끊임없이 변화하고** 있는 꼴이 되어버린다.) 그렇지 않으면 강바닥과 강둑일까, 아니면 심지어는 전체로서 강 자체일까? (후자의 두 경우는 모두 강둑으로부터 등거리에 있지만 정반대 방향을 향해 나아가고 있는 배 두 척은 **동일한 장소**를 점할 것이다.)[84] 언뜻 사소해 보이는 이 문제는 사실 서양 철학에서 2000년 넘게 토론을 계속해온 중요한 물음이었다. 이는 17세기의 데카르트에게도 여전히 살아 있는 이슈였다. (4) 마지막으로 우리는 어떤 것을 **포함한다**는 것이 과연 무엇을 의미하지 물어야만 한다. 이 말은 동사 periechein에 함축되어 있는 대로 단지 뭔가를 '보유하는' 문제일 뿐일까?―이 경우에는 한계 짓는 것, 즉 **둘러쌈**(surrounding)이라는 행위를 강조한다. 아니면 경계를 확립하는 것에 관한 문제일까?―이 경우에는 **둘러싸는 것**(surrounder)에 중점이 놓인다. 전자의 해석에 따르면 우리는 둘러싸여 있는 대상 쪽을 향하고, 후자의 해석은 둘러싸인 대상이 아닌, 그 대상 너머의 것(그리고 어쩌면 둘러싸는 것 자체도 넘어선 곳)을 가리켜 보인다. 이 두 가지 해석 중 어느 쪽을 선택해야 할까?―한쪽은 포함자를 **한계**로서 강조하고, 다른 쪽은 포함자를 **경계**로서 강조한다. 만일 실제로 어떤 쪽을 선택할 수 없다면, 우리는 혹시 본질적으로 결정 불가능한 현상과 맞닥뜨리고 있는 것 아닐까?

이러한 곤란을 비롯해서 다른 여러 가지 문제가 있는 것은 사실이지만,[85] 그렇다고 해서 장소에 대한 아리스토텔레스의 성숙한 비전에 담겨 있는 지극히 독창적인 것—물론 극히 오래 지속된 것—까지 버려서는 안 될 것이다. 이는 장소를 자연물리적 세계의 독특하고 환원 불가능한 특징으로 승인하는 것이다. 요컨대 그 자신의 고유한 힘을 가진 어떤 것, 전(前)계측적 현상(따라서 이를 상술(詳述)하기 위해서는 역사적으로나 개념적으로 전(前) 유클리드적인 방식을 취한다) 그리고 무엇보다도 장소 안에 있고, 장소 사이에서 움직이는 상황을 반영하는 어떤 것으로서 승인하는 일이다. 받아들여 적응시키면서도 여전히 다가적(多價的)인 이러한 장소 모델이야말로 유클리드적인, 그리고 포스트유클리드적인 엄밀히 측정 가능한 공간 이론에서 잃어버린 것이다.[86] 아리스토텔레스는 연구 경력 초기에 측량주의적인 이러한 견해에 끌렸지만, 그때도 여기에 저항할 수 있었다. 장소를 연장이나 간격으로 간주할 경우, 엄밀한 양적 규정의 한 항목에 불과해진다는 사실을 깨달은 것이다. 그런데 정말 중요한 것은 텅 빈 공간 안에 있는 대상을 측정하는 게 아니라, 감각적 사물이 자신에게 적절하고도 잘 부합하는 장소 안에 현전하고 있다는 점이다.

이 아슬아슬한 위업을 달성—그럼으로써 집중적이고도 강력한 설명이 가능해졌고, 이는 서양 철학에서 장소에 대한 가장 통찰력 있는 평가라고 일컬을 만한 내용을 산출했다—하는 데 있어 아리스토텔레스는 현상학자의 숙련된 감수성을 갖고 전진한다.[87] 이는 아리스토텔레스가 장소라는 현상을 원자론적 또는 형상적 속성에 한정하길 단호히 거부한 데서 가장 분명하게 드러난다. 그는 플라톤의 시도, 즉 기본적인 기하학적 도형을 부과함으로써 감각적 물체를 불변의 규칙 속에 속박하려던 시도를 거부한다. (아리스토텔레스는 이 감각적 물체를 아주 간단히 "3차원 안에 연장되어 있는 것"[88]이라고 여겼다.) 아리스토텔레스는 장소를 그것 자체의 견지에서 접근한다. "각각의 사물은 자기의 고유한 장소로 운동해 간다"(《자연학》 212b29). 요컨대 그 본성에 어울리는 자연적 장소로 운동해 간다고 두드러지게 언급한 데서 아리스토텔레스가 장소의 고유성에 얼마나 몰두했는지 명백히 드러난다. 그런데 이런 장소 각각이 궁창이라는 공통 장소에 둘러싸여 있다고 해서―그리고 궁창이 늘 둥그렇게 휘어져 있는 것으로 보았다고 해서―베르그송이나 하이데거가 이구동성으로 비난했듯 아리스토텔레스가 시간을 공간화하는 방식으로 장소를 '공간화'했다고는 할 수 없다.[89] 앞에서도 살펴본 것처럼 여기에 문제가 없는 것은 아니지만, 하나의 아치형 토포스 안에 여러 개별 토포스가 둥우리를 겹치듯 있는 이런 모델에는 이 우주가 텅 빈 무한한 '공간'이 아니라, 편안히 잘 들어맞는 고유한 장소로 가득가득 채워져 있는, 끌어안는 '장소'로 볼 수 있다는 미덕이 있다. 세계-전체를 둥글게 둘러싸고 있는 궁창은 좀더 작은 모든 장소의 범형임과 동시에 바로 그 동일한 장소에 의해 채워져 있다. 모든 것은, 혹은 거의 모든 것은 장소 안에 있다. 감각적 사물로 존재하면서 어떤 장소 안에 **없는** 경우는 결코 없다. 장소는 널리 미만(彌漫)해 있다. 아르키타스의 정당함이 입증된 것이다.

그러나 아리스토텔레스는 아르키타스를 능가한다. "장소에 우위를 부여해야 하는 것"이 어떻게 "분명"한지, 그리고 왜 "장소가 모든 사물 중에서 제일의 것"인지 열렬히 제시하려 했다는 점에서 말이다.[90] 아리스토텔레스는 장소가 자신에 의해 위치 지어지는 것들에 단순한 위치를 제공하는 것을 넘어서 아낌없는 후원을 베푼다는―능동적으로 보호하고 지지해준다는―것을 증명해 보임으로써 그렇게 한다. 장소는 경계 짓는 포함자로 정의됨으로써 아리스토텔레스가 확신하는 대로 이 자연물리적 우주를 규정하는 데 매우 역동적인 역할을 갖게 된다. 장소는 정말이지 '어떤 힘을 갖고 있다'. 사물을 **어딘가에** 있게 하는 능력, 곧 일단 그 사물이 거기에 존재하면 그것을 보유하고 지켜주는 능력을 갖고 있다. 장소가 없다면 사물은 소재를 부여받지 못할 뿐만 아니라, **사물**조차 아닌 게 되어버릴 것이다. 요 컨대 **그것들이 현재의 그 사물이기 위한 어떠한 장소도 갖지 못할** 것이다. 그 러한 상실은 존재론적인 것이어서 단지 우주론적인 문제만은 아니다. 존재 의 한 **종류를 잃는** 것이므로 단순히 실존하는 존재의 수가 줄어드는 문제 만은 아니라는 얘기다.

2부 장소에서 공간으로

간주

1부에서 우리는 주목할 만한 시야(scope)가 전개되는 것(development)—혹은 아리스토텔레스의 사유에 좀더 어울리게 표현하면 주목할 만한 시야가 '감싸들이는 것(envelopment)'—을 목도했다. 이 시야가 인상적인 것은 (대략 2000년에 걸친 기간이라는) 시간적 견지에서뿐 아니라, 뮈토스부터 로고스에 걸친 그 주제의 견지에서도 그러하다. 그런데 플라톤은 《티마이오스》라는 하나의 텍스트 안에서 후자의 양극단을 모두 결합했다. 그런 의미에서 《티마이오스》를 1부 중간에 놓고, 그 앞쪽에 창조에 대한 상상력이 매우 풍부한 신화·종교적 설명을 놓고, 그 뒤쪽에 아리스토텔레스의 차분한 설명을 배치한 것이다. 그럼에도 불구하고 이러한 시간 및 주제에서 진전(progression)은 단순히 진보하는 과정이 아니다. 거기에는 미리 선취하는 경우와 뒤로 돌아가는 경우가 그득하다. 예컨대 밀착해서 포함하는 아리스토텔레스의 토포스는 플라톤의 이야기 마지막 단계에 이미 예시되어 있고, 점의 중요성에 대한 아리스토텔레스의 관심은 《에누마 엘리시》에서 전쟁 무기의 치명적인 화살촉을 강조했던 것과 재회한다. 우리는 또한 플라톤이 신화보다 '더 좋은 것을 만든다'고도 말할 수 없다. 왜냐하면 그의 '대화편'에 나오는 언어가 이전 시기의 신화적 전통에 근본적으로 빚지고 있기 때문이다. '박식 중의 박식(the Master of Those Who Know)'이라 일컫던 아리스토텔레스 자신도 신화로부터 아무것도 빌리거나 주입받지 않았다고는 결코 말할 수 없다. 우리가 이미 살펴보았듯 아리스토텔레스의 《자연학》 앞부분에서 장소에 대한 '통속적' 논의를 할 때 헤시오도스는 중요한 원천이다. (헤시오도스는 《형이상학》 1권에서도 다시 불러나온다.)[1] 더 중요한 것은 아리스토텔레스가 구체적인 일상생활—이러한 일상생활은 역사적으로나 사회적으로 변천 과정을 겪지만, 그래도 수메르 시대 익명의 저자들과 아리스토텔레스를 갈라놓는 수세기를 가로질러 그 유사점을 알아볼 수 있을 정도다—속에서 장소의 역할을 밝혀내고 있다는 점이다. 그렇기 때문에 아리스토텔레스의 경우, 진전이라는 관점 대신 일상생활의 내재적 구조 속으로의 **회귀**(regression)에 대해 이야기하는 편이 더 현명하다—동일한 구조가 지중해 세계에 살던 수세대 전 사람들의 경험을 특징짓는다.

이와 다른 또 하나의 연속성이 있다. 이 연속성은 다른 면에서는 무척 상이하고 또한 멀리 떨어진 것으로 간주되는 모습들을 한데 묶은 것인데, 우주 창생과 장소 창생 사이에도 이러한 것을 찾아볼 수 있다. 이미 살펴본 것처럼 이는 쌍방향적인 관계다. 우주 창생, 즉 이 세계(혹은 어떤 세계)의 창생은 장소 창생을 수반한다. 장소 창생이란 개개의 장소를 생산하는 것이며, 그 각각의 장소는 이 세계('장소-세계'가 됨으로써)를 구성한다. 장소는 세계를 분절해 그것을 구체화하는 역할을 한다. 다른 한편 장소의 증식에는 하나의 세계, 즉 그 안에서 장소가 생기기 위한 응집적이고 포용적인 하나의 우주를 필요로 한다. 그러나 우주와 토포스만으로는 장소에 대한 의문이 해결되지 않는다. 둘 중 어느 용어도 코라라는 중간 영역을 충분히 표현하지 못한다. 코라는 하나의 세계라고 할 정도로 질서가 갖춰져 있지 않고, 또 반대로 하나의 장소나 몇몇 장소의 집합이라고 하기에는 너무나 광대하기 때문이다. 그런 면에서 아리스토텔레스가 이래도 불편하고 저래도 불편한 이 중간 용어가 어떤 문제를 초래할지 심히 걱정한 나머지, 자신의 《자연학》에 그 용어를 들일 수 없었다는 사실은 하등 놀랍지 않다. 터무니없다고까지는 할 수 없을지 몰라도(아리스토텔레스는 문제가 될 것 같아서 코라를 너무 심각하게 받아들였다), 부조리한 것은 사실이었다(요컨대 코라는 사물에 관한 그의 인식 틀에 부합하지 않았다). 결과적으로 그는 코라의 범위를 엄격히 제한해 이를 자신의 질료 개념과 일치시키려 한다. 그러나 우리가 이미 살펴보았듯 그에게 우주 전체 혹은 '만물(to pan)'이라는 개념은 필요 불가결했다. 그리하여 코라적인 공간의 기본 속성 중 하나(이를테면 무한정한 확장성)가 그의 자연학 이론 속으로 재차 유입된다. 아울러 생성이라는, 그와 같은 공간의 또 다른 속성이 그가 변화—《자연학》이 시종일관 관심을 가졌던 것—를 강조할 때 다시 나타난다. 이 결과 아리스토텔레스와 플라톤의 상호 작용, 곧 그들의 전투 진용은 우주와 토포스가 제3의 언어인 코라의 중개로 상호 작용하는 만큼이나 복잡하고 의미심장해진다.

고대에 장소가 문제 될 때 나타나는 첫 번째 논점은 한편에서는 창생 및 목적과 관련한 것이고, 다른 한편에서는 형상 및 구현과 관련한 것이다. 인상적인 것은 앞의 두 가지가 인과율 및 목적론의 질문과 관련 있는 것임에 반해, 뒤의 두 가지는 소재(所在) 및 포함 같은 것과 관련 있다는 점이다. 요컨대 장소는 어디로부터 오고 또 어디로 향하는가가 아니라, 그것이 현재 어떻게 작동하고 있는가가 문제라는 얘기다. 《자연학》 및 《형이상학》의 다른 대목에서 사용하는 분석적 범주의 견지에서 보면, 첫 번째 경우는 작용인과 목적인이라는 원인(또는 '설명')과 관련 있는 문제이며, 두 번째 경우는 형상적·질료적 설명과 관련 있는 문제다. 작용인은 시작(origins, 기원) 쪽에 관심이 있고, 목적인은 끝(ends, 목적)을 성립시킨다. 둘 다 생성의 국면으로서 장소에 영향을 미치고 또 이를 특징짓는다. 그에 반해 소재(所在), 특히 안전하게 포함됨으로써 성취하는 소재성은 현상 세계의 형상적 및 질료적 구조화에 대한 문제를 제기한다. 여기서 구조화란 본래적으로 안정시키는 것, 즉 장소의 안정성에 관한 문제다. 아리스토텔레스의 많은 선행자들을 포함한(실제로는 아리스토텔레스 자신도 포함해)[2] 고대 세계에서 장소는 이 네 가지 방식 모두를 통해 고찰되었고, 그럼으로써 아리스토텔레스 이후 철학이 탐구해 나아갈 방향을 위해 풍부하고도 영속적인 유산이 남겨졌다.

우리는 2부와 3부에서 기원전 400년부터 기원후 1800년까지 2000년 이상의 기간에 걸쳐 이러한 유산이 어떻게 흡수되고 또 변용되었는지 탐구할 것이다. 이 방대한 기간 동안 아리스토텔레스가 아르키타스적으로 장소의 우위성을 강조한 것은 더욱 심화하고 확장되지만—특히 헬레니즘 시대와 신플라톤주의 시대에—궁극적으로는 축소되고 제한을 받기에 이른다. 이런 사태가 가장 극적으로 일어나는 시기는 중세와 근대 초기다. 이렇게 복잡하게 이행하는 가운데 장소에 대한 몰두는 공간에 대한 강조에 서서히 길을 내주었다—여기서 '공간'은 한계 지어지지 않고 확장 가능한 개방적인 어떤 것을 내포하는 것으로서 아리스토텔레스의 논적이었던 고대 원자론자들이 최초로 상정한 이해 방식이었다. 장소가 한계와 경계에 대한 문제를 그리고 소재와 둘러쌈에 대한 문제를 강력히 요청하는 데 반해, 공간은 이러한 문제를 곁으로 밀쳐놓고 대신 절대적인 것과 무한한 것, 광대함과 무제한적 연장성에 관심을 갖는다. 장소가 **안에**—포함자나 거주처 혹은 그릇 안에—놓여 있는 것과 관련 있다면, 공간은 **밖으로** 향하는 것이 특징이다. 그리하여 공간은 뭔가를 바짝 가두는 주변, 곧 아리스토텔레스가 그 안에 질료적 사물을 안전하게 놓으려던 곳을 타파하기에 이른다. 이런 불균형한 전투에서 외향적 공간화(spacing-out)는 내향적 장소화(placing-in)에 승리를 거둔다.

우리가 2부의 두 장에서 고찰할 것은 매우 세속적이고 자연주의적인 세계관—이 세계관에서는 장소의 토착성, 즉 거주 가능성과 특이성이 두드러질 거라고 예상할 수 있다—으로부터 신학적 세계관으로 향해 가는 전반적인 변혁 중에서도 본질적인 부분에 해당한다. 후자의 세계관에서는 공간의 무한성이 이차적 관심사다. 만일 '신'의 힘에 한계가 없다면, 우주 전체에서 '신'의 현전 역시 한계가 없어야 한다. 이리하여 신의 편재성은 공간적 무한성을 수반한다. 또한 이로부터 자연물리적 우주 자체도 만일 그것이 '신'의 창조 결과일 뿐만 아니라 '신'의 편재성을 위한 바탕이기도 하려면, 한계 지어지지 않는 것이어야만 한다. 주도권을 강화해가던 기독교가 무한성의 두 가지 형태를 모두 지지한 것은 전혀 놀랄 일이 아니다. 첫 번째 형태는 궁극적인 유일신적(monotheistic) 존재인 '신'이 갖는 무한성이고, 두 번째 형태는 궁극적인 단일 원칙적(monothetic) 존재인 '그'의 우주가 갖는 무한성이다.

나아가 16~17세기에 자연을 수학화하기 시작한 자연과학자나 철학자 쪽에서도 자연물리적 우주의 공간적 무한성에 대해 신학에 필적할 만한 관심을 기울이는데, 방금 서술한 신학적 배경이 그러한 관심의 토대가 되었다는 사실 또한 놀랄 일이 못된다. 수량화(quantification)를 통해 세계를 재(再)세속화하는 것(3부의 주제)은 그에 선행하는 수세기 동안의 신학적 성찰이 없었더라면 불가능했을 것이다. 신학과 물리학은 긴밀한 동맹을 맺어 공간을 최대한 포착하려는 공동의 노력을 경주한다. 아이작 뉴턴의 물리학 관련 저작과 신학 관련 저작이 서로 긴밀하게 교직(交織)되어 있음은 그러한 혼인 관계의 축도라고 할 수 있다. 만일 신학이, 특히 기독교 신학이 보편주의(universalist)를 그 목적으로 한다면, 왜 새로운 물리학이—그 야심찬 신학의 어깨 위에 올라서서(저자는 뉴턴의 유명한 말을 전혀 다른 의미를 갖도록 풍자하고 있다—옮긴이)—우주의 모든 질료적 대상에 적용할 진리를 선포하지 못한단 말인가? 갈릴레오·데카르트·뉴턴의 물리학이 지역적 관습이나 역사의 차이는 말할 것도 없고, 예전에는 연금술과 '자연철학'에 할당되어 있던 전(全) 영역을 전유(專有)하려 시도하는 모습에는 기독교의 식민화 경향이 메아리치고 있다. 신학과 물리학 분야에서는 공히 고대 세계에서 이론의 여지가 없던 장소의 힘(중세에도 현존하며 여전히 영향력을 행사하던 그 힘)이 일시 정지되었다. 아니, 문자 그대로 완전히 파괴되는 경우가 비일비재했다. 토착민을 굴복시켜 기독교 교리를 주입하던 때와 마찬가지로 가차 없는 폭력을 통해서 말이다. 18세기 말경에는 보편적 공간이라는 개념을 외적 세계나 '신'에 대해서뿐만 아니라, 인식 주체의 정신에 대해서도 타당한 것으로 간주하게 되었다. 임마누엘 칸트―3부는 그의 엄격한 공간철학으로 마무리할 것이다―는 그 이전의 1200년 동안 '신'이나 자연 세계에 자리 잡고 있던 바로 그 공간적 무한성을 내면화했다. 이러한 흡수(혹은 차라리 정신화(inpsychicalization: '정신 내부로 끌어들임'―옮긴이)) 행위는 이제 인식 주체의 순수 직관 내에 위치를 부여받은 이 공간의 무한성―그리고 공간의 절대성―을 이전 못지않게 고집한다.

이제부터 펼쳐질 것은 universe가 cosmos를 점진적으로 능가해가는 과정에 대한 대하소설과도 같은 이야기다. 원래 라틴어로 universum인 'uni-verse'는 **하나로** 뭉친 전체를 회전시키는 것을 의미한다. 유니버스는 로마의 정복, 혹은 기독교로의 개종, 근대 초기의 물리학, 칸트의 인식론이 열정적으로 추구한 단 하나의 목표였다. 이와 대조적으로 '코스모스'에는 장소의 개별성이 함의되어 있다. (지금까지는 특별한 이유가 없는 한 universe와 cosmos를 똑같이 '우주'로 번역했다. 그러나 이번 장부터는 저자가 이 둘을 엄격히 구별하므로 특별한 경우가 아니면 '유니버스'와 '코스모스'로 직역하기로 한다―옮긴이.) 집합적 용어로 사용할 경우, 코스모스는 각각의 장소가 산재적인 '장소-세계'의 요소임을 의미한다. (희랍어에는 '유니버스'에 해당하는 단어가 없고, 대신 그들은 to pan, 즉 '있는 것 모두', '만물'에 대해 이야기한다.) 심미적인(esthetic) 존재―예컨대 '화장품(cosmetic)'이나 '코스모스(꽃 이름—옮긴이)'는 신체적 감각, 즉 aisthēsis 를 공유하는, 이를테면 언어학적으로 육촌 관계다—로서 코스모스는 코스모스와 직접 접촉하고, 코스모스를 취해들임으로써 코스모스를 알고 경험하는 신체와의 본질적 관련을 수반한다. 장소의 한계는 신체가 그 장소에서 할 수 있는 것, 즉 그 신체의 감각적 활동이나 이리저리 돌아다니는 과정 그리고 역사에 의해 구체화된다. 유니버스는 물리학에서는 사상(寫像, mapped)되고, 신학에서는 사영(射影, projected)된다. 요컨대 무한 공간에 대한 초월론적 지리학(transcendent geography)이다. 이에 반해 코스모스는 우리가 살고, 기억하고, 그림으로 그리는 구체적 풍경으로서 지각된다. 유한한 신체를 통해 느끼는, 마찬가지로 유한한 장소의 내재적인 무대다.

유니버스가 통일된 물리학이나 신학처럼 객관적 지식을 요구하는 데 반해, 코스모스는 개체화한 주체가 코스모스 한가운데서 겪는 경험—이 경험에 의해 초래되는 모든 한계(limitations)와 상실(foreclosures)도 포함해—을 요구한다. 유니버스의 공간적 무한성이 코스모스의 장소적 유한성을 대체함으로써 서양에서는 고전적인 사유에서 근대적인 사유로의 운명적 이행이 일어났다. 바로 이러한 이행 과정이 이제 우리가 향해야 할 곳이다.[3]

04

헬레니즘 및 신플라톤주의 사상에서
공간의 출현

만물은 장소다.

　　　　　－루크레티우스(Lucretius), 《사물의 본성에 관하여(De rerum natura)》

존재하는 모든 것은 장소다.

　　　　　－리처드 소라브지(Richard Sorabji), 《물질, 공간, 운동(Matter, Space, Motion)》

1

우주의 본성은 물체와 공허다.

　　　　　－에피쿠로스(Epicourus), 《자연에 대하여(Peri phusēs)》

공허에 대한 사람들의 생각은 어디에도 발산되지 않는다.

　　　　　－클레오메데스(Cleomedes)의 말이라고 전해짐

장소란 한정하고(confining) 한정되는(confined) 어떤 것이라고 보는 아리스토텔레스의 장소관이 그토록 오래도록 호소력을 지닐 수 있었던 부분적인 이유는 그 장소관이 맘 편히 있을 곳을 원하는 인류의 갈망에 철학적 지지를 보내주기 때문임에 틀림없다－인류는 알맞은 피난처뿐 아니라 자신을 둘러싸는 경계를 간절히 원한다. 그 경계가 온갖 장식으로 치장한 집 안의 방이든, 태곳적 숲속의 아무 장식 없는 빈터든 말이다. 하지만 인류는 (그리고 틀림없이 다른 동물들도) 넓고 개방적인 공간 또한 갈망하며, 따라서 뭔가에 포함되지 않기를, 더 나아가서는 아마도 한계 지어지지 않기를 갈망할 것이다. 편안함은 **지나치게** 가두는 것일 수도 있어 두터운 담장 너머로 혹은 빽빽한 나무들의 꼭대기를 통과해 저 높은 하늘을 흘끗 올려다보기만 해도 우리는 거기서 텅 빈 공간과 아무것도 점유하지 않는 공간이 우리를 유혹하고 있다는 걸 발견하는 것이다.

이렇게 상이한 갈망을 승인하는 한 가지 방법은 아리스토텔레스와 근본적으로 다른—아니면 심지어 플라톤이나 '경계를 갖지 않는(to apeiron) 사상가'였던 아낙시만드로스와도 전혀 다른—우주론 모델을 설정하는 것이다.[1] 고대 희랍 세계는 그러한 모델을 알고 있었다. 원자론자들의 모델이 바로 그것이다. 그들의 조야하지만 상당히 매력적인 용어로 표현하자면 이 세계에는 '원자와 공허'밖에 없다. 원자(atom)란 믿을 수 없을 만큼 압축된, 분할 불가능한 물질의 작은 조각이며(a-tomos는 '자를 수 없는'이라는 뜻이다), 공허는 그 원자들이 무작위로 운동할 수 있는 열린 공간, 곧 자유로운 여지(leeway)다. 최초의 원자론자로서 데모크리토스의 스승이었다고 알려진 레우키포스(Leucippus)의 우주창생설에 대해 살펴보자. (두 사람 모두 기원전 5세기, 그러니까 플라톤보다 대략 두 세대 전에 살았다.)

세계들(cosmoi)은 다음과 같이 생겨난다. (1) 온갖 형태의 많은 물체가 무한한 것에서 잘려져 조각난 채 거대한 공허로 옮겨지며, (2) 그것들이 한데 모여 하나의 소용돌이를 만드는데, 이 소용돌이 안에서 서로 부딪히고 온갖 방식으로 회전하며 비슷한 것들이 비슷한 것들 쪽으로 따로 분리된다. (3) 그것들이 많아져서 더 이상 균형을 유지하며 회전할 수 없으면, 마치 체로 거르듯 미세한 것들이 바깥의 공허로 물러나가고, 나머지 것들은 함께 뭉쳐서 서로 얽혀 움직이며 공처럼 둥근 최초의 구조물을 만든다.[2]

이 우주창생설이 진행되는 과정을 흔히 '필연'이라고 한다. 그러나 이 그럼직한 이야기에는 《티마이오스》에 나오는 플라톤의 설명과 달리 형태를 부여하는 데미우르고스가 들어 있지 않다. 왜냐하면 "온갖 형태"가 처음부터 현존하기 때문이다. 그리고 "무한한 것"(이번에도 역시 to apeiron. 그러나 이번에는 경계를 갖지 **않는** 것으로서뿐 아니라 긍정적인 존재로서 to apeiron이다), "거대한 공허", "많은 물체" 또한 현존하고 있다. 유니버스—즉 '만물(to pan)'—의 이 세 가지 주요 구성 요소는 창조되는 게 아니라 미리 주어져 있다. 이들로부터 다른 모든 것이 생겨 나온다. 예컨대 지구, 태양, 달, 별을 비롯한 다른 모든 천체뿐만 아니라 "비슷한" 것들의 영역(region)도 이렇게 생겨난다. 거대한 공허는 "최초의 구조물"을 형성할 그 물체들이 모이는 하나의 장(area)이며, 여기서 최초의 구조물이 바로 우리 자신의 **코스모스**다.[3] 다른 코스모스들은 레우키포스가 "바깥의 공허"라 부르는 것 안에서 형성된다. 거대한 공허와 바깥의 공허가 함께 모여 무한한 공허를 구성하는데, 모든 것을 둘러싸는〔encompassing: 앞장까지는 surround(ing)를 '둘러싼다'고 번역했다. 한데 이번 장부터 저자는 이와 유사한 상황에서 주로 encompass(ing)를 쓴다. 우리말로는 둘 다 '둘러싼다'고 번역할 수 있는 단어지만, 아마도 저자는 surround라는 단어를 쓸 때 접두어 sur—에서도 알 수 있듯 더 우월한 것을 제 안에 담는다는 뜻을 함의하려 했던 것 같다. 그러나 옮긴이는 encompassing과 surrounding을 적절하게 구별해줄 우리말을 찾지 못했고, 그래서 두 단어 모두 '둘러싼다'고 번역했다. 단, 필요할 경우에는 원어를 병기하기로 한다—옮긴이〕 이 공허는 '원자'라고 부르는 속이 꽉 찬 분할 불가능한 질료적 물체에 의해 구석구석 다른 양상으로 채워져 있다.

원자론자의 모델은 이중의 무한성을 포함한다. 즉 공간의 무한성과 그 공간을 채우는 원자의 무한성이다. 우주의 공간에 끝이 있을 수 없는 것과 마찬가지로 원자의 수에도 끝이 없다. (따라서 그 당연한 귀결로, 원자들이 조합해 생겨나는 세계의 수에도 끝이 없다.) 에피쿠로스(기원전 341~기원전 270)의 표현대로

"전체(totality)는 원자적 물체의 수와 공간적 크기에서 공히 무한하다".[4] 질료적 물체를 구성하는 요소의 수가 정해져 — 엠페도클레스, 플라톤, 아리스토텔레스는 모두 그렇게 믿었다 — 있는 대신, 요소와 물체 자체는 한량없는 수의 원자들이 다양하게 편성됨으로써 이뤄진다. 실제로 지금 거론한 원자론 모델의 두 가지 무한성은 서로 긴밀하게 연관되어 있다. 한편으론 원자의 수가 무한히 많다면 이 원자들이 운동하기 위해서는 무한한 공간이 필요하다. 그렇지 않으면 원자는 자신의 운동을 제한할 것이니 말이다. 〔또한 이 무한 공간은 본질적으로 **텅 빈**(kenon) 것이든가, 아니면 적어도 '구멍이 뚫려 있는(manon)' 것이어야 한다.〕[5] 다른 한편 무한 공간은 그 안에 무한한 수의 물체가 있기를 요구한다. 그렇지 않으면 무한 공간은 단순히 몇몇 물체, 아니면 많은 물체를 위한 영역일 뿐 **모든 가능한** 물체를 위한 영역이 아니게 될 것이다.[6]

원자론자들은 만일 실제적인(real) 것이 하나가 아니라 복수라고 덧붙이기만 하면, 실제적인 것은 물체로 충만한 하나의 공간이라는 것에 대해 자기들의 최대 논적인 파르메니데스의 의견에 동의할 것이다. 공허 자체에는 어떤 질료적 물체도 없다. 따라서 이는 공허가 그 세 가지 기본 형식의 어느 것에서도 필연적으로 '비실제적'이거나 '실제가 아니다(mē on)'라는 것을 의미한다. 그럼에도 공허는 **실존한다**(einai). 아니, 우리가 방금 살펴보았듯 만약 원자들의 운동이 가능하려면, 그것은 — 공간을 제공하는 것으로서 — 실존하지 않으면 **안 된다**.[7] 아리스토텔레스는 이러한 이중적 존재론에 관해 다음과 같이 말했다고 한다. "실제적인 것은 실제적이지 않은 것만큼이나 실존하지 않고, 텅 빈 공간은 물체와 마찬가지로 실존하지 않는다."[8] 원자와 공허는 비록 엄밀한 의미에서는 한쪽만이 실제지만, 자연물리적 우주의 궁극적 구성 요소로서 모두 실존한다. 비록 한쪽은 '존재'를 갖고 다른 한쪽은 갖지 않지만, 그들은 함께 실존한다는 공-필연성(co-necessity)에서 다시금 결부된다.

아리스토텔레스와 플라톤의 뿌리 깊은 전일론(wholism)—목적론적 질서를 구현한, 완벽함에 대한 두 사람의 격렬한 욕망—은 결국 우주형상론적으로 보면 닫혀 있고 유한한 세계로, 그 주위에 더 이상의 우주가 없는 그림으로 마무리된다. 이와 대조적으로 원자론자들은 극히 미세한 원자 너머에 무한히 큰 것, 곧 텅 빈 공간이라는 하나의 우주를 추구한다. 전자의 경우에는 형상적·이성적(rational) 질서〔이 질서는 비록 시원적 단계에서는 발견되지 않는다 해도, 전(前) 우주적 모태에는 반드시 추가되어야만 한다〕에 우선적으로 관심을 가지며, 이는 결국 산재하는 장소들의 세계로 귀착된다. 반면 후자의 경우에는 "현상(appearances)—특히 개별적인 지각 대상의 현상—을 구원하겠노라"는 신념으로 인해 무한한 공간적 우주에 대한 비전을 요구한다. 이 우주에는 불규칙하게, 끊임없이 다양한 방식으로 조합되는 원자적 단위가 있다—여기서 원자와 우주 모두는 유사한 지각 불가능성을 공유한다.[9] 이러한 비전의 차이는 초기 원자론자들의 사유에서 이미 (헤시오도스에게서 최초로 분명히 나타났던) 장소의 우위성으로부터 근본적 결별이 발생했음을 시사한다. 사실 고전적 원자론—필로포노스로부터는 1000년, 뉴턴으로부터는 무려 2000년이나 앞선 고대 사상—은 우리를 장소를 갖지 않은, 뭔가를 안에 들이지 않는 공간 속으로 내던지고 있지 않은가? 원자론적 공허 내에는 과연 **장소**를 위한 어떤 장소가 있을까?

데모크리토스와 레우키포스는 이 문제에 관해 우리를 직접적으로 도와주지 못할 것이다. 일단 그들이 생각했던 사유의 모든 체계—흥미롭게도 '대세계 체계(Great World System)'와 '소세계 체계(Little World System)'라 일컫는—를 증거할 수 있는 자료가 현재 극히 희소하게만 남아 있을 뿐 아니라, 원자론 창시자인 두 사람이 공허에 대한 아리스토텔레스의 가혹한 비판에 답할 만큼 오래 살지도 않았기 때문이다. 에피쿠로스는 아리스토텔레스가 죽은 기원전 322년에 아테네를 방문했으니, 이러한 비판에 답할 더 좋은 위치에 있었다. 이 후대의 원자론자는 아리스토텔레스의 비판을 어느 정도 받아들이면서 공허가 몇 가지 기본적인 면에서 실제로 장소 같은 것임을 시인한다. 이러한 시인이 매우 인상적이어서 근대의 에피쿠로스 편찬자들은 "물체와 공간(sōmata kai chōra)" 혹은 "물체와 공허(sōmata kai kenon)" 같은 원자론의 표준적인 관용구를 "물체와 장소(sōmata kai topos)"[10]로 변경하려는 유혹까지 느꼈을 정도다. 나중에 밝혀졌듯 이러한 수정에 아무리 논란의 여지가 있다 해도, 수정하고픈 유혹이 실질적인 지점에 바탕을 두고 있다는 것 또한 사실이다. 아리스토텔레스가 공허는 잉여적인 것—공허는 토포스로서 장소가 이미 성취한 것을 그대로 복제하고 있는 한 정확히 잉여적인 것이다—에 불과하다며 반대한 것에 대해 숙고하면 할수록 에피쿠로스는 소재를 제공하는 공허의 본성에 대해 더욱더 많이 생각했기 때문이다. 공허는 원자가 "그 안에(hopou)" 소재를 부여받는 것, "그것을 통과하며(di'hou)" 이동하는 것이다.[11] 바로 이러한 것으로서 공허는 임의의 주어진 원자에 대해서도 직접 위치를 부여한다. 이는 공허가 자신이 위치를 부여하는 원자를 **둘러싼다는** 뜻일까? 최근 한 주석자가 우리의 주의를 끈다.

장소로 〔간주되는〕 에피쿠로스의 공허와 운동하는 대상을 위한 유동적이고 직접적인 아리스토텔레스의 장소 간 현저한 유사성……. 〔이 공허는〕 채워질 수도 있고 채워지지 않을 수도 있는 그런 연장(extension) 같은 종류가 아니다. 그것은 단지 끊임없이 운동하는 별개의 원자를 둘러싸는 불가촉 실체(anaphēs phusis)

다. ……공허는 물체의 부재로 받아들여지는데, 그것이 곧 공허가 연장된 공간의, 점유되지 않은 부분이라는 얘기는 아니다. ……엄밀히 말하면 에피쿠로스의 경우 원자는 공간을 차지하지 않는다. 원자는 단지 물체의 부재에 의해 둘러싸여 있을 따름이다.[12]

이러한 에피쿠로스의 해석이 옳다면, 원자가 단지 실존한다는 것만으로는 무한한 공간은 고사하고 텅 빈 개방적 공간의 실존도 반드시 보장받지 못한다. 그렇게까지 넓은 것도, 그렇게까지 텅 빈 것도 꼭 있어야 하는 건 아니다. 각각의 원자에는 그에 상응하는 장소, 즉 각각의 원자가 임의의 주어진 순간에 그 안에서 소재를 부여받는 극히 개별적인 **장소**만 있으면 되는 것이다. 원자가 늘 움직이고 있다는 사실은 단지 그 원자들의 장소가 계속해서 변화하고 있음을 뜻할 따름이다. 이러한 견해를 따르면, 원자의 운동은 영속적인 공간을 요구하지 않는다. 즉 그 안에 "물체가 있든 없든 언제나 그 정도와 양상에 변함없이 모든 곳에 존속하는 연속적인 존재자"[13]를 요구하지 않는다. 간단히 말해서 우리는 원자론의 기본적인 우주론("만일 공허가 없다면 운동 또한 없을 것이다. 그런데 현실적으로 운동은 있고, 따라서 공허도 있다")[14]을 계속 유지할 수 있다. 다만 그러한 공허를 반드시 연속적이거나 텅 빈 것이라고 해석할 필요는 **없다**. 당연히 무한하다고 해석할 필요도 없다. 공허는 유한하다. 공허는 바로 모든 원자의, 그리고 원자 각각의 장소이기 때문이다.

에피쿠로스는 두 가지를 구별해야 한다며 데모크리토스 및 레우키포스와 다시 합류한다. 두 가지 중 첫 번째는 진짜 텅 빈 공간 또는 '엄격한 의미에서의 공허'(우리가 '원자와 공허'라고 할 때, 그 공허의 원래 의미라고 일컬을 수 있는 것)이고, 두 번째는 '진공(vacuum)'이라 불러야 할 것, 즉 원자로 구성된 복합적 존재자 안의 텅 빈 부분이다. 진공은 형태상 비존재이며 심지어 무(無)이기까지 하지만 복합물 안에 실존하는 것이기도 하다—그리고 역으로 그 복합물은 엄밀한 의미의 공허 내에 실존한다. 바로 그렇기 때문에 우리는 진공이란 '실존하는 비존재'라는 얘기를 단지 모순어법으로서뿐 아니라 지성에 의거해 말할 수 있다. 우리는 여기서 고대의 역설이 좀더 산재적인 존재물에 대해 적용되는 걸 목도한다. 진공은 정확히—데이비드 세들리(David Sedley)의 적절한 용어를 빌리면—"진공 충전자(space-filler)"로서 실존한다. 세들리는 진공이 "공간의 어떤 부분을 점유하는 것은 물체가 다른 것을 점유하는 것과 마찬가지로 실효적이다"[15]라고 지적한다. 이렇게 주장한다고 해서 아르키타스의 공리에 어떤 교란이 발생하는 것은 아니다. 왜냐하면 진공은 실존하기 위한 장소를 갖는 바로 그만큼 실존하기 때문이다.[16] 엄밀한 의미의 공허—에피쿠로스가 "불가촉 실체"라고 새로이 묘사한 것—는 그러한 장소를 제공하는, 말하자면 장소의 원천이다. 그런데 공허도, 진공도 모두 아리스토텔레스의 경우 엄밀한 의미의 장소는 아니다. 즉 충분히 형상을 부여받은 질료적 대상을 위한, 항상 이미 점유된 로쿠스는 아니라는 얘기다.[17]

그럼에도 불구하고 에피쿠로스는 레우키포스나 데모크리토스와 달리 엄밀한 의미의 공허를 우리가 **공간**이라 부르기 시작해야만 하는 것과 분명 동일시했다. 이 중대한 단계에 대해 최선의 설명을 제시한 사람은 섹스투스 엠피리쿠스(Sextus Empiricus)다.

그러므로 우리는 이렇게 파악해야 한다. 에피쿠로스에 따르면 그의 '불가촉 실체'에서 한 종류는 '공허', 또 한 종류는 '장소', 또 한 종류는 '여지'라고 부르는데, 이 명칭은 그것을 보는 방식에 따라 달라진다. 왜냐하면 동일한 실체를 만일 모든 물체가 결여되어 있는 경우에는 '공허'라 부르고, 어떤 물체에 의해 점유되어 있는 경우에는 '장소'라 부르고, 또 물체가 그곳을 여기저기 돌아다닐 때는 '여지'라 일컫기 때문이다. 그러나 에피쿠로스학파에서는 그것을 유적(generically)으로 '불가촉 실체'라고 부른다. 왜냐하면 그것은 저항적 촉감을 결여했기 때문이다.[18]

이 주목할 만한 대목은 에피쿠로스가 "공간을 따로 독립시켜 가장 넓은 의미에서 사유한 최초의 고대 사상가"[19]였다는 주장을 지지해준다. 만일 섹스투스가 옳다면, 에피쿠로스는 포괄적 공간—즉 불가촉 실체와 외연이 같은 것—을 설정함으로써, 나아가 그러한 공간의 적어도 세 가지 역할 혹은 기능을 인식함으로써 그리했다. 우선 '공허'는 '텅 비어 있다'는 의미 그대로, 점유되어 있지 않은 공간이라는 상황을 가리킨다. 그렇다면 이는 내가 방금 '진공'이라 불렀던 것과 실질적으로 같다. 두 번째로 '장소'는 점유되어 있는 공간이라는 상황을 가리킨다. 이는 공간 **안에 있는** 감각적인 사물의 소재를 지시한다. 이렇게 장소 안에 소재를 부여받은 사물은 이 단계까지 정지 상태로 있으며, 따라서 운동 중인 사물이 갖는 다른 의미의 소재화를 설명하기 위해 에피쿠로스는 공간에 대한 세 번째 모습, 즉 어떤 것이 옮겨 들어갈 '여지'를 상정한다. '여지'는 chōra를 번역한 것으로 이와 가까운 동사 중 하나가 chōrein이다. chōrein은 '간다', 특히 '방황하는'이라는 의미에서 '간다'는 뜻을 갖는 단어다.[20] 처음 《티마이오스》에서 모태 역할을 했던 코라는 여기서 훨씬 더 제한적인 힘으로 바뀐다—그렇긴 하지만 상당히 중요하다. 왜냐하면 모든 원자론자에게 일차적 물체는 끊임없는 운동 상태에 있고, 운동은 그 물체가 이동해 들어갈 여지를 필요로 하기 때문이다. 이러한 여지는 입체적 대상(원자는 비록 지각 불가능하지만 '그냥 통과할 수는 없을 만큼' 크다)에 운신의 폭을 주는, 문자 그대로 부피가 있는 것이다. 아리스토텔레스의 한정적인 2차원적 장소 모델은—장소가 자신을 사물의 표면에 제한하는 것으로서 2차원성—3차원적 여지성을 초월한다.

이처럼 상당한 역동성을 갖게 된 덕분에 에피쿠로스의 공간은 원자적 물체의 여지이며, 바로 그 물체가 위치 지어지고 운동하기 위한 매체이고, 그 물체에 의해 다중적으로 점유되는 무대다. 이러한 공간은 "그 물체에 소재를 제공하고 그 물체 간의 간극과 옮겨 갈 여지를 제공한다".[21] 이러한 공간—모든 것에 장소와 여지를 부여할 만큼 넓은—은 원자의 **부분**(만일 원자에도 부분이 있다면)에 속하지 않고, 또한 어떤 물체를 구성하는 원자 간의 **간격**으로서 존재하는 것도 아니며, 어떤 주어진 원자의 **위치**조차 부여해주지 않는다.[22] 에피쿠로스라면 이러한 3중의 제한은 원자가 "공허 내에서 어떠한 할당도 부여받지 않는다"[23]는 전제 때문에 귀결되는 것이라고 답할지도 모른다. 그런데 만일 원자가 부분·간격·위치를 가진다면, 나아가 또한 원자가 정말로 존재한다면—그리고 '존재한다는 것'은 곧 공간 속에서 '존재하는 것'이라면—원자적 존재의 이 세 가지 국면은 공간적으로 특정되어야 할 것이다. 어쩌면 에피쿠로스 자신도 전적인 불가촉 공간이라는 자신의 개념이 함의할 수 있는 것 모두를 다 검토하지 못했던 것 아닐까? 만일 불가촉 실체로 해석한 공간을 진지하게 숙고한다면, 그 범위는 극소(무한소)는 물론 극대(무한대)를 모두 포괄할 테고, 가장 극미한 부분·간격·위치도 포함할 것이다.

에피쿠로스를 웅변적으로 표현한 헌신적인 사도 루크레티우스(대략 기원전 99~기원전 55)도 이런 생각을 덧붙인다. "무엇이든 존재하고자 하는 것은 큰 것이든 작은 것이든 그것이 존재하는 한 그 자체의 연장(extension)을 갖는 것이어야만 할 것이다."[24] 여기서 루크레티우스는 '연장'이라는, 헬레니즘 시기에 결정적으로 중요했던 이 개념에 대한 사상적 유산 전체에 의존한다. 희랍어로 '연장'에 해당하는 diastēma는 ~을 통해 서 있음(standing/through)을 의미하고(dia-는 '~통해'를, stēma는 인도유럽어의 어근 sta-, 즉 '선다'에서 유래했다), 좀더 특정하게는 **실을 통하는**(threading/through) 것이다(stēmon은 '실'을 의미한다). 공간 안에 있다는 것은 공간을 '통해 선다', 즉 실이 표면 위에서 쭉 뻗치듯 공간을 통해 뻗친다는 뜻이다―'실'로 비유하긴 했지만, 연장의 경우 표면 이상의 것이 문제라는 점을 간과해선 안 된다. '~을 통해'는 공허 내에서 운동에 수반될 뿐만 아니라, 어떤 방식으로든 공간적이라고 할 경우 그 안에 함의되는 것이기도 하다.

에피쿠로스와 루크레티우스 모두에게 명사 '연장'과 전치사 '~을 통해' 그리고 '공간'이라는 개념 사이에는 밀접한 연관성이 있다.[25] 장소적으로 존재한다는 것이 주로 '~ 안에'의 문제라면(우리는 아리스토텔레스에 대해 이 정도의 동의는 할 수 있을 것이다), 공간적으로 존재한다는 것은 '~을 통해'의 문제, 즉 **밖으로-향해지는**(필자는 extensioned를 ex와 tensioned로 파자해 의미를 파악한다―옮긴이) 것, **밖으로** 뻗쳐지는 것(stretched out)의 문제이고, 따라서 공간이 제공하는 간격 또는 간극을 **통해** 무언가가 존재한다는 것이다. 공간은 아리스토텔레스적인 장소의 경우처럼 안으로 향해지거나(turned in) 에워싸인(en-closed) 어떤 것이 아니라, 밖으로 향해진(turned out) 어떤 것이다. 그것은 문제 되는 간격이 어떤 것이든―간격은 무한히 클 수도 있고, 무한히 작을 수도 있다―그 간격을 통해 밖으로 뻗어(throughout) 존재하는 무언가다. 원자는 엄밀한 의미의 공허와 다른 '존재의 질서', 즉 다른 실존의 방식을 갖고 있다고 할 수도 있다. 원자는 본질적으로 충만한 것이고, 공허는 본질적으로 점유되지 않은 것이다.[26] 그렇긴 하지만, 원자나 공허는 모두 공간적으로 존재하기 위한 일정한 요건을 충족해야 한다.

그건 바로 에피쿠로스의 원자론에서 처음으로 확연하게 번뜩였던 연장적 (diastemic) 공간의 요건이다.

2

어떤 사람은 코라를 더 커다란 물체의 장소라고 말한다.
—섹스투스 엠피리쿠스, 《학자들에 대한 논박집(Against the Professors)》

한 사람의 고대 사상가—원자론자가 아니라 아리스토텔레스주의자—가 공간의 미시적 자연물리학(microphysics of space)에 대해 오래도록 열심히 사유했다. 그의 이름은 람프사코스의 스트라톤(Straton of Lampsacus). 소요 학파(Peripatos)의 3대 지도자로서 기원전 269년경에 사망했으므로 에피쿠 로스와 정확히 동시대인이었다. 고대 전통에 따르면 스트라톤은 공간을 3차원 내에 연장되어 있는 것이라고 선포한 최초의 사상가이며, 또한 공간 의 어떤 부분도 **실제로는**—비록 원리적으로는 그렇지 않을 수도 있지만— 하나의 물체를 포함한다고 주장한 사람이었다.[27] 스토바이오스(Stobaeus)는 다음과 같은 정의를 내린 사람이 스트라톤이라고 했다. "토포스란 포함자 와 피포함자 중간에 있는 간격이다."[28] 일견 이는 지극히 아리스토텔레스 적인 것처럼 보인다. 하지만 좀더 면밀히 검토해보면, 스트라톤은 장소를 아리스토텔레스가 명시적으로 거부한 어떤 것으로 간주한다는 사실이 드 러난다. 스트라톤은 장소를 질료적 물체의 틈새 내에서 발견되는 텅 빈 구 멍 같은 것으로 간주한다. 이 구멍들 때문에 물체도 실은 구멍투성이인 것 이다. "스트라톤은 공허가 모든 물체 안에 산재해 있고, 따라서 물체는 연 속적이지 않다는 걸 보여주려 한다."[29] 따라서 장소는 공허한 공간, 요컨대 '소(小)공허(microvoid)'라고 부를 수 있는 것이 된다. 소공허는 비록—원자론자의 주장과 달리—실제로는 결코 텅 비어 있지 않지만 가장 기본적인 수준에서 연장에 해당하는 사례인 것이다. 소공허는 포함자와 피포함자(스트라톤이 보기에 이 둘은 아리스토텔레스가 상상한 것처럼 넉넉히 들어맞는 것과는 거리가 아주 멀었다)의 사이뿐 아니라, 어떤 주어진 질료적 물체 **내에도** 또한 존재한다. 그리하여 소공허는 에피쿠로스에게 무시당했던, 원자적 연장의 세 국면 중 두 가지에 속한다. 일차적 물체(일차적 물체는 물론 원자다. 그런데 저자가 이를 원자 대신 일차적 물체라고 표현하는 이유는 이 대목을 비롯해 앞으로 원자의 부분이나 내부에 대해 언급할 상황이 생기기 때문이다. 원자의 '부분'이나 '내부'라고 하면, 원자 본래의 정의와 어긋난다. 원자는 더 이상 분할할 수 없으므로 본래 부분이나 내부를 가질 수 없다. 이럴 경우 저자는 원자 대신 일차적 물체라는 표현을 사용한다—옮긴이)의 내부와 부분이 그것이다. 실제로 소공허는 그 소공허를 채우는 현실적 물체의 내부 및 부분과 외연이 같고 크기도 같다. 그 극한에서 소공허의 총체는 심지어 자연물리적 우주 전체와 등가인 "우주적 몸체"와 외연이 같다고까지 할 수 있다.[30] 스트라톤이 이러한 극단적 입장을 신봉했는지는 확실치 않지만, 그는 임의의 특정한 소공허는 우주적 연장에 필수적인 부분이지 그 연장의 단순한 공백 같은 것은 아니라고 주장했다. 그리하여 에피쿠로스가 결합해내지 못한 것을 어찌어찌 한데 묶어낼 수 있었다. 즉 무한히 큰 것의 연장과 극미하게 작은 것의 연장을 한데 묶어낸 것이다.

스트라톤은 또한 아리스토텔레스의 자연적 장소 개념, 즉 특정한 원소마다 고유한 장소가 있다는 개념을 가장 설득력 있게 부정하는 개념을 고안한 사상가로 고전 세계에 알려졌다. 스트라톤에 따르면 **모든** 원소는 무겁고, 따라서 원소마다의 그 순전한 무게에 의해 아래로 떨어진다. 물론 불이나 공기는 위쪽으로 빠져나간다. 하지만 그 움직임은 더 강력한 다른 원소들의 압축에 의해 위로 '짜내어지는(squeezed up)' 과정에 의한 것이다. 스트라톤은 이렇게 생각함으로써 공허 안에 장소가 선재한다는 관념을 거부한 에피쿠로스와 초기 원자론자들의 의견에 동의했다. 공허에 서로 다른 방향성이 있는 것은 사실이지만, 이는 현존하는 우주적 장소들의 힘에 의한 것이 아니라 원자 간의 우연한 충돌에 의해 결정되는 것이다.[31] 그리고 만일 이 코스모스로부터 잘라내진 장소가 미리 존재하는 게 아니라면, 이 세계 너머에 존재하는 보편 우주, 곧 유니버스는 무한히 연장된 무언가라고 보는 견해의 설득력이 더욱 강해진다. 그러면 이 유니버스는 장소적 용어보다는 오히려 공간적 용어로 더 적절하게 특징지을 수 있다. 아리스토텔레스에게는 장소로부터 떨어져선 어떠한 공간도 존재하지 않는 것과 마찬가지로, 스트라톤에게는 공간으로부터 떨어져선 어떠한 장소도 존재하지 않는다—즉 어떠한 장소도 공간적으로 믿을 수 없을 정도로 큼과 동시에 상상을 초월할 정도로 작은, 훨씬 더 포괄적인 전체의 일부에 불과한 것이다.

상상할 수 없을 정도로 작은 것이 원자론자들이나 스트라톤에게 특유한 관심사라면, 믿을 수 없을 정도로 큰 것은 아리스토텔레스와 에피쿠로스 이후 고대 철학자들이 점점 더 몰입한 관심사다. 이러한 몰입의 전형적 형태 중 하나를 우리는 가없는 텅 빈 공허가 유한하고 '장소-구속적인' 우주를 둘러싸고 있다는 스토아학파의 제안에서 발견할 수 있다. 이후 중세 및 르네상스 시대에까지 계속해서 널리 영향력을 행사한 이러한 제안의 명백한 근거는 다음과 같다. 즉 주기적으로 발생하는 우주적인 규모의 대화재에서 생겨나는 과도한 불길은 **어딘가로 가지** 않으면 안 된다. 왜냐하면 그 불길의 크기는 유한한 우주가 포함할 수 있는 것보다 더 크기 때문이다. 이 '가야 할 어딘가'를 '여지', 곧 코라라고 하는데, 이는 공간성, 즉 불길이 달아나 향할 수 있는 점유되지 않은 공간을 함의한다.[32] 세계 바깥의(extramundane) 공허는 전 세계를 파괴할 대화재의 불길에 여지를 제공한다.[33] 이는 여지를 제공하는 그러한 공허가 하나의 **장소**임을 의미하는 것일까? 클레오메데스는 기원후 1세기의 저작에서 공허란 "물체를 수용할 수 있는"[34] 것이어야 한다고 주장했다. 이러한 주장은 공허를 모종의 장소로 만들고 있는 것처럼 보인다. 그렇지만 스토아학파는 아리스토텔레스의 경계(警戒)를 심각하게 받아들인 사람들이었다. 아리스토텔레스는 공허란 "그 안에 어떤 물체도 없는 것"[35]인데, 실제로 그러한 공허는 극히 희박한 장소에 불과하다는 점을 경계했다. 어쩌면 우리는 이렇게 말할 수도 있다. 무언가(예컨대 우주적 불길)가 세계 바깥의 공허에 의해 **수용될** 수는 있지만, 어떤 엄밀한 의미에서도 그것을 **점유할** 수는 없다고 말이다. 즉 거기서 장소를 부여받을 수는 없다는 얘기다. 공허로 들어갈 수는 있지만, 거기에 머무를 수는 없다. 요컨대 그 안에서 자신의 장소를 발견할 수는 없다.

스토아학파의 우주론에는 공리가 하나 있는데, 바로 공허는 무한하고 장소는 유한하다는 것이다.[36] 스토아학파의 공허는—고대 원자론의 '바깥의 공허'와는 대조적으로—엄밀히 말해 어떠한 물체에 의해서도 점유되지 않으며, 따라서 경계 짓지도 않고 또 경계 지어지지도 않는다. 크리시포스(Chrysippus, 기원전 280~기원전 206)에 따르면 "이 우주 너머에 있는 공허는 무한하며, 말 그대로의 의미로 경계 지어지지 않는다. 그것은 시작도, 중간도, 끝도 갖지 않는다".[37] 사실 스토아적 공허에는 물체도, 경계도 없다. 그것은 "물체를 결여하고 있는 간격, 혹은 물체에 의해 점유되지 않는 간격이다".[38] 여기서 "간격(diastēma)"이란 정확히 **물체를 위한 장소가 아닌 것**이다. 클레오메데스는 이러한 공허를 다음과 같이 특징짓는다. "〔공허는〕 매우 단순하다. 왜냐하면 그것은 비물체적이며, 접촉도 없고, 형태를 갖지 않으며,

새로 형태를 획득하는 일도 없으며, 어떠한 측면에서도 작용을 받지 않고, 또 작용을 하지도 않기 때문이다."[39] 달리 말하면 공허란 장소 자체의 역할을 대신해온 텅 빈 연장이다. 공허는 텅 비게 된 장소를 갖(지 않)는다. 만일 이런 말이 '부정적 우주론'처럼 들리기 시작한다면—이미 '무-한(in-finite)'이라는 말〔나아가 '경계를 갖지-않는다(a-peiron)'는 말〕 안에 표현되어 있듯—우리는 좀더 긍정적인 어조로 최소한 이렇게 말할 수 있을 것이다. 즉 스토아적 공허는 무한히 크고 무한히 흡수하며 이 우주에 대해 전적으로 외부라고 말이다. 그것은 확장해가는 우주에 비록 엄밀한 의미의 장소는 아니라 해도 최소한 여지는 부여한다. 그것은 우주 바깥의 대공허(macrovoid)—우주 안에 있는 물체 및 우주에 내적인 소공허와 정반대의 것—다.

이러한 세계 바깥의 공허는 (사르트르의 유용한 용어를 차용하자면) 부정성(否定性, negatité)이다. 비록 (하나의) 무는 아니라 해도 그것은 역시 존재자(an entity)가 아니며 사물도, 장소도 아니다. 그것은 이 우주의 꽉 찬 충만성과 강한 대조를 이룬다. 스토아학파에게 우주에는 여하한 종류의 공허도 없다—소공허의 형태든, 《티마이오스》에서 언급한 다각형들 사이의 미미한 틈새든 말이다. 이 우주에는 공허에 결여된 모든 것이 다 있다. 이 우주는 장소와 물체로 가득 차 있으며, 한편에 의해 채워져 있음으로써 다른 한편에 의해서도 채워져 있다(이중적 충만함).

크리시포스는 장소가 "한 존재자에 의해 구석구석 다 점유되어 있는 것이든가, 아니면 한 존재자에 의해 점유될 수 있는 그리고 실제로는 하나의 사물이나 여러 사물에 의해 구석구석 다 점유되어 있는 것"[40]이라고 선언했다. 여기에는 텅 빈 것도 없고, 결여된 것도 없으며, 또한 희박한(tenuous) 것도 없다! 장소는 농밀한 구조물로, 그것이 구성하고 있는 훨씬 더 농밀한 '장소-세계' 내에 있다. 이러한 우주적 충만 내에 응집력 있는 연계성을 보장하는 것은 프네우마(pneuma), 즉 충만한 세계를 구석구석 순환하는 우주적 호흡(breath) 또는 영(靈)이다. 불과 공기로 이루어진 이 프네우마는 플라톤과 아리스토텔레스의 (산재적인 '장소-내-물체'로 이루어진) 기하학적 연속체를 장소를 부여받은 상호 침투하는 물체의 역동적 네트워크로 변성시키는 능동적인 힘이다.[41] 프네우마는 습성(hexis)과 긴장(tonos), 연결(sunecheia)과 공명(sumpatheia)의 조합에 의해 나아가면서 "질료적 물체의 모든 특별한 속성의 운반자인 자연물리적 장(field)"[42]을 구성한다. 이러한 장은 여러 장소의 긴밀한 융합(concinnation)이며, 공허가 철저히 공간으로 풍부하듯 장소로 충만하다.

데이비드 함(David Hahm)은 이렇게 썼다. "우주를 이루는 원소 각각이 본성에 따라 자신의 동심구(同心球, concentric sphere)로 운동하는 아리스토텔레스적 우주는 크리시포스의 인도 아래 최종적으로 무한한 공허 안에 안락한 자신의 거처를 부여받는다."[43] 그런데 스토아적 자연물리학에는 더 어두운 측면이 있다. 불편한 고립 상태가 어렴풋이 모습을 드러내기 때문이다. 이 우주, 그러니까 우리가 알고 있는 자연물리적 세계는 "무한한 공허에 끼워진 하나의 섬이다".[44] 그것이 아무리 장소와 물체로 가득하다 해도, 섬이란 아무런 차이 없는(indifference) 대양 한가운데 격리되어 있는 것이다. 게다가 만일 유일한 공허가 "세계 바깥의 공허"[45]뿐이라면 **이 세계에는** 달리 어찌 해볼 나름의 소중한 여지가 거의 남아 있지 않은 상황인 셈이다.

유니버스를 텅 빔과 충만, 공허와 장소, 비물체적인 것과 물체적인 것 등으로 가르듯 이분화하는 데 여러 가지 문제가 내재한다는 것에 대해, 그리고 질료적 물체는 도저히 벗어날 수 없는 프네우마의 힘에 의해 억지로 장소 속으로 끌려들어갈 수밖에 없다는 것에 대해 스토아학파 사람들이 아예 둔감했던 것은 아니다. 이런 딜레마에 고심하던 스토아주의자 몇몇은 자신들의 지독하게 이분화한 우주의 정체 상태를 돌파하려면 **제3의 존재** 자가 필요하다고 생각했다. 이리하여 크리시포스는 "별도로 명명하진 않 았지만 공허 및 장소와 구별되는 어떤 존재자는 그 존재에 의해 점유될 수 있으되 단지 부분적으로만 점유된다"[46]라고 했다. 이 제3의 존재자가 바로 '여지'다. 여지는 단지 그 안을 떠돌기 위한 공간─에피쿠로스에게 그러했 듯─일 뿐만 아니라, 점유 가능성을 허하는 연장이기도 하다. 연장과 여지 는 단일한 복합적 존재자, 더 정확히 말하면 이중체적 존재자, 즉 '공허를-갖춘-우주(cosmos-cum-void)'로 합쳐진다.[47] 이러한 이중성(duplexity)은 스토 아학파에게 우주는 "세계**와 하나가 된** 외적 공허"[48]라는 섹스투스 엠피리쿠 스의 단언에서 명확하게 드러난다. 혹은 이렇게 말할 수도 있다─공허와 장소가 합쳐져 공간이 되며, 이는 공간이 부여하는 여지 속에서 그러하다.

그러나 이렇게 되면 '여지'와 '공간'─두 용어 모두 chōra를 번역한 것 이다─이 우리를 혼란스럽게 한다. 스토아적 우주론의 핵심에는 장소와 공허 간 괴리적 차이가 존재하는데, 두 용어는 혹시 그 차이에 의해 열려 버린 커다란 균열을 숨기기 위해 타협용으로 설정한 용어에 불과한 것 아 닐까? 이는 타협이 장소 (또는 세계) 및 공허의 대등한 부분의 혼합을 표현 한다는 뜻이 아니다. 공허를 주로 강조하는 것은 그 무한성이 여지에 의해, 즉 우주론적으로 까다로운 공허와 세계라는 이분법의 치유를 보증하는 바 로 그 여지에 의해 전제되는 한에서 그렇다. "'전체'는 유한하다. 왜냐하면 이 세계가 유한하기 때문이다. 그러나 '만물'은 무한하다. **왜냐하면 이 세 계 바깥에 존재하는 공허가 그렇기 때문이다.**"[49] 여지나 공간이 장소와 공허 를 결합하려면 적어도 공허만큼 널찍해야 한다. 그런 까닭에 그것은 장소 와 합체한 공허만큼이나 무한해야 한다. 이리하여 우리는 스토아학파와 함 께 여지를 주는 공간, 또 공허를 모델로 설정한 공간, 그런 공간은─그 속성상 그리고 무엇보다도 일차적으로—무한하다는 견해로 결연한 일보를 내딛는다.

3

장소는 원초적인 영혼을 통해 생기를 부여받아 신적 생명을 얻는다.
　　　　　　　　　　　　　－심플리키오스가 인용한 **프로클로스의 말**

장소는 우선 신적인 빛을 누릴 것이다. 특히 더 온전하고 영속적인 것들의 장소는 더욱 그렇다.
　　　　　　　　　　　　　－다마스키오스(Damascius)에 대한 **심플리키오스의 말**

신플라톤주의자들이 명시적으로 다루는 것은 늘 플라톤이었다. 반면 아리스토텔레스는 아주 특별한 경우에나 거론하는 정도였다. 하지만 그들의 장소 및 공간 개념은 스토아학파, 에피쿠로스주의, 초기 원자론의 사고방식을 모두 고려한다. 그래서 신플라톤주의자들을 통해 우리는 많은 측면에서 우리가 이미 살펴본 개념 및 구별을 확인할 수 있다. 예컨대 이암블리코스(대략 250~대략 325)는 '한계'와 '경계'를 구별하는데, 그 방식은 내가 앞장에서 아리스토텔레스에 대해 논의하며 발전시킨 구별 방식을 연상시킨다.[50] 시리아누스(Syrianus, 기원후 5세기에 활동)가 이야기하는 '여지'는 곧장 크리시포스를 떠올리게 한다. "연장은 전 우주에 걸쳐 …… 여지나 수용체, 경계, 윤곽 등등 모두를 (가시적인 우주를 채우는) 모든 사물에 부여하면서 자신 안에 물체의 본성 전체를 받아들인다."[51] 여지를 부여하는 연장은 이전의 많은 사상가들이 사용하던 것과 같은 용어(diastēma)로 일컫고 있지만, 여기서의 의미는 (원자든 물체든) 어떤 규정된 존재자 **간의** 혹은 그들 **안에 있는** 짧은 간격(span), 간극(gap), 틈새(interstice)로 해석되는 단순한 '간격(interval)'

에 국한하지 않는다. 시리아누스 같은 신플라톤주의자에게 연장이란 경계가 없고, 부동이며, (보통은) 바깥으로 뻗어 있는 비물체적인 것(incorporeal spread-outness)을 가리킨다. 이것은 '전 우주를 관통한다'. 더 이상 유니버스와 구별되지 않는 코스모스를 관통하는 것이다. 그러한 극한적 광대함은 시리아누스가 흥미롭게도 "하나의 다른 물체, 더 보편적인 것"[52]이라고 부른 것과 외연이 같다. 이 물체는 이번에는 "드넓은, 공유하는 장소"[53]와 동일시된다—장소는 어떠한 실효적 한계도 갖지 않을 정도로 그렇게 드넓다. 그러나 우리가 연장의 풍부한 여지성을 강조하면 할수록 지극히 근대적인 **공간** 개념에, 그 비타협적인 무한성에서 '절대적'이라고 간주하는 개념에 가까워진다.

이쯤에 이르면 우리는 꽤나 익숙한 지형에 와 있는 자신을 발견한다. 그렇다면 과연 신플라톤주의가 도입한 새로움이란 무엇인가? 적어도 다음 두 가지 기본적인 사고 노선을 들 수 있다.

(1) 첫 번째는 **장소의 종류**가 더 많아졌다는 것이다. 각각의 종류에는 아리스토텔레스가 꿈꾸었던 것보다 다양한 부류의 힘이 갖춰져 있다. 플로티노스는 《엔네아데스(Enneades)》에서 첫 번째 건반을 누른다. "예지계의 장소란 생명의 장소요, 혼과 신적 '지성'의 원리이자 원천이다."[54] 여기서 언급한 두 종류의 장소—"예지계의 장소"와 "생명의 장소"—는 아리스토텔레스가 《자연학》에서 범형으로 삼았던 자연적으로 둘러싸는 것(physical surrounder)으로는 환원 불가능한 것이다. 일단 이런 식으로 판도라의 상자가 열리자, 충분히 타당한 사례로 생각할 수 있는 장소의 종류에는 한계가 없어진다. 아리스토텔레스가 《영혼론》에서 정신을 "형상들의 장소"라고 말할 때, 그는 비유를 사용했다. 그러나 이암블리코스가 "형상의 장소"에 대해 말할 때, 그는 수사법에 의지해 장소를 형상에 귀속하는 게 아니다. 그

가 단적으로 의미하는 것은 형상(idea)—플라톤적 의미에서—은 자신에게 고유한 종류의 장소를 갖고 있는데, 이는 생명의 장소나 이암블리코스가 "본래적 장소(intrinsic place)"라고 부르는 것과는 물론 물리적 장소와도 구별된다는 것이다.[55] 장소가 다양하다는 주장은 장소의 힘이 복수라는 주장과 짝을 이룬다. 리처드 소라브지가 지적하듯 "장소 개념은 [단지 둘러싸는 것 이외에] 다른 방식으로도 많이 적용될 수 있기 때문에, 그 모든 사례에 부합하려면 역동적인 이해 방식이 요구된다."[56] 아리스토텔레스가 장소에는 "모종의 힘이 있다"고 말했을 때, 이는 장소에 포함되는 자연물리적인 사물을 둘러싸는(encompassing) 특정한 힘을 의미한 것이었다. 이암블리코스는 그런 힘을 부정하지 않지만—특히 만일 그것이 바깥쪽으로부터 한계 짓는 기능뿐 아니라, 경계(horizein)를 부여하는 것이라고 한다면—장소는 둘러싸는(surrounding, periechein) 힘을 넘어 일련의 특유한 위력을 갖는다고 주장한다.

우리는 장소를, 장소 안에 존재하는 사물을 장소 자체 내에 둘러싸고(encompassing) 또 확립하는 것일 뿐만 아니라 그것들을 유일한 힘에 의해 부양하고 있는 것으로 이해해야 한다. 이렇게 간주할 경우 장소는 물체를 바깥으로부터 둘러쌀 뿐만 아니라, 그 물체를 끌어올리는 힘으로 총체적으로 그 물체를 채우는 것이 될 것이다. 그러한 힘에 의해 부양되는 물체는 자기의 고유한 본성에 의해서는 낙하하지만, 장소의 우월성에 의해 끌어올려지기 때문에 결국 장소 안에 존재할 것이다.[57]

장소의 절대적 힘에 대해 이암블리코스가 작성한 목록에는 지지하고, 끌어올리고, 가득 채우는 힘이 포함된다. 이러한 목록 밑에는 기본적인 두 겹의 작용이 깔려 있다.

- 자체적으로는 제1질료 수준으로 추락할 물체를 **끌어올린다**(raising up). 즉 물체를 고양시키는 힘으로 그것들을 채운다.
- 물체 및 물체의 부분은 신플라톤주의적 우주에서 가장 낮은 존재 형태인 제1질료와의 접촉으로 이미 소산(消散)되어 있는 상태인데, 장소는 이것들을 **끌어 모은다**(drawing together). 즉 "뿔뿔이 흩어져 있는 것들을 한데 모은다".[58]

이리하여 장소가 가진 힘의 레퍼토리에 있던 '~의 주위에' 및 '~의 안에'에 더해 '위에(up)'와 '한데(together)'가 추가된다. 장소를 부여받는다는 것은 둘러싸는 면에 의해 편안히 포함된다는 것뿐만 아니라, 장소 안에 있는 것은 거기에 계속 존재함으로써 본성적으로 강해지도록 보증해주는 힘에 의해 **부양을 받는다**는 것이기도 하다. 아리스토텔레스에 의한 포함 모델이 규정과 소재화를 가능케 해준다면, 이암블리코스의 부양 모델은 장소 안에 존재하는 것에 장소 부여라는 역동성을 접목시킨다. 바로 그렇기 때문에 이암블리코스는 "장소는 장소 안에 있는 사물과 본성적으로 합체되어 있다"[59]고 명확하게 말하는 것이다. 요컨대 장소는 장소 안에 있는 사물을 단지 둘러싼다든가 "단순히 연장만"을 부여하는 게 아니고, 하물며 (스토아학파가 주장했다는 방식으로) 단지 "그 물체들에 부수적으로 발생하는" 것도 아니다. "무언가와 합체되어 있다"는 것은 무언가와 역동적으로 연계되어 있다는 것—형태나 구조에서뿐 아니라 그 존재성이나 실재성(ousia)에서 차이를 낳는 것—이다. 이리하여 장소는 "〔어떤 물체가〕 존재하고 있는 사물 속으로 처음 진입하는 일로부터도, 그리고 근본적인 실재로부터도 결코 분리될 수 없다".[60] 장소를 통해서 실재성을 성취하고, 실재성을 통해 장소가 유지되는 것이다.

실제로 장소는 자신의 존재성을 가지며, 이를 바탕으로 장소는 단지 관성적이거나 수동적인 것(argos, adranēs)—즉 **다른** 어떤 것에 의해 초래되는 것—이 아니라 하나의 '원인(aitia)'이 된다. 심플리키오스가 기원후 6세기에 지적했듯 어떤 것의 본질과 그 장소는 구별하기 어려운데, 바로 이 점이 그로 하여금 "실체[장소 안에 있는 것의 실체]와 본성적으로 합체되어 있는 본질적인 장소(essential place)"[61]를 정립하도록 추동했던 것이다. 이암블리코스와 심플리키오스 두 사람에게 장소는 "그 자체가 본래 실재성을 가지며", "비물체적이면서 한정적인 실재성뿐 아니라 능동적인 힘을 갖는다".[62] 그러한 힘과 실재성을 장소에 귀속시킴으로써 이 두 저자는 장소에 내재하는 **원인으로서** 힘을 부정한 아리스토텔레스 견해를 논박한다. 장소는 그러한 힘을 **가질** 뿐만 아니라, 그것은 원인으로서 **힘이다**. 그것은 "작용하는 힘"이다.[63]

(2) 두 번째 새로운 사고 노선은 장소가 덜 질료적일수록 그 힘은 더 강력해진다는 것이다. 이러한 개념은 "모든 곳에서 비물체적 실재는 물질적 실재보다 지위에서 앞선다"[64]는 기본 전제로부터 파생한다. 이로부터 본성상 비물체적인 장소는 실효적인 힘에서 질료적 장소보다 우월할 것이라는 결론이 따라 나온다. 또 하나의 당연한 귀결은 비물체적 장소는 그 장소가 포함한다고 할 수 있는 어떤 물리적인 사물보다 강력할 것이라는 점이다. 이암블리코스가 말하듯 "장소는 비물체적인 것으로 장소 안에 존재하는 사물보다 우월하다. 그리고 한층 독립된 것으로서 장소는 장소를 필요로 하는 것, 장소 안에 있고자 하는 것보다 우월하다".[65] 비물체적인 장소의 힘은 심지어 연장 자체에 영향을 미치기도 한다. 요컨대 장소가 코스모스나 유니버스의 미리 주어진 연장성에 의존하는 게 아니라, 장소 스스로

위치를 부여한 사물이 뻗어나간 것(spread-outness)이 장소에 의해 산출되는 것이다.[66] 이암블리코스는 이러한 견해를 "장소는 물체를 바탕으로 존속한다"[67]고 주장한 스토아학파의 견해와 분명히 대립시키면서, 자신이 아르키타스와 다시 만난 셈이라며 이렇게 주장한다. "아르키타스는 장소가 때로는 작용하고 또 때로는 작용받기도 하는 사물보다 높은 지위에 있다고 생각했음에 틀림없다."[68]

장소에 대한 신플라톤주의적 사유를 대표하는 사상가 이암블리코스에게서 우리는 장소 부여를 둘러싼 "지성에 의한 이론"이 원숙하게 표현되어 있음을 발견한다. 어떤 것이 들어 있는 장소는 장소를 부여받은 사물보다 더 실재적인 데 그치지 않는다. 장소 자체가 점점 더 지성적으로 되어가는, 한층 더 고양된 종류의 장소 안에─질료적인 사물은 세계라는 몸(즉 코스모스) 안에, 그리고 세계는 '세계영혼(World Soul)' 안에, 나아가 '세계영혼'은 신적인 '지성(Intellect)' 안에─위치 지어져 있다. 이는 꾸준히 향상해가는 장소 부여 게임 같은 것으로, 이 게임에서 각 장소의 단계는 다음 단계의 장소에 의해 지탱됨과 동시에 추월당한다. 이 게임은 (다시 한 번 플로티노스를 인용하면) "예지계의 장소"를 부여하는 '일자(一者)'라는 궁극적 단계에 도달할 때까지 계속된다. 장소 부여에 대한 이러한 상승 모델은 아리스토텔레스적인 포함 모델과 사물의 궁극적 형상으로 상승해간다는 플라톤적 모델을 조화시키려는 시도로 간주할 수 있다.[69]

장소의 지성적 또는 지적(intellective or noetic) 본성은 신플라톤주의 사상의 역사 전체에 걸쳐 있는 하나의 주제다. 장소는 신플라톤주의에서 4세기 동안─플로티노스(대략 205~260)부터 심플리키오스(529년 이후 활약)까지─계속해서 중심적인 주제였다. 그중에서도 이 특정한 주제를 끝까지 파고든 두 사람이 있었으니 바로 다마스키오스와 프로클로스다. 다마스키오스는 신플라톤학파 중 아테네 분파의 마지막 지도자로서 6세기에 활동했는 데, 그에게 장소는 일반적으로 장소 안에 있는 것을 **측량하는** 능력에 의해 그 힘과 우위성을 과시한다. 어떤 것의 크기는 물론 그 부분들의 위치도 그 것이 있는 장소에 의해 측량된다. 이러한 측량은 장소를 부여받은 사물이 그 안에 구조화해 있는 틀 또는 윤곽으로 간주한다. "장소는 말하자면 전 체적인 테시스 및 그 부분들의 일종의 윤곽이며, 따라서 또한 만일 그것이 적절히 놓여 있고 흩어지는 일이 없다면 이는 그 사물이 꼭 들어맞는 틀일 것이다. 그렇지 않다면 그것은 본성적이지 않은 상태에 있는 것이다."[70] 틀 이라는 개념이 가리키는 대로 장소에 의한 측정이란 수치의 견지에서 행해 지는 측정과는 전혀 다른 것이다. 요컨대 제1질료에 본래적인 흩어짐을 막 기 위해 작용하는, 형태 짓는 힘과 더 가까운 것이다. 이러한 측정은 측정 **해낸다기**보다 〔그 틀을〕 **통해서 두루 조정해내는** 것과 비슷하다. 즉 어떤 주어 진 장소의 편제 상황을 통해 '장소-내-사물'에 대한 측정이 이뤄지는 것 이다.[71] 잣대로서 장소란 엄밀하게 양적인 평가를 내리는 게 아니며—그러 려면 어떤 엄격한 잣대가 필요하다—그래서 엄격한 것이라기보다 가소적 (可塑的, plastic)인 것이다. 아울러 그 결과 소라브지가 주석한 것처럼 "그것 은 운동하는 천구들의 경우에 그러하듯 다양하게 위치 짓는 것이 가능해진 다".[72] 여기서 아리스토텔레스의 강박적인 질문, 즉 대체 천구들은 어떤 종 류의 장소를 점하느냐는 질문에 다음과 같은 견해를 피력할 수 있다. 즉 천 구들은 엄격하게 정해진 장소 아니라, 틀에 의해 부여받은 장소를 점한다 는 것이다—이러한 장소는 틀처럼 작용한다고 플라톤이 특징지었던 원시 적인 코라가 안겨준 수용적 영역과 전적으로 다른 것도 아니다. 그러한 장 소는 측정하는 바로 그 능력에 의해 자신이 둘러싸는 모든 개별 장소보다 우월한 지위를 차지한다. 심플리키오스는 다마스키오스에 대해 주석하면서 현재 우리가 문제 삼고 있는 가정을 끌고 나온다. "측정의 본성은 측정되는 것의 본성보다 우월하며, 측정되는 것과 동일한 것을 필요로 하지 않는다."[73] 이러한 가정 위에 서면 왜 신플라톤주의자들이 본성에서 지적인 장소를 우선시하는 경향을 띠는지 명백해진다.

하지만 문제는 이보다 한층 복잡하다. 전형적인 신플라톤주의자 프로클로스(대략 411~485)는 장소를 **물체**로 간주했으며, 단지 **물체 주변에 있는** 어떤 것(혹은 **그곳을 통해서** 물체가 돌아다닌다든지 **그 안에** 위치 지어지는, 물체 주변의 것)은 아니라고 생각했다. 그러나 장소는 그 물체성에도 불구하고, 동시에 부동적이고, 분할 불가능하며, 무엇보다도 우선 비질료적인 것이다. 그렇다면 장소란 **비질료적인 물체**일까? 프로클로스가 이 흥미로운 발상에 이끌린 것은 '세계영혼'에 적합한 운반자(vehicle)를 상정하려는 시도를 하면서였다. '세계영혼'만큼 순수한 것을 대동하는 운반자라면 비질료적이지 않으면 안 된다. 즉 제1질료처럼 소산시키는 효과를 가져서는 안 된다. 실제로 '세계영혼'의 장소는 "모든 물체 중에서, 즉 운동하는 물체 중에서 가장 비질료적이어야 하며, 나아가 운동하는 물체 속에 있는 비질료적인 물체 중에서도 가장 비질료적이어야 한다".[74] 그토록 철저히 비질료적인 장소라면 그 유일한 후보는 **빛**, 더 특정화하자면 천상의 빛이다. 후자는 플라톤의 '에르(Er) 신화'에서 힌트를 얻은 것으로, 빛나는 것이긴 하지만 문자 그대로 다른 뭔가를 비추는 것은 아니다. 프로클로스는 이 가장 투명한 매질(media)을 모든 종류의 장소를 위한 모델, 특히 "'세계영혼'의 빛나는 운반자"[75]인 장소의 모델로 삼았다. 그런데 이것을 전적으로 유심론이라고만 할 수는 없다. 왜냐하면 프로클로스의 우주 모델에는 지구우주론(geocosmic) 특유의 구체성이 있기 때문이다.

그러면 두 영역에 대해 생각하는데, 한 영역은 빛 한 가지로만 이루어져 있고, 다른 영역은 많은 물체로 이루어져 있다고 하자. 그리고 양자는 부피가 서로 동등하다고 하자. 그러나 한쪽을 다른 한쪽과 중심이 같도록 놓고 전자 안에 후자를 쑥 넣는다면(implanting), 전(全) 우주가 그 장소 안에 놓이며 부동의 빛 속에서 운동하는 걸 보게 될 것이다.[76]

코스모스를 텅 빈 유니버스 속의 고립된 섬이라고 생각하는 방식과 달리, 프로클로스는 자연물리적 세계가 빛나는 천상의 영역과 외연이 같다고 주장한다. 이 영역은 빛의 한 형태로서는 물체적이고 원소적이지만, 장소로서는 비질료적이다. 그러나 이런 식으로 비질료적인 것이란 지극히 역동적인 것이다. 즉 빛의 영역은 "어떤 형태(tupos)를 가진 우주적 신체 전체로서 장소(topos)라 일컬으며, 연장적이지 않은 것을 연장적으로 만든다. ……〔그러한〕 장소는 원초적인 영혼을 통해 생기를 부여받아 신적 생명을 얻는 것으로, 정지해 있고 〔비록〕 외적으로는 활동적이지 〔않지만〕 본성적으로는 자기-운동적이다".[77] 천상의 빛의 영역은 여러 장소들의 '장소'다. 왜냐하면 그것은 바로 코스모스의 장소일 뿐만 아니라 '세계영혼'의 운반체이기 때문이다─코스모스의 중심 및 주변에 있는 장소이며, 그 사이에 있는 모든 것에 대해 위치를 부여하기 때문이다. 그러한 빛이 없는 곳은 어디에도 없다. 뭔가가 있는 곳이라면 반드시 빛 안에 있다─어딘가에 있는 것은 유니버스라는 절대적 '장소' 내의 특정 장소 안에 있는 것이다. 내가 이러한 프로클로스의 '장소'에 따옴표를 넣는 것은 그것이 무한 공간을 예시하는 것이라는 사실을 시사하기 위해서다. '천상의' 것으로서 빛의 궁극적 영역은 특별한 지위를 갖는다. 즉 물체적인 것으로서 그것은 **하나의 장소로** 간주할 만큼 충분한 밀도를 갖지만(따라서 틀을 짓고 측정 따위를 할 수 있는), 비질료적인 것으로서는 17세기의 사유가 강박적으로 추구하게 될 자연물리적 우주의 긍정적 무한은 아니다. 비록 엄밀하게 말하자면 무한하지 않다해도 천상의 영역은 **절대적**이라고 간주할 수 있다. 그것은 "코스모스가 회전하고 다른 것들이 운동하는 일종의 절대적 장소를 형성한다".[78]

프로클로스를 통해 우리가 배우는 것은 신플라톤주의적 사유에서는 장소의 물체적 특성과 지적(noetic) 특성 간에 어떠한 모순도 없다는 사실이다. 천상의 영역 같은 장소는 빛으로 구성되어 있지만—물체적이지만—위로 상승하는 존재의 지적 사다리에서는 높은 지위를 차지한다. 이러한 견해는 많은 면에서 원자론자들의 장소관과 정반대되는 것이다. 원자론자들에게 장소가 기계적이고 자연물리적인 것, 즉 물체적**이면서 또한** 질료적이라고 한다면(아울러 그 밖에 다른 것이 아니라면), 신플라톤주의자에게 장소는 역동적이면서 지성적이다—그리고 역동적인 면과 지성적인 면은 상호 의존적인 관계에 있다. 나아가 분할 불가능성은 이제 원자가 아니라 장소와 관련이 있다. 프로클로스는 이를 단도직입적으로 "장소는 분할 불가능한 물체다"[79]라고 표현한다. 또한 장소의 비질료성으로 인해 신플라톤주의자들은 아리스토텔레스의 포함자 모델의 제한에서 벗어날 수 있다. 사실 아리스토텔레스의 모델은 단호한 자연물리주의로 인해—둘러싸고 있는 장소의 표면이 장소 안에 있는 감각적 물체를 단단히 확보하려 한다면—그 표면이 질료적이지 않을 도리가 없다. 그러니 장소가 자연물리적일 필요는 없다는 쪽으로 일단 동의가 이루어지면, 장소는 한계 지음이나 소재화하는 것 이상의 일을 할 수 있다. 즉 보존하고 질서 짓기, 지지하고 부양하기, 끌어올리고 모으기 등등을 할 수 있다. 질료적 표면이 할 수 있는 일이라고는 불활성적인 것 한 가지뿐인데, 이것이 이제 비질료적인 현전의 복수적 역동성으로 대체된다. 이 역동성은 대단히 강력할 뿐만 아니라—물체를 떨어뜨리는 준(準)중력적인 힘으로부터 물체를 들어 올리기까지 할 수 있다―미묘하기도 하다. 우리는 이런 미묘함을 수치에 의존하지 않고 측정하는 장소의 힘에서도, 또한 모든 사물이 "'세계영혼'의 빛나는 운반체 안에" 위치 지어진다는 관념 같은 데서도 확인할 수 있다.

장소에 대한 신플라톤주의적 접근 방식은 일반적인 확신을 옹호하는데, 그 확신인즉슨 장소는 늘 **어떤** 종류의 양(즉 어느 정도의 '여지')을 함의하는 반면, 일련의 특유한 질('쾌적한 장소', '위험한 장소' 같은 표현이 가리키는 대로)도 역시 포함한다는 신념이다. 장소의 양에 대해서는 반드시 산술적인 규정에 구애받을 필요가 없는 이점이 있는 것처럼(그렇지 않으면 우리는 토지의 측량이나 소유지의 경계선 같은 것 한복판에 있을 것이다), 장소의 질적 측면을 문자 그대로 감각적 속성에 한정 짓지 않는 쪽이 상당한 도움을 준다. 예컨대 프로클로스의 초자연적 "'최고천〔最高天, Empyrean: 고대 우주론의 오천(五天) 중에서 가장 높은 하늘―옮긴이〕' 위의 빛"[80]이라는 생각 덕분에 우리는 환원주의적 물리학이라는 구속에 갇히지 않고 빛 같은 자연 현상의 풍성한 속성을 활용할 수 있다. 장소에 대한 지적 개념의 비질료성은 또한 에피쿠로스의 "불가촉 실체" 개념에도 합류한다―그러나 대공허나 소공허에 대한 신념을 강요하지는 않는다. 물체적인 것으로서 유니버스는 공허하지 않고 충만하다. 그러나 비질료적인 것으로서 유니버스는 장소 안에 있는 사물을 강화하고 규정성을 부여하는 데 필요한 유연성을 향유한다. 이러한 사고방식은 스토아학파의 견해에 내재하는 볼썽사나운 이분법, 즉 세계는 충만한 반면 세계 너머에 놓여 있는 것은 공허하다는 이분법을 교묘하게 피해간다. 나아가 분할 불가능하고 비질료적일 뿐만 아니라 부동이라고 인식될 경우, 장소는 절대적인 지위에 오를 수 있다. 예컨대 프로클로스의 스승이었던 시리아누스는 이렇게 선포한다. "연장은 전 세계를 관통하며 물체적인 자연 전체를 자체 안으로 받아들인다."[81]

4

장소 또한 시간 못지않게 모든 것에 널리 퍼져 있다. 왜냐하면 생겨나는 것들은 모두 장소 안에 있기 때문이다.
　　　　　　－심플리키오스, 《아리스토텔레스 '범주론' 주해(In Aristotelis categorias commentarium)》

필로포노스―프로클로스가 시리아누스와 함께 공동묘지에 묻히고 5년 뒤인 490년에 태어났다―는 연장 개념의 세련화를 추구했다. 신플라톤주의의 바로 위 선배들의 매우 사변적인 견해가 어두운 그림자가 되어 이 개념의 온전한 의의를 가려버렸기 때문이다. 필로포노스에게는 물체도 아니고 심지어 비질료적 물체도 아닌 연장이야말로 바로 장소의 본질이다. 장소는 "3차원 내의 어떤 연장으로서 그 안에 존재하는 물체들과 다른, 아니 그 정의상―차원일 뿐 그 안에는 물체가 없다―물체를 갖지 않는 것이다".[82] 연장(diastēma)과 차원(diastaseis)은 언어상으로뿐 아니라 개념적으로도 긴밀한 관계가 있는 단어다. 차원은 '연장을 펼치는 것(open out extension)'으로서 그 펼쳐짐이 도달한 윤곽을 그리고(delineate), 물체가 통과해갈 여지를 부여한다. 그렇기 때문에 필로포노스는 연장을 "물체를 위한 코라이**면서 차원일 뿐**(이기 때문에), 공허하고 또 모든 실체와 질료로부터 떨어져 있는 것"[83]이라고 정의한다. 연장은 사물에 여지를 부여하는 것이라는 생각에 따라, 그리고 코라는 '여지'나 '공간' 중 하나를 의미한다는 사실에 따라 필로포노스는 중대한 방향 전환을 한다. 즉 '공간적 연장'을 '물체적 연장'과 구별할 수 있게 된 것이다. 물체적 연장이란 주어진 어떤 자연물리적 물체에 의해 점유되는 특정 장소와 등가다. 그것은 그 물체의 질료가 들어앉는 여지다.[84] 이와 대조적으로 공간적 연장은 원리적으로는 어떤 주어진 물체 또는 물체의 집합에 의해 점유될 필요가 없다. 그것은 어떤 물체의 여지라기보다 물체에 여지를 주는 것이다. 이리하여 공간적 연장은 "차원에만" 관련이 있고, 그러한 것으로서 "공허하며, 모든 실체와 질료로부터 떨어져 있다". 비록 그러한 연장이 실제로는 늘 물체에 점유되어 있다 할지라도 그러하다. 이 두 종류의 연장은 하나같이 3차원이지만, 물체적 연장 쪽이 원리적으로나 실제적으로 모두 채워져 있는 데 반해, 공간적 연장 쪽은 원리적으로는 공허하지만 실제로는 충만하다.[85]

나아가 물체적 연장은 공간적 연장에 딱 들어맞지만 그 역은 성립하지 않는다.[86] 공간적 연장은 늘 물체적 연장 **이상의** 것이며, 공간적 연장의 본령은 바로 이 '이상'에 있다고도 할 수 있을 정도다. 따라서 실제로 필로포노스는 공간적 연장이란 실질적으로는 공허나 마찬가지라고 간주하고픈 유혹마저 느낀다. 공허를 "3차원 내에 연장되어 있는 공간적 연장"이라 정의할 수 있다면, 공간적 연장은 "물체가 없고 질료도 없다―즉 물체를 갖지 않는 공간이다".[87] 공허와 공간적 연장은 모두 비물체적**이면서 또한** 비질료적이다. 이렇게 양자를 등식에 준하는 관계로까지 규정하는 이유는 필로포노스가 비질료적 물체 같은 어딘지 좀 수상쩍고 잡종적인 존재물을 깨끗이 치워버리고 싶어 하기 때문이다. 그는 그런 물체에 대한 프로클로스의 생각―혹은 이 문제에 국한해 말하자면 스토아적 프네우마의 준(準)질료적 충만―을 "아예 정의상 텅 빈", 진정으로 "텅 빈 그런 것",[88] 달리 말하면 개념적으로는 공허와 등가인 것으로 대치해버린다. 이렇게 근본적인 정화 작업을 수행하기 위해 필로포노스는 이렇게까지 이야기한다. "장소는 그 자체로 공허"이며 "공허와 장소는 현실적으로는 실체에 있어서 동일하다".[89] 그럼에도 불구하고 결국 현실적인 공허란 존재하지 않으며—공허는 존재하지 않는다—또한 공허는 장소의 짝(counterpart)이라기보다 필로포노스가 "공간에 대해 부여한 **이름**"[90]일 뿐이다.

필로포노스는 이 대목에서 진정한 솜씨를 구사한다. 그가 제안한 장소 또는 공간 이론은—물체적 연장과 공간적 연장의 구별을 전제할 경우, 이 양의성(兩義性, ambiguity)은 불가피하다—장소 안에 있음에 대한 아리스토텔레스의 가장 중요한 기준, 즉 둘러싸는(surrounding) 실체의 표면에 의해 에워싸이는(enclosed) 것이라는 기준을 벗어난다. 필로포노스의 설득력 있는 논증은 다음과 같다. 즉 **어떠한 표면**도 입체적인 물체를 포함해낼 수 **없다.** "왜냐하면 표면은 2차원으로 펼쳐져 있는 것이고, 따라서 3차원으로 연장되어 있는 것을 그 자체 안에 받아들일 수 없기 때문이다."[91] 이로부터 장소 그리고/또는 공간에 대한 적합한 이론이 되기 위해서는 최소 요건으로서 3차원의 연장을 포함해야 한다는 결론이 나온다. 다만 엄밀히 말해서 그러한 요건을 만족하는 것은 물체적 연장을 위치 짓는 공간적 연장의 개념 안에서다. 나아가 공간적 연장은 장소 안에 있음에 대한 아리스토텔레스의 **다른** 기준을 모두 만족시킨다. 즉 공간적 연장은 경계(boundary)와 정확히 동일한 정도로 장소 안에 있는 것을 둘러싸고, 장소 안에 있는 사물과 (적어도) 등가이고, 그 사물의 부분이 아니며, 그 자체가 부동(不動)이다.[92]

이런 점에서 생각해보면—또한 필로포노스가 공허와 공간적 연장을 실질적으로 동일시했다는 점을 염두에 두면—필로포노스는 이제 무한 공간에 대한 이론으로 나아갈 것처럼 보인다. 실제로 공간적 연장의 바로 그 부동성이 공간의 끝없는 팽창을 내포한 것 같았을 것이다.

우리는 〔공간적〕 연장이 그 정의상 어떤 물체와도 같지 않고 또 공허하다고 이해

한다. 하지만 다양한 물체가 늘 그 안에서 존재에 이르는데, 이번엔 이것 다음엔 저것 하는 식으로 그러하다. 하지만 그런 상황에서도 공간적 연장은 전체로서나 부분으로서나 계속 부동인 채로 남아 있다―전체로서 부동인 것은 우주적 연장이 전(全) 우주라는 물체를 받아들이는 것이므로 결코 움직일 수 없기 때문이고, 부분으로서 부동인 것은 그 자신의 정의상 물체가 없고, 그러면서 텅 비어 있는 연장이 운동한다는 것은 불가능하기 때문이다.[93]

이러한 "우주적 연장"은 그렇다면 궁극적으로 경계 지어지지 않는 것의 연장, 따라서 더 이상 세계의 배경으로 놓일 수 없는 우주의 연장이 아니면 그 무엇이겠는가? 그러나 필로포노스는 신플라톤주의 선배들에게 합류해 무한으로 향하는 일보를 내딛고픈 유혹에 가장 크게 이끌린 바로 이 지점에서 그 심연(深淵, abyss)으로부터 뒤로 물러선다. 그는 우선 다음과 같은 생각에 매력이 있다는 점을 인정한다. 즉 우주적 연장이란 "그 자체의 정의상 공허하고, 또 물체를 받아들일 수 있는 것으로서 무한해야만 한다". 왜냐하면 우주적 연장에는 그 자체에 대한 어떤 실효적 경계도, 혹은 한계 짓는 어떤 표면도 없기 때문이다. 필로포노스는 이런 사고방식의 매력을 인정하지만, 여기서 더 나아가 이렇게 주장한다. (1) 우리는 여전히 그러한 표면을 **상상하는** 게 가능할 수도 있다. (2) 비록 그런 상상이 불가능할지라도, 그러한 사고 실험에 성공할 수 없다는 것을 이유로 우주적 연장이 "필연적으로 무한히 연장되는 것은 아닐 것이다".[94] 아울러 검약의 원리도 불러온다. 즉 공간적 연장은 실제로 그것을 점유하는 여러 물체의 바깥쪽 경계와 외연이 같은 만큼만 존재하면 된다는 것이다.[95] 필로포노스가 공간의 무한성을 부정하는 궁극적 동기는 의심의 여지없이 신학적이지만―기독교를 신봉하는 신플라톤주의자로서 어쩌면 무한성을 '신'에게만 한정하고 싶었는지도 모른다―그의 논증에는 받아들이기 어려운 측면이 남게 된다. 특히 우주적 연장이라는 관념에는 그 자체의 본성상 공간적 무한성을 수반한다고 여기는 사람에게는 그러하다.[96]

그러한 무한성은 거부되고, 나아가 장소의 힘도 마찬가지로 거부된다. 필로포노스는 장소가 "장소 안에 있는 사물의 척도"[97]라고 보는 다마스키오스의 견해를 지지함에도 불구하고, 장소에 그 밖의 어떤 내재적 힘도 인정하려 하지 않는다. "장소가 권리상 모종의 힘을 갖고 있다고 말하는 것은 심히 어리석다"[98]고 말할 때에는 빈정대는 느낌마저 든다. 더 이상 부양하거나 들어 올리지도 않고, 모으거나 지지하는 일도 하지 않는 공간적 연장이란 실제로 고유한 역동적 힘을 결여한 공허일 뿐이다. 이와 아울러 장소는 장소 안에 있는 것보다 지위상 우월하다는 신플라톤주의의 기본 전제도 날아가버린다.[99] 장소의 역동적 힘이 사라지는 것은 장소의 지성적 본성이 사라지는 것과 짝을 이룬다. 공간적 연장은 물체적이지도 않고 질료적이지도 않지만, 그렇다고 해서 지성적이지도 않다. 이는 순전히 공간적이기만 한 어떤 것이다. 이 경우 '공간적'이란 비록 그 자체는 물리주의적으로 구성되어 있지 않지만 물리적 우주에 적용된다는 것을 의미한다.

이렇게 되면 우리는 필로포노스가 무한 공간을 전면 거부함에도 불구하고 그의 공간적인 (그리고 궁극적으로는 우주적인) 연장 개념이 결정적으로 근대적 사고의 원형에 해당한다는 역설에 빠져버린다. 그의 공간적 연장은 3차원이며, 원리적으로 텅 비어 있고, 비물체적이다. 또한 그것은 "물체를 위해 여지를 부여"하면서도 어떠한 개별적인 질료적 실체로부터도 독립된 상태다. 두드러지게 연장적인 공간의 이러한 면모는 그 확장적이고 밖으로 펼쳐지는(extending) 특성에 의해 긍정적으로 무한하고, 단지 부정에 의해 '무-한(in-finite)'―예컨대 경계-없는(bound-less), 끝-없는(end-less), 텅 빈 등등—한 것이 아닌 공간성의 전망을 열어젖힌다. 이와 동일한 면모들이 종종 단편적이기는 하지만 다음 1000년 동안 서양에서 끊임없이 재발견되는데, 그중에는 필로포노스 자신에 의해 영향을 받은 경우도 있다.[100] 그런 면모가 집합적으로 특징짓는 공간은 아마도 '절대 공간'이라는 용어로 부르는 게 가장 적절할 것이다. 나는 앞서 시리아누스와 프로클로스에 대해 논할 때 이 용어를 불러냈는데, 뉴턴은《자연철학의 수학적 원리》에서 이것을 명시적으로 사용했다.

필로포노스는 자신이 부인해야만 한다고 느꼈던 무한 공간을 거의 지지하기 일보 직전까지 갔다. 그뿐만 아니라 순전히 차원만을 갖는 공간적 연장이라는 관념은 공간에 대한 절대주의를 함의하고 있는데, 이는 장소를 부수적인 것으로 보는 상대주의를 수반한다. 이러한 상대주의는 공간 내 사물의 적절한 **배열**에 대한 그의 관심에서 명백히 드러난다. "사물이 저마다 자신의 적절한 장소로 운동하는 것은 표면을 향한 욕망에 의한 게 아니라, 사물 각각이 '창조주'에 의해 부여받은 질서 내에서 위치를 향한 욕망에 의한 것이다."[101] 여기서 "질서 내에서 위치"는 taxis를 번역한 것이다—taxis는 장소의 본질적 상대성에 관한 최초의 이론가였던 테오프라스토스(Theophrastus)가 아리스토텔레스와 결별할 때 사용한 것이다. 테오프라스토스의 유명한 진술을 인용해보자.

어쩌면 장소는 그 자체로 실체가 아니라, 물체의 본성과 힘에 따른 그 물체의 질서(taxis) 및 테시스(thesis, 위치)의 관계에 입각한 것이다. 이는 동물과 식물은 물론이고 여러 상이한 원소로 이루어져 자연적 형태를 갖는 경우 일반적으로 동등하게 그러하다. 왜냐하면 이러한 부분의 질서와 위치는 존재 전체와 관련 있는 것이기 때문이다. 그러므로 각각은 자기의 고유한 질서를 가짐으로써 그 자신의 코라에 있다고 여겨진다. 왜냐하면 어떤 물체의 부분은 저마다 자기의 코라와 테시스를 욕망하고 요구하기 때문이다.[102]

테오프라스토스는 아리스토텔레스의 계승자이자 뤼케움(Lyceum: 아리스토 텔레스가 철학을 가르치던 학교—옮긴이)을 이끈 사람으로, 희랍 철학에서 헬레니 즘 시대의 문을 열었다. (아리스토텔레스는 기원전 384년 출생했고 테오프라스토스는 기원전 371년 태어났으니 열세 살밖에 차이 나지 않는다. 그리고 테오프라스토스를 계승한 사상가는 앞서 나온 람프사코스의 스트라톤이다—옮긴이.) 필로포노스는 이 헬레니즘 시대 최후의 위대한 사상가로 여겨지곤 한다. 그 중간에 스토아주의, 에피 쿠로스주의, 회의주의 그리고 신플라톤주의가 번성했다. 〔테오프라스토스(기 원전 371~기원전 287)와 필로포노스(490~570) 사이에는 장구한 세월과 함께 스토아주의를 비롯한 수많은 사상 유파들이 가로놓여 있다—옮긴이.〕 그런데도 "테오프라스토스의 진정한 지지자"[103]로 널리 여겨진 인물은 전적으로 텅 빈 연장성을 가장 먼 저 옹호한 필로포노스였다. 이는 둘 모두 힘을 장소 자체가 아니라 장소 내 사물에 귀속시키고, 사물을 장소 내에서 질서 짓는 것이 장소 부여의 가장 중요하고도 유일한 효과라고 믿었기 때문이다.

테오프라스토스부터 필로포노스까지 뻗어 있는 이 중요한 기간—첫 번 째 밀레니엄에 걸쳐 있다—을 면밀히 검토하면 할수록 우리는 사람들이 절대 공간 혹은 무한 공간에 대해 점점 더 많은 흥미를 가짐으로써 매 단 계에 비례할 정도로—물론 그보다는 두드러지지 않는 경우가 많았지만— 장소 부여 과정에서 질서와 위치가 얼마나 중요한지에 대한 관심이 마치 그림자처럼 짙게 수반되었다는 사실을 더욱더 확신하게 된다. 예컨대 다 마스키오스(458~538, 혹은 468~553)처럼 장소를 측정기(metron)로 이해할 경 우, 거기에는 무언가의 '부분들'의 '위치'를 질서 짓는 과정이 포함된다.

핵심적인 단어들은 여전히 테오프라스토스적이다. 다마스키오스는 인체의 머리는 위에 위치 지어져 있고, 다리는 아래에 위치 지어져 있다는 예를 들면서, 이를 통해 "이러한 부분들의 질서와 위치는 존재 전체에 상대적"[104]이라는 사실을 잘 설명해준다. 다마스키오스는 또한 상대주의 모델을 비자연적 장소에까지 확장시킨다. "심지어 비물체적인 사물 사이에서도 그들의 질서에 따른 위치가 있을 것이다."[105] 심플리키오스는 이암블리코스도 영감(inspiration)이라는 측면에서는 테오프라스토스적이라고 선언한다. "신성한 이암블리코스〔이암블리코스에 대한 관심이 되살아난 15~16세기에 사람들은 그를 거론할 때 대부분 이름 앞에 '신성한(divine)'이나 '지극히 신성한(most divine)'이라는 형용사를 붙였다—옮긴이〕는 〔테오프라스토스가 채택한 것과〕 동일한 입장을 증언하고 있는데",[106] 이러한 내용은 "장소는 장소 안에 있는 사물과 본성이 유사하다"[107]는 테오프라스토스의 견해에 들어 있는 것이다. 그러한 유사성으로 인해 장소 내 사물을 질서 짓는 일이 용이해지고, 또 그렇게 질서화하기 때문에 서로 유사해지는 것이다. 즉 장소는 장소를 부여받고 있는 것과 **유사**할수록 배열의 내재적 작인(agency)으로서 더 잘 기능할 수 있고, 그러한 배열을 더 많이 실현할수록 장소는 그렇게 질서 지어진 사물 간의 유사성을 더 많이 드러낸다. 〔바로 이와 같은 동형성(isomorphism)을 《티마이오스》에서도('수용체'의 시원적 영역 내에서, 마구 흔들어대는 작용에 의해 비슷한 것들끼리 모이는 일이 일어나는 대목) 명백히 확인할 수 있다.〕 프로클로스 또한 위치의 힘에 면밀한 주의를 기울인다.

유니버스 전체의 기본 방위점(cardinal points)은 모두 하나의 통일체로서 유니버스 안에 고정되어 있다. 왜냐하면 신탁이 만일 질료적 유니버스의 기본 방위점은 모두 그 위의 에테르에 고정되어 있다고 고지한다면, 그에 상응해서 우리는

위를 우러러보며 가장 높은 우주의 방위점은 저 빛 속에 자리 잡고 있다고 말할 것이기 때문이다.[108]

실제로 단지 기본 방위점—이 방위점은 서로에 대해, 또 각각이 특정하는 방향에 대해 상대적이다—뿐만 아니라, 신플라톤주의적 유니버스 전체가 상승하는 존재와 하강하는 존재의 수많은 계층으로 구성되어 있다는 점에서, 그 장소의 모델이 얼마나 상대주의적인지 드러난다. 이 유니버스 내에서 우리 또한 사물의 계층 구조에 **처해** 있고—우리의 존재는 질료적, 영혼적, 지적으로 어떤 계층에 위치 지어져 있다—모든 것은 자신이 소유하고 있는 존재의 종류와 관련이 있다. 위치란 같은 계층의 다른 성원에 대해 상대적일 뿐만 아니라, **존재론적 계층 구조 내의 다른 수준에 대해서도 또한** 상대적이다.

이러한 계층 모델의 효과는 대단히 강력해서 심플리키오스는 연장이란 사물의 보편적 특징과 전혀 다른 것으로, 하위 계층에서만 찾을 수 있는 것이라고 주장했다. 지성적 존재의 영역에는 오직 비연장적이고 또한 비물체적인 것만 존재하는데, 여기에는 관념이나 수(number) 같은 지적인 요소의 장소도 포함된다. 한편 질료의 영역으로 하강해 내려갈수록 연장은 점점 더 중요해진다—연장은 장소 내 사물에 대해서뿐만 아니라 장소에도 적용된다. 이는 장소가 **물체와 함께 연장된다**는 것을 의미하며,[109] 아울러 필로포노스의 공간적 및 우주적 연장 모델이 함의한 것처럼 단지 그 자체로, 그리고 물체들과 독립적으로 연장되는 것은 아니라는 의미다. 연장은 이리하여 장소의 (자체적인 속성이 아니라—옮긴이) **획득되는** 속성이 된다. "위치를 갖는 물체가 연장을 갖는 것은 하락을 통해서이듯 위치의 측정기인 장소가 연장을 갖는 것도 측정기가 연장되어 있지 않은 측정자(measurer)로부터 하락했을 때 가능하다."[110] 심플리키오스의 이러한 진술에서, 장소를 측정기로 보는 다마스키오스의 관념—내적인 위치와 관련한 상대주의에 내재적으로 결부되어 있는—은 그에 못지않게 상대주의적 함의를 갖는 계층의 유출설(emanationism) 내에 편입되어 있다. 장소 및 시간에 대해 이야기하면서 심플리키오스는 이렇게 논평한다. "장소와 시간의 연장은 '연장을 갖지 않는(unextended)' 측정자와 측정되는 '연장을 가진(extended)' 대상 사이의 중간이라고 볼 때, 다른 사물들의 연장과는 다르다."[111] "~사이의 중간"이라는 것은 적어도 세 계층으로 구성된 위계 구조 안에 한 자리를 차지한다는 뜻이며, 따라서 바로 장소와 시간 자체의 특성을 규정하는 우주적 위치를 갖는다는 얘기다. 장소와 시간은 "신의 무한의 감각 기관"(뉴턴)이나 순수한 감성적 직관의 보편적 형식(칸트) 같은 게 아니라, 그것들이 위치 지어져 있는 유출 계층의 피조물이다.

그렇다면 신플라톤주의적 우주에서는 위치 부여가 이중으로 작동하는 셈이다. 첫째는 우주적 위계(cosmic hierarchy) 내에서 구조적 위치 부여(이것이 장소가 연장을 갖는지 여부를 결정한다), 둘째는 엄밀한 의미에서 연장을 가진 장소(이러한 장소에 대해 심플리키오스는 "모든 곳에서 그것은 물체의 위치이며 그 위치에 대한 규정이다"[112]라고 말했다)의 작용으로 적확히 한 지점을 정해주는 위치 부여다. 나아가 첫 번째 위치 부여가 두 번째 위치 부여를 가능케 한다. 요컨대 장소가 유출론적 위계 구조의 중간 계층에서 적절히 연장을 갖기에 이른 경우에만 장소는 소재를 부여하는 작용에 착수할 수 있는 것이다. 왜냐하면 오직 이 계층에서만 직접적 장소 부여와 개별적(unique) 장소 부여, 그리고 공통의(shared) 장소 부여라는 세 가지 장소 부여의 구분이 이루어지기 때문이다.[113] 이렇게 해야만 임의의 연장체에 대해 완전한 위치 부여를 보장할 수 있다. 그 결과 심플리키오스는 신플라톤주의적 틀 내에서의 계층 모델 덕분에 종국적으로 테오프라스토스보다 급진적인 상대주의를 채택할 수 있었다. 테오프라스토스에게는 '자연의 형태'가 물체의 '질서와 위치'를 책임지는데, 심플리키오스는 이러한 질서화 능력을 **장소**에 귀속시킨다. "장소란 일정한 배열이며, 위치의 측정이나 경계의 설정이다."[114]

5

신들의 표지(signs)는 영원히 장소 안에 흩뿌려져 있다.
—심플리키오스, 《아리스토텔레스 '자연학' 전(前) 4권 주해》

신플라톤주의가 공간의 문제에 관해 절대주의적 성향을 보인 이면에 뜻밖에도 '장소-상대주의'가 숨겨져 있었듯 역으로 '장소-상대주의' 역시, 말하자면 그 반동에 의해 사고의 양방향을 포함하는 하나의 제안으로 귀결된다. 앞 단락 끝에서 인용한 구절—상대주의적 견해를 요약한 구절—바로 몇 문장 뒤에서 심플리키오스는 개개의 위치가 단순한 병치가 아니라 '잘 배열된다면', 즉 '위치와 장소가 잘 부여된다면' 개개의 위치는 자신이 구성해 이룬 전체의 조화에 기여할 것이라는 식으로 사변을 펼쳐간다. 모든 물체는 일단 잘 배열되면 궁극적으로 '우주 전체'에 고유한 부분이 되며, 이 우주 자체가 그 **자신의 장소**를 갖게 될 것이라는 얘기다. "그리하여 실제로 우주 전체의 토포스 전체가 존재한다. 그러나 이것이 지고의 위치를 얻는 것은 그 부분과 관련한 좋은 배열을 통해서이며, 또한 그 부분과 관련한 좋은 배열 전체를 통해서다."[115]

이 마지막 주장은 주목할 만하다. 우선 한편으로, 우주 전체의, 아니 그보다는 우주 전체**를 위한** 고유한 장소가 있다. 이 장소는 유일해야만 하는 데, 왜냐하면 그것과 상관관계를 맺을 수 있으면서 그에 비견할 만한 크기를 가진 **어떤 다른** 우주도, 아니 그 어떤 다른 것도 존재하지 않기 때문이다.〔원자론자와 에피쿠로스는 복수의 세계(multiple words)라는 관념을 가졌는데, 그 후 1000년 동안 이를 진지하게 숙고한 적이 없을 것이다.〕이런 견지에서 유일한 우주적 '장소'는 그것을 구성하는 부분 및 장소〔나아가 '부분-으로서-장소(place-as-part)'〕를 포함한 다른 모든 장소에 대한 "초월적 측정기"[116]로 간주할 수 있다. 우주 특유의 그러한 '장소'에 대해 심플리키오스는 "우주의 본질적 장소는 다양하게 변화하는 모든 장소를 비축하고, 모든 위치에 대한 고유한 측정기를 자기 내부로부터 생산한다"[117]고 말할 수 있었다. 이토록 흠결 없는 온전한(monolithic) 수용력이라는 면에서 이는 필로포노스의 '우주적 연장' 개념과 크게 다를 바 없다. 다른 한편, 이 동일한 초장소(super-place)가 상대적이라는 사실에는 변함이 없다. 비록 우주의 장소가 그 부분 중 어느 것에도 (혹은 그 부분의 총체에도) 의거하지 않는다 해도, 그 '지고의 위치'는 그 부분을 다음과 같은 방식으로 포함하는 어떤 좋은 배열에 의존한다.

- 부분은 부분끼리 잘 배열되어야 한다. 이는 심플리키오스가 "그 부분과 좋은 배열을 통해서"라고 간단히 언급했던 것의 의미다.
- 동일한 부분은 그 부분이 구성하는 전체—즉 코스모스 전체 또는 유니버스 전체(심플리키오스는 코스모스와 유니버스라는 두 용어를 유의미하게 구별하지 않는다)—와 관련해 잘 배열되어야 한다.
- 마지막으로, 우주 자체가 **자기의** 여러 부분과(개별적인 부분 및 여러 부분의 전체와) 관련해 잘 배열되어야 한다. 이는 심플리키오스가 "그 부분과 관련한 좋은 배열 전체"에 대해 언급할 때 함의했던 것이다.

심플리키오스는 이러한 사고 노선에 대해 요약하며 이렇게 말한다. "일 반적으로 우리는 부분이 서로에 대해 또한 그 전체에 대해 잘 배열된 위치를 가진다고 말할 뿐만 아니라, 전체는 그 부분들에 대해서 잘 배열된 위치를 갖는다고 말한다."[118]

나는 심플리키오스—그는 최후의 위대한 이교도적 신플라톤주의자였다—의 이 마지막 견해만을 논할 것인데, 그것이 이번 장의 남은 부분과 이후 이어질 세 장에서 주요하게 제기할 하나의 질문에 대한 답으로 특별히 촉망된다고 여겨지기 때문이다. 그 질문이란 다음과 같다. 공간은 물론이거니와 장소는 과연 본질적으로 상대적인가, 절대적인가? 장소와 공간은 그 지위상 타율적인가, 즉 그 존재와 특성에서 **다른** 존재자에 의존하는가? 아니면 자율적인가, 즉 장소와 공간의 부분 (혹은 구성 요소) 및 그 운동이 어떠한 것이든 스스로 자립할 수 있는가? 심플리키오스의 답은 장소/공간은 절대적이면서 또한 상대적이라는 것이다. 이는 단지 '절대적'이든 '상대적'이든 상관없이 마구 뒤섞여 있다는 의미에서 둘 모두일 뿐만 아니라, **한쪽이 다른 쪽이라는 매개를 통해서, 또 역으로도 마찬가지라는** 의미에서 그러하다. 만일 유니버스의 장소가 상대적—방금 기술한 특별한 방식에서 상대적—이지 않다면 절대적이지도 않을 것이다. 그리고 유니버스의 장소가 상대적인 것—유니버스를 구성하는 각 부분에 대해 상대적인 것—은 전(全) 코스모스를 적절한 배열을 갖도록 구성하는 부분이 아니라면 불가능한 것이다. 달리 말하면 유니버스의 장소는 어떤 점에서는(예를 들면 모든 것을 측정하는 초월적 역할에서는) 절대적이고, 또한 다른 점(요컨대 조금 전 거론했던 상대성의 세 가지 양식)에서는 상대적이다.

심플리키오스의 모델은 여러 가지 면에서 기발하고도 만족스러운 것이지만, 우리에게는 두 가지 주요한 문제가 미해결인 채로 남아 있다. 이 세계, 이 코스모스의 장소는 과연 존재하는가? 코스모스 너머에 무한한 공간은 존재하는가? 물론 아리스토텔레스라면 이 두 가지 물음에 모두 부정적으로 답할 것이다. 그의 견해에 입각할 때 장소에는 부동의 직접적인 안쪽 경계가 요구되는데, 그렇다면 바깥쪽 천구는 그러한 경계를 갖지 않기 때문에 장소라고 간주할 수 없다. 그리고 장소는 바깥쪽 천구 다음에 이어지는 어떤 우주 바깥의(extracosmic) 공간에도 설정되지 못하는데, "[바깥쪽] 천구 바깥에는 어떠한 장소도, 어떠한 공허도, 어떠한 시간도 없기"[119] 때문이다. 무모할 정도로 대담했던 원자론자들, 즉 아리스토텔레스의 주된 논적이었던 원자론자들은 경계 지어지지 않는 공허를 상정했을 뿐만 아니라, **그러한 공허가 있다는 바로 그 이유로** 우주는 그 안에 소재를 부여받을 수 있다고 주장했다. 공허는 그 안에서 발견될 세계에 여지를 제공한다ㅡ그와 마찬가지로 세계는 역으로 (필로포노소의 말을 빌리면) "물체에 공간"을 부여한다. 그러한 공허라면 그 어떤 것이든 경계 지어지지 않는다는 의미에서 무한할 것임에 틀림없다. 데이비드 함이 스토아학파의 공허와 관련해 논평하듯 "만일 어떤 임의의 공허가 우주 너머에 어쨌든 존재한다면, 그것은 필연적으로 무한할 것이다. 왜냐하면 그것을 경계 지을 아무것도 없을 것이기 때문이다".[120] 그러나 공허는 그 자신의 불온한 질문을 감추지 못한 채 드러내고 만다. [그 이름(kenon)부터 확실히 함의하고 있듯, 또한 스토아학파가 철두철미하게 외적인 공허라는 개념에서 명확히 설정했듯] 공허는 필연적으로 텅 비어 있는가? 만일 그렇다면 우주는 닻 없는 존재물이 무한한 공간을 표류하듯 이 공허 속에서 떠다닐 것이다. "어떻게 해서 우주는 무한한 공허 속에 처해 있으면서도 불변인 상태로 남을 수 있단 말인가?"[121] 아니면 혹시 공허는 (필로포노스가 주장하듯) 원리상으로만 텅 비어 있고 실제로는 늘 채워져 있는 것일까? 하지만 그렇다면 공허는 여분의 존재물, 아니 차라리 비존재물이

되어버릴 위험에 처할 것이다.

그러나 공허라는 개념을 포기하자마자, 혹은 스트라톤의 소공허 관념에 서처럼 그 적용 영역을 제한하기만 해도 우리는 이전보다 해결하기가 결코 더 쉽지 않은 다른 문제에 부딪치고 만다. 유니버스가 무한함과 동시에 충만하다는 게 대체 가능하기나 한 일인가? 만일 그게 **완전히** 물체로 채워져 있다면 운동을 위한 공간은 없어져버리고, 그런 우주는 완전히 동결된 파르메니데스의 '일자'가 되어버릴 것이다. 한편, 만일 그게 **빽빽하게** 채워진 것이 아니라면, 운동을 허용하기 위해서는 물체 내부의 소공허 이상의 것이 필요하다. 아마도 (원자론자들이 주장했듯) 물체와 물체 사이에 텅 빈 '간격'은 어쨌든 있을 것이다. 하지만 운동을 가능하게 하기 위해서는 **정확히 어느 정도 크기의** 간격이 필요한지, 과연 어떻게 결정할 수 있을까? 이 마지막 질문에 대해서는 일반적으로 만족할 만한 답을 구할 방법이 없는 것처럼 보인다. 아마도 이런 곤란 때문에 간격(diastēma)이라는 이 개념이 신플라톤주의자에 의해 **연장**으로 확장되고, 최종적으로는 필로포노스에 의해 "공간적 연장"으로 설정되기에 이르렀는지도 모른다. 그러나 나중에 나온 "공간적 연장" 관념은 특히 "우주적 연장"이라는 외관 아래서 우리를 코스모스 자체는 장소를 갖는가라는 심히 까다로운 문제로 돌아가게 한다. 물론 코스모스를 위한 장소가 있다고 주장할 수는 있지만—심플리키오스가 그리했듯—그 경우 우리는 이렇게 묻지 않을 수 없다. 그 장소는 **어디에** 있는가? 그 장소는 유니버스 전체 내의 한 장소인가, 즉 '세계-장소' 자체를 초과하는 공간 안에 있는가? 아울러 그러한 공간은 유한한가, 무한한가?

이러한 우회로를 경유해 우리는 다시 한 번 아르키타스에게 돌아간다. 기록에 따르면 그는 다음과 같은 난제를 제기했다.

만일 내가 끝, 예를 들어 항성들의 천구에 다가갔다고 한다면, 나는 내 손이나 내 지팡이를 그 바깥쪽으로 뻗을 수 있을까, 없을까? 바깥으로 뻗을 수 없다면 부조리할(atopos) 것이고, 바깥으로 뻗을 수 있다면 바깥에 있는 것은 물체일까, 아니면 장소일까? ……만일 지팡이를 뻗은 그 끝에 항상 다른 뭔가가 있다면, 그것은 분명 무한한 어떤 것이리라.[122]

아프로디시아스의 알렉산드로스(Alexander of Aphrodisias)는 이 사고 실험이 완전히 실패했다고 주장했다. 코스모스 바깥에는 **전혀 아무것도 없으며** 심지어 공허조차 없기 때문이다.

그는 자기 손을 바깥으로 뻗지 못할 것이다. 그는 방해를 받을 텐데, 이는 사람들이 말하듯 유니버스를 바깥쪽에서 경계 짓는 어떤 장애물에 의한 것이 아니라, 거기에 아무것도 없기 때문이다. 무(無) 속으로 뻗은 것을 어떻게 누가 뭔가를 뻗었다고 할 수 있겠는가? 존재하지도 않는 것 안에 사물이 어떻게 존재할 수 있단 말인가?[123]

심플리키오스도 이와 유사하게 아르키타스의 난제가 논점 선취를 범하고 있다고 주장한다. "그것은 증명하고자 하는 것을, 즉 텅 비어 있는 것이든 입체든 무언가가 유니버스 바깥에 있다는 것을 상상 속에서 미리 전제하고 있다."[124]

이런 강력한 반론에도 불구하고, 아르키타스의 도발적인 수수께끼는 고대 및 중세의 논쟁에서 지속적으로 머리를 내밀었고, 현대의 우주론적 사유에도 여전히 출몰하고 있다. 그도 그럴 것이 이는 우주론에 대해 호기심을 갖는 사람이라면 언제나 떠오르게 마련인 의문이기 때문이다. 우리가 알고 있는 이 세계 최후의 경계 너머에는 무엇이 있을까? 거기에 만일 모종의 **사물**이 있다면, 나는 (적어도 원리상으로는) 그 사물에 도달할 수 있을 것이고, 심지어 그것 너머로 손을 뻗칠 수도 있을 것이다. **전혀 아무런 사물도 없을** 수 있겠지만, 만일 그렇다면 아무것도 없는 게 아니라(알렉산드로스는 아무것도 없다고 상정한다) 텅 빈 공간이 있지 않을까? 이런 고찰이 가리키는 것은 아르키타스식의 '물체냐 장소냐'라는 배타적인 양자택일은 뭔가 보충할 필요가 있다는 점이다. 만일 장소가—아르키타스나 아리스토텔레스에게 모두 그러하듯—늘 경계 지어진 것이라면, **그것은** 우리가 우주 최후의 경계를 넘어 우리 손이나 지팡이를 뻗었을 때 마주치는 그런 것일 수 없다. 그렇게 우주 외부로 손을 뻗었을 때 우리가 진입하는 것은 뭔가 다른 것인데, 바로 그것을 **공간**이라고 칭하지 않기는 점점 더 힘들어진다. 만일 우리가 어떤 권역을, 즉 그 자신은 경계 지어지지 않으면서도 모든 종류의 운동—손이나 지팡이를 세계 바깥쪽 한계 너머로 뻗어보려 할 때처럼 대단치 않은 운동의 경우도 포함해—을 위한 충분한 여지를 제공하는 그런 권역을 가리키고자 한다면, 바로 이 단어(혹은 다른 여러 언어에서 이에 해당하는 말, 즉 spatium, Raum, espace 등등)가 필요하다.

그러나 이렇게 이해되는 공간은 정확히 '무한 공간'을 의미한다(적어도 최소한으로는). 무한 공간은 (운동)**을 위한 공간**이며 (경계)**가 없는 공간**이다. 이 이중적 특성에서, 그러한 공간은 희랍 철학의 가장 오래된 용어 두 가지, 요컨대 각각 플라톤과 아낙시만드로스에서 기인하는 'chōra(여지)'와 to apeiron(경계 없는 것)을 한데 결부시킨다. 이 두 용어가 역사적으로는 물론이고 개념적으로도 결합되었다는 것은, 만일 우주가 실제로 장소를 갖는다면, 이는 **공간 내의 한 장소**라는 것을 시사한다. 즉 공간은 그 크기에서 끝이 없고 동시에 경계 또한 갖지 않는다. 더욱이 세계는 장소를 **가질** 뿐만 아니라 장소 **안에** 있다. 그것은 바로 **무한 공간이라는 장소 안에** 있고, 공간적 우주를 구성하는 여러 영역 안에 어떤 특정한 위치를 점하고 있다. 우리가 아르키타스의 난제로 인해 우주라는 이미 알고 있는 사실로부터 무한 공간이라는 관념으로 내몰리는 것처럼 그 동일한 공간이 세계를 위한 장소—실제로는 셀 수 없이 많은 장소—를 보존해주며, 그 세계의 끝에서 우리는 손이나 지팡이를 뻗으라고, 혹은 (루크레티우스식으로 말하면) 긴 창을 던지라고 요구받는다. 아르키타스의 공리는 변함없이 그대로지만, 아르키타스 자신이 그렸던 것보다 훨씬 더 큰 권역에까지 적용된다. 있다는 것은 여전히 장소 내에 있음을 의미하지만, 장소는 가없는 공간의 부분인 것이다.

05

무한 공간의 상승
중세 및 르네상스의 사색

그러나 신은 자신이 만드는 세계 속으로 주입되고, 이 세계는 신이 그것을 어디서 만들든 장소를 지정받는다.

　　　　　−토머스 브래드워딘, 《신적 원인에 대한 펠라기우스파 논박서(De causa Dei contra Pelagium)》

물리적 대상은 공간 안에 있지 않지만, 공간적으로 연장되어 있다. 이리하여 '공허한 공간'이라는 개념은 그 의미를 상실한다.

　　　　　−알베르트 아인슈타인, 《특수 및 일반 상대성 이론, 일반인을 위한 해설서(Relativity, the Special and the
　　　　　　　　　　　　　　　　　　　　　　　　　　　　　　　　　General Theory, A Popular Exposition)》

1

아르키타스의 도전적인 난제로부터 우리는 더욱 중요한 질문을 끌어낼수 있다. 그것은 밖으로 뻗은 손이나 지팡이가 어떤 것(혹은 무) 속으로까지 미칠 수 있는지 여부가 아니라, **세계 전체**(즉 하나의 존재물로서 물리적 우주)는 운동할 수 있는지 여부라는 문제다. 그리고 만일 세계가 운동한다면 그것은 **무엇 안에서, 무엇 속으로** 운동하는 것일까? 이러한 질문은 중세─우리는 이 시기를 600년(헬레니즘 철학과 신플라톤주의 철학의 종언을 나타내는 시점)과 1500년(이탈리아에서 르네상스가 만개했던 시절) 사이에 뻗어 있는 시대 전체로 간주한다─의 철학자와 신학자를 괴롭혔다. 이러한 여러 문제에 대해 어떤 쪽의 답을 택하든 거기에는 커다란 득실이 따른다. 왜 그럴까? 우선만일 세계가 운동할 수 없다면─즉 이 세계가 영구히 같은 장소를 점하도록, 요컨대 아리스토텔레스 및 아리스토텔레스주의자들이 상정한 대로 가장 바깥쪽 영역과 외연을 같이하는 장소를 점하도록 구속되어 있다면—우주의 장소를 초과해 그것을 둘러싸고 있는 공간은(설령 그러한 공간이 있다고 해도) 쓸데없는 게 될 것이다. 그러나 반대로 만일 세계가 운동을 한다면(즉 팽이처럼 같은 장소에서 맴도는 게 아니라, 옆으로 장소를 바꾸면서 운동한다면), 반드시 세계가 그 안에서 그리고 그것을 통해서 운동할 공간이, 세계를 둘러싼 공간이, 식별할 수 있는 천구들을 넘어 뻗어 있는 공간이 있어야만 한다. 다시한 번 장소 대 공간이 문제가 되는데, 다만 지금은 최대한의 규모에서 문제가 된다는 점이 다를 뿐이다. 신학적으로 이해할 경우(사실 중세에는 모든 문제를 결국 그렇게 이해했다. 물론 언제나 직접적으로 그랬던 것은 아니지만 말이다), 이 문제는 신이 우주의 장소를 충분히 능가할 만큼의 공간—요컨대 어떤 특정한 우주적 제약에 의해서도 경계 지어지지 않고, 또한 따라서 크기에서 궁극적으로 무한한 공간—을 창조하고 또 점유하는 능력을 갖는가라고 묻는 것과 실질적으로 같은 문제다.

　이런 논의는 때로 과연 신은 무한한 **크기**(magnitude)를 갖는 무언가를 창조할 수 있느냐 하는 형태로 제기되었다. 예상할 수 있겠지만, 아리스토텔레스는 어떤 식으로든 그런 능력은 있을 수 없다고 부정했다. 왜냐하면 그에게 이 우주에는 우선 유한한 양의 질료만 존재하고 또한 그것은 증식할 수 없기 때문이다. 무한정 작은 것이라는 관념까지는 품을 수 있어도(비록 잠재적으로 가능할 뿐이긴 하지만), 무한히 큰 것 따위는 생각할 가치도 없다는 것이다.[1] 아리스토텔레스는 이러한 제약을 심각한 문제라고 파악하기는커녕 도리어 우주의 완벽함을 나타내는 표시로 간주했다. 우주가 그 크기에서 한계 지어져 있다는 것은 여러 장소가 우주 안에 가두어져 있는 것과 마찬가지로 찬양할 만한 일이었다. (물론 아리스토텔레스 자신의 분석에 입각해

볼 때 장소는 양적으로 규정되어 있고, 그런 전제 아래 이 두 가지 한계 지어짐은 긴밀한 관련이 있다. 장소의 문제는 크기의 문제이며, 그 역 또한 성립한다.) 그러나 아리스토텔레스는 이러한 이중적 유한성을 지지함으로써 특별히 곤란한 문제를 한 가지 남겨놓았다. 즉 가장 바깥쪽 영역(요컨대 그보다 작은 모든 영역을 둘러싸며 그 영역에 장소를 제공하는 영역) **자체는 장소를 갖는가**? 아니면 가장 바깥쪽 영역은 그 주변에 놓인 '부동의 동자'와 크게 다를 것 없는, **장소 지어져 있지 않으면서 장소를 부여하는 존재**인가? 이 문제에 대해 아리스토텔레스가 암시한 하나의 생각—훗날 헬레니즘 시기의 아리스토텔레스 주석가 테미스티오스(Themistius)는 기원후 4세기에 이런 생각을 발전시켰다—은 이러한 초영역의 운동하고 있는 **부분**에는 장소가 없다는 것이었다. 왜냐하면 그 부분은 완벽한 원을 그리며 운동하는 방식으로 장소를 바꾸기 때문이다. 그러나 가장 바깥쪽의 마지막 영역 자체에 대해서는 어떠한가? 그것은 자신의 고유한 장소를 갖는가? 아리스토텔레스의 생각은 그렇지 않다는 쪽으로 기울어져 있었다. 그는 "천구들이 하나의 전체로서 어딘가에 혹은 어떤 장소에 있는 것은 아니다"[2]라고 주장했다. 이는 천구들이 **어디에도 없다**는 뜻일까? 아베로에스(Averroës, 대략 1126~대략 1198)는 이 역설적인 상황에 대해 기발한 분석을 내놓는다. '주석자(Commentator: 아베로에스는 아리스토텔레스에 대한 상세한 주석 덕분에 '주석자'라는 칭호를 얻었다—옮긴이)'에 따르면 가장 바깥 영역은 장소를 갖는데, 이는 그것조차 둘러싸고 있는 더 큰 어떤 것과의 관계에서가 아니라(이 영역조차 둘러싸는 더 큰 어떤 것은 없다), 모든 천체 영역의 고정된 중심인 지구와의 관계에서다. 지구는 중심에 있는 부동의 물체로, 다른 방식으로는 장소를 부여받지 않는 바깥 영역에 장소를 제공한다. 로저 베이컨(Roger Bacon, 대략 1220~1292)은 아베로에스의 생각에 입각해 "**자체적** 장소(place per se)"—이는 가장 바깥 영역에는 결여되어 있는 것이다—

와 "**부대적** 장소(place per accidens)"를 구별했다. 부대적 장소란 전적으로 고정되어 있는 다른 장소에 기생하는 장소다. 베이컨이 핵심을 간결하게 표현했듯 "천구가 부대적 장소를 갖는 것은 그 중심이 **자체적** 장소를 갖기 때문이다".[3]

스타기라 사람 아리스토텔레스에게서 물려받은 딜레마에 대한 '아베로에스-베이컨'식의 해결책은 바로 그 중심―이 경우 중심에(실제로는 중심으로서) 존재한다는 것이야말로 가장 부동적이다―쪽으로, 즉 안쪽으로 방향을 돌림으로써 세계의 장소를 설명하고자 한 것이다. 더욱이 이 내부로/아래로의 전향은 아리스토텔레스가 장소의 두 가지 주요 기준으로 제시한 포함성과 부동성을 섬세하게 분리해낸다. 가장 바깥 영역은 어떤 포위자(surrounder)에 의해서도 포함되지 않는다는 점을 인정함으로써 오로지 두 번째 기준, 즉 부동의 지구만이 예시(例示)할 수 있는 기준에만 의거하게 된다. 하지만 지구는 중간 영역에 의해, 나아가서는 가장 바깥에 있는 천구 자체에 의해 포함됨으로써 장소 지어진다. 이러한 천구의 장소가 **자신이 장소를 부여하는 것, 즉 지구에 의존한다고** 생각하는 것은 실로 기이하다. 하나의 장소는 다른 장소를 요구한다. 천상계라는 존재물과 월하계(月下界, sublunar)라는 존재물은 바로 그 차이 속에서 공의존적(co-dependent)이다.

토마스 아퀴나스(대략 1224~1274)는 이 해결책을 기이하다고 여긴 나머지 이렇게 지적했다. "가장 바깥 영역을 단지 그 중심이 하나의 장소 안에 있다는 사실만 가지고 부대적으로 장소 안에 있다고 주장하는 것은 어리석어 보인다."[4] 이러한 선택을 전제로 천사 박사(Angelic Doctor: 토마스 아퀴나스의 경칭―옮긴이)는 테미스티오스의 모델로 돌아가기로 선택한다. 이 모델에 따르면 가장 바깥 영역은 그 자체의 구성 덕분에 장소 안에 있다. "최종적인 영역이 장소 안에 있는 것은 이 실체에 대해 전적으로 바깥에 있는 그 중심 때문이라기보다 그 자체의 내재적인 부분 때문이라고 말하는 편이 훨씬 더 적절하다."⁵ 그러나 아퀴나스는 바깥 영역의 장소 부여에 대해 이렇게 명백히 아리스토텔레스적 모델을 채택함에도 불구하고, 그 밖의 모든 것에 관한 장소 부여에 대해서는 전혀 다른 모델을 지지하기에 이르렀다. 만일 장소가 순전한 포함자에 그치지 않고 그 이상이 되기 위해서는 진정한 부동성이 요구되는데, 이 진정한 부동성은 중심에 놓인 지구에서가 아니라, **지구 자체를 둘러싸는 천상 영역과의 일련의 관계**에서 찾을 수 있어야 한다. 그런 까닭에 천체 아래 있는 것의 장소는 이러한 관계에 의해, 혹은 더 정확히 말해 그 관계가 부여하는 "질서와 위치(ordo et situ)"에 의해 규정된다.

> 포함자는 그것이 물체인 한 움직이는 것이지만, 그럼에도 불구하고 그것이 천구 **전체에 대해 갖는 질서에 따라** 생각해보면 움직이지 않는 것이다. 왜냐하면 그것을 계승하는 다른 물체는 그 이전의 물체가 갖고 있던 모든 천구에 비추어볼 때 역시 동일한 질서와 위치를 갖기 때문이다.⁶

바꿔 말하면 가장 바깥 영역 이외의 것들은 그 어느 것이나 천체의 여러 영역(즉 "천구" 또는 "천구들")에 대해 그것이 어떤 위치—다른 물체에 의해서도 점유될 수 있는 하나의 위치—를 갖느냐에 따라 그 장소가 결정된다. 우주의 모든 다른 부분은 하나의 전체로서 천구들과의 관계 속에 있는데, 전체로서 이 천구들이야말로 우주 내 임의의 장소에 필요한 바로 그 고정성, 혹은 안정적인 관계성을 부여한다. 관계를 근본시하는 이런 견해에는 장소에 대한 테오프라스토스적 패러다임, 즉 장소를 준(準)유기체의 각 부분이 그 유기체 전체에 대해 어떤 관계를 맺고 있느냐 하는 문제로서 바라본 패러다임이 울려 퍼지고 있다. 이런 견해는 서구 역사상 가장 체계적인 사상가 라이프니츠를 앞지르고 있는데, 이는 라이프니츠가 장소를 관계적인 것으로 보았다는 점에서도 그러하고, 그의 이론이 '동일한 장소 내에' 놓여 있는 대상은 얼마든지 대체 가능하다는 점에 의거한다는 점에서도 그러하다. 〔여기서 '동일한 장소'는 고정된 외적 관계항(referent)과의 관계에서 볼 때 동일하다는 말이다.〕 아퀴나스와 라이프니츠 사이에서 그리고 아퀴나스의 직접적 영향 속에서, 여타 사상가들이 그에 비견할 만한 관계적 우주 모델을 들고 나왔다. 예컨대 로마의 질레스(Giles of Rome, 1243~1316)는 "장소에서 형상적인 것은 우주에 대해 그것이 갖는 위치를 가리킨다"[7]고 주장했고, 장 드 장당(Jean de Jandun: 프랑스의 철학자—옮긴이)에게는 천구들이야말로 지구의 중심성을 규정하는 것이었다.[8] 그리고 던스 스코터스(Duns Scotus: 스코틀랜드의 스콜라 철학자—옮긴이)는 형상적 또는 이성적 장소란 "우주 전체에 대한 관계"[9]라고 주장했다.

양자가 함께 발을 맞추어 나가는 경우가 종종 있기는 하지만, 절대주의적 공간 모델이 필연적으로 무한 공간 모델은 아니다. 만약 **이** 세계 체계가 **유일한** 우주라면, 절대적임과 동시에 자기 포위적(self-closed)인 것이어야 할 테니 말이다. 그러나 아퀴나스나 방금 인용한 여타 이론가들이 제안한 관계적 모델에 따르면, 자기-포함적(self-contained)이지 않다. 그것은 자신 너머로 이끌면서, 공간적 무한성으로 오라고 손짓한다. 왜냐하면 그것은 장소를 부여받은 어떤 것의 **외부 어딘가에** 위치 지어져 있는 하나의 고정된 관계항을 요구하기 때문이다. 예컨대 바다에 있다면 해변의 안정적인 어떤 지점 같은 것이 요구되는 것처럼 항구적인 대상, 곧 영속적인 천체의 영역이 요구된다. 장소는 부동인 무언가와의 관계에서 질서와 위치의 문제라고 주장함에 따라, 아퀴나스는 장소 자체의 무대를 "천구라는 물체 전체"로까지 확장하지 않을 수 없었다. 아퀴나스는 아베로에스나 베이컨과 달리 지구의 중심성과 부동성에만 의거하길 거부하고, 행성과 항성들의 더 커다란 장(arena)에 거할 수 있는 더 적절한 고정성을 발견한다. 달리 말하면 그것은 '장소적'이라기보다 '공간적'이라는 용어를 점점 더 요구하는 좀더 확장적인 영역이다. '장소적'이라는 용어는 엄밀한 의미에서 포함되는 뭔가를 함의하는데, 공간적인 하나의 전체로서 파악할 수 있는 천구들은 뭔가에 **포함되지 않는다**. 천구들은 그 외양 및 운동에서 규칙적이고 꾸준하기 때문에, 그보다 밑에 있는 모든 것에 안정된 관계의 영역을 부여할 수 있다. 또한 경계 지어지지 않는 것으로서 자신을 넘어 외부로, 가없는 공간이라고밖에 달리 생각할 수 없는 곳으로 향한다.

이리하여 우리는 앞서 제기한 두 번째 문제와 재회한다. 만일 우주가 어쨌든 운동을 한다면, 대체 무엇의 안에서 (혹은 무엇을 향해) 운동하는 것일까? 만일 우주 자체가 장소에 변화를 겪는 것이라면, 고정된 관계의 체계는 어디에 있는 것일까? 만일 그것이 **어딘가에** 있다면, 그것은 공간 안이다. 더욱이 **무한 공간** 안이다. 만일 세계가 한 번이라도 움직일 수 있는 것이라면, 무한정한 횟수(indefinite number)로 움직일 수 있고, 따라서 그 안에서 움직일 수 있도록 무한량(endless amount)의 공간을 필요로 할 것이다.

이로부터 신의 창조력은—만일 그것이 참으로 전능하다면—지구나 행성 심지어는 항성들까지도 포함해 우리가 알고 있는 우주의 유한 영역을 구성하는 데 한정되지 않으리라는 결론을 도출할 수 있다. 그 힘은 무한 공간을 창조하는 과업—이미 존재하고 있는 공간에 형태를 부여하는 정도의 과제에 그치지 않는다(그런 일은 《티마이오스》의 데미우르고스에게나 어울린다)—에 걸맞은 것이어야 한다. '공간-창조'가 요구될 때 '세계-구성'만으로는 충분치 못하다.

2

무한은 피할 수 없는 필연성이다.

—조르다노 브루노, 《무한자, 우주 및 세계들에 대하여(On the Infinite Universe and Worlds)》

이런 상황은 우리를 운명의 해(1277년)로, 토마스 아퀴나스 사망 이후 겨우 3년이 지난 시점으로 데려간다. 그해에 교황 요한 21세의 요청을 받은 파리 주교 에티엔 탕피에르(Etienne Tempier)는 소르본 신학자들의 자문을 거쳐 신의 힘(여기에는 세계가 현재 점하고 있는 것과 다른 장소로 세계를 운동시키는 힘도 포함되었다)을 부정하거나 제한하는 교의에 대해 219개조의 유죄 선고를 발포했다. 무한 공간이 필요한 이유를 그토록 정교하게 제시했던 사상가─비록 아퀴나스가 명시적으로 그러한 공간을 승인하지 않았다 해도 그의 관계적 모델에는 틀림없이 무한 공간이 내포되어 있다[10]─가 사망한 직후였으니, 그때보다 더 적절한 시점도 없었을 것이다. 이런 중대한 단죄를 선고하도록 추동한 것은 지적 세계를 기독교 교의에 대해, 그리고 그 가르침과 신학에 대해 안전한 것으로 만들고자 하는 욕구였다. 그러나 실제로 이러한 단죄는 장소, 특히 공간에 대한 중세의 사유에 결정적 전환점이 되었다. 그 이전까지의 노력은 일차적으로 테미스티오스나 아베로에스처럼 아리스토텔레스에게 호의적인 주석가들의 지원에 힘입어 아리스토텔레스를 지지하는 것(즉 《자연학》 4권에서 처음 개관한 세계 체계를 수선 및 보수하는 것. 이 텍스트는 암흑시대에는 아랍어로 보존되고, 그다음 12세기에는 크레모나의 제라르드(Gerard of Cremona)가 라틴어로 번역했다)이었다. 아리스토텔레스와 아베로에스가 저술한 수많은 문헌에 대한 방대한 번역은 또한 동시에 장소와 공간 문제에 관한 논의에 새삼 뜨거운 열정의 불을 댕겼고, 이러한 열정은 이후 4세기 동안 계속 이어졌다. 이는 가히 수많은 질문에 헬레니즘 철학과 신플라톤주

의가 함께 몰두했던 사태에 비견할 만한 일이었다.[11]

이런 번역을 활용한 이후, 13세기 중반 시점에는 이미 아리스토텔레스가 파리 대학의 정식 커리큘럼에도 들어갔다. 아리스토텔레스가 너무나 성공적으로 부활하자 파리 신학자들은 곤혹스러웠다. 아리스토텔레스의 우주론으로 인해 신의 힘이 부당하게 제약을 당하는 것 아닐까? 신의 창조력의 범위가 유한해져서 이 세계에 한정되는 것은 아닐까? 다른 세계에서는 신의 창조력이 가능하지 않은 걸까? 우리 세계를 공간 안에서 옆으로 밀어 새로운 장소로 이동하게 만들고, 그 뒤에 텅 빈 장소를 남겨두는 일이 신에게 불가능한 일일까? 이런 것을 비롯해 다른 여러 가지 질문은 이 자연물리적 세계에서 신의 전능을 회복하기 위해 시도했던 단죄에 더욱 힘을 실어주었다. 이 세계에 대한 최종적 설명이 아리스토텔레스 같은 이교도 철학자의 수중에 남겨져서는 안 될 일이었다. 아리스토텔레스가 아무리 토마스 아퀴나스에게 중요했다 해도 말이다. (아퀴나스 또한 적어도 간접적으로는 1277년 단죄를 받아 기소되었다. 아울러 1325년 아퀴나스에 대한 단죄를 철회한 주된 동기는 그의 속죄를 이끌어내고자 하는 노력의 일환이었다.)

우리의 목적에 비추어볼 때 1277년 공문서의 일차적 중요성은 그것이 가능성의 차원에서 공간의 무한성에 대한 전망을 다시 열어젖혔다는 점에 있다. 단죄가 공간적 무한성에 대해 여러 가지 탐구를 할 수 있도록 백지 위임장을 안겨준 셈이기 때문이다(그 무한성이 신의 전능함과 관련 있는 한). 그러나 이러한 탐구 자체는 곧 그 신학적 기원의 한도를 초과해버렸다. 직접적으로든 간접적으로든, 이러한 탐구는 14~15세기 사상가들이 대담한 사고 실험을 할 수 있도록 영감을 불어넣음으로써 근대 물리학의 토대, 그중에서도 자연물리적 우주의 무한성에 대한 신념의 토대를 구축한 여러 가지 개념상의 모험을 이끌어냈다. 피에르 뒤앙(Pierre Duhem)은 1277년을 "근대 과학이 태어난 날"[12]이라고 불렀다. 이런 주장이 얼마나 적실한 것이든 유죄 선고에 의해 비난 속에서 가장 치명적인 타격을 받은 것 중 하나가 장소의 우위성이라는 점에 대해서는 거의 의심의 여지가 없다. 바로 이로 인해 17세기에 일어날 공간의 신격화를 위한 여지가 마련되었다. 하지만 장소가 전면적인 유죄 선고를 받은 것은 아니었다—필로포노스나 심플리키오스에게 비난을 받았을 때보다 더 심했다고도 할 수 없다. 신플라톤주의의 경우처럼 공간의 지고성을 긍정하는 경향이 꾸준히 강화됨으로써 공간은 장소에 대한 승리를 서서히 인정받게 되었다.

유죄 선고 제34조는 다음과 같이 언명한다. "제1원인(즉 신)은 복수의 세계를 창조할 수 없었다."[13] 그러나 탕피에르가 추론하듯 만일 신이 진정으로 전능하다면, 그가 **이** 세계 이외에 다른 세계를 짓지 못할 이유는 전혀 없다. 니콜 오렘(Nicole Oresme: 대략 1325~1382)이 14세기에 단도직입적으로 표현했듯 "신은 그 전능함으로 이 세계 이외의 다른 세계를 하나든 여럿이든, 이 세계와 닮게든 닮지 않게든 창조할 수 있으며, 또한 창조할 수 있었다".[14] 여기서 우리에게 가장 흥미로운 것은 세계의 복수성에 관한 문제 자체가 아니라, 그러한 복수성이 함의하는 게 무엇이냐는 것이다. 즉 만일 상호 공존하는 여러 세계가 있다고 한다면, 그 세계들은 그중 하나에 의해 점유된 장소보다 더 커다란 공간을 공유해야만 한다. 더욱이 만일 그러한 세계가 무한개 존재한다면—이는 원자론자들이 처음으로 사유했던 생각이며, 신의 전능성으로부터도 따라 나오는 생각이다(신이 세계를 **하나** 창조한 다음, 혹은 **서너** 개를 창조한 다음, 군이 멈춰야 할 이유가 어디에 있단 말인가?)—공유 공간의 크기가 무한하지 않으면 안 된다. '우주 간의(intercosmic)' 그러한 공간은 주어진 세계에 의해 점유되어 있는 곳을 제외하고는 텅 비어 있다. 즉 공허인 것이다. 오렘이 다음과 같이 결론짓는 대로 말이다. "그러면 여러 천구들 밖에는 텅 빈 비물체적 공간이 있을 것이니, 이는 충만한 혹은 물체적인 다른 어떤 공간과도 전적으로 다른 곳이다."[15] 세계의 복수성에 한정이 없으려면 그러한 공간이 필요하다. 이는 정합적인 방식으로 상상 가능한 것이므로, 그러한 공간의 실제적(개연적) 가능성은 보장을 받는다(비록 그 현실성까지 보장받는 것은 **아니라** 해도).

공간의 무한성에 이르는 두 번째 경로는 제49조에서 생겨난다. "신은 천구들(즉, 세계)을 직선적 움직임에 따라 이동시킬 수 없었다. 그 이유는 진공이 남을 것이기 때문이다."[16] 여기서 문제 되는 것은 다음과 같은 질문이다. 만일 이 세계가 어떤 상상의 직선을 따라 측면 방향으로 움직인다면, 비록 아무리 미미하게라도 움직인다면 대체 어떤 일이 일어날까? 위치 A에서 위치 B로 이동한다면, 그 이동으로 인해 위치 A를 떠나고, 결국 위치 A는 전적으로 텅 비지 않을까? 다른 한편, 이는 위치 B**로** 이동해 들어가는 것인데, 위치 B를 이 운동을 통해 점유하기 위해서는 그러기 이전에 텅 비어 있어야 하는 것 아닐까? 문제를 더 심각하게 확대하면ー이는 신의 능력에 한계가 없다는 걸 정당화하기 위해 신학자들이 밥 먹듯 하는 일이기도 하지만ー우리는 불가피하게 다음과 같은 질문을 던질 수밖에 없다. 즉 만일 신이 **어디로든** 이 세계를 움직일 수 있었다는 게 진실이라면, 원리적으로 그러한 텅 비어 있음에 끝이 없지 않을까? 이 문제에 대해 오렘은 다시 한 번 적절하게 말한다.

하지만 혹자는 어쩌면 이렇게 말할지도 모른다. 장소에 관한 운동이란 어떤 것의 위치를 다른 어떤 물체, 설령 그 물체 자체가 운동 중이든 아니든 그 물체와의 관계에서 변화시키는 것이라고. 그렇지만 내가 말하건대 그것은 타당하지 않다. 왜냐하면 우선 이 세계 바깥에는 무한하고 부동인 공간이 있다고 믿어지기 때문이다. ……그리고 세계 전체가 직선적인 움직임에 의해 그 공간 안에서 움직일 수 있다는 게 모순 없이 가능하기 때문이다. 이와 반대로 말하는 것은 곧 파리에서 유죄 선고를 받은 조항에 해당한다. 그와 같은 운동을 가정한다면, 이 세계가 장소의 관점에서 관계 지을 수 있는 다른 어떤 물체도 없을 것이다.[17]

이는 특히나 의미심장한 언명이다. 이는 세계의 이동에 필요한 것으로서 '공간(spatium)'—부동이며 무한하고 우주 외적인—을 설정할 뿐 아니라, '로쿠스'와 명확히 대비하면서 그렇게 한다. 마지막 문장이 시사하듯 장소는 어떤 물체가 다른 물체에 대해 위치 지어진다는, 한계 지어진 관계 모델 안에서 문제가 된다. 그러나 이 모델은 제49조의 경우에는 인정되지 **않는다**. 여기서는 그 어떤 고정된 표지까지도 다 포함해 **다른 어떤 것과도 관계없이** 세계가 그 자체 안에서 그리고 그 자체에 의해 이루어지는 운동이 문제 되기 때문이다. 그것은 고립된 직선 운동(motu recto)의 문제, 즉 운동하고 있는 물체 자신하고만 관계되는 한에서 운동의 문제다. 이런 순수한 운동은 하나의 절대 공간 내에서의 운동이다—이 공간 내에서는 소재(所在)들이 서로에 대해 상대적인 것이 아니라, 그 공간 자체의 미리 확립되어 있는 부분에 내재되어 있다. 그것은 결국 문자 그대로 탈용해적인(ab-solute) 공간을 말한다. 오렘이 이러한 공간 모델을 지지한 것은 단죄를 발포하고 정확히 한 세기 뒤의 일이니 뉴턴을—아울러 뉴턴의 옹호자로서 상대적 공간 모델로는 '세계-이동'을 설명할 수 없다며 라이프니츠에게 반론을 편 새뮤얼 클라크(Samuel Clarke)를—미리 내다본 셈이라고 할 수 있다. 클라크는 이렇게 말했다. "만일 공간이 〔라이프니츠가 주장하듯〕 공존하는 사물들의 질서 이외에 아무것도 아니라면, 신이 아무리 신속하게 물질적 세계 전체를 이동시켰다 해도 그것은 여전히 늘 **동일한 장소 안에** 머물러 있을 것이다."[18] 세계는 자신의 구성 요소와 맺는 관계가 계속 동일할 것이기 때문에 동일한 장소 안에 계속 머물 것이다. 만일 세계가 지금 점유하고 있는 것과 다른 장소로 이동할 수 있다면, 이는 절대적 공간이 갖는 부동의 구조를 가로질러 이동하는 움직임에 의한 것이어야만 한다.

이 마지막 논의로 인해 '절대 공간'과 '무한 공간'은 비록 오렘이나 뉴턴 같은 사상가들과 밀접한 동맹 관계에 있지만, 그럼에도 불구하고 결코 혼동해서는 안 되는 것이라는 사실이 한층 더 명확해진다. '절대적'이란 것은 자신의 부분들에 대한 어떤 의존성으로부터도 벗어나 있고, 다른 곳의 다른 것과 어떤 관련도 갖지 않는, 요컨대 자기 충족적인 어떤 것을 함의한다. 무엇이든 만일 그게 절대적인(absolute) 것이라면, 그 외적인 요인 안에 푹 잠기거나(즉 '용해되거나') 하는 일로부터 완전 분리되어 있고, 그것들로부터 진정으로 독립해 있다('ab-'은 '떨어져', '격리되어'라는 의미다.) 그리고 '무한'은 가없는 크기를 함의한다. 여기서는 오직 양적인 것만이 문제인데, 바로 존 로크가 "팽창(expansion)"이라고 불렀던 것이다. 근대적인 정신—절대적이고도 무한한 공간을 하나의 정합적 이론 안에 한데 담아낸 뉴턴으로부터 우리가 얻은 것—에는 그럴 성싶지 않을 수도 있겠지만, 절대적이고 **유한한** 공간을 상정하는 일은 전적으로 가능하다. 그것은 정확히 플라톤이 말한 코라의 공간이고, 지구가 중심에 놓여 있는 천구들의 공간이며(아리스토텔레스), 그 밖에 하나의 닫힌 세계를 상정하는 거의 모든 고대 모델들의 공간, 그리고 필로포노스가 말한 "공간적 연장"[19]의 공간이다. 또한 무한 공간이라는 열린 바다에 설정한 절대적이고도 유한한 세계를 생각하는 것도 완벽히 가능하다. 사실상 스토아학파의 표준적인 모델이 그러하다.

절대 공간과 무한 공간이 본디 분리 가능하다는 추가 증거는 중세 사상이 별개의 두 가지 다른 방법에 의해 공간의 무한성에 이르렀다는 사실에서 찾을 수 있다. 첫 번째 방법의 경우, 내가 지금까지 논의해온 방식을 극한까지 밀어붙였을 때, 관계적 모델이 공간적 무한성을 산출한다. 아퀴나스(그리고 베이컨, 스코터스 등)의 방법이 그러하다. 두 번째 방법의 경우, 절대론적 모델 또한 마찬가지로 무한에 귀착한다. 오렘(그리고 로버트 홀코트(Robert Holkot), 미들턴의 리처드(Richard of Middleton) 등)의 방법이 그것이다.[20] 인상적인 것은 단죄 조항 제34조와 제49조가 각각 공간의 무한성에 이르는 두 가지 주요 통로를 가리킨다는 점이다. 한편 제34조에서 논란이 된 세계의 복수성은 그 다양한 세계가 광대한 '우주 간(intercosmic)' 공허 안에서 서로의 위치에 대한 관계항—즉 우주적 **장소들**—으로서 역할을 수행하는 한 무한 공간에 대한 관계적 모델을 고무한다. 다른 한편, 제49조에서 문제 되고 있는 유일한 세계(그리고 특히 **우리** 세계)의 운동은 하나의 가없는 공간이라는 장관을 초래하는데, 거기서는 소재(所在)가 다른 존재물의 위치에 의해 결정되지 않는다.

우주론적/신학적 범위에서 두 가지 문제. 자연물리적/철학적 중요성을 갖는 두 가지 해결책. 그 결과는 무한 공간에 이르는 두 가지 길이다. 그중 하나는 장소에 대한 역할을 보존하고, 다른 하나는 장소를 전혀 필요로 하지 않는다.

그 무한성에서 공간으로 다가가는 두 가지 접근법 사이에 늘 완전한 평형이 있었다고 말하려는 것은 아니다. 첫 번째 접근법을 의미 있게 개시한 것은 단죄 **이전의** 아퀴나스였지만, 그 뒤로 로크가 1690년《인간지성론(An Essay Concerning Human Understanding)》에서 재차 거론할 때까지 충분히 탐구하지 못했다. 단죄 자체로부터 더 직접적으로 유래한 두 번째 접근법은 다음 몇 세기 동안 더 많은 지지자를 얻어 큰 영향력을 행사했으며, 로크의《인간지성론》보다 겨우 3년 전에 출간한 뉴턴의《자연철학의 수학적 원리》에 이르러 그 정점에 도달했다. 두 번째 방향이 우세했던 것은 사실이지만, 그럼에도 불구하고 두 경향에는 하나의 공통점이 있었다. 즉 둘 모두 무한 공간을 **상상할** 수 있는 방식으로서 간주했다.

1277년의 결과, 철학자고 신학자고 할 것 없이 모두 구속으로부터 해방을 누리게 되었다. 이는 물리적 세계상이 수정되었기 때문이라기보다 순수하게 가능적인 우주론적 시나리오를 내놓을 수 있는 자유를 얻었기 때문이다. 만일 신이 사물을 지금의 상태와 근본적으로 다르게 변화시키고자 **한다면**, 세계와 우주는 어떤 게 **될까**? 사물의 지금 상태에 대해서는 여전히 아리스토텔레스적 우주론과 자연학이 가장 신뢰할 수 있는 설명 방식으로 여겨졌다. 그런데 갑자기 기회가 찾아왔다. 아니, 실로 적극적인 유혹이 사람들로 하여금 사물을 다른 식으로 상상해보게끔 부추겼다. 비록 신이 지금까지의 과정을 거꾸로 돌릴 성싶지는 않지만—신은 어쨌든 '그'가 **이미** 창조한 세계에 상당한 투자를 했으니 말이다—만일 그렇지 않다면 '신'이 어떻게 일을 진척시킬까 생각해보는 것은 개념상 유익할 것이다. 이처럼 '그렇지 않다면'이라고 생각하기 시작할 때, 사람들은 상상에 따라(secundum imaginationem) 사물에 접근하는 셈이다—즉 '사물이 실제로 어떠한가', '어떠했을까', '아마도 어떨 것이다' 등에 따르는 게 아니다. 오렘은 신이 "천구들의 궁창 안, 혹은 달 아래 영역" 안에 있는 모든 것을 파괴할 수 있고, 그 결과 "거대하게 펼쳐진 텅 빈 공간"이 남겨질 수도 있다고 상상했다. 오렘은 그런 상황을 숙고하며 이렇게 지적한다. "그런 상황은 **확실히 상상해볼** 수 있으며 또 명백히 가능하지만, 아리스토텔레스가 《자연학》 4권에서 논증을 통해 제시했듯 순전히 자연적인 원인만으로는 생겨날 수 없을 것이다."[21] 부연하자면 무한 공간은 상상할 수 있는 것의 문제, **가능한 것의** 문제이고, 유한 공간은 실제**는** 어떠한가의 문제다. 예컨대 오렘과 거의 동시대인이었던 장 뷔리당(Jean Buridan, 대략 1295~1356)에게는 "신이 실제로 이 세계 너머에 물체적인 여러 공간과 실체를 창조할 **수 있었다** 해도, 아울러 그것이 아무리 신의 마음에 들었다 해도, 신이 **실제로** 그렇게 했다는 결론으로 이어지는 것은 아니다".[22] 뷔리당의 언명을 통해 분명해진 것은 1277년 이후의 사상가들이 결국에는 **이 문제를 두 가지 방식으로 표현**하고 싶어 했다는 점이다. 즉 가능한 것과 실제로 그러한 것 모두 가치를 잃지 않고 보존된다는 것이다. 비록 그 근거는 근본적으로 다르지만 말이다. 에드워드 그랜트(Edward Grant)는 이렇게 결론짓는다. "유죄 선고 때문에 저자들이 어떤 것은 자연적으로는 불가능할지라도 초자연적으로는 가능하다고 선언하는 것이 14세기 스콜라 철학의 논의에 특징적인 모습이 되었다."[23]

따라서 무한 공간으로의 이행은 그것이 '상대주의적' 경로를 통한 것이든 '절대주의적' 경로를 통한 것이든 설정된 공간이나 가정된 공간으로의 이행이었다. 요컨대 후대의 르네상스 시기 및 17세기에 일어났던, 현실 공간으로의 이행이 아니었다. 하지만 그렇다 해도 이러한 이행은 여전히 엄청나게 중요하다. 왜냐하면 그로 인해 중세 사람들의 심성은 끝없는 공간의 견지에서 사고하는 데 익숙해졌기 때문이다. (그들이 주어진 물질적 우주에 관해 그것이 실제로 어떤 것이라고 주장하든 말이다.) 1277년의 유죄 선고가 근대 과학이 태어난 문자 그대로의 생일은 아니라 해도, 물리적 공간의 실무한성(actual infinity)을 굳게 확신하는 과학이 등장할 수 있는 길을 예비했다는 사실은 확실하다. 이런 일은 우주론을 가미한 신학적 상상력이 순수한 가능성을 제출하도록 유죄 선고 조항이 촉진함으로써 이루어졌다.

위에서 언급한 '상상에 따라'의 가치를 보존한 것은 발달 중이던 무한 공간에 대한 개념화 과정을 더욱 중요하고 새롭게 전개할 수 있는 길을 준비하는 것이기도 했다. 단죄를 공표함으로써 벌어진 격렬한 논의에 의해 그러한 공간이 자유롭게 제출되었고, 바로 그런 연유로 인해 그것을 순전히 물리적인 차원에서라기보다 신성의 견지에서 새삼 특징지을 수 있었다. 예컨대 오렘은 "우리가 이야기하는 이 공간은 무한함과 동시에 분할 불가능하다. 그것은 **곧 신의 광대무변함이요, 그와 동시에 신 자체다**"[24]라고 명확히 표현하고 있다. 그 역 또한 성립한다. 즉 "필연적으로" 신의 광대무변함은 "실재하거나 상상할 수 있는 모든 연장 혹은 공간 혹은 장소 안에 있는 모든 것이다".[25] 이것은 설령 신 자신이 "어떠한 양(量)도 갖지 않고",[26] 따라서 비차원적이면서 비연장적이라 해도 여전히 그러하다. ('신'이 곧 '장소'였던) 알렉산드리아의 필로(Philo of Alexandria)나, 헨리 모어(Henry More), 조지프 랩슨(Joseph Raphson), 뉴턴 같은 17세기의 사상가들―이들은 모두 신을 무한한 물리적 공간과 동일시했다―과 달리, 오렘은 신이 무한 공간에 내재하는 것이지 어떤 점에서도 무한 공간과 동일시할 수 없다고 보았다. 특히 차원성 및 연장성이라는 특성에서 그러했다.

주목할 만한 것은 중세 사상가 누구도, 심지어 파리 주교에게서 해방되어 행복감에 젖어 있던 사람들조차 신이 **신 자신으로부터 떨어진** 것으로서 무한하고 공허한 공간을 창조한다고는 주장하지 않았다는 사실이다. 그 이유인즉슨 이러한 공간은 신으로부터 떨어져 존재하므로, 신 자신의 무한한 공간성과 대등한 무엇이거나 아니면 신의 공간성을 한계 짓는 것이기 때문이다.[27] **만일** 무한하고 텅 빈 공간이 **있다면**, 그것은 신과 일체이며 신에 의해 (또 신은 그것에 의해) 충만하고, 그리하여 종국적으로는 신 자신의 광대무변함과 구별되지 않는다고 주장하는 쪽이 더 설득력 있다. 이러한 방향으로의 결정적 일보는 이미 헤르메스 트리스메기스투스(Hermes Trismegistus)가 내딛은 바 있다. 출신이 불분명한 이 이집트 예언자는 중세 때는 물론 르네상스 시기에도 신비스러운 존재였다. 트리스메기스투스는 널리 읽혔던 《아스클레피오스(Asclepius)》에서 이렇게 선언한 것으로 알려졌다. 우주 바깥의 세계 외적(extramundane) 공간은 질료적이거나 아니면 심지어 준질료적인 어떤 것(예컨대 프네우마)으로 차 있는 게 아니라, "오직 사고(thought) 만이 이해할 수 있는 것들, 즉 그 자체(즉 사고)의 신적 존재와 유사한 본성을 가진 것들"[28]로 채워져 있다. 사고는 신적인 것이며, 이 내적인 신성이야말로 "오직 사고만"을 상상할 수 있는 무한 공간의 지적 내용물과 유사하게 만들어준다. 그러나 인간 사고의 신성—아리스토텔레스의 테마—은 신의 훨씬 더 탁월한 신성 쪽에 섰던 중세 전성기에는 간과되었다. 이로 인해 인간의 '능동적 지성'이 아니라, 신의 신적인 현존이 세계 외적이고 부동인 어떤 가능한 공간도 채운다고 믿어졌다.

이 최후의 중대한 발걸음을 최초로 내딛은 것은 토머스 브래드워딘(대략 1290~1349)의 《신적 원인에 대한 펠라기우스파 논박서》다. 이 문헌에서 브래드워딘은 다섯 가지 중요한 논리적 귀결을 내놓는다.

1. 첫째, 본질적으로 그리고 현전성에서 신은 필연적으로 이 세계 모든 곳에 그리고 세계 모든 부분에 존재한다.
2. 그리고 또한 실재 세계 너머의 어떤 장소 안에, 혹은 상상 속의 무한한 공허 안에 있다.
3. 그래서 신은 참으로 광대무변하고 한계 지어지지 않는다고 일컬을 수 있다.
4. 따라서 이방인과 이교도들의 오래된 문제 제기—"당신의 신은 어디에 있는가?"—에 대한 해답이 내려진 것으로 보인다.
5. 그리고 또한 공허는 물체 없이 실존할 수 있지만, 신 없이는 그 어떤 방법으로도 실존할 수 없다는 것 또한 명백해진 것으로 보인다.[29]

브래드워딘은 우리에게 공허에 대한 순전한 만유재신론(萬有在神論, panen-theism: 만물이 신 안에 속하며, 신은 만물 안에 내재하는 동시에 초월해서 존재한다는 이론—옮긴이)을 제시한다. "필연적으로 모든 곳에 있는……" 신의 "현전"은 다른 사상가들에게 순전히 부정적이고 상상적인 존재물에 불과했던 공허를 긍정적이고도 실재적인 어떤 것으로 전변(轉變)시킨다. 요컨대 공허는 단지 비존재의 한 형태(예컨대 전적인 무로서 공허)가 아닌 한 긍정적이고, 신의 존재에 의해 채워져 있는 한 실재적이다(신의 존재가 채워져 있으므로, 그냥 실재적인 걸 넘어서 **가장** 실재적). 오렘이 공허에 실재성을 귀속시킨 것은 오직 공허가 (감각이나 지각과 상반되는) 이성 혹은 이해의 대상이라는 단 한 가지 이유에서였을 뿐이다. 반면 브래드워딘은 조금도 주저하지 않고 어떠한 세계 외적 공허도 실재한다고, 그 실재성은 오로지 신의 숨겨진 실재성으로부터만 생긴다고 확신했다.[30] 그것은 연장성이나 차원성 같은 그 어떤 자연물리적 속성으로부터도 생겨나는 게 아니다. 실제로 지금 우리가 초점을 맞추고 있는 공허에는 연장이나 차원이 **결여되어** 있을 수도 있다—필로포노스나 데카르트라면 이런 생각을 받아들일 수 없을 것이다. 이런 면에서 보면, 공허는 비물리적이고 '상상적인 것'이다. 그러나 가장 중요한 측면—즉 신이 이 공간에 내재해 있다는 측면—에서 보면 공허는 온전히 실재적이다.

하지만 동일한 이유로 우리는 이렇게 질문할 수도 있다. 그러한 공허는 "신 이외에 그 어떤 것도 결여되어 있는가?"[31] 아마도 이 광대한 공허는 차원적이거나 연장적이지 않을 텐데, 거기에는 **신 이외에** 아무것도 없다는 바로 그 점 때문에 그러하다. 참고로 브래드워딘과 오렘 그리고 그 밖의 14세기 신학자들에 의해 신은 비차원적이면서 또한 비연장적인 것으로 파악되었다. 그러나 만일 그렇다면, 이 새로운 공허는 문자 그대로 데우스 엑스 마키나(deus ex machina: '기계 장치에서 갑자기 튀어나오는 신'이라는 뜻으로, 보통 연극 등에서 줄거리상 부자연스러운 상황이 초래되었을 때 뜬금없이 신을 등장시켜 일거에 난점을 죄다 해결해버리는 경우 사용—옮긴이)다. **신이 그 안에서 실존할 고유한 장소를 보증하기 위해서만 동원되는 것에 불과하다.** 그렇다면 공허란 하나의 '장소'이긴 하지만, 정확히 "광대무변하고 한계 지어지지 않는" 신을 받아들인다는 점에서 무한한 '공간'이어야만 할 것이다. 공허가 실존한다는 것은 개념적 중복으로서 단순한 동어반복의 지위를 벗어나지 못하고, 신에 대한 정의의 일부분에 불과할 뿐이다. 이런 점은 특히 브래드워딘의 제5귀결에 함의되어 있는 것처럼 보인다. 즉 만일 공허가 "신 없이는 그 어떤 방법으로도 실존"할 수 없다면, 같은 이유로 공허는 그 안에 다른 어떤 점유자도 가질 필요가 없다. (아마도 가질 수 없을 것이다.) 이런 것은 헤아릴 수 없이 많은 다양한 사물로 채워져 있는, 우리가 알고 있는 이 우주의 적절한 모델이 되기 어렵다.

이러한 회의적 질문을 예기(豫期)하듯 브래드워딘은 공허가 신이 거할 무대 이상의 것인 이유 세 가지를 꼽아 논한다. 첫째, 공허는 **부분**을 갖는데, 그 부분은 신의 부분과 필연적으로 동일한 것이 아니며, 따라서 신 이외의 사물에 속할 수 있다. 나는 이것이 제1귀결, 즉 "신은 필연적으로 이 세계 모든 곳에 그리고 세계의 모든 부분에 존재한다"는 귀결의 취지라고 본다. 둘째, 공허는 **여러 장소**를 갖는데, 이 또한 다시 한 번 신 자신의 장소와 필연적으로 동일한 것이 아니다. 브래드워딘이 덧붙이듯 "신은 본질에 있어 혼자 힘으로 **모든 장소에** 존속한다. 모든 곳에서 영원히, 또한 부동인 채로 존속한다".[32] 실제로 이런 점을 철저히 이해시키기 위해서인 양 그는 이렇게 지적한다. "어떤 장소 내 모든 곳에 있고 또한 많은 장소에 동시에 있는 것은 단 하나의 장소 안에만 있는 것보다 완전하다."[33] 따라서 신이 우주를 점유한다는 것은 자신의 장소(이 장소가 어떤 식으로든 한계 지어진 것이라면)에만 한정되는 게 아니다─또한 공간의 한 부분에 한정되는 것도 아니다. 셋째, 가장 설득력 있는 이유는 브래드워딘이 자신의 제2귀결을 설명하는 대목이다. 신이 "실재 세계 너머의 어떤 장소 안에, 혹은 상상 속의 무한한 공허 안에 있다"고 말하는 것은 끊임없이 제기되어온 문제(신은 이 세계를 직선 운동(motu recto)에 의해 이동시킬 수 있는가?)에 다시 뛰어들 때 사용한 관례화한 표현이다. 세계 **너머의** 장소란 신이 이 세계를 움직여갈 장소다. 신은 이 세계를 무한수의 그와 같은 세계 외적 장소로 옮길 수 있으므로, 이 세계를 "상상에 의한 무한한 공허" 속에서 움직이는 셈이고, 이 공허는 그러한 운동이 가능한 공간 전체다. 장소를 무한정 바꾼다는 것은 끝없이 간격을 벌린다는 걸 함의한다. 브래드워딘이 예사로 표현하듯 만일 신이 이 세계를 장소 A에서 장소 B로 이동시킨다면, '그'는 이미 B에 있었거나 있지 않았거나 둘 중 하나다. 만일 B에 있지 않았다고 한다면, 신의 무소부재성이 온전치 못해진다. 반대로 만일 B에 있었다고 한다면, 신은 필연적으로 **모든 곳에**─A와 B에는 물론 C, D, E 등등 무한한 장소에 모두─있게 된다. "만일 '그'가 거기(B)에 있었다고 한다면, 같은 추론에 의해 '그'는 이전에도 거기에 있었던 것이고, 지금 역시 그 세계 바깥 어디에라도 있다고 상상할 수 있다."[34]

브래드워딘의 견해는 비록 저서 《신적 원인에 대한 펠라기우스파 논박서》를 1618년 뒤늦게 출판할 때까지 세부적인 사항을 잊고 있었지만, 그럼에도 불구하고 공허하고 무한한 공간에 관한 하나의 사고방식 전체─전반적 개요에서 대단히 설득력 있는 사고방식─를 또박또박 표현한 것이었다. 이런 사고방식은 14세기에 리파의 요하네스(Jean of Ripa)나 니콜 오램뿐 아니라, 그 이후 몇 세대에 걸친 철학자 및 신학자들도 계속 추구했다. 그랜트가 고찰하듯 "다음 몇 세기 동안 수많은 스콜라 철학자들이 채택하고 설명한 내용은 바로 신과 무한 공간의 관계에 대한 브래드워딘의 사고방식의 변형이었다".[35] 브래드워딘의 모험에 찬 견해는 또한 위대한 유대인 사상가 크레스카스(Crescas, 1340~1410)에 의해서도 탐구되었다. 하지만 크레스카스의 경우에는 신격화한 무한한 공허를 절대적인(plenary) 유한 세계를 **둘러싸는**(surrounding) 것으로서 드러나게 스토아학파적 방식으로 강조한다.[36] 더 중요한 것은 바로 이런 동일한 견해가 "17세기에 비(非)스콜라적인 공간 해석의 형성에 일조했다"[37]는 점이다.

요점은 브래드워딘의 시각을 모든 사람이 공유했다는 게 아니다. 어떤 사람들은 작센의 알베르트(Albert of Saxony, 1390년 사망)나 장 드 장당(1328년 사망)처럼 확연히 그 시각을 공유하지 않았으며, 분리된 진공(vacuum separatum)에 어떤 중요성도 인정하지 않았다. 또 다른 사람들은 미들턴의 리처드(브래드워딘과 동시대 사람)처럼 신의 광대무변함을 무한하고 공허한 공간으로부터 분리시킴으로써 동요하는 태도를 보이기도 했다. 또 다른 사람들은 이 세계 **내에** 공허 같은 공간이 있는지 없는지를 둘러싼 고대의 질문에 몰두했다. (심지어 브래드워딘도 "신은 그 절대적 능력에 의해 이 세계 안쪽이든 바깥쪽이든 그가 바라는 곳이라면 어디에라도 공허를 만들어낼 수 있었다"[38]고 인정했다.) 어떤 사상가들은 오트르쿠르의 니콜라(Nicholas of Autrecourt, 14세기 전반에 활동)처럼 틈새에 있는 내적 진공이라는 원자론적 개념을 부활시키려 시도하기까지 했다. 하지만 어느 경우든 1277년 파리 주교의 219개조 단죄 발포에 의해 처음으로 맛보았던 사색의 자유는 신학적으로도 만족스러웠을 뿐만 아니라(그전까지 신의 능력은 아리스토텔레스의 우주론에 구속되어 있었는데, 단죄 발포는 신의 제약 없는 능력에 대한 신앙을 재구축하도록 작용했다), 철학적으로도 매우 강력하게 많은 사람을 도취시켰다는 것만은 사실이다(왜냐하면 상상 속의 장소로서 무한 공간에 대해 무수한 사고 실험을 허용했기 때문이다).[39] 가장 중요한 것은 단죄 발포가 만일 무한 공간이 신과 동일하다면—그리고 또한 신이 무한 공간과 동일하다면—무한 공간이란 과연 무엇인가에 대해 참신한 시각을 낳았다는 점이다. 이는 "공간의 신격화"[40]라고 불러도 아무런 부족함이 없을, 중세에 잘 어울리는 시각이었다.

우리는 사실상 중세는 당시 조성 중이던 상황, 즉 장소보다 공간 쪽에 점점 더 우위성을 부여해가던 힘들의 장(field of forces)에 무한 공간의 두 가지 새로운 의미를 더했다고 말할 수 있다. 원자론이나 에피쿠로스주의, 스토아주의, 신플라톤주의가 고대 세계에 이미 설정했던 여러 가지 공간적 무한성을 뛰어넘어 우리는 이제 무한 공간의 의미를 새로이 생각해야만 한다. (a) **상상적, 가설적, 사색적**인 것으로서. 이러한 공간은 일련의 대담한 사고 실험의 산물이다. 이 같은 사고 실험은 그냥 이리저리 헤매보는 일탈이 아니라, 만일 상상할 수 있는 어떤 한계도 없다면 공간이란 어떠한 것이 되는지 파악하려는 진지하고도 규율 잡힌 시도다. (b) **신적**인 것으로서. 이때 무한 공간은 신의 한 속성, 혹은 훨씬 더 강하게 표현하면, 감히 측량할 수도 없으리만치 광대무변한 신의 존재 자체와 동일하다. 공간적 무한성에 새로이 덧붙인 이 두 가지 의미는 서로 깊은 연관이 있다. 즉 공간의 신격화는 만일 신격화가 이뤄지지 않으면 단지 상상적이고 부정적인 것에 그쳤을 것을 실재적이고도 긍정적인 것으로 만든다. 한편 그러한 공간이 상상 속에서 투사되자 신적인 것에 대한 시야에 한계가 사라져버린다. 그러한 시야는 아리스토텔레스의 신 모델—자기 포함적 우주를 다루는 것 말고는 선택지가 없는 부동의 동자로서 신—에는 결여되어 있는 것이다.

이런 식으로 신격화한, 상상화한 공간 속으로까지 침투해 들어감에 따라, 그와 연관해 가두는 것으로서 장소의 제한성—적어도 《자연학》 4권이 제시하는 모델이 가하는 제한성—을 극복하려는 노력이 뒤따른다. 중세 시기에는 장소 자체(locus)를 세 가지 다른 의미로 이해했다. 그중 첫 번째 의미는 적어도 부분적으로는 여전히 아리스토텔레스적이지만, 다른 두 가지는 부동의 포함자라는 장소 패러다임으로부터 더 한층 근본적으로 벗어난다.

- 우주 내 장소. 이는 어떤 대상을 직접 둘러싸는 것(surrounder)으로써 구체화되며, '질료적'이라거나 '이동 가능'하다고 일컬어진다. 〔그중 후자의 경우, 즉 '이동 가능'한 것은 대상을 둘러싸는 것이 다른 둘러싸는 매체(environing medium)에 그 자리를 양보하는 한에서 그렇다.〕
- 우주의 장소. 이는 이 세계 전체 자체의 위치다. 그리고 뜨거운 이슈는 우리가 이미 살펴본 것처럼 과연 **이** 장소가 **다른** 장소와 교환될 수 있는가―특히 이 세계가 위치 A에서 위치 B로 움직일 수 있는가―이다. 이는 단죄 조항 제49조에서 문제 되었던 것이다. 제49조는 신이 존재하고 있는 이 세계를 외관상 '부동인' 그 위치로부터 움직일 수 있는가에 관한 것이었다.
- 세계들 **사이의** 장소. 여기서 이슈는 실존하고 있는 우주가 역시나 실존하고 있는 다른 우주와―아울러 또 다른 우주, 궁극적으로는 보편 우주(universe) 전체와―공간적으로 어떤 관계에 있는가이다. 이런 논란은 복수의 세계가 존재할 수 있는지에 대한 단죄 조항 제34조를 둘러싸고 벌어진다.

첫 번째 이해 방식이 아리스토텔레스와 소요학파가 포장 안에(in the wraps)―문자 그대로 둘러싸는 위치(wraparound position), 중세에는 이를 완곡하게 '숙소(lodging)'라고 불렀다―장소를 고이 모셔두는 것이라면, 두 번째 및 세 번째 이해 방식은 그 촘촘한 속박으로부터 탈주하기 시작한다. 후자의 두 경우 모두에서 우리는 **장소가** 우리 눈앞에서 **공간이 되는** 것을 목도한다. 두 번째 경우 이런 일은 세계의 절대적 위치와의 관련이라는 형태로 발생한다. 즉 세계의 위치가 바뀔 수 있는 것이려면, 다양한 종류의 가능한 위치를 둘러싸는 무대가 이미 실존해야 하며, 그러한 장소 각각은 그 모두를 둘러싸는(embrace) 어떤 절대 공간 안에 미리 확립되어 있고, 또한 그러한 장소 각각은 모두를 둘러싸는 공간의 변치 않는 부분이어야 한다. 세 번째 이해 방식에서는 상대주의적 패러다임에 변화가 발생한다. 여기서 결정적 중요성을 갖는 연계성은 단 하나의 '공간'과의 연계성이 아니라, **다른 장소들 내에 있는 다른 세계들**과의 연계성이다. 가장 중요한 것은 이들 세계 **사이에** 있는 것, 즉 세계들 사이의 장소(間場所, interplace)다.

두 번째 길을 택하든 세 번째 길을 택하든, 13세기 이후 서양에서는 무한 공간으로 나아가는 모험에 찬 대로(avenue)가 활짝 열렸다. 주변을 둘러싼 장소라는, 바짝 가두는 순회로(circuit)가 해체되고 '공간이라는 신세계'에 대한 전망이 이후 시기 최고의 지성들을 사로잡기 시작했다. 대발견의 시대―천구라는 훨씬 더 큰 공간에 대해서는 물론 미지의 땅, 즉 지구 자체라는 커다란 공간 속에 상호 연계되어 있는 장소들을 찾겠노라 명확히 선언하며 탐험에 착수했던 시대―인 15~16세기가 13~14세기 철학자와 신학자들의 대담한 사색 직후 출현한 것을 그저 우연이라고만 하기는 힘들어 보인다. 그러한 공간들은 1400년경 전적으로 상상에 의해 신적인 지위를 획득하고 있었는데, 이제 그로부터 벗어나 단지 사유와 신앙에 의해서뿐만 아니라 무기와 인간에 의해 언제라도 발견하고 소유할 수 있도록 놓여 있는 대지와 하늘이라는 형태로 현실적인 것이 되었다. 그리고 탐험욕을 끝없이 자극해대는 이러한 공간의 출현과 함께 우리는 르네상스의 문턱에 도달한다.

3

만물은 만물 안에 있다.
—니콜라우스 쿠사누스, 《학식 있는 무지에 대하여(On Learned Ignorance)》

이제부터 나는 공간을 향해 확신에 찬 나래를 펼친다. 수정이나 유리로 만든 어떠한 장벽도 두렵지 않다.
나는 천구들을 가르고 무한자에게로 치솟아 오른다.
—조르다노 브루노, 《무한자, 우주 및 세계들에 대하여》에 대한 헌시(獻詩)

'르네상스'란 전적으로 새로운 어떤 것이 아니라 **갱신된**(renewed) 것, 다시 새로워진 것을 의미한다. 르네상스라는 '신세계'가 장소 및 공간에 대해 펼치는 사색은 '구세계'의 장소 및 공간에 대한 사고방식을 더욱 밀고 나간 경우가 비일비재했다. 마치 중세가—그리고 그 이전의 헬레니즘 시기가— 아리스토텔레스를 끊임없이 돌아보았던 것처럼 르네상스 역시 아리스토텔레스에 비견할 만한 영감을 찾아 플라톤으로 돌아갈 터였다. 또한 다른 원천, 예컨대 신플라톤주의자(특히 플로티노스, 이암블리코스, 필로포노스)와 《헤르메스 문서(Hermetica)》의 익명의 저자들에게도 돌아갈 터였다. 르네상스의 기원은 《헤르메스 문서》에서 찾아야 한다고 강력하게 논구했던 프랜시스 예이츠가 표현했듯,

> 위대한 전진을 이룩한 르네상스 운동은 과거를 돌아봄으로써 그 활력과 정서적 추진력을 모두 얻었다. ……〔르네상스에서〕역사란 그 시초인 원시적 동물로부터 복잡성과 진보성이 끊임없이 증가하는 진화 같은 게 아니었다. 과거는 늘 현재보다 좋은 것이며, 진보라는 것은 고대의 부활·재생·부흥(renaissance)이었다.[41]

이런 관점에서 첫 번째로 들 수 있는 사례는 바로 공간적 무한성이라는 관념인데, 이는 때로 르네상스 후기에 해당하는 사유의 산물로 간주되곤

했던 것이다. 그러나 우리가 이미 살펴보았듯 이 관념은 매력적이면서 동시에 경계하지 않을 수 없는 것이었다. 이 관념이 처음 생겨난 것은 고대 원자론에서였고, 이어서 에피쿠로스와 스토아학파가 열정적으로 추구했다. 그리고 루크레티우스나 섹스투스 엠피리쿠스에 의해 명료하게 정식화되고, 아리스토텔레스 이후 여러 세대에 걸쳐 철학자들(테오프라스토스와 스트라톤부터 필로포노스와 심플리키오스에 이르기까지)이 미묘한 열정에 싸여 탐구했다. 아울러 아랍의 아리스토텔레스 주석가들에 의해 세세히 검토되었으며, 1277년 이후 중세의 사유에서 강력하게 부활했다. 그런 점에서 볼 때, 알렉상드르 코이레의 《닫힌 세계로부터 무한한 우주로(From the Closed World to the Infinite Universe)》처럼 주도면밀하고도 통찰력 있는 책이―언제나 명시적인 주장에 의해서는 아닐지라도―그 제목으로 인해 공간적 무한성이 서양의 15~16세기라는 뒤늦은 시기에 생겨난 것이라는 잘못된 견해에 기여한다는 사실은 사상사의 역설이다.[42]

우주가 '어디에라도' 그 중심을 가지며 '결코 어디에도' 가장자리를 갖지 않는다는 유명한 주장은 그런 잘못된 견해에서 비롯된 지극히 치명적인 귀결이었다. 이런 주장은 종종 니콜라우스 쿠사누스(1401~1464)가 한 것이라고 이야기하지만, 실제로는 12세기의 헤르메스 위작(pseudo-Hermetic) 문서인 《철학자 24인의 서(The Book of the XXIV Philosophers)》[43]에서 유래한 것이다. 중세 초기에 기원을 둔 이 언명은 유명한 경구가 될 운명이었으니, 쿠사누스뿐 아니라 조르다노 브루노와 블레즈 파스칼(브루노는 16세기에, 파스칼은 17세기에)도 마치 자신이 만들어낸 말인 양 이 경구를 출처를 밝히지 않은 채 인용했다.

브루노의 버전은 그중에서도 특히 시사적이다. "확실히 우리는 이렇게 단언할 수 있다. 우주는 모두 중심이다. 혹은 우주의 중심은 모든 곳에 있다. 그리고 가장자리(circumference)는 만일 그것이 중심과 다른 것이라면, 그 어느 부분에도 없다. 혹은 가장자리는 모든 것의 구석구석에 있지만, 단 중심과 주변이 다른 것인 한 중심은 결코 발견할 수 없다."[44] 아리스토텔레스에 대한—그의 중심이 있고 닫힌 세계에 대한—도전으로 여겨지는 브루노의 이 복잡한 명제는 두 가지 부분으로 이루어져 있다. (1) 중심이 모든 곳에 있다고 말함으로써 이 명제는 지구—혹은 다른 어떠한 천체, 심지어는 태양도 포함해—같은 특권적인 단일한 중심 따위는 없다고 제시한다 (브루노가 코페르니쿠스의 시도를 알고 있었음에도 불구하고). 아리스토텔레스의 우주 구조 모델, 즉 부동의 지구가 정지된 상태로 중심에 있다고 여기는 위계적 우주 모델은 우주의 **어느 부분도** 충분히 타당한 중심으로 간주할 수 있다고 보는 생각에 길을 내준다. 우주는 '모두 중심'이다. 이는 역으로 **모든 장소가 중심**—그곳으로부터 다른 모든 장소를 볼 수 있는(적어도 원리상으로는), 투시법적인 조망의 중심—임을 함의한다. 쿠사누스가 처음 주장했듯 우주를 어떻게 지각하는지는 관찰자의 장소에 상대적이다.[45] 바꿔 말하면 장소는 그 어디든 인간이 시점을 정한 모든 것이며, 우주는 그러한 장소를 무제한으로 산출한다. (2) 브루노는 가장자리가 "모든 것의 구석구석에" 있다—즉 어떤 단일한 영역에 있는 것도 아니고, 또한 우주를 한계 짓는 그 끝에 있는 것도 아니다—는 견해를 취함으로써 가장자리는 실제로 **어디에도 없다**고, "어느 〔단일한〕 부분에 있는 것이 아니다"라고 주장한다. 가장자리는 **장소 전체에** 있다. 이는 가장자리가 특정 장소나 특정 장소들의 집합 안이 아니라, 순수 공간 안에서 그 위치를 부여받는다고 말하는 것과 마찬가지다. 또한 이런 공간은 전체의 부분인 각 장소를 단순히 한데 합친 것도 아니다. 그것은 근본적으로 열린 장이며, 그 전체는 우주와 외연이 같다. 아르키타스가 제기한 난제에 빗대어 말하면, 기본적으로 그 누구도 세계의 끝에 도달할 수는 없다고 말해야만 할 것이다. 끝에는 그 어떤 것도 없다. 왜냐하면 그 어떤 것도 끝으로서만, 즉 단순히 가장자리로서만 기능할수는 없기 때문이다. 공간에는 바깥 한계도 없고 끝도 없다. 브루노 자신이 논평하듯 "무한한 존재의 바깥이나 그 너머에는 존재하는 아무것도 실존하지 않는다. 왜냐하면 〔그러한 존재에는〕 그 어떤 바깥도, 그 너머도 없기 때문이다".[46]

그렇다면 문제의 이 주장—처음의 형태든, 쿠사누스식으로 변형된 것이든—에서 주목할 만한 사실은 그것이 장소의 중요성에 대한 인식과 무한 공간의 가치에 대한 똑같은 인정을 용케도 결합하고 있다는 점이다. 이런 면에서 이 주장은 중세의 **시작**이 역사적으로 어떤 기원을 갖고 있는지 반영한다. 그것은 아리스토텔레스를 재발견한 바로 그 시기이며, 또한 이제 막 싹트고 있던 공간의 가능적 무한성에 대한 관심이 가둘 수 없는 신의 광대무변성에 관한 신학적 사색과 공모하던 시기이기도 했다. 르네상스가 '헤르메스 위작 문서'에서 기원한 말을 그토록 열광적으로 거론했다는 사실은 장소와 공간 사이의 긴장이 12세기에 처음 정식화한 이래 몇 세기가 지났음에도 여전히 강력하게 살아 있었음을 잘 보여준다. 아리스토텔레스의 유명한 표현은 당시 상황과의 중대한 관련성을 보존하고 있었다. 즉장소는 여전히 "어떤 힘을 갖고 있다". 장소가 그러한 힘을 계속 갖고 있었기 때문에 이 동일한 시기에 공간의 승리가 그토록 더디게 찾아왔고, 또한그토록 어렵게 획득했던 것이다. 장소와 공간의 투쟁은 상당 부분 단순히 뒤쪽을 돌아보면 장소가 있지만 그 장소는 제한성 속에 가두어져 있고(투시법은 표면만큼이나 가두는 성격을 갖는다), 앞쪽을 내다보면 그러한 제한에 방해받지 않는 공간이 있다는 사실에 기인한 것이었다. 상황은 두 얼굴의 야누스처럼 상반된 두 방향을 응시할 때 늘 수반되는 모든 긴장을 드러내고 있었다. 우리는 놀라기보다는 도리어 이렇게 물어야 할 것이다. 이런 상황 말고 다른 어떤 상황이 가능했겠는가?

　　그럼에도 불구하고 르네상스 시기의 우주론과 신학에서 궁극적으로 "승리한 야수"는 논란의 여지없이 무한 공간이다.[47] 이는 공간에 대한 쿠사누스의 이해 방식에서 명백히 드러난다. 그는 그 이상 큰 것이 있을 수 없는 무조건적으로 큰 것, 즉 "절대적 극대자(Absolute Maximum)"를 모델로 공간을 이해했다. "절대적 극대자"라는 쿠사누스의 관념에서 우리는 절대적 큼과 신의 완전성(특히 존재론적 논증에서 동원하는 것으로서)에 대한 중세 초기의 개념을 찾아볼 수 있다. 하지만 쿠사누스의 관념에서 새로운 점은 그것이 무한성과 유한성을 근본적으로 공약 불가능(incommensurable)하게 만든다는 사실이다. 쿠사누스에게 유한한 것은 그 어떤 것도 크기의 정도에 따라 지위가 달라지는―따라서 비교의 대상이 된다―반면, 무한한 것은 **비교 불가능할 만큼 크다.** "비교에 의해 크기의 정도를 발견할 수 있는 차원에서라면, 우리는 무조건적인 '극대자'에 도달하지 못한다. 왜냐하면 비교에 의해 더 크거나 더 작은 것은 유한한 것인데, 그러한 '극대자'는 필연적으로 무한하기 때문이다."[48] 따라서 유한한 것을 더하거나 한데 모으는 방법으로는―설령 우리가 아무리 대규모로 혹은 지속적으로 노력한다 할지라도―무한한 것에 결코 도달할 수 없다는 결론이 나온다.[49] "'절대적 극대자'는 **곧** 있을 수 있는 것 전부**이며, 전적으로** 현실적이다."[50] 우리는 또한 다음과 같은 결론도 얻는다. "절대적 극대자"는 "절대적 극소자(Absolute Minimum)"와 등가다―이는 양극의 일치(coincidentia oppositorum)라는 쿠사누스의 유명한 원리의 영예로운 사례. (예컨대 극한의 양쪽은 그보다 큰 것이나 작은 것을 허용할 수 없다. 양극단은 각각 그 자체로 온전한 것이기 때문이다.)[51] 나아가 "절대적 극대자"란 파악 불가능하며(incomprehensible) "모든 긍정과 모든 부정을 초월한다".[52] 이러한 '극대자'는 무한과 마찬가지로 수적으로 하나이며(즉 유일무이하며) 논리적으로 필연이다(즉 실존하지 않을 수 없다).[53] 따라서 "절대적 극대자"가 신이라 해도—그리고 신이 "절대적 극대자"라 해도—전혀 놀라울 게 없다. 이리하여 우리는 무척이나 다른 경로를 통해 브래드워딘과 쿠사누스에게서 처음 맞닥뜨렸던 무한의 신격화에 도달한다.

하지만 그 경로와 함께 결과 또한 매우 다르다. 이런 점은 우리가 이렇게 자문할 때 분명해진다. 쿠사누스가 말하는 무한한 신성은 곧 무한한 **공간**일까? 쿠사누스의 섬세함은 공간을 두 종류로 구별한다. 하나는 철두철미 신에게만 적용하는 것이고, 또 하나는 역시 우주에만 적용하는 것이다. 신—"절대적 극대자"—은 '부정적으로 무한'하다. 신이 부정적인 방식으로 무한한 것은 '그'가 유한한 사물의 단순한 총합이 **아닌** 한 그러하다. 이와 대조적으로 우주는 '사적으로(privately) 무한'한데, 여기서 쿠사누스가 하고자 한 말은 우주는 **경계 지어지지도 않지만**, 현실적으로 무한하지도 않다는 것이다.[54] 우리는 심지어 우주가 "유한하지도 않고, 무한하지도 않다"고까지 말할 수 있다. 하지만 쿠사누스는 이 말을 통해 "그것은 현재의 상태 이상으로 커질 수 없다"[55]는 것을 의미했을 뿐이다. 우주는 현재 상태 이상으로 커질 수 없기 때문에—그리고 신만큼 크지도 않기 때문에—유한하다. 그러나 우주는 **현재 상태 그대로** 사적으로 무한하다. 왜냐하면 우주는 물리적인 것으로서는 가능한 한 크기 때문이다. 물리적인 것으로서 우주는 신적 무한성의 '축약(contractio)'이다. 즉 신적 무한성이 압축된 상태에 있는 것이다. 그러나 정확히 이런 "유한한 무한성"[56]—또 하나의 양극의 일치—이 **무한 공간**을 특징짓는다.

쿠사누스는 "이 세계 혹은 우주는 축약된 극대자"이며 "축약된 형태로서 만물 그 자체다"[57]라고 지적한다. 이 말이 의미하는 것은 이 세계 혹은 우주(쿠사누스는 양자를 구별하지 않는다)가 공간적으로 극대인 전체라는 것이다. 비록 **절대적으로** 극대인 전체는 아니지만 말이다. 극대로서 그것은 무한하다. 그러나 절대적이지 않다는 점에서는 유한하다. 그것은 **이** 세계, 요컨대 "'절대적 극대자'로부터 축약된 극대자의 단순한 유출에 의해 실존으로 도약한"[58] 하나의 세계인 것이다. 이 세계의 유한한 무한성이란 자신의 장소에 놓인 이 세계라고 말할 수도 있다. 그 "축약된 무한"은 "절대적인 것보다 무한히 낮고, 그래서 무한하고도 영원한 이 세계(즉 우리의 세계)는 '절대적 무한' 및 '절대적 영원'에 비할 수 없을 정도로 못 미친다".[59] 그러나 이 세계의 특징인 결여적(privative) 무한성은 그럼에도 불구하고 여전히 경계 지어지지 않으며, 바로 이러한 구성 방식에서 이 세계는 축약된 형태로 '절대적 무한'을 포함한다. 단, 이 세계는 이런 '절대적 무한'을 그 자체 안에 무조건적으로 소유하지는 못한다.[60] 그와 동일한 우주의 특별한 무한성은 이 세계의 개별 사물 안에도 축약적으로 포함되는데, 이 후자의 포용성에서 그 무한성은 변경 불가능한 방식으로 **공간적**이다. "만물이 만물 안에", "가장 경이로운 결합" 상태로 존재하도록 해주는 그러한 우주의 축약에 공간 이외에 그 무엇이 매개 역할을 할 수 있겠는가?[61] 만일 신이 "유일한 우주 안에" 있다면, 우주 자체는 "만물 안에 축약적으로" 존재한다.[62] 이중의 축약이 세계의 공간적 무한성 및 이 세계가 신적으로 무한하지 못하다는 것을 **동시에** 보증한다. 이 세계는 경계 지어져 있지 않지만 신적이지도 않다. 공간적 무한성은 오직 신격화하지 못함으로써만 확보된다—브래드워딘과 그 밖의 14세기 신학자들이 주장했던 것과 정확히 반대다. **공간의 무한화는 그 탈신격화(dedivinization)를 요구한다.**

경계 지어지지 않는다는 것은 가장자리가 없다는 것이다. 쿠사누스의 얘기는 가장자리가 없다는 것을 교조주의적으로 주장하는 것도 아니고, '헤르메스 위작 문서'를 그저 되풀이하는 것도 아니다. 그의 주장인즉슨, 지구가 "고정된 부동의 중심"이 아닌 한—지구는 그러한 중심일 수 없는데, 기본적으로 고정성과 부동성은 늘 어떤 다른 것의 운동에 대해 상대적인 것이기 때문이다—확고하게 설정된 경계를 가질 수 없다는 것이다. 만일 이 세계의 중심이 (악명 높은 프톨레마이오스의 얘기처럼)[63] 지구에 설정되어 있다면, 세계에는 그와 동등하게 주변(perimeter) 또한 설정되어 있을 것이다. 더욱이 둘러싸는 공간도 가질 것이다. "그것은 다른 어떤 것에 대해 상대적으로 경계 지어질 것이고, 그리하여 이 세계 너머에 다른 어떤 것, 그리고 공간이 모두 있게 될 것이다."[64] 경계란 자기 **반대쪽에 있는 뭔가**를 함의하며, 이 뭔가는 역으로 자신이 소재를 부여받을 '공간'을 요구한다. 여기서 의미심장한 것은 방금 전 인용한 "그리고 공간이"를 쓸 때 쿠사누스가 공간에 대해 spatium이 아니라 locus라는 말을 사용했다는 사실이다. 그도 그럴 것이, 지금 상황에서 중요한 공간의 종류는 '소재를 부여하는 공간(locatory space)'이지, 무한 공간이 **아니기** 때문이다. '소재를 부여하는 공간'은 아리스토텔레스 이래로 '장소'와 같은 개념으로 사용되었다. 이는 경계 너머에 있는 어떤 것에 대한 장소—뭔가가 '그 안에(in which)' 있기 위한 것—의 문제다. 그러나 실효적 경계가 없는 상황에서 단지 그러한 장소만이 존재할 수는 없다. 아니, 불필요하다. 경계 지어져 있지 않다는 의미에서 무한하다는 것은 소재를 부여받고 있다는 의미에서 장소성을 결여하고 있다는 뜻이다. 충만하지만 비공간적인 신의 무한성과 본질적으로 텅 비어 있지만 정확히 위치적인 물리적 사물의 장소 사이에, 우주의 경계 지어지지 않은 상태, 즉 우주의 공간적 무한성이 있는 것이다. 무한성을 이렇게 명확히 나누어 표현한 덕분에 "새로운 정신, 즉 르네상스의 영(靈)이 추기경 니콜라우스 쿠사누스의 저작에서 숨을 쉰다".[65]

브루노는 쿠사누스로부터 깊은 영향을 받았지만 적어도 두 가지 기본적인 점에서는 그와 달랐다. 첫째 브루노에게 물리적 우주의 무한성은 신의 무한성에 비해 고귀하지 못하거나 가치가 떨어지는 게 아니었다. 파울 크리스텔러(Paul Kristeller)가 말하듯 "쿠사누스에게 참된 무한성은 신만이 누릴 수 있는 것인 반면, 브루노는 우주와 신의 관계를 이용해 우주의 무한성을 논증한다".[66] 그리고 더 나아가 브루노는 공간적 무한성을 이 세계로부터 **모든** 세계로 확장한다. 그 자체가 숫자상으로 무한한 세계로 말이다. 이리하여 무한성의 세 번째 형태, 즉 세계들의 무수함(innumerability)이 쿠사누스가 이미 구별해놓은 두 가지 무한성(공간적 무한성 및 신적 무한성)에 추가된다. 무한한 세계들이라는 제안은 충족이유율(principle of sufficient reason: 사고에는 언제나 충분한 이유가 있어야 한다는 것을 요구하는 법칙. 충족률이라고도 함—옮긴이)로부터의 귀결이다. 즉 "어떤 유한한 선함, 어떤 한정된 완전성이 존재할 어떤 이유가 있는 한 무한한 선함이 존재해야 할 훨씬 더 커다란 이유가 있다. 왜냐하면 유한한 선함이 존재하는 것은 그 존재함이 적절하고 합리적이기 때문이며, 무한한 선함은 절대적 필연성을 가지고 존재하기 때문이다".[67] 아서 러브조이(Arthur Lovejoy)가 "존재의 사다리(Scale of Being) 전체가 실현되는 것은 필연이다. 바로 그렇기 때문에 세계들의 무한성은 가능한 것들이 온전히 배열(deployment)되기 위한 여지를 제공해야만 한다"[68]고 쓴 것처럼 말이다. 따라서 무한한 수의 세계라는 테제에서 결정적인 것은 브루노가 《무한자, 우주 및 세계들에 대하여》에서 밝힌 대로 충만성의 원리(principle of plenitude)다. "그도 그럴 것이, 만일 우리의 이 공간이 채워져 있지 않다고 한다면, 즉 만일 우리 세계가 존재하지 않는다고 한다면, 그것은 나쁜 일일 것이다. 그와 같은 이유로 만일 공간 전체가 채워져 있지 않다고 한다면, 〔개개의〕 공간은 〔채워져 있지 않아서는〕 구별이 불가능할 것이므로 앞의 상황 못지않게 나쁜 일일 것이다."[69] 실제로 만일 공간 전체가 채워져 있지 않다고 한다면, 그것은 나쁜 일일 것이다. 그 경우 공간은 전혀 식별도 할 수 없고 어떤 목적도 갖지 못하는 공허일 뿐일 테니 말이다. 그러나 브루노에게 사물과 그 사물들이 구성하는 세계는 미리 존재하고 있는 공허를 채우는 게 아니다. 그들은 그런 텅 빈 공허를 (그게 어떤 것이든) 가정할 필요를 제거해버린다. 왜냐하면 사물과 세계의 현전은 공간에 구별이 가능하도록 질적 이질성을 부여하는데, 만일 그렇지 않다면 공간은 이러한 성질이 전적으로 결여되었을 것이기 때문이다. 존재하는 유일한 공간은 질적인 성질이 충분히 주어져 있고 충만한 공간이며, 브루노가 기술한 대로 "단지 합리적일 뿐만 아니라 그러지 않을 수 없이 불가피한"[70] 것이다. 문제는 '진공에 대한 공포' 같은 것이 아니다. 왜냐하면 자연은 임의의 순간적인 간극을 메우기 위해 돌진하는 게 아니라, 늘 이미 충만한 것, 결코 간극이나 진공이 없는 것이기 때문이다. 브루노가 명확히 말하듯 "차이화(differentiation)가 없는 곳에는 질의 구별도 없다".[71] 세계들 및 거기에 포함되는 사물은 만일 구별 짓는 그들의 현전이 없을 경우, 미분화 상태의 "구별 불가능한 공허"(로크의 잘 알려진 표현을 빌리면)에 불과할 것을 분화하고 채운다.

브루노는 엄밀히 경계 지어진 세계라는 관념이 우리를 스토아학파의 곤경에 빠뜨린다는 쿠사누스의 의견에 동의한다. 요컨대 스토아학파는 그런 관념으로 인해 어떤 가능한 세계에 의해 점유되는 것 말고는 아무런 역할도 없는 텅 빈 세계 외적 공간을 설정해야 했다. 그러나 신은 모든 가능한 세계들이 현실적 세계가 될 것을 보증하며—"가능적인 것과 현실적인 것은 신에게 동일한 [것이다]"[72]—따라서 그러한 공간은 쓸데없는 것에 불과하다. 게다가 어떤 주어진 세계가 미리 존재하는 텅 빈 공간을 점유한다고 믿으려면, 그 세계가 왜 다른 공간이 아니라 바로 이 특정한 공간을 점유하는지 그 이유가 필요하다.

그도 그럴 것이 만일 어떤 유한한 우주를 고집한다면, 우리는 공허를 피할 수 없기 때문이다. 그러면 이제 자신 안에 아무것도 없는 공간이 있을 수 있는지 생각해보자. 이 무한 공간 안에 우리의 우주가 장소 지어져 있다고 말이다. (그것이 우연에 의한 것인지, 필연에 의한 것인지, 섭리에 의한 것인지, 나는 따지지 않기로 한다.) 이제 묻겠다. 실제로 세계를 포함하고 있는 이 공간은 그 너머의 다른 공간보다 이 세계를 포함하기에 더 적합한 것이겠는가, 아니겠는가?[73]

이 질문에 대한 대답은 답이 없다는 것이다. 어떠한 특징도 없이 그저 쭉 뻗어 있는 공간 쪽이 그와 똑같이 점유 가능하고 또 똑같이 불안을 완화해주는 쭉 뻗어 있는 공간 쪽보다 한 세계의—심지어 이 우주라 해도 마찬가지지만—소재지로서 왜 더 좋은지 설득력 있게 증명할 방법 같은 것은 없다.

브루노는 공허라면 어떤 종류든 다 거부하지만—무엇보다도 외부적인, 끝없는 공허라면 더더욱 거부한다—그럼에도 불구하고 공간의 무한성에 대해서는 계속 지지한다. 공간의 무한성을 지지하되 그러한 무한성을 신과 동일시하지는 않는다. 무한 공간이란 이 **우주**의 공간을 말하는데, 참고로 브루노는 중요한 순간에는 **세계**와 구별해 우주라는 단어를 쓴다. "우리는 우주(universo)가 그 크기에서 무한하고 그 안에 있는 세계들(mondi)을 다 셀 수 없다는 걸 알고 있다."[74] 브루노는 이 세계의 경우에 공간 관념이라는 것을 거부하지만(그러한 공간은 성질도 전혀 갖지 않을 뿐만 아니라 그저 텅 비어 있을 것이다), 그럼에도 불구하고 모든 세계들이 완전히 공유하고 있는 하나의 공간을 요청한다. 그러한 공간은 이 우주의 고유한 공간이다. 이런 식으로 브루노는 중세 초기의 삼자택일 상황, 즉 세계들 **내의** 공간, 세계들**의** 공간, 세계들 **사이의** 공간 중 하나를 택해야 하는 상황을 피한다. 〔2절 말미에서는 우주 내 장소, 우주의 장소, 세계들 **사이의** 장소 중 삼자택일이었다—옮긴이.〕 이 세 가지 중 어느 것을 선택하더라도 모두 공허가 실재한다는 것, 적어도 실재할 가능성이 있다는 함의가 들어 있다. 가장 중요한 공간은 무한히 많은 세계에 의해 단지 점유되고 '인수되는' 공간이 아니라, 그 세계들에 의해 **특징지어져 있는** 공간이다. 즉 그러한 공간은 질적으로 매우 깊이 한정되어 있어 산재해 있는 우주들이 저마다 고유하고 다양한 양상으로 그 공간에 초래하는 것 이외에 잠재적인 것이나 잔여적인 것은 없다. 무한 공간은 단지 경계가 없는 게 아니다. 즉 단지 부정적이거나 결여적이기만 한 것이 아니다. 무한 공간은 그것을 구성하는 무한한 세계들에 의해 부여된 긍정적 성질도 갖는다. "무한 공간에는 무한한 성질이 부여되어 있고, 그 점에서 실존의 무한한 활동이 찬양받는 것이다. 또한 그럼으로써 무한한 '제1원인'은 결함이 있는 것이라고도, 또한 그곳에서 무한한 성질이 헛될 거라고도 여겨지지 않는다"[75]고 브루노는 선언한다.

그러한 무한 공간의 기원은 신 자신의 본성에 있다. 만일 신의 창조가 형태적으로 단지 유한할 뿐이었다면, 신은 결함 있는 존재가 되어버린다. "무한한 원인이 유한한 결과의 원인일 수도 있다고 한다면, 우리는 무한한 원인을 모욕하는 셈이다."[76] 신이 완전히 근면하지 못했다고 생각한다면, 우리는 또한 신을 모욕하는 꼴이 될 것이다. "신의 권능이 나태하다느니 하는 따위의 생각을 왜 해야 하며, 또 어떻게 그런 생각을 할 수 있단 말인가? 신의 선함은 그 자체로 무한히 많은 사물에게 전파될 수 있고 또한 제한 없이 분출될 수 있는데, 그런 것을 왜 인색하다고 말해야 하는가?"[77] 신이 다 헤아릴 수 없을 만큼 많은 세계를 과잉 수태했다는 이야기는 일단 차치하고, 만일 우리가 "무한한 완벽함" 같은 평범한 형이상학적 원리에, 즉 우주는 "유한하고 셀 수 있는 개체에서보다 셀 수 없는 개체에서 훨씬 더 잘 현전해" 있다고 보게끔 만드는 원리에 의거한다 해도, 우리는 이러한 개체들을 (개체로 간주하는 세계들 전체도 포함해) 받아들일 수 있을 만큼 널찍한 공간을 설정해야만 할 것이다. 요컨대 "다 셀 수 없는 이 물체들을 포함하기 위해서는 하나의 무한 공간이 필요하다".[78] 공간은 이 우주를, 즉 신이 완전한 '하나의-덩어리(uni-versum)'로 창조한 이 우주를 구성하는 세계들을 둘러싸고 그 안에 보호하기 위해—비록 소재를 부여하기 위한 정확한 목적이 있었던 게 아니라 해도, 단지 그 밑에서 받쳐주기 위해서일 뿐이었다고 해도—필요하다.

이 최후의 단계는 언뜻 보기보다는 근본적인 것이다. 그것은 공간, 특히 무한 공간이 **제일 먼저 오는**—(뉴턴의 경우처럼) 우주론적으로든, (칸트의 경우처럼) 인식론적으로든 문자 그대로 선험적인(a priori) 것인—우리의 근대주의적 가정과는 완전히 거꾸로다. 이와 정반대로 브루노에게 무한 공간이라는 것은 어떤 식으로든 창조론적으로나 형이상학적으로 무한한 세계들이 요청된 **후에 오는** 것이다. 브루노가 **크기**(size)의 무한성에, 즉 순수한 연장 자체에 관심이 없는 것은 하등 이상할 게 없다. (자연에 "무한 공간이 부여되어 있는 것은 (단지) 크기, 혹은 물체적인 연장을 찬양하기 위해서가 아니다"[79]라고 브루노는 주장한다.) 중요한 것은 세계들, 즉 끝없이 많은 **세계들을 위한 여지**가 충분하다는 점이다. 무한 공간은 순전한 ex-tension이 아니라, 즉 문자 그대로 '밖으로-당겨져-있는 것'이 아니라, 오히려 여지로 가득 채워져 있다. 말하자면 개개 사물들을, 아니 그보다는 그 사물들로 이루어진 개개의 세계들을 제공하는 데 필요한 바로 그만큼이 늘 있는 것이다. 정확히 그만큼일 뿐 그 이상도 아니다. 여지란 당신이 그것을 찾는 곳—이는 미리 존재하는 공간으로서 궁극적으로는 공허와 같다—이 아니라, **당신에게 그것이 필요한 곳**이다. 건축의 경우 가장 명백하게 드러나지만(이는 이미 스토아학파가 예시한 적이 있다), 여지는 본래 깃들이는 곳이다. 우주 공간 자체의 수단은 세계들이 전면에 놓이는 곳에서 생긴다.

여지라는 말이 공간과 장소 간의 중간항(middle term)이듯 여지를 요하는 세계들은 우주와 그냥 맨 사물들의 사이에 있다. 그것은 중간항의 문제, 본래적으로 복수항(plural term)의 문제인 것이다. 브루노가 1584년 논문《무한자, 우주 및 세계들에 대하여》의 제목을 통해 또박또박 말하고 있듯 "우주"는 **하나**지만 "세계"는 **많다**. 이 차이를 더욱 강화하는 것은 세계들과 사물들은 지각 가능하지만 **이** 우주는 그 자체로는 눈에 보이지 않는다는 사실이다. 복수성은 지각 가능하다는 얘기고, 유일성은 비가시성을 뜻한다. 브루노가 퉁명스레 표현하듯 "어떠한 신체적 감각(corporeal sense)도 무한자를 지각할 수는 없다".[80] 신체에 의한 지각(bodily sensation)은 물리적 사물 및 그 사물을 지구와 하늘이 둘러싸고 있는 이 '세계-전체'를 받아들일 수 있다. 하지만 그러한 감각 행위로부터 그들이 놓여 있는 배경인 무한 공간에까지 외삽(外挿, extrapolation)할 수는 없다.[81] 이 점에 대해 브루노는 쿠사누스에 동의한다. 쿠사누스는 감각을 "계속 진전시켜도 무한자에까지 이어질 수는 없다"[82]고 말한다. 그럴 수밖에 없는 것이 무한한 우주와 그것을 구성하는 유한한 각 세계들은 종국적으로 다른 종류의 사물—혹은 라이프니츠라면 각기 다른 사물의 질서라고 표현할 수도 있는—이기 때문이다. 비록 "만물은 만물 안에 있다"고 해도 세계와 우주는 **서로의 안에** 있지 않다. 양자는 본성과 지위가 근본적으로 달라 그렇게 서로의 안으로 스며들 수 없다. 하지만 갈라져 분기하는 이 둘은 최종적으로 중간에서 만난다. 상이한

이런 질서는 공간과 장소를 매개하는 여지 속에서 수렴한다.[83]

이는 아르키타스의 난제가 새로운 결과를 낳을 수 있음을 시사한다. 고독한 한 인물이 '세계-끝'에서 밖으로 손이나 지팡이를 뻗을 때 일어날 일은 **그 뻗침에 대한 여지가 생기는** 것이다. 즉 현실적 운동을 위한 여지가, 그리고 팔이나 지팡이의 3차원적 연장을 위한 여지가 생겨날 것이다. 아낌없이 여지를 제공할 수 있는—그 안에 나타나는 것이라면 무엇에든지 길을 열어주는—용량은 우주의 공간이 가진 무한성에 본래적으로 갖추어져 있다. 물론 브루노 자신은 이렇게 표현하지 않는다. 일단, 스토아학파와 달리 브루노는 '여지'에 해당하는 전문 용어를 사용하지 않는다. 루크레티우스를 인용해 다음과 같은 취지의 이야기를 할 뿐이다—팔의 움직임이 성공하든, 저지를 당하든 어쨌거나 **어떤 공간**이 그 끝 너머에 요청된다(왜냐하면 저지하는 어떤 것 자체가 끝의 바깥에 위치해야 하기 때문에). 브루노는 이처럼 필요할 때에는 언제든 여지를 제공할 수 있는, 여지로 충만한 공간의 지위를 정확히 규정하지 않는다. 하지만 그럼에도 불구하고 브루노의 추론상 그런 공간은 반드시 필요하다.

고대의 수수께끼를 이렇게 해석할 경우 좋은 점이 또 있다. 앞서 논한 '헤르메스 위작 문서'의 금언이 갖는 또 다른 의미를 파악할 수 있게끔 해준다는 것이다. 만일 "우주의 중심은 모든 곳에 있고, 가장자리는 어디에도 없다"는 게 사실이라면, 이는 우리 자신을 어디에 위치 짓는다 해도—심지어 불가능한 수단에 의해 이 세계의 끝에 위치 짓는다 해도—우리는 우리 자신이 그곳으로부터 움직여 나오는 새로운 중심에 있게 될 것이며, 그리하여 결국 제약을 부과하는 가장자리 따위는 없다는 뚜렷한 인상을 받을 수도 있다. '헤르메스 위작 문서'의 금언을 이런 식으로 해석하면 우리는 그것을 거꾸로 뒤집을 수도 있다. 즉 브루노 자신의 유명한 정식화에 입각해 말하자면 "가장자리란 어디에도 있고, 중심은 어디에도 없다".[84] 바꿔 말하면 끝은 어디에도 있고, 우리는 늘 사물의 끝 위에, 세계 자체의 끝 위에 있다. 그럼으로써 잇따라 발생하는 중심으로부터 손을 뻗을 자유는 일련의 가장자리 안에 갇혀 있는 제약으로 상쇄된다. (어쩌면 바로 이 때문에 브루노가 무한에는 "그 바깥도, 그 너머도 결코 없다"고 주장했는지 모른다. 외관상 어디어디 너머의 움직임은 모두 안에 보존하는 것(a holding-in)에 의해 상쇄된다.) 그리고 만일 모든 일이 그러하다면, 우리는 중심과 가장자리가 그 자체로 일치한다는 훨씬 더 급진적인 결론을 도출할 수도 있을 것이다. 양자가 일치하는 것은 단지 신 때문(브래드워딘이 이미 주장했듯 신은 동등하게 어디에나 있다)이 아니라, 장소와 공간이 만나는, 여지를 창출하는 환경 속으로 빠져드는 존재 모두 때문이다. 왜냐하면 그러한 환경에서는 우리 자신이 중심에 있다고 생각하든, 주변에 있다고 생각하든 그건 중요한 문제가 아니기 때문이다. 중요한 것은 우리가 살고, 운동하고, 자기 존재를 확보하기 위해 적절한 여지를 갖고 있다는 사실이다.

그런데 이 모든 것에서 **장소**의 장소는? 13세기 이래로 무한 공간에 대한 강박이 심해짐에 따라 장소가 음지로 내몰리리라는 것쯤은 예측 가능한 결과였다. 그러나 장소가 시야에서 완전히 사라진 것은 아니다. 우리가 이미 살펴본 것처럼 세계 외적 공간에 대한 쿠사누스의 노작에서 로쿠스(locus, 장소 또는 자리)라는 말이 살아남은 것은 의미심장하다. 추기경 쿠사누스는 또한 "어떤 두 장소도 시간과 그 설정 상황에서 정확히 일치하는 일은 없다"[85]고 인상적으로 진술한다. 이 주장은 "다른 사물들이 동등하기는 **현실적으로 불가능하다**"[86]는 쿠사누스의 일반적 규칙을 잘 예시할 뿐만 아니라, 장소의 고유함, 즉 교환 가능한 위치 같은 것으로 환원할 수 없다는 강한 단언 또한 담고 있다. 만일 헤라클레이토스가 개별적 우주들, 곧 "특정한 세계들"에 대해 이야기할 수 있다면, 우리가 특정한 장소들에 대해—장소의 개별성에 대해—이야기하는 일을 더 한층 정당화할 수 있을 것이다. 브루노는 장소 자체에 관해 명확히 이야기한 적이 거의 없지만, 아마도 이런 사고 노선을 지지했을 것이다. 장소는 그냥 유한—동시대 사람인 토마스 디게스(Thomas Digges)의 "무한한 장소"[87]라는 담론은 브루노에게 모순어법과도 같았을 것이다—할 뿐만 아니라, 개개의 존재자가 차원적으로 특정화해 있는 덕분에 저마다 고유하게 유한한 것이다. 어떤 대목에서 브루노가 주장하는 것에 따르면, 모든 물체는 "〔그것들의〕 수용력의 양태에 따라 다른 개별 물체와의 관계 아래" 존재한다. "왜냐하면 〔그것들은〕 위, 아래, 안쪽 깊숙한 곳, 오른쪽, 왼쪽〔에 있는〕, 모든 소재(所在)상의 차이에 따르고 있기 때문이다."[88] 그중 "모든 소재상의 차이"라는 구절이 특히 강력한데, 이는 장소에 적용할 수 있을 뿐만 아니라, 장소 자체의 구조(정확히 "위", "오른쪽" 같은 용어로 적절히 기술하는 구조)로부터 빌려온 것이다. 실로 장소는 세계의 모든 존재자에 대해 차원적으로 가장 특정한 것—다른 용어로 말하면, 그 존재자들에 대해 가장 철저한 '전개적인(explicative: 또는 '펼쳐지는'—옮긴이)' 특질—이라고까지 할 수 있을지도 모른다. 만일 '존재' 자체가 '겹쳐진 하나'라면, 장소들(또한 그 장소들이 거하는 세계들)은 전개적으로 다수다.[89] 전개적인 것으로서 장소는 무한 공간의 지각 불가능한 유일성 속에 접혀 있는 것을 펼치고, 넓히고, 연장시킨다. 그러나 다시 한 번 말하지만, 장소가 그렇게 하는 것은 이러한 전개를 고유하게 적합한 방식으로 할 수 있을 만큼 적합한 여지가 있는 한에서다.

이리하여 우리는 브루노로부터 **공간은 장소를 위한 여지를 만든다**는 것을 배운다. 이렇게 말할 때, 브루노는 쿠사누스뿐만 아니라 (루크레티우스를 경유해) 에피쿠로스, 그리고 훨씬 더 거슬러 올라가 플라톤(플라톤은 서구 최초로 여지에 대한 모델을 코라라는 형태로 제안했다)에 근거하고 있는 것이다. 그러나 브루노는 또한 무한 공간에 몰두한 근대를 내다보고 있었다. 브루노가《원인, 원리, 일자에 대하여(Concerning the Cause, Principle, and One)》중 닷새째 날의 대화 앞부분에서 말하는 내용은 그로부터 한 세기 뒤 뉴턴이 한 말이라 해도 전혀 이상할 게 없다. "이 우주는 따라서 하나이고, 무한이며, 부동이다."[90] 브루노는 과거를 돌아봄과 동시에 미래를 내다본다는 점에서─브루노 자신이 일컬은 "연쇄들의 한 고리"[91]로서─전형적인 르네상스 사상가다. (러브조이의 말을 빌리면) "탈중심화한, 무한한, 그리고 거주자들로 무한히 채워져 있는 우주라는 교의의 원칙적 대표자"[92]다. 여기서 거론한 세 가지 사상의 흐름은 모두 이단적 성격을 갖고 있었다. 이런 점을 고려할 때, 조르다노 브루노가 근대 철학의 첫 번째 순교자가 된 것은 그리 놀랄 일도 아니다. 그는 1600년 2월 16일, 로마의 캄포 데이 피오리(Campo dei Fiori: '꽃들로 가득한 들판'이라는 뜻─옮긴이) 광장에서 화형을 당했다.

4

모든 것은 조각나고, 모든 일치가 사라진다. 모든 것이 주어지고, 모든 것은 관계다.
─존 던(John Donne), 〈세계의 해부(Anatomy of the World)〉

1600년은 또한 장소와 공간의 역사에서 가장 결정적인 세기(century) 중 하나가 끝났음을 알렸다. 16세기 사상가들은 스콜라주의─즉 13세기가 끝날 때까지 무한 공간에 관한 사유를 고무했던 제도적 틀 자체─와 완전히 결별하고자 했다. 〔브루노는 종교 재판소의 유일한 희생자가 아니었다. 카르다노(G. Cardano)는 1570년 체포되었고, 캄파넬라(T. Campanella)는 1592~1628년 동안 30년 넘게 수감되었으며, 텔레시오(B. Telesio)의 저작은 1594년 금서가 되고, 파트리치(F. Patrizi) 의 《신보편철학(Nova de universis philosophia)》은 1594년 유죄 선고를 받았다.〕[93] 역설 적인 것은 희랍 시대의 아리스토텔레스가 쓴 저작을 읽을 수 있게 됨으로 써—이번에는 필로포노스나 심플리키오스 같은 주석가들의 주해가 붙었 다—스콜라주의적 사상으로부터 이탈이 시작되었다는 사실이다. 아리스토 텔레스가 직접 쓴 저작에 좀더 주목함에 따라 한편으론 정통파의 영향력이 커졌지만 **동시에** 비판적인 관점도 더욱 강해졌다.[94] 그와 동시에 플라톤과 신플라톤주의에 대한 열광(15세기 후반 피렌체 아카데미의 융성은 이를 압축적으로 보여준다)은 자연 세계에 대한 기발하고도 상상력 넘치는 접근법을 무수하 게 산출했다.[95] 또한 에피쿠로스, 루크레티우스, 스토아학파에 대한 관심이 부활하면서 이 풍요롭고 떠들썩한 시기에 나타난 공간과 장소에 대한 여러 가지 새로운 모델에 중요한 영향을 끼쳤다.

당시 공간과 장소에 범주적인 지위를 부여하지 않는 것은 거의 보편적 인 현상으로 마치 시대의 상징과도 같았다. '어디'(아리스토텔레스의 'pou')는 더 이상 '관계'나 '질(quality)' 같은 다른 범주와 나란히 형이상학의 열 가지 기본 범주 중 하나로 간주될 수 없었다. 특히 공간과 장소는—논의의 여 지는 있지만—가장 근본적인 두 범주로 꼽는 '실체(substance)'와 '우유성 (偶有性, accident)'으로 양분되는 프로크루스테스의 침대에 더 이상 두드려 맞출 수 없게 되었다. 여기서 주목할 만한 사실이 있다. 자연 세계에 대한 16세기의 지도적 이론가들이 서구의 사유를 그토록 오랫동안 지배해온 이 분법적인 틀—요컨대 실체/우유성이라는 굴레—에 공간을 적용하길 하나 같이 거부했다는 것이다. 브루노, 텔레시오, 캄파넬라, 파트리치 등은 모두 공간이 고유한 종류의 자기 존재를 갖는다는 데 의견이 일치했다. 즉 공간 은 자연의 존재자들을 분석하는 데 보편적인 항(項, term)으로서 고유한 지위를 갖는다는 것이다. 파트리치는 이 점을 단죄받은 자신의 논문에서 가장 두드러지게 표현했다.

확실히 〔아리스토텔레스의〕 범주가 이 세계의 사물들에 잘 들어맞는다는 것은 인정할 수 있다. 그런데 공간은 이 세계의 사물 중에 있지 않은 것, 이 세계 이외의 것이다. 그것은 이 세계의 어떠한 사물의 우유성도 아니고 물체든 아니든, 실체든 아니든 어쨌거나 그 모든 것에 선행한다. 모든 사물이 공간 안에서 존재에 이르듯 그 사물들은 공간에 우유적이다. 따라서 우유성이라는 범주의 목록에 들어 있는 것뿐만 아니라, 거기서 실체라 일컫는 것도 공간에는 우유적이다. 그런 까닭에 공간에 대해 철학적으로 고찰할 때는 범주와 다른 방식으로 해야 한다.[96]

파트리치에게 공간은 4대 원소 중 하나인데—다른 세 가지는 빛, 열, 유동성(fluidity)이다—그것은 창조될 것들 중 **가장 첫 번째 것**이다.[97] 공간은 무한하므로, 신은 **무한한 어떤 것을 실제로 창조할 수 있다**고 인정할 수 있다—단지 14세기의 매우 많은 스콜라 학자들이 믿은 것처럼 무한한 것이나 전적으로 상상적인 뭔가를 **가능적으로** 창조하는 것뿐만 아니다. 나아가 신은 신 자신이 종속될 뭔가를 스스로 창조했다고 주장할 수 있다. 파트리치는 이런 점에서 아르키타스를 긍정적으로 윤색하면서 타렌툼(Tarentum: 이탈리아 남쪽에 있는 항구 도시 타란토의 옛 이름—옮긴이) 출신의 이 철학자를 실질적으로 인용한다. "왜냐하면 만물은 물체적이든 아니든, 만일 그것이 어딘가에 있지 않다면 어디에도 없는 것이다. 그리고 만일 어디에도 없다면, 그것들은 실존조차 하지 않는다. 만일 실존하지 않는 것이라면 그것들은 무(無)다."[98] 만일 신이—비록 비물체적일지라도—실존하는 것이려면, 신은 자신이 처음에 산출한 바로 그 공간 내에 실존해야만 한다. 이는 우로보로스(Uroboros: 자기 꼬리를 먹는 뱀으로, 고대 신화에서 우주와 그 우주의 창조자를 함께 드러내는 대표적 상징―옮긴이)의 이미지를 시사한다. 신은 신 자신의 (공간이라는) 꽁무니를 물고 있다! 이는 공간의 신격화가 아니라 신성의 공간화다!

신은 공간에 종속되어 있을 뿐만 아니라, 무한 공간의 어떤 특정한 성질, 즉 그것의 고유한 3차원성에도 종속된다. 다시 한 번 파트리치의 말을 들어보자.

〔공간은〕 물체가 아니다. 왜냐하면 그것은 어떠한 저항도 드러내지 않고, 또한 시각·촉각은 물론 다른 어떤 감각의 대상도 아니며, 그에 종속되지도 않기 때문이다. 다른 한편 그것은 비물체적이지 않고 3차원적이다. 그것은 길이와 넓이와 깊이를 갖는다―그러한 차원 중 하나나 둘 하는 식으로 그중 일부만 갖는 게 아니라 세 차원 모두를 갖고 있다.[99]

파트리치는 필로포노스와 매우 유사하게도 아리스토텔레스의 장소 개념이 2차원적인 데 불과하며 깊이가 결여되어 있다고 지적한다. "〔아리스토텔레스의〕 장소는 '공간'이 아니면 그 무엇이란 말인가? 거기엔 길이와 넓이가 갖추어져 있고, 비록 아리스토텔레스 자신이 장소와 관련해 어리석게도 깊이(profundum)를 간과했다 하더라도, 어쩌면 이쪽이 장소에 더 적절하지 않겠는가?"[100] 신의 '깊이(profundity)'는 여기서 문자 그대로의 의미를 띤다. 또한 '공간'의 입체로서 특성이 그 본질적인 텅 빔, 즉 원리적으로 진공으로서 지위를 함의한다는 점은 뭔가를 더욱 강하게 예감케 한다. 아리스토텔레스는 차원성이 물체성과 떨어질 수 없으며, 따라서 공간이 차원적인 것인 한 텅 빈 공간이란 있을 수 없을 것이라고 보았다. 그에게 차원은 물리적 실체들의 본질적 속성이고, 따라서 물리적 실체들로부터 떼어내기란 불가능한 것이다.[101] 그러나 만일 우리가 공간에 대해 어떠한 실체이든 그 실체의 속성이 **아닌** 차원에서, 즉 (다시 한 번 필로포노스의 표현을 사용하자면) **순수한** "공간적 연장"의 견지에서 생각할 수 있다면, 우리는 본질적으로 텅 빈 공간을 인식한 것이다. 나아가 차원이라는 것 자체가 자신의 크기에 어떠한 한계도 갖지 않으므로, 공간에 3차원성을 부여한다는 것은 곧 무한 공간의 방향 쪽으로 결정적 일보를 내딛는 것이다.[102] 그것은 또한 17세기 사상에서 신앙의 개조(個條, article)였던 부동성, 연속성, 균질성 등 긴밀히 상호 연관된 관념들로 향하는 것이기도 하다. 그것은 왜냐하면 비록 물체들이 공간 안에서 움직인다 해도 그 차원적인 틀 자체는 움직이지 않기 때문이다. 그리고 차원들은 실제로 그 범위 내에 연속적으로 놓여 있는 **동일**(same) 물질성에 대해서만 적용되는 변수(parameter)이기 때문이다. 그러한 틀은 그 안에 무엇이 위치 지어진다 해도 그에 대해 본질적으로 수용적이다. 그것은 소재를 부여받은 것에 저항하는 것이 아니라, 그것을 받아들이고 그것에 침투할 뿐만 아니라 그것에게 침투당한다.[103]

공간이 (필로포노스와 파트리치 모두 그렇게 본 것처럼) **실제로** 늘 채워져 있다는 것은 중요한 게 아니다. 중요한 것은 공간이 세 차원에서 끝없이 텅 빈 것으로 **파악할** 수 있는 종류의 사물이라는 점이다.

〔'공간'이〕 한 물체에 의해 채워져 있는 경우, 그것은 장소이고, 물체가 없는 경우는 진공이다. 그리고 이런 연유로 이러한 진공은 장소처럼 세 가지 공통된 차원, 즉 길이·넓이·깊이를 가져야만 한다. 그리고 진공 자체는 세 차원의 '공간' 이외의 그 어떤 것도 아니다.[104]

바꿔 말하면, 유한한 공간은 두 가지 조건 아래서 무한 공간이 된다. 첫째 조건은 실제로 세 차원을 가질 것(장소와 공간이 모두 만족시키는 조건이다)이고, 둘째 조건은 원리상 물체를 결여할 수 있을 것(공간에만 가능하다)이다. 이러한 제안을 통해 파트리치는 자신이 실제로 전형적인 르네상스 사상가임을 입증한다. 그는 1000년 전의 필로포노스를 돌아봄으로써 100년 뒤의 가상디와 뉴턴을 고대한다고 할 수 있다. 이 세 사상가는 파트리치의 두 가지 조건에 모두 동의할 것이기 때문이다.

만일 무한 공간이 실제로는 텅 비어 있지 않다면, 무엇에 의해 채워져 있을까? 이것이 16세기를 괴롭힌 질문이었다. 브루노는 무한 공간의 충만한 성격을 고양시키려는 열망으로 무한 공간에 에테르가 가득 차 있다고 제안했다. 파트리치는—아마도 프로클로스의 영향 때문일 테지만—공간 자체와 가장 유사하다는 점에서 빛을 선호한다. 에테르와 빛은 모두 그것들을 점유하는 물체에 어떤 저항도 하지 않는다. 그러나 이들 양자는 산재해 있는 질료적 물체가 그 안에 소재를 부여받기 **전에** 비물체적 물체가 공간을 채운다는 난감한 전망을 끌어들인다. 파트리치가 집요하게 말하듯 빛으로 채워진 공간이란 "비물체적인 물체고, 그러면서 또한 물체적인 비물체"[105]다. 빛은 공간과 장소 사이를, 비물체와 물체 사이를 중개하는 제3의 어떤 것(tertium quid)이고, 모든 4대 원소의 성질을 공유하면서 한편으론 그들을 밝게 비추는 그들 자신의 고유한 어떤 것을 제공한다.

르네상스 사상가들은 그러한 중개적인 3항을 정립하는 경향이 특히 강했는데, 이는 아마도 중세와 근대 세계의 경계에 있는 그들 자신의 지위를 반영한 것이리라. 우리는 방금 또 하나의 그러한 항, 즉 여지에 대해 고찰했지만 파트리치의 경우에는 그러한 자취가 명확히 보이지 않는다.[106] 그러나 파트리치는 그와 밀접히 관계된 것이면서 등등하게 특징적인 또 하나의 르네상스적 전략을 추구한다. 그것은 대립물 또는 비슷하지 않은 것을 예기치 못한 방식으로 결합하는 전략이다. 쿠사누스와 브루노가 극대와 극소, 혹은 중심과 가장자리의 동일성에 대해 말했다면, 파트리치는 우주 외적 공간이 **유한하고도 무한하다**고 주장한다. 세계의 장소가 유한하다는 점은 일체의 모호함 없이 분명하지만—하나의 장소에 하나의 세계—세계 너머에 있는 것의 공간은 그것이 정확히 세계의 주변이라는 데에서 기원하는 한(이런 측면은 따라서 공간에서 경계의 하한을 규정한다) **유한함과 동시에** 그것이 우주 바깥쪽으로 한계 없이 나아가는 한(여기에는 경계의 상한이라곤 전혀 없다) 무한하다.[107] 이것은 물론 무한한 공허의 중심으로서 유한하고 충만한 세계를 상정하는 스토아학파 모델의 변주인데,[108] 이로써 광대한 공간에 단일한 세계라는 파트리치의 다소 타협적인 견해(세계들이 무한하다고 대놓고 주장하는 브루노의 이단적 관념에 비할 때)가 분명히 드러난다.

타협은 혼란(confusion)과 가까운 사촌지간이다. 르네상스식 사고에서 진정 혼란스러웠던 이 영역은 우리를 일차적인 주제로, 즉 장소와 공간의 관계로 돌려보낸다. 쿠사누스, 브루노, 파트리치에게 공간의 현실적(이고 단지 상상적이기만 한 것이 아닌) 무한성에 대한 관심이 명백히 고조되었음에도 불구하고, 과연 이것이 공간과 대비해 장소를 이해하는 방식에 무엇을 의미하는가라는 괴로운 질문은 여전히 미결 상태였다. 장소와 공간의 어떤 의미 있는 구별도 명료화하지 않은 채 그 둘을 포함하고 결합하는 어떤 중간 영역을 가정해버린다. 이것이 곧 하나의 진창(muddle)으로서 중간(middle)이다. 장소와 공간은 규정되지 않은, 아니 차라리 잘못 규정된 중간 영역에서 공존한다고, 또 그러한 중간 영역에서 양자는 서로의 실질적 유사물이라고 여겨진다. 이러한 문자 그대로의 '공—융합성(con-fusion)'은 예컨대 잔 프란체스코 피코 델라 미란돌라(Gianfrancesco Pico della Mirandola)의 다음과 같은 언명에서 분명히 드러난다. "장소란 공간이다. 물론 거기에는 어떤 한 물체도 없다. 하지만 그래도 여전히 진공으로서 홀로 존재하는 일은 결코 없다."[109] 여기서 공간과 장소는 간단히 등치되어버리며, 마치 둘 사이에 그 어떤 구별도 없는 혼합물의 동등한 부분인 듯하다. 일단 이것들이 중간 영역, 즉 진창이라는 유독(有毒)한 환경 속에 한데 섞여버리면, 등치 진술(identity statement)이 어떤 방향에서 정식화하는 것인지 무의미해진다. 만일 잔프란체스코 피코가 **장소는 곧 공간**이라고 말할 수 있다면, 캄파넬라는 **공간은 곧 장소라고,** 즉 공간은 "신성에 의해 지지되는 만물의 장소"[110]라고 주장할 것이다. 캄파넬라의 주장이 피코의 말과 정반대로 보이는 것은 단지 외관상 그러할 뿐이다. 이런 점은 "장소와 공간 바깥에는 어떠한 장소나 공간도 없으며, 그것은 인간 바깥에 인간성이란 없고, 선(線) 바깥에 선성(線性)이란 없는 것과 정확히 같다"[111]는 캄파넬라의 추가적인 명제를 볼 때 충분히 납득할 수 있다. '장소와 공간'의 미규정성은 캄파넬라가 아르키타스의 난제를 자기 식으로 표현하는 과정 안에 재차 새겨짐으로써 더욱 강화된다. 캄파넬라의 주장에 따르면 이 세계의 끝에는 이 세계 내에 이미 실현되어 있는 장소와 공간을 초월한 그 어떤 장소도, 그 어떤 공간도 없다. 브루노의 경우는 그 자신이 계속되는 이 난제를 다룰 때 동일한 미규정성을 인정한다. "확신컨대 나는 다음과 같이 대답해야 한다고 생각한다. 만일 어떤 사람이 천공의 볼록한 영역 너머로 손을 뻗치려 할 경우, 그 손은 공간 내 어떤 위치도 점하지 못할 것이고, 또한 어떤 장소도 점하지 못하며, 따라서 그 손은 존재하지 않을 것이다."[112] "공간 내 어떤 위치도, 어떤 장소도 점하지 못하는" 상황, 이런 사고 실험 상황에서 공간과 장소 중 과연 어느 쪽이 문제인지는 하등의 관심도 끌지 못한다. 요점은 장소와 공간에 대해 어떠한 구별도 하지 않는다는 데 있는 게 아니라, 존재하는 그러한 차이가 인정되지 않는다―그러한 차이는 더 이상 중요하지 않다―는 데 있다. 이것이 바로 처음 아르키타스가 개요를 제시하고, 다음으로 아리스토텔레스와 루크레티우스가 이어받았던 그 중요한 상황이 브루노와 캄파넬라에 의해 반복될 때 일어난 일이다. 그리고 만일 양자의 차이가 이런 경우에도 중요하지 않다면, 더 일상적인 상황에서 그러한 차이가 중요할 이유가 어디에 있겠는가!

16세기에 쓰여진 브루노·캄파넬라 그리고 피코의 언명과 다음 세기 중반 무렵에 쓰여진 피에르 가상디의 선언, 이 둘 사이의 대비보다 의미심장한 대비는 있을 수 없다. 가상디는 이렇게 말했다. "장소란 텅 빈 공간 이외에 아무것도 아니다."[113] 가상디의 주장과 캄파넬라 및 피코의 주장은 문법적 유사성—양쪽 다 'is'를 씀으로써 외관상 등치 진술을 한다—으로 인해, 가상디가 두 용어를 융합하지도 않고 심지어 등치시키지도 않는다는 사실이 감춰져버린다. 가상디는 결정적인 한정구 '~이외에 아무것도 아니다'를 덧붙임으로써 이전에는 '장소'라 일컬어온 것을 이제 '공간'에 의해 **대치할** 수 있다고 말한다. 여기에는 공간, 더 구체적으로는 "텅 빈 공간"이 장소를 둘러싸며 가려버린다는—따라서 또한 구별하는 기술(記述) 용어로서 장소가 가진 유용성을 심히 약화시킨다는—함의가 분명히 담겨 있다. 혼란, 즉 일시적인 불확실성 및 일시적인 불안정한 교체는 개념에서처럼 언어에서도, 공간이 장소에 승리를 거두는 확실성의 새 시대에 길을 내주었다. 파트리치—역사적으로 피코와 가상디의 정확히 중간에 위치하는—는 이미 이 승리를 단언했다. "진공은 확실히 장소에 선행하며 또한 선행해야만 한다. 하지만 진공이라는 것은 '공간'의 〔본질적〕 속성이며, 그런 까닭에 '공간'은 본성적으로나 시간적으로 모두 장소에 선행한다."[114]

공간이 장소에 대해 완전히 우위를 점한 것은 17세기 말 뉴턴의《자연철학의 수학적 원리》가 출판된 이후라 해도, 공간과 장소의 쟁투에서 흐름이 역전된 결정적 전환은 16세기에 발생한다. 우리는 16세기 이전의 몇 세기—16세기 이전은 그 역사가 복잡하게 이어진 탓에 장소와 공간에 관한 중세 특유의 이론과 초기 르네상스의 이론을 구별하기 어렵다[115]—와 달리 16세기에 잠자고 있던 '공간'이라는 유령이 사뭇 교만하게 깨어나는 것을 목도할 수 있다. 진정 새로운 뭔가가 발생하고 있다는 강력한 감각을 가장 극적으로 느낄 수 있는 것은 쿠사누스와 브루노의 제약 없는 사색에서였지만, 파트리치의 더 신중한 숙고와 캄파넬라의 상상력 넘치는 관념에서도 역시나 두드러지게 느낄 수 있다. 캄파넬라는 공간이 감정과 감각의 능력을 가졌다고 여겼다.[116] 그는 또한 공간이 기회만 있으면 확장되려 한다고 믿었다. 이 매력적인 생각은 테오도르 립스(Theodor Lipps)의 "공간적인 것은 모두 확장한다"[117]는 개념, 즉 특히 근대적인 건축 공간의 실험에서 결정적인 개념을 예시(豫示)한다. 그러나 더욱 중요한 것은 캄파넬라의 사고가 공간의 실재적인 (그리고 단지 상상 속에서 투사되거나 가정하는 것이 아닌) 무한성에 대한 열정을, 16세기 말경에는 이미 세계적으로 퍼져 있던 그 열정을 대단히 잘 보여준다는 점이다. 무한 공간—공간은 관대하게 해석할 경우, 만일 무한하지 않다면 이번 장에서 반복적으로 확인한 대로 무(無)다—은 끝없이 확장하면서 그 끝도, 그 어떤 한계도 알지 못한 채 결국 그 거대한 목구멍 속으로 장소를 게걸스럽게 삼켜버린다. 무한 공간은 비록 탈신격화하고, 따라서 물리적 우주와 외연이 같아졌지만, 그 엄청난 일반성과 개방성—유한한 장소의 폐쇄성 및 개별성과 대조되는—은 근대 초기의 문턱에 도달할 시점에는 사실상 저항 불가능한 것이 되어버렸다.

3부 공간, 지고(至高)의 자리에 오르다

막간

장소는 장소 안에 있는 사물보다 우월하므로, 장소 안에 있는 것은 더 우월한 무언가 안에 있는 셈이다.
— 다마스키오스, 《아리스토텔레스 자연학 5권 주해 후편》

어떠한 존재자도, 어떤 방식으로든 공간과 관련되지 않고서는 실존하지도 않고 실존할 수도 없다.
— 아이작 뉴턴, 〈중력 및 유체(流體)의 평형에 대하여(De gravitatione et aequipondio fluidorum)〉

〔근대의 공간에서는〕 어떤 장소도 다른 모든 장소와 동등하다.
— 마르틴 하이데거, 《세계상(世界像)의 시대(The Age of the World Picture)》

장소는 원(原) 현상학이라 할 수 있는 아리스토텔레스 자연학에서 지고의 항(項)이었다. 그런데 장소의 지위가 하락하기 시작해 17세기 말에 이르면 논의의 장에서 거의 목숨만 붙어 있는 상황이었다. 그리고 18세기 말, 장소는 물리학과 철학의 진지한 이론적 담론에서 완전히 사라져버렸다. 이때와 관련해 우리는 아리스토텔레스가 시간에 관해 말한 내용을 그대로 장소에게 들려줄 수 있다. "그것은 전혀 존재하지 않든가, 아니면 〔겨우〕 간신히 그리고 희미하게 존재할 뿐이다"(《자연학》 217b34). 장소는 어찌하여 이토록 근본적으로 형해화하고 사라져버렸는가? — 장소는 어떻게 단 2세기 만에 공간에 완전히 자리를 내주었는가? 이것이 다음 네 장의 주제인데, 이렇게 부정적인 경로를 통해 우리는 4부에서 거론할 후대의 전개를 위한 무대를 마련할 것이다. 베르그송이나 바슐라르에서 하이데거·들뢰즈(G. Deleuze)와 가타리(F. Guattari)로 확장해가면서, 이들 후대의 전개 양상은 고대 철학의 설명에서 장소가 보유하던 높은 평가를 정당화할 것이다. 단 이는 3부에서 면밀히 검토할, 장소에 대한 관심의 결정적 소멸을 배경막으로 해서만 드러날 것이다. 데카르트에서 라이프니츠에 이르는 근대 초기 사상가들에게 천재(genius)라고 하면, '땅의 수호신〔genius loci: '장소의 영(靈)'—옮긴이〕'에 대한 경멸, 즉 장소의 특별함이나 무엇보다도 장소에 고유한 '힘'에 대한 무관심이 빼놓을 수 없는 요소였다. 아리스토텔레스가 장소의 힘을 당연시한 반면—그 포함적인 성격, 그 질적인 차이화(differentiation), 매체로서 이질성, 방향의 비등방성 같은 것에서 볼 수 있는 특별한 비인과적(noncausal) 힘—17~18세기 서양의 철학자나 과학자들은 장소란 그 중립적인 균질성에서 양적으로 규정되는 보편적 공간의, 일시적인 하위 구분일 뿐이라고 상정한다.[1] 장소는 기껏해야 뉴턴이 1687년(《자연철학의 수학적 원리》를 출간한 해—옮긴이) "절대 공간"이라고 부른, 흠결 하나 없는 방대한 직물(織物, fabric) 내의 편의적이고 임시방편적인 호주머니 같은 것이다. 뉴턴의 최대 논적이었던 라이프니츠가 표명한 "상대 공간"에도 장소가 들어갈 여지 따위는—설령 있더라도—거의 미미하게만 남겨질 터였다.

나는 장소처럼 중요한 개념이 주변화하는 사태가 근대의 첫 두 세기 동안에만 일어났다고 말하고 싶은 게 아니다. 오히려 그러한 변화는 공간에 대해, 즉 절대적이라고, 더 특정하게는 무한하다고(아울러 종종 절대적이고도 무한하다고) 여겨진 공간에 대해 점점 더 강하게 몰입하면서 그 음지에서 일어난 사태다. 우리가 이미 살펴본 것처럼 후기 헬레니즘과 신플라톤주의에서, 13~14세기 중세 사상에서, 그리고 특히 르네상스 사상에서 그런 공간에 대한 몰입이 한층 더 명백한 형태로 표면화했다. 이런 다양한 사상가들은 한결같이—심지어 배경이 크게 다른 경우까지도 포함해—공간적 세계는 장소만의 문제로 한정할 수 없으며, 따라서 장소만의 문제로 이해할 수 없다는 데 생각이 미쳤다. 만일 장소가 구속(constriction)과 경계 구획을 함의한다면, 또한 특정한 현장(그리하여 그 질적인 특성)의 구체적 상황에 늘 묶여 있는 것이라면, 거리나 연장 같은 것, 아니 장소에 꼼짝없이 고정되는 것을 거부하는 순전히 질적인 어떤 것에 대해서는 뭔가 다른 요인으로 설명해야 한다. 이리하여 아리스토텔레스 이후, '공간'에 대한 이야기가 발화하기에 이르렀다. 처음에는 주저하며 플라톤을 흘끔흘끔 돌아보면서〔토포스로서 장소가 뒷받침할 수 없는 여지성(roominess)을 가리키기 위해 플라톤의 코라를 끌어들인다〕 이야기하기 시작했다. 나중에는 더 두드러지게, 공간(그리고 공간의 중세적 변형인 'spacium')을 발명해냄으로써 그렇게 했다. 이때의 공간(spatium)은 고유한 공간성을 단지 장소적(local)이기만 한 것으로부터 구별해내는 수단이었다. 〔로쿠스는 이전에는 토포스에 할당되어 있던 (경계를 획정하거나 확정되는) 역할을 떠맡고 있었다.〕 공간의 절대성과 무한성이라는 개념, 대등하지만 구별 가능한 이 개념이 저항할 수 없는 것으로 보이기 시작한 것은 바로 공간의 광대함, 한계 없는 것처럼 보이는 뻗어 있음, 그 끝없음을 탐사할 때였다.

하지만 그렇다고 해서 장소에 대한 흥미가 간단히 뒤로 밀렸던 것은 아니다. 그러한 흥미는—공간에 대한 매혹이 출현한 바로 그 면전에서—재빨리 다시 이어졌다. 바로 그렇기 때문에 기원후 6세기의 저작에서 다마스키오스는 조금도 얼굴을 붉히지 않고 여전히 "장소 안에 있는 것은 더 우월한 무언가 안에 있는 셈"[2]이라 말할 수 있었던 것이다. 이는 장소가 **공간**보다 우월하다는 얘기가 아니라, 장소는 다만 **그것이 포함하고 있는 것**보다 우월하다는 얘기다. 즉 "장소는 장소 안에 있는 사물보다 우월하다".[3] 그러나 장소는 그 고유한 힘으로 말미암아 따로 취급해 찬사를 보낼 만큼 여전히 중요하다. 범위에 있어 아무리 한정되어 있더라도 말이다. (장소가 가진 힘의 본령은 다른 어떤 것에는 한계일 수 있는 그 능력에 있다.) 하지만 다마스키오스가 이런 주장을 펼친 지 겨우 50년 뒤, 필로포노스는 연장이라는 극히 중요한 개념의 두 가지 정식화 사이에서, 즉 장소적 연장과 우주적 연장 사이에서 동요한다. 첫 번째 정식화에서 우리는 '연장'이란 "장소에 대한 것"이라는 아리스토텔레스적 현전이 주재하고 있음을 느낀다. 두 번째 표현에서는 연장이 '세계'에 속한다. 장소는 물리적인 물체—물리적 물체는 자신의 고유한 연장, 즉 물체적 연장을 갖는다—의 상관자인 데 반해 '세계(cosmos)'는 어떤 물체도, 혹은 어떤 물체군도 능가한다. 세계는 물체와 우주(universe) 사이에서 균형을 잡고 있다. 즉 한편으로는 물체에 여지를 주고, 다른 한편에서는 우주를 향해 밖으로 펼쳐져 있는 것이다. 그러나 여기서 장소는 공간—코스모스적 공간이든 유니버스적 공간이든—과 어떤 식으로도 명확히 구별되지 않는다.[4]

진실은 여러 세기 동안 장소가 공간과 한 덩어리로 섞여 있었다는 것이다. 말하자면 공간과 혼합해 있었던 것이다. 아르키타스의 난제가 세계의 끝 너머에서 특정한 방식으로 우주 외적인 공간을 요구한다는 것은 우리가 살펴본 대로다. 그렇긴 하지만 이 난제의 몇몇 중세적 표현은 매우 혼란스러운 이 상황을 논함에 있어 공간(spacium)이 아니라 장소(locus)를 계속 언급한다. 훨씬 더 노골적인 경우를 지적하면, 지도적인 르네상스 사상가들이 여전히 공간을 장소와 등치시켰고, 그 역도 마찬가지였다. 이는 단순한 혼동이 아니다. 이는 장소에 대한 고대의 존중이 1000년의 사유를 거치고도 살아남아 공간에 대한 열정이 흥기하는 데 편승함으로써 존속한 것이다.

근대 초기라는 시기를 그토록 결정적 순간으로 만든 것은 이 시기 막바지에 이르러 이러한 존중이 자취를 감추고, 그 결과 장소와 공간의 다소나마 평화적인 공존이 현실적인 선택지가 아니게 된 바로 그 상황이다. 이미 17세기 중반이 되면 윌리엄 길버트(William Gilbert)는 경멸을 담아 "장소는 무이고, 존재하지 않으며, 어떤 힘도 없다"[5]고 말한다. 그러나 장소에 힘(strength)이 없고 또 장소가 존재하지 않는 것은 바로 힘을 공간에 위치 짓길 선호하는 사람들에 의해 장소가 그 존재와 능력을 부정당했기 때문이다. 장소가 주변부의 보잘 것 없는 위치로 밀려나버린 것이다.

하지만 그때에도 장소의 주변화 경향이 전적으로 승리를 거두지는 못한다. 길버트의 단죄를 받던 그 순간에도 장소에 대한 담화는 미미하나마 살아남았다. 데카르트와 로크는 매우 주저하면서도 여전히 장소에 관해 뭔가 설명을 해야 한다고 느낀다. "장소 또는 공간"이라는 이사일의(二詞一意, hendiadys)적 표현—매력적인 두 선택지 중 어느 쪽을 택할지 아직 정하지 않았음을 뜻한다—을 데카르트나 라이프니츠가 모두 쓴다. (가상디는 혼란을 더욱 가중시키면서 심지어 "영역이나 공간 또는 장소"에 대해 이야기한다!)[6] 그러나 데카르트가 1640년대에 이 표현을 사용할 때 의도는 진짜로 구별 가능한 두 가지 개념을 가리키려 한 것인 데 반해 라이프니츠는 1715년까지 그 표현을 전혀 다른 의미로 사용한다. 라이프니츠에 따르면 장소는 단지 공간의 한 측면, 즉 범형에 해당하는 공간적 위치 상황을 보는 하나의 방식에 불과하다. 장소의 형해화는 근본적이고 철저한 것이었지만, 그럼에도 불구하고 완료하는 데에는 거의 1세기에 걸친 협력 작업이 필요했다. 이 작업이 완전히 끝난 것은 '사이트'—라이프니츠의 용어로는 시투스(situs)—라는 관념 및 용어가 전에는 '장소'에 할당했던 수많은 과업을 떠맡는 시점이다. 장소라는 단어(및 장소에서 파생한 유럽의 여러 단어)는 공간에 관한 18세기의 공식 어법에서 사라져버린다.

장소가 개념으로서든 단어로서든 17세기의 언설에서 구불구불 몰락해가면서도 완전히 사라져버리지 않은 것과 마찬가지로 17세기는 공간을 절대적이고 무한한 것으로서 발명하지도, 발견하지도 않는다. '천재들'의 세기(17세기—옮긴이)의 사상가들이 초점을 맞추어 집중한 것은 바로 공간적 궁극성이다. 아낙시만드로스의 "경계를 갖지 않는 것(무한자)"과 원자론자들의 "공허"에서 시작해 지난 2000년 동안 직관·추론되기도 했으며, 혹은 단지 설정되기도 했던 공간적 궁극성에 집중한 것이다. 그러나 1600년이 되면 공간에 주목하는 현상이 명백하고도 대규모화해 장소는 2차적인 어떤 것으로, 심지어는 길버트가 분명히 시사했듯 수명이 다한 하등 쓸데없는 것으로까지 여겨진다. 장소는 절대/무한 공간이라는 떠오르는 신성(新星)과 불쾌한 비교를 당하지 않을 도리가 없었다. 그 결과 한쪽이 흥하면 다른 쪽이 쇠하는 일종의 상보적인 계열이 생겨난다. 공간의 시대가 결정적으로 확립됨에 따라 양자의 공존은 한쪽의 점거에 길을 내준다—장소는 이전의 우위성을 박탈당하고 휴지 상태에 놓이는데, 향후 적어도 200년 동안은 그로부터 회복하지 못한다.

이런 상황의 변함없는 아이러니 중 하나는 근대 초기 사상가들이 장소와 공간 사이에서, 그다음에는 공간 자체의 절대적인 규정과 상대적인 규정 사이에서 강요된 선택을 하도록 끊임없이 주입함으로써 그 이전의 사고에서는 건설적이고 또한 큰 문제없이 결합되어 있던 것을 억지로 떨어뜨려 놓았다는 점이다. 플라톤의 '수용체'는 장소가 풍부함(요컨대 여러 영역과 개별 장소, 즉 코라와 토포스로 충만하다)과 동시에 공간답고(코라에는 실질적 한계가 없다), 절대적이면서도(즉 모든 걸 둘러싸고 '모두를 받아들인다') 상대적이다(예컨대 원초적 영역에서 유사한 감각적 성질은 "닮은 것은 닮은 것을 끌어당긴다"는 원리에 따라 **서로가 서로에 관계를 맺어** 한데 몰리는 한). 심지어 아리스토텔레스의 토포스 개념조차 어떤 절대주의(예컨대 공통 장소, 즉 "모든 장소의 총합"으로서 공통 장소라는 사고방식)와 단호한 상대주의[즉 장소는 그것을 점유하는 물체를 구별 지음으로써 그 영향력을 행사하며, 잠재적인 '힘의 장(力場)'을 구성한다는 사고방식]를 결합한다.[7] 참고로 장소라는 개념이 플라톤의 《티마이오스》에 나오는 우주론에서는 비교적 소소한 항목이었음을 상기하라. 장소를 다루는 방식에서는 극적인 차이가 있지만 두 사상가(플라톤과 아리스토텔레스) 모두 장소가 절대주의적인 특색과 상대주의적인 특색을 함께 가져온다고 간주하는데, 이는 훗날의 **공간** 개념을 예감케 한다. 하지만 이러한 특색은 르네상스기 이후 엄격히 분리된다. 이와 유사하게 필로포노스와 브루노는 공간을 이해하는 데 절대주의와 상대주의를 모두 맞아들인다. 먼저 필로포노스에게 물리적 물체는 모두 "공간적 연장을 갈망하는데, 갈망의 초점은 연장 쪽이 아니라 다른 물체에 대한 그 물체의 관계 쪽"이다. 그런데 문제는 이 물체 자체가 절대적이고 고정된 3차원 공간 안에 장소를 차지하고 있다는 점이다. 즉 "〔공간적〕 연장의 명확한 일부분을 점유하는 것이 물체들 각각의 몫이다".⁸ 한편 브루노에게 "장소를 규정하는 모든 경우는 반드시 상대적"이어야 하지만 개개의 장소는 하나같이 "공간의 일부이며 …… 그 너머로 무한 공간이 연장된다".⁹

절대주의와 상대주의라는 전혀 다른 두 방향을 하나의 정합적인 틀 안에서 재결합하려는 명백한 시도는 18세기 말에 이르러 칸트가 초월론적인 표현을 제공함으로써 겨우 가능했다. 그러나 이러한 재결합은 엄청난 대가를 지불해야 했다. 공간은 더 이상 물리적 세계에 위치해 있지 않고, 이 세계를 형식적으로 형성하는 인간 정신이라는 주관성 안에 위치 지어진다. 나아가—물론 이 초월론적 전환의 직접적 반영이기도 하지만—장소를 공간과 중요하게 구별해주는 잔여적 의미가 모두 사라지고, 그 결과 장소는《순수이성비판》에서 주의 깊은 고찰은 고사하고 극히 드물게만 언급된다.¹⁰

06

절대적인 것으로서 근대 공간
가상디와 뉴턴

1

우주는 무한이고, 부동이며, 불변이다.
—피에르 가상디, 《디오게네스 라에르티오스의 저작(《희랍 철학자 열전》)을 가리킴—옮긴이) 10권에 대한 비평》

천계의 공간에는 저항이 없다.
—아이작 뉴턴, 《자연철학의 수학적 원리》

나는 무한한 것 속에서 살고 있지 않다. 무한한 것 안에서는 사람이 편치 않기 때문이다.
—가스통 바슐라르, 《순간의 직관(L'Intuition de l'instant)》

17세기로 향하는 것은 떠들썩한 세계로 뛰어드는 것이다. 그 세계에서는 연금술이 자연학과 다투고, 신학이 철학과, 정치가 종교와, 국가는 다른 국가와, 개인은 각자의 고뇌에 찬 혼(soul)과 다투었다. 그 복잡한 사태 중 어느 한 측면만을 취해서는 이토록 다면적이었던 인간 역사의 한 시기를 정당하게 다룰 수 없다. 그러나 가상디, 뉴턴, 데카르트, 로크, 라이프니츠 등 매우 다양하면서도 스스로 명백하게 장소와 공간에 관한 문제에 가담했던 공통점을 가진 인물들에 주목함으로써 이 시기를 신중하게 헤쳐 나갈 수는 있다. 이들 사상가는 모두—로크는 예외—동시에 탁월한 과학자이기도 했는데, 이러한 이중적 정체성은 우연이 아니다. 근대성의 첫 세기에서 장소와 공간을 평가하려면 철학적 사고뿐 아니라 과학적 사고 또한 반드시 고려해야만 한다. 사고의 이런 이중성은 공허한 공간을 둘러싼 고대의 논쟁—가상디와 뉴턴은 공허한 공간에 호의적이었고, 데카르트와 로크는 욕설을 퍼부었다—을 단지 계속하는 게 아니라, 부활 중인 원자론에 가담하는 일이기도 하다. 이런 점은 가상디와 뉴턴은 물론 베이컨과 보일(R. Boyle)에게서도 분명히 드러난다. 이 시기의 상징과도 같았던, 그래서 숱하게 조소의 대상이 되기도 했던 기계론적 자연관은 근대 초기의 기계론이 연장과 운동이라는 두 가지 궁극적 항을 가진다는 점에서 장소와 공간에 대해 여러 가지 이슈를 제기한다.[1] 이 두 항은 갈릴레오와 데카르트의 수학화를 통해 공간과 장소에 관한 특수한 테제—우선 둘의 철저한 양화 가능성(quantifiability)—를 함의한다. 심지어 베이컨과 케플러에게 각별한 관심사였던 천계의 원환성(circularity) 같은 좀더 특수한 문제에 대해서조차 장소/공간에 대한 함의는 거대하게 육박해온다. 새로운 과학과 아리스토텔레스적 자연학의 극적인 대치는 이러한 함의를 억압하기보다 오히려 증식시킨다. 추정하건대 완벽하다는 천구의 원환성—이는 아리스토텔레스주의자들에게 하나의 신앙 개조(article)였다—을 숙고한 뒤, 베이컨은 이렇게 말하지 않을 수 없었다.

인간의 지성은 그 고유한 본성으로 인해, 세계 안에는 지성 스스로 발견하는 것 이상의 질서와 규칙성이 있으리라고 상정하는 경향이 있다. 그리고 비록 자연 안에 독특하고 다른 것과 조화롭지 못한 것들이 많이 있을지라도, 인간 지성은 그런 경우를 위해 실존하지 않는 것들을 고안해낸다. 예컨대 독특한 것들과 동근(同根) 관계, 혹은 평행 관계, 혹은 상관관계에 있는 것들을 말이다. 이리하여

모든 천체는 완전한 원을 그리며 운동한다는 허구가 생겨났다.[2]

그런데 17세기 어디를 들여다봐도 장소 및 공간 모두와 관계된 문제들에 대해 과학과 철학이 공모하는 모습을 발견할 수 있다. (시간 문제에 점점 더 몰두하는 과정 또한 발견할 수 있지만, 그것은 또 다른 이야기다.)[3] 이 공모의 바탕에 있던 것, 그리하여 결국 이 세기에 일관성을 부여한 것은 화이트헤드가 준(準)전문 용어로 사용한 단순 정위(simple location: '단지 위치를 점하는 것'이라는 뜻—옮긴이)라는 공통된 전제다.[4] 화이트헤드는 자신의 《과학과 근대 세계(Science and the Modern World)》에서 이렇게 말한다. 단순 정위는 "자연에 관한 17세기 도식(scheme)의 토대 자체다".[5] 이는 어떤 미미한 물질도 "공간 내 **여기에** 그리고 시간 내 **여기에** 있다고, 혹은 '공간–시간' 내 **여기에** 있다고 말할 수 있다. 그렇게 설명하는 데 있어 '공간–시간'의 여타 영역과 관련해 어떠어떠하다고 덧붙일 필요가 일체 없다는 완벽히 명확한 의미에서 그러하다"[6]는 신념으로 이뤄져 있다. 콜링우드(R. G. Collingwood)가 말하는 "절대적 전제"라는 의미로서 단순 정위는, 장소 또는 공간의 절대주의적 범형과 상대주의적 범형 양쪽을 모두 지지할 수 있을 만큼 충분히 일반적이고 강인하다.[7] 우리의 목적에 비추어보면 일단 단순 정위에 이미 장소의 **위치**—여러 관계로 이루어진 거대한 모태 내에 있는 하나의 뾰족한 지점(a pinpointed spot)—로의 환원과, 이 모태를 가능케 하는 **무한한 우주**로 공간이 확장되는 것을 함의하고 있다는 점에 주목하는 것으로 충분하다. 이런 점은 이 학설과 관련한 또 하나의 표현에서 분명히 드러난다. "우리가 '공간–시간' 내 **하나의 명확한 장소**라는 말의 의미를 어떻게 결정짓든, 일단 결정짓고 나면 그 순간 우리는 그것이 바로 저기에, **그 장소 안에** 있다고 말하는 것만으로, 개개의 물질적 물체가 '공간–시간'과 맺는 관계를 적합하게 진술할 수 있다. 그리고 단지 위치를 점하는 것, 즉 단순 정위에 관한 이 주제에 대해 더 이상 말할 것이 없게 된다."[8]

그러나 실제로는 화이트헤드 자신을 비롯해 이 학설을 재앙과도 같은 유산이라며 반대하는 사람은 그 누구라도 이 주제에 대해 이야기할 것이 아주 많다. 그들에게 이 학설은 현재 살고 있는 경험과 이미 체험한 경험을 모두 심각하게 왜곡하고, 그럼으로써 화이트헤드가 말하는 "잘못 놓인 구체성의 오류"를 범하는 셈이다. 그 오류는 "추상적인 것을 구체적인 것으로 오인하는"[9] 데 있다. 단순 정위의 경우 이 오류는 '위치'나 '우주' 같은 추상물을 장소와 장(field)이라는 구체물의 결정적 지시(definitive designation)로—그리하여 장소와 장의 대체물이라고—간주하는 걸 의미한다. 그 결과 장소는 공간 속으로 전면 흡수되기에 이른다. 즉 장소의 구체성 전체가 공간의 추상성으로 치환되는 것이다. 화이트헤드는 앞의 인용문에서 장소라는 용어를 사용하지만, 그럼에도 불구하고 장소는 공간의 비타협적인 광대무변성 내에서 그 어떤 실효성 있는 현전도 거부당한다. 공간을 전적으로 무한한 것이라고 설정하는 것—브래드워딘과 크레스카스와 브루노, 텔레시오와 캄파넬라와 파트리치가 그리했던 것처럼—과 그러한 공간에는 사물이 결여되어 있을 뿐만 아니라 **장소 자체 또한** 결여되어 있다고 여기는 것은 전혀 별개의 일이다. 후자의 주장은 "장소는 사물의 본성에 영향을 끼치지 않으며, 또 그 사물이 정지해 있든 운동 중이든 아무런 상관이 없다"[10]고 주장한 17세기 자연학의 특정한 성과다. 새로운 자연학에 따르면 공간이란 자족적인 그 무엇으로서 개개의 장소들까지 포함해 공간 **안에** 있는 그 어떤 것으로부터도 전적으로 독립해 있다. 따라서 공간은 "모든 내재적인 차이화나 힘을 박탈당한, 해방된 개념"[11]이다.

이러한 해방(emancipation)은 되살아난 에피쿠로스적 원자론을 지지한 피에르 가상디(1592~1633)의 저작에서 분명해진다. 그는 물질에 대해 공간의 선차성(priority)을, 특히 진공―"유클리드 기하학에서 추상적이고, 균질적이고, 무한한 공간"[12]과 동일한 것으로서 진공―의 실재성을 옹호했다. 여기서 "잘못 놓인 구체성의 오류"는 확대된다. 아니 실제로는 어떤 장소나 일련의 장소가 포함할 수 있는 것 이상으로 확대된다! 순수한 진공인 이 추상 공간은 운동학의 불가결한 토대로 간주되어 절대화함과 동시에 무한화한다. 그러한 공간에 대한 가상디의 지지가 있었기에 뉴턴은 대담하게도 17세기 후반 자신의 훨씬 더 결정적인 내용을 정식화할 수 있었다.[13] 가상디는 중요한 과학적 진보를 이룩했을 뿐만 아니라―그는 운동체가 직선 방향으로 한정 없이 계속 운동한다고 선언한 최초의 인물이었으며, 그 운동의 원인으로 임페투스〔impetus: 동인(動因)에 의해 동체 내에 담기는 내적 추진력을 말하며, 운동을 통해 차츰 소진된다고 여겨졌다―옮긴이〕를 상정한 고대의 모델을 명백히 거부했다[14]―길이, 넓이, 깊이라는 차원을 논함에 있어 공간성과 물체성(corporeality) 사이에 운명적인 구별을 지어놓기도 했다.

> 두 종류의 차원을 구별해야 하는데, 그 첫 번째는 물체적 종류요, 두 번째는 공간적 종류라고 할 수 있다. 예컨대 꽃병에 포함되어 있는 물의 길이, 넓이, 깊이는 물체적일 것이다. 하지만 물이나 다른 모든 물체를 거기에서 제거했다면, 우리가 꽃병의 내벽 사이에 존재한다고 생각하는 길이, 넓이, 깊이는 공간적일 것이다.[15]

아리스토텔레스에게는 **모든** 차원이 물체적이다. 차원은 현실의 물리적 물체들의 속성이고, 따라서 이 물체들에 엄밀히 조응해 실재한다.[16] 이에 대해 가상디는 비물체적인 차원성을 설정함으로써 공간을 물질로부터 실제적으로 해방시키고, 그럼으로써 1000년 전 필로포노스의 생각을 반복한다. 공간이 무한하고 물질이 유한한 것—사실 이것이 바로 크레스카스와 브루노의 결론이었다—은 물론이려니와 공간은 물질의 구체적인 물체적 차원성과는 독립적인 순수한 차원성을 갖고 있다. 나아가 (그리고 바로 여기서 필로포노스를 넘어서는 일보를 내디디며) 가상디는 공간적 차원성의 순수함으로 인해 그 차원성은 엄밀한 **측정 가능성**(measurability)을 갖는다고 주장했다. "분명히 〔순수하게 공간적인〕 간격이나 거리를 생각하는 것이 가능한 곳이라면 그 어디에서도 차원을 이해하는 게 가능하다. 왜냐하면 그 간격 또는 거리는 일정한 척도에 속하든가, 측정할 수 있든가 할 것이기 때문이다."[17] 측정할 수 있다는 것(측정 가능성)에는 공간의 전적인 균질성, 즉 등측적(isometric)이고 등방향적인(isotropic) 것으로서 엄밀한 규칙성(요컨대 전자는 측정의 균질성, 후자는 방향의 균질성이다)을 함의한다. 그러므로 가상디는 우리가 물질과 독립적으로 공간**에 대해 생각할** 수 있다고만 주장하는 게 아니라, 우리가 공간에 대해 생각할 때 공간은 고유한 차원성과 균질성을 갖는 것으로서 자신을 우리에게 제시한다는 주장도 하고 있는 것이다. **나아가 공간에는 고유한 무한성도** 있다. 우리가 이러한 고유성을 깨닫는 것은 공간 비우기를 극한까지 밀어붙여 공허에는 그 어떤 실효적 한계도 존재하지 않는다는 것을 인식할 때다. 하긴 그렇다. 만일 우리가 달 아래 영역을 텅 빈 것으로 상상할 수 있다면, 다른 어떤 천계의 영역도 텅 비어 있다고 상상하지 못할 이유는 어디에도 없을 테니 말이다. 이렇게 생각하면 우리는 곧장 아르키타스가 제시한 세계의 첨단과 그 너머에 있는 모든 것에 다다른다.[18]

가상디의 세계관에서는 순수 공간이 다른 속성도 갖고 있다. 플라톤(및 브래드워딘)에게서 그러했듯 순수 공간은 창조에 선행하고, 게다가 우주가 파괴된 후에도 존속할 것이다.[19] 그것은 "경계 지어지지 않고(광대무변하고)",

그런 까닭에 특정한 종류의 긍정적 무한성을 형성한다. 그것은 부동이며 장소를 바꿀 수 없다.[20] 사실상 공간은 아예 우주 자체와 연장이 같아져버린다. 즉 "공간의 총체는 우주의 총체에 상응한다".[21] 그리고 아마도 이것이 가장 중요한 속성일 텐데, 공간은 독자적이다. 즉 공간은 실체도 아니고 속성도 아니며, (시간과 함께) 아리스토텔레스의 기본 범주 목록에 추가해야 할 독특한 존재 양식을 갖고 있다. 사실 실체는 그 자체로 공간 및 시간 **안에서** 위치를 부여받는 것이니, 단지 추가하는 정도가 아니라 지고의 범주로 목록에 등재해야 마땅할 것이다. 이 마지막 논점에서 가상디는 긍정적으로 아르키타스주의자다. "그것에 대해 어딘가에 존재한다든가, 어떤 장소에 존재한다고 말하는 것이 적절치 않은 그런 실체나 우유성(accident)은 존재하지 않는다. ……비록 그 실체나 우유성이 소멸한다 해도 그 장소는 여전히 그대로 계속 머물 것이다."[22] 그리고 만일 장소가 그대로 머문다면, 공간의 승리는 훨씬 더 확고해진다. 공간과 시간은 "실재물(real things) 또는 현실적 존재자"로서 "현실적으로 존재하는 것이지 키메라처럼 마음에 의존하는 게 아니다".[23] 그러한 것으로서 공간과 시간은 "자연적 물체 혹은 이 우주 내 사물의 조건"[24]이라는 역할을 수행한다. 이 대담한 주장은 먼 미래의 칸트를 떠올리게 하는데, 칸트에게도 공간과 시간은 자연적 물체(혹은 적어도 이 물체에 관한 우리의 경험)의 궁극적 조건이다. 이런 주장은 또한 직접적으로는 뉴턴을 내다본다. 요컨대 "공간은 굳건히 지속되고 시간은 계속 흘러간다. 마음이 그들에 대해 생각하든 말든"[25]이라는 가상디의 결론에서 뉴턴의 모습을 볼 수 있다.

이런 틀에서 보면 공간과 관련해 장소의 역할이 상당히 문제시되는 것도 그리 놀랄 일은 아니다. 이 역할에 대한 가상디의 태도는 매우 양가적이다. 한편으로 그는 '공간'과 대비되는 '장소'라는 개념과 용어를 보존하고

자 한다. 그는 물체가 **공간 내에서 장소를 바꾼**다고 말할 수 있어야만 한다고 확신했다. "임의의 사물이나 혹은 세계의 일부가 만일 조금 뒤 그 장소를 바꾼다고 할 경우, 그것이 지금 처해 있는 공간은 그와 함께 움직이지 않고, 〔장소를 바꾸는 것을 통해〕 그 뒤에 남겨져 움직이지 않는 채로 계속 있〔을 것이〕다."[26] 공간의 부동성은 장소의 가동성의 역전된 보완물이다. 즉 장소와 운동은 상호 내함(內含, coimplicatory)한다. 가상디는 또한 신은 **모든 장소**에 있지, 하나의 장소에만 있는 게 아니라고—설령 그 장소가 안셀무스 (Anselmus)나 노바라의 캄파누스(Campanus of Novara) 같은 사상가들이 자명한 것으로 가정한 최고천(最高天)이라 해도[27]—말할 수 있길 바란다. 그리하여 "하나의 장소만이 아니라 많은 장소들에, 아니 모든 장소에 다 존재하는 일종의 신적인 장소가 있다".[28] 신의 '무소부재성(ubiquity)'은—단지 아무런 차이도 없고 펴평하기만 한 공간이 아니라—신이 거주할 수 있는 수용적인 장소의 수를 무한정 요청한다.

다른 한편, 가상디는 '장소'라는 개념과 용어를 보존해야 할 이런 이유들에도 불구하고, 장소 자체를 가능한 한 충분히 양화하고 싶어 한다. 장소의 질적인 측면(예컨대 위·아래라는 방향성)을 강조했던 아리스토텔레스와 대조적으로, 가상디는 "장소란 양 또는 모종의 연장이다. 즉 그 안에 물체를 보존한다든가, 그것을 통해서 물체가 이동한다든가 할 수 있는 길이, 넓이, 깊이라는 3차원으로 이루어진 공간 또는 간격이다"[29]라고 제안한다. 그러나 정확히 양적인 것—물체적인 방식은 아니지만 측정할 수 있는 차원을 가진 것—으로서 장소는 무한하고 균질적인 매체를 뜻하는 '공간'이라는 용어와 구별하기가 극히 어렵다. 가상디가 "장소는 텅 빈 공간 이외에 아무것도 아니다"라고 진술한 것은 우리가 이미 살펴본 대로다. 그는 또한 이렇게도 말한다. "장소란 간격 **또는 비물체적인 공간** 또는 비물체적인 양이다."[30]

그러니 가상디가 《철학 집성(Syntagma)》의 같은 단락에서 조금도 이상하다는 기색 없이 태연하게 '장소'를 '공간'으로 대체한다고 해서 놀랄 필요는 전혀 없다. "그러므로 **장소와 시간**은 물체에 의존하지 않으며, 물체적인 우유성이 아님에 분명하다. ……이로부터 우리는 **공간과 시간을** 실재물 또는 현실적 존재자로 간주해야 한다는 결론에 이른다."[31] 만일 가상디가 공간을 이와 다른 방식으로 이해했다면—예컨대 만일 공간이 플라톤적 코라의 다양성과 비균질성 같은 측면을 갖는 것이었다면—이처럼 '장소'와 '공간'을 아무렇지도 않게 동일시한다 해도 별로 중대한 문제는 아니었을 것이다. 그러나 반대로 공간이 철저한 차원성과 측정 가능성으로, 등방향성과 등측성으로, 균질성과 부동성으로 납작해지는 것은 이제 점점 더 동일해지는 매끄러운 공간(monolithic space) 내에 장소의 개별성, 그 특이한 성질, 특별한 방향성이 흔적조차 남지 않는다는 걸 의미한다. 이런 점이 분명히 드러나는 것은 무엇보다도 가상디의 태도에서다. 그는 공간이 비록 (환상적이거나 허구적인 존재자와 대조적으로) 완벽한 "실재물"이라 해도 "그것에 발생하는 어떤 것에 작용을 가하거나 작용을 겪을 수는 없고, 단지 다른 사물이 그것을 점유하거나 통과하는 것을 허용하는 부정적인 성질밖에 없다"[32]는 점을 인정했다. 순화된(purified) 이런 공간은 그것을 점유하는 물질적 물체에 의해 완전히 '통과 가능하거나' 침입당할 수 있지만 스스로는 뭔가에 침입할 힘을 갖고 있지 못하다.

바꿔 말하면 **장소 고유의 역동성, 즉 다른 것에 작용하거나 다른 것의 작용에 단순히 저항하는 장소의 힘은 무제한 통과 가능한, 실로 수동적인 매체로 간주되는 공간의 무기력함에 길을 내어주었다.** 플라톤과 아리스토텔레스(더 두드러지게는 이암블리코스)가 방향과 운동, 생성과 소멸에 영향을 끼치는—즉 물리적 변화 일반을 초래하는—장소의 능력이라고 간주했던 것은 이제 장소란 형태에 차이가 없고 텅 비어 있는 공간의 단지 양화된 부분일 뿐이라는 사고방식에 굴복한다. 장소는 이제 몰락한 잔재가 되어 자연 세계에서 사물의 경로를 바꿀 수 있는 고유의 능력 따위는 찾아볼 수도 없다. 장소에 관해 남아 있는 것이라고는 그 이름뿐이다. 그것도 텅 빈 이름, 단지 바람 소리(flatus vocis) 같은 것만 남았다.

2

장소의 유명무실한 생존은 아이작 뉴턴의 《자연철학의 수학적 원리》에 극적으로—그리고 복잡하게—표현되어 있다. 1687년 출간한 이 획기적 저작에서 뉴턴은 "가상디의 공간 이론을 자신의 대종합 속에 통합시키고, 그것을 절대 공간 개념으로 삼아 자연학의 최전선에 장소 지었다".[33] 뉴턴의 걸작에서 절대 공간의 승리가 명백해진다는 것을 염두에 두면, 화이트헤드가 그 전체적인 우주론적 중요성에서 《티마이오스》에 비견된다고 간주한 이 텍스트에 장소가 어떻게든 살아남아 있는 것을 발견하고 사람들은 어쩌면 놀랄지도 모른다.[34] 그러나 실제로 장소는 《자연철학의 수학적 원리》 안에 극히 분명히 현전한다—단지 명목상 현전하는 정도가 아니라 여러 가지 이름으로 현전한다. 요컨대 "가동적인 장소"나 "부동의 장소", "상대적 장소", 심지어 (엄청 혼란스럽게도) "절대적 장소"라는 이름으로 현전한다. 마지막에 나오는 "절대적 장소"라는 용어는 모순어법, 즉 양립 불가능한 말을 혼란스럽게 짜 맞춘 것처럼 보인다. 대조적으로 "절대적 공간"이란 용어는 유사물(similars) 간의 자연스러운 결합을 반영하는 것처럼 보인다. 그러나 뉴턴이 《자연철학의 수학적 원리》에서 크게 관심을 기울이는 운동, 즉 절대적 운동을 "한 물체가 어떤 절대적 장소에서 다른 절대적 장소로 이동하는"[35] 것이라고 단언할 때, 그는 역설을 의도한 것도 아니고 하물며 장난으로 그랬던 건 더더욱 아니다.

절대적 장소라는 관념은 언뜻 보면, 일정한 종류의 물질적 사물을 위한 영속적인 '고유의' 장(場), 즉 장소 이동의 종착점을 자연적 장소라고 보았던 아리스토텔레스적 개념을 '형이상학-과학적' 수준에서 단순히 재연(再燃, recrudescence)한 것처럼 보일 수도 있다. 그러나 표면적으로는 '절대적'이라는 말이 포함되어 있지만, "절대적 장소" 개념에는 작용이나 힘 같은 자연적인 뭔가가 전혀 들어 있지 않으며, 따라서 적절한 안정 상태 따위는 말할 것도 없다. 공간이나 장소에 적용하든, 시간이나 운동에 적용하든 뉴턴에게 '절대적'이라는 말은 적어도 다음 다섯 가지를 의미하는데, 그중 어느 쪽도 아리스토텔레스적 토포스에 고유한 가능태(dynamis)를 함의하고 있지 않다. (1) 부동일 것(이 특징은 가상디에게서 직접 이어받았다), (2) 외적인 어떤 것과도 무관계할 것(즉 단순 정위), (3) 그 내부에서 어떤 일이 생기든 늘 자기 동일적일 것, (4) 절대적인 영역에 국소화한 것을 위치 짓기 위해 추가적이든 보충적이든 그 어떤 참조 체계도 필요로 하지 않을 것, (5) 〔'가감적(可感的, sensible)'과 대비해〕 가지적(可知的, intelligible)일 것.[36] 이렇게 다양한 방식으로 '절대적'이란 말은 "상대적 공간"에 대한 다음과 같은 뉴턴의 정의에서 볼 수 있는 "상대적"이라는 말과 대조를 이룬다. "상대 공간"이란

절대 공간의 척도 또는 어떤 가동적인 차원이며, 우리의 감각은 그것을 물체에 대한 위치에 따라 규정한다. 아울러 그것은 흔히 부동의 공간으로 간주된다. 예컨대 지구와 관련해서 어떤 위치에 있느냐에 따라 규정되는 지하 공간, 공중 공간, 천계 공간 같은 차원이 그러하다.[37]

여기서 주목할 것은 아리스토텔레스의 《자연학》에서 장소는 자신의 고유한 끌어당기는 힘을 부여받는데(예컨대 대기나 대지는 그 본성에 따라 물체를 '위로' 혹은 '아래로' 끌어당긴다), 바로 그 장소가 이제 상대적인 지위밖에 갖지 못하는 것으로 간주된다는 점이다. (누구보다 먼저 아리스토텔레스 자신이 이를 인정하겠지만 그럴 경우) 그 위치는 수학적인 점, 즉 그것을 둘러싸는 다른 점들의 배치에 엄격히 상대적인 수학적인 점과 마찬가지로 역동성을 갖지 못한다. 또한 뉴턴이 상대 공간을 "부동의〔즉 절대적인〕 공간"이라고 "흔히 간주하고 있을" 뿐만 아니라, 그렇게 간주하는 게 **잘못**이라고 암시한다는 점에도 주목해야 한다. 그도 그럴 것이 상대 공간은 그것이 점유하는 절대 공간의 "척도 또는 어떤 가동적인 차원"에 불과한 것이기 때문이다. 더 엄밀히 말하면 상대 공간은 절대 공간의 "가감적인(sensible) 척도", 다시 말해 그 지각 가능한 유사물일 뿐이지, 그 적합하고 충분한 재현체(representation)는 **아니다**. 즉 절대 공간은 비가시적이기 때문에 **어떤** 지각 가능한 수단에 의해서도 재현될 수 없다.

'장소'가 뉴턴의 언설에 진입하는 것은 바로 이 지점에서다.

그러나 〔절대〕 공간의 부분은 볼 수 없고, 또는 우리의 감각에 의해 상호 구별되지도 않는다. 그렇기 때문에 우리는 그 부분들 대신 그 부분들에 대한 감각적 척도를 사용한다. 왜냐하면 우리는 부동이라 간주되는 임의의 물체로부터 사물의 위치와 거리에 따라 모든 장소를 규정하기 때문이다. 또한 그 장소들과 관련해 물체가 그러한 장소의 어디에서 다른 어디로 이동했는지 파악함으로써 모든 운동을 평가하기 때문이다. 이리하여 우리는 절대적인 장소와 절대적인 운동 대신 상대적인 장소와 상대적인 운동을 이용하는데, 그렇게 해도 일상생활에서는 아무런 불편함이 없다(any inconvenience in common affairs).[38]

상대 공간과 마찬가지로 상대적 장소는 측정의 소재(素材)다. 더 엄밀히 말하면, 상대적 장소는 측정 **수단**이다. 즉 '상대적' 장소 또는 공간이라는 것은 다른 장소 또는 공간과 함께 지각 가능한 방식으로 (그리하여 측정 가능한 방식으로) 배치되어 있다. 더 구체적으로 말하면 "부동이라 간주되는" 다른 사물—장소든 물체든—이 최소한 하나는 존재하고 그로부터 "위치와 거리"를 규정할 수 있는 방식으로 배치되어 있다. 그리고 위치나 거리 같은 "감각적 척도"로부터 "우리는" 장소와의 관계에서 규정되는 모든 운동(즉 본래적 의미의 장소 운동(locomotions))뿐 아니라 "**모든 장소를 규정**"한다. '상대적'이라는 단어가 감각적 측정의 지각 가능성과 그로 인한 도구적 성격을 암시하는 것과 정확히 마찬가지로, '장소'는 그러한 측정의 결과를 의미한다. 이 길—"일상생활의 편의성(convenience in common affairs)"이라는 길—을 따라가면 장소에 대한 전적인 실용주의(pragmatics)로 이어지는데, 이는 특히 로크와 잘 통한다.

이리하여 우리는 장소의 첫 번째 환원을 목격한다. 즉 그 상대적인 성격이라는 견지에서 보면 장소는 측정의 한 수단에 불과하다. 그러나 그 **절대적인** 성격에서의 장소는 어떻게 되는가? 우리는 물론 그런 장소는 환원될 수 **없다**고 항변할 것이다. 기본적으로 '절대적'이라는 말이 환원 불가능성을 함의하고 있지 않은가? 그럼에도 불구하고 뉴턴은 절대적 장소라는 개념에 고유하게 내재하는 세 가지 환원 양식—요컨대 3중의 환원—을 마침내 인정한다. 이 환원 중 앞의 두 가지 양식은 다음과 같은 구절—이는 서양 자연학에서 장소에 대해 최종적으로 또한 공식적으로 내린 진지한 평가를 반영하는 것일지도 모른다—에서 작동한다.

장소는 한 물체가 차지하는 공간의 일부이고, 그 공간에 호응해 절대적이든 상대적이다. 나는 **공간의 일부**라고 하지, 물체의 위치(situation)라거나 물체의 바깥 표면이라고 말하지 않는다. 왜냐하면 동등한 입체의 장소는 늘 동등하지만, 그 표면은 형태가 상이한 관계로 동등하지 않은 경우가 심심치 않게 있기 때문이다. 위치는 본디 양을 갖지 않으며 장소 자체라기보다는 장소의 속성인 것이다. 전체의 운동(motion)은 부분의 운동의 총합과 동일하다. 즉 그 장소로부터 전체의 이동(translation)은 그 장소로부터 부분의 이동의 총합과 동일하다. 따라서 전체의 장소는 부분의 장소의 총합과 동일하고, 또한 그런 연유로 그것은 내적이며 **물체 전체의 내부에 있다.**[39]

라이프니츠와 결국 치르게 될 논쟁을 운명적으로 예기(豫期)하면서, 뉴턴은 여기서 장소를 '위치(position)'에 의해 규정되는 단순한 '위치(situation)'로 제한하는 상대주의적 견해를 거부한다. 그리고 그는 '위치(position)'라는 용어를 장소의 양적인 규정에 한정 짓기를 거부한다. (그러면서 또한 이 말을 장소 자체의 정의로 삼는 것도 거부한다.) 그와 동시에 뉴턴은 포함자 모델의 타당성을 부정하는데, 그것은 이 모델이 "물체의 바깥 표면"에 의존할 뿐만 아니라 크레스카스가 처음 지적한 특수한 역설을 초래하기 때문이다. (예컨대 이 모델에 따르면 완전한 원은 파이 조각 하나가 잘려나간 원보다 작은 장소밖에 점유하지 않는다.) (상식적으로 생각하면 한 조각 잘라낸 파이보다 원래 파이 쪽이 더 많은 장소를 점유하는 게 당연하다. 한데 포함자 모델처럼 물체의 바깥 표면을 중시할 경우, 한 조각이 잘려나가지 않은 원래 피자 쪽의 표면적이 잘려나간 피자 쪽보다 더 작다는 역설적인 상황이 발생한다—옮긴이.)[40] 그렇다고 해서 뉴턴이 포함자나 위치(situation)—이 두 가지는 고대인들의 선택지로서 각각 아리스토텔레스와 테오프라스토스가 제안한 것이다—대신 장소에 대한 어떤 새로운 모델이나 견해를 제안한 것은 아니다. 그 대신 그는 이중 환원 전략을 채택한다. 한편으로 그는 **장소를 공**

간 아래 포섭해 "공간의 일부"로 만들어버린다. (브루노와 극히 유사한 방식이다.) 그렇게 된 장소는 절대적 소여로서 늘 이미 강고하고도 보편적으로 거기에 있는 것, 즉 공간의 단순한 부분에 불과하다. 그러한 것으로서 장소는 공간 자체의 존재성이나 정체성과 떨어져서는 그 어떤 존재성이나 정체성도 갖지 못하며, 절대 공간 고유의 그 어떠한 속성(예컨대 앞서 언급한 다섯 가지 속성)에 의해 규정된다. 아니, 미리 규정되어 있다. 다른 한편 뉴턴은 **장소를 압착시켜 물체 속으로 넣어버린다.** 즉 어떤 물체의 장소는 그 물체의 부분의 장소 전체에 다름 아니고, 그런 까닭에 이 물체에 '내적'이다. 요컨대 "[물체] 전체의 장소"는 "물체 전체**의 내부**" 이외에는 어디에도 없다. 이렇듯 물체가 장소 안에 있다기보다는 장소가 물체 안에 있는 것이다.[41] 그중 첫 번째 방향을 취하면 장소는 주위 공간 안에 흩어져버리고, 두 번째 방향을 취하면 장소는 자신이 소재를 부여하는 물체 속으로 압착되어버린다. 이 두 가지 조치—두 조치 모두 장소에 어떤 자율성도 불허한다—는 앞서 소개한 인용문의 첫 문장, 즉 "장소는 한 물체가 차지하는 공간의 일부"라는 말에 구체화되어 있다.

뉴턴이 장소를 거의 이름만 남도록 환원시켜버렸음을 고려한다면, 장소는 거의 동어 반복적인 사실과 마찬가지가 되어버린다. 즉 "모든 일정한 물체는 공간의 딱 **이** 부분만을 점유하고 공간의 다른 부분은 점유하지 않는다".[42] 나아가 만일 "전체의 장소는 부분의 장소의 총합과 동일하다"는 것이 일반적으로 옳다면, 그 논리를 그대로 옮길 경우 특정 장소의 개개 속성은 우주에서 장소들 전체가 조성되는 데에 어떤 중요한 차이도 낳지 못할 것이다. 이 얘기는 곧 절대 공간 자체의 조성에 중요한 차이를 만들어낼 수 없다는 말이다. 장소는 보편적 공간의 단순한 구성 요소이든가 그것이 있든 없든 아무런 차이도 없는 부분에 불과하다. 그러한 것으로서 장소는 자신의 불가결한 존재성을 갖지 않으며, 따라서 차이를 낳는 존재성 같은 건 바랄 수도 없다. 장소는 권리상 '절대적'으로 간주될 때조차 그러한 존재성을 갖지 않는다. 이런 점은 뉴턴의 또 다른 언명에서 분명해진다. 이 언명에서 뉴턴은 환원의 마지막 양식을 도입하는데, 아리스토텔레스로부터 떨어져 나올 때에도 그를 모방하는 모습을 보인다.

> 따라서 절대적이고 전적인 운동은 부동의 장소에 의하지 않고서는 규정할 수 없다. 그런 연유로 나는 앞서 이 절대적 운동을 부동의 장소에 관련짓고, 상대적 운동을 가동적인 장소에 관련지었던 것이다. 그런데 그런 부동의 장소는 서로에 대해 특정한 위치를 무한에서 무한까지 계속 동일하게 보유하는 장소를 제외하고는 없다. 바로 이 때문에 그러한 장소는 움직이지 않는 채로 남아 있어야 한다. 아울러 그럼으로써 부동의 공간(immovable space)을 구성한다.[43]

이 주목할 만한 대목은 장소—부동이고 절대적인 장소—에 힘을 부여하는 것처럼 보인다. 절대적 운동은 그러한 장소와의 관련에 의해서만 규정할 수 있다고 주장하니 말이다. 그러나 실제로 뉴턴이 뜻하는 것은 절대적 운동이 고정된 점(point), 즉 여기서 "부동의 장소"라고 명목상 표현한 점 사이에서 진행되어야 한다는 것이 전부다. 왜냐하면 이 대목이 나오는 '주해'에서 그가 명백히 말하듯 "절대적 운동이란 한 물체가 어떤 절대적 장소에서 다른 절대적 장소로 자리를 옮기는 것"[44]이기 때문이다. 이 점에 주목하면 상대적 장소는 절대적 장소 못지않게 중요하다. 왜냐하면 "상대적 운동"도 그와 유사하게 "어떤 상대적 장소에서 다른 상대적 장소로 자리를 옮기는 것"[45]으로 정의하고 있기 때문이다. 그러나 절대적이든 상대적이든 어쨌거나 장소는 장소들 사이에서 발생하는 운동의 원인이 결코 아니며, 다만 그 운동의 경계를 정하고 마침표를 찍는 역할을 수행하는 데 불과하다는 사실에는 변함이 없다.[46]

나아가 장소는 "부동의 공간을 구성한다"는 것이 비록 옳다 하더라도, 그것은 중립적이고 미분화한 부분으로서이고, 균질적인 절대 공간의 연속적인 (그리고 인접적인) 단편(斷片)으로서다. 그리고 부동의 절대적 장소가 "무한에서 무한까지" 부동의 공간을 구성한다는 사실도 절대 공간의 우위성 논의에 최종 판결을 내릴 뿐이다. 왜냐하면 그러한 장소들은 비록 부동적이긴 하지만, 그것들이 함께 점유하는 공간 전체에―개별적으로든 집단적으로든―하등의 차이를 만들어내지 못하고, 또한 장소들 간의 관계라는 점에서도 틀림없이 하등의 차이를 만들어내지 못하기 때문이다. 이 때문에 장소들 간의 관계 자체가 변화하지는 않는다. "시간의 각 부분들의 질서가 불변이듯 공간의 각 부분들의 질서 또한 불변이다."[47] 만일 "공간의 각 부분들", 즉 절대적 장소의 질서가 변화할 수 없다면―만일 그러한 부분 또는 장소가 늘 "서로에 대해 특정한 위치를 계속 동일하게 보유"하고 있다면―이들 '장소-로서-부분'(또는 '부분-으로서-장소')의 내재적인 것도, 그리고 질적인 것도 절대 공간만이 살아남는다는 최종적인 그림에 하등의 차이를 만들어내지 못할 것이다. 장소는 그 부동성과 절대성 때문에 장소가 결코 빠져나올 수 없는 상호적인 상대성이라는 패턴 속에 갇혀버린다. 이는 장소가 가진 힘을 환원시키는 세 번째이자 최후의 방식을 구성하며, 그뿐만 아니라 자기 파괴적인 역설적 지위를 장소에 귀속시킨다. 장소는 가장 절대적인 것으로 이해할 경우 서로에 대해 가장 깊숙이 상대적이다. 즉 장소는 절대적이라는 점에서 상대적이고, 상대적이라는 점에서 절대적이다. 장소란 장소가 아닌 것이고, 또한 장소인 것이 아니다.[48]

그리하여 뉴턴의 "세계의 체계(System of the World)"에서 장소는 자기 해체적 위치에 놓이는데, 사안의 본성상 그로부터 회복하는 것은 불가능하다. ("세계의 체계"는 《프린키피아》 3편의 제목이다. "태양계의 구조"라고도 번역한다—옮긴이). 그리고 [막스 야머(Max Jammer)가 단언하듯] 만일 "뉴턴에게 절대 공간은 논리적으로 또한 존재론적으로 필연성"[49]이라는 게 사실이라면, 절대적 **장소**가 논리적으로 또한 존재론적으로 자기-해소적(解消的)인 기도(企圖, enterprise)라는 것 또한 사실일 것이다.

절대 공간으로 해소되어버리면서 장소는 어떤 종류의 것이든 기껏해야 그러한 공간 중에서 자의적으로 분할된 하위 단위에 불과해진다. 뉴턴이 "시간과 공간은 말하자면 모든 다른 사물의 장소일 뿐만 아니라, 장소 자체의 장소이기도 하다"[50]고 주장할 때, "말하자면(tanquam)"이라는 한정구는 《프린키피아》에서 발생하고 있는 장소의 심각한 위기를 징후적으로 드러낸다. 뉴턴은 사유할 때 공간-절대주의적 용어의 지배를 받는 사람인데, 그런 뉴턴이 장소가 **실제로는** "모든 다른 사물의 장소일 뿐 아니라, **장소 자체의** 장소이기도 하다"고 말할 수는 없다. 장소란 공간의 여러 영역, 그 구체화한 자리를 단지 기술하는 것으로서 자기 자신의 고유한 신분 따위는 없다. 즉 장소는 그 자체 내에 자기 스스로, 혼자 힘으로 설 수 없다. 장소는 단지 절대 공간의 부하일 뿐이다. 장소는 개념적으로 유용하거나(즉 절대 공간과의 한정적 타협을 하는 수단으로서) 도구적으로 유용할 수 있지만(즉 지각 가능성 덕분에 측정 수단으로서), 그 자체로는 실존을 갖지 않는다. 장소는 명목적으로만 존재한다.

혹은 더 엄밀하게 말하면 **텍스트 내에서만** 존재한다. 장소는 자연학적(또는 형이상학적) 개념으로서가 아니라, 단지 문자 그대로의 용어로서 생존해 있는 데 불과한 것이다. 하지만 이 용어는 뉴턴 텍스트의 몇몇 긴요한 계기(moments)에서 불가결한 것임이 드러난다. 예컨대 앞 단락에서 분석한 인용문 뒤에 이어지는 대목은 '장소'와 관련한 언어들로 가득 차 있다.

> 모든 사물은 계기(succession)의 질서에 관해서는 시간 안에 **놓여**(placed) 있고,
> 위치(situation)의 질서에 관해서는 공간 속에 **놓여** 있다. 사물들이 **장소**인 것은
> 그 본질 또는 본성상 유래하는 것이며, 따라서 일차적인(primary) **사물들의 장소**
> 가 가동적이라는 것은 말도 안 된다. 따라서 이러한 장소는 **절대적 장소**이고, **그**
> **장소로부터의 이동은 오직 절대적 운동뿐이다.**[51]

명백히 장소적인 용어를 이 대목에서 반복한다는 것은 전반적인 이론화
에서 뉴턴이 장소의 중요성을 돌연 깨달았다는 걸 의미하는 게 아니라 공
간에 대해, 무엇보다도 절대 공간에 대해 체계적인 사고를 **구체화**할 때 장
소의 역할을 무시할 수 없다는 것을 징후적으로 표현한 것이다. 환원되어
버린 것에 대한 이 은밀한 회귀는 《프린키피아》의 공식적인 '정의'와 '공
리'에서 장소가 가장자리 말단에 있는 만큼 한층 의미심장하다. 뉴턴이 저
도 모르게 장소와 관련한 언어에 호소하는 것은 바로 그가 장소에 한계를
가하고 (최종적으로는) 장소를 추방하는 학설을 제시할 때다. 이리하여 "모든
사물"은 시간과 공간 안에 "놓여 있다". 시간적이기도 하고 공간적이기도
한 그러한 사물은 "그 본질 또는 본성상" 장소**이다**. 그리고 "[그것]으로부
터 …… 절대적 운동"이 일어나는 "일차적인 사물들의 장소", 즉 절대적인
장소가 존재한다. 이 모든 것은 **이론에서** 용인할 수 있는 것보다 훨씬 많은
것을 **텍스트에서** 주장하는 것이다. 그러나 텍스트상의 주장이 보여주는 것
은 사물이 어떻게 공간 및 시간과 관계있는지를 생각할 때에도, 사물을 그
본질적인 존재성에서 고찰할 때에도, 운동의 본성을 숙고할 때에도 모든
단계에서 장소에 대한 호소가 포함되어 있다. 장소에 대한 호소를 지나는

길에 주변적으로 수행한다는 사실은 판돈을 더욱 키우는 결과만을 초래하며, 아울러 장소의 힘(이 경우에는 공간을 구체화하는 힘)이 진실로 상당하다―뉴턴 자신이 선전하고 그의 충실한 신봉자 부대가 이해하고 있던 "뉴턴 혁명"[52]에서 허용하거나 혹은 예상하는 것보다도 훨씬 더 대단하다―는 점을 우리에게 상기시켜준다.

자기 해체와 텍스트 이면의 의미 따위는 일단 차치하고, 마지막 시선을 던지기 위해 뉴턴의 공식적인 사상의 주된 흐름으로 돌아가자. 이 사상에 관해 코이레는 절대 공간에 대한 뉴턴의 신념(commitment)은 "실제로 '천구의 파열', '원의 분쇄', 공간의 기하학화, [그리고] 운동의 제1법칙이자 가장 중요한 법칙 또는 공리로서 관성 법칙의 발견 혹은 주장으로부터의 필연적이고 불가피한 결과"[53]라고 썼다. 《프린키피아》에서 성취한 기하학화(17세기보다 이른 시기에 이미 갈릴레오가 시도했던 것)[54]는 《티마이오스》에서 시도한 기하학화와 천양지차다. 플라톤의 텍스트에서 기하학화는 체적 측정을 가능케 하는, 그리하여 물체를 규범화하는 형상을 감각적 물체에 주입함으로써, 만일 그렇지 않았더라면 초기의 코라에서 물체에 결여되었을 형식적 규칙성을 부여하는 역할을 했을 따름이다. 그러나 이런 기하학화 이후에도 이 물체는 '수용체'가 제공하는 불규칙하고 저마다 장소가 다른 영역 내부에 놓인, 산재한 토포스들 안에서 소재를 부여받고 있다는 점에는 차이가 없다. 즉 여기서는 장소가 공간으로 해소되어버리는 따위의 일이 일어나지 않으며, 이는 창조의 최종 단계에서조차 그러하다. 다른 한편 《프린키피아》의 경우는 초반부터 장소를 공간의 부분에 불과한 것으로 이해한다. 그리고 거기서 발생하는 공간의 기하학화는 고유하게 역학(mechanics)에 속해 있다. 즉 정지 중이거나 운동 중인 질료적 물체를 지배하는 법칙에 속해 있다. 뉴턴적인 기하학화의 목적은 물체마다 특유한 형상을 부여하는 게 아니라 측정하는 것이다. "그러니까 기하학의 바탕은 역학적인 실천이다"라는 게 뉴턴의 주장이다. 또한 기하학은 "보편 역학의 한 부분으로서 측량술을 정확히 제안하고 증명하는 한 분야일 뿐이다".[55] 그러나 측량의 기초는 바로 규칙성과 균질성이며, 그것도 측정해야 할 공간의 규칙성과 균질성이다. 장소화, 즉 장소 안으로 운동해 간다든가, 아니면 그저 장소 안에 머무른다든가 하는 것이 단지 경험하거나 지각하기를 요구할 뿐 측정해야 하는 건 아니라고 한다면, 장소에 대한 공간의 승리는 이런 방식으로도 보장을 받는다. (아울러 비록 상대적인 것으로서 장소를 측정 수단으로 사용한다 해도 여전히 그러하다.)

결국 뉴턴의 우주론에서 장소는 단 하나의 주요한 역할만, 그것도 아주 가냘픈 역할만 수행할 뿐이다. 절대적인 것으로서 장소는 물체나 힘에 의한 점유 **이전에** 공허를 점유하고 구조화한다. 뉴턴이 엄밀하게 보편적인 공허를 수용하는 것은 그가 절대적 공간을 채택한 데 따른 지당한 귀결이다. "천계의 공간에는 저항이 없다"(천계의 공간에는 달 아래 영역에서 볼 수 있는 물질적인 에테르조차 결여되어 있기 때문이다)는 것은 사실일 뿐만 아니라, 달 아래 영역 자체에도 진공이 있다. 즉 "만일 모든 물체의 고체적인 입자가 동일한 밀도를 갖고 기공(pore) 없이는 희박하게 할 수 없다면, 그때에는 공허한 공간 혹은 진공을 〔그 입자들 간에 존재한다고〕 인정해야 한다".[56] 그러나 뉴턴은 단지 진공 또는 공허를 **텅 빈 공간**과 동일시하는 게 아니다. 공허에 대해 그는 이렇게 말한다. "**무언가**가 거기에 있다. 바로 공간이 거기에 있는 것이다. 비록 그 이상의 것은 아무것도 없지만 말이다."[57] 이 무언가, 즉 뉴턴이 여기서 수수께끼처럼 "공간"이라고 언급하는 무언가란 바로 **절대적 장소**라고 나는 주장한다. 어떤 주석자가 지적하듯 "요점은 다음과 같은 것으로 보인다. 즉 공간 안에 물체가 없다 해도 공간은 공허가 아니다. 왜냐하면 공간 **안에는** 무언가가, 즉 공간의 부분들이 존재하기 때문이다".[58] 이 "공간의 부분들"이 절대적 장소가 아니라면 대체 무엇일 수 있을까? 이런 장소는 비록 그 지위가 근본적으로 납작하게 환원되어버렸을지라도, 적어도 절대적 공간으로서 공허가 갖는 고유한 내용이다. 장소는—비록 장소 자체의 궁극적인 처지는 단편적(斷片的)인 것에 불과하다 해도—그러한 공간에 거하는 최초의 시민이다.

그러나 이 전도유망한 방향—말 그대로 전도유망한 이유는 방금 인용한 뉴턴의 제안이 학생 시절 쓴 중력에 관한 미간행 논문에 포함되어 있기 때문이다—은 결국 다른 어떤 것, 즉 뉴턴의 방대한 일신론 속에 잠겨버린다. 이렇게 말하는 이유는 무엇이 그 공허를 채우느냐는 물음에 대한 또 하나의 응답이 신학적인 것, 즉 신이기 때문이다![59] 이를 '신학적'이라고 말하는 것은 뉴턴이 볼 때, 이러한 응답을 얼마나 심사숙고 끝에 내린 것인지 제대로 평가하지 못한 것으로 느낄 수도 있다. 뉴턴의 신학적 사고는 사실 《프린키피아》 초판에서는 거의 감지할 수 없다. 하지만 뉴턴은 1713년의 2판에 '일반 주해'를 추가했는데, 거기서 신의 가장 중요한 두 가지 속성으로 영원성과 무한성을 꼽았다. "신의 지속은 영원에서 영원에까지 미치고, 그의 현전은 무한에서 무한에까지 미친다."[60] 뉴턴은 신중하게도 신이 영원성과 무한성을 단지 **소유한다**고 주장하지 않는다. "신은 영원성이나 무한성이 아니라, 영원하며 무한하다. 신은 지속이나 공간이 아니라, 지속하고 현전한다. 신은 영원히 지속하고 모든 곳에 현전한다. 그리고 그는 늘 모든 것에 존재함으로써 지속과 공간을 구성한다."[61] 영원성과 지속은 둘째 치고, 만일 신 자신이 무한하다면 무한한 물리적 우주에서 "모든 곳에 현전한다"는 것—그리하여 이 우주로부터 분리될 수 없고, 이 우주의 모든 수준 및 장소라고 추정할 수 있는 모든 곳에 구석구석 빠짐없이 침투해 있다는 것―은 명약관화하다. 역으로 우주 내의 모든 사물 또한 역으로 신에게 침투한다. 즉 "물체는 신의 무소부재함으로부터 어떤 저항도 찾아볼 수 없다".[62] 이렇게 주장할 때 뉴턴은 단지 신이 자기 자신을 전개(deploy)하기 위해 무한 공간이 필요하다는 것만을 말하는 게 아니다. (물론 그는 "만일 일찍이 공간이 존재하지 않았더라면, 신은 그때 어디에도 없었을 것이다"[63]라며 그 얘기를 하고 있기는 하다.) 또한 신과 공간은 외연이 같다―마치 양자가 무한성에서 대등한 것처럼―는 주장에만 그치는 것도 아니다. 그의 주장에는 더욱 강력한 논점이 들어 있다. 즉 신은 **곧** 공간**이며**, 신은 공간을 구석구석 "구성"하고, 따라서 공간은 "신으로부터의 유출(流出, emanent) 결과"[64]다. 공간은 스스로 존속하는 것이 아니라 신에 의존하며, 바로 그 신의 실체가 공간에 부여된다. 즉 "신은 **잠재적으로**뿐만 아니라, **실체적으로도 무소부재하다**".[65] 실제로 공간을 절대화함과 동시에 무한화하는 것이 바로 신의 실체다. 사실상 뉴턴이 암시하듯 공간에 그토록 강력한 특성을 부여할 수 있는 게 신의 실체 아니면 또 무엇일 수 있겠는가? 파트리치와 가상디 안에서는 분리되었던 공간과 실체가 다시 하나가 된다―신 안에서.

공간은 "신의 감각 중추(God's sensorium)"라는 뉴턴의 유명한 주장은 오해와 이해를 모두 초래한다. 우선 오해를 초래하는 것은 공간이란 신이 소유한 모종의 초월적인 **기관**(organ) 같은 것이라고 주장한 경우다. (라이프니츠가 바로 이런 경우다.) 왜냐하면 그럴 경우 공간은 신의 한 속성에 불과할 뿐 신의 존재에 고유한 부분은 아니기 때문이다. 뉴턴은 이런 애매함을 알고 있었기에 《광학(Optics)》(1706)에서 결정적인 한정구를 덧붙인다. "비물체적이고 살아 있으며, 지성적이고 무소부재한 존재가 있는데, 그것이 무한 공간에서, 즉 **마치** 신의 '감각 중추'에 **있는 것처럼** 사물 자체를 보고, 그것들을 깊고도 철저하게 지각하고, 사물을 신 자신에게 직접 현전시킴으로써 사물 전체를 파악한다는 점은 다양한 현상들을 미루어볼 때 분명하지 않은 가?"[66] 다른 한편 이런 주장으로 인해 우리의 이해가 더욱 분명해지는 경우를 보자. 뉴턴의 주장 덕분에 우리는 물리적 공간에서 신의 무소부재성이—우리가 우리 자신의 감각계 덕분에 특정한 지각 영역에 충분히 현전하고 그 영역과 일체가 되는 것까지는 아니더라도—그 안에 충분히 잠기는 방식과 유사하다는 점을 깨닫는다. 우리에게 지각적으로 친밀한 것은 신의 입장에서 우주론적-존재론적 친밀함이다. 즉 신이 무한한 공간적 우주를 감각한다는 것은 바로 신의 존재에 고유한 것이다.

그렇다면 신의 무한성은 공간의 무한성과 다시 합류하고, 궁극적으로는 두 가지 무한성이 하나가 된다. 즉 "신의 존재의 양(量)은 지속과 관련해서는 영원(하고), 신이 현전하는 공간과 관련해서는 무한(하다)".[67] 뉴턴이 물리적 우주의 끝없음에 관한 아르키타스적 논증—"어딘가에 어떠한 한계를 상상하는 것은 반드시 그와 동시에 그 너머의 공간이 있음을 상상하게 된다"[68]—을 충실하게 되풀이할 때, 그는 동일한 논리가 신에 대해서도 성립한다고 상정한다. 신은 자신이 공현전하고(compresent) 있는 공간만큼이나 경계 지어지지 않기 때문이다. 그러나 무한성을 공유한다는 점에서 신과 공간을 동격화하는 것은 신이 공간 **안에**, 즉 신이 구성하고 감각하는 바로 그 공간 **안에** 얼마나 적확하게 있는 것인가라는 물음을 미결 상태로 남겨 둔다. 이 질문은 우리를 장소로 되돌려 보낸다—적어도 일단은 말이다. 새뮤얼 클라크가 라이프니츠에게 보낸 서한을 출판할 때 뉴턴이 함께 붙이려던 '독자에게 드리는 주의의 말씀'에서 우리는 이런 문장을 볼 수 있다. "히브리인은 신을 마콤(makon), 즉 **장소**라고 불렀으며, 사도(the Apostle)는 우리에게 신은 우리 중 그 누구로부터도 멀리 떨어져 있지 않은데, 그 이유는 우리가 신 안에서 살고, 움직이며, 우리의 존재를 갖기 때문이라고 이르시며 **장소**를, 모든 장소 안에 있는 그를 위한 하나의 상징으로 삼으셨다."[69] 신은 우리에게 하나의 장소이므로 하늘 아래 모든 장소에 있다. 마찬가지로 〈심판의 날과 내세(Of the Day of Judgment and World to Come)〉라는 제목의 초고에서 뉴턴은 이렇게 말한다. "신은 모든 장소에 한결같이 존재하고, 실체적으로 편재하며, 가장 높은 천국에서처럼 가장 낮은 '지옥'에도 마찬가지로 현전한다."[70] 신은 단지 현전하고 있는 게 아니라, 각각의 장소에 모두 **온전히 현전하고 있다**는 주장에는 우주론적 측면이 작동하고 있는데, 이는 '각-부분-내-전체(whole-in-each-part)'라는 학설이요, 혹은 헨리 모어의 말을 빌리면 바로 "부분 내 전체론(Holenmerism)"이다.

결정적인 논점은 이러하다. 즉 그러한 학설, 아니 신이 "모든 장소에" 위치한다는 모든 이야기는 장소에 대한 진정한 재평가를 표현하는 것일까? 그 이야기 가운데 우리를 무한 공간으로부터 장소로 귀환하도록 해줄 것도 있을까? 내재성과 장소를 자연스레 결연(marriage)시켰던 고대와 대조적으로(결연은 아리스토텔레스가 최초로 체계적인 주목을 유도한 전치사 '~in'으로 표시된다), 뉴턴은 자신이 물리학에서 (물론 하나의 가능한 예외는 있지만) 장소에 부여하길 거절했던 그 정당성을 신학에 부여하려 했던 것일까? 나는 그렇게 보지 않는다. 한편으로 "부분 내 전체론"은 모어 자신이 경고한 적 있는 종류의 버거운 문제를 품고 있다. 즉 만일 신의 모든 것이 한 부분 안에 현전한다면, 다른 부분들에는 어떤 몫이 돌아갈 수 있을까? 어떻게 해서 신은 어떤 사물**과** 그 동일한 사물의 한 부분에 모두 현전할 수 있을까?[71] 다른 한편, "모든 장소에"라는 말은 "모든 곳"이나 "편재성"—뉴턴은 이 두 단어를 문제의 "모든 장소에"라는 표현과 교환 가능한 것으로 사용한다—과 같은 말이고, 그 결과 장소의 특수성과 교정(矯正) 불가능한 개별성은 다시 한 번 공간 속으로 해소되어버린다. 뉴턴이 신학적 사고에서 장소에 호소하는 것은 종국적으로 보면, 절대적이고 무한한 공간에 대한 그의 더 깊은 신념을 덮기 위한 편의적인 수단인 것이다. 왜냐하면 신은 단순히 **하나의** 장소가 아니며, 만일 어쨌든 하나의 장소라면 매우 포괄적인 장소요, 모든 가능적 장소와 현실적 장소가 다 문제 되는 장소로서 신이 우주 전체와 공유하는 가없는 공간과 동등해지기 때문이다. 그렇다면 신은 뉴턴 자연학에서 그의 진정 공허하지 않은 이름, 즉 "절대 공간"[72]이라 부르는 편이 나을 것이다.

이리하여 우리에게는 아직 대답을 듣지 못한 마지막 질문이 남는다. 즉 만일 신이 "경계 지어지지 않는(무한정한) 연장"[73]을 갖는다면(혹은 차라리 신이 곧 "한없는 연장"이라면), 이는 신이 연장된 존재자, 즉 현실적인 물리적 차원을 갖는 존재자임을 의미하는 건 아닐까? 신의 광대무변성은 단순한 영적인 광대무변성이 아니고, 종국적으로는 물질적 광대무변성인 것일까? 뉴턴은 이러한 이단적 입장에 위태로울 정도로 가까이 다가가지만 거기에서 교묘하게 뒷걸음질 친다. 즉 그에게 신은 3차원 안에 물질적 용적을 갖는 존재가 아니다. 즉 ('일반 주해'의 표현을 빌리면) "영적 존재"[74]로 남는다.

뉴턴의 친구이자 케임브리지의 동료 학자였던 헨리 모어는 주저 없이 도약한다. 모어에게는 정신적 존재조차 연장되어 있고, 또한 여기에는 신 자체도 포함된다. 그리하여 신은 공간과 동등해지는데, 그것은 단지 양자가 무한하기 때문만이 아니라 그것들이 **비물체적이면서도 무한히 연장되어 있는 실체**이기 때문이다. 신과 공간은 마찬가지로 연장되어 있는 존재다. 즉 우리는 신도, 공간도 "무한하고, 부동이며, 연장되어 있는"[75] 무언가라고 말할 수 있다. 모어의 논증은 단도직입적이다. 만일 연장이 물질과 떨어져서 존재할 수 있다면, 연장은 물질이 아닌 것, 즉 정신(spirit)에 내재할 수 있다. 같은 이유에서 무한한 연장은 무한한 정신, 즉 신에 내재한다. 그리하여 공간이 신 안에서 끝없이 연장되어 있듯 그와 꼭 마찬가지로 신은 공간에서 끝없이 연장되어 있다.[76] 이는 14세기의 신학을 넘어서 대담한 일보를 내딛는 것이다. 즉 공간이 신격화할 뿐만 아니라 신이 공간화한다. 신은 자신의 무한한 공간적 배경인 이 세계 안에 있다. 모어가 데카르트에게 보낸 서한에서 표현하듯 말이다.

> 실제로 천사뿐만 아니라 신 또한 연장된 사물(res)이라고 사료됩니다. 그리고 일반적으로 혼자 힘으로 존속하는 것은 모두〔연장되어 있고〕, 그래서 연장은 사물의 절대적 본질과 동일한 한계에 싸여 있는 것처럼 보입니다. 그러나 이 한계는 그 본질들의 다양함에 조응해 다를 수 있습니다. 저로 말씀드릴 것 같으면 신이 자신의 방식으로 연장되어 있는 게 분명하다고 믿습니다. 왜냐하면 신은 무소부재하고 또한 세계의 각 입자뿐만 아니라 세계라는 기구(machine) 전체도 세세하게 점유하고 있으니까요.[77]

모어는 여기서 1655년의 결론을 도출하고 있는데—스피노자 또한 약 20년 후에 같은 결론을 도출한다—이는 실로 급진적인 것이다. 즉 신 자체는 "연장된 사물"이며, 따라서 신적인 '위격(位格, divine Person)'으로서뿐 아니라, 이 세계가 포함되어 있는 공간 자체로서 물리적 세계에 현전한다는 것이다.[78] 그러나 이러한 방식으로 존재하는 이러한 신을 설정하는 것은 결국 기나긴 여정의 마지막을 장식하는 극적인 한 걸음일 뿐이다. 이러한 여정은 아낙시만드로스와 원자론자들에게서 시작되고, 스트라톤과 에피쿠로스에게 이어지며, 크레스카스와 오렘에게서는 패주(敗走)했다가, 마침내 뉴턴의 주장으로, 즉 물질로부터 독립해 있음과 동시에 장소를 해소시키는 절대적이고 무한한 공간으로 끝난다.

07

연장적인 것으로서 근대 공간

데카르트

1

모든 장소는 물체로 가득 차 있다.

사물의 장소가 우리 마음속에서 규정되는 경우를 제외하면, 그 어떤 사물도 지속적인 장소를 갖지 못한다.
　　　　　　　－르네 데카르트, 《철학의 원리(Principles of Philosophy)》

아이작 뉴턴에게 엄청난 영향을 끼친 헨리 모어(확신하건대 뉴턴의 "절대 공간"
관념은 모어의 "무한하고 부동이며 연장되어 있는 것"을 깔끔하게 정리한 버전이다)는 르
네 데카르트에게서 〔뉴턴보다〕 훨씬 다루기 힘든 사상가의 면모를 보았다.
데카르트의 생애 마지막 해에 그들이 **정중하게** 교환한 서신을 보면, 우리는
그 이면에서 차이의 심연이 아가리를 벌리고 있는 것을 발견할 수 있다. 그
들이 달랐던 것은 단지 모어가 유심론자이고 데카르트가 유물론자여서만
이 아니다. 더 결정적으로는 연장—17세기 중반에 연장은 바야흐로 공간
의 본성을 파악하는 열쇠가 되어 있었다—에 대한 견해가 많이 달랐기 때
문이다. 데카르트가 모어에게 보낸 최초의 답신에서 이미 신은 연장된 존
재냐 하는 문제가 곧장 전면에 등장한다는 사실은 의미심장하다. 모어는

서신 교환을 시작한 첫 번째 편지에서 "신이든 천사든, 혹은 다른 어떤 것이든 자기 존속적인 사물은 연장되어 있습니다"라고 썼고, 이에 대해 데카르트는 전적으로 회의적이라는 입장을 고백하며 이렇게 말한다. "사람들이 신의 연장이라고 부르는 것은 우리가 전체 공간에서 극히 판명하게 지각하는 참된 특성들의 기체(基體, subject)일 수 없습니다."[1] 왜 그럴 수 없다는 걸까? 모어에게 반박할 때, 데카르트는 신의 고유한 본성에 관해서처럼―신의 무한성의 경우에 그러했듯―이성이나 지성에 의존하기보다 **상상력**에 호소한다. "신은 상상할 수도 없고, 형태를 가진, 측량 가능한 부분들로 구분할 수도 없습니다."[2] 확실히 신에 대해 생각한다는 것은 하나의 실체를 마음속에 품는 것이지 **연장되어 있는** 실체를 상상하는 것은 아니다. 왜냐하면 연장되어 있는 실체란 일정한 형태를 가진 측량 가능한 부분, 서로 떨어져서 존재하는 부분, 즉 부분 외 부분(partes extra partes)을 갖는 존재자이기 때문이다. 둘 혹은 그 이상의 부분들은 하나의 동일 **장소**를 점유할 수 없다. 정확히 그런 이유로 인해 부분들은 서로 떨어져 존재한다.

어떤 것이 연장되어 있다고 할 때, 흔히 사람들은 그것을 이렇게 이해합니다. 그것은 상상 속에 그려볼 수 있는 것 …… 그리고 일정한 크기와 형태를 갖춘 다양한 부분을 가지며, 그 각각이 다른 부분과는 동일하지 않은 것이라고 말입니다. 이 부분들은 상상 속에서는 구분이 가능합니다. 즉 어떤 부분이 **다른 부분의 장소로** 이동했다는 상상이 가능합니다. 그러나 두 부분을 동시에 **하나의 동일 장소** 안에서 상상할 수는 없습니다. 신이나 우리 마음에 대해서라면 이런 얘기는 당치도 않습니다. 신이나 우리 마음은 상상 불가능한 것으로서, 다만 지성에 의해 파악할 수 있을 뿐입니다. 그 어느 쪽도 부분으로 구분할 수 없으며, 일정한 크기와 형태를 가진 (따라서 일정한 장소를 동등하게 점유하는) 부분으로 구분하는

것은 확실히 불가능합니다.[3]

이와 대조적으로 우리는 신이나 천사나 인간의 마음이 "모두 동시에 하나의 동일 장소에 존재할 수 있다"[4]는 것을 이해할 **수 있다**. 이 경우 "장소"는 비연장적인 존재자들이 연결되는 수용적 무대이지만(이런 이유에서 신이 "모든 **장소**에" 존재한다는 뉴턴의 말은 전적으로 정당화된다), 연장체—엄밀한 의미에서는 어떤 식으로도 동일 장소를 공유할 수 없는 사물—에 관해서라면 장소는 배제하고 분리하는 불화의 무대가 된다. 이리하여 우리는 단순 정위의 전형적 실례를 목도한다. 즉 둘이나 그 이상의 연장체가 동일 장소를 점유할 수 없다고 말하는 것은 곧 그 사물들 각각은 공간 안에 단지 위치를 점하고 있다고 말하는 것과 마찬가지다.

그러나 여기서 데카르트는 장소 자체의 특징을 탐구하는 데 흥미가 있는 게 아니다. 그가 장소를 불러내는 이유는 단지 공간 안에 존재한다는 게 무엇을 의미하는지 알아보기 위해서일 뿐이다. "누구나 **공간 안에**—비록 상상의 공간이나 텅 빈 공간이라 해도—일정한 크기나 형태를 갖춘 다양한 부분을 상상합니다. 그 부분들 중 어떤 것이 상상 속에서 다른 부분의 장소로 옮겨지는 것은 가능하지만, 그중 두 부분이 동시에 하나의 동일 장소에서 상호 침투한다는 것은 생각할 수 없습니다. 왜냐하면 **공간의** 어느 조각을 제거하지 않고서도 이런 일이 일어나는 것은 모순이기 때문입니다."[5] 이 언명에서 "~안에"와 "~의"는 장소에 비해 공간이 갖는 포위성(encompassingness)—뒤에서 다시 다루겠지만 이는 형식적인 우위성의 표시다—을 나타낸다. 이 점에서 데카르트에게 가장 중요한 것은 어떤 형식이든 정신적 연장을 단호히 거부하는 것이다. "그리하여 우리는 비물체적인 실체는 어떤 엄밀한 의미에서도 연장되어 있지 않다는 분명한 결론에 도달합니다."⁶ 그러면 도대체 무엇이 연장되어 **있다**는 것일까? 데카르트의 대답은 직선적이다. "연장되어 있는 것은 무엇이든 다 진정한 물체(genuine body)입니다."⁷ 이로부터 곧장 도출할 수 있는 결론은 비물체적인 실체는 공간을 채울 수 없고—모어가 단언한 것과 반대로, 비물체적인 실체는 고유한 의미에서 연장을 갖지 않으므로 단지 거기에 위치를 점할 수 없다—오직 물체적인 실체(corporeal substances) 혹은 물체만이 공간을 채울 수 있다는 것이다. 게다가 그것들은 매우 농밀하게, 어떤 여지도 남기지 않고 공간을 꽉 채운다. 데카르트는 "완전히 텅 빈 공간 따위는 존재할 수 없습니다. ……물체가 없는 공간은 존재할 수 없습니다"⁸라고 확신하기 때문이다. 모어와 뉴턴의 사상에서 모두 (비록 암묵적이긴 하지만) 강력하게 작용하는 (그리고 가상디의 경우에는 명확히 작동하는) 순수한 공간적 연장이라는 필로포노스적 개념은 여기서 거부당하고, 그 대신 물체적으로만 존재하는 연장을 취한다. 공간을 특징짓는 것은 이 연장—그리고 오직 이 연장뿐—이다. 하지만 그렇다면 공간이란 대체 무엇일까?

데카르트의 자연학과 형이상학의 토대는 공간을 끈질기게 **물질**, 즉 크기와 형태를 갖는 물리적인 물체와 동일시한다는 점에 있다. 이러한 조치를 통해 데카르트는 자기 자신을 다시 나타난 원자론자 곧 가상디 및 뉴턴과 구별하고, **또한** 다마스키오스와 심플리키오스로부터 브루노와 모어에까지 뻗어 있는, (가지적인 공허에 호소함으로써든, 모든 것에 스며드는 신에게 호소함으로써든) 물질을 희생시켜 공간을 절대화하려 한 기나긴 전통의 반(反)원자론자들로부터도 구별한다. 이처럼 데카르트는 데모크리토스적 공허를 거부하고 물질이 공간과 동등한 외연을 갖도록 노력한다는 점에서, 플라톤이나 아리스토텔레스와 손을 잡고 있는 셈이다.⁹ 그렇지만 데카르트는 공간을 급진적으로 상대화했다는 점에서 로크를, 특히 라이프니츠를 미리 내다

보고 있다. 그러나 공간을 상대화하는 이런 방향을 취함에 있어 데카르트는 아이러니하게도 그를 비판했던 절대주의적 사상가 곧 가상디 및 뉴턴과 거의 똑같은 결론에 다다른다. 즉 장소는 자신이 속한 보편적 공간의 지위와 분리된 그 어떤 독립적인 지위도 갖지 않는다. 그러나 이는 이야기를 너무 앞질러 간 것이다─이 이야기의 가장 의미심장한 주제는 역시 연장에 관한 대목이다. 따라서 이제 연장이라는 주제로 돌아가보자.

연장(extensio)은 데카르트의 공간관에서 핵심적인 개념이다. 연장은 단지 물질과 공간의 공통 본질일 뿐만 아니라, 양 및 차원의 본성을 규정한다─따라서 모든 거리 측정의 본성 또한 규정한다.[10] 초기 저작 《정신 지도를 위한 규칙들(Rules for the Direction of the Mind)》(1628)에서 데카르트는 "연장이라고 말하면, 우리는 실재하는 물체냐 아니면 단순한 공간이냐를 불문하고 길이, 넓이, 깊이를 가진 것은 모두 연장이라고 이해한다"[11]고 썼다. 이런 식의 표현은 연장이 마치 연장되어 있는 것(곧 '연장체'─옮긴이)과 분리되어 따로 존재할 수 있는 것처럼 느껴지게도 한다─예컨대 필로포노스에게는 그렇게 여겨졌음에 틀림없다. 그러나 이렇게 생각하는 것은 오류일 것이다. 우리가 "물체의 이미지〔즉 물리적 물체의 상(像, image)〕"를 떠올려보면 연장과 연장체라는 "두 개념에 어떤 차이도 없다"[12]는 사실이 즉각 분명해진다. 왜냐하면 우리는 연장되어 있지 않은 물체나 물체적이지 않은 연장 따위는 이미지화할 수 없기 때문이다. 이는 역으로 우리가 연장을 물리적 물체에 완전히든 부분적으로든 어쨌든 점유당하게 될 텅 빈 장(field) 또는 차원들의 단순한 집합이라고 간주하는 것(이것이 바로 뉴턴이 상정한 연장이었다)이 불가능함을 뜻한다. 연장과 연장체는 따로 분리할 수 없다.[13] 현실에서 물질체(material body)는 반드시 연장되어 있을 뿐만 아니라(이 점은 모든 공간 이론가들이 인정할 것이다. 심지어는 피타고라스조차 예외는 아닐 것이다) 모어의 주장과 반대로 연장되어 있는 모든 사례는 하나같이 물질체다. 단지 물질이 공간을 점유하는 게 아니라, 공간이 **곧 물질이다**. 데카르트가 1645년 10월 뉴캐슬의 후작에게 썼듯 "우리가 물질에 대해 갖는 관념은 공간에 대한 관념과 동일하다".[14] 데카르트가 메르센(Mersenne)에게 분명히 말했듯 물질 관념이 공간 관념에 분석적으로 포함되어 있는 것은 물질과 공간이 공히 그 정의 또는 본질에 연장이라는 요소, 즉 "길이, 넓이, 깊이를 갖는 무언가"[15]를 포함하기 때문이다.

데카르트는 다음과 같은 상식을 기꺼이 인정한다. 즉 물질과 공간이 서로 떨어져서 존재하는 것은 결코 아니지만, 그 두 가지를 구별하기 위한 **어떤 토대는** 분명히 있다. 예컨대 만일 어떤 특정 물체가 공간을 통과해 **이동한**다고 할 경우, 그 물체가 점유하는 공간의 한 범위는 그 동일 물체에 의해 조금 뒤에 점유되는 범위와 동일하지 않으리라는 것은 분명하다.[16] 그러나 운동이라는 이 중대한 사례 너머에, 우리가 물질과 공간을 서로 다른 것으로 **이해할** 수 있다는 사실이 있다. 상상의 차원에서 보면 **구체적 현실에서**(in concreto) 양자가 분리 불가능하다는 점이 드러났던 것과 꼭 마찬가지로(조금 전 데카르트가 모어에게 보낸 답장에서도 보았듯), 이해의 차원에서 보면 사유 속에서(in thought) 그 두 가지는 분리 가능하다는 게 드러난다. 물질과 공간의 차이가 엄밀하게는 상상 불가능하다고 해서—현실의 이미지로 표현할 수 없다고 해서—그 차이가 **사유 불가능**한 것은 아니다. 데카르트가 《철학의 원리》(1644)에서 지적하듯 우리는 개체적 단일성과 유적(類的, generic) 단일성을 구별함으로써 그 차이에 대해 **사유**할 수 있다.

물체와 공간은 어떤 점에서 다른가? 물체의 경우 우리는 그 연장을 개별적인 것으로 간주해 물체가 변하면 연장도 늘 변하는 것이라고 믿는다. 반면 공간의 연장에는 유적 단일성을 부여한다. 따라서 공간을 채우고 있는 물체가 변해도 공간의 연장은 변하지 않는다고 생각한다.[17]

이러한 차이가 있다는 건 맞는 얘기지만, 그것은 추상적인 수준, 즉 개념적인 차이에 그친다. 왜냐하면 (자연학적인 사실이든, 형이상학적인 사실이든) 사실상 물체의 연장과 그 물체가 점유하는 공간의 연장은 동일하기 때문이다. 데카르트의 세계관에는 비물질적인 연장 관념을 위한 여지, 달리 말하면 마음이나 정신 아니면 신에게나 속할까 물질에는 속하지 않는 연장성이 들어설 여지가 전혀 없다.[18]

물질과 공간을 순전히 개념적 차원에서 더욱 강력하게 구별하기 위해 데카르트는 유명한 사고 실험을 수행하는데, 이때 다시 한 번 상상력(곧 '이미지화하기'—옮긴이)을 불러낸다는 사실은 매우 시사적이다. 그 사고 실험인즉슨 만일 우리가 단단함, 빛깔, 냉기, 열기 등의 속성을 모두 제거한다 해도, 우리에게는 언제나 "길이, 넓이, 깊이에서 연장되어 있는 무언가"[19]가 남는다는 것이다. 어떤 경로를 취하더라도—경험에 의해서든 상상 속에서든, 또한 〔물론 이 두 가지(물질과 공간)를 우리의 지성으로 어쨌거나 구별할 수 있는 한〕 물질에 초점을 맞추든 공간에 초점을 맞추든—우리는 늘 분리해낼 수 없는 순전한 잔여로서 연장에 다다른다. 아울러 연장은 반드시 **그 무언가의** 연장이다. 즉 홀로 자유로이 떠다닐 수 있는 게 아니라 하나의 속성으로서 연장은 실체(substance)에 내재하는 것이어야 하며, 이 실체는 물질적 실체 혹은 '물체(body)' 이외의 것일 수 없다.[20] 따라서 연장이야말로 물질과 공간이 공유하는 공통의 유대로서—데카르트의 세계상을 한데 잘 모아—그 어떤 분할적 경향에 직면해서도 이 세계상을 정합적이고도 통일성 있게 유지한다. 공간적 세계는 연장체(즉 그 본성이 바로 연장에 들어 있는 물질적 사물)의 균열 없는 충실한 영역으로 이해해야 한다.

'물질=공간'이라는 등식으로부터 결정적인 세 가지 계(系, corollary: 하나의 정리(定理)에서 직접 파생된 명제. '따름정리'라고도 함—옮긴이)를 도출할 수 있다.

(i) **세계는 엄밀히 말해 연장이라는 측면에서 무한하지 않지만 무제한으로 연장되어 있다.** 데카르트의 견해에 따르면, 비록 세계에 경계가 없고 따라서 무한정 크다고 해도 '무한'하다는 말에 걸맞은 것은 오직 신뿐이다. 데카르트가 모어에게 써 보낸 것처럼 "세계라는 게 그 무엇으로도 규정할 수 없을 정도로, 혹은 무한정할 정도로 크다고 제가 말하는 것은 제가 거기에서 어떤 한계도 찾아볼 수 없기 때문입니다. 그러나 저는 세계가 감히 무한하다고는 부르지 않을 것입니다. 왜냐하면 신이 세계보다 큰 것은 연장이라는 점에서가 아니라(이는 불가능할 수밖에 없습니다. 종종 말씀드린 것처럼 저는 엄밀히 말해 신은 연장되어 있다고 생각하지 않기 때문입니다), 완전성이라는 점에서라는 것을 알고 있기 때문입니다".[21] 여기서는 무한히 연장된 신이라는 사고방식이 결정적으로 거부당하고, 무제한 연장된 물리적 세계라는 생각으로 대치된다. 이는 무한 공간에 붕 떠 있는 유한세계라는 스토아학파적 모델보다는 아낙시만드로스의 "경계를 갖지 않는 것"에 훨씬 더 가까운 세계다. 데카르트는 오늘날 우리에게 낯익은 방식으로, 공간적 한계의 무제한적 제거를 주장한다.

세계가 유한하다든가 경계 지어져 있다든가 하는 것은 제 생각과 충돌합니다. 또는 마찬가지 얘기가 되겠습니다만, 저는 거기에 모순이 포함되어 있다고 생각합니다. 왜냐하면 당신이 세계에 어떤 한계를 할당하더라도 저는 그 너머에 있는 공간을 떠올리지 않을 수 없기 때문입니다. 그리고 제 생각에는 그러한 공간이 진정한 물체입니다. ……당신이 하나의 검(劍)이 세계의 경계를 통과해가는 걸 상상한다면, 당신 또한 세계를 유한하다고 간주하지 않는다는 사실이 드러날 것입니다. 왜냐하면 실제로 당신은 그 검이 닿는 모든 장소를 세계의 일부라고 생각할 것이기 때문입니다.[22]

다른 말로 하면, 연장된 물질은 규정된 한계가 없는 연속체를, 최종적인 한계 따위는 전혀 갖지 않는 연속체를 형성한다.[23]

(ii) **진공이나 공허는 결코 실존할 수 없다.** 14세기 신학자들에게 신의 무한성이 공허한 무한 공간을 포함하고 있던 것과 마찬가지로, 데카르트의 눈으로 볼 때 세계의 무한정한 연장은 간극 없이 **채워진** 공간을 요구한다. 코이레가 지적했듯 데카르트는 아리스토텔레스보다 훨씬 더 격렬하게 공허라는 관념을 거부한다.[24] 공허는―그 어떠한 소공허도 모두 포함해[25]―보편수학(普遍數學, mathesis universalis)에 종속되는 연장 연속체(extensive continuum)로서 '자연' 개념에 의해 배제될 뿐만 아니라, 만일 물질과 공간이 정녕 동일한 것이라고 한다면 공허라는 관념 자체가 모순된 말이다. 공간(에 대한 사유)이 있을 때는 언제라도 그것을 채우는 물질(에 대한 사유)이 있을 테니 말이다.[26] 이러한 확신을 구체적으로 예증하기 위해 데카르트는 두 종류의 증거에 호소한다. 첫 번째로 그는《우주론(Le Monde)》이라는 논고에서, 실험실에서 완벽한 진공을 만들어내려는 노력에 완벽하지 못한 측면이 있음을 보여주는 당대의 실험을 인용한다. "사람들이 텅 비었다고 생각하는 공간, 그래서 공기밖에 느끼지 못하는 공간은 모두 최소한 우리가 다른 물체를 감각하는 공간만큼―동일한 물질로―채워져 있다."[27] 두 번째로 데카르트는 전적으로

비경험적인 사고 실험에 의거해 공허에는 엄밀한 의미에서 자기모순적인 성격이 있음을 제시한다. "만일 신이 어떤 다른 물체도 들이지 않고 방 안의 공기를 모두 제거했다고 생각한다면, 당신은 바로 그 사실에 의해 방의 내벽(內壁)들이 서로 착 달라붙어버린다고 상정하지 않으면 안 됩니다. 그렇지 않을 경우 당신은 자기모순적인 사고에 빠져버릴 것입니다."[28] 엄밀한 공허 따위는 스스로 붕괴하고 공허 자체의 경계를 폐기해버릴 것이다. 이는 형이상학적 비존재자로서 자기 자신을 말소해버리는 "키메라(chimera) 이외에 아무것도 아닌 것"[29]이 될 것이다.

만일 '자연'이 연장된 것으로만 존재한다면, 공허는 '자연'의 일부일 수 없다. 그도 그럴 것이 연장체로서 '자연'은 전적으로 물질적인 실체로 채워져 있는 하나의 충실체(a plenum)일 것이기 때문이다.[30] 물체의 요체는 물질 그 자체다. 공허에 대한 거부는 연장의 물질화(im-matterment)로부터 엄밀하게 따라 나오는 귀결이기 때문이다. 데카르트는 샤뉘(P. Chanut)에게 보낸 서한에서 이런 점을 분명히 밝힌다. "온전히 텅 빈 공간, 즉 일체의 물질을 포함하지 않는 공간 따위는 있을 수 없습니다. **왜냐하면** 우리가 그러한 공간을 생각하려 할 때, 그 공간 안에 이러한 세 가지 차원을, 따라서 물질을 생각하지 않을 수 없기 때문입니다."[31] 그렇기 때문에 공간과 물질을 동일시한 데카르트의 처사가 (코이레의 표현대로) "성급"[32]했다는 게 비록 옳은 평가라 할지라도, 일단 이러한 동일시를 하고 나면— 일단 물질을 연장 개념 자체에 포함해버리고 나면— 공허가 끼어들 개념적인 여지는 없다. (하물며 물리적인 여지는 말할 것도 없다!) 우리가 살펴본 것처럼 필로포노스부터 뉴턴에 이르는 1000년의 궤적 속에서 공허에 대한 사람들의 신념은 점점 더 강화되었는데, 바로 그러한 신념을 여기서 예리하게 의문시하고 있는 것이다. 데카르트의 신랄한 평가 속에서 공허는 전적으로 아무것도 아닌 문제가 되어버리기 때문에 그 장소를 차지할 다른 무언가—모종의 물질(그것도 정확히 딱 필요한 만큼의 물질)—가 늘 존재하는 것이다.

(iii) **장소는 물질 및 공간에 종속되는 특징이 있다.** 장소라는 개념은 앞서 연장의 유적 단일성이라는 사고를 언급할 때 이미 함의되어 있었다. 이 단일성은 어떤 특정 물체가 그로부터 제거된 후에도 동일하게 남아 있다. "돌을 **그것이 있던 공간이나 장소**에서 제거했을 때에도 …… 우리는 돌이 있던 그 장소의 연장은 계속 남아 있고, 아까의 장소와 동일한 것이라고 판단한다. 비록 지금은 돌이 있던 그 장소를 나무나 물, 혹은 공기나 다른 어떤 물체가 점유하고 있을지라도 말이다."[33] 그러나 이렇게 표현한다 해도 장소에 공간과 구별되는 나름의 지위가 부여되는 것은 아직 아니다. (여기서 장소가 "공간이나 장소"라는 모호한 표현 속에서 공간과 짝지어져 있다는 점은 의미심장하다.) 장소의 지위는 성격상 전적으로 순수하게 개념적인 것이거나—즉 유적 단일성과 개체적 단일성이라는 단지 성찰적일 뿐인 구별에 의존하고 있든가—아니면 단순히 텅 빈 공간, 즉 그 자체가 본래적으로 명백히 형용 모순(contradictio in adjecto)인 뭔가와 동일시되든가 할 뿐이다.

또한 "연장은 장소를 점유한다"[34]는 일견 단도직입적인 주장으로부터 장소의 독립적인 정체성을 추론해내는 것도 불가능하다. 가령 플라톤이나 아리스토텔레스라면 "연장은 장소를 점유한다"는 명제에서 장소는 그 장소를 점유할 물체에 **선행한다**—말하자면 자연 세계 안에 미리 형성되어 있는, 혹은 미리 새겨져 있는 것으로서—는 자신들의 견해가 긍정되고 있다는 사실을 발견할 수도 있겠지만, 데카르트는 자신의 선언을 "기체(基體, subject)가 장소를 점유하는 것은 **그것(그 기체)이 연장되어 있다는 사실 덕분**"[35]이라는 의미로 해석한다. '점유-의-장소(place-of-occupation)'를 규정하는 것은 장소를 점유하게 될 존재보다 선행하는 장소라기보다는 점유하는 기체 또는 대상(즉 개별적인 물체)의 연장성(extendedness)인 것이다.

2

어떤 물체가 장소를 떠날 때 그 물체는 늘 어떤 다른 물체의 장소로 들어가고, 이런 관계는 마지막 물체까지 계속 이어진다. 이 마지막 물체는 바로 그 동일한 순간에 처음의 물체가 두고 떠난 텅 빈 장소를 점유한다.

— 데카르트, 《우주론》

그럼에도 불구하고 데카르트는 브루노나 뉴턴처럼 장소가 점유된 공간의 단순한 일부, 즉 하나의 '부분'에 불과하다는 식으로 주장하지 않는다. 데카르트는 장소를 직접 공간 속으로 포섭해버리는 대신, 장소라는 사체(死體, corpus delicti)의 주변을 떠나지 않고 오래도록 숙고한 끝에 **내적**(internal) 장소와 **외적**(external) 장소를 구별하기에 이른다. "우리는 어떤 사물의 장소를, 때로는 그 사물의 내적 장소로 생각하고(마치 그것이 그 안에 놓여 있는 사물 내에 있는 듯), 또 때로는 그 외적 장소로 생각한다(마치 그것이 이 사물 바깥에 있는 듯)."[36] 교묘하고도 많은 시사점을 던져주는 이러한 구별을 좀더 면밀히 살펴보기로 하자.

내적 장소는 특정한 물질적 물체가 차지한 **용적**과 등가이며, 따라서 물체의 크기(size('magnitude'))와 형태(shape('figure'))에 의해—즉 연장의 두 가지 기본 양태에 의해—규정된다. '단순한 본성'으로서 이러한 양태는 측정 가능성에서 탁월하고, 또한 기하학적 구체화(geometric specification)에 종속되는 것이기도 하다. 《티마이오스》에서 설정한 상황(여기서는 감각적 성질이 이미 매우 풍부하게 형성되어 있고, 크기 및 형태가 그 위에 이식된다)과는 상반되게 《철학의 원리》에서는 크기 및 형태가 물질적 물체 및 그 내적인 장소에—사실상 동시에 양쪽 모두에—내재적으로 속해 있다. 이렇게 동시에 양쪽 모두에 속한다는 것은 크기 및 형태라는 게 물체 및 물체에 고유한 내적 장소가 함께 공유하는 동일한 연장의 두 측면이라는 사실로부터 당연히 따라 나온다.[37] 그런데 만일 그렇다면, 내적 장소는 어떤 특정한 물체를 구성하는 물질과 구별하는 게 불가능하다. 만일 내적 장소를 이 물질과 구별할 수 없다면, 그것은 또한 (물질의 본성이 곧 공간의 본성이라는 전제를 부여받은) 그 **공간과도** 구별할 수 없게 된다. 그런 연유로 데카르트는 태연스럽게 "내적 장소는 공간과 전적으로 동일하다"[38]고 주장할 수 있는 것이다. 하지만 그렇게 말해 버리면 장소와 공간 사이에는 실질적으로 어떤 구별도 사라진다.

그러면 **외적 장소**에 대해서는 어떨까? 외적 장소란 어떤 물체와 **다른** 물체들 간의 관계에 의해 규정되는 것으로서 장소다. 즉 내적 장소가 주로 크기 및 형태와 관련 있는 것이라면, 외적 장소는 "다른 물체들 속에서 위치(situation)"[39]에 관한 문제다. 아리스토텔레스가 "위치(position)의 상관물"(《자연학》 208b24)에 불과한 것은 장소의 적합한 모델일 수 없다며 기각했던 데 반해, 데카르트는 테오프라스토스와 다마스키오스·토마스 아퀴나스 그리고 오컴의 윌리엄(William of Ockham)에 의해 간신히 매달려 있던 사유의 한 가닥을 집어 들어 상대적 위치라는 생각을 진지하게 취급한다. 외적 장소 또는 위치(situation)라는 것이 장소를 온전히 고찰하려 할 경우 필수적인 어떤 것을 더한다는 점은 다음과 같은 데카르트의 주장에서 명백하다. 데카르트의 주장인즉슨, 만일 우리가 '장소'와 '공간'을 구별해야 한다면, 장소는 통상적으로 무언가가 다른 것들에 대해 어떤 위치에 있는지를 가리킬 것이고, 공간은 그 크기 및 형태를 가리킬 것이라는 것이다. 외적 장소는 한 사물이 "다른 사물의 장소를 차지하는(다른 사물을 대신하는)" 상황에서 작동한다. 비록 양자가 동일한 용적을—따라서 동일한 내적 장소를—소유하지 않을지라도 그러하다.[40] 외적 장소라는 사고는 이리하여 우리를 공간의 유적 단일성으로 다시금 이끌고 가는데, 이 공간의 유적 단일성 덕분에 우리는 적어도 사유적으로는 연장과 연장체, 공간과 '공간-내-물체(body-in-space)', 혹은 (수학적으로 말하면) 좌표계와 그 좌표계에 의해 위치 지어지는 것을 구별할 수 있다. 왜 그러한가? 우리가 물체 B는 물체 A의 장소를 차지했다—즉 B는 지금 이전에 A가 점유했던 위치를 점유하고 있다—고 말할 수 있는 것은 바로 이 유적 단일성이라는 관점이 있기에 가능한 것이기 때문이다.[41] 마찬가지로 우리는 만일 어떤 장소가 다른 장소에 대해 갖는 위치가 변경된다면, 비록 그 크기 및 형태가 변하지 않았더라도 그 장소 자체는 변한다고 말할 수 있다.

우리는 마침내 데카르트적 세계 체계 내부에서 장소를 공간과 구별해내는 길을 찾은 것일까? 만일 그렇다면 우리는 이 체계 내부에서 산출한 다른 주장들을 정당화할 수 있을 것이다. 예컨대《성찰(Meditations)》에서 데카르트가 마치 자명하다는 듯 언급하는 내용이 그러하다. "물체라고 하면 나는 어떤 일정한 형태에 의해 윤곽이 한정되고〔그리고〕일정한 장소 안에 포함되며, 그래서 일정한 공간을 채우는, 이러한 일들이 가능한 모든 것으로 이해한다."[42] 이러한 구절에서 중요한 것은 장소란 어떤 물체가 고유하게 갖는 형태 및 용적에 입각해 공간과 구별할 수 있다는 견해뿐만이 아니다. 아울러 이 물체의 위치는 공간 내 다른 위치들과의 관계에 의해 규정된다는 사실—비록 여기서 언급하고 있지는 않지만—또한 중요하다. 이런 식으로 외적 장소를 끌어옴으로써 장소가 일정하게 자신의 독자적 지위를 가진다는 주장이 근거를 갖는다. 다른 거의 모든 전선(戰線)에서—자연학에서만큼이나 철학에서도—장소가 자기 안마당을 공간에 넘겨주던 17세기 사상의 정점에서, 외적 장소는 이러한 지위를 갖고 있었다.

외적 장소라는 게 저마다 고유한 내적 장소를 가진 일군의 물체들 간의 관계일 뿐이라 해도 단지 충실한(plenary) 사물들로 구성된 특정 집합들의 총합에 불과한 것은 아니며, 더군다나 대문자 '내적 장소(Internal Place, 즉 절대 공간)'인 것은 결코 아니다. 내적 장소와 달리 외적 장소는 그 구성상 철두철미하게 상관적인 것으로, 크기 또는 형태 같은 내재적 연장 양식(mode)의 함수가 아니다. 외적 장소는 공간의 범위가 어떠하든 그 유적 단일성을 "구체화"하고, 심지어는 "규정"할 수도 있는 특별한 힘을 소유한다.[43]

그렇다면 데카르트가 장소의 고유한 특성을, 즉 결코 포함성이라는 요인 (이러한 요인은 연속적인 크기의 입방 단위인 용적과 본질적으로 결부되어 있다)에 의존하지 않는 특성을 발견하기 직전에 있는 것처럼 보일 것이다. 이러한 발견은 많은 점에서, 데카르트가 자신의 가장 진전된 철학 텍스트인 《철학의 원리》에서 "장소"와 "외적 장소"를 거의 동일시하는 것으로 볼 때 훨씬 더 개연성 있어 보일지도 모른다. 마치 "내적 장소"라는 관념이 물질로서 공간과 분석적으로 등가임을 승인하는 듯 그는 이렇게 단언한다. "'장소'와 '공간'은 다른 것이다. 왜냐하면 '장소는 더 구체적으로 연장이나 형상[즉 내적 장소의 기준인 크기 및 형태]보다는 위치 쪽을 가리키기 때문이다. 다른 한편 공간에 대해 말할 때, 우리가 전자[즉 연장이나 형상] 쪽을 더 구체적으로 생각하기 때문이다."[44] 간단히 말해서 "어떤 사물이 어떤 일정한 장소에 있다고 할 때, 우리는 단지 그 사물이 다른 사물과의 관계에서 어떤 일정한 위치 안에 있다고 이해한다".[45]

이렇게 새로운 방향으로 사고를 전환할 경우 그로부터 많은 의미들이 가능해지는데―우리는 다음 장에서 많은 부분을 할애해 이를 좀더 철저히 탐구할 것이다―데카르트는 그 충분한 함의를 살리는 대신 그만 후퇴해버린다. 그리고 종국적으로 외적 장소에 이제 막 부여했던 공간 규정력의 토대를 무너뜨린다. 이러한 일은 두 가지 방식으로 일어난다. (1) 외적 장소가 공간을 규정하고 구체화하는 능력은 **운동하지 않는 물체들**의 현존에 의존하는데, 어떤 외적 장소는 바로 이 물체들과의 관계에 의해 규정된다.[46] 어떤 물체가 어떤 특정한 장소에 **위치 지어져** 있다고 말할 수 있는 것은 오직 부동의 물체와의 관계 속에서만 가능하기 때문이다. 예를 들어 데카르트 자신의 사례로 이야기하자면, 항해 중인 배의 선미에 가만히 앉아 있는 인물은 그 배의 다른 부분(이러한 부분은 선미와의 관계 및 부분끼리의 관계에서는 그대로 있지만, 그 배에 속한 것으로서는 운동 중인 상태다)과의 관계에서는 동일한 장소를 유지하지만, 이에 반해 그 동일한 배의 그 동일한 인물은 해안선과 관련해서는 끊임없이 자신의 장소를 바꾸고 있는 것이다. (왜냐하면 이 배는 해안의 특정 지점에 대해서는 자신의 위치를 끊임없이 바꾸고 있기 때문이다.) 궁극적으로 그 인물은 "천구에 있는, 부동이라고 추정하는 어떤 점",[47] 즉 추정상 붙박이별이라고 여겨지는 것과의 관계에서만 전적으로 항상적인 위치를 갖는다. 그러나 만일 그 별들이 실제로는 **자신들의** 위치에 고정되어 있지 않고, **또한** 만일 우리가 그 별들 이외에 고정된 어떤 것을 찾을 수 없다고 한다면(그리고 데카르트는 우리가 그러한 것을 찾을 수 없으리라 믿었다),[48] 외적 장소를 규정하는 데에 없어서는 안 될 기초를 결여할 것이다. 그러니까 어떤 부동체, 즉 궁극적인 관계적 지표로서 **어떤** 종류의 운동하지 않는 물체가 없다면, 결국 그러한 장소는 있을 수 없다. 데카르트 자신이 말하듯 이러한 지표가 없다면 "우리는 그 장소가 우리 마음속에서 규정될 경우를 제외하고는 그 어떤 것도 영속적인 [고정되고 명확한] 장소 따위를 갖지 못한다는 결론에 이를 것이다".[49] 연장체(res extensa)와 사유체(res cogitance)가 상호 배타적이라는 전제에서 볼 때, "우리 마음속에서 규정되는" 것은 공간 안에서 규정되는 것이라 간주할 수 없고, 다만 공간에 대한 우리의 표상(그러므로 오류 가능성이 있는 표상)에 의해 규정되는 것이라 간주할 수 있을 뿐이다.

(2) 또한 아리스토텔레스를 상기시키는 조치로서 물체를 둘러싸고 있는 그 안쪽 면을 외적 장소의 힘을 설명하는 것으로 불러내는 쪽도 그리 여의치 않다. 《철학의 원리》 2부 15절은 그 확신에 찬 표제를 통해 "외적 공간은 그것을 둘러싸고 있는 물체의 표면으로 간주해야 옳다"[50]고 선언한다. 그러나 이 절에서의 논의가 이내 드러내듯 문제의 이 표면이란 것은 둘러싸는 항과 둘러싸이는 항 **사이**의 "공통 표면"이어야 하기 때문에,[51] 외적 장소는 위치라는 관점에서가 **아니라** 그 크기 및 형태라는 관점에서 정의해야 한다. 그러나 만일 그렇다고 한다면 표면으로서 외적 장소는 실제적으로는 내적 장소로 환원되며, 이 내적 장소는 크기 및 형태에, 즉 연속적인 크기의 일차적 결정 요인에 정확히 (그리고 오직 그 요인에만) 의존한다. 그리고 내적 장소가 공간과 동일하다는 전제 속에서, 이는 역으로 모든 종류의 장소를 좌표화와 측정의 보편적 체계인 공간으로 환원하게 된다. 다시한 번 "내적 장소는 공간과 전적으로 동일하다".[52] 나아가 데카르트는 (아리스토텔레스를 비판하면서) 둘러싸는 표면은 비록 둘러싸인 대상과 완전히 일치할지라도 그 물질적 내용과 관련해서는 변화가 있을 수 있지만, (그 대상이 다른 대상들에 대해 동일한 위치에 머문다고 상정한다면) 그 장소는 여전히 동일할 것이다—배가 상이한 순간마다 상이한 물의 흐름에 둘러싸여도 그 장소는 여전히 동일하듯—라는 견해를 피력하지 않을 수 없었다.[53] 이리하여 외적 장소를 규정하는 특징은 그 장소를 점유하는 것의 크기 및 형태일 수 없는

것과 마찬가지로, 그러한 특정 장소를 둘러싸고 있는 표면일 수도 없다.

따라서 데카르트가 제시한 두 가지 근거 중 그 어느 것에 입각하더라도—운동하지 않는 대상들에 대한 관계에 입각하든, 그 표면의 속성에 입각하든—외적 장소는 좌표화가 행해지는 균질적인 장으로서의 공간을 규정하는 내재적 힘 같은 것을, 심지어는 구체화하는 내재적인 힘 같은 것도 갖지 못한다. 마치 이 문제에 종지부라도 찍으려는 듯 외적 장소는 최종적으로, 자신이 특정 위치에 배치하는 역할을 하는 바로 그 물체에 종속한 것으로 간주된다. 외적 장소에 대해서조차 우리는 "기체(subject)가 장소를 점유하는 것은 그 기체가 연장되어 있다는 사실 덕분"이라고 말해야만 한다. 왜냐하면 내적 장소나 외적 장소냐를 불문하고 어쨌든 장소가 물질적으로 연장되어 있지 않은 존재자에 의해 점유되는 일 따위는 없기 때문이다. 바로 이것이 헨리 모어와 진행한 논쟁의 요점이었다. 그리고 연장되어 있는 존재자, 즉 물질적 물체들이야말로 장소를 규정하는 것이다. 크기 및 형태를 통해서는 내적 장소를, 위치를 통해서는 외적 장소를 규정한다. 이 물체들은 연장되어 있고 측정 가능한 공간의 거주자다. 더 정확히 말하면 그 구성단위다—따라서 이 공간이야말로 궁극적 힘을 갖는 최종 항이다.

그런 까닭에 내적 장소에서나 외적 장소에서 모두 궁극적으로 중요한 것은 물질 그 자체요, 물질적 물체의 순전한 연장성—이 연장성이 "그 안에 장소 지어진 사물 내에" 존재하든, "그 사물 밖에" 존재하든—이다. 특히 연장된 물체들 간의 관계—이 관계가 외적 장소 자체를 구성한다—는 그것이 위치 짓는 물체들과 떨어져서는 어떤 별도의 지위도 갖지 못하고, 또 인식론적으로나 형이상학적으로 어떤 무게를 갖지도 못한다. 모든 종류의 장소를 규정하는 것은 그러한 물체들이고, 따라서 그 물체들이 점유하는 공간이다. "'장소' 또는 '공간'이라는 명칭은 **그 장소에 있다고 여겨지**

는 물체 이외의 다른 어떤 사물을 의미하는(signify) 것이 아니고, 단지 그 물체의 크기·형태 그리고 다른 물체들 속에서의 위치를 가리킬(designate) 뿐이다"[54]라고 썼을 때, 데카르트 자신이 지적하고자 한 게 바로 이것이다. 바꿔 말하면 모든 중요한 '장소-술어(place-predicate)'—'크기', '형태', '위치'—는 실은 하나같이 '물체-술어(body-predicate)'다. 이러한 환원적 조치는 외적 장소와 내적 장소를 영속적으로 구별할 수 있는 토대를 붕괴시키는 데 그치지 않는다. (왜냐하면 장소들마다 특유하게 갖고 있는 술어는 저마다 그것이 물체적 연장의 단순한 양태에 불과한 이상 동일한 지위를 갖기 때문이다.) 그것은 또한 장소가 본래적으로 공간과 구별되는 어떤 것이라는 개념, 즉 특이하고 환원 불가능한 정의를 갖는 무언가라는 장소 개념 자체를 전복시켜버린다. 장소는 그 모든 국지적인 흥미에도 불구하고 종국적으로는 보편 공간 내에서의 단순한 위치일 뿐이며, 그러한 것으로서 장소는 진정한 보편수학을 생산해가는 과정에서 일시적으로 거치는 우발적인(contingent) 한 단계에 불과하다.

물질/공간의 구도 속으로 사라져버리는 장소 전복의 두드러진 징후가 스스로를 드러내는 것은 《철학의 원리》 겨우 몇 쪽 뒤에서 다시 한 번 아리스토텔레스를 상기시키는 소견과 함께 운동에 관한 논의를 시작할 때다. 여기서 데카르트는 "통상적인 의미"에서 운동은 "그것에 의해 어떤 물체가 한 장소에서 다른 장소로 이행하는 활동"[55]이라는 견해를 피력한다. 그러나 운동에 관한 데카르트의 논의 마지막 대목에서 우리가 듣는 이야기는 운동에 의해 실현되는 "이동(transference)은 '그에 접해 있는 물체들 근처(vicinity)에서 다른 물체들 근처로'라는 방식으로 이루어지는 것이지, '어떤 장소에서 다른 장소로'라는 방식으로 이루어지는 것이 아니다"[56]라는 것이다. 데카르트는 늘 그렇듯 여기서도 "장소"에 주목하고 있지만, 그럼에도 불구하고 장소라는 개념 자체는 "근처"라는 매우 시사적이지만 정의를 부여받지 못한 용어로 대체되어버린 상태다. 그러나 플라톤이나 아리스토텔레스의 "영역(region)"과 달리, "근처"라는 것을 **장소**로 간주할 수는 없는 노릇이다. 최소한 데카르트의 자연학 또는 형이상학 내에서는 그러하다. 왜냐하면 "근처"는 데카르트가 인정한 단 두 가지 장소, 즉 내적 장소와 외적 장소 중 어느 것으로도 간주할 수 없기 때문이다. "근처"는 개념적으로나 의미론적으로 어중간한 상태로 흔들리고 있다. 만일 장소라는 것 자체를 "우리의 이해 방식에 따라 여러 가지 방식으로 이해할 수 있다"[57]고 한다면, "근처"에 대해서도 동일한 이야기가 가능할 것이다. 그러나 우리는 가까움이 가진 다가적인 함의(polyvalent connotations)나 그 함의가 장소의 핵심적 의미와 갖는 관계에 대해 어떤 정보도 듣지 못하며, 공간의 단가적인 의의(monovalent significance)에 관해서는 아예 말할 필요조차 없다.

처음에는 장소가 공간에 종속되었다. 〔3차원 연장성이라는 그 단일한(univocal) 의미야말로 공간이 물질과 동등하다고 가정했던 것을 보증해준다.〕 한데 두 번째에는 지금 살펴본 것처럼 매우 두드러진 방식으로 "근처"에—하지만 그 엄밀한 의미에 대해 우리는 결정적 실마리를 부여받지 못한다—종속된다. 장소의 운명은 공간의 변천사에 뒤섞이는 형태로 간신히 매달려 있다. 데카르트 철학에서 장소의 최종 지위는 문자 그대로 양-의적(兩-意的, ambi-guous)이다. 보편적 자연학을 구축하고자 하는 데카르트의 욕망에도 불구하고, 장소는 그 자신에 반해 내적 장소 **및** 외적 장소로 분할되어 단일 현상으로서 통합성을 결여한다. 결국 단일한 보편 '공간'(공간 자신의 운명은 전혀 양의적이지 않은 존재성의 견본인 **사물**에 정확히 결부되어 있다)은 탁월하게 **존재하는** 데 반해, '장소'라는 단일한 사물 따위는 존재하지 않는다. 마치 데카르트의 전략은 장소를 두 가지 형태로 가르는 것, 즉 한쪽은 공간과 구별 불가능하고, 다른 한쪽은 단지 "외적인(external)"—여기서 '외적'이라는 것은 공간으로서 내적인 장소만이 제공하는 3차원으로서 깊이에 비해 표면적이라는 말이다—것에 불과한 것으로 양분하는 것인 듯하다. 분할해서 정복하라! 그 결과 장소와 공간이 어떤 식으로 경쟁하더라도 공간의 승리는 언제나 미리 정해져 있다.

데카르트에게 장소는 무가 아니다. 공허와 달리 장소는 단순한 키메라도 아니고, 순전한 가공물도 아니다. 〔우리가 공간의 연장성을 상상한다(imagine)고 해서, 그것이 곧 공간이 가공물(imaginary)이라는 얘기는 아니다—정확히 그 역이다!〕 장소는 잡종적인 존재자다. 즉 용적적인(volumetric) 것으로서 장소는 사물과 닮았지만, 위치적인 것으로서는 사물과 닮은 게 아니라, 순수하게 관계적인 것이다. 데카르트가《성찰》에서 인간은 무(無)와 신 사이의(혹은 좀더 파스칼적으로 표현하면, 공포와 기쁨 사이의) 불안정한 중간 상태에 존재한다고 주장한 것과 마찬가지로, 장소는 공간과 물질 사이에 위태롭게 매달려 있다. 양의적이고 덧없는 것으로서 장소의 실존은 타율적이다—즉 연장체라는 엄격한 영역과 철저히 일치하는 것으로서 정의되고, 따라서 그 영역에 기생한다.

08

상대적인 것으로서 근대 공간

로크와 라이프니츠

우리의 장소 관념은 다른 것이 아니라 어떤 사물의 그러한 상대적인 위치다.

— 존 로크, 《인간지성론》

사람들은 장소, 자취, 공간을 공상한다. 허나 그것들은 관계의 진리 안에만 있을 뿐, 어떤 절대적 실재성 안에 있는 것은 전혀 아니다.

— 고트프리트 빌헬름 라이프니츠, 〈클라크에게 보낸 다섯 번째 편지(Fifth Paper in Reply to Clarke)〉

시간과 장소에 관한 우리의 모든 지식은 본질적으로 상대적이다.

— 제임스 클러크 맥스웰(James Clerk Maxwell), 《물질과 운동(Matter and Motion)》

1

우리는 방금 공간을 이해하는 두 가지 방식 사이에 의미심장한 동요가 있다는 것을 목도했다. 물론 우리가 이러한 동요와 맞닥뜨린 게 이번이 처음은 아니다. 그것은 절대주의적 공간 이해 방식과 상대주의적 공간 이해 방식 간 동요로서 한쪽이 공간을 하나의 방대한(그리고 통상적으로는 텅 빈) 무대(arena)로 본다면, 다른 한쪽은 공간이 전적으로 사물들 간의 관계 내에 있다고 본다. 데카르트는 내적 장소와 외적 장소를 구별함으로써 두 가지 이해 방식 모두를 공평하게 취급하려 하지만, 결국은 그 어느 쪽도 공정하게 다루지 못하고 만다. 데카르트의 절충안은 공허 문제를 둘러싼 이전 시기의 어중간한 해결책〔예컨대 세계는 무한한 진공에 둘러싸인 유한하고 충실한 현전 (plenary presence)이라고 보는 입장〕만큼이나 불만족스럽다. 그러한 절충안은 모두 결국에는 이미 확보되어 있는 명확한 선택지를 임시적으로 한데 묶어 두는 것에 불과하다. 가상디와 뉴턴이 공간을 (그리고 더욱 강력한 이유로 장소를) 절대적인 것으로 간주하기로 단호히 결정했던 데 반해, 데카르트는 공간을 내적 장소로 보는 공간에 대한 절대주의적 개념 그리고 외적 장소에 대한 상대주의적 기술 양쪽 모두를 놓치지 않으려고 매달린다. 다만 공허에 대해서만큼은 주저 없이 결정적이고도 격렬하게 반대하면서, 무한히 분할 가능하고 공백이라곤 없는 물질적 충실체의 편에 선다. 이런 점에서 데카르트는 고트프리트 빌헬름 라이프니츠와 결부되어 마땅하다. 라이프니츠 또한 근거는 크게 다르지만 마찬가지로 농밀한 충실체를 주장하기 때문이다. 그러나 공간과 장소가 하나같이 그 조성이라는 측면에서 전면적으로 상대적이라는 사고를 온전히 비타협적으로 지지하기 위해서는 라이프니츠 식의 외곬수적 성실함이 필요할 것이다.

방금 지적한 면모와 관련해 라이프니츠를 선취하는 사상가는 바로 로크다. 로크가《인간지성론》을 출판한 것은 1690년이다. 이는 데카르트가《철학의 원리》를 출판하고 대략 반세기 후이며, 라이프니츠와 로크 사이에 왕복 서한이 오가기 25년 전에 해당하는 시점이다. 로크는 장소와 공간을 논함에 있어 통례적인 데카르트 비판, 특히 물체성과 공간성을 엄밀히 동등시하려는 데카르트의 노력에 대한 비판에서 시작한다. 로크는《인간지성론》에서 "**공간은 물체가 아니다.** 왜냐하면 공간은 그 안에 '견고성이라는 관념'을 포함하지 않기 때문이다"[1]고 강조한다. 견고성—즉 물리적 물체의 저항 또는 불가입성(impenetrability)—은 연장으로 환원할 수 없는데, 왜냐하면 연장은 "견고성도, **물체**의 운동에 대한 저항도 포함하지 않기"[2] 때문이다. '사유'가 '연장'과 구별되는 것과 마찬가지로 '공간'은 '견고성'과 구별된다. 데카르트는 두 가지를 별도로 이해할 수 있는지 여부를 뭔가를 구별하는 기준으로 삼았는데, 로크는 데카르트의 바로 이런 기준이 데카르트 자신을 옴짝달싹 못하게 만들었다며 "우리는 공간과 견고성에 대해, 어느 한쪽을 생각하지 않고도 다른 쪽을 떠올릴 수 있으므로 **공간**과 **견고성** 사이에 필연적인 연결성은 없다"[3]고 언명한다. 그리고 만일 견고성—이는 '물질'의 일차적인 술어다—이 공간에 대해 개념적으로나 내적으로 결부되어 있지 않다면, 공간 자체는 **무**(無)도 포함해 사실상 그 어떤 것에 의해서도 점유되는 계기(occasion)일 수 있으며 거기엔 아무런 장애도 없다. 이리하여 우리는 로크가 즐겨 "순수 공간"이라고 부른 것, 즉 미리 결정된 구성 요소를 갖지 않는 공간에 다다른다.[4]

로크의 설명에 의하면 그러한 텅 빈 열린 공간이라는 단순 관념에는 세 가지 변양(變樣, modification), 즉 세 가지 '단순 양태(simple mode)'가 있다. 첫째는 '용량' 또는 순전한 용적, 둘째는 '형태(figure)' 또는 물체의 최외곽 부분끼리의 관계, 셋째는 '거리', 즉 두 물체 혹은 둘 이상의 물체 사이의 공간이다.[5] 그중에서도 장소에 관한 한 결정적 차원은 거리다. 거리는 임의의 두 '물체'가 존재한다고 할 경우 "두 물체 사이에 다른 어떤 사물도 고려하지 않고 두 물체 간 길이라는 점만을 고려했을 때의 공간"[6]이다. 데카르트는 용적적인(volumetric) 것을 강조했지만—그렇기 때문에 데카르트는 공간을 물질에 동화시킬 수 있었는데, 용적적인 측면에서 보면 공간과 물질은 3차원적 축성(軸性, axiality)을 공유한다—로크는 거리나 길이 같은 일차원적 요소에 역점을 둔다. 이는 로크가 이러한 일차원적 요소가 (시간과 마찬가지로) 장소를 규정한다고 간주하기 때문이다.[7] 거리가 공간의 변양이듯 장소는 거리의 변양이다. 이는 정말이지 매우 특이한 변양인데, 로크는 이런 변양 덕분에 우리가 지금까지 살펴본 것 중에서도 구조적으로 가장 독특한 장소 이론을 정식화한다.

단순한 공간이라고 하면 임의의 두 '물체들' 또는 '점들' 간의 거리 관계를 생각하게 되듯 **장소**라는 **관념** 아래서 우리는 임의의 사물 그리고 임의의 둘 또는 그 이상의 점들, 즉 서로 같은 거리를 보유한다고 간주되고, 그래서 정지해 있다고 여겨지는 점들 간의 거리 관계를 생각한다. 그것은 우리가 어떤 사물을 보는 데 있어 그 사물이 어제 둘 이상의 어떤 점들로부터 떨어져 있던 거리와 동일한 거리임을 발견할 때, 그리고 그 점들 간의 거리에 어제 이후 변화가 없고, 또한 그 점들과 그 사물을 비교했다고 할 때, 우리는 그 사물이 동일한 **장소**를 줄곧 보존하고 있다고 말하기 때문이다. 그러나 만일 이 사물이 그 점들 중 어느 것과의 거리에서 감각할 수 있을 만큼 변화했다고 한다면, 우리는 그 사물이 자신의 '장소'를 바꾸었다고 말한다.[8]

여기에는 외적 장소 개념에 대해 데카르트가 부여한 것보다 훨씬 더 설득력 있는 표현이 있다. 아울러 이 표현에는 데카르트가 내적 장소라고 간주한 게 정합적이지 못하다는 주장이 결합되어 있다. "'장소'라는 말은 때로 더 혼란스러운 의미를 갖는 경우도 있지만, 어떤 '물체'가 차지하는 공간을 나타낸다."[9] 점유로서 공간은 견고성으로서 공간과 엄밀하게 등가이기 때문에―요컨대 이는 임의의 물체가 갖는 용량과 형태를 반영하는 데 불과하다―로크에게는 내적 장소만을 분리해서 고찰하는 일 따위는 필요하지 않다.

장소를 어떤 물체가 차지하는 공간과 다른 어떤 것으로 정의해야 하는 이유는 바로 그 물체가 다른 존재자와 갖는 관계라는 측면이 있기 때문이다. 앞서 인용한 이론이 분명히 밝혀주는 것처럼 이러한 관계는 거리 관계, 혹은 좀더 정확히 말하면 **이중의 거리**(double distance) 관계다. 이중의 거리 관계라 함은 어떤 것의 장소가 첫째, 다른 어떤 것에 대해―특히 적어도 확실한 두 '점'에 대해—상대적인 거리에 의해 규정되고 둘째, 이 점들이 서로에 대해 맺는 안정적인 관계에 의해 규정되기 때문이다.[10] 데카르트가 "위치(situation)"로서 외적 장소에 대해 논의할 때 "운동하지 않는" 대상이라고 불렀던(designated) 것—더 상세히 검토해보니 의문의 여지가 있다고 판명했던 대상—을 로크는 신중하게도 "정지해 있다고 **간주되는**" 것이라고 기술한다. 요컨대 로크에게 그러한 대상이 운동하지 않는다는 것은 그 대상과의 관계에서 어떤 장소의 '위치-의-동일성(sameness-of-position)'이 규정 및 유지되는 동안 **서로에 대한 관계라는 점에서** 운동하고 있지 않다는 의미다. 장소의 안정성(stabilitas loci)은 단순히 두 사물 간 거리로부터 생기는 게 아니라, 하나의 사물[즉 장소-내-사물(thing-in-place)] 그리고 한 쌍을 이루며 내적으로 (비록 일시적이긴 하지만) 불변인 두 사물, 이렇게 양자 간의 거리로부터 생긴다. 이동 중인 선상(船上)의 장기판 위에 놓인 "장기 말 한 벌"이라는 로크의 예가 보여주듯 내적으로 안정된 지표로 기능하는 항목들이 서로와의 관계에서 움직이지 않는 한 그 항목들 자체는 (예컨대 바다 위를) 움직이고 있어도 상관이 없다. 배 위에서 장기판의 장소는 물론이고 장기 말들의 서로에 대한 장소는 지표점 역할을 하고 있는 배의 여러 부분의 관계가 그 배의 운동에 의해 영향을 받지 않는 한 동일한 채로 남아 있다.[11]

그렇다면 장소란 곧 "거리의 변양"[12]이다. 나아가 장소란 전적으로 **규약**(convention)**의 문제**인 변양이다. 로크는 거리를 그런 관점에서 주장했을 뿐만 아니라, 더 나아가 제2의 혁신으로서 장소는 '자연'이거나 소여적(플라톤과 데카르트, 아리스토텔레스와 뉴턴이 하나같이 상정했던 것)이기는커녕 인간 자신의 실천적인 목적을 위해 인간에 의해 창조되는 것이라고 주장했다. 아니, 더 정확히 말하면 이 두 가지 혁신은 서로 밀접히 연관되어 있다. 장소가 규약적인 지위를 갖는 것은 바로 장소가 거리—거리를 규정하려는 것 자체가 인간 특유의 관심사다—의 함수이기 때문이다. 로크가 말하듯 장소는 "사람들의 통상적인 용도 때문에 사람들에 의해 만들어진 것이고, 장소에 의해 사람들은 사물 각각의 개별적인 위치를 표시할 수 있을 것이다".[13] 장소는 "통상적인 용도" 때문에 만들어진 것이므로, 장소에 관해 중요한 것이 단지 그 포함성이나 부합성에 불과할 수는 없으며, 하물며 그것이 소유하고 있을지도 모르는 어떤 특이한 성질만이 중요하다고는 더더욱 할 수 없다. 무엇이 중요한지는 그것의 유용성(utility) 및 실행성(performance)이라는 기준에 따라 규정될 것이다.[14]

언어와 소유권에 대한 로크의 유명한 철학에서 규약주의(conventionalism)[15]는 이리하여 그의 장소 철학 안에서 그에 상응하는 짝을 발견한다. 장소란 (대개 공리적인 동기로부터) 인간이 사물들의 위치 간 거리를 규정하려고 할 때 창조해내는 것이다. 거리를 규정하는 것은 곧 거리를 측정하는 것과 마찬가지다.[16] 따라서 후설이 갈릴레오와 데카르트의 사고(thinking)를 보며 "자연의 수학화"라고 일컬었던 것은 로크에게도 해당한다.[17] 나아가 데카르트와 갈릴레오가 공히 색깔, 촉감, 온도를 단지 "제2성질"에 불과하다며 장소로부터 배제한 것과 마찬가지로, 로크 또한 그러한 성질은 하나같이 계산 가능한 거리로 변환할 수 없다는 전제에 입각해 그것들을 낮게 평가한다.[18] 이로부터 갈릴레오의 운동학적 자연물리학(phoronomic physics)과 데카르트의 해석기하학(解析幾何學)만큼이나, 장소는 거리에 따라 규정된다는 로크의 장소관이 있었기에 장소를 '사이트'로 환원시키는 운명적 일보를 결정적으로 내디딜 수 있었다는 게 분명해진다. 그리고 이러한 환원은 장소의 숙명이 되어 18세기와 19세기를 가득 채운다. 장소는 더 이상 순수한 **측정자**(measurant), 즉 측정하는 힘이 아니며, 단지 **측정된** 어떤 것일 뿐이다.[19]

당면 목적에 비추어볼 때, 우리는 로크가 장소에 대해 철저한 상대주의적 입장을 취했음을 강조하는 것만으로 족하다. 로크는 "장소에 대한 우리의 관념은 어떤 사물의 그러한 상대적 위치 이외에 다른 어떤 것도 아니다"[20]라고 선포한다. 이 문장에서 "이외에 다른 어떤 것도 아니다"라는 표현이 행사하는 배타적인 힘은 그에 상응하는 로크의 운동에 대한 사고방식, 즉 운동은 "어떤 두 사물 간 거리의 변화 이외에 다른 어떤 것도 아니"[21]라고 보는 사고방식과 마찬가지로 우리에게 강한 인상을 준다. 운동에 대한 이런 견해가 더 이상 장소를 그 자체로 불러내지 않는 것과 정확히 마찬가지로—**장소** 운동(locomotion)이라는 고대의 범형은 여기서 운동이나 장소 모두에서 범형적인 역할을 맡는 거리에 의해 대체된다—장소는 더 이상 "오직 길이라는 관점에서만 고려된 공간"과 동떨어져서 존재하는 뭔가가 아니다. 가상디와 뉴턴이 장소를 절대 공간의 단순한 '일부'로 만듦으로써 장소를 절대 공간으로 해소해버렸다면, 로크는 장소를 단지 상대적인 어떤 것, 단순한 거리 문제일 뿐인 공간이라는 것 속으로 가라앉혀버린다. 그렇긴 하지만 로크가 장소에 관해 최종적으로 말하는 것은 그와 의견을 달리했던 절대주의적 입장을 가진 동시대 사람들이 말했다고 해도 전혀 이상할 게 없는 내용이다. 즉 장소란 공간 관념의 일부로서 공간을 "개별적이고 제한된 관점에서 취한 것일 뿐이다".[22] 왜냐하면 만일 장소가 "거리의 변양"이라고 한다면 그리고 "각각의 상이한 거리는 공간의 상이한 변양"[23]이라고 한다면, 장소는 공간의 변양에 다름 아니라는 결론이 따라 나오기 때문이다. 측정 가능한 거리에 의해 규정되는 것으로서 장소는 공간의 한 양태, 그것도 뚜렷하게 한정된 양태 이외에 그 어떤 것일 수 없다.

'공간'을 '장소'**로부터 분리해** 고찰할 때, 로크는 공간에서 안정되고 불변하는 고요한 어떤 것—사실상 절대적인 것에 가까운 어떤 것—을 발견한다. 필로포노스, 데카르트, 뉴턴(혹은 이 문제에 관한 한 아인슈타인도 포함해서)의 경우에 그러하듯 '장소-상대주의(place-relativism)'는 '공간-절대주의(space-absolutism)'와 짝을 이룬다. 로크의 경우, 절대주의에 대한 주장은 그가 궁극적으로 공간에만 속하는 '연장'과 다른 것으로 구별하는 연장에 대한 논의 속에 묻혀 있다.

> 이 '문제'에 관한 '논의'에서 '혼란'을 피하기 위해서는 **연장**이라는 '용어'를 오직 '물질' 또는 개별 '물체들'의 '말단(extremity)' 간 거리에만 적용하고, '**신장**(伸張, expansion)'이라는 '용어'는 '공간' 일반에 적용함으로써(거기에 그 신장성을 소유한 견고성 '물질'이 있든 없든) **'공간'은 신장되어 있고, '물체'는 연장되어 있다**고 말할 수 있도록 하는 쪽이 아마도 바람직했을 것이다.[24]

"공간 일반"은 다시 한 번 "순수 공간"의 문제, 즉 견고하지 않은 텅 빈 것으로 여겨지는 공간의 문제가 된다. 그런 공간에 대한 신념으로 인해 로크는 한편으로, "물체 없는 공간을 의미하는"[25] 공허가 진짜로 존재할 가능성을 지지한다. 다른 한편, 그러한 신념은 로크로 하여금 거의 뉴턴주의자가 아닐까 여겨질 정도로 공간을 기술하도록 유혹한다. 예를 들어 그가 "순수 공간의 부분들은 서로 분리될 수 없고, 그래서 그 연속성은 실제적으로든 정신적으로든 분리될 수 없다"[26]고 쓸 때 그러하다. 이 동일한 '부분들'은 "움직일 수 없다"[27]고도 이야기하는데, 따라서 이는 직접적으로 《자연철학의 수학적 원리》에서 "절대적 장소들"을, 즉 "절대 공간"의 "부분들"이긴 하지만 서로에 대해 확고히 상대적이라고 설명했던 그 장소들을 상기시킨다.

상대적 장소론의 최고 이론가인 로크는 공간의 절대성을 옹호할 뿐만 아니라, 공간의 무한성 또한 지지한다. 예를 들면 "광대무변성 관념"이 단지 합당한 것일 뿐만 아니라, 우리가 거리에 어떤 한계도 결부 짓지 않으면 곧바로 불가피해지는 관념이라고 주장한다.[28] 훨씬 더 적절하게 표현하면 공간의 **관념** 자체가 바로 끝이 없는, 무한한 신장의 관념이다. (이리하여 '공간'과 '신장'의 등식이 성립한다.) 즉 그러한 제한 없는 신장 안에서 "마음은 그 어떤 다양성도, 또 어떤 표시도"[29] 찾아볼 수 없다. 그러한 신장이 잘 위치 지어진 장소의 무대가 될 수 있도록 해줄 안정된 지표점의 집합을 발견할 수 없는 것이다. 공간의 무한성을 지지하는 논거에는 두 가지가 있다. 첫째, 로크는 세계 끝에 있는 인물의 곤경을 다음과 같이 생생하게 다시 쓴다. "만일 거기서 그가 손가락을 펼친다면, 그 손가락들 사이에 설령 **물체**는 없을지라도 역시나 **공간**은 있을 것이다."[30] 데카르트가 이러한 아르키타스식의 사고 실험을 자기 식으로 구사한 것은 우주의 공간적 무한정성을 주장하기 위한 것이었던 데 반해, 로크는 그로부터 우주의 무한성을 추론해낸다. 둘째, 로크는 우주가 의미 있는 방식으로 무한 안에 위치 지어질 수 있음을 보여준다. 비록 우리는 "우주의 장소"에 대해 어떤 정합적인 관념을 갖고 있지 않지만, 그래도 완벽하게 우주가 **어딘가에 존재한다**고 말할 수 있으며, 아니 심지어 그렇게 말해야만 한다. "왜냐하면 세계가 어딘가에 있다고 말하는 것은 단지 세계가 실존한다는 걸 의미하기 때문이다. 요컨대 이는 비록 장소로부터 빌려온 표현이긴 하지만 단지 세계의 실존을 의미할 뿐 그 소재(location)를 의미하는 것은 아니다."[31] 이렇게 뒤늦게나마 아르키타스적인 고찰을 두 가지 수행한 다음, 그에 입각해 로크는 세계 또는 우주가 "무한 공간이라는, 그 구별 불가능한 허공 안에서 운동하거나 정지해 있다"[32]고 결론짓는다.

필로포노스와 대조적으로—기억하겠지만 필로포노스는 공간의 절대주의를 변호한 반면 공간의 무한성은 거부했다―로크는 뉴턴과 일치된 의견 하에 공간의 절대성과 함께 그 무한성도 긍정한다. 이러한 두 가지 궁극적인 특징(절대성과 무한성―옮긴이)의 상호 보강은 공간을 지고의 것으로 신격화하는 데 없어선 안 될 것인데, 그보다 훨씬 더 의미심장한 것이 있다. 그것은 바로 뉴턴 같은 이론가이자 심령주의자(spiritualist)일 뿐 아니라, 장소에 대해 도구주의적이고 상대주의적인 견해를 공식적으로 지지하는 로크 같은 경험론자도 이러한 입장을 취했다는 점이다. 로크가 장소에 대한 규약주의를 주장하고 장소를 측정 가능한 거리로 환원한 것은 공간의 지고성과 양립할 수 없는 것이긴커녕, 말하자면 **밑으로부터** 이 지고성에 공헌하는 것이다. 아울러 그 덕분에 공간의 지고성은 17세기 후반의 사상에서 계속 불문(不問)의 신앙 개조(個條)일 수 있었다.

2

가상디와 뉴턴, 데카르트와 로크가 모두 저마다의 독특한 방식으로 어떻게든 장소를 공간 속으로 해소해버리려 했지만, 장소에 최후의 일격을 가하기 위해서는 라이프니츠 특유의 천재성이 필요했다. 동시대 사람인 로크―라이프니츠는 로크의 《인간지성론》에 고무되어 그 응답으로 독립적인 논고 한 권을 썼다[33]―와 대조적으로 라이프니츠는 장소를 거리로 환원해버리는 상궤(常軌)를 벗어난 일보를 내딛을 필요 없이 어떻게든 장소에 결정타를 가하려 했다. 라이프니츠에게 거리는 비록 공간이나 장소에 모두 모습을 드러내긴 하지만, 엄밀하게 모나드론적(monadological) 사유 체계 내에서 한정된 역할만을 허락받는다. 이러한 한정은 거리가 공간 내에 연장되어 있는 사물들에게만 적용된다는 사실에서 유래한다—반면 우주의 궁극적인 형이상학적 구성 요소인 모나드(單子, monad)는 그 자체가 공간적으로 연장되거나 관련을 맺지 않는다. (우리는 뒤에서 이 논점으로 되돌아갈 것이다.) 확실히 모나드는 실재적이며 "능동적인 힘"[34]이 있지만, 서로 간의 거리라는 관점을 통해서는—특히 거리는 "어떤 사물로부터 다른 사물에 이르는 최단 경로"[35]에 다름 아니라는 것이 올바르다고 한다면—충분하고도 적합하게 이해할 수 없다.

시사적인 것은 라이프니츠가 거리를 논할 때, 종종 "거리 또는 간격"이라든가 "위치(situation) 또는 거리"[36]처럼 로크와의 차이를 징후적으로 드러내는 어구를 동격(同格)으로 부가한다는 점이다. 라이프니츠에게 장소와 공간을 규정하는 것은 거리 자체라기보다는 오히려 '간격'이고 더 특정하게는 '위치'라는 개념이다. (아마도 라이프니츠는 위치라는 말을 데카르트로부터 빌려왔을 것이다.) 왜냐하면 사물의 공간적 특징을 적절히 전하는 것은 사물들이 어떤 방식으로 서로에 대해 위치 지어져 있는가—사물들이 서로를 반영한다든가, 서로를 표현한다든가 하면서 자신의 적정한 '사이트' 또는 '시투스'를 소유하는 방식—이지, 상호 간의 계량적인 거리는 **아니기** 때문이다. 따라서 위치는 물질적으로 연장되어 있는 존재자들 간의 거리 관계만 가지고는 구성될 수 없다. 위치에는 또한 그러한 존재자들 간의 **가능적** 관계의 집합 전체도 포함되어 있다. 이런 점은 라이프니츠가 클라크에게 보낸 다섯 번째 편지에서 분명해진다. 개개 장소들의 규정과 관련해 라이프니츠의 논의가 로크의 논의와 가장 비슷해 보이는 바로 이 지점에서 돌연한 전환이 발생한다.

이는 공존하는 사물 중 하나가 서로 간의 관계에는 변함이 없는 여타 많은 사물에 대한 관계를 변화시키고, 또 하나의 다른 사물이 새로이 다가와 다른 많은 사물에 대해 원래의 사물이 갖고 있던 것과 동일한 관계를 획득하는 일이 일어날 때, 우리는 이 새로운 사물이 원래 사물의 **장소 속으로** 왔다고 말합니다. ……그리고 공존하는 사물 대부분이, 아니 그 사물 모두가 방향과 속도에 관한 어떤 기지(旣知)의 규칙에 따라 변화한다 해도〔여기서 로크는 운동을 지표점 속으로 받아들인다〕, 사람들은 **모든 공존하는 것들이 다른 모든 공존하는 것들에 관해 획득하는 위치 관계를** 늘 규정할 수 있습니다. 게다가 공존하는 다른 어떤 것들이 변화하지 않았다든가 다른 방식으로 변화했다든가 한다면, **임의의 다른 공존하는 것들은 이 공존하는 것들에 대해 어떤 관계를 갖는지, 혹은 거꾸로 이 공존하는 것들은 다른 공존하는 어떤 것들에 대해 어떤 관계를 갖는지조차** 규정할 수 있을 것입니다.[37]

여기서 라이프니츠는 여러 항들의 관계로 구성된 **주어진** 환경에 머물지 않고, 주어진 체계 내의 "다른 모든 공존하는 것들"뿐만 아니라, "**임의의 다른 공존하는 것들**", 즉 특정한 항과 공존할 **수도 있는** 임의의 다른 것마저 포함하는(여기에는 **다른** 것과 공존할 **수도 있는** 특정한 항도 포함되는데, 라이프니츠의 이러한 좀더 광범위한 사고방식에서는 관계가 늘 쌍방향적이기 때문이다) 가능적인 관계의 질서 전체를 설정한다. '수도 있는'이라는 표현이 갖는 힘은 순전히 가능적인 것의 질서에 정확히 적용된다. 즉 이러한 힘은 만일 그런 특정한 질서를 실현할 수 있다면—그런 일은 실제로 결코 일어나지 않을지도 모른다—거기서 생겨날 것과 관련이 있다.

전체적으로 파악할 경우, 공존하는 사물들의 온전한 배열은 곧 공간의 질서다. 만일 이리하여 공간을 라이프니츠를 따라 "공존의 질서"라고 이해한다면—"공존의 질서"라는 이 정식(formula)은 원숙기에 달한 라이프니츠 저작의 공식적인 정식에서 "계기(繼起)의 질서"로서 시간으로 대치된다―이는 공간이 그 지위에 있어 **상대적**("질서"는 전적으로 관계적인 용어로서 늘 그렇듯 여기서도 그 질서에 속하는 항들의 내적인 관계를 가리킨다)일 뿐만 아니라 **관념적**(ideal)이기도 하다는 걸 뜻한다. 실제로 공간의 이 두 가지 특색은 손에 손을 잡고 함께 나아가는 관계다. 그러니까 공간이 관념적이기도 한 것은 바로 공간이 관계들의 **질서**에 의해 구성되기 때문이며―아울러 공간은 단지 서로 상대방으로부터 일정한 거리에 있는 항들의 실제 배치(de facto grouping)에 의해서만 구성되는 것이 아니다―또한 공간이 질서를 구성하는 것은 그것이 관념적이기 때문이다. 관계에 의한 질서화가 없다면 어떤 관념성도 존재하지 않고, 그 역 또한 마찬가지다. (시간의 경우에도 그러하듯) 공간에 있어 관건은 존재자들끼리의 관념적 연결(ideal nexus)이지 존재자 자체나 존재자들의 단순한 경험적 배치가 아니다. 라이프니츠가 명시적으로 말하듯 공간은 "관념적인 것일 수밖에 없는데, 그러한 공간에 포함되어 있는 일정한 질서 내에서 우리 마음은 관계들의 적용을 상상한다".[38]

그렇다면 이는 라이프니츠에게 공간은 신의 마음속에만 존재할 수 있다―미셸 세르(Michel Serres)식으로 표현하자면 공간은 "신의 지성에서 가능적인 것들의 영역의 구조"[39]다 ―는 뜻일까? (실제로 우리는 그렇게 생각하고 싶어 할 수도 있다.) 공간의 관념성과 질서는 하도 순수해서 신의 순화(純化)된 왕국에서만 자신의 고유한 사이트를 발견할 수 있는 것일까? 공간이란 신의 공간인가? 만일 그러하다면―그리고 라이프니츠는 이 견해로부터 결코 멀리 떨어져 있지 않다―신은 공간적이어야만 하든, 아니면 최소한 신 자신의 영역 안에 공간을 포함할 것이다. 한데 라이프니츠에게 신은 공간이 아니고, 또 신의 속성 중 하나도 아니다. 엄밀히 말하면 우리는 신이 공간 안에 있다고 말할 수 없으며(그렇게 되면 신이 공간에 종속되어버리기 때문이다), 혹은 공간이 신 안에 있다고도 할 수 없다(그럴 경우 공간의 분할적인 성격으로 인해 신이 부분을 갖게 될 텐데, 신은 결단코 부분 따위는 갖지 않기 때문이다).[40] 이런 난국을 해결하기 위해 라이프니츠는 신은 "광대무변성"을 보여줄 뿐 "무한성"을 보여주지는 않는다고 주장한다. 즉 무한성은 물리적인 연장의 특징인데 반해, 광대무변성은—비록 형이상학적으로는 중요하지만—연장되어 있지 않다.[41]

그러나 연장되어 있다는 건 대체 어떤 것일까? 라이프니츠의 연장론을 이해한다는 것은 장소 및 공간에 대한 그의 학설에 더 깊이 진입하는 셈이다. 이러한 이해는 데카르트의 연장 관념에 대한 라이프니츠의 비판에서 시작해야 한다. 사실 "물체와 공간은 서로 구별되는 별개의 것"[42]일 뿐만 아니라, 더 적절히 말하자면 데카르트적 의미에서 연장은 물질적인 실체를 정의하는 데 불충분하다. 왜냐하면 첫째, 만일 그러한 연장이 결정적인 것이라면, 동일한 연장을 갖는 두 물체는 구별이 불가능할 것이기 때문이다—이는 라이프니츠에게 부조리다.[43] 둘째, 3차원적 물질로 이해된 연장은 물질적인 실체에 대해 참(true)인 것을 설명할 수 없다. 즉 "운동이나 작용도, 저항이나 수동도 연장으로부터는 생겨날 수 없다".[44] 물질에는 크기나 형태 혹은 위치뿐 아니라 그 이상이 문제가 된다. 여기서 '그 이상'이란 데카르트적 의미에서 연장이 결여되어 있는 무언가—"한때는 형상(form)이나 종(species)이라고 일컬었던, 혼과 유사한 무언가"[45]—이다. 때로 라이프니츠는 활력을 불어넣는 이 탄성적인 힘("능동적인 힘"과 등가인)이 심지어 "연장"을 대체하는 일까지도 가능하다고 주장한다.[46] 또 어떤 때 라이프니츠는 연장이 원초적 용어가 아니라 다수성, 연속성, 공존성 같은 다양한 구성 요소로 분해된다고 강조한다.[47] 가장 중요한 것은 연장이 **연장된 것으로서**—여기저기 흩어져 있는 불활성 물체로서—보다는 **연장 안에서** 전개되는 '기체(subject)'의 한 속성이라는 사실이다. 그리고 이 '기체'는 연장 안에서, 즉 부분적으로 서로 겹치는 단계들을 연속적으로 거치면서, 화이트헤드라면 "연장 연속체"[48]라고 불렀을 것 안에 펼쳐져 있다. 라이프니츠는 이를 결정적인 정식에 담아 다음과 같이 표현한다.

〔데카르트가 이해하는〕 연장은 단지 하나의 추상일 뿐이며, 따라서 연장되어 있는 무언가를 요구합니다. 즉 그것에는 기체가 필요합니다. ……이 기체 안에서 연장은 그에 선행하는 뭔가를 전제하기까지 합니다. 연장은 기체 안에 어떤 성질, 어떤 속성, 어떤 본성을 포함하고 있으며 그 성질·속성·본성은 연장되어 있고, 기체와 함께 신장되고 또 연속되어 있습니다. 연장이란 그러한 성질 또는 본성의 확산입니다. 예를 들면 우유(milk)에는 백(白, whiteness)의 연장 또는 확산이 있습니다.[49]

그렇다면 연장되어 있는 것은 단지 물체가 아니고 하물며 그 물질은 더더욱 아니며, 오히려 한 물체 내의 (또는 한 물체의) 성질이다. 이것이야말로 왜 연장이—적절히 말할 경우—실체가 아니고 '현상'인지에 대해 설명해주며, 또한 왜 우리가 연장체를 다양하고 구체적인 성질을 갖춘 것으로서밖에 지각할 수 없는지에 대해서도 설명해준다.[50]

이렇게 새로이 검토한 연장은 우리를 돌연 장소로—데카르트의 경우처럼 공간으로가 아니라—데려간다. 왜냐하면 만일 "연장된 존재는 복수의 사물들(즉 부분들)이 동시적으로 존재하는 연속체라는 관념을 내포한다"[51]는 말이 옳다면, 동시적인 부분들로 이뤄진 이 연장적 연속체는—하나의 연속적인 전체로 간주되기 위해—그 자신의 장소를 가져야만 하기 때문이다. 혹은 더 적확히 말하면, 단일한 (질 들뢰즈의 표현을 빌리자면) "전체-부분(whole-parts)"으로 간주된 한 존재자의 내재적이면서 연장되어 있는 연속체가 **곧** 그 자신의 장소, 즉 그것의 자리(locus)**이다.** 왜냐하면 이 존재자가 갖는 성질은 존재자의 부분들을 통해 자기 자신을 확산하고, 그 부분들 자체는 한 장소에 국소화, 곧 '함께-위치 지어지기(co-located)' 때문이다. 그리고 이 장소는 역으로 그러한 성질들을 통해 확산한다. 즉 내어준 만큼 거둔다! 이리하여 라이프니츠는 "연장은 부분 외 부분(parts beyond parts), 부분 외 부분 하는 식으로의 형상적 확산을 포함하는데, 다만 확산하는 것은 형상적으로가 아니라 희구적으로(exigently)만 물질 또는 물체적 실체입니다. 형상적으로 확산하는 것이란 장소성(locality), 즉 시투스를 구성하는 것일 겁니다"[52]라고 말한다. 물질적 물체를 부분 외 부분(partes extra partes) 관계를 보여주는 독립적인 존재자로 보는 데카르트의 모델과 달리, 라이프니츠가 제안하는 연속적 존재자 모델은 그 존재자의 부분들이 서로 포개지는 연속 계열을 이루며 서로 안에 내재하는 것이다. 크기와 형태만으로 구성된 철저히 용적적인 장소 혹은 다른 존재자들과의 객체적 관계에 의해 규정된 위치적인 장소―전자는 '내적' 장소, 후자는 '외적' 장소다―를 갖는 존재자가 아니라, 존재자 전체 및 그 부분들이 마찬가지로 단 하나의 장소에 국소화하는 것이다. 하지만 그렇다고 해서 존재자 전체와 그 부분들이 화이트헤드적 의미의 단순 정위에서처럼 그 장소에 있는 것은 아니다. 그것들은 **확산적으로** 그렇게 국소화한다. 이것이 가능한 것은 현재 문제 되고 있는 장소를 초월하거나 관통하는 어떤 성질들의 연장 덕분이고, 그 방식은 "자신의 작용을 연속적으로 계열화해 나아가는 법칙"[53]에 따르는 것이다―이러한 법칙 자체는 그 지위상 암묵적인 것이다. 암묵적인 법칙의 반복은 이런 성질들이 문자 그대로 '연-장(ex-tension: '밖으로-뺀는 것'이라는 뜻―옮긴이)'된 것과 마찬가지이며, 양자는 모두 같은 장소―여기서 장소란 단지 거기에서 발견될 뿐만 아니라, 그 자신이 그 존재자 **안에** 연장되어 있고 또 그 존재자로부터 분리되어 있지 않은, 그러한 연장된 존재의 장소를 가리킨다—에서 발생한다.

라이프니츠가 〈필라레트와 아리스트의 대화(Conversation of Philarète and Ariste)〉에서 표현했듯 그 결과 발생하는 연장 개념은 "위치(situation) 또는 장소성(locality)"—즉 장소(place)—과 "관련지어야"만 한다.[54] 이어서 라이프니츠는 이렇게 덧붙인다.

> 이리하여 장소의 확산은 공간을 형성하고, 이 공간은 연장의 제1근거(prōton dektikon) 또는 제1기체가 되고, 그에 따라 연장은 공간 내 다른 사물에도 적용될 것입니다. 따라서 한 물체의 연장이 불가입성(不可入性, antitypy) 또는 물질성의 확산인 것과 마찬가지로, 연장은—그것이 공간의 속성일 때에는—위치 또는 장소성이 확산하거나 연속된 것입니다.[55]

이는 장소에서 공간으로 발걸음을 옮기는 중차대한 대목이다. 장소와 공간이라는 두 가지 개념은 전적으로 분리해 있기는커녕—사실상 라이프니츠의 모나드론에서 전적으로 분리해 있는 것은 **하나도 없다**—긴밀하게 결부되어 있다. 성질들이 확산한 결과 사물의 연장이 산출되는 것과 마찬가지로, 장소의 확산은 안으로는 사물에 닿고 그와 동시에 밖으로는 공간에 닿는다. 이 후자의 확산, 즉 장소가 공간으로 확산하는 것은 확대된 새로운 의미에서 연장과 관련이 있다. 이제 연장은 단 하나의 사물의 속성에 불과한 게 아니다. 사물들이 단 하나의 공간적 무대에서 상호 공존하므로 연장은 사물들의 집합 전체를 포함한다. 우리는 연장의 "평면도법(ichnography)"에서 연장의 "배경도법(scenography)"으로 이행했다.[56] 그럼으로써 우리는 공간이 연장되어 있다고 말할 수 있을 뿐만 아니라, 공간 자체가 그 강화되고 최대한 확산된 형태에서 연장의 "제1근거" 또는 "제1기체"라고도 말할 수 있다. 이러한 것으로서 공간은 연장의 실체, 바로 그것이다—데카르트라면 거꾸로 실체의 연장이라고 말할 테지만 말이다.[57]

이리하여 라이프니츠는 장소 대 공간이라는 명백히 이분법적으로 보이는 경우에조차—우리는 이 책에서 누차에 걸쳐 이 두 용어가 분리되어 상호 적대하는 양상을 목도해왔다—연속성을 주장한다. 특히 데카르트에게는 분할을 초래하는 용어인 연장이 라이프니츠에게서는 사물과 장소와 공간을 한데 묶어준다. 물체적 사물은 그 여러 성질을 통해 어떤 주어진 장소에서 (혹은 어떤 주어진 장소로) 연장되고, 장소의 연장은 역으로 공존하는 사물들의 무대인 공간으로 귀결된다. 그럼에도 불구하고 차이는 여전히 남는데, 여기에는 최소한 분열을 초래하는 잠재력을 가진 차이가 포함된다. 특정한 **사물**의 연장은 명백히 질적인 데 반해, **공간 내에서** 사물들의 연장은 오로지 양적일 뿐이다. 더욱이 질과 양의 구별에는 가교(架橋)를 놓기가 용이하지 않다. 라이프니츠의 후기 논문 〈수학의 형이상학적 기초(The Metaphysical Foundations of Mathematics)〉에 등장한 정식은 이런 곤경과 관련해 유용한 도움을 준다.

> 양 또는 크기란 사물들의 양 또는 크기로서, 이는 그 사물들이 동시에 공현전 (compresence)함을 통해서만—혹은 그것들을 동시에 지각함으로써만—우리에 게 알려질 수 있다. ……다른 한편, 질이란 그 사물들을 단독으로 관찰할 때 알수 있는 것으로, 어떤 공현전도 요구하지 않는다.[58]

이 구절은 양이 사물들의 공현전적인 배열에(따라서 공간에) 결부되어 있는 데 반해, 질은 어떻게 개별적인 사물에(그러므로 장소에) 연결되는지를 명료하게 보여준다.

여기서 문제 되는 곤란은 장소 및 공간의 양태적 표현인 질과 양이 서로 화해하기 어렵다는 데 그치지 않는다. 곤란은 훨씬 더 깊은 곳에 있다. 공간을 양에 동화시킴으로써 라이프니츠는 공간을 티끌 하나 없이 무결한 개념으로 점진적으로 객관화해가는 도정의 결정적 일보를 내딛는데, 그와 관련해 장소는 비록 전적으로 무관계하다고까지는 말할 수 없다 해도 점점 더 그 의미를 상실해가지 않을 수 없다. 우리는 이러한 일을 방금 인용한 논문에 나오는 "연장이란 공간의 크기다"[59]라는 언명에서 볼 수 있다. 연장을 단지 크기의 문제일 뿐이라고 선언함으로써 라이프니츠는 위태롭게도 공간을 내적 장소로 보는 데카르트적 공간관 쪽으로 방향을 튼다. 데카르트가 말하는 내적 장소로서 공간이란 그 장소를 점유하는 연장된 물질적 물체의 양에 의해 측정할 수 있는 용적이다.

그러나 라이프니츠에 의한 공간의 양화(量化)는 실제로는 공간을 '위치(position)'로 환원하는 결과를 낳는다. 오로지 양만의 문제로서 위치는 외적 관계―공간 내 어떤 지점의 다른 점(또는 점들의 집합)에 대한 관계―의 문제다. 공간 내 위치는 말 그대로 **설정된다**(posited), 즉 정확히 **이러한** 소재(所在, location)로서, 즉 내재적인 규정의 결여로 인해 그 의의(significance) 전체를 다른 소재와의 관계로부터 끌어내는 소재로서 선택된다. (그리하여 위치는 데카르트의 용어로 "외적 장소"로 여겨질 것이다.) 이렇게 양화된 위치는 따라서 화이트헤드적인 의미에서 단순히 위치를 점하는 것(곧 '단순 정위'―옮긴이)의 견본과도 같은 사례가 된다. 그러니 라이프니츠가 위치에 지극히 추상적 지위를 부여하는 것은 그리 놀랄 일이 아니다. 위치가 공간 자체에 아주 기본적인 사항인 한 위치는 들뢰즈가 단지 "추상적인 좌―표(abstract co-ordinate)"[60]라고 일컫는 것이 된다. 이리하여 장소의 구체성은 공간의 추상성으로 치환된다. 그러므로 라이프니츠가 "공–존(co-existence)의 질서"로서 공간이라는 관념을 그대로 양과 연계 짓고, 심지어 양의 한 양태인 거리와도 결부 짓는 것 또한 놀라운 일은 못된다. 라이프니츠는 클라크에게 보낸 서한에서 이렇게 말한다. "그러한 질서에도 또한 양이 있고, 그 양에는 선행하는 것과 후속하는 것이 있습니다. 즉 거리 혹은 간격이 있는 것입니다."[61]

그러나 진정 놀라운 것은 **바로** "잘못 놓인 구체성의 오류"에 라이프니츠가 **빠져들지** 않는다는 점이다—단순 정위라는 교설을 확신한 사람들이 통상적으로 범하곤 하는 그 오류에 말이다. 왜냐하면 라이프니츠는 종국적으로 공간을 양화하고 싶어 하는 자신의 일견 저항하기 어려운 유혹에 대해 비판적이기 때문이다. 특히 공간의 바탕에 유일한 범형으로서 위치가 깔려 있는 한 그렇다. 〈식별 불가능자의 원리에 대하여(On the Principle of Indiscernibles)〉라는 제목의 짧은 글에서 라이프니츠는 위치와 양을 명백히 질 아래 편입시킨다.

〔양 및 위치는〕운동 자체에 의해 산출되는 것처럼 보이며, 통상적으로 사람들은 그런 식으로 생각한다. 그러나 나는 이 문제를 좀더 정확성 있게 고찰해봄으로써 양과 위치는 단순한 결과에 불과하며, 이러한 결과는 내적인 명칭 자체를 하등 구성하지 못한다는 것, 그리하여 양과 위치는 질의 범주로부터, 즉 내적인 우유적(accidental) 명칭으로부터 파생한 기초가 있어야만 하는 관계에 불과하다는 사실을 깨달았다.[62]

같은 글에서 그는 "상이한 모든 사물은 어떤 방식으로든 구별되어야 하며, 실재적인 사물의 경우 **달랑 위치만 갖고는 구별 수단으로 충분하다고 할 수 없다**"[63]고도 단언한다. 물론 이 대목에서 라이프니츠의 관심사가 공간에서의 위치(혹은 시간에서라면 날짜)가 한 존재자를 충분히 개체화하는지 여부가 아니라는 것은 분명하지만—아울러 이 문제에 대한 라이프니츠의 답은 결코 충분히 개체화하지 **못한다**는 것이다—그렇다 해도 그의 언급은 유효하다. 왜냐하면 그의 언급은 결국 위치라는 것은 순전히 양적인 것들이 전부 그러하듯 그가 "순수하게 외생적인(extrinsic) 명칭"이라고 부르는 것일 뿐임을 지적하는 것이기 때문이다. 그러한 명칭, 즉 현실의 어떤 주체에도 자리 잡지 못하는 술어나 마찬가지인 그러한 명칭은 곧 가공물(imaginary)—텅 빈 공간과 같은 가공물—이다.[64] 사실상 그것은 **실존하지 않는다**.

> 모든 철학에서 그리고 신학 자체에서, 가장 중요한 고찰은 이러하다. 요컨대 사물들의 상호 연관이라는 것이 있는 관계로 **순수하게 외생적인 명칭 따위는 존재하지 않는다**는 사실, 그리고 두 사물이 서로 다를 때, 장소와 시간이라는 점에서만 다르기는 불가능하고, 그 밖에 뭔가 내적인 차이가 늘 필요하다는 것이다.[65]

역설적이게도 양보다 질이 "사물들의 상호 연관"에 더 많은 기여를 하는데, 그것은 질만이 "**내적인** 우유적 명칭"을 갖기 때문이다.[66] 한데 지금까지 살펴본 대로 질은 장소와 결부되어 있다—그리고 역으로 장소 또한 질과 결부되어 있다. 그런데 장소는 그 질적인 지위에 힘입어 공간이 위치로 해소되어버리는 것을, 즉 양적인 것의 축도(縮圖)요, 따라서 단지 외적인 것의 축도인 위치로 해소되어버리는 것을 막아줄 수 있을까?

적어도 잠시 동안은 가능한 것처럼 보인다. 라이프니츠는 〈식별 불가능자의 원리에 대하여〉에서 "장소 안에 있다는 것은 적어도 추상적으로는 위치 이외에 아무것도 함의하지 않는 듯하다. 그러나 현실적으로 볼 때 장소를 갖는 것은 본래적인 장소를 표출해야만 한다"[67]는 깜짝 놀랄 만한 주장을 편다. 한편으로 장소는 추상적으로, 즉 단순 정위로 이해할 때에만 위치적인 것으로 간주할 수 있다. 그러나 다른 한편으로 "본래적인 장소" 같은 사물, 즉 고유하고 어쩌면 실체적이기까지 한 뭔가가 있다. 이는 그것이 하나의 질인 연장적인 연속체를 한정하고, 이 질(또는 질의 집합)을 담지하는 사물 속으로 도로 흘러들어갈 때 장소다. 사물 속으로 도로 흘러들어가는 이 능력에서 장소는 장소 안에 있는 **것**과 밀접하고도 독자적인 방식으로 결부되어 있다. 라이프니츠가 다른 곳에서 말하듯 "우리가 〔로쿠스를〕 설정한다는 것은—장소를 설정했다는 그 사실에 의해—어떤 매개나 추론 없이 곧장 그 존재자 역시 설정한 것이라고 이해해야 한다. 그렇다면 그 존재자는 어떤 로쿠스 **안에 있거나**, 혹은 그 존재자는 뭔가의 **구성 요소다**".[68] 로쿠스를 본래적 장소로서 설정하는 것은 **그 장소 안에** 있는 것을 함께 설정하는 것이다. 그리고 그 역 또한 참이어서, 물리적 사물을 하나의 질적인 전체로서 설정하는 것은 그 로쿠스 또한, 즉 그 사물을 다른 어딘가가 아니라 바로 **여기**에 있게 하는 것 또한 설정하는 것이다. 어떤 장소 안에 있는 것이 그 장소를 **표출한다**고 주장할 수 있는 것은 바로 이 때문이다. 즉 어떤 장소에 있는 것은 그 시점으로부터 주위 세계를 비추어낼 뿐만 아니라, 그 시점 자체도—즉 어떤 특정 장소 내에 그 물체가 존재하는 것도, 따라서 그 장소로부터 하나의 시점을 취하는 것도—비추어내고 있는 것이다. 그러한 시점 또는 관점(perspective)은 단순한 위치를 훨씬 뛰어넘는 것이다. 왜냐하면 시점 또는 관점은 지각하는 주체 자신의 물체를 포함해 그 주체 특유의 세계를 둘러싸고 있는 우주의 수많은 표상을 포함하기 때문이다. 연장을 생성하기 위해서는 그 위치적 모태(locational matrix)로서 장소가 필요하듯(장소 없이 연장 없다), 장소 자체는 물체를 필요로 한다(물체 없이 장소 없다). 이 물체는 "본래적 장소"를 표출한다. 즉 이 물체의 시점은 다름 아닌 장소에 수반되는 관점인 것이다. 이리하여 모든 지적인 주체 또는 '모나드'가 전체 우주를 표출한다 해도, 이것이 그리되는 것은 우주가 물체와 함께 수반되는 그 물체의 바로 그 장소로부터 보여질 때뿐이다. 그 결과 생겨나는 것은 우주의 평면도법적인 지각, 다른 말로 하면 단 하나의 장소로부터 투사된 시계(視界)다―이는 신이 공간의 질서에 속하는 모든 것을 배경도법적으로 조망하는 것과 대조적이다. 즉 신은 물체 없는 존재로서 장소 또한 없다. 신이 공간 내 모든 곳에 있다는 사실에도 불구하고 그러하다.[69]

이토록 다양한 사고를 함의하고 있지만 라이프니츠는 결국 공간을 추상적으로 좌표화한 위치들의 결합체라는 관점에서 보도록 허용할 뿐만 아니라, 장소를 위치와 평행적으로 보는 견해, 아니 최종적으로는 위치에 종속시켜버리는 견해에 굴복하고 만다. 장소 안에 있는 것이라면 어떤 것도 "본래적인 장소를 표출해야만 한다"고 주장한 바로 그 논문에서 라이프니츠는 "일반적으로 장소·위치 그리고 수(number) 및 비례(proportion) 같은 양은 단순한 관계일 뿐이며, 스스로 변화를 구성하거나 변화를 끝내는 다른 사물들로부터 생겨나는 것이다"[70]라는 주장도 펼친다. 장소는 위치 및 양과 함께 진정한 실체적 변화의 "단순한 결과"로서 내던져진다. 즉 이것들은 모두 "그 토대를 필요로 하는 관계"에 불과하다. 여기서 토대란 "내적인 우유적 명칭"[71]에서, 즉 질에서의 토대를 말한다. 장소는 확산의 결과 연장을 산출하기 위한 기초로서도 중요하고, 또 물체가 무엇보다도 먼저 표출하는 것으로서(즉 그 이전에 또는 오히려 물체가 다른 모든 것을 표출한다는 관점으로서)도 중요하지만, 그럼에도 불구하고 결국 결과적인 것이자 상대적인 것이 되고 만다. 겨우 이런 것으로 환원해버린 결과를 우리는 어떻게 설명할 수 있을까?

나는 공간의 지고성을 불러내지 않고는 이런 결과를 설명할 수 없다고 믿는다. 지적인 '물체-주체'로서 이산적인(discrete) 모나드에 주목할 경우, 라이프니츠는 장소의 의의와 독자성을 인정할 수 있다. 그러나 무대가 바뀌면―즉 우리가 공간을 공존의 전체로서 취급해야 할 경우에는―곧장 이러한 인식이 흐릿해진다. 즉 장소는 공간적인 체계의 추상성 내에서 널리 흩뿌려지는 것까지는 아니라 해도 해소되어버린다. 아래에서 거론할 전형적인 구절에서처럼 '로쿠스'의 평면도법적인 언어는 '시투스'의 배경도법적인 기호학(semiology)에 길을 내준다.

> 그렇긴 하지만 〔모나드는〕 연장 내에서 어떤 종류의 위치(시투스)를 갖는다. 즉 모나드는 자신이 지배하는 기구(machine)를 통해서 다른 모나드와 질서정연한 공존 관계를 갖는 것이다. 나는 어떤 유한한 실체도 〔하나의〕 물체로부터 떨어져서 존재할 수 있다고는 생각하지 않으며, 따라서 그 실체에 우주 내에서 공존하고 있는 다른 사물에 대한 상대적 위치나 질서가 결여되어 있다고도 생각하지 않는다.[72]

"연장 내에서 위치"라고? 한 가지 분명한 것은 우리가 더 이상 연장을 위한 장소―연장된 사물이 그 안에서 펼쳐질 수 있는 장소―와는 관계가 없지만, 연장이 충분히 규정된 것으로 이미 확립되어 있어 장소가 부여하는 여지(room) 없이도 그 이상으로 발전해나갈 수 있는 환경과는 관계가 있다는 사실이다. 필요한 것은 우주를 단 하나의 조화로운 전체로 만들어내는 모나드 간의 "질서정연한 관계"뿐이다. 이 관계를 수립하고 유지하기 위해서는 위치만으로 충분하다. 단일한 실체 수준에서도 그렇고, 실체 전체, 즉 '우주' 수준에서도 그러하다. 단일한 실체 수준에서 장소는 전적으로 '장소의 동일성'으로 환원된다. 즉 위치들이 좌표화한 더 커다란 구조 내에서 위치의 자기 동일성(identity)으로 환원된다. 그러한 위치는 텅 빈 '장소-보유자(place-holder)'가 갖는 위치에 불과하다. 즉 A와 B는 그것들이 C, E, F, G 등과 항상적인 방식의 관계를 계속 유지하는 한(아울러 C, E, F, G가 놓여 있는 자리의 집합이 고정된 채 머물러 있다고 가정한다면), A가 위치 X로 이동하든 B가 위치 X로 이동하든 양자는 '동일한 장소'를 점유할 것이다. 클라크에게 보낸 다섯 번째 편지—이런 분석이 가장 온전한 정식화에 도달한 편지—에서 라이프니츠가 분명히 인정하듯 말이다. "**장소**가 무엇인가를 설명하기 위해, 저는 **동일 장소**란 무엇인가를 정의함으로써 만족해왔습니다."[73] 동일성에는 균질성이 함의되어 있고, 따라서 그 장소에 어떤 점이 특수한지, 질적으로 특이한 점은 무엇인지 따위는 그 장소의 불변적인 면에 대한 관심 속에서 바닥으로 가라앉는다.[74] 그러한 불변성을 가장 잘 나타내는 용어가 바로 '위치', 즉 단지 자리를 점할 뿐 그 장소의 점유물에는 아무런 차이가 없는 위치다. X라는 위치에 놓여 있는 것이 A든 B든 위치 X에는 아무런 차이도 없으며, A와 B에도 거의 차이가 없다. (유일한 차이는 '외적인' 것일 뿐이다.)

따라서 만일 '동일 장소'가 단지 위치의 불변성과 무차이성만을 의미한다면, 그리고 모나드 간 공존의 질서가 단지 위치들 간 거대한 네트워크일 뿐이라면, 그로부터 곧장 도출할 수 있는 결론은 장소가 공간에 대해 어떤 독립적인 지위도 보유할 수 없다는 것이다. 공간의 전체성(이때 공간은 하나의 전체성에 다름 아니다) 내에서 장소는 단순한 위치적 홈(positional pocket)—공간적 우주의 한 끝 또는 한 모서리, 그 완성태의 한 국면—에 불과한 것이다. 즉 "그러한 장소들을 모두 포괄하는 것을 **공간**이라고 부른다. ……**공간**이란 장소들이 한데 모인 결과 생겨나는 것이다".[75]

충분하다고 추정되는 몇 가지 이유로 인해 장소는 공간 안에서 사라진다. 첫째, 장소는 공간의 **추상성** 안에서, 즉 공간의 관념성과 전적인 가능성 안에서 사라진다. 요컨대 공존의 질서란 구체적인 패턴이 아니라, 제2의 힘에 대한 질서, 즉 "위치들의 질서"[76]다. 이러한 질서는 "**사물들과는 독립적으로 여겨지는 다양한 관계, 그러한 관계들로 구성되는 하나의 전체**이고, 따라서 관념적 관계들로 구성되는 〔하나의 전체〕"[77]다. 둘째, 장소는 공간의 **무한성** 안에서 사라진다. 즉 무한한 우주만이 신의 광대무변성에 걸맞고 신의 전능함을 표현할 수 있으며, 또한 오직 그러한 우주만이 수적으로 무한한 모나드를 "포괄"할 수 있다.[78] 셋째, 이것이 가장 결정적인 점인데, 장소는 공간의 **상대성** 안에서, 즉 관계들의 구조화한 집합으로서 공간의 조성 안에서 사라진다. 공간이 대양적인(oceanic) 지위를 갖는 것은 비실체적인 것일 뿐인 장소가 그 안에서 익사하지 않을 수 없을 만큼 수많은 관계들로 이루어진 바다이기 때문이다. A와 B라는 위치와 C, E, F, G ……라는 "고정된 존재자들"과의 관계만이 문제 되는 자신의 장소 모델에 대해 논평하면서 라이프니츠는 이렇게 언급한다. "장소 관념을 갖는 데에는, 또한 그 결과로 공간 관념을 갖는 데에는 **이러한 관계들**과 이 관계들이 변화하는 규칙을 **고려하는 것으로 충분하고**, 우리가 그 위치를 고려하는 사물들 바깥에서 그 어떤 절대적 실재를 찾아보겠다는 공상을 할 필요가 없다."[79] 다른 사람들에게는 공간의 무한성이 공간의 절대성을 함의하지만, 라이프니츠에게는 그 반대의 것을 함의한다(그에게 공간의 무한성은 공간의 상대성 혹은 상관성을 함의한다는 뜻—옮긴이). 진정한 공간적 무한성은 사물들 사이의 관계가 헤아릴 수 없을 만큼 많다는 점에 있는 것이지, 우주의 용적이 너무나 커서 생각하는 것도 불가능하다는 점에 있는 것이 아니다. 그리고 만일 '단순 실체(모나드)'의 수가 무한하다면, 더군다나 그 실체들 간의 가능한 관계는 당연히 무한할 것이다.

매우 주목할 만한—궁극적으로 대단히 실망스러운—사실은 라이프니츠가 공간의 본성을 철저하게 상대적인 것으로 보았다고 해서, 그가 반드시 장소를 위치로 환원할 필요는 없었다는 점이다. 같은 상대성에 관해 다른 해석을 내렸다면, 장소의 독특한 힘과 고유성, 그 충만한 역동성을 아주 훌륭하게 강조할 수도 있었을 것이다. 라이프니츠 자신이 때로 공간과 장소에 관한 이런 대안적 해석—공간이란 그 소재적인(locational) 기반으로서 장소를 요구하는 모나드들이 공감적으로 유대하기 위한 모태라는 해석—을 시도하기도 한다. 예컨대《모나드론(Monadology)》에서 라이프니츠는 "모든 사물이 함께 호흡하고 있다"는 히포크라테스의 말을 인용하며, "모든 피조물이 서로에 대해 그리고 각 피조물이 다른 모든 피조물에 대해 상호 연결되고 서로 적응하는 것"[80]에 대해 이야기한다. 그는 또한 "모든 물체는 우주에서 일어나는 모든 것에 의해 촉발되기 때문에, 그 모든 것을 보는 사람은 각 사물 내에서 어디서든 일어나는 일을 읽어낼 수 있을 것이다"[81]라고도 주장한다. 순전히 양적이고 형식적으로만 관계적인 것으로서 위치는 모든 사물의 상호 연결을 만들어낼 수 없다. 질적으로 다공적(多孔的)인 장소만 그 일을 할 수 있다. 나아가 어떤 주어진 **사물** 안에서 어디서든 일어나고 있는 것을 읽어내기 위해서는 그 독해(reading) 내에 그 사물의 **장소**를 포함하지 않을 수 없다—아울러 이 사물의 장소에는 또한 다른 모든 사물의 흔적도 담겨 있어야 한다. 그리고 또 하나의 사물이 다른 모든 사물을 표출한다면, 그 사물의 장소 또한 그러해야만 한다. 실제로 라이프니츠가 다음과 같이 말할 때 함의한 게 바로 그것이다.

창조된 각각의 모나드는 저마다 우주 전체를 표현하지만, 그중에서도〔우주〕에 의해 촉발되는 물체를 더 분명하게 표현한다. ……그리고 이 물체가 충실체 내에서 모든 물질의 상호 연결을 통해 우주 전체를 표출하는 것과 마찬가지로, 혼(soul) 또한 특수한 방식으로 자신에게 속하는 이 물체를 표현함으로써 우주 전체를 표현한다.[82]

만일 물체가 "우주 전체"를 표출할 수 있다면—그리하여 우주 내의 공간적 관계 전체를 표출할 수 있다면—이는 그 물체의 **장소**에 대해서도 동등하게 적용할 수 있는 이야기가 아닐까? 그리고 만일 그 물체가 "특수한 방식으로" 혼에 속한다면, 이 물체는 또한 지극히 특수한 방식으로, 즉 각 물체가 우주를 공명적(共鳴的)으로 표출할 수 있도록 장소에도 속하는 것 아닐까? 그리하여 어쨌거나 결국 장소에는 특별한 적소(適所)—즉 보편적 표출이 곧장 이뤄지는 장(arena)이라는 특수한 장소(로쿠스)로서 작용하는 적소—가 있는 것 아닐까? 이것이 바로 '시점(視點)'이 의미하는 것—즉 지각 및 표출을 위한 대체 불가능한 장소—아닐까? 간행하지 않은 어떤 짧은 글에서 라이프니츠는 이 방향 쪽으로 제스처를 취한다. "모나드는 조화를 통하는 것 말고는, 즉 장소라는 현상과의 일치를 통하는 것 말고는 장소를 갖지 않는다. 그리고 이 〔일치〕는 외부로부터 뭔가가 유입됨으로써가 아니라, 사물의 자발성(spontaneity)으로부터 생기는 일이다."[83] 사물의 자발성, 즉 사물이 실체로 생성되는 것은 장소라는 현상에 조화로운 일치, 곧 시간적으로나 공간적으로 자리를 취해야만 하는 일치를 위한 무대가 될 기회를 부여한다. 따라서 장소는 라이프니츠가 "공감"이라고 부르는 것, 즉 모든 사물을 한데 엮어주는 것의 감추어진 기초다.[84] 위치는 그러한 기초를 부여할 수 없다. 실제로 만년의 라이프니츠가 데 보스(Des Bosses)에게 보낸 편지에서 언급했듯 말이다.

모나드 자체는 본래 서로에 대한 위치를 갖고 있지 않습니다. 즉 현상들의 질서를 넘어서 연장되는 실재적인 위치 따위는 갖고 있지 않습니다. 각각의 모나드는 말하자면 하나의 분리된 세계 같은 것으로—그들의 현상을 통해서는 서로 일치하더라도—그 자체로서는 달리 교섭하거나 연결되는 일이 없습니다.[85]

"현상들의 질서"에서는 위치에도—예컨대 거리를 규정하는 경우처럼—나름의 역할이 있지만, 모나드 간의 진정한 연결을 제공하는 것은 불가능하다. 오직 장소만이, 충분히 풍요롭게 해석한 장소만이 다른 면에서는 서로 고립되어 있는 개별 모나드의 현상들 간에 의미 있는 형이상학적 일치를 부여할 수 있다.

만일 라이프니츠가 자신의 유망한 실마리를 따라 계속 나아갔다면, 장소가 하나의 모나드와 더 커다란 공간적 우주 사이를 매개하는 것이라는 결론에 이르렀을지도 모른다. 모나드에는 "그것을 통해 뭔가가 들어오거나 나가거나 할 수 있는 창이 없기"[86] 때문에, 모나드가 다른 공간적 세계에 접근하는 일은 그들의 물체에 의해 지각된 것을 그들의 혼이 **표현함**으로써 행해진다. 바로 이것이 라이프니츠가 혼이 "〔그〕 물체를 표현함으로써 우주 전체를 표현한다"—여기서 물체란 혼이 예정 조화(preestablished harmony)에 따라 엮여 있는 물체를 가리킨다—고 주장하는 까닭이다. 이리하여 혼은 "바깥에서" 일어나는 일을 포착하긴 하되 직접 포착하는 것이 아니라, 스스로 우주의 표출 또는 "거울"인(그래서 직접 파악하는 것은 아닌) 물체의 상태에 호소함으로써만 포착한다. 그렇기 때문에 《모나드론》의 어느 결정적인 구절에서 라이프니츠는 불가결한 매개 기능을 갖는 것으로서 물체에 대해 이렇게 말하지 않을 수 없다. "모든 모나드는 저마다의 방식으로 우주의 거울이기 때문에, 또 우주는 완전한 질서에 따라 통제되기 때문에 **표현**

하는 존재 내에도 질서가 존재해야만 한다. 즉 혼의 표상(perception) 안에도, 또한 따라서 그에 상응해 우주를 표현하는 물체 안에도 질서는 존재해야만 한다."[87] 비록 말로 표명되지는 않았지만 이는 매력적인 개념을 암시한다. 그것은 바로 공간이라고 하는 공존의 질서와 "표현하는 존재 내 질서"(혼과 물체에 모두 속해 있는, 그 자체로 이중적인 질서) 사이에 또 하나의 질서가, 말하자면 **사이의 사이**(between of the between)가 있다는 매력적인 개념이다. 나는 이를 **장소의 질서**로 간주한다. 만일 모나드의 물체와 혼이 표현**하는** 질서를 구성한다면, 그리고 공간이 표현**된** 질서라면 '혼을 갖춘 신체(body-cum-soul)'가 놓여 있는 장소 자체는 표현하는 질서와 표현되는 질서를 상호 연계해주는 매개적인 질서를 가져야만 한다. 신체와 장소의 연계는 여기서 특히 밀접하며, 무엇보다도 '시점'이 문제 되는 한 그러하다. 하나의 시점이라는 것(또는 하나의 시점을 갖는다는 것)은 '**하나의-장소-내-물체**(body-in-a-place)'라는 것(또는 '하나의-장소-내-물체'를 갖는다는 것)이다. 이 장소는 물체가 우주에 의해 촉발되는 방식을 물체가 이해하기에 충분할 만큼 질서 있는 것이어야 한다. 왜냐하면 만일 물체가 어디에도 없든가, 어딘가 혼돈스러운 곳에 있든가 하면, 물체는 일차적인 임무인 표현 활동을 실행할 수 없을 것이기 때문이다.

그렇다면 장소란 공간의 외적 질서와 모나드의 내적 질서 사이에 있는 '간-질서(inter-order)'다. 궁극적인 모나드론적 매개자(mediatrix: mediator의 여성형─옮긴이)(또는 모태)로서 장소는 질서들의 질서화이며, 그러한 것으로서 앞서 인용한 데 보스에게 보낸 편지에서 라이프니츠가 언급한 "현상들의 질서" 전부에 필수불가결한 것이다. 사물들이 장소 안에서 질서 지어질 뿐 아니라, 물체와 혼의 표현 또한 거기서 질서 지어진다.[88] 아니, 공간 자체가 장소 안에서 질서 지어진다. 이런 해석에 따르면 장소가 공간에 포괄된다기보다, 오히려 공간이 장소 안에 — **장소** 특유의 질서 짓는 힘 속에 — 포함된다.

만일 라이프니츠가 보편적 조화(universal consonance)와 모나드론적 표출에 대한 자신의 강조를 한계 — 외적인 공간적 우주 그리고 모나드의 내적인 삶(life)을 조정하고 공통의 질서를 부여함에 있어 장소의 틈새적이면서도 필수적인 역할을 인정하지 않을 수 없는 한계 — 까지 밀어붙였더라면, 이와 같은 놀랄 만한 결론에 도달했을지도 모른다. 그랬다면 장소는 물체의 시점에도, 또한 그 물체의 연장을 산출하는 확산에도 필요한 것을 훨씬 뛰어넘는 무엇으로서 인정을 받았을 것이다. 하나의 물체에서 공간이 역할을 수행하기 위한 구체적 배경으로서 장소는 공간이라는 무대의 무대(the scene of the scene) — 배경도법과 평면도법이 축으로 삼아 회전하는 경첩(hinge) — 가 될 것이다.

이런 상서로운 방향성에도 불구하고 — 이러한 내용이 라이프니츠 자신의 사고 내부에 충분히 명료하게 표현된 것은 아니라 해도 그 어렴풋한 윤곽은 예시되어 있다 — 장소는 최종적으로 위치에 종속되고, 장소와 위치는 모두 공간에 종속된다. 이것이 바로 라이프니츠가 사망한 때인 1716년, 즉 클라크와의 왕복 서한이 (비록 완결하지는 못했지만) 결론적으로 분명하게 드러내는 내용이다. 라이프니츠는 공간을 관념적이고 가능적인 관계들의 형식적 결합체로 모델화함으로써 공간을 희박화하는(etherealize) 것과 마찬가지로, 장소를 그 결합체 내부에서 위치적인 동일성에 한정함으로써 장소를 희박화한다. 비록 장소와 공간을 사유 안에서는 구별할 수 있다 해도, 한쪽의 추상성은 다른 쪽의 추상성을 요구하고, 결국 양자는 이론적 균형을 이루면서 다시 서로 결합한다. 라이프니츠가 클라크에게 썼듯 〔사물들 간의 관계에서〕 일치에 만족하지 못하는 마음은 자기 동일성, 즉 참으로 동일한 것이어야 할 뭔가를 찾고, 그것을 그 기체에 대해 외적인 존재라고 생각한다. 그리고 이것이야말로 우리가 여기서 **장소**나 **공간**이라고 부르는 것이다".[89] 이리하여 '장소'와 '공간'은 문자 그대로 교환 가능해져서 추상성과 형식성을 공유할 정도에까지 이르는데, 이 추상성과 형식성은 '간 모나드적 (intermonadic)' 공동체가 갖는 비형식성을—그 구체적인 조화와 공감을— 정당하게 다루지 못한다. 이제 장소와 공간은 "순수하게 외생적인 명칭"이 되기 일보 직전에 있다. 다양한 지각과 욕구로 구성되는 독자적인 내적 전체성 덕분에, 개체화의 유일한 원천인 모나드에 대해 외적인 것이 되려 하는 것이다.

최대치로 보자면, 공간 안에 있는 것은 강력하게 구별되는 의미에서 장소 안에 있을 **가능성**을 획득하는 것이라고 말할 수 있다.[90] 그러나 최저치로 보자면—결국 이 '최저치'가 지배적 요인이 되고 말지만—장소와 공간 안에 있다는 것은 위치라는 단지 형식적인 자기 동일성만을 획득하는 것이다. 이러한 위치적인 자기 동일성에는 특징이 없다. 즉 어떤 종류의 성질도 없고, 힘도 없으며, 아마도 지속이나 연장조차 없을 것이다.[91] 장소와 공간 (그리고 시간)[92] 안에 있다는 것은 그것들 안에 처해 있다는 바로 그 사실의 바깥에 있는 것이다.

이리하여 위치(position)로서 장소는 공간 및 시간과 함께, 위치 지어진 (situated) 기체에 대해 외부적인 것으로, 아니 그것이 위치(situation)의 동일성을 부여해주는 모든 사물에 대해 주변적인 것으로 되어버린다. 그러니 이제 우리는 **그러한 장소는 장소를 부여하지 않는다고**—적어도 크기와 형태, 혹은 경계나 표면 같은 최소한의 구체적 특징이라도 포함하고 있는 장소는 부여하지 않는다고—말할 수도 있을 것이다. 그 대신 장소가 부여하는 것은 **사이트**다. 여기서 시투스로서 "사이트"는 "추상 공간"으로 이해되고, 그리하여 사이트를 부여받은 것에 대해 전적으로 외적인 것으로 이해된다.[93] 데카르트가 설정한 "외적 장소"는—이것은 장소를 "단지 상대적인 것"[94]일 뿐이라고 보는 근대적 사고방식의 문을 열어젖힌 조치이며, 로크는 이 조치를 더욱 연장시켜 장소를 거리로 보는 훨씬 더 외재주의적인 이해 방식으로 나아갔다—이 대목에서 가장 극단적인 표현에 도달한다. 장소는 이제 너무나 외재적이고 상대적인 것이 되어버려서 어떤 것이 그 장소를 점유하든 아무런 차이도 없게 되었다. 문제 되는 것은 위치적인 로쿠스의 항상성, 즉 장소가 자기 안에 위치를 차지하는 그 어떤 것에도 부여하는 단순 정위뿐이다—그런 한편 장소, 그러니까 위치로 환원되어버린 장소는 이 점유물로부터 어떤 영향도 받지 않으며, 역으로 이 점유물에 영향을 끼치는 일 따위는 더군다나 불가능하다. 심지어 어떤 것 **안에 점유한다**는 개념조차 의문에 부쳐진다. 엄밀히 말하면 우리는 이제 **~에서 위치를 점하는 것**에 대해 이야기해야 한다. 마치 어떤 기하학적 도형이 2차원 평면상의 어떤 점에서 위치를 차지한다고 얘기하듯 말이다. 이러한 우여곡절을 거쳐 우리는 다시 고대적인, 특히 아리스토텔레스적인 위치(thesis)와 점(stigmē)의 협조 관계로 귀환한다. 라이프니츠에게 최대한 엄격히 해석된 장소는 하나의 위치, 즉 그 유일하게 적절한 표현이 점(point)인 그러한 종류의 위치가 된다.

라이프니츠의 모나드론이 연출하는 미궁—그의 저작에서 발견할 수 있는, 한없는 주름들(folds)로 이루어진 미로[95]—의 구불구불한 회랑에서 장소는 비록 확산적이고 질적인 힘을 갖고는 있지만, 그럼에도 불구하고 결국은 자신 내부로부터 그 내용물과 골자를 모두 제거당하고, 그 자신의 기원에서 또는 기원 안에서 무의 점(null-point)이 되어 마침내 공간으로 승화되어버린다. 장소는 그것이 위치 짓는 모든 것에 대해서뿐만 아니라, 그 자신에 대해서도 외적인 것이 되어버린다. 장소 기술(記述)은 사이트 분석에 굴복한다—이런 면에서 라이프니츠가 자신이 고안한 기하학적 학문을 위치 해석(analysis situs)이라고 명명한 것은 전적으로 적절했다.[96] 이러한 사이트 분석에서 마르두크가 지닌 활의 예리한 화살촉과 데미우르고스가 우주적인 기하학화를 수행할 때의 직선은 장소의 형식적인 기하학화의 텅 빈 점으로, 즉 "정-점(point-summits)"[97]으로 변성된다. 라이프니츠가 점에 대해 말하는 내용은 그것의 위치로서 장소 개념에 대해서도 적용된다. 그러니까 장소에는 "연장이 없고, 장소의 부분에는 거리가 결여되어 있으며, 장소의 크기는 무시해도 좋거나 딱히 지정할 만한 역할을 갖지 못한다".[98] 점은 위치나 마찬가지로 "다른 어떤 장소도 갖지 못하는 장소다".[99] 점의 자기 동일성은 극히 엄격하기 때문에 다른 점이나 위치들이 갖는 다양한 로쿠스를 배제한다—비록 공간이라는 척도에서 보자면, 점은 어떤 공통의 관념적 질서에서 다른 점이나 위치들이 갖는 다양한 장소와의 관계 안에 반드시 위치 지어져야만 함에도 불구하고 말이다.

라이프니츠의 이성주의(rationalism)에서—로크의 경험주의에서와 마찬가지로—장소가 희생물이 되는 것은 희박화가 점점 더 과격해지는 데 따른 결과임이 점점 더 분명해진다. 즉 장소는 위치뿐 아니라 심지어 점에 의해 대체됨으로써 위치가 됨과 동시에 점이 되어버린다. 비록 모나드가 공간 내에서 "**실재적인 위치**", 제대로 된 연장을 갖지 않는 건 사실이라 해도, 모나드에게는 시점(視點)이 있고 그 시점으로부터 모나드는 우주를 비추어낸다. 실제로 물체에 고유하게 속해 있는 이 시점은 구체적으로 어떤 장소에 놓여 있다. 그러나 그 구체성과 장소화는 가능한 한 위치를 장소에 그리고 점을 공간에—위치와 점 모두를 장소와 공간 모두에—귀속시키고자 하는 라이프니츠의 열렬한 경향에 의해 짙은 그림자에 가려져 있다.[100]

라이프니츠가 이전의 그 어떤 사상가보다도 훨씬 더 체계적인 방식으로 공간을 관계적인 것으로 해석했다는 사실은 그 자체로도 주목할 만한 성취다. 특히 그러한 해석이 뉴턴에 대한 강력한 비판을 가능케 한다는 점에서 더더욱 그러하다.[101] 라이프니츠가 이룩한 것은 공간에는 이로운 것이었지만 장소에는 재앙과도 같았다. 장소가 자력으로 생존 가능한 개념으로 살아남는 데에 그것이 얼마 만한 재앙이었는지는 이제 곧 살펴볼 것이다. 장소가 그 자율성과 힘을 제거당한 것은 뉴턴 못지않게, 나아가 우리가 지금까지 검토해온 17세기의 다른 어떤 인물들 못지않게 라이프니츠의 민활한 철학적 손놀림에 의한 것이었다. 아르키타스가 서양에서 최초로, 그리고 아마도 아직까지도 가장 설득력 있게 증언했던 바로 그 자율성과 힘이 장소로부터 제거되어버린 것이다.

09

사이트와 점으로서 근대 공간

위치, 팬옵티콘, 순수 형식

1

사물이 어떤 주어진 장소에 있다고 할 때, 이것이 뜻하는 바는 그 사물이 다른 사물들과 관련해 그러한 위치를 점유하고 있다는 것뿐이다.

－르네 데카르트, 《철학의 원리》

이들 영원한 공간의 침묵은 나를 두렵게 한다.

－블레즈 파스칼, 《팡세》

라이프니츠는 유기체의 메타포―그 역동적인 측면, 활기를 부여하는 힘, 내적인 고유한 생기―에 특별히 민감한 사상가였다. 모나드의 유기적인 물체―우리가 살펴봤듯 이는 장소와 긴밀하게 결부되어 있다―는 단순히 기계론적인 어떤 것이 아니고, 바로 "생물" 또는 "신적인 기계"다.[1] 각각의 모나드는 실제로 미소한 수준에 있는 모나드들로 채워진 하나의 세계이며, 이는 점점 더 미소한 수준으로 계속 나아갈 수 있으므로 그 유기체적인 성격은 결국 모든 것에까지 연장된다. "물질의 아무리 작은 부분에도 피조물, 생물, 동물, 엔텔레키에(Entelechie), 혼으로 이루어진 세계가 존재한다."[2] 그러므로 물질의 어느 부분도 물고기 가득한 연못이나 초목으로 무성한 뜰에 비유할 수 있다—물론 우리는 역으로, 각각의 고기나 꽃을 이루는 어떤 부분도 그 자체가 또한 연못이나 뜰이며, 이런 식으로 무한히 계속된다고 상상해야 한다.[3] 무한대임과 동시에 무한소라는 우주의 이중적 무한성은 각 부분을 다른 모든 부분에 엮어주는, 모든 곳에 미만해 있는 유기적인 유대에 의해 결합되어 있다. 여기서 '다른 모든'이라는 표현은 단지 대체 가능한 형식적 관계나 물리적 거리 관계가 아니라, 모든 것에 생기를 불어넣는 자연의 포괄적 질서를 의미한다. 콜링우드가 지적하듯 "라이프니츠의 자연은 더 작은 유기체를 그 부분으로 삼는 거대한 유기체로서 거기에는 생명과 성장과 노력으로 충만하다. 그것은 거의 끔찍한 기계론(mechanism)이라는 한쪽 극단부터 정신적 삶에서 최고 단계인 의식적 발전이라는 다른 쪽 극단에 이르기까지 연속적인 서열을 형성한다".[4]

라이프니츠의 범유기체론이라는 학설—다른 방향에서 보면 이는 범심론(汎心論, panpsychism)의 한 형태라고도 간주할 수 있다—은 '물질'과 '정신'을 전적으로 분리되어 있는 실체의 두 형태로 보며 그 사이에서 선택을 하는 데카르트의 입장에 대항할 경쟁력 있는 대안을 제공해준다. 그것은 물질적인 것과 정신적인 것이 풀어내지 못할 만큼 복잡하게 얽혀 있는 중간 영역을 가리켜 보임으로써 가능하다. 이러한 중간 영역은 살아 있는 물질(animate matter)로 구성되어 있는데, 여기서 장소는 점이나 위치로 환원되지 않는 한 자체의 고유한 생기를, 즉 자체의 고유한 가능태(dynamis)를 되찾을 수도 있다. 라이프니츠가 지적하듯 "나는 혼이 점 안에 있다고 간주할 수는 없다고 생각한다. 혼은 연결을 통해 하나의 장소 안에 있다".[5] 매개 역할을 하며 생물학적 극한으로 옮겨지면, 장소는—좀더 최근의 용어로 말하자면—"생명권(bioregion)"이나 "생태적 지위(ecological niche)" 같은 게 될 것이다.[6] 화이트헤드는 라이프니츠의 사례에서 직접적으로 영감을 받아 전면적인 유기체 철학을 제기했는데, 여기서 장소는 최종적으로 단순 정위라는 제한적인 굴레로부터 해방된다.[7]

이런 면에서 라이프니츠의 사고에는 밝은 전망이 있었고, 또 실제로 2세기 뒤인 20세기의 감수성으로 곧장 도약하는 것이었다. 하지만 그 직접적인 귀결은 그만큼 더 실망스러웠다. 이러한 사유의 방대한 직물 속에 있는 또 다른 주름(fold)—예컨대 모나드를 "비물체적인 자동 기계(incorporeal automata)"로 간주하고, 신을 "우주라는 기계의 건축가"[8]로 간주하며, 특히 장소를 위치나 점과 분석적으로 등가물이라 간주하는 환원주의적 경향—은 라이프니츠 자신의 저작〔기계론과 목적(purpose) 사이에, 신의 관점과 다른 모나드의 관점 사이에, 그리고 장소와 위치 또는 점 자체 사이에 미묘하지만 연속적인 균형을 수립했다〕에서보다는 뒤이은 18세기 사상의 전개 과정에서 한층 치명적인 승리를 거두었다. 라이프니츠 자신의 사상—혼, 목적인, 생명, "은총"〔이를테면 들뢰즈가 "위층(the second floor)"이라고 부른 것에 의한〕[9]을 고려함으로써 완전한 제거 불능 상태에 빠지지 않는 기계론—에서 "거의 완화되지 않은 기계론"이라는 한 가닥 실은 토머스 칼라일(Thomas Carlyle)이 "해석의 승리" 시대라고 부른 18세기의 나머지 시기에 완화되지 않은 유물론적 기계론이 된다.《모나드론》을 비롯해 여러 곳에 그토록 미만해 있던 유기체 철학은 아예 살아 있지도 않고 또 감지 능력도 없다고 여겨지는 물질에 대한 철학과 물리학에 강박적으로 몰입함에 따라 옆으로 제쳐졌다. 철학자와 물리학자들은 자신의 환원주의적인 과학주의적 도식을 실행에 옮기기 위해 라이프니츠의 방대한 저작 전체 중에서 단 하나의 주름—혹은 단층선(fault line)이라고 부르는 편이 더 좋을지도 모르겠다—에만 매달렸던 것이다.

콜링우드와 화이트헤드는 궁극적으로 관심사와 목적이 지극히 달랐음에도 불구하고 유럽 신고전주의 시기, 즉 포스트(post) 라이프니츠 시기에 대한 평가에서는 일치한다. 왜냐하면 콜링우드가 가차 없이 뱉어낸 말마따나 이 시기의 세계란 "무한히 넓고 운동이 미치지 않은 곳이 아무 데도 없지만, 궁극적인 질적 차이가 전적으로 없는, 균일하고 순수하게 양적인 힘에 의해 움직이는 세계, 즉 죽은 물질들의 세계"[10]이기 때문이다. 여기에 덧붙여 화이트헤드는 이 세계에서 "자연은 소리도 없고, 냄새도 없고, 빛깔도 없이 무미건조하다. 요컨대 물질의 어수선한 준동, 목적도 없고 의미도 없는 준동에 불과할 뿐"[11]이라고 말한다. 세계는 질적인 감성, 더 폭넓게 말하자면 삶 및 삶과 유사한 형식에 의해 그토록 풍성한 의미를 부여받았건만, 이제 자연을 통제하고 지배한다고 여겨지는 양적으로 규정된 힘과 운동을 선호하면서 그러한 의미는 무시되어버린다. 이런 힘과 운동을 탐구하기 위한 연구 계획—갈릴레오와 데카르트와 파스칼, 하위헌스(C. Huygens)와 보일과 뉴턴이 최초로 고안했던 계획—은 뒤이은 18세기에 가차 없이 열정적으로 이뤄진다.[12] 이걸 좇는 데 사로잡히면서, "사물의 기타 등등"에는 일상적 경험에 널리 퍼져 있는 "구체적인 실재성"을 위한 장소 따위는 남아나지 않는다.[13]

또한 "사물의 기타 등등"에는 **장소 자체**의 구체적 실재성을 위한 장소가 없었고, 라이프니츠 사후에는 이전보다 훨씬 더 빈틈없이 단순한 위치에 가두어졌다. 그러므로 우리는 라이프니츠의 복잡한 (그리고 은밀하기 일쑤인) 영향에서 벗어나, 또한 심지어 18세기에 자연과학이 틀어쥐었던 주도권에서 벗어나 이러한 감금이 대체 어떻게 발생했는지 자문해야만 한다.

2

왜냐하면 우리가 몇몇 장소에 대해 이야기할 때 그 장소들이란 한계 없는 동일한 공간의 여러 부분—이 부분들은 하나의 고정된 위치에 의해 서로 연관되어 있다—일 뿐이기 때문이다.
　　—임마누엘 칸트, 교수 취임 논문 〈가감계와 가지계의 형식과 원리(On the Form and Principles of the Sensible and Intelligible of Pure Reason)〉(1770)

우리는 아르키타스와 아리스토텔레스가 처음으로 설정한 장소의 우위성(그리고 플라톤과 다양한 신플라톤주의자들도 이 두 사람만큼은 아니어도 역시 장소의 우위성을 설정했다)이 패퇴하는 과정을 살펴봤는데, 이는 몇몇 후기 신플라톤주의자, 중세의 많은 신학자, 이런저런 르네상스의 우주론자 그리고 17세기의 수많은 철학자나 자연학자들이 점점 더 공간의 지고성에 몰입하는 과정이기도 했다. 그러나 장소에 대한 공간의 이러한 승리는 예기치 못한 결과를 수반했다. 17세기 말에 공간의 지고성이 온전히 자리를 잡기 무섭게 곧장 다른 흐름이 전개되기 시작한 것이다. 그 다른 흐름인즉슨 장소가 **위치**(position) 속으로 흡수되어버린 것이다. 이러한 전개 양상은 많은 점에서 바로 앞의 1000년간에 일어났던 일과 정반대의 것이었다. 왜냐하면 장소가 더 포괄적인 어떤 것 속으로 편입된 것이 아니라, 훨씬 더 한계가 많은 것 속으로 축소되어버렸기 때문이다. 운동의 방향이 이처럼 반대쪽을 향한—장소가 **위치/장소/공간**이라는 계열에서 그 왼쪽 항(term) 속으로 사라져버린—토대는 로크와 라이프니츠에 의해, 요컨대 그들의 사고 중에서 단호한 관계주의적인 부분에 의해 확립된 것임에 분명하다. 왜냐하면 만약 공간이 전적으로 관계들에 의해 결정되는 것이 옳다면, 이때 가장 중요한 것은 공간의 크기나 형태 혹은 그 용량이나 용적 같은 게 아니라 주어진 공간적 연결에서 상호 관계하는 항목들의 정확한 위치이기 때문이다. 관계는 이러한 위치들에 의해 완전히 결정된다. 이는 관계 자체를 (로크의 경우처럼) 객관적인 거리라는 견지에서 해석하든, (라이프니츠의 경우처럼) 주관적 표출이라는 견지에서 해석하든 변함없이 그러하다. 즉 어느 쪽이든 중요한 것은 여러 항들의 위치 간 내적인 관계이지, 항들과 그 위치가 내속(內屬)하는 공간이 갖는 성격이나 성질은 아니다. 데카르트가 공간을 내적 장소와 동일시함으로써 여전히 용적에 분명한 우선권을 부여했던 데 반해, 로크와 라이프니츠는 그 위치적 규정이라는 견지에서 외적 장소를 탐사함으로써《철학의 원리》에 나오는, 중요성에도 불구하고 대개 무시받는 이 외적 장소라는 항의 잠재력을 최대치로 끌어냈다.[14] 1644년 데카르트의《철학의 원리》가 출판되고 50년 후, 장소와 공간은 모두 그들의 공통분모인 위치 속으로 붕괴해 갔다. 18세기가 시작될 즈음 공간은 이미 상호 관계있는 위치들의 집합 이외에 아무것도 아닌 것으로 점점 더 간주되었고, 어떤 주어진 장소는 '점형태의 자기 동일(punctiform selfsameness)'이라는, 화려하지만 고립적인 차원에서 파악된 위치들 중 하나에 불과했다.

이리하여 위치의 우위성은 공간을 "단순히 상대적인 어떤 것"으로 보고, 장소를 공간적 관계들의 특정한 집단 내에서 위치의 자기 동일성(identity)으로 보는 이론에 새겨진다. 이러한 우위성 쪽으로 길을 처음 개척한(cleared) 것이 로크라면, 라이프니츠는 여기에 체계적인 권위를 부여하고 지속적으로 그 길을 승인해주었다. 화이트헤드는 "18세기에도 〔17세기에 시작된〕 제거 작업이 가차 없이 효율적으로 계속 이어졌다"[15]고 선언했다. 이는 화이트헤드가 그 상대적인 본성으로 인해 공간 지고성의 토대가 된 바로 그 위치에 여지를 만들어주기 위해 장소를 밝게 터버린 일(clearing away)을 가리킨 거라고 간주할 수도 있을 것이다.

위치의 우위성은 18세기의 생활과 문화에서 다양한 형태로 분명히 드러났다. 예술 및 문학 분야에서 신고전주의의 발흥은 대상이 어떤 무대에 놓여 있을 때 그 엄밀한 위치는 무엇인가에 대한 새로운 관심을 반영했고, 왕정주의적이고 귀족주의적인 당대의 지배적 정치학 또한 사회에서 "자신의 장소를 아는 것", 즉 사회적 위계질서 내에서 자신의 정확한 위치를 승인하는 문제와 커다란 관련이 있었다. 물리학에서는 물질적 사물의 운동을 오로지 고정적인 위치와의 관계에서 발생한 변화라는 관점에서만 이해했다.[16] 그리고 건축 분야에서는 건축 양식 전체가 내가 앞으로 '사이트'라 부르게 될 것 주변에서 융성했는데, 이것이 아마도 가장 시사적인 현상일 것이다. 내가 말하는 '사이트'라는 용어는 장소와 공간이 그 현실적인 힘이나 잠재적인 힘의 골자를 모두 제거당하고, 어떤 매우 특정한 건축 양식을 요구하는 제도의 제반 요구 사항에 부합하기를 강요당함으로써 납작해지고 텅 비어버려 평평한 잔해만 남아버린 것을 가리킨다. 그러므로 사이트란 질 들뢰즈와 펠릭스 가타리가 정의한 "줄무늬 진 공간(striated space)"의 특수한 형태다. 그들의 정의에 따르면 줄무늬 진 공간은 "상대적 포괄자(the relative global)이며, **자신의 부분들 안에** 제한되어 있다. 이 부분들은 늘 같은 방향을 할당받고, **서로에 대해** 정위(定位)되어 경계에 의해 분할 가능하며, 서로 연결될 수 있다".[17] 사이트의 형태를 취한 줄무늬 진 공간은 위치 해석이라는 라이프니츠의 새로운 학문에서 도출할 수 있는 예상 가능한 결과다. 만일 공간과 장소가 모두 전적으로 관계적이라면, 즉 공존하는 점들의 **질서**일 뿐이라면, 그때 공간과 장소에는 고대 및 근대 초기의 철학자들이 그것들에 귀속시킨 고유한 특성, 즉 둘러싸는 것, 확보하는 것, 유지하는 것, 모으는 것, 위치 짓는 것(라이프니츠에게 '위치(situation)'는 실제로는 **위치 짓지**(situate) 않는다. 다만 관계들의 연결 안에 **두기**(position)만 할 뿐이다) 등등의 특성을 하나도 보유하지 못한다. 이러한 특성의 상실은 역으로 장소가 구체적인 개별성을 상실했다는 것일 뿐만 아니라, 무한 공간이 추상적인 절대성을 상실했다는 것—그리고 장소와 무한 공간이 모두 사이트의 위치적 상대성 속으로 해소되었다는 것—도 의미한다.

사이트의 승리는 18세기의 규율적이고 제도적인 공간을 검토한 미셸 푸코의 커다란 주제였다. 푸코는 《임상의학의 탄생(The Birth of the Clinic)》 모두(冒頭)에서 계몽의 세기에 의학적인 지각과 실천을 특징지었던 "영속적 동시성의 평탄한 표면"¹⁸에 대해 이야기한다. 검토하는(examining) 의사의 시선이 훑는 이 표면은 균질적이며 동시에 분할되어 있다. 즉 이 표면은 어떤 의학적 징후를 단적으로 전시하는 것으로서는 균질적이고, 관찰 대상인 환자의 신체에 국소화한 (혹은 그 신체에 투영된) 것으로서는 분할되어 있다. 전자는 지식의 추상적인 "배치(configuration)" 문제이고, 후자는 그 동일한 지식의 "국소화(localization)" 문제다. 배치와 국소화라는 푸코의 이 두 가지 기술적 용어는 그 자체가 각각 공간과 장소를 시사하는 자취다.¹⁹ 그러나 이 두 용어는 다만 지금 막 사이트의 언설에 의해 패배당한 이전 언설의 반향에 불과하다. 왜냐하면 이제 중요한 것은 예컨대 "전염병의 병소(病巢)" 같은, 병든 신체의 특정 부분에서 질환의 사이트, 즉 그 정확한 소재(location)이기 때문이다.

《감시와 처벌(Discipline and Punish)》에서 푸코는 이 사이트 분석—더 이상 의학적 차원에만 그치는 게 아니라 충분히 역사적이고도 정치적인 분석—을 제도상의 여러 장치 전체로 확장하는데, 그 속에서 이러한 장치의 건축술 또한 다룬다. 동시성(이 개념에 라이프니츠적인 공존의 기준이 현전하고 있음에 주목하라)이라는 균질적이고 평탄한 표면은 이제 감옥, 병원, 공장, 병사(兵舍), 소년원, 보호소 등의 구조 전체를 특징짓는다. 건축 계획에서나 규율 감시 체제에서 공히 이러한 시설 각각은 계열성(seriality)을 금지성(carcerality)과 결합시킨다. 즉 그 실재 건축물에서 각각의 시설은 실제로 일

렬로 늘어선 독방(cells), 다시 말해 그 시설 자체의 사이트 내부에 있는 일련의 분할된, 그러나 인접해 있는 동형적 위치(positions)인 것이다. 그 결과가 바로 하나의 "지배 공간"으로서, 거기서는 감시가 특권적 행동 양식이 되고, 공간과 장소(이런 용어가 여전히 구별 가능한 것이라고 상정한다면)는 모두 **불박혀** 있다. 요컨대 "그것은 분할되어 있는 부동의 동결 공간이다. 각 개인은 자신의 장소에 붙박여 있다".[20] 즉 "각 개인을 끊임없이 국소화하는"[21] **위치에 놓여 있다**는 것이다. 여기서 "끊임없이 국소화"한다는 표현을 통해 우리는 17세기의 자연학과 철학에서 단지 위치를 점하는 것('단순 정위'—옮긴이)의 문제였던 것이 18세기를 거치면서 "규율적 개인"이나 "계산 가능한('계산의 대상이 될 수 있는'—옮긴이) 인간"의 고정된 위치(fixed location)가 되었다는 걸 절감할 수 있다.[22] "기본적인 국소화 또는 **구획화**"라는 행위는 사람들 한 명 한 명의 삶에서 역동적인 (즉 유기체적인) 장소 및 공간—그 사람의 시간에 대해서는 더 말할 필요도 없는데, 이제 그들은 직장에서 시간 측정 수단에 의해 철두철미 통제당하기 때문이다—을 억압하는 것과 사실상 마찬가지다.[23] 끊임없이 "신체를 공간 안에 국소화하는 것"을 목적으로 하는 진정한 "권력의 실험실"에서 **기능적 사이트의 규칙**"이 공간, 시간, 장소를 지배하는 것이다.[24] 규율 권력의 다양한 미시적 실천 덕분에 그러한 신체는 푸코의 인상적인 말을 빌리면 "유순한 신체(docile bodies)", 즉 사이트 안에서 그리고 사이트의 한 기능(function)으로서만 존재하는 신체가 된다.[25] 그러한 신체들의 운명은 곧 건물 안에 유폐당하는(incarcerated)—위치 지어지는—것이다. 신체와 건물은 모두 사이트에 특유한 것(site-specific)이 되었다. 모든 것은 "공간의 해석적 배열"[26]에서 튼실하게 정의한, 아니 과잉 규정된 위치에 존재한다.

팬옵티콘(panopticon)은 해석적으로(analytically) 배열한 공간의 한 범형으로, 사이트화한 권력의 진정한 실험실이다. 팬옵티콘을 짓자는 발상은 제러미 벤담(Jeremy Bentham)이 1787년 러시아에서 보낸 일련의 서한을 통해 제안한 것인데, 그는 영국 정부와 함께 이러한 발상을 실현하기 위해 노력했지만 1803년 국왕이 폐기함으로써 헛수고에 그치고 말았다. '팬옵티콘'은 문자 그대로는 "모든 것"을 "보기 위한 장소"를 뜻한다.[27] 그러나 이 얼마나 기이한 장소란 말인가! 팬옵티콘에는 감추어진 장소 따위는 있을 수 없으니 말이다. 그도 그럴 것이 이 건물은 감시관을 교도소 구조 내 모든 독방과 시각적으로 직접 통하는 중앙 감시실에 배치해 모든 수인—혹은 노동자, 광인, 학생—하나하나가 감시관의 시선에 온통 드러나도록 설계되어 있기 때문이다. 독방은 이 감시실을 둘러싸고 연속적인 원환(圓環)을 이루면서 서로 인접한 하부 단위들이다. 팬옵티콘의 (벤담 자신의 표현을 사용하자면) "감시력"은 감시관이 언제라도 그 누구든 관찰할 수 있는 반면 감시관 자신은 보이지 않는다는 사실에 있다. (감시관은 칸막이와 커튼의 배후에 감추어져 있다.) 즉 감시관은 **"보이지 않으면서 보고 있는"**[28] 것이다. 그 목적은 끊임없는 감시 자체를 실현하는 게 아니라, 수감자 스스로에게 자신들은 어떤 순간에도 감시당하고 있을지 모른다는 감각을 주기 위함이다. 벤담이 표현했듯 "감시의 대상이 되는 사람들은 늘 자신이 감시 아래 있는 것처럼, 적어도 감시 아래 있을 가능성이 매우 큰 처지에 있는 것처럼 느끼고 있어야 한다".[29] 감시관의 시선을 "축으로 한 가시성(axial visibility)"은 벤담이 제안한 건조물의 이 교묘한 성격, 즉 (중앙 감시실에 있는) "감시자의 **외관상 무소부재함**"을 "그가 **실제로 거기에 있는 것**이 극히 용이하다는 점"과 결합시키는 교묘한 성격에 의해 가능해진다.[30] "공적인 시선에 가까움"을 초래하는 "투명한 건물"[31]로서 팬옵티콘은 궁극적으로는 **모든 사람**의 감시에 열려 있다(이를테면 감시관이나 그의 가족, 친구 그리고 시중드는 사람들의 감시뿐 아니라, 시찰하러 온 감독관의 감시, 아니 그냥 보러 오고 싶어 하는 사람 그 누구의 감시에도). 이렇듯 팬옵티콘은 사회가 권력 전체—다종다양한 행동(예컨대 비정상 행동, 교육적 행동, 노동 행동 같은)을 차단되지 않은 시선 앞에 세움으로써 지식을 확장하는 권력—를 적용하고, 강화하고, 확장하기 위한 사이트다.[32]

그러나 팬옵티콘이 우리에게 흥미로운 것은 푸코가 즐겨 "앎(knowledge)/권력"이라고 부른 것의 무대로서보다는 건축된 **장소**로서 팬옵티콘 쪽이다. 그러한 건물은 진정한 장소, 예컨대 거주 장소 같은 것으로 간주할 수 있을까? 아니면 실제로는 다른 어떤 것일까? 숨겨주는 공간이 없는 장소도 여전히 장소인 것일까? 벤담이 기술하는 과정에서 자의(字意)에 얽매이지 않고 "장소"의 언어를 사용하는 건 사실이지만—"확실한 구치 장소"라든가 "노동 장소" 같은 표현이 그러하다—그 자신도 "완전하고 항상적인 주거"는 감시실뿐이라고 인정한다.[33] 이 건물의 다른 부분은 모두 **보여지기 위한 장소**인 것이다. 이 "~를 위한 장소"라는 표현에는 장소를 사이트로 변환시키는 도구주의 또는 기능주의가 함의되어 있다. 만일 "장소"가 늘 개별성의—정확히 **이** 장소가 거주를 하기 위한 것이라는—측면을 보유하고 있다면, "사이트"는 "일반화할 수 있는 기능성 모델"이라는 관점에서 파악해야만 한다.[34]

3

그러니 팬옵티콘이 다른 것으로 무한정 전이될 수 있는 건축적 구조이고, 그 기본 계획은 최대한 안심할 수 있는 감옥뿐 아니라 병원과 학교, 공장과 구빈원에도 쓰일 수 있다는 걸 발견한다 해도 그리 놀랄 일은 못된다.

팬옵티콘이 "건축상의 단순 관념"이라는 사실 자체는 그것을 사실상 **어떤 곳에서도** 적용할 수 있음을 의미한다.[35] 그러나 어떤 주어진 장소에서도 반복 가능하다는 것은 장소 자체로부터 장소에 고유한 것, 즉 장소에 들러붙어 있는 힘이나 어떤 내생적인 성질을 뽑아버리는 셈이다. 이는 개별 장소의 구체적 특수성을 사이트라는 것의 "일반화한 기능"[36]으로 전환시키는 것이다─그러나 이는 끊임없이 되풀이되면서 일반화하고 기능화하기 위해서는 실로 유효한 것이다. 벤담의 기획이 잉글랜드에서 받아들여지는 데 실패한 뒤 일어난 일이 정확히 이러한 되풀이였다. "중앙 감시 원리"는 다른 곳에서, 특히 미국에서 받아들였다.[37] 이 원리의 "상상적 강도(强度)"[38]에 저항하기란 실로 어려운 일이었다. 그 이유는 추정하건대 그 방법이 17세기와 18세기 동안 유럽 중심적인 문화에서 준비되었기 때문이 아닐까 싶다─그것은 바로 이 형성기의 철학자나 자연학자들의 저작에서 장소를 사이트로 대체함으로써 준비되었다.

19세기는 (종교적 열광뿐 아니라) 과학적 엄격성으로 무장하고 무한 공간에 관한 이론을 추구했는데─사실 차원에서는 아닐지라도─그로부터 산출된 결과 중에서도 두 가지가 크게 중요하다. 첫째, 건축가들 사이에서뿐 아니라 철학자나 물리학자들 사이에서도 '장소-이야기'와 '장소-사유'가 점진적으로 지워져간다. 둘째, 데카르트적인 내면성으로 후퇴하려는 유혹이다. 물론 이 두 가지 결과는 밀접한 연관이 있는데, 이는 한나 아렌트가 "대지로부터 우주로 날아가고 세계로부터 자기(self)로 날아가는 이중의 비약"[39]에 대해 이야기할 때 함의하고 있는 것이다. 그럼에도 불구하고 나는 이와 관련해 무한대의 공간과 무한소의 자기라는 양 극단을─마치 이 두 가지가 방향이 반대일 뿐 동등한 것에 불과하다는 듯─강조하기보다는 다른 방식으로 표현하는 쪽을 택하고자 한다. 즉 장소라는 것을 개인적으로

나 철학적으로, 또 건축적으로나 물리적으로 경험과 사고의 많은 부분을 단단히 매어주는 아르키메데스적인 점으로서 이용하기가 점점 더 힘들어짐에 따라, 데카르트는 코기토(cogito)라고 하는 '자기 확증적인 확실성(self-certifying certainty)'을 추구하고 뉴턴은 수학적으로 특정된 우주적 공간 및 시간이라는, '확증된 세계의 확실성(world-certified certainty)'을 추구하는 것이다. 무장소의 심연 앞에서, 절대적이고 전적으로 내적인 것이 절대적이고 전체적으로 외적인 다른 것과 합류해 확실성을 위한 공통의 원인을 만드는 것이다.

사이트를 정의하는 등질성, 평탄성, 단선성, 계열성 같은 특징은 이 심연을 덮는 작용을 했다. 이러한 특징이 공모를 해서 "영원히 동시적인 평탄한 표면"이 생성되는 과정을 평온화하는 힘으로 작용한 것이다. 그러나 바로 이런 특징들로는 사이트가 장소에 대한 해독제이고, 장소의 안티테제 자체이며, 장소의 '약–독(藥–毒, pharmakon)'—장소의 치료제가 곧 장소의 파괴제다—이라는 사실을 거의 숨길 수 없다. 만일 무한 공간을 여전히 장소가 극단화한 것이라고 간주할 수 있다면〔이는 무한 공간을 우주 전체의 장소로 간주할 수 있다는 것인데, 정확히 그러한 초장소(superplace) 문제에 관심이 있던 뉴턴은 바로 이런 관점으로 인해 "절대적 장소"라는 표현을 배제할 수 없었다〕, 우리는 사이트로부터 더 이상 장소와 닮은 데를 찾아볼 수 없을 것이다. 사이트는 장소를 원상 복귀시켜 취소해버리는 것이고, 해체해 '점상 위치(punctiform position)'로 만들어버리는 것이다. 이러한 위치는 미리 윤곽을 부여받은 정확한 것이지만 또한 위태롭기도 한 것이다. 위태롭다는 것은 위치가 **다른** 위치에 대해 상대적이고, 이 다른 위치는 나아가 또 다른 위치에 의존하며, 이런 식으로 끝없이 퇴행하기 때문이다. (팬옵티콘에서 교도관은 감시관에게 관찰당하고, 이 감시관은 감독관에게 감시당하고, 결국은 누구나 감시 아래 종속되어 있다.)

사이트란 무장소의 심연 위를 위태롭게 떠도는 반-장소(anti-place)다.

4

이들 모든 가능한 종류의 공간에 대한 과학은 의심의 여지없이 유한한 지성이 기하학 분야에서 수행할 수 있는 최고의 위업이 될 것이다.
— 임마누엘 칸트, 《활력의 진정한 측정에 대한 사유(Thoughts on the True Estimation of Living Forces)》

공간은 오직 하나밖에 없다.
— 임마누엘 칸트, 《유작(Opus Postumum)》

이 책의 3부를 마무리 짓는 가장 적합한 방식은 임마누엘 칸트를 일별하는 것이다. 왜냐하면 공간에 대한 근대적 성찰이 17세기 사상의 뒤를 이어 곧장 출현할 때, 칸트는 다른 어떤 사람 이상으로 그러한 근대적 성찰을 요약하고 동시에 그것을 문제화한 장본인이기 때문이다. 칸트는 장소에 최후의 타격—라이프니츠와 계몽주의 시대의 수많은 라이프니츠 계승자들이한 것 이상으로 결정적인 타격—을 날린다. 하지만 칸트는 다양한 근거(우리는 이에 대해 4부 앞부분에서 고찰할 것이다)에 입각해 장소의 중요성을 소생시키는 방식을 시사한다는 점 또한 사실이다. 이미 논의한 수많은 사상가들과 마찬가지로, 그러나 이번에는 훨씬 더 운명적으로 칸트는 앞을 내다봄과 동시에 뒤를 돌아본다—뒤로는 이전 17세기(특히 데카르트, 뉴턴, 라이프니츠)를 돌아보고, 앞으로는 20세기의 견해(무엇보다도 장소에 대한 현상학적 접근)를 내다본다. 우리는 이토록 많은 정반대되는 관점이 하나로 수렴하는, 그래서 사상가들 중에서도 가장 야누스적인 이 인물에 대해 어떻게 판단해야 좋을까?

공간 및 장소에 대한 칸트의 사고 발전 과정은 매우 시사적이다. 칸트가 최초로 출간한 저작《활력의 진정한 측정에 대한 사유》에서 우리는 크리스티안 볼프(Christian Wolff)의 23세 된 제자가 라이프니츠를—어떤 결정적인 지점까지—충실히 따르는 모습을 본다. 칸트는 우선 물질은 단지 연장되어 있는 게 아니라 "그 연장보다 앞서" 물질에 속하는 "능동적인 힘"을 포함하고 있다는 라이프니츠의 견해에 동의하면서 논의를 시작한다.[40] 그와 같은 힘은 "확산"의 토대로서, 이러한 확산은 라이프니츠에게 연장이 계열적으로 생성되는 과정의 근저에 있는 기초인 한편, 확산 자체의 로쿠스로서 장소와 일체되어 있다. 칸트는 이러한 연장의 생성을 이렇게 표현한다.

> 만일 실체에 자기 외부에서 작용할 수 있는 힘이 없다면 공간도, 연장도 없을 것이라는 점을 쉽게 증명할 수 있다. 왜냐하면 이런 종류의 힘이 없다면 [실체들 간의] 연결이 없고, 이 연결이 없으면 질서가 없으며, 이 질서가 없으면 공간이 없기 때문이다.[41]

칸트는 이렇게 말하며 "라이프니츠 선생님"과의 일치를 확인한 직후, 자신이 볼 때 라이프니츠가 순환 논증을 범하며 답변한 것으로 간주하는 질문을 던진다. "공간이 3차원성을 갖는 기원은 무엇인가?" 이 질문에 대해 라이프니츠가《신정론(Theodicy)》에서 그리했듯 그 기원은 우리가 **공간 내의** 어떤 주어진 점에 대해 직각으로 3개의 선을 그을 수 있다는 사실에서 발견될 거라고 하는 것은 제대로 된 답변이 아닐 것이다—왜냐하면 그럴 경우 '공간'을 3개의 선이 교차하는 것, 즉 비록 암묵적이긴 하지만 이미 3차원적인 것으로 가정하는 것이며, 이는 논점 선취의 오류를 범하는 것이기 때문이다.[42] 이에 대해 수의 거듭제곱(powers of numbers)이라는 관점에서 새로운 설명을 구하는 것은 옳지 못하다고 거부한 뒤, 칸트는 더 그럴

직한 3차원의 기원으로 뉴턴의 만유인력의 법칙을 채택한다.[43] 이 설명 자체(이는 거의 설득력이 없어 보인다. 칸트 자신도 나중 저작에서 이와 다른 곳에서 기원을 탐구한다)보다 중요한 것은 신이 차원성의 기초로서 다른 법칙을 선택할 수 있었으며, 만일 신이 그렇게 했더라면 다른 종류의 공간이 생겨났을 것이라는 결론 쪽이다. 그럴 경우 세계는 "다른 특성과 차원을 지닌 연장"[44]을 가졌을 것이다. 나아가 이러한 다른 특성과 차원은 다른 공간을 구성할 것이고, 이 공간은 우리의 세계와는 다른 세계에 적절하게 속할 것이다―라이프니츠는 이러한 전망을 거부했다. 신이 독특한 공간성을 가진 바로 이 세계만을 선택했으며, 거기에는 완벽히 충분한 이유가 있었다고 확신했기 때문이다.[45]

18세기의 절정이었던 1747년에 쓴 이 논문에서 칸트는 '위치(position)'를 두 가지 두드러진 방식으로 불러낸다. 첫째, 혼은 "공간 내에 위치"를 갖는다. 왜냐하면 그러한 위치가 없으면 혼은 연장된 실체들로부터 영향을 받으므로(즉 지각을 하므로) 충분한 안정성을 갖지 못할 것이고, 또한 역으로 그 실체들에 영향을 끼칠 수(즉 작용을 할 수) 없을 것이기 때문이다.[46] 정확히 혼이 **어떻게** 이런 위치를 갖게 되는지에 대해서는 논의하지 않는다. 그러나 우리의 목적에 비추어 가장 중요한 것은 혼이 공간과 연결되기 위해서는 위치로 충분하다는 점, 즉 장소를 언급하지 않는다는 점이다. 둘째, 이 위치라는 관념 "그 자체는 우리의 시선을 실체들 간의 상호 작용 쪽으로 향하게 한다".[47] 비록 실체들 간의 상호 작용이 이 실체들에 의해 가정되는 일정한 위치라는 견지에서만 생겨날 수 있다는 게 옳다 해도, 위치 자체는 인력과 척력이라는 힘들의 동역학적 상호 작용에 비해 부차적인 것이다. 그러나 만일 위치가 이렇듯 능동적인 힘에 부속된 것이라면―즉 단지 그 힘의 결과가 나타나는 '자리를 가리키는 표지(locatory marker)'에 불과하다면—장소는 더더욱 쓸데없는 것이 되어버린다. 정확한 소재를 부여하는 장소의 힘이 위치의 힘에 훨씬 못 미치니 말이다. 이런 점에서 위의 두 가지 사례에는 모두 위치만 가지고도 충분한데 왜 장소를 요청해야 하는가라는 칸트의 질문이 함축되어 있다.[48]

비록 한정적이긴 하지만 나름 쓸모 있는 위치라는 지위는 칸트의 1768년 논문 〈공간 내에서 방역(方域)을 구별하는 궁극적 근거에 대하여 (Concerning the Ultimate Ground of the Differentiation of Regions in Space)〉도입부에서 다시 한 번 긍정된다. 칸트는 이 논문—여기에 대해서는 나중에 다룰 예정이다—첫 쪽에서 위치는 고립적인 방식으로 포착된 이산적인 물체에 적절하게 속하며, 위치의 고유한 운명은 우리를 우선 위치가 속해 있는 "방역"으로 향하게 하고, 그런 다음 "공간"으로 향하게 하는 데 있다고 논한다. 칸트는 라이프니츠가 기획한 위치 해석은 공간의 엄밀한 기하학적 본성에 관해 우리에게 빛을 던져줄 정도로 충분히 현실화한 적이 없다고 지적하면서 이러한 소견을 밝힌다.

서로 관련되어 있는 공간의 부분들의 위치는 방역을 전제하며, 이 부분들은 바로 그 방역 안에서 그러한 관계적 질서를 맺고 있다. 가장 추상적인 의미를 취했을 때 방역은 공간 내 한 사물의 다른 사물에 대한 (단순한) 관련(reference)—실제로 바로 이것이 위치의 개념이다—으로 구성되는 것이 아니며, 방역의 본령은 이런 위치의 체계가 우주의 절대 공간에 대해 맺는 관계 안에 있다. 어떤 연장체의 경우에도 그 부분들 상호 간의 위치는 그 사물들 자체와 관련해서만 충분히 인식할 수 있다. 그러나 부분들의 이 질서에 방향을 부여하는 방역은 사물바깥의 공간과 관련이 있다. 특정하게 말하자면 방역은 공간 내 장소와 관련 있는 게 아니라—왜냐하면 그것은 지금 문제 되고 있는 사물의 부분들이 외적 관계에서 차지하는 위치를 가리키는 것과 마찬가지일 것이기 때문이다ー하나의 통일체로서 보편적 공간과 관련 있으며, 모든 연장은 그것의 한 부분으로 간주해야 한다.[49]

이 인용문에 주목해야 하는 이유는 실질적으로 위치가 어떤 연장된 대상의 부분들에, 또한 그런 대상을 전체로서 파악했을 때 이뤄지는 "질서" 또는 "체계"와 철저히 결부되어 있다는 점이다. 단 여기까지 칸트는 라이프니츠와 차이를 보이지 않는다. 즉 위치의 질서로서 공간은 상대적이고, 따라서 "공간 내 한 사물의 다른 사물에 대한 〔단순한〕 관련"일 뿐이다. 그러나 상호 관계 속에서 질서 지어진 위치의 체계가 역으로 위치 지어질 때ー만일 우리가 한발 더 나아가 그 체계 자체는 어디에 국소화해 있느냐고 묻는다면ー우리는 하나의 **방역**과 연관되지 않을 수 없다. "이런 위치의 체계가 우주의 절대 공간에 대해 맺는 관계 안에" 존재하는 그 방역과 말이다. 여기서 중요한 것은 그러한 관계 자체가 아니라, "**하나의 통일체로서** 보편적 공간"에 둘러싸여 있는 그 상황이다. 방역은 공간에 대한 순수하게 관계주의적인 사고방식과 절대주의적인 사고방식 간의 중개자다. 말하자면 중도(中道)에 있고, 그들의 공통 근거다. 이러한 식으로, 라이프니츠를 긍정할 때조차 뉴턴이 불려나오고, 절대주의적 공간 모델과 상대주의적 공간 모델이 양립 가능하다는 사실(이런 양립 가능성은 이미 이 두 선행자들 안에 대강의 윤곽이 제시되어 있다)을 다시 한 번 지적한다. 그러나 우리의 당면 목적에 비추어볼 때 여기서 칸트가 내딛은 결정적 일보는 위치가 비록 대상의 부분들의 소재를 포착하는 데 그리고 대상들("사물들") 간의 상호 관계에 필수불가결한 것이라고 선언함에도 불구하고 방역으로 흡수된다는 사실이다ー그리고 이 방역 자체는 절대 공간에 흡수된다. 위치는 어떤 점에서는 필수불가결하지만, 다른 점에서는 없어도 된다. 즉 위치를 데카르트적인 "외적 장소" 나 칸트가 간단히 "외적 관계"라고 부르는 것의 순전한 관계성으로 환원할 수 없을 때, 정확히 바로 그런 때에 위치는 없어도 그만이다.

그러므로 1768년 논문에 이은 비판철학 시기에 칸트가 "위치(Lage)"라는 말을 거의 사용하지 않는다는 점을―그리고 "장소(Ort)"라는 말을 사용하는 경우는 거의 전무하다는 점을―발견한다 해도 우리는 크게 놀라지 않을 것이다. 그러면 대체 무엇이 있어 "공간(Raum)"을 특징짓고 구성하는 것일까? 간단한 답은 "점(Punkt)"이다. 만일 장소가 라이프니츠에 의해 위치로 환원되는 경향이 있다면―물론 점으로 환원되는 경우도 있지만 암묵적으로만 그러하다―칸트에 의해서는 아예 장소가 깡그리 점으로 환원되어 버린다. 이러한 환원이 명백해지는 것은 뉴턴이 《프린키피아》를 쓰고 나서 정확히 1세기 후에 출간한 칸트의 《자연과학의 형이상학적 기초》(1786)에 서다. 《자연과학의 형이상학적 기초》에서는 절대적 공간 모델과 상대적 공간 모델을 모두 받아들인다. 비록 두 모델이 새로이 발견된 초월론적 견해에, 즉 공간이 "사물이나 관계에 대한 우리의 감성적 직관의 주관적 형식에만 속한다"[50]고 보는 초월론적 견해에 공헌하는 한에서이긴 하지만 말이다. 주목받지 못한 이 저작―이는 《순수이성비판》(1781)에서 획득한 교훈을 자연학에 응용한 저작이다―1절에서 칸트는 주저 없이 "모든 물체의 장소는 점이다"[51]라고 공언한다. 이보다 더 단도직입적으로 장소를 점으로 환원시켜버리는 건 상상조차 불가능하다. 여기서 문제 되는 물체는 **가동적인** 물체이며, 어떤 관점에서 보면 그 물체의 장소가 점 이외의 어떤 것도 아닐 경우, 그러한 관점은 **운동학적**(phoronomic) 관점이라고 할 수 있다. 칸트는 이렇게 단언한다. "운동학(phoronomy)에서 나는 물질 자체를 단지 점이라고만 간주한다."[52] 칸트가 《유작》에서 논하듯 운동학은 "운동을 (그 발생

원인인) 힘을 고려하지 않은 채 다룰 뿐이다".[53] 힘을 젖혀두면 남는 것은 물질—즉 점이나 점들의 집합만을 통해서 작용한다고 여겨지는 물질—이다. 그러나 힘을 고려하는, "동역학적" 물질 고찰에서조차 점은 여전히 결정적인 항이다. "한 점이 그 외부의 다른 모든 점에 대해 행사하는 운동력의 작용은 이 동일량의 운동력이 일정한 거리에 있는 이 다른 점에 직접 작용하기 위해 운동력 자체가 거기서 확산해야만 했던 그 공간에 반비례한다."[54] 칸트는 "운동을 장소의 변화라고 보는 운동에 대한 통상적인 설명"—우리도 알고 있다시피 이는 아리스토텔레스가 처음으로 제시한 설명이다—을 멸시하듯 언급하고, "운동이 늘 장소의 변화라고 할 수 있는 것은 가동적인 점, 즉 물리적인 점에 대해서뿐이다"[55]라고 신랄하게 지적함으로써 운동에 대한 고대적 이해 방식을 무너뜨리려고 줄기차게 분투한다. 중요한 운동은 장소의 변화가 아니라 점의 재배치다.

칸트가 점에 초점을 맞춘 것은 데카르트가 《철학의 원리》를 출간한 후 한 세기 반 만에 명백해진 그 전행(progression) 과정—심지어 퇴행(regression)이라고 하는 편이 더 정확할지도 모르겠지만—의 최후의 일보를 표현한다. 장소가 전반적으로 공간으로 해소된 것을 반영해 이런 단계적인 계열(series)은 두 가지 기본적 조치 속에서 이뤄졌다. 첫째, 장소를 **위치**로 대체한 것이다. 이는 데카르트가 개시하고 로크와 라이프니츠가 이어받아 완성했으며, 초기 저작에서 칸트를 아직도 매혹시키고 있는 조치다. 둘째, 위치 자체를 점으로 축소시킨 것이다. 이제 최후의 일보, 즉 라이프니츠가 개시하고 칸트의 《자연과학의 형이상학적 기초》가 완결 짓는 최후의 일보는 가장 극단적인 것이다. 이 단계에서도 위치는 여전히 관계적인 항인데, 이는 위치라는 항이 그것과 밀접히 결부되어 있는 다른 항들과의 연결을 제외하고는 위치를 갖지 못하기 때문이다. 예컨대 선실 내에 있는 장기판, 해안과의 관계에서의 배, 지구와의 관계에서의 해안, 다시 말해 C·E·F·G 등등과의 관계 속에서 X라는 위치 안에 있는 A와 B(하나의 사이트란 실제로는 구성된 실재성, 즉 '설정된' 실재성이 된 하나의 위치다)라는 식으로 말이다. 위치는 장소에 비하면 감축되어 있지만—장소는 지각적 깊이, 평면도법적 성격, 거주 가능성, 기억할 가능성, 역사성 같은 측면을 보유하고 있지만 위치에는 그 모든 것이 결여되어 있다—점보다는 복잡하다. 왜냐하면 점은 관계가 고유하게 갖고 있는 연결 또는 도식을 수반하지 않기 때문이다. 점은 고립적인 존재자인 것이다. (물론 이 말은 어쨌거나 점이 하나의 존재자일 때 이야기다. 점이 존재자인가 아닌가 하는 문제는 고대인들 사이에서 많은 논란거리였다.) 점이란 **하나의 물체**—다른 물체들과 분리되어 있는 물체 자체—의 점이다. 그러한 것으로서 점은 단지 위치를 점하는 것의 궁극적 형태다. 기하학적 공간이나 지각적 공간에는 점보다 더 단순한 것은 없으니 말이다. 〔우리가 어떤 것의 "정확한 위치를 찍는 것(pinpointing)"에 대해, 즉 여러 개물(個物)들로 이뤄진 중립적인 장(field)에서 가능한 한 가장 정확한 로쿠스를 부여하는 것에 대해 이야기하는 것은 틀림없이 그래서일 것이다.〕

결국 우리는 장소에서 위치로, 또 위치에서 점으로 옮아가는 이중의 조치에 대해 놀랄 필요가 없는 셈이다. 각각의 조치는—첫 번째보다는 두 번째 조치에 더 해당하는 것이지만—단지 단순 정위가 끊임없이 옥죄어오는 것을 구체화할 뿐만 아니라, 라이프니츠가 클라크에게 던진 의미심장한 지적, 즉 "일치에 만족하지 않는 정신은 자기 동일성을, 즉 진실로 동일물이어야 할 뭔가를 찾으려 하고, 그 무언가를 그 기체에 대해 외재적인 존재라고 이해합니다"[56]라는 지적을 예시하는 것이기도 하다. 단순한 점보다 더 엄밀하게 자기 동일적이고(identical), 더 충분히 자동적인 것(selfsame)은 상상할 수 없다. 또한 물체나 실체, 즉 그 단순한 점을 담지하거나 포함하는 '기체'에 대해 좀더 외적인 것 따위는 존재하지 않는다. 만일 위치가 관점이나 '시점'('시점'이라는 라이프니츠적인 개념은 그 물체적인 실재성이라는 점에서 볼 때, 완벽하게 구체적인 것이다)의 추상화한 본질이라면 점은 위치 자체의 추상화이며, 위치가 고도로 압축된 최소 단위, 즉 '단지 거기(simply there)'로서 설정된 것이다. **하나의** 위치는 **다른** 위치들과의 현실적인 관계를 제거당함으로써(그러나 라이프니츠라면 위치가 다른 위치들에 대한 관념적 또는 가능적 관계를 박탈당하는 일은 결코 있을 수 없다고 주장할 것이다) 하나의 점으로 쪼그라들거나 최소한 점의 형태가 된다. 궁극적인 위치, 가장 궁극적으로 농축된 위치는 점이다. 즉 모든 놓여진(thetic) 것의 핵심에서 점적인(stigmatic) 뭔가를 발견하는 것이다. 그러므로 점〔stigmē: 이는 성혼(聖痕)이나 오명의 낙인 같은 자국을 뜻하는데, 저자는 이 단어를 통해 아무런 내용물도 담겨 있지 않은 수학적인 점에서 지울 수 없는 흔적을 본다―옮긴이〕은 토포스로부터 이중으로 격리되어 있다. 요컨대 점의 추상성은 이중으로 '잘못 놓인 구체성'을 의미한다. 아리스토텔레스가 점은 결코 장소의 모델이 될 수 없다며 거부했던 것도 하등 놀라운 일이 아니다.

칸트는 극단적으로 근대적인 사상가다. 장소에 대해 생각할 때 그는 두 가지 극단으로 향하는데, 이 두 가지 극단은 추상성을 공유한다는 점에서 최종적으로는 서로 맞닿는다. 방금 살펴본 것처럼 칸트 자연학의 형이상학에서(즉《자연과학의 형이상학적 기초》라는 제목의 텍스트에서), 적절한 극단은 운동의 기점이자 동시에 운동의 종착으로 이해할 수 있는 점(點)이라는 극단이다.《순수이성비판》에서(그러나 1770년의 교수 취임 논문 〈가감계와 가지계의 형식과 원리〉에서 이미 그 개략을 예시했다), 문제의 이 극한성은 더 이상 점이 아니라 **공간**이다. 이는 마치 칸트가, 순수한 점에 역점을 두며 계열의 한쪽 끝으로 향했던 그 칸트가 지금은 순전한 공간을 강조함으로써 또 다른 쪽 끝으로 향하고 있는 듯하다. 장소는

점—위치—장소—방역—공간

이라는 계열의 정확히 중간에, 그리하여 양옆에 위치와 방역을 끼고 있는 자리에 위치 지어짐으로써 이중의 극단성 안에 두 번 차폐되어버린다. 칸트의 물리적 자연이라는 형이상학 근저에 깔려 있는 초월론적 관점에서 보면 공간은 점 못지않게 추상적이다. 공간은 절대적인 것이거나 무한한 것, 드넓은 것이거나 광대무변한 것, 배경도법적이고 동시에 용적적인 것으로서 추상적일(이전에 설명했던 이러한 내용 모두가 여전히 해당하는데, 이는 칸트가 그 모든 것을 주제화한 것은 아니라 해도 그러하다) 뿐만 아니라, 이제 "외감(outer sense)"의 형식으로서도, 즉 외적 세계를 "주관에 대해 외적"인 방식으로 구조화하는 것으로서도 또한 추상적이다. 이것이 바로《자연과학의 형이상학적 기초》출간 직후인 1787년《순수이성비판》에 추가로 덧붙인 "관념론 논박(Refutation of Idealism)"이라는 절에서 얻을 수 있는 내용이다. 칸트는 "관념론 논박"에서 인간의 의식 자체는 외감의 질서 잡힌 세계와 특히 그 세계의 "고정불변성"에, 즉 그 세계에 대한 지각이 시간이 흐름에 따라 변해도 여전히 **동일물로 남아 있는** 능력에 의존한다는 점을 분명히 한다.[57] 그리하여 공간적 세계 내의 영속적 실체는 "참으로 동일해야 할 무언가"라는 라이프니츠의 기준을 문자 그대로 충족한다. 그러나 이제 그 동일함은 압축된 점이나 일정한 위치에서 부여받는 것이 아니라, 인식 주관을 둘러싸고 이 주관에 대해 외적인, 안정되게 위치 지어져 있는 대상들의 환경 전체에서 부여받는다.

그 외재성이라는 점 외에도 공간은 또한 **순수한** 감성적 직관의 **형식**이기도 하다는 점에서 다시 한 번 추상적이다. 한편 공간이란 (시간과 마찬가지로) "뭔가가 거기서 우리의 감관에 대한 경험적 직관의 대상이 될 수 있는 단순한 형식"[58]이다. 그러한 형식 혹은 "양태"로서 공간은 "주관적"이고 "수용적"인 어떤 것이며, 따라서 "감관에 전체로서 주어지는 것을 지각하기 위한 형식적인 선험적 조건"[59]이다. 이 초월론적 관점에서는 운동과 힘 양자가 모두 공간(및 시간) **안에** 국소화하는데, 이는 인식하는 주관에 속하는 형식적인 모태 안에 국소화하는 것과 마찬가지다. "운동력, 즉 인력과 척력은 **공간 안에** 있다."[60] 감성적인 다양체(manifold)는 전체로서 "외적 지각과 내적 지각을 위한 위치, 소재, 운동력을 포함"[61]하기 때문에 공간 안에도 위치와 소재는 있다. 공간은 그 형식성으로 인해 이들 다양한 내용물의 조직자(organizer), 즉 "다양한 것을 좌표화하는 단순한 형식"[62]이다. 아니 공간은 "외감에 드러나는 모든 것의 형식 이외에는 무"[63]이다. 다른 한편 지금 문제 되고 있는 공간에서 직관은 "대상의 지각에 선행하는"[64] 것이므로 **순수한**, 즉 비경험적인 것이다. 직관이 순수하다는 것은 공간이 (역시 시간과 마찬가지로) 감각적 대상이나 직관의 내용이 아니라—"지각을 위한 어떤 **주어진 다양체**"[65]가 아니라—바로 직관 그 자체의 작용이라는 의미다.

공간과 시간은 어떤 주어진 (경험적) 직관의 대상이 아니다. 만일 공간과 시간이 **직관의 대상이라면, 그것들은 우리의 감관을 촉발하는 어떤 존재자가 될 테니 말이다.** 그것들은 오히려 직관 자체(주어질 수 있는 것이 아니라, 사유할 수 있는 것), 뭔가가 거기서 우리 감관을 위한 경험적 직관의 대상이 될 수 있는 그러한 형식일 따름이다.[66]

칸트는 "공간은 오로지 직관의 순수 형식에만 관련이 있다"[67]고 결론짓는다. 공간은 그 형식성과 순수성—이 두 가지가 공동으로 공간의 초월론적 관념성을 구성한다—덕분에 물질과 힘, 위치와 소재를 직관하기 위한 무대가 된다. 심지어는 이 네 가지 항을 모두 한정하는 점조차 그러하다. 이러한 무대—동시에 경험적으로 실재적인 무대—로서 공간은 코라만큼이나 필연적이고, "절대 공간"만큼이나 전체화해 있으며, "무한 공간"만큼이나 끝이 없다.[68] 그렇지만 공간은 그 엄청난 광대함에도 불구하고 인식자의 인지적 장비의 일부로서 **유한한 인간적 주관 안에** 확실히 자리 잡고 있으며, 따라서 "마음의 주관적 구성"[69]에 속한다. **공간은 마음에 속하지만** 이때의 마음은 (뉴턴이 주장했듯) 신의 마음이 아니고, 인간의 마음이다. 외감은 "오직 주관에만 그 자리가 있다".[70] 이토록 과격한 주관주의적 태도에도 불구하고, 공간에는 점·소재·위치·물질·힘—그리고 장소!—이 포함되어 있다. 장소가 17세기의 자연학과 철학에서 자취를 감추었듯 장소는 18세기 최후의 10년 동안, 칸트가 생각했던 인식론적 주관의 마음속에서 다시 한번 제거된다.

> 어떤 감각들을 나 밖의 어떤 것(다시 말해, 내가 있는 공간의 방역과는 다른 방역에 있는 어떤 것)과 관련짓기 위해서는, 또한 마찬가지로 내가 이런 감각들을 서로의 바깥에 그리고 서로의 곁에 있는 것으로, 따라서 또한 그 감각들을 단지 다른 것이 아니라 **다른 장소들에 있는** 것으로 표상할 수 있기 위해서는 공간 표상 (representation)을 전제해야만 한다.[71]

의미심장한 것은 불과 몇 줄 뒤에서 "장소들"이라는 말이 "공간"이라는 말로 대체되고, 이 공간 또한 순수한 직관 형식이 부여하는 하나의 보편적 공간의 "부분"일 뿐이라는 사실이다. "우리는 우리 자신에게 단 하나의 공간밖에 표상할 수 없다. 그리고 만일 우리가 다양한 공간에 대해 말한다면, 그것이 가리키는 것은 동일한 하나의 유일한 공간의 부분들일 뿐이다."[72] 장소는 단순히 현상(phenomenon)이 아니라―이러한 지위는 정확히 공간들을 위해 마련되어 있다―문자 그대로의 의미에서 **부**(副)**현상**(epiphenomena), 즉 개별 공간들의 강고한 등 **위에** 앉아 있는 희박한 드러남(appearances)이다. 장소는 더 이상 라이프니츠가 말하는 "튼튼한 토대를 가진 현상"이 아니다. 장소는 하나의 무한 공간 **내부**에 위치 지어져 있는, 칸트가 "단순한 현상"이라고 부르는 것이 되었다. 아리스토텔레스에게는 가감적(可感的) 사물이 어엿하게 장소 안에 국소화해 있는 데 반해, 칸트에게는 장소 자체가 공간 안에 **공간의** 부분으로서 국소화해 있다. "이 부분들(즉 개별적인 장소들)은 모든 걸 포괄하는 하나의 공간보다 선행할 수 없다. 그것은 이 부분들이 말하자면 그러한 공간을 구성하는 구성 요소이기 때문이다. 오히려 그 부분들은 공간**의 안에** 있다고밖에 생각할 수 없다."[73] 여기서 "~의 안에"는 여전히 중요한 문제이지만, 아리스토텔레스 자연학의 우주적-실재적인 "~**의 안에**"는 칸트 자연형이상학의 초월론적-관념적인 "~**의 안에**"에 길을 내어주었다. 그 결과 장소는 공간 안에서 회복 불가능하게 사라졌다.

근대적 공간은 근대 초기이든 후기이든 그러했다. 나는 여기서 근대 **공간**이라고 했지 근대의 **공간들**이라고 하지 않았다. 칸트 자신이 최종적으로 내린 판단은 이렇다. "공간은 오직 하나밖에 없다."[74] 근대적 공간은 궁극적으로 하나다. 즉 시종일관 문제 되는 것은 "통일체로서 보편적 공간", "동일한 하나의 유일한 공간"이다. 공간의 이러한 지위가 우주적인 것인지 주관적인 것인지는 최종적인 분석에서 문제 되지 않는다. 인간적 주관의 바깥에 국소화하든, 안에 국소화하든 중요한 것은 공간은 **계속 동일하다**는 사실뿐, 즉 절대적이면서 무한하고, 균질적이면서 단일적이고, 규칙적이면서 줄무늬가 지어져 있고, 등방적(等方的, isotropic)이면서 등측적(等測的, isometric)이라는 사실뿐이다. 그러한 공간은 모든 걸 포괄할 뿐만 아니라 모든 걸 소비하며, 근대라는 시기를 구성하는 두 세기를 거치면서 장소 자체가 환원되어버린 위치나 점과 함께 장소를 흡수해버리려는 끝없는 욕구와 관련해 계속해서 만족을 모르는 상태로 남아 있다. 이런 견지에서 볼 때 칸트가 주장하는 공간의 초월론적 관념성은 우리가 지난 몇 장을 통해 면밀히 살펴본 비판철학 이전의 사상가들, 즉 칸트 자신을 포함해 데카르트와 가상디와 뉴턴, 로크와 라이프니츠 등에게서 우리가 이미 배웠던 내용 이외의 그어떤 것도 말해주지 않는다. 그 사상가들 모두가 공간의 지고성을 미리 가정하고 더욱 촉진시킨다. 장소들(당연하게도 복수다)을 공간(단 하나뿐인) 속으로 가라앉히는 데 주저하는 사람은 아무도 없다─설령 그렇게 하는 데 있어 그들이 물질과 힘, 거리와 운동, 연장과 방역, 위치와 점 같은 것, 즉 각자 나름의 방식으로 '공간'의 신격화에 기여하는 그 모든 결정적 매개자에 대해 각별한 주의를 기울이는 건 틀림없는 사실이라 해도 말이다.

4부 장소의 재출현

이행

[아리스토텔레스는] 따라서 공간이, 레우키포스와 데모크리토스에 의해 너무 일찍 해방된 그 공간이 물체로 다시 돌아가길 바랐다. 공간을 장소로 대체하고, 운동의 무한한 극장 대신 유한한 사물 내에 유한한 사물들을 포함하는 방식으로 말이다. 이렇듯 교묘한 책략을 통해 그는 공간을 물체 안에 묻어버릴 수 있었다.

─앙리 베르그송, 〈아리스토텔레스의 장소 관념(L'Idée de Lieu chez Aristote)〉

장소들은 모두 어디로 가버렸는가? 아리스토텔레스 이후의 길고도 넓은 자취를 더듬어오는 과정에서 답은 점점 더 분명해졌다. 즉 장소는 공간 속으로 잠겨버렸다. 아리스토텔레스는 "공간을 물체 안에 묻기" 위해 진력했지만(그는 공간을 물리적 물체에 맞춤하게 딱 들어맞는 장소들 속에 가둬버리려 했다. 이때 장소는 물리적 물체를 가장 긴밀하게 포함하는 표면 구조들(surface structures)이다), 그 노력의 운명은 미리 정해져 있었다. 크게 아가리를 벌리고 있는 텅 빈 공허, 즉 아리스토파네스가 풍자의 대상으로 삼고 원자론자들이 비로소 체계적으로 검토한 '간격'(카오스)은 기원전 3세기의 스트라톤부터 시작된 아리스토텔레스 후계자들에게 저항하기 어려운 것으로 판명되었다. 800년 후 필로포노스는 장소가 지닌 것으로 추정되는 힘에 대해, 그중에서도 특히 세계는 '위'와 '아래'처럼 미리 수립되어 있는 '자연적' 장소들을 갖추고 나온다는 사고에 대해 전면 공격을 개시했다. 필로포노스는 공간을 "모든 물체성이 온전히 결여된 순수한 차원성"[1]이라고 이해했는데, 이는 근대 초기에 끊임없이 출몰하던 정식(定式)과도 같은 것이었다. 공간이 일단 그 공간을 점유하는 개별 물체들로부터 분리되면, 공간은 바로 그 동일한 물체들(우선 그 바깥 표면으로부터 시작되는)이 자기가 거주하는 장소에 빌려주는─혹은 내부화나 반영에 의해 장소로부터 취해내는—특이함이나 특성을 결여하지 않을 수 없다. 공간의 내적인 구획, 즉 '장소-내-물체(body-in-place)' 안에 공간이 유폐되는 것은 "운동의 무한한 극장"으로서, 즉 본질적으로 텅 빈 극장으로서 공간에 길을 내준다.

실제로 이 책 2부와 3부에서 우리는 공허가 보복하는 것, 즉 공허가 철학적 및 과학적 언설 속으로 힘 있게 다시 밀고 들어오는 모습을 살펴봤다. 이제는 더 이상 "너무 일찍 해방된" 것이라고 할 수 없게 된 공허는 기원전 4세기 초엽 아리스토텔레스 사망 후 2000년이 흐르는 동안 엄청나게 회복된 지위를 갖기에 이르렀다. 특히 필로포노스에게 공허는 아예 공간 자체의 이름이 될 만큼 충분한 "힘"(필로포노스 자신의 표현)을 갖고 있었다. "공간과 공허는 본질적으로 동일물이다."[2] 필로포노스의 이 등식은 이후 공간에 관심을 갖는 모든 사람의 노력을 경감시켜주는 강력한 효과를 발휘했다. 중세 및 특히 르네상스 시기 전체에 걸쳐—이 시기에 희랍어 원본 텍스트를 재발견하면서 필로포노스는 커다란 논쟁의 표적이 되었다—그의 대담한 등식은 사상가들에게 영감을 불어넣어 우주의 무한성에 몰두케 하는 역할을 했다. 물론 다른 한쪽의 사상가들은 아리스토텔레스의 유한주의와 충만주의에 계속해서 충성을 서약했지만 말이다. 그러나 필로포노스의 등식에 대한 최강의 도전은 아리스토텔레스주의자들로부터가 아니라, 공간과 물질을 동일시하는 데카르트의 대항 정식(counterequation)으로부터 나왔다.

하지만 그렇다고 해서 필로포노스의 '반(反)아리스토텔레스적' 조치가 철저한 공허나 전적인 진공 같은 것을 복권시켰을 거라고 넘겨짚어서는 안 된다. 필로포노스는 공간에서 물체를 비워버렸던 것이지, 공간에서 구조를 제거한 것은 아니다. 공허를 **차원적인 것**으로 특징화함으로써 그는 공허가 단지 경계가 없거나 카오스적인 것이 아님을 보증했고, 그럼으로써 우리가 전적으로 막 시작된 미성숙한 어떤 것에 직면해 느낄 수도 있을 어떤 형이상학적 불안을 제거해주었다. 심지어 필로포노스는 우리가 공간을 "물체가 없는 연장"[3]으로 **생각할** 수 있다는 사실을 제대로 인식할 수 있는 한 공간은 사실상 늘 채워져 있다—"공간에 물체가 없는 일은 결코 없다"[4]—는 것까지 용인했다. 공간은 곧 물체가 결여된 연장이라는 이 정식은 칸트에 의해 거의 한 글자 한 문자 그대로 되풀이된다. 칸트는 이렇게 확정지었다. "우리가 공간을 생각할 때 거기에 대상이 없는 경우는 충분히 생각할 수 있지만, 우리 자신에게 공간의 부재를 표상하는 것은 결코 가능하지 않다."[5] 필로포노스의 견해를 공유한 다른 사람들은 거리낌 없이 공허에 빛이나 에테르 같은 다양한 내용물을 부여하기도 하고[6] 혹은 그것을 "최고천(最高天)"이라 칭하기도 했다. 그러나 문제는 공허의 내용이 정확히 어떤 특징을 갖느냐(혹은 그 실태가 무엇이냐)라기보다 공간 자체가 갖는 공허**와 유사한** 특성 쪽이다(공간 자체를 어떻게 이해하든). 비록 완벽한 진공은 아니라 해도 공허한 것으로서 공간, 거기에는 공간을 물질적 물체들의 구체적 무대로서 장소와 결부 지어줄 구체적 속성이나 성질이 결여되어 있다. 그러나 바로 그 차원성에 의해 공간은 데카르트와 칸트의 모델을 포함한 수많은 대안적 모델과 조화를 이루는 방식으로 이해할 수 있다. 데카르트는 공허를 부정하고자 노력한 사상가였지만 그럼에도 불구하고 연장을 물질과 공간 모두의 본질로 삼음으로써 공간 일반의 입체적 혹은 용적적 특징, 즉 공간과 공허에 공히 내재하는 고유한 특징에 대한 필로포노스의 강조를 실제로는 계속 존속시켰다. 만유인력의 법칙, 즉 보편적 중력 법칙 속에서 작동하는 수학으로부터 차원성을 이끌어내려던 초기 칸트의 노력도 마찬가지로, 공간의 구조는 물리적 우주의 구조와 일치한다는 확신을 보여준다. 요컨대 칸트는 보편수학에 대한 신념을 데카르트와 공유하는 셈이다.

그러나 이처럼 고대 원자론자들에서 필로포노스까지 그리고 이후 브래드워딘과 뉴턴에 이르기까지 공허에 대해 점점 더 몰입해가는 흐름의 한복판에서, 그것을 상쇄하는 대항 흐름, 즉 우주에서의 자연적인 혹은 '고유한' 장소는 환원 불가능하다는 신념 또한 존재한다. 이러한 확신은 이암블리코스와 다마스키오스에게서, 크레스카스와 쿠사누스에게서, 그리고 심지어 브루노에게서도 분명하다―이들은 모두 장소를 텅 빈 무한 공간이라는 어둔 심연 속에 해소되어버리지 않는 우주적 존재 특유의 형태로 간주했다. 이들은 필로포노스가 "장소가 힘을 갖는다고 말하는 것은 우스꽝스럽다"라고 비웃으며 내린 판정에 동의하지 않을 것이다. 대신 그들은 장소에는 "모종의 힘이 있다"는 아리스토텔레스와 의견을 같이할 것이다. 떠오르고 있는 무한 우주의 비전이 장소의 이러한 힘에 아무리 짙은 그림자를 드리운다 해도 말이다. 그들에게 장소는 위치와 관련한 중요한 목적이 이루어지도록 봉사하며―어떤 특정한 물체는 결국 공간의 무한성 내 **어딘가에** 위치 지어져 그 광대한 범위 내에서 **어떤** 자리(locale)를 차지해야 한다―또한 장소는 그 어떤 존재자나 매체도 그토록 완전하게 제시하지 못하는 성질을 여전히 담지하고 있다. 방위성, 부합, 밀도, 인접성, 틈새 같은 성질을 말이다.

장소에 경의를 표했던 이러한 징표에도 불구하고, 17세기가 되면 장소는 대체로 그 명성을 상실하고, 모든 것을 포괄하는 공간(이쯤부터는 space에 공간이라는 의미 외에 우주라는 의미도 있음을 염두에 둘 필요가 있다―옮긴이)이라는 직물의 주름 속에 깊이 감추어진다. 이런 상황은 로크나 라이프니츠 같은 상대주의자뿐만 아니라 가상디나 뉴턴 같은 절대주의자의 저작에서도 발생한다. 그중에서도 라이프니츠는 복잡한 바로크적 주름의 명인이었다. 공간 자체의 궁극적 본성을 둘러싸고 대접전을 벌였음에도 불구하고, 그들 각자는—비록 일정한 유보 조건을 달긴 하겠지만—17세기 중반의 윌리엄 길버트가 내린 "자연 속에는 도대체가 장소라는 게 있을 수 없다"[7]는 준엄한 판단에 동의할 것이다.

길버트의 언명과 더불어 지극히 역설적인 논점에 다다른다. 아리스토텔레스가 분명하게 거부한 공허는 이 스타기라인이 장소 자체에 귀속시킨 힘을 달리 손을 쓰지 않고도 자연스럽게 계승한다. 그것은 마치 이런 힘이 절대주의와 상대주의가 싸우는 전쟁 통에 고아가 되어버리고, 그 자신의 조부모인 공허에게 돌아간 격이다. 왜냐하면 길버트의 주장에서는 고대의 무장소 관념을 재연(再燃)하기 때문이다. 공간적 공허로부터 무장소를 추론해내는 것—공허가 (필로포노스적 전통에서처럼) 탈물질화하든 아니면 (데카르트의 경우처럼) 재물질화하든—은 사물의 질서 속에 장소 따위는 없다고, **장소를 위한 공간 따위는 없다**고 여기는 것과 마찬가지다. 장소는 그 고유의 힘 또는 능력을 빼앗겼을 뿐만 아니라, 우주에서 자신의 고유한 신분 또한 상실했다. 코스모스 자체, 예전에는 장소들의 모태였던 그것이 '우주 (universum)' 〔문자 그대로 '하나로 향하는(turned into one)' 전체〕의 공간적(및 시간적) 제국주의에 굴복한 것이다. 무한한 공간적 유니버스에서는 장소 자체가 그 고유한 특성을 제거당했기 때문에 **공간에는** 진실로 **장소 따위가 없다.** 장소는 그 자신의 내용물이 사실상 비워지는(kenosis) 사태를 겪었다. 즉 '공간'의 '공허'에 직면해 텅 비게 되었다. 그 이후 장소는 X, Y, Z라는 축의 하나 위에 단순히 자리를 점하는 순수한 위치 혹은 점일 뿐이다. 아울러 이 세 축은 데카르트의 해석기하학에서 이해하는 공간의 차원성을 그려낸다. 필로포노스가 사유 속에서 투사했던 것을 17세기와 18세기 사상가들은 확신에 차서 즐겁게 실행한다.

그러나 '공간'의 명백한 승리가 반드시 '장소'의 사망을 의미하는 건 아니다. 카오스라는 신화적 개념은 외관상 무장소 상태지만, 거기에는 어떤 장소 같은 속성이 극히 작은 것 안에 담겨 있었던 것을 떠올려보라. 종종 구체적인 물질적 또는 영역적 특성의 외양을 걸치고 나타난 그 속성들 말이다. 그에 비견할 만한 장소성의 존속이 플라톤의 '수용체'를 특징짓는데, 거기에 우리는 적어도 세 종류의 혹은 세 가지 수준의 장소화가 있음을 식별해낼 수 있다. 아리스토텔레스는 플라톤보다 훨씬 더 격렬하게 공허나 진공으로서 무장소 개념을 거부하고, 그리하여 텅 비어 있는 공간을 충만한 장소로 (베르그송의 말을 빌리면) "대체한다". 그러나 아리스토텔레스가 혹평한 원자론자들조차 물질적 우주의 온전한 목록에 속하는 것으로서 '위치' 및 '간격' 개념을 좀처럼 쉽게 버리려 하지 않았다. 원자적 입자들은 공허 속에서 지극히 엄밀하게 위치 지어지고, 그리하여 이리저리 무리를 지어 '수용체'의 다양한 '영역'에서 자생적으로 발생하는 것과 크게 다르지 않은 편성을 이룰 수 있다. 심지어 가장 그럴 것 같지 않은 상황 속에서도 위치를 지어주는, 장소 같은 힘에 대한 역사나 은밀한 경의를 무한한 공허 속에 떠다니는 유한한 물질세계를 설정한 스토아학파나 중세의 견해(예컨대 크리시포스와 크레스카스) 안에서 발견할 수 있다. 철두철미하게 '어떤–장소도–없음(no-place-at-all)'이라는 사고는 물질적 물체가 공허 안에 **장소화한다**는 필연성에 의해 다시 한 번 해체된다. 이 희한한 이야기의 모든 지점에서 전적으로 장소 없는 공허라는 망령은 명시적이거나 암시적으로 장소를 긍정함으로써 아주 복잡해지는데(complicated), 이때 장소는 황량하게 텅 비어버리든가 모든 게 다 파괴된 무질서 상태일 수도 있는 우주를 튼튼히 붙들어 매고 또 방향 짓는다.

그러나 뉴턴의 비타협적인 과학적 사고는 물리적 우주를 현실적으로 공허한 것이라고 설정하는데, 여기서는 장소 또는 장소 같은(placelike) 특성에 의해 유의미하게 복잡해지는 일 따위는 존재하지 않는다. 뉴턴의 공간은 문자 그대로 '절대적'이다. 왜냐하면 그것은 종국적으로 장소의 특별함으로부터 풀려나고, 심지어 아퀴나스와 오렘의 이론에 그리고 근대 초기의 가상디와 데카르트의 이론에 여전히 도전적으로 들러붙어 있던 흔적뿐인 장소로부터도 풀려나기 때문이다. 장소는 구별이라는 게 불가능한 무한 '공간'의 '공허(Inane)' 안에서 사라지고, 길버트의 단순하지만 엄혹한 라틴어 "locus nihil est(장소는 존재하지 않는다)"가 지령을 내린 대로 '무(無)'가 된다. 설령 "절대적 장소"라는 말을 뉴턴의 《프린키피아》에서 계속 사용함에도 불구하고 그러한 사정에는 변함이 없다. 결국 그와 같은 장소란 다만 절대 공간의 미리 그려진 부분(predelineated part), 불가결한 일부에 불과하기 때문이다.

우리는 또한 장소를 우주 형상도에서 밀쳐내는 데에는 그런 것으로서 절대 공간—즉 급속하게 성장하던 14세기의 무한 공간 관념뿐 아니라, 고대적 공허 개념의 근대주의적 상속자—까지도 필요치 않다는 것을 살펴봤다. 로크와 라이프니츠는 상대주의적 사고방식에서는 공조하지만 장소의 특이함에 대해서는 더 이상 순순히 따르지 않고, 종내에는 그들 자신의 신랄한 해소 작용을 수행한다. 장소를 거리나 위치의 자기 동일성으로 환원함으로써 이들 근대 초기의 철학자들은 자신의 극히 효과적인 방식으로 장소를 제한하고 부정한다. 그리고 이러한 흐름은 칸트가 장소를 점으로 환원함으로써 더더욱 극단으로 치닫는다. 비록 공허의 지위에 대해서는 의견이 서로 달랐지만, 이 3명의 근대 사상가들은 모두 공간이 연속적이고 무한하며, 균질적이고 등방적이라고 보았던 가상디·모어·뉴턴 같은 다양한 절대주의자들에게 동의한다. 아울러 그들은 모두—비록 단속적이긴 했지만 라이프니츠조차—공간을 그 전체 안에서 특징짓는 것은 공간의 순수한 연장성이라는 데 의견이 일치했다.

공간이 전적으로 연장적인 것이라고 찬미하는 궁극적인 이유는 17세기 말이 되면 장소에서 힘이 빠져나가고 자신의 역동성을 빼앗긴다는 데 있다. 장소는 기껏해야 전체를 감독하는 보편적인 '공간'의 무력한 "부분"(뉴턴), 단순한 "변양"(로크)이 되어버렸다. 그리고 공간 자체, 즉 장소 없는 고요한 그곳에 남겨진 것이라고는 단지 그 자신의 광대함이 가진 불변적 구조로서 차원성뿐이다. 높이, 넓이, 깊이라는 차원을 가지고 우리가 할 수 있는 것은 그러한 차원을 채우고 측정하는 것, 또는 적어도 그것들을 **가지고** 측정하는 게 전부다. 즉 중성적인 장(field)에 위치 지어져 있는 개별적인 점들 간의 거리를 규정하는 것이다. '자연'이 수학화해 제2성질로까지 내려앉는 이 측정 게임에서 장소는 그 밑에 속하는 변화로서만 나타날 수 있다. 즉 고정된 참조점(reference point)과의 거리로서, 혹은 균일하게 점적인(pointillistic) 다른 위치들의 형식적 연결체와 관련 있는 점 같은 형태(punctiform)의 위치로서만 등장한다. 해석기하학의 격자는 물리적 공간 자체를 닫아버리는 격자가 된다. 어떤 것이 통과하더라도 아무런 감각이 없는, 그러나 통과 불가능하지는 않다고 여겨지는 순수하게 수동적인 공간의 감옥 속으로 돌진함으로써 장소는 그 자체로 (자연스레) 공허해져서 사이트들을―그 자체로 어떤 의미 있는 내용도 다 비워진― 건설하기 위한 장을 해방시킨다.

만일 장소가 이렇게 위엄 있는 엄숙한 공간의 왕국에서 어찌어찌 살아남는다면, 그것은 다만 하나의 규정된, 아니 과잉 규정된 존재자로서뿐이다. 공간적 관계 안에서 최초로 식별할 수 있는 측량적인 미덕(virtue: 또는 '어떤 행위를 하는 힘'―옮긴이)―시간이 흘러도 그러한 관계는 계속 이어지고 또 자동적(selfsame)이라는 점에 입각해 전제된 덕목―은 너무나도 예측 가능한 모든 전이에 의해 장소에 적용된다. 가상디가 기도한 공간의 양화(量化)는 데카르트와 로크와 라이프니츠에게서는 장소의 가산성(calculability)으로 모습을 드러낸다. 그러나 장소를 계산 가능하게 만드는 것은 장소를 사이트로 변형하는 일이다. 지도 작성적인 표상(cartographic representation)이 딱 그런 경우다. 17세기는 측량적으로 정확한 지구의 지도를 만드는 것, 그리하여 지구를 어떤 사이트를 발견하고 착취하기 위한 전 지구적 배경으로 해석하는 것을 목도한 세기이니 말이다.

절대주의자와 상대주의자들이 모두 그렇게 보았듯 만일 장소를 공간의 한 단순한 상(phase)으로 이해한다면, 장소가 달리 무엇일 수 있었겠는가? '공간과 장소'라 해도 되고 '공간 혹은 장소'라 해도 되는 식으로, 점점 더 두 용어의 호환성이 늘어가는 상황에서 장소와 공간에 대한 가장 적확한 기술은 일률적으로 분배된 규정 평면(plane of determination) 내에서 사이트를 구체적으로 명시하는 일일 것이다. 장소에 대한 공간의 승리는 구체적인 장소가 갖는 내포적인 크기와 질적인 다양성에 대한 공간의 끝없는 외연적 확장, 즉 좌표화한 차원의 확산성과 관련한 승리다.

그러나 사이트는 위치 짓지 않는다. 근대주의자의 사고방식에 입각한 공간은 평면기하학이나 지도 작성적인 격자 위에 정확한 위치를 콕 찍어주는 것 말고 어떤 의미에서도 사물이나 사건을 위치 짓지 못한다. 반면 장소는 위치 짓는다. 그것도 풍부하고 다양한 방식으로 그렇게 한다. 장소는 사물들에 영역 내의 소재를 부여하는데, 이 영역에 대한 가장 온전한 표현은 결코 기하학적이지도 않고, 지도 작성적이지도 않다. 그리고 만일 실제로 그러하다면, 우리는 이렇게 묻지 않을 수 없다. 어떻게 하면 우리는 신화적 설명에서, 초기 희랍 철학과 후기 헬레니즘 철학과 신플라톤주의 철학에서, 그리고 길게 뻗어 있는 중세 사상에서—비서구 문화권에서 장소를 변함없이 인식한 것은 말할 것도 없다—장소가 사람들로부터 받았던 관심이나 경의 같은 어떤 것을 장소에 회복시켜줄 수 있을까? '공간'의 헤게모니에 직면한 상태에서 우리는 어떻게 '장소'의 특별한 비측량적인 특성과 사이트화하지 않은 덕목을 재발견할 수 있을까?

10

신체를 경유하여

칸트, 화이트헤드, 후설, 메를로퐁티

심지어 우주적인 방역에 대한 우리의 판단조차 우리가 방역 일반에 대해 갖는 개념에 종속되어 있다. 방역이라는 것을 신체의 여러 측면과의 관계에서 규정하는 한 그러하다.
—임마누엘 칸트, 〈공간 내에서 방역을 구별하는 궁극적 근거에 대하여〉

내 신체가 존재한다는 것은 내게 있어 공간 한 조각에 불과한 게 전혀 아니다. 만일 내게 신체가 없다면 어떤 공간도 없을 것이다.
—모리스 메를로퐁티, 《지각현상학(Phenomenology of Perception)》

1

물체, 그것의 변화는 곧 나의 변화다―이 물체는 나의 신체이며, 그 신체의 장소는 동시에 나의 장소다.
—임마누엘 칸트, 〈형이상학의 꿈에 의해 해명된 시령자의 꿈(Dreams of a Spirit-Seer Elucidated by Dreams of Metaphysics)〉

장소의 중요성을 새로이 음미하는 데 가장 효과적인 방법은 그것을 총체적인 현상으로 접근하는 것도 아니고, 그 미덕을 총괄해 단일한 체계 아래 고찰한 공간의 미덕과 비교하는 것도 아니다. 그렇게 총체적으로 이 문제를 다루는 것은 공허한 일반성만 낳을 뿐이다. 우리에게 필요한 것은 장소**로 들어가는** 새롭고 지극히 개별적인 길, 즉 바로 장소의 특이성 내에서 장소와 다시 연결하는 수단이다. 공간이 압도적인 하나의 덩어리로 존재하는 근대 시기에 장소로 회귀하는 최상의 방법은 프로이트가 "비좁은 협로(狹

路)"[1]—그러나 이는 (프로이트가 염두에 두었던) 꿈이라는 협로가 아니라 **신체**라는 협로다—라고 부른 길을 통하는 것이다. 신체를 수단으로 장소를 재발견한다고? 이는 회의적인 독자에게는 가능성이 가장 적은 얘기로 비칠 것이다. 하지만 가장 순조로운 단서는 결국 너무나도 막연한 것으로부터, 느슨한 실타래마냥 탐구해야만 하는 신비한 덩어리로부터 비어져 나온 것인 경우가 종종 있는 법이다. '아리아드네의 실', 즉 우리를 이끌어주는 실은 쉬이 손에 닿을 수 있는 것이어야 하며, 바로 그 느슨함으로 인해 문제되는 현상의 가장 작은 틈새, 가장 어두운 귀퉁이로 용이하게 이어져야 한다.[2] 장소의 경우 그러한 실은 신체에 의해 주어진다.

만일 우리가 이런 것이 실마리라고 해서 놀란다면, 그 이유는 단지 이리저리 산재해 있는 모든 현상을 어떻게 하면 **마음**에 종속시킬 것이냐가 철학적 근대성의 주요 사안 중 하나이기 때문이다. 데카르트와 그다음 18세기 사상들이 도입한 '관념의 새로운 길'은 그 효과가 지극히 직접적이라서, 그 지위가 빈틈없이 정신적인 표상 아래 나타나는 모든 감각적 현상(실제로 마음의 상태에 속하는 것을 포함한 **모든** 현상(appearance))을 포섭한다. 파악해야 할 현상이 무엇이든 그것은 표상의 틀('관념', '통각(統覺)', 심상(心象) 등등)을 가정해야만 하고, 또한 그런 표상의 총합이 바로 '마음' 자체를 구성한다고 여겨진다. 이러한 범(汎)표상주의는 모든 개별적 현상(phenomenon)—모든 실체, 그리고 1차 성질이든 2차 성질이든 모든 성질—뿐만 아니라 우주(칸트는 〈활력의 진정한 측정에 대한 사유〉에서 "우주의 표상 상태"에 대해 이야기한다)도 취해 들이고, 심지어는 시간과 공간 자체도 취해 들인다. 칸트의 평가에 따르면 **우리는** 시간과 공간을 그 내용들과 함께 **우리 자신에게 표상한다**. 그리하여 우리는 앞장 끝에서 언급한 역설적 논점에 다다른다. 요컨대 공간은 고정불변한 외계를 지각함에 있어 기반 자체인데, 그런 공간 자체가 바로 마음 위에, 아니 차라리 마음**속에** 기반하고 있다는 것이다. 왜냐하면 칸트가 명백히 말하고 있듯 "객관 자체에 선행하고, 또 **그 안에서** 이러한 객관의 개념을 선험적으로 규정할 수 있는 외적(外的) 직관은 **마음속에**"[3] 존재하기 때문이다. 칸트의 초월론주의는 그것이 공간, 즉 **외적** 직관과 관련될 때조차 무엇보다도 우선 순수한 직관주의적 형태를 취한 정신주의(mentalism)다.

그렇기 때문에 마음과 표상 주변을 포위하는 장소에 이르는 대안적인 길을 제안한 사람이 바로 칸트 자신이라는 사실을 알게 되는 것은 충격과도 같은 어떤 것으로 다가온다. 그리고 장소가 표상적 지위를 갖는다고 여겨지는 바로 그 현상 세계의 일부라는 점을 고려할 경우, 충격은 훨씬 더하다. 한 세기 반 이전의 주관적 관념론자들이 거의 전적으로 무시했던 것에, 즉 살아 있는 인간 신체에[4] 호소할 때, 관념의 새로운 길은 끊겨버린다. (또는 적어도 정지 상태가 된다.) 잘못 놓인 구체성 대신에 정신적 표상 자체—이러한 표상의 추상화한 감각적 내용은 육체적 토대를 요구한다—의 구체적 기반으로의 회귀가 존재한다. 장소는 그러한 토대를 훨씬 더 집요하게 요구한다. 장소의 질적 특성은 라이프니츠 자신도 인정했던 것이다 (그의 경우는 정확한 위치성에 대한 관심이 장소를 사이트로 양화하도록 작동했을 때조차). 그렇긴 하지만 장소에 대해 반성하면 할수록 우리는 점점 더 장소를 질적인 관점에서 단지 특징지을 수 있을 뿐만 아니라, 현실적으로 경험하는 것이기도 하다는 점을 인식하게 된다. 이런 질적인 항들, 예컨대 색깔·촉감·깊이는 어떤 특정 장소에 들어가 그곳을 점유하는 신체에서만 그리고 그 신체에 의해서만 우리에게 알려져 있다. 사이트에 신체가 없을 수는 있지만—신체 없음은 신체를 떠난 개관, 곧 통람(survey)을 수반한다—질적으로 밀집한 장소에 구체적으로 신체화해 존재하는 것 이외에 '장소-내-존재(being-in-place)'는 있을 수 없다. 실제로 사람이 자신의 신체**를 통하지** 않고 어떻게 하나의 장소 **안에** 존재할 수 있겠는가? 사실 이는 어떤 주어진 상황에서 좌냐 우냐 하는 것은 우리 신체의 위치에 의존한다고 아리스토텔레스가 처음 언급한 이래 줄곧 미결 상태로 남아 있던 질문이다.[5] 그러나 위치는 아직 장소가 아니고, 신체와 장소 사이에 어떤 특별한 유대가 있다는 걸 분간해내기 위해서는 "우리 경험의 제1여건"[6]에 면밀한 주의를 기울인 임마누엘 칸트의 천재성이 필요했다.

일견 이러한 유대는 너무나 미미할 뿐만 아니라 부수적인 것처럼 여겨지기도 한다. 신체 없는 천사나 사람의 몸으로 육화하지 않은 신은 장소를 점하지 않을까? 비록 극도로 한정된 것이긴 하지만, 심지어 바늘의 끝도 하나의 장소다. 〔이는 점-으로서-장소(place-as-point)의 사례다.〕 자신의 주목할 만한 취임 논문 〈감성계와 가지계의 형식과 원리〉에서 칸트는 천사나 신처럼 신체를 떠난 존재(혹은 이 문제와 관련해서는 인간의 혼도 그러하다)는 단지 "파생적인" 혹은 "잠재적인" 현전성만을 가지며, 그래서 "외적으로, 즉 공간적으로 감각 가능한 사물의 보편적 조건"인 진정한 "국소적 현전성"으로부터—즉 **장소**를 점하는 것으로부터—벗어나 있다고 주장한다.[7] 다른 한편, 칸트는 감각 가능한 사물은 개별적인 장소를 점하지 **않으면 안 된**다고 주장한다. 요컨대 그런 장소 이외에서는 이러한 사물을 지각할 수 없고, 하물며 그것들을 알기는 더더욱 불가능하다는 것이다. 신체 없는 존재는 장소화하지 않는다고 한다면, 감각 가능한 물체(즉 우리 자신의 신체를 통해 지각할 수 있는 물체)는 본래적으로 장소화한 존재자다.

이 예비적인 지점에서 칸트는 플라톤 시대 이전부터 그토록 많은 서구 사상들을 이끌어온 아르키타스의 공리를 불러낸다. 그렇긴 하지만 칸트에 따르면 이 고대의 공리는 문자 그대로 '절취(subreption)'의 오류를 범하고 있다. 요컨대 이는 가지계와 감성계의 외연이 같다고 보는 잘못된 신념이다. 칸트가 "제1부류의 절취적 공리"라고 칭한 것은 아르키타스의 견해 (존재한다는 것은 장소 안에 존재하는 것이다)를 거의 그대로 옮겨 쓴 것이다. "**존재하는 모든 것은 어딘가에 그리고 어느 땐가에 있다.**"[8] 그러나 신이나 다른 가지적 존재자는 존재함에도 불구하고 어떤 엄밀한 장소화가 결여되어 있다. 즉 그들은 특별히 어딘가에 존재하지 않는다. 오로지 물질적인 실체만이, 즉 감각 가능한 물체만이 고유한 의미에서 장소를 갖는다. 즉 그것들은 **존재하며**, 또한 **어딘가에** 존재한다. 이런 주장은 두 가지 길을 걷는다. 한편으로, 장소를 갖는다는 것은 반드시 존재하는 것이다. 즉 감각 가능한 물체로서 존재하는 것이다.[9] 다른 한편, 감각 가능한 물체로서 존재한다는 것은 하나의 장소를 갖는 것이다. 그리하여 칸트는 아르키타스의 공리에 결정적인 추가 조항을 실질적으로 덧붙인다. 즉 존재한다는 것―**감각 가능하다는 것**―은 장소에 존재한다는 것이다.

그러나 칸트는 또한 아르키타스나 그의 수많은 후계자들에게는 전혀 현전하지 않는 무언가, 즉 신체를 요청한다. 신체는 감각 가능한 어떤 것과 그것의 개별적인 어딘가 사이에 빠져 있는 "제3의 것"이다. 마치 칸트는 플라톤이 《티마이오스》에서 언급한 다음과 같은 경고에 집착하고 있는 듯하다. "제3의 것 없이 두 가지만으로는 만족스럽게 통합될 수 없다. 왜냐하면 그 양자 사이에서 그들을 함께 끌어당겨줄 모종의 끈이 있어야만 하기 때문이다."[10]

칸트는 '공간에서 방역 구별의 제1근거'―앞장 끝부분에서 언급한 적 있는 1768년의 아주 짧지만 중추적인 논문의 제목을 끌어와 표현하자면―를 탐구하는 가운데 신체와 장소 간 유대를 발견했다. 6쪽으로 이뤄진 이 선구적인 논문에서 칸트는 방역 내에서 사물이 장소화함에 있어 신체가 수행하는 역할은 그 사물들이 서로에 대해 상대적 위치를 점하고 있는 데 불과하다고 간주할 경우 결여하게 될 방위성을 이러한 사물들에게 부여하는 것이라고 주장한다. 신체가 이러한 역할을 수행하지 않으면 물질적 존재자들은 **방향 지어**지지 못하고, 따라서 '우'와 '좌', '상'과 '하', '전'과 '후'라는 명확한 방위성을 결여하고 말 것이다. 쌍을 이루는 이런 용어를 한데 모아 보면, 이는 바로 공간의 세 가지 차원에 대한 진술이다. 요컨대 공간의 차원성은 신체의 방위성으로부터 따라 나온다. 모든 물리적 물체에 적용되는 운동 법칙으로부터 공간적 차원을 연역해내려는 초기의 노력을 포기하고, 칸트는 독특한 **물적 연역**(corporeal reduction)을 제기한다. 즉 우리 자신의 신체는 쌍을 이루는 측면과 부분(예컨대 오른손과 왼손, 가슴과 등, 머리와 발)으로 이미 분기한 상태로 경험되기 때문에, 오직 이런 이유로 인해 우리는 감각 가능한 대상을 우리 자신의 신체적 분기를 재결합하고 반영하는 방역들 안에 장소 지어지고 방향 지어진 것으로서 지각할 수 있는 것이다. 사물은 그 자체 안에서도, 또 그 자신에 의해서도 방향 지어지지 않는다. 그것들이 방향 지어진 것이 **되기** 위해서는 우리의 개입이 필요하다. 또한 그것들은 순수하게 정신적인 작용에 의해서도 방향 지어지지 않는다. 방향의 선험성은 신체에 속하지 마음에 속하지 않기 때문이다.

정확히 방향이야말로 라이프니츠의 위치 해석에 결여된 것인데, 이는 그가 이런 해석을 동등한 크기와 유사한 형태 사이에 적용하는 일치(congruence)로 제한하기 때문이다. 크기의 정확한 **등식**을 다루는 수학적 해석과 달리 위치 해석은 "공간을 종별로 구별했을 때의 여러 공간적 성질들"[11]과 관련이 있다. 그러나 칸트는 정말로 공간적인 것임에도 불구하고 라이프니츠가 꼽은 두 종류의 일치라는 견지에서는 분석 불가능한 일련의 현상이 존재한다는 것을 논증한다. 이런 현상을 "불일치 대칭물(incongruent counterpart)"이라고 부르며 여기에는 거울상, 오른손과 왼손 그리고 밑변은 공통이고 그 밖에 면적과 각도가 동등한 구면삼각형(spherical triangle) 같은 것이 포함된다. 이렇듯 한 쌍을 이루는 두 성원 중 어느 한쪽이 크기와 형태—크기와 형태는 바로 위치 해석의 두 가지 변수다—라는 점에서 다른 쪽과 정확히 동등하다 해도, 그 둘은 서로를 대체할 수 없다. 이는 우리가 오른쪽 장갑을 왼손에 끼려 하거나, 아니면 거울을 들여다보며 자신의 신체적 특징이 반대쪽에 나타나는 것을 볼 때 알 수 있는 것이다.[12] 그러므로 라이프니츠의 새로운 공간기하학—우리가 살펴본 것처럼 이는 18세기 및 그 이후 시기에 사이트로서 공간성의 규정에 결정적이었다—은 식물이 휘감기는 것, 나사의 회전, 달팽이 껍데기의 나선 모양을 포함해 지각 세계의 중요한 부분을 설명하지 못한다. 많은 사물이 크기의 대등성이나 형태의 유사성이라는 관점에서는 설명할 수 없는 내적인 고유한 방향을 가진 것으로서 우리에게 나타난다.

"불일치 대칭물"—현대의 위상학자들이 "거울상체(enantiomorphs)"라고 부르는—은 낡은 규칙을 깨고 새로운 규칙을 수립하는 예외다.[13] 깨어진 규칙이란 바로 관계적 공간 모델을 다스리는 것이다. 즉 불일치 대칭물은 구성 부분들 간에 내적인 공간적 관계(예컨대 오른손 손가락끼리의 상호 관계는 왼손 손가락끼리의 상호 관계와 정확히 같다)가 정확히 동일하지만, 그러면서도 치환은 불가능한 채로 남아 있다. 칸트에 따르면 밝혀진 규칙은 공간의 절대적 본성이다. 즉 불일치 대칭물의 경우에 해당하는 여러 가지 차이는 "단지 **절대적이고** 또한 **본원적인** 공간에만 관련이 있다. 왜냐하면 물리적인 사물들의 상호 관계가 가능한 것은 오직 그 절대적이고도 본원적인 공간의 미덕 덕분이기 때문이다".[14] 다만 칸트 자신은 비록 불일치 대칭물과 관련한 모든 '구별'을 지각할 **수 있다** 해도, 요구되는 방위성의 '근거'인 절대 공간에 대한 관계 "그 자체는 직접적으로 지각할 수 없다"[15]고 인정한다. 또한 불일치 대칭물―그리고 더 일반적으로 말하면 불일치 대칭물이 함축하는 방위성―이 왜 **절대적** 공간을 필요조건으로 요구하는지도 전혀 분명치 않다. 텍스트에는 틈이 벌어져 있고, 그래서 단지 뉴턴적인 패러다임을 불러내는 것만으로는 설득력이 없다. 마치 절대적인 것으로서 공간과 상대적인 것으로서 공간 중 어느 것을 선택하느냐는 식의 잘 알려진 문제만 남아 있는 듯하다. 지금까지 칸트의 논증에는 어떤 근거가 빠져 있다.

빠져 있는 근거를 제공하고, 그 공백을 채우는 것은 인간의 신체다. 우리 자신이 **우리 자신의 신체 내** 불일치 대칭물들로 구성되어 있기 때문에, 오직 그런 존재로서 우리는 외적인 지각에서 그와 유비되는 대칭물을 이해할 수 있으며, 더 중요하게는 어떤 방향성으로 정향된 것으로서 공간적 세계를 파악할 수 있다. 그러나 이는 방위성의 진정한 기초가 절대적 공간이 아니라 (메를로퐁티의 표현을 빌리면) "절대적 원천"[16]으로 여겨지는 우리 자신의 정향된/정향 짓는(oriented/orienting) 신체라는 것을 의미한다.

이와 동일한 신체적 근거가 장소에서도 역시 문제 된다. 칸트는 이 같은 함의를 담아 《모든 장래의 형이상학을 위한 서설(Prolegomena to Any Future Metaphysics)》(1783)에서 이렇게 썼다. "두 사물이 각각 별도로 인식할 수 있는 모든 점에서(즉 양이나 질에 관한 모든 점에서) 정확히 같다면, 필연적으로 **한 쪽이 모든 경우 및 관계에서 다른 쪽의 장소에 놓일 수 있으며**, 이러한 대체를 통해 최소한의 인식 가능한 차이도 초래하지 않는다."[17] **일치하는** 대칭물은 **동일한 장소**['장소-의-동일성(sameness-of-place)'에 관한 라이프니츠의 순수하게 위치적인 해석에서가 아니라, 장소가 방위성을 구성적 특징으로 포함하는 새로운 모델에서의 동일한 장소]를 점할 수 있어야만 한다. 그 이유는 다시 한 번 신체의 구체적인 공헌에 기인한다. 왜냐하면 신체와 이 신체가 거주하는 장소 간에는 친밀하고 분리 불가능한 끈이 존재하기 때문이다. 불일치 대칭물을 단지 우리 자신의 자기-방위적 신체를 암시함으로써만—칸트가 《형이상학 서설》에서 간결하게 표현했듯 "단지 우리의 왼손과 오른손에 대한 관계에 의해서만"[18]—이해할 수 있다면, 대칭물의 **장소화**(일치의 경우에는 같은 장소 설정, 불일치의 경우에는 다른 장소 설정)는 바로 그 동일한 신체의 특징과 구조에 의존한다.

1768년 논문이 "[방향의] 본성은 본질적으로 주관주의적임"[19]을 드러냈다는 점, 그리하여 뒷날 칸트의 '비판' 철학에서 초월론적 주관을 강조하게 되리라는 것을 미리 암시하고 있다는 점은 의심할 여지없이 옳은 말이다. 하지만 인간의 주관을 정신적이거나 직관적인 주관이 아니라 두드러지게 **신체적인** 주관으로 해석한다는 점에서, 이 초기의 논문은 **장소**에 대한—인식하는 주관에서 유래하는 보편적인 어떤 것으로 해석할 수 있는 '공간'에 대해서뿐만 아니라—이해에 이르는 독자적인 접근 방법을 제시한다. 이것에 대해 다섯 단계로 나누어 설명해보자.

(1) "위치들"은 철두철미하게 관계적이고, 신체의 부분이나 공간의 부분에 속해 있다—반면 "방역들"은 이쪽이든 저쪽이든 늘 어떤 쪽으로 방향 지어져 있다. 내가 '매사추세츠 주 서쪽'으로 가려 한다고 말할 때, 내가 언급하는 방역을 순수하게 위치에 입각해 온전히 분석하는 것은 불가능하다. 그것은 내가 **나의 움직이는 신체를 가지고** 가려 하는 어딘가이며, 또한 그 서쪽 방향이란 것도 순수하게 위치적인 게 아니라 기본 **방위**가 문제 되는 어딘가이다. 만일 내가 자신의 방위성을 소유한 체험된 신체를 갖고 있지 않다면, 내게는 방위에 관한 어떤 구체적 감각도—아울러 세계에는 어떤 방위성도—없을 것이다. '서'는 단지 '동'이나 '북' 또는 '남'과의 관계에 의해서만 규정되는 것이 아니며, 더 중요하게는 지세(地勢), 태양의 궤

도, 바람의 방향―그리고 **내가 지금 있는 곳**에 위치 지어져 있는 것으로서, 또 **내가 가려 하는 곳**으로 향해 있는 것으로서 나 자신의 신체―같은 비관계적인(nonrelative) 것에 의해 규정된다. **단순히** 전적으로 상대주의적인 모델에만 입각한 공간과 달리, 방역에 명백한 방향성―따라서 그 자체가 이미 방위적인 신체―이 포함되어 있다는 통찰을 받아들이기 위해 방역의 본령은 "위치들〔의 특정한 집합〕의 체계가 절대적 우주 공간에 대해 맺는 관계"[20]에 있다는 칸트의 극단적 견해를 우리가 반드시 지지할 필요는 없다.

(2) 우리의 직접적인 지각 경험에서 가장 중요하게 문제 되는 방역은 위/아래, 전/후, 좌/우 등으로 자연스레 나뉘는 방역이다. 이 각각의 쌍은 다른 두 쌍에 의해 형성되는 표면 혹은 평면과 교차하는 한 표면(또는 평면)이라고 상상할 수 있다. 그러나 만일 이러한 기본 방역―우리가 '3차원'이라고 부르는 것에 대해 기본적인 방역―이 우리의 경험에 내재하는 어떤 것과, 즉 그러한 여러 평면의 지각을 수용하는 우리 자신의 신체적 상태와 관련이 없다면, 우리는 그러한 기본 방역을 전혀 알지 못할 것이다.

그 3차원 때문에 물리적 공간에는 모두가 서로서로 직각으로 교차하는 평면이 셋 있다고 생각할 수 있다. 우리 자신의 바깥에 있는 사물에 관해 말하자면, 그것들이 우리 자신과 관계있는 한에서만 우리는 감각을 통해 그들에 대해 알게 되는 것이다. 그리하여 우리가 공간의 방위 개념을 형성하는 데 기초를 이루는 궁극적인 근거가 이런 방위의 절단면이 우리 신체에 대해 맺는 관계에서 유래한다는 것은 하등 놀랄 일이 못된다. 우리 신체가 수직으로 서 있는 평면은 우리 자신과 관련해서는 수평이라고 부른다. 바로 이 수평면이 우리가 **위**와 **아래**라는 용어로 지시하는 여러 방역 간의 구별을 낳는다.[21]

여기서 특히 눈에 띄는 것은 칸트가 감각 가능하면서 동시에 우리에게 외적인 사물을 우리가 알 수 있는 것은 오직 "그 사물들이 **우리 자신과의 관계 안에 존재할 때**" 이외에는 없다고 주장한다는 점이다. 이는 칸트가 훗날 《순수이성비판》에서 유심론적 용어로 제대로 정리하기 아주 오래전에 이미 저 유명한 '코페르니쿠스적 방향 전환'을 했음을 보여준다. 이런 방향 전환은 실제로는 회귀다(신체적 존재자로서 우리 자신으로의 회귀). 데카르트의 종착점인 탈(脫)신체화한 점(disembodied point)—즉 해석기하학에서 X, Y, Z축이 교차하는 점—에서 출발해 칸트는 이 3등분을 방역적 방향성의 원천인 우리 신체에 정착시키는 것으로 나아간다. 필로포노스가 **비**물체적인 것으로 설정한 것(즉 '물체적' 연장에 대한 '공간적' 연장)은 신체적 기반이 있다는 것을 보여준다. 신체는 공간적 연장의 세 차원이 자신을 배치하는 중심축이고, 또한 세 차원은 궁극적으로 그로부터 발생한다.

(3) 지금 우리의 주제인 회귀는 신체로서 우리 자신으로의 회귀일 뿐만 아니라, 더 특정하게 말하자면 "우리 신체의 **여러 측면**(sides)"으로의 회귀다. 결정적 실마리를 따라 비좁은 협로로 한층 더 다가가면서 칸트는 바로 두 측면으로 구조화한 신체만이 이 협로에 그토록 강력한 방향 부여의 힘을 제공한다고 구체화한다. "우주적 방역에 대한 우리의 판단조차 그 방역들이 **우리 신체의 여러 측면과의 관계 안에서** 규정되는 한 우리가 방역 일반에 대해 갖는 개념에 종속되어 있다."[22] 그러한 "방역 일반"—여기서 칸트가 뜻하는 것은 "하늘" 그리고 더 특정하게는 "별" 같은 사물이다—이 없으면, 단지 "대상들 상호 간의 위치"[23]만 있을 뿐이다. 거기에 더해 아리아드네의 실처럼 우리를 이끌어주는 두 측면의 신체 없이는 무엇보다도 우선 구체적인 "우주 방역"의 식별 따위는 불가능할 것이다. 칸트는 다음과 같이 꽤나 효과적인 논점을 제기한다. 즉 우리가 별자리 지도(혹은 어떤 지도

든)를 읽으려 할 때, 그 지도를 공간 내에서 방향을 잡을 목적으로 사용하기 위해서는 그걸 들고 있는 왼손 및 오른손과의 관계에서 그 지도를 방향 짓지 않으면 안 된다. 칸트의 이러한 논점은 현대 지리학자들에 의해 입증되었다.[24]

(4) 우리의 경험에서 **방향 지어진 모든 장소**는 그 이해 가능성과 관련해 인간 신체의 양측성에 의존한다.

> 지리학적인 〔지식〕에 대해서도, 실제로 장소의 위치에 대한 우리의 가장 통상적인 지식에 대해서도 사정은 동일하다. 그러한 지식은 만일 우리가 그렇게 질서 지어진 사물들을 그 상호적 위치라는 전반적 체계와 함께 우리 신체의 측면에 주목함으로써 방향 지을 수 없다면, 우리에게 어떤 쓸모도 없을 것이다.[25]

바꿔 말하면 "장소들의 위치"—즉 어떤 특정한 우주의 방역 내에 여러 장소가 응집적인 무리를 이루고 있는 것—는 그 방향성과 관련해 우리 자신의 이중적 측면을 가진 신체에 대한 관계에 의존한다. 신체가 '장소-세계' 속으로 들어가되 이중적으로, 즉 좌/우로 나뉘어 침투하기 때문에 이 세계의 패턴에 대한 우리의 지식은 "통상적인 것"이 된다. 즉 성찰할 필요가 없는 자발적이고 신뢰할 수 있는 것이 된다.[26] 위치는 방역에 의존하지만 방역과 그 방역이 위치를 정해주는 장소는 그 방향성과 관련해 신체에 의존한다. 좌우대칭적 신체를 가진 존재라는 것은 방향의 기반이 개별적인 장소 안에 있다는 것, 즉 (그 장소 안에 있는 감각 가능한 사물과 함께) 그 자체가 "우주의 방역"과의 관계 속에서 질서 지어진 장소 안에 있다는 것이다. 이는 방역을 질서 짓는 것—따라서 방역 안에 국소화해 있는 장소들을 질서 짓는 것—이 방위 지어지면서 또한 방위를 부여하는 우리 신체 내에서 이미 작용하고 있는 질서화 덕분이라는 것을 의미한다. 그러한 신체 때문에, 또한 그러한 신체를 가지고 우리는 장소 및 그 장소의 방역들로 들어가며, 거기에 그치지 않고 장소 및 방역들을 독특하게 편성하는 방향성 자체를 구성한다. 이런 방향성은 일치하는 대칭물이나 불일치 대칭물에서 작용하는 방향성에 한정하지 않고, 잘 알려진 혹은 알 수 있는 모든 장소와 방역—이들 중 어느 것도 방위 및 방향과 관련해 중립적이지 않다—안에서 발견할 수 있다. 〈사고의 방향을 정한다는 것은 무엇을 뜻하는가(What Does It Mean to Orient Oneself in Thought)〉(1786)라는 논문에서 칸트는 어떤 사람이 눈을 가린 채 자신이 알지 못하는 방으로 옮겨진 상황에 처해 있다고 가정한다. 그 사람은 자기 신체 좌우측의 구별에 대해 지속적으로 느끼는 감각과의 관련을 제외하고는 그 방 안에서 방향성을 재획득할 수 없을 것이다. 이런 측면들과의 관련에 의해서만 그 사람은 자신이 어느 쪽으로 방향을 틀려 하는지—또한 이미 어느 쪽으로 방향을 틀었는지—알 수 있다. 이렇게 차별적인 참조처(reference)에 의지할 수 있기 때문에 그 사람은 방 안에서—그 방 자체가 속해 있는 다른 커다란 방역에서는 말할 것도 없다(예컨대 그 자신의 방위성을 가진 신체의 운동에 의해 자신이 해당 장소에 어떻게 오게 되었는지 기억함으로써)—곧장 방향성을 부여받을 것이다.[27]

(5) 마지막 단계는 신체의 양측성에 어떤 비틀림이 있다는 것을, 즉 신체의 양 측면성이 엄밀하게는 대칭적이지 않다는 것을 나타낸다. 만일 신체가 완전히 대칭적이라면 나는 "좌우를 분간할" 수 없어 방향을 **상실할** 위험에 빠질 것이다. 사실 왼손이라는 것과 오른손이라는 것의 구별에는 매우 많은 불일치가 포함되어 있다. 어떤 특정한 신체의 세세한 하부 구조에서도 다르고, 또한 힘이나 솜씨라는 면에서 오른손이 왼손보다 우월한 경우가 많다는 점에서도 그러하다. 이렇게 비틀린 대칭성이 바탕에 깔려 있

기에 우리는 통상적으로 방위적 배분이 불균등한 현상을 숱하게 발견할 수 있는 것이다. 예컨대 머리 꼭대기에 난 털이 가마를 이룬다든가, 지주(支柱) 주변에서 홉(hop) 작물이 휘감긴다든지 하는 현상 말이다.[28] 더 중요한 것은 장소와 방역—그리고 장소와 방역 안에 놓인 사물—의 방위성이 궁극적으로는 그것들의 방향성의 원인인 해당 신체의 비대칭적인 양측성에서 유래한다는 점이다. 어떤 것이 다른 어떤 것 '왼쪽에' 있다고 말하는 것은—혹은 단지 그것이 '저기에' 있다고 말하는 것도—우리의 부등변한 신체가 갖는 필수적인 방향 부여의 힘에 의거해서 생기는 일이다. 사물을 장소 및 방역 안에 방향 지어져 있는 것으로(또한 장소 및 방역 자체도 방향 지어진 것으로) 간주하는 것은 우리의 신체가 좌와 우의 방위성과 관련해 이미 처해 있는, 미리 주어진 사실을 전제한다.

내가 앞서 거론한 칸트의 논의는 장소를 다음과 같은 암묵적인 항들의 계열 가운데에 놓았다.

점-위치-장소-방역-공간

칸트 자신의 통찰력 있는 소견에 의해 우리는 이 계열을 수정할 수 있다. 요컨대 신체가 이제 결정적인 중심 항이 되는, 즉 장소와 방역, 위치와 공간의 매개자가 되는 방식으로 수정할 수 있다.

위치-장소-**신체**-방역-공간

데리다라면 이렇게 표현할지도 모르겠다. 신체는 장소 및 방역이 다양한 방식 아래 방위 지어진 것으로 구성되는 과정에 "개입하는 수단"[29]이라고 말이다. 신체가 한쪽으로 기울면서 양 측면을 가지고 개개의 방역 및 장소에 진입하지 않는다면, 공간은 단지 중립적인 절대적 구획에 불과할 것이다. 아니면 순수한 위치들로 세워진 순수한 관계들의 얽힌 타래에 불과할 것이다. 그러나 실제로 우리가 공간적 세계를 경험할 때, 이 세계는 다양하게 방위 지어진 방역 속에 둥지를 틀고 있는 방향 지어진 장소들로 구성되어 있다. 이런 점에 관해 우리는 신체에 감사해야 한다. 그리고 이 모든 것에 우리가 주의를 기울이도록 해준 점에 대해 칸트에게도 감사해야 한다. 1768년의 짧은 텍스트에서 칸트는 **신체를 통할 때 가장 중대하고도 가장 친밀하게 장소를 파먹어 들어갈 수 있다**는 점을—서구 사상에서 최초로—증명해 보였다. 칸트가 열어놓은 극히 미미한 협로를 통해 우리는 다시 한 번 장소의 세부적 이점뿐만 아니라, 그 풍부한 전경(全景) 또한 엿보기 시작할 수 있다.

2

우선적으로, 현재화한 로쿠스는 인체와의 어떤 체계적 관계에 의해 한정된다.
－화이트헤드, 《과정과 실재》

모든 현실적 사물 하나하나는 우주에 현실적 사물에 순응할 의무를 부과한다. ……우리는 우리 신체의 여러 기관에 순응하고, 또한 이것들을 초월한 곳에 있는 막연한 세계에 순응한다.
－화이트헤드, 《상징 활동—그 의미와 효과(Symbolism, Its Meaning and Effect)》

칸트는 인간 신체가 장소의 개별성을 형성하고 지지하는—그 개별성을 상징화화면서 동시에 그것을 가능케 하는—대단히 특별한 (그리하여 한층 더 설득력 있는) 방법을 제시하고, 또한 바로 이 방법을 제시함으로써 공간이 사이트로 환원되지 못하도록 선수를 쳤다. 즉 공간이 신체와 관련해 항상 이미 방역화해 있다면, 공간 내 어떤 특정한 장소도 사이트로 납작해져버리는 데 저항할 것이다. 그러나 이토록 눈부시게 분출한 통찰력은 그만 단명하고 말았다. 칸트 자신부터 이 문제에 큰 관심을 갖지 않았던 것으로 보인다. 비록 후기의 몇몇 저작에서 불일치 대칭물에 대해 스치듯 언급하는 경우는 있지만, 그 대칭물들은 《실용적 관점에서 본 인간학(Anthropology from a Pragmatic Point of View)》(1798)이라는 제목의 체계적인 연속 강의에서 거론하지 않는다. 저작의 성격상 불일치 대상물을 언급할 가치가 확실히 있어 보이는데도 말이다. 독일 자연철학에서 칸트의 직접적인 계승자들은 칸트 자신보다도 훨씬 더 사변에 경도되어 말없이 이 현상을 지나치고 말았을 뿐이다. 아니, 그들은 신체가 어떤 식으로 공간과 관련 있는지에 대해 도무지 신중하게 주의를 기울이려 하지 않았다. 생성과 발생이라는 물음—즉 생물학에서 역사로, 그리고 심리학에 이르기까지 많은 영역에서의 통시성—에 점점 더 몰두했다는 사실이 의미하는 것은 19세기 사상가들이 공간의 무시간적인, 혹은 어쨌거나 공시적인 관계 및 특성만을 획일적으로 탐구하지는 않았다는 점이다. 1880년대 후반에 이르러 베르그송은 해로울 것으로 추정되는 시간의 '공간화'에 대한 강력한 논박을 정식화할 수 있었다. 베르그송은 시간의 지속적 깊이—근본적으로 이종적(heterogeneous)이고 질적인 특성—가 근대에 들어 타락한 과정을 여전히 진행 중인 공간성에 대한 강박에까지 추적해 들어감으로써 공간을 희생물 삼아(따라서 고칠 것은 고침으로써 장소 또한 희생물로 삼아) 시간의 지위를 높이고자 했다. 그러나 이러한 움직임은 19세기가 끈질기게 추구한 시간중심주의의 대표적 사례이며, 또 그러한 것으로서 여전히 중요한 측면을 웅변하고는 있지만, 결국 자신이 그토록 강력하게 공격했던 바로 그 견해를 영속시키는 역할을 수행하고 말았다. 그도 그럴 것이 베르그송은 공간의 본성을 동종적(homogeneous)이고 양적인 것 이외의 것으로 간주하는, 지적으로 존중받을 만한 대안적인 방식 같은 건 없다고 상정했기 때문이다. 그럼으로써 그는 《티마이오스》에서 플라톤이 강조한 공간의 비균질성을 간과했을 뿐만 아니라, 공간의 내적인 불일치와 그 본질적인 이질성, 즉 (베르그송 자신의 표현을 빌리면) "질적 다양성"에 대한 칸트의 독창적 견해를 이용하지 못했다.[30]

공간을 가정상 열등하고 제한된 상태로 간주하는 19세기의 자기만족에 이의를 제기한 최초의 사람들 중에 화이트헤드가 있었다. 그는 분명 《티마이오스》로부터 영감을 받았으며, 또한 베르그송의 공간화 비판의 불충분성을 예리하게 느낀 인물이었다.[31] 《과학과 근대 세계》(1925)에서 화이트헤드는 공간(및 시간)에 관한 17세기의 견해에 효과적인 비판을 제기했는데, 이는 훗날 《과정과 실재》(1929)에서 충분히 정식화할 한층 건설적인 개념들의 서곡이었다. 우리가 앞서 몇 번 되풀이 살펴보았듯 깊이 숙고한 그의 견해에 따르면, 17세기의 "근본 가정"은 **단지 위치를 점하는 것**(곧 '단순 정위'—옮긴이)이며, 이는 "공간 안에 있는 것은 무엇이든 공간의 어떤 일정한 부분 안에 **단지**(simpliciter) 있을 뿐이고", 또 한 조각 물질에 불과한 것으로 "그 한 조각 물질의, 공간의 다른 영역이나 시간의 다른 지속에 대한 관계에 어떠한 본질적 언급"도 결여되어 있다. "단순 정위의 장소"로 간주한 공간에 전적으로 부재하는 것은 바로 "우리 신체의 여러 측면에 대한 연관"[32]이라는 칸트의 개념에 가까운 어떤 것이다. 실제로 단순 정위에서는 모든 물질적 물체(인간 신체도 포함해)가 다른 모든 물체로부터 철저히 고립되어 존재한다고 간주한다. 뉴턴과 가상디 그리고 데카르트뿐만 아니라 로크와 라이프니츠조차—그들이 관계주의적 견해를 주장한 주요 이론가임에도 불구하고—단순 정위 학설을 널리 퍼뜨린 공범자로 고발대 위에 세워진다. 로크와 라이프니츠로서는 특정한 위치를 점하는 일을 일련의 관계에 의해 규정하고 나면 **더 이상** 관계들의 집합을 설정할 필요가 없다—그 결과 위치를 점하는 일은 그 관계적 성질에도 불구하고 단순화되어버렸다.[33]

장소 개념은 또한 절대주의적 공간 이론에서든 상대주의적 공간 이론에서든 어쨌거나 살아남는 한 단순 정위의 먹이로 떨어진다. "공간-시간 내의 **일정한 장소**라고 할 때 그것이 무엇을 의미하는지 당신이 어떤 식으로 결정하든, 일단 결정하고 나면 곧장 어떤 특수한 물질적 물체가 바로 그곳에, **그 장소에** 존재한다고 말함으로써 당신은 공간-시간에 대한 그 물체의 관계를 충분히 진술할 수 있다. 아울러 단순 정위에 관한 한 더 이상 말해야 할 것은 아무것도 없다."[34] 내가 지금까지 '사이트'라고 부른 것은 단순 정위라는 축소 거울에 비친 장소의 모습이다. 아마도 바로 이런 위험성 때문에 화이트헤드는 칸트와 크게 다를 바 없이 '장소'보다 '방역'에 대해 말하길 선호했던 것이리라.[35] 그러나 정확히 어떤 용어를 선택했는지는 중요하지 않다. 중요한 것은 칸트가 "근원적 공간"[36]이라고 부른 것의 어떤 중요한 부문이 개념상의 감축(shrinkage)에 종속되어왔다는 점이다. 그 결과 장소에 대한 17세기의 이해 방식은 더 이상 진리도 아니고, 심지어 인간의 통상적인 장소 경험에조차 적합하지 않다. 화이트헤드가 통렬히 말했듯 "우리의 직접적인 경험을 통해 파악할 수 있는 자연의 근원적 요소 중에서 단순 정위라는 이러한 특성을 가진 **요소는 하나도 없다**".[37] 이러한 요소 중에 장소가 있으며, 이는 결코 단순히 위치 지어지는 것이 아니다.

따라서 이제 우리는 "잘못 놓인 구체성의 오류" 쪽으로, 즉 "추상을 구체로 착각하는"[38] 오류 쪽으로 향하게 된다. 이러한 오류(칸트가 의미했던 절취를 뚜렷이 연상케 하는)를 범할 때, 우리는 단지 경험으로부터—우리가 늘 관련되고, 또한 완벽하게 "구성적"[39]일 수 있는 어떤 것으로부터—추상하고 있는 것일 뿐만 아니라, 더 결정적으로는 구체적인 경험적 항목들을 **그것들 자신의 추상물**로 치환해버리고 있는 것이다. 이리하여 우리는 "단지 위치가 정해진 물질 조각이라는 추상 개념에 도달하고,"[40] 그러면서 이러한 조각들이 과연 무엇**의** 추상 개념이고, 또 무엇**으로부터** 추상된 개념인지, 나아가 어떤 장소에 내속해 있는지도 아울러 망각한다. "배제된 사물이 우리 경험에서 중요한 것인 한 이런 〔근대적〕 사고 양식은 그러한 사물들을 다루는 데 적합하지 못하다"[41]고 화이트헤드가 말할 때, 필시 그는 장소를 그 "배제된 사물"들의 집합 안에 포함시켰을 것이다. 어쨌거나 분명한 것은 '장소'가 개념적으로 '사이트' 아래 매장되어버리는 한 '사이트'라는 추상은 '장소'를 다루는 데 적합하지 않다는 점이다. 장소가 아니라 사이트 쪽에 주의를 돌림으로써 "당신은 사물의 나머지를 전부 추상해버린다".[42]

사물의 나머지로 추방된 것은 장소뿐만이 아니다. 2차 성질 또한 바로 그 추상화 작용에 속한다. 갈릴레오와 데카르트와 로크는 질량과 운동, 거리와 크기, 관성과 중력 같은 양화 가능한 세계로부터 2차 성질을 제거함으로써 이러한 성질들을 주관화하려 했다. 물질적 대상의 정확한 모습은 그것이 나타날 때 지각자의 생리학적 조건에 의존한다는 점을 이유로, 구체적 성질들은 물질적 대상으로부터 분리되어 자연계에서 온전한 지위를 부정당했다. 따라서 이러한 성질들의 운명은 이들 2차 성질이 어떤 경우에도 밀접히 결부되어 있는 장소의 운명과 같았다. 즉 어떤 장소의 특수성은 상당 부분 그 장소의 특별한 색깔, 질감, 광휘 등에 기인한다. 감각적 성질 **그리고** 그것이 질적 특성을 부여하는 장소, 이 양자를 물질세계의 공식 현안에서 제외할 때, 우리에게 주어지는 것은 정말이지 성기기 그지없는 잔여, 즉 자연의 잠재적인 죽음이다.[43] 운동 중인 물질에 대한 사이트의 단순한 계열이 되어버리면서, 자연에는 성질도 없어지고 장소 또한 없어진다.

즉 신체가 없는 한 자연에는 정확히 이 두 가지 일이 일어난다.

17세기의 도식에 2차 성질을 위한 어떤 장소도 더 이상 없는 것과 정확히 마찬가지로, 생동적 유기체(animate organism)를 위한—"선행하는 정착된 세계 중에서 가장 밀접하게 연관된 부분"[44]으로서 신체를 위한—장소 또한 존재하지 않는다. 따라서 만일 장소와 2차 성질이 새로운 인식을 다시 획득해야 한다면, 우리는 지각 영역 전체에 숨과 형태를 불어넣는 인간 신체의 힘에 대한 새로운 평가에 착수해야 한다.

우리는 신체가 유기체이고, 그 여러 상태가 세계에 대한 우리의 인식을 규제한다는 사실을 인정하지 않으면 안 된다. 따라서 지각계의 통일은 신체적 경험의 통일임에 틀림없다.[45]

이와 유사한 견해가 데카르트부터 버클리(G. Berkeley)에게까지 이르는 사상가들로 하여금 2차 성질을 지각자 안으로 불어넣도록 이끌었던 건 사실이다—2차 성질이 어떤 것으로 현상하느냐는 이 지각자의 생리학적 상태에 의존한다. 하지만 그들은 객관적 신체, 즉 그 자신이 다시 한 번 물질적 대상에 불과한 것에 호소함으로써 그리했다.[46] 신체에 관한 다른 견해가 요구되는데, 이에 관한 화이트헤드의 진술은 장소를 그 정식화의 중심에 오게끔 만든다.

우리는 사물을 지각하는 **어떤 장소**에 있다. 우리의 지각은 우리가 있는 곳에서 일어나고, 그때 우리 신체가 어떻게 기능하는지에 전적으로 의존한다. 그러나 **어떤 장소**에서 신체의 이러한 기능은 우리의 인식에 대해 우리에게서 떨어져 있는 환경의 한 상(aspect)을 보여주고, 저편에 사물이 있다는 막연한 인식 속으로 사라져간다. 만일 이러한 인식이 초월적 세계에 대한 지식을 전해주는 것이라면 이는 사건이, 즉 신체적 삶이라는 사건이 그 자체로 우주의 여러 상을 통일하고 있다는 점에서 가능한 것임에 틀림없다.[47]

만일 지각하는 주체와 그 혹은 그녀의 객관적 신체의 생리학 안에 2차 성질들을 안치하는 대신 주변 세계 내에서 어떤 지위를 부여할 수 있으려면, 우리는 지각자의 신체가 감각을 등기(register)하기 위한 단순한 기계 장치가 아니라 지각 현장에 대한 능동적 참여자임을 이해해야 한다. 이는 무대로서 현장(place-scene), 곧 장소의 현장—개개의 장소들에 의해 구별/구획되는 현장—이다. 왜냐하면 만일 능동적 신체가 "그 자체로 우주의 여러 상을 통일한다"면, 이는 반드시 **어떤 장소로부터** 그렇게 해야 하기 때문이다. 다른 철학자들(가장 두드러지게는 라이프니츠와 니체)이라면 지각자의 '관점'에 귀속시킬 것을 화이트헤드는 장소화-로서-유기적 신체(the organic body-as-implaced)에 귀속시킨다. 이런 장소화는 단순 정위가 거짓임을 보여준다. 왜냐하면 단순 정위는 우리를 우리 자신의 바깥으로 끌고 나가 광의의 우주 속으로 데려가기 때문이다.

신체적 경험을 의식하는 가운데 우리는 신체적 삶 안에 비추어진 시공적 세계 전체의 여러 상을 의식하고 있음에 분명하다. ……내 이론은 단순 정위가 사물이 시공 안에 포함되는 기본 방식이라는 사고에 대한 완전 폐기를 수반한다. 어떤 의미에서 **모든 것은 모든 시간에, 모든 장소에 있다.** 왜냐하면 모든 소재(location)는 다른 모든 소재 안에서 자신의 상을 포함하기 때문이다.[48]

만일 그토록 깊이 분기된 비(非)단순 정위가 가능하다면, 우리가 자신을 장소 안에서 찾아내는 것은 (또한 거기서 우리의 길을 찾아내는 것은) 우리 신체를 기반으로 할 수밖에 없다. 신체는 고립된 물질 조각이 아니라, 그 자체가 하나의 "총체적 사건(total event)"[49]이다. 신체는 특유의 효과로 인해 그 자체의 장소화 내부로부터 모든 장소로 뻗어갈 수 있으며, 그리하여 (구체화하는 방식이 아니라 "순응하는" 방식으로) 그 주변 장소들의 "객관화"뿐만 아니라 "파악적 통일(prehensive unification)"을 초래할 수 있다.[50]

그럼에도 불구하고 우리는 또 이렇게 물어야 한다. 정확히 왜 **신체**는 이 모든 점에서 그토록 중요한가? 다른 현실적 존재자―그중에는 유기적인 것도 있다―에게서는 발견할 수 없는, 그러나 스스로-움직이는(self-moving) 우리 자신의 신체에서는 발견할 수 있는 것은 과연 무엇인가? 우리 자신의 신체가 기능하고 있다는 걸 느끼는 것은 곧 "가장 원시적인 지각"을 경험하는 것이라고, 혹은 "과거 세계에 대한 느낌"을 갖는 것이라고 단언하는 것만으로는 충분치 못하다.[51] 또한 "신체는 인과적 지각에 있어 여러 영역이 뚜렷하게 분리되어 있는 세계의 일부다"[52]라고 주장한다 해도 마찬가지일 것이다. 설명해야 할 것은 여러 영역의 분리가 아니라, 공유된 방향성에 의해 영역들이 함께하는 것이며, 단순 정위 학설에서는 뿔뿔이 흩어져 있던 사물들이―그중에서도 우선 신체와 장소 자체부터―합체하는 것이다.

생동하는 신체는 가장 먼저 통상적인 물질적 대상이 우리 시야에 들어오도록 허락하는 것과 마찬가지로, 우리에게 단지 마음에 대해서뿐만 아니라 세계에 대해서도 알려주는 파악(把握, prehension) 안에 그 대상들의 2차 성질을 깊이 담아 넣는다.[53] 신체의 파악에는 주위 세계의 "반복"이 포함되는데, 그 대상들로부터의 추상화가 아니라 순응하는 방식으로 그리한다.[54] 화이트헤드는 이렇게 말한다. "과거의 환경이라는 보배들(treasures)이 살아 있는 계기(living occasion) 속으로 흘러들어가는 것은 바로 기적과도 같은 질서를 수반하는 신체 때문이다."[55] 그러한 보배들은 장소와 영역의 극히 특수한 순응에서 살아 있는 계기 속으로 유입된다.

신체가 장소를 파악하는 데 결정적인 것은 바로 신체의 '~을 가지고(withness)'이다. '~을 가지고'는 그 밖에 어떤 요인보다도 일반적 세계와 개별적 장소를 경험하는 데 신체가 특유의 기여를 할 수 있는 원천이다. "우리는 동시적인 의자를 보지만 그것을 우리의 **눈을 가지고** 본다. 또한 우리는 동시적인 의자를 만지지만 그것을 우리의 **손을 가지고** 만진다."[56] "우리는 **우리의 신체를 가지고** 느낀다"[57]는 게 옳다면, 우리가 "동시적인 의자"(이 의자와의 관계에서 우리 자신의 눈과 손은 "거의 직접적인 과거"[58]에 속한다)뿐 아니라, 우리 자신의 장소 및 그 의자의 장소—그리고 양자 모두 동일하게 방향 지어진 영역적 결합체에 속하는 것으로서[59]—를 경험하는 것은 바로 그 동일한 신체적인 '~을 가지고-구조(with-structure)'에 의해서다. 그렇다면 장소는 신체의 원시적 파악 및 그 주변 세계의 반복에 있어 필수불가결한 "~을 **가지고"의** 내부에서 생기는 것이다. 우리가 늘 신체를 가지고 존재하듯 신체적으로 존재하는 우리 역시 늘 하나의 장소 내부에 존재한다. 우리의 신체 덕분에 우리는 그 장소에 존재하고, 또 그 장소의 일부다.

"자연은 외부로부터 설계되고 또 그에 순종하면서 단지 그리고 완결적으로 **거기에** 존재한다"[60]고 보는 뉴턴의 견해와 대조적으로, 화이트헤드의 모델에서 신체는 여기와 거기가 서로 얽혀 연결되는 장(arena)이다. "이러한 경우, **이곳**이라는 자리와 **저곳**이라는 어떤 객체화한 영역으로의 이중적인 언급이 있게 된다."[61] 신체 혹은 더 정확히 말하면 **나 자신의 신체**가 독자적인 존재인 것은 단순 정위의 유혹에 저항하는 방식으로 이곳과 저곳을 결부 짓는다는 점에서 그러하다. 단지 위치를 점한다는 것, 즉 단순 정위에 따르면 '이곳'이란 단지 아무런 차이도 없는 사물로서 간주된 내 신체의 점과도 같은 적확한 위치일 뿐이고, 또한 '저곳'이란 나와 반대쪽에 있는 동시적인 대상의, 마찬가지로 점과도 같은 적확한 지점일 뿐이다. 그러나 바로 '저곳'은 '이곳'으로 **진입하며**, '이곳' 또한 '저곳'으로 진입한다.[62] 그러한 진입이 가능한 것은 내 신체가 지각 영역의 중추적 요소이기 때문이다.

> 녹색을 문제의 감각 대상이라고 할 경우, 녹색은 그것이 지각되고 있는 A[즉 '여기']에 단순히 존재하는 것도 아니고, 또한 단지 그것이 위치 지어진 것으로 지각되는 B[즉 '거기']에 단순히 존재하는 것도 아니다. 그것은 B에 위치를 점하는 방식으로 A에 있는 것이다.[63]

화이트헤드가 "양태적으로 위치를 점하는 것(modal location: 곧 '양태적 정위'―옮긴이)"이라고 부르는 것은 신체 자체의 장소화하는 힘, 즉 그 자신에게 본래적으로 갖추어진 파악적 통일화와 효과적 객체화―그 자신의 장소에 조성된 분위기를 포함한 통일화와 객체화―라는 견지에서 "다른 곳에 위치를 점하도록" 규정하는 작동 능력이다.[64] 이로부터 (지각된 대상의) 거기와 (지각하는 신체의) 여기의 '관계'는 단순한 지시적 관계 이상의 것이라는 결론이 따라 나온다. 이는 예시적이고 포함적이다. 또한 이는 정확히 공통된 환경, 공통된 토포스로서 장소를 통해 작용한다. 이 공통된 토포스에서 대상과 신체, '저기'와 '여기'는 모두 "이 세계가 갖는 명백한 연대성"[65]이라고 화이트헤드가 부르는 것 안에 위치 지어져 있다.

그러나 만일 우리가 우리 자신의 생동하는 친밀한 신체를 통해, 그리고 또한 그 신체에 의해―즉 **그 신체를 가지고**―장소에 접근하는 일이 없다면, 장소는 그러한 매개 및 통합의 역할을 수행할 수 없을 것이다. 이러한 신체의 특권은 동시에 그 직접적인 환경의 축이자 기둥이어야만 한다. 그러니 화이트헤드가 "우주의 다른 여러 부문은 우리가 인간 신체에 대해 알고 있는 것과 일치하도록 해석되어야 한다"[66]고 주장할 수 있는 것도 하등 놀랄 일이 못된다. 이러한 여러 "부문" 중에 **장소**가 있다. 우리 자신의 신체는 마치 시간이 흐르면서 자신을 위치 짓거나 재(再)위치 짓거나 하듯 단지 이런저런 장소들로 움직일 뿐이다. 아울러 "현전화한 로쿠스"[67]로서 장소 자체는 우리 신체의 작용에 단지 우발적이거나 우연적으로가 아니라 본질적으로 관련이 있다.

이렇게 주장함으로써 화이트헤드는 칸트가 특수한 사례에서 참이라고 증명했던 것에 일반화한 형식, 곧 법칙 같은 형식을 부여한다. 방역이 인체의 양측성에 대해 갖는 관계는 신체에 대한 장소의 좀더 일반적 관계—"체계적 관계"[68]—의 비록 지극히 전형적인 사례지만 그래도 어디까지나 독특한 사례다. 칸트에게나 화이트헤드에게나 하나같이 인간 신체는 "공간에서 방역 구별의 제1근거"를 구성한다. '그 밖에 나머지'라기보다는 근거이고, 실체라기보다는 주체이며, 순간적이고 수동적인 등록자라기보다는 작동하는 파악적 활동성을 지닌 신체는 우리를 장소로 데려가 거기에 머무르도록 한다.

3

내 신체—특히, 예컨대 신체의 일부인 '손'—는 공간 속에서 움직인다. (그러나) 신체의 운동과 함께 구체화하는 '운동 감각'이라는 제어 활동 자체는 공간적 운동으로서 공간 내에 있지 않다.
—에드문트 후설, 《유럽 학문의 위기와 초월론적 현상학(The Crisis of European Sciences and Transcendental Phenomenology)》

공간의 전체성 속에서 장소는 실제로 그것을 위한 하나의 장소일까?

— 에드문트 후설, 〈자연의 공간성의 현상학적 기원에 관한 기초적 탐구(Foundational Investigations of the
Phenomenological Origin of the Spatiality of Nature)〉

사람들은 지금까지 이렇게 말해왔다. 칸트에 찬성하는 사람이든 반대하는 사람이든 얼마든지 철학을 할 수는 있지만, 칸트 없이 철학을 하는 건 불가능하다고 말이다. 이번 장에서 고찰 중인 칸트 이후의 세 철학자— 화이트헤드, 후설, 메를로퐁티—중에서 화이트헤드는 칸트에 대해 가장 덜 적극적으로 관여한 인물이다. 칸트에 대한 그의 태도는 비판적이지 않은 적이 없다. 그의 비판은 (전적으로 간결하게 설명하면) 공간 및 시간을 직관의 순수한 선험적 형식으로 보는 칸트의 완숙기의 견해는 잘못 놓인 구체성의 오류를 보여준다고—그것도 대단히 볼썽사나울 정도로—주장한다는 데 의심의 여지가 없다.[69] 그럼에도 불구하고 이 두 사상가는 공히 유기체의 신체 그리고 자연 환경에서 그 유기체가 거주하는 장소 간에는 내적인 유대가 존재한다는 점에 동의할 것이다. 두 사상가가 이런 확신에서 수렴하는 것이 크게 볼 때 우연적인 일이라고 해서—화이트헤드가 칸트의 1768년 논문에 대해 알고 있었다는 증거는 없다—그 수렴의 의의가 줄어들지는 않는다. 오히려 인간의 신체에 특별히 주목하지 않은 것으로 알려진 두 중요한 사상가가 상호 독립적으로 '신체/장소'의 연계성을 밝혀냈을 것이라는 사실이 훨씬 더 인상적이다.

그러나 후설의 경우에는 이러한 수렴이 우발적이라고 주장할 수 없다. 후설은 늘 칸트에게서 눈을 떼지 않고 사유하며 글을 쓴 사람이기 때문이다. 무엇보다도 우선 칸트는 자신이 초년기에 시도한 철학적 기획의 중심 요소를 그가 "현상론 일반(phenomenology in general)"[70]이라고 부른 것으로 간주했다. 칸트가 물리학자 람베르트(J. H. Lambert)에게서 빌려온 것으로 보이는 "현상론(Phänomenologie)"이라는 명칭을 표 나게 쓰고 있다는 점을 차치한다 해도, 이번 장 1절에서 검토한 바 있는 그의 논문은 기술(記述)이 구체적이라는 면에서 그리고 관심사가 "우리 인식의 최초의 여건"이라는 점에서 현상학적이다. 이보다 더 중요한 점은 후설—하나의 철학적 기획으로서 현상학을 창시한 인물—이《유럽 학문의 위기와 초월론적 현상학》이라는 자신의 마지막 대저(大著) 제목에서 알 수 있듯 칸트로부터 "초월론적"이라는 말을 이어받고 있다는 것이다. 후설은 자신이 초월론 전통에 속한다고 여겼다. 이 전통—데카르트로부터 비롯되었다—에서 인식의 토대는 "나의 현실적이고 가능적인 인식 생활의 전체, 그리고 궁극적으로는 나의 구체적 생활 일반을 모두 동반한 나-자신(I-myself)"[71]의 영역 속에서 발견해야만 한다.

칸트가 이 전통에 "엄밀한 과학"이라는 가장 체계적인 형식을 부여한 것은 사실이지만, 그럼에도 불구하고 그는 단지 그곳에 이르는 **도상에** 있었을 뿐이다.[72] 그는 그 목표에 도달하지 못했다. 적어도 칸트가 순수한 마음 이외의 어떤 것 안에 토대를 마련해야 한다는 필요성을 포착하지 못한 한 그러하다. 후설이 표현했듯 칸트는 "주변 생활 세계"—후설의 전문 용어로 말하면 "생활 세계"[73]—를 "암묵적으로 '추정'"한다. 생활 세계를 무시한다는 것은 곧 후설이 생활 세계의 경험에 본질적인 것이라고 이해했던 "체험된 신체"의 역할을 무시하는 처사다. 그의 견해에 따르면 "살아 있는 신체는 지극히 특이한 방식으로 끊임없이, 게다가 지극히 직접적으로 지각 영역 안에 있다. 그것도 온전히 유일한 존재적 의미를 가지고 그러하다".[74] 체험된 신체가 지각 장(field) 안에 존재하는 "지극히 특수한 방식"은 곧 "제어하는 것(holding-sway)"을 말하며, 그럼으로써 체험된 신체는 진행 중인 참여(participation) 속에서 사물들과 딱 들어맞는 방식으로 그것들의 감각적 측면과 관계를 맺는다.[75] 이런 모든 것에 대해, 특히 "운동 감각적으로 기능하는 살아 있는 신체성"[76]에 대해 칸트는 아예 깜깜한 것으로 보인다. 진정으로 초월론적인 현상학은 생활 세계로 돌아가야 하며, 그리하여 이 생활 세계에 생동감을 불어넣는 삶을 '산-살아 있는(lived-living)' 신체로 회귀할 필요가 있다. **또한** 초월론적 현상학은 장소로 회귀할 필요가 있다. 비록 후설의 현상학에서 장소에 이르는 통로가 대단히 험준할지라도 말이다. 후설의 현상학에서는 우선 시간과 공간이라는 엄혹한 관문을 통과하고 나서야 비로소 자기 자신의 길을 갈 권리를 인정받을 수 있다.

내적 '시간-의식(time-consciousness)'에 관한 후설의 저 유명한 1904~1905년 강의는 공간적 구조라는 것이 시간적 경험의 구조와 분명히 닮았다고 끊임없이 언급한다. 예컨대 지금의 "지평(horizon)"으로서 되당김〔retention: 과거 파지(把持)—옮긴이〕과 미리 당김〔protention: 미래 예지(豫持)—옮긴이〕은 명백히 공간적 지평과 연결되어 있다.[77] 시간의 구성 문제에 뛰어든 다음, 후설은 곧장 공간 속을 탐구해 들어간다.[78] 따라서 아우구스티누스에서 베르그송 및 제임스에 이르기까지 공간에 대해 시간에 우위를 부여한 사람들을 꼽을 때 후설을 포함한다면 부적절할 것이다. 또한 그는 바로 앞 세기를 강하게 특징지었던 시간중심주의에 완전히 빠지지도 않았다. 그 자신이 "시공적 배치"라고 확신했던 것은 원리적으로 "시간과 공간 자체보다 선행하며 공간과 시간을 자기 동일적 지속의 형식으로 이해하는 한 그러하다".[79] 후설이 "기본적 세계"[80]라 부르는 인간 경험의 가장 깊은 수준은 시간적인 만큼이나 공간적이기도 하며, 그래서 인간 경험의 시간성은 물론 그 공간성을—사실상 이 두 가지를 함께—탐구하는 것이야말로 현상학자들의 과업이다.

심지어 공간성에 관해 처음 탐구할 때에도 후설은 자신이 인간 신체의

"특권화한 위치"[81]라고 부른 것에 강한 인상을 받았다. 어떤 면에서는 이 신체가 단지 또 하나의 물리적 사물일 뿐일지라도, 다른 면에서(즉 체험된 신체로서) 이는 평범하지 않은 어떤 것, 즉 "나의 담지자"이고, 이 나(I)에 의해 느껴지는 감각의 장소다.[82] 그것은 내가 어디로 움직이든, 또 언제 움직이든 늘 "여기"로서 경험된다는 점에서 또한 비범하다.[83] 이는 체험체로서 신체란 "모든 공간적 관계가 그에 결부되는 것으로 보이는 지속적인 점 (point)"[84]으로 나타난다는 것을 의미한다. 이런 여러 관계 안에 우와 좌, 전과 후, 상과 하 같은 관계가 있다. 바로 이 대목에서 후설은 기본적인 세 가지 차원이 신체 안에 뿌리를 두고 있다는 칸트의 직관에 합류한다.[85]

그러나 후설에게 신체는 이 세 가지 차원의 기초일 뿐만 아니라, "나타나는 모든 사물이 그의〔즉 체험된 신체의〕 주위에 속한다"[86]는 더 거대한 사실의 기초이기도 하다. 내가 마주치는 모든 사물은 신체 **주위에** 배열된 것으로서 주어지는데, 나는 바로 이 신체를 가지고 지각한다. 내 신체 덕분에 나는 사물의 중심에 있다. "나-자신(I-myself)"이란 내 모든 경험의 "중심으로서 나(I-center)"를 형성하는 신체적인 자기(self)다.[87] 이렇게 결정적인 중심화 능력을 가졌다는 점에서 내 신체는 "무-물체(null-body)"로 이해해야 한다. 직접적인 내 주위에 있는 모든 사물은 이 물체와의 관계 속에서 소재를 부여받는다. 후설은 비록 아이러니하지만 신중하게 데카르트로부터 빌려온 무의 점 혹은 영점(zero point)이라는 기하학적 관념 쪽으로 주의를 돌린다. 해석기하학에서 영점(즉 X축, Y축, Z축이 교차하는 점)을 고정불변의 것으로 설정하는 것과 마찬가지로, 영점으로서 내 신체는 주변 세계에 대해 늘 부동(unmoving)인 것으로 보이는 독특한 특성을 갖는다. 후설이 1907년 강의에서 말했듯 "이 세상 모든 사물은 내 앞을 주행해 가지만, 나 자신의 신체는 그렇지 않다".[88] 내 신체는 사물이 내 주변에서 움직일 때뿐만 아니라 내 신체 자체가 움직이고 있을 때조차 정지해 있는 것처럼 여겨진다. 혹은 후설이 역설적으로 표현하듯 "신체는 움직인다. 〔하지만〕 '멀어지는 일'은 없다".[89] 신체는 **자기 자신으로부터** 결코 멀어지지 않는다―신체가 자신의 일부를 내던질 수 없는 것처럼.[90] 신체는 그 주변에서 지각하는 모든 사물과의 관계에서 안정되어 있는 것과 마찬가지로 자기 자신에 관해 고정되어 있다. 진정한 장소의 안정성은 신이나 태양 혹은 영속적인 역사적 건물 안에서가 아니라, **나 자신 안에서** 발견된다. 나는, 더 정확히 말하면 내 신체-자기(body-self)는 내 지각 경험 안에 나타나는 모든 것에 대해 "늘 지속적인 관계의 점(point)"[91]이다. 칸트는 신체가 방향의 원천이라고 주장했지만, 한 걸음 더 나아가 주변을 선회하는 지각 영역 전체의 안정된 중심인 한에서만 그러한 원천임을 제시하지는 않았다.

그러한 상태에 있는 내 신체는 공간과, 특히 **장소**와 어떤 관계가 있는 것일까? 이 주제에 처음 뛰어든 후설에게 공간은 철두철미 객관적인 어떤 것으로 여겨진다. 체험된 신체에 상응하는 **체험된** 공간이라는 개념은 아직 없다. 비록 이 신체가, 중심화되면서 또한 중심화하는 이 신체가 객관적 공간의 지각에 필수불가결하다는 주장을 이미 하고 있다 해도 말이다. 이 능동적 신체와 그것이 지각하는 일정한 공간 사이에는 커뮤니케이션이 결여되어 있다. 후설은 체험된 신체와 객관적 공간 사이에 시각적 공간(visual space), 즉 순수하게 시각적인 공간을 설정함으로써 이러한 결여 문제를 다루려 시도한다. 후설은 시각적인 (그리고 촉각적이기도 한) 공간이 점, 선, 경역(境域, boundary), 깊이처럼 그 자신의 성질을 갖춘 "전(前) 경험적 연장"[92]을 가지고 산재된 장(discrete field)을 구성하는 것으로 이해한다. 그러한 장 각각에는 자체의 "장소 체계"가 있으며, 그 장들은 장소를 구별하는 표지(標識)로서 여러 성질을 갖춘 실질적인 장소의 모태다.[93] 그럼에도 불구하고 여기서의 장소는 주로 단순히 위치를 점하는 것으로서—후설이 장소(Ort)와 위치(Lage)를 호환적으로 사용한다는 사실에서 알 수 있듯—이해된다.[94] 이렇게 볼 때 어떤 특정한 장에 의해 부여받는 "장소의 다양성"은 "절대로 불변적인 것"이고 "늘 주어지는 것"이지,[95] 그것에 대한 내 경험과 보조를 맞추며 변화하는 진정으로 **체험된** 어떤 것이 아니다.

이러한 결점이 있음에도 불구하고 후설은 또한 장소에 대해 매우 다른 견해를 제시한다. 이는 그가 운동 감각을 고찰할 때, 즉 신체가 어떤 특정 순간에 자신이 움직인다거나 정지 중이라는 걸 느끼는 것처럼 움직이는 신체 혹은 정지 중인 신체에 대한 내적 경험을 고찰할 때 일어난다. 이를 논의하는 과정(이러한 논의는 후설의 남은 생애 전체에 걸쳐 지속된다)에서 후설은 불변적으로 주어지는 장소의 다양성조차 "결코 K〔즉 운동 감각(kinesthetic sensation)〕없이 주어지지 않으며, 또한 어떤 K도 장소의 전체적 다양성을 다양한 방식으로 충족하는 일 없이 경험되지 않는다"[96]고 주장한다. **만일** 내가 어떤 방식으로 내 신체를 움직인다면, **그 경우에** 사물은 다른 모습으로—또한 다른 장소에서—나타날 것이라는 점에서 운동 감각은 개별 지각을 "동기 짓는" 작용을 한다.[97] 더 직접적으로 표현하면, 나 자신의 신체가 어떤 장소에서 존재하는/운동하는 것을 내가 느끼는 방식은 내가 그 장소 자체를 경험하는 방식과 큰 관련이 있을 것이다. 그리고 만일 운동 감각의 자기-각지(self-awareness)가 그 자체로 내 신체의 각지가 취하는 기본 형식이라면(이런 신체적 의식이 시각적인 것이든 촉각적인 것이든),[98] 그 자기-각지는 내가 현실적으로 그것을 경험할 때 장소에 대한 특권적 진입을 구성할 것이다. 내 신체를 느낀다는 것은 신체가 어떻게 자신이 있는 장소를 점해야 하는지 느낀다는 것이다. 후설이 표현한 대로 "장소는 운동 감각을 통해 실현되고, 바로 이 운동 감각 아래서 장소의 성질은 최적의 형태로 경험된다".[99] 이러한 장소는 단순한 사이트일 수 없다. 그것은 장소에 관한 나의 운동 감각적 경험에 답하는 하나의 복합적인 질적(qualitative) 전체다.

후설에게는 그러한 것으로서 체험된 장소 개념이 없기 때문에, 그는 여러 대체 개념에 호소한다. "시각적 공간"이 그렇고, 객관적 공간의 구체적 "모습"도 그렇다. 무엇보다도 "근린 영역"이 그러하다. 마지막에 거론한 근린 영역은 특별히 흥미롭다. 나의 운동 감각 덕분에 나는 내 "핵심 세계"[100]의 주요 부분인 근린 영역에 접근할 수 있다. 이 근린권 내에서, 또 그 근린권을 통해서—아울러 그 근린권 주위에서—장소는 내가 그 속으로, 동시에 그 쪽으로 움직여 갈 수 있는 가까운 지대에 배치되어 있다. 근린 영역은 운동 감각적 각지의 "내가 할 수 있음"[101] 안에 함의된 접근 가능성을 포함한다. 실제적으로 나 자신의 근린 영역은 가장 가까운 장소(들)로서, 나는 거기에 **있다**든가 혹은 거기로 **갈 수 있다.** (이와 대조적으로 나의 원격 영역은 내가 직접적으로 다가갈 수 없는 장소를 포함한다.)

근린 영역의 중요성은 단지 그것이 신체와 장소 간 틈을 채운다—나는 대부분의 경우 **근린 영역 내의 장소 안에** 있다—는 데에만 있는 것이 아니라, 객관적 공간의 구성에 결정적 기반이라는 데에도 있다. 이때 객관적 공간의 구성은 순수 직관의 바탕 전체로부터가 아니라, 체험된 신체가 자연스레 협력 관계를 맺는 구체적인 사물들로부터 생긴다. 후설은 이렇게 썼다. "가까움 안에서, 즉 안정된 직관적 운동 감각과 그에 속하는 〔다양한〕 측면들 간의 관계에서 공간성은 효과적으로 구성된다."[102] 공간성은 그 구성물이 나의 근린 영역 안에서 가용(可用)한 장소들의 연결, 따라서 그 영역 내부에서 내 운동 감각의 각지에 접근 가능한 장소들의 연결의 산물인 한 객관적인 것으로 구성된다. 우리가 (17세기에 공간이 우위를 점한 이후) "공간"이라고 부르는 것은 단지 운동 감각적으로 느껴진 내 근린 영역의 "상관물"—울리히 클레스게스(Ulrich Claesges)가 후설에 대해 주석하며 그렇게 부른 것처럼[103]—에 그치는 게 아니라, 근린 영역의 "확장" 자체이기도 하다. "근린 영역(원초적 핵심 영역)의 통각적 확장은" 후설에 따르면 "공간이라는 동질적이고 무한히 열린 세계 속에서 실현된다".[104] 이것은 개개의 장소(이러한 장소 각각은 체험된 신체에 의해 운동 감각적으로 느껴진다)를 텅 비게 해서 섞어버리면 곧바로 뉴턴의 평평한 절대 공간이 된다고 말하는 것과 마찬가지다. 그러나 이는 장소 자체가 임의의 주어진 지각적인 장(perceptual field)의 "나라는 중심" 혹은 영점, 즉 "절대적인 여기"로서 체험된 신체에 의존하는 한에서만 가능하다. **절대 공간은 절대적인 여기에 의존한다.** 여기에는 신체적인 구성 방식에서 초월론적 전회(turn)가 있다! 뉴턴에 의해 그 자체로는 신체를 갖지 않는 것으로(또한 인간 신체와 중요한 연계성을 확실히 갖지 않는 것으로) 설정되는 것은 본질적으로 가동적인 가운데 늘 바로 **여기**—내가 장소 안에 있는 바로 여기—에 있는 신체에 의하지 않고서는 구성될 수 없고, 하물며 파악하는 일은 아예 불가능하다.

　절대 공간은 근대 초기의 물리학에 필수불가결한 요소가 되었지만, 체험된 신체에는 이방(異邦)일 뿐이었다. 사실 어떤 종류의 공간도, 설령 그것이 아무리 추상적일지라도 체험된 신체로부터 발생하는 것인데 말이다. 후설이 1914/1915년의 짧은 논문에서 생생하게 표현했듯 "외적 공간은 동질적이다. 비록 다양한 방식으로 방향 지어져 나타난다 해도 그러하다. ……**그러나 체험된 신체와 그 신체의 공간은 이 동질성을 산산조각 내버린다**".[105] 나는 "신체의 공간"이라는 말을 체험된 장소—즉 임의의 주어진 순간에도 체험된 신체가 경험하는 개개의 장소—의 개념적 등가물로 간주한다. 바로 이것이야말로 활력을 불어넣는 경험이다. 요컨대 절대 공간이나 외적 공간, 즉 동질적으로 활기를 잃고 납작해진 공간은 그것이 체험된 신체 자체의 장소를 공급하는 한 붕괴하고, 그리하여 활력이 넘치고 혹은 생생하게 된다.[106] 체험된 신체는 우선 자신이 구성한 바로 그 공간을 탈(脫)구성한다.

이러한 신체의 공간으로부터 후설의 말기에 해당하는 저작《유럽 학문의 위기와 초월론적 현상학》(이하 문맥에 따라《위기》로 약칭하기도 한다―옮긴이)의 중심 개념인 생활 세계까지의 거리는 겨우 한 걸음밖에 되지 않는다.《위기》에서 후설은 17세기 철학과 과학에 대해 신랄한 비판―화이트헤드의 《과학과 근대 세계》에서 볼 수 있는 것과 많은 점에서 유사한 비판―을 한다. 화이트헤드가 근대 초기 철학 및 물리학의 추상적 경향에 절망했던 것처럼 후설은 갈릴레오와 그 당시 여타 사상가들이 구체적 생활 세계를 세세히 검토하면서 어떤 식으로 그 위에 "이념의 옷"을 덧씌웠는지 보여준다.

> 기하학적 및 자연과학적 수학화를 수행하며 무한히 열린 가능적 경험 안에서, 우리는 생활 세계―우리의 구체적 세속 생활 속에서 우리에게 현실적인 것으로 끊임없이 주어지는 세계―를 측정하는데, 이는 이념의 옷을 짓기 위해서다. 이른바 객관적인 과학적 진리라는 옷을 말이다.[107]

생활 세계에 이론적인 이념의 옷을 입혀버림으로써 그 독특한 방법에 부합하는 것이 곧 세계의 궁극적 본성(nature)―여기에는 세계의 궁극적 본성이 "그 '참된 즉자 존재(true being-in-itself)'에 있어 **수학적**"[108]이라는 전제가 깔려 있다―이라는 혼동이 발생한다. 그러나 후설은 우리에게 이렇게 경고한다. 사실 "우리는 자연의 고유한 공리적 체계를, 그 공리가 필증적으로(apodictically) 자명한 [즉 수학에서처럼] 체계로서 발견하리라는 전망을 갖고 있지 않다".[109] 그러한 체계를 설정하는 것은 생활 세계를 양립 불가능한 개념들의 프로크루스테스 침대에 억지로 우겨넣는 격이다.

과학적-이론적 이념의 옷과 생활 세계가 완전히 부합하지 않는 사태의 직접적 귀결로서 수학화하지 않은 물질이나 심지어 아예 수학화하기 불가능한 물질들이 상당 부분 남게 되는데, 이렇듯 회수되지 않은(unredeemed) 나머지는 수학의 기호(symbol)나 물리학의 공식으로 재현되는 데 이르지 못한다—적어도 근대적인 체계 속에서는 그러하다. 후설은 자연을 수학화하려는 17세기 열정의 기원을 찾아 고대의 측량술까지, 즉 토지 측량이라는 실천적 활동에서 처음 출현한 측량술까지 거슬러 올라간다. 그런 측량을 수행하는 가운데, 어떤 기본적 형태의 식별 및 투사와 그 뒤를 이은 규격화는 결국 우리가 유클리드 기하학에서 그 범형을 발견하는 이념적 형태에 대한 평면기하학의 창조를 낳았다.[110] 정확히 이 지점, 평면기하학이 비롯된 바로 이 순간이야말로 장소가 모습을 드러내는 시점이다. 비록 다른 것에 의해 **능가당하는 것**으로서뿐이긴 하지만 말이다.

이 〔측정〕 기술에는 굉장히 많은 것들이 포함되는데, 실제 측정은 그 많은 일 중에서 최종적인 부분에 속하는 것일 뿐이다. 우선 강이나 산, 건물 등의 물체적 형태를 생각해보자. 그런 것들은 대개 엄밀하게 규정을 부여하는 개념이나 명칭이 결여되어 있기 때문에 측량술은 그것들의 물체적 형태를 다룰 수 있는 개념을 창조해내야만 한다—상세히 말하자면 우선 (재현적 유사성의 관점에서) 그것들의 '형태'를, 다음으로는 그것들의 크기 및 크기들 간의 관계를, 그리고 또한 고정적인 것으로 전제된 기지(旣知)의 장소 및 방향과 관련 있는 거리나 각도를 측정함으로써 규정된 위치를 다룰 수 있는 개념을 창조해야만 한다.[111]

이 인용문에서 장소는 두 번 나타난다. 첫째, 장소는 "강이나 산, 건물 등"을 위한 최초의 (비록 암묵적이긴 하지만) **배경**을 제공하는데, 이것들의 "물체적 형태"는 "개념이나 명칭"을 부여받을 것이다. 이런 역할을 수행함에 있어 장소는 무(無)규정적인—혹은 더 정확히 말하면 전(前) 규정적인—측량의 무대, 즉 좀더 정밀하게 동일화하고 재동일화하기 위한 토대가 된다. 둘째, 장소는 **위치**를 진술하기 위한 기반으로서 역할을 수행한다. 장소가 이럴 수 있는 것은 "기지의 장소"가 "고정적인 것으로 전제된" 사실 덕분이다. 여기서 관건은 장소의 형태성이나 내용이 아니라, 순수한 위치를 부여할 수 있는 규정성이다.

장소(특히 풍경 속의 장소)는 그리하여 이중으로 가정된다—하나는 배치의 저장소로서, 또 하나는 위치의 기반으로서. 이렇게 이중적으로 가정된다는 점은 중요하지만 측량이 평면기하학에 굴복할 때, 문자 그대로 장소의 원초적(aboriginal) 지위는 곧장 일시 정지를 맞는다. 구체적으로, 유클리드적으로 주조된 기하학은 비록 측량이라는 실천에 의거한 것임에도 불구하고 그러한 실천을 지배하고 "인도한다(guide)".[112] 2000년 뒤, 그러니까 이탈리아 르네상스가 끝나갈 무렵, 상황은 자연이 전면적으로 수학화하는 지점에 도달했다. 갈릴레오에게 "구체적인 세계 전체는 수학화 가능한 객관적 세계로 판명이 나야만 한다".[113] 화이트헤드의 견해와 동일하게 후설은 구체적인 세계를 수학화하기 위해서는 추상화를 위한 노력이 상당히 필요다는 점을 강조한다. "[갈릴레오 물리학의] 이 모든 순수한 수학은 추상화를 통해서만 물체 및 물체적 세계와 관계해야 한다. 즉 시공 내에서 추상적인 형태하고만 관계해야 한다."[114] 달리 말해 이는 체험된 것으로서 장소가 갖는 구체적 형태를 간과한다는 얘기다. 그러나 이 새로운 상황에는 화이트헤드가 강조하지 않았던 본질적인 무언가가 있으니, **이념화**(idealization)가 바로 그것이다. 최초로 그리고 가장 철저하게 이념화하는 것은 원이나 삼각형처럼 완전한 극한-형태(limit-form)로 간주되는 모형들이다. 그러나 이 원(原)이념화(이는 이미 유클리드가 착수했던 것이다)는 나아가 생활 세계에서 일상 경험을 채우는 "감각적 충실(sensory plena)"을 이념화하는 과정, 즉 냄새나 빛깔·소리 등등의 구체적 성질을 이념화하는 과정에 의해 보충된다. 이러한 제 2의 이념화는 다양한 감각적 충실을 수학화하는 문제이고, 이를 달성하기 위해서는 "[형식적] 형태에 속하는 감성적 충실(sensible plena)을 공-이념화 (co-idealization)하는 실천"[115]에 종사해야만 한다. 이런 방식으로 근대 초기의 물리학은 형태와 성질이 공히 이념화하는 보편적인 인과적 틀로서 자연을 정립하기에 이르렀다.[116]

후설은 이런 야심찬 연구 프로그램—이 프로그램은 결국 장소가 가질 수 있는 어떤 중요한 역할에 대해서도 실질적인 사망을 선고하고, 동시에 제2성질은 철저하게 주관화해버리는 것으로 끝난다—은 서로 구별되는 세 가지 난점을 수반한다고 말한다.[117]

(1) **형태**를 기하학적으로 취급하는 것과 추상적이고 이념화하는 방식으로 구체적인 감각적 **성질들**에 주목하는 것은 전혀 별개의 것이다. 그러한 성질들은 "단계적으로 변화하는 그 고유의 면모로 인해 형태 자체를 대하듯 **직접적으로** 취급하는 게 **불가능하다**".[118] 이러한 성질들을 수학화하는 것은 오직 간접적인 방식으로만 가능하다.[119] 이는 역으로 그런 측정이 결코 전적으로 적확하지는 않다는 것, 그러므로 우리가 희망할 수 있는 최선은 정확하게 측정한 형태와의 상관관계(그리하여 후설의 "공-이념화"라는 개념)에 그친다는 것을 의미한다. 갈릴레오와 그 계승자들은 "오직 **하나의 기하학만이**, 즉 [감각적] 충실을 위한 제2[의 기하학] 따위는 갖지 않는 형태의 기하학만이 존재한다"[120]고 생각한다. 비록 어떤 물리적 존재자도 형식적인 성질과 **동시에** 감각적 성질을 함께 가지며, 따라

서 전혀 다른 기하학을 요구한다 해도 그러하다고 생각한다.

(2) 절대적이고 객관적인 시공성(spatiotemporality)의 근저에는 단 하나의 보편적 인과성만 존재한다는 것은 증명되지 않은 가정이다. 이는 갈릴레오 물리학의 순수한 공준으로서—앞서 언급했듯—더 직접적으로 경험할 수 있는 "시공적 배치"와 혼동해서는 안 되는 시공성이다. 선(先)에 이어 후(後)가 발생하는 이런 지고한 인과성 아래 존재하는 "이 순수한 생활 세계의 시공성"의 경우, 이를 특징짓는 지표는 바로 후설이 생활 세계의 "불변하는 일반적 양식"이라 부르는 것이다.[121] 지각하는 유기체에 의해 현실적으로 경험되는 인과성은 이 양식 전체의 부분을 구성하는 것으로서 이런 양식에 강요되는 이념화하고-수학화한 이념의 옷에 속하지 않는다.

(3) 17세기의 세계상에 빠져 있는 것은 '체험된 신체'와 '물리적 신체'를 결정적으로 구별하는 어떤 감각이다. 우리가 지금까지 살펴본 것처럼 후설에게 기본적으로 주어지는 현상학적 소여는 바로 이러한 구별이다. 갈릴레오에게 **모든** 물체는 관성의 법칙과 운동량 법칙에 종속되는 물리적 물체일 뿐이라고 여겨진다. 그러나 이는 자연물리적 세계에서 체험된 신체가 갖는 특이한 지위를 간과하는 처사이며, 더 한층 심각하게는 인간이 살아가는 생활 세계에서 체험된 신체가 수행하는 구성적 역할을 간과하는 처사다.

화이트헤드의 유기체 철학이 과학적 기술(記述)을 통해 포착되지 않는 신체의 인과적 효과 수준에서의 경험을 제대로 평가하려 시도한 것과 마찬가지로, 후설이 선택한 유기적 신체는 직접적인 수학화에 고분고분 순종하지 않는 '기본적 세계(primary world)'로 통한다.

바로 이 세계야말로 우리 자신이 우리의 신체적이고 개인적인 존재 방식과 일치하도록 살고 있는 곳이다. 그런데 여기서 우리는 기하학적 이상물(geometrical idealities)의 어떤 것도 발견하지 못하며, 그 이상물의 모든 형태로 채워진 그 어떤 기하학적 공간이나 수학적 시간 또한 발견하지 못한다.[122]

그렇다면 우리가 체험된 신체의 수준에서 발견하는 것은 무엇인가? 이에 대해 화이트헤드가 "신체적 효과"[123]의 고유성으로서 직관적 느낌 쪽을 가리킨다면, 후설이 더 강력한 인상을 받는 것은 체험된 신체가 운동 감각을 경험할 때 관건인 "제어" 쪽이다.

그러한 제어는 모두 다양한 '운동' 양식에서 발생하지만, 이러한 제어에서 '나는 움직인다'(나는 뭔가에 닿거나 밀거나 하면서 내 손을 움직인다)는 것 자체는 만인이 바로 그러한 것으로 지각할 수 있는 물리적 물체의 〔단순한〕 공간적 운동이 아니다. 내 신체—예컨대 특히 신체의 일부로서 '손'—는 공간 속을 움직인다. 〔그러나〕 물체의 운동과 함께 구체화하는 '운동 감각', 즉 제어 작용은 그 자체가 공간적 운동으로서 공간 안에 있는 게 아니라, 그 운동 안에 단지 간접적으로 공–국소화(co-localized)하는 것일 뿐이다.[124]

손이 귀환한다. 한데 이번에는 하나의 불일치 대칭물로서가 아니라 신체적 제어의 한 분절체(articulation)로서다. 칸트가 개개 방역들이 양측적 인간 신체에 대해 맺는 "관계"의 증거로 손을 불러냈던 곳에서, 후설은 **체험된 존재**로서 이 신체가 공간 자체와 마주하는 방식을 강조한다. 왜냐하면 체험된 신체 자체는 물리적 대상이 공간 안에 존재하듯 공간 **안에** 존재하는 것이 아니기 때문이다. 체험된 신체는 "이 운동 안에 간접적으로 공–국소화하는" 것으로서 공간을 통해 운동한다. 제2의 성질이 직접적인 이념화에 저항하는 만큼 신체는 직접적인 국소화―실제로는 단순 정위―에 저항한다. 정확히 체험된 존재로서 손은 유클리드 기하학에서 형식적 형태의 규정과 쌍을 이루는 공간 내 객관적 위치의 가까운 곳에 존속한다. 이러한 것으로서 손은 근린 영역과 공-국소화한 "가까운 사물들"[125]에 뻗쳐서 그 근린 영역과 사물들을 정의하는 데 도움을 준다. 손은 그리고 이 손이 속하는 신체는 공간 내 여러 방역의 지표라기보다 생동하는 유기체의 근린 영역 속으로 들어간다고 운동 감각적으로 느끼는 침입이다.

그러나 우리는 어떻게 체험된 신체의 제어를 통해 공간 속에서 움직이는가? **장소를 편력하는 과정을 통해서다.** 요컨대 우리가 그 개개의 장소 속으로 들어가거나 그로부터 나오는 혹은 가로지르는 과정을 통해서다. 그러나 《위기》에는 장소에 대한 계획적인 논의를 찾아볼 수 없으며, 체험된 장소에 대해서는 말할 것도 없다. 그 대신 "개개의 운동 감각적 상황"에 대한 이야기 그리고 "신체가 나타나는 상황, 즉 지각 영역의 상황"에 대한 이야기가 있다.[126] 그렇지만 우리는 이렇게 묻지 않을 수 없다. 그러한 상황은 어떤 형태의 체험된 장소―내부로부터 운동 감각적으로 느끼는 것으로서 장소, 그리고 지각된 신체가 외부로부터 출현하는 무대로서 장소―말고 무엇일 수 있겠는가? 바로 이 대목에서 후설은 우리를 체험된 장소의 가장자리까지 데려간 채 그 지점에 그냥 내버려둔다. 우리는 결정적 실마리가 여전히 빠져 있다고 느낀다. 체험된 신체와 체험된 장소가 정확히 어떻게 상호 연결되는지 구체적으로 보여줄 뭔가가 빠져 있다고 느끼는 것이다.

실마리는 전적으로 범속한 경험을 통해 주어진다. 바로 **걷기**다. 로마인들이 즐겨 말했듯 걸음으로써 해결하라! 〈살아 있는 현재라는 세계, 그리고 유기체에 대해 외적인 주변 세계의 구성(The World of the Living Present

and the Constitution of the Surrounding World External to the Organism)〉(1931)이
라는 짧은 논문에서 후설은―따로 그것만 집단으로 묶어 파악할 경우 그
저 변화무쌍할 뿐인 단편적 드러남으로부터 내가 어떻게 일관성 있는 중심
세계를 구축할 수 있는가라는 미스터리를 분명히 보여주는 것으로서―걷
는다는 경험을 선택한다. 이 중심 세계는 친숙하고 접근 가능한 모습으로
나타나는 근린 영역과 낯선 미지의 사물들로 이루어진 먼 영역을 모두 포
함한다. 이렇게 이질적인 두 영역의 모습은 내가 걷는다는 단순한 기본 동
작을 취할 때면 언제든 한데 합쳐져 하나의 통일된 시공적 "전체(ensemble)"
를 이룬다.[127] 그러나 이런 일은 그 이질적인 모습을 단순히 조망한다고 해
서 발생하지 않는다―이전 시기의 모델에서 함의했던 대로 우리가 단지
주변을 둘러보는 것만으로 구성되는 것은 '시각적 공간'이다. 바로 이런 연
유로, 기본적 방향에 관해서라면 우리는 차라리 정지해 있는 편이 낫다.

걷기를 거론함으로써 얻는 것은 나는 무엇보다도 우선 **나 자신**을 통일해
야만 비로소 내 주위를 통일할 수 있다는 사실이다. 만일 내 관절이 완전히
어긋나 있다면, 나는 전혀 걸을 수 없을 것이다. 걷는 것은 내 신체를 최소
한 일시적으로라도 함께 끌어당기는 것이고, 그렇게 한다는 것은 곧 나 자
신을 하나의 일관된 유기체로 구성한다는 것이다.

〔걷는 가운데〕 나의 유기체는 그 자신을 구성한다. 즉 생동하는 유기체로서 자기
자신과 관계함으로써 "나는 내 팔을 뻗는다", "나는 내 눈을 움직인다"와 함께,
그리고 안와(眼窩) 속에서 내 눈동자를 공간적으로 굴리는 것 등과 함께 나의 유
기체 또한 가동적인 것으로 구성된다. 운동 감각적 활동과 공간적 운동은 연합
에 의해 통일 상태에 거한다.[128]

나는 걷는 행위를 통해 나라는 존재가 "〔개개의〕기관들이 연결된 하나의 전체적 유기체"[129]임을 절감한다. 그렇다면 손뿐만 아니라 내 신체의 모든 기관이나 기능적 체부(體部)가 후설이 "기능하는 자아"라고 부르는 것의 지향 및 관심에 일치하는 "**전체적인 기관**"으로서 내 신체 전체의 활동을 실행한다.[130] 신체의 여러 부분의 통일성은 걸을 때 신체의 현실적 운동과 체계적으로 연합된 운동 감각적 느낌에 의해 주어진다. 인간이라는 존재가 스스로 보행을 경험할 때 "손이나 눈 등의 신체 여러 체부들 안에, 그리고 이 체부들의 외적인 공간적 운동과 평행 관계에 있는 〔이 모든 것들〕안에 국소화한 운동 감각적 흐름"[131]이 존재하는 것이다.

최초의 운동 감각적 작용이란 따라서 그 사람 자신이 움직이는 신체를 통일하는 것이다. 이렇게 통일된 것으로서만 신체는 그 자신이 통일된 중심 세계를 산출하는 여타 작용에 착수할 수 있다. 유기적인 자기 통일화는 주위 세계를 통일하는 조건이다. 이 주위 세계의 통일은 주요하게 두 가지 방식으로 이뤄진다. 첫째, 이미 흐르고 있는 나의 신체적 운동 감각과 "가까운 것이나 멀리 있는 것으로 주어지는 사물"의 나타남 사이에 있는 "구성적인 상호 연계"다.[132] 처음에 멀리 있던 사물들의 모습은 그것들이 나의 근린 영역 속으로 들어옴에 따라 변경되지만, 나는 **내 신체를 가지고** 이러한 변경을 알 수 있다. 화이트헤드가 말한 "신체를 가지고"는 후설에 의해 사물들의 모습이 변화하고 있다는 것을 느끼는 운동 감각 특유의 각지로서 구체화한다 ─ 여기서 사물들은 연속적으로 관계를 맺으면서 내부로부터 느껴지는 신체적 감각에 의해 "외부의 것"으로 지각된다. 이는 평행 관계에 있는 두 평면이라는 모델이다. 둘째, 움직이는 신체에 의해 초래되는 방향성이다. 여기서 결정적으로 근본적인 것은 모델이다. 왜냐하면 내 신체는 심지어 내가 걷고 있을 때조차 계속해서 방향성의 중심이기 때문이다.

일단 걷기 시작하면, 나에 대해 거기에 있는 세계의 모든 사물은 현상적으로 고정되어 정지해 있는 나의 유기체 주변에서 계속 방향 지어지는 것으로 내게 나타난다. 즉 그 사물들은 여기와 거기, 왼쪽과 오른쪽 등등의 방향을 부여받고, 이럼으로써 고정된 방향성으로서 영점은 말하자면 절대적 여기로 존속한다.[133]

후설은 내 주변 사물의 방향성이 내 신체에 의존한다고 본다는 점에서 칸트와 의견이 일치한다. 그러나 후설은 그러한 방향성의 원천을 신체가 두 측면을 가진다는 점에서가 아니라 "절대적 여기"라는 신체의 "예외적 위치"[134]에서 찾는다. 후설에게 "절대적 여기"란 단순히 문자 그대로 **여기**, 즉 공간 속 어떤 적확한 지점에 있다는 것만을 의미하지 않는다―"여기"란 단순히 순수한 하나의 점, 그래서 원리적으로 다른 어떤 점과도 교환 가능한 점 같은 것에 불과하다. 이쪽 길에 놓여 있는 것은 하나의 이동 장치, 즉 하나의 직증적(直證的, deictic) 보편으로서 "여기"를 이해하는 헤겔식의 추상적 관념이다. 절대적으로 여기에 있다는 게 뜻하는 것은 **내 신체를 가지고** 내가 **이 장소**에 있다는 것, 즉 내 신체가 서거나 앉거나 혹은 걸어 들어가는 바로 그 장소에 있다는 것이다. 이런 방식으로 여기에 있다는 것은 그것이 어떤 "거기"에도 의존치 않는다는 점에서 절대적이다―바꿔 말하면 공존하는 사물들의 질서의 일부일 뿐인 다른 어떤 장소에도 의존하지 않는다. 이렇게 되면 나 자신의 장소는 단순한 위치로 환원되어버릴 것이다. 그러나 나는 마치 단지 위치를 점하고 있는 경우처럼 화려한 싱글로서 여기에 있는 게 아니다. 나의 여기-신체(here-body)는 (인간이든 인간이 아니든 어쨌거나) 다른 신체(물체)와 관련을 맺는 것이로되 그 관계 자체의 함수는 아니다. 그것은 나의 근린 영역 속으로 연장되고, 나아가 내 주위에 있는 중심 세계의 먼 영역 속으로까지 뻗어간다. 내가 어딘가에 처해 있다는 것의 절대성은 설령 내가 있는 장소의 유일성을 긍정할 때에도—특히 그때에는—사이트들의 결합체 속으로 분해되어버리는 데 저항한다. 사실 언제나 "여기에 있으니 기쁘도다"[135]라고 할 수야 없겠지만, 후설은 나의 여기에-있음(being-here)이 내 신체와 내 직접적인 장소의, 즉 분해 불가능한 합성 상태(indissoluble composition) 안에 함께 있는 이 둘의 절대적 산물인 것은 확실히 사실이라고 말한다. 걷는 것은 바로 이 공-위치(com-position)의 범형이다. 걷고 있을 때 나는 현실적으로 움직이고 있지만 나 자신을 "안정된 무-대상(null-object)"[136]으로 경험하기 때문이다. 걷고 있을 때 나는 "가만히 있는" 양식(mode)과 "계속 작동하는" 양식 사이에서 요동하고 있는 것이다.[137]

이렇게 양가성을 가진 이동 행위에는 두 겹의 결과가 따른다. 즉 나의 주변 환경에 안정적인 사물들이 구성되고, 이 사물들을 위해 안정적인 장소들이 구성된다. 보행의 이 두 가지 귀결에는 밀접한 연관이 있다. 1931년 초고(草稿)의 똑같은 쪽에서 후설은 걷기가 한편으로는 "방향 지어진 사물들"을 "동일한 사물들"로서 확립하고, 다른 한편으로는 "장소들의 고정된 체계"를 구성한다고 주장한다.[138] 이 논문 도입부에서 장소는 순수하게 객관적인 언어로 기술된다. "개개의 주위 상황과 일치를 이루면서, 각각의 상황은 개별적인 방식으로 '객관적으로' 변화하는 것, 혹은 변화하지 않는 것으로서, 즉 동일한 장소와 공간적 연장을 보유하는 것, 혹은 그 연장 속에서 움직이는 것으로서 경험된다."[139] 장소와의 긴밀한 연결 속에서 "공간적 연장"을 불러내는 것을 볼 때 여기서의 장소는 위치에 불과한 것으로 해석된다는 것을 알 수 있으며, 이 초고의 몇 쪽 뒤에서 이는 출현 중인 사물이 "하나의 위치"에 국소화한다는 걸 강조함으로써 확인된다.[140] 그러나 이 논문 말미에서 장소는 다른 어떤 것이 된다—혹은 적어도 다른 어떤 것으로 되어가는 도상에 있다. 보행에 관한 주도면밀한 분석에 힘입어 이제 후설은 처음에는 결여되어 있던 잠재적 역동성을 장소에 부여한다. 요컨대 그것은 체험된 장소가 된다.

체험된 장소는 후설이 "장소들의 안정된 체계"[141]라고 부르는 것의 형식으로 현전한다. 신체의 장소─내가 '신체-장소'라 불렀던 것─너머에 장소 따위는, 단 **하나의** 장소 따위는 결코 존재하지 않는다. 명료해진 중심 세계에서 우리는 늘 일군(─群)의 장소, 즉 우리가 그 장(field)에서 지각하는 사물들의 다양한 장소와 조우한다. 이 장소들은 함께 하나의 정착된 집합을 구성한다. 그런 집합이 없으면 사물들은 자유로이 떠다닐 것이다. 말하자면 모든 방향으로 흩어져 날아가버릴 것이다. 이 장소계(Ortssystem)는 지각되는 사물들을 붙들어 국소화함으로써 안정적인 자리를 잡는다. 그러나 이 안정된 체계는 역으로 그러한 사물들과 엮이는 관계에 의존한다. 예컨대 사물들을 확보하는 기본적 세계를 걸어 통과함으로써 그러하다. 우리는 사물들을 활성화할 뿐만 아니라 사물 고유의 장소들도 활성화하는 것이다. 장소를 우리가 지각하는 사물을 위한 "기반-장소(basis-place)"[142]로서 살아 있게 만들어주는 것이 바로 체험된 신체다. 장소 없는 세계를 생각할 수 없는 것은 신체 없는 자기(self)를 생각할 수 없는 것과 마찬가지다. 또한 우리의 자아가 극히 효과적인─방향을 부여함에 있어 그리고 현상들과 운동 감각을 공조시킴에 있어─신체를 갖고 있기 때문에 세계에는 장소가 그토록 가득하고, 그리하여 거기에 거하는 사물들에 대해 세계가 그토록 수용적인 것이다.

체험된 신체는 장소를 활성화하며 또한 역으로 장소를 필요로 한다. 신체는 장소를 수립할 뿐만 아니라 발견한다. 이런 일이 어떻게 가능할까? 그것은 우리 자신의 신체가 체험된 신체일 뿐만 아니라, (그와 동시에 또한)

물체이기도 하다는 단도직입적인 이유 때문이다. 하나의 물리적 사물로서 우리 신체는 여러 사물들 중의 한 사물이고, 따라서 자신을 위치 짓기 위한 "장소 연속체"[143]를 필요로 한다. **움직이는** 사물로서 신체와 관련해 그 중심 세계에 하나의 장소가 결코 없을 수는 없다. 실제로 체험된 신체는 상당한 구성력을 가진 게 사실이지만, 그럼에도 불구하고 **또한 물리적인** 어떤 것으로서 선재하는(preexisting) 장소-세계를 필요로 한다. 체험된 신체가 이 필요성을 가장 예민하게 느끼는 것은 바로 걷고 있을 때다. 왜냐하면 걷고 있을 때 내 신체는 **가야 할 어떤 장소(들)**를 가져야만 하기 때문이다. 신체로서 인체는 여러 영역 속의 사물들을 공조시키면서 방향을 부여할 수 있겠지만, 인체 자체도 자신이 걷는 세계 속에서 공조의 대상이 되고 또한 방향 지어져야 한다. 미리 방향 지어진 장소들의 장이 잇달아 나타날 수 있는 것은 미리 구성된 장소의 **체계**로 인해서다. 그렇기 때문에 "모든 것[물체]은 자신의 장소를 갖는다"[144]는 이야기가 가능하다.

그러니까 내 신체는 지향성 및 투기(投企, projects: 실존철학에서, 현재를 초월해 미래로 자기를 내맡기는 일─옮긴이), 상호 관계 및 방향 부여의 원천(즉 초월적 지위를 가진 체험된 신체)일 뿐만 아니라, **하나의 물체**─전적인 물리적 존재자─다. 나는 걸을 때 나 자신이 무게와 힘과 용적을 가진 하나의 물체라는 걸 알고, 그러한 것으로서 나는 이미 주변 세계에 거하는 장소들의 안정된 체계에 잘 들어맞는다. 내가 묵직한 사물로서 갖는 안정성은 내 움직임을 기다리는 장소-세계의 안정적인 로쿠스들과 걸맞은 짝이기 때문이다. 신체와 장소는 여전히 밀접한 결연 관계에 있지만 이제 장갑은 다른 손 위에, 전혀 맞지 않는 손 위에 있다. 초월론적 전회는 현상학적 탐구에서 장소-세계에 이르는 유일한 길이 아니다. 우리는 또한 물질적 물체의 필연성에 대한 실재론적 관점으로부터도 거기에 이를 수 있다. 신체를 통해 장소에 이르는 협로는 실재론적이면서 동시에 초월론적인, 요컨대 두 갈래 경로를 가진 길이다.

이 지점에서 실재론의 방향을 취하는 후설은 대담하게도 "공간은 (단지 방향의 체계, 방향-공간일 뿐만 아니라) **이미** 장소들의 체계 아닌가?"[145]라는 지극히 비칸트적인 질문을 던진다. 초월론적 전회의 이 결정적 유보에서는—초월론적 전통 자체의 계승을 선언한, 아니 그 전통이 드디어 절정에 달했다고 선언한 철학자 자신이 이런 입장을 취했다는 점에서 이러한 유보는 한층 더 주목된다—내 신체를 연장된 사물이라고 운위하는 일조차 가능하다. 데카르트는 초월론적 분기점의 다른 측면에서 다시 포용된다. 후설은 이렇게 썼다. "나는 어떤 장소에도 갈 수 있고, 또 거기에 있을 수 있다. 따라서 내 유기체는 또한 움직일 수 있는 하나의 사물, 하나의 연장체 등등이다."[146]

실재론과 초월론이라는 두 방향은 그 깊은 이질성에도 불구하고 **정지**라는 공통된 항을 통해 조화를 이룰 수 있다. 보행에서는 단지 운동, 즉 "계속 움직이는 것"뿐만 아니라 정지, 즉 "가만히 있는 것" 또한 문제가 된다. 사실상 내가 걸을 때, 정지는 운동에 선행하는 것이기까지 하다. "'나는 정지한다'는 '나는 나 자신을 움직이게 한다'에 구성적으로 선행한다."[147] 후설은 "일어서는 일이나 앉는 일, 즉 '자기 자신을 전방으로 움직이게 하지 않는 일'의 특별한 정지성"[148] 같은 정지 상태를 우리에게 제시한다. 정지의 전반적 우위성—이는 움직임 **없이** 정지한 것으로서 경험하는 지구의 사례에서 정점에 달한다[149]—은 그 밖의 경우 자신을 온전히 바치는 초월론적 풍경 속에서 궁극적 안정성을 발견하고 싶다는 후설의 바람을 잘 보여준다. 정지를 "결정적이고 절대적인 어떤 것"[150]으로 간주함으로써 후설은 모든 변화가 관계를 맺어야 할 아르키메데스의 점(Archimedean point)을 확립한다. 따라서 후설은 "모든 재-변경(re-alteration)에는 반드시 그에 해당하는 정지의 의미가 있으며, 그러므로 '정지'의 구성은 변경의 구성을 창설해야만 한다"[151]고 주장한다. 이것이 실제로 의미하는 것은 걷는 것을 포함한 운동(즉 변경의 한 형식)은 정지 없이는 생각할 수 없다는 점이다. 체험된 신체의 활동성—이를 가장 잘 예시하는 것이 보행이다—은 정지에 뿌리박고 있다. 단 이는 운동의 부재로서가 아니라, 그 최종적인(혹은 최초의) 상태로서 여겨지는 정지다. 가장 심원한 차원에서, 이러한 신체는 "가동성 없는 기반"[152]이다.

사실 후설에게 "단단한 물체(rigid body)야말로 표준적인 물체이며",[153] "절대적인 여기"라는 관념 자체를 가장 잘 예시하는 것은 바로 정지한 것으로 포착된 물체다. 또한 정지는 체험된 장소의 성격에 영향을 미친다. 우리가 출발하거나 정지하지 않고는—그리고 휴지(休止, pausing) 없이는—걸을 수 없는 것과 마찬가지로, 우리 주변의 장소들 또한 신체에 의해 활성화하는 그 모든 사태에도 불구하고 확실히 정적(靜的)인 것 또한 사실이다. 즉 모든 장소는 정지해 있는 장소다. 후설이 같은 시기의 다른 논문에서 말하듯 "우리는 장소들로 구성된 한 체계로서, 바꿔 말하면 물체들의 운동이 종결될 수 있는 **가능적 종결점들**의 한 체계로서 주위 공간을 갖는다".[154] 그러니 후설이 "안정된 거리, 안정된 배치, 〔그리고〕 정지한 사물들의 배열을 동반한 장소들의 확고한 체계"[155]에 대해 이야기할 수 있다는 게 그리 놀랄 일이겠는가! 체험된 신체에 절대적인 여기는, 체험된 장소에 안정된 체계와 같다. 두 사례에서 모두 안정화를 달성한다—안정화는 **구성되는** 것만큼이나 **소여된다**(given). 초월론적 테제는 신체가 장소에 다른 방법으로는 갖지 못하는 방향성을 부여함으로써 장소를 활성화시키는 만큼 올바르다. 그러나 다른 한편 장소가 안정성, 즉 활성화의 근저에 있으면서 그러한 활성화를 가능케 하는 것이, 그리고 물리적인 것으로서 신체가 자신의 장소화 및 운동을 위해 의지하는 안정성을 가진다는 것이 실재론적 학설을 지지하는 것 또한 사실이다.

걸으면서 우리는 비록 우리 자신이 만들어내는 것은 아니지만, 우리 자신이 선택하는 근린 영역 속으로 움직여 간다. 이 영역 속에서 우리는 장소들에 활기를 부여하는 것만큼이나 장소들과 마주친다. 이런 과정의 결과가 이동하는 신체의 상관자(the correlate)인 장소-세계다. 이 세계는 신체에 의해 구성되지만, 바로 이 동일한 신체는 끊임없는 국소화를 행함에 있어 이 세계에 의존한다. 윌리스 스티븐스(Wallace Stevens: 미국의 시인—옮긴이)가 올바르게 언급했듯 "나는 그 속에서 내가 걸어 다니는 세계다".[156] 그러나 나는 내가 **아닌** 세계 속을 걷는다는 것 또한 마찬가지로 참이다. 이 세계는 나, 즉 '절대적인 여기'가 이미 **거기**로서 발견하는 세계다. 여기와 저기는, 신체와 공간은, 실재론과 초월론은 모두 종국적으로—혹은 차라리 처음에—장소 속에서 만난다.

4

공간적 실존은 …… 모든 살아 있는 지각의 기본 조건이다.
—모리스 메를로퐁티, 《지각현상학》

생기하는 국소성(originating locality)은 심지어 '사물'이나 사물 운동의 '방위'와 관련 있는 것에서조차 객관적 공간에서는 동일화할 수 없다.
—모리스 메를로퐁티, 《지각현상학》

후설의 멘토 프란츠 브렌타노(Franz Brentano)는 명시적으로 장소와 공간의 차이에 관심이 있었다. 그러나 이런 차이에 대한 브렌타노의 탐구—그가 생애 마지막까지 추구한 탐구—어디에서도, 우리는 분명 공간과 구별되는 것으로서 장소를 구성함에 있어 체험된 신체가 수행하는 역할을 그가 승인하는 대목을 발견할 수 없다. 따라서 1915년 구술한 진술에서 브렌타노가 "장소에 대한 규정에 적극적인 어떤 면이 있다는 점은 부정할 수 없다"고 선포할 때조차 동시에 그는 물체들에 대해 단지 "불가입적인(impenetrable) 것"이며 "물리적·화학적으로, 다면적으로 구체화한 것"일 뿐이라고 말하는 셈이다.[157] (대상의 질료성과 대조되는) 의식의 지향성에 대한 브렌타노의 몰두가 체험된 신체를 장소와의 관련 속에서 인식하지 못하도록 가로막은 것이다. 후설에게 남겨진 것은 바로 체험된 신체의 이러한 의의를 포착하고, 또한 그것을 수많은 저작 속에서 입증하는 것이었다. 물론 그 저작들은 대부분 후설의 죽음으로 인해 미출간 상태로 남았지만 말이다.

후설에게는 주로 탐구적인 구성 방식 속에서 여기저기 산재해 있던 것들이 메를로퐁티에게서는 초점이 맞고 명쾌해진다. 《지각현상학》(1945)에서 메를로퐁티는 자신과 후설이 모두 "근원적 세계"[158]라고 칭하는 것에 우리가 접근할 수 있는 것은 일차적으로 우리의 체험된 신체를 통해서라는 테제를 탐구했다. 사실 이러한 신체가 없다면 우리에게 세계는 아예 존재하지도 않을 것이다. "[체험된] 신체는 우리가 세계를 갖기 위한 일반적 매체다."[159] 여기서 회의적인 사람들은 이렇게 물을 것이다. 체험된 신체, 즉 인간의 주관에 의해 느끼고 경험하는 신체가 어떻게 그러한 책임을 떠맡을 수 있는가?

체험된 신체가 그러한 비중을 가질 수 있는 이유는 정확히 그것이 마음의 지향성과 혼동해서는 안 되는 자신의 신체적 지향성을 갖기 때문이다.[160] 브렌타노에게 마음의 지향성은 심리적 현상을 물리적 현상과 구별해주는 유일한 지표였고, 반면 신체적 지향성은 '심리적/물리적'이라는 구별 자체에 이의를 제기하는 것이었다.[161] 신체적 지향성은 신체와 마음에 대한 그 어떤 엄격한 이분법도 모두 우리가 거주하는 생활 세계에 우리를 결부 지어주는 "지향궁(指向弓, intentional arc)"[162]으로 대체한다. 체험된 신체의 가장 깊은 곳에, 그리하여 가장 포착하기 어려운 우묵한 곳에 뿌리박고 있는 이 지향궁 덕분에 우리는 이 세계에 대해 확실하고도 지속적인 "계류 (繫留, anchorage)"[163] 상태에 있을 수 있는 것이다. 신체의 지향성은 그처럼 묵직하고, 또한 그러면서도 민감한 것인지라 그 작용 덕분에 언제나 "내 신체는 세계와 일정한 연동(聯動, gearing) 상태"—이 연동 상태가 바로 "공간의 기원"이다—에 있다.[164]

공간의 기원! 이 기원은 이제 더 이상 창조주-신의 세계 건축 야망 속에서는 찾을 수 없고, 하물며 엄숙한 초월론적 주관(subject)이라는 순수한 마음속에서는 더 말할 것도 없다. 이 기원은 개별적인 주체의 신체 내에서 곧장 발견할 수 있다. 혹은 더 적확하게 말하면, 그것은 그 신체의 **운동** 속에서 발견할 수 있다. 공간이 출현하는데, 거기에 연동되어 있는 내 신체가 정적인 것으로 계속 남아 있을 수는 없다. 신체는 운동 상태에 있어야만 한다. 공간과 장소가 비롯됨에 있어 운동 감각 일반(그중에서도 특히 걷는 것)이 구성적 역할을 담당한다고 보았던 후설과 마찬가지로, 메를로퐁티는 신체의 운동을 "공간 산출자"[165]로 간주한다. 메를로퐁티에게 공간을 생성하는 기원은 그 사람 자신의 신체의 객관적인 장소 변경(displacement)이 아니라, 그러한 운동의 **경험** 자체다. "내 신체가 운동을 경험한다는 것은 어떤 개별적 인식의 사례가 아니다. 그것은 우리가 세계 및 대상에 접근할 수 있는 길을, 즉 원초적이고 고유한 것이면서 아마도 근본적인 것으로 인정해야 할 '실천적인 앎(praktognosia)'을 제공하는 것이다."[166] 우리 자신의 신체의 운동이라는 이러한 경험은 '전-객관적(pre-objective)'이다. 이 '전-객관적'은 우리가 바로 이 동일한 경험을 통해 깨닫는 그 세계에도 적용되는 키워드다.

> 공간이 위치를 부여하는 기원을 찾기 위해서는 환경에 자신을 단단히 고정시키는 주체의 전-객관적 상황 혹은 그 국소성까지 거슬러 올라가야 했던 것과 마찬가지로, 우리는 객관적인 운동 관념 아래에서 전-객관적 경험(객관적인 운동 관념은 바로 이 전-객관적 경험으로부터 자신의 의미를 빌려온다)을 재발견해야 할 것이다.[167]

공간 내에 대상을 국소화하는 데에는 신체의 가동성이 필요하다는 점을 분명히 인정한 최초의 인물로 칸트를 꼽으면서—비록 칸트는 아직 신체를 체험된 것으로 인식하지는 않았지만[168]—메를로퐁티는 기하학자의 예를 거론한다. 기하학자는 단지 추상적인 도형을 마찬가지로 추상적인 공간 속에 투영할 뿐만 아니라, "적어도 잠재적으로는 자기 신체를 가지고 그 도형들을 묘사함으로써만 자신이 관련을 맺는 관계를 이해한다. **기하학의 주체는 운동성의 주체다**".[169] 이런 주장과 함께 우리는 후설이 《위기》에서 지적한, 유클리드 기하학의 추상적이고 이념적인 조작이라는 신체적 기반을 찾아낼 수 있다. 체험된 신체는 요컨대 기하학의 참된 데미우르고스다. 이를 좀더 확대 해석하면 체험된 신체는 요컨대 (갈릴레오 스타일로) 공리적 지식의 체계로 간주된 기하학을 상정하고 여기에 의지해 수립한 모든 물리학의 참된 데미우르고스인 것이다.

메를로퐁티에게 체험된 신체는 "공간화된" 공간일 뿐만 아니라, "공간화하는" 공간의 기원이기도 하다. 체험된 신체는 확장되고 벌어지는 것으로서 공간(공간화하는 공간)과 고정되고 닫힌 어떤 것으로서 공간(공간화된 공간)

간의 결정적 차이를 만들어내고, 종국에는 체험된 신체가 **곧** 그 차이다.[170] 체험된 신체는 다양한 형식적 조작을 통해 기하학(과 물리학)의 공간화한 세계를 산출하는 공간화를 행한다. 능력을 부여하는 신체의 힘—이 힘은 신체적 운동에서 가장 완전히 표현된다—은 공간에 사물들을 연계시키는 "보편적 능력"[171]을 빌려주는데, 만일 그렇지 않으면 사물들은 동질적인 공간의 아무 차이 없는 진공 속에서 고립된 위치로 떨어져버리고 말 것이다. 갈릴레오의 경구 "그것은 움직인다!"(후설은 이를 "지구는 움직이지 않는다"[172]로 장난스럽게 뒤집었다)가 메를로퐁티의 유효한 언명 "나는 움직인다"로 대체된다. 지구의 운동이라는 갈릴레오의 소중한 전제는 장소를 체험된 신체의 운동에 양도한다—이 신체는 후설이 (정확히 갈릴레오 물리학과 상반된 입장에서) "현상적으로 멈춰 있다"고, 즉 바로 그것의 운동 속에서 움직이지 않고 그 자신의 장소에 정지해 있다고 간주했던 것이다.

이로부터 우리 신체에 의해 경험되는 공간은 점들의 집합도 아니고 순전히 관계들로만 이루어진 집괴(集塊, conglomeration)도 아니다. 또 그것은 예컨대 에테르성 매체에 의한, 혹은 엄밀한 포위자의 안쪽 면과의 접촉에 의한 포함의 문제로서도 이해할 수 없다.[173] 이러한 전통적 공간관은 그 어느 것도 공간의 본질적인 두 가지 특징, 즉 표현성과 방향성이라는 특징을 충분히 다루지 못한다. '체험된-움직이는(lived-moving)' 신체가 이 두 가지 특징의 근저에 깔려 있다. 신체가 끊임없이 "표현적 운동"[174]을 드러내 보이듯—신체는 표현적이지 않은 경우가 없으며, 이는 그것이 가장 비전적(秘傳的, abstruse)인 기하학적 조작에 종사할 때조차 그러하다—신체가 움직이는 공간은 그 자신의 외관(physiognomy)과 분위기, 감응성(affectivity)과 스타일을 가지면서 하나의 표현적 공간이 되어간다. 마찬가지로 바로 이 가동적 신체는 우리가 있는 개별적 공간 속에서 우리에게 끊임없이 방향을 부여한다. 여기서 '방향 부여'는 기본 방위처럼 한정된 어떤 것을 의미하는 게 아니라 신체에 딱 맞는다는, 또한 자신의 길을 두루 잘 알고 있다는 뜻에 더 가까운 어떤 것을 의미한다. 표현적 운동과 신체의 방향을 합쳐서 생각해보면 결국 그것은 **거주하는 일**(inhabitation)로 귀결된다.

> 따라서 우리는 우리의 신체가 공간의 **안에** 있다느니 시간의 **안에** 있다느니 하는 식으로 말하지 않도록 조심해야 한다. 신체는 공간과 시간에 **거주한다.** ……나는 공간과 시간 속에 존재하는 것도 아니고, 또 공간과 시간을 마음속에서 생각하는 것도 아니다. 나는 공간과 시간에 속하고, 내 신체는 그것들과 결합하고, 또 그것들을 포함한다. 이 포함의 범위가 내 실존의 범위를 재는 척도다.[175]

여기서 포함이라는 아리스토텔레스적인 "~의 안에"는 이와 전혀 다른 거주라는 메를로퐁티적인 "~의 안에"에 자리를 내준다. 칸트 또한 이의 제기의 대상이 된다. 만일 내가 단지 공간 속에 존재하는 게 아니라면, 공간도 내 **안에**(예컨대 직관의 형식으로) 존재하는 게 아닐 터이기 때문이다. 문제는 객관적이든 주관적이든 포함 따위가 아니라, "공간의 주체"[176]라고 해석할 수 있는 내 체험된 신체에 의해 공간에 활동적으로 거주하는 것이다.

만일 내 체험된 신체가 표현적이고 방향 지어진 공간의 주체, 아니 그 원천이라면, 이는 **장소**를 이해함에 있어, 특히 이번 장에서 필자가 일컫는 "체험된 장소"를 이해함에 있어 중요한 함의를 갖게 될 것이다. 직접적인 함의 중 하나는 장소를 객관적 공간에서의 순전한 위치로 환원할 수는 없다는 점이다. 메를로퐁티가 "상황의 공간성"과 "위치의 공간성"이라고 부르는 이 두 가지가 구별된다는 사실은 체험된 신체에 의해 경험하는 장소는 단지 위치적인 것, 문자 그대로 '가설(thesis)'의 문제일 수 없음을 의미한다.[177]

따라서 신체의 운동은 "객관적 공간에서의 단순한 장소의 변화"[178]라고 이해할 수 없다. 그렇게 이해하는 것은 장소를 라이프니츠가 한 것처럼 엄밀한 '장소-의-동일성'으로 제한하는 처사다. 이는 또한 장소를 그 관념적 표상으로 환원할 수 없음을 보증하는 것이기도 하다. 데카르트나 로크식으로 이러한 환원을 수행하는 것은 상당히 매력적인 일이긴 하지만 말이다.

무언가가 어디에 존재한다는 지식은 수많은 방식으로 이해할 수 있다. 전통 심리학에는 장소에 대한 그토록 다양한 의식을 다룰 수 있는 포괄적인 개념이 결여되어 있다. 왜냐하면 그와 같은 심리학 입장에서 장소에 대한 의식은 늘 위치적인 의식, 즉 표상이기 때문이다. 또한 장소에 대한 그러한 의식은 우리에게 장소를 객관적 세계의 규정으로 제시하기 때문이다. 이울러 그러한 표상은 존재할 수도 있고 그렇지 않을 수도 있는데, 그러나 만일 존재할 경우 대상을 어떤 애매함도 없이 우리에게 산출해주기 때문이다.[179]

장소는 단순히 위치적이지 않고 또한 종종 무규정적인 경계를 갖는다는 바로 그 이유로 인해 애매한—경험되고 알려지는 수단을 통해 체험된 신체만큼이나 애매한—현상으로서 우리에게 스스로를 드러낸다. 체험된 신체는 "그것이 있는 곳에 없고, 또한 그것의 현실태도 아니다"[180]라고 우리가 말할 수 있는 것과 마찬가지로, 우리는 또한 장소는 **정확히 그것이 있는 곳에** 없고, **그것의 현실태도** 아니라는 점을 받아들여야만 한다. 그런 식의 이야기는 오직 사이트의 단순 정위에 관해서만 할 수 있다. 그런 까닭에 장소는 명확한 표상의 내용이 아니다. 그러한 잘못된 견해는 체험된 신체의 직진 운동이 우리를 오도해서 발생하는 〔객관적〕 세계에 대한 선입관"[181]을 반영한 것이다. 한정된 표상—관념이든 이미지든—의 내용이 아닌 한 장소는 성격적으로 규정된 어떤 것이 아니다.

이는 역으로 장소가 지금까지의 설명에서 간과한 어떤 **잠재적** 차원을 가진다는 사실을 의미한다. 내가 내 신체에 의해 거주하는 장소는 내가 나 자신을 어떤 고정된 장소—단지 내가 도착하길 기다리기만 하는 장소—로 데려가듯 거기로 데려가는 공간의 어떤 지점에 불과한 게 아니다. 후설이 강조했던 항상적인 장소 체계는 이미 수립된 항들의 애매한 배경으로서가 아니라, 행해져야 할 사태의 애매한 배경으로서 장소 관념에 호소함으로써 문제시된다. 장소는 내가 다다를 **수도 있는** 어딘가에 있다. 그리고 내가 거기에 다다를 때, 그 장소에 잘 부합하는지 여부만이 문제 되는 것은 아니다. 나는 내 **가능적** 행동의 무한정한 지평을 제공하는 것으로서 장소에 진입하는 것이다.

〔내 주변〕 광경의 방향성에서 중요한 것은 실제로 존재하는 그대로의 내 신체, 즉 객관적 공간 내의 한 사물로서 내 신체가 아니라, 가능적 활동의 체계로서 내 신체이고, 그 임무와 상황에 의해 규정되는 현상적 '장소'를 수반하는 잠재적 신체다. 내 신체는 행해져야 할 무언가가 있는 곳이라면 그 어디에도 존재한다.[182]

이러한 진술이 보여주듯 잠재적인 것은 **현상적인 것**이라는 관념과 긴밀히 연계되어 있다. "현상적 장(field)"이 지각 세계에 대한 경험론적 모델과 주지주의적 모델의 대안으로서 《지각현상학》 앞쪽에서 정립되듯 현상적 신체는 같은 책 뒤쪽에서 "조작 전체는 현상적인 것의 영역에서 발생한다"[183]는 결론과 함께 언급된다. 이러한 조작 전체는 신체 자체가 하나의 장소가 되는 다양한 방식을 포함할 뿐만 아니라, 가능적 행동의 장소 속으로 (그리고 그 장소 바깥으로) 체험된 신체가 이동하는 잠재적인 운동을 포함한다.[184] 현상적인 것으로서 장소는 우리가 장소와 공간을 운동 감각적으로 느낀 상황으로서—이는 우리 신체를 통해 느끼는 것이 아닌, 따라서 현상적 현전이 결여된 사이트와 대조적이다—경험한다는 후설 견해의 일반화한 설명이라고 간주할 수도 있다.

그러나 나의 '장소-내-신체'의 현상성은 운동 감각적 느낌이 전해주는 것에 국한하지 않는다. 체험된 신체는 매우 친밀하게 결부된 장소를 단지 느낄 뿐만 아니라 **안다**.

신체적 공간에 관한 한 그 장소와 일종의 공존 관계로 환원하는 것은 가능하지만 단순한 무(無)가 아닌 장소에 대한 지식이 존재한다는 것은 분명하다. 비록 그러한 지식을 〔객관적〕 묘사의 형식으로는 전달할 수 없고, 혹은 한 단어도 발화하지 않고서는 지적하는 것조차 불가능하다 해도 그러하다.[185]

이는 어떠한 종류의 지식일까? 그것은 **친숙함**이라는 형태로 친분 관계에 의해 얻어지는 지식이다. 내 신체는 "친숙한 배치에 대한 진입 수단"[186]이라는 바로 그 이유로 인해, 장소와의 직접적인 (그리고 지속적인) 친분 관계에 의해 장소들에 관한 지식을 소유한다. 이런 연계성과 관련해 메를로퐁티는 "관습적(customary)" 신체, 즉 "습관적(habitual) 행동의 모태"[187]인 신체를 역설한다. 체험된 신체의 바로 이러한 측면 덕분에 전(前) 객관적인, 그러나 충분히 효과적인 수준에서 나는 현재 작동 중인 내 경험이 거하는 장소들을 안다고 할 수 있다. 장소는 내 친구(familiaris), 문자 그대로 "부리는 요정(familiar spirit)"이다. 내가 내 집을 두루 잘 알고 있는 것과 마찬가지로, 나는 내 "서식지(habitat)"의 모든 친숙한 장소에 대해 두루 잘 알고 있다. 즉 습관적 신체 기억(이는 익숙하고 숙련된 행동의 집합 전체의 바탕을 이룬다)은 "존재

(being)가 처해 있음(being)과 동의어"[188]인 환경을 초래하는 장소에 대한 감각적인 지식과 결합되어 있다.

이런 식으로 장소에 대한 실천적 지식을 제안하면서 메를로퐁티가 주장하는 것은 단지 신체가 장소에 접근하는 특권적 지점을 제공한다든가, 아니면 신체가 장소에 대한 유일한 능력을 갖고 있다는 얘기에 그치지 않는다. 그는 **우리가 거주하는 장소는 우리가 사는 신체에 의해 알려진다**고 주장한다. 나아가 **우리는 신체화하지 않고서는 장소화할 수 없다**고 주장한다. 바꿔 말하면 **신체화한다는 것은 장소화할 수 있다**는 얘기다. 우리는 신체의 운동을 통해 늘 새로운 장소를 발견하는 데 그치지 않는다. 우리는 장소의 영속적 친숙함과 우리 자신의 신체적 습관성 간의 친밀한 연결 덕분에, 우리가 이미 알고 있는 장소 한가운데서 자신을 발견한다.

화이트헤드가 우리에게 단순 정위와는 다른 어떤 것으로서 장소에 대해 새로이 생각해보라고 도발하는 것처럼, 메를로퐁티는 (후설의 인도에 따라) 연장체의 단순한 한 실례와는 다른 어떤 것으로서 체험된 신체를 새로이 고찰해보라고 권한다. 심지어 그는 (후설과 달리) 물리적 물체가 장소화에 본질적으로 포함되는 것으로 여기려 하지 않는다. 행동에 있어 습관적인 것이자 잠재적인 어떤 것으로서―따라서 능동적으로 과거를 자신의 일부로 통합해내고, 구성적으로 미래를 투사하는 것으로서―체험된 신체를 현상적인 것으로 간주한다. '현상적'이라는 말이 고유하게 갖는 모든 의미에서 그러하다. 하지만 그렇다고 해서 메를로퐁티가 버클리의 주관적 관념론이나 칸트의 초월론적 관념론이 마음에 귀속시켰던 전적으로 자율적인 성격을 신체에 귀속시키려는 것은 아니다. 구체적인 신체적 지향성을 지지한 덕분에 메를로퐁티는 신체의 모든 활동이 그 주위 세계와 긴밀하게 조율된다는 것을 우리에게 보증할 수 있다. 요컨대 사실상 나의 체험된 신체는 "세계의 이 영역이나 저 영역〔에 대한 반응〕의 잠재력"[189]이라고 얘기할 수 있다. 이는 다시 한 번 우리가 "세계에 계류하는 것"—단지 동질적이고 등방적인 세계가 아니라, 일련의 친숙한 배치로 이미 영역화해 있는 세계에 정박하는 것—의 문제다. 이러한 배치 상태가 바로 **다름 아닌 체험된 장소**다. 이런 장소는 단지 절대 공간의 하위 분할 단위나 공존하는 것들 간 관계의 함수에 불과한 것으로 여겨지는 게 아니라, 다공성(多孔性) 경계와 열린 방향성을 부여받은 친밀성과 개별성의 장소로 간주된다. 이런 장소는 습관적인 신체 행동을 통해서 경험되고 알려진다. 장소에 대한 메를로퐁티의 견해는 후설의 견해만큼 강한 실재론은 아니지만—메를로퐁티의 저작 속에는 이미 구성된 장소들의 안정적 체계에 해당하는 것이 없다—그럼에도 불구하고 전(前) 객관적 장소-세계, 즉 우리의 습관화된/습관화하는(habituated/habituating) 신체에 의해 우리가 거주하는 세계가 미리 주어진다는 선(先)소여성(givenness)에 대한 확고한 신념을 계속 견지한다.

메를로퐁티가 장소를 경험하고 규정하는 데 있어 체험된 신체를 이토록 탁월한 지위로 격상시킨 점과 관련해 밀접히 연관된 두 가지 물음을 제기할 수 있다. 첫째, 이러한 탁월성은 장소의 구체화에서 '주관적' 요인에 과도한 무게를 실어주는 것 아닐까? 둘째, 신체는 이러한 구체화에서 진실로 없어서는 안 되는 것일까? 다시 말해, 체험된 신체와 하등 관련이 없는, 그러면서도 동등하게 고유한 다른 특징들의 관점에서 장소를 규정할 수는 없을까?

첫 번째 물음에 답함에 있어 우리는 운동 감각—메를로퐁티와 후설은 모두 이 운동 감각을 신체의 '체험된' 측면이 우리에게 나타나는 가장 구체적인 형식이라고 간주했다—은 어떤 주관적인 것도, 즉 어떤 내부적이고 개인적인 것도 함의할 필요가 없다는 점에 주의해야 한다. 우리 신체가 주변 환경을 느끼는 걸 느낀다는 것은 "자기의 주위(the circuit of selfness)"(사르트르) 안에 사로잡히는 게 아니라, 우리 자신을 활짝 열어 주변 환경에 힘차게 관여하는 것이다. 화이트헤드가 강조했듯 느끼는 일은 세계를 "파악하는" 지극히 효과적인 방법이다. "'주체'로서 일정한 현실적 존재와 관련해 말하자면, 현실 세계의 모든 현실적 존재자는 대개 막연하나마 그 주체에 의해 필연적으로 '느껴진다'."[190] 운동 감각적 느낌은 내용이나 기원에서 단지 주관적인 것이라기보다 주관에 대해 운명적으로 "객관화해" 있고, 그럼으로써 세계가 그리고 가장 구체적으로는 장소-세계가 우리에게 부여하는 방식의 가장 소중한 증거를 구성한다.[191]

나아가 능동적으로 **방향 짓는** 힘으로서, 사실상 방향 부여의 바로 그 중심으로서 체험된 신체는 자기-울타리(self-enclosure)를 벗어난다. 어찌되었거나 방향을 부여한다는 것은 '~에로'―자기 방향 부여를 하는 것 **이외의** 무언가에로―방향 짓는 일이다. 이런 점은 방향성을 부여하는 통상적 상황에서나(즉 우리가 처음 방문하는 새로운 도시에서 그런 것처럼) 메를로퐁티가 논의한 여러 실험에서나 모두 분명하다. 막스 베르트하이머(Max Wertheimer)의 실험에서 주체, 즉 피험자는 (내부를 45도 비스듬히 반영하는) 기울어진 거울에 비친 방에서 방향을 잡는다. 잠깐 동안은 혼란스럽고 주저하지만 이내 비스듬히 기운 방에 성공적으로 적응하는 상황으로 바뀐다. 따라서 이 실험은 "시각장(visual field)이 신체의 방향이 아닌 다른 방향을 어떻게 부과할 수 있는지 보여주는 역할을 한다".[192] 실험은 이런 상황이 예외적인 것이라기보다 **모든** 방향 부여에는 "공간적 층위(spatial level)"로의 연동이 포함된다는 것을 증명한다. 이 "공간적 층위"는 사람의 고유한 신체 안에가 아니라, 환경 세계 안에 새겨져 있다. 이 층위는 지각의 토대를, 혹은 더 정확히 말하면 "내 신체가 세계와 공존할 수 있는 일반적 배치"[193]를 구성한다.

우리는 이 배치가 역으로 개별 장소들로 이뤄져 있다고, 아울러 그 장소들 각각은 어떤 특정 상황의 기본적 층위에 기여한다고 가정할 수도 있다. 내 신체가 이런 장소들에 대해 구성적으로 어떤 기여를 하든 그 장소들의 **층위**(비록 장소 자체는 아니라 해도)는 주어진 무엇으로서, 심지어 "미리 수립되어 있는"[194] 무엇으로서 간주해야 한다. 이 논리를 방향에 적용할 경우 나는 나 자신이 투사한 장면에 갇힌 포로가 아니다. 메를로퐁티가 인상적으로 표현했듯 "나는 이미 풍경 속에 살고 있다".[195] 동일한 얘기를 깊이에 관한 내 경험에 그리고 상과 하, 원과 근, 대와 소에 관한 내 감각에 적용할 수 있다.[196] 이 모든 상황에 대한 결정적 실마리는 내 주위로부터 생기는 것이지, 주변 환경으로부터 고립된 존재로 포착된 나의 체험된 신체로부터가 아니다. 이런 방향으로 사유하는 가운데 메를로퐁티는 그 자신의 초월론적 경향의 범위를 한정한다.

두 번째 물음과 연계해볼 경우, 이는 내 신체가 장소-세계의 구성에서 필수적이지는 않다는 걸 의미하는 걸까? 사실 그렇게 볼 수도 있다—만일 장소가 때때로 계절 같은 신체 외적인 사태(예컨대 온통 눈으로 덮인 숲속의 빈터 같은)에 의해 특정된다든가, 혹은 어떤 기술적인 존재자(예컨대 밤에 자동적으로 호(弧) 모양을 그리며 비추는 등대 같은)에 의해 특정되는 경우조차 있다는 걸 고려한다면 더욱 그러하다. 《존재와 시간(Being and Time)》에서 하이데거는 장소의 가장 일차적 의미는 "~하기 위해"나 "거기로"처럼 쓸모라는 도구성 차원의 다양한 관계에 의해 설정된다고 주장한다.[197] 이러한 예를 살펴보다 보면 우리는 체험된 신체가 장소에 필수불가결한 것이라기보다 단지 장소에 우연히 연결되는 것에 불과한 것 아닌가, 심지어는 장소의 구성과 범위로부터 전적으로 제거되는 일조차 있는 것 아닌가 하는 가정 쪽으로 이끌릴 수도 있다.

그러나 이런 가정은 전적으로 부당하다. 비록 모든 경우 문자 그대로 현전할 필요는 없다 해도, 그 범위 내의 모든 장소 안에 적어도 함축적으로 혹은 암묵적으로 인간 신체는 존재한다. 이러한 현전은 하이데거가 꼽은 바로 그 도구적인 관계에서 분명하다. (하이데거 자신의 예를 들면) 예컨대 망치가 그림을 걸기 위해 못을 내려친다는 '~하기 위함'의 관계를 보여준다고 할 경우, 과연 인체의 **손** 이외에 어떤 것이 망치의 그러한 작용을 일으킬 수 있겠는가? 하이데거가 다른 곳에서 피력하듯 "(우리의) 손작업은 모두 사고에 뿌리박고 있다"[198]는 것은 사실일 뿐만 아니라, 거의 모든 종류의 도구적 행동에는 '손이 된 인간 신체(a handed human body)'가 필요하다. 이러한 손이 됨(handedness)은 우리가 특정한 장소―여기에는 구성 중인 장소도 포함된다―의 편성을 경험하는 방식과 모든 면에서 관련이 있다. 또한 비도구적인 배치에서도 신체는 구성력을 여전히 보유한다. 눈에 파묻힌 숲속의 빈터가 진정한 **장소**를 구성할 수 있으려면 내가 최소한 암암리로나마―전가(轉嫁, imputation)를 통해―나 자신을 거기에 신체적으로 존재하는 것("그 자신이 무(無)로서 거기에 없는 무와 거기에 있는 무를 지켜보는"[199] 월리스 스티븐스의 '스노 맨(Snow Man)'과 크게 다를 바 없는)으로 느낄 수 있어야 한다. 그렇지 않고서는 눈에 파묻힌 숲속의 빈터는 진정한 장소를 구성할 수 없다. 이와 마찬가지로 외로운 등대가 한 장소일 수 있는 것은 오로지 내가 대리로, 말하자면 **누군가**의 신체(반드시 나 자신의 신체일 필요는 없다)가 그 등대에 거한다고 상상할 수 있는 한에서 그렇다. 이러한 전가를 실행하기 위해서 나는 내 잠재적 신체를 불러낼 필요가 있다. 이 잠재적 신체는 가장 멀리 떨어진, 또 외견상 텅 빈 장소에서조차 거주할 수 있는 신체다. 어떤 것이 가능한 신체(possible body)를 위한 "가능한 거주처"인 한 그것은 장소로 간주할 수 있다.[200]

인간의 신체가 현전할 **어떤 가능성**도 발견할 수 **없는** 그 어딘가라는 것은 사실상으로든 상상적인 투사에 의해서든 일단 장소가 아니다. 오직 사이트만이 그런 현전 없이 존재할 수 있다. (아니 존재할 수 있는 정도가 아니라, 사이트는 신체의 부재 위에서 **번성한다**.) 체험된 신체를 장소에서 추방한다는 것은 그 장소를, 즉 체험된 신체의 생기로운 상관자를 살(live) 수 없게 할 뿐만 아니라 사는 존재도 없는 생기-제거된(de-animated) 사이트로 변질시키겠노라고 위협하는 일이다.

신체와 장소의 엮임, 그 이음매는 매우 두터운 고르디우스(Gordius)의 매듭과 같아 어느 한 지점에서도 깨끗이 절단할 수 없을 정도다. 메를로퐁티가 우리에게 가르쳐주는 것은 단지 인간 신체는 장소 없이 결코 존재하지 않는다거나, 혹은 장소는 (그 자신의 현실적인, 혹은 잠재적인) 신체 없이 결코 존재하지 않는다는 것에 그치지 않는다. 그는 또한 체험된 신체 자체가 하나의 장소임을 보여준다. 신체의 운동이야말로 단순한 위치 변화를 가져오는 게 아니라 **장소를 구성하고**, 장소를 존재에 이르게 해준다. 그러한 장소를 창조하라는 명령을 받아야 하는 데미우르고스 따위는 필요 없으며, 장소를 산출하기 위해 공간에 부과해야 할 어떠한 형식적인 기하학도 필요 없다. **신체 자체가 장소-생산적이다.** 즉 신체가 그 표현적이고 방향 부여적인 운동으로부터, 즉 문자 그대로 운동적인 역동성으로부터 장소를 낳는다.

메를로퐁티가 《보이는 것과 보이지 않는 것(The Visible and the Invisible)》에서 제시한 것처럼 장소에 대한 최종 성찰이 인간에게 손이 있다는 사실―물론 여기서는 도구적 관계라는 맥락에서가 아니라, 메를로퐁티가 "살(flesh)"이라고 부르는 세계가 갖는 거대한 외피의 관점에서―에 관한 것이라는 점은 한편으로는 고개를 갸웃하게 만들기도 하지만 동시에 매우 어울리는 것이기도 하다. 살이 어떤 것인지는 한쪽 손이 다른 손에 닿는 독특한 방식 속에서—여기에는 손끼리 닿는 것을 우리가 보거나 느끼거나 할 수 있다는 사실도 포함된다—아주 잘 드러난다. 바로 이 접촉 안에서, 또 그 접촉을 통해서 우리는 개개의 사물들을—따라서 그것들이 점하는 장소들을—경험한다.

촉각에 대한 진정한 촉감, 즉 사물을 만지려는 왼손에 내 오른손이 닿을 때의 촉감. 그러나 여기서 '접촉하는 주체'는 접촉당하는 것의 지위로 옮아가 사물들 속으로 하강하며, 그 결과 촉각이 형성되는 것은 세계 한가운데, 말하자면 사물들 속에서다.[201]

거의 200년 만에 우리는 인간이 두 손을 갖고 있다는 것의 중요성에 대한 충분한 인식으로 귀환했다. 하지만 이 얼마나 다른 인식이란 말인가! 칸트에게, 즉 신체와 장소에 대한 우리 논의의 문을 처음으로 열었던 칸트에게 공간적 방역이란 우리 신체의 양측성과 관련 있는 것이다. 즉 그 벡터(vector)가 우리 바깥쪽과 우리 주변으로부터 우리 **속으로**, 우리를 **향한다**. 메를로퐁티에게 접촉-피접촉 관계의 양측성은 우리를 우리 주변 환경의 **바깥**과 **안으로** 되돌아가게 해서, 우리를 "세계 한가운데, 말하자면 사물들 속에" 두는 것이다. 우리는 세계 속으로 되밀려 들어간다. 왜냐하면 체험된 신체는 "하나의 차원적인 이것"으로서 하나의 전체인 공간적 세계의 차원성과 일체를 이루기 때문이다.[202] 나아가 의식적인 각지(覺知, apprehension)의 역할—칸트의 사유 방식에서 결정적인 것—은 메를로퐁티의 평가에서 의문에 부쳐진다. "내 양손이 단 하나의 세계에 열리기 위해서는 그것들이 단 하나의 **의식**(consciousness)에 주어지는 것만으로는 불충분하다."[203] 그 대신 그것들은 단 하나의 **살**에 주어진다―살이란 궁극적으로 세계라는 살이며, 그 결과 내 체험된 신체는 "보편적인 사물"[204]로 간주할 수 있다.

칸트와 메를로퐁티 사이에는 이것 말고도 다른 차이가 존재한다. 칸트에게 신체는 회복 불능의 방식으로 공간 및 장소에 관한 불일치 대상물로 분기되어간다. 하지만 메를로퐁티에게 손들은 "마치 내 두 눈을 키클로프스(Kyklops: 희랍 신화에 나오는 외눈박이 괴물―옮긴이)에게 있는 단 하나의 시각 채널로 삼듯 내 두 손을 경험의 단일 기관으로 삼는 **하나의 같은 신체에 있는 손들**"[205]이다. 메를로퐁티는 두 부분이 이처럼 통일되는 것은 마음속에서 "그려보기 어려운 관계"[206]임을 인정한다. 그러나 1959년 11월의 연구 노트에서 그는 이에 대해 다음과 같은 생각을 한다.

> 좌우에 대해 숙고할 것. 이는 단지 관계적 공간성(즉 **실제적인** 공간성) 내의 내용물이 아니다. 이는 공간의 **부분**도 아니다. (이 대목에서 전체가 일차적인 것이라는 칸트의 추론은 타당하다.) 이는 전체적인 부분들로서, 포괄적이고 위상학적인 공간에서 단락들이다―둘(two), 쌍(pair)에 대해 숙고할 것. 이는 **두 가지 작용, 두 가지 종합**이 아니다. 그것은 존재의 파편화이고, 분리의 가능성(두 눈, 두 귀, 즉 **구별**의 가능성, 분별적인 것을 사용할 가능성)이며, (따라서 **유사성**을 바탕으로, 즉 만물의 유사성〔일찍이 만물은 동시에 있었다(homou ēn panta)〕을 바탕으로 한) 차이의 도래다.[207]

칸트는 초기에 신체의 양측성에 의지하는 가운데, 공간에 대한 절대주의적 이해 방식과 상대주의적 이해 방식 간에 존재하던 대립을―두 가지 이해 방식 모두 그 자체로만 보자면 오른손과 왼손 같은 기묘한 쌍을 이해하는 데 적합하지 못하다는 걸 보여줌으로써―새로운 차원으로 옮겨놓았다.[208] 그 뒤를 이어 후설은 보행―오른쪽 **다리**와 왼쪽 **다리**의 활동―을 선택해 장소를 현상학적으로 이해하는 범형적인 경로로 삼음으로써 앞으로 더 나아갔다. 신체의 양측성 자체에 그다지 큰 인상을 받지 않은 메를로퐁티는 오른손과 왼손(그리고 양다리)이 단일한 신체에 속한다는 점과 좌우 사이의 '단락(cut)', '분리', 분별적인 '차이' 같은 현상 모두에 주목한다. 이러한 이질성의 견지에서 보면 불일치 대칭물은 개념상의 혼란을 초래하는 공간적 변칙 사례에 그치지 않는다. 그러한 불일치성 자체가 장소를 차이로부터, 즉 '**구별** 가능성'으로부터—"실제적인 대립 관계"[209]로부터—파생하는 것으로 간주하는 견해 쪽을 가리키는 것이다. 달리 표현하면 오른손과 왼손의 동화(同化) 불가능성, 즉 양자의 "기능적 비대칭성"[210]은 장소의 이방성(異方性, anisotropy), 즉 그 기이함 및 특이함과 모든 면에서 관련이 있다.

처음으로 느끼고 인식하는 체험된 장소는 나의 신체적인 세계-내-존재의 차이화한 그리고 분열된 모퉁이들, '단락들' 속에서 번성한다. 이는 어린이의 장소 경험이 왜 그토록 사무치게 기억되는지를 설명해준다. 어린 시절, 우리는 여러 가지로 다양하게 (그리고 때로는 무섭게) 배열된 장소들—예컨대 어린 마르셀 프루스트의 경우는 "콩브레(Combray:《잃어버린 시간을 찾아서》에 나오는 마을 이름—옮긴이)"의 여러 장소들—속으로 좋든 싫든 내던져지곤 한다. 비상하게 민감한 아이의 체험된 신체는 이 세계를 구성하는 개개 장소들의 복잡한 특색을 반영하는 고도로 표현적인 장소-세계와 통하고 또 그 장소-세계를 빨아들인다. 그렇다면 우리가 장소-세계의 차이적 성격을 가장 잘 음미할 수 있는 것은, 또한 2차적이거나 파생적인 어떤 것으로서 공간의 동일성을 포착할 수 있는 것은 신체 중심적인(somatocentric) 관점으로부터다.

추상적·객관적 공간의 동일성은 본질적으로 이중적이다. 즉 그것은 등방적이고 동질적이다. 체험된 신체의 특이성은 이 두 가지 성질 모두의 근저에 있고, 또한 그것들에 선행한다. 손이 있다는 사실—혹은 발이 있다는 사실, 팔이 있다는 사실, 무릎이 있다는 사실 등등—은 공간이 단지 그 구성상 일원적이라거나 그 향성(向性, tropism: 외부의 자극에 반응해 움직이는 성질—옮긴이)에서 중립적이라는 식의 환영을 해체해버린다. 공간은 우 대 좌, 여기 대 저기, 전 대 후, 가까움 대 멂 등등의 비대칭적인 이중 나선 속에서 항상 이미 왜곡되고 비틀린 상태로 우리에게 다가온다. 이러한 왜곡은 신체의 장소 경험에서 비롯되는데, 여기서 장소는 우리가 그러한 왜곡과 처음으로 조우하는 곳이며 또한 그러한 왜곡이 가장 지속적인 효과를 발휘하는 곳이다. 체험된 신체를 갖는다는 혹은 체험된 신체라는 사실, 즉 우리가 우리 '자신의 것'이라고 부르는 살의 특이한 덩어리를 소유한다는—'고유한 신체' 혹은 '내 신체'를 갖는다는—사실만 가지고도, 공간이 동질적이고 모든 곳에서 동일하다는, 즉 일찍이 만물은 동시에 있었다는 선험적인 가정을 전복하기에 충분하다. 메를로퐁티는 우리로 하여금 공간이 늘 장소마다 다르고 또 신체마다 다르다는 점—사실 양자는 서로의 이유가 되는 관계다—을 깨닫도록 도와준다. 왜냐하면 내 살은 세계의 살(따라서 세계 내에 현전하고 침전된 여러 장소, 요컨대 거기서 내가 살고, 움직이고, 내 존재를 가질 수 있는 장소-세계)과 섬세하게 맞물려 있기 때문이다. 만일 실제로 살이 편평한 공간과 다양한 형태의 장소를 모두 가능케 하는, 깊숙이 깔려 있는 "유사성의 바탕"이라면 이렇게 미만해 있는 바탕은 장소가 신체에 또 신체가 장소에 이중적으로 끼워져 있는 상태 속에서 구체화함과 동시에 예증할 수 있다.

5

현상학이란 성찰을 시작하기 전에 세계가—상실할 수 없는 현전으로서—항상 '이미 거기에' 있다고 보는 철학이다. 그리고 현상학의 모든 노력은 세계와의 직접적이고 원초적인 접촉을 회복하는 데에, 또 그 접촉에 철학적 지위를 부여하는 데에 온통 집중된다.

—모리스 메를로퐁티, 《지각현상학》

신체의 권능에 호소함으로써 공간의 보편성으로부터 장소의 특수성을 재생시키려는 근대 후기의 노력은 메를로퐁티에 이르러 정점에 달한다. 이런 노력은 우선 칸트의 선견지명에서 비롯되었는데, 그는 "공간 내의 방역들"에 대해 우리를 위치 지음에 있어 두 측면을 갖는 신체의 대단한 방향 부여 능력을 인식했다. 이를 더욱 확장한 것은 바로 화이트헤드다. 화이트헤드는 단순 정위에 대해 설득력 있게 비판함으로써, 아울러 그 또한 '방역'이라고 칭했던 것을 깨달음에 있어 본능적(visceral) 신체의 역할을 강조함으로써 그리했다. 후설은 이를 신속히 이어받아 자연의 수학화에 대해 놀랄 만큼 유사한 비판을 수행하고, 신체적인 장소-내-존재의 운동 감각적 토대를 발견하려 애썼다. 메를로퐁티는 체험된 신체에—무엇보다도 그 능동적인 표현적 운동에, 그 방향 부여 능력에, 그 거주하는 힘에—최대한의 역할을 부여함으로써 이 미소한 전통을 완성 상태로 이끌었다. 그 밖에도 현상학적으로 방향을 취한 다른 저술가들이 체험된 공간의 의의에 대해 더욱 진전된 탐구를 수행했지만, 그 누구도 체험된 신체가 친밀하게 느껴지는 장소들과 연동하는 방식에 대해 메를로퐁티만큼 섬세하게 주목하지는 못했다.[211] 이 4명의 사상가 모두의 노력으로 인해 장소—우리가 살펴본 것처럼 장소는 라이프니츠 사후, 공간 속에 깊이 잠겨들어 논의의 대상으로 근근이 연명해온 상태였다—는 다시 한 번 진정한 철학적 관심사가 되기에 이른다. 철학적 관심사의 한 주제로서 장소가 부활한 것인데, 물론 고대 철학이나 헬레니즘 철학, 신플라톤주의 철학 그리고 중세 철학만큼 커다란 관심사가 된 것은 아니라고 할 수도 있다. 하지만 그럼에도 불구하고 우리가 이번 장에서 살펴봤듯 거의 2세기 동안 장소가 거의 깡그리 무시당하던 상태를 뒤집는 하나의 전환이 이루어졌다는 것 또한 사실이다. 더욱이 이런 전환은 단순한 귀환과 달랐다. 이 같은 부활의 적확한 형태, 즉 느끼고 체험하는 인간 신체와 장소의 긴밀한 연합은 실질적으로 전례가 없는 일이었기 때문이다. (내가 여기서 '실질적'이라고 말한 것은 이미 살펴본 대로 《에누마 엘리시》 속 장소는 티아마트의 살해당한, 그 파괴된 신체로부터 만들어졌음을 잊어서는 안 되기 때문이다! 또한 우리가 더듬어온 궤적으로부터 멀리 떨어진 곳에서, 라이프니츠는 신체와 장소가 마치 비늘처럼 긴밀히 겹치는 것 아닌가 하는 생각을 어렴풋하게나마 했다.) 공들여 마련한 이 변화는 문자 그대로 전향(conversion)—신체로 장소를 **전회시킴**(turning), 신체와 장소의 상호 얽힘—에 한층 가까운 것이다.

지금까지의 논의를 통해 나는 장소를 평가하는 데 이러한 전향이 일견 지극히 소박한 사실에 대한, 심지어 외관상 하찮아 보이기까지 하는 사실에 대한 인식에 기인한다고 판단했다. 우리가 장소 안에 들어가고, 거기서 움직이고, 거기에 머무를 때 **우리의 신체를 가지고** 그렇게 한다는 사실 말이다. 그러나 이런 사실은 소박한 것도, 하찮은 것도 아니다. 그 결과라는 측면에서 볼 때 이는 중대한 사실이다. 또한 이전에 장소와 공간을 다룰 때 크게 간과한 것임에도 불구하고 매우 분명한 사실이다. 왜냐하면 우리가 우리 신체에 의해 장소-세계에 속해 있다는 것은 도저히 피할 수 없는 사실이기 때문이다. 당신이 지금 당장 어디에 있는지만 생각해봐도 그렇다. 지금 당신이 있는 방이 당신한테 접근 가능하고 또한 친숙한 것은 당신의 신체가 가진 지각 능력 및 방향 부여 능력에 의해서다. 이런 능력이 없다면 당신은 (실제로 다른 자리로 옮긴 것도 아닌데) 자신이 장소 바깥에 있다고 느끼고, 그래서 어디로 가야 할지는 고사하고 당장 무엇을 해야 할지조차 알지 못하는 지경에 빠질 것이다. 아니, 그 이전에 당신은 그 방에 도달하지도 못할 테고, 거기서 편안히 자리를 잡고 뭔가를 관찰하거나 생각할 수도 없을 테니 결국에는 그곳을 떠날 수도 없을 것이다. 그 역할을 아무리 암묵적으로 수행하더라도 당신의 신체는 장소화를 전달하는 바로 그 수단이요, 장소-내-존재에 없어서는 안 될 것이다.

만일 이게 진실이라면, 너무나도 명백한 진실이라면 장소에 관한 신체의 역할을 철학자들이 그토록 오랫동안 무시해왔다는 것이 더 한층 놀랍기만 하다—그리고 마찬가지 이유로 신체의 이러한 역할을 마침내 인식하게 되었다는 사실의 중요성은 한층 더해진다. 그러나 이런 인식이 근대 후기라는 시기에, 즉 인간 주체의 형성적이고 의미 부여적인 능력이 마침내 인정받기에 이르렀을 시점에 발생한 것은 우연이 아니다. 처음에 이러한 능력은 주로 정신적인 것으로 여겨졌다. 이는 데카르트의 '코기토'로부터 칸트의 초월론적 감성론과 후설의 초월론적 자아론을 통해 이어져온 초월주의라는 순탄한 대로(大路)다. 그럼에도 불구하고 주체의 구성적인 힘은 느릿느릿하면서도 확실하게 신체적이기도 한 것이라고 여겨졌다. 연장체라는 죽은 물체는 생활 세계의 산/체험된(live/lived) 신체에 자리를 양도했다. 칸트가 행운에 힘입어 홀로 발견한 내용이 현상학자들—기본적으로 현상학자는 인간의 경험에서 명백한 것, 당연시하는 것에 주목하는 걸 미덕으로 삼는 사람들이다—에게는 주제가 되었다. 그러나 칸트와 화이트헤드처럼 크게 다른 철학적 전제로부터 출발한 두 사상가가 장소화의 문제에서 신체라는 성분을 강조했다는 것은 이러한 인식의 정당성을 확증해준다. 이리하여 근대 초기의 철학에서 신체-주체라는 작은 도로는 근대 후기의 시점에서 이미 장소에 이르는 특권적인 고속도로라는 게 판명되었다.

신체/장소의 연계성이 매우 명백한 것임에도 불구하고 그에 대한 인식이 이처럼 늦어진 것은 내가 지금까지 이런 연계성을 역설 속에서, 예를 들면 명백한 것과 중요한 것의 조합 속에서 다루어왔다는 것을 의미한다. 시종여일한 역설(화려한 수사로 출발한 역설)은 신체라는 비좁은 협로가 결국에는 그다지 비좁은 게 아니라는 깨달음이었다. 즉 신체만이 '장소'에 대한 새로운 전망으로 통하는 게 아니라(그리하여 최고 지위를 되찾는 게 아니라), 그 협로 자체가 나름의 고유한 폭을 갖고 있다는 게 밝혀진 것이다. 이는 막연히 상상하는 것보다 훨씬 더 복잡하다는 게 드러났다 — 최소한 그걸 기술하는 데만도 근대의 가장 섬세한 사상가 4명의 집체적 재능(collective talents)이 필요할 정도였다. 모르긴 해도 제한된, 그러면서도 폭넓은 이 역설의 가장 두드러진 사례는 어떤 작은, 그래서 문자 그대로 거의 비가시적인 세부(detail)에 의해, 즉 거울상으로 여겨진 오른손과 왼손의 세부에 의해 수반되는 엄청난 결과를 칸트가 드러낸 것이리라.[212] 이러한 세부는 순전히 관계적인 라이프니츠의 공간 모델, 그리고 뉴턴의 절대 공간에 관한 설명되지 않은 난점(칸트는 이 후자에 호소했음에도 불구하고)과 전혀 상관없는 문제다. 그러나 불일치성이라는 기묘한 사실에 대한 성찰은 칸트가 절대주의적 공간 이론과 상대주의적 공간 이론 간의 교착 상태를 깨는 데 도움을 주었고, 또한 장소를 왜 공간으로 환원할 수 없는지 이해하는 새로운 길의 선구가 되었다. 비록 그만큼 극적이진 않았지만 설득력에서는 조금도 뒤지지 않는 방식으로 후설은 걸음이라는 일상 활동에 주목함으로써 장소와 공간에 대한 결정적 결론을 끌어냈다. 그리고 메를로퐁티는 체험된 신체의 역동성을 가장 습관적인 활동 속에서 포착했다.

이 최후의 역설적인 논점과 긴밀히 관련된 현상은 신체 전체(즉 '유기체')에 대한 평가를 그 다양한 부분, 즉 신체의 '기관'에 대한 마찬가지의 평가와 조합할 필요성이다. 후설과 메를로퐁티는 모두 운동 감각적인 느낌들—체험된 신체의 전체 운동, 즉 어떤 특정 순간에 신체의 변화와 운동 전부를 반영하는 것—의 포괄적 성격을 강조한다. 마찬가지로 화이트헤드는 우리가 특정 상황에 어떤 식으로 놓여 있는지를 파악함에 있어 우리의 내재적인 감수성 전체가 깊은 관련성을 가진다고 주장한다. 칸트는 신체가 주변 방역 속으로 삽입되도록 이끌 때, 그 신체 전체에 고유한 방위성이 어떠한지 고찰한다. 그와 동시에 신체 부분들—손이나 발뿐만 아니라 함축적으로는 양가적으로(bivalently) 구조화한 신체의 부분이라면 어떤 것이든—의 적절함 또한 칸트는 강조했다. 실제로 현실적인 신체뿐 아니라 **잠재적인** 신체 또한 장소에서 중요한 문제라는 게—메를로퐁티가 주장하듯—사실이라면, 신체 어떤 부분의 상상적 투영, 아니 신체 모든 부분의 상상적 투영도 장소-특수적(place-specific)이 되고 장소-특수화할(place-specifying) 것이다. 만일 우리가 그러한 **장소**에 거주하는 것이 신체 전체에 의해서라면, 일반적으로 우리는 우리가 개개의 **장소들**에 접근할 수 있고, 거기서 방향을 갖추고, 또한 어찌어찌해서 거기로부터의 출구를 발견하는 것은 바로 이 신체의 부분들에 의해서라고 말해도 좋을 것이다.

신체 전체는 진정으로 신체적인 초월론적 주체, 즉 "신체-주체"〔브루스 윌셔(Bruce Wilshire)의 적절한 표현〕를 구성한다. 그러나 우리가 지금까지 살펴보았듯 인간적 주체의 초월론적 지위는 의문의 여지없는 순수한 구성 영역 같은 것이라기보다 이 주체가 속하지 않을 수 없는 더 커다란 장소-세계의 실재론적 존재론과 짝을 이루는 일이 드물지 않게 일어난다. 후설과 메를로퐁티는 공히 실재적인 것은 단지 경험적인 것이거나 그렇지 않으면 전부 접근 불가능한 본체적인(noumenal) 것이라고 보는 칸트의 프로그램을 거부한다. 그들의 관심은 **이미** 우리에게 현전하는(체계적이든 아니든) 여러 집단의 형식으로 장소 내에 미리 주어져 있는 것과 우리의 체험된 신체가 부여하는 것, 예컨대 장소의 방향 지어짐과 그 표현성 간의 복잡한 변증법에 있다. 이는 침전과 재활성화—메를로퐁티가 다시금 거론하는 후설의《위기》에 나오는 용어를 쓰자면—의 변증법이다.[213] 왜냐하면 장소의 세계는 그 친밀성과 역사성과 물질성 자체 속에 농밀하게 침전되어 있기도 하지만, 그와 동시에 그 한가운데서 체험된 신체의 현전에 의해 활성화하고 또 재활성화하기 때문이다. 종국적으로 어떻게 하면 하나의 장소에서 신체적일 수 있는지를 충분히 규정하기 위해서는 **두 가지** 요인—하나는 의미화(signification) 작용에서의 실재론적 요인, 또 다른 하나는 관념론적 혹은 초월론적 요인—이 필요하다.[214]

만일 신체/장소 결합체(nexus)가 우리로 하여금 실재론과 초월론을 조합할 수 있게 해준다면—그 자체로 매우 역설적인 실재론과 초월론의 조합—이를 통해 우리는 신체와 장소 간 유대가 주관적이면서 동시에 객관적이고, 더 특별하게는 사적이면서 동시에 공적이라는 점에서 더더욱 역설적이라는 점을 알 수 있다. 우리가 주목한 것처럼 화이트헤드는 신체야말로 "선행하는 정착된 세계와 가장 밀접한 관련이 있는 부분"이라고 확신했다. 이런 친밀함은 주체성뿐만 아니라 '내 신체'라는 자기 귀속적인 어구를 통해 표현되는 근본적 사밀성(私密性, privacy) 또한 드러낸다. 사밀성을 개인적인 내부성(personal inwardness)과 혼동해서는 안 된다. 메를로퐁티는 신체-주체가 **전**(前) 인칭적이고 익명적인 것임을 분명히 한다. 왜냐하면 "내 밑에 또 하나의 주체"가 존재하기 때문이다. "내가 존재하기 전에 그 주체에 대한 세계가 존재하며, 바로 이 주체가 〔그 세계에〕 내 장소를 표시해준다."[215] 주관성의 가장 심층적인 수준조차 역시 장소-구속적(place-bound)이다.

공적 세계(public world)—이는 아렌트가 주장한 것처럼 (서양에서는) 시장이나 광장 개념에 의존한다—라는 가장 드넓은 평면에서도 사태는 동일하다.[216] 체험된 신체의 익명적 주관성은 공적인 장소에서 문제 되는 간주관성(intersubjectivity)에 끊임없이 직면하고 또 연결된다. 신체적으로 경험하는 것으로서 장소 및 공간에 관한 후설의 기나긴 숙고가 **간주간성**의 현상학과 점점 더 강하게 연결된다는 사실은 자못 인상적이다.[217] 칸트와 화이트헤드가 공히 초점을 맞추었던 '방역들'은 사회적 함의와 무관할 수 없다. 기본 방위와 관련해 위치를 부여받는 공적 활동의 형태에서도 그렇고[예컨대 의식(儀式), 여행 등], 아니면 인간 신체 자체의 구성을 포함해 모든 사태를 구조화하는 "입자적 사회(corpuscular societies)"[218]의 형태에서도 그러하다. 체험된 신체의 살에 관한 분석이 메를로퐁티 자신을 이끌고 간 "세계의 살"[219] 또한 사회적 의의로 가득 차 있다. 이 모든 사례에서 체험된 신체는—아마도 인간 존재는 이 체험된 신체를 자신이 경험하는 가장 자폐적이고(self-enclosed) 친밀한 것으로 간주할 것이다—끊임없이 장소와 결합한 것으로서 모습을 드러낸다. 그 지위가 특정 사례 속에서 아무리 비인칭적이고 공적인 것이라 해도 말이다. 그러나 이러한 결합 자체가 가능한 것은 정확히 신체가 그 형성 과정과 종내에 도달할 운명에서 이미 사회적이고 공적이기 때문이다—푸코라면 이렇게 주장할 것이다. 다른 한편 장소 쪽에서 보면 장소는 그 구성 및 출현에 있어 매우 특유적(idiosyncratic)이다. 침전과 재활성화가 모두 신체적이고 장소적이듯 공적 및 사적 영역(realms)은 신체에 있어서나 장소에 있어서 모두 실현된다.

이번 장에서 논의한 다양한 사상가들은 신체라는 비좁은 협로가 실제로는 널찍하다는 점—무엇보다도 우선 그 협로가 장소에 다다를 때 (또한 역으로 장소가 그 협로에 다다를 때) 그러하다—을 우리에게 가르쳐주었다. 비록 그 실제 크기가 아무리 작더라도 하나의 신체가 하나의 장소 내에 존재한다는 것은 거기에만 갇힌 하나의 현전으로 존재하는 것은 아니다. 신체가 장소 안에 존재한다는 건, 그와 반대로 그 장소 속에서 확장하고 생생해지는 것이다. 마치 물속에서 점점 더 크게 펼쳐지는 일본의 종이꽃(paper flowers)처럼. 신체의 절대적인 여기가 장소의 절대적인 저기로 통하는 것은 신체의 운동 감각이 사물들의 지각적 출현과 상호 조율하는 것, 즉 신체 및 장소를 통해 공유하는 방향 지어짐 그리고 거의 한계를 알지 못하는 신체의 잠재성 덕분이다. 동일한 이유로 장소의 범위는 장소를 단지 공간의 일부로 간주할 때 우리가 가정하는 것보다 넓지 못하다. 장소는 거기에 거주하는 신체에 친숙한 강도(intensity)와 친밀함—예컨대 방위화한 영역의 하부 구조와 근린 영역의 근접성에 있어—을 가지며, 또한 우리가 집 안에 편안히 있거나 우거진 숲속을 걸을 때면 언제나 느끼는, 상당히 친밀하기도 한 여러 경계에 둘러싸여 있다. 장소가 거기에 있는 체험된 신체들에 의해 생동하는 것과 마찬가지로, 체험된 장소는 그 신체들이 거기에 장소화할 때 그 신체들을 생생하게 만들어준다.

지금까지 내가 추적해온 모든 역설은 양의적인 상황을 반영한다. 그 상황에 의해 신체와 장소를 상호 구별할 수 있는 것만큼이나 상호 분리 불가능해진다. 그러나 우리가 신체와 장소 자체가 운명적으로 연루되어 있음을 승인할 때, 또 신체와 장소의 공통성을 존중하면서도 둘의 차이를 정당하게 다루는 방식으로 상호 얽힘을 이해하려 할 때, 바로 그 동일한 역설들이 문제적이기를 그치고 반대로 분명한 전망으로 전환된다. 가치를 따질 수 없을 정도로 중요한 이런 기획을 선구적으로 추구했다는 점에서 칸트와 화이트헤드, 후설과 메를로퐁티는 본질적이고도 영구적인 기여를 했다. 이 과정에서 그들은 장소를 삼켜버린 무관심(indifference)의 조류—이런 조류는 근대 시기에 이르러 우주에 관한 지배적 변수인 '공간' 및 '시간' 속으로 장소를 삼켜버렸다—를 거스르면서 나아갔다. 이번 장에서 다룬 사상가들이 신체를 결정적 실마리로 간주함으로써 서구 사상에서 장소의 중요성이 회복되기 시작했다.

11

우회해서 장소로 나아가기
하이데거

나는 사람은 시간에 입각해서만 '존재'를 생각할 수 있다고 단언함으로써 절대적으로 독단적이고자 하는 것은 아니다. 아마도 어느 날엔가 새로운 가능성을 발견할 것이다.
—마르틴 하이데거, 《논리학: 진리를 향한 물음(Logik: Die Frage nach der Wahrheit)》

순전한 공간은 아직 은폐되어 있다. 공간은 여러 장소로 분열되어왔다.
—마르틴 하이데거, 《존재와 시간》 22절

우리가 세계로 돌아가지 않는다면 공간은 생각할 수 없다.
—마르틴 하이데거, 《존재와 시간》 24절

프로이트의 견해에서 볼 때 꿈이 무의식적인 마음을 이해하기 위한 '왕도'를 제공했다면, 장소를 이해하기 위한 왕도를 제공해온 것은 바로 신체다. 그러나 장소는 19세기 말경에 이미 무의식적인 마음의 리비도적 내용만큼이나 억압되어 있는 상태였다. 그럼에도 불구하고 신체가 장소 속으로 잠식해 들어가는 것이 아무리 유망하고 생산적으로 보였다 해도, 장소-세계에 효과적으로 재진입하는 방식이 모두 소진된 것은 아니다. 이번 장에서는 장소화에 있어 신체가 수행하는 역할을 무시하긴 했지만, 새로운 철학적 중요성을 가진 주제로서 장소에 접근할 수 있는 다른 방법을 어찌어찌 발견해낸 한 인물의 기여를 살펴볼 것이다. 아니, 하이데거가 장소에 이르는 자기 고유의 길을 내게 된 것은 정확히 그가 신체—그 불일치 대칭물인 의식과 함께—불러내기를 의도적으로 거절했기 때문이라는 주장까지도 가능하다.[1] 하이데거가 장소로 돌아가는 길은 신체와 마음 사이의 중간 길,

즉 중도이며, 이때 신체와 마음은 공히 그것들 **사이에서** 발생하는 사태에 집중하기 위해 옆으로 젖혀진다. 이 열려 있는 사이(between) — '열린 터(the Open)'의 사이 — 를 탐구하는 가운데 하이데거는 수많은 우회로로 끌려 들어간다. 그리고 이러한 우회로는 비록 자꾸 샛길로 새는 특징이 있음에도 불구하고, 하이데거로 하여금 근대는 물론 고대 사상가들이 간과했던 장소의 여러 면모를 엿볼 수 있게끔 해주었다. 이런 사정은 동일한 우회로를 매우 특이한 어휘로, 그리고 적어도 얼핏 보아서는 장소에 대한 이전의 기술과 거의 연계성이 없는 어휘로 기술했다는 사실에도 불구하고 그러하다.

하이데거는 아주 늦게야 장소의 힘에 대해 충분히 인식했다. 그의 사상 초기 국면에서 장소가 중요했던 이유는 그 자체가 중요해서가 아니라, 노동 세계나 예술 작품·정치처럼 매우 이질적인 맥락에서 장소가 유용했기 때문이다. 심지어 그의 경력 중기(中期)에 장소에 대한 도구론적 해석을 버렸을 때에도 하이데거는 여전히 장소를 그 자체로 다루려 하지 않았다. 그러나 후기 저작들에서 장소는 (방역 및 방역과 유관한 다른 용어들과 함께) 점점 더 그를 몰두케 하는 주제로 떠올랐다. 하이데거 스스로 자신의 사유 발전 과정에서 장소가 비록 느리지만 결정적으로 중요해졌음을 강조했다. 요컨대 1969년 르토르(Le Thor)에서 열린 한 세미나에서 자신의 사유가 세 시기를 거쳤으며, 각 시기의 주도적 테마는 '의미', '진리', '장소'였다고 주장했다.

그리하여 하이데거는 장소로 돌아오지만, 이는 "모든 만물 중에서 가장 먼저" 고찰해야 할 것으로서(몇몇 고대 사상가들이 상정했듯)도 아니고, 혹은 무한 공간 이전으로 반동적으로 날아가버린 것(많은 근대 사상가들이 그렇게 날아갔다)도 아니다. 하이데거는 우회함으로써, 즉 자신이 좋아했던 표현을 빌리면 다양한 "오솔길들(Holzwege)"을 통과하며 편력한 끝에 장소로 돌아왔다. 무엇보다도 우선 그가 장소로 회귀하는 것은 신체가 장소성 안에 관여하는 것을 통해서가 아니라, 바로 그런 관여에도 불구하고 그리하는 것이다. 마치 신체 자체**의 주변에서**, 또는 그 **바깥에서** 장소에 도달하는 게 가능한 것처럼 말이다. 이보다 훨씬 더 두드러진 것은 그가 철학에서 포스트 형이상학의 시대―플라톤에서 시작해 필로포노스를 거쳐 중세까지 계속 이어지는 고전적인 형이상학적 사고에서 장소가 탁월한 위치를 점하고 있었던 것과 비교해, 장소 따위는 없어도 상관없다고 여기는 게 얼마든지 가능한 시대―를 열겠노라는 자신의 강박관념에도 불구하고 장소로 회귀한다는 점이다. 그렇긴 하지만 장소가 의식과 신체 사이의 데카르트적 심연 속에서 떠오르듯 장소는 하이데거에 의해 탈(脫)구축된 형이상학적 사유의 잿더미로부터 '불사조'처럼 솟아오른다. 장소는 모여듦(gathering)이나 가까움(nearness) 같은 특징적 면모 덕분에 하이데거에게 '존재'의 덮개가 벗겨지는 바로 그 무대, 또한 진리를 숨기지 않는 '열린 터'의 개방 무대가 된다. 종국적으로 장소는 '생기(生起, appropriation: 넓은 의미에서 '존재의 진리가 고유하게 일어나는 사건'을 가리키는 용어. 흔히 '존재 사건'이라고도 번역하는데, 여기서는 국역본《사유의 사태로》의 역자 문동규와 신상희의 의견을 좇아 '생기'로 번역한다―옮긴이)'라는 포스트 형이상학적인 사건을 위한 배경으로 등장한다.

1

또 하나의 우회 방식은 하이데거가 초기에 **시간성**의 우위를 강조함에도 불구하고 장소를 진지하게 취급한다는 사실에서 찾을 수 있다.《존재와 시간》과 1920년대의 다른 텍스트들〔그중에서도 특히《시간 개념의 역사(The History of the Concept of Time)》〕은 시간성이야말로 현존재 혹은 인간 존재의 염려―

구조(care-structure)를 통일할 수 있는 유일한 것이라 주장한다. (시간성을 "염려의 존재론적 의미"라고 이야기한다.) 또한 같은 저작들은 현존재의 본래적인 세계-내-존재에 본질적인 탈자적(脫自的, ecstatic) 시간성의 다양한 양태를 보여준다. 요컨대 "시간성은 현존재의 '존재'를 구성한다".[2] 나아가 시간을 "'존재'의 지평"[3]이라고 말하기도 한다. 모든 것을 일소해버리는 이런 식의 주장은 공간에 대해서는 일체 행해지지 않는다. 하물며 장소에 대해서는 어떻겠는가! ─공간에도, 장소에도 온전히 본래적인 존재 양식이라는 영예는 주어지지 않는다. 그러니 '존재'를 개시하는 영예는 언감생심일 수밖에 없다. 사정이 이러한데 하이데거의 노골적인 시간중심주의는 대체 어떻게 장소에 대해 의미 있는 여지를 허여(許與, accord)할 수 있단 말인가?

기묘한 사실은 시간성 혹은 "근원적인 시간"이야말로 "모든 존재론에서 가장 중심적으로 문제적인 것"이라고 간주하는 바로 그 책에서 〔장소에 대해〕 그러한 여지를 허여하고 있다는 점이다(그것도 차고 넘칠 정도로).[4] 나는 단지 하이데거가 몇몇 결정적인 순간에 시간성 자체를 기술하기 위해 장소의 여러 가지 면모를 불러내는─예컨대 그가 시간성의 탈자적 특징을 "그 자신 내의, 또한 그 자신을 위한 근원적인 **'자체-의-외부**(outside-of-itself)'"[5]로서 기술할 때─의미심장한 방식만을 가리키는 것이 아니다. 또한《존재와 시간》70절에서 그가 시간성으로부터 공간성을 도출하려다─널리 인정하는 대로─실패한 대목만을 생각하는 것도 아니다. (이 실패에 대해서는 뒤에서 다룰 것이다.) 내가 염두에 두고 있는 것은 새로운 길을 개척한 바로 그 텍스트의 앞부분, 즉 장소와 공간에 대한 물음을 분명한 형태로 거론하는 부분이다.

우선 하이데거의 "현존재의 근본 구성 틀로서 세계-내-존재 일반"(이는《존재와 시간》1부 2장의 표제이기도 하다─옮긴이)의 "예비적인 소묘"에서 시작해보자. 하이데거는 세계-내-존재가 본질적으로 "통일적인 현상"임을 독자에게 일깨우면서, "안에-있음(being-in)"의 특징을 현존재의 **실존 범주**로서 분석한다. 따라서 "안에-있음"은 단순한 "뭔가의 안에 있음(being in something)이나 "내부에 있음(insideness)"과 대비된다. 그런 것들은 사실상 순전한 포함 상황에서 위치를 부여받은 것일 뿐이다. "[후자의] 이 '내부에 (in)'라는 낱말로 우리가 의미하는 것은 공간 '안에서(in)' 연장되어 있는 두 존재자가 그 공간 안에서의 소재(所在, location)와 관련해 서로에 대해 갖는 '존재'의 관계다."⁶ 물론 이런 엄밀한 포함자 모델은 궁극적으로 아리스토텔레스에게서 유래한다—여기서 하이데거는 거의 숨기지 않고 아리스토텔레스를 가리킨다. 마치 하이데거가 용량이 한층 작은 포함자를 모두 포함하는 전체화한 "세계-공간"에 대해 이야기할 때처럼 말이다. 포함자 모델에 본질적인 것은 "앞에-현전하는(present-at-hand)" 일정한 두 존재자 간의 "일정한 소재-관계"이며, 이때 두 존재자는 모두 그 "범주적" 특징이라는 견지에서만 고찰된다.⁷ 그러나 현존재 자신의 "안에-있음"은 이와 같은 어떤 것으로도 환원될 수 없다. "우리는 그것을 앞에-현전하는 존재자 '내 의' 어떤 물체적인 '사물(인간 신체 같은)'의 앞에-현전하는 '존재'로서 생각해서는 안 된다."⁸ 이러한 "인간 신체"가 내미는 실마리를 무시하면서 하이데거는 "안에 있음"의 참으로 실존론적인 성격을 거주하고 살려는 현존재의 경향성이라는 관점에서 찾는다.

'안에(in)'는 '거하는 것(to reside)', '거주하는 것(habitare)', '사는 것(to dwell)'을 뜻하는 'innan'에서 파생한 것이다. 'an(영어의 부정관사가 아니라 '~에'를 의미하는 독일어의 전치사—옮긴이)'은 '나는 ~하는 습관이 있다', '나는 ~와 친숙하다', '나는 뭔가를 돌본다'를 의미한다. ……**존재한다**(bin)'는 표현은 '곁에(bei)'와 곁부되어 있고, 그래서 '나는 존재한다(ich bin)'는 역으로 '나는 거한다', 혹은 이러저러한 방식으로 내게 친숙한 것으로서 세계의 '곁에 산다'는 의미다. '나는 존재한다'의 부정형인(바꿔 말하면 그것을 **실존 범주**로서 이해할 경우) '존재(Sein)'는 '~ 곁에 거하는 것', '~과 친숙함'을 의미한다. **따라서 '안에-있음'은 '세계-내-존재'라는 본질적인 구성 틀을 가지고 있는, 현존재의 '존재'에 대한 형식적·실존론적 표현이다.**[9]

현존재의 "안에-있음" 방식의 본령은 살기 혹은 거하기에 있다. 즉 마치 집에 있는 것처럼 마음 편하게 세계의 "곁에" 있는 것이다. 따라서 하이데거가 그렇게 거하는 것에는 돌봄('나는 돌본다'처럼)이나 소중히 여기는 것('나는 소중히 여긴다'처럼)의 울림이 포함된다고 간주하는 것도 전혀 이상할 게 없다.[10] 이런 표현들은 각각 장소에, 특히 집-장소와 관련을 맺으면서, 안에-살기(in-dwelling)로서 장소화가 갖는 농밀하고 많은 것을 시사하는 의미를 생생하게 떠오르게 한다. 이러한 '안에-살기'에 대해 하이데거는 후기의 저작에서 꼼꼼하게 다룬다.

그러나《존재와 시간》에서 하이데거는 다음과 같이 언급함으로써, 살기에 대한 초기의 영예로운 평가로부터 물러선다. 마음을 쓰면서 세계 곁에 거하는 일이 실존론적으로 유망함에도 불구하고 "현존재의 현사실성(facticity)은 '세계-내-존재'가 늘 '안에-있음'의 한정된 방식으로 분산되거나 심지어는 갈기갈기 찢겨져온 형국이다"[11]라고 언급한 것이다. "분산되었다"는 강렬한 낱말이다. 이는 또한 '어지럽혀진', '이리저리 소산(消散)된', '내쫓긴' 등을 의미할 수도 있다. '파괴'라는 낱말의 울림과 그다지 멀리 떨어져 있지 않다. 하이데거의 논점은 현존재가 '배려'라는 빠져나오기 힘든 진창으로, 특히 그 퇴락한 양태들 속으로 불가피하게 끌려 들어간다는 것이다. 그 결과 현존재의 "실존론적 공간성"은 애당초 매일 매일의 세상사에 어지럽게 연루되어 있다.[12] 배려에 매몰된 이런 상태를 인식하면서, 하이데거는 염려하는 것 및 소중히 여기는 것과는 거의 무관하고, 도구적인 가치와 큰 관련이 있는 장소(및 방역)에 대한 분석으로 나아간다—실제로 이는 존 로크의 작업이 멈추었던 1690년 시점으로부터 다시 나아가는 일이다. 그러나 하이데거의 접근법이 그렇게만 한정되는 것은 아니다. 예컨대 그의 접근법은 위치의 상대성을 장소에 본질적인 것이라고 강조한 로크의 입장을 멀리한다. 사실 **장소의 실용성**—거기서 일하면서 일상생활을 하는 사람들이 경험하는 장소의 친밀한 하부 구조—이라고 부를 법한 것에 대한 하이데거의 설명에는 풍부한 뉘앙스가 담겨 있다. 그런 면에서 하이데거의 평가는 장소를 그 중용(中庸)에서 가리킨다. 요컨대 세계-공간 내의 순전한 소재도 아니고, 깊숙이 들어앉아 사는 것도 아닌, 실용적인 것-으로서-장소(place-as-pragmatic), 즉 작용받는 사물의 영역으로서 장소다.

하이데거는 실용적인 것-으로서-장소를 《존재와 시간》 1편("현존재에 대한 예비적 기초 분석") 중 세 번째 장에서 다룬다. 이 세 번째 장("세계의 세계성")의 첫 부분은 "주변 세계성과 세계성 일반의 분석"이라는 제목 아래 현존재와 "손-닿는 데-있는(ready-to-hand)" 존재자들과의 복잡한 "교섭"에 대해 기술한다. 이런 존재자들은 기호나 지시, 관계나 의의 같은 기본적인 도구적 작용에 따라 이뤄진 것으로서 노동 세계를 구성한다. 그것은 "세계 **내에서의**, 세계-내부적인 존재자들**과의** 교섭"[13]의 문제다. 이러한 교섭의 결과 현존재는 세계를 비록 전(前) 주제적이긴 하지만, 자신의 다양한 실용적 활동을 수행하는 광대한 **그 안에서**(wherein)—현존재가 자신이 늘 거기서는 "원초적으로 친숙하다"[14]는 걸 발견하는 그 안에서—로 이해한다. '그 안에서'는 '그것 안에서(in-which)', '그것을 하기 위해(in-order-to)', 또한 가치를 초월하는 '그 자체를 위해(for-the-sake-of-which)' 같은 실용적인 관계에 따라 구조화한 여러 가지 도구적 연관성의 모태이고, 현존재는 이런 관계를 통해 손-닿는 데-있는 존재자들을 의미 있는 맥락 속에서 서로 연관 짓는다. 이 모든 관계는 '그 **안에서**'의 안에서 한데 모인다—'그 안에서'의 '안에서'는 친숙함이나 방향 부여와 관련 있는 '어디서(where)'를 산출하며, 또한 현존재가 자신을 발견하고 할당하는 실용적 세계의 세계성을 구축한다.[15]

이런 맥락에서 보면, 세계를 연장체로 보는 데카르트의 이해 방식이 이러한 '그 안에서'에 대해 실용적인 구조뿐만 아니라 그 어떤 것도 설명하지 못한다고 하이데거가 주장하는 것은 그리 놀랄 일이 아니다. 왜 그러한가? 그것은 데카르트에게 장소나 공간에 대한 개념이 없었기 때문이 아니라(우리가 알다시피 그는 실제로 이 두 가지를 모두 다뤘다), 장소와 공간을—데카르트의 세계상 내의 다른 모든 것이 그러하듯—오로지 앞에-현전하는 것으로만 설정했기 때문이다. 데카르트에 의한 물질과 공간의 등치는 엄밀한 의미에서 연장되어 있는 실체와, 용적을 측정할 수 있는 공간을 동일시하기에 이르며, 그 결과 거기에는 텅 빈 여지가 남아나지 않는다—공허를 위한 여지는 당연히 없고, 또한 하이데거가 배려에 매몰된 세계-내-존재에 본질적인 것이라 여긴 "운신의 폭(leeway)"을 위한 여지도 없다.[16] 아리스토텔레스의 장소 모델이 딱 들어맞는다는 특성에 의해 한계 지어져 있는 것과 꼭 마찬가지로, 데카르트의 장소 및 공간 모델은 물질이 한 치의 틈도 없이 포함되어 있어 세계가 "본래적으로 손-닿는 데-있는" 것으로서 "우리 앞에 올" 수 없다.[17] 두 모델 모두 세계의 '존재'를 앞에-현전하는 것들에 제한함으로써 오류에 빠진다. 앞에-현전하는 것은 순수하게 범주적인 "일정한 현전"의 주도적인 심급(審級, instance)으로서, 하이데거의 독해에 따르면 적

어도 플라톤 이후 서양 철학은 이 심급으로 인해 고통을 받아왔다.[18]

데카르트는 물론이고 아리스토텔레스로부터도 벗어나기 위해 하이데거는 다음 부분, 즉 3장의 세 번째이자 마지막 부분에서 다음과 같이 제안한다. 우리는 인간의 장소화를 전혀 다른 방식으로, 즉 "주변 세계의 주변성과 현존재의 공간성"이라는 견지에서 사고해야 한다고 말이다 — 여기서 "주변성(das Umhafte)"과 "주변 세계[Umwelt: 야코프 폰 웩스퀼(Jakob von Uexküll)의 용어로 유명한 '환경 세계'와 같은 낱말 — 옮긴이]"는 um-(즉 '주변')이라는 접두어를 경유해 아리스토텔레스의 둘러싸는 것(periechon)을 은근슬쩍 암시하는 듯하다.[19] 그러나 이 얼마나 다른 종류의 둘러쌈인가! 3장의 이 결정적인 부분에 있는 3절 중 1절에서, 하이데거는 "가까움(closeness)"을 손-닿는 데-있는-것의 공간성이 갖는, 친숙함이라는 점에서 가장 두드러진 특징으로 포착한다. 하이데거는 이렇게 선언한다. "'가까이에 있는' 존재자들은 모두 서로 다른 가까움을 갖는데, 이 가까움은 거리를 측정함으로써 확정되는 것이 아니다."[20] 장소를 논의하면서 로크가 정확히 '거리'를 고집한 반면, 하이데거는 가까움을 두 가지 비계량적인 것에 따라 규정되는 것으로 간주한다. 그 두 가지는 바로 현존재의 **둘러보는 배려(circumspective)**와 그 **방향성(directionality)**이다. 둘러보는 배려가 손-닿는 데-있는-것의 직접적인 주변부에서 — 후설이라면 "근린 영역(near-sphere)"이라고 불렀을 것 내부에서 — 발생하는 것을 고려하는 것인 데 반해, 방향성은 이 가까운 장(arena) 내부에 놓여 있는 것 쪽으로 방향을 부여한다. 예컨대 그것은 도구를 특정한 어딘가에 위치 짓는다. 하이데거는 이 **어딘가에 속함**이 오직 "위치"만을 문제 삼는 것이라며 명시적으로 거부한다. 장소는 그런 식이 아니라, 둘러보는 배려를 방향성과 결합함으로써 가까움을 실현할 때, **그 결과로 생겨나는 것이다.**

도구는 자신의 **장소**를 갖든가, 아니면 '주변에 놓여 있다'. 따라서 이는 단지 어떤 공간적 위치 내에 무작위적으로 나타나는 것과는 원리적으로 구별해야 한다. 이것을 위한 혹은 저것을 위한 도구가 장소를 가질 때, 이 장소는 자신을 그 도구의 장소로서 규정한다―서로서로 방향을 잡으며 늘어서 있는 여러 장소, 그리고 주변 세계적으로 손-닿는 데-있는 도구적 맥락에 속하는 그러한 여러 장소의 전체로부터 어떤 하나의 장소로 규정하는 것이다. 그런 한 장소, 그리고 여러 장소의 이런 다양성은 '사물들'이 갖는, 어떤 임의의 '앞에-현전하는-존재'의 '어디'로 해석해서는 안 된다.[21]

어딘가에 존재한다는 것―그리고 단지 세계-공간 내의 정확히 제시된 위치에 소재화해 있는 것만은 아닌 일―은 어떤 특정한 장소 안에 존재한다는 것이다. 그것도 그 장소의 방향 지어진 상태를 구체화하는, 그 장소 자체의 '그곳(Da)'과 '저곳(Dort)'을 수반하며 존재한다. 그런 까닭에 장소는 손-닿는 데-있는-것이 소재화해 있기 위한 필수불가결한 기초다.

그러나 장소 또한 역으로 **방역**과 동떨어져서는 생각할 수 없다. 이런 조치를 취함으로써 하이데거는 우리가 칸트의 경우에서 보았던 위치-장소-방역 계열을 다시 찾는다. 칸트의 경우에도 그러했듯 방역은 장소와의 관계에서 일정한 우위성을 가진 것으로 전제된다. (그러나 말 그대로 **일정한** 우위성일 뿐이다. 나중에 우리는 하이데거에게 장소와 방역이 어떻게 동등한 중요성을 갖는지 살펴볼 것이다.) 그러나 칸트에게 방역은 단지 주어진 장소들보다 포괄적이라는 점에서만 구별되는 데 반해―칸트가 "우주의 방역"을 강조하는 것은 이 때문이다―하이데거에 따르면 방역은 증대된 여지 이상의 것을 제공한다. 방역이 손-닿는 데-있는-것의 장소화를 위한 가능성의 조건을 제공하는 것이다. 이는 어떤 특정한 도구가 궁극적인 '어디로(whither)'와의 관계 속에서 위치 지어진다는 걸 의미하고, 이 '어디로'가 방역에—'방위(Gegend)' 로서—그 자신의 **어디쯤에**(whereabouts)를 부여한다. (하이데거가 "방역"과 관련 해 사용한 Gegend는 '어디쯤에'로 번역할 수도 있다.) 왜냐하면 '어디로'를 적절하 게 규정하면, 그 '어디로'는 실용적인 목적(이를테면 '무엇을 위해')의 여러 요 인, 운동(이를테면 '여기로'나 '저기로'라는 의미에서), 범위 그리고 장소들의 특정 한 집합 전체를 포함하기 때문이다.[22] 훨씬 더 중요하게 방역은 현존재의 공간성에서 일차적으로 문제 되는 주변성을 부여한다. "손-닿는 데-있는- 것에 속하는 다양한 장소가 이처럼 방역적으로 방향 지어져 있기 때문에, 그것이 주변 세계적으로 우리가 가장 가까이에서 마주치는 존재자들의 주 변성〔우리-주변을-둘러쌈(round-about-us)〕을 가능케 한다."[23] 역설적인 것은 선행적인 관련에 의해 우리가 항상 이미 방역적으로 둘러싸여 있음에도 불 구하고, 인간 주체에 의해서는 이런 사실을 통상 주목하지 않는다는 점이 다. 그 이유는 이렇게 방역적으로 둘러싸여 있는 것이 손-닿는 데-있는 매 우 많은 사물에 의해 소유되는 "눈에 띄지 않는 친숙함"이라는 특징을 공 유하고 있기 때문이다. 우리가 가까이에 물이 있다는 걸 알아차리는 것은 주로 그러한 관계가 무너졌을 때인 것과 마찬가지로, 우리가 방역에 대한 의식을 획득하는 것은 기본적으로 무언가를 그것이 통상 있어야 할 장소 에서 발견하지 못할 때다.[24] 더 일반적으로 말하면 우리는 장소들을 통해 서 하나의 방역을 알아차린다는 것이다. 바로 이 때문에 하이데거는 방역 들이 "이미 **개별 장소들 내에** 항상 가까이 있다"[25]고 주장한다. 비록 방역이 더 넓고 포괄적인 용어라 할지라도 어떤 특정한 방역이 있을 수 있는 것은 일차적으로 그 방역이 머무르는 장소들을 통해서다—이들 장소는 따라서 방역을 가리키는 '지표(indicator)'로서 작용한다. 이러한 지표는 밖으로 드 러내는 요소를 포함한다. 하이데거의 사례 중 가장 설득력 있는 것은 집의 여러 방들에 대한 것이다. 요컨대 집 안 여러 장소에 있는 방들 및 그 방들의 배치는 집의 "해가 드는 쪽"과 "그늘이 지는 쪽"을, 이를테면 가장 중요한 방역 중 두 가지를 지시한다—표시하고 드러낸다—는 것이다.[26]

현존재의 이러한 내재적 방역성을 예시하기 위해 하이데거는 우와 좌를 "방향 부여의 방향"으로서 논하는 데로 나아간다. 현존재는 그러한 방향을 중립적(neutral)이거나 방향 지어지지 않은 지반(ground)으로, 즉 특징 없는 '공간'으로 투기하지(project) 않는다. 세계는 현존재 자신의 근본적 방향성과 연결되는 구체적인 여러 가지 방식으로 이미 방향 지어진 것으로서 그 자신을 현전시킨다.[27] 하이데거는 바로 이 지점에서 칸트와 갈라진다. 어두운 방 안에서 자신을 방향 짓는 예를 인용할 때, 하이데거는 신체에 하나의 설명 요인으로서 함의를 부여하지 않는다. "내가 필연적으로 나 자신을 방향 짓는 것은 '친숙한' 어떤 세계 곁에 내가 이미 존재함 안에서, 아울러 그러한 존재함으로부터다."[28] "어떤 세계의 곁에 이미" 존재한다는 것은 이미 나 자신을 그 세계의 어떤 방역 속에서 발견했다는 것과 사실상 마찬가지다. 만일 현존재의 방향성이 "본질적으로 '세계-내-존재'에 의해 함께-규정되어(co-determined)"[29] 있다면, 이는 현존재가 하나의 방역 **안에서**, 그리고 하나의 방역**에 의해**—이 둘은 반드시는 아니지만 동일한 방역인 경우가 흔하다— 방향 지어져 있다고 말하는 것과 같다. (내가 어두워진 방 안에서 더듬더듬 앞으로 나아가는 경우라면 동일한 방역일 것이고, 일련의 장소에서 다른 일련의 장소로 옮겨 갈 때에는 다른 방역이다.)

결국 방향 부여란 방역과의 친숙함, 그리고 방향과 관련한 현존재의 능력을 모두 요하는 공동의 산물이다. 그런 면에서 방향 부여는 인간 주체가 기여하는 몫과 그 주체에게 미리 주어져 있는 주위(surroundings)가 기여하는 몫 사이에서, 하이데거가 맞춰보려 하는 미묘한 균형의 전형이다. **존재/**

세계-내(being/in-the-world)라는 바로 이 개념부터가 그러한 균형을 이미 지시한다. 곧 오직 현존재만이 어딘가에 존재할 수 있지만, 그것이 존재하는 곳은 **세계-내**인 것이다. 현존재 자신의 노력에 의해 창조되지 않은 세계, 공적이고 공유된 세계 말이다.[30] 그렇긴 하지만 현존재는 '세계-내-존재가 형성되어가는 방식에서 결정적 차이를 초래한다. 사물을 도구적 관점에서 상호 관련짓는 것, 지시하는 기호라는 견지에서 손-닿는 데-있는-것을 해석하는 것, 도구적 맥락에 따라 소유되는 근본적인 '의의(significance)'를 이해하는 것. 이것들에 대한 책임은 바로 인간 존재에게 있다. 그렇긴 하지만 바로 똑같은 이유로 인해 "연관성의 한 전체를 해방시키는 것은 동일 근원적으로 **어떤 하나의 방역에서** 어떤 것이 연관되도록 만드는 일이다".[31] 세계와 마찬가지로 방역은 현존재가 이미 그 **곁에** 존재하는 것이며, 또한 이미 그 **안에** 있는 것으로서 자기 자신을 발견하는 것이다. "현존재는 세계-내-존재로서 그 어느 때라도 하나의 '세계'를 이미 발견한 상태다"[32]라는 말이 참인 것과 꼭 마찬가지로, 현존재는 이미 하나의 방역 내에 있는 자기 자신을 찾아낸 상태다. 방역은 정확히 "발견된 자기 자신의 방역"이다. 우리는 바로 이 표현 속에서 문제의 미묘한 균형이 취해져 있음을 목도한다. 방역은 '발견되고' 또 그런 한에서 주어져 있다. 하지만 이는 '자신의' 것으로서 발견되고, 그만큼 현존재에게 책임이 있다.

주어져 있는 것과 형성되는 것 사이의 균형을 찾으려는 노력이 장소와 방역에 대한 하이데거의 논의에서보다 명백한 곳은 달리 찾을 수 없다. 그는 24절의 시작 부분에서 다음과 같은 두 가지 다른 이야기를 하고 있다(그것도 한 단락 내에서).

(1) "'방역'이라는 말을 우리는 손-닿는 데-있는 도구-맥락(equipment-

context)이 귀속될 수도 있을 '어디로'라고 이해했으며, 이때 그 도구-
맥락은 방향이 잡혀 거리가 제거된 것으로서—즉 장소 지어져 있는 것
으로서—조우할 수 있는 종류의 것이다."

(2) "어떤 것이든 손-닿는 데-있는-것으로 마주치는 **것과 함께** 한 방역에
는(방역 곁에는) 늘 어떤 연관(involvement)이 있다. 세계-내부의 손-닿는
데-있는-것의 '존재'를 형성하는 연관들 전체에 방역의 특징을 갖춘
공간적인 연관이 속해 있다. 그러한 연관을 근거로 손-닿는 데-있는-
것이 우리가 마주칠 수 있는 어떤 것이 되고, 또한 형태와 방향을 갖는
것으로서 확연해진다."³³

언명 (1)은 만일 도구-맥락이 개별 현존재에 의해 "방향이 잡혀 거리가
제거된"(즉 가까워져 있는) 것이 아니라면, 우리는 손-닿는 데-있는-것과 일
관된 도구-맥락으로서 "조우하는" 것조차 불가능할 것이라고 주장한다. 반
면 언명 (2)는 우리가 손-닿는 데-있는-것들과 "마주치는", 이미 구성된
공적인 방역 내에서의 연관을 강조한다. 이렇게 상반된 측면은 그러나 모
순이기는커녕 방금 전에 내가 지적한 균형을 다른 방식으로 표현한 것이
다. 그러한 균형에 대해 이렇게 새로이 표현했을 때 주목해야 할 것은 **이제
암묵적인 관념론은 장소와, 암묵적인 실재론은 방역과 관련지어져 있다는** 점이
다. 왜냐하면 장소는 현존재가 방향을 잡고 거리를 제거하는 것의 결과로,
즉 방향성 있게 가까이-초래되는(bring-close) 일의 결과로 여겨지기 때문이
다. 이것이 바로 "장소 **지어져 있는**(having been placed)"이라는 과거분사구가
지시하고 있는 바이다.³⁴ 장소란 우리가 **단지 그 안에 존재하는** 어떤 것으
로서 조우하는 게 아니다. 그것은 방향을 정하고 거리를 제거한다는 공동

적인 행위에 의해 우리가 응집시키는 것—따라서 우리의 직접적인 개입이 낳는 어떤 것—이다. 이러한 개입 없이는 어떤 장소도 없다.[35]

이와 대조적으로 방역은 너무나 크게 공적이기 때문에 어떤 개별 현존재의 구성적 활동의 산물에 불과할 수 없다. 하이데거의 후기 용어를 빌려 말하자면 그것은 "그러모으는" 능력이 너무나 크다. 이 때문에 그것은 현존재가 이미 그 곁에 있는 어떤 것, 또한 손-닿는 데-있는 사물에 대해 "공간적 연관"의 모태를 제공하는 어떤 것이다. 손-닿는 데-있는-것이 "우리가 **조우할** 수 있는 어떤 것이 되는" 것은 바로 "그러한 연관을 **근거로 해서**"이다.《존재와 시간》의 후기 판본을 낼 때, 하이데거는 의미심장하게도 여기서 "조우한다(come across)"고 번역한 것에 해당하는 독일어 erfindlich〔'발견된(discovered) 것으로서', 또한 '발명된 것으로서'〕 대신 vorfindlich〔문자 그대로 '이전에 발견된(found) 것으로서'〕를 사용했다. 이렇게 변경함으로써 방역 내부의 손-닿는 데-있는-것이 발견된(found) 특징을 갖는다는 점, 즉 현존재의 **창시하는**(founding) 발명적 자질과 대조를 이루는 특징을 강조한 것이다. 주어진 혹은 발견된 방역에 의해 제공되는 연관은 개별 현존재가 스스로 구성할 수 있는 것을 초과한다. 그 동일한 방역 내에 있는 손-닿는 데-있는 사물에 의해 소유되는 "형태와 방향"이 그러한 것처럼 말이다. 이 두 가지 성질이 문제의 방역에 의해 미리 주어져 있는 이상 현존재는 단지 그 두 가지 성질을 "확고히 할" 수 있을 뿐이다.[36]

이렇게 복잡하고도 우회적인 길을 거쳐《존재와 시간》은 장소와 방역에 기묘한 동등성(parity)을 귀속시킨다. **장소**는 비록 하이데거의 분석에서 방역만큼 조명받지 못하지만, 두 가지 방식에서 세계-내-존재에 본질적이다. 우선 한편으로 개별 현존재의 방향성과 거리-제거〔de-severance; 즉 거리-의-제거(removal-of-distance)〕에 동반되는 장소화를 겪을 때까지는 손-닿는 데-있는 사물들이 진실로 **어딘가에 속하는** 일은 없다. 장소란 본질적으로 그러한 것들을 위한 장소인 것이다.[37] 다른 한편 우리가 앞서 살펴보았듯 장소는 또한 "개별적인 장소 안에" 자신을 현전시키는 방역이 출현하는 초점으로서 세계-내-존재에 필수불가결하다. 이 능력으로 인해 장소는 방역에 의해 가려지는 때에도, 방역의 '지표'가 된다. 즉 우리에게는 우리를 방역으로 이끌고 거기에 위치 짓기 위해 개별 장소가 필요한 것이다. 이와 대조적으로 **방역**은 둘레를 싸는 세계가 어떤 것이든 그 세계의 미리 주어진, 공적으로 공유된 부분으로서 세계-내-존재에 본질적이다. 만일 이렇게 둘러싸는 농밀한 방역이 현전하지 않는다면, 우리에게는 '거리-제거'할 어떤 것도, 거기로 방향을 정해야 할 어떤 것도 없을 것이다. 나아가 우리에게는 우리가 **이미** 구성하고 있는 바로 그 장소에 상당하는 '어디쯤에'도—혹은 주변 세계에서 주변성의 어떤 범위나 의미도—없을 것이다. 도구적 맥락조차도 없을 것이다. 따라서 "다양한 연관성 전체를 향해 존재자들을 해방하기"[38] 위한 기반도 없을 것이다.

장소 없는 세계는 결국 끊임없는 방역의 실재론에 다다를 것이고, 방역 없는 세계는 장소에 대한 구제 불능의 관념론을 함의할 것이다. 장소가 없다면 세계-내-존재는 단지 이리저리 흩어져 해체될—훤히 드러난 공적인 것이지만 어떤 형태도 갖지 못할—뿐이다. 방역이 없다면 세계-내-존재는 방역이 있는 현실의 경우보다 훨씬 더 경직된 '점 같은 것(punctate)'—그리고 압도적으로 특이한 것, 단지 개별 현존재의 이해(利害)의 함수에 불과한 것—일 것이다. 장소와 방역이 모두 있기 때문에 세계-내-존재와 세계 자체는 (비록 저 깊은 밑바닥에서는 여전히 꺼림칙한 것일지라도) 가능한 한 그리고 실제로도 대부분 그러한 만큼 정합성 있는 것이 된다. 어쨌거나 최소한 장소와 방역은 인간 존재가 불가피하게 얽히는 일상적 요구와 관계를 위한 실제로 쓸모 있는 기반을 제공한다. 장소와 방역을 동시적 필연성으로서 인식하는 일은 세계 안에 존재한다는 것이 일단 무엇을 의미하는지 이해하는 데 본질적이다.

그렇다면 **공간** 쪽은 어떨까? 우리는 이제 마침내 그 베일을 벗겨낼 수 있게 된 것일까? "주변 세계의 주변성과 현존재의 공간성"(1부 1편 3장의 마지막 세 번째 부분—옮긴이)의 최후의 일보로서 하이데거는 방금 기술한 장소와 방역의 복잡한 구성으로부터 장소가 어떻게 출현하는지 보여준다. 만일 "위치"가 장소의 쪼그라든 잔해라면, "공간"은 방역의 뒤늦은 그리고 팽창된 유산이다. 그러니까 방역이 앞에-현전하는 것의 영역 내에서 **되는** 바, 그것이 "공간"인 것이다.[39] 위치와 공간은 현존재의 공간성을 앞에-현전하는 것으로서 해석할 때의 다양한 스펙트럼 양극단에 있다. 그러나 바로 이런 이유 때문에 양자는 분리하기 힘들게 결부되어 있다. 공간이란 "그 안에서 여러 위치가 측정에 의해 질서 지어지고, 사물의 상황이 규정되는 순수한 '그 안에서(wherein)'"[40]이다. 그러나 하이데거의 흥미는 앞에-현전하는 사고의 완전히 규정된 최종 산물로서 공간보다는 공간의 존재론적 계보 쪽에, 즉 현존재의 세계 내에서 공간이 어떻게 나타나는지 쪽에 있다.

공간은 장소로부터 직접 파생하지 않는다. 개개의 장소(물론 존재하는 것은 어차피 개개의 장소뿐이지만)는 공간을 어둡게 가린다. 즉 개개의 장소는 너무나 압축되고 초점이 좁혀져 있는 것이라서, 또한 주변성이나 범위가 너무나 작은 것이라서 공간을 포괄할 수 없다. 그러나 방역에 관해서라면 우리에게는 "그것을 기반으로 공간이 현존재 내에서 미리 발견되는 것"[41]이 있다. 이렇게 공간을 발견하기 위한 지반은 부분적으로 우리가 방역의 구성에 필수적이라고 보았던 연관—그 '어디쯤에'를, 그 '어디로'를 수립하는 손-닿는 데-있는-것을 동반하는 연관—속에서 밝혀진다. 그러나 근저에 깔려 있는 연관 자체란 바로 방역에 대한 논의에서 지금까지 무시했던 기본적인 작용, 즉 "여지 마련"이다. 이것은 현존재의 **실존 범주**로서 그 본령은 현존재가 손-닿는 데-있는 사물을 배열하거나 움직여서 더 커다란 공간성의 감각을 창조하는 다양한 방식 안에 있다. 예컨대 가구를 배열하거나 집을 건축하는 일 안에 있는 것이다. 한편 그런 방식으로 여지를 마련하는 것은 역으로 "공간을 부여하는 것"과 등가이지만, 이때 결정적으로 중요한 점은 그러한 여지-마련으로부터 직접적으로 혹은 무매개적으로 공간이 생겨나는 것은 아니라는 점을 깨닫는 것이다. 여지를 마련한다는 것의 기본적인 작용은 그게 아니라, "손-닿는 데-있는-것을 **그 공간성을 향해 해방시키는 일**"[42]이다. 연관 전체를 위한 여지가 그 때문에 만들어져 있는 그러한 공간성으로부터 공간이 나타나는데, 이는 오직 방역의 공간성 자체가 두드러지지 않은 방식으로 현전하고 있는 한에서다—그 결과 "공간 자체가 앎(cognition)에 접근 가능한 것이 된다".[43] 만일 손-닿는 데-있는-것의 주어진 방역 내부에 여지가 만들어져 있지 않다면(따라서 공간성이 열려 있지 않다면), 공간 같은 균질적인 매체는 있을 수 없다.

이런 방식으로 **여지**는 장소의 역사에 재진입한다—1000년 넘게 무시당한 후에야 비로소 말이다! 플라톤이나 스토아학파, 쿠사누스나 브루노에게 그러했듯 여지는 공간과 장소 사이를 매개한다. 이런 역사에 하이데거가 기여한 것은 여지를 그러한 매개자로 삼은 것인데, 이는 분명히 그 풍부함과 역동성으로 인해 장소와 공간을 모두 산출할 수 있는 방역이 거기에 구성 요소로서 포함되어 있기 때문에 가능한 것이다. 왜냐하면 방역의 결과 장소가 응집되고, 또한 공간을 식별하는 바로 그 공간성(문자 그대로 '여지 있음(roomliness)')이 창조되기 때문이다.

이러한 일반적 도식을 제기하고 나서 하이데거는 세 가지 결론을 도출해낸다. 첫째, "공간"의 소재는 인간 주체의 안에 있지 않다—칸트가 우리에게 믿게 하려 했던 것과 달리. 왜냐하면 이 주체는 정신적인(따라서 무세계적인) 것이 아니고, **공간적인**(그러므로 세계-내에 있는) 것이기 때문이다. 이것이 의미하는 바는 공간의 현전이 세계 내에서 아무리 덮여 있는 것일지라도 공간은 항상 이미 **세계 내에** 존재한다는 것이다. 즉 만일 공간이 실제로 선험적인 것이라면, 이것이 그러한 지위를 갖는 것은 오직 방역의 공간성 안에 내재할 때뿐이다.[44] 둘째, 이제 공간의 전체 계보가 가능해진다. 이 계보는 우선 측량하거나 건물을 짓는 구체적 활동에서 문제 되는 바로 그 둘러보는 공간성을 주제화하는 것부터 시작된다. 그리고 이 계보는 냉담하게 바라보는 것으로 나아가는데, 이는 앞에-현전하는 것에 대응하는 것으로서 직관의 한 형식으로 공간을 보는 칸트의 모델에서 정확히 표현된다. 마지막으로 이 계보는 순전히 균질적인 공간(여기에는 공간을 위치 해석에서 기하학적으로 표현하는 것도 포함된다)의 구축과 정관(靜觀, contemplation)으로 끝난다.[45] 여기서 문제는 이 순서가 올바른지 여부가 아니다—실제로 하이데거는 다른 곳에서 이 순서를 바꾸기도 한다.[46] 여기서 중요한 것은 일반적인 테제다. 즉 순수 공간이란 장구한 진화적-인식론적 역사의 뒤늦은 부산물로, 그 출발점은 모든 현존재가 주변을 둘러볼 때 가용한 방역성 내에 원초적으로 장소화해 있다. 셋째, 공간의 역사는 최후 단계에서 그 자신의 강렬한 결과를 초래한다. 즉 공간의 3차원성은 손-닿는 데-있는-것의 공간성이 앞에-현전하는 것으로서 중립화할 때 생겨난다. 장소는 그냥 위치로 환원되고, 주변을 둘러싸는 특징(즉 자신의 '세계성')을 상실한 세계는 '자연'이 된다.[47]

이렇게 강력한 주장을 펼치면서도 하이데거는 압박감에 못 이겨 이렇게 덧붙인다. "공간은 그 자체로 어떤 것의 순수 공간적 '존재'의 순전한 가능성을 포괄하는 한 우선은 아직 가려져 있는 상태다."⁴⁸ 여기서 하이데거는 후기 논문 〈시간과 존재(Time and Being)〉(1962)에서나 겨우 처리하는 약속 어음 하나를 발행한다.

공간의 '존재'에 대한 해석이 오늘날까지 계속해서 혼란스러운 문제였던 것은 공간 자체가 사물로서 갖는 내용을 충분히 알지 못했기 때문이라기보다는, '존 재' 일반의 여러 가능성이 원리적으로 투명하지 않았기 때문이고, 또 그 가능 성에 대한 존재론적 개념의 견지에서 해석이 결여되어 있었기 때문이다. 우리 가 공간이라는 존재의 문제성에 대해 이해하고자 할 경우 결정적으로 중요한 것 은 다음과 같다. 즉 '존재'에 대한 물음은 단지 우연적으로 쓸 수 있게 된, 그리 고 대개는 다소 조잡한 그런 '존재' 개념의 협소함으로부터 벗어나야만 한다. 그 리고 공간의 '존재'라는 문제 틀(그러한 현상 자체와 다양한 현상적 공간성에 관한)은 존재 일반의 여러 가능성을 밝히는 방향으로 향해져야 한다.⁴⁹

이런 선언은 단지 장차 이루어져야 할 미래의 전망을 여는 데 그치지 않 는다. 그것은 또한 비록 의도한 것은 아니지만 결국 자기비판에 이른다. 왜 냐하면 바로 하이데거 자신이야말로 공간―아울러 장소와 방역 또한―을 "협소한" 그리고 "다소 조잡한" "존재" 개념, 즉 손-닿는 데-있는 존재나 앞 에-현전하는 존재에 국한해버린 장본인이기 때문이다. 게다가 그는 이 세 가지 현상 모두를 전적으로 일상 세계(앞에-현전하는-것의 경우에는 여기에 이론 세계가 더해진다)의 현실성이라는 관점에서 분석했다. 이런 상황에서 우리는 과연 이런 현상이 손-닿는 데-있는-것이나 앞에-현전하는-것으로서 충 분히 파악할 수 있을지―심지어 인간 내에 기초하는 것으로서라도 가능할 지―의심스러워진다. 하이데거는 매우 의미심장하게도 공간 자체는 "그 자신이 공간적으로 손-닿는 데-있든가 앞에-현전하는 것에 특유한 '존재' 양식을 가질 필요가 없다"[50]고 말한다. 그러나 만일 **공간**에 다른 종류의 '존재'가 가능하다면, 왜 방역과 장소는 그렇지 않은가? 예컨대 장소와 방역은 추락과 피투성(被投性, throwness), 마음의 상태와 이해(理解) 같은 '안에-있음'의 근원적 현상에 깊숙이 관련되어 있다고 간주할 수도 있을 것이다. "'거기'를 실존론적으로 구성하는 성분들", 즉 손-닿는 데-있는-것도 혹은 앞에-현전하는-것도 아닌 성분들은 모두 장소적 및 방역적 분석을 요구한다. '공-존재(Being-with)'의 성분과 '자기-존재(Being-one's-Self)'의 성분 또한 그런 것처럼 말이다. 그러한 분석은 장소와 방역이 의미를 갖는 대역(帶域)을 확장할 것이다. 이러한 분석이 결여된, 그리하여 장소와 방역을 도구 세계에, 공간을 과학적 세계에 독단적으로 제한하는 것은 이들이 가질 수 있는 전체 범위를 현존재의 실존론적 분석론 안으로 가둬버린다.

이렇게 이야기하는 것은《존재와 시간》이 (사르트르의 용어로 말하자면) "도구 복합(instrumental complexes)" 내에 관여하는 현존재라는 입각점으로부터, 장소와 방역의 이해에 매우 귀중한 공헌을 했다는 사실을 부인하는 게 아니다. 하이데거 이외에 그 누구도, 심지어 로크조차도 '장소'나 '방역' 같은 말이 일상의 실용 세계라는 맥락에서 무엇을 의미하는지에 대해 하이데거에 필적할 만큼 풍부한 뉘앙스가 담긴 설명을 제시하지 못했다. 그러나 비록 이것이 현존재의 일차적 기본 세계라 해도 그것이 곧 인간이 관여하는 유일한 세계는 아니며, 하이데거 자신도 이를 알고 있었다.《존재와 시간》12절에서 그는 주거(dwelling)가 단지 도구적 특징에 그치지 않는 여러 가능성을 지적한다. 뒷부분에서 수행하는 "꺼림칙함"에 대한 분석은 현존재가 세계 안에서 "집에-있지-않음(not-at-home)"을 느끼지 않을 수 없다는 형태로 집-세계(home-world)와 그것의 상실을 계속 탐구한다.[51] 왜냐하면 꺼림칙함은 단지 **아무것도 아님**(손-닿는 데-있는-것이나 앞에-현전하는 것 같은 방식으로 실체적인 어떤 것도 아님)일 뿐만 아니라, **어디에도 없음**이기 때문이다. 그것은 **어떤** 개개의 장소나 방역도, 아니 심지어 일정한 "여기"나 "저기"도 근본적으로 부재함을 표상한다.[52] 그러한 무장소의 전망에 불안해져서 현존재는 저쪽으로, 즉 "자기 자신을 세계-내부적인 존재자들 안에 매몰시킴으로써 방향을 튼다".[53] 그러나 어디에도 없음과 아무것도 없음으로부터 이처럼 수세적이고 반응적으로 도피해버릴 때, 현존재는 궁극적으로 불안이나 꺼림칙함 자체로부터 도피하는 게 아니라, 양자를 근거 짓는 것, 즉 **세계**(따라서 자기 자신의 세계-내-존재)로부터 도피하게 된다.[54]

여기서는 단지 세계의 대안적인, 즉 세계의 비도구적인 의미 이상의 것이 문제 되고 있다. 불안은 존재론적 상태이며 따라서 심리학적 상태가 아니다. 그런 까닭에 "세계를 세계로서 근원적이고도 직접적으로 드러낸다".[55] **세계로서의** 세계란 현존재가 체계적으로 회피하는 것인데, 이는 단지 세계가 특정한 어디에도 소재화해 있지 않고 존재적으로 확고하지 않기 때문이 아니다. 그보다는 더 구체적으로 세계가 현존재의 자기-확신을 위협하는 가능성의 심연이기 때문이다. "불안은 현존재를 **가능적-존재로서** 드러낸다."[56]

하이데거가 "공간을 다른 방식으로 규정할 수도 있지 않을까"라고 자문했을 때, 그가 분명히 철학적인 종류에 속하는 그런 불안감을 경험했다는 이야기를 할 수 있지 않을까? 그는 이때 "존재론적 공간 문제"에 의해 열린, 무시무시하게 위협적인 가능성과 대치해야 했으니 말이다. 이런 가능성—"협소한" 혹은 "조잡한" 어떤 범주도 모두 초월해버리는 가능성—이 초래하는 불안에 떠밀려, 그는 손-닿는 데-있는-것이나 앞에-현전하는 것이 친숙하게 둘러싸고 있는 상태에 관한 그 자신의 분석으로 도피하는 조치를 취했던 것 아닐까? 요컨대 그는 공간에는 근본적으로 **다른** 가능적 양태가 존재한다는 섬뜩한 전망으로 인해 움츠러든 것 아닐까?

이러한 방향의 해석은 《존재와 시간》에 있는 텍스트 자체의 몇몇 언명이 그러한 징후를 보인다는 점 때문에 지지를 받는 듯하다. 첫째, 바로 앞서 인용한 긴 구절에서 하이데거는 "'존재' 일반의 여러 가능성이 원리적으로 투명하지 않았다"는 사실을 언급한다. 이러한 근본적인 존재론적 가능성을 탐구한다는 것은 공간적이라는 것에 **새로운** 가능성이 있다는 걸 받아들이는 셈이다―이는 실천적인 혹은 이론적인 맥락에서 문제 되는 한정된 가능성을 초월하는, 따라서 그런 가능성을 위협하는 가능성이다. 둘째, 하이데거는 (24절 마지막 단락에서) "우리가 세계로 돌아가지 않는다면 공간은 파악할 수 없"으며, "공간성은 세계에 입각하지 않고서는 도대체가 발견할 수 없다"고 명시적으로 말한다.[57] 이는 공간성이 **세계-내-존재**에 속하는 것과 마찬가지로, 공간은 적절한 의미에서라면 **세계에** 속하는 것이기 때문이다. 그러나 세계란 정확히―우리가 그것을 **세계로서** 직면할 경우―우리를 불안하게 만든다. 우리가 그것을 우리의 세계-내-존재에서의 무한정한 가능성의 원천으로 경험한다면, 우리를 훨씬 더 불안하게 만들 것이다. 만일 우리가 "공간이라는 '존재'의 문제성"을 추구할 경우 불안해질 가능성이 초래된다는 점을 강화하기 위해서인 양 하이데거는 이렇게 덧붙인다. "공간은 오직 주위 세계가 그 세계성을 박탈당하는 경우에만 비로소 접근 가능하다."[58] 그러나 주위 세계―의지할 수 있는 둘레 세계―로부터 그 세계성을 박탈한다는 건 그에 근거해 현존재가 돌보고, 중요시하고, 어딘가에 사는 생물이라고 간주하는 거주의 초석을 주위 세계로부터 박탈하는 것이다.[59]

이 초석은 공간의 순전한 가능성이라는―또한 순수 가능성으로서 공간이라는, 아니 순수 공간의 바로 그 가능성이라는—심연 위에 덮여 있다. 그러니 이렇게 매달려 있는 현존재가 강렬한 불안과 편치 못함을 느끼고 순전한 이론의 반성적 재확인 속으로 도피하는 것은 물론, 그에 못지않게 일상적인 왕래나 잡담이 안겨주는 위로와 평온함 속으로 도피하는 것도 이상할 게 없다. 그렇지만 불안의 순간에 언뜻 엿보이는 것, 즉 현존재의 심연과도 같은 꺼림칙함이 여전히 "더 한층 근원적인 현상"[60]이다.

하이데거는 여담으로 이렇게 덧붙인다. "불안은 지극히 무해한 상황에서도 생겨날 수 있다."[61] (하이데거는 이 질문을 여담처럼 툭 던졌지만, 이 대목에서 필자 케이시는 이것이 하이데거에게 실제로 일어난 사태가 아닌가 하는 쪽으로 생각을 밀고 나간다—옮긴이.) 혹시 그 불안은 '존재'의 새로운 가능성이라는 기반 위에서 이해해야 하는 것으로서 공간에 대해 사색한다는 무해한 상황 속에서 생겨난 것일까? 하이데거는 그러한 가능성을 엿보고는 그것이 초래할 불안 때문에 움츠러든 것일까? 그는 존재론적인 꺼림칙함—순전한 가능성으로서 편치 않음—에 직면해 도구적이고 이론적인 영역의 현실적 편안함의 두 팔 안에 도피하듯 안겨버린 것일까? 하이데거는 가까움이나 연관, 방향성과 '거리-제거', 심지어는 정확한 관찰을 강조하는 것만큼이나 친숙함도 강조하는데, 이러한 것을 강조한다는 것은 그가 꺼림칙하지 않은 것, 이미 알고 있는 것, 직접 감지할 수 있는 것, 예측 가능한 것 쪽으로 "방향을 틀"고 있음을 말해주는 것 아닐까? 이것이 장소와 방역을 손-닿는 데-있는-것에 한정하고, 공간을 앞에-현전하는 것에 한정하는 것이 의미하는 바 아닐까?

하이데거가 꺼림칙한 것의 개념을 현존재의 공간성에 대한 자신의 초기 분석에 명백하게 결부 짓는 것은 딱 한 번이다. 방역 내에 장소 지어진 것들에 적용되는 "어딘가에 속함"의 안티테제인 "어디에도 없음"에 대해 논하면서 그는 의미심장하게 말한다. "그러나 '어디에도 없음'이 아무것도 없음을 의미하지는 않는다. **이것은 어떤 방역도 존재하는 곳이며**, 본질적으로 공간적인 '안에-있음'에 대한 세계의 어떤 개시성(開示性, disclosedness) 또한 거기에 존재한다."[62] 이러한 승인은 매우 주목할 만하다. 방역은 소재상의 안정성 및 존재적 안전성의 전형인데, **그 방역 자신은 어디에도 소재화해 있지 않다**. 공허로 떨어져버리는 함정 문(trap door)이 갑자기 확 열린다―제대로 자리 잡은 것의 무대 바로 한가운데서 말이다. 하이데거는 자신이 연 그 문을 닫을 수 없다. "위협하는 것은 가까움 내의 특정한 방향으로부터 접근해올 수 없다. 그것은 이미 '거기'에 있지만, 어디에도 없다. 그것은 압박하며 사람의 숨통을 조여올 정도로 대단히 가깝지만, 어디에도 없다."[63] 존재적으로 안심을 시켜주는 방역하의 존재론적 텅 빔은 위로가 되기에는 너무나도 가깝다. 그 결과 《존재와 시간》은 퇴각한다. 방역은 자기 고유의 자리로 회귀하고, 장소는 자신의 방역으로 회귀한다. 드라마는 계속된다. 마치 악마적인 지하 세계로의 문이 열려버린 일 따위는 결코 없었다는 듯.

2

현존재의 공간성과 함께 실존론적-시간적 분석은 어떤 한계에 도달하는 듯하다.

―《존재와 시간》, 70절

《존재와 시간》의 드라마는 시간이 마침내 승리를 거두는 멜로드라마다. 하이데거는 불안에 대해 다루고는 곧장 공간, 방역, 장소에 대한 더 이상의 진지한 고찰 없이 그대로 물러난다. 2편 "현존재와 시간성"은 사실상으로나 실질적으로나 모두 출판된 텍스트의 남은 부분을 점한다. (《존재와 시간》

전체는 1편과 2편으로 구성되어 있다—옮긴이.) 텍스트의 이 부분에서 하이데거는 현존재의 하나의-전체-존재(being-a-whole)에 대한 잠재 가능성과 현존재의 죽음을-향한-존재(being-toward-death)가 자기 자신에게 앞질러 달려가는 선구적 결단성에서 가장 충분히 실현된다고 주장한다. 아울러 이 선구적 결단성에 대한 충분한 분석은 오로지 시간적이다. 시간성은 "본래적인 염려의 의미"[64]를 제공한다고 선언되며, 현존재의 실존론적 분석론 전체가 시간성의 우위성을 위해 되풀이된다. 이 강력한 우위성은 도구 세계와 이론 세계를 지배한다—그리고 우리에게 가장 의미심장한 것은 현존재의 공간을 지배한다는 점이다.

이제 우리는 《존재와 시간》의 70절, 즉 "현존재에 특징적인 공간성의 시간성"이라는 대담한 제목의 절에 당도한다. 시간성의 주도권에서 고유한 것은 공간성을 설명할 수 있다는 시간성의 능력이다—공간성에 실존론적으로 "기초를 부여함"으로써 그것을 "포괄한다".[65] 공간성을 포괄하고 거기에 기초를 부여하는 것에 대해 이야기하는 것은 장소 및 방역의 실존론적 요구에 의해서뿐만 아니라, 공간의 근원적인 가능성에 의해서도 초래된 불안에 직면해 존재론적 안심(reassurance)에 도달하고자 마지막 노력을 하는 것이다. 그러나 공간성을 시간성에 종속시키려는 이 상투적인 시도에 하이데거는 성공하는가? 나는 그렇게 보지 않는다—또한 하이데거 자신도 그 이후 성찰을 더 밀고 나간 결과 성공적이지 못했다는 생각을 하기에 이른다. 후기 논문인 〈시간과 존재〉에서 그는 드물게도 짧지만 그런 만큼 결정적인 문장 통해서 철회의 제스처를 취한다. "인간의 공간성을 시간성에서 도출한다는 《존재와 시간》 70절에서의 시도를 〔더 이상〕 옹호할 수는 없다."[66] 그러나 하이데거는 어떻게 그것을 옹호할 수 없는지 우리에게 이야기하지 않는다.

그가 시간성으로부터 공간성을 도출하려 한 시도는 너무나도 독단적이며 그 추론 방식 또한 너무나 느슨해 옹호할 수 없다. 예컨대 하이데거는 "현존재의 특수한 공간성은 시간성에서 근거 짓지 않으면 안 된다"고 엄숙하게 선언한다.[67]―그러나 이 "~ 않으면 안 된다"고 하는 것이 어떤 근거에서 그러한지에 대해, 그 자신이 몰두한 시간중심주의를 제외하고는 전혀 입증하지 못한다. 아르키타스는 비록 압축적이기는 해도 일관성 있게 "사람은 장소에 우위성을 부여해야만 한다"[68]는 주장을 제시했다. 하이데거는 이와 동등한 정도의 제국주의적 주장을 하면서도 그에 대해 어떤 논증도 제시하지 않는다. 그 대신 단지 "시간성은 염려라는 '존재'의 의미다"[69]라는 2편의 근본 테제를 되풀이할 뿐이다. 하이데거가 "현존재의 구성과 그것이 존재하는 방식은 존재론적으로 오직 시간성의 기반 위에서만 가능하다"[70]고 덧붙일 때, 그는 이 언명에 순환적 성격이 있음을 알아차리지 못한다. 현존재는 염려의 피조물로서, 즉 그 의미가 성격상 시간적인 염려의 피조물로서 시간성 위에 수립되지 않을 수 없다는 바로 그 순환성을 말이다. 더 일반적으로 말하면 1편 3장 끝에서 여전히 문제 되고 있는 공간의 (따라서 또한 공간성의) 가능성은 시간의 가능성에 의존한다고 상정할 수 없으며, 시간성의 가능성에 대해서는 더 말할 것도 없다. 그러한 의존을 구체적으로 연역해내지 못하는 한 말이다. 그러한 연역은 하나도 주어지지 않은 채―하이데거는 이 문제에 착수하기를 명백히 거부한다[71]―우리가 받아드는 것은 하이데거에게 문득 떠오른 이런저런 견해를 기술한 몇몇 단락뿐이다. 그 단락들이 목표로 삼은 것은 22절부터 24절까지 전적으로 공간적인 문제로 제시했던 것이 그 근저에 시간적인 동력을 갖고 있음을 주장하는 것이다. 그리하여 이제 우리는 다음과 같은 문장을 읽게 된다. "자기의 방향을 잡으면서 이루어지는 방역의 발견은 가능적인 '여기로'와 '저기로'를 탈자적으로(ecstatically) 간직하면서 기다리는 것에 근거하고 있으며", "가까이-초래함(bring-close) 그리고 거리-제거되고(de-severed) 내-세계적으로(within-the-world) 앞에-현전해 있는(present-at-hand) 것 내부에서 거리를 평가하고 측정하는 일 모두는 그 안에서 방향을 잡는 것도 가능해지는 시간성의 통일성에 속하는 현전화(making-present) 속에서 근거를 부여받는다."[72] 그러나 "여기로"와 "저기로"의 분석이 "탈자적으로 간직하면서 기다리는 것"이라고 기술했다고 해서 무슨 득이 있는지 전혀 불분명하고, 하물며 방역에서의 두 가지 양태가 어떻게 그러한 시간성에서 **근거를 부여받는지**에 대해서는 더더욱 불분명하다. 또한 "가까이-초래함"이나 "거리-제거" 그리고 방향성은 앞의 두 가지 양태의 경우에 필적할 만한 "현전화"에서 어떠한 근거도 분명하지 않다. 아니, 장소가 그러한 작용에 의해 응집되는 한 과거를 나타내는 '이미 ~한 상태임'이 도리어 좀더 적절한 시제 표시로 여겨질 것이다.

하이데거는 같은 절(70절)에서 "현존재의 공간성에 기초를 부여하는 시간성의 기능은 간략하게[만] 지적할 것이다"[73]라고 인정한다. 그럼에도 불구하고 하이데거가 시간성으로부터 공간성을 도출해내는 데 실패했다는 걸 더 잘 드러내는 것은 방금 기술한 식의 설득력 없는 분석 쪽보다는 텍스트의 이러한 결함이 갖는 또 하나의 지극히 기묘한 면모 쪽이다. 기묘한 면모란 진정으로 설득력 있는 유일한 문장은 시간성을 조금도 암시하지 않고 **공간성**에 대해 새로운 통찰을 더하는 부분이라는 사실이다. 예컨대 우리가 "**현존재는 공간을 취해 들인다**"[74]는 문장을 읽는 것은 70절에서뿐이다. 공간은 현존재에 의해 투기되어 있지 않으며, 또한 현존재는 단순히 공간 안에 소재화해 있는 것도 아니다. 그게 아니라 현존재는 공간을 내재화하고, 그것으로 뭔가를 만들어낸다. 그렇게 해서 만들어지는 것은 바로 여지와 운신의 폭이다. 이 두 가지 개념은 1편의 논의에서는 대략적인 스케치만 되어 있는데, 이제 다음과 같은 소견 안에 풍부한 시사점과 함께 새겨진다.

〔현존재는〕 실존하면서 이미 자기 운신의 폭을 위한 여지를 만들고 있다. 현존재는 자신이 여지를 만든 공간으로부터 자신이 보유하고 있는 '장소'로 돌아오는 방식으로 자신의 소재를 규정한다.[75]

현존재가 공간을 취해 들이는 것은 오직 더 자유롭게 "공간을 째고 들어가기"[76] 위해서일 뿐이다. 그렇게 공간 속으로 침입은 운신의 폭을 위한 여지를 만듦으로써, 즉 다양한 관여를 위해 공간을 밝게 틈(clearing)으로써 이루어진다. 이러한 공간적인 폭으로부터 현존재는 장소로 돌아온다. 여기서 현존재는 단지 자기 자신의 장소—단순히 손-닿는 데-있는 장소(Platz)라기보다는 자신의 실존론적 소재(Ort)—를 부여받는 데 그치지 않는다. 나아가 그러한 장소는 더 널찍한 여지를 수반하는 것으로 보인다. 그리고 이 여지에 고유한 운신의 폭은 우리를 장소로부터 멀리 떨어뜨려놓기는커녕 장소 자체에 더 결정적으로 삽입해 들어갈 수 있게끔 해준다.[77]

방금 인용한 구절은 장소 자체(이에 대해《존재와 시간》은 더 이상 어떤 것도 이야기하지 않는다)에 대한 함의를 넘어서 현존재의 기본적 공간화 운동—22절부터 24절까지에서는 단지 암시만 하고 있을 뿐인 운동—의 윤곽을 그리고 있다. 이는 더 확장된 주변 세계 혹은 공적인 세계**로부터** 이 동일한 주변 세계의 더 제한된 모퉁이**로 돌아오는** 운동이다. 그것은 더 작은 공간들의 누적이나 총합에 의해 구축되어야 할 여지라기보다 개개 장소들에서 더 엄밀하고 한계 지어진 작용이 이루어질 수 있는 무대를 제공하는 장이다. 하이데거는 '로부터/로 돌아옴'이라는 이 도식을 장소뿐만 아니라 방역에도 적용한다. "배려는 앞서 발견한 방역으로부터 거리-제거를 하면서 가장 가까운 것으로 돌아온다."[78] 여기서 하이데거는 자신이 이전에 강조했던 것, 즉 미리 주어진(pregiven) 방역에 이미 소재화해 있는 존재에 대해 강조 했던 것을 다음과 같은 사고방식으로 보충한다. 요컨대 현존재의 배려 충만한 교섭은 **손-닿는 데-있는 연관의 방역으로부터 자신의 좀더 직접적인 행동 범위로** 늘 회귀한다는 것이다. 이러한 회귀는 궁극적으로 현존재로 돌아오는 것이다.

그 직접적 귀결로서 70절에서 현존재는 장소와 방역의 구성에서 이전에 비해 큰 역할을 맡는다. "현존재가 **자기 자신을 위해 여지를 만드는 일**에는 스스로 방향을 정하면서 방역 같은 무언가를 발견하는 것이 속한다. …… 배려 충만한 세계-내-존재는 방향이 잡혀─**스스로 방향을 정하면서**─있다."[79] 이는 현존재에 구성과 관련해 더 풍부한 역할을 부여하는 것이다. 즉 현존재는 "스스로 방향을 정하는" 것으로서 장소의 응집에 대해서뿐만 아니라, 여지(와 그 운신의 폭)를 만드는 일과 방역을 발견하는 일에 대한 책임이 있다. 우리가 방금 살펴보았듯 자기 자신의 소재를 규정하는 일과 공간을 끌어들이는 일 또한 (따라서 공간 속으로 침입해 들어가는 일에 대해서도 마찬가지로) 현존재의 책임이다. 이 모든 것은 하이데거가 점점 더 현존재의 본래성(authenticity)에 대한 물음 속으로─따라서 또한 현존재의 시간성에 대한 물음 속으로─몰입해 들어가고 있음을 반영한다. 그런데 현존재의 시간성은 탈자적인 외향 운동을 함에도 불구하고 자기(self)와 관련이 있다. 〔이런 점에서 시간성은 시간(Zeit) 및 존재시성(存在時性, Temporalität: 존재 자체의 의미가 함축하고 있는 '시간적' 성격을 인간 현존재의 시간성(Zeitlichkeit)과 구별 짓기 위해 하이데거는 전자를 '존재시적'이라고 표현하며, 그 독특함을 '존재시성'이라고 칭한다─옮긴이)과 대조된다. 시간 및 존재시성은 모두 현존재의 세계─내─존재의 제한을 초과하는 것과 관련이 있다.〕그러나 이는 또한 공간성 자체의 경험과 운명에서 인간의 자기(self)가 결정적 차이를 초래할 수 있고, 그럼으로써 "현존재 자체가 공간적"[80]임을 예증하는 방식에 대해 하이데거가 어떻게 평가하고 있는지를 반영하기도 하다.

이런 식으로 여러 가지를 추가하고 또 진보적임에도 불구하고 명백한 의도라는 차원에서 보면, 《존재와 시간》에는 현존재가 공간화하는 힘을 그보다 더 큰 것으로 추정되는 시간성의 역동성〔혹은 탈자태(脫自態, ecstatics)가 더 좋은 표현일 수도 있겠다〕에 종속시킴으로써 현존재가 공간화하는 힘에 한계를 주려는 노력이 전편에 깔려 있다. 이런 종속화를 수행하는 가운데 이 책은 하나의 도피 형식을 구체적으로 나타낸다 ─ 여기서 도피라고 표현한 것은 마치 이 텍스트를 쓰는 동안 현존재의 공간적 구조가 하이데거 자신 안에 어떤 특별한 철학적 불안을 초래한 것인 양 저자가 그 구조 앞에서 움츠러들기 때문이다. 이 철학자는 이후의 저작에서 이런 불안을 극복하고 (아니면 적어도 그 불안을 유보시키고) 공간 및 공간성, 방역 및 장소가 가진 한계지어지지 않은 가능성과 대결할 수 있을까? 이러한 가능성으로부터 몸을 돌리지 않고 그 가능성을 **향해** 전회할 수 있을까?

3

〔예술〕 작품 가까이에서 우리는 통상적으로 있곤 하는 곳과 다른 어떤 곳에 느닷없이 존재한다.
─ 마르틴 하이데거, 〈예술 작품의 근원(The Origin of the Work of Art)〉

어쨌든 문제 되는 것은 **전회**(turning) ─《존재와 시간》 출간 이후 몇 년 동안 일어난, 하이데거 자신이 "전회(die Kehre)"라고 불렀던 사태 ─ 다. 나라면 이 전회를 '장소'와 그 관련 개념들로의 (재)전회[(re)turning]라고 주장할 것이다―이는 '존재'와 '언어' 쪽으로의 전회인 것만큼이나 장소 및 그 관련 개념들의 방향에서의 전회다. 예컨대 "밝게 틈"이라는 후기 개념의 중요성은 하이데거의 원숙한 사유에서 장소가 중심적 지위를 차지한다는 것에 대한 인식 없이는 이해할 수 없다. '밝게 틈[독일어 die Lichtung에는 '밝게 함'이라는 뜻 외에도 '숲을 쳐서 트이게 하기(간벌)', '숲을 쳐서 트이게 된 곳(간벌지)', '빈터'라는 뜻도 있다―옮긴이]'은 '존재'나 '언어'(나아가 '언어'-로서-'존재')가 나타나는 열린 장소다. 그뿐만 아니라 건축 및 거주, 사물(thing), 4원(四元, fourfold), '존재의 장소론'에 대한 하이데거의 이해 또한 장소를 끊임없이 암시하고 있다는 점을 제외하고는 이해할 길이 없다. 그러나 이렇게 말하는 것은 이야기를 몇십 년이나 앞지르는 셈이 될 것이다.

'전회' 관념은 1928년 여름의 연속 강의 〈논리학의 형이상학적 기초(The Metaphysical Foundations of Logic)〉에서 등장한다. 여기서 우리는 전회에 대한 최초의 공식적 언급을 발견할 수 있는데, 이 경우 전회는 "전체로서 여러 존재들을" 새로운 방식으로 다루는 "메타 존재론"에의 본질적 전회로 간주된다. 새로운 방식 중 하나는 다양성의 현전―있음(being), '존재(Being)' 그리고 현존재(Dasein)에서의―에 대한 고양된 감수성이다. 여기서 우리가 듣는 이야기는 "다양성은 '존재' 자체에 속한다"는 것, 그리고 "다양화와 관련한 고유한 가능성은 …… 모든 현존재 내에 현전해 있다"는 것이다.[81] 《존재와 시간》에서는 강조점이 "통일적인 현상"(사는 일로서 안에-있음 덕분에, 염려의 구조 덕분에, 그리고 무엇보다 시간성 덕분에 통일적인)으로서 세계-내-존재에 놓여 있고, 그래서 현존재의 "분산(dispersion)"은 "결여태(deficient mode)"로 간주되는 반면, 1928년에 수행한 (마르부르크 대학에서의 마지막) 연속 강연에서 하이데거는 세계-내-존재의 양태들에 관한 현존재의 본질적 다양성을 반영하는 근원적인 "산종(散種, dissemination)"에 역점을 둔다. "형이상학적으로 중립적인 현존재 개념에서 현존재의 본질은 이미 근원적인 **산란**(散亂, bestrewal)을 포함하는데, 이 산란은 극히 한정된 측면에서 **산종**이다."[82] 이는 이제 더 이상 현존재가 "늘 자기 자신을 '안에-있음'의 한정된 방식으로 분산시켜왔다는, 혹은 심지어 분열시키기까지 해왔다"는 문제만은 아니다. 이는 세계 내에서 자신을 상실해 깊숙이 그리고 심지어는 영원히 거기서 어지럽게 흐트러져 있는 것의 **무**한정하게 많은 방식들 중 하나다.

나아가 〈논리학의 형이상학적 기초〉에서 하이데거는 다음과 같은 형태의 수많은 불가피한 상실성에 대해 스케치한다. 예컨대 존재를 불러들이기를 그만두고, 여전히 타자인 것들(still others) 쪽으로, 역사성(이 역사성 안에서 현존재는 시간 내에 "자기 자신을 뻗쳐간다") 쪽으로, 상호-존재 쪽으로 방향을 튼다. 그러나 현존재의 산종 중 가장 이목을 끄는 예는 이것이 아니라 다음 세 가지다. "신체 내에 분산되어 있음", "특정 성별로 갈라져 있음", "공간성 [내에서] 사실적인 산종".[83] 신체, 성별, 공간성이라는 산종된 용어 셋이 이렇게 인상적으로 한 쌍을 이룬다. 그중 **신체**—우리가 알다시피 《존재와 시간》에서 체계적으로 무시했던 그 신체—를 가장 중요한 것으로 간주한다. 왜냐하면 "신체화"는 성별과 공간성을 포함한 현존재의 다양성 **전체**를 "조직하는 요인"이라 일컬어지기 때문이다.[84] 이 점을 가장 쉽게 알 수 있는 것은 바로 성별인데, 이 경우 인간 신체는 성적인 차이들을 유기적으로 조직하고 실연(實演)한다. 그런 점에서 하이데거는 Zwiespältig, 문자 그대로 "두-겹"이라는 용어를 사용한다. 하지만 그는 신체화와 공간성의 관계—지금까지 살펴본 대로 칸트와 화이트헤드, 후설과 메를로퐁티에게 그토록 결정적 의미를 가졌던 바로 그 관계—를 탐구하지 않은 채 내버려둔다. 그러나 이 관계에 관한 힌트가 하나 있다. "각각의 사실상의 실존론적 분산 및 분할을 묶어줄 가능성으로서 중립적인 현존재의 형이상학적 본질에 고유한 초월론적 산종은 현존재의 근원적인 면모, 즉 **던져짐**〔피투성(被投性)〕이라는 면모에 바탕을 두고 있다."[85] 세계 속으로 던져져 있다는 건 신**체의 안에**, 그리고 신체에 **의해** 세계 안에 장소 지어져 있다는 것이다. 신체 차원의 조건들—이런 조건들은 역으로 이 동일한 작용으로부터 생겨나는 "기분(mood)"을 위한 기반이다—속에서가 아니라면 우리가 어떻게 던져짐의 역경과 충격을 경험할 수 있겠는가? 게다가 던져짐은 세계 **속으로의** 던져짐이고, 이는 바로 다양한 것의 무대로서 세계 속으로의 던져짐이다. "**다양성 속으로** 던져진 이러한 산종은 형이상학적으로 이해하지 않으면 안 된다."[86] **공간 차원의** 조건들 속에서가 아니라면 어떻게 그러한 다양성—하이데거는 이 다양성이 현존재가 자기 자신을 "자신이 아닌 존재들에 의해 제어되도록"[87] 하기 위한 전제라고 덧붙인다—이 실존할 수 있겠는가? 만일 산종의 초월론적 조건이 신체적 던져짐이라면, 다양성의 초월론적 조건은 공간성이다. 왜냐하면 현존재는 오직 공간성의 바깥으로-확산됨(spread-outness) 속에서만 "자신이 아닌 존재들"의 다양성 속으로 자기 자신을 산종시킬 수 있기 때문이다. 이런 존재—현존재의 외부에 있으며, 또 서로 이웃하는 존재—들의 다성(多性)과 타자성은 죽-펼쳐진(laid-out) 공간성을 필요로 하는데, 이 공간성은 현존재의 흩뿌려진 신체성에 합치되며 심지어는 그러한 신체성과 깊이 결합하기까지 한다.[88]

1928년의 연속 강의 때는 읽지 않았던 이 텍스트의 부록에서 하이데거는 이러한 사유—저 멀리 뒷날의 심원한 '전회'를 내다보는 사유—를 더욱 밀고 나간다.

인간이란 거리(距離)의 피조물이다! 그리고 인간이 자신의 초월성 안에서 모든 존재를 향해 수립하는 실제적인 근원적 거리에 의해서만, 여러 사물에 대한 진정한 가까움이 인간 안에서 자라나기 시작한다. 그리고 멂에 귀를 기울일 수 있는 능력만이 가까이에 있을 인간들의 응답에 대한 각성을 불러일으킨다.[89]

이 언명에는 멂(distance)과 가까움(nearness)이―이 둘은《존재와 시간》에서는 범주적인 지위에 갇혀 있었다―공히 현존재의 둘러보는 식의 배려를 넘어서는 지극히 다른 이해를 요청한다는 확신이 명백히 나타나 있다. 왜냐하면 지금 문제 되고 있는 가까움과 멂은 측정의 문제도 아니고, 또는 가까이-초래함(bring-close)이라는 구체적 행위의 문제조차 아니기 때문이다. 여기서의 가까움과 멂은 이론의 영역뿐만 아니라 실천의 영역도 능가하는 "모든 존재" 및 "여러 사물"과 관련이 있으며, 그 가까움과 멂에 도달하는 것은 오직 현존재의 산산이 흩어진 상태를―설령 아무리 불완전하고 일시적인 방식으로라도―극복하는 근원적 "초월성"에 의해서만 가능하다. 혹자는 여기서 하이데거가 혹시《존재와 시간》24절 끝에서 스쳐 지나가듯 언급한, 공간의 무시되는 가능성 중 두 가지 덮개를 벗겨내기 시작한 것은 아닐까 의심한다. 요컨대 공간은 역시 근원적으로 다양하다는 식으로 말이다.

하이데거는 공간 및 공간성에 대한 추구를 1935년까지 중단한다. 1935년은 (장소를 포함한) 이러한 주제들이 격렬하게 회귀하는 해다. 이 주제들은 두 텍스트에서 회귀하는데, 그중 하나는 바로 이 화제들과 크게 충돌하고, 다른 텍스트는 그것들을 따뜻하게 환대한다. 이는 공간적 문제에 대한 하이데거의 양가적 태도가 여전히 해결되지 않았음을 입증한다.

첫 번째 텍스트는 1935년 여름 프라이부르크 대학에서 행한 연속 강의〈형이상학 입문(An Introduction to Metaphysics)〉이다. 공간과 장소의 문제에

관한 한 여기에는 분명히 두 가지 논조가 공존한다— 이 텍스트는 1953년
에야 마침내 출판했음에도 그러하다. 그중 첫 번째 논조는 현존재에 현존
재 자신의 독특한 장소를 부여한다.

> 현존재는 '존재'의 물음 내부에서, '존재'가 그 자신을 열어 밝히기 위해(to
> disclose) 필요로 하는 그 장소(Stätte)로서 이해하지 않으면 안 된다. 현존재는 열
> 린 상태의 장소, 거기다. ……그렇기 때문에 우리는 현존재의 존재를 엄밀한 의
> 미의 단어로 '거기에–존재함(being-there)'이라고 부르는 것이다. '존재'의 여는
> (opening) 작용에 대한 전망은 원래적으로 '존재'의 열어 밝힘(disclosure)을 위한
> 장소로서 거기에–존재함의 본질 안에서 근거 지어야만 한다.[90]

여기서 하이데거는— 뒤늦게—자신이 만든 용어인 "현존재"가 갖는 장
소와 관련한 의의를 강조한다. 《존재와 시간》에서는 "여기"에 비해 "저기"
에 우선성을 부여했는데, 그 우선성은 이제 끊임없이 자신을 초월하는 피
조물로서의 현존재가 자신이 경계 짓는 바로 그 장소 안의 거기에 항상 이
미 존재한다는 일반적 테제로 변형된다. 그러나 1927년(후설이 펴낸 학술 잡
지 〈철학 및 현상학 탐구 연보〉 8집에 "존재와 시간"을 처음 발표하고 동시에 별책 부록으
로도 출간한 해—옮긴이)의 텍스트 이래, 강조점의 중대한 이동이 발생했다.
1927년의 텍스트에서 우리는 방역들에 의해 제공되는 열린 여지나 운신
의 폭으로부터 장소로 다시 돌아가는 근본적인 운동을 볼 수 있었다. 그
러나 이제 그 작용은 현존재로부터 이 현존재의 "거기"라는 열린 장소 안으
로 향한다. 그러나 두 가지 경우 모두 현존재는 자기 자신의 장소 안에 존
재한다. 현존재가 '자기 자신의 소재를 규정한다'고 말하든, 아니면 현존
재가 "열린 상태의 장소" 자체라고 말하든 말이다. 현존재라는 것은 자신

의-장소-내-거기에(there-in-its-place) 존재하는 것이다. 이런 사고방식을 보강하는 차원에서 하이데거는 거기-장소(there-place)―우리라면 장소의 이런 새로운 의미를 Stätte(터전)라고 부를 테지만―의 특징을 가장 잘 보여주는 것은 폴리스(polis)라고 주장한다. 하이데거는 '도시-국가'라는 이 단어의 통상적 번역어를 거부하면서, 폴리스는 그 고유한 의미에서 "역사상 거기에-있음(being-there)이 그 안에서, 또한 그러한 것으로서 존재하는 장소, 곧 '그곳'"이라고 주장한다. "폴리스란 역사적 장소로서, 역사는 바로 그 **안에서, 그곳으로부터 바깥으로, 그것을 위해서** 발생하는 것이다."[91] 아니 모든 중요한 장소는 "역사의 장소요, 무대"다. 그 장소를 점하는 것이 사제든, 시인이든, 사상가든, 장로든, 군인이든 말이다.[92] 이런 유형의 인물은 저마다 "본래적인 의미에서 역사"인 "세계-건설"이 폴리스 안에서 진행되도록 한다.[93] 아울러 이들 각각은 오직 **한계**―제한하는 것이 아니라, 폴리스의 장소 내부에서 가장 효과적으로 세계를 건설할 수 있도록 허용하는 한계―를 존중하는 한에서 그렇게 한다.

이와 같이 존립에 이르러 자기 존속적(stable)이 되는 것은 그때 자진해서 자유로이 자기를 자기의 한계(limit), 즉 경계(peras)의 필연성으로 내던진다. 이 한계는 존재자의 뒤를 따라 외부로부터 붙어온 것이 결코 아니다. 하물며 해로운 제한이라는 의미에서 결여는 더더욱 아니다. 한계 바깥으로부터 자신을 억제하는 제지, 지속하는 것이 자기 자신을 그 안에 유지하는 자기 자신을-갖는 것(the having-itself), 바로 그러한 것이 여러 존재들의 '존재'다. 이것이 존재를 존재케 해서 비존재와 구별하게 만든다. ……한계와 끝, 그것을 가지고 존재는 **존재하기** 시작한다.[94]

하이데거는 이로부터 15년 뒤, 한계란 "어떤 것이 거기서 멈추는 그런 것이 아니고, 희랍인들이 인식하고 있었듯 거기로부터 어떤 것이 **현전하기**(presencing) **시작하는** 지점이다"[95]라고 말한다. 하이데거에게 한계는 아리스토텔레스의 포위자 끝부분인 앞에-현전하는 경계선도 아니고, 작업장 벽처럼 단순히 손-닿는 데-있는-것도 아니다.[96] 한계 내부에서, 여지가— 따라서 장소도—만들어진다. 한계가 결여되어 있다는 건 장소가 결여되어 있다는 것이고, 그 역 또한 참이다. 즉 장소 안에 있지 않은 것은 한계 지어져 있지 않다는 것이다. 한계란 긍정적인 힘으로, 그 내부에서 장소가 만들어진다. 아리스토텔레스를 그 자신에 반하는 방식으로 불러내 이렇게 말할 수도 있다. 만일 장소가 "어떤 힘을 갖는다"고 한다면, 그것은 상당한 정도로 장소의 바로 그 한계에 기인한다고 말이다. 장소의 터전(estate), 그 **실제적** 터전은 바로 그러한 한계의 힘이고, 이 터전은 "역사의 장소"로서 폴리스 안에서 시인과 정치가, 전사와 사제, 행동가와 사색가의 활동에 의해 실현된다.[97]

이러한 사고의 방향은 유망해 보이지만, 그 내부 및 외부로부터 이 방향의 근저를 뒤흔드는 작용을 하는 제2의 방향과 짝을 이룬다. 첫째, **외부로부터** 뒤흔드는 것에 대해 이야기해보자. 한정된 폴리스가 아니라 한정되지 않은 **지리적-폴리스**(geo-polis)가 《형이상학 입문》의 변두리에서 으르렁거린다. 내가 지금 말하는 것은 독일을 "중심에 위치 지어진" 것—"황량한 과학기술에 대한 광분과 평균적 인간의 무제한적 조직화"를 동일하게 드러내는 미국과 러시아 간의 지리적 중심—으로 묘사한 악명 높은 구절이다.[98] "집게발 양쪽에 끼여" 있는 독일은 그래서 "이웃도 가장 많고, 그런 까닭에 위험에도 가장 크게 노출되어 있는 국가다".[99] "국가들 중에서 가장 형이상학적인 국가"로서 독일은 "자기 자신을, 그리고 나아가서는 서양의 역사를,

그 장래의 '생기(生起)'의 중심을 넘어서 '존재'의 힘이라는 근원적 영역 속으로 이동시킬" 책무가 있다. "유럽과 관련한 일대 결단이 절멸을 초래하는 것이 아닌 이상, 그 결단은 역사적으로 중심으로부터 펼쳐지는 새로운 정신적 에너지라는 관점에서 이루어져야만 한다."[100] 여기서 장소를 문자 그대로 지정학적 위치로 읽는 데 하등의 주저도 없다. 그렇게 문자 그대로 읽는 것과 밀접히 연관되는 "형이상학적인" 것이나 "정신적인" 것을 환기할 때에도 그러하다.[101] 국한된 작용의 힘-장소(power-place)로서 폴리스는 지정학적, 형이상학적, 정신적 힘의 국한되지 않는 공간이 되었다. 이러한 후자의 공간 속에서 크게 떠오르는 것은 여지없이 나치즘의 망령이다. 유럽을 재영토화하겠노라는 히틀러의 노력이 급속히 싹틀 수 있도록 여지가, 너무나도 커다란 여지가 열려버린 것이다.

둘째, **내부로부터** 뒤흔드는 것에 대해 이야기해보자. 하이데거는 1935년 꺼림칙한 것이라는 주제로 회귀하며, 편치-않음(not-at-home) 안에서 이제 존재론적 불안의 원천인, 어디에도 없음과 아무것도 없음 이외의 어떤 것을 발견한다. 소포클레스의 구절, 즉 "세상에는 낯선 것도 참 많지만, 낯섦에 있어 인간을 능가하는 것은 아무것도 없다"에 주석을 달면서, 하이데거는 낯선 것을 꺼림칙한 것과 연결시킨다─꺼림칙한 것이란 "우리를 '익숙한' 것 바깥으로, 즉 관습적이고, 친숙하고, 안전한 것 바깥으로 내던지는"[102] 것으로 해석할 수 있다. 여기에 하이데거는 다음과 같이 두드러진 언급을 덧붙인다.

인간이 모든 것 중에서 가장 이상한(strange) 것은 단지 인간이 이상한 것 한가운데서 인생을 보내기 때문이 아니라, ……자신의 친밀한, 익숙해져 있는 한계로부터 이탈하기 때문이며, 압도적인 것이라는 의미에서 이상한 것 쪽으로 향하는

경향을 갖고 친숙한 것의 한계를 뛰어넘는 폭력적인 자이기 때문이다.[103]

여기서는 인간의 폭력을 비판이나 유감의 대상이라기보다 모험적이고 창조적인 행동의 징후라고 간주한다. "폭력적인 자, 창조적인 자, 아직껏 말해진 적도 없는 것 속으로 나아가는 자, 생각해본 적도 없는 것 속으로 치고 들어가 생기(生起)한 적도 없는 일을 억지로 생기시키고, 본 적도 없는 것을 나타나게 하는 자―이러한 폭력적인 자는 늘 모험 속에 서 있다."[104] 이름만 안 나왔지 거의 대놓고 히틀러를 (혹은 아마도 하이데거 자신을) 암시하는 이 말들은 창조적인 인간의 폭력이 경계의 파괴를 함의한다는 걸 의미한다. 그런 인간은 "자신의 친밀한, 익숙해져 있는 한계로부터 이탈"하고 "친숙한 것의 한계를 뛰어넘는다". 그러나 만일 그렇다면 이런 인간은 장소와의 관계 또한 끊어버리는 셈이다―장소로부터 탈주해 장소 자체를 파괴해버린다. 이는 사실상 폴리스를 떠나 "역사의 장소"로서 폴리스를 파괴하는 것과 마찬가지다. 이전의 하이데거는 건설적인 활동 무대로서 폴리스라는 장소를 찬양했는데, 이제는 정반대로 그런 결론을 도출해내는 데 조금도 주저하지 않는다.

(예컨대) 시인이 **오로지** 시인일 때 진정으로 시인으로서 있고, 사제가 **오로지** 사제일 때 진정으로 사제로서 있고, 지배자가 **오로지** 지배자일 때 진정으로 지배자로서 있는 바로 그런 한에서 폴리스적인(political) 〔어떤 것이 있다〕. 즉 역사의 장소에 있다. 그러나 여기서 **있다**의 의미는 다음과 같다. 즉 폭력적인 자로서 힘을 행사하는 것, 또한 창조자로서, 행위자로서 역사적인 존재 안에서 앞으로-튀어나온(pre-eminent: 또는 '탁월한'―옮긴이) 자가 되는 것. 역사적 장소 안에서 앞으로-튀어나올 때, 그들은 동시에 폴리스 없는 자(apolis)가 된다. 도시나 장소

가 없는 고독하고 이상하며(unheimliche), 전체로서 존재들 한가운데서 출구도 없고, 그와 동시에 법규도 없고 한계도 없으며, 구조도 없고 질서도 없다. 왜냐하면 그들은 그들 자신이 창조자**로서** 이 모든 것을 최초로 창조해야 하기 때문이다.[105]

실제로 이는 자기 파괴적인 구절인데, 왜냐하면 첫째, 창조적-파괴적인 자가 "역사적 장소"—즉 폴리스—"**안에서** 앞으로-튀어나온다"는 것**과**, 둘째로 동일한 인물이 "법규도 없고 한계도 없는" 자로서 폴리스 없는 자이고, 역사 안에서 실질적으로 장소화해 있지 않다는 것을 모두 주장하고 있기 때문이다. 창조적인 행동은 그 자신의 기반인 한계를 무로 되돌려버린다. 이 행동이 한정되지 않으면, 그 행동은 그 안에서 창조적**인** 장소를 잃어버린다. 바로 이런 맥락에서 하이데거가 분산을, 이제는 **제3의** 의미에서 다시 불러낸다는 점은 의미심장하다. 제3의 의미에서 분산은 유감스러운 흐트러짐에 관한 사태도 아니고, 현존재의 산종적인 다양성에 관한 사태도 아니다. 제3의 의미에서 분산인 산종은 이제 폭력적인 창조자의 예측 가능하고 수용 가능한 귀결이다.

〔폭력적인 자는〕'존재'를 지배하려는 모험을 감행할 때, 비존재, 즉 아름답지 않은 것(mē kalon)이 들이닥칠 수 있다는 위험을 무릅쓰지 않으면 안 된다. 그는 분산, 불안정성, 무질서, 위해(危害)를 무릅쓰지 않으면 안 된다. 역사적 현존재의 정점이 높으면 높을수록 심연은 더욱더 깊어지고, 비역사적인 것으로의 추락은 더 급작스러울 것이다. 출구도 없고 장소도 없는 혼란 속에서 몸부림칠 뿐인 비역사적인 것으로.[106]

이 구절 또한 자가 파괴적(autodeconstructive)이다. 왜냐하면 폭력적인 자는 "역사적 현존재"의 높이에 도달함으로써 분산될 뿐만 아니라, 이 동일한 높이를 측량함(scaling)으로써 혹은 이 동일한 높이에 기어오름으로써 "비역사적인 것" 속으로 추락하고 "출구도 없고 장소도 없는 혼란" 속에서 도리깨질을 당하기 때문이다. 방금 하이데거는 창조자에게는 "출구가 없다"고 명시적으로 표현했고, 또한 창조적이라는 것은 폴리스 외부로, 따라서 장소나 역사 외부로 추락하는 일이라고도 주장했다. "출구도 없고 장소도 없는" 것은 단지 창조적이고자 할 때 따라붙는 **위험**에 그치지 않는다. 창조적인 행동—이는 장소와 한계를 모두, 나아가 한계-로서-장소를 필요로 한다—의 근저를 뒤흔들고 "분산"시키는 것은 바로 그 창조적임의 결과다. 나치의 폭력 이데올로기에 자신이 충성한다는 데 고무되어 창조적인 사상가 하이데거는 여기서 자신이 비난하는 "혼란" 속으로 추락해버렸다.

《형이상학 입문》은 특별할 것 없어 보이는 제목을 달고 있지만, 그럼에도 불구하고 상충하는 사고로 이루어진 혼미의 극치로서 자신을 드러낸다. 이 논문은 그 자신에 반(反)해 사고한다. 그것은 동시대의 정치에 대한 하이데거의 양가적 태도(나치즘을 찬양하는 그 악명 높은, 그러나 나중에 취소한 구절은 이러한 태도의 가장 지독한 징후일 뿐이다)를 드러낼 뿐만 아니라, 장소에 대해 마찬가지로 복잡하게 얽힌 그의 자세 또한 드러낸다. 궁극적으로 이 두 가지는 결합해 있다. 즉 이 두 가지는 **하나의** 공-융합(con-fusion: 곧 '혼란'—옮긴이)이다. 왜냐하면 하이데거가 히틀러에게 끌림과 동시에 반발하고 있음이 장소에 대한 그의 선언이 비뚤어지고 '자기-파탄 나는(self-dismantling)' 것과 모든 면에서 관련 있다는 사실이 명백해지기 시작하기 때문이다.[107] 정치적인 것은 여기서 장소와 폴리스를 모두 규정한다. 아니, 정치적인 것의 우선성이야말로 이 논쟁적이고 뒤틀린 텍스트에서 사유의 두 번째 가닥—

외부로부터 자신의 신용을 떨어뜨릴 뿐만 아니라, 내부로부터 그 자신을 파괴함으로써 첫 번째 가닥(즉 장소와 폴리스를 함께 교직하는 가닥)의 건설적이고 유망한 작업에 그림자를 드리우고, 어쩌면 그것이 무로 돌아가도록 작용하는 가닥―에 있어 주로 작동하는 것이다. 결국 이 두 가닥의 실은 서로 상반되게 작용한다. 이 실들은 텍스트 속에서 교차적으로 꿰어져 있지만, 하나의 전체인 텍스트를 풀어버려 꿰맨 자국이 보이지 않는 천의무봉(天衣無縫)의 작품처럼 여겨지는 것을 아예 꿰매지 않은 문서로 변질시켜버린다.

"투쟁"이라는 주제, 특히 "근원적인 전쟁"으로서 폴레모스(polemos)라는 주제는《형이상학 입문》의 전편에 현전해 있다.[108] 이 동일한 주제는 1935년의 다른 텍스트, 즉 같은 해 가을 프라이부르크에서 초청 강연으로 행한 "예술 작품의 근원(The Origin of the Work of Art)"으로 이월된다. 그러나 이때 하이데거는 상호 대립하는 실로부터 훨씬 더 정합성 있는 직물을 짜서, 새로우면서도 스스로 유지될 수 있는 새로운 장소관을 제시하려 애쓴다. 이는 장소가 이제 예술 작품에서 대지와 세계 간 투쟁의―그리고 이 투쟁을 절묘하게 해결하는―무대이기 때문이다.

무엇보다도 우선 왜 예술 작품 내에서 장소를 추구하는 것일까? 이것은 너무 개연성 적은 설정이 아닌가? 예술보다 더 평화적인―예술보다 대립성이 적은―것이 있을 수 있단 말인가? 니체는 이렇게 말했다. "우리는 **진리**에 파멸당하지 않기 위해 **예술**을 소유한다."[109] 그러나 하이데거는 진리가 예술 안에―그리고 쾌락이나 평화와는 거의 관계없는 정확히 "원초적인 전쟁" 안에―거한다고 간주한다. "진리란 원초적인 전쟁이고, 그 안에서 그때그때 특정한 방식으로 '열린 터'를 쟁취한다."[110] "열린 터"는 밝히는 작용과 감추는 작용 간의 싸움이 벌어지는 투기장, 즉 "전쟁 공간"이다.

진리는 "열린 터"의 열려 있음으로 파악되고, 진리가 비진리로부터 출현할 때 "열려 있음의 놀이터"를 동반한다. 이러한 놀이터가 훤히 드러난 그 환경 **내부에서** 장소를 수립할 수 있게 해준다. 하이데거는 이렇게 말한다. "오직 존재들의 열린 상태만이 현전하는 존재들에 의해 채워진 어떤 곳이나 어떤 장소의 가능성을 최초로 부여한다."[111]

하이데거에게 예술에 대해 물어야 할 근본적인 질문은 "그것은 무엇인가?"가 아니라 "〔예술〕 작품은 어디에 속하는가?"이다.[112] 무엇-이냐(what-is)는 질문—아리스토텔레스의 그 자체는 무엇인가(ti esti)라는 질문—은 잘못된 본질주의로, 단순한 정의와 형식적인 특징으로 유도한다. **어디**에 관한 물음은 우리를 곧장 예술 작품 그 자체로 이끈다. 즉 그것이 원초적인 전쟁과 비-은폐성(unconcealment)의 무대로서 실재하는 곳으로 이끈다. 그러한 무대는 "'거기'라고 하는 밝히고-드러내는 작용"과 사실상 마찬가지로 여겨지는, 열린 상태의 운신의 폭을 구체화한다.[113] 지금 문제 되고 있는 '거기'는 더 이상 거기에-존재하는(being-there) 것으로서 현존재만의 '거기'가 아니다. 그것은 일차적으로 **거기에 서 있는** 어떤 것—어딘가, 어떤 특정한 장소에 서 있는 것—으로서 예술 작품에 속한다. 작품의 '어디에-존재함(where-being)'의 본령은 그것이 거기에-서 있음(there-standing)에 있다. 이러한 '거기에 서 있음'의 전형적 예는 희랍의 신전으로, 그것은 "〔그〕 산산이 갈라진 험난한 바위 계곡 한가운데에서 단지 거기에 서 있을 뿐이다".[114] 그것은 자신의 진리 안에서 거기에 서 있다. "신전이 거기에 서 있는 바로 그 안에서 진리가 생기한다."[115] 그러나 진리는 어떻게 거기서, 거기-장소(there-place)에서 일어나는가?

그것은 밝힘과 숨김 간의 전쟁—고유한 의미에서 진리에 대한 원초적 전쟁—보다 더 구체적인 전쟁에서 일어난다. 작품의 어디임(whereness)

과 관련해 문제 되는 전쟁은 대지와 세계 사이의 전쟁이다. "신전-작품 (temple-work)은 거기에 서서 하나의 세계를 열어놓는 동시에 이 세계를 다시 대지 위에 세운다. 이렇게 해야 비로소 대지 자체가 고향과도 같은 터전으로서 솟아나온다."[116] 작품의 장소—작업장과 혼동해선 안 된다(손작업이라면 몰라도 예술은 다르다)—는 두 가지 차원 혹은 수준 간의 전쟁, 지칠 줄 모르고 평화도 모르는 전쟁의 무대다. "세계와 대지는 늘 내적으로 또한 본질적으로 전쟁 상태에 있고, 본성상 교전 관계에 있다."[117] 대지/세계 관계의 투쟁적인 성격은 대지와 세계 자체의 뿌리 깊은 차이—대지와 세계는 상이한 방식으로 자신의 장소적이고 공간적인 규정을 갖는다—에서 유래한다. 이리하여 "세계"는 그 광활함에 의해, 또한 한 민족 전체와 그들의 숙명인 "광활한 길(broad paths)"에 의해 특징지어진다. 작품은 세계를 "열린 터" 안에서, 또한 "열린 터"로서 "설립하는데", **넓음을 위한 여지를 마련함**으로써 그렇게 한다.

하나의 세계가 자신을 엶으로써 모든 사물은 자신의 느긋함과 급함, 자신의 멂과 가까움, 자신의 범위와 한계를 얻는다. 세계의 세계화 속에는, 넓음(spaciousness)이 한데 모여, 그 넓음으로부터 [사물들을] 참답게-간직해주는 신들의 은총이 선사되거나 선사되지 않거나 한다. ……작품은 하나의 작품으로 존재함으로써 그 넓음을 위한 여지를 마련한다. '~을 위한 여지를 마련한다'는 것이 여기서 뜻하는 바는 특히 '열린 터'를 해방하고, 그것을 그 구조 내에 수립한다는 것이다. ……작품은 작품으로서 하나의 세계를 설립한다. 작품은 세계의 '열린 터'가 계속 열려 있도록 유지한다.[118]

여지를 마련하는—우리가 앞에서도 만난 적 있는 단어다—작용이 세계의 넓음, 세계의 "널찍함(roominess)"(즉, Geräumigkeit의 문자 그대로 의미)을 위한 기반으로서 다시 나타난다. 포용력이 큰 이 열린 상태의 **내부로부터**만 가깝거나 멀거나 한 더 특정한 개개의 공간적 양태성(modality)이, 또한 급하거나 느긋하거나 한 시간적 양태성이 생길 수 있다—그리고 여기에 다른 우회로는 없다. (물론 손-닿는 데-있는 장소에서는 사정이 다른데, 바로 그렇기 때문에 현존재가 뭔가를 가까이-초래하는 것이 이 장소를 위한 일차적 작용이 된다.) 마치 개별적인 인간들에 의해 자극받는 더 특정한 활동을 위해 작품의 세계가 **길을 밝히는** 듯하다.

그렇다면 대지는? 대지 또한 근본적으로 공간적인 용어에 의해 특징지어진다. 그것은 세계 전체에 걸쳐 "돌출하고(durchragt)", 그 근본적인 작용은 "전면(前面)으로 밀어내는(herstellen)" 작용이다. "작품은 하나의 세계를 설립하는 가운데 대지를 전면으로 밀어낸다."[119] 그러나 돌출하고 또 밀어낸다는 전향(前向) 운동은 **되돌린다**는, 그와 동등하지만 방향은 정반대인 운동—작품을 그 자신의 질료성으로 되돌리는 것으로, 이는 결국 근거 짓는 작용에 다다른다—에 의해 상쇄된다. 전면으로 밀어내면서 다시 원상태로 되돌리는 작용은 결국 대지의 자기-은폐로 귀결된다. "대지를 전면으로 밀어낸다 함은 대지를 자기-폐쇄적인 것으로서 '열린 터'로 데려간다는 뜻이다."[120] 이 마지막 논점은 결정적이다. 비록 "대지란 **본질적으로** 자기-폐쇄하는 것"[121]이라 해도, 대지가 열린 상태로부터 간단히 철수하고 끝나는 것은 아니다. 대지는 자기-폐쇄하는 것**으로서** "열린 터" **속으로** 들어간다. 이런 방식으로 "작품은 대지로 하여금 하나의 대지이게끔 한다".[122]

그러므로 대지와 세계의 전쟁은 서로 죽고 죽이는 공간 투쟁의 무대다. 세계는 넓음을 위한 여지를 마련하는데, 여기에는 바로 그 자기-폐쇄 내에 대지를 전면으로 밀어내는 작용이 포함된다. 이들은 전쟁 관계로 단단히 엮여 있지만, 그럼에도 이 두 적은 또한 협력자이기도 하다. 만일 세계가 없다면, 대지가 나타날 만큼 충분한 폭과 범위는 없을 것이다. 세계의 넓음 덕분에 대지는 단지 "단단히 폐쇄되어" 있는 대신 그 자신이 "훤히 밝혀지는" 것으로서 전면에 나온다.[123] 만일 대지가 없다면, 세계가 나타날 수 있는 "고향과도 같은 터전"으로서 역할을 하기에 충분한 비축이나 저항은 없을 것이다. 세계는 자유로이 떠다니는 비결정적인 것이 아니라 자신을 대지 **위에** 결정적인 방식으로 설립한다. 그러나 이 무대의 상호 공간성(interspatiality)에 고유한 것은 대립자들이 서로 상대를 자기한테 초래한다는 사실이다. 대지가 세계 한가운데서 솟아오를 **때까지**, 그리고 세계가 오로지 대지의 역경과 압박 상태에 반(反)하는 모습으로서 자신의 광-범위함(broad-rangingness)을 드러낼 **때까지** 자기-폐쇄는 충분히 자기 자신이지 않으며, 또한 대지는 진실로 근거 짓거나 감싸거나 하지 않는다. 비록 대지와 세계의 전쟁에 완전한 화해는 없다 해도, 각자 서로를 자기 쪽으로 끌어들이는 상호 유도가 존재한다. "본질적인 투쟁 속에서는 서로 투쟁하는 것들이 각자 그 상대의 본질을 자기-주장할 수 있도록 상대를 고양시킨다."[124]

이렇듯 서로 영향을 주고받는지라 적대 관계는 단순히 투쟁적이기만 하지 않으며, 또 단지 폭력적인 것만도 아니다. 하이데거는 이제 애매함이라곤 찾아볼 수도 없게 "대지란 피어오르는 모든 것들의 피어남이 **손상되지 않은 채** 되돌아가 간직되는 터전이다"[125]라고 말하는데, 이는 《형이상학 입문》에서 주장했던 것과 뚜렷이 대조를 이룬다. 세계가 넓어져감에 따라 대지는 숨겨져간다. 그들은 아무리 크게 선동되어 들썩거린다 해도 서로를 손상시키지 않고, 그들의 투쟁 바로 그 내부에서 안식에 도달한다. "자기 자신 안에 머무르는 작품의 안식의 본질은 이렇듯 투쟁의 내밀함 안에 놓여 있다."[126]

그러한 안식은 공간적으로 특별한 표현을 갖는다. 왜냐하면 작품에서 문제 되는 내밀함은 "공통의 틈"으로서 생겨나는데, 거기에 대지와 세계가 모두 참가하며, 또한 다른 경우에는 양자를 분할하는 "균열"이 그것들을 연결해주는 끈이 되기 때문이다.[127] 바로 여기서 장소가 명백하게 다시 무대에 등장한다. "대지가 균열을 자기 안에 다시 받아들일 때 비로소 균열은 '열린 터' 안으로 내세워지고, 그리하여 자기-폐쇄를 하고 보호하는 것으로서 '열린 터' 안으로 솟아오르는 것 내부에 **배치되는**, 즉 놓이는 것이다."[128] 나아가 공통의 틈 안에서 배치는 **구도**(figure)나 형상(shape) 혹은 형태(Gestalt)의 꼴로 나타난다. 예술 작품에서 구도는 순전한 질료에 부과되는 것이 아니다. 즉 미리 실재하는 손상되지 않는 형식(form)이 아닌 것이다. 그것은 대지와 세계 간의 전쟁─공유된 틈 안에서 휴식에 도달하는 전쟁─이 응축되어 있는 상징(emblem)이다. 이 열구(裂溝, fissure)는 한없이 약하고 무의미한 것처럼 보일 수도 있지만, 그것이 있기에 작품의 구도가 가능할 뿐만 아니라, 진리가 거하는 바로 그 장소도 가능하다.

균열이 생기고 그리하여 대지로 되돌려지고, 또한 그리하여 장소에 고정되는 투쟁, 그것이 바로 **구도, 형상, 형태**다. 작품을 창조한다는 것은 진리가 그 구도 안에서 장소에 확정되어 있음을 의미한다. 구도란 전체적 짜임새(structure)로서, 균열은 그 짜임새의 형상 속에서 자신을 안배하고 따르게 한다. 이렇게 안배된 균열은 진리의 빛남이 이어진 것이다. 여기서 구도, 형태라 부르는 것은 언제나 특정한 방식의 배치와 틀 지음(framing) 또는 틀 짓는 작업(framework)라는 관점에서 사유해야 한다. 작품은 그 자신을 설립하고 전면에 내밀 때 그러한 것으로서 발생한다.[129]

이 종결적인 언명과 함께 우리는 완전히 한 바퀴를 돌았다. "열린 터" 안에서 밝히고 감추는 진리의 원초적 전쟁은 예술 작품에서 대지와 세계 간 교전으로서 일어난다. 이 전쟁 뒤의 위태로운 안식은 대지와 세계 사이에 그려져 있는 공통의 열개(裂開, cleavage) 내에 응축되어 있다. 진리를 장소 안에 고정하는—창조된 작품 자체의 개시된 열린 상태에 진리를 매어두는—구도는 이 열 개 **안에**, 이 열개**로서** 발견된다. 진리 자체인 "열린 터"의 열린 상태는 장소화한 구도 내에 산재해 있는 어딘가에서 실현된다. 예술 작품이 속하는 곳은 그 진리가 거하는 바로 그 장소에, 즉 "그 구도 안에서 진리의 장소에 고정하는 것 속에서"[130] 발견된다.

"장소에 고정되어" 있다는 것은 경계 없는 상태라든가 무한 공간 속으로 무한정 흘러가버리는 것이 아니다. 하이데거는 예술 작품이 늘 틀 지어져(framed) 있다고 역설한다. "확고히 **세워져**" 있다는 것은 "모아-세워진 것, 즉 틀 지음이나 틀 짓는 작업을 가진다는 걸 함의한다. 그러나 예술 작품의 틀은 사실상 그 경계와 같다. 모아-세워진 것(틀)이란 전면에-초래함(bringing-forth)을, 여기로-나-오게-함(letting-come-forth-here)을, 국한하는 윤곽선(peras)으로서 균열-밑그림(rift-design)으로 결집시키는 것"을 의미한다.[131] 그러나 《형이상학 입문》에서는 "한계"가 단지 침범당해 옆으로 젖혀지기 위해서만 실재했던 반면, 〈예술 작품의 근원〉에서 "경계(boundary: 이 단어는 Grenze라고도 번역할 수 있다)"는 그 자체로서 인정되고 또 존중된다. 왜냐하면 "희랍적인 의미에서 경계[즉 peras(한계)]는 빗장을 걸어 잠그는 게 아니라, 오히려 그 자신이 전면에 초래되는 것으로서, 현전하고 있는 것을 비로소 그 경계의 광휘(radiance)로 데려오기"[132] 때문이다. 예술 작품의 경계 안에서 문제 되는 것은 침해라기보다는 작품의 "광휘"다. 그러한 광휘는 작품의 미(美)의 근저에 깔려 있으며, 그뿐만 아니라 광휘야말로 그 작품의

"열린 터"를, 진리를 위한 밝힘(clearing)이 되게 만드는 밝힘의 기반이다. 만일 어떤 작품의 경계가 "비은폐된 것 안으로 자유롭게 풀어놓는"[133] 것이라면, 그것은 그 작품의 광휘에 기인하며, 또한 그 작품이 자의적이거나 제한된 경계선 내부에 포함될 수 없음에 기인한다. 작품 속의 장소에 고정된다는 것은 경계나 틀 내부에 놓인다는 것인데, 이러한 경계나 틀은 단순히 둘러싸이기보다 작품의 광휘에 의해 "열린 터"의 열린 상태 속으로 활짝 열린다. 예술 작품은 작품의 세계성의 경우에는 "지침으로서 척도"를 부여함으로써, 또한 작품의 대지적인 성격의 관점에서는 "한도를 설정함"으로써 자신의 경계를 관통해 환히 빛난다.[134]

예술 작품은 어디에 속하는가? 하이데거의 답은 "그 자신에 의해 열린 경역(境域, realm) 내부"[135]다. 이 "경역"은 복합적인 장소다. 그것은 대지와 세계―그들의 전쟁이라는 점에서, 또한 그들의 안식이라는 점에서 포착된―로 구성되어 있다. 그것은 내적인 열개에 의해 찢어지면서도, "열린 터" 안에서, 거기에 서서 그 자신을 노출한다. 그러나 그것은 국한되지 않을 정도로까지 열리지는 않는다. 예술 작품은 **장소 안에 존재하도록 국한되어** 있다. 비록 장소라는 것이 틀 지어져 있는 것은 사실이지만 그럼에도 불구하고 장소는 단순한 위치나 사이트가 아니다. 작품의 장소는 확실히 위치가 아니며, 아마도 소재조차 아닐 것이다.[136] 그것은 연속적이고 자리 잡힌 것에 대해―심지어 집에 대해서조차―함의하는 그 모든 것을 포함해서 터전(Stätte)이다. "집"은 "경계"와 마찬가지로 1935년 논문에서 재평가를 받는다. 집은 폴리스 없는 창조적인 폭력 안에서 초월해야 하는 어떤 것이라기보다는 작품 자체에, 특히 그 대지-차원(earth-dimension)에 새겨져 있다. "출생지"로서 대지는 세계의 범위를 정하고, 세계를 위해 집-장소(home-place) 같은 어떤 것을 제공한다. "대지 위에, 그리고 대지 안에서 역사적 인간은 세계 안에서의 자신의 거주함을 근거 짓는다."[137]

  이 마지막 언명과 함께 우리는 거주함이라는 주제로 회귀한다. 장소에 대한 하이데거의 최초 고찰은《존재와 시간》에서 바로 이 주제와 함께 시작되었다. 그리고 그의 마지막 고찰은 바로 이 주제 주변을 돌게 될 것이다. 그러나 이번에는 거주하는 것(dwelling)이나 거하는 것(residing)에 대한 관심을 도구적 세계에 대한 분석으로 대체하지 않는다. 왜냐하면〈예술 작품의 근원〉에서 하이데거는 확실히 예술 작품을 단지 노동과 관련한 어떤 것과는 다른 것으로 제쳐두기 때문이다. 예술 작품은 손작업이라는 관점에서만 봐가지고는 이해 불가능할 뿐만 아니라, 손-닿는 데-있는-것의 질서에 속하지 않는다.[138] 작품은 실용적인 목표에 도달하기 위해 소재를 소진하는 게 아니라, 작품의 질료적 요소, 즉 작품의 대지가 자신의 본령에 도달하도록 해준다. 더 일반적으로 말하면, 작품은 도구적인 것에 결여되어 있는 "자기-충족적인 현전"[139]을 소유한다. 예술 작품이 손-닿는 데-있는 것에 관해 본질적인 것—예컨대 반 고흐가 그린 농부의 가죽 구두에 내재하는 '미더움(reliability)'—을 **드러낼** 수는 있지만, 그것 자체는 이용하거나 조작하기 위한 어떤 것이라고 간주할 수 없다.《존재와 시간》에서는 실용적인 연관성의 경역과 이론적 평가의 경역에 초점을 맞추지만,〈예술 작품의 근원〉에서는 실용적이지도 않고 또한 이론적이지도 않은 경역 쪽으로 흥미가 이동한다. 또한 이 경역은 말(word)의 그 어떤 통상적 의미에서도 '미학적'이라고 할 수 없다. 이는 '열린 것'—'작품 **속**(달리 말하면, 대지와 세계의 구체적인 배치에 의해 주어지는 **장소 속**)' 이외에 어디에도 존재하지 않는 '열린 것'—안에서 진리가 생기하는 경역이다.[140]

4

우리는 방역 자체를, 우리를 만나러 다가오는 것이라고 간주한다.
—마르틴 하이데거, 〈들길에서의 대화(Conversation on a Country Path)〉

하이데거의 1930년대 저작에서는 **방역**에 관해 중요하게 다루는 대목을 찾아볼 수 없다. **방역**이 《존재와 시간》에서 공간에 대한 가장 중요한 단어였다고 할 수 있음에도 말이다. 《존재와 시간》에서 방역과 손-닿는 데-있는-것 간 유대가 긴밀했다는 점(손-닿는 데-있다고 함은 방역 안에 소재화해 있다는 것이다. 그리고 방역 안에 있다고 함은 손-닿는 데-있는 어떤 것으로 존재한다는 것이다)을 고려한다면, 《형이상학 입문》의 지정학적 전망 안에 혹은 심지어 〈예술 작품의 근원〉에 있는, 다른 면에서는 수용적인 "열린 터" 안에조차 방역을 위한 여지가 없다는 게 그리 놀라운 일은 아닐 것이다. 이와 대조적으로 장소는 살아남는다. 비록 장소가 아니라 터전이라는 형태로, 따라서 현존재의 거리-제거, 그리고 방향을 정하는 작용에는 더 이상 의존하지 않는 것으로서이긴 하지만 말이다. 사실상 방향(direction)보다는 **우회**(indirection) 쪽이 훨씬 더 중요한 반면, **제거**는 이제 상당히 위태로워진다—폭력적인 행동에 내재하는 분리 작용은 멀리 떨어진 목표를 위해 가까움을 부정한다. 요컨대 만일 예술 작품 안에 방향 지어진 어떤 것이 있다면, 이는 진리가 명백히 나타나야 할 필요에서 유래하는 것이지, 현존재의 일정한 이해 관계의 추구에서 유래하는 게 아니다. 하이데거의 '전회'가 일어나는 시기 동안, 도구적인 방역에 내재하는 목적론—도구적 방역이 사람들을 빨아들여 그 방향을 인도하는—은 단지 작업장과 수공업과 일상 세계에 속하는 사태로서 경멸적으로 간주되고, 그런 한 예술이나 정치의 가장 중요하고 창조적인 목적과는 무관한 것으로 여겨진다. 그렇다면 이 결정적 중간 시기에 속하는 하이데거의 텍스트에서 방역이 지하계로 하강한다는 사실은 그리 이상할 것도 없다.

그러나 1935년 이후 10년간 '전회'는 다시 한 번 비틀린다. 원래는 1944년부터 1945년까지 쓴 것들을 3자 대담 형식으로 재구성한 이 저작에서 하이데거는 방역이라는 주제로 회귀한다—단, 이번에는 장소에 대한 언급이 전혀 없다. 〈들길에서의 대화〉(1959년 초판)〔이 글은 하이데거, 신상희 역, 《동일성과 차이》(민음사, 2000) 중 "초연한 내맡김의 해명—사유에 관해 들길을 거닐며 나눈 대화로부터"라는 제목으로 실려 있다—옮긴이〕는 "학자"와 "과학자" 그리고 "현자"가 나눈 대화를 전해주지만, 그 이상으로 특히 하이데거와 그 자신이 나눈 대화 또한 전해준다. 그도 그럴 것이 방역의 견지에서 "열린 터"를 어떻게 사고할 것이냐가 바로 일차적인 과제이기 때문이다. 〈예술 작품의 근원〉에서 가장 포괄적인 분석 용어였던 이 "열린 터"가 이번에는 획기적인 논문에서 특히 무시했던 바로 그 개념에 의해 포괄된다. 대화 앞부분에서, 한계 지어진 지평 모델—단지 우리에 대해 놓인 것으로서의 대상에 대한 모든 표상적 사고에서 작동하는 모델—은 그 가능성의 조건으로서 열린 상태 안에 싸여 있다. "그러므로 지평(적인 것)은 단지 우리를 둘러싸고 있는 어떤 '열린 터'가 우리를 향해 다가오는 하나의 측면일 뿐입니다. 그리고 이 '열린 터'는 우리의 재-현전화(re-presenting)에 〔단순한〕 대상으로 나타나는 모습을 밝혀주면서 환히 트인 전망과 더불어 채워지는 것이지요."[141] 만일 지평이 단지 "열린 터"의 한 양상에 불과하다는 게 사실이라면, 과연 우리는 어떻게 "열린 터" 자체를 해석해야 할까? 현자는 답한다. "그것은 제게 하나의 **방역** 같은 것으로 여겨집니다. 그 매혹적인 방역에서, 거기에 속하는 모든 것이 자신이 그 안에서 평안히 쉬는 그것에 회귀하는 것이지요."[142] 쉼은 〈예술 작품의 근원〉에서 문제 되는 안식과 전혀 다른 것이라고 할 수는 없으나, 그렇다고 해서 투쟁 과정에서 생성되는 결과는 아니다. 왜냐하면 회귀는 그 상태에 **남아 있는** 것을 향해, 즉 어딘가에 머무르는 것을 향해 이루어지기 때문이다. 어디로? 결집시키는 힘이 쉼을 머무르게 하는 **방역의 안**이다. "방역은 마치 아무것도 생기지 않는 듯 각각이 자신 안에서 쉬며 머무르는 상태로 각각을 각각에게로, 또한 각각을 모든 것에로 결집시킵니다."[143]

대화에서 결정적인 이 순간에 정적인 명사형인 "방역(Gegend)"이 두 가지 형태, 곧 능동형 동명사 Gegnen(방역화)과 더 오래된 명사형 Gegnet(방역화-하는-존재)로 대체된다. 만일 방역이 "열린 터"보다 포괄적인 것이려면, 방역 자체는 다양화하는 것이어야만 한다. 과제는 안정된 권역으로 여겨지는 방역의 윤곽을 그려내는 것이 아니라, 방역화-하는-존재를 구성하는 방역화 작용을 포착하는 것이다. 방역화 작용은 적어도 두 번 접혀 있다. 한편으로, 만일 방역이 "자신 안에서 쉰다"고 해도 그것은 **정적인** 채로 있는 게 아니다. 그것은 변화하고 움직인다. 사실 그것은 **우리 쪽을 향해 움직이는** 것을 보유한다. "방역은 우리를 만나러 다가오는 것을 보존하고 있습니다."[144] 방역은 표상된 대상이 그러듯 우리에 대해 서 있는 게 아니라, 그것 자체와 내용을 관련 당사자인 우리에게 데려온다.《존재와 시간》에서 방역은 손-닿는 데-있는-것의 상호 관계나 손-닿는 데-있는 것들 내에서 현존재의 연관이라는 상호 관계에 의해 구조화되어 있다.〈들길에서의 대화〉에서 방역은 **우리와 연관된다**. 다른 한편, 방역들의 작용은 가장 넓은—하도 넓어서 공간의 원형("넓음"으로서)과 시간의 원형("머무름"으로서)을 포함할 정도다—의미에서 **모아들이는** 혹은 **숨기는** 작용이다.

현자: "방역화라 함은 머무름 안에서 확장된 상태로 쉬기 위해, 모아들여 다시 한

번 숨기는 걸 가리킵니다."

학자: "그렇다면 방역 자체는 넓음이자 동시에 머무름인 셈이군요. 그것은 안식의 넓은 터에 체류하고, 자유로이 자기 자신 쪽을 향해 방향을 튼 것의 머무름에로 확대됩니다."

현자: "방역화-하는-존재는 모든 걸 모아들이면서 자기 자신을 열어놓는 머무르는 넓은 터이고, 그래서 그 넓은 터 안에서 '열린 터'는 모든 것을 그 자신의 쉼 안에 섞이게 하면서 간직되고 또 보존되는 것이지요."[145]

현자의 언급은 방역화-하는-존재(Gegnet)와 열린 존재(Offene) 간의 긴밀한 유대를 보강한다. 과학자는 이 유대를 단단히 묶어 잠재적 동일성으로까지 이끈다. "'열린 터' 자체가 방역화-하는-존재입니다. ……방역화-하는-존재는 '열린 터'가 여는 작용입니다."[146] 거의 등가와 마찬가지인 이 관계는 양자에 공통적인 개념, 즉 "대기(待機)"라는 개념을 불러냄으로써 성취된다. "열린 터"는 추구되는 것이 아니라(이미지나 말로 표상되는 것은 더더구나 아니고) **기다려야** 하는 어떤 것이듯 그와 꼭 마찬가지로 방역화-하는-존재 또한 발견되는 어떤 것이 아니다(창조되는 것은 더더구나 아니다). 그것이 우리 쪽으로 다가올 때, 우리에게는 **그것으로 하여금 우리한테 다가오게 해 수용하는 것** 이외에 선택은 없다. 이 때문에 현자는 이렇게 덧붙인다. "기다린다 함은 방역화-하는-존재라는 '열린 터'에 자기 자신을 방하(放下, release: 내려놓음, 내맡김. 국역본의 역자 신상희는 이를 "초연한 내맡김"이라고 번역했다—옮긴이)한다는 의미입니다."[147] 대기란 "뭔가를 기다리는 것"이 아니다. 그것은 방역화가 "열린 터" **안**에서, 혹은 더 정확히 표현하면 "열린 터"**로서** 일어나게끔 하는 것이다. 왜냐하면 "대기가 '열린 터'와 관계하고 있고 또 그 '열린 터'가 방역화-하는-존재인 한 우리는 대기를 방역화-하는-존재와의 어떤 관계라고 말할 수 있기"[148] 때문이다.

줄거리가 복잡해진다―방역화-하는-존재 안에서, 또 그 주변에서. 방역화-하는-존재의 힘이 하도 다형적(polymorphous)인지라, 하이데거가 처음 미규정 상태의 순수 '공간'―그가 맨 처음에는 뒷걸음질 쳤던 그 공간―안에 위치 지었던 다채로운 가능성은 방역화-하는-존재라는 새로운 개념 안에 재위치 지어지는 것처럼 여겨진다. 방역화-하는-존재는 지극히 포괄적이다. 거기에는 물질적 사물뿐만 아니라, 비물질적인 사유 또한 포함된다.[149] 그것은 또한 우리로 하여금 가까움과 멂에 대한 새로운 시야―이 시야는 본래《논리학의 형이상학적 기초》에 '부록'으로 실을 예정이었던, 하지만 그렇게 하지 못했던 내용을 더욱 밀고 나간다―를 엿볼 수 있게 해준다. 왜냐하면 사유(즉 '존재'에로 방향 지어진 철학적 사유)는 "먼 것 가까이에-이르게-됨"[150]으로 간주할 수 있기 때문이다. 여기서 "가까움"―'부록'에서도 이와 동일한 단어를 사용한다―은 계량적으로 규정되는 근접성도 아니고, 심지어 가까이-초래함의 결과도 아니다. 그것은 거리와 함께 방역화-하는-존재에 속하는데, 이 방역화-하는-존재는 우리 쪽을 향해 다가와 가깝거나 먼 것으로서 그 자신을 현전시킨다. 가까움과 멂은 "방역화-하는-존재 바깥에서는 아무것도 아닐"[151] 뿐만 아니라, 방역화-하는-존재는 일차적으로 우선 가까움과 멂이라는, 긴밀하게 관계된 이 두 가지 방식으로 나타난다.

과학자: "그렇다면 방역화-하는-존재 자체가 접근하는 것이면서 또한 멀어지는 것이 되는 셈이군요."

학자: "방역화-하는-존재 자체가 먼 것의 가까움이요, 가까운 것의 멂일 테지요."[152]

방역 내에 존재한다 함은 "가까움에로 움직여 가기"—하이데거는 anchibasīē 라는 오직 한 단어만으로 이루어진 헤라클레이토스의 짧은 글을 이렇게 번역한다—다.[153] 한데 바로 이 동일한 이유로 인해, 사람이 일정한 혹은 외적인 뭔가로서의 방역**에로 진입하는** 따위의 일은 성립할 수 없다. 당신은 이미 방역 내부의 거기에 존재한다. 당신에게 남겨진 일은 당신이 이미 거기에 속하고, 거기에 고유화해 있는 존재—그것과의 관계에서, 당신은 **이미 가까이에 있다**—인 이 방역에로 당신 자신을 방하하는 것뿐이다. 따라서 문제는 "당신 자신을-가까움-속으로-빨려 들어가게 하는 일"[154]이다.

5

바라건대 세계화하고 있는 세계가 '존재'의 진리를 인간의 본질 가까이 초래함에 따라, 접근해오는 모든 접근 중에서 가장 가까운 것이 되기를…….

—마르틴 하이데거, 〈전회(The Turning)〉

가까움의 본성에 대한 몰입은 하이데거의 모든 저작에 걸쳐 있다. 《존재와 시간》에서 현존재는 "가까움을 향하는 본질적 경향"[155]을 갖는다고 특징지어져 있다. 현존재는 끊임없이 가까이에 초래하지만 그렇게 초래하는 것은 오로지 언제라도 수중에 넣을 수 있도록 손 닿는 데 두는 것—또한 그렇게 확보한 것을 편리한 방역에 두는 일(혹은 이보다 더 많은 경우로, 그것이 이미 방역 안에 소재화해 있던 것임을 깨닫는 일)—에만 관련이 있다. 하이데거는 자신이 소장하던 《존재와 시간》에 난외주(欄外注)를 적으면서 가까이에-초래함에 대해 그가 초기에 가졌던 생각에 의문 부호를 붙인다. "얼마나 그리고 왜 항상적인 현전[여기]으로서 '존재'는 현전케 하는 작용을 하면서 우선성을 갖는 것일까?"[156] 이렇게 당혹스러워했다는 점을 고려하면, 하이데 거가 10년 넘는 기간 동안 거의 전적으로 가까움이라는 주제를 회피했다 는 것도 그리 놀랄 일은 아니다. 가까움은 그것과 극히 밀접한 관련이 있 는 방역 개념과 함께 망각 속으로 떨어진다. 물론 우리는 예술 작품이나 폴 리스 같은 것의 가까움에로 진입할 수는 있다. 하지만 그런 것으로서 가까 움은 어떤 방식으로도 예술이나 정치 같은 공적인 영역에 중요하게 속하 지 못한다. 예술 세계와 동떨어진 들길, 그 폴리스 없는 곳에서만 가까움과 방역―가까움과 방역이라는 이 두 주제는 이것들이 공동으로 가능케 하는 "열린 터" 안에서 분리 불가능하게 얽혀 있다―은 다시 한 번 하이데거의 관심 속으로 들어온다.

이보다 훨씬 나중에, 그러니까 1950년 이래로 이러한 전개에서 최종적 인 전회가 이루어진다. 가까움은 방역보다 한층 더 결정적인 것이 될 뿐만 아니라 장소로 돌아가는 길도 부여해준다. 하이데거 최후 저작들의 복잡성 을 고려해 나는 이러한 일이 어떻게 발생하는지 극히 간략하게만 살펴볼 것이며, 그러면서 가까움이 어떻게 하이데거로 하여금 사는 일에 대한 새 로운 관심을 불러일으키는지, 그로부터 장소에 대한 시야가 어떻게 교정되 는지 지적하고자 한다.

1950년 처음 발표한 〈사물〉〔이 강연은 예술아카데미에서 1950년 발표했고, 이듬해 인 1951년《형태와 사상》에 실렸다. 하이데거는 이 글에서 res(thing)를 단순한 '사물'로 한정 할 수 없다는 점을 섬세하게 살피는데, 그런 점에서 제목을 단지 '사물'이라기보다는 '물(物)' 이라고 번역하는 편이 더 낫겠지만, 우리말의 편의상 '사물'이라고 번역한다. 그러나 독자들 은 인물, 사물, 동식물 등에 두루 들어 있는 '물'의 면모를 근대 자연과학이 말하는 '사물' 혹 은 단순한 대상이나 죽은 대상으로서 '사물'으로만 협소하게 이해해서는 안 된다―옮긴이〕 에서 하이데거는《존재와 시간》에서 이미 개략적으로 예시했던 점을 다시 이야기한다. "시간과 공간에서 모든 거리가 줄어들고" 있지만 이러한 과학기술상의 사실은 "어떤 가까움도 초래하지 않는다".[157] 왜냐하면 "거리가 짧다는 건 그 자체로는 가까움이 아니며, 또한 거리가 크다는 것이 곧 멂도 아니기"[158] 때문이다. 속도중심주의적인 일련의 역설이 곧장 따라 나온다. 거리 및 가까움이 모두 과학기술의 시대에 폐지된다―객관적으로 측정 가능한 것으로서 거리와, 측정 불가능한 것으로서 가까움이 모두 폐지되는 것이다. 이 시대에는 모든 것이 "마찬가지로 멀고, 또 마찬가지로 가깝다" 혹은 강력한 의미에 있어 "멀지도, 가깝지도 않다".[159] 마찬가지로 역설적인 또 하나의 사실은―이는 단순한 과학기술상의 사실이 아니다―우리가 가까움과 직접 조우할 수 없다는 것이고, 그러한 조우는 가까이 있는 **것**, 즉 "사물"에 주목함으로써만 가능하다는 것이다.[160] 그다음에 **사물**(과 단순한 대상이 아닌 것)을 구성하는 것에 대한 유명한 논의가 이어지는데, 여기에는 "물화(thinging)"의 동명사적 특징에 대한 강조가 포함되며, 그리하여 '물화'는 방역화라는 근본적인 작용에 다시 한 번 합류한다. 우리의 목적상 가장 중요한 것은 "물화라고 함은 세계를 가깝게 함이다"[161]라는 하이데거의 주장이다. "가깝게 함〔Nähern: 이 단어는 《존재와 시간》에서 "가까이에 초래함(bringing close)"으로 번역되어 있다〕"은 유용한 도구성 사물을 일상적인 실용적 맥락으로 초래하는 일―마치 사물이 미리 구성되어 있는 존재인 듯―이 더 이상 아니다. 그도 그럴 것이 가까움이 없다면 그 어떤 사물도 없기 때문이다. "가까움이 없으면 사물은 무화된 상태로 남는다."[162] 가깝게 함은 **곧** 사물의 물화이다.[163]

그렇다면 사물이라 함은 단지 **가까이에 있는** 것, 예컨대 현존재나 다른 사물에 가까운 것만은 아니다. 문제는 단순한 가까움 이상의 것이다. 중요한 것은 **가까이에 초래함**, 즉 그렇지 않으면 멀리 있을 혹은 떨어져 있을 것을 (그런 것 쪽으로) 끌어당기는 일이다. 바로 이것이 대지와 하늘, 죽을 자들(mortals: '유한자' 곧 '인간'—옮긴이)과 신들로 구성된 4원의 경우 사물이 행하는 것이다.

사물은 물화한다. 물화하는 가운데 사물은 대지와 하늘, 신적인 것들과 죽을 자들을 머무르게 한다. 머무르게 하면서 사물은 그 넷을, 그것들의 밂 안에서 서로에게 가까이 데려온다. 이렇게 가까이 데려옴이 곧 가깝게 함이다. 가깝게 함은 가까움의 현전화다. 〔하이데거, 이기상·신상희·박찬국 역,《강연과 논문》(이학사, 2008). 229쪽에는 이렇게 번역되어 있다. "가깝게 함은 가까움의 본질이다"—옮긴이.〕 가까움은 먼 것을, 그것도 먼 것으로서 가깝게 한다—서로에게 가깝게 끌어당긴다. 가까움은 밂을 보존한다. 가까움은 밂을 보존하면서, 그것을 가깝게 하는 가운데 가까움을 현전시킨다. (《강연과 논문》의 국역본 229쪽에는 이렇게 번역되어 있다. "가까움은 밂을 보존하면서 그것을 가깝게 하는 가운데에서 본질적으로 존재하고 있다"—옮긴이.)[164]

보존함과 머물게 함은 사물이 근접화 작용을 하는 가운데 4원을 서로에게 가까이—4원의 각 성원이 "세계의 단일한 일성(onehood)"[165]을 구성할 정도로 매우 가까이—유지하는 방식이다. 가깝게 하는 조작이 성공적이면 성공적일수록 4원으로 이루어진 하나의 세계는 점점 더 잘 실현되고, 가까이 함 자체는 점점 더 불분명해진다. 가까이 함이 사물을 세계로 변화시키는 작용을 성취함에 따라 가까이 함은 시야에서 사라지지만, 그런 만큼 더더욱 세계를 구성하는 요소인 것이다. "가까움은 그와 같은 방식으로 가깝게 하면서 그 자신의 자기를 숨기고, 그 나름의 방식으로 모든 것 중에서 가장 가까이에 머문다."[166]

〈사물〉은 가까움이라는 주제로 회귀함으로써, 또한 그것이 전면에 초 래하는 것, 즉 **세계**로 회귀함으로써 한 바퀴 돌아《존재와 시간》으로 돌 아온다. "우리가 세계로 돌아가지 않는다면 공간은 생각할 수 없다"[167]던 초기의 원리는 여전히 유효하다. 그러나 이제 세계 자체를 실현하는 조 작은 사물에 의해 성취하는 가까이 함 속에서 발견된다. 그리고 이 동일 한 조작으로 인해 1927년의 걸작에서 이미 두드러졌던 다른 개념, 즉 **거 주함**[dwelling: 이 책의 다른 곳에서는 이 단어를 '사는 것'이나 '사는 일'이라 번역했고, inhabit(ing)은 dwelling과 구별하기 위해 거주(함)이라고 번역했다. 하지만 이번 장에서 는 dwelling을 편의상 '거주함'이라 번역하기로 한다―옮긴이]이라는 개념이 부활한 다. 왜 그런가 하면 거주함 혹은 사는 일(inhabiting)은 사물의 가까움에 거 하기(residing) 때문이다. "우리가 사물을 사물로서 보존하는 한 우리는 **가까 움에 산다**."[168] 이러한 통찰을 기반으로 하이데거는 〈건축함, 거주함, 사유 함(Building Dwelling Thinking)〉(1951)을 썼다. 이 논문 전편에 걸쳐 문제 되는 것은 바로 '거주함'이라는 주제다. 그는 거주함의 "근본적 특징"이 "아끼고 보존하는 일"이라고 선포하면서, 그러한 아낌이 대지, 하늘, 신들, 죽을 자 들 각각의 다른 숙명과 관련해 네 요소로 구성되는 덩어리를 이루고 있다 는 소견을 피력한다. 그와 동시에 거주함은 곧 "늘 사물과 함께 머무르는 일"[169]이다. 아울러 "함께 머무름"은 세계 "곁에 거함"이요, 거기에 "매몰되 어" 있음이라는 이전의 주제―요컨대 "훨씬 더 면밀한 해석을 요구한다"고 이야기했던 현존재의 '안에-있음'의 하나의 **실존 범주**―를 더욱 밀고 나간 다.[170] 바로 그런 해석을 이제 거의 25년이 지난 시점에 제시한다. 즉 **사물 과 함께 머무름**으로써 사람은 세계에 거하면서 거기에 매몰되어 있다는 것 이다. 그러나 이렇게 말하는 것은 사람이 사물을 그 사물의 가까움 속에 있 게 함으로써, 그 사물들을 방하함으로써 세계 안에 거주하는 것이라고 말하는 것과 마찬가지다.[171] 이 사물들이 4원을 하나의 공통 세계로 초래하고 그것을 거기서 유지할 때, 거주함은 사물의 가까이 함 속에서(비록 의미심장하게도 문자 그대로 사물을 가까이에 두는 속에서는 아니지만) 성취된다.

이렇게 주장하는 가운데 하이데거는 **장소**에 대한 복귀로 이끌려간다. 그도 그럴 것이 4원의 네 성원은 단지 그것들이 실재하는 세계 내의 그 어디에라도 거하는 것이 아니라, **특정한 어딘가**에 있기 때문이다. 이 "어딘가"는 한 사물 안에서 그 성원들의 장소 혹은 "자리", 즉 그들의 터다. 그러나 사물은 역으로 그 자신의 "소재지", 그 장소를 갖는다. 우리는 이런 점을 다리(bridge) 같은 건축된 혹은 구축된 사물의 경우 가장 쉽게 알 수 있다.

확실히 다리는 고유한 종류의 한 사물이다. 왜냐하면 다리는 4원을 그것을 위한 터를 허용하는 방식으로 모아들이기 때문이다. 그러나 단지 **그 자신이 하나의 소재지인** 것만이 자리를 위한 공간을 만들 수 있다. 소재지는 다리가 존재하기 전에 이미 거기에 존재하는 것이 아니다. 다리가 서기 전에는 물론 강을 따라 뭔가가 그곳을 점할 수 있는 여러 위치들이 있다. 그 위치 중 하나가 소재지로 밝혀지는 것인데, 이는 물론 **다리 때문에** 그리되는 것이다. 바로 이 터에 의해 여러 국지성(locality)이 규정되고 또한 뭔가를 위한 공간을 부여하는 여러 방식이 규정된다.[172]

이 주목할 만한 구절은 여지 마련(einräumen: 여기서는 '공간을 만든다'와 '뭔가를 위해 부여한다'고 번역한다)이라는 근본적인 작용뿐만 아니라, 이제는 우리에게 익숙한 단어들—그중에서도 특히 터와 국지성—을 다시 사용하고 있다. 그러나 이는 장소에 대한 새로운 문장을 구성하는, 아니 장소에 대한 새로운 시야를 구축하는 방식으로 이루어져 있다. 왜냐하면 장소란 실제로는 여기서 그려져 있는 것 전체이기 때문이다. 그것은 미리 실재하는 것—'위치들'이 세계-공간 안에 존재하듯—이 전혀 아니고, **하나의 사물로 간주되는 다리와 함께** 생긴다. 장소가 생길 때 그것은 자신이 두 가지 방식으로 소재적임을 제시한다. 하나는 다리-사물**에 대해** 소재적이고, 또 하나는 **4원을 위해** 소재적이다. 첫 번째 작용에서 그것은 "그 자신이 하나의 소재지", 즉 장소다. 두 번째 작용에서 그것은 4원을 인정하고 설립하면서 "터"를 위한 여지를, 곧 4원을 위한 여지를 마련한다.[173] 첫 번째 조작은 그렇지 않을 경우 단순한 지점이나 위치, 즉 '단순 정위'일 것을 명실상부한 소재지로 변용시킨다. 두 번째 조작은 4원이 다리 안에 거하기에 충분한 여지를 엶으로써 터를 '허용'하거나 '용인한다'. 양자의 조작이 행해질 때 그 결과로 장소가 생긴다.

이러한 장소화와 멀리 떨어진 맞은편에서는 **공간**이, 가까운 쪽에서는 **여러 국지성들**이 발견된다. 하이데거의 원숙한 모델은 공간과 국지성이 모두 장소로부터 그 최외부(eschata), 즉 극단으로서 풀려나올 수 있도록 해준다. 하이데거가 부가하듯 공간이란 "본질적으로 뭔가를 위해 여지가 마련되어 있는 것"인데, 바로 소재지로서의 사물에 의해 "용인되고" "연결되어" 있음으로써, 즉 "결집되어" 있음으로써 그렇게 된다.[174] 공간은 또한 국한된 어떤 것이기도 하다. 즉 공간은 "훤히 밝혀진, 자유로운" 것으로, 이는 곧 "어떤 경계, 즉 희랍어로 말하면 peras 내부에" 있는 것이다.[175] 공간은 소재지가 갖는 이중 효과의 결과다. 즉 안에 가둘 뿐만 아니라 바깥으로 여는, 뭔가에 대해 소재적일 뿐만 아니라 뭔가를 위해 소재적인 능력의 결과다. 그 때문에 공간은 소재지로부터 곧장 전면(前面)으로 산출되지, 이 밖에 무슨 복잡한 방식이 달리 있지는 않다. "공간들은 자신의 존재를 소재지들로부터 수용하는 것이지, '공간'으로부터 수용하는 것이 아니다."[176] 마찬가지로 국지성도 그와 동일한 이중 작용에 의해 "규정되어" 있다. 즉 "다리에 의해 허용된 공간은 다리에서 다채롭게 멀거나 가까운 많은 국지성을 포함한다".[177] 환원적인 방식으로 파악할 경우, 이런 국지성은 서로로부터 일정한 "거리"에 있는 "단적인 위치(bare position)"가 된다. 비록 우리가 이런 소재지를 당연한 것으로 받아들인다 해도, 위치와 거리는 하나같이 장소화 과정에서 나중에 나타나는 부산물, 말하자면 버려지거나 쫓겨난 것이다. 간격, 차원, 연장, 수학적 다양체 등등은 그 동일한 과정 중에서도 훨씬 뒤늦게 나타나는 부산물이다—단 하나의 보편 "공간"이라는 관념이 그러하듯 말이다. 후자에 관해 하이데거는 이렇게 말한다.

> 사람들은 이처럼 [어떤 하나의] 수학적 방식으로 제공된 공간을 '공간', '하나의' 공간 자체라 부를 수도 있다. 그러나 이런 의미에서 '그' 공간, 즉 '공간 자체'는 **여러 공간과 여러 국지성을 포함하지 않는다.** 우리는 그러한 공간에서는 어떠한 소재지도 결코 발견하지 못한다. 즉 다리 같은 종류의 어떤 사물도 결코 발견하지 못한다. 그러나 이와 반대로 여러 소재지에 의해 제공되는 여러 공간 안에는 늘 간격으로서 공간이 있고, 이 간격 안에는 역으로 순수 연장으로서 공간이 있다.[178]

이 구절은 장소와 공간 간의 관계가 상호적이지 않다는 점을 분명히 한다. 첫째, 공간이란 그로부터 장소적인 모든 것이—어떤 소재지나 국지성도 모두—제거되어 있는 것이다. 그러나 장소로부터—즉 소재지-로서-사물로부터—시작한다는 것은 곧 공간을 가능태에서(in potentia) 포함하는 어떤 것으로부터 출발하는 것이다. 공간으로부터 장소로 회귀하는 길은 없지만, 장소로부터는 공간이 (결국) 생성된다. 그것은 일방통행로다. 하이데거는 여기서 《존재와 시간》에서 자신이 펼쳤던 주장, 즉 "공간은 여전히 세계를 구성하는 사물의 **하나**"¹⁷⁹라는 주장을 재확인한다. 장소화에 의해 생성되는 어떤 것으로서―물론 다른 사물들도 함께 생성된다―공간은 단지 세계의 가구(furniture)를 이루는 여러 조각 중 하나에 불과하다. 아울러 이런 흐름을 따라서 (다시 한 번 1927년의 텍스트에 나오는 표현을 사용하자면) "다양한 현상적인 공간성"이 풀려나온다. 간격과 위치, 차원과 거리, 연장과 해석적-대수적 관계, 수학적 다양체 등등이 바로 그것이다. 공간화의 이러한 산물이 범위에 있어 점점 더 보편화해간다는 단순한 사실만으로는―하이데거가 부가하듯―그 산물들이 일정한 크기라는 관점에서 측정하려 시도하는 개개 장소를 **근거 짓는다는** 것을 증명하지는 못한다.¹⁸⁰ 만일 어떤 근거가 있다면 그것은 장소 안에 있는 것이지, 공간 안에 있는 게 아니다.

그렇다면 장소는―로크와 뉴턴, 데카르트와 가상디가 주장했듯―공간의 단순한 '부분'이나 '일부'가 결코 아니다. 그와 정반대로 공간이 장소의 부분이요, 장소의 점진적인 개체 발생에 속하며 또한 그 개체 발생 과정 안에 함축되어 있는 것이다. 이러한 개체 발생의 변천사를 더듬으며 이 책에서 내가 설명한 것은 장소로부터 공간의 동일한 파생을 드러내왔다. 특히 보편 공간이라는 관념은 그것이 시작된 장소화의 모태로부터 마침내 출현해 나오기까지 적어도 2000년이나 걸려 느릿느릿 진화해온 유예된 개념임을 보여주었다. 철학사에서 통시적으로 증명 가능한 것은 개인 자신의 경험에 대해서도 또한 참이다. "공간"은 그러한 경험이 이루어지는 바로 그 장소인 "공간들" 내부에서 계속 발생한다. "공간들 그리고 그와 함께 공간 자체―'공간'―는 죽을 자들의 체류 내부에 이미 마련되어 있다."¹⁸¹

만일 사정이 정말로 이렇다면, 하이데거 자신을 포함해 죽을 자들은 공간의 추상적인 무한성 때문에, 혹은 무한정 많은 그 가능성 때문에 두려워할 이유가 전혀 없다. 만일 공간적 무한성 자체가 주어지는 것이 아니고 생성되는 것이라면 말이다. 우리의 과제는 무한 공간을 처리하는 게 아니라—왜냐하면 그런 공간은 결국 우리 자신의 창조물이나 사고방식일 뿐이니까—장소들 "구석구석에 존속하고", 그것들을 "통과하고" 또 "그것들 안에 서는" 일이다.[182] 이런 일(우리가 바로 **사물과 함께** 머무름으로써 행하는 일)을 행할 때, 우리는 관련된 매개 변수들이 측정 가능한 간격이나 적확한 차원이 아니라—연장(diastēmata)이나 차원(diastēsis)이 아니라—**다양한 정도의 가까움**임을 깨닫는다. 칸트가 "외연적인" 양(외연량)과 "내포적인" 양(내포량)을 구별했던〔후자는 감각 특유의 것으로 정도(degree)와 관련한 문제다〕 것과 마찬가지로 우리는 첫째, 단지 어떤 로쿠스나 위치에 존재하는 일, 달리 말하면 그것에 근접해 존재하는 일과, 둘째, 어떤 사물 **가까이**에 존재하는 일 간의 차이를 분간해야만 한다. 어떤 사물 가까이에 존재한다 함은 그 사물의 소재지—이는 사물과 죽을 자로 구성된, 따라서 단일하지 않은 소재지로서 사물과 죽을 자들은 머물러 거주하는 가운데 거기서 한데 합쳐진다—를 서로 나누어 갖는 일이다. 죽을 자들이 건너는 다리는 강가의 "많은 장소들"에, 혹은 그 "많은 장소들"로부터 "다양한 방식으로 가깝거나 먼데" 단지 **근사적으로만** 그럴 뿐이다. 요컨대 그것은 좀더 가까우냐, 머냐 하는 정도의 문제다. 동쪽 강가에 있는 나무는 **맞은편**에 있고, 그 너머의 풍경은 **그 부근 일대**다. 그다음에 있는 다리는 **강 하류 어딘가**에 있다.

이로부터 도출되는 결론은 팔(hand)이나 다리(foot)뿐만 아니라 사유 또한 그러한 소재지의 가까움/멂에 관여한다는 것이다.

우리는 하이델베르크에 있는 오래된 다리로부터 지금 막 여기로 왔는데, 그런 우리 모두가 가령 그 다리에 대해 생각한다면, 그 소재지 쪽으로 향하는 우리의 이 사유는 여기에 참석한 사람들 내부의 단순한 경험만은 아니다. 오히려 **그 자**

체에 있어 사유가 그 소재지까지의 거리를 통과하고, 그 거리 구석구석에 존속한다는 것은 그 다리에 대한 우리 사유의 본성에 속한다.[183]

이러한 언급은 공간에 대한 어떤 표상주의적 이론—공간과 장소는 단순한 의식(consciousness) 내용에 불과하다고 보는—도 거부할 뿐만 아니라 장소화한 인간에 있어 절대적인 여기(here)가 갖는 우위성에 이의를 제기한다. 신체를 중심으로 정확히 딱 이곳이 아니라 산재적으로 퍼진 그곳이 바로 내가 장소-세계 내에 관여함(engagement)에 있어 작용하는 요인인 것이다.[184] 그리고 나는 비교적인 가까움/멂(두 항이 일가적(monovalent) 정의를 거부하는 비한정적인 한 쌍) 안에 있는 사물에 의해 엮여 있다. 여기에 하이데거는 다음과 같이 덧붙인다. "우리는 공간들을 통과할 때, 가깝거나 먼 소재지 및 사물 곁에 부단히 머묾으로써 그 공간들을 이미 경험하고 있는 방식으로 통과한다."[185] 그러한 머무름은, 사실상 거주함과 마찬가지인 머무름은 가장 가까운 사물들은 물론이요, 가장 '먼' 사물과도 가능하다. 이렇게 말함으로써 우리는 하이데거 사유의 이러한 최종 국면이 시작되었던 바로 그 가까움의 역설로 회귀한다.

6

시간이라는 것은 '존재'와 마찬가지로 '생기'의 증여물로서 오로지 생기로부터만 사유할 수 있는 것이므로, '생기'에 대한 공간의 관계 또한 그에 유비되는 방식으로 고찰해야만 한다.
　　　　　　　　　　　　　　　　　—마르틴 하이데거, 〈시간과 존재〉

이러한 후기의 전회에 있어 또 하나의 가닥은 하이데거의 중요한 논문 〈시간과 존재〉(1962)에서 나타난다. 가까움은 이제 공간적 사태뿐만 아니라 시간적 사태로까지 확장된다. 하이데거는 일찍이 예술 작품에 대해 물었던 것을 시간에 대해 묻는다. "그러나 시간은 **어디에** 존재하는가? 시간은 정말 존재하기는 하며, 또 **장소를 갖는가?**"[186] 공간성의 시간성을 제시하고자 하는 대신―《존재와 시간》 70절에서 그러한 시도가 실패했다는 하이데거의 고백은 바로 이 논문에서 이루어진다―이제 물음은 시간의 장소화, 말하자면 시간의 장소-되기(becoming-place)에 관한 것으로 바뀐다. 그리고 이에 대해 다음과 같이 간단한 소견을 밝힌다. "지금이라는 견지에서 이해하는 현재(the present)는 손님들이 앞에 있다(present)고 할 때의 'present'와 동일한 게 전혀 아니다."[187] 손님들이 앞에 있다는 것은 동일 시간 안에서가 아니라, **동일 공간** 안에서인 것이다―혹은 더 좋은 표현을 찾자면 "동일 '시간-공간' 안에"라고 해야 할지도 모르겠다. "시간-공간"은 하이데거가 아인슈타인을 이어받아 자신의 목적에 맞게 가져다 쓰는 용어다. 여기서 중요한 것은 용어가 아니라, 시간이 인간에 대해 현전하게 된다는 사실, 구체적으로 장소적인 혹은 공간적인 방식으로 현전하게 된다는 사실이다. "현전이란 항상적인 체류를 의미한다. 그것은 인간에게 접근하고, 인간에게 도달하며, 인간에게 확장되는 항상적인 체류다."[188] "체류"는 시간적 양태이고, "도달"과 "확장"은 공간적 형식이다. 〈들길에서의 대화〉에서도 마찬가지지만, 근본 개념이 넓어지고 느슨해진다는 것은 하이데거가 내포적인 양에 대해 점점 더 몰두하고 있음을 반영한다. 예컨대 "차원성"은 이제 "측정 가능한 구역"이라기보다 "활짝 열어주는 뻗어나감(a reaching out that opens up)"으로 파악된다.[189] 하이데거는 또한 시간의 세 가지 양태―과거, 현재, 미래―보다 결정적인 것은 바로 그들의 "서로 건네줌(interplay)"이라고 역설한다. 여기서 "서로 건네줌"이란 말에는 공간성이 담겨 있어 우리에게 "운신의 폭"을 연상케 한다. 그러한 건네줌은 시간의 "진정한 확장", 그 것이 개화(開花)하는 방식, 그 "네 번째 차원"이다.[190] 우리는 서로 건넴이 **바 깥으로의 확장**에 관한 사태라고 말할 수도 있을 것이다. 그러나 이는 또한 **안으로의 확장**의 환경이기도 하다. 요컨대 가까움의 환경이기도 한 것이다.

가까움이 이제 마지막으로 회귀해온다―공간은 물론이요, 시간까지도 자신의 한가운데로 모아들이기 위해. 가까움은 정확히 장소라는 관점에서 그렇게 한다. "가깝게 하는 가까움(nearing nearness)"의 작용은 시간을 내부 로부터 단련시킨다. 그것은 시간이 차원성을 갖는 기반이다. 즉 "진정한 시 간의 통일이 그 안에 깃들어 있는 최초의 시원적―문자 그대로 '다가와- 받아들이는(incipient)'―건네줌"[191]인 것이다. 가까움 덕분에 시간적인 서로 건넴의 "경역" 전체가 피어오른다. 이 경역은 "전(前) 공간적인" 것인지라 엄밀한 소재지를 부여받을 수 없다. 하지만 그것은 여전히 장소적이다. 만 일 그것이 소재지(Ort)가 아니라면, 그것은 촌락(Ortschaft), 국지(局地, locale), 정착 장소(예컨대 마을)인 것이다.[192] 그 결과 "진정한 시간"은 "현재, 과거, 미래로부터 〔뻗어오는〕 현전함의 가까움―3중적으로 펼치면서 환히 밝히는 시간의 건네줌을 통일하는 가까움"[193]으로 간주할 수 있다. 이렇듯 가까움 은 시간을 그 3중성 속에서 한데 모아들이는 현전화의 장소적 양태다. 이 는 《존재와 시간》의 70절 내용과는 정반대다. 거기서 시간성은 세 가지 차 원을 가지고 공간을 근거 짓는 것으로 간주된다.

그러나 하이데거는 그러한 현전화가 단순한 현전과 동일한 게 아니라는 점에 주의해야 한다고 말한다. 가까움은 주는 것인 만큼이나 유보하는 것 이다. "가까움의 가깝게 함은 미래로부터 도래하는 접근 속에 현재를 유보 함으로써 그 접근을 열어둔다."[194] 이러한 양상은 과거와 현재 자체에서도 마찬가지로 이루어진다. 과거와 현재는 서로 멀리 떨어져 있고, 또 미래와도 멀리 떨어져 있다. 하지만 **어디에서** 떨어져 있는가? 그들은 바로 그들의 **가까움 안에서**, 즉 **장소의 안에서** 서로 떨어져 있다. 세 가지 시간적인 양상은 하나의 동일한 장소에서 서로 멀리 떨어져 있음을 존중함으로써만 서로에게 가까워진다. 그렇다면 장소 안에서야말로 "가깝게 하는 가까움은 부정과 유보라는 특징을 갖는다. ······시간을 주는 그러한 줌(giving)은 가까움을 부정하고 유보함으로써 규정된다".[195] 실제로 이는 다음과 같이 일반화할 수도 있다. 즉 장소의 가까움에 내재하는 유보는 모든 줌을 특징짓는 "물러섬"의 한 예증이다. 그러한 물러섬은 시간을 넘어서 '존재'로 확장되고, '존재'는 단지 자신을 "보낼" 뿐만 아니라, 그 보내줌 속에서 **자신은 뒤로 밀린다.** "스스로 삼가는 일이 거기에 보내줌으로서(as sending there) 줌에 속하는 것이다."[196]

이 복잡한 패턴은 심지어 '생기' 안에서도, 즉 '존재'와 시간을 모두 동화시키는 "'생기' 사건" 안에서도 발견된다. 이 '생기'는 동시에 '탈(脫)생기'이기 때문이다.

'존재'의 운명[즉 보내줌(sending)]이 시간의 건네줌 안에 있고, 또 이러한 시간이 '존재'와 더불어 '생기' 안에 깃들어 있는 한 '생기함'은 자신의 고유한 특성을 나타나게 한다. 그 고유성이란 '생기'가 제한 없는 탈은폐로부터 가장 온전히 자기 자신인 것을 [내빼면서] 물러서는 것이다. '생기함'으로부터 사유해본다면, 이것이 뜻하는 것은 다음과 같다. 즉 앞서 언급한 의미에서 '생기함'은 자기 자신으로부터 자기 자신을 탈생기시키는 것이다. '탈생기'는 '생기' 자체에 속한다. 이 '탈생기'에 의해 '생기'가 자기 자신을 포기하는 것은 아니다—오히려 '생기'는 자기 자신의 고유한 것을 간직한다.[197]

'생기(Appropriation)'와 '탈생기(Expropriation)'의 어근 proprius(생기와 탈생기 안에 묻혀 있는 eigen-을 경유해)는 **'자신의'** 그리고 **'특이한'**(혹은 **'특정한'**)을 의미하며, 양자 모두 근처에 있는 것, 주변에 있는 것(peri-(주변)는 proprius라는 낱말을 구성하는 어근이다)이라는 의미에서 **가까운** 것을 함의한다. 《철학의 원리》에서 데카르트는 "가까움(vicinity, 근처)"이라는 관점에서 장소를 기술하려 노력했는데—우리가 살펴본 것처럼 이러한 노력은 성과를 거둘 수 없는 것이었지만 동시에 시사하는 바가 담겨 있다—그 노력이 여기서 구제받고 있는 것이다. 적어도 부분적으로는 말이다.

그렇게 본다면, 하이데거의 탈형이상학적 사유를 최대한 멀리 밀고 나간 한계에서조차 우리는 가까움에서 능동적인 구성 요소로서의 면모를 발견한다. 이것이 전적으로 뜻밖의 사태만은 아닌 것은 시간이나 '존재'가 그러한 것처럼 공간도 "'생기'의 증여물"—바로 그 물러남 속에서 주어지는 어떤 것—이라고 명시적으로 표현하고 있기 때문이다.[198] 나아가 **사건**으로서 '생기'는 불가피하게 시공적이다. 즉 사건이기 위해서는 시간과 공간에 모두 실존해야 한다. 혹은 더 정확히 말하면, 그것은 장소 안에 실재하는 일이다. 왜냐하면 사건이란 **일어나는**(take place) 어떤 것이며, 이는 시간과 공간의 기원에 있어—아니, 그 기원**으로서**—장소를 요청하고 또 구성하기 때문이다. 그러나 시간과 공간의 기원에/기원으로서 존재한다 함은 장소에로/장소의 안에 복귀하는 일이다. 이는 무엇보다도 우선 공간에 대해 그러하다. "우리는 공간의 근원에 대한 통찰을 장소에 특유한 성질 안에서 이미 얻고 있고, 또 그러한 성질을 충분히 사유한 경우에만 널리 인정받는 형태로 이 과제(즉 공간을 생기의 증여물로서 고찰하는 과제)에 성공할 수 있다."[199] 장소의 사건으로부터 공간이라는 증여물이 생겨 나온다. 공간이 바깥으로 향하는 것으로서, 연장되는 것으로서, 심지어는 무한한 것으로서 산출되는 것은 국한된 가까움, 유보된 내밀성, 장소의 시공적 '생기'의 내부로부터만 가능하다.

7

〔나의〕 사유가 밟아온 세 단계를 표시할 때조차 서로를 앞으로 나아가게 하는 세 단어: '의미'-'진리'-'장소'.

—마르틴 하이데거, 토르(Thor)에서 열린 세미나에서 언급한 말(1969년 9월 6일)

장소-관련(place-pertinent) 화제에 대한 하이데거의 방대한 후기 저작들을 보면, 거기에 두드러진 의도가 있음을 확실히 식별할 수 있다. 그것은 "'열린 터'의 열린 상태"가 의미하는 것을 더 정확히, 더 충분히 구체화하려는 노력이다. 〈예술 작품의 근원〉에서 논의의 중심이었던 이 말은 하이데거가 "훤히 밝힘"이라고도 부르는 것의 역할을 "세계-내-존재"로부터 취한 바 있다. 여기서 역할은 궁극적인 '사건'으로서 생기를 포함하는 독특한 사건이 그 한가운데서 일어날 수 있도록 해방된 공간을 말한다. 《존재와 시간》 이래로, 훤히 밝힘/엶(clearing/opening)은 일관되게 더 개별적인 뭔가가 일어나기(장소를 취하기) 위한 "여지를 마련하는(공간을 마련하는)" 작용으로 파악된다. 혹은 더 적절하게 말하면, 그 무언가가 자신의 자유로운 환경(ambience) 내부에서 **장소를 갖기** 위한 "여지를 만드는" 작용으로 파악된다. 환경 자체가 "운신의 폭"—놀이터(Spielraum), 혹은 후기의 용어를 사용하면 시간(Zeit)-놀이(Spiel)-공간(Raum), "자유로운 범위"—을 제공한다. 운신의 폭은 "그곳" 혹은 "저편"과 결합함으로써, 즉 **거기로부터 돌아옴으로써** 사물을 위한 장소를 수립하거나 향유할 수 있는 '그곳'이나 '저편'과 결합함으로써 "활짝 열려 있는〔einräumen(여지를 만드는)의 과거분사는 이렇게 번역할 수도 있다〕" 것이어야 한다.

초기와 후기를 막론하고 하이데거가 공간과 장소에 대해 발언한 다면적인 선언을 특징짓는 일관된 패러다임이 한 가지 있다면, 그것은 훤히 밝혀져 열려 있는 저편**으로부터** 이편에 있는 어떤 주어진 로쿠스**로의** 근본적인 이동을 설정하는 패러다임이다. 하이데거가 〈건축함, 거주함, 사유함〉에서 표현하고 있듯 "나는 이렇게 캡슐에 들어 있는 신체로서, 여기에만 존재하는 게 결코 아니다. 오히려 나는 **거기에** 존재한다. 즉 나는 이미 여지(공간)에 두루 퍼져 있고, 그렇게 함으로써만 나는 여지를 통해 갈 수 있다."[200] 여기서 주요한 작용을 하는 부사는 "~통해"이다. 왜냐하면 여지를 통해 감(to go) 혹은 두루 퍼져 있음(pervade)은 여지 자체가 나의 지나감을 위해 이미 충분히 훤히 밝혀져 있음을 전제하기 때문이다. 요컨대 그러한 여지는 움직이고 있든 정지하고 있든 어쨌거나 **여기** 내 신체를 위해, **거기**로서 훤히 밝혀져 있는 것이다. '어디로 돌아/어디로/어디를 통해'라는 이러한 능동적 구조는 장소에 대한 아리스토텔레스의 포함자 모델에서 중요한 문제, 곧 정적(靜的)인 "안에(in)"와 크게 대조된다―아리스토텔레스의 이 모델에서 중요한 것은 모든 측면에서 철두철미하게 포위되어 있음, 그래서 앞쪽이든 뒤쪽이든 열린 상태나 훤히 밝혀짐 없이 단지 어떤 것 **안에** 있음이다. 하이데거에게 장소는 타이트한 포함자가 아니면서도 (예컨대 4원을 위한) "은신처"를 제공할 수 있다.[201] 사실 장소는 그러한 포함자일 **수 없다.** 왜냐하면 장소의 일차적 효과는 여지를 창조하는 일이지, 여지를 둘러싼다든가 그 범위에 한계를 주는 것은 아니기 때문이다. 그렇게 함으로써 장소는 "열린 터"의 열린 상태를 발생시킨다.

철학적 차원에서 "열린 터"라는 말이 유리하다는 점, 아니 하이데거가 사유를 전개해가는 과정에서 "열린 터"가 실질적으로 불가피하다는 점은 명백하다. "열린 터"는 여지-밝힘에 대한 책임을, 현존재의 개별화한 방향성과 거리-제거, 즉 여지를 마련하고 훤히 밝힘을 부여하는 현존재 자신의 개인적 방식으로부터 벗겨준다. "열린 터"의 여는 작용은 비개인적인 진리의―따라서 마찬가지로 비개인적인 '존재'의― 열어 밝힘(開示)이다. 현존재는 "열린 터"에 들어갈 수 있고, 그것을 목격할 수 있으며, 심지어 그것에 기여할(예컨대 예술이나 정치에서처럼) 수도 있다. 그러나 인간 존재는 "열린 터"를 창조할 수 없다. "열린 터"는 어떤 개별 현존재나 현존재의 어떤 집단에 선행하며 또한 그것들보다 더 오래 존속하기 때문이다. 《존재와 시간》의 초기 주제인) "안에-있음"이나 "거함(residing)"이 이미 이러한 비(非)인간중심적인 지평 쪽을 가리키고 있는 것은 사실이다. 하지만 "안에 있음"과 "거함"은 특정한 장소나 방역 내에서 현존재가 수행하는 문자 그대로 도구적인 역할에 대한 기술(description) 아래 금세 묻혀버린다. 초기의 이러한 원(原)실용주의(protopragmatism)가 중요성을 상실하고 예술의 경우에서 단순한 손작업으로 제한되자마자 "열린 터"를 위한 길이 훤히 트인다. 여기서 "열린 터"는 단지 진리의 개시성(開示性)을 위한 무대로서(이는 《존재와 시간》에도 함의되어 있다)뿐만 아니라, 바야흐로 엄밀한 의미의 손-닿는 데-있는-것이라는 지위에서 해방된, 장소와 방역에 대한 새로운 사고방식을 위한 무대로서 사고해야 한다.

"열린 터"는 하이데거의 마지막 말이 아니다― 전혀 그렇지 않다. 그 유리함은 결국 그 자체의 불리함이 되고 만다. "열린 터"는 아리스토텔레스와 데카르트 이후, 나아가 하이데거 자신의 최초 국면 이후 장소에 대한 사유가 요구하는 것을 **명명한다.** 이는 장소 자체에 개념상의 놀이터(운신의 폭)를 제공하고, 그러면서 장소 한가운데서 참신한 접근을 하도록 권유한다. 그러나 바로 그 동일한 이유로 인해, 일단 우리가 장소에 대한 새로운 시선이 수반할 수 있는 것을 분명히 기술하려 하면 "열린 터"의 바로 그 훤히 트인 상태, 곧 정의 및 한계를 결여한 그 상태가 무거운 짐으로 작용한다. ('훤히 트인 상태(clearedness)'는 훤히 트는 과정에서 정의나 한계까지도 쳐버리기 때문에, 훤히 트여 있는 그만큼 가용할 수 있는 정의나 한계가 결여되어버린다—옮긴이.) 그렇게 보면, 하이데거가 1930년대에 "한계"와 "경계"의 본성에 대해 깊이 숙고하기 시작한 것도 그리 놀라운 일은 아니다. "열린 터"를 그 한계까지(말하자면 한계가 **결여**되는 지점까지) 밀어붙일 경우, "열린 터"는 경계가 없는 것, 끝없는 공간처럼 영원히 계속 가는 것이 될 우려가 분명해지는 것이다![202] "열린 터"와 무한 공간 사이에 그 어떤 혼동도 불가능하도록 더 엄밀한 새로운 이름을 탐구해야 한다. 이쪽 방향으로의 작업은 예컨대 〈예술 작품의 근원〉 뒷부분에서 작품 안의 내적인 틈 혹은 균열을 제시함으로써 일보를 내딛는다. 이러한 틈 혹은 균열은 대지와 세계가 공유하는 열개(裂開)로서 대지와 세계는 그 주변에 편성되고 장소 안에 놓인다. 아울러 이 틈은 대지와 세계 사이의 투쟁 자체와 함께 훤히 밝힘이나 "열린 터"로서의 작품은 하나의 단일한 전체가 아님을 확고히 한다. 사르트르의 표현을 빌리면 "탈-전체화한 전체성"인 것이다.

그러나 내적인 복잡화나 탈전체화만으로는 안 된다. 요구되는 것은 그 이상이다. 우리가 살펴본 대로, 하이데거는 〈들길에서의 대화〉에서 "방역"을 논의할 때 **모아들임**이라는 관념을 포착한다. 모아들임이란 국한된 공간 내부에 사물들을 한데 모으는 작용이다. 하이데거는 그러한 공간이 미리 수립되어 있다는 그 어떤 의미("열린 터"에도 여전히 함의되어 있는 것으로 보이는)도 피하기 위해, 그가 일찍이 "세계"의 경우에 행한(그리고 훨씬 더 뒤에는 "사물", "시간", "공간", "'생기' 사건"의 경우에도 행하게 될) 것과 마찬가지로 "방역"을 동명사화한다. 모여드는 곳이면서 또한 모아들이는 곳인 방역은 마치 존재자처럼 미리 주어진 어떤 것으로서 거기에 서 있는 게 아니다. 그것은 자기 자신을 방역화한다―이런 방역화는 코라의 탈곡(脫穀)하는 것과 같은 작용, 즉 방역들을 직접 응집시키는 작용과 전혀 다르다고만도 할 수 없다. 그럼에도 불구하고 하이데거는 이에 만족하지 않는다. 물론 모아들이는 작용이 그의 후기 저작 안에 여전히 남아 있는 것은 사실이지만("열린 터"가 여전히 수시로 다시 나타나는 것과 마찬가지로), 그것은 장소에 특유한 것을 설명할 수 있을 만큼 충분히 구체적이지는 못하다. 모아들인다 함은 실질적으로 어떤 것이든 모으는 것일 수 있고, 그래서 방역화-하는-존재와 방역화는 마찬가지로 일반성 문제로 고통 받는다. 하이데거가 **사물**이라는 관념으로 전회하는 것은 바로 그 때문이다. 단순히 자족적인 것이 아니라 대지와 하늘, 신들과 죽을 자들로 구성된 4원을 위한 모아들이는-장소(gathering-place)가 될 수 있을 만큼 응축되고 강하게 내포된 그런 사물로 말이다. 이들 4원은 "세계-방역들"이 되고, 이 방역들은 사물―그 자체가 소재화해 있고, 이들 우주의 방역에 로쿠스나 "터(seat)"를 부여하는 사물―의 장소 내에 무리 지어 있다.[203]

다양한 것들을 한데 무리 짓는다 함은 그들을 서로서로 가까이 끌어당기는 일이다. 따라서 "가까움"은 사유가 이렇게 진보해가는 과정에서 자연스럽게 내딛게 되는 다음 일보다. "가까움"은 "열린 터" 자체와 마찬가지로, 그러나 정확히 그 정반대 방향으로 하이데거가 추구하는 것들을 명명한다. 그것은 사물이 **어떤 특정한 장소 안에서** 모아들여지고, 또한 그들 자신이 능동적으로 모아들일 때의 사물의 가까움, 내밀함이다. 장소 안에 있다 함은 그 장소 안에 있는 다른 어떤 것에 대해서도 가까이에 있는 일, 그리고 무엇보다도 거기에 공-소재화해(co-located) 있는 사물에 대해 가까이에 있는 일이다. 그리고 역으로 사물을 보유하는 장소는 방역 안에 소집된다. 그러면서 그 장소들은 방역화한 방식으로 접근시키는 원(原)작용을 통해 서로서로 곁으로 끌어당기면서 단순한 가까움 이상의 것을 성취한다. 이상이라니? 그건 한마디로 말하면 **거주함**이다. 왜냐하면 거주함은 늘 "가까움 안에 거주함"[204]이기 때문이다. 그러나 거주함을 주제로 한 후기 논문에서 하이데거는 거주함 자체에 대해 놀라울 정도로 조금밖에 말하지 않는다. 그 대신 건축함에 대해, 특히 다리 같은 건조물이 어떻게 자기 주변에 풍경 전체를 모아들이는지에 대해 대단히 많은 이야기를 들려준다.[205] 그는 이 장면과 관련된 장소의 복잡한 구조에 대해서도 기술한다. 즉 다리는 풍경 안에 있는 소재지임과 동시에 4원을 위한 터로서 가까이에 있는 여러 국지성을, 그리고 궁극적으로는 세계-공간 안에 있는 여러 위치를 발생시킨다. 이런 식으로 여지는 단지 도구나 거주함을 위해서뿐만 아니라, 공간 자체를 위해서도 만들어진다. "공간이란 본질적으로 공간을 위한 여지가 만들어져 있는 것, 즉 자신의 한도(bounds) 속으로 들여보내진 것이다."[206] "열린 터"뿐만 아니라 공간도 역시 장소들에 의해 훤히 밝혀져 있다.

"가까움"의 역할이 중요성을 더하는 것은 하이데거의 매우 후기에 속하는 저작들에서다. 그것은 부인당하길 거절하는 개념이고, 장소를 구체화하는 모든 용어 중에서도 가장 집요하게 추구하는 개념이다. 그것을 어느 정도 추구하는지는 "가까움"에 관한 동사들이 마구 증식하는 데서 알 수 있다. "가까움"은 능동태 동명사[접근시키기(nährend)와 가까이에 초래하기(nahebringend)]로 변형될 뿐만 아니라, 그 명사형조차 "가까운 것(die Nähe)", "가까움(Nanheit)", "접근(Nahnis)" 같은 형태를 취하며 증식해간다.[207] 통상적인 수준을 훨씬 뛰어넘어 가까움에 대해 이렇게나 초점을 맞춘 것은 왜일까? 부분적으로는 가까움이란 간격으로서 거리의 문제가 아니라, 본성상 객관적인 매개 변수 같은 것으로 간주되는 공간과 시간에 의해 측정할 수 없는 바로 그러한 것이기 때문이다.[208] 그러나 우리의 목적에 비춰볼 때 더 결정적인 것은 가까움에는 장소에 대해 사유하는 데 알맞은 수준의 구체성이 동반된다는 점이다. 가까움과 함께 "열린 터"는 외부로부터 둘러싸이는 것이 아니고, 내부로부터 균열이 간다든가, 방역으로서 모여드는 곳이 된다든가, 하나의 사물로서 소재화하지도 않는다. 즉 그것은 특정되는(specified) 것이다―하지만 무엇으로서? **근린 관계**(neighborhood)로서다. 〈언어의 본질(The nature of Language)〉(1957~1958)에 제시하듯 근린 관계란 가까움이 "발생시키는"[209] 것이다. 미리 실재하는 방역도 없지만, 미리 주어지는 근린 관계 같은 것도 없다. 근린 관계는 하나의 공통 장소에 함께 거주하는 사물이나 사람들의 가까움에 의해 유도된다. "근린 관계란 가까움 내에 거주함을 의미한다."[210] 그러나 누군가나 무언가의 가까이에 거주한다고 할 때, 거기에는 두 가지 특별한 특징이 있다. 즉 그것은 상호적인 관계이고(만일 내가 당신에게 이웃이라면, 마찬가지로 당신은 내게 이웃이다), 그 관계는 얼굴을 마주 대하는 만남을 수반한다.

> 이웃이란 그 단어 자체(즉 가까이에 있는 사람)가 우리에게 말해주듯 다른 누군가의 가까이에, 그 누군가와 함께 거주하는 누군가를 가리킨다. ……그렇다면 근린 관계란 어떤 사람이 다른 사람과 얼굴을 맞대고 거주한다는 사실의 결과로서 생겨나는 관계다.[211]

근린 관계의 가까움 내에서 장소는 확정되고, 특정화하며, 내밀해진다. 그 어떤 경험이 얼굴을 마주 대하는 경험보다 더 내밀할 수 있겠는가? 장소는 바로 이러한 만남의 무대다. 그것은 이웃 간의 상호 연관을 구체적으로 가능케 한다. 아마도 우리는 근린 관계의 **간장소**(間場所, interplace)에 대해, 즉 그렇지 않으면 전혀 상관없었을 것들 사이에 장소가 제공해주는 간성(間性, betweenness)에 대해 더 정확히 말해야 할 것이다. 하이데거가 1957년 출간한 《헤벨—가정의 벗(Hebel der Hausfreund)》의 "세계"에 귀속시킨 "다면적인 사이"는 장소에도 역시 속하는 것이다.[212] 더욱이 만일 "세계의 방역들이 서로 마주 향하는 운동으로서 가까움이 나타난다"[213]고 한다면, 장소는 역으로 이러한 세계의 운동을 매개하는 모태다. 하이데거가 공간에 대해 말하는 것은 사실 장소에 더 잘 들어맞는 것일 수도 있다. "활짝 엶", "승인하고 놓아줌"—이들은 모두 '같은 것' 안에 함께 속한다.[214] 장소는 "승인하고 놓아주는" 작용을 하는 가운데 근린 관계를 사람들이 사는 바로 그 동일한 무대로서 가능케 한다. 그도 그럴 것이 장소는 공간보다 훨씬 더 국지성이나 소재지라는 형태로 여지를 부여하며, 그렇게 함으로써 근린 관계에 대해 가까움 내에 있는 든든한 기반을 제공하기 때문이다. 가까움의 가깝게 하기(the nearing of nearness)는 직접적인 대면 관계 속에서 이웃들의 간(間)장소화로서 생기는 것이다.

후기의 사유에서 가까움과 근린 관계의 중요성을 명백히 표현하고 있음에도 불구하고, 최종적으로 하이데거는 이 개념들, 즉 가까움과 근린 관계에 의지하지 않고 초기 저작으로부터 더 익숙한 용어를 끌어와 장소와 공간의 관계를 다룬다. 그의 마지막 주요 텍스트인 〈예술과 공간(Art and Space)〉(1969)에서 하이데거는 조형 예술, 특히 조각 분야에서 공간의 역할, 아니 더 특정하게 말하자면 장소의 역할을 탐사한다. 그는 "객관적인" 혹은 "우주적인" 것으로서 공간에 의거하는 것을 회피하면서, "공간을 트는(clearing space)" 작용이 결국 "장소의 해방"이 된다고 선언한다.[215] 이러한 트는 작용이란 "여지를 만드는 작용"으로, 이 "여지를 만드는 작용"은 "열린 터"를 허용하고 성립시킴으로써 사물이 나타나게 하고 인간의 거주함이 일어나게 한다─또한 그리하는 가운데 장소에 "보증(guarantee)"을 부여한다. 바로 여기서 비록 때늦은 감은 있지만 하이데거는 비로소 이렇게 묻는다. "대체 장소란 무엇인가?"[216] 그의 답은 두드러질 정도로 적절하고 간결하다. "장소는 여러 사물이 함께 속하도록 그것들을 매번 모아들임으로써 하나의 방역을 연다."[217] 방역 혹은 "방역화-하는-존재"란 "열린 터"가 그것을 매개로 사물들이 자신의 쉼(rest)에 도달하도록 하는 저 "자유로운 넓음"이다. 그러나 우리가 〈건축함, 거주함, 사유함〉에서 지금껏 배운 것처럼 사물들은 그 자체가 장소이지 단지 장소에 속하는 게 아니며, 하물며 텅 빈 균질 공간 내의 위치를 단지 점하기만 하는 것은 더더욱 아니다. 방역적인 '열린 터' 안에 감추어진 사물은 사실상 그 '열린 터'에 속하는 장소나 마찬가지다. 이러한 사고방식을 취함으로써 하이데거는 결정적인 결론, 즉 이미 《존재와 시간》에서 암암리에 작동하고 있었으되, 그 저작에서 직접 분명히 표현하는 일은 결코 없었던 결론을 끌어낸다. 그 결론인즉슨 이러하다. "장소는 물리적-과학기술적 공간으로서 해석되는 미리 주어진 공간 안에서는 발견되지 않는다. 공간은 한 방역에 속하는 여러 장소에 의해 향유되는 자유로운 지배(reign)로부터만 펼쳐진다."[218] 건물이나 조각 작품 안에 있는 텅 빈 공간조차 장소로 간주된다. 그리고 더 일반적으로 조형 예술은 "장소들의 구체화"[219]를 표상한다. 이 장소들이 "인간이 거주할 수 있는 가능적인 방역, 그리고 또한 인간에게 다가와서 인간을 둘러싸는 사물이 머무를 수 있는 가능적인 방역"[220]을 연다.

가능성─특히 공간에 거주하는 가능적 방식─이라는 테마가 여기서 다시 울려 퍼진다. 그것은 〈언어의 본질〉의 한 구절과 다시 합류하는데, 이 구절에서 근린 관계는 마치 하나의 사물이 그러하듯 그 자체가 하나의 장소다. 즉 미래의 장소화가 반복될 수 있는 가능성을 위한 하나의 "터(seat)"다.

> 우리가 말해온 근린 관계란 사태가 어떠한지 경험하기 위한 여지를 우리에게 부여하는 터다. ……우리에게 여지를 주고 뭔가를 하도록 허용하는 것은 그 어떤 것도 우리에게 가능성을 준다. 즉 그것은 우리에게 어찌어찌할 수 있는 것을 준다. 그렇게 이해한 '가능성'은 단순한 기회와 다른 것, 그 이상의 것을 의미한다.[221]

그렇다면 마지막으로 이제 우리는 두 가지 방향으로부터, 하이데거가 처음 《존재와 시간》에서 움츠러들며 물러났던 단적인 공간적 가능성이라는 전망으로 회귀한다. 30년이 지난 후 하이데거는 자신이 이전에는 하고 싶지 않았던 것, 즉 "어떤 것의 순수한 공간적 '존재'가 갖는 단적인 가능성을 끌어안는"[222] 일로 기꺼이 나아간다. 그가 이렇게 할 수 있는 것은 뭔가를 가능케 하는 이런 공간적인 '존재'가 **장소** 안에―혹은 더 정확히 말하면 장소가 공간 같은 어떤 것을 산출하는 과정에서 설립하는 방역 안에―거한다는 것을 발견했기 때문이다.

이런 식으로 장소의 중요성을 재발견하는 것은 사람이 집에 있는 것처럼 편안함을 느낄 수 있는 개념상의 근린 관계를 찾는 것과 비슷하다. 거기서 사람은 단적인 가능성이 갖는 가까움 안에서, 심지어는 이 가능성이 갖는 꺼림칙함 안에서조차 직접 얼굴을 대면하며 거주할 수 있다. 〈언어의 본질〉에서 제시한 가까움의 근린 관계는 《존재와 시간》 12절에서 최초로 예시(豫示)한 적 있는 거주하기 위한 장소를 집으로 데려와(bring home) 구체화한다. 전조(前兆)를 띠고 있는 그 절에서 하이데거는 단지 앞에-현전하는 식의 '안에-있음'은 진정한 거함을 특징짓고 사물들을 "조우할 수 있게"

만들어주는 상호 접촉을 불허한다고 지적한 바 있다.[223] 1950년대 후반의 텍스트에서 만날 가능성은 근린 관계의 가까움 안에서의, 예컨대 어떤 방역의 "지방(country)" 안에서의, 얼굴을 대면하는 만남이라는 관점에서 기술된다.[224] 연속성은 단지 인상적이라고 말할 수 있는 수준을 뛰어넘는다. 그것은 하이데거의 초기 걸작(《존재와 시간》을 가리킴―옮긴이)에서 처음 언급되고는 그 후 시간과 시간성에 대한 관심에 몰두하느라 무시당했던 바로 그 약속어음을 이행한다. 왜 그런가 하면, 하이데거는 바야흐로 1925년부터 1926년까지의 '논리학' 강의에서 이미 언급한 적 있는 그 "새로운 가능성"을 추구하고 있기 때문이다. "시간이라는 기반"[225]으로부터 떠나 '존재'를 파악하는 다른 방식이 바로 그것이다.

《존재와 시간》 이후 장소에 관한 사태로 끊임없이 전회(그리고 재전회)하던 하이데거는 마침내 "단지 우연적으로나 사용 가능할 뿐 대개는 다소 조잡한 '존재' 개념들의 협소함"[226]으로부터 자기 자신을 해방시키는 데 성공한다. 그는 심지어 '존재'에 이르는 대안적인 길에 대한 그의 시야―장소를 매개한(따라서 또한 "열린 터", 방역, 사물, 가까움도 매개한) 시야―를 가리는 작용을 하던, 시간 및 시간성에 대한 자기 개념의 협소함으로부터도 자신을 해방시킨다. 40년 이상에 걸쳐 하이데거가 걸었던 길이 아무리 구불구불하고 또 때때로 주제에서 벗어나는 일이 비일비재했다 해도, 그가 마침내 20세기에 가장 시사점이 풍부하고 또한 가장 지지받을 수 있는 방식으로 장소를 다루었다는 사실을 놓쳐서는 안 될 것이다.

하이데거가 자기 자신의 시간중심주의에 직면해서도 장소를 나름대로 정당하게 평가했다는 것은 충분히 주목할 가치가 있다. 베르그송이 지속에 대해 행했던 것을 하이데거는 장소에 대해 행하는 것이다―그가 시간성에 우위성을 부여함에도 불구하고 말이다. 그러나 더 한층 주목할 가치 있

는 것은 하이데거가 이를 성취하고 있다는 점이다. 장소 자체를 주제적 화
제로 다루는 일이 거의 없었음에도 불구하고 말이다. 장소가 '존재'의 구성
요소임을 인식하기 위해, 또 장소를 '생기' 사건의 바로 그 배경으로 간주
하기 위해 반드시 장소를 명제론적 언설의 말쑥한 화제로 변질시켜야만 하
는 것은 아니다. 우리에게 요구되는 것은 "'존재'의 장소론"[227]을 추구하는
일이―극도로 구불구불한 회랑을 통과해야 하는 경우에도―특별한 가치
가 있음을 인정하는 것이다.

12

지금 장소에 얼굴 부여하기
바슐라르, 푸코, 들뢰즈와 가타리, 데리다, 이리가레이

1

만물은 형태를 취하고, 심지어 그 형태는 무한하기까지 하다.
— 가스통 바슐라르, 《공간의 시학(The Poetics of Space)》

공간은 도처에 열려 있다. ……우리는 이 장소 안에 존재한다.
— 장뤼크 낭시(Jean-Luc Nancy), 《무위의 공동체(The Inoperative Community)》

장소에 대한, 그리고 방역이나 근린 관계 같은 "다양한 현상적 공간성"에 대한 하이데거의 사유를 더듬어오는 가운데, 우리는 장소를 따라 더 비밀스러운 구석과 더 미묘한 표면에까지 파고들었다. 우리는 장소가 여러 가지 매우 상이한 맥락에서 광범위한 역할을 맡을 수 있다는 것은 물론, 장소가 드러내 보일 수 있는 다채로운 의미들에 대해서도 많은 것을 배웠다. 만일 그 결과가 만화경처럼 변화무쌍하다면—그래서 우리로 하여금 장소의 "자유로운 범위", 즉 시간-놀이-공간을 맛볼 수 있도록 이끌었다면—바로 그 덕분에 우리는 장소의 힘을 인식할 수 있었던, 아니 재-인식할 수 있었던 것이다. 아르키타스의 단편적 발언이나 아리스토텔레스의 압축된 강의 노트에서 볼 수 있는 것처럼 서양에서 장소에 대한 인식에 서광이 비치던 순간 표현된 장소에 대한 초기의 찬사는 간결한 경향이 있다. 혹은 그 반대편 극단에서는 이암블리코스나 프로클로스의 열광적인 찬가에서 볼 수 있듯 아예 칭찬만으로 흘러넘치는 찬사도 있다. 하이데거는 이 양극단의 중도를 택한다. 그에게 장소는 매력적이고 상당히 가치 있으며, 실제로 없어서는 안 될 경우까지 종종 있긴 하지만, 그렇다고 해서 그 자체가 무작정 굽실거려야 할 무언가는 아니다. 장소의 지위는 '존재' 혹은 '세계-내-존재', '진리' 혹은 '언어', '4원' 혹은 '생기' 사건 등과 같이 언제나 변함없이 최고로 빛나는 지위가 아니다. 그렇지만 또한 장소는 그 주요한 용어들에 단지 기생하는 것이지는 않으며, 그들의 단순한 부산물이나 소산 또한 아니다. 장소는 자기 자신의 면모와 운명, 그 자신의 국소적인 존재를 보유한다.

그러나 장소에 관여하는 하이데거의 과정이 한없이 길게 늘어지는 가운데, 장소 현상 자체가 너무나도 자주 시야로부터 모조리 미끄러져버린다는 것은 여전히 사실이다. 장소는 근거 자체도 못되고 근거보다 더 아래로 가라앉아, 하이데거가 다른 사상가들 및 다른 개념들과 벌이는 복잡한 대화의 일부가 된다. 그 결과는 비록 의도한 것은 아니라 해도 결국 매장(埋葬)이다. 장소는 하이데거의 미궁과도 같은 사유의 생애 속, 그 구불구불한 회랑들 속에 사로잡혀 있다.

이들 회랑으로부터 벗어나오면서 우리는 이렇게 묻고 싶어진다. 이제는 정말 **장소와 직접 얼굴을 마주할** 때가 아닐까─장소와 대결하고 베일을 벗겨내 그 얼굴 전체를 볼 때가 아닐까? 고개를 똑바로 쳐들고 장소와 얼굴을 마주할 때 아닌가? 혹은 심지어 장소에 새로운 얼굴을 부여해야 할 때일지도 모른다. 마침내 우리가 **그것을** 발견하고, 그리하여 불가피하게 장소화해 있는 우리 자신의 자기(selves)를 다시 한 번 발견할 수 있도록 말이다.

하이데거의 보무도 당당한 작업이 드리운 긴 그림자 속에 또한 그 그림자 주변에 (그리고 때로는 그 그림자에 뚜렷이 거스르는 방향으로), '존재'의 사상가들에게 의존해 사유하지 않는 철학적 성향의 저술가들 사이에서 장소에 대한 관심이 갱신된 형태로 일고 있다는 의미심장한 징후가 있다. 이러한 징후를 제시하는 인물로 프랑스에서는 바슐라르, 브로델(F. Braudel), 푸코, 들뢰즈와 가타리, 데리다, 르페브르(H. Lefebvre), 이리가레이, 낭시가 있고, 독일에서는 벤야민(W. Benjamin), 아렌트, 오토(M. A. C. Otto), 그리고 북미에서는 렐프(E. Relph), 투안(Yi-Fu Tuan), 엔트레킨(J. N. Entrekin), 소자(E. Soja), 색(Sack), 베리(W. Berry), 스나이더(G. Snyder), 스테그너(W. Stegner), 아이젠먼(P. Eisenman), 추미(B. Tschumi), 월터(E. V. Walter) 등이 있다. 이 인물들은 저마다 장소를 위한 참신한 얼굴을 만드는 데 성공했다.

장소의 중요성을 재발견한 이 모든 사람들에게는 공통적으로 장소 자체는 고정된 사물이 아니며 장소에는 확고 불변한 본질 따위란 없다는 확신이 깔려 있다. 하이데거가 장소의 본질적 특색 같은 어떤 것(예컨대 모아들임, 가깝게 함, 방역화, 물화)을 여전히 찾았던 반면, 내가 방금 거명한 저자들은 아무도 장소의 형식적 구조를 정의하려는 식의 탐구에 마음이 끌리지 않았으며, 그런 구조의 형상(eidos)을 포착하려는 시도에 대해서는 더더구나 그러했다. 이러한 시도 대신 그들 각각은 **작동하고 있는** 장소를 발견하고자 한다. 그러한 장소는 역동적으로 지속하는 어떤 것의 부분으로서, **다른 뭔가의 안에 있는 그것의** 구성 요소다. 예를 들면, 역사의 과정 안에서(브로델, 푸코), 자연계 안에서(베리, 스나이더), 정치적 영역 안에서(낭시, 르페브르), 젠더 관계와 성차 안에서(이리가레이), 시적 상상력의 산물 안에서(바슐라르, 오토), 지리학 경험이나 실제 안에서(푸코, 투안, 소자, 렐프, 엔트레킨), 폴리스나 도시의 사회학 안에서(벤야민, 아렌트, 월터), 유목주의 안에서(들뢰즈와 가타리), 건축 안에서(데리다, 아이젠먼, 추미), 종교 안에서(이리가레이, 낭시) 말이다. 이처럼 관련된 이름과 주제를 한 번 훑어보기만 해도, 우리는 거기서 다양하게 변화하면서도 서로 의존하는 특색들이 광범위하면서도 느슨하게나마 엮여 있는 가족적 유사성을 느낀다. 이런 점은 그토록 많은 상이한 (혹은 적어도 구별되는) 가면들의 배후에 단일한 '장소'라든가, 하물며 이상적인 '장소' 따위는 없음을 시사한다. 이런 점에서 장소에 대한 최근의 역사는 그만큼 더 숨겨진 것처럼 보일 수도 있다. 왜냐하면 언급해야 할 공식적인 이야기 따위는 없고, 오직 있는 것은 끊임없이 열거할 수 있는 의미 있는 삽화들뿐이니 말이다. 그러나 바로 이 삽화적인 역사에서 "만물은 형태를 취하고, 심지어 그 형태는 무한하기까지 하다". 혹은 이렇게 말하는 게 더 좋을 수도 있겠다. **만물은** 장소라는 주제에 다양하면서도 강렬하게 몰두하는 **얼굴을 취한다**고 말이다.

서양 사상에서 장소의 운명이 어떠했는지에 대해서는 이 책에서 이미 폭넓게 설명했으므로 그것을 더 이상 지나치게 늘일 생각은 없다. 따라서 이 마지막 장에서는 매우 유망하고 또 새로운 무언가를 환기시켜주는 현시대의 방향에 대해서만 몇 가지 간단히 스케치할 것이다. 그것도 명시적으로 철학적 방향성을 갖는 것에만 제한하기로 하겠다. 이런 식으로 그려보려는 뜻은 현재의 전체상을 철저히 망라하겠다는 게 아니고, 이후 탐구를 더욱 진전시키는 데 몇몇 표지판이라도 되었으면 하는 마음에서다. 그러나 이는 우리 자신의 삶 안에서 장소의 가치를 새로이 드러내는 방식, **장소에 승리를 안겨주는** 방식을 특별히 골라낸다. 이번 장의 각 절에서 간략히 다룰 인물─바슐라르, 푸코, 들뢰즈와 가타리, 이리가레이─은 우리와 함께, 우리 안에서, 우리 주변에서 발견될 장소들의 수많은 얼굴을 더 충분히 인식하고 음미할 수 있도록 도와줄 것이다.

2

마음은 연장되어 있다. (그러나) 그에 대해 알려진 것은 아무것도 없다.
— 지그문트 프로이트, 1938년 8월 22일의 메모

우리는 장소를 바꾸는 게 아니라 우리의 본성을 바꾼다.
— 가스통 바슐라르, 《공간의 시학》

맨 처음에 장소의 얼굴을 새롭게 바꾸어줄 인물은 가스통 바슐라르다—그
는 이미지 안에서, 또한 이미지를 통해 그렇게 하는데, 이때의 이미지는 더
구체적으로 말하면 시적 이미지다. 시적 상상력(1930년대 후기부터 1960년대 초
기까지 탐구한)에 대한 바슐라르의 저작에서 장소화의 이슈는 시적 이미지
가 인간의 마음(psyche: 상대적으로 esprit는 '정신'이라고 번역한다. 아울러 psychical
은 '심적인'으로 번역한다. psychisme은 생명 원리와 사고 원리를 포괄적으로 가리키는 희
랍어 psyché에서 파생시켜 만든 말로 '영혼', '정신'이라는 말에 흔히 함의될 수 있는 종교
적 뉘앙스를 피하기 위해 현대 심리학, 특히 심층심리학에서 사용한다. 물질과 육체에 대립
하는 것으로서 '정신'과 '영혼'이 나타내는 일체의 정신 현상을 통칭한다. 이 내용에 대해서
는 바슐라르, 곽광수 역, 《공간의 시학》(동문선, 2003), 42쪽의 각주 3 참조. 참고로 역자 곽
광수는 psychisme을 '정신'이라 번역하며 esprit와 구별하기 위해 psychisme을 병기한다—
옮긴이) 속에서 어떻게 위치 지어져 있는가를 이해하고자 하는 끊임없는 관
심으로부터 떠오른다. 《대지와 의지의 몽상》(1948)에서 바슐라르가 말하듯
"만일 이미지를 심적인 활동—사유(pensées) 이전의—내 그것의 참된 장
소 안에 둔다면, 우리는 광대무변함의 첫 번째 이미지가 바로 대지의 이

미지임을 인식하지 않을 수 없다".[1] 이미지를 "그 참된 장소 안에" 둔다 함은, 이미지를 위한 고유한 장소를 정신(mind, esprit) 안에서, 혹은 더 정확하게 말하면 혼 안에서 발견한다는 것이다.[2] 아리스토텔레스는 혼이 "형상의 장소"라고 주장한 적이 있지만, **이미지**의 장소라는 것은 아리스토텔레스가 염두에 두었던 것과는 전혀 다른 장소다. 아리스토텔레스가 염두에 두었던 장소란 어떤 것인가? 그것은 위계적인 계층 내에서 엄밀한 위치 규정 〔아리스토텔레스의 설명에 따르면, 이러한 규정은 개념들한테 이성적인 혼(rational soul) 안에 소재(所在)를 부여하는 가장 특징적인 방식이다〕과는 거의 관계없는 방식으로 이미지를 수용하고 흡수하는 것이다. 서랍이나 계단이라는 은유는 우리가 시적인 심상에서 중요하게 문제 되는 것에 대해, 즉 강렬하게 개화하는 것에 대해 음미하기 시작함에 따라, 거미의 줄이나 꿀벌의 벌집에 길을 내어준다. 장소를 표면으로 설정하는—아리스토텔레스가 고집하는 또 하나의 주제—모델 자체를 재평가해야 한다. 이미지를 심적으로 장소화함(psychical implacement)에 있어 중요한 문제는 그 이미지가 표면**에 의해** 어떤 식으로 포함되는가(마치 그 이미지가 운명적으로 철두철미하게 포위될 수밖에 없는 것인 양)가 아니라 표면**에**, 혼 자체의 표면에 어떻게 나타나는가이다. 바슐라르는《공간의 시학》에서 이렇게 쓴다. "시적 이미지는 마음의 표면 위에 느닷없이 튀어 오른다."[3] 만일 이미지란 것이 정녕 꽃처럼 피어오르는 현상이라면, 그것이 나타나는 장소는 이미지를 반영하거나 이미지와 "반향할" 수 있는 것이어야 하며, 그런 면에서《티마이오스》의 "수용체"와 전적으로 다른 것이라 할 수 없다. "수용체"와 마찬가지로 마음은 상대적으로 특징이 없는 것이어야 한다. 그 표면을 스치며 반짝이는 이미지와 공명할 수 있으려면 말이다.[4] 심적인 표면은 그것이 수용하는 이미지를 내보내야 한다. 그 표면은 이미지와 함께 번쩍임으로써, 그 일시적인 현전과 함께 빛남으로써 이미지에 장소를 부여해야 한다. 여기서 중요한 장소는 그것이 포함하고 존속시킨다고 할 때의 의미가 아니라, 단 하나의 인상적인 이미지의 느닷없는 스파크와 함께 장소가 갑자기 밝아진다고 할 때의 의미다. 마치 캄캄한 밤의 심연 속에서 갑자기 반짝이는 유성처럼.

　바슐라르의 저작에서 기본적으로 작동하는 이런 노력에는 하나의 주요한 이슈가 걸려 있다. 마음의 공간성, 혹은 더 잘 표현하자면 마음의 장소성이 바로 그것이다. 혼이 이미지에 장소를 제공한다고 주장할 때, 바슐라르는 아리스토텔레스뿐만 아니라 데카르트에 대해서도 이의를 제기한다. 아리스토텔레스에 반해 바슐라르는 비감각적인 것들에 대해 유효한 장소의 의미가 있다고 본다. 장소는 물리적인 것이 아닐 수 있는데, 그러면서도 여전히 장소로서 충분히 간주할 수 있다. 고대 세계에서는 오직 플로티노스와 그 계승자들만이 엄밀한 의미에서 비감각적인 형태의 장소가 있다고 대담하게 설정했다. 그것은 곧 "가지적(可知的) 장소"다. (공간에서 가지적 장소로 유비되는 것은 우리가 살펴본 대로 중세 신학자들이 '신'과 등가적인 것이라 여겼던 상상 속의 무한 공간이다.) 모더니티의 후기에 해당하는 사상가 바슐라르는 감각에 구속되는 아리스토텔레스의 도식에서 벗어나는 의미심장한 예외가 있다고 여긴다. 그것이 바로 심적인 장소다. 그러나 혼을 하나의 장소로서, 혹은 장소들의 집합으로서 긍정한다는 건 데카르트의 면전에서 맹렬히 대드는 일이기도 하다. 왜냐하면 데카르트에게 혼은 어떠한 종류의 연장도 갖지 않기 때문이다. 그러나 시적 이미지는 **어딘가에서** 타오르는 것이며, 그 장소가 본성상 심적인 것이라는 점은 바슐라르에게 명백하다. 이는 심적인 장소가 3차원적인 것이라고 주장하는 게 결코 아니며, 하물며 그것이 본질적으로 텅 빈 것이라고 주장하는 건 더더욱 아니다. 데카르트와 필로포노스에 모두 반대하면서 바슐라르의 사유가 주장하는 것은 혼의 연장이 그 자신의 다양한 고유성과 매개 변수를 가지며, 그것들 속에서 특별한 종류의 내면성을, 또한 표면 및 깊이와 관련한 그 자체의 양태성을 갖는다는 점이다. (이 양태성 때문에 예컨대 시적 이미지는 "그것이 표면을 뒤흔들기도 전에 깊숙한 곳을 건드릴" 수 있다.)[5]

마지막에 언급한 이 방향 쪽으로 사고하면 할수록 우리는 점점 더 프로이트에 가까이 다가간다. 프로이트 또한 심적인 깊이와 내면성이라는 것을 제기하면서 인생의 마지막 시점에 이르러 무의식이 연장되어 있다고 선포한 사람이기 때문이다.[6] 바슐라르는 자신이 프로이트와―그리고 융과도 함께―나란히 걷고 있다는 걸 모르지 않았다. 그의 사고가 정신분석과 취지는 같되 경쟁 관계에 있다는 사실은 《불의 정신분석(The Psychoanalysis of Fire)》(1938)에서 《공간의 시학》(1957)에 이르기까지 쉽게 알아볼 수 있다. 이 두 권의 저서는 다름 아니라 시적인 이미지군(群)과 마음에 대한 바슐라르의 사고를 틀 짓는 책이다. 프로이트에게는 예외적인 주석이, 혹은 융에게도 역시나 예외적인 것이었던 꿈[7]이 바슐라르에게는 "장소 분석(topoanalysis)"이라는 독자적인 이름을 가질 만한 가치 있는 하나의 탐구 영역이 된다. 장소 분석에서는 기술(記述)심리학도, 심층심리학도, 정신분석도, 현상학도 모두 하나의 공통된 기획 안에서 한데 모인다. 공통된 기획이란 "내밀한 우리 삶의 국지성(localities)에 대한 체계적인 심리학적 연구"로 정의할 수 있다.[8] 장소 분석이란 방법이라기보다 하나의 태도로서 어떤 이미지, 예컨대 집 같은 이미지가 갖는 장소적 고유성에 초점을 맞춘다. "우리가 어떤 지평 위에서 검토하든 집 이미지는 우리의 내밀한 존재의 지형도(topography)가 되는 것처럼 여겨질 것이다."[9]

장소 분석의 직접적 귀결은 이러하다. 즉 **진지하게 다룰 경우 장소 분석은 시간중심주의의 근간을 뒤흔든다.** 심적인 삶의 여러 토포스에 주목하면 할수록, 우리는 더 한층 이러한 삶이—칸트나 베르그송, 제임스나 후설이 주장하는 것과 반대로—단순히 그 지속적인 흐름의 한 기능은 아니라는 것을 깨닫는다. 시간이 아니라 오히려 공간 쪽이 "내감(內感, 내관(內觀))"의 형식인 것이다. 성 아우구스티누스의 고전적인 방식으로 우리 자신의 내부를 들여다볼 때, 우리가 발견하는 것은 순간들의 단적인 계기도 아니고, 하물며 "절대적인 흐름"(후설) 따위는 더더욱 아니다. "우리가 아는 것이라고는 존재가 안정할 수 있는 공간 내에서 고정화의 연속, 그것이 전부다—존재는 녹아버리고자 하지 않으며, 심지어 과거에 있어서도 자신이 지나가버린 과거의 사물을 찾으러 떠날 때에는 시간이 날아가버리지 못하게 '정지시키려' 한다."[10] 내성(內省)이 개시(開示)하는 것은 "부동의"—"더 잘 공간화한" 존재에게는 그만큼 더 한층 "견고한"—기억이다.[11] 내적인 삶과 사이좋게 지내기 위해서는 서사적인 말로 전기나 자서전을 꾸미는 것만으로는 불충분하다. 우리는 또한—사실 이쪽이 더 결정적으로 중요한데—자신이 거주하거나 경험한 장소에 대한 장소 분석도 하지 않으면 안 된다. "내밀성을 알기 위해서는 우리 내밀성의 공간 내에서 장소를 찾아내는 일(localization)이 날짜를 밝히는 일 이상으로 긴급하다."[12] 그것이야말로 더 긴박할 뿐만 아니라 더 **참된** 일이다. 왜냐하면 삶을 시간적으로 구구절절 설명하는 일은 "타인에게 전달되어 외적으로 사용하기 위한, 그런 면에서 일종의 외적인 역사"[13]만을 부여하기 때문이다. 이런 식으로 바슐라르는 시간에 역습을 가한다. 즉 시간은 (칸트가 주장했듯) 공간보다 보편적이거나, (베르그송이 주장했듯) 심층의 자기를 기술하는 것이라기보다 오히려 심적인 공간성 속으로 흡수되는 것이다. "공간은 그 무수한 벌집 같은 구멍들 속에 시간을 압축해 간직하고 있다."[14] 실제로 우리가 심적인 심층이나 내면성 안에 자신을 담그면, 우리는 "여기서는 공간이 전부"고, 무의식은 순수 지속이나 역압된 기억의 터(seat)이기는커녕 단지 거기에 "머무른다"는 걸 발견한다.[15] 우리가 무의식에 내재하는 고유한 장소성을 추구하면 할수록 시간의 요구는 더 한층 그 정언성(imperative)이 약화한다 — 의식적인 서사의 수준에서든, 무의식적 관념 작용의 수준에서든. 심적인 장소의 충만성을 긍정한다는 것은 곧 아르키타스의 공리를 "심적이라는 것은 장소 안에 존재하는 것"이라고 재정식화하는 일이다.

그렇다면 지금까지 바슐라르는 이미지를 위한, 그중에서도 무엇보다 우선 시적 이미지를 위한 장소적 수용체로서 마음이나 혼을 주장한 셈이다. 그와 동시에 이미지는 그 자신의 내용에 소재(location)를 제공한다. 이미지의 내용이 인지적인 것이든, 감정적인 것이든, 언어적인 것이든, 아니면 (다시 한 번) 상상에 관한 것이든 그러하다. 개개 이미지는 마음의 표면 위에 반짝거리면서 또한 깊은 곳으로부터 나아오면서, 그렇게 다양한 내용에 이미지의 방패를, 즉 그 내용이 연속적으로 번영할 수 있도록 집을 제공함으로써 그러한 내용을 장소화하는 작용을 한다. 이렇게 특별히 이미지와 관련한 장소의 의미를 바슐라르는 "지복의 공간(felicitous space)"이라고 부른다. 측량자의 "무관심한 공간"과 대조적으로 이 지복의 공간은 "우리가 사랑하는 공간", 즉 "찬양받는 공간"이다.[16] 이 공간은 이러한 사상적(寫像的) 장소화를 맛보는 사람들 — 무엇보다도 시에 몰두하는 독자 — 에게 참된 "장소애(場所愛, topophilia)"를 길러준다. 이미지에 대한 사랑은 장소 분석과 손을 잡고 나아간다. 요컨대 "장소 분석에는 장소애의 스탬프가 찍혀 있다".[17]

이 대목에서 우리는 하이데거가 "'존재'의 장소론"을 요청했던 것을 떠올린다. 이 요청은 "사유의 시작적(詩作的) 특징" — 공간과 더불어 "온통 덮여 있다"[18]고 운위되는 특징 — 을 발견하는 문제에 대한 하이데거의 관심으로부터 나온 것이었다. 더욱이 《존재와 시간》에서 공간이 "여러 장소로 분열되어 있다"[19]고 이야기하던 것과 마찬가지로, 바슐라르에게 시적 이미지는 그 이미지가 자기 내용에 제공하는 장소로 분열되어 있다. 하이데거라면 시와 철학이 **이미지**—그는 이미지라는 말에 대해 매우 회의적이었다—안에서 하나가 된다는 것에 대해 동의하지 않을 테지만, 시작(詩作)과 철학이 공동으로 감행하는 진정한 과제가 장소론을 드러내는 일, 즉 시작 및 사유와 잘 들어맞는 토포스 그리고 '존재'가 자신의 고유한 장소를 발견하는 토포스에 대한 설명을 드러내는 일이라는 점에 대해서는 의견이 일치할 것이다.[20] 바슐라르가 "장소 분석"이라고 부르는 것을 하이데거는 논구(論究, Erörterung), 즉 "장소-화(im-placing)" 혹은 "장소 구명(placing-through)"이라고 명명한다. 생의 마지막 단계에 이르러 바슐라르는 후기 저작에서의 하이데거 못지않게 철학적 영감에 찬 시적 이미지를 열렬히 찾는다. 시를 특권적인 토포스의 집합으로 보고자 하는 정열을 공유했음에도 불구하고 결국 이 두 사상가는 길이 갈린다. 바슐라르에게 가장 중요한 장소론은 '존재'에 관한 장소론이 아니라, "우리의 [자신의] 내밀한 존재"[21]에 관한 장소론이다. 그리고 하이데거의 존재장소론(ontotopology)—여기서 '존재'는 "순수하고 단일한 **초월자**(transcendens)"[22]로 여겨진다—의 근본적 초월성은 바슐라르 장소 분석의 심적인 내재성과 조화를 이룰 수 없다.

장소 분석은 마음을 모든 의미 있는 이미지의 터전으로 전제하면서, 개개 이미지에 대한 상세한 기술을 추구한다. 그러한 이미지는 체계적인 주제를 이루도록 배열된 내용을 숨기는데, 예컨대 대지·물·불·대기—이것들을 한데 아우르면 바로 바슐라르 특유의 4원을 구성한다—가 그러하다. 심상적-심적(imagistic-psychical) **화제**는 이리하여 내재적인 차원에서 **주제적**이다. 이는 단순히 형식적이거나 구조적인 것이 아니다. 특정한 화제의 내용 혹은 주제는 그 화제에 내부로부터 활기를 불어넣는다. 나아가 장소 분석을 받는, 화제로서 배열된 주제나 하위 주제의 수에는 원리적으로 한계가 없다. 그렇긴 하지만 몇몇 주제는 의심할 바 없이 특권을 부여받는다. 그중에서도 집이라는 주제가 특히 그러한데, 《공간의 시학》도 이 주제에 맨 앞의 두 장을 바친다. 왜냐하면 집은—특히 그것이 또한 내 집일 경우—"우리의 내밀한 존재의 지형도"[23]를 포함하기 때문이다. 하이데거가 **세계**를 "죽을 자들이 거주하는 집"[24]이라고 간주했다면, 바슐라르는 **집의 이미지**(및 기억)에 대해 동일한 이야기를 할 것이다. 집 이미지는 시를 읽는 독자는 물론 장소 분석가(topoanalyst) 역시 거주하는, 집 자체의 시적 장소-세계를 구성한다. 상상된/기억된 집의 미묘한 구조, 즉 그 집의 이미지 지형도에 주목하면, 그것은 우리에게 장소 분석의 범위와 한계가 구체적으로 어떤 의미를 갖는지 드러내 보일 것이다.

집은 역설적인 존재자다. '우리 집(home)'으로서 집(house)은 "우리의 첫 우주(universe)"요, 우리의 "첫 세계"다.[25] 그런 한 집은 더 광활하고 끝없는 우주에 대한 우리의 감각에 선행한다. 바슐라르는 우리 집으로서 집 이전에, 또 이러한 집과는 독립적으로 우주가 실재한다고 상정하는 철학자들을 꾸짖는다. 그들은 "자신들이 집을 알기 전에 우주를 안다"고 주장하지만, 실제로 인간이 처음에 아는—그리고 결코 잊지 못하는—것은 "내부 공간의 내밀한 가치"인 것이다.[26] 그러한 공간은 집(house)/우리 집(home)과 동떨어져 있는 게 아니라, 함께 일체를 이루는 것으로서 아직 기하학적이지 않다.[27] 크기가 어떠한지는 여기서 상관이 없다. 한낱 오두막이 대저택보다 꿈과 관련한 잠재력에서 더 크면 컸지 결코 못하지 않다. 중요한 건 정도의 문제, 즉 거기서 우리의 경험이 얼마나 내밀하고 또 내포적인가이다. 그 내밀성과 내포성이 날카롭게 느껴질 경우, 우주와 세계를 구별—상투적인 우주론(cosmology)을 다뤄보겠다고 일단 뛰어들면, 우리는 그러한 구별을 하지 않을 수 없다―하려는 것 자체가 쓸데없는 일이 되고 만다. 왜냐하면 "집과 우주 간의 역동적인 적대성"은 거주하는 집이라는 원초적 수준에서 이미 해소되어 있기 때문이다. 이 수준에서 세계는 집과 우주를 모두 껴안고 있다. 이 세계는 사실에 의존하는 만큼 이미지에 의존한다. "이미지가 새로우면, 세계가 새롭다."[28]

이리하여 장소 분석은 세계가 하나의 집이라고 주장―우주론적 주장―하기보다는 오히려 **집이 하나의 세계임**을 우리에게 설득하려 한다. 그것은 장소-세계, 즉 장소들의 세계다. 여기서 바슐라르는 집의 "해가 드는" 쪽과 "그늘이 지는" 쪽을 각각의 국지(locales)로서 기술한 초기 하이데거에 합류한다. 하이데거에게 집의 이러한 두 쪽은 하나의 집을 여러 방들로 분할하고 배열할 수 있도록 방향 지어주는 국지다.[29] 그러나 장소 분석은 집의 내밀함을 **방별로**, 바꿔 말하면 장소별로 탐구함으로써 그러한 기술을 더욱 심화한다. 이 탐구는 건축학적인 것이 아니며, 기하학적인 것은 더더구나 아니다. 그것은 꿈꾸고, 상상하고, 기억하는―그리고 **읽는**―것으로서 방에 관한 사태다. "그러므로 우리가 '방을 쓴다(write)'든가, '방을 읽는다(read)'든가, '집을 읽는다'고 말하는 것은 문학과 시의 철학이라는 견지에서 볼 때 의미를 가진다."[30] 장소 분석은―특히 시를 통해 인도되는 경우 그러한데―독자(reader) 안에서 "꿈의 집, 꿈-기억의 집"[31] 전체를 이끌어낸다. 이런 집은 그 사람의 원초적인 집으로부터 물려받은 신체적 습관에 기초해 있지만, 시는 다양한 방들의 배치를 그려냄으로써 이런 습관을 연장적으로 펼친다.

우리가 태어난 집은 우리의 기억을 뛰어넘어 물리적으로 우리 내부에 새겨져 있다. 그것은 유기체적 습관의 집합이다. ……우리는 그 특정한 집에 거주하는 다양한 기능의 도표(diagram)이고, 다른 집들은 모두 하나의 근원적인 주제의 변주에 지나지 않는다. ……집과 침실과 우리가 홀로 있던 다락방은 끝없는 몽상에 대한 무대를 제공한다. 오직 시만이 시적 작품의 창조를 통해 완전히 성취하는 데 성공할 수 있는 그 몽상의 무대를.[32]

시인과 장소 분석가는 모두 우리를 장소로—특히 우리의 어린 시절 집으로—다시 데려다주는 데 있어 신체가 특권적 지위를 갖는다는 점을 인식한다. 양자는 또한 이미지나 말을 통해 우리가 다시 들어갈 집이 그 자체로 신체와 닮았음을 긍정한다. "집은 인간의 몸뚱이가 갖는 정신적, 육체적 에너지를 취한다. 집은 폭우를 받아내기 위해 등을 곧추세운다. 허리에 힘을 주고 대비하는 것이다."[33] 그러한 신체-집 내부의 상상한 혹은 기억한 방은 "거기에 거주하는 자한테 '들러붙어', 사면의 벽이 가깝게 모여 한 몸뚱이의 골방이 된다".[34] 거주된 방으로 회귀하는 일은—실제로 회귀하든, 상상 속에서 회귀하든—집을 유기적으로 구성하는 한 부분으로 회귀하는 일이며, 이 집은 그 자체가 하나의 거대 신체로서 경험된다. 창(窓)은 눈으로, 현관은 입으로.[35]

인간 신체의 여러 요소가 탈구(脫臼)된 각각의 부분이 아닌 것과 마찬가지로, 집의 여러 방도 서로 완전히 분리되어 있지 않다. 방들은 저마다 고유한 특징이 있지만—우리는 이 점을 침실과 서재 간, 혹은 응접실과 사실(私室) 간 차이에서 볼 수 있다. 특히 시인들이 다양한 방에 대해 기술할 때는 더욱 그러하다—그러면서도 여전히 그 방들은 예컨대 한 집의 어떤 특정 '층'의 방들 혹은 '익면(翼面, wing)'의 방들, 하는 식으로 서로 연결되어 있다. 아마도 가장 중요한 연결성은 대부분의 서구 가옥이 함축하고 있는 수직 축—지하실과 다락방의 경우 수직으로 뻗어 있는 축—주변에 밀집되어 있는 연결성이다. 집의 이러한 두 극단이 얼마나 다른 것인지를 꿈에서 두 극단이 갖는 가치보다 더 잘 보여주는 것은 없다. 다락방이 "지성화한 기도(企圖)의 이성적 지대"임에 반해, 지하실은 무의식의 권역이다. "무의식은 개화할 수 없다. 무의식은 지하 저장고로 내려갈 때 촛대를 드는 것이다."[36] 다락방의 경우 낮은 빛의 질서이지만, 지하실에서 밝히는 게 따로 없다는 것은 곧 영원한 밤을 초래한다. "다락방 안에서는 낮의 경험이 언제라도 밤의 공포를 지워버릴 수 있지만, 지하 저장고 안에서는 새카만 어둠이 지배한다."[37] '낮/밤'의 이러한 부등성을 지탱하는 것은 바로 다락방과 지하 저장고에 내재하는 방향성이다. 다락방의 경우에는 **올라**가고 지하 저장고의 경우에는 **내려**간다고 상상하거나 기억하는 것은 바로 사람들 자신이다.[38]

그렇다면 집은 "인류의 사유나 기억, 꿈을 통합하는 가장 큰 힘의 하나"[39]다. 우리의 목적에 비추어볼 때 그것은 두 가지 기본 사항의 아주 좋은 예라고 할 수 있다. 한편으로, 집에 대한 장소 분석은 심적인 장소가 단지 형태도 없이 흩어져 있는 게 아님을 증명해준다. 오히려 정반대다. 심적인 장소에는 나름의 정밀함이 있다. 장소론(topology)은 '구조', '체계', '말(word)'이라는 자신의 원형 어근(즉 -logy)을 영예롭게 여긴다. 상상한/기억한 집은 물리적 의미에서는 실체적이지 않을 수 있고, 심지어는 실재하는 게 아닐 수도 있지만, 그것은 고도로 구조화해 있고, 또한 자기 자신의 한계를 알고 있다. "꿈속의 집에서 장소 분석은 셋이나 넷까지밖에는 셀 줄 모른다."[40] 상상적인 차원에서 공간은 자의적이거나 혼돈스럽기보다 일관성 있고, 구체적이며, 섬세하게 짜여 있다—그런 점에서 이것은 다시 한 번 프로이트나 융이 탐구한 무의식과 그리 다른 것이 아니다.[41] 다른 한편, 집은 "내부의 존재"[42]를, 즉 거주된 집 안에서 경험하는 내면성을 드러내 보인다. 그것이 기억에 남을 정도로 만족스러운 거주, 즉 행복한 거주인 경우에는 특히 그러하다. 이때 "거주하는 공간의 가치"[43]ー유클리드 기하학이 포착할 수 있는 그 어떤 것도 초월하는 가치ー는 명백해진다.

여기서 중요한 사안은 '안에(in)'에 대한 새로운 이해에 다름 아니다. 이 전치사는 이 책에서, 적어도 3장 이후로는 매 쪽마다 나타나는 단어다. 이 '안에'는 아리스토텔레스 《자연학》의 '안에(en)'ー모든 측면으로부터 철저히 포위당한 결과 발생하는 비(非)심적인 내면성ー와 대척점에 있는 말이다. 아리스토텔레스의 '안에'로부터 떨어져 있다는 바로 그 점에서, 바슐라르의 '안에'는 "곁에 거하는 것"으로서 '안에-있음'이라는 하이데거의 개념에 더 가깝다. 그렇긴 하지만 하이데거의 그 개념이 현존재의 세계-내-존재의 대부분 텅 비어 있는 하나의 형식적 함수라는 특징에서 여전히 벗어나지 못한다는 것 또한 사실이다. 하이데거는 그 뒤에 쓴 〈건축함, 거주함, 사유함〉에서 거주함에 대해 강조하지만, 그때에도 구체성과 특정성은 결여되어 있다. 물론 우리는 하이데거로부터 거주함이 "죽을 자들이 실존하는 것과 어울리는 '존재'의 근본 특성"[44]이라는 이야기를 듣지만, 그럼에도 불구하고 정확히 **어떻게** 이 근본 특성이 그 자신을 현현시키는지는 제시하지 않는다. 그리고 독자에게 주어지는 것은 "당신이 존재하는 그리고 내가 존재하는 방식, 우리 인간이 지상에 **존재하는** 방식이 독일어 'Buan', 즉 거주함이다"[45]와 같은 일반성뿐이다. 이미 언급했지만, 1951년 논문(〈건축함, 거주함, 사유함〉을 가리킴ー옮긴이)에서 우리는 거주함보다 건축함과 4원에 대해 더 많은 것을 배운다. 하이데거의 그 논문보다 6년 뒤에 발표한 《공간의 시학》은 인간의 거주함이 구체적으로 어떤 특성을 갖는지에 대해ー그 "무수하고 다양화한 뉘앙스"[46]에 대해ー훨씬 더 많이 이야기한다. 장소 분석의 포인트는 특정 토포스를 가장 미미한 개별자 수준으로까지 파고드는 것이다. (이런 면에서 장소 분석은 현상학과 매우 닮았다.) 거주함의 경우 그것은 궤(匭)나 서랍 또는 장롱, 구석이나 둥지 또는 〔조개〕껍데기—《공간의 시학》은 이들 각각의 화제를 농밀하게 기술하는 데 몇 쪽씩을 할애한다—같은 미소한 화제〔microtopics: '미소장소학', '미시적인 화제', '미시장소학'이라고 번역할 수도 있지만, '미시(微視)'라는 말이 시각과 주로 연관 있다는 점을 고려해 시각에 특권을 부여하지 않는 의미로 '미소한 화제', '미소장소학'이라고 번역했다—옮긴이〕를 검토하는 것을 의미한다.

바슐라르의 구체적인 장소 분석—"내밀한 기하학의 드라마"[47]를 더듬어가는 것—을 살펴보면, 거주와 관련해 **안에**가 갖는 다음과 같은 네 가지 구체적 특색이 두드러진다.

(1) 거주함에 있어 짝을 이루는 '안에'와 '밖에'는 여기/거기로 환원할 수 없다. 바슐라르는 '여기'와 '거기'를 "장소에 대한 보잘것없는 부사(adverb)"[48]로 간주한다. 여기는 타이트하게 안에 닫혀 있는—예컨대 절대적인 "무의 점"(후설)으로서 신체의 장소에 닫혀 있는—반면, 거주를 구성하는 '안에'는 '밖에'와 항상 소통하고 있는 유동적인 초점이다. 예컨대 문이나 창문을 통한 경우가 그러하다. 문이나 창을 매개로 외부 세계는 내부 존재의 일부가 된다. (그리고 그 역 또한 성립한다. 집 안에 있는 이들 구멍을 **통해** 우리는 주위 세계와 끊임없는 접촉 상태에 있다.) 거기엔 "내밀한 공간과 미규정 상태의 공간 간 삼투(滲透, osmosis)"[49]가 있다. 쌍방향으로 삼투하는 이러한 흐름 덕분에 거주함은 우리가 거주하는 곳의 주변 환경 **내에서 밖을 향하는** 자기 자신을 발견하기도 하는 의미에서 안에-거주함(in-dwelling)이다.

(2) 거주에 동반되는 **한계가** 비교적 **결여되어 있다는** 점이 안쪽과 바깥쪽의 연속성에 힘을 보탠다. 집이라는 것이 어떤 사람에게는 '성(城)'일 수도 있다. 그렇긴 하지만 지복의 공간이라는 세계 내에서라면 집은 꼭 더 넓은

세계로부터 멀리 떨어져 있는 요새일 필요가 없다. 정반대다! 바슐라르가 만족스레 인용하는 오스카어 V. 밀로슈(Oscar V. Milosz)는 이렇게 쓴다. "무너져라, 경계들이여, 지평들의 적들이여! 진정코 먼 거리가 나타나게 하라!"[50] 그러나 장소 분석적으로 엄밀히 말하자면, 우리는 다시 한 번 **한계**와 **경계**를 구별해야만 한다. 우리 집 안의 방은 한계로서 경험되지 않는다. 즉 기하학적으로 규정한 경계나 평면 도형의 주변으로서 경험되지 않는다. 그러한 방에 거주한다 함은 **그것이 우리 안에 존재하는** 일이고, 우리가 집 전체 안에 그리고 **그것을 통해서** 세계 안에 존재하는 일이다.[51] 그러나 반대로, 그와 동일한 이유로 인해 방이라는 것은 경계를 갖는 것으로서, 즉 형상이나 힘을 갖춘 어떤 것으로서 경험될 수도 있다. 우리는 진정한 문지방인 현관의 경우 이를 경험한다. 바슐라르는 포르피리우스(Porphyry)를 인용한다. "문지방은 신성한 사물이다."[52] 문지방이란 우리가 건너가는 어떤 것이고, 그런 한 거기에는 안에 존재할 때와 밖에 존재할 때 느껴지는 커다란 차이—때로 이 차이는 "양쪽 모두에 고통스러운"[53] 것이기도 하다—가 포함되어 있다. 아니 실제로, 내밀하게 거주된 방 안에 존재한다 함은 단지 경계를 건너는 일이 아니라, 경계를 **요구하는** 일이다.[54] 단지 우리의 거주 경험에 덧붙여진 "강화된 기하학주의"의 "게으른 확실성"이 경계 대신 한계를 요구할 뿐이다.[55]

(3) 경계 짓되 한계 짓지 않는다(또는 한계 짓는다) 함은 **중심화**(centration)를 위한 조건을 향유하는 것이다. 집 안에 산다는 건 자신이 여러 사물의 **중심 안에** 존재한다고 느끼는 것이다—그러나 이것이 반드시 문자 그대로 **중심에** 존재한다는 걸 의미하지는 않는다. 양자의 차이는 엄밀한 의미에서 기하학적으로 중심화한 상태와 다공성(多孔性)만큼이나 두터움을 갖춘 거주적인(inhabitational) 안에-중심화해-존재함(being-centered-in) 사이에 있다. 중

심화는 거주 자체와 마찬가지로 쌍방향적이다. 내가 거주함 안에 존재하고, 또 이 거주함이 내 안에 존재하는 것과 마찬가지로, 나는 내가 그 안에 거하는 거주처 내부에 존재함—내 주변에 있는 것에 의해 나 자신을 방향 지으면서—으로써 **중심화되어** 있다고 느끼면서, 또한 그 동일한 거주처 내에서 여러 사물과 방들에 방향을 부여하는 한 **중심화하고** 있기도 하다. 이처럼 두 겹의 방식으로 나는 "중심이, 중심화한 고독이 가치를 획득함"[56]을 깨닫는다. 나 자신뿐만 아니라 인간이 아닌 사물들 또한 내밀한 영역 내에서 중심화한다. "내밀한 공간을 부여받은 모든 대상은 모든 공간의 중심이 된다."[57] 자기와 사물이 이렇게 중심화해 있다는 것은 거주함의 선물, 즉 집에 거주함(inhabitation) 안에서 획득하는 어떤 것이다. 그렇지만 이러한 획득이나 선물이라는 것이 문자 그대로 실제로 어딘가에 거주함을 요구하는 것은 아니다. 이미지로 충분하다. "[이미지는] 우리에게 존재의 장을, 즉 인간 존재의 확실성이 그 안에서 중심화해 있는 집을 되돌려준다. 이러한 이미지 안에 삶으로써, 그만큼 안정을 가져오는 이미지 안에 삶으로써 우리는 새로운 삶을 시작할 수 있으리라는 인상을 얻는다."[58] 중심화는 안정화의 주요 수단이다. 따라서 내가 중심화한 삶을 사는 집은 진정한 "안식처"이며, 그런 한 그것은 거기에 거주하는 내 기억만큼이나 "부동이다(motionless: '변함이 없다'라는 뜻—옮긴이)". [그렇다면 **집 기억**(house memories)에 일정한 주소가 있다는 것이 무에 그리 이상한 일이겠는가!][59]

(4) 지금까지 이야기한 안에-거주하는(in-habitation) 일의 세 가지 특색은 "내밀한 광대무변함"이라는 현상 안에서 한데 합쳐진다. 집 안에 존재한다는 건, 나아가 그 가장 깊은 구석 안에 존재한다는 건 단지 적대적인 외계로부터 자신이 보호받고 있다고 느끼는 것에 그치지 않는다. 그것은 또한 **축소화한**(in miniature) 더 큰 세계 안에 자신이 있음을 경험하는 일이기도 하

다. 그도 그럴 것이 그 축소화는 "제 나름대로 **광대**"[60]하기 때문이다. 나는 구석진 곳에 가두어져 있다고 느끼는 것이 아니라, 문자 그대로 구석이나 집이라는 존재자를 초월하면서 싹트고 있는 세계를 그 축소화 안에서 발견한다. 이러할 때에는 집뿐만 아니라 가장 미미한 부분조차도 세계를 포함할 수 있다―단지 세계-내-존재일 뿐만 아니라, **하나의 세계**일 수 있다. 하나의 세계이기 위해서는, 아니 단지 "세계 의식적(world conscious)"[61]이기 위해서조차도 사람이 그 안에 존재하는 방이라는 소우주(microcosmos)와 이 방을 초월한 유니버스라는 대우주(macrocosmos) 간의 유비에 참여하는 것 이상이 요구된다. 내밀한 광대무변성 내에서는 그러한 평행적인 관계 이상의 무언가가 작동한다. 그러한 광대무변함을 느낀다는 것은 **내밀함 안에서 무한성**을 느끼는 것, 모래 한 알갱이―자기 자신의 해변에 있는 자기 자신의 알갱이―속에서 우주를 느끼는 일이다. 내가 우주와 일체라고 느끼는 건 내가 그 우주를 향해 밖으로 확장되어 있기 때문이 아니요, 혹은 단순히 내가 거기에 자신을 투영할 수 있기 때문도 아니다. 그것은 집 안에 산재해 있는 내 장소의 **내부로부터** 내가 우주의 전체 범위를 경험하기 때문이다. 바로 이 내부의 존재함으로부터 느낌이 올 때, 외부의 도저히 의심을 금할 길 없는 존재가 그 사람의 범위 내부로 쉬이 들어온다. 내가 작은 것과 거대한 것을 단번에 연결 지을 때 한계는 사라지고 중심화가 일어난다.

내밀한 광대무변성 덕분에 나는 또한 장소를 공간과 접속시킨다. 공간과 장소를 구분 지어 우리를 혼란케 하는 기만적인 이분법―전자는 유한한 것의 범형이고, 후자는 늘 무한으로 향하는 경향이 있다―은 극복된다. 그것도 조금의 지체도 없이! 내밀한 광대무변성 속에서 **나는 장소 자체로부터 공간 속으로 진입한다**. 나는 외면성, 즉 '부분 밖의 부분' 하는 방식에 입각해서가 아니라, **내부로부터** 광대무변함에 이른다. 장소는 더 이상 공간의 일부나 부분, 즉 한계 지어진 어떤 것에 머물지 않는다. 이제 공간이 장소 안에 전적으로 내재하는 것이지 그 역은 아니다. 심지어 "절대적인 다른 어딘가"조차 절대 공간 안에서가 아니라 **특정한 개별 장소 안에** 소재화해 있다. 파스칼에게는 전망 중에서 가장 낯설었던 그 무한 공간이 이리하여 "존재의 벗"[62]일 수 있다. 그러한 근본적인 역전—근대 초기의 물리학이나 형이상학의 배타적 용어로는 상상하기 어려운—은 시적인 표현을 발견할 수 있을 정도로 충분히 다공적인 심적 공간성 내에서 완벽히 가능해진다. 역전이 가능한 것은 안에서/밖에서 쌍이 분할하고 괴리하는 특성을 상실했기 때문이다. **밖의 안에** 존재한다는 것은—그리고 **밖을 안에서** 느낀다는 것은—더 이상 명백함과 판연함(여기서 비판의 대상은 데카르트가 말한 'clear and distinct'다. 이는 흔히 '명석 판명한'이라고 옮기는데, 그리 좋은 번역은 아니다. 'clear'는 '의심의 여지없이 확연하고 분명하다'는 뜻이고, 'distinct'는 '다른 것과 경계가 섞이거나 혼동되지 않게 확실히 분간되고 판연하다'는 뜻이다. 여기서는 그런 의미를 살려 'clarity'와 'distinctness'를 '명백함'과 '판연함'이라고 번역했다—옮긴이)에 의해 지배받지 않는 상황 안에 존재한다는 것이다. 이런 상황 속에서 우리는 "애매한 존재의 시-공 전체"[63]로 진입한다. 그러한 존재는 **잠재적**이고(즉 단지 실재적인 것은 아니다), 또한 동시에 **일반적**이다(즉 엄밀한 의미에서 보편적이지 않다).[64]

내밀한 광대무변성에 의해 이중의 역전이 초래됨으로써 장소와 공간 간의 차이 자체가 효력 정지된다. "내밀한 공간은 그 명백함을 상실하고, 외적 공간은 그 공허를 상실하는"[65] 형국이다. 이 중요한 선언에서 "내밀한 공간"은 장소—내재적인 광대무변함에 의해 충분히 명백하고 판연해지지 못하는—와 등가인 데 반해, "외적 공간"은 무한 공간, 즉 가득 차 있음과 동시에 내밀성으로 압축되어 있는 무한 공간과 사실상 같다. 장소와 공간으로부터, 이들을 통상적으로 구분 짓는 종차(種差, differentia)가 떨어져나간다. 이 종차는 장소의 경우, 가까운 것과 작은 것이 갖는 명백함과 판연함이고, 공간의 경우에는 먼 것이나 거대한 것이 갖는 텅 비어 있음이다. 장소와 공간은 공통의 **내적 강밀함**(intensity) 안에서 하나로 합쳐진다. "내밀한 권역 안에서의 광대무변성은 내적 강밀함, 존재의 강밀함, 내밀한 광대무변함의 드넓은 전망 안에서 펼쳐지는 존재의 내적 강밀함이다."[66] 그와 동시에 장소와 공간은 공히 거주라는 풍요롭게 애매한 영역 안에서 **밀도**를 획득한다. 바로 이 영역이 바슐라르가 이미지의 심리지(心理誌, psychography)를 통해 우리에게 가리켜 보이는 곳이다.

지금까지 나는 집—《공간의 시학》을 인도하는 화제—이 바슐라르의 이후 저작에서 기본적으로 작동하는 두 가지 벡터를 잘 보여주는 전형적인 예로 간주했다. 하나는 심적인 지형도의 뒤얽힌 복잡성이고, 또 하나는 거주함의 내적 구조다. 전형적인 예라는 게 고도로 교육적인 것이라면, 이는 그 예가 유일한 것은 아니라는 말이기도 하다. 사실 바슐라르의 저작은 두 가지 경향을 보여주는 사례들로 그득하다. 마치 시적-심적 장소화가 바로 그 본성에 의해 증식적이라는 점을 시사하듯 말이다. 네 가지 물질적 원소는 저마다—몽상 혹은 심지어 과학사도 그러하듯—상당히 미묘한 것들의 다층적 도식화를 산출한다.[67] 어디를 향하더라도 우리에게는 이미지의 토포스들이 풍부하게 흘러넘치는 게 보인다. 그와 마찬가지로 거주함은 집이나 내 집에 제한되지 않는다. 설령 집이나 내 집이 아무리 원형적인(archetypal) 것일지라도 말이다. 거주함은 대지의 휴식 속에서, 물의 고요함 속에서, 아니 거주함(dwelling)의 가능성이 발생하는 곳이라면 어디에서도—실제로 신체적 습관에 의해서가 아니라 상상에 따른 고취에 의해서도—생겨난다. 바슐라르가 《몽상의 시학(The Poetics of Reverie)》에서 쓰고 있듯,

불 앞에서나 물 앞에서 꿈을 꾸면 사람은 일종의 안정된 몽상을 경험한다. 불과 물은 몽상적 통합력을 갖는다. 그때 이미지는 뿌리를 갖는다. 이미지를 따름으로써 우리는 세계에 유착된다. 세계 내에 뿌리내리는 것이다. ……고요한 물 안에서 세계는 쉰다. 고요한 물 앞에서 꿈꾸는 자는 세계의 휴식에 유착된다. ……혼은 연못가에서 휴식하는 우주 안 어디에서도 편안함을 느낀다.[68]

휴식으로 충만한 거주에 의해 잘-존재(well-being)한다는 것은 모든 장소 안에서, 그것이 현실적이든 잠재적이든 어쨌든 모든 장소 안에서, 상상하기와 기억하기가 만개하는 그 지복의 공간에서 자기 집처럼 편안함을 느낀다는 것이다.

그러한 공간 안에서—혹은 차라리 상호 연결되어 공간을 구성하는 장소 안에서—지형도와 거주함이라는 두 가지 벡터는 개개 이미지가 시를 읽는 독자의 혼 안에 혹은 기억이나 몽상이라는 통상적인 경험 안에 공명할 때, 그 이미지의 반향 속으로 수렴해간다. 다양한 함의를 갖는 "지복의 여한(felicitous amplitude)"[69]은 모든 걸 포괄함(즉 광대무변함)과 동시에 편안히 잘 맞는(즉 내밀한) 농축된 우주로 유도한다. 이 심적인 낙원 안에서, 집이나 물질적 원소들에 의해—또한 그 밖의 원소적인 사물들에 의해—이미지의 장(fields) 전체가 선물로 주어진다. 그러한 이미지의 장은 작은 방들이 많은, 즉 다포적(多胞的)인 것으로서 안에-거주함(in-dwelling)의 가능적 경험을 위해 수많은 안식 장소를 갖추어준다.[70] 이 장들 안에는 언제나 거주할 **장소가 그득하다**—상상 속에, 기억 속에 그리고 양자를 결합해주는 시 속에. 왜냐하면 각각의 화제가 그 자신의 로쿠스를 갖고, 각각의 주제가 그 자신의 내용을 갖기 때문이다. 화제와 주제는 진정한 안에-거주하는 것(in-habitation)에 딱 들어맞는 경계를 소유하는 배치를 형성하는 가운데 다시 합류한다. 이미지의 이러한 배치를 통해 제공되는 발판이 없으면, 사람은 그런 경계 안에 산다는 것에 대해 의미 있게 이야기할 수 없다. "물질적 상상력(the imagination of matter)"—바슐라르의 《물과 꿈(Water and Dreams)》의 부제—은 그 안에 살기에 충분할 만큼(비록 이미지의 마지막 반짝임 속에서일 뿐이라 해도) 실체적인 것에 대한 상상력이다. 물질적 상상력은 우리를 덧없는 것에 닿게 하는 게 아니라, 실재적인 것이든 상상한 것이든 어쨌든 거주할 수 있을 만큼 농밀하고 내적으로 강밀한 것에 닿게 한다. 장소 분석은 그 이후 이어지는 내밀한 안에-거주함을 탐사하는 것이다.[71]

3

공간은 그 안에 사물이 배치되는 배경(그것이 실재적 배경이든, 논리적 배경이든)이 아니라, 사물을 놓는 것이 가능하기 위한 수단이다.

—모리스 메를로퐁티, 《지각현상학》

바슐라르의 죽음(1962년 하이데거가 마지막으로 중요한 공개 강연 "시간과 존재"를 행한 바로 그해) 이후 장소에 대한 새로운 방향의 탐구가 이어졌다—그리하여 장소의 새로운 얼굴들이 발견되었다. 상상된 물질에 대한 심적인 시학에 의해 유망한 전망이 열린 게 사실이라 할지라도, 장소에 대해 생각하는 사람들은 바슐라르식의 접근법이 장소의 어떤 구체적 측면을 무시하고, 따라서 20세기 후반기는 그런 측면에 면밀한 주의를 기울이길 호소한다고 점점 더 확신하게 되었다. 공간의 성적(sexual), 사회적, 정치적, 역사적 측면을 고찰한다 함은 곧 바슐라르가 "실재의 다양한 계수"라고 명명한 것을, 특히 "역행률(逆行率, coefficient of adversity)"이라고 명명한 것을 인정하는 것이다.[72] 그러한 계수를 간과한다는 것은 삐끗하면 천 길 낭떠러지인 기도(enterprise) 속으로—바슐라르가 물질적 원소에 몰두한 것을 메를로퐁티는 "억제된(subdued)", "비–정립적인(non-thetic)" 존재를 특권화하려는 기도라고 특징지었다[73]—관여해 들어가는 일이다. 이는 장소 분석을 극단적 방식으로 추구하는 것이다. 그리하여 다양한 이미지와 그 장소적 고유성에 대한 명상에 마음이 전적으로 흡수되어버린다. 바슐라르 자신은 "상상적인 것에 대한 학설은 어떤 것이나 필연적으로 과잉의 철학(a philosophy of excess)이다"[74]라고 인정하는 데 조금도 주저하지 않았다. 만일 이것이 정말로 옳은 이야기라면, 우리는 지금 전혀 다른 극단으로 이동해 과잉의 이질적 양상들에 접근할 시점에 와 있는 것이다.

이 절과 이후의 절에서 우리가 더듬게 될 운동(movements)은 모두 나름의 방식으로, 상대적으로 억제된 것으로부터 상대적으로 역행적인 것으로 나아간다. '마음(Psyche)'이라는 견고하지 못한 곳(terra infirma)—여기서는 모든 게 애매하고 투과적(diaphanous)이지만—은 '몸(soma)'이라는 견고한 곳(terra firma: 물이나 공기에 비해 상대적으로 단단한 육지 또는 대지—옮긴이)에 장소를 양도한다. 후자가 의미하는 것은 체험된 신체뿐만 아니라, 역사적으로나 물리적으로 강고한 사물성을 갖는 모든 걸 의미한다. 우리가 새로운 형태의 장소 분석 속으로 진입해 들어갈 때, 심적인 경역(境域)의 부드러움은 경화(硬化)된다. 새로운 형태의 장소 분석은 이제 저항하는, 불요불굴의 '2차성'—이 용어는 퍼스(C. S. Peirce)의 것인데, 그는 인간의 기본적인 기도(projects)에 반하는, 심지어 그런 기본적인 기도를 정의할 때조차도 강인한 현실성을 가리켜 '2차성'이라고 불렀다—쪽으로 방향이 잡힌다. 이렇게 되면 이제 우리 앞에는 내밀한 생이라는 어둑한 샛길이 아니라, 공적 생활이라는 대로가 펼쳐진다. 비역사적이고 비정치적으로 묵상하거나 몽상하는 특권은 엄격한 역사적 탐구나 정치적 행동, 기타 여러 가지 형태의 관여 활동에 굴복할 것이다. 그 결과 내밀한 광대무변성과 관련한 내포성과 농밀함은 널리 펼쳐진 열린 것, 바깥으로 쫙 펼쳐진 것, 그리고 날것으로 드러난 것이 두드러지게 모습을 드러내는 장소 모델에 길을 내줄 것이다― 그러나 이는 하이데거의 "열린 터"로 회귀하는 것도 아니요, 하물며 데카르트의 연장으로 회귀하는 것은 더더구나 아니다! 몽상이라는 부드러운 심적 드라마에 있어 중요한 문제인 비교적 안정된 상태―기억의 변함없음과 거주함의 불변성 근저에 깔려 있는 장소의 안정성―는 (역행적이기는 하지만) 변화하고 변동하는 것, (지속적이긴 하지만) 정지 상태가 아니라 이행 중에 실존하는 것, 그리고 (외견상 자명하지만) 사실이라고 가정하거나 상상할 수 없는 것을 위해 희생당한다.

요컨대 그것은 "다른 공간의(of other spaces)"―1967년 푸코가 행한 강의 제목 ―무대로 이동하는 문제다. 이런 다른 공간은 푸코가 명시적으로 말하듯 **다른 장소**를 생겨나게 한다. "모종의 체계적인 기술(記述)을 상상해도 좋으리라―이게 꼭 과학을 가리키는 것은 아니다. 사실 과학이라는 말을 근자에 너무 마구 사용하는 경향이 있다―그러한 체계적인 기술은 특정한 사회 안에서 이런 다른 공간이나 다른 장소에 대한 연구, 분석, 기술, (요즘 종종 선호하는 말로 하자면) '독해(reading)'를 그 기술의 대상으로 삼을 것이다."[75] 그렇다면 이렇게 외향적이고 전향적(前向的)으로 이동하기 위해서는 단순한 장소 분석이 아니라, 특별한 **이소 분석**(異所分析, heterotopoanalysis: 또는 '헤테로토피아 분석'―옮긴이)이 필요하다. 푸코는 이번 절에서 우리가 그렇게 이동할 수 있도록 길잡이 역할을 해줄 것이다. 1967년의 강의에서 푸코는 "공간 자체가 하나의 역사를 갖는다"[76]고 제안함으로써 (이 책에서 앞서 다룬 적 있는) 18세기의 공간성에 대해 자신이 이후 시기에 펼칠 논의의 무대를 마련한다. 일견 당연한 듯 보이는 이 명제에는 그러나 실제로 상당한 의미가 담겨 있다. 만일 공간에 대한 진정한 계보학(genealogy)—그리고 적절한 방식으로 변경을 가함으로써 생겨나는 장소의 계보학—이 있는 게 사실이라면, 우리는 장소나 공간을 단순히 어떤 종류의 사물이라고, 그래서 최종적이고 결정적으로 발견하고 기술할 수 있는 어떤 대상이라고 주장할 수 없다. 이렇게 되면 공간이 절대적이지 않고 장소가 불변적이지 않다는 데 그치지 않고, 공간과 장소에 대한 이해 방식 자체가 극히 광대한 역사적 변천에 따라 달라질 수 있다. 우리가 지금 진입하려는 극한은 우리의 주제가 가질 수 있는 역사성의 극한이다. 실로 도전적인 전망이 아닐 수 없다.

여기서 문제 되는 것은 단지 기술이 얼마나 정확하냐가 아니다. 〈다른 공간에 대해서〉에서 푸코가 서둘러 스케치한 내용은 대단히 문제적이다. 예컨대 중세의 공간은 단지 "장소화의 공간"이었다든가, 갈릴레오는 단지 장소를 무한 공간으로 대체했을 뿐이라든가 하는 그의 주장이 그러하다.[77] 우리가 지금까지 살펴본 것에 따르면 사태는 실제로 그보다 훨씬 더 복잡했다. 중세는 이미 공간적인 무한에 매혹되어 있었고, 그와 마찬가지로 17세기는 장소가 변천한다는 점에 대해 여전히 숙고하고 있었다. 그러나 가장 중요한 것은 장소와 공간에 대한 근본적인 관념이 시대에 따라—그리고 사회에 따라—크게 다르다는 푸코의 주장이다. 이렇게 상이한 것들로 이뤄진 공동의 역사에는 불변하는 어떤 것도 없다. '공간'과 '장소'는 통상 시간을 그렇게 간주하는 것만큼이나 가변적이다. 끊임없이 변경되는 것, 그리하여 결코 동일하지 않은 것이다. 이는 우리에게 그리 놀랄 일이 못된다. 사실 따지고 보면 이 책 전체가 지금까지 그려온 것이 무엇인가! 계속 변화해온, 그러면서 종종 감추어지기도 했던 "장소의 역사"가 아니던가! 우리는 하이데거가 논문 〈건축함, 거주함, 사유함〉에서 이러한 역사에 잠깐 뛰어들었던 것을 목도한 바 있다. 그러나 공간과 장소가 역사적 존재자이고, 시간의 변덕에 따라 달라질 수 있는 것이라는 계보학적 테제를 충분히 정식화한 최초의 인물은 푸코다. 〔그리고 공간과 장소는 또한 푸코가 강조하듯 특히 **권력의** 변덕에 따라 달라질 수 있다. 그에 따르면 건축, 사회 조직, 경찰의 감시 등등에 있어 선호하는 공간적 양식은 권력의 특정한 배분의 표현이다. "일단 앎(knowledge)을 영역이나 권역, 이식(移植), 장소 교체, 전치(轉置)의 관점에서 분석할 수 있게 되면, 우리는 앎이 권력의 한 형태로서 기능하고 권력의 효과를 널리 확산시키는 과정을 포착할 수 있다."**78** 그러나 "앎은 권력이다"라는 제언은 역사주의적 태제를 변경하는 게 아니다. 그의 제언은 역사주의적 테제를 참이라고 간주하면서 그 테제에 명백히 정치적 해석을 하는 것이다.〕

푸코는 계보학적 접근을 견지하는 가운데 공간과 장소에 대한 20세기의 관념에 대해 놀라운 독해 방식을 제시한다. 그의 제안에 따르면 우리는 "공간의 시대에"―19세기의 지배적 관심사였던 시간이 공간 속으로 흡수되어 버린 시대에―살고 있다. "믿건대 우리 시대의 불안은 근본적으로 공간과, 틀림없이 시간보다도 훨씬 더 공간과 관련이 있다. 어쩌면 우리에게 시간은 공간 안에 펼쳐져 있는 여러 요소들에 가능한 다양한 배분 작용의 하나에 불과한 것으로 보일 수도 있다."**79** 시간은 공간에 삼켜졌다―공간은 이제 체류하는 기억(그러한 기억에 대한 바슐라르의 설명에 따르면, 시간을 빨아들이는 기억)이라는 형태를 취하지 않는다. 이제 공간은 동시적으로 상호 연결되어 있는 네트워크 내에서, 예컨대 사이버네틱스(cybernetics)나 전자공학에 의한 커뮤니케이션의 매트릭스(matrices) 내에서 중요하게 문제 되는 외적이고 공적인 공간이다. 이 상황에 대한 푸코의 진술은 의미심장하다.

아마도 현시대는 무엇보다도 우선 공간의 시대일 것이다. 우리는 동시성의 시대에 있다. 즉 우리는 병치의 시대에, 가까운 것과 먼 것의 시대에, 곁에-나란히-있는-것의 시대에, 분산되어 있는 것의 시대에 있다. 우리의 세계 경험이란 시간의 흐름에 따라 발전해가는 하나의 긴 생(生)이 아니라, 여러 점과 교차들을 연결해 다발로 묶어내는 네트워크의 경험이다. 우리는 지금 그러한 세계에 살고 있다고 나는 믿는다.[80]

여기서 두드러지는 것은 동시성이 가까운 것 및 먼 것과 상호 연쇄 관계에 있다는 점, 즉 공간의 일차적 술어가 장소의 기본적 고유성과 상호 연쇄 관계에 있다는 점이다. 이는 사실상 라이프니츠를 하이데거와 병치하는 것과 마찬가지다. 여기에 함축되어 있는 경쟁에서 승자는 라이프니츠다. 왜냐하면 지배적 기준이 "병치" 혹은 "곁에-나란히-있는-것"이기 때문이다—가까운 것은 결코 병치로 환원될 수 없다.[81] 더욱이 라이프니츠는 정확히 "사이트"와 "관계"라는 자신의 주요 기표(記標, signifier)의 관점으로부터 볼 때 승자로 나타난다.

오늘날 사이트는 연장으로 대체되어버렸다. 한데 이 연장은 그 자체가 이미 장소화를 대체한 것이었다. 사이트는 점들이나 요소들 간의 가까움 관계에 따라 정의된다. 이 때문에 우리는 이러한 관계를 계열이나 수형도(樹型圖), 격자 같은 형식으로 기술할 수 있다. ……우리 시대는 공간이 우리에 대해 사이트들 간의 관계라는 형태를 취하는 시대다.[82]

끊임없이 길어지는 위치 해석의 그림자는 공간의 역사성도, 장소의 역사성도 단지 일시적 사태가 아니라는 점을 우리에게 효과적으로 경고해준다. 변화뿐만 아니라 연속성도 또한 시대마다 달라지는 공간과 장소의 표현 양상을 특징짓고 있으니 말이다. 순수하게 위치적인, 혹은 순수하게 관계적인 공간 및 장소 모델의 경우—이때 공간이나 장소는 사이트로 해석된다—우리가 발견하는 것은 데카르트의 시기에 태어나 라이프니츠에 의해 충분한 방식으로 표현된 어떤 것으로, 우리는 그것이 오늘날에도 여전히 힘을 발휘하고 있음을 목도한다.

이는 장소나 공간에 대한 현시대의 경험이 전적으로 사이트에 지배당하고 있다는 의미가 아니다. 푸코 자신도 17세기와 18세기에 "공간의 이론적 탈신성화"가 수행된 것은 사실이지만, 그럼에도 불구하고 몇몇 공간적 대립이 불문에 부쳐진 가운데 "신성한 것의 은닉된 현전"이 끈질기게 살아남아 있다는 점을 인정한다. 불문에 부쳐진 공간적 대립이란 사적 공간과 공적 공간, 가족 공간과 사회 공간, 여가 공간과 노동 공간의 대립이다.[83] 실제로 푸코는 바슐라르의 "기념비적 작품"을 "다양한 질(qualities)이 속속들이 배어 있는, 그리고 아마도 철두철미하게 환영적인 공간"이 여전히 생존하고 있음을 지시하는 것으로서 인용한다.[84] 푸코는 그러한 질에 대한 바슐라르의 기술이 "우리 시대의 성찰에 있어 근본적"이라는 점을 인정하지만, 그럼에도 불구하고 그러한 기술은 "내적 공간"하고만 관련이 있다고 간주한다.[85] 사실 우리가 역사의 이 시점에서 살고 있는 외적 공간은 질적이지 않은 것도 사실이지만 그와 동시에 이질적인 것이기도 하다. 질적으로 풍부한 바슐라르의 상상적인 충실(充室, plenum)도, 균질적이고 (통상적으로) 공허한 근대 초기의 공간 모델도 우리가 지금 경험하는 것을 제대로 다루지 못한다. "우리는 빛의 다양한 색조로 채색할 수 있는 공허 내부에서 살고 있는 게 아니다. 우리는 서로 환원 불가능하고 절대로 서로의 위에 포개질 수 없는 여러 사이트를 기술하는 관계의 집합 내부에서 살고 있다."[86]

이런 사이트의 사례에는 철로, 레스토랑, 해변 그리고 집(푸코는 이를 "전부 혹은 반쯤 닫혀 있는 휴식 사이트"라고 기술한다) 같은 것이 포함된다. 각각의 경우 우리는 그것이 놓여 있는 역사적 및 사회적 환경 전체를 응축하거나 모방하는 관계의 집합과 관련이 있다. 그러나 푸코는 이 사례들 주변에서 어슬렁거리지 않는다. 집이 그 내밀한 광대무변성 덕분에 압축되고 미니어처화한 세계라고 보는 바슐라르에 푸코는 동의할 수도 있는데, 바로 그렇기 때문에 집은 푸코에게 가장 흥미로운 것을 드러내지 못한다. 푸코에게 가장 흥미로운 것은 "다른 모든 사이트와 관련이 있으되, 그들 사이트가 우연히 지시하거나, 비춰내거나, 반영하거나 하는 관계들의 집합을 문제 삼거나, 중립화하거나, 뒤집어버리는 방식으로 관계하는 존재의 기묘한 고유성"[87]이다. 그는 두 가지 전형적인 사례가 이러한 면을 적확히 보여준다고 인정한다. 그것은 바로 유토피아〔부재소(不在所)〕와 헤테로토피아〔이소(異所)〕다. 유토피아가 "실재하는 장소를 갖지 않는 사이트"이며, 완벽화한 (그리하여 근원적으로 변용된) 사회 상태를 표상하는 데 반해, 헤테로토피아는 특정한 사회 내부에 있는 사이트들에 이의를 제기하고 그것을 역전시키는 실재하는 장소다.[88] 이들 "대항-사이트(countersites)"에는 묘지와 정원이 포함되며, 중대한 국면을 위한 장소(예컨대 월경 기간 동안의 거처, 기숙학교)와 처벌이나 치료를 위한 장소(예컨대 팬옵티콘을 포함한 병원이나 감옥) 역시 거기에 포함된다. 이 헤테로토피아 각각은 그것들이 반영하는 주위 장소와 대번에 "절대적으로 다르다"—그렇지만 동시에 헤테로토피아는 지리학적 실재성 속에서 현실적으로 그 소재(所在)를 지정할 수 있는 곳이기도 하다. 실제로 헤테로토피아의 소재를 지정하는 것은 주변적 존재자로서 그것이 갖는 상당한 힘에 본질적으로 갖추어져 있는 성격이다. 즉 "모든 〔다른, 통상적인〕 장소 바깥"[89]에 있는 하나의 위치로부터 안으로 드는 것이 가능한 경우는 진입하는 것이 형상과 장소에 관해 일정 정도의 규정성을 가질 때뿐이다. 이는 단순 정위의 문제가 아니라 **실효적**(effective) 정위의 문제다. 헤테로토피아가 사회 구조 내에서 차이를 만들기 위해서는 힘을 적용하기 위한 초점이 헤테로토피아에 있어야만 한다. 이런 초점은 헤테로토피아 자체의 주변적 소재지에서 발견된다. 그리고 힘은 환경의 중심으로부터 유래하는 경우보다 바로 이 초점으로부터 유래할 때 더 효과적으로 발휘될 수 있다. 그러한 비중심적 사이트에 대한 체계적 연구, 즉 "헤테로토피아론"이야말로 푸코가 생애 마지막 15년 동안 주요하게 탐구한 영역을 가리키는 이름이다.[90] 이러한 견지에서 볼 때, 사물의 역사적 및 정치적 질서를 중단시키는 (그리고 그 질서 자체에 도전하는) 다른 공간들에 대한 푸코의 끊임없는 탐구 이상으로, 수용적인 몽상 장소에 대한 바슐라르의 안으로 말려들어가는 장소 분석으로부터 극적으로 혹은 근본적으로 이탈하는 것은 불가능할 것이다.

　헤테로토피아론이 유망하다는 것—그리고 《진료소의 탄생(The Birth of Clinic)》, 《감시와 처벌(Discipline and Punish)》, 《성의 역사(The History of Sexuality)》 같은 책을 통해 실제로 찬란한 성취를 이룩했다는 것—은 사실이지만, 그럼에도 불구하고 거기에는 세 가지 문제가 잠복해 있다. 첫째, 푸코는 "장소", "공간", "소재지", "사이트" 같은 기본적인 용어를 어디에서도 명확히 구별하지 않는다. 하물며 엄밀한 구별은 말할 것도 없다. 그 결과 이 용어들을 혼동하거나 무차별적으로 대체하는 일이 비일비재하다. 그렇기 때문에 우리가 살펴본 것처럼 헤테로토피아론은 "이러한 다른 공간들, 이러한 다른 장소들"을 연구하는 것이라는 이야기를 하는 것이다. 상황이 이렇다 보니 이렇게 묻지 않을 수 없다. 헤테로토피아론은 대체 공간과 장소 중 어느 것을 연구하는 것인가? 이보다 더 심각한 문제는 "헤테로토피아는 단일한 장소 내에 그 자체로는 양립 불가능한 공간들, 사이트들을 병치시킬 수 있다"[91]라고 이야기한다는 점이다. 이 용어들은 어쩌면 양립 불가능한 것은 아닐 수도 있다. 하지만 문제는 푸코가 이 문장 속에서 공간과 장소와 사이트를 나란히 설정해놓고 있다는 점이다. 이 문장이 얼마나 부조화스러운지는 푸코 자신이 매우 좋아했던 보르헤스(J. L. Borges)의《중국 백과사전(Chinese Encyclopaedia)》에 나오는 다음 구절에 가히 필적할 정도다. "(a) '황제'에 속하는 것, (b) 향기를 뿜는 것, (c) 길들여진 것, (d) 젖먹는 돼지, (e) 인어." 보르헤스의 문장에는 이런 이질적인 항목들을 위치지을 "공통의 장소"가 결여되어 있다고 푸코 자신이 분석한 적 있는데, 그와 꼭 마찬가지로 푸코 자신이 공간과 장소를 그리고 소재지와 사이트를 병치시킨 데는 그것들을 연결 짓기 위한—그리하여 그것들을 차이 짓기 (differentiation) 위한—일관된 지반이 결여되어 있다.[92]

둘째, (통상적으로는 인지되지 않는 권력의 다양한 형태에 적용했을 때) 푸코는 용감무쌍한 비판의 칼날을 무시무시하게 휘두르지만, 그럼에도 불구하고 자신이 20세기의 공간 경험을 특징짓는다고 슬쩍 지적했던 "사이트"라는 관념에 대해 어떤 비판도 제시하지 않는다. 사이트라는 말의 라이프니츠적 유산을 무시한 결과 푸코는 권력/앎이라는 관점에서 볼 때, 가장 억압적이고 사악한 함의를 품고 있는 바로 그 현상에 그대로 묵종하는 것처럼 보인다. 공간과 장소에 관해 현재 상태(status quo)를 그대로 받아들이는 것—개념적 차원에서 볼 때 기생적이라고 부를 수 있는 "대항 사이트" 개념을 환기하는 데 그칠 뿐 그 이상으로 "사이트"라는 관념에 대해 의문을 제기하려 하지 않는 것—은 이전 상태(status quo ante)로 되돌아가는 것이나 진배없는 위태로움 직전에 빠지는 것이다. 사이트화한 18세기 공간의 전형적 예로서 "팬옵티콘"에 대한 푸코의 눈부신 분석과 맞대면해 라이프니츠는 최종적으로 승리를 거둔다.

셋째, 헤테로토피아론이 보편주의적 열망을 가진 학문이라고 주장함으로써, 푸코는 미묘한 방식으로 그 자신의 역사주의적 테제—공간 및 장소의 분석에 대한 그의 매우 가치 있는 유일한 공헌—의 가치를 절하시킨다. 헤테로토피아론의 "제1원리"—"아마도 이 세상에 헤테로토피아를 구성하지 못하는 문화는 단 하나도 없을 것이다"—는 "제2원리", 즉 "한 사회는 그 사회의 역사가 펼쳐짐에 따라 현실에 존재하는 헤테로토피아를 전혀 다른 방식으로 기능하게 만들 수 있다"라는 원리와 긴장 관계를 이룬다.[93] 그러나 만일 역사적 차이가 참으로 근원적인 것이라면, 어떤 특정한 사회에서는 단지 지극히 다른 헤테로토피아가 있는 정도가 아니라, **헤테로토피아가 아예 없는** 시점에 이르는 일은 없을까? (혹은 어쩌면 이미 그러한 시점에 도달했을지도 모른다.) 역사주의적 테제는 보편주의가 요구하는 것을 근저에서 뒤흔드는 것 아닐까? 이런 질문들에 대해 미완의 토르소(torso)인 푸코의 작품에서는 어떤 충분한 답도 나올 기미가 보이지 않는다.

4

어떤 것도 전적으로 일치하지는 않으며, 모든 것은 뒤섞이고 서로를 가로지른다.

여기서 절대적인 것은 국지적이다. 장소가 한계 지어져 있지 않다는 바로 그 이유 때문에 그러하다.
　　　　　　　　　　　　　　　　　　　　—들뢰즈·가타리, 《천 개의 고원(A Thousand Plateaus)》

질 들뢰즈와 펠릭스 가타리의 기념비적 작품 《천 개의 고원》(1980)은 "자본주의와 분열증(Capitalism and Schizophrenia)"이라는 부제가 달린 그들의 2부작 중 전작인 《앙티오이디푸스(Anti-Oedipus)》가 열어젖힌 광대한 전망을 탐사해 들어간다. 제목이 가리키는 대로 《천 개의 고원》(여기에는 어떤 비좁은 협로도 없다!)은 과도할 정도로 많은 화제를 그 역사적 특수성에서, 그리고 그 것들의 영속적인 철학적 및 정치적 중요성에서 논의한다. 그중에서도 우리의 목적에 특별히 부합하는 것은 12장 "1227년: 유목론 논고—전쟁 기계 (Treatise on Nomadology: The War Machine)"다. 이 12장에서 저자들이 탐사하는 사회는 푸코가 스케치한 헤테로토피아처럼 그 출현 형태(가장 완전한 형 태는 중앙아시아 초원 지대에서 정확히 1227년에 나타났다)는 비록 특정하게 한정적 이지만, 그와 동시에 다양한 함의에서는 여러 문화를 가로지르는 (즉 다른 어디에서라도 유사한 상황에서라면 모델이 될 수 있는) 것으로 드러난 사회다. 들뢰 즈와 가타리에게 결정적으로 중요한 "다른 공간"은 정착 문명의 가장자리에 실존하는 유목민에 속하는 공간이다. 이러한 주변부로부터 왕이나 성직 자 계급의 구성원이 지배하는 고정적인 그리고 요새화한 거점, 즉 "국가 장 치(state apparatus)"에 대한 공격과 기타 여러 가지 형태의 침입이 이루어진 다. (게릴라전이 항용 그러하듯) 소규모로 무리 및 패거리를 이루면서 자유자재 로 변신하는(metamorphic) 이 전쟁 기계는 외부로부터 왕국으로 침투해 들 어와 전복해버린다. 따라서 전쟁 기계는 "순수한 형태의 외부성(pure form of exteriority: 칸트와 대비하는 의미에서 '외부성의 순수 형식'이라고 옮길 수도 있다—옮 긴이)"[94]이다. 저자들은 성벽 바깥으로부터의 이런 침입에 대한 연구를 고 대 도시-국가의 사례에서뿐만 아니라, 그와 유사한 다른 상황에서도 포 착해낸다. 그들이 다른 상황의 사례로 드는 것은 과학사다. 과학의 역사에 서, 수학이나 물리학처럼 국가로부터 인가받은 공식 과학은 야금술이나 수 력학(hydraulics) 같은 "유목적인" 혹은 "소수적인(minor)" 과학에 의해 끊임 없이 도전을 받는다. 국가(state)—'서 있음'을 의미하는 stare에서 유래한 말—의 정적인 특징에 대해 스스로 문제를 해결해나가는 아마추어 과학 의 유체적(fluid)이고 변신에 능한 본성이 이의를 제기한다. 자유자재로 변신하는 후자의 활동은 '왕립 과학(royal science)'이라는 확립된 사이트에 대해 헤테로(hetero)하다, 즉 '타자'다. 국가 과학에 율법주의가 내재해 있다는 것, 즉 그 로고스중심주의적인 강박은 국가 과학이 수학적인 상수와 형상적인 형태(eidetic forms)를 추구한다는 점에서 그리고 질료형상론적 도식(형태를 질료 위에 부과하는 도식)을 선호하는 모습에서 여실히 드러난다. 이와 대조적으로 형식 파괴적인(offbeat) 비공인 과학은 질료-형상 자체보다 '소재-힘(material-forces)'에 관심을 갖는다. 그러한 과학은 "질료 내의 특이성(singularities)"이나 "사건 혹은 특개성(特個性, haecceities)을 통해 이루어지는 개체화" 같은 막연한 본질을 추구한다.[95] 성채에 틀어박힌 국가(성채 국가)의 '콤파르스(Compars)', 즉 규칙에 의해 지배받는 안에 갇힌 공간성은 브리콜뢰르(bricoleur)의 가정 실험실(home laboratory)의 '디스파르스(Dispars)'와 강렬하게 대비된다―이 실험실은 유목민의 일시적인 야영지가 그렇듯 (요새화한 성벽 안에는 결여되어 있는) 우발적으로 마련된 작업장 내에 이용 가능한 소재들로 꾸며진다. 〔'콤파르스'와 '디스파르스'에 대해 이진경은 《노마디즘 2》(휴머니스트, 2002) 355-356쪽에서 이렇게 기술한다. "국가적 과학과 유목적 과학의 차이를 저자들은 플라톤이 말했던 '콤파르스'와 '디스파르스'라는 개념으로 설명하기도 합니다. 콤파르스는 법칙을 찾아내려 하고 어떤 보편적인 상수(常數)를 찾아내려는 모델이란 점에서 왕립 과학에 상응합니다. 이는 "변수들에 대한 불변의 형식을" 찾으려 하며, 가변적인 질료와 짝을 이루는 항상적이고 동질적인 형상을 찾으려 하는 '질료형태학적' 모델이라고도 합니다. (이는 아리스토텔레스의 개념에 잇닿아 있습니다.) 여기서 핵심적인 이항성은 질료와 형상(형식)이라는 개념으로 이루어져 있습니다. 반면 디스파르스는 변수들에서 상수를 찾아내는 게 아니라, 변수들을 지속적인 변이 상태에 두려 한다는 점에서 유목 과학에 상응합니다. 그것은 각각의 고유한 소재(재료)들이 갖는 이질성과 가변성을 추상한 불변적 형식이나 형상을 찾아내는 게 아니라, 그러한 소재 자체로 그 안에 있는 특이성이나 힘을 포착하려 합니다. 따라서 여기서는 질료-형상이란 짝 대신에 소재-힘이란 짝이 중심적인 역할을 하게 됩니다(Mille Plateaux, 457~458). 덧붙이자면 전자가 일반적 법칙을 재생산하는 방식으로 개별적인 경우들에 관여한다면, 후자는 각각의 경우마다에 고유한 특이성을 찾아내려는 '추구(suivre)'를 고유한 연구 방식으로 갖고 있다고 말합니다(MP, 460~61, II, 155)"—옮긴이.]

지금까지 2개의 고원—혹은 더 구체적으로 말하면, 안정되게 지지받는 높이 솟아 있는 암층 대지와 바깥에서 그것을 둘러싸는 평원—을 스케치해왔다. 이처럼 가장 기본적인 대비를 경관 관련 용어로 표현하는 것은 우연도 아니고 단순한 수사학도 아니다. 이 용어들은 구체적인 장소화의 문제에 대한 들뢰즈와 가타리의 극한적 감수성을 반영한다. 즉 **어떤 것이 어디에 위치 지어져 있는가**가 **그것이 어떻게 구조화해 있는가**라는 것과 큰 관련이 있다는 그들의 확신을 반영하고 있는 것이다. 오직 뉴턴 물리학 같은 왕립 과학의 제국주의적 관점에서만 장소화 따위는 아무래도 좋은 문제로 상정된다. 그런 관점에서는 중력 법칙이 보편적(universal: 혹은 '범우주적으로 보편적'—옮긴이)인 것이라고, 그리하여 물리적 우주(universe: 코스모스가 아닌 유니버스로서 우주—옮긴이) 그 어디에서도 발견할 수 있는 임의의 두 물체 간에는 반드시 성립한다고 이미 상정되어 있다. 중력은 계량적으로 결정할 수 있는 평행 층류선(parallel laminar lines)의 형태로 도식화된다. 그러나 이와 크게 다른 유목 과학, 즉 홍수나 범람을 관리하는 수력학—혹은 더 넓게 보면, 심지어 제해(制海)와 관련한 수력학조차도—의 관점에서는 장소의 역할이 지배적이며 따라서 무시할 수 없다. 여기서 소재(素材)의 힘은 격자 같은 공간 안에서 완전한 직선의 형태로 움직이는 것이 아니라 구체적인 장소 안에서, 예컨대 홍수의 흐름이나 해상에서 폭풍우의 경우에 그런 것처럼 나선을 그리며, 소용돌이치며 운동한다. 물이 어떻게 움직이는지는 **그것이 어디에 있는지**를 직접 반영한다. 물이 건조한 육지에 있는가, 아니면 먼 바다에 있는가가 차이를 만드는 것이다. 중력의 기하학이 여전히 유클리드 적이라면(평행선은 결코 만나지 않는다는 평행선 공준에 전형적으로 표현되어 있는), 수력학적 운동의 기하학은 벡터적이고, 사영적이며, 무엇보다도 특히 위상학 적이다—따라서 그것은 그 안에 있는 하나의 장소 함수다. 무거움은 도량 형의 엄밀(exact) 과학을 유도하고, 그리하여 지구상 어디에서도 동일한 불 변하는 기울기의 정밀한 매개 변수로 이루어진 정밀(precise) 과학을 유도해 낸다. 이와 대조적으로 빠름(celeritas), 즉 상대적 신속함은 근사를 추구하는 "엄밀치 못한(anexact)" 과학을 요구한다. 이 과학이 고려하는 것은 바로 운 동이 어디서 발생하는가, 즉 운동이 그 기울기와 방향을 어떻게 바꾸는가 이다.[96]

지금까지 설명한 대비는 모두 하나의 주요한 구별을 가리키는데, 여기 에는 출현 중인 장소 철학의 특정한 취지가 담겨 있다. 여기서 말하는 주요 한 구별이란 바로 **매끄러운** 공간과 **홈 파인** 공간 간의 구별이며, 들뢰즈와 가타리는 《천 개의 고원》의 한 장을 온전히 할애해 이것을 다룬다. 이 구별 의 원천은 작곡가 피에르 불레즈(Pierre Boulez)다. 불레즈는 고정된 도식(예 컨대 옥타브)에 의해 지배받는 "홈 파인(striated)" 음악 형식과 상당한 정도의 불규칙성을 허용하는 "매끄러운" 음악 형식(예컨대 비(非)옥타브 음계)을 대비 한다. 전자의 경우 우리는 "점유되기 위해 순서대로 세어지는(counted)" 공 간과 관련이 있는 반면, 후자의 경우에는 공간이 "세어지는 일 없이 점유된 다".[97] 센다는 건 단순히 번호를 매기는 문제가 아니라, 더 일반적인 것, 즉 규정적인 값을 할당하는 문제다. 홈 파인 공간 안에서는 표면이 충분히 균 질적이어서 따로 떨어진 별개의(따라서 번호를 매길 수 있는) 점들을 특정화할 수 있고, 그리하여 셀 수 있다. 그러한 공간 내에서 운동은 늘 점에서 점으 로, 그리하여 셀 수 있는 하나의 단일한 소재지(단순 정위)로부터 마찬가지

성격을 가진 다른 소재지로 이루어진다. 이것이 바로 공간으로부터 어떠한 질적인 고유성도 비워버리려 했던 17세기 노력의 유물, 곧 공간이 적절히 중성화해(neutralized: 혹은 '모든 성질을 거세당해'―옮긴이) 수학적으로나 그 밖의 방식으로 확정된 가치를 할당받을 수 있게끔 만들고자 했던 17세기 노력의 유물이다. 요컨대 이는 전적으로 연장―보편화(즉 **모든** 곳에서 통용된다고 여겨지는)는 물론이요, 중심화(즉 해석기하학에서 X축과 Y축과 Z축의 교차점, 즉 '원점' 같은)하기에도 적합한 연장―만이 문제 되는 사태다. 균질적이고 평탄한 (평행하는 납작한 평면들 내에 배열되는) 것으로서 그런 공간은 정밀한 경로에 의해 선형적으로 그어지는 홈 파임에 종속된다. 그리고 이 공간은 하나의 고정적인 관점으로부터―단일 초점의 원근법에서와 같이―보이는 것으로 투영되며, 그럼으로써 **어떤** 곳이냐에 상관없이 그 내용을 완벽히 재생산할 수 있도록 허용해준다. 이와 대조적으로 매끄러운 공간은 이질적이며 (베르그송의 용어로 말하자면) "질적인 다양체들(qualitative multiplicities)"로 그득하다. 이 다양체들은 엄밀한 중심화나 엄밀한 재생산에 저항하며, 보편화에 대해서는 훨씬 더 강하게 저항한다. 그런 공간에서 우리는 평탄치 않은, 구체적으로 감촉할 수 있는 하나의 특정한 장(field) 안에 늘 몸이 잠겨 있고, 그래서 그 장에 대해 외적인 관점을 취할 수 없다. (역설적인 표현이지만, 그런 장 안에 존재한다 함은 왕립 과학과 맞서는 "바깥의 사고" 속으로 뛰어드는 일이다.) 들뢰즈와 가타리가 표현한 것처럼,

매끄러운 공간은 정확히 최소 편위(偏位, deviation)의 공간이다. 그러므로 이 공간에는 무한히 근접하는 점들 사이를 제외하고는 균질성이 없고, 근접한 것들끼리의 연결은 어떤 규정된 경로와도 무관하게 행해진다. 그것은 유클리드의 홈 파인 공간 같은 시각적 공간이라기보다 접촉의 공간, 즉 손으로 만지거나 미소

한 촉감이 이루어지는 공간이다. 매끄러운 공간은 〔평행한〕 도관이나 수로가 없는 하나의 장이다. 하나의 장, 매끄러운 이질적(heterogeneous) 공간은 지극히 특수한 유형의 다양체와 짝을 이룬다. 그렇게 짝이 되는 비계량적이고 중심화하지 않은 리좀적 다양체들(rhizomatic multiplicities)은 공간을 '세는' 일 없이 점하며, '발품을 팔아야만 탐사 가능하다'. 이 다양체들은 그것에 대해 외적인 공간 내의 한 점으로부터의 시각적 관찰 가능성이라는 조건을 충족시키지 않는다. 유클리드 공간과 상반되는 음(音)의 체계, 아니 심지어는 색채의 체계도 그러한 매끄러운 공간의 사례다.[98]

매끄러운 공간은 **방랑**을 위한 여지를 제공한다. 고정된 점들 사이를 직선적으로 나아가는 대신 여러 영역 사이를 방랑하며 떠다니기 위한 여지를 말이다. 여기서 사람들은 단지 기본 방위나 기하학적으로 규정된 벡터에 따라 이동하는 데 그치지 않고, "다성적인 방향(polyvocality of direction)"―보이는 만큼이나 들리기도 하는 방향, 어떤 경우에도 이론상의 필요에 따라 단순히 위치 지어지는 일 없는 방향―속에서 이동한다.[99] 먼 바다 위에서, 혹은 바람이 휩쓸고 지나가는 사막에서 사람들은 방향을 보는 것만큼이나 **듣고 느낀다.** (북극의 폭풍 속에서 그러하듯 사람들은 때때로 어떤 종류의 방향 지표도 식별할 수 없지만, 그 지역 토박이들은 어떻게 하면 이런저런 장소에 가 닿을 수 있는지 안다.) 이런 환경 아래서, 그러니까 모든 사람이 실제적으로 유목민인 경우, 사람들은 "점이나 대상에 의거하는 게 아니라 특개성, 즉 관계들의 집합(바람, 몰아치는 눈이나 모래, 모래의 노래나 얼음의 깨짐, 양자 모두의 촉각적 질감)에 의거하는, 비상하게 섬세한 장소론(위상학)"[100] 속으로 들어가지 않을 수 없다. 사람은 자신의 방향을 **자신이 있는 곳에서,** 즉 바로 그 장소에서 자신이 접하고 있는 국지적인 절대성 안에서 발견한다―하나, 둘 세지 않고 말이다.

"유목민, 유목 공간은 국지화하기는 하지만 한계 지어져 있지 않다."[101]

　깊숙이 국지화해 있는 것으로서 유목 공간은 늘 **하나의 장소로서**—이 **장소 안에서**—발생한다. 다른 한편 한계 지어져 있지 않은 것으로서 유목 공간은 특별한 종류의 장소이기도 하다. 그것은 단순히 바로 **여기에**, 즉 점처럼 공간의 한 지점 내에 존재하는 장소가 아니라, "한계 지어지지 않은 국지성"[102] 안에 존재하는 장소다. 왜냐하면 유목 공간에서 중요하게 문제 되는 장소는 본질적으로 방대하기 때문이다. 그것은 무한하거나 내밀한 것이 아니라 광대무변하다. 뉴턴도, 바슐라르도 그러한 공간을 불허한다—한 사람은 무한한 것을 옹호하고 다른 한 사람은 내밀한 것을 옹호함으로써 둘은 함께 공간에 대한 근대적 사유의 극한을 구성한다. 왜냐하면 유목 공간은 한계 지어지지 않는다는 점에서 순수하게 차원적인, 그래서 텅 빈 물리적 무한성도 아니고, 또한 마음 내부에 응축되어 있는 충실한 현전도 아니기 때문이다. 피지스(Physis)에도 속하지 않고 프시케(Psyche, 마음)에도 속하지 않는 유목 공간은 "외부적"이되 연장되지 않으며, "순수"하되 상상적이지 않다. 그 방대함은 연장과 관련한 그 어떤 계량에 의해서도 측정할 수 없다. 데카르트라면—이유는 전혀 다르지만—그 연장이 **무한정**하다고 말할 것이다. 바로 그렇기 때문에 특징적인 유목 공간은 어떤 **영역** 전체—스텝(steppe), 사막, 바다—다. 이런 영역은 그 거대함에도 불구하고 분명한 경계선을 갖고 있는, 그래서 엄밀하게 측정 가능한 공간이 아니다.[103] 그런 영역에 거주한다 함은 단지 그 영역 안의 어떤 장소**에** 존재한다는 데 그치지 않으며, 하물며 그 영역 **안의** 어떤 한 점에 존재하는 것은 더더욱 아니다. (유목 공간에 점 따위는 존재하지 않는다.)[104] 아울러 그런 영역에 거주한다 함은 그 방대함의 **중심**에 존재하는 일도 아니다. 중심화를 발견하기에 더 적절한 곳은 후설이 말하는 신체의 절대적인 여기, 그렇지 않으면 종교의 포괄적인 절대(예컨대 우주의 중심으로서 거룩한 장소) 쪽이다.[105] 그와 달리 유목민은 그(녀)가 거주하는 영역 전체에 걸쳐 퍼져 있다. 여기에 있는 만큼이나 저기에도 있다. 이 영역의 여러 장소 **사이**의 도상에 퍼져 있다. 말하자면 "유목민의 생활은 간주곡이다".[106] 그것은 도주 중인 삶이다. 이는 유목민이 늘 여기가 **아니라** 저기에 존재한다는 얘기가 아니다―그런 것은 후설의 절대적인 여기로부터 벗어나기 위해 하이데거가 취하는 상투적인 도피책일 수 있을 것이다. 그(녀)는 여기/저기에 **있으면서 동시에** 저기/여기에 존재한다. 여기와 저기 사이에, 이 장소와 저 장소 사이에, 말하자면 그 사이에 배분되어 있다.[107]

그러므로 매끄러운 공간, 유목 공간은 우리가 **영역−으로서−장소**라고 부를 수 있는 것을 가리킨다. 바슐라르라면 시간은 공간으로 압축되어 있다고 주장할 수 있을 테고, 하이데거라면 공간과 장소는 원리적으로 동일한 것이라고(공간이 이미 "장소들로 분열되어 있기" 때문이든, 아니면 공간이 "자신의 존재를 여러 장소들로부터 받아들이기" 때문이든)[108] 주장할 수 있을 테지만, 들뢰즈와 가타리는 영역과 장소란 실제적으로는 하나로 수렴되는 것이라고 주장한다. 하나의 영역이란 여러 장소의 단순한 총합이 아니다. 한 영역의 여러 **부분**에 배당하거나 할당하는 장소들의 단순 총합이 아닌 것이다. 영역은 그 자체가 하나의 장소다. 내가―유목민으로서 내가―초원에서 생활하고 그 위에서 움직일 때, 나는 영역 전부에 **걸쳐** 실존하고 또 그 전체의 여기/저기에 실존하는 것이지, 단지 그 영역의 부분 내에 실존하는 게 아니다. 국지화가 실재한다는 건 부정할 수 없는 사실이다. 어떤 특정한 순간에도 나는 **어딘가에** 존재하는 것이지, **어디도 아닌 곳에서** 표류하고 있는 게 아니다. 〔사막이나 초원 지대에서 살아본 적이 없거나 해상에서 있어본 적이 한 번도 없는 비(非)유목민들은 틀림없이 그런 생활일 거라 여기며 지레 두려워할 생활이 아닌 것이다.〕 그러나 내가 어딘가에 존재한다는 것이 반드시 단 하나의 국지성 내에 존재하는 것으로 국한되는 건 아니다. 배는 늘 항해 중이며, 대상(隊商)의 여정은 계속 이어지며, 개썰매 부대는 빙상 위를 건넌다. 나는 그 영역 내 모든 곳에 퍼져 있다. 나는 잠재적으로 그 영역 내 **임의의 장소**다. 영역이란 내가 그 안에 존재하는 장소인 것이다. 이리하여 절대적인 것은 국지적인 것이 된다. 그 역이 아니다. 왜냐하면 **장소 자체가 도처에**—그 영역 내의 도처에, 아니 바로 그 영역**으로서** 도처에—**존재하기** 때문이다. "여기서 절대적인 것은 국지적이다. 왜냐하면 장소가 한계 지어져 있지 않기 때문이다."[109] 이 이중의 난문(難問, conundrum)이 결정적 갈림길이다.

이 역설적인 상황에 있어 (단위로서) 국지성보다 중요한 것은 '국지적 활동(행동)'이다. 이 활동에 의해 나는 한 영역을 구획하는 여러 국지성을 뚫고 나아가며, 그 과정에서 국지성들을 계속 변양시킨다.

> 유목민에게 …… 국지성은 한계 지어져 있지 않다. 이럴 경우 절대적인 것은 특정한 개별 장소에 나타나지 않는다. 절대적인 것은 한계 지어지지 않는 국지성이 된다. 장소와 절대적인 것, 이 둘이 짝을 이루는 것은 중심화한, 방향 잡힌 전체화(globalization)나 보편화에서가 아니라 무한히 이어지는 국지적 활동 속에서 성취된다.[110]

국지적 활동은 매끄러운 공간을 구성하고 또 그것을 경험하는 기반 자체다. 그런 활동은 대개 짐을 운반하는 짐승이나 배, 그 밖에 천천히-움직이는(slow-moving) 교통수단의 도움을 받아 사람들이 육지나 바다의 경관을 가로질러 조금씩 움직이는 중계(relay) 활동으로 구성된다. 우리가 이주민의 여정을 점에서 점으로 이어지는 것이라고 한다면, 유목민은 "궤적을 따라 이어지는 중계"[111]에 의해 나아간다. 중계에는 따라잡고 속행하는 숙련된 운동이 포함되는데, 그 모든 운동은 사람이 움직이는 땅이나 바다와의 긴밀한 인접 관계 속에서 이루어진다. 그러한 유목 공간 혹은 매끄러운 공간에서 사람은 단지 효율적으로 움직이는 것이 아니라, 강밀하게 움직인다. 왜냐하면 매끄러운 공간은 "'연장'이 아니라 내포적인 '강도 공간 (intense Spatium)'"[112]의 문제이기 때문이다. 그런 강밀한 공간성을 경험하는 것은 무엇보다도 우리가 "장소 내에 있으면서 여행할" 때, 다시 말해 문자 그대로 우리의 신체를 이동시키지는 않지만, 그럼에도 어딘가에 이르려 할 때다. 베두인족은 질주하는 말 위에서 정지한 자세로 몸을 웅크리는데, 이러한 부동의 이동성(immobile mobility)에 있어 그들은 영역과의 관계에서는 움직이는 게 아니지만, 그럼에도 불구하고 그 영역을 횡단하는 셈이다.[113] 그러한 장소/영역 내에서 여행은 거리·운동·시간의 양이라는 관점에서도, 또한 심적인 공명이라는 관점에서도 측정되지 않는다. 그 강밀성은 내밀하지 않다. 이는 그 여정이 이루어지는 영역의 방대함 자체에 속한다.[114]

바슐라르가 내밀한 광대무변성의 관념에 의해 데카르트적 이원론의 근저를 뒤흔든다고 할 경우, 그는 공간을 마음의 안락한 장소들 속으로 붕괴시킴으로써만 그렇게 한다. 들뢰즈와 가타리는 **하나의 영역 속으로의 침입**이라는 관념에 의해 그 동일한 이원론의 밑동을 찍는다. 근저를 뒤흔들 때의 방향성은 이제 역전된다. 외부성으로부터 내부성으로라는 방향성이 완전히 뒤집히는 것이다. '내부의 있음'은 **외부의** 있음에 굴복한다. 유목적인 매끄러운 공간 속으로의 침투는 마음이 제공할 수 있는 어떤 것보다 방대한 어떤 것 안으로 침투하는 것이다. 그 어떤 것은 단지 문자 그대로 물리적인 규모에서 더 방대할 뿐만 아니라, 어렴풋한 윤곽이 있을 뿐 결코 끝나지 않는(그렇지만 무한하지는 않은!) '강도 공간'인 것이다. 사람들은 끝이 없는 듯 보이는 어떤 것—'한계 지어지지 않은 것'—속으로 잠겨 들어간다. 사막 혹은 바다는 지평선이나 수평선 너머로 사라지며, 사막과 바다가 그리는 호(弧)에는 어떤 한계도 없다.[115]

　매끄러운 공간 속으로의 침투는 신체를 바탕으로 이루어지며, 동시에 풍경과의 관계 속에서 방향 지어진다. 우리는 침투의 이러한 이중 기반을 유목 공간 내에서 **방향들**이 수행하는 역할 속에서 목도한다. 그런 공간 안에서 움직인다 함은 고정된 점들 사이의 정해진 경로를 따르는 것이 아니다. 시원점과 종착점(그런 것이 있다고 가정한다면)은 비가시적이며, 사람이 취하는/만들어내는 길은 이동하는 모래·바다·바람에 의해 즉각적으로 지워진다. 악천후나 한밤중에는 지평선이나 수평선조차 가시적이기를 그친다. 그 결과 사람들은 적절한 방향을 결정함으로써 자신의 길을 끊임없이 찾아내야만 한다. 중계라는 국지적 활동은 방향의 발견(이는 끊임없는 재발견인 경우가 비일비재하지만)을 통해 방향을 잡아야 하는 것이다. 그렇지 않으면 국지적 활동은 헛심만 빼는 꼴이 될 것이다. 이로부터 "매끄러운 공간은 차원적이거나 계량적인 게 아니라 방향적이다"[116]라는 결론이 나온다. 필로포노스와 데카르트가 이구동성으로 가르쳐주었듯 차원성은 '연장'에 속한다. 이와 대조적으로 방향성은 내포적인 '강도 공간'에 부착되어 있다. 상황을 내포적으로 만드는 것(또는 상황을 강밀하게 만드는 것—옮긴이)은 바로 체험된 신체가, 대지나 물 곁의 존재인 체험된 신체가 자신이 처해 있는 영역을 구획 짓는 육상의 이정표나 해상의 이정표를 알아차림으로써 방향을 잡는 방식이다. 칸트에게서 배운 것처럼 "우주의 방역"에서 방향을 잡는 데에는 양측적인 신체가 필요하다. 자기 주변에 있는 표지들을 자신이 지금 국지화해 있는 곳의 왼쪽이나 오른쪽—혹은 위나 아래, 앞이나 뒤—에 있는 것으로 해석할 수 있는 양측적인 신체가 필요한 것이다. 이것은 표지까지의 거리를 정확하게 산정하는 문제가 아니라, 표지 **쪽으로** 혹은 표지**에 의해** 자신의 양측적인 신체를 방향 지으면서 자기 자신을 그 표지에 함의된 벡터와 동조시키는 문제다. 그 결과 생겨나는 방향 감각은 신체와 그 신체를 둘러싼 풍경 속의 두드러진 대상들을 독특하면서도 강력하게 종합함으로써 생겨난다. (이러한 종합은 비록 직접적으로는 국지적인 실마리를 지각할 수 없는 경우에도 사람들이 자신의 길을 탐색하거나 기억해낼 수 있도록 해준다.)

들뢰즈와 가타리는 신체의 양측성을 무시하지만, 그러면서도 신체와 장소 간의 의미심장한 새로운 연결을 시사한다. 이는 매끄러운 공간 안의 존재함에 특유한 연결성이다. 그러한 공간은 관점의 문제도 아니고, 어떤 계량적인 의미에서 거리의 문제도 결코 아니라는 점에서—육상의 표지조차도 근접적인 현전이 된다—반드시 "근접 범위"의 행동에 의해, 예컨대 "스스로 발품을 팔"거나, 자신이 직접 걷거나, 듣거나, 더 일반적으로는 다양한 촉감적 양상들(haptic modalities)에 의해 경험해야만 하는 공간이다. 이러한 국지적 활동 각각은 육지든, 바다든, 어쨌거나 사람이 처해 있는 지반과의 인접성을 수립한다. 모든 것은 감각학적(aesthesiological)이고 운동 감각적인 신체에 의해 충분히 느낄 수 있는 이 지반과의 관계 속에서 경험된다. 이 지반 위에서 "매개적인 거리 따위는 없다. 혹은 모든 거리는 매개적이다".[117] 결정적으로 중요한 것은—고전적인 표상주의적 지각 이론에서처럼—사람이 **무엇을** 지각하는지가 아니라, 자신의 신체가 직접적인 가까움 속으로 침입해 들어가는 것과 **어떻게** 교섭하는가이다.

근접 시야에 있는 촉감적인 매끄러운 공간에서 제1의 측면은 무엇보다도 그 방향이나 이정표, 그리고 연결 상황이 끊임없이 가변적이라는 점이다. 이러한 측면은 단계적으로 다르게 작동한다. 사막, 초원, 빙원, 바다 같은 순수한 접속의 국지적 공간이 바로 그러한 사례다. 흔히 이야기하는 것과 정반대로 이런 종류의 공간에서 사람들은 멀리서 보지 않을 뿐만 아니라, 멀리서 그것을 보지도 않는다. 사람은 결코 뭔가의 '앞에' 존재하는 것도 아니고, 뭔가의 '안에' 존재하는 것도 아니다. 〔뭔가의 '위에(on)' 존재한다……〕**118**

여기서 매끄러운 공간의 **위에**는 포함자로서 공간의 **안에**를, 점의 ~**에**를 대신한다. 심지어 정주적인 거주의 **함께**조차 대신한다. 왜냐하면 매끄러운 공간 위에서는 거주함이 여행하는 가운데 성취되기 때문이다. 사람은 거주**처를 향해** 움직이는 게 아니라 **움직임으로써 거주하기** 때문이다. 즉 영역 내부의(혹은 되풀이하지만 영역**으로서**) 이 장소에서 저 장소로 이행함으로써 거주하기 때문이다. 따라서 국지적 절대성과 동일한 "이행의 절대성"이 있다. "이 부분에서 저 부분으로 움직이는 국지적 통합으로서 유목적인 절대성이 있다. 그것은 무한히 이어지는 방향의 연결과 변화를 통해 매끄러운 공간을 구성한다."**119** "국지적 통합"을 현실화하는 것은 움직이는 신체다. 이 신체는 집 없이 거주하는 일의 담지자이며, 도관(導管)이나 정주 사이트가 없는 공간의 교통수단 자체다. 그 결과 독특하면서도 중요한 형태의 거주함이 생겨나며, 이런 형태의 거주는 하이데거와 바슐라르가 여전히 고집하는 정주자 패러다임과 절교한다. 또한 그것은 집 안에서 느끼는 꺼림칙한 것, 문자 그대로 집처럼 편안하지 않은 것(unheimlich)의 문제도 아니다. 유목민은 사막이나 초원 지대에서 집에 있는 것처럼 완벽히 편안하다. 거기에 꺼림칙한 것이라고는 아무것도 없다. 오히려 이 경우 문제는 땅을 어떻게 끊임없이 탈영토화할 것인가, 즉 어떻게 하면 땅을 지속적인 여정의 절대적 지반으로 전화(轉化)시킬 것인가이다. 들뢰즈와 가타리는 이렇게 쓴다. "유목민에게 있어 대지와의 관계를 구성하는 것은 탈영토화다. 유목민에게 재영토화는 탈영토화 자체 위에서 이루어진다."[120]

"신체가 움직여 다니는—정확히 말해, 움직이지 않음으로써 움직이는!—열려 있고 매끄러운 공간"[121]과 대조적으로, 홈 파인 공간은 운동을 동결시키며 소재지로부터 신체성을 제거함으로써 거주를 위한 어떤 장소도 남겨두지 않는다. 홈 파인 공간이 소유하는 것은 매끄러운 공간의 "비정형적(amorphous)" 특징이 아니라 오히려 일정한 고유성이며, 무엇보다도 우선 분석적-기하학적 위치와 중력을 지시하는 선들(lines)이다.[122] 그런 홈 파임은 한계 지어져 있는 닫힌 표면 내부의 가시적인 점들을 연결 짓는다. 이 표면은 홈 파임이 진전되면 될수록 점점 더 등질화해간다.[123] 획일적인 형태(uniform)의 이 표면은 거리의 엄밀한 측정 및 관점의 광학에 종속되어 있다. 아니, 홈 파인 공간은 "원거리 시야에 요구되는 사항들"에 지배당한다. 즉 "언제나 동일하게 부여되는 방향성, 아무런 힘도 없는 준거점을 교환함으로써 언제나 불변인 거리, …… 〔그리고〕 단일한 중심을 갖는 관점의 구성"[124] 같은 요구 사항에 지배당한다. 심지어 우리가 앞에서 매끄러운 공간에 필수불가결하다고 보았던 "주변 환경에 대한 침투"조차 격자나 지도상에서 위치의 집합에 불과한 것으로 환원되어버린다. '한계 지어지지 않는 것'을 한계들로 끌고 들어가려는 노력이 도처에서 이루어진다—'한계 지어지지 않는 것'이 대양이든, 사막이든, 지구 자체든 말이다. 모든 것을 포괄하려는 이런 노력은 '전체'를 질서로, 즉 고정된 위치들 사이에 이런저런 선들을 긋고, 그럼으로써 연결성을 절단해 선분화(segmentation)하는 강요된 질서로 끌려간다. 그 결과는 여러 장소로 이루어진 영역이 아니라, 여러 사이트로 이뤄진 공간이다.[125]

이렇듯 막무가내로 환원이 이루어지는 상황에서 알 수 있듯 매끄러운 공간과 홈 파인 공간은 전적으로 상호 독립적인 것이 아니다. 매끄러운 공간은 대부분 홈 파인 공간에 의해 경계선이 그어질 뿐만 아니라 두 공간은 다중적인 방식으로 상호 작용을 한다. 즉 "매끄러운 공간은 늘 홈 파인 공간으로 변형되고 횡단된다. 홈 파인 공간은 늘 매끄러운 공간으로 역전되고 되돌려진다".[126] 이것의 가장 설득력 있는 단 하나의 사례는 전 세계 대양들의 운명에서 찾아볼 수 있다. 애초에는 빼어나게 매끄러웠던 여러 공간, 그 광대한 유목적 공간이 15세기 들어 위선과 경선에 의해 점점 더 홈 파인 상태로 변해간다. 그러나 시간은 흐르고 흘러 "바다는 다시 일종의 매끄러운 공간을 나누어준다". 그것은 지도 작성에 의한 홈 파임과 무관하게 이동한 "견제 함대(fleet in being)"의 핵 잠수함과 기타 전함들로 인해서였다.[127] 매끄러운 공간이 홈 파인 공간보다 강력하게 탈영토화하는 것은 사실이지만, 그것이 곧 매끄러운 공간이 늘 승리를 거둔다는—혹은 매끄러운 공간이 늘 건설적이고 건전한 힘과 결부된다는—것을 의미하지는 않는다. 들뢰즈와 가타리는 매끄러운 공간을 선호함에 있어 조금의 주저함도 없으며, 특히 그 공간이 저항과 혁명의 헤테로토피아적 기반이라 간주될 경우 더욱 그러하다. 하지만 그것이 곧 매끄러운 공간에 대한 무조건적 지지로 직결되는 건 아니라고 주장한다. 그들은 "매끄러운 공간이 우리를 구하기에 충분할 것이라고는 결코 믿지 말라"[128]고 경고한다. 유목 공간과 정주 공간 간 관계에서도 그러하듯 우리는 매끄러운 공간과 홈 파인 공간을 단순히 선택할 수 없다. 이것은 "한쪽이 다른 쪽보다 좋은 게 아니라, 양자가 단지 다른"[129] 문제다. 심지어 궁극적인 차원에서는 두 공간 사이에 일정한 동등성(parity)마저 존재한다. 한쪽 공간에서의 배분과 여정이 다른 쪽 공간에서의 할당과 정주를 보완한다. "매끄러운 것은 하나의 **노모스**인 반면, 홈 파인 것은 늘 하나의 **로고스**를 갖는다."[130] "모든 생성 변화가 매끄러운 공간 안에서 일어난다"고 해서, 그것이 "모든 진보가 홈 파인 공간에 의해, 또한 그 공간 안에서 이루어진다"[131]는 마찬가지로 중요한 사실을 숨길 수는 없다. 매끄러운 공간을 강조하는 데에는 윤리적으로나 정치적으로 이점이 있지만, 그 사실로 인해 우리가 홈 파임의 필연성―여기에는 매끄러운 공간의 홈 파임 자체도 포함된다―에 눈을 감아서는 안 된다. 상대적인 전체(relative global)와 국지적인 절대성은 근본적으로 상이하지만, 그럼에도 불구하고 상호 귀속된다. 이 둘은 홈 파임과 매끄러움이라는 쌍을 구성하며, 이 쌍은 장소와 공간의 문제에서 한계 지어진 것과 한계 지어지지 않은 것, 기수와 서수, 같은 것과 다른 것이라는 플라톤의 형이상학적 쌍과 같은 정도로 필수불가결하다.

5

우리의 모습이 우리 자신에게 나타나는 것은 오직 건축에 의해 이미 표시되어 있는 공간화의 경험을 통해서뿐이다.

그것은 그것들 모두에 장소를 부여한다.

－자크 데리다, 〈광기의 지점(Point de Folie)〉

이리하여 건축은 곤란한 과제에 직면한다. 건축에 의해 소재를 부여받은 것을 탈소재화하기. 이것이 건축의 역설이다.

－피터 아이젠먼, 〈블루 라인 텍스트(Blue Line Text)〉

건축의 (궁극적) 중요성은 공간과 사건을 세심하게 배열함으로써 사회의 변용을 가속화하는 그 능력 안에 있다.

－베르나르 추미, 《사건-도시(Event-Cities)》

공간을 장소로서 새로이 사고하는 것―이는 근대 초기와는 정반대 방향의 사고다―은 이 마지막 장에서 다루는 인물 모두에게 급박한 과제였다. 이 과제의 수행은 다양한 방식으로 현실화한다. 바슐라르는 다른 사상가들과 공통된 방식으로 사유하는 것(res cogitans)에 상상하는 정신(mens imaginans)이라는 가치를 새로 부여함으로써 나아간다. 데카르트에게는 사유하는 실체가 공간 없음의 범형인 반면, 바슐라르에게는 상상하는 정신이야말로 장소로 충만한 새로운 무언가의 견본이다. 이는 더 이상 물리적 공간의 신세를 지지 않고, 거의 자율적인 그 자신의 심사(psychical terms)에 따라 작용할 뿐이다. 이 상상적인 마음 안에는 장소 …… 나아가 더 많은 장소들을 위한 공간 외에는 어떤 여지도 없다. 이와 마찬가지로 푸코는 비록 전적으로 지형을 달리하긴 하지만, 지배적인 사회정치적 구조의 헤게모니에 이의를 제기하는 헤테로토피아적 장소들의 관점에서 근대의 공간을 재고한다. 많은 면에서 푸코의 동맹군이라 할 수 있는 들뢰즈와 가타리 또한 그와 유사하게 공간을 혼효적(混淆的, heterogeneous) 장소로서 새로이 이해한다. 홈 파인 공간은 매끄러운 공간에 길을 내주고 매끄러운 공간은 끝없이 열린 장소, 유목적이고 비정주적인 장소들을 낳는다(아마추어의 실험 안에서든, 일시적인 정주처 안에서든).

그러나 《천 개의 고원》의 저자들은 되기(becomong: '생성 변화'—옮긴이)와 운동을 강조하는 가운데, **정착적 거주**—나는 이를 다른 곳에서 "건립된 장소들"이라고 부른 적이 있다—가 장소와 관련해 갖는 잠재력을 간과한다. 사막과 초원이라는 매끄러운 공간 내에서 유목민의 순환적 이동이 시사하는 게 큰 것은 사실이지만, 이는 인간의 주거와 관련한 전체 영역 중 일부만을 표현할 뿐이다. 사실 우리는 지금까지 이미 적지 않은 수의 다른 거주 형식을 살펴보았다. 예컨대 엄격히 통제하며 내적으로 투명한 '팬옵티콘(국가 권력의 견본적인 제도)', 헤테로토피아적인 "다른 공간들"이 반(反)사이트로 작동하는 관계에서 중심적으로 사이트화해 있는(situated: '위치해 있는'—옮긴이) 도시의 건축물, 기억이나 상상에 의해 그 안락했던 구석이 어른들의 몽상에 영감을 불어넣는 유년 시절의 집들이 그것이다. '안에-있음'으로서, 또한 사물에 입각한 것으로서 하이데거가 이중으로 강조했던 거주 또한 여기에 포함된다는 점에 대해서는 굳이 말할 필요도 없다. 그러나 우리는 좀 더 직접적인 사례, 즉 건축에 대해서는 아직 다루지 않았다. 건립된 장소들은 어떻게 공간을 장소로 변환시키는가? 이것이 이제부터 우리가 자크 데리다의 작업을 참조하면서 다루려는 문제다.

데리다의 건립된 장소론? 이런 발상은 데리다가 텍스트성(textuality), 그리고 무엇보다도 우선 간(間)텍스트성(intertextuality)—일견 장소와 동떨어진, 특히 세워진 장소와 동떨어진 사태—에 대해 깊은 관심을 가졌다는 잘 알려진 사실에 비추어볼 때, 상궤를 벗어난 것으로 여겨진다. 만일 그러한 관심에 어떤 식으로든 장소와 관련한 의미가 있다면, 그것은 실제적인 출구가 전혀 없는 간텍스트성이라는 미궁, 제대로 된 건축물이라고 할 수 없는 미궁이 아니겠는가! 혹은 더 절절하게 표현하면, 그것은 데리다가 "텍스트의 척주(脊柱, spinal column)"에 비유하는 "바벨탑"이다.[132] 그러나 건물 짓기(building)와 글짓기(writing) 간의 근연성은 이보다 더 깊은 층위에 있다. 데리다는 자전적인 여담을 하는 중 자신에게 쓴다는 것(writing)은 공간적인 편성의 특별한 한 형태임을 인정한 적이 있다. "제가 …… 뭔가를 쓸 때, 제가 어떤 일정한 텍스트를 지을(build) 때, 저한테 법칙이랄까 혹은 규칙이라는 것은 텍스트의 공간화(spacing)와 관련 있는 것이 아닌가 하는 느낌이 듭니다. 제 흥미를 끄는 것은 실제로는 내용이 아니고, 공간 내에서 어떤 배분, 내가 쓰는 것이 꼴을 갖추는 방식, 공간적으로 꼴을 갖추는 방식인 것이죠."[133] 글을 짓는 작가로서 데리다는 일군의 단어들에 꼴을 부여한다. 그리하여 그는 작문(composition)을 한다. 다만 문자 그대로 건축학적인(architectural) 게 아니라, **구축함**(constructing)이라는 개념에서 중간쯤에 해당하는 것으로서 건축에 요구되는 작문을 한다. 이처럼 글을 인쇄했을 때 어떤 구축물이 될 것인지에 마음을 쓴다는 사실은 《조종(弔鐘, Glas)》 같은 텍스트에서 가장 현저하게 드러난다. 이 텍스트는 한 페이지를 2개 혹은 3개의 기둥(column)에 의해 편성함으로써, 즉 세로 2단 혹은 3단으로 편집함으로써 복잡한 수직적 조립물(composition)을 만든다. 이로부터 또한— "텍스트 외부에는 아무것도 없다"는 데리다의 언명에 따라 말하자면— "짓는다(building)는 것은 하나의 텍스트를 쓰는(writing) 것이다"[134]라는 결론이 나온다. 텍스트가 지어지는(built) 것과 꼭 마찬가지로 건물이 쓰여지는 (written) 것이다.

데리다의 독해에 입각할 때, 모든 종류의 텍스트는 쓰여진 흔적들로 이루어져 있고, 이 흔적들은 그것들이 산출되고 또 유지되기 위해 조립과 구축의 장소를 필요로 한다. "원-글쓰기(archi-écriture)"라는 가공할 만한 관념조차도 그것이 나타날—그리고 사라질—장소를 요한다. 이것이 가능한 것은 장소 안에서 생기는 원-흔적(archi-traces)의 자기-삭제 작용 덕분이다. 대단히 특별한 종류의 장소, 즉 텍스트의 장소는 이리하여 데리다에 의해 설정된다. 여기서 그에게 중요한 문제는 이미 아리스토텔레스의 경우와 마찬가지로 '어디서'라는 물음이다. 그러나 아리스토텔레스가 궁극적으로는 '무엇'이라는 물음에 더 큰 관심을 가졌던 데 반해, 데리다는 '무엇'이라는 물음을 뒤로 돌린다. **무엇**이라는 것이 형이상학적 발로에서 나온 이슈라면, **어디서**는 자연학(physics: 곧 '형이하학'—옮긴이)—혹은 텍스트—의 문제다. 흔적, 무엇보다도 우선 쓰여진 흔적이라는 것은 기본적으로 **어딘가에서** 나타나야/사라져야 한다는 물리적 혹은 텍스트적 사실을 어찌 부정할 수 있단 말인가? 텍스트에서의 어딘가를 데리다는 "에크리튀르의 무대(scène de l'écriture: écriture는 '쓰여진 것', '문자'를 뜻하는 일반명사로, 데리다가 형이상학을 탈구축하는 중요한 계기로 사용한 용어—옮긴이)"로 파악하는데, 이는 그 자체로 "존재들의 장(champ de l'étant)"이 어떤 것인지를 잘 예시해주는 견본적인 모델이라고 여겨진다. 이러한 장-무대(field-scene)가 글쓰기에 의해 수립되기 **이전에는** 그러한 장-무대는 "현전의 장(champ de présence)"이 되지 못한다. 즉 그곳을 점하는 것이 무엇인지, 그 본질, 그것의 무엇인가(ti esti)나 그 형상(eidos)에 의해 규정되는 위치의 집합이 되지 못한다.[135] 그러한 무대는 또한 공간과 시간에 앞선다. 요컨대 "그것은 〔더 이상〕 공간 **안에** 존재하지 않으며, 그에 못지않게 시간 **안에도** 존재하지 않는다".[136] 이로부터 에크리튀르에 대한 억압—예컨대 파롤〔parole: '입말(speech)'—옮긴이〕의 추정적 우위성에 의한—이 (내적인 것으로서) 시간과 (무한한 것으로서) 공간의 우선성에 대한 요구를 동반한다는 결론이 도출된다.[137] 그러나 에크리튀르는 그것이 억압되지 않은 상태에서 "공간화(espacement: 혹은 '간격화'—옮긴이)"라는 그 기본적인 작용에 의해, 즉 그 자신의 "흔적화(tracement)"에 의해 공간과 시간의 우위성을 근저에서 뒤흔드는 무대를 구성해낸다. 공간과 시간은 이런 에크리튀르-무대로부터 발원하는 것이지, 그 역이 아니다—사태가 이렇게 되는 것은 에크리튀르로서 흔적화가 기원(origin)이나 목적(telos)이라는 일반적 지위를 거절하는 "특수 지대(specific zone)"를 필요로 한다는 사실 덕분이다.[138] 이러한 지대가 바로 장소라는 것, 다른 방식으로 사고하고, 다른 방식으로 쓰여진 **장소**에 다름 아니라는 것이 바로 내가 제안하고자 하는 것이다.

비록 데리다가 그라마톨리지적(문자학적) 글쓰기에서처럼 "장소(lieu)"라는 말을 그 자체로 사용하는 경우는 매우 드물다 해도, 그라마톨리지〔grammatologie: 선(線), 쓰여진 필적, 가시적인 표시를 의미하는 grammē에서 유래한다〕라는 관념 자체는 에크리튀르의 장소 그리고 에크리튀르를 위한 장소에 대한 개념을 함의한다. 그 글쓰기를 제시하는 데 절대로 필요한 것으로서 **그것의** 장소, 그리고 그 글쓰기의 생산을 위한 배경으로서 **그것을 위한** 장소로 말이다. 그렇다면 그라마톨로지가 작동하기 위한 조작적인 전제는 이럴 것이다. 즉 장소화 없이는 흔적화가 없고, 따라서 에크리튀르도 없다. 어떤 종류든 쓰여진 표시—알파벳식의 에크리튀르에서처럼 이중으로 분절화한 비도상적인(noniconic) 표시든, 신석기 때 암석에 새겨진 경우처럼 단일 분절 방식의 도상적인 표시든—를 만들어내는 일은 써넣을 표면을, 즉 **쓸 어딘가**를 요한다. 그러나 이것이 페이지(page)나 스크린처럼 반드시 문자 그대로 물리적인 어딘가일 필요는 없다. 이는 프로이트의 무의식에서처럼 심적인 것일 수도 있다. 사실 데리다가 심리적 기입(inscription)의 장, 암호화한 기호들의 영역을 찾아내는 곳이 바로 그 무의식 안이다.[139]

그럴 경우, 그라마톨로지의 관점에서 장소는 에크리튀르를 위한 가능성의 조건이다. (이 조건은 에크리튀르가 현실적으로, 물리적으로 예시되기를 요구하지 않는다.) 데리다는 원-흔적을 경험적인 흔적으로 환원하길 거부한다. 왜냐하면 원-흔적은 물체적(bodylike)이긴 하지만 물질적(material)이지는 않은 것으로서 "비물질적 물체"[140]라는 시리아노스의 당착어법(撞着語法: 2개의 반의어를 연관 짓는 '모순어법'—옮긴이) 개념과 크게 다르지 않기 때문이다. 원-에크리튀르는 문자 그대로 물질적인 표시가 출현하고 기록되기 위한 텍스트상의 어딘가를 창조한다. 장소를 에크리튀르에 없어서는 안 될 필수적인 것으로 설정한다는 것은 장소 분석에 새로운 힘과 범위를 부여하는 일이다. 요컨대 시는 바슐라르가 강조한 것처럼 그러한 분석에 단지 복종하는 데 그치지 않는다. 산문이냐 운문이냐를 불문하고 **모든** 에크리튀르는 전제 조건으로서 장소에 의해 범위가 한정된다고 여겨진다. 실제로 데리다라면 시에 의해 전해지는 이미지적 장소는 텍스트적 장소를 전제로 한다고, 모든 문학이 생겨나는 곳, 곧 다양한 표시들로 이루어진 쓰여진 무대를 전제로 한다고 주장할 것이다. 그리고 만일 이것이 옳은 판단이라면, 그라마톨로 지는 장소 분석과 분리될 수 없다. (그리고 데리다라면 그 역 또한 참이라고 주장할 것이다.)

흔적화의 우위성은 공간화, 곧 간격 짓기의 우위성을 함의한다. 공간화 자체는 여러 장소—주로 에크리튀르의/에크리튀르를 위한 장소—를 끊임 없이 제공함으로써 생겨난다. 그러나 1967년 《그라마톨로지에 대하여》를 출판한 뒤 데리다는 공간화(espacement)라는 것이 그 작용이라는 점에서 쓰 여진 흔적의 생산에, 즉 텍스트와 간텍스트의 산출에 국한하지 않는다는 사실에 점차 민감해졌다. 공간화 작용에 의해 교직된 망(網, web)은 결국 극 히 풍부한 의미를 갖는 다른 망 조직의 생산으로 귀결된다. 영화, 회화, 춤 은 물론이고 정치학, 경제학, 종교 그리고 아마도 가장 두드러지는 것일 테 지만 건축 등이 그러한 예에 속한다. 1980년대 중반부터 이루어진 일련의 인터뷰와 논문 속에서 데리다는 자신이 과거 원(archi)-에크리튀르를 다루 었던 것과 거의 같은 마음가짐으로 **원-건설**(archi-tecture: 또는 '원-건축', '원- 텍스트', '원-직물'—옮긴이)을 거론한다. -tecture(-건설)와 textual(텍스트의)이 texture(직물 조직)와 함께 text-를 어근으로 한 어군—이 어군은 교직이라 는 흔한 은유에 의해 한 가족으로 묶이는데, 교직이라는 것 자체는 인간의 경험에서 창조적인 공간화의 근본적인 한 형태다—에 속하는 언어학적 사 촌 관계에 있다는 점을 감안하면, 이는 거의 놀랄 일이 못된다. 이리하여 데리다는 "연쇄를 이루는 실들을 이리저리 꿈"으로써 작업하는 "건축가-교 직자(architect-weaver)"에 대해 이야기한다.[141] 건축이 "공간에 대한 하나의 에크리튀르요, 사건을 위한 장소를 만들어내는 공간화의 한 양태"[142]라고 말할 때, 데리다가 건축과 에크리튀르를 명시적으로 등치시킨다는 것 또한 놀랄 일이 아니다.

푸코가 18세기의 제도적인 건축 안에서 규율 공간이―그러므로 '사이트'가―가장 현저하게 예증되어 있는 모습을 찾아냈다면, 데리다는 현대의 건축 안에서 다른 종류의 공간화를 위한 기반을 발견한다. 푸코가 "다른 공간들"에 대해 쓰는 반면, 데리다는 "다른 공간화"에 대해 이야기한다.[143] 푸코의 표현은 충분히 제도화한 건축에 대해 언급한다. 이와 대조적으로 "다른 공간화(spacing)"는 애초에 일어나는 바로 그 과정을 가리킨다. 따라서 "다른 공간화"는 주어진 건립된 장소의 사건으로서 경험은 물론이고, 형태가 완성된 집이나 학교·다리 등등에 선행하는 구축적 사건(이것을 물리적인 구축 자체와 혼동해서는 안 된다)을 가리키는 것이기도 하다. 그럼에도 불구하고 데리다는 제도적인 건축, 즉 시설로서 건축―다시 말해 기원과 목적, 실용성이나 미(美) 같은 형이상학적 결정 인자들의 건축적 등가물을 무반성적으로 추구하는 구축(construction)[144]―에 대한 비판을 통해, 헤테로토피아적 공간에 대한 평가를 갱신하기에 이른다. 그와 같은 (문자 그대로 다른) 공간의 한 예가 파리 빌레트 공원의 '폴리(Folies)'인데, 이 공원 프로젝트의 책임 건축을 맡았던 사람이 바로 베르나르 추미다. 데리다는 도시 공간의 한복판에 진정으로 대안적인 다른 장소가 창조되리라는 전망에 푸코만큼이나 매료된다. 독자 여러분은 공원이라는 게 푸코가 말하는 의미에서 헤테로토피아의 견본 사례를 구성한다는 사실을 떠올릴 수 있을 것이다. 데리다는 빌레트 프로젝트의 컨설턴트로서―그는 추미로부터 커다란 '공원' 내부에 작은 공원 하나를 (피터 아이젠먼과 함께) 설계해달라는 요청을 받았다―헤테로토피아적 장소가 설계에서나 에크리튀르에서 공히 탈구축적인 의의를 갖는다는 점을 곱씹어볼 수 있었다. 추미의 의뢰에 대한 데리다의 반응은 지나치게 야심찬 것이었다고 할 수 있는데, 우리는 이 점을 다음과 같은 그의 언명을 통해 알 수 있다. "내 아이디어는 이렇다. 코라, 즉 불가능한 장소를 설계하는 것이다."[145] 코라라는 게 정확히 설계할 수 **없는** 것이라는 점에서, 이 아이디어는 지나치게 야심적이다. 물론 데미우르고스도 설계를 외부로부터 **부과하기는 한다**. 하지만 데미우르고스가 부과하는 설계는 **다른** 질서로부터, 즉 '형상'의 질서로부터 차용한 것에만 한정된다. 다시 말해 그는 코라를 내부로부터, 코라의 방향이 향하는 대로 형성하려 하지는 않는다.[146]

결국 빌레트 공원은 설계하기 매우 곤란한—적어도 데리다의 공동 작업이라는 견지에서는—장소로 판명되었다. 사실 이 공동 작업은 오해를 초래했고, 지금까지로만 보자면 구체적인 성과물이 나오지 못한 상태다. (이와 대조적으로 아르키타스는 성공적인 도시 계획가였다!) 그렇긴 하지만 데리다는 공원 프로젝트에 협력하는 과정에서 이 포스트모던한 헤테로토피아가 갖는 의미를 여러 가지 방식으로 숙고할 기회를 얻었다. 생산적이고도 시사적인 것으로 밝혀진 다양한 방식들로 말이다.

그 방식 중 하나—동시에 장소와 심원한 연관성을 갖는 방식—는 건축을 **사건**으로 보는 발상이다. 건축을 "기념비적 순간의 시도"(이 경우 기념 건축물은 고정된 기원 및 최종적인 목적과 부합하도록 자기 자신 위에 완고하게 가둬져 있는 뭔가를 암시한다)로 보는 패러다임을 거부하면서 데리다는 건물을 어떤 하나의 사물보다는 하나의 우발적인 사태로 보자고 제안한다. 이는 단지 구축 사건이라는 의미에서만 우발적인 사태인 것이 아니라—이는 물론 의미 있고도 필요한 일이다—이미 구축된 것일 때조차도 그것이 **계속 발생한다**는 점에서, 계속해서 "지금 생기하는 것의 임박성"[147]이라는 점에서 우발적인 사태다. 데리다가 "지금"—건축에 대한 그의 에크리튀르를 추동하는 참된 동기인 지금—을 역설한다고 해서 건축이라는 사건이 순전히 시간적인 사태라고만 생각할 필요는 없다. 그가 말하는 "지금(maintenant)"에는 '유지함 (maintaining)'이라는 의미도 있다. (또한 그렇게 번역할 수도 있다.) 바꿔 말하면 그것은 공간과 시간 속에서 모두 존속함, 거기서 **수중에 보유하고 있음**이다. 〔maintenant를 main-tenant(손에-갖는 것)으로 풀어보면 이런 점이 드러난다. 물론 이는 어떤 식으로도 손 닿는 곳에 가까이 있다는 의미는 아니다.〕**148** 그럼에도 불구하고 우리가 앞서 흔적의 경우에도 보았듯 공간과 시간은 최종적인 말(word)이 아니다. 최종적인, 혹은 차라리 최초의 말은 장소에 속한다. 왜냐하면 건축의 사건이란 바로 건축이 **장소를 잡는 일**(taking place: 또는 '발생하는 일'—옮긴이)이기 때문이다. 요컨대 건축이라는 사건은 "사건으로서 약속된 여러 형상을 전면화(前面化)하는 것, 그래서 그 형상들이 장소를 잡도록"**149** 하는 것이다. 그러나 건축의 경우 사건은 단지 장소를 잡는 것이기만 한 건 아니다. 이는 또한 사물이 생기(生起)하기 위한 **장소를 부여하는** 것, 여지를 부여하는 것이기도 한다. 이 대목에서 우리는 하이데거가 Räumen(공간을 밝히는 일), Einräumen(여지를 만드는 일), Raumgeben(공간을 부여하는 일)을 강조했음을 상기하게 된다. 마찬가지로 데리다의 저작 전체에 걸쳐 존속하는 "공간화"라는 말에는 사건이 생기하기 위한 공간을 밝히는 것이 함축되어 있다. 요컨대 공간화란 사건에 그것이 일어날 여지를 부여하는 일이다. **그와 같은 여지는 곧 장소를 위한 여지다.** "방(room: 또는 '여지', '공간'—옮긴이)"은 건축에서 극히 특정한 의미를 갖는 말이지만, 이는 또한 철학적 언설에 있어 토포스로서 장소와 코라로서 장소 사이를, 그리고 더 일반적으로는 장소와 공간 사이를 매개하는 데에도 소용되었다. 이 매개 역할을 기억한다면 다음과 같이 말해야 할 것이다. **건축에 있어 방을 부여한다는 것은 곧 건립하는 작업에 장소를 부여하는 것이다.** 그러한 여지-부여는 데리다가 건축이란 "사건을 위한 장소를 만들어내는 공간화의 한 방식"이라고 말할 때 중요한 의의를 갖는다. 그러한 장소[프랑스어로 플라스(place)]는 단순히 그 안에서 다양한 사건이 발생하는 로쿠스가 아니다. 데리다는 포함한다는 의미를 갖는 아리스토텔레스의 "안에(en)"의 어떤 잔재에 대해서도 하이데거만큼이나 비판적이다. "만일 추미의 작품이 사건의 건축을 진정으로 기술하는 것이라면, 이는 그의 작품이 단지 그 안에서 뭔가가 생기할 다양한 장소를 구축한다는 점에만 그치는 게 아니다. ……그것은 본질적인 무엇이 아니다."[150]

본질적인 것─하나의 본질은 아니지만─은 여지를 만드는 것이 "사건적인 차원"을 생기하기 위해서(그리하여 이러한 차원이 부여되도록)라는 점이다. 이러한 차원의 본령은 "시퀀스, 열린 순열(open seriality), 서사성, 동영상, 극작술, 안무(按舞)"[151]와 같은 것 안에 있다. 사건적인 것의 이러한 예는 저마다 자신의 장소, 예컨대 하나의 행(行, line), 하나의 스크린, 한 페이지, 하나의 청사진, 하나의 무대(stage), 하나의 벽 같은 자기 자신의 장소를 요청한다. 추미는 로잔(Lausanne) 다리의 재설계 계획 안에 반투명 유리벽을 포함시키는데, 그 벽에 전자공학적으로 산출한 이미지를 띄워서 거기에 하나의 "전자 건축(electrotecture)"이 창출되도록 하려는 의도였다(그림 1 참조).

이와 같은 구조물은 단지 여러 사건의 소재지일 뿐만 아니라, 이 사건들을 위한 장소, 즉 참된 "이행의 배경도법(scenography of passage)"을 구성하는 생기-할-장소(a place-to-happen)다.[152] 이행은 장소들 사이에서의 운동을 함의한다. 그러나 이행은 그것을 통해서 이행이 이루어질 장소 또한 의미한다. 이행에는 사건 자체와 마찬가지로 "공간적인" 속성만큼이나 "시간적인" 속성이 있다. 이와 동일한 얘기가 그와 긴밀하게 관련된 우발적인 사태 관념─건축적 사건을 고찰하는 또 하나의 방법─에도 그대로 적용된다. 데리다가 〈어떤 서언(序言)을 위한 52개의 잠언(Fifty-Two Aphorisms for a Foreword)〉 중에서 표현한 대로 "건축에 대해, 그것은 ~이 아니라고[예컨대

그림 1 로잔 대교(大橋) 프로젝트: '전자 건축' 빔(beam).

기념비적인 게 아니라고) 말한다는 것은 아마도 그것을 생기하는 것으로 이해하는 것과 같을 것이다. 그것은 자신에게 회귀하지 않고 자기 자신에게 장소를 부여한다. 거기에 사건이 있다".[153] 그렇다면 건축은 장소를 점하는 게 아니라, 장소를—무엇보다도 우선 자기 자신에게—제공하고, 또 그렇게 함으로써 "거기에 있는" 사건으로서 발생한다. 지극히 간단하게 말하자면 "그것이 생기한다(It happens: 즉 '어떤 사태가 발생한다'—옮긴이)". 우발적으로 생기함으로써 건축은 시간의 문제다. 우발적인 사태의-발판으로서 건축은 산재되어 있는 공간 안에서 굳건하다. 두 측면, 즉 시간성과 굳건함은 건축의 모든 사건 안에서, 바꿔 말하면 건축의 **모든 장소** 안에서 작동 중이다.

우리가 사는 곳, 특히 우리 집-장소(home-place)는 비록 기념 건축물처럼 영구불변한 것은 아니라 해도, 우리 자신의 행동이나 사고를 유지할 만큼 지속된다. 집 안에 서 있을 때, 나는 물론 **여기에** 서 있지만, 그러면서도 **저**

기 건너편에 있는 건물의 경계에 의해 둘러싸여 있다고 느낀다(보호받고, 도 전받기도 하며, 밖으로 이끌리기도 한다는 등등). 이런 상황에 처해 있는 사람은 단 지 시간 안에 있거나, 혹은 단지 공간 안에 있는 데 그치지 않고 사건이 사 람을 끌어들이는 예측 불가능한 모든 힘 속에서 이 사건을 경험한다. 데리 다의 말로 표현하면 "이 바깥은 우리가 안에 존재하는 바로 그 사물 안으 로 우리를 끌어들인다". 그리고 우리는 자신이 건축을 계획하거나 소유하 는, 사용하거나 향유하는, 요컨대 건축을 통제하는 주체이기보다 건축에 종속되어 있는 자신을 발견한다. 간단히 말해서 건축은 "우리를 포괄한다 (comprehend)".¹⁵⁴ 주인으로서 주체가 없는 것과 마찬가지로, 조물주로서 건 축가(즉 '원-건축가(archi/tect)'의 본래 의미)도 없다. 단지 '~이 있다'—건물의 사건을 경험하는 주체라는 사건—만 있을 뿐이다.

우리가 자신이 점하고 있는 건물에 의해—이행이 이루어지는 그 건물의 사건적인 장소에 의해—포괄되거나 관련된다고 한다면, 우리는 또한 그 건물 안에서 **바깥으로 공간화해** 있기도 하다. 여기에는 "바깥으로-나옴"이 라는 함의가 분명히 담겨 있을 뿐만 아니라 그 자체가 문자 그대로 "바깥으 로의-공간화(e-spacement: 지금 자신의 장소와 간격을 두면서 바깥으로 공간화함—옮긴 이)"라는 의미다. 건축적인 사건-창조는 **안에** 닫혀 있다기보다—아리스토 텔레스와 하이데거가 양자 간의 모든 차이에도 불구하고 이구동성으로 주 장하듯—오히려 바깥으로 향하는 것, 로크의 표현대로 하면 "밖으로 뻗어 나가는" 어떤 것이다. "공간적인 것이 모두 밖으로 팽창해가는 것"¹⁵⁵은 아 닐 수도 있지만, 건축에서 장소는 탁월하게 팽창적이다. 게다가 만일 건축 이 "자기 자신이 아닌 것 안에서, 자기 자신을 바깥으로 공간화한다"면, 우 리는 "초(超)건축(transarchitecture)"에 대해 이야기해야 한다고 데리다는 주 장한다.¹⁵⁶ 초건축은 (내적인 것이 밖으로 분출되는 로코코적 건물이나 낭만주의적 건물처럼) 표출적인 것도 아니고, (국제적인 양식으로 지은 대다수 건물처럼) 무감정하지도 않다. 빌레트 공원에서 찾아볼 수 있는 이런 방식의 초건축적 실천은 "사건과 함께 자신을 펼친다(이를테면 '사건과 함께 전개된다'—옮긴이)."[157] 다시 말해, 그 실천은 사건을 형성하는 가운데 **밖으로 펼쳐지는 것이고**(ex-plicare), 그리하여 자신이 구현하는 사건에 따라 바깥으로 퍼져 나아감으로써 어떤 단순 정위에 갇혀 있기를 거부하는 것이다. 이렇게 이해했을 때, 하나의 건물은 **장소 안에서 자기 자신을 바깥으로 공간화한다.** 장소라는 것은 건물이 그 **안에** 존재하기 때문이 아니라, 즉 그것이 처해 있는 단순한 장소이기 때문이 아니라 건물이 거기**로** 뻗어가는 것, 즉 건물이 그것으로 생성 변화하는 (그리고 언제나 여전히 생성 변화하고 있는) 것이기 때문이다. 이는 무제한적인 공간으로 뻗어나가는 것도 아니고, 하물며 무한한 공간으로 뻗어나가는 것은 더더욱 아니다. 이는 건물의 주변 속으로, 따라서 건물 자신이 직접 접해 있는 "원-장소(proto-place)"를 넘어 주위의 "공-장소(common-place)" 속으로 향하는 것이다. 그러나 역으로, 그리고 전적으로 이는 또한 그 주변의 어떤 저항하는 "대항-장소(counter-places)"로부터 안으로 향하는〔안에-거주하는(in-dwelling) 주체의 여기로 향하는〕 운동이기도 하다.[158] 나아가 이것은 "이런 다른 공간화로부터 자기 자신의 몸짓의 발명을 받아들이는"[159] 주체다. 그러므로 여기서 문제 되는 주체는 더 이상 자폐적이지 않고, 마찬가지로 바로 그 동일한 주체를 거기서 발견하는 건립된 구조도 아니다. 주체는 건물 자신이 공간화해감에 따라 "사건을 위한 장소를 만들어내는" 바로 그런 건물 안에서 바깥으로 공간화한다. 그렇게 하는 가운데 건물과 주체는 모두 사건이 생겨나게끔 한다. (요컨대 '사건이 장소를 잡게 한다'—옮긴이.) 건물과 주체는 함께 사건을 장소화에 이르게 함으로써 사건을 위한 장소를 발견한다.

건축에 있어 바깥으로의-공간화(spacing-out)는 경감화(輕減化)의 문제, 곧 물리적 질료라는 중하(重荷)와 비슷한 정도로 무거운 건축 양식의 역사성이라는 질료를 가볍게 만드는 문제다. 이는 "지속과 경도(硬度), 기념비적인 것〔그리고〕전통의 질료성(hyletics)"[160]을 느슨하게 만드는 문제다. 건축에서 탈구축은 바로 그런 탈중력적인 바깥으로의-공간화에 의해 진전되며 이런 공간화는 운동, 어긋남(탈구), 점(point)이라는 세 가지 기본 형태를 취한다. 이제부터 이들 각각을 살펴보기로 하자.

(1) **운동.** 탈구축적 양식으로 설계한 건물은 장소의 한복판에서, 즉 전적으로 지속적이고 안정적인 것으로서 우리를 거기에 머물도록 유혹할 수도 있는 장소의 한복판에서 우리가 늘 동적으로 움직이도록 해준다. 여기서 '운동'은 보행 이상의 것인데, 그도 그럴 것이 보행은 미리 수립되어 있는 경로를 고집하는 경우가 너무나 비일비재하기 때문이다. 오히려 신체가 목적 없이 배회하는 양상이야말로 초건축이라는 정신 아래 설계된 여러 건물(및 그 건물들 사이)에서의 운동에 더 잘 어울리는 운동 형태다. 그런 식의 표류에서 중요한 문제는 "우연, 형태의 발명, 조합에 의한 변형, 방랑을 위한 기회"[161]다.

(2) **어긋남(탈구).** 그렇게 우연적으로 움직이면, 그 결과 고정된 환경으로부터의 끊임없는 어긋남이 발생한다. 여기에는 단순히 위치를 점하는 일 따위는 실재하지 않으며, 단순한 장소의 이전(displacement) 또한 실재하지 않는다. 왜냐하면 이제 장소를 발견해야 할 곳은 동일시 가능한 장소들 사이의 이행이라는 부단한 어긋남 속에서일 것이며, 또한 이 장소들 자체를 비동일화하는 과정 안에서일 것이기 때문이다. 예컨대 추미의 '폴리'는 "전반적인 어긋남을 작동시킨다. 요컨대 폴리는 지금(maintenant)까지 건축에 의미를 부여한 것으로 여겨지던 것 모두를 이 어긋남 속으로 끌어들인다".[162] 데리다는 추미가 사용하는 어휘, 예컨대 "탈안정화(destabilization)",

"탈구축(deconstruction)", "열개(裂開, dehiscence)", "해리(解離, dissociation)", "분쇄(disruption)", "이접(離接, disjunction)" 등에서 de-나 dis-가 중요하다고 강조한다.[163] 이 대목에서 우리는 하이데거가 〈아낙시만드로스의 잠언(Anaximander's Saying)〉이라는 논문에서 비(非)-적합함(Un-fug), 즉 "탈구(disjoint)"를 강조했다는 사실을 떠올리게 된다.[164] 그러나 하이데거 쪽은—하이데거의 이 논문에 대해 논평하면서 데리다 자신도—지리멸렬한 것을 철학적 개념으로 주장하는 반면, 추미 같은 건축가는 구축된 작품 자체 안에 "이접적인 힘"을 주입하려고 시도한다. 추미가 쓴 것처럼 "빌레트에서 문제는 해리를 형성하는 것, 해리를 실연(實演)하는 것이다. ……여기에 난점이 없는 것은 물론 아니다. 해리에 형태를 부여하기 위해서는 그것의 지지 구조물('공원', 시설)을 하나의 재집결 시스템으로서 구조화하는 것이 필연적으로 요구된다".[165] 해리를 설계한다 함은 빌레트에서 발생하는 양상처럼 바깥으로의-공간화를 그 건축상의 한계에 이를 때까지 밀어붙인다는 것이다. 빌레트의 건물들은 일련의 단락된(disconnected) 건물들로서 용도가 하나로 정해진 게 아니라, 그것들을 지나가는 사람들이 어떤 선택을 하느냐에 따라 다양하게 달라질 수 있다.

(3) **점**. 추미는 또 이렇게 말한다. "폴리의 붉은 점은 이 해리된 공간의 초점이다."[166] 왜 **점**인가? 점은 기하학에 등장하는 존재자 중에서도 가장 가녀린 것 아닌가? 건축에 있어, 즉 구축 단위가 대체로 거대하고 둔중한 사업인 건축에 있어 가장 강조할 성싶지 않은 것 아닌가? 그러나 추미에게는 점이야말로 건축을 이산화(disaggregation)하려는 어떤 기획에서도 매우 중요한 것이다. 점은 기념 건조물에 대한 안티테제이고, 탈구축적인 건축은 단호하게 반(反)기념비적이다. 점은 또한 철학에서 잠언에 대한 공간적인 등가물이다. 그래서 데리다는 건축가와 철학자들이 협력해서 펴낸 텍

스트의 서언에 〈어떤 서언을 위한 52개의 잠언〉이라는 제목을 달기로 결정한 것이다. 점은 잠언과 마찬가지로 체계적이고 전체적이어야 한다는 요구—즉 건축이든 철학이든 모두 집대성(Gesamtwerk)이어야 한다는 요구(아울러 구축적이고자 하는 열망을 품은 철학이─기념하는 일이라면 사족을 못 쓰는─건축과 동맹 관계를 맺는 것은 불가피하다)─를 파기해버린다. 데리다와 추미 두 사람 모두에게 점은 공간의 영역에서 탈구축을 위한 가장 효과적인 동인이다. 점은 차이 없는 등질적 매체로서 공간의 탈구축이기 때문이다. 데리다는 이렇게 쓴다. "각각의 점들은 파열점이다. 요컨대 그것은 텍스트나 격자의 연속성을 중단시킨다, 절대적으로."[167] 데리다가 이미 〈우시아와 그람메(Ousia and Grammē)〉(이는 《그라마톨로지에 대하여》와 정확히 같은 시기에 나온 논문이다)에서 단언했듯 점은 기하학적인 존재자 중에서 가장 역설적인 것이다. 즉 그것은 열려 있음과 동시에 닫혀 있고, (자기 자신에게) 집중시키는 것이면서 또한 (다른 점들을, 궁극적으로는 직선들 전체를) 한데 묶는 것이기도 하다.[168]

흔히 우리는 점이 원자 같은 것이라고 생각하기 쉽지만 실은 그렇지 않다. 앞서 우리가 살펴본 대로 아리스토텔레스는 이미 점을 분할 가능하면서도 분할 불가능한 것이라고 보았다. 게다가 점은 (원자가 그러하듯) 공허를 함의하지 않는다. 오히려 점은 특히 건축 공간 안에서 실현되었을 경우 균열 같은 것, 혹은 "바탕이 없는(sans fond)" 것이고, 그래서 고립되어 있는 물리학의 소립자처럼 단지 진공 속에 붕 떠 있는 게 아니다.[169] 이런 견지에서 볼 때 점은 다시 한 번 잠언과 닮았다. 즉 점은 모나드적이고, 자기 자신 안에 관점 전체(궁극적으로 따져보면, 물론 뭔가를 볼 수 있는 관점은 아니지만)를 집중시킨다.[170] 점은 이처럼 집중시키는 본성을 가진 덕분에 모든 것을 취해 들인다—그러면서 동시에 점은 다른 어떤 것도 지시하지 않는 밖으로-공간화의 궁극적 단위이기도 하다. 그런 한에서 점은 (데리다의 말을 빌리면) "탈구축하거나 분할하는 〔바로 그〕 건축과의 교류점"¹⁷¹이다. 더군다나 점은 (아리스토텔레스가 상정한 대로, 마치 장소를 형해화시켜버릴 위험성이라도 있는 듯) 장소와 적대 관계이기는커녕 오히려 장소의 새로운 의미의 기반이 될 수 있다. 데리다와 추미라면 점이 포함자로서 어떤 힘도 없다는 것에 찬동할 테지만―그런 면에서 만일 장소라는 것을 둘러싸는 표면으로 간주해야 한다면, 점은 장소의 궁극적 단위일 수 없다―**바로 그 이유 때문에,** 요컨대 뭔가를 포용하는 데 반하는 비포괄적 지위를 갖는 것으로 인해 점은 이접의 건축이나 분쇄(disruption)의 건축 입장에서 보면 유망한 것이 된다. 포함하는 것도 아니고 포함되는 것도 아닌 것으로서 점은 초건축이 개시되는 움직임(opening move), 초건축의 탈구축적인 힘의 특이점과도 같은 원천인 것이다. 왜냐하면 점이란 영구불변하는 현전의 궁극적 폭발이기 때문이다.

건축이 운동으로부터 어긋남으로, 어긋남에서 점으로 향함에 따라 공간화의 효과는 더 한층 분열적으로 된다―그러면서도 또 장소화와 관련해서는 훨씬 더 유의미해진다. 이렇게 기술적인(descriptive) 방식에 따라 공간 속으로 나아가는 것은 곧 장소로 돌아오는 것이다. 장소가 안정성보다는 운동 쪽에, 소재화보다는 소재의 이동 쪽에, 포함하는 표면보다도 점 쪽에 더 관련을 맺는 의미를 새로이 띠게 되는 것이다. 그 결과 생겨나는 장소는 이를 사건화하는 바로 그 건물에 의해 더 가벼워지고, 탈응축하며 탈퇴적 화한다. 그것은 데리다가 아이젠먼에게 보낸 편지에서 표현했듯 "장소 없는 장소"¹⁷²다. 말하자면 멀리 떨어진 장소다. 요컨대 전통적인 외양을 한 공간과 시간으로부터 멀리 떨어진 장소 그리고 로쿠스이기만 한 어떤 것으로부터도―위치에 의해 정의되고, 사이트로서 이뤄지는 어떤 것으로부터도―멀리 떨어져 있는 장소다. 이것은 점/에로 향하게/함(ap/point/ment)이라는 탈구축적인 운동에 의해 공간을 이산시킴으로써 번성하는 장소의 문제다.

이때 우리는 신체들에 의해서보다는 건물들을 통해 투과적인 공간으로부터 지정된 장소로 회귀한다. 그렇긴 하지만 이런 회귀에는 인간 신체에 대한 깊은 함축이 담겨 있다. 푸코가 초점을 맞추었던 "유순한 신체"의 경우와 마찬가지로, 체험된 신체는 그 신체를 둘러싸고 있는 건축적 배경에 의해—그 배경이 어떤 형태를 취하든—깊은 영향을 받는다. 아이젠먼이 분명히 진술한 것처럼 "신체와 시선은 공히 건축의 내부성에 의해 함의되어 있다".[173] 이 말은 하등 놀랄 게 없다. 왜냐하면 신체와 시선은 이 내부성 안에 잡혀 있고, 그곳을 집으로 삼고 있으며, 따라서 그 구조들을 반영하기 때문이다. 그리고 역으로 건물은 설계는 물론 구축되고 사용하는 가운데 자기 안에 "신체의 서명"[174]을 담고 있기 마련이다. 건물이라는 것은 결국 그 안에 살거나 그 안에서 일하는 신체가 거주하기 위해 짓는 게 상례이기 때문이다.

그럼에도 불구하고 건축의 바깥으로의-공간화에 있어 우리가 돌아오게 되는 이 장소는 단지 거주, 즉 거기에 붙박여 사는 안정된 장소만이 아니며, 게다가 필연적으로 그런 장소인 것도 아니다. 특히 탈구축적이고 초건축적인 건물은 장소를 탈안정화하고 점화(點化, pointillization)하는데, 이는 (지나칠 정도로 제대로 명명한) "건설 사이트(building sites)" 위에 구축된 거주 장소나 일터가 갖는 고정된 소재 및 연장된 공간과는 심히 불화한다. 탈구축적인 프로젝트에서 그런 안정된 사이트는 내가 "반(反)사이트"라고 불렀던 것이 된다. 혹은 아이젠먼이 능청스레 표현했듯 〔건설〕 사이트를 단지 현전으로서뿐만 아니라, 그 위에 덧쓰기 위한 팰림프세스트(palimpsest: 썼던 글자를 지우고 그 위에 다시 글을 쓸 수 있도록 만든 양피지—옮긴이)와 그로부터 이것저것 캐낼 수 있는 보고(寶庫)로서, 그리하여 기억과 내재성의 흔적을 공히 포함하는 것으로서 다룰 때, 우리는 사이트를 **비-정적인**(non-static) 것으로 사유할 수 있다".[175] 그러함에도 불구하고 어긋나게 하는 것(요컨대 '소재를 이전하는 것'—옮긴이)이 곧 장소의 이전(displace)은 아닌 것처럼 점화시키는 (pointillize) 것이 곧 완전히 콩가루로 만들어버리는 것은 아니다. 장소는 여전히 남는다—유럽중심주의적 문화에서 최근 2세기 동안 구축된 대다수 건물을 포함해 대부분의 집이나 사원, 학교, 감옥 등 전형적인 사이트-공간과의 바로 그 차이에서 그리고 그 차이를 통해서.

실제로 탈구축적인 건축이 초래한 결과 중 가장 치명적인 것 중 하나는 그러한 건축이 통상적인 서양적 의미의 거주(habitation)에 대해, 그리고 더 구체적으로는 하이데거가 말하는 의미의 거주에 대해 비판한다는 점이다. 거주는—신성한 것에 대한 감수성, 아름다움과 조화로움에 대한 인식, 윤리적·정치적 목적의 실현 등과 함께—서양 건축에서 '불변항'의 하나라 해도 전혀 과언이 아니며, 또한 뭔가를 건립함에 있어 주거를 중심에 놓는 것, 즉 주거의 중심성은 역사적으로 볼 때 희랍인들이 집(oikos), 즉 살림살이의 여러 가치를 강조한 데서 비롯되었다.[176] 하이데거는《존재와 시간》이래로, 거주함에 내재하는 바로 이 가치를 재확인한다. 비록 꺼림칙함과 고향 상실에 의지함으로써 그 가치를 복잡하게 만들기는 하지만 말이다. 그러나 데리다는 그 가치 속에서—비록 그처럼 복잡할 때조차도—자기비판이 결여된 현전(presence)의 형이상학의 그림자를, 즉 가까움과 근접함의 가치에 대한 과대평가를 간취해낸다. 그러므로 당연하게도 "거주, 거주함, 신들과 인간들의 현전을 은폐하는 그 가치에 간단히 종속되지 않을 건축"[177]이 과연 있겠느냐고 회의를 표한다. 그는 한층 더 근본적인 차원에서 이렇게 묻는다. "누군가가 거주한다는 측면을 고려하지 않으면서 작품〔즉 건축 작품〕에 착수하는 게 과연 가능한가?"[178] "잠언에도 거수처(habitat)

가 없다"[179]는 것과 마찬가지 논리에 의해―만일 우리가 잠언과 건축 간의 상동적 관계를 계속해서 인정한다면―주거는 건축의 최고 목표가 아니며, 거주함과는 거의 관계없는 다른 여러 목표에 종속될 수 있다. 예를 들어 일본의 간사이(関西) 신공항을 위한 추미의 파격적인 설계에도 물론 호텔(즉 일시적인 거주 장소)이 포함되어 있지만, 어떤 노력 또한 그 안에 품고 있다. 그 노력이란 (추미 자신의 말을 빌리자면) "공항을 하나의 사건 및 하나의 스펙터클로 확대하려는 노력, 대외적 교류와 대내적 교류가 모두 이루어지는 상업과 문화의 새로운 도시―하루 24시간 내내 끊임없이 무언가를 발명하는……―로 확대하려는" 것이다. "사람들은 간사이 국제공항으로 날아갈 텐데, 그 이유는 그곳이 그런 장소이기 때문이다."[180] 추미의 설계도(그림 2)를 보면 이 프로젝트가 하려는 게 무엇인지 어느 정도 느낌이 온다. 이처럼 복잡하고 다층적인 사건은 추미가 설계한 교토 기차역 설계(그림 3)에도 거의 마찬가지로 해당한다.[181]

이렇게 말하는 것은 사람이 거주할 수 없는 구조물을 짓기 위해 건축가들이 분투해야 한다는 의미일까? 혹은 탈구축이라는 건 파괴나 마찬가지요, 건물을 폐허나 쓰러질 듯 흔들거리는 구조물로 환원시키는 것이나 마찬가지라는 의미일까? 물론 그렇지 않다. 우선 아이젠먼부터가 비록 설계 자체는 괴상하기 짝이 없지만 사람이 살기에 극히 적합한 집들로 가장 잘 알려져 있지 않은가! 그렇지만 이는 주거가 유일한 목적이라든가, 심지어는 가장 기본적인 목적이라고 간주해서는 안 되고, 다른 여타의 목적과 융합될 수 있는 것으로 간주해야 한다는 의미다. 그럼으로써 주거는 구조적으로는 물론 가치론적으로도 이질적이고 혼효적인 건물로, 즉 여러 층위의 의미(추미의 말을 빌리면, 다층적인 "밴드(bands)")를 갖춘 건물로 사건화한다. 그것은 주거 같은 전통적 가치를 추방하는 게 아니라, 우선 그러한 가치를

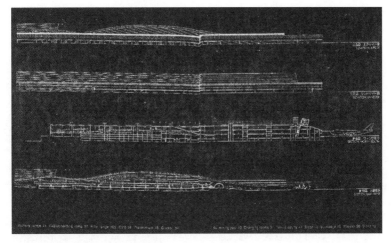

그림 2 간사이 국제공항: 입면도 및 단면도. 카페, 정원, 소총 사격장, 스케이트보드장, 수영장 등이 보인다.

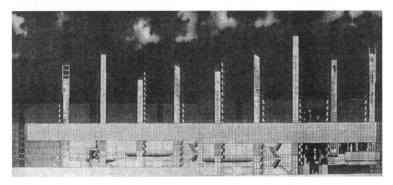

그림 3 교토 기차역과 컨벤션 센터: 입면도 및 단면도. 결혼식장, 헬스 클럽, 역사박물관, 고급 식자재 매장 등이 포함되어 있다.

탈구축하고, 그런 다음 새로운 건축 작품 내부에 그 가치를 **새로 편입시키는 것**(reincorporating)의 문제다. 이런 맥락에서 데리다는 동시대 건축가들에게 이렇게 권유한다. "여러분은 구축해야 한다. 말하자면 새로운 공간과 새로운 형태를, 새로운 방식의 건물을 형성해야만 한다. 물론 거기에〔전통적인〕모티프나 가치〔예컨대 주거〕가 다시 새겨지는 것은 사실이다. 하지만 이

때 그 모티프나 가치는 외적인 주도권을 이미 상실한 상태다."[182] 서구 사상에서 '공간'의 지위가 문제적이었음을 고려할 때, 이는 새로운 형태를 갖는 **새로운 장소**를 어떻게 구축할 것인가 하는 문제라고 하는 편이 좋을 것이다—단지 어떤 장소에, 혹은 어떤 장소 위에 새로운 방식으로 뭔가를 짓는 게 아니라 **장소 자체를 짓는**, 곧 새롭고도 다른 방식으로 짓는 문제인 것이다.

종국적으로 데리다는 아이젠먼 및 추미와의 대화에서, 지어진 장소에 있어 문제 되는 '안에(in)'를 이중으로 탈구축시킨다. 거주(inhabitation: 곧 **안에** 사는 일)의 '안에'와 건물 **안에** 있는 신체의 '안에'를 모두 탈구축시키는 것이다. 이렇게 양자를 탈구축시키는 조치에서 우리는 가둠과 포함으로부터 탈주하려는 노력을 목도한다. 전체화하고 전체화되는 생활 단위로 여겨지는 구조물 내부에 계속 머무르는 거주(그 자체가 현전의 형이상학의 한 형태인 거주)에 대해 서양이 부여해온 가치 속에 함축되어 있는 그 가둠과 포함으로부터의 탈주를 말이다. 이런 탈주는 다양한 형태의 바깥으로의-공간화를 통해 이루어진다—그러나 여기서 "바깥으로의"는 단지 "안/밖(in/out)"이라는 이항적인 쌍에서 "안"의 다른 항인 것만은 아니다.[183] 'out'은 trans-('넘어' 또는 '가로질러'—옮긴이)도 함의한다. 추이(transition), 옮김(translation), 전이(transference), 월경(越境, transgression)에서처럼 말이다—그러나 여기서 'trans-'는 지금 현재의 현실성 너머의 이상적인 장소를 함의하는 초월(transcendence)에서의 'trans-'가 **아니다**. 〔추미는 자신의 최근 작품에서 "프로그램 가로지르기(transprogramming)"에 대해 이야기한다.〕[184]

최종적인 목적은 장소를 향해 가는 것이다. 지리멸렬한 불완전성과 분쇄되고 붕괴해버린 비현실성을 모두 안고 말이다. 다시 말해 그 목적은 지어지는(그러면서 동시에 도저히 뭔가가 지어질 성싶지 않은) 과정 자체 내의 어떤 것으로서 장소를 향해 가는 것이다. 건축에 있어 장소는 "비전체화한 전체성 (detotalized totality)"(사르트르)이다. 요컨대 그것은 어떤 종류의 **사물**도 아니다. 그것은 실체로부터 너무나 벗어나 있어 미리 투사해보는 것조차 불가능하다.[185] 그것은 장소 없는 장소—토포스 안의 불합리적인(atopic) 것—의 문제다. 그러한 장소는 (물리적인 현전까지는 아니라 해도) 형이상학적인 현전이라는 짐으로부터는 해방되었다는 점에서 앞선 위치(advance position) 내에 존재한다. 즉 공간과 시간보다 미리 존재한다. 그와 동시에 장소는 사건과, 장소 자체가 사건의 장소인 그런 사건과 일체를 이룬다.

그렇지만 장소는 그 자체로 주어져 있지 않다—건축에서, 혹은 다른 어떤 인간의 기도(企圖)에서도. 장소는 **있지 않다**. 장소는 **있어야 할 것이다**. 비록 전적으로 투영 가능한 것은 아니라 해도 최소한 약속은 되어 있다. 그것은 비록 완결적으로 구축되지 않는다 해도 발견되어야 할 것이다. 데리다의 〈어떤 서언을 위한 52개의 잠언〉의 마지막은 이렇다.

> 여러 가지 유혹에도 불구하고, 재전유(再專有, reappropriation: 또는 '재성기(再性起)'—옮긴이)가 가능함에도 불구하고 잠언의 우연을 유지한다 함은 중단의 내부 (within)에서, 중단되는 일 없이 장소를 부여한다는 약속을 지키는 일이다. 만일 그것이 필요하다면/만일 그것이 빠져 있다면 말이다. 그러나 그것은 결코 주어져 있지 않다.[186]

마지막 문장의 "그것"이 다의적이라는 사실은 매우 시사적이다. 이는 "잠언"을 가리킬까, "중단"을 가리킬까, "장소를 부여하는 일"을 가리킬까? 아마도 이 모두일 것이다. 그리고 또 하나의 말을 거기에 포함해야 한다. 직접 언급하지 않았다는 사실로도 그 중요성을 결코 흐리지 못할 말, 바로

'사건'이다. 건축이란 장소를 부여한다는 바로 그 약속에 의해 장소를 만들어내는 일이다—비록 장소 자체가, 장소의 장소가 바로 그것으로서 주어지는 일은 결코 없다 해도. 불합리함(atopia)은 그 어떤 토포스에서도 하나의 구성 요소로 들어 있다. 지어진 장소라는 것은 비록 그것이 아무리 기념비적이고자 해도 주어져 있지 않다. 그것은 심지어 실재하지도 않는다. 그런 장소는 건축의 산물이라기보다—건축이라는 이 말이 사이트에-구속된 제도적 규칙에 의해 한계 지어진 기도(企圖)를 필연적으로 수반한다면—"무정부 건축(anarchitecture)"[187]의 산물이다.

지어진 장소는 하나의 사건, 즉 바깥으로의-공간화라는 바로 그 초과함(excess)에 있어 장소의 발생(the taking place of place: 요컨대 '장소가 장소를 취함'—옮긴이)이다. "그것이 자신에게 회귀하지 않으면서 자기 자신에게 장소를 부여한다. 거기에 사건이 있다"고 해서 하등 놀라울 게 없다. 추미의 말을 빌리자면 그것은 "자신의 장소를 여러 사건에 부여하는 공간화의 한 양식"[188]이다. 혹은 필리프 솔레르(Philipe Sollers)와 더불어 이렇게 말할 수도 있다.

우연은

미래에 일어났을 것이다(WILL HAVE TAKEN PLACE: 원문이 미래 완료 시제로 되어 있는 점을 반영해 조금 부자연스럽지만 이렇게 번역했다—옮긴이)

그러나 장소는

저편과 융합한다

이해(利害, interest)의 바깥에서

자신이 관련 있는 한에서만 지시되는

일반적으로

그러-그러-한 경사(傾斜, obliquity)에 의해 그러-그러-한

기울기(declivity)에 따라.[189]

6

그러므로 우리는 우리의 장소 개념에 대한 물음 전체를 재고해야만 한다. 차이에 관해 다른 시대(각각의 사유(thought) 시대는 차이에 대해 이뤄진 특정 시기의 성찰과 대응한다)로 이동하기 위해서도, 또한 정념의 윤리학을 구축하기 위해서도, ……만일 성차(性差)를 통해서가 아니라면, 우리는 어떻게 하나의 장소의, 장소 일반의 이런 한계를 표시할 수 있겠는가?
　　　　　　　　　　　　　　　—뤼스 이리가레이, 〈성차(Sexual Difference)〉

여성은 여전히 장소다. 그녀가 자신을 바로 자기 자신으로서 가질 수 없는 그 장소 전체다.
　　　　　　　　　—뤼스 이리가레이, 《다른 여성의 검시경(Speculum of the Other Woman)》

유동성(流動性)은 근본적인 조건이다.
　　　　　　　　　—G. F. 라이프니츠, 《신인간지성론(New Essays on Human Understanding)》

장소에 최종적인 얼굴을 부여해야 할 때가 왔다―혹은 차라리 이 주제의 장구한 역사 속에서 거의 깡그리 흐려진 얼굴을 찾아낼 때가 왔다고 해야 할까? 이는 장소의 운명과 관련될 경우에는 젠더(gender)의 양가적 얼굴이다. 장소와 젠더? 성적으로 특정화한 장소? 장소에-구속된(place-bound) 것

으로서 성적 정체성? 이런 이슈들은 지금까지 논의되지 않았다. 아니 서구의 전통적 사고에서는 아예 제기한 적조차 없던 문제. 적어도 아리스토텔레스 이래로 사람들은 장소나 공간이라는 문제에 관한 한 성적 차이는 하등의 차이도 낳지 못한다고 당연시해왔다. 그러니 의아하지 않을 수 없다. 장소를 오로지 자연물리적 견지에서만 이해하고, 그것을 일체의 애매함 없이 자연의 영역 내에만 위치 지음으로써 아리스토텔레스는 장소에 대한 젠더화한 논의를 그 흔적조차 지워버리려 하지 않았던가? 사실, 헤시오도스(아리스토텔레스는 장소에 대해 논의할 때 《자연학》 앞부분에서 "'대지'의 풍만한 가슴"이라는 헤시오도스의 표현을 인용하며 경멸감을 거의 감추지 못한다)와 플라톤(그에게 데미우르고스가 명백히 '남성적인' 것처럼 '수용체'로서 코라가 '여성적'이라는 것 또한 부정할 수 없는 사실이다)의 경우까지만 해도, 장소에 대한 논의는 두드러지게 젠더화해 있었다. 플라톤과 헤시오도스보다 더 거슬러 올라가면 티아마트가 마르두크에게 패배를 당했다는 것은 아예 집합적인 수준의 기억으로 가로놓여 있다. 기원전 6세기에 고대 희랍 철학이 처음 발흥했을 때, 지중해 사람들의 마음속에서 여전히 들끓고 있던 영웅담으로서 집합적인 기억 말이다.

그렇다면 우리가 이 책 가장 끝부분에서 젠더와 장소 문제를 다루는 것은 전적으로 새로운 어떤 것 속으로 진입하는 건 아닌 셈이다. 다시 말해, 우리는 여기에 이르러 완전한 원을 그리는 것이다. 요컨대 성적 정체성에 따라 인간이 (그리고 물론 다른 동물들도 역시) 장소를 이해하고 경험하는 방식이 달라진다는 고대의 확신으로 돌아가는 것이다. 이러한 확신은 전투적이고 폭력적인 어떤 것—메소포타미아 신화가 상정하고 있듯 문자 그대로 "젠더 트러블(gender trouble: 미국의 철학자이자 젠더 이론가 주디스 버틀러(Judith Butler)의 1990년 저서 이름이기도 하다—옮긴이)"의 이슈—과 관련이 있다. 하지만 그런 확신을 다시 들고 나온다고 해서 그것이 곧 헤시오도스식으로, 즉

"만물 중에서 우선 처음에 '혼돈(chaos)'이 생겼다"는 식으로 혼돈으로 퇴행하는 건 아니다. 성적 차이는 물론 인간을 심연 속으로 끌고 들어갈 수 있다. 하지만 그것은 단순히 **구렁에 빠지는 것**이 아니며, 게다가 필연적으로 그렇게 되는 것은 더더구나 아니다. 심지어 아리스토파네스가 설정했던 "원초적인 '구렁(Gap)'" 안에서 크게 아가리를 벌리고 있는 무(無)조차도 어떤 일정한 형상을 갖고 있다. 어쨌거나 아리스토파네스는 두 성(性)이 본래는 원융(圓融)한 하나의 혼인체로서 결합되어 있었고, 그 후에 불행하게도 반쪽으로 갈라졌다고 생각한 사람이었으니 말이다. 프로이트는 인간의 경우 양성성이 어떻게 비롯되었는지 사유함에 있어 아리스토파네스의 이런 원(原)신화(protomyth)를 암시한다. 뤼스 이리가레이도 아리스토파네스를 암시하며 이렇게 말한다. "그 이야기에 따르면 예전에 남성과 여성은 함께 결합되어 있어 굳게 껴안은 채 이리저리 돌아다녔다. 그 뒤 그들은 갈라졌지만, 각각은 끊임없이 잃어버린 반쪽을 찾아 다시 한 번 껴안으려 한다."[190]

이리가레이는 이 책에서 마지막으로 고찰할 장소에 대한 저자로서 우리를 원초적인 기원들로 되돌려 보낸다. 우리를 신체로 되돌려 보냄으로써, 그리하여 신체와 장소의 관계에 대해 관심을 보인 다른 인물들이 점했던 미궁과도 같은 협로(defile) 사이로 이어져 있는 '아리아드네의 실'을 따라감으로써 말이다. 그러나 다른 인물들과 달리 그녀는 우리를 확고한 방식으로 (성적인 것만큼이나) 성화한(sexed) 신체로 되돌려 보낸다. 10장에서 다룬 사상가 중 누구도 성에 따라 분명히 구별되는 성적인 특정성에 관한 질문 따위를 고찰하려 하지 않았다. 바슐라르는 젠더에 따라 확연히 구별되는 몽상—융의 의미에서 **아니마**(anima: 남성 속의 여성적 특성—옮긴이)를 드러내는—쪽을 지시하긴 하지만, 그것이 신체적으로 어떤 함의(corporeal connotations)를 갖는지에 대해서는 다루지 않는다. 들뢰즈와 가타리는 근대적 주체의 "여성 되기(becoming-woman)"를 논하지만, 이 개념에 대한 그들의 논의는 아니마에서 영감을 받은 시적(詩的) 몽상에 대한 바슐라르의 애가(哀歌, elegy)처럼 탈신체화해 있다.[191] 오직 이리가레이만이 성적 차이가 장소와 관계있을 때, 바로 그 성적 차이가 남성과 여성의 **신체에서** 갖는 타당성을 탐사한다. 더욱이 그녀의 탐사는 아리스토텔레스의 《자연학》 4권 2장부터 5장까지에 대한 주석을 다는 형식으로 이뤄진다. 서양 철학에서 장소와 공간에 대한 2000년에 걸친 논쟁을 격발시킨 바로 그 텍스트에 대해서 말이다! 따라서 이리가레이의 도전을 다루는 것은 우리가 신체로 회귀하는 것일 뿐만 아니라, 장소-내-신체에서 성에 의해 특정되는 의미를 그 흔적조차 실질적으로 박탈해버린 '경전과도 같은(canonical)' 텍스트로 회귀하는 것이기도 하다. 아리스토텔레스에게 장소 안에 적합하게 존재한다는 것, 자기에게 적합한 고유 장소(autos topos) 안에 존재한다는 것은 성에 의해 특정되는 어떤 의미도 갖지 않는 것이다. 그에게 이는 철학적으로 아무런 의미도 없는 것이었다. 이리가레이에게는 신체상의 특정성에 따라 이미 차이화해 있는—그리고 성적인 역사성이 흠뻑 배어 있는—존재를 제외하고 장소 내 존재란 존재하지 않는다. 나아가 아리스토텔레스가 장소에 정치적으로나 종교적으로 고유하게 내재한 의의 따위는 없다고 부정했던 것과 마찬가지로〔장소가 이런 의의를 갖는 것은 말하자면 차용에 의해, 예컨대 폴리스(polis)로부터 혹은 '제1의 동자(動者)'로부터의 차용에 의해서뿐이다〕, 이리가레이는 장소에 그 두 가지 종류의 의의를 모두 회복하려 시도한다—물론 단지 장소를 무엇보다도 우선 성적인 의의를 갖는 것으로 이해하는 한에서일 뿐이지만.

　무엇보다도 우선 신체가 있고, 장소가 있다. 혹은 차라리 장소-**로서**-신체가 있다고 해야겠다. 예컨대 출생 전 태아를 위한 장소로서 어머니의 신체 말이다. 여기에 뭔가 '견고한' 것을 위한, 즉 태아의 성장하고 있는 신체를 위한 장소가 있다. 이러한 신체-장소는 토대를 부여받고 또 일정하게 조절되는 것인데, 이런 일은 단지 유기체적인 차원에서만 이루어지는 것이 아니다. 이는 출산에 존귀한 지위를 부여한다는 점으로 볼 때, 거의 모든 사회에서 높이 평가받는다. 이보다 훨씬 저평가되는(그리고 적응이라는 관점에서 보면 필요도가 낮다고 여겨지는) 것은 쾌락을 위한―여성의 오르가슴으로서 향락(jouissance)을 위한―장소로서 여성의 신체다. 이러한 쾌락-장소는 아리스토텔레스의 입장에서 보면, 설령 경악까지는 아니라 해도 의심을 사기에 족한 원인(cause)이다. 왜냐하면 오르가슴의 유동적인(fluid) 내용물, 즉 체액이 유기체인 그 포함자로부터 분출되어 나오기 때문이다. 오르가슴에 있어 (남성과 여성 공히) 신체-포함자(body-container)는 그 고유의 목적을 이루지 못한다. 실제로 여기서 "유동성은 근본적인 조건이다".[192] 특히 여성의 쾌락은 "그녀가 포함할 때, 그녀 자신을 포함할 때, 그녀 자체인 장소 안에 존재하는 것이 무엇이든, 그 안에 존재하는 모든 것의 흐름(épanchement)과 '닮'도록 정해져 있다. 성행위에 있어 남성이 분출하는 백주(白酒, wine)가 아마도 그것 아닐까? 암브로시아의 정수(elixir of ambrosia), 그리고 장소 자체의 정수인 바로 그 백주".[193]

이리가레이는 그릇-으로서-장소라는 아리스토텔레스의 은유를 진지하게 받아들인다―박식자 중의 박식자였던 사람(아리스토텔레스를 일컬음―옮긴이)보다 더 진지하게(직접적인 표현만 보면 덜 그렇지만). 그릇-으로서-신체는 한 장소에서 다른 장소로 움직일 수 있는 것만은 아니다. 움직이지 않을 때조차도 그것은 사실상 **장소의 장소**다. 장소의 무한 퇴행―아르키타스와 제논이 처음 제시한 인식상의 악몽―에 대한 아리스토텔레스의 우려를 비웃으면서, 이리가레이는 다음의 사실을 확인시켜준다. 여성은 어떤 장소(예컨대 가정) 안에 존재하지만 그게 전부가 아니라 "장소는, 여성 안에서, 단지 [그녀 내부의) 기관들(organs)로서뿐만 아니라 그릇 혹은 수용체로서 장소 안에 존재한다. 그것은 어머니로서, 또한 여성으로서 두 번에 걸쳐 장소다".[194] 이보다 더 아이러니한 것은 남성이 "여성의 **무장소성**"[195]을 설정함으로써, 유기체적으로나 성애적인 차원에서는 말할 것도 없고 사회적으로나 정치적으로도 여성에게 어떤 유의미한 장소화를 부정하고 싶어 한다는 사실이다. 여성은 이중으로 장소화해 있음에도 스스로 그 어떤 "고유의 장소"도 모두 박탈당한다. 그럼에도 불구하고 "여성은 장소**이다**"라고 이리가레이는 주장한다.

> 여성이라는 면에서 그녀는 장소다. 그녀가 더욱더 큰 장소 안에 자기 자신을 위치 지어야만 하는가? 그러나 또한 그녀 자신 안에서 발견하고 또 그 안에 위치 지어야 하는 것은 바로 그녀 자체인 장소다. 만일 그녀가 자기 내부에, 곧 자기 자신인 그 장소를 구성할 수 없다면, 그녀는 자기 자신에게 회귀하기 위해 아이를 통해 끊임없이 이행한다. 이 일은 타자(즉 아이)를 그녀의 내부성 안에 붙잡고 놓아주지 않는다. 이러한 일이 일어나지 않게 하기 위해 그녀는 **무한대**와 **무한소** 간의 이행을 가정해야만 한다.[196]

그러나 무한대와 무한소—제논의 역설과 칸트의 이율배반을 초래하는 문제적 용어—간의 이행이라는 난제를 해결하기 위해서는 장소를 양극단 간의 중간 지대로서 취급해야 한다. 요컨대 "그녀에게 한 장소에서 다른 장소로 이행하는 일은 여전히 장소의 문제다. 여기서 장소는 언제나 그녀가 유동적으로 구성해가는 맥락 내에서의 장소다".[197] 여성은 단 한 종류의 타자(즉 남성)를 위한 최초의 혹은 최후의 장소일 뿐이라기보다 오히려 어린이나 그녀 자신의 어머니, 혹은 '신'과 관련한 장소이기도 하다. 궁극적으로는 여성이 그녀 자신이 장소인 바로 그 장소가 되는 것은 오직 다른 많은 장소를 **가로지르거나** 통과해서다. "나는 무제한적인 개수의 신체를 통과하고, 자연을 통과하고, '신'을 통과하면서 찾고 또 찾는다. 일찍이 나를 위해 장소가 되어주었던 그 신체를."[198] 장소에 의한 구원 가능성이 희미하게 반짝이는 곳은 많은 장소들로의 분산이라는 사태가 무겁게 육박해오는 바로 그곳이다. 여성에게는 "미지의 개수의 장소들 속으로, 그녀가 자신에 대해 알고 있는 그 어떤 것으로도 결코 모여들지 않는 장소들 속으로 산산이 흩뿌려지는"[199] 일이 가능하다.

여성의 신체는 내포적으로 연장된 장소가 되기는 하지만, 이는 단지 다른 장소들과의 상호 작용을 통해서뿐만 아니라, 그녀 자신의 존재와 동인(agency)을 통해서이기도 하다. 왜냐하면 그녀의 신체는 그 자체가 수용체를 포함하는 하나의 싸개(envelope)인 한 이미 장소이기 때문이다.

그녀는 장소 내부에서 장소로서 움직일 수 있다. 가용 장소들이 존재하는 상황 속에서. 다만 그녀가 그녀 자체인 장소의 한계를 그려내고, 그리하여 그녀 자신을 그 장소 안에 위치 지으며 거기서 타자를 환대할 수 있다는 전제 아래서만. 만일 그녀가 포함할 수 있고, 안에 감쌀(envelope) 수 있으려면, 그녀는 자기 자신을 감싸는 것이 있어야만 한다. 그녀에게는 유혹을 위한 의복이나 장식품뿐만 아니라, 그녀의 피부가 있어야만 한다. 그리고 그녀의 피부는 하나의 수용체를 포함해야만 한다.[200]

플라톤의 '수용체'와 마찬가지로(코라와 마찬가지로) 장소-로서-여성은 움직이는 힘이다. 그러나 코라와 달리, 그녀는 싸면서(즉 그녀의 전체 피부에 의해) 동시에 싸이는(그녀의 질과 자궁 안에) 이중의 싸개로서 그러하다. 그래서 그녀는 "외부의 연장"(살로 덮는 그녀의 신체)과 "내부의 연장"(그녀의 생식 기관과 내부 기관들에 의한)을 모두 갖추고 있다. 이러한 이중의 연장성이 없다면 그녀는 심연일 것이고, 타자들을 심연 속으로 빠뜨려버릴 것이다.[201] 이런 이중의 연장성을 갖추고 있기 때문에, 여성은 데카르트적 의미에서 연장체와는 전혀 다르다. 데카르트적 의미에서는 만물이 다른 만물에 대해 외적이다. 즉 부분 밖에 부분(partes extra partes)이 있는 식이다. 또한 그녀는 들뢰즈와 가타리가 말하는 유목 공간의 "바깥의 사유" 같은 방식으로 "순수 외부적"인 것도 아니다. 그녀의 신체-장소는 부분 밖의 부분이 아니라 **부분 내 부분**(partes intra partes)의 질료, 즉 다른 여러 부분들〔여성 자신의 신체-부분과 타자들(임신 시에는 그녀의 태아, 성교 시에는 그녀의 연인)의 신체-부분 모두)을 싸는 여러 부분들의 질료다. 성적 욕망은 이중 울타리(enclosure)라는 형태로 이러한 모아들임(involution)을 반영한다. "욕망이 존속하려면 이중의 장소, 이중의 싸개가 필요하다."[202]

달리 표현하면, 여성의 장소-로서-신체는 **이중으로 관여시킨다**(doubly engaging). 즉 해부학적 함입(陷入, invagination: 즉 그 자신의 피부 안에 있는 내부 기관)에 의해 **자기 자신**을 관여시키고, 또한 그 능동적 수용성에 힘입어 **타자들**(아이들, 연인들, 어머니, '신')을 관여시킨다. 여성의 신체에 있어 이중성은 질료의 참된 진실이며, 그래서 이 신체에서는 "엄밀히 말해 최소의 수는 2다"[203]라는 아리스토텔레스의 말은 정확히 들어맞는다. 만일 여성 신체의 자기 장소에 둘이라는 성질(twoness)이 미리 주어져 있지 않다면, 그것이 맺는 다른 관여는 일어날 수 없을 것이다. (요컨대 장소를 취할 수 없을 것이다─옮긴이.) 그럴 경우 사태는 충분히 관여되지 못하는 데 그치지 않는다. 여성의 신체는 아예 관여시키지 못할 것이고, 심지어 자기 자신과도 그러할 것이다.[204]

감싸는 것(envelopment)을 철두철미한 포함으로 보는 아리스토텔레스의 모델이 출구 없이 에워싸인 상태(enclosedness)를 함의하는 반면, 이리가레이의 패러다임은 정반대의 방향으로 이끈다. 요컨대 "열린 것의 열린 상태(the openness of the open: 이리가레이가 하이데거로부터 이어받은 표현)"[205]를 드러내는 다공적(多孔的) 신체-장소로 이끈다. 이는 단지 우발적으로 열려 있는 게 아니라 **원리적으로** 열린 어떤 것의 문제다. "여성은 그녀가 포함자인 한 결코 닫힌(fermée) 것이 아니다. 장소는 결코 닫혀(clos) 있지 않다. 〔그녀 신체의〕 여러 경계는 서로 닿아 있으되 여전히 열려 있다."[206] 아리스토텔레스의 배타적인 자연학과 반대로, 이중으로 싸여 있는 것은 이중으로 열려 있는 것이다. 즉 자기 자신 내에서 자기 자신에게 열려 있고, 자기 외부에서 타자에 열려 있다. 그러나 타자는 또한 내부에 있다. 어머니의 내적 이마고 안에, 회임 안에, 혹은 성교 안에도 역시. 이런 식으로 타자가 내부화하는 것(그중 몇 가지는 남성에게서도 역시 일어난다)은 만일 여성의 신체가 일단 열려 있지 않다면 불가능할 것이다. 혹은 더 엄밀하게 말하면 반쯤 혹은 "경미하게 열려 있지(entrouverte)" 않다면 불가능할 것이다. 아리스토텔레스식 포함자의 경우, 부분적으로라도 구멍이 나 있다는 것은 재앙이다. 왜냐하면 그 안의 내용물이 유출되어 제 장소를 상실해버리기 때문이다. 엄밀한 의미에서 말하자면, 포함이라는 것은 모두 전부 아니면 전무인 사태다. 이와 동일한 이야기가 자기 원인(causa sui)으로 정의되는 스피노자의 '신'에도 해당한다. 이 '신'의 본질은 실존을 철저히 그리고 전적으로 감싸는 것이다. 즉 이런 방식으로 싸여 있지 않은 것은 곧 실존하지 않는 것―'신'에 속하는 필연성을 갖지 못한 것―이다. 이런 정의로부터 여성은 "여성으로서 **실존해야만 하는 것**은 아니다. 왜냐하면 그녀의 싸개는 여성으로서 늘 경미하게 열려 있기 때문이다"[207]라는 결론이 도출된다. 여성은 '신성(神性)'의 시험을 통과하지 못한다―'신'이라는 것이 남성들에 대해, 남성들에 의해 정의된다[208]는 점에서 볼 때, 이는 놀랄 일도 아니다. 여성의 신체는 제대로 된 종류의 싸개가 못된다는 바로 그 이유로 인해 여성이 적절한 포함자가 되지 못하는 것과 정확히 마찬가지 사태다. 요컨대 여성의 신체는 철두철미한 포위자가 아니다. 지당한 얘기다. "구멍난 공간(holey space)"[209]으로서 이 신체는 빈틈없이 틀어쥐는 대신 쩍 벌어져 있다. 여성의 신체는 자가당착적인 구조다. 즉 그것은 열린/울타리(open/enclosure)다.

다시 한 번 지당한 얘기지만 여성의 신체는 '신'이나 물리적인 사물의 신체와 달리 유기적인 신체다. 이처럼 단순한 사실이 모든 차이를 빚어낸다. 그도 그럴 것이 데카르트가 말하는 의미에서 연장―여기에는 스피노자(혹은 헨리 모어)의 '신'과 관련한 경우의 무한한 연장도 포함된다―을 일차적 속성으로 갖는 신체는 내적인 허(虛, hollows)를 갖지 않기 때문이다. 아리스토텔레스의 포함자 안에 안치되어 있는 물리적인 사물에 대해서도 동일한 이야기가 적용된다. 거기에 안치되어 있는 사물은 심지어 그것이 물이나 공기일 때조차도, 그 포함자 안에 있는 균질적인 덩어리 같은 어떤 것으로서, 어떤 틈도 없는 단일한 가감적 실체로서 파악된다. 견고하고 비유기적인 물리적 물체는 그 내부에 이행 통로가 없는 것과 마찬가지로, 그것을 감싸고 있는 싸개에는 구멍이 없다. 양자는 모두 자기 자신 안에 닫혀 있을 뿐 한쪽은 포함하고 다른 쪽은 포함되는 2개의 연속적인 규모(magnitudes)로서 어떤 통과나 이행을 위한 구멍이 뚫려 있지 않다. 동일한 이유로, 비유기적인 이 양자는 본질적으로 불변이며 부동이다. 아리스토텔레스의 공식적인 정의에 따르면 장소는 "둘러싸는 것 중 불변하는 첫 번째 한계"[210]인데, 스피노자의 '신'은 그런 장소만큼이나 정적이다.

이리가레이는 여성의 신체를 다음과 같은 규칙을 입증하는 추문과도 같은(scandalous) 예외로 제시한다. 즉 여성의 신체는 전형적인 장소이지만,

그러면서 구멍이 뚫려 있지도 않고, 또한 정지해 있는 것도 아니라는 법칙이다. 그렇기는커녕 정반대로 여성의 신체는 늘 (최소한 경미하게라도) 열려 있고, 늘 (어느 정도는) 움직인다. 이는 정확히 우리가 **입술**의 경우에 목도하는 일이다. 안면의 **입술**이나 생식기의 입술〔곧 음순(陰脣)—옮긴이〕은 움직이기를 그치는 일도, 열리기를 그치는 일도 결코 없다. 이 입술들은 성적인 활동에서뿐만 아니라 **모든** 활동에서 끊임없이 서로 닿는다. 그런 한 이 입술들은 **장소를 실행한다.** 그것들은 장소를 바깥으로 실연(實演)해내며, 또한 장소를 **안에서** 실연시킨다. 입술은 공통의 문턱으로서 내부와 외부를 접속시키고, 이 문턱 안에서 신체 내부의 것은 신체 외부의 것과 만난다. 단지 시각적으로뿐만 아니라 접촉적으로 만나는 것이다.[211] 입술에 결정적인 것은 점액성이다—요컨대 섭취를 용이하게 할 수 있도록, 그러나 완전히 물 같은 것은 아닌 식으로 젖어 있다. 뚜렷한 경계를 갖기보다는 끈적끈적한, 단지 움직여지는 게 아니라 스스로 움직이는, 다른 어떤 것에 의해 장소화하는 게 아니라 스스로 장소화하는 식으로 젖어 있다. 입술을 갖춘 신체는 두 팔이나 두 다리, 두 손을 갖춘 신체만큼이나 본질적으로 두 요소로 되어 있다. 칸트가 1768년 논문에서 초점을 맞추었던 팔과 다리와 손이라는 세 쌍은 주위 세계와 교섭하지만, 반면 입술은 세계와 내부 세계 간의 상호 작용을 매개한다. 이리가레이의 독해에 따르면, 입술은 기관(organ)에 준하는 것으로서, 그저 수동적인 체부(parts)가 아니다. 입술이라는 진동하는 존재는 "기관 없는 신체"(들뢰즈와 가타리) 같은 식의 그 어떤 관념에 대해서도 이의를 제기한다. 입술은 조화롭게 부합되는 일치 대칭물로서 유기적인 신체의 임계적인 **역**(閾, limina)에 위치해 있다. 입술은 신체의 무한정한 쌍이면서, 그러나 한정짓는 쌍인 것이다.[212]

하나의 일반적인 테제가 이처럼 풍부한 시사성을 담은 이리가레이의 글쓰기로부터 출현한다. 이 테제는 이리가레이 자신이 실제로 진술하는 것에 비해 추상적으로 진술된다. 그것은 (성적으로 차이화한) **신체와** (그) **장소는 사실상 교환 가능할 정도로 내밀하게 연결되어 있다는** 테제다. 여기서 요점은 그저 신체가 없으면 장소도 없다든가 아니면 그 역이라는 게 아니라, 신체 자체가 **곧** 장소라는 것, 그리고 장소는 신체 자체가 성적으로 특정되는 것만큼이나 신체-구속적이라는 것이다.[213] 장소와 영역을 융합하고자〔그럼으로써 장소의 범위(scope)를 넓히고자〕하는 것이 들뢰즈와 가타리의 바람이라면, 이리가레이는 거의 의도적으로 장소와 신체를 융합시킨다—그럼으로써 장소의 범위(range)를 다른 방향으로 연장해내고자 한다. 그 결과 장소의 한도(bounds), 곧 성적으로 차이화하지 않은 비유기적 신체의 한계들에 의해 규정되는 장소의 한도가 파열되어버린다. 그것은 장소를 탄력적이고 살아 있는 어떤 것으로—뭔가와 상호 작용하고 뭔가를 관여시키는 것으로—만드는 일이다. 장소는 그처럼 자신 안에 감싸여 있는 신체를 자신의 역동적 발생 과정 속에서 반영해내는 어떤 것이다. 그 결과 장소와 신체는 모두 자신을 묶어두고 있던 탄력 없는 경직된 계류처를 상실한다. 예컨대 연장체(res extensa)나 '제1의 동자'로서 '신' 같은 물리적으로나 형이상학적으로 갑갑한 모델 안에 장소를 처박아두는 계류처를 상실하는 것이다. 그런 계류처로부터 해방되어 장소와 신체는 각각 상대편이 가진 속성을 띤다. 장소는 다공적으로 되고(그래서 단지 닫혀 있는 것에 머물지 않고), 신체는 포위하는 것이 된다(그래서 단지 포위되는 것에 그치지 않는다). 양자는 모두 운동 중인 존재자가 되고, 그들은 함께 움직인다.

그러나 이리가레이 자신은 그런 개략적인 언명에 만족하고 멈추려 하지 않았다—사실 그런 정도의 윤곽은 체험된 신체와 그 생활 세계 간의 내밀한 관계에 대한 후설의 개념 속에서 이미 찾아볼 수 있다. 그녀의 관심은 이러한 명제들을 모두 동시에 페미니즘적이고 정치적이며, 또한 종교적인 방식으로 해석하는 데 있다. 그녀에게 장소에 있어 가장 중요하게 문제 되는 신체─움직일 수 있는 순수 질료인 신체[214]─는 여성의 신체다. 이러한 신체와 그 억압된 역사 때문에 장소화의 결과는 내재적으로 종교적인 만큼 잠재적으로 정치적이다. 예컨대 장소화가 특별한 정치적 의의를 갖는 것은 여성의 신체가 어머니로서 신체든, 연인으로서 신체든 아무튼 **여성 자신을 위해**, 또한 **여성 자신의 방식으로**, 여성에 의해 향유되는 장소가 아니라, 너무나도 자주 **남성을 위한**─오직 남성만이 거주하고 또 착취할 수 있는─장소가 되는 한에서 그렇다. 《근원적 정념(Elemental Passions)》〔국역본의 제목은 《근원적 정열》(동문선)─옮긴이〕에서 이리가레이는 자신이 허구적으로 설정한 남성 연인에게 이렇게 묻는다. "하지만 네 존속의 원천이 되는 장소가 아니라면 네게 나는 무엇일까? 너의 존속(your subsistence: 곧 '네 존재의 바탕'─옮긴이). 혹은 실체(substance: 곧 '네가 서 있는 그 바탕'─옮긴이)."[215] 〈장소, 간격(Place, Interval)〉에서 그녀는 이 점을 폐부(肺腑) 깊숙이까지 밀어붙인다. 안으로 끌어들이고 보호해주는 이중의 칼집(sheath)으로서 여성의 신체는 남성에게 "최초이자 유일한 장소"[216]가 된다. 이 장소는 남성이 자기 자신의 장소를 여성에게 제공하지 않으면서, 아니 그렇기는커녕 두 성(性)이 구현해내는 다른 종류의 장소에 대한, 엄밀하게는 교환 불가능한 장소에 대한 의미를 이해하지도 못한 채 남성이 마음대로 할 수 있는 장소다.[217] 남성은 공간─예를 들면 지리적으로 탐사할 수 있는 포괄적 공간(global space)─을 공급할 수는 있어도 장소를 제공하지는 못한다. 장소를 제공하지 못하는 남성은, 아니 그 이전에 자신에게 장소가 결여되어 있는 남성은 필사적으로 다른 곳에서 장소를 구한다. 바로 여성 안에서. "남성적인 것 (masculine)은 **장소로서** 모성적─여성적인 것에 끌린다."[218] 왜 그러한가? 남성의 "견고함에 대한 욕구", "반석 같은 가정"에 대한 욕구를 틀림없이 만족시켜줄 듯한 방패(aegis)를 여성의 신체가 제공할 것처럼 보이기 때문이다.[219] 수태를 위해서나 성적인 모험을 위한, 아니면 단지 위로를 위한 장소로서 여성의 감싸는/감싸이는 신체는 소우주 같은(microcosmic) 거주 장소, 곧 "그가 살 수 있는 유일한 장소"[220]가 된다. 이는 여성으로 하여금 그녀 자신을 위한 장소를 (하나도) 상정치 못하도록 하면서, 장소를 착취나 쾌락 혹은 연민의 사이트로, 즉 집-장소로 환원해버리는 처사다. 그녀는 장소 **자체**, 곧 물리적임과 동시에 형이상학적인 장소가 된다―단순한 "사물"도 아니고 고상한 본질도 아닌, 성적으로 특정화한 신체/장소가 될 기회를 얻지 못한 채.[221] 그러한 장소 자체라는 것은 자기 자신의 장소를 결여한 것이다.

> 모성적-여성적인 것은 '자기'의 장소를 박탈당한 채 '자기' **자신의 장소로부터 분리된 장소**로 남는다. 그녀는 자기 자신을 그로부터 떼어낼 수 없는 타자의 장소이거나 끊임없이 그와 같은 장소가 된다. 그럴 경우 그녀는 스스로 알지도 못한 채 혹은 그럴 의지가 없음에도, 자신에게 '고유의' 장소가 결여되어 있기 때문에 위협적인 존재가 된다.[222]

남성은 집-장소로서 여성 안에서 양육되고 보호받지만, 그런 과정에서 그는 "상대편으로서 타자를, **그리고** 그 자신의 생성-변화를 망각할 따름이다". 상실된 가정 같은 것(domesticity)을 찾아 끊임없이 헤매는 오디세우스 식의 추구는 "그가 타자나 그 자신을 발견하지 못하게끔 방해한다".[223] 서양의 남성이 "대부분 거주 불가능한 세계"[224]를 건설해왔다는 바로 그 이유 때문에, 그는 여성을 거주 가능한 집-신체로 변환시키는 데 훨씬 더 강박적으로 집착한다—양성 모두에게, 또한 거시적으로 보면 세계적으로도 재앙적인 결과를 수반할 정도로 강박적이다. 그와 동시에 남성은 그 **자신의** 신체의 구체성을 회피한다. 그의 신체가 여성의 신체에 의해 중여받은 장소와는 분명히 다른 하나의 장소가 될 수도 있는 길을 비껴가는 것이다. 정신과 공간 속으로 달아나면서, 그는 신체와 장소에 대한 책임을 전적으로 여성에게 위임해버린다.

그렇다면 대체 무엇을 어떻게 해야 할까? 정치적으로 예리한 문제를 제기하는 것은 정치적 함의를 갖는 답을 요청하는 것이다. 이리가레이의 답은 남성과 여성이 양자의 차이적인 성적 동일성을 반영하는 다양한 장소를 구성하고 배양해야 한다는 것이다. "만약 남성과 여성 간에 어떤 만남이 가능하려면, 각각이 다른 상대방에게 적합한 그리고 그 상대방을 위한 장소여야 하고, 그 혹은 그녀가 그리로 움직여갈 수 있는 장소여야 한다."[225] 그러한 차이적인 장소화(differential implacement)는 단지 건축적인 견지에서뿐만 아니라, 남성과 여성이 최대한 온전히 공유하는 두 영역(realm) 내에서도 생기해야 한다. 남성과 여성이 사물들에 대해 감각하고 사고하는 방식, 즉 "지각화(perception)"와 "개념화(conception)"라는 두 영역 내에서 말이다. 한층 더 기본적인 차원에서 말하자면, 그러한 장소화는 각각의 성이 "자기를 수용하고 자기를 감싸는" 능력이라는 행태로 생기해야 한다.[226] 남성과 여성 간에는 (비록 비대칭적이긴 하지만) 호혜적인 이송(transport), 즉 "운동하면서 서로 감싸는 것"[227]이 있어야만 한다. 각각의 성이 상대에게 자유와 필연성을 모두 부여하도록 운동하면서 말이다. 그러나 이런 일이 일어날 수 있는 것은—다시 한 번 말하지만—오직 각각이 상대와 관련해 차이화한 방식으로 장소를 잡을 때에만 가능하다. "그것은 각각의 국면에서 서로 간에 규정하고, 한쪽이 다른 쪽에 부합하는 장소가 두 곳 있음을 의미할 것이다."[228] 그러나 이런 식으로 상호 간의 장소가 잡힐 수 있으려면 "남성적인 것에 대한 개념이 여성적인 것에 대한 개념을 감싸기를 그쳐야 할 것이다. 왜냐하면 여성적인 것이 단지 남성적인 것을 위해서만 실존하는 것이라면, 필연성을 갖지 못하기 때문이다".[229] 참으로 고유한 것은—이중으로 주름 진 여성의 신체는—있는 그대로의 모습 때문에 존중받아야 한다. 남성에 의해 정의되거나 남성이 사용하도록 운명 지어진 것이 아니라, 쾌락의 장소이자 가능한 출산의 장소로서 말이다. 그럴 경우 여성의 신체는 그 자체가 단순히 하나의 결과에 불과한 장소가 아니라, 그 자신이 원인으로 작용하는 장소로 간주될 것이다.[230] 여성의 신체는 한 남성만이 **소유하기** 위한 장소가 아니라 남성과 여성이 **존재하기** 위한 장소일 것이다. 여성이 통칭적인(generic) '그' 안에서 장소를 발견하도록—거기에 그녀 자신을 위한, 그녀가 마음대로 할 수 있는 장소를 만들도록—강요당하는 대신, 남성이 '그녀' 안에서 그의 장소를, 즉 광의의 통칭으로서 남성적인 방식만으로는 더 이상 정의할 수 없는, 완전히–젠더화한(en-gendered) 장소를 발견할 수도 있을 것이다.

이리가레이는 양성 간 관계라는 것—특히 각각이 상대에 대해 표상하는 여러 종류의 장소들 간 관계라는 것—이 즉각적으로 혹은 간단히 개선할 방식이 있다고 믿을 만큼 순진하지는 않다. 상황은 너무나 복잡해서 손쉬운 해결책은 어디에도 없다. 예컨대 호혜성과 존중에 대한 호소는 방향을 잘못 잡은 것이다. 그것은 윤리적/정치적 공간이 등질적이라고 상정하는 셈이다. 관건은 장소이고, 장소의 비대칭성과 특이성 그리고 불일치이며, 장소 특유의 편성 상태가 윤리적 및 정치적 이슈들에 대해 어떤 관계를 갖는가이다. 형식적인 호혜 관계가 아니라—그런 관계에서는 어떤 쪽이나 어떤 집단도 서로에 대해 인격적으로 무관심한 채로 있을 수 있다—내밀함과 가까움(즉 "근처(vicinity)")의 구체적인 관계 쪽이 더 관련성이 크다.[231] 무엇보다도 우선해야 할 것은 이 역사적인 순간에 있어 여성 쪽은 그녀 자신을 위해, 또 서로를 위해 그녀 자신의 장소를 배양해야 하는 반면, 남성은 **그들의** 장소를 여성에게 간단히 건네줄 수 없다(그렇게 간단히 건네는 것은 이미 압도적인 가부장제를 그저 강화할 뿐이다)는 사실을 인식하는 것이다. 여성의 장소는 그녀들의 신체적 관습이나 이해(interests)를, 즉 그녀들의 삶이 배어 있는 특성을 가능한 한 긴밀하게 반영해야 한다. 남성에게도 동일한 얘기가 적용된다. 즉 남성은 여성과는 전혀 다른 자신들의 유기적인 구조 및 신체적인 성향에 비추어 장소들을 구성하려 시도해야 한다. 만일 이런 일이 양성 모두에 의해 이루어진다면, 그 결과 생기는 여러 장소는 그 장소들을 형성하고 또 그 장소들 안에서 살아가는 사람들의 다양한 성적 방향성과 젠더상의 정체성을 더 적합하게 반영할 것이다.

신체/장소에 대한 이리가레이의 언설에서는 정치적 차원뿐만 아니라 다른 차원, 특히 종교적 차원 또한 중요한 문제가 된다. 실제로 이리가레이는 "남성과 여성 간의 싸개 안에서의 열림은 늘 '신'에 의해 매개되어야만 한다"[232]고 주장한다. 이 주장은 처음 접했을 때 느껴지는 만큼 그렇게 급진적인—혹은 반동적인—사고는 아니다. '신' 또한 하나의 장소라고 한다면 말이다. 이렇게 말할 때 '신'이란 **"자기 자신이 자기 자신을 위한 장소인 자, 자기 자신을 뒤집어 그 자신(을 위해) 거주를 구성하는 자"**[233]이다. 달리 말하면 '신'이란 궁극적인 싸개(envelop)로서, 그 자신/그녀 자신(그리고 다른 모든 것)을 감싸는 그리고 **그런 연유로** 자신을 원인으로 삼는, 자기 원인(causa sui)인 존재자다. 그러나 이리가레이는 '신' 같은 순수 신학적 용어에 만족하고 멈추지 않는다. 그녀에게 개인 간 삶뿐만 아니라 종교적 삶으로도 통하는 특권적인 길은 여성 신체의 고유한 편성 안에서 발견되어야 한다. **바**

로 그 **신체성**(corporeality) **자체**가 영적이고 초월적인 여성의 신체 안에서 발견되어야 하는 것이다. 여성의 신체는 장소를 부여하는 그 에로티시즘 덕분에, '신'을 받아들이면서 또한 '신'을 향해 움직인다. "이런 견지에서 볼 때 여성의 섹슈얼리티보다 더 영적인 것은 없다."[234] 여성의 섹슈얼리티는 "가감적인 것을 위한 초월의 장소"[235]를 창조하는 한 영적인 것이다. 이리가레이는 "영적"이라는 말을 지극히 근원적인 의미에서, 즉 장소로서 여성 신체의 내밀한 물성(materiality)의 연금술적 승화로서 취한다. "이 장소, 내밀함의 생산은 방식에 따라서는 지상을 천국으로, 그것도 지금 여기서 변성(變成, transmutation)시키는 일일 수 있다."[236] 내밀함은 그것을 경험하고 그 범위를 정하는 신체와 마찬가지로, 완전히 차단되어 있지는 않다. 그것은 물리적인 광대무변함이 아니라 신적인 무한성과 서로 접혀 있다. 그리고 만일 성적 욕망이 무한에 도달하려 한다면, 그것은 오직 성적 욕망이 이 신체의 질료적인 모태 쪽으로 다시 방향을 되돌림과 동시에 "또 하나의 포함자"[237]로 해석되는 '신' 쪽으로 향해 가는 이중 운동에 의해서만 그렇다. 따라서 성적 행위(sexual act)는 "행위 중에서도 가장 신적인 행위"[238]이다.

여성의 신체가 자신의 관능성을 신 쪽으로 연장시킬 수 있는 것은 바로 그것이 두 번 에워싸여(enclosed) 있기 때문이라는 것은 하나의 역설이다. 역으로 거기서 '신'은 더 이상 추상적으로 파악되는 것이 아니라, **생성 변화하는 하나의 신체**[239][비록 그냥 신체가 아니라 초신체(superbody)이긴 하지만]로 간주된다. 그와 동시에 여성은 자기를 초월하는 내재성에 의해 '신'과 닮은 존재라고 이리가레이는 주장한다. "그녀는 그녀 자신을 위한 원인일 것이다―게다가 남성보다 덜 우발적으로 그러할 것이다. 만일 그녀가 자신이 '제공할' 수 있는 저 싸개 안에, 그녀 자신을 감싸거나(envelop), 혹은 그녀 자신을 다시 감쌌다고 한다면."[240] 오직 여성만이 이 싸개를 제공할 수 있는데, 이는 오직 여성만이 하나의 신체를 갖고, 따라서 하나의 장소를, 자신 안에 그 자신을 감쌀 수 있는 그러한 장소를 갖고 있기 때문이다. 두 번에워싸인(enclosed)—그리고 두 번 장소화한—여성은 종교적인 영역을 움직이게 하고(그 영역 안에서 움직이고) 그 영역을 접속시킨다(그 영역과 접속한다).

여성의 신체만이 장소-로서-신체라는 고유성을 가짐에도 불구하고, 또한 "끌어당기는 장소"[241]인 여성을 남성이 착취함에도 불구하고, 이리가레이는 도래할 시간에 대한 희망의 끈을 놓지 않는다. 뉘앙스가 더 풍부한, 다시 말해 장소에 대해 더 민감하고 신체에 따른 특정성이 더 강화되는, 남성과 여성 간의 관계가 가능해질 시간이 도래할 것이라는 희망을 말이다. 그것은 또한 다른 방식의 종교적 수용성과 감수성에 대해 열린 태도가 출현하는 시간이기도 하다. 이리가레이는 아리스토텔레스의 《자연학》에 대한 주석을 끝맺으면서, 다음과 같이 희망적이면서도 불안을 초래하는 일련의 질문을 제시한다.

남성은 여성의 향락을 수용하기 위해, 또한 그것을 수용했기 때문에 장소가 되는 것일까? 어떻게? 여성은 남성의 향락을 수용했기 때문에 장소가 되는 것일까? 어떻게? 여기서 사람은 어떻게 자연물리학으로부터 자연물리학 너머로 이행하는가? 페니스(penis)를 위한 물리적인 수용체로부터, 그만큼 잘 만질 수 있거나 볼 수는 없는, 그렇지만 **장소를 만들어내는** 수용체의 감쌈(enveloping)으로?[242]

실제로 남성과 여성의 삶 안에 모두 **장소**—신체 내의 또한 신체로서 장소, 신체들 간의 장소, 신적인 것에 대해 수용적인 장소—를 위한 **여지를 만들지** 않는다면, 그것이 어떻게 가능할까? 그러한 삶은 '공간'이나 '시간'이라는 이름의 전체성을 위해, 그러한 장소를 위한 여지를 방기하는 짓 따위는 하지 않을 것이다. 하물며 신 '그 자신'을 위해서 그러겠는가! 오히려 (젠더-중립적인, 비차이화한) 공간이 (신체적으로나 성적으로 특정화한) 장소가 될 것이다.

'창조에 대한 회구'는 그것을 추구하는 것이 가능한 한 오직 하나의 장소 안에서 일어날 것이다. 즉 성적 차이를 유지 및 존중하면서─이 성적 차이가 아무리 유동적인 것일지라도─상호 인정과 상호 만족이 포옹하는 가운데, 자기 자신을 그리고 서로를 감싸는 사람들의, 다시 산출된(reengendered: 곧 '다시 완전히 젠더화한'─옮긴이) 신체들 안에서 일어날 것이다.[243] 이러한 포옹 내부로부터 신체와 장소의─따라서 여성과 남성의, 부모와 자식의, 자신과 '신'의─창조적 얽힘이 비로소 태어나기 시작할 수 있다.

종론

재발견된 장소

─────────

이 장소들은 모든 곳으로 퍼져나가 새로운 공간들을 내주고 방향 짓는다.

─ 장뤼크 낭시, 《무위의 공동체》

1

아리스토텔레스의 《자연학》에 대한 이리가레이의 도전적 독해는 물체와 장소는 어떻게 관계하고 있는가라는 고대의(그리고 극히 최근의) 물음을 다시 활성화시킨다. 첫 번째 답변은 아리스토텔레스 자신이 제출한 것인데, 군건한 질료적 물체가 장소 안에 있는 것으로 설정한다. 물체는 자신을 직접 둘러싸는 것 안쪽 표면과 단적으로 접촉한다─빠듯하게 포함함으로써 작동하는 철두철미하게 물리적인 밀접함. 여기서 말하는 포함은─플라톤의 《티마이오스》에 그려져 있듯─원소적인 성질과 힘들이 초래하는 변덕스럽고 격렬한 운동을 사실상 능가하면서 그것을 통제하는 작용을 한다. 《티마이오스》라는 우주창생론적 이야기에서 소란스러운 코라는 규정되어 있는 토포스들의 질서에 굴복한다. 그런데 이때의 굴복(yielding)은 역동적인 물체들─특히 여성의 신체─의 규정되지 **않은** 장소들에 필수적인 것을 이미 산출하는(yield) 것일까? 이것이 이리가레이가 플라톤이나 아리스토텔레스 모두에게 던지는 도전적인 질문이다.[1] 이 도전적인 질문은 아직 미결 상태에 있지만, 그럼에도 불구하고 한 가지는 확실하다. 즉 장소에 의해 물체를 한계 짓는 것은 희랍적 사고 특유의 강박이며, 따라서 스토아학파, 다양한 헬레니즘 사상가들, 신플라톤주의자들에게서도 찾아볼 수 있다―그리고 데카르트의 "내적 장소"라는 관념에서도 여전히 볼 수 있다. 그렇게 장소 지어진 물체는 엄밀한 크기와 형태에 의해 철저히 한정되어 있다.

그러나 만일 '물체'가 무기력한(inert) 자연물리적 물체가 아니라, 유기적이고 끊임없이―변화하는 어떤 것이라면? 아리스토텔레스는 살아 있는 물체의 성장이 장소에 대한 자신의 이해 방식에 복잡한 문제(그중에서도 가장 두드러진 것은 급속히 성장 중인 물체의 경우인데, 그런 물체의 장소는 그 물체가 아무리 미미한 정도로라도 어쨌든 성장할 때마다 반드시 변화해야 한다)를 제기한다는 걸 알고 있었고, 그래서 자신의 전형적인 사례를 대지·물·공기 같은 무생물 세계에서 선택한다. 물론 그는 자신의 불안을 완벽하게 숨길 수 없었다. "모든 물체는 어떤 하나의 장소 안에 있듯 모든 장소에는 저마다 하나의 물체가 있다. 그렇다면 크기가 증식되고 있는 사물들에 대해 우리는 어떤 말을 할 수 있을까?"[2] 정말 그렇다. 우리는 뭐라고 말할 수 있을까?

아리스토텔레스의 예리한 질문이 적절한 수신처에 도달하기 시작한 것은 철학사에서 지극히 후대의 일이다. 칸트부터 시작해 후설이나 화이트헤드, 메를로퐁티에게로 계속 이어지면서 장소는 살아 있는 유기체와 특히 체험된 인간 신체와 관련해 고찰되었다. 이는 단순히 우리로 하여금 인간 특유의 장소 경험을 더 잘 설명할 수 있는 입장에 서게끔 하는 데 그치지 않는다. 그것은 장소 자체에 대해 신선한 시야―우리로 하여금 장소의 한계뿐만 아니라 그 범위도 파악할 수 있도록 해주는 시야―를 활짝 열어주는 한편, 무한 '공간'과 크로노미터적(chronometric) '시간'에 대한 근대의 쌍둥이 강박 관념 아래 가라앉아버린, 장소화의 구체적 양상들에 대한 새로운 관심을 수면 위로 끌어올린다. 체험된 신체의 로쿠스는 언제나 바로 **여기**에 있고, 그래서 외관상 쪼그라든 것처럼 보이지만, 바로 그 장소가 후에 장소에 대한 광범위한 비전이 생겨날 수 있도록 해준—그것이 **저기**나 건너편에 동떨어져 있을 때조차도—유효한 기초임이 드러났다. 이리가레이는—그리고 그녀보다는 덜하지만 푸코 및 들뢰즈와 가타리도—바로 이러한 비전을 계속 강화해왔다. 이리가레이의 경우, 처음에는 한계 지어진 관점처럼 보이는 것이 주목할 만한 범위를 갖는 것으로 드러난다. 실제로 젠더화한/성화한(gendered/sexed) 신체는 신적인 차원은 물론이고 문제투성이인 양성 간 관계까지 포함하는 "더욱 커다란 싸개, 더욱 광대한 지평"[3]에 가닿는다. 신체가 갖는 성적인 특수성은 끊임없이 초월되어—이리가레이 자신의 말을 사용하자면 "뭔가의 분출을 허용해"—그것을 둘러싸고 있는 윤리적, 정치적, 사회적, 종교적 모태 쪽으로 향한다. 칸트는 오른손과 왼손이라는 단순한 차이가 주위의 우주적인 방역들 속으로 우리가 삽입되는 것과 큰 관련이 있다는 점을 분명히 보여주었는데, 그와 꼭 마찬가지로 역시나 이분법적인 두 성으로 차이화해 있는 신체는 개인들 간의 세계 그리고 개인을 넘어서는 세계 전체로 바뀌어간다. 성적으로 특정화한 신체는 그 특정성에도 불구하고(아니 오히려 그 특정성 때문에), 장소에 대해 공간적으로 광대한 견해를, 즉 장소는 기지(旣知)의 보편 우주의 경계에까지 그리고 그 너머에까지 길게 이어져 있다는 견해를 갖게끔 해준다. 장소의 운명은 젠더화를 낳은 체험된 신체의 주름들에 의해 명료해짐과 동시에 복잡해진다. 장소 자체는 그 신체 안에 싸여 있지만, 역으로 장소의 작용이 그 신체를 싸는 것이다. 이리가레이에 의해 초래된 신체로의 포스트모던적 (재)전환은 칸트라든가, 이리가레이보다 직접적으로 칸트를 이어받은 후설·메를로퐁티 같은 사상가들에 의한 근대 후기의 통찰을 더욱 심화·확장시킨다—아울러 그리함으로써 아리스토텔레스가 개시한 모델이자, 여전히 강력한 매력을 발산하는 자연물리적 물체라는 모델(물체가 마치 타이트하게 들어맞는 포위자들에 의해 둘러싸여 있다는 모델)에 내재하는 경직성과 압박성을 흩어버린다.

2

이런 방식으로 신체가 주도권을 쥐게 함으로써, 우리는 장소의 철학사 안에 잠재해 있는 어떤 패턴을 더 명료하게 포착할 수 있다. 이 패턴은 더 포괄적으로 되려는 경향이며, 그리하여 장소를 단순히 포함하는 표면의 지위에만 제한하려 하는 아리스토텔레스 특유의 배타성으로부터 멀어진다. 그러한 배타성은 문자 그대로 배제—예컨대 별도의 성으로서 여성에 속하는 구체적인 감각적 성질뿐만 아니라, 연장이나 차원 같은 추상적인 요인에 대한 배제—를 수반한다. 기원전 4세기에 이미 아리스토텔레스는 아낙시만드로스의 '경계를 갖지 않는 것'이나 플라톤의 코라 같은, 뭔가를 포괄하는 장소 및 공간 개념에 회의적이었다. 그래서 아리스토텔레스는 그 두 가지 개념을 모두 자신의 "질료(hulē)" 개념 속으로 압축해 넣으려 한다. 그런데 질료는 장소에 필수불가결한 것은 아니라고 여겨지기 때문에, 장소는 사실상 철두철미하게 자연물리적인 그 사물들을 둘러싸는 비질료적인 막(膜)으로 환원된다. 장소는 문자 그대로 주변화한다. 즉 장소는 자연물리적인 사물의 끝(edges)—요컨대 사물의 주변(margins) 자체—과 같은 외연을 갖는 가장 밀접하고 정적인(static) 표면이 된다.

　　장소를 주변화하려는 초기의 이런 시도는 철학과 과학의 역사에서 엄청난 반향을 초래하는 것으로 드러난다. 장소의 주변화는 공간이 점진적으로, 그러나 강력하게 장소를 침식할 수 있는—종내에는 장소가 실질적으로 공간 속에 소실되어버리는—무대를 마련하는 것이다. 그러나 이러한 소실은 그냥 발생한 것이 아니었다. 보편적인 매체를 제공할 것으로 추정되는 공간에 의해 너무 일찍 소멸되어버리지 않도록 장소를 구해내려는 빛나는 노력을 오랜 기간에 걸쳐 시도한 후에야 일어난 일이었다. 이러한 노력은 장소 자체를 유례없이 포괄적인(inclusive) 것으로 만드는 형태를 취했다. 뤼케움에서 아리스토텔레스를 곧장 계승한 테오프라스토스는 장소를 관계성으로 보는 준(準)유기적 장소 모델을 주장했다. 이는 로크와 라이프니츠는 물론이고 그 이후 화이트헤드와 이리가레이를 선취하는 모델이었다. 고대의 아카데미에서는 스트라톤이 장소는 단적으로 용적(volume)의 문제라고 제안함으로써, 뉴턴이나 심지어 (몇 가지 중요한 변경을 수반하기는 하지만) 아인슈타인에게서도 여전히 살아 작동하는 "절대적 장소"라는 관념을 예감했다. 스토아학파는 지구가 놓여 있는 우주(cosmos)는 유한한, 그러면서도 스스로-유지되는 장소(self-maintaining place)—비록 이 장소가 우주 외 영역의 무한성 내부에 놓여 있다고 할지라도—라고 주장했다. 데모크리토스와 레우키포스부터 에피쿠로스와 루크레티우스에 이르는 고대 원자론자들이 한계를 갖지 않는 공허를 상정한 것은 사실이지만, 그들은 운동 중인 원자들이 이러저러하게 편성될 수 있는 고유한 장소를 위한 운신의 폭 또한 허용했다. 훨씬 더 인상적인 것은 신플라톤주의자들의 경우다. 그들은 "가지적인 장소"(플로티노스)로서든, 신적인 "빛"(프로클로스)으로서든, 혹은 "모으고" "받치는"(이암블리코스) 특별한 힘을 갖는 것으로서든 내부로부터 장소를 열고자 했다.

그러나 장소를 더 한층 포괄적인 것으로 설정함으로써 장소를 위한 여지를 보증하려 했던 이런 노력은 공간에 우위성을 부여하려는 유혹이 점점 더 중대함에 따라 더 이상 버틸 수 없었다. 이미 살펴보았듯 필로포노스는 이런 면에서 핵심적인 인물이었다. 요컨대 그는 비록 공식적으로는 무한 공간을 부정했지만, 차원에 대한 관심은 그로 하여금 사실상으로는 늘 충만하지만 원리상으로는 텅 빈 연장에 대한 생각을 품도록 이끌었다. 그 결과 이암블리코스가 그 역동적인 성격을 강조했던 경계는 쓸모없는 것이 되어버린다. 그 어떤 것도 순수한 차원성을 실효적으로 한계 지을 수 없게 된 것이다. 장소를 모든 걸 포괄하는 것으로 봄으로써 필로포노스가 장소 자체에 조종을 울렸다는 역설이 그것이다. 한계 지어지지 않은 차원을 소유함으로써 **모든 것을** 포괄한다는 것—간단히 말해 유니버스와 외연이 같다는 것—은 신에게만 허용되는 특권이다. (이는 필로포노스 같은 기독교 신봉자에게 잘 어울리는 결론이다.) 14세기의 신학자들은 조금도 주저하지 않고 신의 광대무변성을 유니버스의 (비록 상상적인 것일지라도) 끝없는 범위와 동일시했지만, 그와 동시에 그들은 힘을 박탈당한 '장소'라는 말 대신 '공간'—범위에 있어 한계가 없는, 그리고 들뢰즈와 가타리의 해석에 있어 '강도성(또는 '내포성'—옮긴이)'을 전혀 갖지 못하는 공간—이라는 말을 채택했다. 이 지점으로부터 완전히 물리적인 유니버스의 무한성에 대한 르네상스기의 몰두까지는 겨우 한 걸음밖에 되지 않고, 또 그로부터 무제한 '연장'으로서 데카르트적 공간 관념—이런 연장 내부에서 장소는 기껏해야 종속적인 부분, 즉 용적에 의해 측정되는 존재자일 수밖에 없다—까지도 역시나 한 걸음밖에 되지 않는다. 데카르트 사후 반세기 만에 장소는 무한 공간이라는 공허(inane) 속에 사라져버렸다—끝없이 이어지는 텅 빈 나락 내부의 단순한 '부분'으로, 요컨대 "개별적이고 제한된 고려 사항"에 불과한 것으로 쫓겨나버린 것이다.

아리스토텔레스부터 뉴턴까지 뻗어 있는 그 시기에 장소는 공간에 패배했다. 장소의 패배는 그 범위를 확대함으로써 장소를 구제하려는 기도—이런 기도에 착수한 것은 아리스토텔레스의 주석자와 비판자들이었는데, 그들은《자연학》의 장소 개념이 너무나도 제한된 것이라서 장소-내-존재가 함의하는 하중을 견딜 수 없다는 데 의견을 같이했다—가 그토록 열렬한 의도와는 정반대로 장소 자체의 상실로, 열린 공간이라는 제한 없는 공허 속에 장소가 흩어져버리는 것으로 귀결되었기 때문이다. 이리하여 장소의 힘을 보존하려던 최초의 시도는 실패하고 말았다. 이 시기가 저물 무렵, 장소는 이미 공간의 얼굴 없는 끄나풀이 되어 있었다. (바로 이 장소이지 다른 **장소가 아니라는**) 경계성은 물론 (이 특정 장소라는) 유일성도 상실해버린 장소는 무한한 단순 정위들의 집합으로부터 무한성의 우주가 산출되는 가운데 공간에 합병되었다. 그 뒤에 잔존하던 장소의 유일한 흔적은 **사이트**라는 형태로 생겨난 공간 속에 편입되었다. 라이프니츠의 교묘한 솜씨 덕분에 근대의 지배적 공간의 모듈이 된 사이트, 그리하여 철학적 사고 자체는 말할 것도 없고 건축이나 의학, 학교나 감옥 같은 근대적인 생활의 모든 측면에 영향을 끼치고 또 그것들을 오염시킨 사이트로서 공간 속으로 말이다. 18세기의 신고전주의와 계몽주의는 "상대적 포괄자(the relative global)"[4]라고 해석할 수 있는 사이트-공간의 지배를 반영했다. 여기에 질적인 공간성—거리와 위치라는 변수에서, 아니 단적인(sheer) 관계라는 변수에서 벗어난 장소적 특성—이 소진되는 과정이 뒤따르고, 그럼으로써 시간중심주의가 19세기에 승리를 거두기 위한 무대가 마련되었다.

하지만 '공간'과 '시간'이라는 포괄적 절대자의 발흥에도 불구하고, 장소에 대한 관심이 완전히 죽어버린 것은 아직 아니었다. 이에 대해 가장 두드러진 실례를 제공하는 것은 계몽주의의 사도이자 공간과 시간의 초월론적 관념성을 옹호한 칸트였다. 우리가 알다시피 칸트는 두 측면을 갖는 신체는 방향을 부여하는 능력에 의해 공간 안에서 하나의 장소를 구성해낸다고 주장했다. 요컨대 이리가레이가 나중에 말한 것처럼 이 신체 덕분에 "장소는 비틀어지고, 그럼으로써 장소 자신 쪽으로 방향을 틀게 된다".[5] 우주적 방역들에 안치되어 복잡하게 뒤틀려 있는 이러한 신체-특정적인 장소는 자신만의 고유한 특이성(즉 불일치하는 대칭물에 의해 구조화해 있는)과 힘(예컨대 방향을 부여하거나 발견하는 힘)을 가지고 있다. 일건 해로울 것 없는 이 근소한(exiguous) 우주의 구석에서—정확히 주류 사상의 주변에서—장소를 되찾으며, 신체는 철학적으로 복귀할 태세를 갖추고 있었다. 복귀는 1세기반 동안 미루어졌는데, 그때까지 신체에 입각한 것으로서 장소 관념은 휴면 상태에 빠져 있었다. 그러한 장소 관념은 그러나 후설과 메를로퐁티의 현상학과 화이트헤드의 존재론을 통해 설득력 있게 부활한다.

장소의 중요성은 체험된 신체라는 비좁은 협로 안에서 재발견되긴 했지만, 이 재발견이 배타적인 것으로서 장소로의 회귀를 재현하지는 않는다. 그 반대다. 장소는 다시 한 번 그 내재적인 포괄성의 견지에서 평가받는다. 하지만 이 포괄적인 것은 더 이상 순수하게 물리적인 혹은 형이상학적인 광대무변성이라는 차원성에서 추구되지 않는다. 나아가 무한성에서 탐구되지 않는다는 것은 말할 필요도 없다. 또한 신체에 한정되지도 않는다. 바슐라르는 심리적인 것이라는 비물질적인 영역 안에서 "내밀한 광대무변성"을 식별해낸다. 그는 심리적 삶이라는 내부성에—"내부의 존재함(the being of within)"에—거하는 일련의 인상적인 장소적 현상을 날것으로 드러낸다. 우리가 이미 살펴본 것처럼 바슐라르의 장소 분석에 상당하는 것을 다른 분야에서도 역시 추구했는데, 그중 가장 도드라진 것은 아마도 헤테로토피아를 검토한 푸코일 것이다. 그는 헤테로토피아를 검토하면서 장소가 미치는 범위를 서양의 억압적 시설인 여러 종류의 감금 독방으로까지, 즉 안쪽 깊숙이 그리고 저 아래쪽까지 확대할 뿐만 아니라 바깥쪽으로나 옆쪽으로도—사회의 가장 끝자락까지—확대한다. 우리가 어느 길을 선택하든 장소의 범위는 철저한 포함자나 단순한 위치 지정자로서 역할을, 혹은 (더 일반적으로는) 사이트–특정적인(site-specific) 것으로서 역할을 뛰어넘어 확대된다. 저항의 장(arena)으로서 혹은 단순히 차이의 장으로서 헤테로토피아적인 장소는 권능을 다시 한 번 부여받음과 동시에 부여하기도 한다—우리는 이와 같은 경우를 데리다에게서 목도하는데, 데리다는 탈구축적인 건축을, 건립된 장소를 비정태적인 반(反)사이트로 특징짓는 사건–으로서–장소(place-as-event)로 파악한다.[6] 그러한 이중의 재(再)권능화는 또한 이리가레이(및 다른 페미니스트들)의 확신에서도 간취할 수 있다. 그들에게 여성의 신체는 사회 **내부에 있는** 타성(他性, otherness)의 장소다—그렇기 때문에 사회질서를 변경할 수 있는 장소의 잠재력은 그것의 탈주변화(demarginalized)에 달려 있다.[7]

장소의 가치를 회복하기 위한 마찬가지로 유망한 원천을 우리는 장소에 대한 하이데거의 광활한 견해에서 찾아볼 수 있다. 그는 장소를 주거, 가까움, 생기로 보았다. 나아가 하이데거가 장소에 대한 논의를 더욱 발전시키면서 마음속에 그렸던 "다면적인 사이(multifarious between)"는 그것을 일단 "열린 터"의 엶으로서, 즉 '존재'의 현현과 4원을 위한 여지를 만들어내는 바로 그 "밝힘(clearing)"으로서 포착한다면, 장소화의 포괄성을 강조하는 데 도움을 준다. 존재론적으로 고찰했을 때, '진리'를 덮어버림/진리로부터 덮개를 제거함이라는 현현적 장(the epiphanic scene)으로 간주되는 장소보다 더 포괄적인 게 있을 수 있겠는가?

하이데거 초기의 방역에 대한 강조는 훗날 그가 "방역화–하는–존재"와 "방역화"에 초점을 맞춤으로써 결실을 맺었는데, 이것을 더욱 밀고 나가 탐사한 것이 들뢰즈와 가타리의 유목 공간 모델이다. "매끄러운 공간"의 축도라 할 수 있는 유목 공간은 명확히 방역적인 성격을 띤다. 그 성격이 어찌나 방역적인지, 두 프랑스 사상가는 장소를 방역―"국지적 절대성"으로 간주할 수 있는 "한계 지어지지 않은 국지성"에 상응하는 것으로 파악된―과 일치되는 지점으로까지 팽창시킨다. 이러한 팽창 방식과 보조를 같이하면서, 그러나 헬레니즘이나 중세 사상가들과 크게 다르지 않은 방식으로 이리가레이는 만일 "원소들이 우주를 가득 채우고 있는"[8] 것이 사실이라면, 심지어 방역에서도 멈출 이유는 없다고 주장한다. 그럼으로써 그녀는 유한한 장소와 무한한 유니버스 사이에 그어지는 그 어떤 결정적인 차이도 의문에 부친다. 질료적인 원소들을 모든 곳에서 동등하게 발견할 수 있다는 전제하에서라면, "유니버스는 닫힌 그릇, 즉 모든 원소를 위한 수용체로서 이해된〔이해되는 것이다〕".[9] 여기서 아리스토텔레스는 물구나무를 서고, 플라톤은 다시 제 발로 선다. 요컨대 둘러치는 울타리(enclosure)로서 장소는 긍정된다. 다만 장소를 구성하는 원소들이 이제는 거대한 채 같은 그릇―전면적으로 싸여 있지만 도처에서 누수(漏水)되는―으로 간주되는 하나의 전체로서 유니버스에 거주하고, 또 그것을 가득 채우고 있는 한에서만 그렇다.

  이렇게 우회적인 방식으로, 우주는 끝이 없지만 유한하다는 양자론(매우 결정적인 방식으로 비아리스토텔레스적인 물리학)의 비전이 재차 긍정된다. 유니버스 내 **어딘가**에 있다는 것은―**그 안의** 어떤 특정한 **장소**에 있다는 것은―바로 그 유니버스 전체**에 걸쳐 어디라도** 있다는 것, 즉 모든 구석구석까지 효력을 발휘하고 따라서 무소부재하다는 것이다. 화이트헤드는 (라이프니츠뿐만 아니라) 틀림없이 양자론을 염두에 두고 이렇게 썼다. "모든 것은 모든 때에, 어디라도 있다."[10] 혹은 우리라면 이렇게 말할 수도 있다. **모든 장소**

는 어디라도 있다— 어디라도 있는 것은 배제 불가능한 인과적 효력 덕분이고, 또한 단 하나의 장소가 공간이라는 유니버스 전체를 반영할 수 있다는 사실 덕분이다. 장소는 이러한 반영의 **사건**이다. 그런 사건으로서 장소는 신체에서 시작된 것을 완수한다. 즉 장소는 어떤 것도 배제하지 않고 모든 것에 미치는, 다시 말해 자연의 사물은 물론 구축된 모든 것에까지 미치는 포괄성을 소유한다. 화이트헤드는 이렇게 지적한다. "신체적 경험을 의식할 때, 우리는 그럼으로써 신체적 삶의 내부에 비춰지는 시-공 세계 전체의 다양한 측면을 의식하고 있음에 틀림없다."[11] 그러나 거울처럼 비추는 장소의 힘은 신체의 힘보다 훨씬 더 광범위하다. 신체가 장소로 확장하듯 장소는 (건립되고 부여된) 사물을 통해서 (사회적인 그리고 자연적인) 방역으로 분기하고, 나아가 방역은 여러 세계로 확장한다. 우리는 신체와 사물과 방역으로부터 세계에 도달하는데, 이는 장소라는 사건이 모든 곳에 걸쳐 활동적인 한 그렇다.

간단히 말해서 우리는 장소들 속에서 하나의 세계—이는 많은 개별 장소 안에서 존속하는 하나의 장소-세계이며, 여기서 많은 개별 장소는 마치 햇빛을 받아 반짝이는 바다의 물결이 주위의 빛을 반사할 때 그러하듯 각자 저마다의 방식으로 세계를 반영한다—에 도달한다. 장소는 끝없이 세계로 확대된다. 이리가레이가 말하듯 만일 "장소를 즉각적으로 전유하지 않는다면 언제나 더 많은 장소(more place)가, 더 많은 장소들(more places)이 존재"[12]하겠지만, 이는 전유되지 않은 각각의 장소(즉 사이트에 예속되어 있지 않은 각각의 장소)가 비록 저마다 경계를 가짐에도 불구하고(사실상 장소들의 바로 그 개방성 때문에) 전체로서 세계 속으로 진입해 그 세계를 그 자신에게로 되돌리는 한에서만 진실이다. 그러한 것이 바로 장소의 원소적이고 사건적인 힘이다. 바로 이런 힘 덕분에 장소는 한계 지어지지도 전체화하지도 않은 확장성으로서, 기지의 유니버스뿐만 아니라 미지의 우주 전체에 걸쳐 방역적으로 공명하는 것으로서 인식해야 한다.

3

장소에 대해 이런 관점을 가짐으로써 우리는 장소의 우위성이라는 테제로 귀환한 듯싶다. 고대의 아르키타스 공리가 정당성을 얻은 것으로 여겨진다. 즉 존재한다는 건 (여전히, 혹은 다시 한 번) 장소 안에 있는 것이다. 그러나 장소의 중요성을 다시 긍정하기 위해 우리가 반드시 장소는 "세상 만물에 선행한다"고 본 아리스토텔레스처럼 장소에 특권적 지위를 부여해야 하는 것은 아니다. 그것은 또 하나의 새로운 토대주의(foundationalism)—이전에 '신'이나 '사유' 또는 '존재'에 할당했던 난공불락의 지고한 지위를 장소에 부여하는—를 구축하는 문제가 아니다. 또한 우리는 '장소'가 '공간'과 '시간'에 대해 승리를 거둘 수 있느냐고 물어서도 안 된다. 비록 그런 식의 경쟁적 용어로 사유하는 것이 아무리 매혹적이더라도 말이다. 중요한 것은 고대 세계에서 장소가 누리던 것과 크게 다른 기초 위에서 장소의 의의를 다시 주장했다는 점을 깨닫는 일이다. 고대 세계에서는 장소의 우위성이 자연물리적이고, 형이상학적이고, 우주론적이었다. (아리스토텔레스의 경우에는 자연물리적인 것이자 형이상학적인 것이었고, 플라톤·신플라톤주의·헬레니즘 철학의 경우에는 형이상학적인 것이자 우주론적인 것이었다.) 그에 반해 장소에 우위성을 상정할 수 있게끔 해주는 새로운 기초는 그 자체가 다중적이다. 이는 당연히 신체적인 것이지만, 그것뿐만 아니라 심리적이기도, 유목론적이기도, 건축적이기도, 제도적이기도, 성적이기도 하다. (각각 바슐라르, 들뢰즈와 가타리, 데

라다, 푸코, 이리가레이를 떠올릴 수 있다―옮긴이.) 장소에 우위성을 부여하는 단일한 기초 따위는 없기 때문에, 그러한 우위성을 그 위에 건립할 단 하나의 토대란 있을 수 없다. 중요한 것은 다가적인(polyvalent) 우위성―일차적인 항들의 등(等)근원성(euiprimordiality)―이다.

그렇다면 이것은 다원적 토대주의를 넌지시 암시하는 것일까? 그렇지 않다. 우선, 새로 떠오르는 장소는 장소화의 구조가 리좀적이라는 것을, 그리고 장소는 인간적 배경과 비인간적 배경에서 다양한 방식으로 등장한다는 것을 인식하길 요청한다. 여기서 중요하게 작동하는 것은 장소의 단순한 다양성이 아니라 근본적 이질성이다. 다른 한편, 장소는 존재자적인(entitative)―토대라는 것이 그러해야 하듯―것이 아니라, 사건적이고, 진행 중인 어떤 것이고, 하나의 사물에 한정할 수 없는 어떤 것이다. 혹은 단순 정위에 한정할 수 없는 어떤 것이다. 장소는 모든 장소에 있고, 그래서 단지 여기나 저기가 아니라 모든 곳에 있다. 장소의 우위성의 본령은 장소의 무소부재성(omnilocality)에, 즉 어떤 장소도 그보다 훨씬 더 광대하게 감싸는 것 속에 끊임없이 포함된다는 점에 있다. 이는 장소에 단순한 기원이나 목적 따위가 없다는 것, 이 문제의 결정적 시작이나 결정적 끝 따위는 없다는 것을 의미한다. 장소의 우위성이란 **유일무이한** 장소의 우위성이 아니고, 더군다나 **이** 장소의 혹은 **어떤** 장소의 우위성도 아니다. (매우 특별한 장소의 우위성조차 아니다.) 왜냐하면 이런 표현은 모두 '단순한-현전-으로서-장소'를 함의하고 있기 때문이다. 장소의 우위성이란 많은 복잡한 방식으로 사물에 장소를 부여할 수 있는, 그리하여 많은 복잡한 결과를 초래할 수 있는 어떤 사건의 우위성이다. 그것은 장소 안에 다르게(differently) 존재하는 문제며, 그래서 그 사건성을 다른 방식으로(otherwise) 경험하는 문제다. 여기서 다른 방식이란 전통적인 자연학자나 형이상학자, 우주론자, 윤리학자들이 서양사의 고대, 중세, 근대 시대에 예언했던 방식과 다른 것을 뜻한다. 하지만 어떤 원주민이나 많은 예술가, 몇몇 포스트모던 사상가들이 알고 있고 설명하려 한 것과 다른 방식으로는 아니다.

4

초기 희랍 사상에서 장소의 탁월성은 후기 헬레니즘 철학과 중세 철학이 공간에 점점 더 몰두함에 따라 억압되었고, 그리하여 장소라는 관념 자체는 근대의 문화적·철학적 무의식이라는 지하 세계에 거주하기에 이르렀다. 우리는 이런 일이 어떻게 일어났는지 살펴봤다―그것도 꽤 상세하게. 그런데 이런 일은 **왜** 일어났을까? 왜 장소가 우리 주변에 있을 때―누구나 볼 수 있는 거기에, 우리의 물리적인 발 바로 아래, 우리의 개념적인 시선 앞에 있을 때―그런 일이 일어난 것일까? 장소가 공간과 시간 속에서 우리가 경험하는 모든 것을 위한 영속적인 틀로 작용하던 시점에 왜? 그토록 명백하고 또 우리의 바탕이 되어주던 장소를 두고 왜 공간으로 달아나 버린 것까? 그리고 장소의 역사가 이렇게까지 은폐되어버린 것은 왜일까? 우리는 다만 이렇게 추정할 수 있을 뿐이다. 즉 무한 공간은 파스칼식의 실존적 고뇌의 원천이기만 했던 것이 아니라, 또한 어떤 특수한 형태의 안락함을, 사람을 안심시키는 현전을 부여해주었음에 틀림없다. 사람은 자신의 윤회적인 슬픔을 끝없이 이어진 에테르와 같은 텅 빈 공간 속에서 해소할 수 있지 않을까? 어쨌든 그런 공간이 무한한 양의 생활 공간을 제공할 테니 말이다. 그러니까 설령 **이** 세계가 만족스럽지 않다 해도, 멀지 않은 곳에 다른 세계가 무수히 널려 있는 것이다. 세계 뒤에 또 다른 세계가 끝없이 이어지는 바로 이런 전망이 브루노를 매혹시킨 것—그리고 당대 교회의 위계질서를 위협했던 것—임에 틀림없다. 그와 동시에 무한 공간은 무한한 통제 가능성을 시사한다. 요컨대 그러한 공간은 측정 가능하고 예측 가능할(그래서 수학화할 수 있을) 뿐만 아니라, 전적으로 '통과 가능하다'. 칸트가 《순수이성비판》이 시작되는 시점에 불러내는 형이상학적 비둘기처럼 우리는 자유로이 그 어떤 방해도 없이 무한한 공간의 대기를 가르며 날아가는 자신을 상상한다.[13]

서구 사상가들이 이런 전망에 이끌린 것도—게다가 이런 전망에는 무한 시간도 포함되어 있다—하등 이상할 게 없다. 이런 자유분방한 전망과 대조적으로, 장소는 불쾌하게도 자신을 다루기 힘든 개별성—실로 좋아할 만한 구석을 찾아보기 힘든—으로 드러낸다. 우리는 **장소 안에** 혹은 **장소에** 있는 것을, 즉 **거기서 중요하게 문제 되고 있는** 것을 가지고 어떻게 해보는 것 말고는 선택지가 없다. 자신이 이미 어떤 특정한 개별 장소에 있는데, 그에 관해 사람이 뭘 자유롭게 사색할 수 있겠는가! 거기서 무슨 공중부양 같은 걸 하거나 기적을 일으킬 수도 없는 노릇이다. 바로 거기에 있다고 할 때의 엄격한 요구 사항에—그 유한한 역사성과 특수한 성질에도 불구하고—어찌어찌 대처해나갈 수밖에 없다. 〔이런 면에서 장소는 비(非)측정적인 시간, 즉 급박한 때나 마감 시간 같은, 연장되는 것이 아니라 한계를 짓는 시간과 더 긴밀히 결부되어 있다. 마치 체험된 시간이 늘 소진되고 있는 듯, "문이 닫히는 시간"인 듯 여겨지는 것과 마찬가지로 장소는 늘 한계 짓는 경계를 갖고 있다.〕 아마도 더 이전 시대에는 사람들이 장소의 복잡성을—더 정확히 말하면—그 혼잡스러움을 더 잘 다룰 수 있었고, 또 기꺼운 마음으로 그렇게 하고자 했을 것이다. 니체가 말한 것처럼 "코페르니쿠스 이래, 인간은 중심으로부터 미지수 X 쪽을 향해 계속 달리고 있다".[14] 장소가 중심화해 있고 유한한 것이라면(예컨대 집-장소,

거룩한 장소, 출생-장소, 매장 장소처럼), 공간은 무한하고 탈중심화해 있다. 그렇지만 이것이 곧 장소가 언제나 그리고 단지 중심화해 있다는 얘기는 아니다―전혀 그렇지 않다.

근대 시기에 속도중심주의가 장소중심주의를 대체했다. 근대인들은 고정되어 있는 무한한 연장 쪽보다 **속도**―비록 광속까지는 아니라 해도, 상상 속의 비행이나 실제 비행을 통해 그들 자신이 공간을 가로질러 광적(狂的)으로 이동하는 속도―쪽을 연상케 하는 공간을 열렬히 끌어안았다.[15] 코스모스적 공간이나 '유니버스적' 공간에 대한 황홀한 조망―기지의 세계 끝자락에 서 있는 상황에 대한 아르키타스의 난제에서 처음으로 획득한 조망―에 의해 초래된 장대한 것에 대한 열광과는 대조적으로, 장소 내에서 느릿느릿 움직이는 존재 방식이 대단히 편협하거나 혹은 그저 짜증스러운 일인 양 여겨지는 게 그리 놀랄 일이겠는가! 그러한 공간을 칸트식으로 주관화하는 것이 곧 이런 보편성이 갖는 매혹적인 힘의 상실을 뜻하지는 않는다. 그것은 정반대로 인식 주체 내부에 그 매력을 보장해준다. 인식 주체는 인식에 탐닉하는 정신을 벗어나 멀리 항해하지 않고도 무한 공간의 평온함이나 그 무한한 횡단 가능성―상상 가능한 모든 종류의 '공간 여행'에 열려 있는 영역으로서 매혹―을 맛볼 수 있다. 이런 전망에 홀린다면, 장소를 공간이라는 무한한 하늘 속에서 지워버리고픈 혹은 장소를 근대주의적 사고의 저 어두운 방역들 아래 묻어버리고픈 유혹에 누군들 저항할 수 있겠는가?

5

만일 장소가 실제로 자신의 정당한 지위를 (다시) 획득한다면, 틀림없이 장소는 이 책 앞부분에서 검토했던 것과는 확연히 다른 형태로 나타날 것이다. 사실 장소의 형태, 그 얼굴 자체가 아르키타스와 아리스토텔레스의 시대와는 극적으로 변해버렸다. 하도 크게 변해 장소가 2000년 넘게 갇혀 있던 은닉처에서 밖으로 모습을 드러낼 때, 우리는 장소를 **장소로서** 인식하는 데 어려움을 겪을 수도 있다. 장소가 더 이상 단순한 포함자로서 나타나지 않는다는 것은 확실하다. 그렇기 때문에 하이데거는 《존재와 시간》 앞부분에서 포함자 모델을 즉각적이고도 분명하게 거부하고, 이 모델의 안에서 닫히고(closed-in) 앞에-현전하는(present-at hand) 구조를 "열린 터"로, 즉 존재자보다는 사건으로서 방역화한 근린 관계 모델로 변용시켰던 것이다. 그렇기 때문에 데리다 또한 그런 것으로서 장소가, 즉 문자 그대로의 사물이나 본질로서 장소가 그저 단순히 **현전해** 있는 것은 아니라고 했던 것이다. 데리다에게도 장소는 하나의 사건, 즉 **일어남**(taking place)의 문제였던 것이다. 동일한 이유로 이리가레이는 포함성이라는 모델을 반쯤 열려 부분적으로 접촉하고 있는 입술 이미지로 변모시킨다. 그럼으로써 포함하는 표면의 딱딱한 껍데기는 에로틱한 관여(engagement)를 위한 부드러운 막(膜, sheath)이 된다. 장소는 여전히 둘러싸는 어떤 것이지만 더 이상 빈틈없는, 부동의, 투과적인(diaphanous) 한계로서 그런 것은 아니다. 장소는 감싸 들이는 사건 그 자체다.

이렇게 세상 빛을 보게 된 장소는 등장할 때의 모습이 갈수록 더 증식되고 있다. 바슐라르의 상상적인 토포스, 푸코의 헤테로토피아, 데리다의 안에-쓰여진 흔적이나 밖으로-공간화한 건물의 바탕(scene), 이산적인

"국지성"(하이데거, 들뢰즈와 가타리) 같은 것으로서뿐만 아니라, 리오타르(J. F. Lyotard)의 사회적-정치적 "격오지(隔奧地, enclave)"와 스테그너의 "장소 감각 (sense of place)" 같은 것으로서도 나타난다.[16] 장소는 최근 인류학자와 여타 사회과학자들의 관심사로 부상하고 있는 '국지적인 앎(local knowledge)'의 적절함과 관련해서도 역시 모습을 보이고, 현재 융성하고 있는 '문화지리학'에서도 수면 위로 부상하고 있다. 장소는 '공간'(혹은 '시간') 속으로 깡그리 사라져버리기는커녕 도처에서 넘쳐나고 있다. 심지어 장소가 여러 가지 다른 이름으로 불릴 때에도, 장소 자신이 상이한 사건과 경험을 명명할 때에도 그러하다. 이토록 풍부한 양상을 가능케 하고 또 그 범위를 정해주는 것은 바로 새로이 포착된 장소의 포괄성이다.

끝없는 공간의 유혹(과 계열적인 시간의 손짓)에도 불구하고, 서구 근대의 문화적·철학적 지하 세계에 매장되어 있던 장소는 탈주하기 시작하고 있다. 아직 지상 위로 온몸이 빠져나온 것은 아니지만, 장소는 우리 눈에 띄거나 최소한 일별할 수 있다. 이 장면 혹은 다른 장면에서, 여기저기에서, 지금 그리고 또 조금 있다가, 어디서든, 어딘가에서. 장뤼크 낭시는 이렇게 쓴다. "물질적이고 국지적인 현전"은 "여기나 거기에" 있고, 따라서 "**어딘가에 있다는 것과 자동적**(自同的, selfsame)"이다.[17] 그리고 이렇게 덧붙인다. 신의 현전이든, 인간의 현전이든, 어떤 다른 동물의 현전이든 "모든 현전은 신체의 현전이다".[18] 낭시에게 있어 장소는 신체가 장소 아래 또 장소를 통해 현전하는 것에 대한 새로운 존중에서 비롯된 우리 자신의 시간 속에서 인식을 요청한다. 요컨대 장소화는 신체화를 함의하고, 역으로 신체화는 장소화를 함의한다. 다른 어떤 단일한 요인보다 더—심지어 심라나 사회, 건축이나 정치보다도 더—유기적인 신체는 장소가 나타나는 다양한 모습을 연결시킨다. 즉 유기적인 신체는 그 모습 모두를 육화(肉化)시켜 신체 자신의 역사의 일부로 삼는다. 나아가 만일 그렇다면, 유기적인 신체는 아르키타스의 근대 이전의 언명을 포스트모던하게 개정하도록, 짧지만 운명적인 보충을 가하도록 요청한다. 존재한다는 건 장소 안에—**신체적으로**(bodily)—존재한다는 것이다. 혹은 이렇게 말하기로 하자. 존재한다는 건 (방금 강조했듯) 다른 많은 방식으로도 그러하지만, **최소한 신체적으로** 장소 안에 있는 것이다.

만일 아리스토텔레스의 세계관에서 공간이 장소와 구별되는 별도의 개념으로 아직 존재하지 않았다면, 그리고 만일 고전기의 종언 후에 장소가 점점 더 공간 속으로 사라져버렸다면, 20세기에 우리는 이제 세 번째로 사태가 급전하는 것을 목도하며 서 있는 셈이다. 여기서 세 번째 사태의 급전이란 **공간이 지금 장소에 흡수되고 있는 사태**를 가리키며, 우리는 이를 하이데거가 〈건축함, 거주함, 사유함〉에서 이야기하는 "공간들('공간'이 아니라)"의 형태에서,《천 개의 고원》의 "매끄러운 공간들"에서, 그리고 낭시의 '신적인 장소들'인 "열린 공간들"에서 목도하고 있다. "공간은 여러 장소로 분열되었다"라는《존재와 시간》의 이 간단한 문장은 그것을 처음 쓰고 70년이 지난 뒤에 예언이었던 것으로 드러났다(당대에 관한 진술이 아니라—옮긴이). 이전의 우위성이 극적으로 뒤집어져 공간은 다시 장소로 흡수되고, 그러면서 장소의 실체와 구조의 일부가 되고 있다. 이런 역전의 결과, 공간화는 장소화로 귀결될 뿐만 아니라, **전자는 일단 후자, 즉 장소화를 요하는 것으로** 여겨진다. 순전히 공간적인 연장이 갖는 텅 비고 계량적인 차원성은 더 이상 철학적인 정신에 영향력을 행사하지 못하며, 하물며 지배하는 건 꿈도 꿀 수 없다. 즉 차원은 구체적인 것이 되어 장소나 방역에 매달린다. 또한 높이는 "천장 위에"나 "하늘에" 같은 것으로 여겨진다.[19] 체험된 신체 수준에서 차원성은—우리가 체험된 깊이를 경험할 때 두드러지게 알 수 있듯[20]—방향성과 하나로 합일된다. 《존재와 시간》에서도 이야기하듯 "모든 '어디(wheres)'는 사람이 일상적인 상황에서 자기가 원하는 방향으로 가려할 때 발견하고 또 주위 상황과 관련해 해석하는 것이지, 공간을 관찰하듯 측정함으로써 확인 및 목록화하는 것은 아니다".[21]

'어디'는 **장소로 돌아왔다**, 다시 한 번 그리고 최종적으로. 이에 대한 적절한 실례를 하나 들면, 그림(painting)은 이제 더 이상 동떨어진(removed) 관점으로부터만, 즉 등질적인 단일 초점 공간에나 적용되는 "어디도 아닌 곳(nowhere)으로부터의 봄(view)"으로부터만 그려지고 있지 않다. 화가들이 인정하듯 그들은 **가까이 다가가**(up close) 그린다. 즉 그들이 화재(畫材, subject matter)와 신체적으로 충분히 관여하는 근린 영역에서 그린다. 요컨대 "그림 그리기는 비록 멀리서 보일지라도 가까이에서 행해지는 것이다".[22] 또 하나 사례를 들면, 신성(神性) 또한 저 높은 곳의 고상한 광대무변성의 문제가 아니라, 신봉자들의 신체와 "신적인 장소들"—어떤 확정적인 방식으로나 기념비적인 방식에서 명백히 의례적인 것이라고는 더 이상 할 수 없는—에 구체적으로 거주하는 것으로서 이해할 수 있다.

"신적인 장소들"은 낭시의 용어로서, 그는 이리가레이와 마찬가지로 장소에 대한 고찰을 종교적인 영역으로까지 확장한다. 그러나 이리가레이와 달리 낭시는 인간 존재는 이제 '신'이고 '신들'이고 할 것 없이 모두 근본적으로 부재한 그런 완전한 "궁핍"의 시대에 살고 있다고 믿는다. 요컨대 "신적인 것은 신전들을 버리고 떠났다".[23] 우리는 니체 이후 (그리고 극히 오랜 시간 동안 수많은 비서구 종교에서 알려져왔듯) 인간 존재가 "신의 장소"를 떠맡게 되었다고 주장할 수 있지만, 이 장소는 텅 비어 있다. 즉 신의 장소에 존재하는 것은 바로 장소다. 개별 장소들이 '신'과 '신들'을 대신하게 되었다. 바로 이런 점이 그 장소들을 신적인 것으로 만들어주는 것이다. 장소의 뿌리 깊은 공허함은 결코 근절할 수 없는 것일지라도(즉 믿음 및 제의와 관련해서는), 그러한 장소들은 힘이 존재하는 곳이다. 왜냐하면 그 장소들은 새로운 공간을 산출하기 때문이다. 공간은 장소들로부터 오며, 그 역은 아니다. 낭시는 이 대목에서 공간에 대한 장소의 우위성을 주장하는 사람들 집단에 가담한다—그러나 이는 오직 **많은 장소들**, 즉 부정(不定) 복수형의 장소들에서 (또 그러한 장소들에서) 다시 획득한 우위성이다.

신적인 장소들은 낭시의 관점에서 볼 때 장소의 발굴 및 재평가와 관련해 가장 시사적인 사례다. 신적인 것은 이전에는 무한 공간 및 그 공간의 가장 특권적인 거주자와 외연이 같은 것으로 간주되었지만, 이제 **공간-바깥으로 나간**(spaced-out) **장소들 속에** 있다. 우리가 일상생활에서 거주하는 바로 그 장소들 속에 말이다. 이제 더 이상 '신'이나 '신들'을 위한 고유한 장소가 어디에도 없다면 '신들'은 집 없는 상태로(homeless), 우리 자신은 궁핍한 상태로 남겨진다. 그럼에도 불구하고 바로 이런 상황이 "모든 장소 바깥에서 뭔가를 열어젖히고, 이것이 바깥으로의-공간화(spacing-out)를 만들어낸다".[24] "바깥으로의-공간화"(데리다를 논의하면서 우리가 다뤘던 용어)라는 사건은 역사적으로나 제도적으로 축성(祝聖)된 모든 장소 바깥에서 발발하지만 **장소가 없는 곳에서**, 예컨대 공허 속에서 만들어지는 것은 아니다. 무장소는 우리가 이 책 제일 앞부분에서 검토한 혼돈이나 비존재(nonbeing) 같은 창조 이전의 상태에서도 발견하지 못했던 것처럼 이런 황폐한 장면에서도 발견할 수 없다. 신들의 개입 이전에는 물론 이후에도 장소는 존속한다.

신적인 장소들, 신들도 없고 신도 없는 신적인 장소들은 우리 주변의 모든 곳에 열린 채로 부여되어 있다. 우리가 오도록, 우리가 가도록, 혹은 우리의 현전에,

우리의 방문에 내맡겨져 있고, 그렇게 약속되어 있다. 우리―인간이 아니지만, 거기에, 바로 이 장소들 내에 있는 우리―가 빈번히 출입하도록 말이다. 우리 자신만이, 우리가 아닌 것과 또한 신들 쪽에서도 결코 아니었던 것과 만나려고 노력하는 우리만이 …… 거기에 존재하는 모든 자들을 위한 다른 행로들, 다른 길들, 다른 장소들과 만나려고 노력하는 우리만이.[25]

낭시는 이리하여 "장소가 즉각적으로 전유되지 않는다면, 언제나 더 많은 장소가, 더 많은 장소들이 존재한다"는 이리가레이의 상서로운 단언에 동의한다. 우리가 그 뒤를 따라가거나 혹은 방문할 수 있는 것보다 더 많은 장소들이 있고, 따라서 그 장소들은 우리가 소유하거나 착취할 수 있는 것보다 더 많을 수밖에 없는 것이다. 오직 전유되어버릴 때에만(혹은 더 정확히 말하면 탈전유될 때에만) 장소는 닫힌 사이트, 폐쇄된 사이트가 된다―그리고 진정 바깥으로-공간화하지 못하고 단지 위치와 거리, 국지화뿐인 불모의 관계들만으로 이루어진 테크놀로지적인 풍경 속에 희박하게 퍼져 있다. 그런 황폐한 (그리고 쓰레기뿐인) 사이트-장면(site-scene)에는 방역이 결핍되고 깊이가 결여되어 있다.

그러나 이토록 황량하고 저주받은 황무지에도 장소들은 넘쳐난다. 여기에도 장소들은 "퍼져(spread out)"[26] 있다―"퍼져 있다"는 표현은 섬뜩하게도 '연-장(ex-tension)'을 연상케 하지만, 연장체(res extensa)라는 근대 초기의 유산으로부터는 결정적으로 결별하고 있다. 장소들 속에 널리 퍼져 있다 함은 등질적인 무한 공간의 연장성을 (뒤에 남기고 그로부터) 떠나는 것이고, 혼효적이고 열려 있는, 진정 바깥으로-공간화한 새로운 종류의 공간에 거주하는 것이다. 만일 그런 공간이 "모든 곳에서 열려"[27] 있다면, 이는 정확히 **장소들 안에서** 열려 있는 것이다. 왜냐하면 오직 장소들 속에서만 공간이—공간 자체가 장소를 부여받았다는 신호인 질적 다양성 및 넉넉한 식별 가능성과 함께—강한 호소력과 충만성을 달성할 수 있기 때문이다. 그리고 만일 "우리가 그 공간의 한계 없는 개방성을 볼 수 있도록 허락받는다"[28]면, 우리가 그 개방성을 가장 확실히 볼 수 있는 것은 우리의 구체적인 신체 운동의 한계 지어져 있지 않은 국지성 속에서, 말하자면 우리가 가장 깊이 관여하는 장소-내-존재의 경험 속에서일 것이다—수많은 상이한 방식으로, 수많은 상이한 장소들 속에서.

주

서론: 사라져가는 장소

1. Immanuel Kant, *Critique of Pure Reason*, trans. N. K. Smith (New York: Humanities, 1965), A34B50, 77.

2. *Getting Back into Place: Toward a Renewed Understanding of the Place-World* (Bloomington: Indiana University Press, 1993) 참조.

3. Paul Virilio, *Speed and Politics*, trans. M. Polizzotti (New York: Semiotext[e], 1986)의 여러 곳 참조.

4. 테크놀로지의 이러한 상호 작용의 측면에 대해서는 Joshua Meyrowitz, *No Sense of Place: The Impact of Electronic Media on Social Behavior* (Oxford: Oxford University Press, 1985) 참조. 그렇다고 해서 텔레비전이나 전자 메일의 열린 네트워킹, 즉 잠재적으로 무수하고 끝없이 계속될 수 있는 네트워킹이 공간과 훨씬 더 가깝다는 사실을 부정하려는 건 아니다. 이것은 마치 고대의 장소와 공간의 변증법이 테크놀로지의 영역 자체 내에서 재현되고 있는 듯하다. 나아가 전자 테크놀로지는 속도중심주의에 엄청나게 큰 공헌을 하고 있는데, 이 속도중심주의 자체가 장소의 중요성과 무관하지 않다. 삶이 충분히 가속화하면, 우리 자신이 그토록 신속하게 통과하는 장소들에 대해 더 깊이 알 수 있다. (최소한 덜 알게 되지는 않는다.) 모든 경주는 결국 출발하는 **어떤 장소**와 끝나는 **어떤 장소** 사이의 경주인 것이다.

5. Victor Turner, *The Ritual Process: Structure and Anti-Structure* (Chicago: Aldine, 1969), chap. 3-4 참조. 그러나 장뤼크 낭시는 동의하지 않을 것이다. "공동체라는 **장소를 대체할** 어떤 **장소**도, 어떤 사이트도, 어떤 신전도, 어떤 제단도 [이제는] 존재하지 않는다. 폭로(exposure)는 모든 곳에서, 모든 장소에서 발생한다. 왜냐

하면 폭로는 모든 장소가, 그리고 각 사람이 그 고독 안에서, 혼자가 아니라는 것에 노출되는 일이기 때문이다."(*The Inoperative Community*, trans. M. Holland [Minneapolis: University of Minnesota Press, 1991], 143.) 낭시의 견해에 대해서는 이 책 끝부분에서 간략히 언급할 것이다.

6. Hannah Arendt, *The Human Condition* (Chicago: University of Chicago Press, 1958)의 여러 곳 참조.

7. John Rawls, *A Theory of Justice* (Cambridge: Harvard University Press, 1979). 특히 22절 "정의의 환경" 참조. 정의의 "객관적 조건"에는 "많은 개인이 동시에 **명확히 정해진 지리적 영토에** 함께 공존한다"(p. 126, 강조는 인용자)는 사실이 포함된다. 이는 비록 롤스가 제시한 "본래의 입장"에 "무지의 베일"을 가정하고 있음에도 불구하고, 즉 "사람들에게 불화를 초래하고"(p. 136) 그런 탓에 "일반적인 고려에 입각해서만 원리를 평가해야 한다"(pp. 136-137)는 의무를 좌절시키는 특정한 사태와 관련해 "무지의 베일"을 가정하고 있음에도 불구하고 여전히 그러하다.

8. Martin Heidegger, *Being and Time,* trans. J. Macquarrie and E. Robinson (New York: Harper, 1962), 138.

1부 공허에서 그릇으로

01 공허를 회피하다: 태곳적 패턴

1. Friedrich Nietzsche, *The Genealogy of Morals,* trans. F. Golffing, in *The Birth of Tragedy and The Genealogy of Morals* (New York: Doubleday Anchor, 1956), 299.

2. '비장소'—단순히 장소가 아닌 어떤 것—라는 생각은 장소와 관련한 다른 것, 예컨대 영역 같은 것을 배제하지 않지만, '무장소'는 (내가 "어떤 장소도 전혀 없음"이라고 간결하게 표현했듯) 우주의 영역까지 포함해 그 어떤 종류의 장소도 근본적으로 존재하지 않는다는 걸 의미한다. 그런 까닭에 '무장소'는 내가 "완전한 공허", "엄밀한 공허", "절대적 공허"라 부르게 될 것들과 실질적으로 같다.

3. 이 문장의 전문은 이러하다. "세계는 창조된 것이 아니며, 시간 자체와 마찬가지로 시작도 끝도 없다는 것을 알라"(*Mahapurana,* in *Primal Myths: Creating the World,* ed. Barbara C. Sproul [New York: Harper & Row, 1979], 17, 193).

4. A. K. Coomaraswamy and M. E. Noble, *Myths of the Hindus and Buddhists* (New York: Dover, 1967), 392-395. 혼돈(다음 2절에서 훨씬 상세하게 고찰할 것이다)은 특히 힌두교의 우주창생론에서 매우 중요한 존재다. 각각의 칼파(kalpa, 겁(劫))가 끝날 때, 혹은 브라만의 날(Day of Brahman)에 3개의 세계는 혼돈(프랄라야(pralaya))으로 용해되고, 브라만력(曆)으로 100년이 지난 맨 마지막에 "모든 면(planes), 모든 존재는……, 위대한 혼돈(마하-프랄라야)으로 용해되며, 이 혼돈은 다시 한 번 브라만력으로 100년의 기간 동안 이어진다"(ibid., 393). 창조는 인정하지만 창조자-신의 역할은 금지되는 전승이 있음에 주목하라. 예컨대 도가(道家) 사상에서는 창조를 천지(天地)의 상호 작용에 의해 저절로 생겨나는 산물로 간주한다. "창조는 천지에 의해 절로 이루어지는 일로서 매년 혹은 시간이 변혁될 때마다 혹은 우주의 질서인 도(道)가 변혁될 때마다 되풀이된다."(De Groot, *The Religion of the Chinese*, cited by F. M. Conford, *From Religion to Philosophy* (New York: Harper, 1957), 99). 헤시오도스의 《신통기》에서도 마찬가지로 창조는 명확한 창조자 **없이** 그저 원초적 분리로부터 생겨난다. 극단적인 경우에는 창조는 물론 창조자도 거부된다. 앞에서 인용한 자이나교 신화에서는 이런 문장이 이어진다. "일부 어리석은 자들은 '창조자'가 세계를 만들었다고 단언한다. 세계가 창조되었다는 교설은 얕은 소견이다. (그러니) 거부해야 마땅하다"(*Mahapurana*, 192). 이러한 전승들 속에서 우리는 세계가 스스로 존재하고 스스로 전개된다는 생각, 요컨대 창조라는 특별한 순간도, 세계를 산출하는 특별한 창조자도 필요치 않다는 생각을 엿볼 수 있다.

5. (심플리키오스가 전하는 바에 따르면) 아르키타스의 원래 발언은 이러하다. "존재하는 모든 사물은 장소 안에 존재하든가, 그렇지 않고 장소를 결여한다면 아예 존재하지 않는다."(cited and translated in S. Sambursky, ed., *The Concept of Place in Late Neoplatonism* (Jerusalem: Israel Academy of Sciences and Humanities, 1982), 37).

6. 내가 '영적'이라고 말한 이유는 우주창생론적 설명 중 어떤 것은 완전히 비물질적인 우주의 전개를 다루기 때문이다. 여기서 내가 염두에 두고 있는 것은 제1원리인 신으로부터 생겨난 바르벨로(Barbelo, 제2원리) 과정에 의해 열 가지 영적 실재(ten spiritual eons)가 산출된다는 영지주의적(Gnostic) 사고다. 이러한 실재들은 각각 "동시에 장소이고, 시간의 연장(延長)이고, 추상물"(Bentley Layton, *The Gnostic Scriptures* (New York: Doubleday, 1987), 14)로 여겨진다. 여기서 우리의 논의와

관련 있는 장소는 창조 여정(뒷부분에 가서야 물질세계의 창조에 이르는 복잡한 여정)의 한 단계에 있는 장소다.

7. 나는 *Getting Back into Place: Toward a Renewed Understanding of the Place-World* (Bloomington: Indiana University Press, 1993) 1장에서 이와 유사한 지적을 한 적이 있다. 즉 ('장소로서 신'에 관한 논의는 물론) 창조 교의에 있어 장소가 수행하는 역할에 대해 한층 간결하게 설명했다. 뒤에서 논증하겠지만, 이 명제의 역도 마찬가지로 타당하다. 즉 **장소의 창생은 곧 우주의 창생이다.** 우주가 출현할 때 장소가 수행하는 역할을 면밀히 고찰함으로써 우주 자체의 성질 및 구조 대부분이 확연히 드러나는 한 그러하다. 장소에 민감하다는 것은 창조된 세계에 대해 깊이 있게 배우는 것이다.

8. Mircea Eliade, *The Sacred and the Profane: The Nature of Religion*, trans. W. R. Trask (New York: Harcourt Brace Jovanovich, 1959), 34. 강조는 원문.

9. Ibid., 47. 원문에서는 이 문장을 이탤릭체로 썼다.

10. "무로부터는 아무것도 만들어질 수 없다." 그런데 루크레티우스는 이런 상황에 서라면 과연 **어떤 힘인들 뭔가**를 창조할 수 있겠는가 의심한다. "**어떠한 것도 신적인 힘에 의해(서조차) 무로부터 창조될 수는 없다**"(*The Nature of Things*, trans. R. D. Latham, in *Theories of the Universe*, ed. M. K. Munitz [New York: Free Press, 1957], 43, 강조는 원문).

11. Marcel Griaule, *Conversations with Ogotemmêli: An Introduction to Dogon Religious Ideas* (Oxford: Oxford University Press, 1965), 73. 또한 28-29, 49, 65, 67쪽 참조. 내가 이 문헌을 참조할 수 있었던 것은 헨리 틸버(Henry Tylbor) 덕분이다. [국역본은 《물의 신》(마르셀 그리올, 변지현 옮김, (주)영림카디널, 2000) 100쪽 참조—옮긴이.]

12. 이는 로버트 그레이브스의 《희랍의 신화들》에 나오는 문장을 바꿔 쓴(paraphrase) 것이다. Robert Graves, *The Greek Myths* (Baltimore: Penguin, 1955), I: 27. 펠라스기족은 기원전 4000년대 중엽 팔레스타인에서 희랍으로 침략해 들어온 구석기인들이다.

13. "'혼돈'이라는 단어는 희랍어 어근 cha-(chaskein, chainein)에서 파생한 것으로, '입을 쩍 벌리고 있는', '크게 벌어진'이라는 의미에서도 알 수 있듯 공포와 두려움의 관념을 함의하고 있다." (Max Jammer, *Concepts of Space: The History of Theories of Space in Physics*, 2d ed. [Cambridge, Mass.: Harvard University

Press, 1970), 9). 또한 **카오스**(혼돈)와 **코라**(공간) 사이에는 고대의 어원학적 연계가 있다는 점에도 주목해야 한다. 양자 공히 '분리', '열림', '움푹 들어감'이라는 의미의 동일한 어근을 갖는다. 이 점에 대해서는 F. M. Cornford, *Principium Sapientiae* (New York: Harper & Row, 1965), n 10 참조.

14. 이는 *Theogony* 116-134 in G. S. Kirk, J. E. Raven, and M. Schofield, *The Presocratic Philosophers* (Cambridge: Cambridge University Press, 1983), 35쪽을 번역한 것이다. [국역본은 헤시오도스, 천병희 역, 《신통기》(한길사, 2005), 32-33 참조—옮긴이]. "에레보스"는 가이아와 하데스 사이에 있는 '암흑의 장소'를 가리킨다는 점에 주목하라.

15. Cornford, *Principium Sapientiae*, 198-203; Kirk, Raven, and Schofield, *Presocratic Philosophers*, 43-45 참조. 뒤의 두 저자는 여기서 더 나아가 '이집트 사자의 서'와 후르리인(Hurrian: 기원전 3000년에서 2000년 사이 중동 지역에 살았던 이동 민족—옮긴이) 및 히타이트인의 서사시뿐만 아니라, 대지(Papa)로부터 하늘(Rangi)의 분리를 말하는 마오리족의 신화에 이르기까지 놀랄 만한 유사성이 있다고 지적한다.

16. P. Diamandopoulos, "Chaos and Cosmos," in *The Encyclopedia of Philosophy*, ed. P. Edwards (New York: Macmillan, 1967), I: 80. 실제로 《신통기》는 다른 대부분의 이오니아적 우주창생론을 근본적으로 수정한 면모가 드러난다. 이오니아적 우주창생론은 "처음에 원초적 '통일성', 즉 나중에 구별될 여러 요소가 함께 뒤섞인 무분별(indistinction) 또는 융합 상태가 있다"는 데 동의한다(F. M. Cornford, *Principium Sapientiae*, 190). 예컨대 아낙시만드로스의 "무한정자" 개념에서 분명히 드러나는 이러한 패러다임에서, 분리는 그와 같은 통일성의 **뒤를 따른다.**

17. John Burnet, *Early Greek Philosophy* (New York: Meridian, 1958), 7.

18. Aristotle, *Physics* 208b31-32, Hardie and Gaye translation, 강조는 인용자. '공간'은 chōra를, '장소'는 topos를 번역한 것이다.

19. 콘퍼드가 시인하듯 "현대인들에게 '혼돈'이라는 단어는 이오니아학파의 다원론자가 말했던 '모든 사물이 함께 있는' 원초적 무질서와 결부되고 말았다. 그러나 기원전 6세기와 5세기의 희랍에서 이 단어는 다른 의미를 갖고 있었다"(*Principium Sapientiae*, 194). 다음의 책 또한 같은 점을 지적한다. Kirk, Raven, and Schofield, *Presocratic Philosophers*, 36-37. 혼돈과 메를로퐁티의 "살(flesh)" 관념 사이에는 현저한 유사성이 있다. 양자 모두 무질서하고 원초적이라고 쉽게 해석되지만, 사실

이 둘은 차이화에 의해 구조가 출현하는 원천이다. (Cf. M. Merleau-Ponty, *The Visible and the Invisible,* trans. A. Lingis [Evanston: Northwestern University Press, 1968], 248-251, 273-274. 또한 메를로퐁티는 《기호(Signs)》 (trans. R. McCleary [Evanston: Northwestern University Press, 1964], 21) '서론'에서 심연이라는 것이 무정형적(無定型的)이지 않다는, 즉 '펼쳐짐(opening out)'으로서 어떤 형태적 특성을 갖는다는 점에 주목했다는 사실도 참조.)

20. Kirk, Raven, and Schofield, *Presocratic Philosophers,* 39.

21. Ibid., 38. 강조는 원저자. 저자들은 콘퍼드가 *Principium Sapientiae,* 195쪽에서 제시한 초기의 해석에 대해 논평한다. 여기서 콘퍼드의 초기 해석은 다음과 같다. 즉 헤시오도스의 "우주창생론은 하늘과 대지 사이에 크게 벌어진 깊은 구렁(yawning gap)의 생성과 함께 시작된다. ……그리고 처음에 일어난 일은 그것들이 '서로 분리되는' 것이었다".

22. Kirk, Raven, and Schofield, *Presocratic Philosophers,* 36.

23. Aristophanes, *The Birds,* line 693. [참고로 국역본의 번역은 다음과 같다. "태초에 카오스와 밤과 저승과 깊고 깊은 황천만이 있었으니 땅도 하늘도 천공도 있지 않았다. 유명(幽冥)의 끝없이 깊은 속에 검은 나래를 가진 밤이 정충의 도움 없이 알을 낳아." 아리스토파네스 외, 나영균 외 역, 〈새〉, 《그리스 희극》(현암사, 1999), 226쪽—옮긴이.]

24. 《신통기》뿐만 아니라 다른 수많은 우주창생론에서도 이러한 특징이 드러난다. "이 모든 체계의 공통된 특징은 그 '간격'을 제치고 우선 크로노스 혹은 제우스를 첫 자리에 놓으려는 시도다"(Burnet, *Early Greek Philosophy,* 7). 에로스에 대한 콘퍼드의 논평은 이러하다. 즉 그 '간격' 속으로 들어간 에로스는 "그들[대지와 하늘]을 재통합하게 될 상호 견인을 그대로 인격화한 것"(*Principium Sapientiae,* 195)이다.

25. 불쑥 끼어듦에 대해서는 다음을 참조. Edmund Husserl, *Experience and Judgement,* trans. J. S. Churchill and K. Ameriks (Evanston: Northwestern University Press, 1973), 77ff.

26. D. A. Mackenzie, *Myths of China and Japan* (London: Allen & Unwin, 1923), 261쪽에서 인용.

27. "처음에 커다란 우주의 알이 있었다. 알 속에는 '혼돈'이 있고, '혼돈' 속을 떠다니는 것은 '아직 전개되지 않은 것(the Undeveloped)', '신성한 맹아(the divine

Embryo)', 즉 팡쿠였다. 팡쿠는 알에서 튀어나왔다"(Ibid., 260). 훨씬 더 이른 시기의 도가(道家) 문헌에서는 혼돈이 일차적 분리의 원천으로 나온다.

"처음에 혼돈이 있었다. 이로부터 순수한 빛이 나와 하늘을 지었다. 그러나 무겁고 침침한 것이 움직이며 자기로부터 대지를 형성했다. 하늘과 대지는 1만 가지 창조를 행했다. ……그리고 그것들 모두가 하늘과 대지를 자신의 존재 양식으로 삼는다. 남성 원리인 양(陽)과 여성 원리인 음(陰)의 뿌리 또한 하늘과 대지에서 비롯되었다"(Charles Long, *Alpha: Myths of Creation* [New York: Braziller, 1963], 126쪽에서 인용).

28. Rik Pinxten, Ingrid van Dooren, and Frank Harvey, *Anthropology of Space: Explorations into the Natural Philosophy and Semantics of the Navajo* (Philadelphia: University of Pennsylvania Press, 1983), 9, 14. 나바호족의 창조 신화에 대한 좀더 완결적인 설명에 대해서는 Leland C. Wyman, *Blessingway* (Tucson: Univ. of Arizona Press, 1970); Gladys A. Reichard, *Navajo Religion: A Study of Symbolism* (New York: Pantheon, 1950), 2 vols 참조. 켈트족의 경우에 대해서는 John Rhys, *Lectures on the Origin and Growth of Religion as Illustrated by Celtic Heathendum* (London: Williams and Norgate, 1862), 669쪽 참조. 이 문제에 대한 고대 일본인들의 믿음에 대해서는 W. G. Aston, trans., *The Nihongi* (London: Allen & Unwin, 1956) 참조.

29. "처음에는 오직 안개뿐이었다. 이때 세계는 전혀 존재하지 않았고, 있는 것이라곤 공기 속을 떠다니는 흰색·노란색·푸른색·검은색·붉은색·은색의 안개뿐이었다. 다채로운 이 안개들은 한데 어우러져 성교하듯 서로의 위를 덮었다"(Stanley Fishler, *In the Beginning: A Navajo Creation Myth*, Utah Univ. Anthropological Paper no. 13 [Salt Lake City, 1953], 9). 이 설명에서는 혼돈이라는 계기를 분리라는 계기와 거의 동일시한다. 만일 안개들이 서로의 **위**에 덮일 수 있다면, 그것들은 이미—아무리 막연하다고 해도!—분간할 수 있을 정도로 다른 것이다.

30. Pinxten, van Dooren, and Harvey, *Anthropology of Space*, 10. 핑스텐이 연구를 수행할 때 고문 역할을 해준 현지 주민들은 "둘 사이에는 그 어떤 장소에도 공기가 존재한다"(ibid., 12)고 주장했다. 하늘을 지상으로부터 떼어놓기 위해 둘 사이에 굴대 몇 개를 세워놓은 것이다.

31. 실제로 여명을 지평선의 근원적 모델이라고 생각할 수도 있다. 여명은 하늘과 대지의 트임(opening)을 선으로 그려내고, 양자의 차이를 더 확연히 느끼도록 해주기 때문이다. 카시러는 이렇게 썼다. "거의 모든 민족과 종교의 창조 전설에서 창조 과정은 빛이 밝아지기 시작하는 것과 융합된다"(Ernst Cassirer, *Mythical Thought, vol. 2 of The Philosophy of Symbolic Forms,* trans. R Manheim [New Haven: Yale Univ. Press, 1955], 96). 여기에 이렇게 덧붙여보는 것은 어떨까: 여명은 하루의 **시작** 지점에서, 그러나 대지와 하늘 **사이에서** 발생한다. 그런 점에서 여명은 진정한 시공간적 개념이다.

32. 마리아 리치가 재구성한 아이누족 창조 신화에서 인용. Maria Leach, *The Beginning* (New York: Funk and Wagnalls, 1956), 205.

33. "기초적인 존재"라는 용어는 후설의 후기 원고에서 취했다. "Foundational Investigations of the Phenomenological Origin of the Spatiality of Nature," trans. F. Kersten, in P. McCormick and F. Elliston, eds., *Husserl: Shorter Writings* [South Bend: Univ. of Notre Dame Press, 1981], 223ff.

34. Genesis 1: 1-2 in the *Holy Bible: Revised Standard Version* (N.Y.: Nelson, 1953), 1.

35. Aristotle, *Physics* 220a27. 이 문장을 이렇게 번역할 수도 있다. "가장 작은 수는 무조건 2다"(Hussey translation).

36. *Physics* 200b21(Hussey translation). 전문은 이러하다. "장소, 공허, 시간 없이는 어떠한 변화(kinēsis)도 있을 수 없다. ……왜냐하면 이들 장소, 공허, 시간은 모든 것에 공통되는 보편적인 것이기 때문이다."

37. 욥기 38:4-12. 이와 긴밀한 연관이 있는 문장을 잠언 8:27-30에서 볼 수 있다. "주님께서 하늘을 제자리에 두시며 심연의 표면 위에 원을 그으실 때에도, ……바다의 경계를 정하셨을 때, ……대지의 기초를 세우셨을 때……."

38. 측량술의 기하학적 기원에 관해서, 그리고 기본적인 "한계-형태"의 기하학적 기원이 어떻게 구성되었는지에 관해서는 다음 문헌을 참조. Edmund Husserl, "The Origin of Geometry," in *The Crisis of European Sciences and Transcendental Phenomenology*, trans. D. Darr (Evanston: Northwestern University Press, 1970), 353-378.

39. Sproul, *Primal Myths*, 17쪽에서 인용.

40. 다른 이야기에서는 우주의 텅 빈 상태가 최초의 시작과 창조 자체의 충족 사이

에 위치한 우주의 **두 번째** 상태로 인식된다. 우리는 이를 중국 한대의 저작《회남자》에 나오는 다음과 같은 구절에서 확인할 수 있다. "하늘과 대지가 형태를 취하기 전에 모든 것은 막연하고 형태를 갖추지 못했다. 그런 까닭에 이를 '위대한 시작'이라고 불렀다. **위대한 시작은 텅 빔을 산출하고 텅 빔은 우주를 산출했다.** 우주는 일정한 한계가 있는 질료-힘(material-force)을 만들어냈다"(*Huai-nun Tzu* 3: Ia in Sproul, *Primal Myths*, 206쪽에서 인용. 강조는 인용자). 공허를 인식론적 맥락에서 다룬 계몽적 논의에 대해서는 C. W. Huntington, Jr., with Geshé Namgyal Wangchen, *The Emptiness of Emptiness: An Introduction to Early Indian Madhyamika* (Honolulu: Univ. of Hawaii Press, 1989) 참조.

41. 이들 지하 세계 및 그들의 '출현 장소'에 대해서는 Aileen O'Bryan, *The Diné: Myths of the Navaho Indians* (Washington, D.C.: U.S. Bureau of American Ethnology, Bulletin 163, 1956), 1-3 참조.

42. "〔그〕 장소에서 그는 창조했다. 벽돌-거푸집(brick-mold)을 그는 만들었다. 그 도시를 그는 지었다. 그 안에 그는 생물(들)을 두었다"(Alexander Heidel, *The Babylonian Genesis* 〔Chicago: Univ. of Chicago Press, 1942〕, 52).

43. "A Maori Cosmogony," trans, Hare Hongi, *Journal of the Polynesian Society* 16, no. 63(September 1907): 113(Wellington: Polynesian Society)쪽에서 인용.

44. F. H. Cushing, "Outlines of Zuni Creation Myths," in *Thirteenth Annual Report of the U.S. Bureau of American Ethnology* (Washington, D. C.: Smithsonian Institution, 1891-1892), 379쪽에서 인용.

45. 이 시점에서 '불안(anxiety)'이라는 단어의 기원이 '협소함(narrowness)'과 '제한(constriction)'이라는 개념에 있음을 돌아보는 건 자못 흥미로운 일이다—사실 지금까지 우리가 직면해온 상황은 울타리의 **결여**가 곧 장소 없음의 불안을 초래하는 상황이었기 때문이다. (병리학적으로 말하면, 이는 폐소공포증과 광장공포증의 차이다.) 우리는 여기서 프로이트가 "원초적인 말에 들어 있는 정반대 의미" 〔*Standard Edition of the Complete Psychological Works* (London: Hogarth, 1954-1975), II: 155-161쪽에 있는 같은 제목의 논문 참조〕라고 명명했던 사례와 마주하고 있는 것인지도 모른다.

46. The Book of the Dead(ca. 2000-1500 B.C.), in C. Doria and H. Lenowitz, eds. *Origins: Creation Texts from the Ancient Mediterranean* (New York: Doubleday Anchor, 1976), 87쪽에서 인용. 원초적인 물에 대한 다른 이해에 대해

서는 Sproul, *Primal Myths,* 183-186, 188, 256쪽 참조.

47. *Physics* 208b25-26(Hardie and Gaye translation).

48. "그는 실재하고 있었다. 타아로아는 그의 이름이었다. 광대무변함(공간)에는/대지도 없고, 하늘도 없고/바다도 없고, 사람도 없었다"(E. S. Craighill Handy, *Polynesian Religion* (Honolulu: Bishop Museum Press, 1927), 11쪽에서 인용). 그리고 투아모투족은 자신들의 서사시적 창조 이야기를 이런 말로 시작한다. "키호는 '공허' 안에 살고 있었다고 한다"(Frank J. Stimson, *Tuamotuan Religion* (Honolulu: Bishop Museum Press, 1933), 12).

49. Sproul, *Primal Myths,* 17쪽에서 인용. 호피족 신화에서는 이리하여 많은 영지주의적 문헌에 보이는 공허화 활동, 즉 자기를 텅 비우는 활동이 재연(再演)된다.

50. Stimson, *Tuamotuan Religion,* 12.

51. Ibid., 12-13. 이 텍스트에서 볼 수 있는 '밤'의 우위는 헤시오도스가 강조했던 유사한 내용과 상응한다. "밤으로부터 밝은 하늘(아이테르)과 낮이 (태어났다). 밤이 에레보스와 사랑의 결합을 통해 임신하여 낳은 것이다"(《신통기》에서).

52. M. E. Opler, *Myths and Tales of the Jicarilla Apache Indians* (New York: Stechert, 1938), I; Sproul, *Primal Myths,* 263쪽에서 인용. 여기서 인용한 두 문장은 동시적 상태를 다만 구체적으로 풀어쓴 것이라 해석할 수도 있다. 하지만 만일 그렇다면, 더 한층 장소-반전의 영향을 받기 쉽다.

53. Chuang Tzu, *Basic Writings,* trans. B. Watson (New York: Columbia University Press, 1964), 38.

54. Adrián Recinos, *Popul Vuh: The Sacred Book of the Ancient Quiché Maya,* trans. D. Goetz and S. G. Morley (Norman: Univ. of Oklahoma Press, 1950), 81.

55. R. E. Hume, ed. and trans., *The Thirteen Principal Upanishads* (London: Oxford Univ. Press, 1971), 214.

56. 손앞에 있는(vorhanden) 성질과 손맡(손의 주위)에 있는(zuhanden) 성질의 견지에서 공간을 평가하는 문제에 대해서는 M. Heidegger, *Being and Time,* secs. 12, 22-24쪽 참조. 나는 하이데거의 아이디어에 대해 이전 논문에서 다룬 적이 있다. "Heidegger In and Out of Place," *Dequesne Studies in Philosophy* (Silverman Phenomenology Center, Duquesne Univ. 1990), 62-97.

57. *Physics* 222b 6 (Hardie and Gaye translation). 허시의 번역은 이러하다. "시간은 결코 소진되지 않을 것이다. 왜냐하면 그것은 늘 어떤 시작에 있기 때문이다."

02 모태를 지배하다: 《에누마 엘리시》와 플라톤의 《티마이오스》

1. bará와 '벤다, 절단한다, 구분 짓는다'라는 뜻의 희랍어 temnein 그리고 독일어 Ort(이 말의 원래 의미 중 하나 또한 '화살의 끝'이다)가 의미상 수렴한다는 것은 매우 인상적이다. Ort가 '장소'를 의미하고, temnein이 ('구역(precinct)'을 의미하는 temnos를 경유해) 라틴어 templum, 즉 원초적 건조(建造) 장소의 기원이라는 점에서 더 한층 그러하다. 여기서 제시할 수 있는 아이디어는 다음과 같다: 어떤 곳이 하나의 장소라는 것은 그 주변 '공간'으로부터 구체적 물질의 유입이 막혀 있음을 뜻한다. (벌목으로 얻은 목재를 의미하는 timber 또한 temnein에서 유래한 말이다).

2. 이는 Sandars, *Poems of Heaven and Hell from Ancient Mesopotamia* (Baltimore: Penguin, 1971), 73쪽에 번역되어 있는 《에누마 엘리시》의 첫 두 연이다. 나는 또한 좀더 학술적인 하이델의 번역도 참조했다. Alexander Heidel, *The Babylonian Genesis: The Story of Creation,* 2d ed. (Chicago: Univ. of Chicago Press, 1963). 그러나 특별히 따로 명시하지 않는 한 이후의 《에누마 엘리시》 인용은 샌다스의 번역을 따를 것이다. 테홈과 티아마트의 연계성에 주목하게끔 해준 캐서린 켈러(Catherine Keller)에게 감사한다.

3. 그러나 《에누마 엘리시》가 《신통기》에 당연히 영향을 끼쳤으리라는 점 또한 간과해선 안 된다. 이런 영향에 대한 주장은 F. M. Cornford, *Principium Sapientiae* (New York: Harper, 1965), chap. 15 참조.

4. *Enuma Elish,* 73.

5. Ibid., 82, 85.

6. Ibid., 74.

7. Ibid., 75.

8. Ibid., 75.

9. 추도 행위에 대해서는 나의 이전 저작 *Remembering: A Phe-nomenological Study* (Bloomington: Indiana Univ. Press, 1987), chap. 10 참조. 원초적 부친 살해와 그 후 제단 및 토템 동물의 희생(犧牲)이라는 형태로 살해된 아버지를 달래는 추도 행위가 이어진다는 프로이트의 이론에 대해서는 그의 *Totem and Taboo (Standard Edition of the Complete Psychological Works* [London: Hogarth, 1958], esp. pt. 4) 참조. 또한 René Girard, *La Violence et le sacré* (Paris: Grasset, 1972)도 참조. 이 문제와 관련해 매우 중요한 것은 '질료(matter)'라는 단어의 기원이 인도유럽어족의 어근 dem- 혹은 dom-(이 어근은 '짓는 것(to build)'을 의미하며 여기서

'집'이라는 뜻의 라틴어 domus가 파생했다)과 근연 관계라는 사실이다.《에누마 엘리시》의 마르두크가 맡은 역할은 서사시에서 원형적 건설자(archetypal builder)가 수행하는 역할이다. 사실《에누마 엘리시》는 건설이 활동의 전형으로 등장하는 수메르 텍스트의 전체 시리즈 중 한 편이다. 이러한 건축적 성향—예컨대 건설이 전혀 등장하지 않는 오스트레일리아 원주민의 기원 신화와 특히 대조된다—에 대해서는 Jonathan Z. Smith, *To Take Place: Toward Theory in Ritual* (Chicago: Univ. of Chicago Press, 1987), chaps. 1, 2 참조. 스미스는 이렇게 썼다. "고대 중근동에서 유래한 가장 잘 알려진 우주창생론 텍스트《에누마 엘리시》를 지배하는 주제는 건설이다. ……이는 본질적으로 바빌론이라는 신성 도시의 창조에 관한 서사(narrative)다"(p. 19).

10. *Enuma Elish*, 75.

11. Ibid., 87. '티아마트' 및 '아프수'의 본래 의미에 대해서는 샌다스의《에누마 엘리시》번역본에 실려 있는 서론(pp. 24ff.) 참조.

12. *Enuma Elish*, 90.

13. 결국 에아가 맡는 것은 최고 건설자 마르두크를 위한 건축가 역할이다. 마르두크가 티아마트에게 승리를 거두자, 그의 부하들은 의기양양하게 선포한다. "에아는 그(마르두크—옮긴이)의 건축가가 되어 근사한 설계도를 그리도록 하라"(*Enuma Elish*, 96).

14. *Enuma Elish,* 91.

15. Paul Ricoeur, *The Symbolism of Evil*, trans. E. Buchanon (Boston: Beacon Press, 1967), 179, 182-183 참조. "마르두크는 창조와 파괴의 동일성을 의인화한 것이다. ……폭력은 사물들의 기원에 새겨져 있다."

16. '마르두크'는 셈어로 '태양 아이(sun-child)' 혹은 '태양의 아들(son-of-the-sun)'을 의미한다. 그리고 그에게 "대지의 군주" 혹은 "세계의 군주"라는 칭호를 수여하는 것은《에누마 엘리시》의 마지막을 장식하는 〈50명의 찬미가〉에서다.

17. *Enuma Elish*, 92. 하이델은 마지막 문장을 이렇게 번역했다. "그는 그녀를 진주 담치(mussel)처럼 쩍 벌려 둘로 찢었다. 그녀의 반을 그는 **장소에 안정시키고**(set in place), 하늘을 만들어 〔그것으로써〕 지붕을 삼았다. 그는 빗장을 내리〔고〕 파수꾼들을 붙였다. 그는 파수꾼들에게 그녀의 물이 새어나가지 못하게 하라고 명했다"(*Babylonian Genesis*, 42, 강조는 인용자). 나는 *Getting Back into Place: Toward a Renewed Understanding of the Place-World* (Bloomington: Indiana

University Press, 1993) 3장에서 건축물과 신체의 긴밀한 관계성에 대해 추적했다.

18. 리쾨르는 《에누마 엘리시》에서는 "우주론이 신들의 계보를 완성시킨다. ……세계에 대해 **말해야** 할 것은 신적인 것의 창생 결과다"(*The Symbolism of Evil*, 177, 강조는 원문)라고 주장했다. 그러나 본문의 내용에 의거해 우리는 다음과 같이 덧붙여야 한다. 즉 신적인 것의 창생 자체는 원소적 영역의 원초적 상태로부터 생기는 것이다. 요컨대 신들의 계보가 우주창생론을 완성시킨다.

19. *Enuma Elish*, 92. 〔엔릴은 고대 수메르인에게 우주적 대기(universal air)의 신이다.〕 하이델은 첫 행을 이렇게 번역했다. "그는 하늘을 가로지르며 그 영역들을 검사했다"(*Babylonian Genesis*, 43).

20. *Enuma Elish*, 99.

21. Ibid., 92.

22. "그는 달에게 보석과도 같은 광채를 띠게 했고, 밤 전체를 다 주었다. 이는 하루하루를 구분하고, 밤에는 매월마다 차기도 하고 이지러지기도 하는 빛의 주기를 살피기 위함이었다. ……그는 태양을 취해 그 주기가 한 해에서 출발해 다음 새해에 이르렀을 때 완료되도록 정했다"(ibid., p. 93).

23. Ibid., 93. 92쪽에 따르면, 네비루(Nebiru) 혹은 '천정(Zenith)', 즉 천공의 중앙지대는 (마르두크의 별자리 이름이기도 하지만) 높은 곳으로부터 방향성의 궁극적 근거로 확립되어 있다. 중추적 방향성이 확립되어 있으면 "어떤 방향에서도 그 토대는 확고"(p. 107)하다고 할 수 있다. 그와 같은 방향성은 그 자체로 장소적이다. *Getting Back into Place,* chaps. 3-4; Yi-Fu Tuan, *Space and Place* (Minneapolis: Univ. of Minnesota Press, 1976), chaps. 6-7 참조.

24. *Enuma Elish*, 93-94.

25. Cf. ibid., 94-96, 98-99. 바빌론은 "신들의 집"(p. 96)이라고 일컫기도 하지만, 그것은 또한 평범한 유한자들(mortals)의 거주지이기도 하다. 요컨대 신들은 파라쿠(Parakku)의 신전(바벨탑)과 에사길라(Esagila)의 신전(천공의 신전)에 거주한다. 신전들이 이렇게 일찍 출현한다는 것은 2장의 첫 번째 주에서 논의한 언어적 연계성의 관점에서 매우 인상적이다.

26. Ibid., 97. 101쪽에서 신들은 마르두크가 인간을 창조했다는 것을 확인해준다. "그는 영원히 노동하는 살아 있는 사물, 즉 인간을 창조했고, 이로써 신들은 자유로운 존재가 되었다." 〔여기서 '인간(man)'은 남성뿐만 아니라 여성도 포함한 인간(human person)을 의미한다.〕

27. 예를 들어 마르두크는 이렇게 뻐긴다. "네〔에아〕가 아니라 내가 세계의 본성을, 앞으로 나타날 것들을 결정할 것이다. 내가 포고한 것들은 결코 변경할 수 없고, 결코 폐기되지도 않을 것이며, 나의 창조는 세상이 끝날 때까지 지속될 것이다. "포고"라고 언급함으로써 마르두크는 **말**의 힘을 가리키는데, 이는 다른 문장들(cf. ibid., 86, 88, 107)에서 더욱 보강되는 테마다. 하지만 마르두크의 창조는 야훼의 창조와 달리 **말에 의한** 것이 아니다.

28. *Enuma Elish*, 110.

29. Ibid., 107.

30. Ibid., 110.

31. *Poems of Heaven and Hell from Ancient Mesopotamia*에 붙인 샌다스의 서론 (p. 61)에서 인용.

32. Ibid., 61, 강조는 인용자. 한편 "여러 가지 면에서 이 텍스트를 우주창생론이라고 칭하는 것은 부적절하다"(*To Take Place*, 19)는 조너선 스미스의 의심스러운 주장도 참조.

33. *Enuma Elish*, 102.

34. Ibid., 95.

35. 마르두크는 집합해 있는 신들에게 이렇게 말한다. "예전에 너희들은 심연 위 공허에 살고 있었다. 그러나 내가 '천공'의 거울로서 '대지'를 만들었노라"(ibid., 95). 티아마트는 106쪽("그는 올가미에 걸린 '혼돈'을 끌고 갔다") 및 107쪽("〔마르두크는〕 '혼돈'과 대결할 왕으로서 찾아왔다")에서 '혼돈'이라고 불린다. 티아마트를 '혼돈'으로 해석하는 것에 대해서는 Susan Niditch, *Chaos to Cosmos: Studies in Biblical Patterns of Creation* (Chico. Calif.: Scholars Press, 1985) 참조.

36. "티아마트가 그에 대해 들었을 때, 그녀의 분별력이 산산이 흩어지고, 뭔가에 씌인 듯 큰 소리로 비명을 질렀으며, 두 다리는 사타구니에서 후두두 떨어졌다. 그녀는 주문을 꽥꽥거리며 저주의 말을 중얼거렸다"(*Enuma Elish*, 90).

37. Paul Ricoeur, *The Symbolism of Evil*, 180. 고대에는 chōrizein(분리하는 것)과 chōra(공간, 장소) 간에 연계성이 있었다는 사실이 시사하듯 분리와 장소의 창조 사이에는 긴밀한 연계성이 있다는 것에 다시 한 번 주목하라.

38. 티아마트와 마르두크가 성차(性差)의 대표자로서—따라서 여성주의적 관점에서 특별히 중요한 기본적 문제를 제기하는 존재로서—대립하는 측면에 대해서는 Catherine Keller, *From a Broken Web: Separation, Sexism, and Self* (Boston:

Beacon Press, 1986), 74-78, 81-83, 88-90, 106-107, 115-118쪽의 주목할 만한 논의 참조. 여기서 인상적인 것은 켈러가 티아마트를 창조의 원초적 재료로 간주하면서, (나 자신의 해석과 일치하는) 이러한 성차적 해석을 토대로 《에누마 엘리시》가 제시하는 창조론적 모델에 대해 페미니스트적 비판을 하는 방식이다. "분리하는 [남성적] 자아(ego)는 창조적인 혼돈을 퇴행적 무질서라 느끼고, 깊이에서는 죽음의 냄새를 맡는다. ……죽은 자로서 그녀는 이제 얼굴 없는 비인간, 원초적 질료, 표면이 말소된 재료로 기능하고, 이 위에서 그의 초월적 남성중심주의 (andromorphism)가 새로운 창조를 연출한다"(p. 78). 이렇게 젠더적 감수성으로 《에누마 엘리시》를 독해할 경우 상당한 진리가 있는 것은 사실이다. 그럼에도 불구하고 나는 의문스럽다. 티아마트를 정녕 혼돈이라고, 혹은 심지어 무질서라고까지 이해해야 할까?

39. 모태에 관한 추가적인 논의, 특히 모태를 형상 대(對) 질료라는 틀에서 논의한 것으로는 나의 이전 저작 *Remembering*, 293-299 참조.

40. Sandars, introduction to *Poems of Heaven and Hell from Ancient Mesopotamia*, 16.

41. *Enuma Elish*, 95 참조.

42. Mircea Eliade, *The Sacred and the Prafane: The Nature of Religion*, trans. W. Trask (New York: Harper & Row, 1959), 77. 강조는 원문.

43. *Timaeus* 52a. 《티마이오스》 인용은 거의 항상 콘퍼드의 다음 번역에서 취할 것이다. *Plato's Cosmology: The Timaeus of Plato Translated with a Running Commentary* (New York: Liberal Arts Press, 1957). 이후 이 텍스트를 참조할 때는 이 번역본의 스테파누스 번호(Stephanus numbers)를 사용한다.

44. 이는 *Timaeus* 37d에 나오는 유명한 구절을 인용한 것이다(강조는 인용자). 콘퍼드의 번역은 이러하다. "수(數)에 따라 움직이는 영속적인 이미지."

45. Platon, *Timaeus* 49a. 또한 52d도 참조.

46. 이 호칭에 대해서는 *Timaeus* 50d, 51a 참조. 이번 절 첫 단락에서 나는 '남성적인'과 '여성적인'에 인용 표시를 붙였는데, 그 이유는 플라톤이 이러한 속성들을 데미우르고스와 '수용체'에 각각 **귀속시킨다**(그 자체를 명백히 논증하지 않은 채)는 점을 가리키기 위함이었다. 코라의 젠더적 함의라는 문제에 대해서는 이 책 마지막 장에서 이리가레이에 대해 논할 때 다룰 것이다.

47. *Timaeus* 50b-c, 강조는 인용자. 모태에 해당하는 희랍어는 ekmageion이다. 이

말은 그 안에서 다양한 인상이 만들어지는 가변적인 덩어리나 무리(mass)를 암시한다. 또한 Plato, *Timaeus* 191c도 참조.

48. '수용체'를 거울 같은 것으로 해석하는 데 대해서는 *Plato's Cosmology*, 184-185, 194, 200쪽에 있는 콘퍼드의 주석 참조.

49. 아리스토텔레스는 바로 이 점을 *Physics* 214a12ff.에서 주장한다. 그러나 종국적으로 볼 때 원자론자들의 kenon은 철저한 공허가 아니다. 한편으로 kenon은 본령상 '간격'(diastēma)으로 특징지어진다. '간격'은 비록 부정적이기는 해도 일정한 규정성을 갖는다는 점에서 완전한 공허와는 양립할 수 없는 성질을 갖는다. 다른 한편으로, 원자들 자체는 함께 모여들어 소용돌이를 이루고, 그리하여 자기들이 점유하는 공간을 편성한다. 좀더 정합적인 해석은 원자론자들이 kenon이라는 말을 공간으로, 특히 텅 빈 공간으로 사용한다고 보거나, 심지어 중립적이고 열려 있으며 경계 지어지지 않은 공간을 지칭한 최초의 철학적 용어라고 간주하는 것이다. Keimpe Algra, *Concepts of Space in Greek Thought* (Leiden: Brill, 1995), 38-52 참조. 원자론자들의 공간관에 대해서는 또한 C. Bailey, "Matter and the Void According to Leucippus," in M. J. Capek, ed., *The Concepts of Space and Time: Their Structure and Their Development* (Dordrecht: Reidel, 1976), 17-19 참조. 아울러 콘퍼드가 "The Invention of Space," in *Essays in Honor of Gilbert Murray* (London: Allen & Unwin, 1936), 215-235쪽에서 고대의 '원자론'에 대해 설명하는 것도 참조. 콘퍼드는 둘러싸여는 있지만 간극을 포함하고 있는 우주의 "내적인 공허"와 기지(旣知)의 세계를 초월한 끝없는 공간의 "외적인 공허"를 플라톤이 모두 거절한다고 주장한다. 고대의 '원자론'에 대한 좀더 완결적인 논의는 4장 첫 부분에서 제시할 것이다.

50. 이 간극들에 대해서는 *Timaeus* 58a-c 참조. 또한 *Plato's Cosmology*, 200쪽에 실려 있는 콘퍼드의 주석도 참조.

51. 이 점과 관련해 뒤앙의 해석은 의심스럽다. "플라톤에 따르면 그럴 경우 한계 지어진 구형(球形) 세계의 외부에 필연적으로 한계 지어지지 않는 공간이 있고, 이 '우주'는 바로 그 안에 위치해 있다. 이 공간 안에는 아무것도 실존하지 않기 때문에, 그것은 텅 비어 있다"(Pierre Duhem, "Plato's Theory of Space," excerpted in Capek, *The Concepts of Space and Time*, 22. 같은 쪽에서 뒤앙은 '수용체' 내적으로는 어떤 공허도 없다고 인정한다). 그러나 '우주'의 공간이란 '수용체'의 공간에 다름 아니며, '수용체'가 텅 비어 있지 **않다**는 것에는 의문의 여지가 없다. 콘

퍼드의 말마따나 "공간은 구형 우주와 연장이 같다(coextensive)는 점에서 그 자신의 형상(shape)이 있고, 그 바깥으로는 물체도, 공허도 없다"(*Plato's Cosmology*, 188. 200쪽도 참조). 달리 말하면 무("그 바깥")는 공허와 혼동될 수 없다.

52. *Timaeus* 52b. hedran은 '자리(seat)', '주거', '거주 장소'를 함의한다.

53. Cornford, *Plato's Cosmology*, 181, 강조는 원문. 콘퍼드는 이렇게 덧붙인다. '수용체'란 "간단히 말해 '그 안에서' 다양한 성질이 나타나는 장소다"(*Plato's Cosmology*, 187). 플라톤은 *Timaeus* 49e에서 '그 안에서'라는 표현을 사용한다. "**그 안에서** 이것들 각각이 언제나 생성되어 나타났다가 다시 거기에서 사라지는 것, 오직 그런 것만을 '저것(touto)'이나 '이것(tode)'이라는 낱말을 사용해 부를 수 있다."

54. *Timaeus* 52d-53a, 강조는 인용자. 이 대목 앞부분에는 '수용체'에 대해 이야기하는 이유가 분명히 나타나 있다. 그것은 '수용체'가 처음에는 어떤 고유한 자질(qualification)도 갖고 있지 않지만, 일단 한 번 받아들이면 자신에게 어떤 성질을 부여하는 특징들을 **수용**하기 때문이다. 데리다가 주석을 달았듯 "공간(코라)은 **스스로의 힘으로**(for itself) 수용할 수 없다. 따라서 그것은 **수용**할 수 없고 다만 자신이 수용하는 (존재에) 속한 성질들을 차용할 뿐이다"(Jacques Derrida, "Chōra," in *Poikilia: Festschrift pour J.-P. Vernant* [Paris: Ecole des Hautes Etudes, 1987], 271. 강조는 원문. 이 논문은 내용을 일부 수정해 다음과 같은 제목으로 영역 출판되었다. "Khōra," trans. I. McLeod, in J. Derrida, *On the Name*, ed. T. Dutoit [Stanford: Stanford Univ. Press, 1995], 89-127).

55. '까부른다'는 은유에 대해서는 *Timaeus* 52e-53a 참조. 또한 *Plato's Cosmology*, 201-202쪽에 있는 콘퍼드의 해설도 참조. 곡물을 까부를 때, 장소들은 미리 확립되어 있지 않고—까부르는 키(basket)는 드넓게 펼쳐진 장이다—**까부르는 행위 자체에 의해 창조**된다. 그와 똑같은 일이 '수용체'의 경우에도 일어난다. '수용체'의 격렬한 운동이 물질적 성질들을 위한 영역을 만들고, 일차적 존재들을 위한 장소를 만들어내기 때문이다.

56. 데리다의 언급은 다시 한 번 적절하다. '수용체'는 "주체(subject), 정확히 그 주체에 관해 그 '위에(onto)' 새겨질 것들의 합(sum)이나 그 과정을 제외하면 무'이다'. 하지만 그것은 [이] 모든 것의 **주체**나 **현전하는 토대**(present support)가 아니다." ("*Chōra*," 273, 강조는 원문). 간단히 말해, 그것은 자기한테 고유한 속성을 갖는 하나의 **실체**가 아니다.

57. "'*Chōra*'는 채워질 '여지(room)'이지 텅 빈 공간(kenon)이 아니다. ……실제로

chōra의 번역으로도 '공간'보다는 '장소' 쪽이 오해를 덜 초래할 것이다. 왜냐하면 '장소'는 우주라는 유한체(finite sphere) 너머에 놓여 있는 무한한 범위의 텅 빈 상태를 시사하지 않기 때문이다"(*Plato's Cosmology*, 200n, 여기서 '무한한 범위'는 '외적인 공허'를 가리킨다). 그렇다면 콘퍼드가 왜 자신의 탁월한 《티마이오스》 번역에서 '장소'라는 말을 사용하지 않았는지 의아스럽다. 하이데거의 언급에 따르면 희랍인들은 "chōra[라는] 토대 위에서 공간적인 것(the spatial)을 경험했는데, chōra는 …… 거기에 서 있는 존재에 의해 점유되는 것을 의미한다. 장소는 사물 자체에 속한다. 그 다양한 모든 사물은 각각 자신의 장소를 갖는다. 생성되는 것은 이 국소적인 '공간' 내에 놓이고, 그곳으로부터 출현한다"[Martin Heidegger, *An Introduction to Metaphysics,* trans. R. Manheim (New Haven: Yale University Press, 1959), 66]. 신중하고 다소 회의적인 독해로는 Algra, *Concepts of Space*, 특히 38쪽 참조. "chōra와 topos라는 말은 수많은 맥락에서 상호 교환 가능한 방식으로 사용할 수 있었다. 일상적인 희랍어에서든, 철학에 처음 적용했을 때든 모두 그러했다." 그러나 심지어 그렇다 해도 topos는 '상대적 소재지'를 지시하는 경향이 있고, chōra는 늘 topos보다 큰 연장을 의미한다(예컨대 플라톤의 《법률》 760c에서 "국토[chōra]의 여러 장소들[topoi]"이라고 표현하듯). 게다가 알그라도 인정하듯 "(너그럽게 보자면) 적어도 플라톤과 아리스토텔레스는 공히 그런 식으로 개념상의 구별[즉 장소와 공간의 관계는 topos와 chōra의 관계와 같다는 것]을 했다"(p. 32). 또한 Luc Brisson, *Le Même et l'autre dans la structure ontologique du Timée de Platon: Un commentaire systématique du Timée de Platon* (Nanterre: Lettres et sciences humaines, 1974), 213쪽에 있는 "[《티마이오스》에서 사용한] chōra와 topos는 동일성과 차이 사이에서 이리저리 흔들린다"는 대목도 참조.

58. "공간을 밝게 틔운다", "여유"라는 용어는 《존재와 시간》의 "예술 작품의 기원"에 나오는 공간 비움(einräumen)과 운신 공간(Spielraum)에 대한 하이데거의 논의에서 취한 것이다. 좀더 상세한 논의는 11장 참조.

59. topos와 chōra의 구별은 다음 대목에 나타난다. "존재하는 것은 모두 어떤 topos 안에 존재할 필요가 있고, 어느 정도의 chōra를 점하지 않으면 안 된다"(*Timaeus* 32b). 방금 구별한 방식과 일치해 chōra와 topos가 상호 인접해서 나타나는 대표적인 대목은 《티마이오스》 57c에서 찾을 수 있다. "이런 일들을 겪음에 따라 [창조된 '일차적' 존재들은] 모두 그 chōrai들을 바꾼다. 이는 각 부류의 큰 덩어리들은

수용체의 운동에 의해 그 자신의 고유한 topos 안에 따로따로 떨어져 있지만, 다른 한편 그때마다 자기 종류와 닮지 않은 것들이 되면서도 다른 종류와 닮아가는 것들은 그 흔들림으로 인해서 그것들이 닮게 되는 다른 것들의 topos 쪽으로 옮겨가기 때문이다."

60. 이렇게 일컫는 데 대해서는 *Timaeus* 52a 참조. "영속적인"은 희랍어 aiōnios를 번역한 것인데, 이 말은 통상 '영원한'이라고 번역한다. 그러나 콘퍼드는 끊임없이 지속되는 천체 운동은 엄청나게 오래가는 것일 뿐 엄밀한 의미에서 영원한 것은 아니라는 사실을 고려해 "영속적인"(이런 의미를 가리킬 때는 보통 aidios라는 말을 썼다)이라는 말을 선택한다. *Plato's Cosmology*, 98n에 있는 콘퍼드의 주석 참조.

61. "《티마이오스》에 표현되어 있는 플라톤의 우주론은 신화의 테크닉으로 역행함으로써 전체적으로 주체의 역사에서 운명적인 일보 후퇴를 나타낸다"(Milton K. Munitz, *Space, Time, and Creation: Philosophical Aspects of Scientific Cosmology* 〔New York: Dover, 1981〕, 15). 공교롭게도 뮤니츠는 "원자론적 유물론자들의 유망하고 선견지명적인 관념"(ibid.)에 견주었을 때, 다시 말해 이 동일한 대화편에서 플라톤의 논적들에 견주었을 때, 《티마이오스》는 실패라고 본다. 이와 매우 다른 관점으로는 《티마이오스》가 서양에서 신화 시대 이후의 가장 위대한 우주론 두 가지 중 하나(또 다른 하나는 뉴턴의 《자연철학의 수학적 원리》)라고 여기는 화이트헤드의 견해를 비교해보라. *Process and Reality*, ed. D. Griffin and D. Sherburne (New York: Fress Press, 1978), 93. 화이트헤드는 이렇게 덧붙인다. "근대 수리물리학의 시공(space-time)은 그 속의 사건들에 적용되는 개별적인 수학 공식들로부터 추상적으로 파악해볼 때, 거의 플라톤의 '수용체' 그대로다"〔*Adventures of Ideas* (New York: Mentor, 1960), 154〕. 데리다는 제3의 해석을 제시한다. 즉 《티마이오스》는 바로 코라에 대한 논의에 있어 신화로서든, 논리로서든 분류되기를 거부하고, 도리어 이러한 선택 자체를 의문에 부친다는 것이다. "그러한 언설은 신화에 속하는 것일까? '신화-논리'라는 양자택일에 계속 의거하고 있는 우리는 과연 코라라는 생각을 정당하게 다루고 있는 것일까? 이 생각 **또한** 제3의 언설을 요한다면 어떻게 될까? ……논리(logos)의 규칙성, 그 법칙, 그 본성적인 혹은 합법적인 계보를 뛰어넘으면서도 여전히 엄밀한 의미에서 신화에 속하지 않는 그런 것을 어떻게 사고할 수 있을까?"("*Chōra*," 266, 강조는 원문).

62. Derrida, "*Chōra*," 272-273.

63. Edmund Husserl, *Ideas*, I, sec. 76 참조.

64. *Timaeus* 58b-c.

65. Ibid., 52e. 콘퍼드는 이렇게 지적한다. "실제로 이제 우리는 알 수 있다, 네 종류로 분리된 영역 내에서 각각이 어떠한 변화도 일어날 수 없는 하나의 균질적 덩어리로서 영원불변토록 정지하는 일이 어째서 일어나지 않았는지를"(*Plato's Cosmology*, 245). 미시 수준에서 보면 변화는 일어난다. 네 원소 각각의 입자들이 이리저리 휩쓸리고, 부딪치고, 파열됨으로써, 특히 그 입자들의 삼각형 표면이 파열됨으로써. 이러한 전개 과정에 대해서는 *Timaeus* 57d-58c 참조.

66. 화이트헤드의 견해대로 '수용체'는 기껏해야 "모든 것의 잉태와 출산을 위한 모태"이자 "모든 생성의 양모(養母, foster-mother)"(*Adventures of Ideas*, 154, 강조는 인용자)다. 이 인용문에서 내가 강조 표시를 한 표현은 수용체에 일정한 자격 한정이 필요하다는 사실을 가리킨다. '수용체'는 비록 문자 그대로 자식을 잉태케 하는 것은 아니지만, 모태라는 사실에는 변함이 없으며, 따라서 브리송이 제시하듯 영양(trophos)과 양모(tithēnē)와 어머니(mētēr)에서 코라와 토포스로 뻗어가는 연속적 계열―수용체는 그 중간 위치에 있다―의 일부다. Brisson, *Timée de Platon*, 214-215 참조.

67. 따라서 나는 "'공간'의 원형 따위는 없다"(*Plato's Cosmology*, 193)는 콘퍼드의 의견에 동의한다. 그러나 이런 사실로부터 '공간'이 "'형상'만큼이나 확실하게, 그 자체로 실존한다"(ibid.)는 결론이 필연적으로 도출되지는 않는다. 나의 독해 방식에 따르면 '공간'은 단지 현상적인 나타남이나 물질적인 사물을 위해 로쿠스를 제공하는 것으로서만 실존한다. 위치적인 '이것(this)' 말고 아무것도 없는 것은 그러나 무가 아니다. 콘퍼드가 인정하듯 "'수용체'는 물체적인 〔영역(realm)〕에서 '이것'이라 부를 수 있는 **단 하나의** 요소다. 왜냐하면 그것은 영구불변의 존재를 가지며, 그 본성은 변화하지 않기 때문이다"(ibid., 181, 강조는 인용자).

68. "사실 이것을 바라보노라면, 우리는 꿈을 꾸고 있는 상태에 처한다"(52b). 꿈이 장소의 등가물인 '꿈의 무대' 안에서 공상적인 것을 단지 감각적인 것과 결합하는, 그래서 그 자체로 잡종적 존재인 한 이런 유비는 그리 놀랄 게 없다. 또한 51b도 참조. '수용체'는 "지극히 당혹스러운 방식으로 '지성에 의해서만 알 수 있는 것'에 관여하는 것으로 주어지기 때문에 파악하기가 매우 어렵다". 밑에 있는 것(hupodochē)의 '짝퉁적' 성격이라는 주제에 대해서는 Duhem, in Capek, *The Concepts of Space and Time*, 22 참조. 여기서 문제의 잡종화는 이성 작용

(noēsis)과 감각(aisthēsis) 사이의 잡종화다.

69. "변화하는 존재의 입장에서 국소적 운동(local movement)이란 어떤 일정한 장소에서 그것이 실존하는 첫 시작이고, 그 뒤에는 바로 그 동일한 장소에서 사라지고 마는 운동이다. 이러한 국소적 운동은 그것이 일어나는(장소를 취하는) 동안 줄곧 존속하는 장소의 존재를 전제한다"(Duhem, in Capek, *The Concepts of Space and Time*, 21). 브리송의 공들인 표현에 따르면 "코라는 그 공간적 양상에서 그것 없이는 어떠한 운동도 불가능한 것으로서 자신을 제시한다"(*Timée de Platon*, 212).

70. 콘퍼드는 나아가 이렇게까지 주장한다. "혼돈이 만일 코스모스 이전에는 결코 실존하지 않았다면, 유니버스의 작용 속에서 지금 현재 그리고 늘 현전하고 있는 어떤 요소를 나타내야 한다"(*Plato's Cosmology*, 37. 추가적인 논의에 대해서는 203-207쪽 참조).

71. *Plato's Cosmology*, 223. 이를 *Adventures of Ideas*, 152쪽에 있는 화이트헤드의 다음과 같은 지적과 비교해보라. 플라톤은 "'지고의 장인(Supreme Craftsman)'이 전능성을 갖는다는 것을 분명히 거부하고 있다. 이데아의 영입은 늘 설득적인 방식으로만 영향을 끼칠 수 있으며, 그래서 오로지 [질료상] 가능한 질서만을 산출할 수 있을 뿐이다."

72. 본질적으로 '세계혼(world Soul)'의 완벽한 원운동을 다루는 이 주제에 대해서는 *Timaeus* 33b-41a 참조.

73. Cornford, *Plato's Cosmology*, 210.

74. ibid.

75. M. Merleau-Ponty, "Eye and Mind," in *Three Primacy of Perception*, ed. James Edie (Evanston: Northwestern University Press, 1964), 185.

76. *Timaeus* 53c, 강조는 인용자. 여기서 말하는 '물체'란 '일차적 물체', 즉 규칙적인 입체의 꼴(예컨대 정육면체, 정사면체, 정팔면체, 정이십면체)을 가진 감각적 성질의 배치를 말한다.

77. 나는 콘퍼드가 *Plato's Cosmology*, 210-239쪽에서 펼친 더욱 확장된 논의를 언급하는 것이다.

78. 희랍어 dēmios('사람들에게 속하는 것')는 dem-이라는 같은 어간에서 파생한 것으로 생각된다. 이 어간은 앞의 주(2장의 주 9)에서 지적했듯 인도유럽어에서 '세우는 것', '집', '가정의' 등을 뜻하는 단어의 기본적인 어간이다. 따라서 데미우르

고스의 demi를 '반(半)'으로 해석해서는 안 된다. ('반'으로 해석할 수 있는 demi는 라틴어 dimidium에서 파생한 것이다.)

79. 따라서 플라톤이 여기서 평면 삼각형에 최소 단위로서 특권을 부여한다는 것 또한 중요한 문제는 못된다. 그는 다른 곳(Laws 894a)에서 궁극적인 기하학적 원형 (archai)이 "더 이상 분해할 수 없는 직선"으로 귀착한다는 점을 지적한다. 플라톤에게 큰 영향을 끼친 피타고라스류(類)의 수학에서는 수가 점으로, 점이 선으로, 선은 면으로, 면은 입체 도형으로, 그리고 최종적으로 입체 도형은 감각적 물체로 엄밀하게 진행되어간다[이 점에 대해서는 Cornford, *Plato's Cosmology*, 212 n 3 참조. 여기서 콘퍼드는 니콜(A. T. Nicol)의 "Indivisible Lines"라는 논문을 특별히 언급한다]. 그러나《티마이오스》는 궁극적인 우주론적 단위를 네 가지 일차적 물체로 보기 때문에, 그런 맥락에서는 그 일차적 물체들의 표면을 구성하는 삼각형에 특권적 위치를 부여하는 것도 이해가 간다.

80. Eliade, *The Sacred and The Profane,* chap. 1 ("Sacred Space and Making the World Sacred") 참조.

81. 하이데거에게 근대적인 '연장', 즉 데카르트적 의미에서 비가시적이고 균질적인 '연장'은 코라에서 파생한 것이다. "코라란 이런 걸 의미하는 것 아닐까? 즉 모든 개별적인 것으로부터 추상화할 수 있는 것, 물러나는 것, 그리고 바로 그런 방식으로 다른 뭔가를 위한 장소를 인정하고 그런 '장소를 만들어내는' 것 아닐까?"(*An Introduction to Metaphysics,* 66).

82. Brisson, *Timée de Platon,* 212.

83. 이러한 변용이 일어나는 것은 같은 삼각형 단위를 공유하기 때문이다. *Timaeus* 56c-57c 참조.

84. Albert Rivaud, *Timée Critias,* vol. 10 of *Platon,* ed. and trans. A. Rivaud (Paris: Alcan, 1925), 80. Cornford, *Plato's Cosmology*, 229쪽에서 인용. 또한 Rivaud, *Le problème du devenir et la notion de la matière* (Paris: Alcan, 1906), 303-315쪽도 참조.

85. 이는 *Plato's Cosmology*, 229쪽에 나오는 콘퍼드의 말이다. 나는 콘퍼드의《티마이오스》해석에 많은 것을 빚지고 있지만, 그의 해석은 위계적인 측면에 주목하는 독해와 앞서 인용한 구절 속에 표현되어 있는 좀더 조심스러운 견해 사이를 왔다 갔다 한다. "데미우르고스는 '필연'이 허용하는 만큼의 질서와 비례를 도입한다" (ibid., 223).

86. Whitehead, *Adventures of Ideas*, 125. '내재론'과 '부과론'의 대립에 대해서는 ibid., 138쪽 참조.

87. 기원전 30년경부터 기원후 14년경 사이에 쓴 문법가 헤라클레이토스의 〈호메로스의 비유(Homeric Allegories)〉의 일부. C. Doria and H. Lenowitz, eds. *Origins: Creation Texts from the Ancient Mediterranean* (New York: Doubleday Anchor, 1976), 155쪽에서 인용.

88. Ibid.

89. 내가 여기서 의거하고 있는 데리다의 결정 불가능성에 대한 정식은 다음과 같다. "~도 아니고/~도 아닌, 즉 **동시에 어느 쪽이거나 혹은**"[Jacques Derrida, *Positions*, trans. A. Bass (Chicago: University of Chicago Press, 1981), 43. 강조는 원문].

90. "A Ritual for the Purification of a Temple," cited from F. Thureau-Dangin, *Rituels accadiens*, in Doria and Lenowitz, *Origins*, 81.

91. "그 물 안에서 신들이 창조되었다"는 《에누마 엘리시》 2연에서, "바다의 여음 속에서 운동"은 "A Ritual for the Purification of a Temple," 3연에서 인용.

92. 구약성서 속에 남아 있는 티아마트에 대한 추가적인 논의는 Alfred Jeremias, *Das Alte Testament im Lichte des Alten Orients* (Leipzig: Hinrichs, 1916), 36ff. 참조.

93. 이와 관련한 또 하나의 난제가 있다. 그 해결책은 '~도 아니고/~도 아니다'와 '~이면서 동시에/~이다'라는 양자택일의 두 가지 선택지를 모두 긍정하는 것과 유사하다. 이 난제는 '수용체'를 물질과 공간 중 어느 것으로 간주해야 하는가라는 문제에 관해 플라톤이 취한 (문자 그대로) 양의적(兩意的) 입장과 관련 있는 문제다. 그것이 감각적 성질을 위한 '그 안에서(en hoi)'와 현상적 물체를 위한 '그것으로부터(ex hou)'인 한 '수용체'는 전자(물질—옮긴이)다. 하지만 운동하는 현상학적 물체를 위한 '그 안에서', 즉 이 물체를 위한 소재화 공간인 한 수용체는 후자(공간—옮긴이)다. 이렇게 두 가지로 해석할 수 있는 양의적인 문제를 명쾌하게 다룬 것으로는 Algra, *Concepts of Space*, 76-120 참조.

94. Doria and Lenowitz, *Origins*, 122쪽에서 인용한, 2세기에 쓰인 *Orphic Argonautica*의 단편 중에서.

95. 《바이가(Baiga)》에 나오는 인도 창조 신화. *Beginnings: Creation Myths of the World*, ed. P. Farmer (New York: Atheneum, 1979), 15쪽에서 인용. 이러한 원초적인 물은 《티마이오스》에서도 최소한 암묵적인 현전으로나마 느낄 수 있다. hupodochē('수용체')가 파생해 나온 hupodechomia는 "바다 표면 밑에서 수용한

다"를 의미한다. (여기에는 "자기 집 지붕 밑에서 손님을 환영하는 것", "귀를 기울이는 것", "떠맡는 것", "임신하는 것" 등 다른 의미도 포함된다.)

96. "신들 중의 신 야훼가 대지와 하늘을 만들고 있을 때/대지 위에는 야생의 덤불숲조차 실존하지 않았다/한 포기 들풀조차 자라지 않았다"(Doria and Lenowitz, *Origins*, 160쪽에 있는 *Biblia Hebraica*에서 인용).

97. 앞의 주(2장 주 57)에서 나는 토포스로부터 코라를 식별해내기가 쉽지 않다는 점을 지적했다. 그러나 우리는 또한 코라가 항상 이미 장소 창생적(topogenetic)이라고 말할 수도 있다. 바로 이러한 점을 염두에 두고 브리송은 코라란 "발생과 부패에 종속되는 현상이 그 안에서 나타나는 장소화 전체"(*Timée de Platon*, 212)를 의미한다고 말했던 것이다.

98. Archytas, as cited and translated in S. Sambursky, ed., *The Concept of Place in Late Neoplatonism* (Jerusalem: Israel Academy of Sciences and Humanities, 1982), 37.

99. John Milton, *Paradise Lost*, bk. 2, lines 891-898.

100. 나 자신의 설명에서 지금까지 '밤'이나 '어둠'을 주제화한 적은 없지만, 이는 대부분의 창조 신화에서, 특히 초기 희랍인의 창조 신화에서는 결정적인 것이다. 그들은 '밤'과 '어둠'의 중요성을 종종 강조했다. 밀턴은 필시 자신이 받은 고전 교육에 의거했을 것이다. 여기에 딱 들어맞는 예로는 Doria and Lenowitz, *Origins*, 164-177 참조.

101. 화이트헤드는 이렇게 썼다. "《실낙원》에서 밀턴은 《티마이오스》와 셈족의 〔창조〕 이론 사이에서 아주 기묘하게도〔즉 뉴턴의 동시대인으로서는 기묘할 정도로〕 크게 동요하고 있다"(*Process and Reality*, 95).

102. 이것은 《도덕의 계보》 마지막 문장―앞에서는 골플링(Golffling)의 다른 번역으로 인용했던 문장―을 월터 카우프먼(Walter Kaufman)이 번역한 것이다.

103. "플라톤은 그의 '세계' 내에 원자론자들이 말하는 공허를 인정하지 않는다. 그런데 다른 한편, 이 철학자들이 충만이라고 부르는 것, 즉 그들이 그로부터 물체를 형성하는, 명확히 한정되진 않지만 견고하며 투과 불가능한 실체를 플라톤이 인정한다고도 할 수 없다. 공간 내에서, 즉 코라 내에서, 플라톤은 기하학적 도형들의 조합 이외에는 어떠한 실제적인 물체도 인정하지 않는다"(Duhem, in Capek, *The Concepts of Space and Time*, 22-23).

104. 장소의 규정에 있어 깊이가 이렇게 중심적인 중요성을 갖는 것은 이런 결합 능

력에 기인한다. 여러 사물이 각기 따로따로일 때조차 그들이 한데 모일 수 있는 것은 깊이의 내부에서이기 때문이다. "상호 배타적임에도 이러한 경험들에 동시적으로 현전하는 것, 하나의 경험이 다른 경험에 함축되는 것, 가능한 과정 전체가 단 하나의 지각적 작용 속에 축약되는 것, 이런 것들이 바로 깊이의 독자성을 구성한다. 폭과 높이가 사물이나 요소들이 병존되는 차원인 반면, 깊이는 사물이나 요소들이 서로 감싸는 차원이다"〔M. Merleau-Ponty, *Phenomenology of Perception*, trans. C. Smith (New York: Humanities, 1962), 264-265〕. 깊이에 대한 이런 설명은 '수용체'에 대한 플라톤의 설명을 연상케 한다. 후자도 "사물들 혹은 사물들의 요소가 서로 감쌀" 때의 축약과 상호 포함에 대해 기술한다.

105. 이런 표현은 각각 *Adventures of Ideas*, 190쪽과 138쪽에 나온다. '수용체'는 "상호 교통의 매체에 관한 플라톤의 학설"(p. 192)이다. 나아가 154쪽도 참조. "세계라고 하는 공동체는 잉태케 하는 모든 작용을 위한 모태이며, 그 **본질은 결합된 상태의 파지**(把持, retention)**를 동반하는 과정이다**—이 공동체는 플라톤이 '수용체'라고 명명한 것이다"(강조는 인용자).

106. *Remembering*, chap. 12. 특히 292-295쪽 참조.

107. Kierkegaard, *Concluding Unscientific Postscript*, trans. D. F. Swenson Nd W. Lowrie (Princeton: Princeton University Press, 1941), 107 참조. "실존은 실존의 다양한 계기들을 분리해 각기 떨어진 개별적인 상태로 만든다." 포스터의 말은 그의 소설 *Howards End* (New York: Putnam, 1910), 22쪽에서 인용.

108. 이는 신플라톤주의자 다마스키오스에 의한 기원후 500년경의 희랍어 텍스트다. (기원후 3세기경의 페르시아어 텍스트가 그 전거다.) Doria and Lenowitz, *Origins,* 156쪽에서 인용〔Zerauné akerené는 고대 아베스타어 Zrvan Akarana를 희랍어로 표현한 것(일역본의 옮긴이 주)—옮긴이〕.

03 포함자로서 장소: 아리스토텔레스의 《자연학》

1. Aristotle, *Categories* 2a1, 5a9-14 참조. "어디에"에 관심을 갖는 것은 자연물리학자나 형이상학자에 국한하지 않는다. 로버트 그레이브스는 이렇게 지적한다. "'어디에?'는 삶과 죽음을 유일한 시적 주제로 삼아 씨름하는 시인에게 언제나 가장 큰 비중을 차지하는 문제다"(Robert Graves, *The White Goddess* 〔New York: Farrar, Straus & Giroux, 1966〕, 251). 만화 캐릭터조차 장소에 대해 신경을 쓴다. 라이너스(주인공 스누피로 유명한 만화 〈피너츠〉의 등장인물—옮긴이)는 이렇게 말한다.

"때때로 나는 밤에 깨어 일어나 이렇게 묻곤 한다. '왜 내가 여기 있는 거지?' ……
그러면 목소리가 들려온다. "너 어디에 있는 거야?" 내가 "여기야"라고 대답하면 그
목소리는 "'여기'가 어디야?"라고 묻지"(*Peanuts*, Charles Schulz, summer 1993).

2. *De Caelo* 279a11-18; *Physics* 212b8-18 참조.

3. 토마스 아퀴나스는 아리스토텔레스의 《자연학》에 대한 주해를 달면서 이렇게 말한
다. "철학자는 3권에서 운동과 무한한 것에 대해 다룬 후, ……4권에서는 외적으로
(extrinsically: '비본질적으로'—옮긴이) 운동에 속하는 것들을 다루려 한다. 처음에
그는 외적으로 운동에 속하는 것들〔즉 장소와 공허〕을 움직일 수 있는 물체(mobile
body)의 척도로서 다룬다. 두 번째로 …… 그는 운동 자체의 척도인 시간을 다룬다"
〔St. Thomas Aquinas, *Commentary on Aristotle's Physics*, trans. R. Blackwell,
R. Spath, and W. Thirlkel (New Haven: Yale University Press, 1963), 189〕. 무
한한 것(the infinite)은 연속적인 것의 부류에 속하는 한, **내적으로**(intrinsically) 운동
에 속한다는 점에 주의해야 한다. 아리스토텔레스가 시간을 어떻게 다루는지에 대
해서는 이번 장 뒤쪽에서 다시 논의할 것이다. 일단 공허에 대해 말하자면, 아리스
토텔레스는 《티마이오스》에서의 플라톤 못지않게 격렬하게 부정한다. 다만 아리스
토텔레스는 주의 깊게 구성된 일련의 논증을 통해 그렇게 한다는 점에서 플라톤과
차이가 있다. *Physics*, bk. 4, chaps. 6-9 참조.

4. *Physics* 298a31-32. 〔따로 표시하지 않는 한 Edward Hussey, *Aristotle's Physics*,
Books III and IV (Oxford: Clarendon P., 1983)의 번역을 인용한다. 이후에는 《자
연학》 4권에서 인용할 때 대부분 본문 속에 괄호로 출전을 표시한다.〕

5. 아리스토텔레스에 따르면 정지와 운동에 대한 모든 규정은 장소에 의해 이루어질 수
있고, 이런 점에서 장소는 그것들에 공통적인 제한이다. Pierre Duhem, *Le système
du monde* (Paris: Hermann, 1913), I: 200 참조. "장소란 우리로 하여금 물체가 정
지해 있는지 운동 중인지 판단할 수 있도록 해주는 확고한 항(fixed term)이다."

6. *Physics* 208a29-31. 장소의 우위성 논증에 대한 플라톤의 주된 정식화는 《티마이
오스》 52b와 《파르메니데스》 145e에서 볼 수 있다. 제논은 "실존하는 것은 모두 어
딘가에 존재한다"고 주장하며, 고르기아스는 선례를 따라 "한계 지어지지 않은 것
은 어디에도 없다"고 언급한다〔여기서 인용한 제논과 고르기아스의 말은 각각 다
음 문헌에서 취했다. F. M. Cornford, *Plato's Cosmology* (New York: Liberal
Arts Press, 1957), 192n. and 195〕. 화이트헤드는 이렇게 말한다. "모든 것은 현실
태(actuality)에 있어 적극적으로 어딘가에 존재한다"〔*Process and Reality*, ed. D.

Griffin and D. Sherburne (New York: Free Press, 1978), 40. 또한 이와 동일한 '존재론적 원리'에 대해 비교해볼 수 있는 다른 정식화에 대해서는 46, 59, 231쪽 참조). 장소의 우위성에 관한 아르키타스의 공리를 이처럼 재확인하는 일관된 전통은 그 계승과 재정식화의 본질적 계기로서 《자연학》에 의존한다.

7. 이 두 문장은 *Physics* 208b34-209a1에서 인용. 여기서는 하디(Hardie)와 게이(Gaye) 의 번역을 사용했다(J. Barnes, ed., *The Complete Works of Aristotle* (Princeton: Princeton University Press, 1984)에 재수록. 해당 대목은 355쪽). 허시의 번역은 다음과 같다. "가령 그러한 일이 사실이라면, 장소의 힘은 주목할 만한 것이고, 모든 사물에 앞선다. 왜냐하면 그것 없이는 다른 어떤 것도 존재하지 않지만, 그 자체는 다른 것 없이도 존재하며 그러한 것은 첫 번째여야만 하기 때문이다."

8. 만일 플라톤의 코라가 어쨌든 모종의 형태로 살아남는다면, 그것은 '가지적(intelli-gible) 질료'로서다. 이런 가능성에 대해서는 Hussey, *Aristotle's Physics,* 148쪽의 옮긴이 주에 있는 허시의 논평 참조. 일반적으로 우리는 플라톤의 '수용체'는 아리 스토텔레스적인 질료, 특히 가지적 질료의 **역할**을 수행한다고 말할 수 있다. 비록 앞 서 내가 강조한 대로 《티마이오스》의 설명에서는 '수용체' 자체가 질료**들로,** 혹은 질 료들이 **변해서**(즉 질료적 성질의 형태로) 구성된 게 아니라 해도 말이다.

9. W. D. Ross, ed. and trans., *Aristotle's Physics* (Oxford: Oxford University Press, 1936), 54. 로스는 아리스토텔레스에게 코라는 단순히 크기를 가리키는 것 으로 환원되어 있다고 주장한다. 아리스토텔레스는 코라를 직접적으로 논의하는 걸 피하면서 "크기에 대해 많은 이야기를 하고 있다. 그는 이를 질료적인 사물들의 친 숙한 속성으로 받아들인다"(ibid.).

10. 이는 실제 문제일 수도 있다. 하지만 그것들은 결국에는 아리스토텔레스 자신의 문제이며, 상반되는 것들의 기체(基體)로서 제1질료에 대한 그의 이해로부터 발생 하는 문제다. 허시는 이렇게 논평한다. "이것 역시 아리스토텔레스가 이전 사상가 들의 주장을 아리스토텔레스 자신의 용어와 자신의 전제를 통해 재구성한 형태로 비판하는 또 하나의 사례다. 플라톤은 〔아리스토텔레스에 의해〕 잘못 기술되어 있 다기보다 그 존재론 자체가 다른 까닭에 진지한 고찰 대상에서 자동적으로 배제 되어 있는 것이다"(*Aristotle's Physics*, xxxii). 아리스토텔레스가 플라톤을 내용적 으로 비판하는 다른 경우는, 플라톤이 삼각형을 물리적 물체들의 분리 불가능한 구성 요소로 만들려 하는 것에 대해서다. 아리스토텔레스에 따르면 이것은 물체 가 **어떠한** 형태로도 환원 불가능하다는 점 그리고 형태 자체는 선과 점으로 분해할

수 있다는 점 모두를 간과한 것이다(《천체론》 299a6-11에는 이런 비판을 다른 식으로 표현하고 있다. 이에 대해서는 H. H. Joachim, *Aristotle on Coming-to-be and Passing-Away* (Oxford: Clarendon P., 1922), 73-74쪽에 나오는 주해 참조]. 아리스토텔레스의 플라톤 비판에 대해 철저히 논의(대체로 아리스토텔레스 비판의 타당성을 인정하는 논의)한 것으로는 Keimpe Algra, *Concepts of Space in Greek Thought* (Leiden: Brill, 1995), 110-117 참조.

11. 아리스토텔레스의 《자연학》은 "은폐된, 그리하여 결코 충분히 이해되지 않은 서양 철학의 기본서다." [Martin Heidegger, "Vom Wesen und Begriff der *Physis*: Aristotelis' Physik B, I." 처음에는 1939년의 강의록으로 출판되었고 M. Heidegger, *Wegmarken* (Frankfurt: Klostermann, 1967), 312쪽에 재수록.]

12. *Physics* 208a28-29, 강조는 인용자. 추구해야 할 다른 두 가지 문제는 "그것은 존재하는가 존재하지 않는가" 및 "그것은 무엇인가"이다(ibid.). 이 두 가지는 형이상학적으로 질문해야 더 적절한 것이지만, 아리스토텔레스 입장에서는 기술적 분석에 진력해야만 최선의 답을 얻을 수 있는 질문이었다.

13. '현상학'이라는 말의 역사에 대해서는 Herbert Spiegelberg, *The Phenomeno-logical Movement: A Historical Introduction* (The Hague: Nijhof, 1960), I: 11-23 참조. 이 말을 어떤 식으로 사용하든 분명한 것은 아리스토텔레스의 자연학을 현대의 기준, 심지어는 뉴턴식의 기준에 의해서도 판단해서는 안 된다는 점이다—이 기준들과 관련해 보면 아리스토텔레스의 자연학은 몇 가지 결점을 갖는 것처럼 보인다. 이러한 결점들 중 두 가지를 근대 물리학에 비추어 논의한 것으로는 Hussey, *Aristotle's Physics*, x 참조. 역사적으로 더 넓은 시야에서 볼 경우, 아리스토텔레스식의 장소 이해 방식은 지금까지 상당한 영향을 끼쳐왔다. 막스 야머가 주장하듯 "아리스토텔레스의 장소 이론이 그토록 중요했던 것은 그 이론이 물리학에서 중요한 함의를 갖기 때문만이 아니라, 공간 이론이 더욱 발전할 수 있는 가장 결정적인 무대였기 때문이기도 하다"[Max Jammer, *Concepts of Space: The History of Theories of Space in Physics,* 2d ed. (Cambridge, Mass.: Harvard University Press, 1970), 17].

14. *Physics* 208b12-22. 이 대목을 보면, 여기서 제시한 여섯 가지 차원 중에서 실제로는 '위'와 '아래'가 가장 우위에 있다는 사실이 명백해진다. 예컨대 *Physics* 212a21-29 참조. 거기서 위쪽은 천계(天界, celestial system)의 최외곽 한계와, 아래쪽은 지구 안에 있는 천계의 중심과 각각 연계되어 있고, 그럼으로써 기지(旣知)

의 우주에서 이 두 차원이 명확히 우선적인 것임을 표현하고 있다. 이 사례에서, 우주론은 현상학에 우선한다(또한 《범주론》 6a11-18 및 *Le système du monde*, I: 205-208쪽에서 뒤앙의 주석도 참조). 다른 네 차원의 방향성은 더 직접적인 방식으로 물체의 위치에 의존하고 있다는 점에도 주목하라. 추가적인 논의에 대해서는 나의 *Getting Back into Place: Toward a Renewed Understanding of the Place-World* (Bloomington: Indiana University Press, 1993), chap. 4 참조.

15. *Physics* 210a14-24. 동일한 정신 아래, 아리스토텔레스는 《형이상학》 5권 25장에서 "부분"이라는 말의 여러 상이한 의미들을, 또 《범주론》 15장에서는 "갖는다(have)"라는 말의 여러 상이한 의미들을 추적한다. "갖는다"와 "안에" 사이에는 밀접한 관계가 있는데, 어떤 관점에서 보면 역의 관계에 있기도 하다.

16. 허시의 주장에 따르면, 이 마지막 의미를 "시간적 순서에서, 그리고 아마 인식론적으로〔도 역시〕 가장 먼저 사용하는 것"(*Aristotle's Physics*, 109)으로 해석하는 것이 아리스토텔레스의 의도였다고 한다. 현상학적 우선성을 단언하는 것과 그러한 주장은 결코 양립 불가능한 관계에 있지 않다―아니 실제로는 현상학적 우선성이 이 주장에 의해 강화된다.

17. 이 점에 대해서는 *Physics* 211a23ff. 참조. 허시의 지적에 따르면 "장소는 경계 짓는 한계이기 때문에 대상과 더불어(hama) 있고, 그 때문에 대상이 연장되는 꼭 그만큼 장소도 연장된다"(*Aristotle's Physics*, 118). 그러나 여기에는 한 가지 덧붙여야 할 게 있다. 장소와 대상이 너무나 연속적이어서 분리할 수 없다는 점을 인정하더라도, 다른 한편 대상의 바깥면과, 경계를 짓는 장소의 면이 서로 구별 가능하다는 점 또한 사실이다. 이 용어에 대해 데카르트가 규정한 엄밀한 의미에 따르면 장소와 대상은 "공통된 면(common surface)"을 형성하지 않는다(*Principles of Philosophy*, pt. 2, sec. 15 참조).

18. *Physics* 211a25-27, 강조는 허시. 아리스토텔레스는 여기에 다음과 같이 덧붙인다. "가령 대기 **전체**가 우리의 장소라면, 모든 경우에 한 사물이 그 장소와 동등하다고는 할 수 없을 것이다. 그러나 실제로는 동등하다고 생각되고 **있다**. 이런 종류의 장소는 사물이 그 안에 있는 제1의 장소다"(211a25-28, 강조는 허시).

19. *Physics* 209bI. 또한 210b34-35도 참조. 그 일차적 형태의 장소에 대해서는 ibid. 211a28 참조.

20. "ho pas potamos(강 전체)"라는 구절을 이렇게 해석하는 데 대해서는 Duhem, *Le système du monde*, I: 200 참조. 뒤앙은 이 책에서 심플리키오스의 저서 *Aristotelis*

Physicorum libros commentaria, bk. 4, chap. 4의 일부를 인용한다. (그런데 심플리키오스의 말은 또한 아프로디시아스의 알렉산드로스에 의거한 것이다.) 이 구절의 애매함에 대해서는 이번 장 마지막 절에서 다시 검토할 것이다.

21. 이는 바로 앞 단락에서 나온 *Physics* 212a20-21인데, 이번에는 아까와 달리 로스가 번역한 것이다(W. D. Ross, *Aristotle's Physics*, 56).

22. "장소는 하나의 한계이기 때문에 하나의 표면이고, 또한 그런 까닭에 대상을 '수용'한다기보다 '경계를 구획하는' 것이다"(Hussey, *Aristotle's Physics*, 118). 그러나 내 동료 월터 왓슨은 허시가 "경계를 **구획**(circumscribe)"한다는 단어를 사용함으로써 우리를 오도한다고 지적했다.

23. 천구들은 "하나의 전체로서 어디에, 혹은 어떤 장소 안에 존재하지 않는다. 왜냐하면 어떠한 물체도 그것들을 둘러싸고 있지는 않기 때문이다. ……위쪽 부분은 원을 그리며 운동하지만, 전체는 어디에도 존재하지 않는다"(*Physics* 212b8-9, 14-15).

24. 그러나 실제로 패러독스는 이 하나만이 아니다. 또 하나의 패러독스는 천구들의 가장 바깥 영역은 정지해 있으면서(왜냐하면 이 영역은 자신이 포함하는 모든 것에 대해 궁극적인 장소의 역할을 수행하므로) 동시에 움직이고(행성들의 위치 변화를 직접 관찰해보면 알 수 있듯) 있어야 한다는 사실이다. 뒤앙은 *Le système du monde*, I: 202-205쪽에서 이 패러독스를 지적하며, 그것을 해결할 수 있는 것이라고 주장한다. 반대로 로스는 그것을 철저히 해결 불가능한 것으로 간주한다(cf. *Aristotle's Physics*, 58). 로스에게 이 패러독스는 훨씬 더 일반적인 문제의 일부에 불과하다. "한 사물의 장소는 그 사물 자체보다 커서는 안 된다는 조건은 〔즉 장소를 엄밀한 포함자로 간주하는 첫 번째 생각에 입각할 경우〕 사물의 장소는 정지해 있어야 한다는 요건〔즉 두 번째 생각〕과 양립 불가능하다는 것이 입증된다"(*Aristotle's Physics*, 57). 왜냐하면 장소가 정지해 있는 것을 발견하기 위해서는 어떤 주어진 사물을 직접 포함하고 있는 것을 넘어서야 하는 경우가 자주 있기 때문이다—이것이야말로 정확히 천계(celestial system) 자체의 사례에서 일어나고 있는 일이다. "천계에 의해 구성되는 멀리 떨어진, 혹은 더 큰 장소만이 이동(translation)으로부터 (아리스토텔레스의 견해에 따르면) 필연적으로 면제되어 있다"(ibid.). 그러나 천계는 **실제로는** '이동한다'. 즉 원운동 혹은 회전운동을 한다. 다행히도 우리는 이 논의에 들어가지 않아도 된다. 왜냐하면 이 문제는 기원전 323년 아리스토텔레스 사망 이후 약속이나 한 듯 뒤로 미뤄졌기 때문이다. (이 여파를 체계적으로 개관한 것으로는 Duhem, *Le système du monde*, chap. 5, 6 참조. 또

한 Aquinas, *Commentary on Aristotle's Physics*, 214-216쪽도 참조. 여기서 논의하고 있는 패러독스와 문제에 대해 명쾌하게 진술한 것으로는 앙리 베르그송의 1889년 논문 "L'Idée de Lieu chez Aristote," *Les Études Bergsoniennes* (1949) 2:84-87, 특히 86쪽의 다음과 같은 진술 참조. "하나의 물체가 하나의 장소[lieu]를 소유하는 것은 그 장소로부터 조금 떨어져 있다[éloigné]는 조건 아래서다.")

25. Eugène Minkowski, *Lived Time: Phenomenological and Psychopathological Studies*, trans. N. Metzel (Evanston: Northwestern University Press, 1970), 277ff.

26. 샘버스키가 지적하듯 "아리스토텔레스는 몇몇 자연적 사실을 설명하기 위해, 예를 들어 운동에 대해 논의할 때 종종 수학을 쓰기도 했다. 그러나 전반적으로 볼 때, 그에게 수학, 특히 기하학은 지각 가능한 사물로부터 지각 가능한 성질을 추상으로 제거한 뒤에 보이는 것 이상이 아니었다. ……아리스토텔레스는 예컨대 기하학적 형태 같은 수학적 요소를 자연물리적 실재를 기술하기 위한 기호(symbols)로 사용할 수 있다는 식의 생각 같은 건 머리에 떠올려본 적조차 없었다. 그런데 그게 바로 플라톤이《티마이오스》에서 펼친 생각이었으며, 아리스토텔레스가 플라톤의 이론에 대해, 그 주요한 성질에 대해서뿐만 아니라 테크니컬한 세부에 이르기까지 조목조목 반박한 것의 밑바탕이었다"[Samuel Sambursky, *The Physical World of Late Antiquity* (London: Routledge, Kegan & Paul, 1963), 32-33]. 아리스토텔레스의 견해에 따라 수학을 "이상화하는 추상화"로 보는 견해에 대해서는 Stefan Körner, *The Philosophy of Mathematics* (London: Hutchinson, 1960), 18-21 참조.

27. *Physics* 226b21-22. 공간과 시간 모두에 대해, 그리고 그 둘의 상호 작용과 관련이 있다는 점에서 "~와 함께"에 대해 논의한 것으로는 Jacques Derrida, "Ousia and Grammē," *Margins of Philosophy*, trans. A. Bass (Chicago: University of Chicago Press, 1982), 53-57 참조.

28. 포함하는 것의 한계와 포함되는 것의 한계가 딱 부합하는 것, 즉 그 표면들의 인접성은 공간(코라)의 여러 가지 의미 중에서 아리스토텔레스적 패러다임에 비춰볼 때 타당한 것으로 살아남을 수 있는 유일한 의미를 표현한다고 할 수도 있다. 아리스토텔레스의 패러다임에서 '공간'에는 토포스로서 '장소'와 구별되는 어떤 것이 함의되어 있고, 또 동일한 근거에서 공간은 연장적인 크기(megethos)로는 환원될 수 없다. 하지만 만일 그렇다고 한다면, 아리스토텔레스 자신은 공간 자체의 그러한

의미를 인식하지 못한 셈이다.

29. *Physics* 209a7-13, 강조는 인용자. 이 인용문의 첫 문장에 장소**와** 공간에 대한 언급이 있는데, 이는 매우 드문 경우에 속한다. 한데 여기서 장소(토포스)와 공간(코라)은 비록 다른 단어지만, 실질적으로는 한 단어나 마찬가지로 여겨진다. 토마스 아퀴나스는 이 구절에 대해 다음과 같이 언급한다. "점과 점의 장소 사이에는 어떠한 차이도 있을 수 없다. 왜냐하면 장소는 장소 안에 위치 지어진 것을 초과하지 않으므로 점의 장소는 더 이상 나눌 수 없는 뭔가일 수밖에 없다. 하지만 하나가 된 두 점처럼 나눌 수 없는 두 양(量)은 단지 하나일 뿐이다. 그러므로 동일한 이유로, 표면의 장소는 표면 이외의 다른 게 아닐 것이며, 물체의 장소는 물체 이외의 다른 게 아닐 것이다"(*Commentary*, 193). 아퀴나스가 밝힌 바에 따르면, 앞서 인용한 구절은 "장소가 실존하지 않음을 보여주기 위해 제시한 일련의 개연적인 여섯 가지 논증"(ibid.)의 일부이고, 이 논증에 대한 아리스토텔레스의 최종적인 답은 212b24-28에 나온다. 아퀴나스에 따르면, 아리스토텔레스는 여기서 무릇 점이란 것은 가변적인 물체가 아니기 때문에 장소를 갖지 않는다고 주장한다. (같은 얘기를 표면 "그리고 다른 한계들"에도 적용할 수 있다.)

30. *De Caelo* 299b9. 그러나 《티마이오스》에서는 선보다 면을 선호한다. 왜냐하면 3차원일 수 있는 가능성은 면을 가진 것에 의존하기 때문이다. 이 점에 대해서는 Cornford, *Plato's Cosmology*, 212-213 n 4 참조.

31. 유클리드의 이러한 고전적 정의는 *The Thirteen Books of Euclid's Elements*, 2d ed., ed. Thomas Heath (Cambridge: Cambridge University Press, 1926), I: 153쪽에 있다. 강조는 인용자.

32. *Parmenides*, 138a3-7. 콘퍼드의 영역에 따른 것이다. 허시의 지적에 따르면 아리스토텔레스의 말에 "함축되어 있는 논증〔*Physics* 209a7-13〕은 다음과 같은 것일지도 모른다. 점의 장소는 점 자체와 마찬가지로 연장을 갖지 않고 존재해야 한다. 그러므로 장소 자체도 점이어야 한다. 그러나 별개의 두 점은 일치할 수 없다"(*Aristotle's Physics*, 102).

33. 허시는 점을 (점이 소유하는) **소재들**(locations)과 (점이 소유하지 못하는) **장소들**(places) 간의 장소로 보아서는 안 된다는 아리스토텔레스의 견해를 지지한다. 아리스토텔레스가 왜 점에 장소를 부여하지 않는지에 대한 설명이라고는 "한편으로 그 논증은 점에 소재가 있다는 것을 인정하는데, 왜냐하면 장소가 있기 위해서는 소재가 있을 뿐만 아니라, 소재를 **둘러싸고 있는** 것이어야 하기 때문이라는 것

뿐이다"(*Aristotle's Physics*, 121, 강조는 원문). 그러나 만일 점 자체가 완전히 둘러싸였다고 말할 수 있다면, 이 설명은 수포로 돌아간다. 울프슨도 이와 유사한 지적을 한다. 아리스토텔레스의 경우 "만일 어떤 물체가 별개의 다른 물체에 포함되어 있지 않다면, 어떠한 장소도 있을 수 없다. 왜냐하면 그 경우에만 둘러싸고, 균등하고, 분리된 하나의 한계가 있기 때문이다"(H. A. Wolfson, *Crescas' Critique of Aristotle: Problems of Aristotle's Physics in Jewish and Arabic Philosophy* (Cambridge, Mass.: Harvard University Press, 1929), 44]. **위치**로서 소재에 대한 문제는 나중에 다시 다룰 예정이다.

34. Thomas Heath, *The Thirteen Books of Euclid's Elements*, I: 157-158쪽에서 인용한 맥스 사이먼(Max Simon)의 말. 강조는 인용자.

35. 이러한 사례를 상세히 논한 것으로는 Proclus, *A Commentary of the First Book of Euclid's Elements,* ed. and trans. Glen R. Morrow (Princeton, N.J.: Princeton University Press, 1970), 73-74 참조.

36. 실제로 프로클로스 자신은 이렇게 인정한다. 즉 점은 "어디에서도 분할 불가능하고, 그 단순성으로 인해 분할 가능한 사물과 구별되"지만, "존재의 규모에서 아래로 내려감"에 따라 "심지어 점조차도 분할 가능한 것들 특유의 성질을 띤다"(ibid., 75-76).

37. *Posterior Analytics* 87a36-37. 그 밖에 "점이란 위치를 가진 단위다"(*De Anima* 409a5)라든가, *Metaphysics* 1016b31의 "위치를 갖지 않는 것은 단위(이고), 위치를 갖는 것은 점이다"도 참조.

38. Proclus, *Commentary*, 78 참조. "단위(예를 들면 숫자 1)에는 위치가 없다, 왜냐하면 그것은 비질료적이고, 모든 연장이나 장소 바깥에 있기 때문이다. 그러나 점에는 위치가 있는데, 그것은 상상의 품속에서 생겨나고, 그 때문에 질료화하기 때문이다." 한 가지 주목할 필요가 있는 점은, 수가 위치를 갖는지 여부 앞에 서면 아리스토텔레스는 전적으로 일관된 태도를 취하지 않는다는 사실이다. *Physics* 208b24-25에서 그는 이렇게 말한다. "수학적 대상들은 …… 장소 안에 존재하지 않지만, 그래도 우리와의 위치 상관에 따라 우(右)나 좌(左)를 갖는다."

39. F. E. Peters, *Greek Philosophical Terms* (New York: New York University Press, 1967), 196; Hussey, *Aristotle's Physics*, 101 참조. thesis는 훨씬 후대에 "판단을 정한다"는 의미도 갖게 되었다(예컨대 후설의 "자연적 태도의 정립"이라는 개념에서처럼).

40. "〔피타고라스학파의〕작은 돌을 의미하는 점(dots)은 통상 '경계석(horoi, termini, terms)'이라고 부른다. ……'밭'이 수와 마찬가지로 비교할 수 있는 것이라는 생각이 틀림없이 〔피타고라스학파 사람들의〕뇌리를 스쳤을 것이다"〔John Burnet, *Early Greek Philosophy* (New York: Meridian, 1958), 109〕.

41. Proclus, *Commentary*, 73. 프로클로스가 점과 대비해 장소를 이해한 것에 대해서는 Duhem, *Le système du monde*, I: 338-342 참조.

42. 아리스토텔레스는 주저 없이 말한다. 장소에는 "길이, 폭, 깊이라는 세 가지 차원이 있고, 모든 물체는 그 차원들에 의해 경계 지어진다"(209a4-5). 장소의 구성에서 깊이가 어떤 역할을 하는지에 대해서는 나의 이전 저서 *Getting Back into Place,* 67-70, 268-270쪽에서 이미 논한 바 있다.

43. 깊이를 지각하는 데 있어 면의 중요성에 대해서는 J. J. Gibson, *The Perception of the Visual World* (Boston: Houghton Mifflin, 1950); E. S. Casey, "'The Element of Voluminousness': Depth and Place Reexamined," in *Merleau-Ponty Vivant*, ed. M. C. Dillon (Albany: SUNY Press, 1991), 1-30 참조.

44. *Metaphysics* 1085a12. 깊음와 얕음은 궁극적인 생성의 원리로 여겨지는 '대(大)와 소(小)'의 일종이다.

45. 만일 우리가 선조차 일련의 연속된 점으로 구성되는 게 아니라고 주장한다면(아리스토텔레스 자신도 그렇게 주장했다), 깊이를 구성하는 점의 능력에 대해 얘기하는 게 훨씬 더 어려워질 것이다. "연속된 어떠한 것도 분할 불가능한 것들로 구성될 수는 없다. 예컨대 선은 점으로 구성될 수 없다. 선은 연속적이고 점은 불가분한 것이기 때문이다"(《범주론》5a1-5. *Physics* 215b19; Heath, *The Thirteen Books of Euclid's Elements,* 155-156; Proclus, *Commentary,* 79ff. 참조).

46. 그러나 작은 얼룩(dot)이 큰 얼룩에 흡수되는 경우처럼 점이 다른 점과 **병합된다**고 말할 수도 있을 것이다.

47. Euclid, *Elements,* bk. 1, definitions 3, 6. 지금까지의 논의에서 나는 '포함하는 것'과 '둘러싸는 것'을 특별히 구별하지 않았다.

48. Heath, *The Thirteen Books of Euclid's Elements,* 157쪽에서 인용한 사이먼의 말. 강조는 나의 것.

49. 한계가 형태와 마찬가지라기보다는 오히려 형태를 한계의 여러 유형으로 간주할 수 있다. 플라톤은 형태가 "입체의 한계"(*Meno* 76a)라고 말한다.

50. Proclus, *Commentary,* 71.

51. Ibid. 75.

52. Aquinas, *Commentary on Aristotle's Physics*, 214, 강조는 인용자.

53. Proclus, *Commentary*, 109.

54. Martin Heidegger, "Building Dwelling Thinking," in *Poetry, Language, Thought*, trans. A. Hofstadter (New York: Harper & Row, 1971), 154. 강조는 원문. 그러나 하이데거는 horismos를 언급하면서도, 동시에 boundary를 horos가 아니라 peras와 결부 짓는다. "공간(ein Raum)이란 뭔가를 위해 여지를 마련하고 있는 그 무엇이며, 가리는 것이 걷혀 그 안에서 자유로운 곳이다. 물론 그것은 어떤 경계, 즉 희랍어 peras 안에서이지만. ……그렇기 때문에 이 개념은 horismos, 즉 지평, 경계(die Grenze)에 대한 개념인 것이다"(ibid.). 〔참고로 국역본의 번역을 살펴보자. "공간(Raum)이란 무언가를 위해 마련된 어떤 곳, 즉 하나의 경계, 희랍어로는 **페라스**(πέρας) 속으로 자유롭게 주어진 곳이다. 경계란 어떤 것이 거기에서 종식되는 그런 것이 아니라, 오히려 희랍인들이 인식했듯 거기로부터 어떤 것이 **자신의 본질을 시작하는** 그런 것이다. 그 때문에 그 개념은 호리스모스, 즉 경계다." 마르틴 하이데거, 이기상·신상희·박찬국 역, 《강연과 논문》(이학사, 2008) 중 "건축함, 거주함, 사유함", p. 198.〕

55. horos가 '경계'나 '경계 표시'뿐만 아니라 '경계 표지물(landmark)〔예컨대 도표석(道標石)에서 볼 수 있는〕' 또한 의미한다(signify)는 사실은 중요하다. 경계 표지물은 소유지를 표시하는 방식으로 한계 지을 뿐 아니라, 많은 방향에서 보이도록 만든 것이기도 하다. 그것은 눈길을 끄는 지표이고, 바로 그런 의미에서 "능동적 현전"의 원천이다. 이런 식의 아주 다른 현전 방식도 horos의 범위에 포함되는데, horos는 규칙이나 기준, 심지어는 한 단어의 정의까지도 의미할 수 있다. (에릭 케이시는 이 용어가 의미론적으로 대단히 풍부한 범위를 갖는다는 여러 가지 지표를 내게 가르쳐주었다.)

56. *Physics* 219b16-22. 오언은 이 구절이 점은 장소를 갖지 않는다는 아리스토텔레스의 주장과 상치된다고 강력히 주장한다. 즉, 한편으로 "점은 어떤 경계 속에 있을 수 없으므로 엄밀히 말해 소재를 가질 수 없다(혹은 소재를 표시하는 데 사용할 수 없다)". 다른 한편, 방금 인용한 구절에 따르면 "그는 이를 부정하지 않을 수 없다". 〔오언은 다음의 책에서 이런 두 가지 주장을 모두 펼쳤다. "Aristotle: Method, Physics, and Cosmology," in G. E. L. Owen, *Logic, Science, and Dialectic: Collected Papers in Greek Philosophy* (Ithaca: Cornell University Press, 1986),

155). 그러나 아리스토텔레스는 단지 운동하는 사물들을 점에 유비하고 있을 뿐이며, 그것도 시간의 경과나 장소의 이동에 의해서도 자기 동일적이라는 관점에서 유비하고 있는 데 불과한 것 아닐까? 오언 자신은 계속해서 앞의 인용 구절이 "운동하고 있는 대상을 시간과 공간 안의 여러 점들과 **상호 관련짓는다**"(ibid., 161. 강조는 인용자)고 지적한다. 확실히 그런 상호 관계가 있으면, 아리스토텔레스가 받아들일 수 없는 입장, 즉 점이 장소를 **갖는다**는 입장을 받아들여야 하는 처지에 내몰리지는 않는다. 그런데 우리는 단지 자신을 점처럼 현전시키는 어떤 자연 현상, 예를 들면 운동하고 있는 대상뿐만 아니라, 광원(光源)이라든가, 동물의 관절이라든가, 우주의 중심으로서 지구의 소재 같은 현상들을 밝히는 일에 점이 엄청나게 유용하다는 결론만 내리면 된다고 나는 생각한다. 〔같은 책 162쪽에서 오언은 이런 예를 비롯한 여러 예에 대해 논한다. 또한 오언이 다른 논문에서 하고 있는 설득력 있는 주장, 즉 점을 장소로 보는 것에 대한 아리스토텔레스의 비판은 실질적으로는 《파르메니데스》 138a2-b6에 나오는 플라톤의 증명(아마도 궁극적으로는 제논에게서 파생했을 증명), 즉 분할 불가능한 '일자'는 장소를 갖지 않는다는 증명을 정교화한 것일 뿐이라는 논증도 참조. Owen, "Tithenai to phainomena," in ibid., p. 245.〕

57. "점은 피타고라스학파에 의해 '위치를 가진 모나드'로 정의되어왔다. 분명 플라톤은 이 정의에 반대한다. 〔하지만〕 그걸 대신할 정의를 내리고 있지는 않다. 왜냐하면 아리스토텔레스에 따르면 플라톤은 점 같은 종류(genus)를 '기하학상의 허구'(*Metaphysics* 990a20)로 간주했기 때문이다"〔Thomas Heath, *A History of Greek Mathematics* (Oxford: Clarendon Press, 1921), I: 293〕.

58. Proclus, *Commentary*, 72.

59. "아리스토텔레스는 분할 불가능한 선조차 끝(extremities)은 가져야 한다고 지적하는 한편, ……점을 '선의 끝(extremity)'이라고 보는 〔플라톤의〕 정의는 비과학적이라고 지적한다"(Heath, *A History of Greek Mathematics*, I: 293).

60. Proclus, *Commentary*, 72. 프로클로스의 점과 플라톤의 코라를 비교하는 것은 불가피하게 다음을 시사한다. 즉 둘 다 생성적 원천이고, 모태이며, '여성적'이다(점의 여성성에 대해서는 ibid., 81쪽 참조).

61. ibid., 73.

62. G. W. F. Hegel, *Encyclopedia of the Philosophical Sciences,* trans, W. Wallace (Oxford: Oxford University Press, 1971), sec. 256. 프로클로스와 헤

겔 사이의 어디쯤에서 존 버거(John Berger)는 이렇게 주장한다. "죽음에 의해 산산이 흩어지는 것은 척도다. 정확히 그와 마찬가지로 개념 작용에 있어 점은 우주(universe)와 융합해 척도를 창조한다"(*End of Faces, My Heart, Brief as Photos* (London: Writers & Readers, 1984), 53).

63. Derrida, "Ousia and Grammē," 41-42. 데리다는 이렇게 덧붙인다. "공간에 대한 최초의 규정과 최초의 부정으로서 점은 공간화되거나 혹은 그 자신을 **공간화한다.** 이는 자기 자신을, 자기 자신에 의해, 자신과의 관계에서, 즉 다른 점과의 관계에서 부정하는 것이다"(p. 42. 강조는 원문).

64. G. W. F. Hegel, *Philosophy of Nature*, trans, M. J. Petrie (London: Allen & Unwin, 1970), I: sec. 260-261 참조. 여기서는 "공간 및 시간이 동일하다고 상정된 것"으로서 장소는 "구체적인(즉 충분히 현실화한) 점"이라고 기술한다. **추상적인** 점이란 공간에 대해 행해지는 최초의 규정이고, 그러므로 시간과 장소에 선행한다.

65. (2장에서 인용한) 다음과 같은 구절을 염두에 두고 하는 말이다. "그는 (그 몸뚱이를) 벌려 조개껍질처럼 둘로 찢어버렸다. 윗부분으로는 하늘의 궁창을 구축하고 빗장을 내린 다음, 물 위에 감시를 두어 물이 결코 새어나가지 못하게 했다." 이 구절에 나온 "빗장(bar)"은 어쩌면 초기 희랍인들의 사고방식에서 점이 처음으로 생성되는 것이라 여겼던 선(線)을─그리고 아마도 호리스모스의 "지평선"도─예감케 하는 것 아닐까? (이 단락에서 인용한 《에누마 엘리시》의 세 구절은 N. K. Sandars, *Poems of Heaven and Hell from Ancient Mesopotamia* (Baltimore: Penguin, 1971)의 번역에 따랐다.)

66. 이렇듯 stiktos는 '찔러 뚫린' 혹은 '얼룩진'을 의미한다. 또한 stizein(stigma의 어근)은 '뾰족한 도구를 이용해 표시하거나 낙인을 찍는 것'(예컨대 문신을 새기는 것), '멍들 정도로 심하게 때리는 것'(다시 한 번 마르두크의 망령이 드리운다!)을 뜻한다.

67. 아리스토텔레스가 죽은 지 오래 지나지 않아, 유클리드는 《기하학 원론》에서 stigmē 대신 sēmeion이란 단어를 사용한다. 프로클로스도 아주 가끔씩만 예전의 용어로 돌아간다(프로클로스가 이 용어들을 사용하는 방식에 대해서는 Proclus, *Commentary*, 78-79; Heath, *The Thirteen Books of Euclid's Elements*, I: 156 참조). 페르디낭 드 소쉬르는 우리에게 sēmeion이 일차적으로 '기호'를 뜻한다는 사실을 상기시킨다. 예컨대 표시, 조짐, 징표, 조짐, 신호, 증표(seal), 암호(watchword) 등이 그렇다. (Ferdinand de Saussure, *Course in General Linguistics*, trans, W. Baskin

(New York: McGraw-Hill, 1966), 16.) "나는 (이 새로운 과학을) (희랍어로 '기호'를 뜻하는 sēmeion으로부터 어근을 취해) **기호학**(semiology)이라 부를 것이다"(강조는 원문). 소쉬르가 언급하지 않는 sēmeion의 확장된 의미들 중 하나가 바로 한계 또는 경계다. 그러나 sēmeion과 stigmē가 관련성이 없는 것처럼 여겨서는 안된다. sēmainō는 표시를 하는 것(예컨대 이정표에 의해)과 기장(紀章)이 들어간 **인장(印章)을 찍는** 것이라는 두 가지 의미를 포함한다. 본질적으로 아리스토텔레스 이후에는 점이라는 말에서 찌른다는 의미가 사라지는데, 이런 식으로 제한했기 때문에—역설적이게도—프로클로스에게서 점이 그 역할을 엄청나게 확장시킬 수 있었던 것이다. 더 이상 찔러 관통하지 않는 대신, 그 내재적인 힘은 창조된 세계에서 한계 지어지지 않고, 여기서 점은 "만유 가운데 제1의 지위"에 오른다.

68. "그런데 전과 후(즉 시간의 일차적 구조)는 일차적으로 장소 안에 있다. ……그러나 전과 후는 크기 안에도 있으므로, 거기(크기 안)에 있는 것과의 유비에 의해 그것은 또한 변화 안에도 있는 것이어야만 한다. 그러나 시간 안에도 전과 후는 역시 현전한다. 그중 한쪽은 늘 다른 쪽을 따르기 때문이다"(*Physics* 219a14-20). 여기서 아리스토텔레스는 시간이 변화와 크기를 통과하면서 장소로부터 진정한 존재를 발생시킨다고 주장한다. 그는 이를 간결하게 다음과 같이 표현한다. "변화는 크기의 뒤를 따르고, 시간은 변화의 뒤를 따른다"(220b25-27; 219b15-16도 참조). 변화와 크기, 시간과 장소는 모두 연속적인, 분할 가능한 양이다. 그러나 그들의 운명은 서로 다르다. 장소 이외의 세 가지 양은 (후설의 용어로 말하자면) "뿌리-기초(root-basis)"인 장소로부터 리좀적으로(rhizomatically)—rhiza는 '뿌리'를 의미한다—확산한다. 첫째는 장소-내-크기로서, 둘째는 크기-의-변화로서(이는 운동으로서, 위치 이동의 경우에는 장소를 함축한다), 마지막으로 변화하고-운동하는 크기를 재는 시간으로서.

69. 그러나 아리스토텔레스가 장소와 공허를 연계시킨 **최초의** 철학자였다는 사실을 간과해선 안 된다. "일찍이 그 이전에 (공허를) 장소와 결부 지은 적이 있었다는 어떤 증거도 없다"(Friedrich Solmsen, *Aristotle's System of the Physical World* (Ithaca: Cornell University Press, 1960), 140).

70. 공허를 "유형의 물체들(tangible bodies) 사이의 연장"이라고 보는 견해에 대해서는 *Physics*, 211b14-28, 213a27-213b1, 214a6 참조. 허시는 아리스토텔레스가 선행자들 사이에 퍼져 있던 공허 개념을 논할 때의 일반적 전략에 대해 이렇게 주석을 단다. "그는 공허에 대한 이론은 **공간**에 대한 이론, 즉 '그것을 지지해줄 것

이 없는' 순수한 연장에 대한 이론이어야 한다고 일관되게 가정한다. 이러한 공간은 어떤 물체에 의해 침입당한 경우, (그 물체를 맞아 물러나거나 아니면 그 물체에 의해 소멸되거나 하지 않고) 그 물체에 의해 점유된 상태로 계속 남아 있다"(*Aristotle's Physics*, xxxv. 강조는 원문). 장소를 텅 빈 간격이나 순수한 연장처럼 생각하는 것은 장소에 대한 오해라고 주장하는 논의에 대해서는 Henry Mendell, "Topoi on Topos: The Development of Aristotle's Concept of Place," *Phronesis* 32 (1987): 222ff. 참조.

71. *Physics* 214a25. 이 논증 역시 통상적인 신념에서 발원한다는 사실은 주목할 만하다. 즉 어떤 사람은 "공허라는 것에 대해, 그 안에서 변화가 생기는 것이라는 의미에서 그것이 변화의 원인이라고 생각한다―이는 어떤 사람들이 장소라고 일컫고 있는 부류일 것이다"(214a24-26).

72. *Physics* 214b16-17, 강조는 영역자. 매질이나 저항을 결여한 것으로서 공허는 그 공허를 통과하는 속도와 흐름이 왜 여러 가지로 상이한지 설명할 수 없다(215a35-215b14 참조). 동일한 논리를 방향성에 대해서도 적용할 수 있다. 아리스토텔레스에 대한 흔한 비판으로, 아벰파케(Avempace: 본래는 Ibn Bājjah. 아벰파케는 서구에 알려진 라틴어식 이름―옮긴이)와 크레스카스는 "운동의 본래적인 시간"은 공허 안에서 발생한다는 사실에 의해 아무런 영향도 받지 않는다고 주장한다. Wolfson, *Crescas' Critique of Aristotle*, 57-58 참조.

73. 운동은 다음 두 가지 이유로 인해 공허 관념으로 설명할 수 없다. 첫째, "만약 공허가 있다고 한다면, 어떠한 것도 운동을 할 수 없다"(214b30-31). 왜냐하면 움직인다는 것은 차별적인 방향을 요하기 때문이다(214b32-34 참조). 둘째, 공허는 **어떠한** 자연 운동도 의거하게 되어 있는 위와 아래라는 결정적 차이를 결여하고 있기 때문이다. "그것이 공허인 한 위쪽과 아래쪽은 조금도 다르지 않을 것이다"(215a8-9). 다른 한편, 정지 또한 마찬가지로 이론의 여지가 발생한다. "〔어떤 공허 내에서〕 움직인 어떤 것이 왜 다른 곳에서 정지하는지, 그 누가 말할 것인가! 왜 그것은 저기가 아니라 여기서 정치해야만 한단 말인가?"(215a18-20). 크레스카스가 공허를 비록 원인은 아니라 해도 운동과 정지의 조건으로서 옹호하는 것에 대해서는 Wolfson, *Crescas' Critique of Aristotle*, 54-55 참조. 이 대목에서 크레스카스는 과거 쪽을 향해서는 원자론자들을, 미래 쪽을 향해서는 뉴턴을―두 사람 모두 공허가 운동과 정지의 필수적인 토대라고 여겼다―동시에 바라본다.

74. 아낙시메네스(Anaximenes)의 압축 및 희박화 개념에 관해서는 4권의 9장 전체

참조. 여기서 아리스토텔레스는 자신의 가능태로서 질료 개념이, 이들 두 과정을 충분히 설명해낸다고 주장한다. 같은 이유로 공허 안에서 전치는 불가능하다. *Physics* 216a23-216b3 참조.

75. Hussey, *Aristotle's Physics*, 128. 허시는 이렇게 덧붙인다. "우주의 영원한 어떤 특징이 설명을 하는 데 완전히 아무런 역할도 하지 못하는 일은 있을 수 없다라는 원리가 암묵적으로 통용되고 있다"(ibid.). 베르그송도 여기에 동의한다. "실제로 텅 빈 공간은, 설령 그런 게 존재한다 해도 아무것도 산출하지 못할 것이다. 그런데 아무것도 산출하지 않는 것은 아리스토텔레스의 눈으로 보면 어떠한 실존도 박탈당한 상태다"("L'Idée de Lieu chez Aristote," 98). 너무나 당연한 얘기지만, 공허에 대해 적용되는 논리는 진공에 대해서도 적용된다. 〔진공이라는 개념은 "공허란 그 안에 무거운 것도 없고, 가벼운 것도 없는 것이다"(214a12-13)라든가, "접촉에 의해 지각할 수 있는 물체로 채워져 있지 않다"(214a7-8) 같은 진술 속에 암시되어 있다. 이러한 진술은 완전한 진공의 창조, 즉 어떤 개별적인 질료적 실체도 없는 유한한 공간의 창출에 몰두했던 17세기를 미리 내다보고 있다. "분리된 공허"라는 아리스토텔레스의 일반적 개념조차 진공에 근접하고, 허시의 용어대로 "현실적으로 물체를 갖지 않는 수용적 연장"(*Aristotle's Physics*, 128)으로 정의하는 경우는 특히 그러하다. 그러나 우리는 비록 장소는 공허가 아니라 해도 순간적으로 **텅 빌** 수 있다는 것, 즉 장소의 부피를 규정하는 물체가 제거될 수 있다는 것을 인정하지 않을 수 없다.〕

76. 이렇게 결부 짓는 것에 대해서는 Proclus, *Commentary*, definition I, 특히 72쪽 참조. 점은 "'한계 지어지지 않은 것'의 본성을 은밀히 가지면서 그것이 경계 짓고 있는 사물 안의 모든 곳에 있으려고 분투한다".

77. 현실적 공허와 가능적 공허에 대해 고찰하면서 아리스토텔레스는 종지부를 찍듯 이렇게 말한다. "아무런 한정도 당하지 않는 것이든, 혹은 희박한 것 안에서든 개별적 공허는 없으며 또한 가능적으로도 공허는 없다는 게 명백하다"(217b20-23. 여기서 "희박한 것"이란 희박화한 전체로서 공허를 가리킨다). 보편적인 장소 부여에 대해서는 이렇게 말한다. "존재하는 모든 것이 장소 안에 있지는 않으며, 〔오직〕 가변적인 물체만이 장소 안에 있다"(212b27-28). "오직"은 영역자가 보충해 넣은 말인데, 자연물리적 세계 전체가 가변적인 물체로 구성되어 있다고 본다면—아울러 그러한 물체 이외에 어떤 것도 들어 있지 않다고 본다면—이 "오직"은 이미 함의되어 있는 것으로 봐야 한다.

78. 프로이트의 말은 "Three Essays on the Theory of Sexuality," *Standard Edition of the Complete Psychological Works* (London: Hogarth, 1953), 7: 222쪽에 나온다. 재장소 부여에 관해 아리스토텔레스는 이렇게 말한다. "장소가 있다는 것은 재장소 부여(antimetastaseōs)라는 말의 의미로부터 분명해지는 것으로 여겨진다. 즉 지금 물이 있는 곳에서 물이 마치 그릇에서처럼 빠져나가면, 이번에는 대기가 있게 되고, 또 다른 때에는 어떤 다른 물체가 이 동일한 장소를 점유하게 된다"(208b1-4). 그렇다고 한다면 장소란 연속적으로 점유되기를 요청하는 어떤 것이다.

79. "Tout est plein dans le monde d'Aristote" (Bergson, "L'Idée de Lieu chez Aristote," 95).

80. *Categories* 5a9-14; *Physics* 211b14-28 참조. 이러한 견해의 변화―1580년 파키우스(Pacius)가 처음으로 주목했던―에 대한 철저한 논의는 Mendell, "Topoi on Topos," 206-231쪽에 제시되어 있다. 멘델은 이렇게 주장한다. 즉 《범주론》의 정적이고 체적 계측적인 분석으로는―재장소 부여 개념을 통한 것 말고는―자연물리적 변화에서 장소가 어떤 운명을 밟게 될지 설명할 수 없다. 따라서 아리스토텔레스는 《자연학》의 한층 "역동적인" 견해에 이끌렸는데, 이 견해에 따르면 장소란 포함자의 안쪽 표면이 수행하는 보유 작용의 한 기능이다. 그러나 우리가 이미 살펴보았듯 이 포함자가 장소를 규정하는 것은 그 자신이 부동이고, 또한 그런 까닭에 권리상 정적인 것으로 여겨질 때뿐이다. 여기서 우리는 장소에 대한 포함자 모델을 끊임없이 괴롭히며, 그럼으로써 다음과 같은 사실상의 이율배반(antinomy)을 구성하는 난점과 마주친다. 그 난점인즉슨, 장소는 (점유자 측의 변화를 설명하기 위해) 역동적이어야 하고 그와 동시에 (소재가 동일해야 한다는 요구를 충족하기 위해) 정적이어야만 한다는 것이다. 뒤앙은 이 문제를 다음과 같이 명시적으로 진술한다. "장소의 본성을 규정하기 위해 아리스토텔레스는 이 본성에 두 가지 조건을 부과했는데, 그의 《자연학》은 이 두 가지 조건이 조화를 이룰 수 없게 만들어 버린다. 한편으로, 아리스토텔레스는 장소가 장소 지어진 물체를 둘러싸고 그 주변을 경계 짓기를 바랐다. 장소라는 말의 통상적인 의미가 요청하는 활동, 즉 '들이는 것(lieu, logement)'을 해주길 바란 것이다. 다른 한편, 그는 장소가 부동의 한계(terme)이길 바랐다. 만일 그것이 없다면, 물체가 위치 운동에 의해 움직이고 있는지 아닌지, 또 이러한 운동이 과연 무엇인지도 판단할 수 없는 부동의 한계 말이다"(Duhem, *Le système du monde*, I: 204). 아리스토텔레스는 《범주론》과 《자연학》의 전혀 다른 이 두 모델 사이에서 동요하고 있는데, 이는 그가 하나의 적합

한 모델을 만드는 데 성공하지 못했다기보다는—개념적 혼란이 있었다고는 더더욱 말할 수 없다—본질적으로 해결 불가능한 이 이율배반을 (적어도 암암리에는) 인식하고 있었음을 반영한다고 보는 쪽이 옳을 것이다. 《범주론》과 《자연학》의 불일치가 "장소와 공간에 대한 상식적 견해에 고유한 문제들을 점차 깨달아가는 것"을 반영한다고 보는 최근의 평가에 대해서는 Algra, *Concepts of Space in Greek Thought,* chap. 4. 특히 121-153, 173-190쪽 참조.

81. "[가변적인 물체의] 장소란 이 세계 자체가 아니라 **이 세계의 일부**이고, 하나의 경계이며, 하나의 경계로서 가변적인 물체와 접하고 있다"(*Physics* 212b18-20, 강조는 인용자). "밀접하게 딱 들어맞는 장소"라는 표현은 멘델에게서 차용했다. 그는 아리스토텔레스의 "포함자는 정의(definition)에 의해 밀접하게 딱 들어맞는 장소다"("Topoi on Topos," 224)라고 썼다.

82. 솔름센(Solmsen)은 이렇게 지적한다. "'포함한다'는 개념은 …… 순수하게 소재적인(local) 관계에는 해당하지 않는 의미가 몇 가지 있다"(*Aristotle's System of the Physical World,* 133). 그러한 의미들 중 하나가 바로 부분/전체의 관계에 대한 것—《자연학》 4권 3장에서 구분하고 있는 "~ 의 안에(in)"의 여덟 가지 형식 중 최초의 것—이다. 더욱이 부분이 전체 **안에** 있는 것과 마찬가지로 전체는 부분 **안에** 있다고 할 수 있다(4권 3장에서 구분한 두 번째 의미에서). 어느 쪽이든 직접적으로 둘러싸는 것보다 포용력 큰 어떤 것이 포함성이라는 의미에서 중요하다.

83. "소재적(local) 포함자로서 장소에는 위나 아래가 갖는 특징이 명백히 들어 있다. 장소가 위나 아래인 것은 포함자이기 때문에 가능한 게 아니라, 오히려 장소가 어떤 절대적 의미에서 (고정된, 부동의) '지구' 및 외부 영역과 상관적으로 위치 지어질 수 있다는 사실 때문에 가능하다"(*Physics* 212a20f).(Michael Bradie and Comer Duncan, "An Aristotelian Model of Space and Time," unpublished paper, 1985. 4). 이런 식으로 아리스토텔레스의 성숙한 모델은 감각적 물체가 어떤 한정된 장소로부터 다른 장소로 움직이는 것을 설명할 수 있다. 그러나 이 모델은 모든 자연물리적 물체가 고정된 중심인 지구 쪽으로 인력에 의해 끌린다는 견해와는 공존하기 쉽지 않다. 하지만 어떤 절대적인 공간 또는 세계적인 공간이 필요하다는 것과 **무한** 공간을 요구하는 게 똑같은 것은 아니라는 사실에 주의해야 한다. 오히려 반대로 "절대적 중심이라는 관념과 우주의 유한성은 상호 의존한다. 어느 한쪽이 뒤집히면, 그게 어느 쪽이든 불가피하게 다른 쪽두 뒤집힌다"(S. Sambursky, *The Physical World of the Greeks,* trans. M. Dagut (Princeton:

Princeton University Press, 1987), 208. 100쪽도 참조. "유한한 물체만이 중심을 가질 수 있다"). 아리스토텔레스의 우주론이 성립하기 위해서는 반드시 **지구**가 중심일 필요는 없고─지구가 중심인 것은 사실이지만 이는 우연적인 사태일 뿐이다─그러한 어떤 존재가 거기에 실존하면 되는 것이다. 〔아리스토텔레스가 《천체론》에서 이 후자의 내용을 시인할 때, 그러한 절대적 위치를 점 같은 것으로 생각한다는 사실은 주목할 만하다. *De Caelo* 271a4-5 (285b8-11 및 287b4-14도 참조). 점과 장소는 다시 한 번 섞인다. 그러나 이번에는 가장 극단적인 우주적 맥락에서만 그러하다!〕 이 문제 전체에 대해서는 G. E. L. Owen, "Aristotelian Mechanics," *Logic, Science, and Dialectic*, 315-333; Solmsen, *Aristotle's System of the Physical World*, 292-303; Liba Taub, *Ptolemy's Universe: The Natural Philosophical and Ethical Foundations of Ptolemy's Astronomy* (Chicago and LaSalle: Open Court, 1993), 74ff. 참조.

84. 리처드 소라브지는 이 문제를 사려 깊게 다룬다. *Matter, Space, and Motion: Theories in Antiquity and Their Sequel* (Ithaca: Cornell University Press, 1988), 188-192. 소라브지는 마일스 버네트가 최근 제안한 다음과 같은 취지, 곧 그릇의 장소란 하나의 거대한 지리학적 존재자로 간주되는 강, 그 강 안에 가정한 구멍의 영속적인 **테두리**라는 견해를 진지한 숙고의 대상으로 받아들인다. 〔Myles Burnyeat, "The Skeptic in His Place and Time," *Philosophy in History*, ed. R. Rorty, J. B. Schneewind, and Quentin Skinner (Cambridge: Cambridge University Press, 1984), n 15 참조〕. 그러나 버네트의 해결책으로는 연속적으로 **새로운 테두리**를 갖는, **움직이는** 배의 장소를 설명하기 곤란하다. 주변의 이러한 유동성(mobility)이 과연, 장소는 부동적이어야 한다는 요건과 어떻게 조화를 이룰 수 있을까?

85. 그 밖의 여러 난점에 대해서는 Soragji, *Matter, Space, and Motion*, 192-201; Algra, *Concepts of Space in Greek Thought*, chap. 5 참조. 아울러 Victor Goldschmidt, "La théorie aristotélienne du lieu," *Mélanges de philosophie grecque offerts à Mgr. Diès* (Paris: Vrin, 1956), 110-119 참조.

86. 아리스토텔레스의 장소라는 주제, 의도적으로 바닥에 억눌려 있던 이 주제가 표면에 떠오른 것은 내가 패트릭 힐런과 함께 1990년 가을 학기에 스토니 브룩에서 가르쳤던, '공간에 대한 현상학 및 물리학'이라는 대학원 세미나에서였다. 아울러 Patrick Heelan, *Space-Perception and the Philosophy of Science* (Berkley:

University of California Press, 1983), 특히 4장 "Hyperbolic Space: The Model" 참조. 힐런이 지금은 그러한 공간을 "아리스토텔레스적 **공간**"이라고 부르길 좋아한다는 사실은 시사하는 바가 있다. 방금 언급한 그의 책은 비유클리드적 공간을 형식적으로는 엄밀하면서도 그러한 여러 공간에 대한 경험의 특징들에 대해 민감성을 잃지 않는 틀 안에서 다룬 매우 가치 있는 저작이다.

87. "아리스토텔레스는 어떤 면으로 보아도 기하학자가 아니다. 무엇보다도 우선 그는 관찰자다. 그가 현실적이라고 간주하는 것은 무엇보다도 먼저 관찰이 그에게 드러내 보여주는 것이다. 모든 소요학파 철학이 본질적으로 갖는 이러한 특성은 이 스타기라 사람이 제안하는 장소와 운동에 대한 이론에서 가장 완벽하게 제시되어 있다"(Duhem, *Le système du monde*, I: 189). 그러나 오언은 이와 다른 견해를 펼친다. "그렇다고 해서,《자연학》의 엄격한 분석이 우리가 세계를 검사(inspections)하면서부터 시작된다거나, 그런 검사에 긴밀하게 지배당하고 있다고까지 말할 수는 없다. (그리고 아리스토텔레스가 불가피하게 그렇게 가정해야 했던 것도 아니다)"("Tithenai ta phainomena," 244). 이 문제에 관해서 나는 뒤앙의 편이다. 아리스토텔레스가《자연학》에서 펼치는 장소, 운동, 공허, 시간에 대한 논의가 설득력을 갖는 것은 정확히 이 세계의 여러 현상에 대해 그가 면밀히 주목한 데서 비롯한 것이다. 뒤앙의 견해를 지지하는 다른 경우로는 J. Morsink, "The Mandate of Topics I, Z," *Apeiron* 16 (1982): 102-128 참조.

88. *De Caelo* 268a7.

89. Heidegger, *Being and Time*, trans. J. Macquarrie and E. Robinson (New York: Harper, 1962), 특히 sec. 83 참조. 여기서 아리스토텔레스는 "지금들(nows)의 연속적 계기(繼起)"를 단지 vorhanden, 즉 "앞에-현전하는(present-at-hand)" 방식으로 고찰한다고 비난받는다. 하이데거의 주장에 대해서는 Derrida, "Ousia and Grammē" 및 나의 논문 "Derrida's Deconstruction of Heidegger's Views on Temporality: The Language of Space and Time," *Phenomenology of Temporality: Time and Language* (Pittsburgh: Silverman Phenomenology Center, 1987), 89-113 참조. 시간의 공간화에 대한 베르그송의 비판에 대해서는 *Time and Free Will*, trans. F. L. Pogson (New York: Harper, 1960), 특히 chap. 2, 91-106 참조. 베르그송의《시간과 자유 의지》[《의식에 직접 주어진 것들에 관한 시론》(아카넷)의 영역판 제목—옮긴이]는 〈아리스토텔레스의 장소 개념〉과 거의 같은 시기에 쓰여졌으므로, 베르그송이 공간화해 있지 않은 실제적 지속

(durée réele)으로서 시간에 포용하고 끌어안는 것으로서 — '앞에-현전하는' 것은 분명히 **아닌** 것으로서 — 장소라는 의미를 적용한 것은 아닐까 추측하고 싶어진다. 그런데 베르그송은 이러한 장소의 의미를 이 주제를 처음 다루었던 아리스토텔레스로부터 배웠다. 만일 그렇다고 한다면 장소는 그에게 갱신된, 포스트형이상학적 **시간** 개념을 위한 숨겨진 모델 역할을 수행하고 있는 셈이다. 이는 장소가 갖는 힘이 서구의 시간에 대한 주된 이해 방식에 은밀하게 영향을 끼친 유일한 사례가 결코 아니다.

90. 아르키타스의 말. S. Sambursky, ed., *The Concept of Place in Late Neoplatonism* (Jerusalem: Israel Academy of Sciences and Humanities, 1982), 37.

2부 장소에서 공간으로

간주

1. 헤시오도스를 다시 불러내지만, 이번에는 '원인' 혹은 최초의 설명 원리를 처음으로 정식화한 사람으로서 인용한다. 《형이상학 1권》 4장에서는 《신통기》에서 인용한 《자연학 4권》 1장의 같은 대목을 다시 인용한다. "모든 것 중에서 최초로 혼돈이 생겨났다."

2. 아리스토텔레스가 자신의 4원인론의 용어에 따라 장소를 검토한 것에 대해서는 《자연학》 1장부터 4장을 참조. 전반적으로 보면, 아리스토텔레스는 네 가지 원인을 장소에 적용할 수 있는지에 대해 회의적이다["네 종류의 설명 중 어느 하나도 장소에는 나타나지 않는다"(209a19-20)]. 하지만 장소가 운동의 목적인으로 작용한다는 주장에는 개연성이 있을 수 있다. 이런 해석에 대해서는 Richard Sorabji, *Matter, Space, and Motion: Theories in Antiquity and Their Sequel* (Ithaca: Cornell University Press, 1988), 186-187 참조. 이런 해석에 대한 비판으로는 Keimpe Algra, *Concepts of Space in Greek Thought* (Leiden: Brill, 1995), 199-221 참조.

3. 이 단락에서 나는 제임스 힐먼이 그의 저작 *Re-visioning Psychology* (New York: Harper & Row, 1975) 및 나와의 대화에서 사용한 '세계'와 '유니버스'의 구별, 그리고 어윈 스트라우스(Erwin Straus)의 저작 *Primary World of Senses*, trans. J. Needleman (Glencoe, Ill.: Free Press, 1963), 318-322쪽에 나오는 "감각하기 (sensing)"와 "지각하기(perceiving)"의 구별에 의지했다.

04 헬레니즘 및 신플라톤주의 사상에서 공간의 출현

1. 경계를 갖지 않는 것에 관한 상세한 논의로는 Charles H. Kahn, *Anaximander and the Origins of Greek Cosmology* (New York: Columbia University Press, 1960), 부록 2 참조. 이 부록에서 칸은 경계를 갖지 않는 것(to apeiron)이 개념적으로나 역사적으로 원자론적 공허와 플라톤적 코라 쌍방의 근저에 깔려 있다고 주장한다. Paul Seligman, *A study in the Origin and Function of Metaphysical Ideas* (London: Athlone Press, 1962), 여러 곳 참조.

2. 이것은 디오게네스 라에르티오스(Diogenes Laertius)가 레우키포스의 말이라고 적은 텍스트에서 인용한 것으로, David Furley, *The Greek Cosmologists* (Cambridge: Cambridge University Press, 1987), I: 140쪽에 있는 필리의 번역을 따랐다. 〔역자는 김인곤 외 역, 《소크라테스 이전 철학자들의 단편선집》(아카넷, 2007), 557쪽을 주로 참고해 번역했다―옮긴이.〕 원자론자들의 세계형성론에 관한 추가 논의에 대해서는 G. S. Kirk, J. E. Raven and M. Scofield, *The Presocratic Philosopher* (Cambridge: Cambridge University Press, 1983), 416-421 참조.

3. "거대한 공허"를 지구와 별들 간의 공간이라 보는 해석에 대해서는 Furley, *The Greek Cosmologists,* 141 참조. 장소 또한 각각의 원자는 '형태(schēma)'뿐만 아니라 "배열(taxis)"과 "위치(thesis)"를 갖는다는 사실 안에 함의되어 있다. 장소와 관련한 이런 요인들이 궁극적으로 자연물리적 사물을 만드는 원자 집단 간의 "차이"가 생기는 원인이다. 이 마지막 논점에 대해서는 Aristotle, *Metaphysics* 985b15-22; *De Caelo,* 801 참조.

4. "Letter to Herodotus," *The Philosophy of Epicurus*, ed. and trans. G. K. Strodach (Evanston: Northwestern University Press, 1963), 166. 그러나 에피쿠로스는 초기 원자론자들에 반해, 원자의 **종류**와 조합 방식은 수적으로 제한되어 있다고 주장했다. 심플리키오스는 데모크리토스가 "공간(topos)을 다음과 같은 이름―'공허(kenon)', '무(ouden)', '무한한 것(apeiron)'―으로 부른다"고 말한다(Simplicius, *De Caelo,* 242 18 ff, translated in Kirk, Raven and Scofield, *The Presocratic Philosopher,* 414).

5. 원자론적 공간의 유공성(有孔性)―레우키포스가 주장했다고 하는―에 대해서는 아리스토텔레스의 《생성소멸론》 325b10 참조.

6. 에피쿠로스는 이러한 이중적 무한성에 대해 다음과 같은 논증을 제시한다. "사물의 총체에는 한계가 없으니, 우선 한계 지어진 것이라면 응당 끝점(end point)이 있

을 것이고, 끝점이 있다는 것은 다른 어떤 것을 배경으로 해서만 보이는 것이기 때문이다(어떤 것이 끝이라는 사실은, 그 끝점 이후에는 그것이 이어지지 않는다는 사실을 배경으로 해서만 알 수 있기 때문이다―옮긴이). 사물의 총체에는 어떠한 끝점도 없고, 어떠한 한계도 없고, 어떠한 한계도 없으므로 그것은 무한하고 또한 경계를 갖지 않는 것이어야만 한다("Letter to Herodotus"). 이러한 사고방식에 입각하면, 공간의 무한성 쪽이 공간 내 사물들의 무한성보다 설득력 있다. 왜 거기에는 유한한 수가 있을 수 없는 걸까? 롱이 한 가지 이유를 댄다. "만일 텅 빈 무한 공간 안에 한정된 수의 원자밖에 없다면, 그러한 공간과 원자들이 함께 결합하기에는 불충분할 것이다. 그러한 공간과 원자들은 우리가 경험하는 복수의 복합물(plurality of compounds)을 형성할 수 없을 것이다"(A. A. Long, *Hellenistic Philosophy: Stoics, Epicureans Sceptics*, 2d ed. (London: Duchworth, 1986), 32). 그러나 이러한 조치의 결과, 그 복합물 자체는 무한하지 않고 (에피쿠로스가 명백히 단언하듯) "수적으로 미규정 상태"("Letter to Herodotus," 117)임에 불과하게 된다.

7. 이 점에 대해서는 《생성소멸론》 324b35 및 Ciril Bailey, *The Greek Atomists and Epicurus* (Oxford: Clarendon Press, 1928), 70-76쪽의 주석 참조. 에피쿠로스는 단적으로 이렇게 말한다. "만일 우리가 '공허'니 '공간'이니 '촉지(觸知) 불가능한 것'이니 일컫는 것이 실존하지 않는다면, 물체는 존재할 어떠한 곳도 갖지 못할 것이고, 그 물체들이 운동할 때 통과할 매체도 갖지 못할 것이다. 하지만 그것들이 운동한다는 것은 명백하지 않은가!"("Letter to Herodotus," 155-156).

8. 《자연학》에 대한 주석에서 심플리키오스가 인용한 아리스토텔레스의 말. Bailey, *The Greek Atomists and Epicurus*, 75쪽에서 가져옴. **존재를 결여하면서 실존한다**는 역설에 대해서는 나중에 다루기로 한다.

9. 펄리는 '아리스토텔레스주의자'와 '원자론자'―그의 평가에 의하면 이 둘은 고대 희랍의 우주론에서 상호 대립했던 양대 사상이다―의 일차적인 차이는 전일론(즉 "설명을 하는 데 전체적인 형태에 우선성을 부여하는 사고")에 대한 신념에서 찾아야 한다고 주장한다(Furley, *Cosmic Problems: Essays on Greek and Roman Philosophy of Nature* (Cambridge: Cambridge University Press, 1989), 233 참조).

10. 에피쿠로스의 〈헤로도토스에게 보내는 편지(Letter to Herodotus)〉에 있는 구절. 베일리는 유즈너(Usener)를 따라 이렇게 말한다. "누락된 단어들(즉, 기본적인 문장 alla mēn kai to pan esti……(그러함에도 또한 만물이란……)에서 sōmata kai topos(물체와 장소))을 보충해 넣을 수 있음은 다른 구절들로 미루어 확실

하다"(Bailey, *The Greek Atomists and Epicurus*, 279 n 1). 그러나 이런 확실성이 절대적이라고까지는 할 수 없다. 리스트는 유즈너가 "topos[를] 아마도 잘못 보충한 것 같다"고 말한다—《사물의 본성에 관하여》중 이에 상응하는 대목을 인용하면서, 리스트는 루크레티우스가 locus(장소)가 아니라 inane(공허)를 사용하고 있음을 제시한다[J. M. Rist, *Epicurus: An Introduction* (Cambridge: Cambridge University Press, 1972), 56n]. 인우드는 리스트의 회의적인 견해에 동의한다(Brad Inwood, "The Origin of Epicurus's Concept of Void," *Classical Philology* 76[1981] 276 n 14). 그러나 세들리는 topos를 포함한 동일한 관용 표현을 에피쿠로스의 다른 대목에서도 볼 수 있다는 점을 지적하면서 "유즈너의 [삽입구] sōmata kai topos는 부당하게 악평을 받고 있다"고 주장한다. 그러나 세들리 자신도 가상디가 sōmata kai kenon이라는 표현을 선호한 데 대해 마찬가지로 확실한 논거가 있는 것이라고 인정한다(David Sedley, "Two Conceptions of Vacuum," *Phronesis* 27 [1982]: 192 n 18 참조). 가상디가 이 구절을 선호한 것은 17세기 초의 일로, 공간이 장소에 대해 명백한 우위성을 획득했던 당시로서는 충분히 예상할 수 있는 것이었다.

11. Diogenes Laertius, *The Lives and Opinions of Eminent Philosophers*, bk. 10 ("Epicurus"), sec. 40에 있는 내용.

12. Inwood, "The Origin of Epicurus' Concept of Void," 275. 나는 "불가촉한 본성"이라는 표현을 "불가촉 실체"라는 말로 대체했다. 인우드는 이렇게 덧붙인다. "에피쿠로스의 장소로서 공허는 아리스토텔레스의 일차적인 장소에 상응한다"(p. 281). 그리고 "따라서 아리스토텔레스와 에피쿠로스에게 공히 장소란 periechon—아리스토텔레스에게는 둘러싸고 있는 물체, 에피쿠로스에게는 둘러싸고 있는 실체 혹은 본성—의 경계다"(p. 282).

13. Inwood, "The Origin of Epicurus's Concept of Void," 276. 이로부터 우리는 "운동의 문제를 동기로 원자론자들이 무한한 우주론을 정립했다"는 게 사실임에도 불구하고, 원자의 운동 문제는 하나의 **무한한** 공간을 설정하는 주요한 동기에서 제외된다는 결론에 이른다(Furley, "The Greek Theory of that Infinite Universe" in *Cosmic Problems,* 12).

14. Furley, "Aristotle and the Atomist on Motion in a Void," in *Cosmic Problems*, 78.

15. Sedley, "Two Conceptions of vacuum," 182. 같은 책에서 우리는 "공허는 공간 충전자**이다**"라는 대목을 찾아볼 수 있다. 세들리는 조너선 반스(Jonathan Barnes)의

주장을 바탕으로 "비존재는 존재한다(to mē o einai)"는 문장을 풀어서 "비존재" = "비실재적인 것", "존재한다"="비실재적인 것이 존재한다"로 해석하자고 제안한다 (pp. 180-181).

16. 세들리는 "실존한다는 것은 하나의 장소를 점유하는 것이라는 널리 퍼져 있는 설득력 있는 가정"에 대해 말할 때, 아르키타스의 공리에 대해―아르키타스의 공리라고 명시하지는 않지만―언급한다("Two Conceptions of vacuum," 180). 그러고는 다음과 같은 결론을 도출한다. "하나의 장소가 무에 의해 점유되는 경우, 그 점유자가 무인 한 그것은 존재하지 않지만, 그 점유자가 장소를 점유하는 한 그것은 실존한다"(p. 183).

17. 아리스토텔레스가 엄밀한 의미의 공허를 '장소'로서 전유(專有)하려 하고, 진공을 깡그리 부인한 것에 대해서는 3장에서 이미 논의했다. 그러나 지금 시점에서 우리는 아리스토텔레스가 고대 원자론자들을 얼마나 오독했는지―그들의 생각을 자기 자신의 방향 쪽으로 얼마나 비틀어버렸는지―알 수 있다. 실제로 우리는 이렇게 말할 수 있다. 아리스토텔레스는 초기 원자론자들에 대해 **그들의** 공허(특히 데모크리토스가 생각했던 공허)를 장소 같은 것이라고 가정함으로써 체계적인 차원에서 오해를 했다고 말이다. 그런데 "데모크리토스가 공허와 장소를 동일시했다는 추정에는 어떤 독립적인 증거도 없다. 아리스토텔레스는 공허의 실존성을 공격하기 위해, 자신의 장소 개념을 데모크리토스에게 들이댄 것이다"(Inwood, "The Origin of Epicurus' Concept of Void," fn 5). 다음과 같은 세들리의 소견도 참조. "공허를 장소로 취급하는 것은 〔아리스토텔레스에 있어〕 안성맞춤이다. 왜냐하면 장소를 정의할 때, 그는 이미 장소로부터 독립적인 존재성을 박탈했기 때문이다. 그리고 나서 이번에는 공허에도 같은 붓으로 타르를 칠할 기회를 포착한다(특히 *Physics* 214a16-22)"("Two Conceptions of vacuum," 179).

18. Sextus Empiricus, *Against the Professors,* bk. 10, chap. 2. 영역은 A. A. Long and D. N. Sedley, eds., *The Hellenistic Philosophers*, Cambridge: Cambridge University Press, 1987), I: 28.

19. Long and Sedley, *The Hellenistic Philosophers*, I: 30. 전문(全文)은 이러하다. "대신 그는 가장 넓은 의미의 공간―그는 이 개념을〔다른 의견들도 가능하지만〕 독립시킨 최초의 고대 사상가였다―을 선택함으로써 자신의 두 번째 요소〔즉, 공허〕의 영원성을 확실히 지킨다."

20. 이 번역에 대해서는 Long and Sedley, *The Hellenistic Philosophers*, I: 30 참조.

21. Long and Sedley, *The Hellenistic Philosophers*, I: 30. 이 단계를 밟음으로써 우리는 '공간' 쪽으로 향하게 된다. 에피쿠로스의 예언적 견해에 의해 우리는 "기하학적 공간에 대한 최초의 명료한 인식, 즉 그것이 물체에 의해 점유되어 있는지 여부와 무관하게 존속하는 3차원 연장이라는 인식"(Sedley, "Two Conceptions of vacuum," 188)에 도달한다.

22. 원자의 부분이라는 문제—원자의 공간적 **최소 한도**—에 대해서는 David Furley, *Two Studies in the Greek Atomists* (Princeton: Princeton University, 1967), Study 1("Indivisible Magnitudes"), 특히 chaps. 1, 8 참조. 흥미로운 것은 데모크리토스와 레우키포스의 부분 없는 원자에 대해 아리스토텔레스가 비판한 것을 반박하는 과정에서, 에피쿠로스가 원자의 부분을 상정한다는 점이다—물리적인 부분이 아니라 원자의 순수한 연장의 측정 가능한 부분들(예컨대 형태의 윤곽)로서. 어떤 주어진 복합체를 구성하는 원자들 간의 내적 관계에 대해 우리가 말할 수 있는 것은 "복합체는 다양하게 간격이 떨어져 있는(spaced out) 원자들로 구성되어 있다"(Sedley, "Two Conceptions of vacuum," 191)는 사실과 불가촉 실체로서 공간은 "복합적인 대상의 부분일 수 없다"(Long and Sedley, *The Hellenistic Philosophers*, I: 30)는 것뿐이다. 에피쿠로스적 공간은 위치(thesis)에 대해 강조하지만, 최종적으로는 다음과 같은 말을 문제적인 형식으로 제공할 뿐이다. 그것은 **어디로부터** 오는 것인가?

23. 희랍어로는 amoiroi tou kenou. 이 말은 심플리키오스가 아리스토텔레스의 《천체론》 주석에서 인용한 것인데, 베일리 또한 *The Greek Atomists and Epicurus*, 79쪽에서 이 대목을 인용한다. 파르메니데스의 제자 멜리소스(Melissus)는 무한 공간—그러나 무한하되 **충만한** 공간—을 설정했다. 공간의 무한성 **더하기** 공허성이야말로 최초의 원자론자들이 명확하게 표명한 반(反)파르메니데스적 사유였다.

24. Lucretius, *De rerum nature*, bk. 1, lines 31-34. 영역은 Long and Sedley, *The Hellenistic Philosophers*, I: 28. "그것이 존재하는 한"은 영역자가 아르키타스적인 부칙(附則)을 보충해 넣은 것이다.

25. 연장과 공간의 관련은 특히 두드러진다. 이런 연유로 소라브지는 3차원적 연장을 강조했던 초기 희랍의 이론을 논하면서 "그 이론들은 실제 **공간**에 관한 이론이라 불러도 좋을 것이다"(*Matter, Space, and Motion: Theories in Antiquity and Their Sequel* (Ithaca: Cornell University Press, 1988), 200, 강조는 원문)라고 의미심장하게 말한다.

26. 내가 "본질적으로"라고 표현하는 이유는 공허가 때로는 그리고 부분적으로는 (바로 원자에 의해) 점유되기 때문이며, 또한 질료적 물체가 충분히 충만하지 않을 수도 있기 때문이다. 예컨대 물체에 텅 빈 간극이나 진공이 포함되는 경우가 그러하다. "존재의 질서"라는 구절은 세들리에게서 빌려왔다. 세들리에 따르면 에피쿠로스에게 물체와 공허는 "유니버스를 설명하기 위해 요청되는, 존재의 단둘뿐인 질서"("Two Conceptions of Vacuum," 191)다.

27. 인상적인 것은 심플리키오스가 스트라톤을 특히 강조해서 고대 원자론자들과 대비시킨다는 사실이다. 원자론자들에게 공간은 분화하지 않은 것이며, 또한 그 안에 어떤 물체 **없이도** 존재할 수 있는 것이었다. Simplicus, *Corollary on Place* (Physics 601. 14-24) 참조.

28. David Furley, "Strato's Theory of the Void," *Cosmic Problems*, 149쪽에서 인용. 여기서 "간격"은 diastēma를, "중간"은 metaxu를 번역한 것이다.

29. Furley, "Strato's Theory of the Void," 151쪽에 있는 심플리키오스의 단편에서 인용.

30. 펄리는 이 견해를 웨얼리(Wehrli)가 편집한 짧은 논문에서 인용한다. "공허는 우주적 물체와 크기가 같으며 늘 물체에 의해 채워져 있다"("Strato's Theory of the Void," 152). 스트라톤이 이렇게 "우주적 물체"에 대해 언급한다는 사실과 펄리의 견해(스트라톤은 어떤 식의 무한 공간 관념도 지지하지 않았다)를 조화시키기는 쉽지 않다. 펄리에 따르면 "〔스트라톤에게는〕무한히 연장되고 중심을 갖지 않는 원자론적 공간 이론의 흔적을 찾아볼 수 없다"(ibid., 159). 나 자신의 가설은 스트라톤이 그러한 공간을 당연한 것으로 간주했으며, 그 공간에 대해 확신한 것은 아마도 에피쿠로스를 통해서일 것이라는 것이다―에피쿠로스는 스트라톤에게 **진공 공포**(horror vacui)에 대한 해결책을 제시해주었을지도 모른다. 요컨대 물질 안에 소공허가 연속적이고도 즉각적으로 채워지도록 보증하는 방책을 말이다(이 마지막 논점에 대해서는 ibid., 156-158 참조).

31. 긴밀하게 조정되어 있는 이 관념들의 복합성에 대해서는 Sorabji, *Matter, Space, and Motion*, 213-214 참조.

32. 이리하여 섹스투스 엠피리쿠스(대략 150~225)는 스토아학파에 대해 기술하면서 이렇게 말한다. "그들은 chōra를 가리켜 부분적으로는 물체에 의해 점유되고, 또 부분적으로는 점유되지 않는 하나의 연장이라고 말한다"(Algra, *Concepts of Space in Greek Thought*, 265쪽에서 인용).

33. "불길은 그 불길에 의해 변성되는 여타 원소들의 동등한 양보다 더 많은 공간을 점한다. 따라서 이 세계가 모두 불길로 변한다면, 그 세계는 4원소의 혼합인 현재의 세계보다 넓은 여지를 차지할 것임에 틀림없다. 이렇듯 세계가 확장될 수 있는 여지는 반드시 있어야 한다"(F. H. Sandbach, *Aristotle and the Stoics* (Cambridge: Cambridge Philological Society, 1985), 42).

34. Long and Sedley, *The Hellenistic Philosophers*, I: 294쪽에서 인용.

35. *De Caelo* 279a13-14. 아리스토텔레스는 "공허 안에 물체가 있는 것은 가능하다" (ibid.)고 덧붙인다. 그러나 그가 동일한 텍스트에서 제시하듯(*De Caelo* 278b21-279a7), 어떠한 물체도 공허를 점유하는 것은 **불가능**하다. 따라서 공허 안에는 **어떠한 물체도 결코 실존할 수 없다**. 달리 표현하면 공허란 "점유될 수 있지만 실존하는 무언가, 즉 물체적인(corporeal) 무언가에 의해 (실제로) 점유되지는 않는다" (Sandbach, *Aristotle and the Stoics*, 43쪽에서 크리시포스의 말이라고 언급한 짧은 논문에서 인용). 함이 표현하듯 "이 우주 바깥에는 어떤 물체도 없으므로 어떠한 장소도 있을 수 없고, 따라서 물체가 제거된 장소로 정의되는 (아리스토텔레스적 의미에서) 공허 또한 있을 수 없다"(David E. Hahm, *The Origins of Stoic Cosmology* (Columbus: Ohio University Press, 1977), 103).

36. 크리시포스가 분명히 표현했듯 "공허는 무한하다고들 한다. 왜냐하면 세계 바깥에 있는 것은 그러하므로. 그러나 장소는 유한하다. 왜냐하면 어떠한 물체도 무한하지 않으므로. 물체적인(corporeal) 것은 무엇이든 다 유한한 것처럼, 비물체적인 것은 무한하다"(Hahm, *The Origins of Stoic Cosmology*, 294쪽에서 스토바이오스가 인용). 여기서 주목할 것은 크리시포스가 그러한 주장을 통해 불가능한 것에 의해 공허 안에 물체가 존재할 수 있다면, 그 물체는 규모(extent)에 있어 무한해야 한다―하지만 모든 물체는 유한하다―는 내용을 함의하고 있다는 점이다.

37. 여기에는 다른 논증도 원용된다. 즉 추정상 임의의 경계에 의해 위치 지어진 사람은 늘 더욱 멀리 뻗어나갈 수 있는 상태일 것이고, 따라서 공간의 연장을 무한정 밀고 나아갈 수 있다. Hahm, *The Origins of Stoic Cosmology*, 122 참조. 우리는 이번 장 끝에서 궁극적으로 아르키타스에서 유래한 이 논증을 다시 살펴볼 것이다.

38. Sextus Empiricus, *Against the Professors*. Long and Sedley, *The Hellenistic Philosophers*, I: 294쪽에서 인용.

39. 클레오메데스의 기술. Long and Sedley, *The Hellenistic Philosophers*, I: 294쪽에서 인용.

40. 스토바이오스의 기술. Long and Sedley, *The Hellenistic Philosophers*, I: 294쪽에서 인용. 섹스투스 엠피리쿠스는 스토바이오스의 평가에 동의하면서 "존재자"란 자연물리적 물체를 의미한다고 덧붙인다. 즉 "장소란 하나의 존재자에 의해 점유되어 있는 것이며, 그리하여 그것을 점유하고 있는 것과 동등해진다〔여기서 "존재자"는 물체(body)를 의미한다〕"(*Against the Professors*, ibid에서 인용). 왜냐하면 장소가 "여러 사물에 의해" 점유된다면, 한 장소에 하나 이상의 복수의 사물이 존재할 수 있느냐는 문제가 발생하기 때문이다. 이것이 바로 "상호 침투의 문제"다. 리처드 소라브지는 *Matter, Space, and Motion*, ch. 6, "Can Two Bodies Be in the Same Place? Stoic Metaphysics and Chemistry"에서 이 문제—특히 스토아 학파에게 골칫거리였던—의 역사를 추적한다.

41. 이 변성에 대해서는 S. Sambursky, *Physics of the Stoics* 〔Princeton: Princeton University Press, 1975〕 참조.

42. Ibid., 7.

43. Hahm, *The Origins of Stoic Cosmology*, 125.

44. Sambursky, *Physics of the Stoics*, 1.

45. 스토바이오스의 기술. Long and Sedley, *The Hellenistic Philosophers*, I: 294쪽에서 인용.

46. Hahm, *The Origins of Stoic Cosmology*, 105. 함은 다음과 같은 문장을 덧붙인다. "크리시포스는 장소와 공허를 '제3의 종류와 동격인 것', '물체에 의해 점유될 수 있는 것'이라고 본다"(ibid.).

47. 따라서 함은 이렇게 논평한다. "스토아학파는 '여지'라는 용어를 아마도 **장소 및 공허**(즉 '**모든 것**')**를 결합하는** 공간을 지시하는 데 사용했을 것이다"(ibid., 296, 강조는 인용자).

48. 섹스투스 엠피리쿠스의 기술. Long and Sedley, *The Hellenistic Philosophers*, I: 268쪽에서 인용, 강조는 인용자.

49. Ibid., 강조는 인용자.

50. "우리는 수학에서의 면을 수학적 물체의 한계로 이해하는데, 그런 방식으로 장소를 단순한 한계(peras)로 이해해서는 안 된다. 장소는 물리적 물체의 물리적 경계(horoi)로서, 또한 영혼을 불어넣은 생명체의 살아 있는 경계로서 파악하지 않으면 안 된다〔심플리키오스는 *In Aristotelis categorias commentarium*에서 이암블리코스에 대해 이렇게 논한다. 영역은 Sambursky, *The Concept of Place in Late*

Neoplatonism (Jerusalem: Israel Academy of Sciences and Humanities, 1982), 47쪽에 따랐다).

51. Simplicius, *In Aristotelis physicorum libros quattuor priores commentaria* 에 있는 시리아누스의 말. 영역은 Sambursky, *The Concept of Place in Late Neoplatonism,* 57-59쪽에서 취했다. 시리아누스는 스토아학파에 대해, 특히 질료의 상호 침투에 관한 그들의 교리에 대해 한창 비판하는 가운데 이렇게 말한다.

52. Ibid., 57. 나는 여기서 Sorabji, *Matter, Space, and Motion,* 207쪽의 번역에 약간의 변화를 주었다. 좀더 완전한 진술은 이러하다. "더 보편적인 장소로부터 개별 존재자들에게로 넘어가는 것은 장소 안에 있지만 그것의 제1의 (즉 특별한) 장소는 아닌 그러한 것과 분리되어 있다. 그들은 또한 광대하다고 (여겨지는) 공통의 장소를 염두에 둠으로써 장소를 또한 부동의 것이라고 간주한다"(ibid.).

53. 시리아누스의 "드넓은, 공유하는 장소"라는 말은 Sambursky, *The Concept of Place in Late Neoplatonism,* 57쪽에 나온다(나는 이것 또한 소라브지의 텍스트에서 재인용했다). 샘버스키는 ibid., 56 n 4에서 이러한 드넓은 장소를 "절대적 공간"과 동일시한다.

54. Plotinus, *Enneads,* II, 5. 영역은 Sambursky, *The Concept of Place in Late Neoplatonism,* 39쪽에 따랐다.

55. 이렇게 다양한 종류의 장소에 대해서는 ibid., 45쪽에 있는 이암블리코스의 기술 참조. "본래적 장소"는 ho (topos) ousiōdēs tis를 번역한 것이다.

56. Sorabji, *Matter, Space, and Motion,* 206. 이와 관련한 이암블리코스의 말은 이러하다. "다른 모든 것도 마찬가지로 각 사물의 고유한 본성에 일치되게 정의해야 하며, 그럴 경우 한계(perata)는 한계 자신 안에 완벽히 한계를 부여하는 사물이라면 그게 무엇이든 진실로 유사할 것이다"(Sambursky, *The Concept of Place in Late Neoplatonism,* 47쪽에서 심플리키오스가 인용한 이암블리코스의 말).

57. Simplicius, *In Aristotelis physicorum libros quattuor priores commentaria*에서 인용한 이암블리코스의 말. 영역은 Sambursky, *The Concept of Place in Late Neoplatonism,* 47. Simplicius, *In Aristotelis categorias commentarium*에 나오는 다음과 같은 대목 또한 참조. 장소는 "물체를 모든 측면으로부터 둘러쌀 뿐만 아니라, 그것들을 부양하고 지지하며, 추락하고 있는 것들은 끌어올리고, 흩어져 있는 것들은 한데 모으며, 그 물체들을 채우는 힘이다"(Sambursky, *The Concept of Place in Late Neoplatonism,* 43).

58. 이 마지막 구절은 ibid., 43쪽에 나온다. 나는 소라브지가 *Matter, Space, and Motion*, 205쪽에서 이 다양한 힘들에 관해 펼친 논의로부터 많은 도움을 받았다.

59. *In Aristotelis physicorum libros quattuor priores commentaria*에서 심플리키오스가 인용. 영역은 Sambursky, *The Concept of Place in Late Neoplatonism*, 43. 엄슨은 같은 대목을 "장소 안에 있는 사물과 유사한 본성을 갖는"(Simplicius, *Corollaries on Place and Time*, trans. J. O. Urmson (London: Duckworth, 1992), 73)이라고 번역한다.

60. Sambursky, *The Concept of Place in Late Neoplatonism*, 43쪽에 있는 심플리키오스의 기술. 엄슨의 번역은 이러하다. "여러 존재 가운데에서 최초로 출현하는 것으로부터도, 그 중심적인 의미의 존재성으로부터도 결코 차단되는 일이 없다"(Simplicius, *Corollaries on Place and Time*, 73).

61. Simplicius, *Corollaries on Place and Time*, 71. 여기서 "본질"은 ousia를 번역한 것이다. 소라브지의 다음과 같은 지적도 참조. 심플리키오스에게 "한 사물의 본질과 장소는 비록 같은 것은 아니지만, 그럼에도 불구하고 구별하기는 힘들다"(*Matter, Space, and Motion*, 210).

62. 이러한 이암블리코스의 진술은 Sambursky, *The Concept of Place in Late Neoplatonism*, 45쪽에 실려 있다. 나는 "존재"라는 단어를 "실재성"으로 대체했다. 원인으로서 장소에 관한 논의는 ibid., 43 참조.

63. 이암블리코스에게 장소는 힘을 "가지며" 그 자체가 "힘"이기도 하다. Sorabji, *Matter, Space, and Motion*, 205쪽에서 인용한 대목 참조. 여기에는 "작용하는 힘"이라는 구절도 인용되어 있다.

64. 이암블리코스의 말. Sambursky, *The Concept of Place in Late Neoplatonism*, 45쪽에서 인용.

65. Ibid.

66. 이것은 이암블리코스의 다음과 같은 문장에 대한 샘버스키의 해석이다. "물체는 장소에 의해 둘러싸임으로써, 또한 비연장적인 본성 안에 그들 자신의 연장을 보존함으로써 장소 내 '존재성(Being)'을 소유한다"(ibid., 45, cf. n 6).

67. Ibid.

68. Ibid. 아르키타스의 다른 주장에 대해서는 45쪽과 49쪽도 아울러 참조. 명백히 아르키타스는 장소의 여러 힘에 관한 이암블리코스적 견해의 진정한 선구자로 여겨진다.

69. 이러한 해석에 찬동하는 논증에 대해서는 Sorabji, *Matter, Space, and Motion*, 206 참조.

70. 다마스키오스의 말. Simplicius, *In Aristotelis physicorum libros quattuor priores commentaria*에서 인용. 영역은 Sorabji, *Matter, Space, and Motion*, 206.

71. 측정의 다른 여러 가지 의미에 대해서는 Martin Heidegger, "On the Nature of Language," *On the Way to Language*, trans. P. D. Hertz (New York: Harper & Row, 1971), 102 참조.

72. Sorabji, *Matter, Space, and Motion*, 206. 소라브지는 또한 "측정의 도구가 아니라 측정의 이상적 단위인 한 장소는 심지어 비연장적이기도 하다"(ibid., 110)고 지적한다.

73. Simplicius, *Corollaries on Place and Time*, 69.

74. Simplicius, *In Aristotelis physicorum libros quattuor priores commentaria*에서 상술(詳述)한 프로클로스의 말. 영역은 Sambursky, *The Concept of Place in Late Neoplatonism*, 67. "운동하는 물체 속에 있는 비질료적인 물체"란 천체들을 가리킨다. 우주의 장소가 갖는 물체적 성질에 관한 프로클로스의 결정타와도 같은 논증은 다음과 같다. 즉 만일 실제로 장소가 장소 안에 있는 것과 외연(연장)이 정확히 같다면, 장소와 장소 안에 있는 것 간에는 **동일한 종류의 사물**—이 경우에는 물체적 사물—의 두 양(量)에 동등성이 있어야 한다. 이 점에 대해서는 Sorabji, *Matter, Space, and Motion*, 118 참조.

75. Sorabji, *Matter, Space, and Motion*, 109. Simplicius, *In Aristotelis physicorum libros quattuor priores commentaria*, 615, 634 참조. 여기서는 '세계영혼'의 두 첫 글자를 대문자로 표기했다(국역본에서는 작은따옴표로 표기한다—옮긴이).

76. Simplicius, *In Aristotelis physicorum libros quattuor priores commentaria*에서 인용한 프로클로스의 말. 영역은 Sorabji, *Matter, Space, and Motion*, 115. 소라브지의 지적에 의하면 embibazein이라는 동사는 플라톤에 의해 영혼이 운반체에 쑥 넣어지는 방식을 표현하기 위해 사용되었다. 프로클로스는 이렇게 덧붙인다. "사람들은 이 우주가 전체로서는 움직이지 않음을, 그래서 우주가 그 장소를 모방할 수 있다는 것을 이해하게 될 것이다. 반대로 우주는 그 부분들에 대해서는 운동하고 있으며, 그래서 이런 식으로 우주는 장소보다 열등할 것이다"(ibid.). 뒤앙은 "최고천보다 위에 있는 빛"으로서 천상의 영역은 모든 것을 둘러싸는 에테르라는 근대적 관념을 선취한다고 주장한다. Pierre Duhem, *Le système du monde*

(Paris: Hermann, 1913), I: 341-342 참조.

77. *In Aristotelis physicorum libros quattuor priores commentaria*에서 인용한 프로클로스의 말. 영역은 Sambursky, *The Concept of Place in Late Neoplatonism*, 69. 여기서 "형태(shape)"란 "틀(mold)"과 동등한 것으로, 다마스키오스와 프로클로스가 유니버스의 궁극적 장소를 틀 같은 것으로 생각한다는 데 주목하라.

78. Sorabji, *Matter, Space, and Motion*, 109-110.

79. Simplicius, *In Aristotelis physicorum libros quattuor priores commentaria*에서 인용한 프로클로스의 말. 영역은 Sambursky, *The Concept of Place in Late Neoplatonism*, 67. 상호 침투 문제가 걸릴 때에도 동일한 대비를 할 수 있다. "프로클로스가 상호 침투에 대해 설명할 때 그 근저에는 분할 불가능성에 대한 호소가 깔려 있다. 장소 혹은 공간은 장벽에 의해 분할될 수 없기 때문에, 그것은 이를 통해 곧장 나아간다. 이러한 생각 이상으로, 초기〔원자론자들의〕개념—물체들의 상호 침투는 그 물체들의 무한 분할에 의해 가능하다—과 대비할 수 있는 경우는 달리 없을 것이다"(Sorabji, *Matter, Space, and Motion*, 117).

80. Simplicius, *In Aristotelis physicorum libros quattuor priores commentaria*에서 인용한 프로클로스의 말. 영역은 Sambursky, *The Concept of Place in Late Neoplatonism*, 69. 여기서 희랍어는 "세계들의 정상, 신성한 정점에 있는 빛"을 시사한다(ibid., 68 n 5). 베르그송은 근대 초기의 관념과 대조하면서 장소의 질적 측면의 중요성—심지어 아리스토텔레스에게도 있는—을 지적한다. "한계 없는 텅 빈 공간과 달리〔아리스토텔레스가 기술하는〕장소는 그 크기에 의해 한계 지어질 뿐만 아니라, 그 성질에 의해서도 규정된다"("L'Idée de Lieu chez Aristote," *Les Études Bergsoniennes* (1949) 2:100].

81. Sorabji, *Matter, Space, and Motion*, 112쪽에서 번역·인용한 시리아누스의 말.

82. Philoponus, *Corollaries on Place and Void*. 영역은 David Furley (London: Duckworth, 1991), 28.

83. Ibid., 39, 강조는 인용자. 나는 여기서 chōra를 (펄리가 선호하는) "공간" 대신 "여지"로 번역했다.

84. 이로부터 다음과 같은 결론이 나온다. "만일 질료 없는 물체적 연장에 대해 생각한다면, 그것은 더 이상 장소 안에 있는 것이 아니다"(Philoponus, *Corollaries*, 66). 물체와 장소 간의 긴밀한 연계성은 다음과 같은 추가 진술에 의해 더욱 강화된다. "물체는 물체로서 장소 안에 있다. 그리고 물체는 3차원이며, 그래서 세 차원에

서 장소 안에 있다. 하지만 그 경우 물체의 장소가 그 자체로 3차원인 것을 자신의 세 차원 안에 수용하기 위해서는 그 장소를 세 방향으로 연장한 것이어야만 한다"(ibid., 66-67). 이런 식으로 이해한 물체적 연장과 데카르트적 연장(extensio)이 유사하다는 점은 인상적이다.

85. "물론 나는 이러한 연장에 늘 물체가 없다거나 늘 없을 수 있다고 말하려는 건 아니다. 전혀 그렇지 않다. 내가 주장하는 것은 그것이 그 안에서 존재하는 물체들과는 다른 무엇이며, 비록 물체가 결여되는 일은 결코 없지만 그 자체의 정의상 텅 비어 있다는 점이다"(ibid., 29-30). 더 간결하게는 "공허는 물체로부터 분리해서는 결코 존재할 수 없다"(p. 41). 공간적 연장의 사실상/원리상 점유에 관한 데이비드 세들리의 탁월한 논의에 대해서는 Sedley "Philoponus's Conception of Space," *Philoponus and the Rejection of Aristotelian Science*, ed. R. Sorabji (London: Duckworth, 1987), 140-153 참조.

86. "또한 하나의 연장으로서 물체가 또 하나의 다른 연장 내에 있는 일도 없을 것이다. 오히려 물체적 연장으로서 그것은 공간적 연장 내에 있을 것이다"(Philoponus, *Corollaries*, 66). 참고로 지금 인용문에서 나는 필리의 "장소-연장(place-extension)"이라는 어색한 용어 대신 "공간적 연장"이라는 용어를 사용했다. 이는 세들리도, 샘버스키도 사용하는 용어다. 물론 필리의 용어는 희랍어 diastēma topikos를 문자 그대로 번역한 것이다. 그러나 여기서 문제 되고 있는 장소의 종류는 어떤 물체를 둘러싸고 있는 특정 장소—즉 엄밀한 의미의 물체적 연장(diastēma sōmaton)—가 아니라 이미 무한 공간으로 향하고 있는 한층 여지가 큰(roomier) 장소다.

87. Philoponus, *Corollaries*, 23, 65.

88. Ibid., 29. 이 구절은 "그 자신의 정의상 물체가 결여되어 있다"(p. 28)는 구절과 등가다. 필로포노스는 ibid., 16-17쪽에서 장소를 물체로 보는 개념에 대해 명백한 반론을 제기한다. 즉 만일 그것이 물체라고 한다면, 그 경우 다른 물체는 그것을 점유할 수 없게 된다. 그리고 만약 (사실상은 불가능하지만) 어떤 물질이 그것을 점유할 **수 있다**면 그것은 분할될 것이다—그런데 이는 순수한 공간적 연장은 분할 불가능하다는 그 본성에 반한다.

89. Ibid., 39, 28.

90. Sedley, "Philoponus's Conception of Space," 141. 강조는 원문. "공간"은 여기서 "공간적 연장"과 등가다. 세들리가 표명하는 견해에 따르면, 비록 필로포노스에게

는 어떠한 현실적 공허도 존재하지 않지만, 진공이라는 실제 위협, 즉 "진공의 힘"
이 있어 이 철학자로 하여금 그것을 진지하게 숙고하며 그것을 위해 적어도 중요
한 **개념적** 여지를 마련하게끔 만든다. 아니, 실은 그 이상이다. 우리는 진공이 실제
적으로 존재할 가능성을 숙고해보지 않고서는 공간을 충분히 파악할 수 없다. "공
간은 존재론적으로는 진공에 앞서지만, 이해의 순서에서는 그렇지 않다. 공간 개
념에 도달하는 가장 유효한 방법은 진공 개념을 **통하는** 것이다"(ibid., 151, 강조는
원문).

91. Philoponus, *Corollaries*, 23. 핵심만 더 간결하게 표현하면 이렇다. "물체는 표면
과 일치하지 않는다"(p. 72). 이와 관련한 논증은 운동은 면만 있는 곳에서는 불가
능하다는 것이다. Ibid., 27 참조. 세 차원을 가진다고 해서 반드시 물체**인** 것은 아
니라 해도, 장소 안에 있는 물체라면 그 어떠한 것도 반드시 세 차원으로 이루어진
(tri-dimensional) 연장 내에 존재해야만 한다(이 마지막 논점에 대해서는 21쪽 및
66-67쪽 참조).

92. 이러한 4원(fourfold) 요건의 충족에 대해서는 ibid., 39 참조.

93. Ibid., 30.

94. 이 문장의 두 인용 부분은 모두 ibid., 45쪽에서 취했다. "실효적 경계"의 "경계"는
peras를 번역한 것이다.

95. "왜냐하면 그것은 여러 물체의 장소로 존재하는 것이므로, 우주의 여러 물체에 의
해 점유될 수 있는 바로 그 만큼〔만〕 존재하지만, 그것은 이러한 물체들의 경계와
연장에 있어 동등하다(coterminous)"(ibid., 45). 달리 말하면 "물체의 가장 바깥쪽
표면"—즉 전체 우주의 표면—은 "공허의 〔안쪽〕 경계와 일치한다"고 상상할 수 있
다(ibid., 46). 그러나 이 우주의 바깥쪽 표면이 공허의 안쪽 표면과 일치한다고 상
상할 수 있는 것만으로는, 그러한 일치가 있다고 가정해야 한다는 걸 증명하지는
못한다. 이러한 일치 자체가 신앙의 한 조목이 아닐까, 그리고 그 조목을 지지하려
다 보니 필로포노스가 실제로 그러하다고—그는 이런 상황이 우연적인 것임을 인
정한다—상상하는 것과 **실제로 그러하다고 가정해야 하는 것**을 혼동하도록 내몰린 것
은 아닐까 의심해볼 수 있다.

96. 필로포노스의 논증에 그다지 설득력이 없는 것은 그것이 아리스토텔레스의 기준으
로 은근슬쩍 물러나 있기 때문만이 아니라, 그의 논증이 무한수(infinite number)
가 아니라 무한정수(indefinite number)의 물체에 대해서만 적용하는 것으로 여겨
지기 때문이기도 하다. 예컨대 거대한 바위 더미가 가령 히말라야 산맥에 돌출해

있다고 할 때, 우리는 그 바위 더미 주변의 경계를 상상할 수 있지만 **실무한**(actual infinity) **개의** 바위들에 대해서도 그러한 경계를 상상할 수 있을까? 이러한 반대에 대해 필로포노스가 실제로 대응할 수 있는 것은 만일 우리가 이렇게 제한된 사고 실험에 성공했을 경우, 더 결정적인 실험에 성공한다면 **그때의 상(相)은 어떤 것이 될지**, 유비적인 확장을 통해 알 수 있게 될지도 모른다고 말하는 것뿐이다. (이런 논의에 대해 나는 재닛 갸초로부터 많은 것을 배웠다.) 내가 본문에서 필로포노스의 신학적 동기에 대해 언급한 것은 "그가 기독교적 관점에서 우주(universe)의 역사에 있어 무한한 과거를 불허한다는 점을 생각해볼 때" 그가 "그러한 무한을 쉽사리 허용할 수 없다"고 생각하기 때문이다(Sorabji, *Matter, Space, and Motion*, 141). 그리고 필로포노스의 자연학에 대단히 명백하게 드러나는 진공에 대한 공포 또한 필로포노스가 무한을 거부한 또 하나의 동기였을 수 있다(이 점에 대해서는 Sedley, "Philoponus's Conception of Space," 143ff. 참조).

97. Philoponus, *Corollaries*, 29.

98. Ibid., 44. 이 진술은 아리스토텔레스의 "모종의 힘을 가진"이라는 정식(定式)을 활용한 것으로, 아리스토텔레스적인 자연적 장소에 대한 비판 속에 포함되는데, 이러한 비판에는 기독교 신학에 숨겨진 이면의 동기 또한 있는 것으로 보인다. "이리하여 가벼운 사물들은 위로 향하는데, 그것은 단순히 포함자의 표면에 접하길 바라기 때문이 아니라, 오히려 '창조자'가 그들에게 할당해준 위치를 욕망하기 때문이다. 왜냐하면 그렇게 해야 그 사물들은 자신의 존재성을 가장 충분히 얻고, 또 그렇게 해야 자신의 완벽함을 성취하기 때문이다"(ibid., 44). 필로포노스가 장소의 힘을 부정한 것에 대해서는 Sorabji, *Matter, Space, and Motion*, 211 참조.

99. 이암블리코스와 그의 추종자들은 "장소는 장소 안에 있는 물체보다 우월한 지위를 갖고, 따라서 둘러싸인 물체에 대해 어떤 일정한 힘을 행사한다"는 견해를 갖고 있었는데, 필로포노스는 그런 사고방식을 명백히 거부한다"(Sambursky, *The Concept of Place in Late Neoplatonism*, 224 n 10). 왜냐하면 물체가 이제 다시 한 번 주도권을 잡기 때문이다—아리스토텔레스에게서 그러했듯! 필로포노스는 이렇게 말한다. "따라서 물체를 그 자신의 고유한 장소로 움직이게 하는 힘을 갖고 있는 것은 장소가 아니다. **그 물체들이야말로 그들 자신의 위치를 유지하려는 욕망을 갖고 있는 것이다**"(*Corollaries*, 44, 강조는 인용자).

100. 필로포노스의 유산은 르네상스라는 뒤늦은 시기에, 그러나 상당히 중요하게 받아들여졌다. 이 점에 대해서는 Charles B. Schmitt, "Philoponus's Commentary

on Aristotle's *Physics* in the Sixteenth Century," Sorabji, *Philoponus and the Rejection of Aristotelian Science,* 210-229 참조. 필로포노스의 영향은 헨리 모어를 통해 심지어 뉴턴 자신에게까지 미쳤는지도 모른다.

101. Philoponus, *Corollaries,* 44.

102. Simplicius, *Corollaries on Place and Time,* 72쪽에서 인용한 테오프라스토스의 말. 이러한 견해는 테오프라스토스가 하나의 거대한 유기체로 이해했던 코스모스 전체에 적용된다. 필로포노스가 테오프라스토스에 대해 동의하는 것은 자연의 장소에 대해서뿐이라는 사실에는 변함이 없다. 비자연적 장소, 즉 지적 장소가 문제될 경우, 질서와 위치는 그리 중요하지 않다. 이 점에 대해서는 Sorabji, *Matter, Space, and Motion,* 211 참조.

103. "테오프라스토스의 진정한 지지자"로서 필로포노스에 대해서는 Sorabji, *Matter, Space, and Motion,* 211-213 참조.

104. Simplicius, *Corollaries on Place and Time,* 52쪽에서 인용한 다마스키오스의 말.

105. Simplicius, *Corollaries on Place and Time,* 79쪽에서 인용.

106. Simplicius, *Corollaries on Place and Time,* 73.

107. ibid., 73.

108. Simplicius, *Corollaries on Place and Time,* 36-37쪽의 인용에서.

109. Simplicius: "물체들과 함께 존재하는 장소는 또한 물체들과 함께 연장되어 있다"(ibid., 66).

110. Simplicius, *Corollaries on Place and Time,* 68. 심플리키오스는 또 이렇게 말한다. "장소는 장소 내 대상에 관여해 들어감으로써 연장되어 있는데, 이는 정확히 장소 내 대상이 장소라는 수단에 의해 측정되고 소재를 부여받는 것과 마찬가지다"(p. 67). 그리고 "장소는 연장이 위치를 부여받기 위한 측정기로서 미리 요청된다"(ibid., 66).

111. Ibid., 69.

112. Ibid., 66.

113. 이러한 3중의 구별에 대해서는 ibid., 70-71 참조. 개별적 장소(idios topos)란 앞서 언급한 "본질적인 장소"다. 이 개별적 장소와 직접적인 장소는 모두 연장되어 있는 어떤 특정 사물에 고착해 있고, 그래서 그 사물이 사라지면 두 장소 또한 사라진다. 공통의 장소―"광대하다고 생각되는 공통의 장소"(p. 58)―란 어떤 하나의 연장된 물체의 다양한 위치가 잇달아 차지하는 무대(arena)다. 이런 구별에 관

한 논의에 대해서는 Sorabji, *Matter, Space, and Motion,* 209-210 참조.

114. Simplicius, *Corollaries on Place and Time,* 61.

115. Ibid., 61. 이런 결론은 "좋은 배열"의 문제가 가장 중요한 음악에 있어 하모니에 대한 분석 후 얻을 수 있다.

116. "초월적 측정기는 …… 능력의 우월함과 존재의 통일성에 의해 측정 대상을 훨씬 능가한다"(ibid., 65). 또한 70쪽도 참조. 장소는 "물체가 물체적으로(corporeally) 포함하는 장소와 관련한 모든 것을 둘러싸는 어떤 초월적 특성을 갖는다".

117. Ibid., 64.

118. Ibid., 61.

119. Aristotle, *De Caelo* 279a12-13. 소라브지가 주석한 대로, 아리스토텔레스는 일단 "장소가 3차원 연장이라는 명백한 견해를 거절한다. 이후 그에게 남은 선택지는 사물의 장소란 그것을 자연물리적으로 둘러싸고 있는 것의 안쪽 표면이라는 사고방식뿐이다. 이렇게 되면 장소는 우주 외적일 수 없고, 무한할 수도 없게 된다. 왜냐하면 이런 의미에서 우주의 장소 또는 우주의 바깥쪽은 있을 수 없는데, 이런 코스모스에는 그것을 자연물리적으로 둘러싸는 어떠한 것도 없기 때문이다. 아울러 둘러싸는 표면 또한 유한한 직경 이상의 것을 가질 수 없다"(Sorabji, *Matter, Space, and Motion,* 138-139).

120. Hahm, *The Origins of Stoic Cosmology,* 106.

121. Ibid., 107.

122. 에우데모스(Eudemus)가 보고한 이 내용은 Simplicius, *In Aristotelis physicorum libros quattuor priores commentaria*에서 언급한 것을 인용. 영역은 Sorabji, *Matter, Space, and Motion,* 125. 나는 "봉(棒)"을 "지팡이"로 바꾸었다. 이와 동일한 버전의 다른 질문—고대 및 중세 세계에 상당한 유산으로 작용한 질문—은 Sorabji, 126; Hahm, *The Origins of Stoic Cosmology,* 106쪽에 인용되어 있다.

123. Alexander of Aphrodisias, *Quaestiones* 3. 12. 영역은 Sorabji, *Matter, Space, and Motion,* 126. 어쩌면 알렉산드로스는 헬레니즘 세계에서 유한한 유니버스에 관해 아리스토텔레스를 가장 수호한 인물이었다고 할 수 있는데, 그 또한 한계 지어진 코스모스로부터 그 너머의 한계 지어지지 **않은** 어떤 것으로 추론해나갈 수는 없다고 주장한다. Sorabji, *Matter, Space, and Motion,* 136-137. 본문에 인용한 진술에서 알렉산드로스는 사람이 단지 팔을 뻗음으로써, 바로 그 행위를 통해 우리가 하나의 공간을 창출할 가능성을 간과하고 있다. 이와 관련해 14세기에

쓴 장 뷔리당의 저작 《자연학에 관한 문제들(Questions on the Physics)》을 보면 그의 요점은 이러하다. "당신이 당신의 팔을 이 〔가장 바깥쪽〕 영역으로 내뻗기 전에는 거기에 아무것도 없을 것이다. 하지만 팔을 뻗은 후에는 하나의 공간이, 즉 당신의 팔의 차원이 거기에 있게 될 것이다"〔Edward Grant, *Much Ado About Nothing: Theories of Space and Vacuum from the Middle Ages to the Scientific Revolution* (Cambridge: Cambridge University Press, 1981), 15쪽에 인용되어 있음〕. 뷔리당의 전제는 "공간이란 물체의 차원 이외에 아무것도 아니며, 또한 사람의 공간이란 그 사람의 신체의 차원〔이다〕"(ibid.에서 인용)라는 것이다. 단, 주의해야 할 것은 뷔리당의 분석에서 공간은 그 끝에 고독한 인물이 있고 그 인물 바깥쪽에 분리되어 있는 공허한 공간이 아니라는 점이다. 그 공간은 철저하게 그 인물의 팔에 내적인 공간―즉 그 팔 바깥쪽의 연장(dimension, 윤곽)이나 형태에 의해 한계 지어지는 공간―이다.

124. 아리스토텔레스의 《천체론》에 대한 심플리키오스의 주해에서 인용. 출처는 Sorabji, *Matter, Space, and Motion,* 127. "텅 비어 있는 것이든 입체든 무언가"라는 구절은 원문 중 "바깥쪽에 있는 것은 물체이거나 장소일 것이다"라는 구절에 해당한다.

05 무한 공간의 상승: 중세 및 르네상스의 사색

1. 뒤앙이 지적하듯 "아리스토텔레스에게는 무한한 크기라는 게 현실적으로 존재하지 않는데, 왜냐하면 유니버스 자체가 한계 지어져 있기 때문이다. 그것은 가능적으로도 존재할 수 없다. 양적으로 아무리 커다란 것이 현실화한다 해도, 거기에는 도저히 넘을 수 없는 한계가 있을 것이다. 왜냐하면 어떠한 양도 세계의 경계들을 초과할 수는 없기 때문이다"〔Pierre Duhem, *Medieval Cosmology: Theories of Infinity, Place, Time, Void, and the Plurality of Worlds,* ed. and trans. R. Ariew (Chicago: University of Chicago Press, 1985), 73〕. 유니버스에 있어 질료가 넘을 수 없는 엄밀한 한계에 대해서는 77쪽 참조. 뒤앙의 텍스트는 1부 전체―Duhem, *Le système du monde* (1956) 7권에 수록되어 있다―를 할애해 무한히 큰 것과 무한히 작은 것에 대한 문제를 다룬다.

2. Aristotle, *Physics* 212b8-9. 또한 212b15도 참조. "윗 부분은 원을 그리며 운동하지만, 〔이 부분의, 즉 바깥 영역의〕 전체는 어디에도 없다."

3. Duhem, *Medieval Cosmology,* 146쪽에서 인용한 베이컨의 13세기 중반 저작

*Questiones supra librum Phisicorum a magistro dicto*에서.

4. Duhem, Medieval Cosmology, 154쪽에서 인용한 Aquinas, *In libros Physicorum Aristotelis expositio*, book 4, lectio 7에서.

5. Duhem, *Medieval Cosmology*, 154쪽에서 인용한 Aquinas, *In libros Physicorum Aristotelis expositio*, book 4, lectio 7에서. 그러나 아퀴나스는 지구가 실제로는 코스모스의 부동의 중심이라는 견해를 고수한다. "중심에 있어 본성적으로 부동인 것은 바로 지구다"(p. 153).

6. Duhem, *Medieval Cosmology*, 155쪽에 인용한 Aquinas, *In libros Physicorum Aristotelis expositio,* book 4, lectio 6에서. 강조는 필자 케이시. 뒤앙은 아퀴나스가 로버트 그로스테스트에 의한 "질료적" 장소와 "형상적" 장소의 구별에 의거하고 있다고 주장한다. "장소는 질료적으로는 이동 가능하지만 형상적으로는 부동이다"(Duhem, *Medieval Cosmology*, 155쪽에서 인용한 Robert Grosseteste, *Super octo libris Physicorum Aristotelis brevis et utilitis summa*, bk. 4에서).

7. Duhem, *Medieval Cosmology*, 161쪽에서 인용한 Giles, *In libros de Physico auditu Aristotelis commentaria accuratissime emendata*, bk. 4, lectio 7에서. 질레스의 전제는 "유니버스 자체의 위치는 절대적으로 부동"(ibid.)이라는 것이다.

8. "지구의 모든 부분이 중심으로 향하는 경향을 갖는 것은 바로 천구의 운동 때문이다"(Duhem, *Medieval Cosmology,* 195쪽에서 인용한 Jean de Jandun, *Questiones de motibus animalium*에서).

9. 이것은 뒤앙이 스코터스의 견해를 요약한 것이다. Duhem, *Medieval Cosmology*, 186.

10. 아퀴나스는 또한 **만일 실무한**의 크기가 원리적으로 가능하다면—실은 이런 경우에만—신은 그러한 크기를 창조할 수 있다고 주장했다. 이러한 원리적(in-principle) 가능성(이는 신이 **실제로는** 그러한 크기를 창조하지 않는다는 아퀴나스의 확신과 양립 불가능한 것도 아니다)에 대해서는 Duhem, *Medieval Cosmology,* 12, 14-15 참조. 당시 지성계의 정치학이라는 더 커다란 배경에 대해서는 Gordon Leff, *The Dissolution of the Medieval Outlook* (New York: Harper & Row, 1976) 참조. 〔방금 제시한 마지막 참고문헌에 대해 그리고 특히 이번 장의 원래 초고(草稿)를 면밀히 읽어준 데 대해 리 밀러(Lee Miller)에게 감사한다.〕

11. "그 방대한 문헌들이 12세기 후반 및 13세기 초에 서구 라틴 사회에서 이용 가능해지면서 장소와 공간에 대한 여러 이슈 및 의견의 보고로 기능하게 되었고, 이는 이

후 거의 4세기 동안에 걸친 논의와 논쟁을 촉발했다"(Edward Grant, "Place and Space in Medieval Physical Thought," in *Motion and Time, Space and Matter: Interrelations in the History of Philosophy and Science*, ed. P. K. Machamer and R. G. Turnbull (Columbus: Ohio State University Press, 1976), 137). 주목해야 할 사실은 아리스토텔레스의 《자연학》에 대한 필로포노스와 심플리키오스의 주해(비록 16세기까지 라틴어로 완역하지는 못했지만)가 아베로에스의 몇몇 텍스트에 번안되어 있었다는 점이다. 더욱이 필로포노스는 아벰파케에게 중요한 영향을 끼쳤는데, 이 아벰파케의 저작이 아베로에스에게 결정적 역할을 했다.

12. 전문은 다음과 같다. "만일 근대 과학이 탄생한 날짜를 지정해야 한다면, 우리는 한 치의 의심도 없이 1277년을 꼽을 것이다. 그해 파리 주교는 복수의 세계가 존재할 수 있음을, 또한 여러 천구들 전체가 직선 운동에 의해 움직일 수 있고 거기에는 하등의 모순이 없음을 엄숙히 선언했다"(Duhem, *Études sur Léonarde de Vinci* (Paris: Herma, 1906-1913), II: 412). 그러나 뒤앙은 다음과 같은 경고 또한 잊지 않았다. "소요학파의 자연학이 붕괴한 것은 돌발적인 사태가 아니었다. 즉 근대 물리학의 구축은 아무것도 서 있지 않은 텅 빈 지대에서 성취한 것이 아니었다. 전자로부터 후자로의 이행은 부분적인 변혁이 장기간에 걸쳐 계속 이어짐으로써 이뤄졌고, 각각의 변혁 과정은 전체를 바꾸지 않고 구축물 일부에 손을 대거나 좀더 확장하려고 했을 뿐이다"(Duhem, *Medieval Cosmology*, 3). 1277년의 단죄가 그 이행의 시발점으로 의의를 갖는다는 뒤앙의 주장은 이후 논의의 여지가 있다는 사실이 밝혀졌다. 뒤앙의 주장을 철저히 부정한 학자는 알렉상드르 코이레였다(Koyré, "La vide et l'espace infini au XIV siécle," *Archives d'histoire doctrinale et littéraire du moyen age* 24 (1949): 51 참조). 에드워드 그랜트는 저서 *Physical Science in the Middle Ages* (Cambridge: Cambridge University Press, 1971) 5장에서 (뒤앙과 코이레의—옮긴이) 중간 입장을 취한다. 최근의 평가에 대해서는 David Lindberg, *The Beginnings of Western Science* (Chicago: University of Chicago Press, 1992) 10, 11, 12장 참조. 린드버그(p. 365)와 레프 (Leff, *The Dissolution of the Medieval Outlook*, 117)가 강조하는 바에 따르면, 현대의 물리학 발전은 신학에서의 논쟁과 대체로 독립적으로 진행되는데, 역시나 공간의 무한성 쪽을 가리켜 보인다고 한다. 예를 들면 로버트 그로스테스트(1170-1253)의 연구에서 영감을 얻은 머튼(Merton)학파가 그러하다.

13. "Quod prima causa non posset plures mundos facere." 영역은 Edward Grant,

Source Book in Medieval Science (Cambridge, Mass: Harvard University Press, 1974), 48쪽에서 인용.

14. A. D. Menut and A. J. Denomy, eds., *Nicole Oresme: Le Livre du ciel et du monde* (Madion: University of Wisconsin Press, 1968), 172-174쪽에서 인용.

15. Ibid., 179. 유죄 선고 이후, 복수의 세계라는 테제를 명확히 지지한 다른 사상가들로는 13세기 말 미들턴의 리처드, 14세기 오컴의 윌리엄을 들 수 있다. 이에 대한 좀더 상세한 논의로는 Edward Grant, "The Condemnation of 1277, God's Absolute Power, and Physical Thought in the Late Middle Ages," *Viator* 10 (1979): 220ff. 참조. 아퀴나스조차 유죄 선고 이전에는 신이 만일 원하기만 했다면 다른 세계들을 창조할 수 있었다고 인정했는데, 그렇게 하지 않은 것은 다만 그렇게 하는 것이 경제적이지도 않고 또 최선도 아니었기 때문이라고 말한 바 있다. 또한 아퀴나스는 순전히 가능성—그는 이러한 가능성을 신의 의지보다도 오히려 우연성에 결부 짓기를 좋아했다—만을 가지고 그로부터 무한 공간에 대한 어떤 함축을 끌어내려 하지도 않았다. 《신학대전》 I권 1부 질문 47, 3항 참조.

16. "Quod Deus non posit movere celum motu recto. Et ratio est, quia tunc relinqueret vacuum." 영역은 Grant, *Source Book,* 48쪽에 실려 있는 대목에서 인용. 이 대목에서 그랜트는 celum이 단지 "여러 천구들"이 아니라 "세계"를 의미한다고 주장한다.

17. Oresme, *Le Livre du ciel et du monde*, 370. 영역은 Grant, *Source Book*, 553 n 25에 따랐다.

18. Clark, *Third Reply to Leibniz* (1716)에서. *The Leibniz-Clarke Correspondence,* ed. H. G. Alexander (New York: Philosophical Library, 1956), 32쪽에서 인용, 강조는 인용자.

19. "공간적 연장"이라는 용어에는 이 코스모스 내에 (뉴턴의 용어로 말하자면) "절대적 장소"가 존재한다는 함의가 들어 있다. 그랜트가 지적하듯 "물통(pitcher) 내부를 잇달아 점유하는 것들(예컨대 공기나 물 같은 것)의 장소는 3차원이고 비물체적인 공허로서 그것은 어떤 절대적이고 3차원인 공허한 공간의 일부에 불과하다. 이러한 공간은 전체 코스모스를 포함할 뿐만 아니라, 그것과 외연이 같다. ……필로포노스의 코스모스에서 물체는 절대적으로 부동이며 3차원인 공허한 공간 안에서 운동한다"(*Much Ado About Nothing*, 20). 필로포노스는 이 비물체적인 공허가 코스모스—그 자체로 확고하게 유한한 것—와 연장을 같이하도록 만듦으로써 그

러한 공허가 한계 지어진 것임을 보증한다.

20. 로버트 홀코트에 대해서는 Grant, "The Condemnation of 1277," 224, 미들턴의 리처드에 대해서는 Duhem, *Medieval Cosmology*, 182ff. 참조.

21. Menut and Denomy, *Nicole Oresme,* 178, 강조는 인용자.

22. 이것은 그랜트가 "The Condemnation of 1277," 215쪽에서 부연한 말이다. 뷔리당 자신의 동요에 대해서는 128쪽 참조, 강조는 인용자. 그랜트의 지적에 의하면 "아리스토텔레스의 자연철학 원리와 반대로, 신은 만일 원하기만 했다면 우리의 세계와 다른 세계들을 창조할 수 있었고, 우리의 세계를 직선적으로 이동시킬 수도 있었고, 주체 없이 사건을 창조할 수 있었으며, 그 밖에 일반적으로 받아들여지고 있는 원리들에 반하는 다른 어떤 일도 행할 수 있었다. 하지만 이런 식으로 일단 타협이 이루어지자, 자발적으로든 파문당할 수도 있다는 위협 아래서든 모든 이들이 자유롭게 전통적 의견을 고수할 수 있었으며, 실제로 그렇게 하는 것이 일반적이었다"(p. 216).

23. Grant, *Source Book,* 46. 그랜트는 이렇게 덧붙인다. "따라서 하나 이상의 세계가 존재하거나 진공이 존재하는 것은 자연적으로는 불가능하지만 신이 그러하기를 바란다면 어떤 결과도 성취할 수 있었다"(ibid.). 이 논쟁에 참가한 사람 중에는 작센의 알베르트와 장 뷔리당이 있었는데, 두 사람은 공히 비록 신은 모든 걸 소멸시켜 하늘을 텅 비게 하고, 그리하여 진공을 창조할 수 있었다 해도 "진공은 어디에도 없다"(뷔리당)고 주장했다. 진공 문제는 갈릴레오를 계속 괴롭혔다. 그는 자신보다 시기적으로 앞선 잉헨의 마르실리우스(Marsilius of Inghen)나 오트르쿠르의 니콜라와 거의 동일한 방식으로 미세한 틈새 진공을 주장했다. 파스칼은 "자연은 진공을 회피하기 위해 아무런 일도 하지 않는다"는 것을 증명함으로써 최후의 일격을 가했다고 평가받을 수 있다―물론 이것은 예전에는 자연이 진공을 혐오한다는 가정으로 귀착되었던 자연 현상(즉 표면이 서로 붙어 있는 대리석판 2개를 떼어내기는 곤란하다는 현상)을 공기압에 의해 설명한다는 가정 아래 그러하다. 몇 세기 동안 지속된 이 논쟁에 대해서는 Grant, Source Book, 324-332쪽에 상세히 기록되어 있다. D. Mahnke, *Unendliche Sphäre und Allmittelkpunkt* (Halle: Niemeyer, 1937)도 참조.

24. Menut and Denomy, *Nicole Oresme,* 179, 강조는 인용자.

25. Ibid., 279. 오렘은 이렇게 덧붙인다. "그렇기 때문에 우리가 신은 늘 모든 곳에 존재한다고 하는 것이다"(ibid.). 신은 공간은 물론 **장소** 안에도 존재하는데, 이는 연

역이라는 더욱 강력한 방법에 의해 지지를 받는다. 즉 만일 신이 공간의 모든 곳에 존재한다면, 신은 그러한 공간에 속하는 장소들 안에도 역시 존재해야만 한다.

26. Ibid. 오렘에게 있어 무한 공간 자체가 궁극적으로 차원적인지 여부는 여전히 의문으로 남아 있다. 물론 상상의 차원에서는 확실히 차원적이라고 할 수 있다. 하지만 이 공간이 신이 깃들 곳으로서 실제적인 곳이라고 할 때, 그것은 과연 연장되어 있는 것일까? 그랜트는 그렇지 않다고 생각한다(그는 *Source Book*, 553 n 26에서 그것을 "초월적이고 비차원적"이라고 일컫는다). 하지만 나는 문제를 확실히 해결한 것과는 거리가 멀다고 생각한다. 왜냐하면 우리는 신에게는 자기한테 고유한 종류의 차원성이 동반된다고 가정할 수 있기 때문이다. 그 차원성이 가설적인 것이든 사변적인 것이든 말이다. 예를 들어 수아레스(대략 1548-1618)의 견해가 바로 그러하다. 그는 이렇게 썼다. "우리는 신적 실체의 배치와 광대무변함을 어떤 연장을 동원하지 않고서는, 필연적으로 우리가 물체와의 관계에 의해 설명하는 그것을 동원하지 않고서는 결코 생각할 수 없다"(Suarez, *Disputationes Metaphysicae*, 2: 100. Grant, *Much Ado About Nothing*, 154쪽에서 인용).

27. "중세 기간 동안 신이 이 세계 바깥에 유한하거나 무한한 3차원 진공을 실제로 창조했다고 믿은 사람은 아무도 없었다"(Grant, *Much Ado About Nothing*, 121). 문제는 그리 간단하지 않았다. 그랜트는 다른 사람도 아닌 뷔리당이라는 대단한 사상가가 두 가지 입장 사이에서 동요하고 있음을 보여준다. 한 입장에서 뷔리당은 신이 "무한하고 부동인 3차원 공간"을 창조**했을 수도 있다**고 인정하지만, 다른 입장에서는 그러한 창조가 "신의 절대적 권능을 위협하고 한계"를 지을 것이라고 본다(Ibid., 128). 이리하여 뷔리당은 "14세기 스콜라학자들이 실무한의 창조 문제로 인해 어떤 딜레마에 빠져 있었는지를 확실히 드러내 보여준다"(ibid.). 창조적인 타협안을 시도한 사상가들도 있었다. 예컨대 14세기 중반에 리파의 요하네스는 유한하든 무한하든 어떠한 진공이 존재한다고 해도, 신의 광대무변함은 그런 어떠한 진공도 "테두리 속에 가둔다"는 의견을 냈다. 즉 신은 **어떠한 공허 내에도** 있을 뿐만 아니라, 어떠한 공허도 **'그' 안에** 있다는 것이다(추가적인 논의에 대해서는 ibid., 129-134 참조).

28. *Hermetica, the Ancient Greek and Latin Writings which Contain Religious or Philosophic Teachings Ascribed to Hermes Trismegistus*, ed. and trans. W. Scott (Oxford: Claredon Press, 1924), I: 318에서.

29. 영역은 Grant, *Source Book*, 556-567.

30. 그랜트의 지적에 의하면 오렘은 "실재로서 실존하는 우주 외적인 공간……"을 믿고 있었다. "그 실재성은 이성과 오성(understanding)에 의해서만 확인된다"(*Much Ado About Nothing*, 120). 이러한 인지적 실재성은 오렘에 의해 "상상에 의한" 것으로 특징지어진 무한한 공허와 양립 가능하다. 왜냐하면 감각을 통해 보고되는 그 어떤 것과 비교해도 그것은 그 지위상 상상적인 것이기 때문이다. 그러나 궁극적으로 그것은 지성의 대상—정확히 트리스메기스투스가 주장했던 대로—이다. 이와 유사하게 브래드워딘에게도 신은 "신성 이외의 어떤 것도 갖지 않는, 상상에 의한 무한 장소 안에 무소부재"(Grant, *Physical Science in the Middle Ages*, 77) 하지만 바로 이 장소—즉 무한 공간—는 신이 그 안에 편재한다는 바로 그 사실로 인해 실재적인 것이 된다.

31. Grant, *Much Ado About Nothing*, 142. 전문은 이러하다. "브래드워딘은 새로운 종류의 공허를 선언했다. 신 이외에 그 어떤 것도 결여되어 있는 공허, 그리고 신은 비연장적이므로 역시나 비연장적일 그런 공허를 선언했다. 이리하여 브래드워딘은 '영(靈)으로 충만한', 상상적이며 무한하고 공허한 공간이 실제로 실존한다고 단언했다."

32. *De Causa Dei contra Pelagium*에서. 영역은 Grant, *Source Book*, 559, 강조는 인용자. 그랜트는 다른 곳에서 이렇게 주석한다. "신은 비록 **임의의 특정 장소 안에 현전하지** 않지만, 그럼에도 불구하고 **어떤 특정 장소** 내에 현전한다."

33. Grant, *Source Book*, 559.

34. Ibid., 그랜트는 이렇게 주석했다. "명백히, 장소 B는 이 세계 바깥의, 혹은 이 세계 너머의 어떤 장소도 대표하는 것이라고 정당하게 이해할 수 있다. 그렇기 때문에 신은 어디에라도 있는 것이다"(p. 556 n 11).

35. Grant, *Much Ado About Nothing*, 142.

36. 그러나 스토아학파와 달리 크레스카스는 복수의 세계를 허용한다. H. A. Wolfson, *Crescas' Critique of Aristotle* (Cambridge, Mass.: Harvard University Press, 1929) 여기저기. 아울러 Grant, *Much Ado About Nothing*, 22f. 참조. 그랜트는 "크레스카스가 고대 희랍 이래로 서유럽에서 무한하고 공허한 3차원 공간이 존재한다는 견해를 명확히 채택한 최초의 학자였을 수 있다"(*Much Ado About Nothing*, 332 n 20)고 주장한다. 여기서 크레스카스는 "공간적" 혹은 "우주적" 연장의 3차원성을 주장했던 필로포노스에 가까워지지만 "3차원 진공은 우리의 세계를 넘어 모든 방향으로 무한히 연장되어 있다"(*Much Ado About Nothing*, 22)고

주장함으로써 한 걸음 더 앞으로 나아간다.

37. *Much Ado About Nothing*, xii. 그랜트는 이렇게 덧붙인다. "17세기에 아이작 뉴턴은 14세기의 토머스 브래드워딘과 동일한 지적 틀 안에서 움직였다."

38. Bradwardine, *De Causa Dei contra Pelagium,* in Grant, *Source Book*, 560.

39. "상상 속의 장소"라는 용어는 브래드워딘이 사용한 것이다. Ibid., 558.

40. 이것은 Grant, *Much Ado About Nothing*, 142쪽의 다음과 같은 대목에 나오는 문구다. "브래드워딘은 신으로 충만한 무한 공간이 우리 유한한 우주(cosmos)를 둘러싸고 있다고 본다. 그의 견해가 가진 신학적 본성을 염두에 둔다면, 만일 어떤 사람들이 브래드워딘 같은 사고방식을 어떤 형태로든 채택할 경우, 그들의 관심사가 공간의 기하학화나 물리학화보다는 **공간의 신격화**임을 발견한다 해도 큰 놀라움으로 다가오지는 않을 것이다."

41. Frances A. Yates, *Giordano Bruno and the Hermetic Tradition* (Chicago: University of Chicago Press, 1964), I, 강조는 인용자.

42. 실제로 코이레가 이 고전적 텍스트에서 한 **최초의** 주장은 무한 관념이 원자론자들에 의해 처음 등장했음을 인정한다. 하지만 곧바로 이 주장을 흐리는 다음과 같은 단언이 이어진다. 원자론자들은 고대 희랍 또는 중세 사상가들의 주류에서 받아들인 적이 결코 없으며, 어떻든 "우주(universe)가 무한화해가는 역사를 희랍 원자론자들의 세계관의 재발견으로 환원하는 것은 불가능하다"(*From the Closed World to the Infinite Universe* (Baltimore: Johns Hopkins University Press, 1957), 5). 이것은 확실히 올바른 지적이지만 코이레는 원자론자들과 르네상스 철학자들 사이에 놓여 있는, 무한에 대해 천착해온 방대한 중간 역사를 무시하고 있다. 잘 보이지도 않는 각주에서 코이레가 "피렌체 아카데미에서 케임브리지 플라톤주의자들에게까지 이르는, 플라톤주의 및 신플라톤주의의 부활의 역사"(p. 277)가 중요하다는 점을 인정하고는 있지만, 무한 공간 관념이 성장하는 데 대해 매우 비판적이었던 이암블리코스나 필로포노스 같은 신플라톤주의자들에 대해서는 다루지 않는다.

43. 이 텍스트는 *Beiträge zur Geschichte der Philosophie und Theologie des Mittelaters* (Münster, 1928) 시리즈 중 25권인 *Das pseudo-hermetische Buch der Meister*로서 뱀커(C. Baemker)가 편집한 것이다(Koyré, *From the Closed World to the Infinite Universe*, 279 n 19에서 인용).

44. 라틴어로 되어 있는 정식 "sphaera cuius centrum ubique, circumferentia nullibi"

를 이렇게 확대 해석한 것은 조르다노 브루노의 1584년 논문 〈원인, 원리, 일자에 대하여〉에서 볼 수 있다. 영역은 그린버그의 번역에 따랐다. S. Greenberg, *The Infinite in Giordano Bruno* (New York: King's Crown Press, 1950), 162. 기본적인 정식을 브루노 자신이 비틀자 그 내용은 결국, 중심과 주변은 식별 가능하지 **않은**―실제로 양자는 **무한성이라는** 측면 아래서 궁극적으로 동일하다―것이 된다.

45. "〔쿠사누스는〕 공간(방향)과 운동의 지각의 상대성으로부터 도출한 (끝에서 두 번째) 결론에 의거해 이렇게 주장한다. 즉 특정한 관찰자의 세계상(world-image)은 그 관찰자가 우주(universe)에서 점하고 있는 장소에 의해 규정된다. 그리고 이 장소들 중 어느 것도 절대적으로 특권적인 가치(예컨대 우주의 중심 같은 가치)를 주장할 수 없기 때문에, 우리는 나와는 다른, 그렇지만 등가적인 여러 세계상들이 가능적으로 실존한다는 것, 〔그리고〕 그 세계상들 각각은―그 말의 충분한 의미에서―상대적인 성질을 갖는다는 점을 인정해야 한다"(Koyré, *From the Closed World to the Infinite Universe,* 16쪽에 있는 쿠사누스의《학식 있는 무지에 대하여》I, ii, 2장에 대한 주석에서).

46. Bruno, *Concerning the Cause, Principle, and One,* 162. 달리 말하면 끝이나 한계라는 것이 그것 **너머에,** 혹은 그것 **바깥에** 뭔가가 있다는 걸 함의하는 한 실질적인 끝이나 한계는 없다. 그러나 그 너머에는 혹은 그 바깥에는 도대체가 아무것도 없다―아니 '너머'나 '바깥'조차 없다! 우리는 자신의 팔이나 지팡이를 **무 안으로** 뻗을 수 없을 뿐만 아니라, 그러한 뻗음을 시작해야 할 **그 끝으로**(as the edge) 지시할 수 있는 위치에까지 기어오를 수도 없다. (만일 '뻗음'이라는 것이 어떤 정해진 위치로부터 바깥으로 뻗치는 것이라는 기본적 의미를 보유한다면 그렇다는 말이다.)

47. 나는 지금 브루노의 1584년 저작 *The Expulsion of the Triumphant Beast* (Spaccio de la Bestia Trionfante)를 언급하는 것이다. 영역은 A. D. Imerti (New Brunswick: Rutgers University Press, 1964).

48. *Nicholas of Cusa on Learned Ignorance*, trans. J. Hopkins (Minneapolis: A. J. Banning, 1981), 52.

49. 쿠사누스가 교활할 정도로 잘 표현했듯 "존재(함)-의-가능성 또는 질료는 …… 현실적으로 무한에로 연장될 수 없다"(ibid., 90). 동일한 근거로 복수인 것은 그 크기에 있어 아무리 대단하더라도, 절대적인 극대자 **자체**와 실질적으로 같아지기는 불가능하다. 즉 "'절대적 유일성'은 모든 복수성으로부터 벗어나 있다"(p. 97. 91쪽도

참조).

50. Ibid., 53, 강조는 원문.

51. "아울러 그것은 있을 수 있는 것 모두이므로, 더 큰 것이 있을 수 없는 것과 정확히 마찬가지로, 그 동일한 이유로 더 작은 것도 있을 수 없다. 그런데 '극소자'는 그보다 작은 것이 있을 수 없는 것이다. 그리고 '극대자' 또한 그러하기 때문에(즉 더 작은 것을 지지할(sustain) 수 없기 때문에), '극소자'가 '극대자'와 일치하는 것은 명백하다"(ibid., 53).

52. Ibid., 53. 파악 불가능성에 대해 쿠사누스는 이렇게 말한다. "(그보다 큰 것이 있을 수 없는) 무조건적이며 절대적인 '극대자'는 우리가 파악할 수 있는 이상으로 크기 때문에(왜냐하면 그것은 '무한한 진리(Infinite Truth)'이기 때문에), 우리는 파악 불가능하다는 것 이외에는 그 어떤 방법으로도 그에 도달할 수 없다. 그것은 비교에 의해 더 클 수 있거나 더 작을 수 있는 것들의 본성에 속하지 않기 때문, 우리가 파악할 수 있는 모든 것을 초월해 있기 때문이다"(ibid.).

53. '극대자'의 유일성에 대해서는 ibid., bk. 1., chap. 5, bk. 2. chap. 3, '극대자'의 필연성에 관해서는 bk. 1, chap. 6 참조.

54. "오직 '절대적 극대자'만이 부정적으로 무한하다. ……그러나 우주는 신이 아닌 모든 사물을 둘러싸기(encompass) 때문에, 경계 지어지지 않고 또한 따라서 사적으로 무한하다고 해도, 부정적으로 무한할 수는 없다. ……왜냐하면 우주보다 현실적으로 더 큰 것, 그리고 우주가 그것과의 관계에서 경계 지어지는 것은 설정 불가능하기 때문이다"(ibid., 90).

55. Ibid., 90. 114쪽도 참조. "세계는 무한하지 않지만, 유한하다고도 생각할 수 없다. 왜냐하면 세계에는 그것을 둘러싸는 경계가 결여되어 있기 때문이다."

56. "모든 피조물은 말하자면 유한한 무한이거나 창조된 어떤 신이다"(ibid., 93).

57. Ibid., 96.

58. Ibid., 97.

59. Ibid., 97.

60. 유한한 무한 안에 신의 무한성이 축약되는 것은 쿠사누스의 다음과 같은 주장에 함의되어 있다. "신은 광대무변하므로 태양 안에도, 달 안에도 존재하지 않는다. 비록 **그들 안에** 있을지라도, 그는 절대적으로 태양이나 달의 있는 그대로의 모습인 것이다"(ibid., 97, 강조는 인용자). 물론 극대적으로 무한한 신이 유한한 사물들 **안에** 실존할 수 있다는 사실에는 역설이 놓여 있다. 쿠사누스의 답은 이러

하다. 신은 축약이라는 방식에 의해 그들 안에 있다. 사물들이 '그'[신] 안에 "접혀 있는(enfolded)" 것과 꼭 마찬가지로 '그'는 '자신'을 그 사물들 안에서 "펼친다(unfolding)". 사물들은 '그'로부터 펼쳐지는 것이다('접힘' 대 '펼쳐짐'에 대해서는 《학식 있는 무지에 대하여》 2권 6장 참조).

61. Ibid., 99. "만물은 만물 안에 있다"는 쿠사누스의 언명은 화이트헤드의 "모든 것은 모든 시간에 어느 곳에라도 있다"는 지적과 비교할 만하다(Alfred North Whitehead, *Science and the Modern World* [New York, Cambridge: Cambridge University Press, 1926], 93).

62. *On Learned Ignorance*, 98.

63. 지구가 우주의 중심에 놓여 있다(소재를 부여받고 있다)는 프톨레마이오스의 이해 방식 — 장소는 엄밀하게 장소를 부여한다는 의미를 수반하고 있다 — 에 대해서는 Liba C. Taub, *Ptolemy's Universe: The Natural Philosophical and Ethical Foundations of Ptolemy's Astronomy* (Chicago: Open Court, 1993) 참조.

64. *On Learned Ignorance*, 114. 논증의 첫 부분은 다음과 같다. "만일 [이 세계가 고정된] 중심을 갖는다면, 그것은 [고정된] 가장자리 또한 가질 것이다"(ibid.). 이 논증의 배후에 깔려 있는 것은 단지 기하학적 전제뿐만이 아니다. 궁극적인 전제는 신, 즉 "절대적 극대자" 안에서 "이 세계의 중심은 가장자리와 일치한다"(ibid.)는 것이다.

65. Koyré, *From the Closed World to the Infinite Universe*, 23. 코이레가 쿠사누스를 **또한** "죽어가는 중세의 마지막 위대한 철학자"라고 진술하는 대목은 의미심장하다. 쿠사누스는 "중세적인 우주 개념을 거절한 최초의 인물이고, 이 우주의 무한성을 주장한 공적을 이룬, 혹은 죄를 저지른 인물"(p. 6)이라는 것이다. 쿠사누스는 분명 크레스카스와 마찬가지로 경계인(a liminal figure) — 장소/공간의 역사에서 진정한 전환점 — 이었다.

66. Paul O. Kristeller, *Eight Philosophers of the Italian Renaissance* (Stanford: Stanford University Press, 1964), 136.

67. Bruno, *De l'infinitio universo e mondi*에서 인용. 출처는 Arthur O. Lovejoy, *The Great Chain of Being: A Study of the History of an Idea* (New York: Harper & Row, 1960), 118[이 책의 국역본은 아서 O. 러브조이, 차하순 역, 《存在의 大連鎖》(탐구당, 1994)이다 — 옮긴이].

68. Lovejoy, *The Great Chain of Being*, 118-119. "존재의 사다리"는 러브조이의 용

어지만, 브루노의 다음과 같은 진술에도 함의되어 있다. "완전성의 등급, 그 다 셀 수 없을 만큼 많은(innumerable) 등급은 물체적 양태를 통해 신의 비물체적 완전성을 펼치는 것이어야만 한다"(Bruno, *On the Infinite Universe and Worlds*, trans. D. W. Singer, in *Giordano Bruno: His Life and Thought* (New York: Greenwood, 1968), 257. 나는 이후부터 싱어의 번역을 사용한다).

69. Bruno, *On the Infinite Universe and Worlds*, 256.

70. Ibid., 255.

71. Ibid., 254. 브루노는 이렇게 덧붙인다. "차이화 없는 곳에 질의 구별도 없으며, 아마도 도대체가 무일 뿐인 곳에 질 같은 것은 더더욱 생각할 수 없을 것이다"(ibid.). 아리스토텔레스가 비슷한 근거를 바탕으로 공허를 거절했음을 상기하라. 요컨대 공허에서 차이화의 결여는 그 안에서의 운동을 불허한다는 것이다.

72. Lovejoy, *The Great Chain of Being*, 117쪽의 브루노에 대한 논평에서.

73. Bruno, *On the Infinite Universe and Worlds*, 254.

74. Ibid., 256. 싱어의 지적에 따르면 "브루노는 무한 우주에 대해 '우주(universo)'라는 말을 사용한다. ……[그에게] '세계(mondo)'라는 말은 우리 지구뿐만 아니라, 우리 감각으로 파악할 수 있는 우주도 포함된다. 그런 점에서 아리스토텔레스주의자들의 이해 방식과 동일하다"(*Giordano Bruno*, 231 n 2). 이와 대조적으로 "보통 니콜라우스[쿠사누스]는 '세계'와 '우주'라는 말을 교환 가능한 것으로 사용한다"(Hopkins, *Nicholas of Cusa on Learned Ignorance*, 194 n 46).

75. *On the Infinite Universe and Worlds*, 258.

76. *De Immenso* (1586)에서 인용. 출처는 Lovejoy, *The Great Chain of Being*, 117.

77. *On the Infinite Universe and Worlds*에서 인용. 출처는 Lovejoy, *The Great Chain of Being*, 118.

78. 두 진술 모두 *On the Infinite Universe and Worlds*, 257쪽에서 인용. 브루노가 같은 텍스트에서 다음과 같이 지적한다는 사실도 참조. "광대하고도 무한한 이 우주는 그러한 한 공간과 그 공간 속에 들어 있는 그토록 많은 물체로 구성된 복합체다"[G. Bruno, *The Expulsion of the Triumphant Beast*, 51쪽에서 인용한 아서 이머티(Arthur D. Imerti)의 말].

79. *On the Infinite Universe and Worlds*, 257.

80. ibid., 250.

81. "그리하여 우리에게는 우리가 사는 이 지구의 표면에 관해 감각-지각이 우리를 기만한 경험이 있으므로, 감각-지각이 별들의 영역에 존재하는 한계와 관련해 우리에게 주는 인상에 대해서는 훨씬 더 의심해야 한다"(ibid., 251).

82. Nicolas of Cusa, *On Learned Ignorance*, 89. 또한 *On the Infinite Universe and Worlds*, 55-56 참조.

83. 최대한 엄밀히 보자면, 이 둘은 브루노 철학의 더 큰 그림에서 넷이 한 벌인 구조(quatrain) 속에 있다. 유한자에 두 가지 질서—사물들의 질서와 세계들의 질서—가 있듯 무한자에도 두 가지 질서가 있다. 즉 이 우주의 질서와 신의 질서다. 신의 무한성이 "모든 것을 포괄하는 전체성(all-comprehensive totality)"이라면—우주뿐만 아니라 그 모든 부분에 만연해 있다—이 우주의 무한성은 그렇지 못한 전체성(noncomprehensive totality)이다. 왜냐하면 그것은 전체에 만연해 있기는 하지만, 그 각 부분(즉 특정 사물들)에서 찾을 수는 없기 때문이다. 신의 무한성과 우주의 무한성을 구별하는 것(이러한 구별을 논한 첫 번째 인물은 쿠사누스다)에 대해서는 Bruno, *On the Infinite Universe and Worlds*, 261-262 참조.

84. 두 가지 정식화는 모두 *Concerning the Cause, Principle, and One*의 다섯 째날 대화에서 인용했으며, 영역은 러브조이의 것을 따랐다(*The Great Chain of Being*, 120).

85. Cusa, *On Learned Ignorance*, 88.

86. Ibid., 강조는 원문.

87. "당신 위대한 신의 영광의 뜰, 그 측량할 길 없는(unsercheable)(원문 그대로), 눈에 보이지 않는 위업을 우리는 부분적으로나마 당신의 눈에 보이는 것들을 통해 미루어 헤아릴 수 있을 뿐입니다. 그리고 양에서나 질에서 다른 모든 것을 능가하는 무한한 장소는 당신의 무한한(infinit)(원문 그대로) 힘과 위엄에만 적합한 것입니다"(디게스의 1576년 텍스트, *A Perfit Description of the Caelestiall Orbes*에서 인용. 출처는 Lovejoy, *The Great Chain of Being*, 116).

88. *Concerning the Cause, Principle, and One*, 164.

89. 겹침과 펼침의 대비 관계(complication vs. explication)에 대해서는 *Concerning the Cause, Principle, and One*, 165-168 참조. 겹침과 펼침이라는 용어는 질 들뢰즈가 최근의 해석에서 강조하듯 쿠사누스에서 유래한 것이다. 이 용어는 라이프니츠에게서 계속 이어진다. *The Fold: Leibniz and the Baroque*, trans. T. Conley (Minneapolis: University of Minneasota Press, 1993).

90. *Concerning the Cause, Principle, and One*, 160. "부동"이라는 말로 브루노가 의미하고자 하는 것은 하나의 전체로서 이 우주에는 소재(所在) 이동이 없다는 것이다. 이 우주는 "그 자체의 소재를 이동시키는 일이 없는데, 왜냐하면 자기를 옮겨 갈 그 어떤 것도 자기 바깥에 갖고 있지 않기 때문이다―그 자체가 만물이므로" (ibid.).

91. 브루노는 이 구절을 상상과 결부 짓는다. *On the Infinite Universe and Worlds*, 264.

92. Lovejoy, *The Great Chain of Being*, 116.

93. 추가적인 논의에 대해서는 다음을 참조. Alfonso Ingegno, "The New Philosophy of Nature," in *The Cambridge History of Renaissance Philosophy*, ed. C. B. Schmitt and Q. Skinner (Cambridge: Cambridge University Press, 1988), 253ff. ("The Struggle with Authority").

94. 비판적 경향에 대해서는 Charles B. Schimitt, "Experimental Evidence for and Against a Void: The Sixteenth-Century Arguments," *Isis* 58 (1967): 352 참조. 그러나 "자연에 대한 저작들(Libri naturales) [즉, 아리스토텔레스의 자연철학]에 대한 15-16세기의 주석이 텍스트에 한층 더 충실했으며, 원래의 의미를 가려내는 일에, 그리고 대개는 옹호하는 일에 더욱 열심이었다"(William A. Wallace, "Traditional Natural Philosophy," in *The Cambridge History of Renaissance Philosophy*, 203)는 것 또한 사실이다.

95. 이러한 발전 양상에 대한 설명은 Ingegno, "The New Philosophy of Nature," 236-244 참조. 그랜트가 단언하듯 "조로아스터교부터 피치노[Ficino: 경건한 철학이란 외침 아래 그리스도교 신앙(신학)이 이성(철학)과 동행하는 길을 궁리한 성직자―옮긴이]와 그 이후까지 뻗어 있는 이교도 철학자 및 기독교 철학자 그리고 신학자들의 거대한 연쇄(great chain)를 어떻게 파악하든, 즉 독립된 것으로 파악하든 아니면 신플라톤주의 전통의 일부로 파악하든, 혹은 심지어 경건한 철학(pia philosophia)의 주요한 사슬로 파악하든, 플라톤은 그 강력한 절충적 철학에서 중심인물이었다. 이러한 여러 절충적 철학은 중세 및 근대 초기의 스콜라주의에서 지배적이었던 아리스토텔레스의 자연철학과 우주론을 반대하며 발전했다"(Grant, *Much Ado About Nothing*, 183).

96. 벤저민 브릭먼이 Patrizi, *Nova de universis philosophia* (1587)의 일부를 번역한 것에서 취하되[Benjamin Brickman, "On Physical Space, Francesco Patrizi,"

Journal of the History of Ideas 4 (1943), 240-241], 다만 그랜트가 일부 수정한 것으로 인용했다. Grant, *Much Ado About Nothing*, 204. 그랜트의 지적에 따르면 텔레시오는 이미 1565년에 공간이 다른 어떤 것과도 다르다고 주장했고, 심지어 당시 스콜라주의 사상가 중 몇몇은 비록 다른 근거를 통해서이긴 했지만 텔레시오에 동의하기까지 했다. 또한 실제로 장 뷔리당과 월터 벌리(Walter Burley)는 14세기에 공간은 실체/우유성이라는 틀 안에 가둘 수 없다는 깊은 사색에 이르렀다. 다만 이는 초자연적으로 창조된 공간에 대해서만 참이고, 통상적인 물리적 공간에 대해서는 그렇지 않다는 전제가 두 사람 모두에게 있었다.

97. 이런 점에서 파트리치는 브루노와 다르다. 브루노는 공간을 본질적으로 창조된 것이 아니라 원초적으로 주어진 것이라 주장했고, 이런 견지에서 브루노의 공간은 플라톤의 코라와 크게 다를 바 없다. 브루노에게 공간은 신으로부터 유출되는 것도 아니고, 신을 특징짓는 것도 아니다.

98. "On Physical Space," 225. 파트리치의 다음 진술도 참조. 공간은 "다른 모든 사물이 그 실존을 위해 요청하는 것이요, 그것 없이는 실존할 수 없는 것이지만, 공간 자체는 다른 어떤 사물이 없더라도 실존할 수 있고, 공간 자체의 실존을 위해 다른 어떤 사물도 필요하지 않다"(ibid., 225).

99. Ibid., 241.

100. Ibid., 226.

101. 크롬비가 지적하듯 아리스토텔레스에게 "차원은 차원을 갖는 물체들로부터 떨어져서는 존재할 수 없다. 그는 차원을 물체의 양적 속성으로 파악했고, 어떠한 속성도 그 안에 내재해 있는 실체로부터 떨어져서는 존재할 수 없다"[A. C. Crombie, *Medieval and Early Modern Science*, Vol. 2: *Science in the Later Middle Ages and Early Modern Times* (New York: Anchor, 1959), 36].

102. 파트리치 자신이 ─ 일단 우리가 자신을 공간의 끝에 장소 짓는다면 ─ 공간에는 어떠한 실효적 한계도 있을 수 없다는 아르키타스의 논증을 불러낸다. Patrizi, "On Physical Space," 236-237 참조. 이 논증에 대해서는 *Much Ado About Nothing*, 386 n 131에 나오는 그랜트의 논평도 아울러 참조.

103. 브루노는 공간이 "침투 불가능"하다고, 즉 공간은 수용적임과 **동시에** 침투 불가능하다고 주장했는데, 이 점에서는 그다지 근대를 예지(豫知)한다고 할 수 없다. 그의 견해에 입각하면 단지 불연속적인 크기만이 침투 가능하다. 즉 연결되어 있지 않은 부분들 **사이에는** 들어갈 수 있다. 이 교의에 대해서는 브루노의 후기 논

문 *De immense et innumerabilibus* (1591) 참조. 그럼에도 불구하고 브루노와 파트리치는 공히 공간을 무한하고 균질적이며, 연속적이고 또한 부동이라고 간주한다—따라서 두 사람 모두 17세기의 여러 모델을 예견한다. 두 사람의 결정적 차이는 파트리치가 그러한 모든 성질의 근거를 명백히 3차원성에 놓는다는 점에 있다. "어떠한 저항도 없이 물체를 수용하며, 실제로 물체에 굴복함으로써 물체에 침투할 수 있는 3차원성. 공간은 그러한 3차원성을 갖기 때문에 물체와 동시에 공존할 수 있으며, 물체에 대해 절대적인 부동의 포함자 역할을 할 수 있다. 〔세 차원을 가진〕 공간이 물체에 굴복함과 동시에 물체에 침투한다고 상정함으로써 파트리치는 공간이 연속적이고 부동이며 균질하다는 점을 분명히 제시한다"(Grant, *Much Ado About Nothing*, 202).

104. Patrizi, "On Physical Space," 231. 또한 파트리치의 다음 언명도 참조. "그러나 로쿠스가 소재를 부여받은 것(locatum)과는 다르다고 이야기할 경우, 그것은 소재를 부여받은 모든 것(every locatum)이 물체인 한편, 로쿠스는 물체가 아니라는 것, 만일 그렇지 않으면 두 물체는 상호 침투해버릴 것이라는 의미로 이해해야 한다. 따라서 '장소(locus)'는 물체가 아닌 것으로서, 필연적으로 세 차원—길이, 넓이, 깊이—을 갖춘 '공간'(spacium)일 것이다. 그리고 그 세 가지 차원을 동반함으로써 공간은 그 둘러싸인 물체의 길이, 넓이, 깊이를 자신 속으로 수용하고 보유한다"(ibid.). (spacium은 고전 라틴어 spatium에 대한 중세 라틴어다.)

105. Ibid., 241. 파트리치는 저서 *Pancosmia*의 "공기에 대하여"라는 장에서 "공간은 물체 중에서 가장 비물체적이다. 왜냐하면 그것은 가장 희박한 것이기 때문이다 (Grant, *Much Ado About Nothing*, 386 n 139에서 인용)"라고 말한다. 파트리치의 빛에 관한 논의에 대해서는 John Henry, "Francesco Patrizi da Cherso's Concept of Space and Its Later Influence," *Annals of Sciences* 36 (1979): 556ff. 참조.

106. 내가 "자취가 명확히 보이지 않는다"고 한 이유는 다음의 구절이 바로 몇 쪽 앞에서 논한 여지와 유사한 어떤 것을 가리키기 때문이다. "'공간'의 이 두 가지 종류 〔즉 세계의 공간과 우주의 공간〕 중 어느 것도 물체가 아니다. 각각은 물체를 수용할 수 있다. 각각 물체에 길을 내어준다. ……그 어느 것도 물체에 대해 어떠한 저항도 하지 않고, 운동 중인 물체에 양보해 로쿠스를 남겨준다"("On Physical Space," 238). 물체에 "장소를 남겨준다"는 사고는 물체에 "여지를 만들어준다"는 개념과 매우 가깝다.

107. "On Physical Space," 236-237; *Much Ado About Nothing*, 201-202쪽에 있는 그랜트의 논의 참조. 브루노에게 **우주적**(cosmic) 공간, 즉 **이** 세계의 공간은 역시 유한함과 동시에 무한하다는 점을 상기하라.

108. 파트리치는 또한 세계 내에 틈새의 극미한 진공이 존재한다고 믿었다. 이러한 내부적 진공에 대해서는 Henry, *Francesco Patrizi*, 563-564 참조. 중세의 사상가들, 예컨대 오트르쿠르의 니콜라 또한 틈새의 진공을 상정했다(Grant, *Much Ado About Nothing*, 75 참조).

109. Gianfrancesco Pico della Mirandola, *Ex vanitatis doctrinae gentium et veritatis Christianae disciplinae* (1502-1514년에 저술), 6, chap. 4, 768. C. B. Schmitt, *Gianfrancesco Pico della Mirandola (1469-1533) and His Critique of Aristotle* (The Hague: Nijhoff, 1967), 140-141쪽에서 인용. 잔프란체스코는 더 유명한 조반니 피코(Giovanni Pico)의 조카다. 젊은 피코는 결정적으로 필로포노스와 크레스카스에게 영향을 받았다.

110. Tommaso Campanella, *Universalis philosophiae*, bk. 2, chap. 13, 288. 인용 출처는 Grant, *Much Ado About Nothing*, 195.

111. Campanella, *Metafisica*, vol. 2, bk. 10, chap. 1, art. 5. 인용 출처는 Grant, *Much Ado About Nothing*, 195.

112. Bruno, *On the Infinite Universe and Worlds*, 253. 브루노가 이 난제에 대해 알고 있었다는 사실에는 의심의 여지가 없다. 그는 루크레티우스의 *De rerum natura*를 읽고, 혹은 키케로를 읽고(키케로는 *De natura deorum*, I, 20, 54쪽에서 이 난제를 거론한다) 이 난제에 대해 알았다. 아르키타스의 도발적인 사고 실험이 겪어온 운명은 그것만을 주제로 한 권의 역사서를 쓰기에 족할 것이다.

113. "Locum nihil esse aliud, quam spatium hactenus descriptum"(로쿠스에 대한 가상디의 논의에 붙인 장 제목). Gassendi, *Opera Omnia* (Lyon, 1658), III, 216 참조. 인용 및 영역은 Schmitt, *Gianfrancesco Pico della Mirandola*, 143쪽에서 취했다. 장소와 공간을 구별하지 않는 것은 Bernardion Telesio, *De rerum natura*(1544~1552년에 저술)에서도 볼 수 있다. 어쩌면 무한한 **균질** 공간을 설정한 최초의 르네상스 사상가였을 텔레시오에게 '장소(locus)'는 수용성이라는 특성을 갖는 것이었다. 브루노와 파트리치가 모두 명백하고도 배타적으로 '공간(spacium)'에 귀착시켰던 그 수용성을 말이다—이런 특성은 칸트에게서 실질적으로 아무런 흠결 없이 살아남는데, 그에게 공간은 "수용성(receptivity)"으로 간

주되는 인간의 감성적 직관의 양대 형식 중 하나였다. 나아가 캄파넬라는 공간적 구조의 궁극적 원천, 특히 그 3차원성은 마음 안에서 발견해야 할 것이라고 믿었다. 마음(mens)은 "공간을 선, 표면, 깊이로 분할한다. [그리하여 선, 표면, 깊이를 만들어낸다.] 왜냐하면 그것은 한층 고차적인 질서를 갖춘 형이상학적 세계 내에 있기 때문이다"(*Metafisica,* 2: 370. 인용 출처는 Grant, *Much Ado About Nothing,* 196. 추가적인 논의에 대해서는 Campanella Physiologia [1591]도 역시 참조).

114. Patrizi, "On Physical Space," 239-240. 실제로 Patrizi, *Nova de Universis Philosophia*에 좀더 완전한 형태로 인용한 또 하나의 진술에 따르면, 진공조차 공간에 의해 대체되는 것이다. "진공 자체는 3차원 '공간' 이외에 아무것도 아니다"(ibid., 231). 다시 한 번 "~에 다름 아니다"라는 심하게 환원적인 언어를 사용하고 있음에 주목하라. 이 표현은 파트리치로 하여금 진공이, 즉 많은 사상가들에게 (때로 파트리치 자신도 포함해) 공간의 원형이었던 바로 그 진공이 그 자신의 복사물인 공간에 의해 지위를 찬탈당해야 한다고 제안할 수 있게끔 했다!

115. 바로 이런 점 때문에 나는 월리스에게 동의할 수 없다. 그의 주장에 따르면 "13세기 초부터 17세기 중엽까지의 …… 사상의 발전 과정은 일련의 불연속적인 도약보다는 하나의 연속체에 비유할 수 있다"(Wallace, "Traditional Natural Philosophy," 202). 물론 13세기부터 16세기까지는 하나의 연속체로서 무리없이 파악 가능하지만, 16세기는 진정한 전환점으로서 장소와 공간의 문제에 대해 하나의 패러다임 전환(paradigm shift)이 일어났음을 보여주는 시기다.

116. "심지어 물질에서도 기호(appetite)와 감각을 찾아볼 수 있는데, 어찌하여 공간에서는 안 된단 말인가?"(Campanella, *Del senso delle cose,* bk. I, chap. 12. 인용 출처는 Grant, *Much Ado About Nothing,* 196. 여기서 그랜트는 캄파넬라가 "공간에 감각과 감정을 부여했다"고 언급한다). 16세기의 공간 파악이 어떤 점에서 특별했는지를 지적한다고 해서 그것이 반드시 공간에 대한 16세기의 사색과 17세기의 사색 사이에 깊은 연계가 있음을 부정하는 것은 아니다. 케플러는 분명히 브루노의, 또한 가상디는 파트리치의 영향을 받았다. 케플러가 브루노에게 영향을 받았다고 명확히 인정한 것—갈릴레오에게 명시적으로 밝혔다—에 대해서는 Ingegno, "The New Philosophy of Nature," 261-262 참조. 파트리치가 가상디에게 끼친 심원한 영향에 대해서는 Grant, *Much Ado About Nothing,* 389 n 165 참조. "가상디는 사후 출간된 *Syntagma philosophicum* (Lyon, 1658)에서

텔레시오, 파트리치, 캄파넬라, 케넬름 디그비(Kenelm Digby)를 언급한다. 이 저자들과 관련해 가상디가 기술한 것은 파트리치의 공간에 대한 교설뿐이었다."

117. Rufolf Arnheim, *The Dynamics of Architectural From* (Berkeley: University of California Press, 1971), 86쪽에서 인용한 테오도르 립스의 말. 공간이 무제한 확장된다는 캄파넬라의 사고에 대해서는 Grant, *Much Ado About Nothing*, 196-198 참조.

3부 공간, 지고(至高)의 자리에 오르다

막간

1. 정확히 아리스토텔레스를 거론하면서 베르그송은 장소가 갖는 질적 차원의 중요성을 언급하는데, 이는 근대 초기의 사고방식과 대조적인 태도다. "[아리스토텔레스는] 한계 지어지지 않은 텅 빈 공간 대신, 그 크기에 의해 한계 지어질 뿐만 아니라, 그 질에 의해 규정되는 장소[를 기술한다]"("L'Idée de Lieu chez Aristote," *Les Études Bergsoniennes*, (1949) 2: 100. 이것은 베르그송이 1889년 라틴어로 제출한 학위 논문, "Quid Aristoteles de loco senserit"을 번역한 것이다.

2. Damascius, *Damascii dindochi dubitationes et solutiones de primis principis*, ed. C. A. Ruelle (Paris, 1889). S. Sambursky, ed., [*The Concept of Place in Late Neoplatonism* (Jerusalem: Israel Academy of Sciences and Humanities, 1982), 95]에 영역되어 있다. 여기서 "장소"는 topos를 번역한 것이다.

3. Ibid.

4. 중개적 용어인 "여지"에 호소하는 것은 설령 그 시사점이 아무리 풍부하다 해도, 여기서는 장소와 공간이 어떻게 상호 관련 있는지의 문제를 다만 치환해버릴 뿐이다. 이러한 치환이 분명히 드러나는 것은 필로포노스의 다음과 같은 주장에서다. "우주의 여지(chōra)이자 장소(topos)인 우주적(cosmic) 연장은 자체 내에 어떤 차이도 갖지 않는다"(Philoponus, *Aristotelis physicorum libros quattuor posteriores commentaria*, 569, lines 13-15에서. 영역은 Sambursky, The Concept of Place in Late Neoplatonism, 119). 장소에 관한 고대의 언설에서 대등하게 시원적인 두 용어 chōra와 topos를 그냥 병치하고 있다는 점이 특별히 인상적이다.

5. William Gilbert, *De mundo nostro sublunari philosophia nova* (Amsterdam,

1651), bk. 2, chap. 8, p. 14. 인용 출처는 Max Jammer, *Concepts of Space: The History of Theories of Space in Physics* [Cambridge, Mass.: Harvard University Press, 1969], 90. 라틴어 원문은 "locus nihil est, non existit, vim non habet".

6. 전문은 이러하다. "영역이나 공간 혹은 장소라면 그 안에 어떤 물체가 필수적으로 있어야 하는데, 그에 못지않게 물질에는 늘 어떤 형태를 갖는 것이 필수적이다"[Pierre Gassendi, *Syntagma philosophicum*, section on Physics, translated by C. B. Brush, *The Selected Works of Pierre Gassendi* (New York: Johnson, 1972), 386]. 그러나 가상디는 또한 더 통상적인 이분법적 틀에도 탐닉하는데, 이는 그가 "시간 혹은 지속"을 "장소 혹은 공간"과 비교할 경우 그러하다(ibid., 395).

7. 공통 장소에 대한 아리스토텔레스의 기술인 "모든 장소의 총합"이라는 구절은 Jammer, *Concepts of Space,* 22쪽에서 취했다. 야머는 "우리의 관점에서 보면, 공간을 (근대적인 표현으로) 힘의 장(field)에 비유하는 아리스토텔레스의《자연학》 (208b9-14)에 있는 한 구절은 매우 흥미롭다"(p. 19)고 언급한다. (나는 이 책 3장에서 장소는 그 장소 안에 있는 사람의 신체 위치와 관련해 상대적 면모를 갖는다는 점에서, 아리스토텔레스의 장소론에는 다른 상대주의적 면모가 있다는 것을 지적한 바 있다.) 아리스토텔레스의 공간 모델이 근대와 어떤 관련성을 갖는지 좀더 상세하게 다룬 것으로는 Sambursky, *The Physical World of the Greeks,* (Princeton: Princeton University Press, 1987), 92ff., 특히 96쪽 참조. "아리스토텔레스가 자신의 장소 개념을 형성하기 위해 기하학과 물질(matter)을 결합한 것은 일반상대성 이론의 공간에 대한 이해 방식 및 개념과 크게 다를 바 없다." 아리스토텔레스가 근대 초기 물리학의 몇 가지 개념-예컨대 운동(motion)과 속도-을 선취했다는 논의에 대해서는 Edward Hussey, *Aristotle's Physics, Books III and IV* (Oxford: Clarendon P., 1983), 176ff. 참조.

8. Philoponus, *Aristotelis physicorum libros quattuor posteriores commentaria,* as translated in Sambursky, *The Concept of Place in Late Neoplatonism,* 119. 필로포노스는 장소 상대주의 쪽으로 내몰리면서 자연적 장소가 선재(先在)한다는 아리스토텔레스식의 사고를 거부한다. "장소는 물체를 물체 자신의 고유한 장소로 이동시킬 만한 하등의 힘도 갖고 있지 않다. 오히려 물체 쪽이 배치된 자신들의 상태를 보존하려 한다"[*In Aristotelis physicorum libros quattuor posteriores commentaria*에서 인용. 인용 출처는 Richard Sorabji, *Matter, Space, and Motion* (Ithaca: Cornell University Press, 1988). 213]. 그러나 필로포노스는 한편으로는

공간의 무한성을 거절하면서도 다른 한편으로는 공간의 궁극적 절대성을 단언한다. 공간이 원리상으로는 텅 비어 있지만 사실상은 언제나 채워져 있는 유일한 용적적인 전체(volumetric whole)라는 공간 관념이 바로 그것이다.

9. 본문의 인용 중 앞의 언명은 Harold Høffding, *A History of Modern Philosophy* (New York: Dover, 1955), 125쪽에서 취했다. "[브루노에게] 지평은 그 중심점인 관찰자에 의해 점유된 모든 장소의 주변에서 자기 자신을 새로이 형성해내기 때문에, 장소를 규정하는 모든 경우는 반드시 상대적이다." 인용 구절 중 뒤의 언명은 Paul Henri Michel, *The Cosmology of Giordano Bruno*, trans. R. E. W. Maddison (London: Methuen, 1973), 168쪽에 인용 및 번역되어 있는 브루노의 대화편《무한에 대하여(De l'infinito)》에서 취한 것이다. ["공간의 일부"라는 구절은 뉴턴의《자연철학의 수학적 원리》를 통해 다시 돌아올 것이다.] 브루노는 상대주의는 장소에 속하고, 무한주의는 공간에 해당하는 얘기라는 흥미로운 타협안을 제시한다. 언제나 복수형인 장소들은 개별적인 세계들―장소는 이 세계들이 그 내부로부터 분절되는 방식이다―에 속하는데, 반면 철두철미하게 단수형인 무한 공간은 그러한 세계들 모두의 환경(ambience)이다. 즉 "우리가 …… 무한하다고 선언하는 단 하나의 일반적 공간, 단 하나의 거대한 광대무변성이 존재한다"[Bruno, *On the Infinite Universe and Worlds*, trans. D. W. Singer, in *Giordano Bruno* (New York: Schuman, 1950), 363].

10. 이러한 드문 언급은 칸트의 텍스트에서 그 못지않이 드물게 "장소의 변화"로서 "운동"을 설명할 때 나타난다. Immanuel Kant, *Critique of Pure Reason*, trans. N. K. Smith (New York: St. Martin's Press, 1965), A32 B44, 76 참조. 그러나 장소에 대한 칸트의 태도에는 또 하나의 측면이 있는데, 이는 이 책 8장 시작 부분에서 논의할 것이다.

06 절대적인 것으로서 근대 공간: 가상디와 뉴턴

1. 17세기의 기계론에 관해 콜링우드는 이렇게 언급한다. "자연적 세계는 유기체가 아니라 기계다. 즉 문자 그대로, 그리고 고유한 의미에서 기계이며, 그 외부에 어떤 지적인 마음이 일정한 목적을 위해 설계하고, 그 설계 아래 물체적인 부분들을 한데 모아 작동하도록 배열한 것이다"[R. G. Collingwood, *The Idea of Nature* (Oxford: Oxford University Press, 1945), 5]. 연장과 운동을 궁극적인 지위로 올리자고 최초로 제안한 것은 아마도 프랜시스 베이컨일 것이다. 크롬비도 언급하듯

"베이컨은 근대가 개막하던 시기에 모든 사건을 물체와 운동으로 완전히 환원하자고 제안한 최초의 저술가 중 한 사람이었다"[A. C. Crombie, *Medieval and Early Modern Science* (New York: Doubleday, 1959), 2: 290]. 보일 또한 이러한 환원을 고수했고, 데카르트와 홉스는 그 전형이다.

2. Francis Bacon, *Novum organum,* xlv. 출처는 M. H. Nicolson, *The Breaking of the Circle: Studies in the Effect of the "New Science" upon Seventeenth-Century Poe try* (New York: Columbia University Press 1960), 9. 천구들의 원환성은 베이컨이 일컬었던 "종족의 우상(Idol of the Tribe)"의 상징과도 같은 사례다.

3. 이 이야기를 내 방식으로 풀어낸 것에 대해서는 *Getting Back into Place: Toward a Renewed Understanding of the Place-World* (Bloomington: Indiana University Press, 1993), chap. 1 참조.

4. 17세기의 근원적인 전제라고 할 수 있는 또 다른 후보는 "장소의 이동(local motion: '소재(所在)의 이동'이라고 번역할 수도 있다─옮긴이)"이다. 크롬비는 데카르트에 대해 논평하면서 이렇게 주장한다. "모든 자연 현상은 충분히 분석한다면 결국, 장소의 이동이라는 단 한 종류의 변화로 환원할 수 있다. 그리고 이러한 결론은 17세기 과학의 가장 영향력 있는 신념이 되었다"(Crombie, *Medieval and Early Modern Science*, 164). 그러나 장소의 이동은 논리적으로 단순 정위라는 패러다임에 포함된다는 주장이 가능하다─화이트헤드라면 그렇게 주장할 것이다.

5. Alfred North Whitehead, *Science and the Modern World* (Cambridge: Cambridge University Press, 1926), 72. 화이트헤드는 이에 덧붙여 "[단순 정위를] 떠나서는, 이 도식을 표현할 길이 없다"(ibid.)고 말한다.

6. Ibid., 62, 강조는 원문. 화이트헤드 자신의 견해는 이렇다. "우리의 직접적인 경험에서 파악할 수 있는 자연의 일차적 요소 가운데 단순히 위치를 점한다는 성격을 지니고 있는 요소 따위는 하나도 없다"(Ibid., 72).

7. "아주 기묘하게도 이 단순 정위라는 성격은 우리가 시공의 한 영역을 절대적으로 규정된 것으로 보든, 상대적으로 규정된 것으로 보든 그와 무관하게 성립한다"(ibid., 62). 이리하여 단순 정위라는 학설은 "공간 또는 시간을 둘러싼 절대주의적 견해와 상대주의적 견해 간의 논란과는 독립적이다"(p. 62). "절대적 전제"에 대해서는 R. G. Collingwood, *Essay on Metaphysics* (Oxford: Clarendon Press, 1940), chap. 1 참조.

8. Whitehead, *Science and the Modern World*, 62, 강조는 인용자.

9. Ibid., 64. 이 오류의 또 하나의 정식은 다음과 같다. "우리는 구성적 추상화 과정에 의해 추상물 곧 단순 정위된 미미한 물질 조각에 도달할 수 있다"(ibid., 72, 강조는 인용자).

10. Max Jammer, *Concepts of Space: The History of Theories of Space in Physics*, 2nd ed. (Cambridge, Mass.: Harvard University Press, 1969), 91. 인용문은 야머가 William Gilbert, *De mundo nostro sublunari philosophia nova* (Amsterdam, 1651)에 있는 길버트의 학설에 대해 논평하면서 한 말이다. 자기학(磁氣學) 연구는 길버트로 하여금 인력(즉 중력)이 모든 물질적 대상을 통과하는데, 이 시점에서 그 대상이 점유하고 있는 개별 장소는 무관하다는 점을 확신케 해주었다.

11. Jammer, *Concepts of Space*, 90.

12. Crombie, *Medieval and Early Modern Science*, 2: 159. 무한 공간이 17세기에 "기하학화"했는지 여부는 그 자체로 논란의 여지가 있는 물음이다. 즉 코이레는 기하학화했다고 상정했지만, 그랜트는 그에 대해 의문을 표한다. Edward Grant, *Much Ado About Nothing* (Cambridge: Cambridge University Press, 1981), 232-234 참조. 가상디의 원자론에 대해서는 M. J. Osler, "Baptizing Epicurean Atomism: Pierre Gassendi on the Immortality of the Soul," in V. Chappell, ed. *Grotius to Gassendi*, vol. 2 of *Essays on Early Modern Philosophers* (New York: Garland, 1992), 239-260 참조. 특히, L. S. Joy, *Gassendi the Atomist: Advocate of History in an Age of Science* (Cambridge: Cambridge University Press, 1987) 참조. 가상디는 스토아학파로부터 받은 영향을 보여준다. Grant, *Much Ado About Nothing*, 217, 213 참조.

13. 야머는 이렇게 논평했다. "공간의 독립성, 자율성, 우선성은 모두 다 가상디가 정력적으로 제기한 것으로, 이는 당시 새로운 자연학의 여러 요구에 대한 시의적절한 양보였다. ……가상디의 공간 이해는 작게 보면 연속적인 공간을 불연속적인 물질이 채운다고 생각한 17세기 원자론적 이론의 토대가 되고, 거시적으로 보면 천체역학의 토대가 되었다"(*Concepts of Space*, 94). 그러나 이러한 공간을 명백히 제시했다는 공로는 가상디뿐만 아니라, 가상디에게 결정적 영향을 끼친 파트리치도 인정을 받아야 한다. "파트리치와 가상디가 기술한 세 차원을 갖는 공허한 공간은 마침내 강력한 지지자들을 매료시킬 것이고, 이들은 그것을 새로운 물리학과 우주론의 절대 공간으로 삼을 것이다"(Grant, *Much Ado About Nothing*, 221, 338 n 162, 163 참조).

14. 이러한 과학적 성취에 대해서는 Crombie, *Medieval and Early Modern Science*, 2: 159 참조.

15. Pierre Gassendi, in *Physics*, his *Syntagma philosophicum*, as translated in *The Selected Works of Pierre Gassendi*, ed. C. B. Brush (New York: Johnson, 1972), 385. 가상디의 이러한 진술과 필로포노스의 견해 사이에는 명백한 유사성이 보인다. 하지만 이는 아주 놀랄 일만은 아니다. 희랍어로 쓰인 필로포노스 주석서가 16세기 이후 널리 퍼졌기 때문이다. Charles B. Schmitt, "Philoponus's Commentary on Aristotle's Physics in the Sixteenth Century," in *Philoponus and the Rejection of Aristotelian Science*, ed. R. Sorabji (Ithaca: Cornell University Press, 1987), 210-230 참조.

16. 가상디 자신의 말로 표현하자면 "아리스토텔레스는 물체적 차원 이외에 다른 차원이 존재한다든가, 꽃병이나 장소에 포함되어 있는 물체의 간격 너머에 어떤 간격이 존재한다는 것을 일체 부정한다"(Brush, *Selected Works*, 385).

17. Brush, *Selected Works*, 387.

18. 가상디가 아르키타스의 난제를 끌어오고 있는 것에 대해서는 Grant, *Much Ado About Nothing*, 389 n 168 참조. 가상디의 우주적 사고 실험에 대해서는 Brush, *Selected Works*, 383-385, 386, 387, 특히 136쪽 참조. "지구뿐만 아니라 전체 우주 또한 무로 환원되어버렸다고, 그로 인해 신이 세계를 창조하기 전에 그러했듯 공간이 텅 비었다고 상상해보라." 이 문장에서 "텅 빈"과 "무"가 거의 등치되어 있다는 점이 특히 인상적이다─마치 무한 공간과 공허와 무가 어떤 의미에서는 등가적이라고 말하는 듯하다.

19. 이단적인 이런 논점에 대해서는 Brush, *Selected Works*, 388 참조. 390쪽에서 가상디는 공간이 "창조될 수 있는 사물의 부류에 속하지 않는다"고 말한다.

20. 공간의 경계 지어지지 않음과 부동성에 대해서는 Brush, *Selected Works*, 388 참조.

21. Brush, *Selected Works*, 388.

22. Ibid., 384. 그랜트의 지적에 따르면, 가상디는 공간이 실체/우유성이라는 분류에 구속되지 않는다고 선언한 최초의 인물은 아니지만─파트리치와 다비드 고르라에우스(David Gorlaeus, 1591-1612: 네덜란드의 신학자로 21세에 요절했다─옮긴이) 두 사람이야말로 최초의 선언자라는 영예를 얻기에 합당하다─그것을 가장 설득력 있게 주장한 사람임에 틀림없다. Grant, *Much Ado About Nothing*, 209-

210 참조.

23. Brush, *Selected Works*, 384-385. 384쪽에서 가상디는 장소와 시간, 즉 **공간**과 시간은 "통상 실재나 우유성이라고 부르는 것들과는 종류가 다른 어떤 비물체적 본성"이라고 말한다.

24. Ibid., 383. 이 문장의 주어는 "장소와 시간"이지만, "장소"와 "공간"을 교환 가능하다고 간주하는 태도는 그의 마지막 요약판이라 할 수 있는 《철학 집성(Syntagma philosophicum)》의 전체적 특징이다. 심지어 한 문장에서는 장소라고 쓰고 바로 다음 문장에서 공간으로 바꾸는 경우도 비일비재하다. 예컨대 가상디는 신이 "어떤 장소에도 전부" 존재한다고 주장하고는 바로 이어서 이렇게 말한다. "신이 **공간 안에** 있는 것은 신의 본질에 속하지 않는 특징이라고 생각한다"[Gassendi, "The Reality of the Infinite Void According to Aristotle," trans. M. Capek and W. Emge, from the *Syntagma philosophicum* in M. Capek, ed. *The Concepts of Space and Time: Their Structure and Their Development* (Dordrecht: Reidel, 1976), 94, 강조는 인용자].

25. Brush, *Selected Works*, 385. 이로부터 "비록 물체가 존재하지 않았다고 해도, 불변의 장소와 전개되는(evolving) 시간은 모두 여전히 존재할 것이다"(p. 384)라는 결론을 도출할 수 있다.

26. Gassendi, "The Reality of the Infinite Void According to Aristotle," 93.

27. "최고천"에 대해서는 Duhem, *Le système du monde: Histoire des doctrines cosmologiques de Platon à Copernic* (Paris: Hermann, 1913-1959), 7: 197-200 참조.

28. Gassendi, "The Reality of the Infinite Void According to Aristotle," 94.

29. Brush, *Selected Works*, 385.

30. Ibid., 385, 강조는 인용자.

31. Ibid., 384, 강조는 인용자.

32. Ibid., 389. 바로 이 "부정적인 성질"이 있기에 가상디는 공간이 창조되지 않는다고 주장할 수 있는 것이다. 즉 부정적인 경향을 가진 사물을—그것이 어떤 종류이든—창조한다는 것은 신의 위엄에 미치지 못하는 짓이다. 추가적인 논의에 대해서는 Grant, *Much Ado About Nothing*, 210-212 참조.

33. Jammer, *Concepts of Space*, 94. 이 책의 4장 "절대 공간의 개념"은 뉴턴과 그의 철학적 및 종교적 선행자들 간의 깊은 연속성을 추적한다.

34. 《티마이오스》와 뉴턴의《프린키피아》의 '주해'는 "서양 사상을 이끌어온 두 위대한 우주론적 문헌"[A. N. Whitehead, *Process and Reality*, ed. D. Griffin and D. Sherburne (New York: Fress Press, 1978), 94]이다.

35. Issac Newton, *Mathematical Principles of Natural Philosophy*, trans. A. Motte, ed. F. Cajori (Berkeley: University of California Press, 1962), I: 6. (《프린키피아》 앞부분의 "정의"에 덧붙인 '주해'에서).

36. '가지적'이라는 이 마지막 특징은 뉴턴이 그렇게 명명한 적은 없지만, 다음과 같은 그의 주장으로부터 도출할 수 있다. "철학적 탐구를 함에 있어 우리는 감각에서 벗어나 사물 그 자체를 사물에 대한 감각적 척도에 불과한 것과 구별해 고찰하지 않으면 안 된다"(*Principia*, I, 8). 특징 (2)와 연결지어 생각해보면 이 주장은 실질적으로 "잘못 놓인 구체성의 오류"에 해당한다. 화이트헤드가 명확히 말하듯 "['주해'의] 독자들은 그리고 십중팔구는 뉴턴 자신마저도 …… 내가 다른 곳에서 '잘못 놓인 구체성의 오류'라고 명명한 사태에 빠질 것이다"(*Process and Reality*, 93).

37. *Principia*, I, 6.

38. Ibid., I, 8.

39. Ibid., I, 6-7, 강조는 원문. 이 인용은 '주해' 3절의 전문이다.

40. 여기서 언급한 역설에 대한 논의로는 Jammer, *Concepts of Space*, 76-78 참조.

41. 뉴턴은《프린키피아》를 완성하기 훨씬 전에 이 급진적인 테제에 끌렸던 것으로 보인다. "출간되지 않은 초고에서 뉴턴은 사물들이란 신에 의해 종별로(specially: 또는 '특별히'—옮긴이) 일정한 인과적 특징을 부여받은 공간의 종별(special: 또는 '특별한'—옮긴이) 영역에 불과할지도 모른다고 논했다"[A. Koslow, "Ontological and Ideological Issues of the Classical Theory of Space and Time," in *Motion and Time, Space and Matter: Interrelations in the History of Philosophy and Science*, ed. P. K. Machamer and R. G. Turnbull (Columbus: Ohio State University Press, 1976), 225]. 이 문제의 텍스트는 〈중력 및 유체의 평형에 대하여〉라는 것으로 아마도 1664~1668년에 썼을 것이다. 그러나《프린키피아》에서 따온 "물체 전체의 내부"라는 구절이 알려주듯 뉴턴은 20년 후에도 여전히 동일한 급진적 사고를 품고 있었다. (코이레가 표현했듯) "이리하여 장소—로쿠스—란 물체들 **안에** 있는 것이고, 물체들은 역으로 또 그 **안에** 있는 그런 무언가다"[*From the Closed World to the Infinite Universe* (Baltimore: Johns Hopkins University Press, 1957), 163, 강조는 원문]. 이 주장이 아리스토텔레스의 견해, 즉 물체는 우선 기

본적으로 장소 안에 있지만 그 역은 성립하지 않는다는 견해를 역전시키는 방식에 주목하라.

42. Jammer, *Concepts of Space*, 110, 강조는 원문.

43. *Principia*, I, 9.

44. Ibid., I, 7.

45. Ibid.

46. 나아가 최근 한 주석가가 지적했듯 "상대적인 운동이나 상대적인 정지가 존재한다는 것만 가지고 절대적인 운동이나 절대적인 정지가 존재한다는 사실을 확립할 수는 없다"(Florian Cajori, "An Historical and Explanatory Appendix" to the *Principia*, II, 640). 상대적인 운동이나 상대적인 정지는 절대적인 운동이나 절대적인 정지에 있어 지각 불가능하게 발생하는 일을 지각 가능하게 할 뿐인 것이다. 이 동일한 논점은 절대적 장소와 상대적 장소의 관계—혹은 절대 공간 대 상대 공간의 관계—에도 적용된다.

47. *Principia*, I, 8.

48. 주 41에서 언급한 초기의 초고(《중력 및 유체의 평형에 대하여》)에서 뉴턴은 확실히 관계적인 공간관을 지지했다. "그는 공간의 영역들(그리고 시간의 순간들)은 공간의 다른 모든 영역들(또는 다른 모든 순간들)에 대한 관계에 의해서만 개체화한다고 주장했다"(Koslow, "Ontological and Ideological Issues," 225쪽에서 〈중력 및 유체의 평형에 대하여〉를 논의하며).

49. Jammer, *Concepts of Space*, 101.

50. *Principia*, I, 8.

51. Ibid., 강조는 인용자.

52. 나는 "뉴턴 혁명"이라는 표현을 I. I. Bernard Cohen, *The Newtonian Revolution* (Cambridge: Cambridge University Press, 1980)에서 취했다. 언어의 종류를 불문하고 지금까지 나온 것 중 가장 포괄적인 뉴턴 연구서 중 하나인 코헨의 이 탁월한 저서에서 장소 개념을 전혀 논의하지 않으며, 심지어 지나는 길에 언급하는 경우조차 없다는 사실은 인상적이다. 이와 비견할 만한 다른 사례에서처럼 여기서도 근면한 "두 번째 시선(second look)"이 이론 전체(corpus)에 있어 부적합한 개념을 뿌리 뽑는 일에 원저자보다 더 멀리 나아간다. 우리가 예컨대 다마스키오스나 필로포노스 같은 수많은 사례에서 보았듯 장소에 대한 애매모호한 태도는 어떤 전통을 창시한 사람의 최초 견해 속에, 특히 실제 텍스트 속에 끈질기면서도 의미심

장하게 존속한다.

53. Koyré, *From the Closed World to the Infinite Universe,* 169.

54. 갈릴레오의 기하학화에 대해서는 Edmund Husserl, "The Origin of Geometry," in *The Crisis of European Sciences and Transcendental Phenomenology,* trans. D. Darr (Evanston: Northwestern University Press, 1970), 353-378 참조. 그리고 Alexandre Koyré, *Galilean Studies,* trans. J. Mepham (Atlantic Highlands, N. J. : Humanities Press, 1978), chap. 1, 2, 특히 78쪽 참조. "갈릴레오의 철저한 기하학화는 **시간에 있어 타당한 것을 공간 쪽으로 옮긴다**"(강조는 원문).

55. *Principia,* I, xvii. 뉴턴의 기하학과 역학의 통일에 대해서는 Jammer, *Concepts of Space,* 96-97 참조.

56. 첫 번째 인용문은 "The System of the World," Principia, II, 497쪽에서, 두 번째 인용문은 ibid., 415쪽에서 취한 것이다. 물질적인 에테르와 비물질적인 에테르의 구별에 대해서는 Grant, *Much Ado About Nothing,* 247 참조. 가상디와 길버트의 뒤를 좇아 뉴턴은 관성력과 중력이 물질적인 입자에 들어 있고(located), 그 물질들이 점유하는 장소에 들어 있는 게 아니라는 엄격한 원자론을 지지한다. 공간으로부터 물리적인 힘을 비워 그것을 단순한 입자들로 옮긴 결과, 절대 공간의 부분들로 이루어진 하위 윤곽을 구성하는 장소는 더욱 권능을 빼앗긴다.

57. "De Gravitatione et aequipondio fluidorum"에서 인용. 출처는 Koslow, "Ontological and Ideological Issues," 233, 강조는 원문.

58. Koslow, "Ontological and Ideological Issues," 233, 강조는 원문.

59. "**무언가**가 거기에 있다. 바로 공간이 거기에 있는 것이다. 비록 그 이상의 것은 아무것도 없지만 말이다"라는 뉴턴의 주장에 대해 에드워드 그랜트는 이렇게 응수한다. "'그 이상의 것은 아무것도 없다'는 것은 곧 '신 자신을 빼고는'이라는 말이다" (*Much Ado About Nothing,* 243). 만일 이것이 옳다면, **신은 (절대적) 장소 자체를 대신한다! 신은, 즉 장소다**(Deus sive Locus)[스피노자가 《에티카(Ethica)》에서 주장한 "신, 즉 자연(Deus sive nature)"이 아니라—옮긴이)].

60. *Principia,* II, 545. 신에 관한 뉴턴의 최초 기술은 한층 안셀무스적이다. 즉 신은 "영원하고, 무한하고, 절대적으로 완전한 하나의 '존재'(ibid., 544)"다.

61. *Principia,* II, 545.

62. Ibid.

63. "De Gravitatione et aequipondio fluidorum"에서 인용. 출처는 *Unpublished*

Scientific Papers of Isaac Newton, A Selection from the Portsmouth Collection in the University Library, Cambridge, ed. A. R. Hall and M. B. Hall (Cambridge: Cambridge University Press, 1962), 137. 홀의 판본에는 코슬로가 인용한 논문의 전문이 수록되어 있다.

64. 공간은 "마치 신으로부터 유출되어 나오는 결과 혹은 모든 존재의 배치(disposition) 와 같다"("De Gravitatione et aequipondio fluidorum," 132). "유출되어 나오는" (emanent)은 원천인 신"으로부터 흘러 나오는"을 의미한다.

65. Principia, II, 545, 강조는 원문.

66. Newton, Optics: Or a Treatise of the Reflections, Refractions, Inflections, and Colours of Light (New York: Dover, 1952), 370, 강조는 인용자. 나는 인용을 하면서 "감각 기관(Sensory)"을 "감각 중추(Sensorium)"로 바꿨다. 몇 쪽 뒤에서 뉴턴은 이렇게 덧붙인다. "'감각 기관'은 '혼'이 '감각 중추'에서 '사물의 종(the Species of Things)'을 지각할 수 있도록 해주는 게 아니라, 사물의 종을 거기까지 운반하기 위한 것일 따름이다. 그런데 신은 모든 곳에서 사물 자체에 현전하므로 그러한 기관이 필요치 않다"(ibid., 403). 아마도 뉴턴이 라이프니츠 및 다른 이들의 비판에 대한 반박 차원에서 덧붙였을 "마치 ……처럼(tanquam: 또는 '말하자면'—옮긴이)"이라는 결정적인 한정구의 역사에 대해서는 A. Koyré and I. B. Cohen, "The Case of the Missing Tanquam: Leibniz, Newton and Clarke," Isis 52 (1961), 555-566 참조. 코이레와 코헨은 "감각 중추"라는 걸 적절히 이해하면 "기관"이 아니며, 따라서 신이 결국 공간적인 감각 중추를 갖는 것은 지당한 일이라고 주장한다.

67. "De Gravitatione et aequipondio fluidorum," 136. 이 초기 논문에 뉴턴의 성숙한 학설—신학적인 취지까지 포함해—이 얼마나 크게 예기(豫期)되어 있는지 알면 다시 한 번 놀라지 않을 수 없다. 《프린키피아》의 '일반 주해'에서 뉴턴은 신이 "영원히 지속하고, 모든 곳에 현전하며, 그리고 늘 모든 곳에 존재함으로써 신은 지속과 공간을 구성한다"고 말한다.

68. "De Gravitatione et aequipondio fluidorum," 133. 이 동일한 아르키타스적 논점을 다른 방식, 좀더 중세적인 방식으로 표현하면 이렇다. "우리가 상상할 수 있는 그 어떤 연장보다 더 거대한 연장이 존재한다"(ibid., 134).

69. Frank Manuel, The Religion of Isaac Newton (Oxford: Clarendon Press, 1974), 35n에서 인용, 강조는 원문. 다만 히브리 문자를 "makom"으로 치환했다.

70. "Of the Day of Judgment and World to Come." 인용은 Manuel, The Religion

of Isaac Newton, 101쪽에서. 뉴턴은 여기에 "신의 은총의 향유(享有)는 장소의 다양성에 따라 다양할 수 있으며, 이러한 다양성에 따라 신은 어떤 장소에는 더 많이 있고, 다른 장소에는 더 적게 있다고 할 수 있다"(ibid.)고 덧붙이는데, 이로 인해 그의 논변은 복잡해진다. 그러나 이는 신이 진실로 편재적(ubiquitous)—편재성은 본래 정도의 차이(degrees)를 불허한다—이라는 개념과 모순되는 것으로 보인다.

71. 이러한 문제 제기는 Grant, *Much Ado About Nothing,* 223-235쪽에 있는 "부분 내 전체론"에 대한 모어의 반론이다.

72. 코이레의 소견에 따르면, ⟨중력 및 유체의 평형에 대하여⟩에서 뉴턴은 공간 일반을 "신의 공간"과 등치시킨다. 《프린키피아》에서 "그는 여전히 그렇게 생각하지만, 그렇게 **말하지는 않는다.** 그 대신 그는 그것을 절대 공간이라고 부른다"(A. Koyré, *Newtonian Studies* (Chicago: University of Chicago Press, 1968), 104, 강조는 원문).

73. "편재성 및 영원성과 관련해 신 존재의 경계 지어지지 않는 연장"이라는 표현은 방금 전에 makom을 인용했던 "독자에게 드리는 주의의 말씀"에 있다. Manuel, *The Religion of Isaac Newton,* 35n. 나라면 이렇게 덧붙일 것이다. 즉 makom은 결코 단순한 개별 장소가 아니라, 초기 히브리 신학에서조차 이미 무한 공간에로 향하고 있던, 천상의(supernal) 및 초자연적 장소를 의미했을 수 있다(이 마지막 논점에 대해서는 Jammer, *Concepts of Space,* chap. 2, "유대교와 기독교의 공간 개념" 참조). 또 한 가지 놀라운 사실은 에드워드 그랜트 같은 주의 깊은 사람조차 뉴턴의 신 개념에 대해 주석할 때 동일한 한 문장 안에서 "장소"로부터 곧장 "공간"으로 미끄러진다든가, 혹은 그 역으로 "공간"에서 "장소"로 미끄러진다는 사실이다. 요컨대 "신이 편재하는 장소로서 공간은 영원하지 않으면 안 된다"(*Much Ado About Nothing,* 243)라든가, "무한한 공간은 신의 기관이 아닐 수도 있지만, 신은 비유적으로가 아니라 문자 그대로, 차원적으로 편재적인 장소임에 틀림없다"(p. 246) 같은 언급이 그러하다.

74. *Principia,* II, 544. "신이라는 말은 통상적으로 '주(主, Lord)'를 의미한다. 그러나 모든 '주'가 신은 아니다. 신을 구성하는 것은 바로 정신적 존재의 영역이다."

75. More, *Enchiridium metaphysicum,* chap. 7에서 인용. 출처는 Koyré, *From the Closed World to the Infinite Universe,* 151.

76. 그랜트가 핵심을 잘 표현했듯 "단 하나의 무한한 정신만이 존재하므로, 무한히 연

장되어 있는 공간은 틀림없이 신 자신 안에 내재한다"(*Much Ado About Nothing*, 227). 그러나 그 역 또한 성립한다. 신은—"물체적이든 비물체적이든, 모든 것은 연장을 갖는다"(ibid., 223)는 모어의 궁극적 전제 덕분에—무한히 연장된 공간에 내재함에 틀림없다. 나는 *From the Closed World to the Infinite Universe* 5장과 6장에서 코이레가 기술한 내용으로부터는 물론, 그랜트의 모어에 관한 논의 전체 (pp. 221-228)로부터도 많은 가르침을 받았다.

77. 1648년 12월 2일 데카르트에게 보낸 편지. Koyré, *From the Closed World to the Infinite Universe*, 111쪽에서 인용.

78. 그랜트가 지적하듯 "만일 뉴턴이 무한하고, 연장되어 있고, 공허한 공간을 신의 속성이라고 이해했다면, 그로부터 신은 연장되어 있는 존재라는 결론이 확실히 도출된다"(*Much Ado About Nothing*, 244). 그러나 오직 모어만이 기꺼이 이러한 테제를 지지한다는 것을 **확실히** 했다. 즉 그는 "믿을 수 없을 만큼 대담하고 또 전대미문의 일보"(ibid., 223)를 내딛으며 "신은 3차원적인 존재여야만 한다"고 주장했다. 이러한 일보는 희랍이나 중세 우주론에서는 전대미문이다—단 이러한 사상 체계는 우주론적인 엄밀함에 의해 스스로 일보를 내딛도록 계속 유혹받아왔는지도 모를 일이지만 말이다. 브래드워딘의 사고—그는 신을 정확히 "상상에 의한 무한한 공허"(《신적 원인에 대한 펠라기우스파 논박서》에 나오는 표현) 안에 위치 지으려는 경향이 있었다—에서 닫힌 물질세계를 둘러싸는 무한한 우주가 비차원적임과 동시에 (비연장적인 것으로서) 상상적인 데 반해, 이제 신은 지상의 기지(旣知)의 물질적 세계를 포함해 우주 전체에 침투하고 있는, 무한하고 연장적이며 실재적인 공허와 일체가 된다. 우리가 지금까지 살펴본 것처럼 이런 중대한 일보가 처음으로 충분히 가능해진 것은 르네상스 시기였다. "분리되어 있고, 무한하며, 3차원적인 공허한 공간이라는 희랍적 개념을 16세기에 도입하고 나서, 1677년 스피노자의 《에티카》에 이르기까지 대략 150년이 흐른 뒤, 이제 공간은 신 자신과 구별 불가능하게 되었다. 스피노자는 최후의 일보를 내딛어 신, 연장, 물질, 공간을 하나의 무한하고 불가분한 실체로 융합시켰다. 우리는 이보다 더 멀리 나아갈 수는 없으며, 이 지점까지 다다른 사람도—설령 있다 해도—극소수에 불과했다" (Grant, *Much Ado About Nothing*, 229). 그러나 스피노자는 통상적인 물질적 존재자의 지각 가능한 연장과 신의 연장을 구별했다는 점에 주의해야 한다. 오직 신의 연장만이 무한하고도 영원하며, 지각의 대상이 아니라 오성(understanding)의 대상이다.

07 연장적인 것으로서 근대 공간: 데카르트

1. 1649년 2월 5일자 편지. 영역은 A. Kenny, *Descartes: Philosophical Letters* (Oxford: Clarendon Press, 1970), 240쪽에 따랐다.

2. Ibid. 240. 데카르트에게 상상력은 물체적인 사물만을 받아들일 수 있는 것으로서 그 자체가 물체적인 능력이요, 본래적으로 물체와 결합해 있는 능력이다.

3. Ibid., 239, 강조는 인용자.

4. Ibid., 239. 데카르트는 신은 하나의 장소뿐만 아니라, **모든 곳에 있다**―그리고 어떤 엄밀한 의미에서도 연장되어 있지 않지만 모든 곳에서 유효하다―고 말할 수 있길 또한 원한다. 그렇기 때문에 데카르트는 모어에게 이렇게 인정한다. "신은 자기 자신을 모든 곳에 현현할 수 있는 능력이 있으니, 신의 본질은 모든 곳에 현전하고 있을 것입니다. 그러나 나는 신의 본질이 연장되어 있는 사물 같은 방식으로 거기에 있다는 것은 부정합니다"(1649년 8월 모어에게 보낸 편지). 다른 곳에서 데카르트는 신이나 천사가 연장되어 있는 실체**에** 행사하는 "힘"에 대한 생각을 전개하는데, 이때 그러한 실체의 어느 것도 힘 자체의 바탕은 아니다. 예를 들면 데카르트는 "신 안에, 천사 안에, 그리고 우리 마음 안에 존재하는 것은 실체의 연장이 아니라 오직 힘의 연장뿐이라고 저는 이해합니다"(*Philosophical Letters*, 249, 1649년 4월 15일 모어에게 보낸 편지. 239, 250쪽도 참조)고 말한다. 뉴턴은 데카르트의 신학에 대해 지극히 회의적인 입장이었음에도 불구하고 데카르트와 유사하게 이렇게 주장한다. (코이레의 문장을 빌리면) "연장은 신으로부터의 어떤 결과, 즉 유출의 결과(effectus emanitivus)이며, 또한―혹은 그리하여―모든 존재자, 즉 존재하는 모든 것의 어떠한 변양이다"〔*Newtonian Studies* (Cambridge, Mass.: Harvard University Press, 1965), 86〕.

5. *Philosophical Letters*, 239-240, 1649년 2월 5일 모어에게 보낸 편지, 강조는 인용자.

6. Ibid., 239. 신은 어떤 **엄밀한** 의미에서도 연장되어 있지 않지만 "힘에서는 연장되어 있다"고, 즉 제대로 연장되어 있는 세계에 미치는 신의 효과라는 점에서는 "연장되어 있다"고 간주할 수 있다. 이런 면에서 볼 때, 그리고 모어가 "신은 **신 고유의 방식으로** 연장되어 있다"(1648년 12월 11일 데카르트에게 보낸 편지, 강조는 인용자)고 주장했음을 고려할 때, 데카르트와 모어에게는 중간적 타협 지점이 있다. 그러나 데카르트에게 비물체적인 실체는 어떤 식으로든 합치되게 해주는 바로 그 기준―즉 부분 외 부분, 형상 그리고 장소 내에서의 배타적 국소화―을 여전히 결여하고 있

다. 코이레는 모어의 편에 서서 이렇게 말한다. "연장을 지지하는 실체를 탐구했다
는 점에서 데카르트는 옳았다. 그러나 그 실체를 물질에서 발견했다는 점에서 그는
틀렸다. 만물을 끌어안고 그 속에 스며드는 무한하고 연장된 존재자는 실체가 맞다.
그러나 그것은 물질(matter)이 아니다. 그것은 '정신(Spirit)'이다. **하나의** 정신이 아
니라 '정신' **그 자체**(the Spirit), 즉 신이다"(Koyré, *From the Closed World to the
Infinite Universe*, (Baltimore: Johns Hopkins University Press, 1957), 147, 강조
는 원문).

7. *Philosophical Letters*, 240(1649년 2월 5일 모어에게 보낸 편지).

8. Ibid., 240. 데카르트에 따르면, 텅 빈 공간이 있다고 **생각할** 때─우리가 어린 시절
에 그러했듯, 혹은 희랍 원자론자들이 그러했듯─우리는 단지 텅 빈 **장소들을** 상상
하고 있을 뿐이다. "우리가 그 안에서 아무것도 지각하지 못하는 장소는 모두 공허
다"(ibid., 240). 장소는 상상한 공간 영역에서 배제의 기준임과 동시에, 우리가 텅
빈 공간을 생각하려 할 때 갖는 잘못된─또는 적어도 너무나 소박한─상상의 한 전
형이다.

9. 고대 원자론자들에 대한 데카르트의 경멸은 1649년 2월 5일 모어에게 보낸 같은 편
지에서 모습을 드러낸다. "나는 주저없이 에피쿠로스, 데모크리토스, 루크레티우스
같은 위대한 인물들과 입장을 달리[합니다]. 왜냐하면 제게는 그들이 굳건한 이성
이 아니라, 단지 우리 모두가 아주 어린 시절부터 흡수해온 잘못된 선입견에 이끌
렸다는 걸 알았기 때문입니다. ……에피쿠로스, 데모크리토스, 루크레티우스는 이
선입견을 결코 극복하지 못했으므로, 제게는 그들의 권위에 따를 의무가 없습니다"
(*Philosophical Letters*, 240). 데카르트와 뉴턴─뉴턴은 원자론자들 중에서도 가장
근대적인 인물이었다─을 광범위하게 비교한 것으로는 Koyré, *Newtonian Studies*,
3장 "뉴턴과 데카르트", 특히 부록 M, "운동, 공간, 장소" 참조.

10. 아리스토텔레스와 대조적으로(그에게 차원이란 실제로는 방향이다) 데카르트
는 차원을 엄밀하게 양적인 방식으로 정의한다. 즉 차원이란 "양태 및 관계로서,
그 양태 및 관계에 따라 어떤 기체(基體)를 측정 가능하다고 간주하는 것"(*Rules
for the Direction of the Mind*, trans. E. S. Haldane and G. R. T. Ross in *The
Philosophical Works of Descartes* (Cambridge: Cambridge University Press,
1973), I: 61]이다. 연장, 양, 용적의 관계에 대해서는 Descartes, *Principles of
Philosophy*, trans. V. R. Miller and R. P. Miller (Dordrecht: Reidel, 1983), 2부
9절 참조. 연장에 관한 데카르트의 학설에 대해 탁월하게 논의한 것으로는 Gerd

Buchdahl, *Metaphysics and the Philosophy of Science: The Classical Origins, Descartes to Kant* (Oxford: Blackwell, 1969), 90-104 참조. 이 마지막 문헌에 대해서는 패트릭 힐런(Patrick Heelan)의 도움을 받았다.

11. *Rules for the Direction of the Mind*, 57.

12. Ibid., 58. "물체의 이미지"에 대해서는 57쪽 참조. 59쪽에서 데카르트는 "이미지화하기(imagination: 곧 '상상력'―옮긴이)의 도움을 비는 일은 가능하고도 필요한 일이다"라고 말한다. 이러한 맥락에서 특정하게 상상력을 사용하는 용법에 대해서는 '규칙 14' 참조(우리는 이미 데카르트가 모어에게 보낸 답장에서 그러한 상상력이 중요하게 작동한다는 것을 살펴봤다). "그러한 연장은 오로지 [물체적] 상상력 안에 그려진 형태, 그것에 의해서만 마음 앞에 제시해야 한다"[N. K. Smith, trans., *Descartes' Philosophical Writings* (London: Macmillan, 1952), 85, 원문은 이탤릭체]. 데카르트 철학에서 상상력의 역할에 대해서는 Véronique Fóti, "The Cartesian Imagination," *Philosophy and Phenomenological Research* 46(1986), 631-642; Casey, *Imaging: A Phenomenological Study* (Bloomington: Indiana University Press, 1976), 222-223 참조.

13. "여기서 우리가 연장이라고 하는 것은 연장된 대상 자체와 구별되는 별개의 뭔가를 의미하는 게 아니다"(*Rules for the Direction of the Mind*, 57). 바꿔 말하면 연장은 연장체, 즉 물체의 크기와 등가다.

14. Descartes, *Philosophical Letters*, 184. 연장을 둘러싼 뉴턴의 다양한 견해에 대해서는 Koyré, *Newtonian Studies*, 83-93 참조.

15. *Philosophical Letters*, 62(1639년 1월 9일 편지).

16. 스미스는 이렇게 표현한다. "공간의 한 부분이 그 자체로 공간의 다른 부분으로 다가간다고는 생각할 수 없다. 만일 운동이 가능하려면(그리고 의심할 바 없이 경험은 운동이 나타난다는 것을 입증한다), 그 운동은 공간을 **점유하는** 것으로서, 어떤 때는 공간의 어떤 부분을, 또 어떤 때는 공간의 다른 부분을 점유할 수 있는 뭔가의 운동이어야 한다. 즉 여러 가지 공간적인 요구에 늘 부합하지만, 이러한 운동 능력이라는 점에서는 그 요구들로부터 전적으로 독립되어 있는 무언가, 즉 하나의 '기체(subject)'로서 운동이어야만 한다"[N. K. Smith, *New Studies in the Philosophy of Descartes: Descartes as Pioneer* (New York: Macmillan, 1966), 193, Buchdahl, Metaphysics, 96 참조]. 이 대목에서 우리는 다음과 같이 물어야 한다. 공간의 '부분'이라는 것 자체가 바로 장소 아닌가? 운동은 물질과 공간이 구

별된다는 점 못지않게 장소를 무효화할 수 없다는 점 또한 가리켜 보이는 것 아닌 가? 어떤 대목에서는 데카르트 스스로 운동이란 **"어떤 물체가 어떤 장소로부터 다른 장소로 이동하는 활동에 다름 아니다"**(*Philosophical Letters*, 50, 강조는 원문)라고 쓰고 있다. 그러나 데카르트의 사고에서 장소와 공간의 관계가 꽤나 문제적이라는 점을 고려할 때, 이 진술―우리는 나중에 이 문제로 돌아올 것이다―이 전모를 온 전히 드러낸다고는 할 수 없다.

17. *Philosophical Letters*, 43-44. 스미스의 언급에 따르면 데카르트는 "그 자체의 본 래성에서 연장은 단순한 추상에 불과하고, 실존하는 것으로서 연장은 연장체와 구 별 불가능하다는 점을 인정했다"(*Descartes' Philosophical Writings*, 192). 만일 데카르트가 이를 인정하지 않았다면, 그의 신념은―우리가 앞서《철학의 원리》에 서 인용한 대목에서 위험스러울 정도로 가깝게 다가간 것처럼―필로포노스처럼 "공간적" 연장과 "물체적" 연장을 구별하는 쪽으로 다가가고 있었을 것이다.

18. 이러한 우회를 통해 우리는 다시 데카르트 대 모어의 논쟁으로 되돌아간다. 모어 는 데카르트에게 보낸 첫 번째 편지(1648년 12월 11일)에서 이렇게 말한다. "신 은 신에 고유한 방식으로 연장되고 펼쳐져 있으며, 따라서 연장체입니다. 그럼에 도 불구하고 신은 물체나 물질이 아닙니다. 당신의 마음이―마음이란 얼마나 교묘 한 예술가인지요―능란하게도 작은 구체(球體)들과 줄무늬 나 있는 입자들로 변환 시켜버렸던 그 물체나 물질이 아닌 것입니다. 그러니까 **연장체**라는 개념은 **물체** 개 념보다 넓은 것입니다"(번역 및 인용 출처는 Capek, *The Concepts of Space and Time*, 85, 강조는 케이펙).

19. *Philosophical Letters*, 44, "제1성찰"과 "제2성찰"(즉 밀랍 조각에 관한 저명한 성 찰). 앞의 주 18에 인용한 편지에서 모어가 이 사고 실험에 제기한 비판(Capek, *The Concepts of Space and Time*, 86) 참조. 데이비드 앨리슨(David Allison)이 내게 지적한 것에 따르면, 우리는 밀랍 한 조각에서 시작해 그 떼어낼 수 없는 본 질로서 연장으로 나아갈 수 있지만, 그 역의 과정으로는 진행해갈 수 없다. 이는 데카르트의 연장론이 형이상학적이라기보다 방법론적이라는 사실, 즉 존재론의 한 항목이라기보다 정의나 단정의 문제라는 점을 보여준다. 이런 제안을 해주고, 또 앞의 몇 페이지를 면밀히 검토해준 동료 앨리슨에게 감사한다.

20. 이런 점에서 데카르트는 분명히 보수적이다. 즉 그에게는 실체에 내재하지 않는 속성 따위는 없으며(《철학의 원리》1부 11절 참조), 공간과 시간은 그 연장적인 본 성이라는 점에서 그 자체로 속성이다. 데카르트는 공간과 시간은 속성도 아니고

실체도 아니라는 가상디의 과격한 테제에 따르기를 거부한다. 그러나 이렇게 해서 데카르트 자신의 실체 개념은 불명료해진다.

21. *Philosophical Letters*, 250-252(1649년 4월 15일 편지). 또한 1649년 2월 12일 편지도 참조. "신은 제가 적극적으로 무한하다고 이해하는 유일한 것입니다. 세계의 연장이라든가 물질이 분리할 수 있는 부분의 수 같은 여타의 것들에 관해서라면, 고백하건대 저는 그것들이 절대적으로 무한한지 아닌지 알지 못합니다. 저는 단지 제가 그것들에 대해 끝을 알지 못한다는 것을 알고 있을 뿐입니다. 그래서 저 자신의 관점에서 저는 그것들을 무제한하다고 부릅니다"(p. 242).

22. 1649년 4월 15일 모어에게 보낸 편지(*Philosophical Letters*, 251-252). 데카르트의 논증이 여기서 (정신적) 한계로부터 (물리적) 무한으로 나아간다는 것에 주목하라. 또 다른 진술들에 대해서는 1649년 2월 5일 모어에게 보낸 편지, 1647년 6월 6일 샤뉘(Chanut)에게 보낸 편지, 그리고 특히 *Principles of Philosophy*, 49쪽 참조. "우리는 이 세계, 즉 물질적 실체로 이루어진 우주는 그 연장에 있어 어떠한 한계도 없음을 이해한다. 왜냐하면 우리가 그 어떤 한계를 상상하더라도, 우리는 늘 그 한계 너머로 무한정 연장된 공간을 상상할 수 있을 뿐만 아니라, 그 공간들이 우리가 이해하는 대로 존재하고, 그 결과 그 공간들이 무한정 연장된 물질적 실체를 포함한다는 것을 분명히 지각할 수 있기 때문이다."

23. 데카르트가 **무한과 무제한**의 구별을 물질적 연장에 적용해서도 유지할 수 있는지에 대해서는 논의의 여지가 있다. "제5성찰"에서 데카르트는 이렇게 쓴다. 연장이란 "철학자들이 흔히 연속적이라고 일컫는 양으로, 그 양 안에, 아니 차라리 양이 귀속되는 양화된 사물 안에 있는, 길이와 넓이와 깊이에서의 연장"이다. 스미스는 이 구절을 논평하며 이렇게 지적한다. "존재는 이렇게 연속적이므로, 연장은 **범위에서 무한함과 동시에 무한히 분할 가능한** 존재로 인식해야 한다. 한편 시간을 다루는 데카르트의 방식은 이와는 크게 다르다. 그는 시간이 연속적임을 부정하고 …… 그것을 원자론적인 방식으로 설명하려 한다"(*New Studies in the Philosophy of Descartes*, 193n, 강조는 인용자).

24. "데카르트는 아리스토텔레스보다 훨씬 더 급진적인 방식으로 …… 공허를 거부한다"(Koyré, *From the Closed World to the Infinite Universe*, 101). Koyré, *Newtonian Studies*, 164-169쪽도 참조. 데카르트는 공허를 확고히 거부했지만, 그럼에도 불구하고 원초적 혼돈이라는 관념에는 유순한 태도를 보인다. 데카르트는 〈빛에 관한 논고(Treatise on Light)〉에서 신이 우주를 짓는 상황을 "시인들이

나 그려낼 수 있을 만큼 혼란과 분규로 가득 찬 혼돈"(Smith, *New Studies in the Philosophy of Descartes*, 116쪽에서 인용)으로 받아들인다. 이 혼돈은 또한 순수하게 사변적인 개념도 아니다. 즉 "자연에서 발생하는 온갖 사건을 운동 법칙에 의해 충분히 설명할 수 있다는 것은 시원적인 혼돈을 상정함으로써, 적어도 가설적으로는 가능하다고 상정함으로써만 증명할 수 있다"(Smith, *New Studies in the Philosophy of Descartes*, 115).

25. 데카르트는 물질 내부에 소공허로서 공간이 있음을 거부하는데, 이에 대해서는 *The World*, trans. M. S. Mahoney (New York: Abaris Books, 1979), 27, 35 참조.

26. "진공이 실재한다는 것에는 모순이 내포되어 있습니다. 왜냐하면 우리가 물질에 대해 갖는 관념이 공간에 대해 갖는 관념과 동일하기 때문입니다. 우리의 물질 관념은 우리에게 실재적인 사물을 제시하는 고로, 만일 우리가 공간이 공허하다고 말한다면, 그것은 곧 우리가 실재적인 사물로 이해하는 어떤 것이 실재적인 것이 아니라고 하는 셈이니, 우리는 자기모순에 빠져 자신이 생각하고 있는 것과 정반대되는 주장을 하는 꼴이 될 것입니다"(1645년 10월 뉴캐슬 후작에게 보낸 편지, *Philosophical Letters*, 184). 우리가 특정 물체에 대해 사고하지 않고서도 여러 비율들의 집합으로서 순전한 크기**에 대해 생각하는** 것이 가능하다 할지라도, 상상과 지각 차원에서 크기란 늘 일정하게 규정된 어떤 물체의 크기일 것이다.

27. Descartes, *The World*, 27. 이 논증의 전제는 다음 두 가지다. (i) "모든 물체는 고체든 유체든 모두 동일 물질(matter)로 만들어져 있다"(p. 25). (ii) 간격은 늘 전적으로 채워져 있고, 심지어 공기 입자들 간의 간격에서조차 그러하다(pp. 35, 37 참조). 다른 곳에서 데카르트는 우리가 텅 빈 공간이 있다고 믿는 것은 오직 우리가 순전히 상대적인 견지에서 생각할 때뿐이라고 논한다. "물동이는 물을 담기 위해 만들어진 것이므로, 거기에 공기만 채워져 있을 때에는 물동이가 텅 비었다고들 말한다"(*Principles of Philosophy*, 47). 통상적으로 어떤 용기에 걸맞은 내용물이 결여되어 있으면 그것은 텅 빈 것이라고 **여길 수 있다.** 그러나 아무리 그렇게 여긴다 해도, 실제로 그것이 전적으로 텅 빈 것은 결코 아니다.

28. 1639년 1월 9일 메르센에게 보낸 편지(*Philosophical Letters*, 62). 더 온전한 진술로는 *Principles of Philosophy*, 47-48 참조. 헨리 모어는 그러한 사고방식에 응수하면서 바로 신이야말로 내벽을 서로 떨어지게 유지하는 존재일 것이라고 말했다. "만일 신이 물질에 운동을 부여하는 존재라면, 바로 당신이 주장하신 대로 그렇다고 한다면, 신이 꽃병의 내벽을 서로 반대 방향으로 밀어서 떨어져 있도록 두는 게

불가능하겠습니까?"(Capek, *Concepts of Space and Time,* 87쪽에서 인용).

29. *The World,* 31.

30. 이 충실체를 더욱 구체화한 것으로는 *Philosophical Letters,* 62-63 참조. 여기서 우주는 서로 구별되는 세 종류의 물체로 채워져 있다.

31. 1647년 6월 6일 샤뉘에게 보낸 편지(*Philosophical Letters,* 221), 강조는 인용자. (데카르트가 여기서 차원들 없이 공간을 생각할 수 없는 한 우리는 물질 없는 공간을 마음속에 품을 수조차 없다고 본다는 점에 주목하기 바란다.) 이 논증은 *Principles of Philosophy,* 47쪽에서 다시 등장하고, 모어에게 보낸 1649년 2월 5일 편지에서 간결한 형태로 되풀이된다. "저는 〔연장이 부여하는〕 그러한 실재적인 속성은 단지 실재적인 물체 안에만 존재할 수 있다고 믿기 때문에, 온전히 텅 빈 공간 따위는 있을 수 없다고 감히 단언하고자 합니다"(*Philosophical Letters,* 240). 다른 한편 데카르트는 "흔히 텅 빈 공간이라 부르는 것"은 "**그 모든 우유성을 제거한** 실재적인 물체"〔1649년 8월 모어에게 보낸 편지(*Philosophical Letters,* 257), 강조는 인용자〕—"모든 우유성"에서 "모든"은 연장 자체를 배제하고 하는 말인데, 연장은 제거할 수 없는 것이기 때문이다—라고 인정한다.

32. Koyré, *From the Closed World to the Infinite Universe,* 99. "성급하게도 물질과 공간을 동일시한 탓에 〔데카르트는〕 17세기의 과학이 그에게 들이민 여러 문제에 대해 올바른 해결책을 부여할 수단을 스스로 박탈해버렸다." 이 논란에 대해서는 Jonathan Rée, *Descartes* (London: Lane, 1974), 55-57 참조.

33. *Principles of Philosophy,* 44-45, 강조는 인용자. 데카르트는 여기서 문제 되고 있는 장소에 대해 "텅 비었다고까지 믿을 수도 있다"(ibid.)고 덧붙이지만, 여기서 강조점은 "믿을"에 있다.

34. *Rules for the Direction of the Mind,* 58. "**연장은 장소를 점유한다**고 말할 때 나는, **연장되어 있는 것은 장소를 점유한다**고 말할 때와 전적으로 동일한 것을 생각한다"(강조는 원문).

35. Ibid., 강조는 인용자.

36. *Principles of Philosophy,* 46. (본문 중 〔 〕 안에 있는 구절은 《철학의 원리》의 불역본—데카르트 자신이 직접 검토하고 승인한 판본—에서 덧붙인 것이다.) 여기서 주목할 것은 "마치 그것〔장소〕이, 그 안에 놓여 있는 사물 내에 있는 듯"이라는 표현이 우리가 이미 뉴턴에게서 보았던 관념, 즉 바로 그 장소 안에 있는 **물체에** 내재하는 장소라는 논란의 여지 있는 관념을 도입한다는 점이다.

37. 데카르트는《철학의 원리》의 2부 10절(이 절의 제목은 "공간 혹은 내적 장소의 본성")에서 "왜냐하면 어떤 물체에 의해 점유된 공간을 구성하는 길이, 넓이, 깊이에 있어 연장은 사실상 그 물체를 구성하는 연장과 정확히 동일하기 때문이다"(*Principles of Philosophy*, 43)라고 말한다. 내적 **장소**에 대해 한창 논의하면서 데카르트가 조금도 주저함 없이 "어떤 물체에 의해 점유된 공간"에 대해 마치 그러한 장소와 등가인 것처럼 말한다는 점에 주목하라.

38. *Principles of Philosophy*, 46.

39. Ibid., 45.

40. 이 점에 대해서는 *Principles of Philosophy*, 45-46 참조. 거기서 데카르트는 다시 한 번 "내적 장소"를 "공간"으로 대체한다. "우리는 그 크기나 형태가 엄밀하게 동일하지 않은데도, 어떤 사물이 다른 사물의 장소를 차지한다(다른 사물을 대신한다)고 말하는 경우가 종종 있다. 그러나 이때 우리는 그 사물이 다른 사물이 점유하고 있던 것과 **동일한 공간**을 점유한다는 것을 〔암묵적으로〕 부정하고 있는 것이다"(강조는 인용자).

41. 데카르트는 공간 연장의 유적 단일성이 "그것의 크기 및 형태가 여전히 동일한 상태고, 또한 **외부의 몇몇 물체에 대해 동일한 위치를 유지하는 한에서**"만 "전적으로 계속 동일"(*Principles of Philosophy*, 44, 강조는 인용자. 45쪽도 참조)할 수 있다고 강력히 주장함으로써 이 논점을 복잡하게 만들어버린다. 이는 내적 장소와 외적 장소가 모두 공간의 유적 단일성에 필수적이라고 주장하는 것처럼 보인다. 그러나 내적 장소를 공간의 개별적 단일성에 귀속시키고, 외적 장소를 그 유적 단일성에 귀속시키는 편이 더 경제적이지—그리고 더 엄밀하지—않을까?

42. *Meditations on First Philosophy*, Second Meditation, as translated by J. Veitch (Buffalo: Prometheus Books, 1989), 80. 그럼에도 불구하고 장소와 공간은 공히 형태 및 크기의 견지에서 정의된다.

43. "구체화"는 *Principles of Philosophy*, 44쪽에서, "규정"은 ibid., 45쪽에서 볼 수 있다.

44. *Principles of Philosophy*, 45-46, 강조는 인용자.

45. Ibid., 46. 그러나 이 문장의 나머지 부분은 결정적인 다의성을 포함하고 있다. "그러나 우리가 그것〔어떤 사물〕이 그 공간 **또는 그 장소**를 채운다고 덧붙일 때, 우리는 또한 그 사물이 그 공간의 구체적인 크기와 형태를 갖는다는 점 또한 이해하는 것이다"(ibid., 강조는 인용자). 여기서 "또는 그 장소"라는 표현은 외적 장소를 내

적 장소로—따라서 내적 장소와 동일시하는 공간으로—역행적으로 환원하는 것 이외에 무엇을 의미할 수 있겠는가?

46. "그 위치(즉 외적 장소에 내포되어 있는)를 규정하기 위해서는 우리가 부동이라 간 주하는 몇 가지 다른 물체를 고려에 넣어야만 한다. 그리고 어떤 물체를 고려하는 가에 따라 우리는 동일 사물이 그 장소를 바꾼다고도 할 수 있고, 또 바꾸지 않는 다고도 말할 수 있다"(Principles of Philosophy, 45). 우리는 로크와 라이프니츠를 논할 때, 고정적인 지표점의 문제로 다시 돌아갈 것이다.

47. Philosophical Letters, 45. 천체에 있는 이 점들은 자연물리적 세계에서 해석기하 학의 바탕인 좌표계에 대한 보증을 부여한다고도 할 수 있다.

48. 데카르트는 "지구가 아니라 '항성들' 쪽이 부동이라고 믿을 이유는 어디에도 없다" (Principles of Philosophy, 45)고 말한다. 데카르트가 지구에 운동을 부여하지 않 은 것은 아마도 이단 심문에 대한 타협이라고 봐야 할 것이다. 엄밀히 말하자면, 데카르트에게 지구를 포함한 **모든** 천체는 운동하고 있다.

49. Principles of Philosophy, 45. 더 이전 시기에 출간한 홀데인과 로스의 번역본 은 이렇다. "이 우주 내에 실제로 부동인 점 따위는 없다는 것을 결국에 우리가 받 아들인다면(조금 뒤에 충분히 그럴 만하다는 걸 보게 되겠지만), 그 장소가 우리 의 사유에 의해 고정되어 있는 경우를 제외하고는 그 어떤 것도 항구적인 장소를 갖지는 못한다는 결론에 이를 것이다." 이 논법이 처음 등장하는 것은 필로포노스 가—아리스토텔레스를 비판하는 과정에서—구사한 것이다(Jammer, Concepts of Space: The History of Theories of Space in Physics (Cambridge, Mass.: Harvard University Press, 1969), 57 참조).

50. Philosophical Letters, 46.

51. "'표면'이라고 할 때 우리는 그것을 공통 표면으로 이해한다. 이 공통 표면은 한 물체 의 부분도 아니지만, 마찬가지로 다른 물체의 부분 또한 아니다. 만일 그 공통 표면 이 크기 및 형태에서 계속 동일하다면 언제나 동일한 것으로 여겨질 것이다"(ibid.).

52. Ibid., 46.

53. 동일한 이유로, 둘러싸는 요소들의 벡터(vectors)가 서로를 상쇄한다면, 장소의 동 일성은 보존된다. "만일 한 척의 배가 강물의 흐름에 의해 한쪽 방향으로 밀리면 서, 그와 동시에 바람의 완전히 동등한 힘에 의해 반대 방향으로 밀린다면(따라서 양안(兩岸) 사이에서 배가 처해 있는 위치에는 변함이 없다고 한다면), 그 둘러싸 는 표면에 모두 변화가 발생함에도 불구하고 배는 동일한 장소에 계속 머물러 있

다고 누구나 쉽게 믿을 것이다"(ibid.). 여기서 데카르트는 둘러싸고 있는 표면이
라는 기준이 얼마나 취약한 것인지 지적하는데, 이것은 심플리키오스부터 뷔리당
을 통해 이어져온 고대 이래의 전통적인 비판이다. 이 전통에 대한 생생한 설명—
나는 이미 4장에서 이것에 대해 언급한 적이 있다—은 Richard Sorabji, *Matter,
Space, and Motion* (Ithaca: Cornell University Press, 1988), 11장 참조.

54. *Philosophical Letters*, 45, 강조는 인용자.
55. Ibid., 50, 원문은 이탤릭체. "고유한 의미에서" 운동은 "물질의 한 부분 또는 하나
의 물체가 그에 직접 접해 있으면서 정지해 있다고 간주되는 물체들 근처로부터 다
른 〔몇몇〕 물체들 근처로 이동하는 것"(ibid., 51, 원문은 이탤릭체)으로 정의한다.
56. Ibid., 52, 강조는 인용자.
57. Ibid. 헨리 모어는 데카르트의 운동 이론에 대한 예리한 비판에서 "근처"를 끌어들
이는 데 반대했다. 이 비판에 대한 설명으로는 Koyré, *From the Closed World to
the Infinite Universe*, 142-143 참조.

08 상대적인 것으로서 근대 공간: 로크와 라이프니츠

1. John Locke, *An Essay Concerning Human Understanding*, ed. P. H. Nidditch
(Oxford: Clarendon Press, 1975), 172, 강조는 원문. 로크는 "관념"이라는 단어도
강조한다. 견고성은 다음과 같은 방식으로 정의할 수 있다. "두 물체가 서로를 향해
움직일 때, 그 두 물체가 접근하는 것을 이렇게 방해하는 것, 그것을 나는 **견고성**이
라 부른다"(p. 123, 강조는 원문). 견고성을 《인간지성론》에서 별도로 논의하는 것은
사실이지만, 그럼에도 불구하고 견고성은 장소 및 공간에 관한 로크의 견해를 이해
하는 데 결정적으로 중요하다. 견고성은 "물체에 불가분하게 본래적으로 갖추어져
있는"(p. 123) 것으로서 거기에는 이미 장소가 포함되어 있다. 즉 "**견고성**이라는 관
념은 …… 우리가 '물체' 내에서 발견하는 저항에서 생겨나는데, 이 저항은 그 물체
가 자신이 소유하는 **장소**를 떠나기 전까지 다른 물체가 **그 장소 속으로** 진입하지 못
하도록 하는 것이다"(pp. 122-123, 강조는 인용자). 나아가 견고성은 공간에도 역시
필수적이다. 견고성이란 "'물체'에 속하는 관념으로, 바로 이것에 의해 우리는 물체
가 **공간을 채우고 있다**고 생각한다"(p. 123, 강조는 인용자). 견고성은 다른 물체가 침
투하는 것을 거부하는 특정한 방식으로 공간을 채운다. 물체의 본래적 저항은 "다른
물체를, 자신이 소유한 공간 바깥에 둔다"(p. 124). 결국 견고성은 단적인 "단단함"
과 "순수 공간" 사이에 놓여 있는 것으로, 견고성과 달리 이 "순수 공간"은 "저항도

할 수 없고, 운동도 할 수 없다"(p. 124).

2. Ibid., 172, 강조는 원문. 로크 자신은 뉴턴과 필로포노스를 동시에 연상시키는 방식으로 두 종류의 연장을 구별한다. 우선 "물체의 연장"은 "견고성이 있고, 분리 가능하고, 가동적인 '부분들'의 응집 또는 연속성"이다. 다른 한편 "공간의 연장"은 "견고성이 없고, 분리 불가능하고, 가동적이지 않은 '부분들'의 연속성"이다(ibid., 126). 《인간지성론》 초판에서 3판에 이르기까지 로크는 이와 유사하게 연장에 대해 "'물체'에만 속한다"고 말하고, "명백히 알 수 있듯 공간은 〔그러한 물체적 연장〕 없이도 생각할 수 있을 것이다"(An Essay Concerning Human Understanding, ed. A. C. Fraser (New York: Dover, 1959), I: 220 n 1에서 인용)고 지적한다. 이러한 이유로 로크는 가능한 경우에는 언제나 "연장"이라는 말을 물체적인 연장에 한정하고, "공간"이라는 용어는 공간적 연장을 위해 남겨둔다. 흥미롭게도 자신의 사상 초기 단계, 즉 1677~1668년의 시기에 로크는 이렇게 주장한다. "'공간' 자체는 **연장된 존재 또는 물체가 존재하기 위한 용량**(capacity, '능력'—옮긴이) **또는 가능성**에 다름 아니라고 생각한다. ⋯⋯사실 공간은 **실제로는 무**이고, 지금은 아무것도 없는 곳에 물체가 존재할지도 모른다는 단순한 가능성 이상을 의미하지 않으며 ⋯⋯ 혹은 만일 거기에 존재를 상정할 필요가 있다면 그 존재는 신이어야만 하며, 따라서 신의 존재란 우리가 상정하는 대로 연장되어 있긴 하지만 침투 불가능한 것은 아닌 존재다"(Locke, Miscellaneour Papers 〔1677-78〕, in the Fraser Edition, 155 n 4에서 인용. 강조는 원문). 놀랍게도 로크는 여기서 스피노자의 《에티카》가 출판되던 바로 그해에 신은 연장되어 있으며, 공간 전체—이 공간 전체는 나아가 "무한"(Miscellaneour Papers, 156)이라고도 일컫는다—를 채우고 있다는 사고를 지지한다. 그러나 뒤의 주 32에서 지적하겠지만, 로크는 이 견해를 《인간지성론》에서 그리 진지한 방식으로 주장하지는 않는다.

3. Essay, 177, 강조는 원문. 그런데 우리가 어떻게 공간 없이—적어도 여기서 문제 되고 있는 견고성이 생겨나는 최소한의 공간 없이—견고성을 생각할 수 있는지는 의문스러울 수도 있다.

4. "순수 공간"이라는 표현은 예컨대 《인간지성론》 173쪽에 나오는데, 여기서는 등가적인 표현인 "단순 '공간'" 또한 사용하고 있다. 순수 공간은 공허 또는 "진공"과 마찬가지 개념으로, 로크는 이 공허나 진공을 "견고성 없는 순수 공간"이나 "〔운동하는 물체〕가 떠나간 장소"에서 생기는 것으로 정의한다(p. 124).

5. "용량"이란 "길이, 넓이, 두께로 간주되는"(Essay, 167) 어떤 것의 범위(extent: 또는

'규모'―옮긴이)다. "형태"는 "연장 또는 둘러싸인 공간의 끝부분들이 상호 맺는 관계"(p. 168)로 정의할 수 있다. 이러한 정의가 어떻게 형태 또는 "형상(shape)" 자체를 **관계적인** 속성으로 만들고 있는지 주목하라. 이렇게 이해한 형태는 무한히 가변적이다. 이에 대해서는 169쪽 참조. 그가 "연장"이라는 용어에 대해 애매한 태도를 취한다는 점을 염두에 둘 때, 로크가 이 말을 때로는 "용량"(예컨대 p. 167)에 적용하고, 또 때로는 자신이 말하는 "물질 자체, 그 응집성 있는 견고한 부분들의 거리"(p. 179)에 적용하는 것도 그리 놀랄 일은 못된다. 또한 로크적 의미의 용량이 데카르트적 의미의 내적 장소와 극히 밀접한 관계가 있다는 점―그리고 두 경우 모두 "연장"과 "물질"을 모두 포함한다는 점(비록 로크의 경우에는 일관성을 결여하고 있긴 하지만)―도 놀랄 일은 못된다.

6. *Essay*, 167.

7. "그 밖에도 또 한 종류의 거리 또는 길이가 더 있는데, 우리는 그 **관념**을 '공간'의 항구적인 부분으로부터가 아니라 '계기(繼起, succession)'의 덧없고, 영원히 사라져가는 부분으로부터 얻는다"(*Essay*, 181). "시간의 공간화"는 여기서 가장 직접적인 표현 중 하나를 얻는다.

8. *Essay*, 169, 강조는 원문. 이 언명 안에 시간이라는 요소가 포함되어 있다는 점은 장소와 시간이 모두 거리에 기초를 두고 있다는 것을 반영한다.

9. Ibid., 171.

10. 예의 명쾌한 방식으로 로크는 자신이 문자 그대로의 점에 대해 말하고 있는 게 아님을 분명히 한다. "통속적으로 말하자면, 통상적인 **장소** 개념을 사용할 때 우리가 늘 엄밀한 점으로부터의 거리를 정확히 말한다고는 할 수 없다. 그보다 우리는 놓여 있는 사물과 관계가 있다고 여겨지는 감각적인 대상들의 더 커다란 구성 부분(portions)으로부터의 거리를 말하는 것이다"(*Essay*, 169, 강조는 원문). 이렇게 점 자체는 거리의 필수 구성 요소가 아닐 수 있지만, 로크의 관점에서 "위치들"은 없어서는 안 될 요소**이다.** 왜냐하면 거리에 호소해서 장소를 규정할 때 우리는 "사물 개개의 위치들을 가리키기"(p. 170) 때문이다. 여기서 알 수 있는 것은 로크가 장소를 규정할 때 **삼각화**(triangulation)라는 관점에서 생각하고 있다는 점이다. 즉 장소는 적어도 **세 가지** 위치의 함수이며, 이 세 가지 위치는 각각 삼각형의 꼭짓점이라고 간주할 수 있는 것이다. 내 동료 마셜 스펙터(Marshall Spector)의 주장에 따르면, 우리는 그러한 삼각화를 3차원 좌표계의 필연성을 향한 하나의 단계로 간주할 수 있다. 어쨌든 이러한 로크의 관점은 공간적 세계가 궁극적으로는 삼각형에

의해 구조화해 있다는, 플라톤의 주장에 합류하는 셈이다. 그러한 위치의 삼각화에 입각한 것으로서 장소–상대주의를 예리하게 분석한 것으로는 Andrew Newman, "A Metaphysical Introduction to a Relational Theory of Space," *Philosophical Quarterly* 39 (1989), 200-220 참조.

11. 로크의 예에 대해서는 *Essay*, 169-170 참조. 이 분석에서 로크는 앞서 데카르트가 제시한 사례, 즉 선미에 앉아 있는 어부(*Principles of Philosophy*, 45, 50)를 변형해 사용하고 있는 것으로 보인다.

12. *Essay*, 170.

13. Ibid.

14. 안정된 지표점들의 집합—실제적으로는 좌표계—중 어느 것을 선택할지는 "다른 목적을 위해서라면 그 사물의 **장소를** 더 잘 **규정할** 다른 사물은 일체 고려하지 않고, 〔우리의〕 당면 목적에 가장 도움을 줄 인접한 사물들"(*Essay*, 170, 강조는 원문)에 따라 결정될 것이다.

15. 로크의 소유권 분석에 담겨 있는 장소적 함의에 대해서는 제임스 E. 도넬런(James E. Donelan)의 논의를 통해 많은 도움을 받았고, 특히 그의 미간행 논문 〈로크, 장소, 소유권〉을 읽고 많은 것을 얻었다.

16. 로크는 공간에 대해 논의하기 시작하는 시점에 측정을 명시적으로 불러낸다. "사람들은 필요에 의해, 또한 측정 관습에 의해 인치, 피트, 야드, 패덤(fathom), 마일, 지구의 지름 등등 어떤 정해진 길이에 대한 관념을 마음속에서 결정한다. 이 많은 것은 공간으로만 이루어진 독특한 관념들이다"(*Essay*, 167. 로크는 이 중 몇 단어를 강조한다).

17. 자연의 수학화에 대해서는 Edmund Husserl, *The Crisis of European Sciences and Transcendental Phenomenology*, trans. D. Carr (Evanston: Northwestern University Press, 1970), 1부, 특히 그중에서도 9절 "갈릴레오에 의한 자연의 수학화" 참조.

18. 그러나 로크는 데카르트가 연장 관념의 기원으로서 시각과 촉각을 과도하게 강조한다고 비판하는 과정에서, 데카르트주의자들에게 "맛이나 냄새의 관념 …… 배고픔, 목마름, 그 밖의 몇 가지 괴로움의 관념"(*Essay*, 178-179)에 대해 좀더 진지하게 고민하도록 권유한다.

19. 나는 "측정자"라는 말을 M. Merleau-Ponty, *The Visible and the Invisible*, trans. A. Lingis (Evanston: Northwestern University Press, 1968), 103쪽에서 취했다.

"우리는 우리의 신체, 감각, 시선 그리고 말을 이해하거나 이야기하는 능력과 아울러 '존재'를 위한 **측정자**, 곧 우리가 '존재'를 귀속시킬 수 있는 차원들을 갖고 있다." 또한 신체를 "보편적 측정자"라고 일컫는 260쪽도 참조. 그러나 이러한 판단을 신체에 대해 적용할 수 있다면, 왜 장소에 대해서는 그럴 수 없는 것일까? 신체와 장소가 비늘처럼 밀접히 포개졌다는 것에 대해서는 Caesy, *Getting Back into Place: Toward a Renewed Understanding of the Place-World* (Bloomington: Indiana University Press, 1993), 3장 및 4장 참조.

20. *Essay*, 171. 이 문장에서 로크는 "관념"을 대문자로 쓴다. 다시 한 번 배의 예가 범형으로 등장하는데, 이번에는 위치에 관한 단적인, 그리고 외관상 끝없는 상대주의의 범형으로서다. 즉 만일 우리가 충분히 안정된 지표점 아래 장기판의 말들, 장기판, 그 장기판이 놓여 있는 선실, 그 배 자체 등의 수많은 장소에 대해 "그런 측면에서는(즉 지표점들과의 관계에서는) 이 사물들이 **동일 장소**에 있다고 적절하게 이야기할 수 있다"고 말할 수 있다면, 다른 한편으로 "이 문제에서 우리가 고려하지 않았던 몇몇 다른 사물들로부터 이 사물들까지의 거리가 바뀌어 있기" 때문에 "그 사물들은 그런 측면에서 의심의 여지없이 **장소를 바꾼** 것이다"(*Essay*, 170, 강조는 원문). 이리하여 공간 내에 있는 하나의 동일한 지점(spot)—여기서 "공간"은 변치 않는 모태로 여겨진다—은 불변하는 장소**이면서 동시에** 변화하는 장소로 간주할 수 있으며, 그 차이는 이 지점을 어떤 좌표계와 연관시킬 것이냐에 따라 달라진다. 이는 참으로 심한 도구주의로서, 그 극한에 이르면 장소-세계 전체의 불안정화를 초래한다.

21. Ibid., 173.

22. Ibid., 171. "따라서 우리가 장소 **관념**을 얻는 것은 공간 **관념**(장소 관념은 공간 관념의 일부로서, 공간을 개별적이고 제한적인 관점에서 취한 것일 뿐이다)을 얻는 것과 같은 수단에 의해, 즉 우리의 시각과 촉각에 의해서다. 둘 중 어느 쪽에 의해서도 우리는 연장 또는 거리 **관념**을 마음속으로 받아들이는 것이다"(강조는 원문).

23. Ibid., 167.

24. Ibid., 180, 강조는 원문.

25. Ibid., 177. 로크는 "**진공**의 실재함이 아니라, 보통 사람들이 **진공**이 있는지 없는지 여부를 탐구하거나 논할 때 갖고 있는 진공 **관념**을 증명"(p. 178, 강조는 원문)하려 하는 것이다.

26. Ibid., 172.

27. "순수 **공간**의 부분들은 부동이다. 이는 그 부분들의 분리 불가능성으로부터 따라 나오는 귀결이다"(*Essay*, 173, 강조는 원문).

28. "어떤 거리에 대해 우리가 갖는 어떤 **관념**을 반복하거나 배가(倍加)하는 힘, 그리고 원래의 관념에 원하는 만큼 자주 거리를 부가하고(adding), 바라는 만큼 거리를 아무리 확대해도 결코 정지나 중지에 도달할 수 없는 힘이 우리에게 **광대무변성의 관념**을 제공한다"(*Essay,* 168, 강조는 원문).

29. *Essay*, 171.

30. Ibid., 176, 강조는 원문. 이 진술에 선행하는 부분은 다음과 같다. "내가 묻겠다. 만일 신이 어떤 인간을 물체적 존재의 맨 끝에 두었다면, 그 인간은 자신의 신체 앞쪽으로 자신의 손을 뻗을 수 없을까? 만일 뻗을 수 있다면, 그는 이전에는 **물체**가 없는 **공간**이었던 곳에 그 팔을 놓았다는 얘기가 될 것이다"(pp. 175-176, 강조는 원문).

31. Ibid., 171.

32. Ibid. 원문에서는 "텅 빈 공간"이나 "공허"에 해당하는 라틴어 "Inane"을 강조한다. 로크는 다시 한 번 뉴턴과 손을 잡고 영원성과 무한성을 연결시킨다. "사고하는 인간으로서, 자신의 사유 속에서 지속에 경계를 둘 수 있는 것 이상으로 공간에 경계를 둘 수 있는 자가 있다면, 혹은 공간과 지속 어느 쪽이든 사고에 의해 그 끝에 도달하길 희망할 수 있는 자가 있다면, 나는 정말이지 만나보고 싶다. 따라서 만일 그 사람의 영원에 대한 **관념**이 무한하다면, 광대무변성에 대한 그의 **관념** 또한 무한한 것이다"(p. 176, 강조는 원문). 나는 무한 공간이 곧 "신의 광대무변성이다"[Edward Grant, *Much Ado About Nothing: Theories of Space and Vacuum from the Middle Ages to the Scientific Revolution* (Cambridge: Cambridge University Press, 1981), 406 n 329]라는 에드워드 그랜트의 판단에 동의하지 않는다. 그랜트에 따르면 로크가 "경계도, 변화도 없는 지속 및 신장의 대양은 …… 제 안에 모든 유한한 존재를 포괄하고 있고, 그 온전한 범위에 있어 그것은 오직 신성에만 속한다"(*Essay*, 200)라고 쓰고 있는 것은 사실이다. 그러나 나는 로크가 이 대목을 형이상학적으로 주장한다고는 보지 않으며, 하물며 우주론적인 주장이라고도 결코 보지 않는다. 실제로 발화하고 있는 것은 수사학적인 미사여구일 뿐이다. 즉 우리는 이 무한성에 대해 그 어떤 것도 알 수 없기 때문에, 그것이 신에게 속할 수도 있다고 인정할 수 있는 것이다.

33. 내가 여기서 언급하는 것은 라이프니츠의 《신인간지성론》이다. 이 텍스트에 대한

면밀한 연구에 입각해 이 두 철학자를 비교 평가한 것으로서는 Nicholas Jolley, *Leibniz and Locke: A Study of the New Essays on Human Understanding* (Oxford: Clarendon Press, 1984) 참조.

34. 능동적인 힘은 "원시적인 힘(primitive force)"이라고도 부르는데, 이에 관해 라이프니츠가 최초로 체계적인 진술을 한 것은 *Specimen Dynamicum* (1695)에서다. 라이프니츠의 견해에 따르면, 연장은 단지 운동을 수용하기 위한 능력에 불과한 반면, 물체의 "제1엔텔레키에" 또는 "실체적 형상(substantial form)"으로서 능동적인 힘은 운동의 잠재성 그 자체다. 심지어 운동하고 있지 않은 물체도 라이프니츠가 "불가입성(不可入性, antitupia)" 또는 "저항"이라고 부르는 수동적인 힘을 갖지만, 이 수동적인 힘이란 실제로는 그 물체가 자기 자신을 동일한 장소에 계속 유지하는 것이다. 이리하여 장소는 실질적인 힘의 연속적인 스펙트럼—이 연속적인 스펙트럼의 능동적인 극단은 운동에서 모습을 드러내지만, 이 운동은 (로크의 경우에서처럼) 더 이상 장소와는 결부되어 있지 않다—의 최소치 또는 가장 수동적인 것 안에서 모습을 드러낸다.

35. Leibniz, "Metaphysical Foundations of Mathematics"(ca. 1714) in *Philosophical Papers and Letters,* ed. L. Loemker (Chicago: University of Chicago Press, 1956), 2: 1091. "최단 경로"라는 표현을 통해 라이프니츠가 의미하는 것은 "중간 단계들이 가장 단순한 방식으로 양극단과 관계를 맺는"(ibid.) 경로를 가리킨다. 〔경로 자체는 장소의 견지에서 정의된다. 즉 **경로**는 가동체(a movable thing)의 연속적이고 계기적인 장소다"(ibid., 1086, 강조는 원문).〕거리는 비록 제한적인 관념이긴 하지만 그럼에도 불구하고 연장된 우주에 없어서는 안 될 것이다. 그런 까닭에 라이프니츠는《모나드론》에서 물체 간 교통은 "그 어떤 거리에까지라도 연장된다"(ibid., 1054)고 지적한다.

36. 이 두 가지 표현은 모두 라이프니츠가 클라크에 보낸 다섯 번째 편지(*Philosophical Papers and Letters,* 2: 1151, 1145쪽에 재수록)에 등장한다.

37. Ibid., 1145-1146, 강조는 인용자. 라이프니츠는 첫 문장에 나오는 "장소"라는 단어를 강조한다.

38. Ibid., 1147. 이 유명한 정식은 특히 "Metaphysical Foundations of Mathematics," ibid., 1083쪽에 등장한다. "공간은 공존하는 사물들의 질서, 또는 동시에 존재하는 사물들의 존재 질서다." 이시구로 히데(石黒ひで)는 라이프니츠의 사고방식에서 관계들이 갖는 관념성을 강조한다. 즉 라이프니츠에게 "관계들이란 상호적으로 '위

치 안에' 있는 사물로부터 추상에 의해 만들어진 추상적인 존재자다"(H. Ishiguro, "Leibniz's Theory of the Ideality of Relations" in H. Frankfurt, *Leibniz: A Collection of Critical Essays* 〔New York: Doubleday, 1972〕, 201). 이런 식으로 공간의 관념성을 설정한다는 점에서 라이프니츠에게는 칸트의 면모가 미리 나타나 있다. "라이프니츠와 함께 공간은 칸트에게 있어 초월론적인 것이 하는 역할을 수행한다"(Michel Serres, *Le système de Leibniz et ses modèles mathèmatiques* (Paris: Presses Universitaires de France, 1968), 2: 778〕. 여기에 세르는 칸트에게서와 마찬가지로 라이프니츠에게도 공간은 "측정, 크기, 분할 가능성을 조건 짓고"(ibid.), 그러한 것으로서 공간은 거리와 형태를 공히 규정한다고 덧붙인다. 공간은 이렇듯 "모든 세계성의 선험적인 형식"〔Yvon Belaval, *Étude Leibniziennes* (Paris: Gallimard, 1976), 207〕이다. 라이프니츠 자신이 〈첫 번째 진리(First Truths)〉(대략 1680-1684)라는 글에서 "공간, 시간, 연장, 운동은 사물이 아니라 **튼 실한 기초를 가진 우리 사고의 양태다**"(*Philosophical Papers and Letters*, I: 417)라고 분명히 말하고 있다.

39. Serres, *Le système de Leibniz*, 2: 782.

40. 이 두 가지 논점에 대해서는 클라크에게 보낸 다섯 번째 편지, *Philosophical Papers and Letters*, 2: 1149 참조.

41. "광대무변성"과 "무한성"—우리가 일별했듯 이 두 용어의 차이는 중세에까지 거슬러 올라간다(다만 로크는 방금 살펴보았듯 두 가지 용어를 중요한 방식으로 구별하지 않는다)—의 구별에 대해서는 *Philosophical Papers and Letters*, 2: 1143, 1149 참조.

42. "An Example of Demonstrations about the Nature of Corporeal Things, Drawn from Phenomena," in *Philosophical Papers and Letters*, 1: 222, 강조는 원문. 라이프니츠는 이런 구별이 데카르트가 주장했듯 단지 어린 시절의 선입견에 불과한 것인지 묻고는(p. 223), 다음과 같은 간단한 사고 실험을 통해 그 구별의 진실성을 주장한다. 그 사고 실험인즉슨, 우리가 어떤 물체를 지각할 때 그 물체는 늘 공간 안에 있지만, 다른 한편 우리는 물체가 없는 공간을 생각할 수 있다는 것이다. 이 사고 실험을 다음과 같은 결론과 함께 제시한 224쪽 참조. "만일 두 사물에 대해 한쪽을 다른 쪽 없이 사고할 수 있다면, 이 두 사물은 다르다. 그런 점에서 공간과 사물은 다른 것이다." 흥미로운 것은 라이프니츠가 "텅 빈 **장소**"를 순수 연장과 동일시하는 대목이 적어도 한 군데 있다는 사실이다. "텅 빈 장소라는 개념과

단적인 연장 개념은 동일한 것이다"(2: 642).

43. 이런 비판은 이미 "First Truths," 416쪽에 나타나 있다. 데카르트적 연장(extensio) 이 결정적인 것이라면 "서로 완벽하게 닮은 두 물체적 실체가 존재할 수 있는데, 이는 부조리하다". 이것이 부조리한 것은 충족이유율에 근거한다. 이 충족이유율에 따르면, **다른 실례가 아니라** 왜 이 실례가 존재하는지에 대한 결정적 이유가 있어야 만 한다.

44. "Critical Thoughts on the General Part of the *Principles* of Descartes," *Philosophical Papers and Letters*, 2: 642. 다른 곳에서 라이프니츠는 가동성이 저항 을 요구한다는 점을 분명히 밝힌다. "연장만 가지고는 물질이나 물체를 구성하기 에 불충분합니다. 왜냐하면 그들[데카르트주의자들]은 물질이나 물체를 구성하기 위해서는 연장에 더해 가동성을 부가해야만 하는데, 이 가동성은 불가입성[즉 침 투 불가능성] 또는 저항의 결과이기 때문입니다"("Conversation of Philarète and Ariste," ibid., 2: 1011).

45. "First Truths," I: 417. 여기에 덧붙여 라이프니츠는 "물체의 실체에는 연장이 결여 된 뭔가가 필요하다. 그렇지 않으면 현상의 실재성이나 참된 통일성을 설명할 수 있는 원리는 존재하지 않을 것이다"(ibid.)라고 말한다.

46. 라이프니츠는 1699년 3월 24일/4월 3일 데 폴더(De Volder)에게 보낸 편지에서 그러한 내용을 주장한다. "제가 믿는 바로는 우리의 사유가 완료 및 종결되는 것 은 연장 개념에 있어서라기보다는 힘 개념에 있어서입니다"(*Philosophical Papers and Letters*, 2: 838).

47. "저는 연장이 그 자체로 생각할 수 있는 것이 아니라, 분석 가능한 상관적인 개념 이라고 봅니다. 왜냐하면 연장은 다수성, 연속성, 공존성, 즉 다양한 부분의 동시 적인 존재들로 분해할 수 있기 때문입니다"(*Philosophical Papers and Letters*, 2: 838). 다수성이란 어떤 사물의 공존하는 부분들의 다수성을 말하고, 연속성이란 사 물이 하나의 전체로서 연속되어 있음을 말한다. 1701년 7월 6일 데 폴더에게 보낸 편지 또한 참조. "연장이라고 하면 저는 많은 것들을 함께 생각합니다. 한편으로는 연속성(연장이 시간 및 운동과 공유하는 것)을, 다른 한편으로는 공존을 생각합니 다"(ibid., 855).

48. 연장적 연속체에 대해서는 A. N. Whitehead, *Process and Reality*, ed. D. Griffin and D. Sherburne (New York: Free Press, 1979), 61-82, 97) 참조. 질 들뢰즈는 최근의 저서 *The Fold: Leibniz and the Baroque*, trans. T. Conley

(Minneapolis: University of Minneasota Press, 1993), 76-78쪽에서 화이트헤드의 개념을 라이프니츠의 개념과 비교한다.

49. "Conversation of Philarète and Ariste," in *Philosophical Papers and Letters,* 2: 1010. 다른 구절에서는 이렇게 말한다. "우유에 백(whiteness)이 있듯 상대적 개념인 연장에는 연장되어 있거나 연속되어 있는 뭔가가 필요합니다. ……그것이 무엇이든, 이 뭔가의 반복이 바로 연장입니다"(ibid., 642). 들뢰즈가 표현한 대로 "하나의 요소가 후속하는 요소 위에까지 뻗쳐서, 그것이 하나의 전체가 되고, 후속하는 요소는 그 부분들이 될 때 연장이 존재한다. (우리 감각의 한계를 무시한다면) 전체-부분(whole-parts)의 이러한 연결은 최종 항도 없고 한계도 없는 하나의 무한 계열을 형성한다"(*The Fold*, 77). 〔참고로 이찬웅 역,《주름, 라이프니츠와 바로크》(문학과지성사, 2004), 142쪽에는 이 대목을 이렇게 번역한다. "하나의 요소가 그것에 뒤따르는 요소들 위로, 전자는 전체이고 후자는 전체의 부분들이 되는 방식으로 연장될 때, 외연이 있다. 이러한 전체-부분들이라는 연결(connexion)은 마지막 항도 극한도 없는 무한 계열을 형성한다(만일 우리의 의미의 극한을 무시한다면)—옮긴이.〕"

50. 연장은 운동이나 물체 자체와 마찬가지로 실체가 아니며, "무지개나 환일(幻日, parhelia) 같은 진정한 현상이다"("First Truths," in *Philosophical Papers and Letters,* 1: 417). 나아가 "단순한 연장은 색이나 노력(conatus)이나 저항 같은 어떤 질이 갖춰져 있지 않으면, 결코 〔사람들〕 앞에 모습을 드러내지 않는다"("An Example of Demonstrations about the Nature of Corporeal Things, Drawn from Phenomena," *Philosophical Papers and Letters,* 1: 223). 그럼에도 불구하고 연장은 여전히 물질적 사물의 **속성**이다. "지속과 연장은 사물의 속성입니다만, 시간과 공간은 우리에게 사물 바깥에 있는 뭔가로서, 사물을 측정하는 역할을 하는 것으로 여겨집니다"(*Philosophical Papers and Letters,* 2: 1011).

51. "Critical Thoughts on the General Part of the *Principles* of Descartes," *Philosophical Papers and Letters,* I: 642.

52. 1712년 2월 5일 데 보스에게 보낸 편지. *Philosophical Papers and Letters*, 2: 977.

53. 인용한 구절은 1690년 3월 23일 아르노(Arnauld)에게 보낸 편지에 나온다. *Philosophical Papers and Letters,* 2: 599.

54. "저는 연장체 혹은 연장과, 연장되어 있는 존재 혹은 상대적인 개념인 확산이 관련된 속성, 이 두 가지를 늘 구별하겠습니다. 방금 말한 속성이란 위치 또는 장소성

입니다"(Philosophical Papers and Letters, 2: 1011).

55. Philosophical Papers and Letters, 2: 1011.

56. 평면도법적인 것과 배경도법적인 것의 대립에 대해서는 G. W. Leibniz: Die Philosophischen Schriften, ed. C. I. Gerhardt (Berlin, 1875-1890), 2: 438쪽에 실린, 데 보스에게 보낸 편지 참조. "관찰자의 위치에 따라 여러 다양한 배경도법이 있기 때문에, 기하학적인 평면도법만이 유일한 표현법이라고는 할 수 없습니다." "평면도법"에는 평면도를 그대로 투사한 것이라는 함의가 있는 데 반해, "배경도법"은 멀리서 원근법을 이용해 그린 것을 가리킨다. 이 주(와 아래의 주 몇 가지)는 에모리 대학의 도널드 러더퍼드(Donal Rutherford)로부터 많은 도움을 받았다.

57. 룀커(Loemker)의 지적에 따르면 아리스토텔레스의 《자연학》(7권 4장)에서 차용한 "제1근거"라는 말은 "라이프니츠가 이러한 사유의 마지막 시기에 실체를 표현할 때 흔히 사용하던 말"(Philosophical Papers and Letters, 2: 1198 n 295)이다.

58. "The Metaphysical Foundations of Mathematics"(ca. 1714), Philosophical Papers and Letters, 2: 1084, 원문에서는 전문을 강조.

59. Ibid., 강조는 원문.

60. "공간과 시간은 한계가 아니라, 그 자체가 연장 안에 있는 모든 계열의 추상적 좌표다"(Deleuze, The Fold, 77).

61. 클라크에게 보낸 다섯 번째 편지(1716), Philosophical Papers and Letters, 2: 1151. 여기에 라이프니츠는 "절대적인 사물뿐만 아니라 상대적인 사물도 역시 그 양을 가집니다"(ibid.)라고 덧붙인다.

62. "On the Principle of Indiscernibles"(ca. 1696), in Leibniz: Philosophical Writings, ed. and trans. G. H. R. Parkinson (London: Dent, 1973), 133-134. 짧지만 주목할 만한 이 시론을 처음 공간(公刊)한 것은 L. Couturat, ed., Opuscules et fragments inédits (Paris: Presses Universitaires de Frances, 1903), 8-10쪽에서다.

63. "On the Principle of Indiscernibles," 133, 강조는 인용자.

64. 클라크에게 보낸 네 번째 편지, Philosophical Papers and Letters, 2: 1118 참조. "만일 공간이 하나의 특성 또는 속성이라고 한다면, 그것은 반드시 어떤 실체의 특성이 아니면 안 됩니다. 그러나 경계 지어진 텅 빈 공간이란 과연 어떤 실체의 변상(變狀, affection)이나 특성이겠습니까……." 만일 텅 빈 공간이 어떤 가능적 실체의 특성도 아니라면, 그것의 지위는 가공적인 것일 뿐이다.

65. "On the Principle of Indiscernibles," 133, 강조는 인용자.

66. 이러한 이유에서 질적인 변화만이 실재적인 변화이고, 양의 변화를 비롯한 다른 모든 변화는 '상대적인' 변화일 뿐이다. 초기의 저작 〈결합법론(Dissertation on the Art of Combinations)〉(1666)에서 이미 라이프니츠는 질을 "절대적인 어떤 것"으로 간주하고, 양에는 전적으로 "상대적인" 지위만을 부여했다. "나아가 어떤 존재의 변상[또는 양태(mode)]은 질이라 부르는 절대적인 어떤 것이거나 혹은 상대적인 어떤 것이고, 이 상대적인 것은, 그것이 어떤 부분을 가진다면, 그 부분과의 관계에 있어 그 사물의 변상, 즉 양이거나, 그렇지 않으면 다른 사물과의 관계에 있어서 그 사물의 변상, 즉 관계다"(Philosophical Papers and Letters, 1: 122, 강조는 원문). 그러나 공간은 의심의 여지없이 하나의 관계이며, 그리하여 같은 논리에 의해 양의 한 양태다―장소가 그러한 만큼, 공간 또한 전면적으로 관계에 의해 구성되어 있다. 이러한 환원에 대해서는 뒤에 다시 다룰 예정이다.

67. "On the Principle of Indiscernibles," 133. 이러한 사고방식에서는 심지어 거리조차 일시적으로 구원을 받는다! "거리 및 거리의 정도에는, 멀리 있는 사물을 사물 자체 안에 표출하는 정도, 즉 먼 사물을 촉발하거나, 아니면 그 먼 사물에 의해 촉발받는 정도가 포함된다"(ibid.).

68. "Metaphysical Foundations of Mathematics," Philosophical Papers and Letters, 2: 1085, 강조는 원문.

69. 라이프니츠는 1704년 6월 30일 마샹 부인(Lady Masham)에게 보낸 편지에서 이렇게 쓴다. "우리는 혼[의 장소]을 신체 안에 두어야 합니다. 제 안에 시점이 위치해 있는 이 신체는 바로 그 시점으로부터 현재의 우주를 자신에게 표현하고 있는 것입니다"[Donald Rutherford, Leibniz and the Rational Order of Nature (Cambridge: Cambridge University Press, 1995), chap. 7, "Modelling the Best of All Possible Worlds," n 35에서 인용]. 더 충분히 기술한 대목도 있다. "유기적 물체(신체)라면 그 어느 것이든 우주 각 부분과의 일정한 관계를 통해 전 우주에 의해 영향을 받습니다. 그러므로 그 신체(물체)가 갖는 관계에 상응해 우주의 나머지를 자신에게 표현하는 혼은 우주를 비추어내는 일종의 거울로서, (말하자면) 그 시점에 상응해 우주의 나머지를 표현한다고 하는 것도 그리 놀라운 일은 아닙니다"(ibid.).

70. "On the Principle of Indiscernibles," 133.

71. Ibid., 134. 물론 이 마지막 주장은 양 및 위치에 대한 이야기임이 분명하지만, 장소를 양 및 위치와 한 덩어리로 만들어버리면 이 같은 주장은 틀림없이 장소에도

적용 가능하다. 물론 라이프니츠는 더 나아가 여기서 문제 되고 있는 토대는 "질 범주에서 파생하는 것"(ibid.)이라고 주장하지만, 그럼에도 불구하고 여전히 적용 가능하다. 우리는 여기서 "질"이라는 게 제 멋대로 낼 수도 있고 안 낼 수도 있는 자유패(wild card) 같은 것이 아닌가 하는 의구심을 갖게 된다. 즉 질이 거기에 연장되어 있는 것으로서 장소와 결부될 때 장소는 위치적이지 않다. 반면 질을 하나의 '범주'로서 해석할 경우, 장소는 근본적일 수 있는 것 이상으로 근본적인 것이 된다―그런데 장소는 이러한 의무의 불이행으로 말미암아 위치 및 양 같은 순전히 상대적인 현상과 함께 방기되어버린다.

72. 인용 출처는 Rutherford, *Leibniz*, 413.

73. 클라크에게 보낸 다섯 번째 편지, *Philosophical Papers and Letters*, 2: 1148, 강조는 원문.

74. 〈자연 자체에 대하여(On the Nature Itself)〉(1698)라는 표제의 논문에서 라이프니츠는 "물질 자체가 완벽한 균일성을 가진다는 가정 아래서는 한 장소를 다른 장소와 구별할 수도 없고, 혹은 같은 장소 안에 있는 물질 조각들 간의 구별도 결코 가능하지 않을 것이다"(*Philosophical Essays*, trans. R. Ariew and D. Garber (Indianapolis: Hackett, 1989), 164)라고 지적한다. 물질의 균일성을 거부함에도 불구하고, 라이프니츠는 결국 장소의 균질성을 지지하고 마는 것이다―장소는 물질보다 훨씬 더 이질성의 전형이라 할 수 있다는 점에서 이는 기묘하고도 아이러니한 결과다.

75. *Philosophical Papers and Letters*, 2: 1146, 강조는 원문.

76. "저는 공간이라는 걸 사물들이 위치 지을 수 있도록 해주는 질서 또는 위치라고 하는 게 아니라 …… 위치들의 질서 또는 그에 따라 위치들이 배치되는 질서이며, 추상적 공간이란 여러 위치를 가능적인 것으로 이해할 때, 그 위치들의 질서를 가리킨다고 말하는 것입니다. 따라서 공간은 단지 관념적인 어떤 것일 뿐입니다"(다섯 번째 편지, 1163).

77. Serres, *Le système de Leibniz*, 2: 781, 강조는 원문. 이에 덧붙여 세르는 "그러므로 그것은 탁월할 정도로, **가능적인** 관계들의, 모든 가능적인 관계들의 질서다"(ibid., 강조는 원문)라고 말한다. 라이프니츠는 순수한 가능성으로서 공간을 강조하지만, 그럼에도 불구하고 데카르트에 뒤지지 않을 정도로 열렬하게 진공에 반대하는 입장에 선다. "자연에서 모든 것은 충실체다"(클라크에게 보낸 다섯 번째 편지에서. 인용 출처는 *Philosophical Papers and Letters*, 2: 1034). 라이프니츠가

진공을 비판하는 이유는 무엇보다도 우선 진공에는 존재할 실효적인 이유가 없다는 점이다. "유한한 물질적 우주가 텅 빈 무한 공간 속으로 향해 간다는 허구는 인정할 수 없습니다. ……그러한 작용에는 어떤 계획도 없을 것이며, 이는 아무것도 하지 않으며 작동하는 것, 즉 작동하지 않고 작동하는 것(agendo nihil agere)이 될 것입니다"(ibid., 1141).

78. 라이프니츠는 1712년 9월 20일 데 보스에게 보낸 편지에서 이렇게 쓴다. "모나드의 무한성이 어째서 실제적이냐고요? 저는 무한한 것이 가능하다는 그 가능성만으로 그 실제성을 확립하기에 충분하다고 답하겠습니다. 신의 작품이 그 얼마나 풍요로운지는 명백하기 때문입니다"(*Philosophical Papers and Letters*, 2: 988). 라이프니츠는 클라크에게 보낸 네 번째 편지 제9절에서, 무한 공간이 실존한다는 데 의심의 여지가 없다는 것을 분명히 하기 위한 방식으로, "광대무변성"이라는 견지에서 무한 공간을 논한다(p. 1118 참조).

79. 클라크에게 보낸 다섯 번째 편지, *Philosophical Papers and Letters*, 2: 1146, 강조는 원문. "절대적 실재"라는 표현으로 라이프니츠는 최대 논적인 뉴턴의 공간 개념을 가리킨다. 라이프니츠는 단일한 실체로 간주되는 한 그 어떤 공간적 실재라도 단호히 거부하지만, 그렇다고 해서 절대 공간이라는 관념에 전적으로 등을 돌리지는 않는다. 라이프니츠의 견해에서 추상적인 좌표계로서 공간은 절대적인 무언가 쪽으로 다가간다. 왜냐하면 최종적으로 있을 수 있는 "위치의 질서"는 단 하나이기 때문이다. 나아가 공간을 "불변한다"고 간주하는 라이프니츠는 그 "부동성(immovability)"이라는 점에서 위태로울 정도로 절대 공간에 근접해간다. "그러므로 공간은 우리에게 변화하는 것으로 여겨지지 않는다 …… 연장된 어떤 것이다"("An Example of Demonstrations about the Nature of Corporeal Things, Drawn from Phenomena"(*Philosophical Papers and Letters*, 1: 223-224)). 어떤 지점에서 라이프니츠는 심지어 "절대적"이라는 말을 장소에 적용하기까지 하는데, 마치 이런 조치가 하등 문제 될 게 없다는 식으로 그리한다. "형상적으로 확산되어 있는 것은 장소성, 즉 시투스를 구성하는 것일 터이며, 이 자체는 절대적인 어떤 것이라고 여길 필요가 있습니다"(1712년 2월 5일 데 보스에게 보낸 편지, (*Philosophical Papers and Letters*, 2: 977)). 그러나 여기서 "절대적"이란 말은 문자 그대로 그 이상 분해할 수 없는 것으로 해석된다. 마지막으로 〈수학의 형이상학적 기초〉에서 라이프니츠는 어떠한 유보 조건도 달지 않고 이렇게 말한다. "절대 공간은 가장 충만한 장소, 혹은 모든 장소의 장소다"(ibid., 2: 1087, 강조는 원문).

라이프니츠는 이처럼 간간이 절대 공간의 영역에 침입하지만, (클라크와 의견 교환을 할 때에는) 자신의 성숙한 모나드론에서는 최종적으로 어떠한 형식의 절대 공간이나 절대 시간도 거부해야 한다는 점을 분명히 밝힌다.

80. 인용한 구절 및 히포크라테스의 말은 *The Monadology*, sec. 56, 61, in *Philosophical Essays*, 220쪽에서.

81. Ibid., sec. 61.

82. Ibid., sec. 62. 라이프니츠에게 "표출"은 **모나드 간 관계의 규칙**을 의미할 뿐 표현 자체를 의미하는 것도 아니고 하물며 심상(a mental image)을 의미하는 것도 아니다. (나는 이런 해석에 대해 도널드 러더퍼드로부터 많은 도움을 받았다.)

83. 인용 출처는 Rutherford, *Leibniz*, n. 37.

84. 공감에 대해서는 1702년 4월 데 폴더에게 보낸 편지 참조. "임의의 두 사물 A와 B는 그것들이 사물 또는 실체라는 점에서 공통적인 데 그치지 않습니다. 그것들은 모종의 공감 또한 갖고 있습니다" (*Philosophical Papers and Letters*, 2: 858).

85. 1716년 5월 29일 데 보스에게 보낸 편지, *Philosophical Essays*, 201.

86. *Monadology*, sec. 7. 그 결과 "실체도, 우유성도 밖으로부터 모나드에 진입할 수 없다".

87. Ibid., sec. 63, 강조는 인용자. 거울의 유비에 대해서는 *Monadology*, sec. 56 참조. "각각의 단순 실체는 저마다 우주의 살아 있는 영원한 거울이다." 제77절에서는 혼과 신체가 모두 우주의 거울로서 작용한다는 점을 분명히 밝힌다. 라이프니츠에게 혼은 "지배적 모나드" 또는 "원초적 엔텔레키에"로서 모나드 전체를 형성하는 "수동적인 힘"을 가진 "제1질료"와 짝을 이룬다 (1703년 6월 20일 데 폴더에게 보낸 편지, *Philosophical Papers and Letters*, 2: 864). 모나드는 제1질료를 가짐에도 불구하고, 엄밀히 말하면 **연장되어 있지는** 않다. 바로 그런 이유 때문에 라이프니츠는 모나드가 "연장 안에 위치(situs, situation)를 갖는다"든가, "연장 속에 위치(position)를 갖는다"(ibid., 865, 866)고 표현한다. 이는 사실상 혼이 신체 내에 위치 지어져 있고, 나아가 이 신체는 공간 내에 위치 지어져 있다고 주장하는 것이나 진배없다. 그러나 후자의 위치(situation)만이 엄밀히 위치적이다(positional). 그것은 비록 신체가 연장되어 있을지라도 혼은 **그 자신의 신체** 안에 위치(position)를 가질 수 없기 때문이다. 라이프니츠는 1691년의 어떤 텍스트에서 이 희한한 상황을 인정하는 것처럼 보인다. "나는 모든 물체가 연장되어 있다는 것, 그리고 물체 없이는 연장도 없다는 것에 동의한다. 그럼에도 불구하고 우리는 장소나 공간

개념 혹은 순수 연장 같은 개념과 실체 개념을 혼동해서는 안 된다. 왜냐하면 실체 개념에는 연장 이외에도 저항이, 다시 말해 작용(능동)과 수동성이 포함되기 때문이다"("Whether the Essence of a Body Consists in Extension," *Journal des Savants*, June 18, 1691, cited in P. Wiener, ed. *Leibniz: Selection* (New York: Scribner's 1951), 102]. 혼은 "작용"의 원천이며, 물체(신체)는 "수동성"의 원천이다. 비록 물체(신체) 자체가 연장되어 있을지라도, 단순 실체로서 모나드는 혼 및 신체로 구성되어 있는 까닭에 그 자체로 "**순수** 연장"—즉 넓은 의미에서 공간의 질서—과 혼동될 수 없다. 이것이 바로 라이프니츠가 주장하는 내용이다. 그러나 필자의 독해에 따르면, 모나드는 장소 안에 단단히 닻을 내릴 수 있다—아니, 반드시 그래야만 한다.

88. 시점을 위한 기초인 장소의 질서는 또한 혼의 표현 활동에 없어서는 안 된다. 들뢰즈가 말하듯 혼은 그 자체가 "시점 안에 남아 있는 것, 시점을 점유하는 것, 그리고 그것 없이는 시점도 없는 것"(Deleuze, *The Fold*, 22)과 관련이 있다. 나의 독해에 따르면 "그것 없이는 시점도 없는 것"이란 정확히 장소에 다름 아니다. 이 주석에 대해 알려주고, 이 주석 및 관련 논점들에 대해 함께 논의해준 아이린 클레이버에게 감사한다.

89. 클라크에게 보낸 다섯 번째 편지, *Philosophical Papers and Letters,* 2: 1147, 강조는 원문. 추상화와 장소에 대해, 이시구로는 "개별적인 공간적 로쿠스의 장소라는 개념은 …… 서로에 대해 일정한 관계적 특성을 갖는 사물에 대한 고찰로부터의 추상화에 의해 얻어진다"("Leibniz's Theory," 201)고 지적한다. 이처럼 공간 개념 또한 바로 이런 특성들로 이루어진 전체로부터 추상화한다. 즉 공간 개념은 "관계적인 특성들로부터 혹은 사물의 상호 연결[로부터] 추상화한 것"(Ishiguro, ibid.)이다.

90. 클라크에게 보낸 세 번째 편지에 나오는 다음과 같은 지적 참조. "공간은 [물체들의] 질서 또는 관계 이외에 아무것도 아니며, **그 물체들을 둘**(placing) **가능성** 이외의 아무것도 아닌 까닭에 물체가 없으면 아예 무입니다"(*Philosophical Papers and Letters,* 2: 1109, 강조는 인용자).

91. "지속과 연장은 사물의 속성이지만, 시간과 공간은 우리에게 사물 바깥에 있는 무언가로서 사물을 측정하는 데 도움을 주는 것으로 여겨집니다"("Conversation of Philarète and Ariste," 2: 1011). 룀커의 지적 또한 참조(2:1192, sec. 214). 만일 장소가 그 단적인 기능성이라는 점에서 힘과 유사한 **것이라** 해도, 장소 그 자체는 힘

을 갖지 않는다. 오직 실체만이 힘을 가진다.

92. "상황은 시간에 관해서도 동일합니다"("Conversation of Philarète and Ariste," 2: 1109). 이런 것이 라이프니츠가 기회만 있으면 추구하는 특유의 기획(ploy)—'공간-시간의 병행론'이라는 기획—이다.

93. "추상 공간"이라는 표현은 클라크에게 보낸 다섯 번째 편지, Philosophical Papers and Letters, 2: 1163쪽에 등장한다. "추상 공간이란 위치들을 가능적인 것으로 이해하는 한에서 그 위치들의 질서를 가리킨다." 사이트의 정의는 공식적으로 이렇다. 사이트란 "복수의 존재자들 간의 일정한 공존 관계. 이 공존 관계는 중개자 역할을 하고 있는 다른 공존물, 즉 본래의 존재자와 더 단순한 공존 관계를 갖는 다른 공존물로 돌아감으로써 우리에게 알려진다"("The Metaphysical Foundations of Mathematics", Philosophical Papers and Letters, 2: 1091). 사이트는 양적인 관계뿐만 아니라 질적인 관계도 포함한다. "사이트는 공존의 양태다. 그러므로 거기에는 양뿐만 아니라 질도 포함된다"(Ibid., 1084, 원문에서는 첫 문장 강조). 그러나 순수하게 관계적인 것으로서 사이트는 질보다 양 쪽을 선호한다. 우리가 이미 살펴본 것처럼 〈식별 불가능자의 원리에 대하여〉에서 라이프니츠는 양이 관계와 밀접히 결부되어 있다고 주장한다.

94. 클라크에게 보낸 세 번째 편지, Philosophical Papers and Letters, 2: 1108.

95. 들뢰즈는 우리에게 "미궁(labyrinth)"이라는 말이 labium, 즉 "입술(lip)"이라는 말을 매개로 그 어원에 주름이 들어 있음을 상기시켜준다. "물질의 단위, 미궁의 최소 요소는 주름이다"(The Fold, 6).

96. 위치 해석에 대해서는 Leibniz, "Studies in a Geometry of Situation"(1679) as translated in Philosophical Papers and Letters, 1: 381-396 참조. 이 텍스트에서 라이프니츠는 "대수 계산을 적용하면 훨씬 더 난해할 뿐인 많은 사태가 위치(situation)를 고찰하면 쉽사리 명료해진다"(p. 390)고 주장한다. 이러한 기하학은 상사(相似, similarity)와 합동(合同, congruence)에 초점을 맞춘다.

97. 나는 이 용어를 Serres, Le système de Leibniz, 2권 781쪽에 있는 "공간은 관계들의 '정-점'으로 이루어진 하나의 전체다"라는 대목에서 취했다. 라이프니츠가 점에 매혹된 것은—말하자면 라이프니츠의 점주의(pointillism)는—예컨대 뉴턴과 동시대적으로 고안한 미분법이라는 유명한 사례에서 그가 마찬가지로 **극한**에 매혹되었다는 사실에 상응한다.

98. "The Theory of Abstract Motion"(1671), in Philosophical Papers and Letters,

1: 218.

99. "The Metaphysical Foundations of Mathematics", *Philosophical Papers and Letters*, 2: 1087.

100. 그러나 라이프니츠가 기하학적인 점을 궁극적인 원자적 단위로 보는 데 반대했다는 사실을 강조해야 한다. Deleuze, *The Fold*, 6 참조. 형이상학적인 점과 수학적인 점의 대립에 대해서는 *Philosophical Papers and Letters*, 2: 745-746 참조. 형이상학적인 점은 "정확하고도 실재적"인 반면, 수학적인 점은 "정확하지만 양태적인 것일 뿐이다". 라이프니츠는 또한 "물리적인 점", 즉 "물체적 실체가 응축될 때"(ibid.)의 점에 대해서도 논한다. 시점에 관한 라이프니츠의 특징적인 면모는 데 폴더에게 보낸 편지에 나오는 다음과 같은 진술에 나타나 있다. "따라서 각 모나드는 살아 있는 거울, 혹은 내적 작용을 부여받은 거울이며, 자신의 시점에 상응하게 우주를 표현한다"(ibid., 1035).

101. 나는 지금까지 뉴턴 비판에 초점을 맞추지는 않았다. 왜냐하면 그 비판은 클라크와의 왕복 편지를 통해 라이프니츠 자신이 매우 명쾌하게 제시했고, 또한 공간과 시간의 철학에 대한 표준적인 설명으로서 숱하게 인용되기 때문이다. 예를 들면 Max Jammer, *Concepts of Space: The History of Theories of Space in Physics* (Cambridge, Mass.: Harvard University Press, 1969), 113-120; Bas van Fraasen, *Introduction to the Philosophy of Time and Space* (New York: Columbia, 1985), 35-44, 108-114 참조.

09 사이트와 점으로서 근대 공간: 위치, 팬옵티콘, 순수 형식

1. "어떤 모나드에 속하는 물체는, 그리고 그 모나드가 물체 자신의 엔텔레키에 또는 혼인 물체는 그 엔텔레키에와 함께 하나의 **생물**(a living being)이라고 부를 수 있을 것을 구성한다. 그리고 혼과 함께 하나의 **동물**(an animal)이라고 부를 수 있을 것을 구성한다. ……그래서 생물에 속하는 모든 유기적인 신체는 어떤 인공적인 자동기계들(artificial automata)보다 무한히 뛰어난, 일종의 신적인 기계 또는 자연적인 자동기계(natural automaton)다"[*Monadology*, secs. 63-64, ad included in *Philosophical Papers and Letters*, ed. L. Loemker (Chicago: University of Chicago Press, 1956), 2: 1055].

2. *Monadology*, secs. 63-64, ad included in *Philosophical Papers and Letters*, 2: 1056.《이성에 바탕을 둔 자연과 은총의 원리(*Principles of Nature and Grace*,

Based on Reason)》에 나오는 같은 시기의 진술도 참조. "모든 곳에서 생명은 사지(四肢)나 기관과 결합되어 있다. 그뿐만 아니라 모나드에는 무한 등급(degrees: 또는 '정도'—옮긴이)의 생명 또한 있어 그중 어떤 것들은 나머지 다른 것을 다소간 지배한다"(*Monadology*, secs. 63-64, ad included in *Philosophical Papers and Letters*, 2: 1035). 이를 다른 방식으로 이렇게 표현할 수 있다. "심지어 물리적 의미에서도 우리는 외래적인 물질의 겹주름(pleats)을 가로질러, 활력 있고 자발적인 내부의 주름 쪽으로 움직인다"[Gilles Deleuze, *The Fold: Leibniz and the Baroque*, trans. T. Conley (Minneapolis: University of Minneasota Press, 1993), 13].

3. 이 메타포에 대해서는 *Monadology*, secs. 67 참조.

4. R. G. Collingwood, *The Idea of Nature* (Oxford: Oxford University Press, 1945), 110. 이것을 인용하면서 나는 원래 문장의 다음과 같은 마지막 구절을 생략했다. "서열을 따라 위쪽으로 상승하려는 끊임없는 추진력 또는 분투 의욕(drive or nisus)을 가지고." 여기서 분투 의욕이란 어떤 모나드가 다른 모나드를 지배하기 위해 분투하는 것이고, 최종적으로는 모든 모나드를 신이 지배하려고 분투하는 것이다. 이 때의 신은 충분히 포괄적인(즉 배경도법적인) 시점을 가지면서도, 엄격한 의미에서 신체를 갖지 않는 유일한 존재다.

5. 라이프니츠의 이 말은 Deleuze, *The Fold*, 12쪽에 출처 없이 인용되어 있다.

6. 생태적 문제의식이 강한 페미니즘 쪽으로 라이프니츠를 확장하는 것에 대해서는 Carolyn Merchant, *The Death of Nature: Women, Ecology, and the Scientific Revolution* (New York: Harper & Row, 1983), 275-290 참조. 머천트는 라이프니츠를 근대 최초의 유기체론 및 생기론 사상가로 꼽는다.

7. Alfred North Whitehead, *Science and the Modern World* (New York, Cambridge: Cambridge University Press, 1926), 특히 4장 "18세기" 참조. 화이트헤드는 장소가 지닌 새로운 의미를 이렇게 표현한다. "**다른 장소들과** 관련을 갖는 사물들에 대한, 여기 **이 장소에서의** 파악(prehension)이 있다. ……파악의 이러한 통일성은 하나의 이곳 및 하나의 지금으로서 정의되고, 파악된 단위(grasped unit)로 그렇게 모인 사물들과 관련 있는 장소 및 시간은 본질적으로 다른 장소 및 다른 시간이다" (pp. 86-87, 강조는 인용자). 라이프니츠가 화이트헤드의 유기체 철학에 끼친 영향에 대해서는 ibid., 81, 87, 91 참조. 들뢰즈는 "화이트헤드는 라이프니츠의 계승자 또는 후계자(diadochi: 알렉산더 대왕이 죽은 뒤 그 국토를 분할한 장군의 이름—옮긴이)"(*The Fold*, 76)라고 말한다. 그러나 화이트헤드는 *Process and Reality,* ed.

D. Griffin and D. Sherburne (New York: Fress Press, 1978), xi, 54, 123, 128, 147쪽에서 로크—우리는 라이프니츠가 몇 가지 결정적인 점에서 로크와 짝을 이룬다는 사실을 살펴봤다—의 영향 또한 인정하고 있다.

8. "(모나드)에는 일정한 자족성(sufficiency)이 있고, 이로 인해 모나드들은 자신의 내적 작용의 원천이 되고, 또한 이른바 비물체적인 자동기계가 될 수 있다"(*Monadology*, secs. 18, in *Philosophical Papers and Letters*, 2: 1047). "우주라는 기계의 건축가"—여기서 우주는 작용인의 지배를 받는 우주다—로서 신에 대해서는 ibid., secs. 87, 1060쪽 참조. 그러나 우주는 그 질서가 극히 상이함에도 불구하고, 다른 한편 자연의 "물리적인 왕국"과 완벽히 조화를 이루며 존재한다는 점에서, 목적인에 의한 "도덕의 왕국"이기도 하다. 라이프니츠의 텍스트를 보면 도처에서 "그러나 또한 …… 이기도 하다"라는 표현을 발견할 수 있는데, 그 앞의 주장을 중화시키는 이 표현은 독자들이 이 철학자를 일면적으로 읽지 못하게 차단하는 역할을 하며, 장소와 공간에 관한 그의 견해 또한 이 점에서 예외가 아니다. 이 마지막 논점에 대한 논의와 관련해 많은 도움을 준 로버트 크리스에게 감사한다.

9. Deleuze, *The Fold*, chaps, 1 and 8, 특히 13쪽 참조. "혼 자체는 다른 층, 즉 내부의 위쪽을 구성하는 것으로, 거기에는 외부로부터의 진입이나 영향을 허용하는 창이 없다."

10. Collingwood, *The Idea of Nature*, 112. 콜링우드의 "양적인"이라는 말의 용법은 만일 장소를 양이라는 관점에서만 고찰한다면, 장소의 운명에 관한 나의 평가와 매우 가깝게 들어맞는다. 그러나 라이프니츠 자신은 우리가 지금까지 살펴보았듯 장소에 관한 질적인 평가와 양적인 평가를 **모두** 인정한다.

11. Whitehead, *Science and the Modern World*, 69. 화이트헤드와 콜링우드 두 사람이 이야기하는 것은 분명 17세기의 세계관에 대해서다—그러나 그 세계관을 충분히 명료하게 주장한 것은 정확히 18세기 철학자와 자연학자들이었다. 하지만 내가 이렇게 말한다고 해서 18세기라는 새로운 세기에 등장한 지극히 상이한 다른 방향들, 예컨대 비코(Vico)의 "신과학", **교양**(Bildung)의 중요성 부상, 칸트의《판단력비판》(1790)과 초기 낭만주의 철학자 및 시인들에게 그토록 명백하게 드러났던 상상력에 대한 흥미의 증대 같은 방향들을 경시하려는 건 아니다. 그러나 이런 다양한 견해는 모두 바로 앞 세기로부터 의문의 여지없이 상속받은 기계론과 과학주의, 바로 그에 대한 반동 속에서 생겨난 것이다. "18세기 최대의 관념"인 **교양**의 의의에 대해서는 Gadamer, *Truth and Method* (New York: Seabury, 1975), 10 참

조. "낭만주의적 반동"에 대해서는 Whitehead, *Science and the Modern World*, 93-118, 즉 5장 "낭만주의적 반동" 참조.

12. 18세기 철학자들은 "17세기 일군의 과학적 추상 관념을 경계 없는(곧 '광대무변한'―옮긴이) 우주의 분석에 적용했다. 주로 그들의 동시대인이 흥미를 갖고 있던 온갖 관념과 관련해 그들이 거둔 승리는 압도적인 것이었다. ……자연의 과정 전체를 기계론적으로 설명해보겠다는 사고방식이 종국에는 단단하게 경화해 과학의 도그마가 되었다"(Whitehead, *Science and the Modern World*, 74-75).

13. 우리가 여기서 발견하는 것은 "잘못 놓인 구체성의 오류"의 또 다른 버전이다. 17세기가 서양에 남긴 유산인 '생명 없는 자연'이라는 관점에 대해 언급하면서 화이트헤드는 이렇게 훈계한다. "우주에 관한 이런 사고방식은 확실히 고도의 추상적 관념으로 짜여진 것이며, 이러한 역설〔천재적인 성취가 그토록 빈약한 철학적 토양에서 이루어졌다는 역설〕은 다만 우리가 〔그들의〕 추상 관념을 구체적인 실재로 오인했기 때문에 발생하는 것일 뿐이다"(*Science and the Modern World*, 69). 화이트헤드는 추상성의 원천은 근대 초기의 수학이 거둔 성공에 있다고 보는 경향이 있다. "수학적 정신의 커다란 특징은 추상('관념'―옮긴이)을 다룰 줄 아는 수학의 역량이다"(p. 70). 추상은 정확히 "사물의 기타 등등"(p. 73)에서 유래한다. "계속 남겨지는" 것의 중요성에 대해서는 E. Husserl, *Ideas: General Introduction to Pure Phenomenology* (New York: Macmillan, 1962), sec. 33 참조.

14. 내가 "중요성에도 불구하고 대개 무시받는"이라고 표현한 것은 데카르트가 다음과 같은 대목을 쓸 때 장소가 위치 속으로 붕괴할 것이라고 예견했기 때문이다. "'장소'라는 말과 '공간'이라는 말은 서로 다르다. 장소라는 말은 크기나 모양보다는 위치(position) 쪽을 더 명시적으로 지시한다. 반대로 공간에 대해 말할 때, 우리는 크기나 형태에 더 주목한다"〔*Principles of Philosophy*, Part Two, sec. 14, in the translation of J. Cottingham, R. Stoothoff, and D. Murdoch, *The Philosophical Writings of Descartes* (Cambridge: Cambridge University Press, 1985), I: 229〕. 참고로 이 번역본의 역자들은 여기서의 위치를 'position' 대신 'situation'으로 번역하기도 한다.

15. Whitehead, *Science and the Modern World*, 93. 여기서 화이트헤드가 명시적으로 가리키는 것은 17세기에도 여전히 살아남아 있던 (스콜라주의에 고유한 것으로 여겨지는) "혼탁한 사상 세계"(ibid.)의 일소(一掃)다.

16. 이리하여 조제프 루이 라그랑주(Joseph Louis Lagrange)의 《해석역학》(1788)은

"어떤 양적 측정이 이루어졌든 그것이 그 위치를 정하는 데 적합한 것인 한 동등하게 적용 가능한 운동 방정식을 연역"(Whitehead, *Science and the Modern World*, 78, 강조는 인용자)하려 시도함으로써 역학을 '해석학(解析學, analysis)'의 한 분과로 만들었다. 18세기의 더 이른 시기에 피에르 루이 모로 드 모페르튀이(Pierre Louis Moreau de Maupertuis)는 운동에 고유한 에너지와 위치에 고유한 에너지의 관계를 논했다. 그의 1736년 논문 "Sur les lois de l'attraction," *Suite des Mémoires de mathématique et de physique, tirés des registres de l'Académie Royale des Sciences de l'année XDCXXXXII* (Amsterdam: Pierre Mortier), 2: 473-505 참조.

17. Gilles Deleuze and Félix Guattari, *A Thousand Plateaus* (vol. 2 of Capitalism and Schizophrenia), trans. B. Massumi (Minneapolis: University of Minnesota Press, 1987), 382, 강조는 인용자.

18. 이 표현은 Michel Foucault, *The Birth of the Clinic: An Archeology of Medical Perception*, trans. A. Sheridan Smith (New York: Pantheon, 1973), 6쪽에서 취했다.

19. "배치"와 "국소화"라는 용어는 *The Birth of the Clinic*, 3, 11쪽에서 논의하고 있다.

20. Foucault, *The Birth of the Clinic*, 195. "공간에 붙박힌다"는 표현은 231쪽에 나온다. "지배 공간"에 대해서는 M. Foucault, *Discipline and Punish: The Birth of the Prison*, trans. A. Sheridan (New York: Pantheon, 1977), 187ff. 참조. 감시에 대해서는 *Discipline and Punish*, 170-177(2장 중 "위계질서적인 감시") 참조.

21. Foucault, *Discipline and Punish*, 197. 전문은 다음과 같다. "모든 지점에서 감시당하는 폐쇄적이고 분할된 이 공간, 여기서 개인들은 붙박힌 장소에 끼워 넣어진다. 여기서는 아무리 미미한 움직임도 관리의 대상이 된다. 여기서 모든 사건을 기록하며, 여기서 중단을 모르는 서기(書記) 작업이 중심과 주변을 연결시키며, 여기서 권력은 연속적인 계층 질서적 도표(continuous hierarchical figure)에 따라 조금도 분할되지 않은 채 행사되고, 여기서 각각의 개인은 끊임없이 국소화하고 검사받으며, 생존자, 병자, 사망자로 분류된다—이 모든 것이 규율적인 장치의 간결한 모델을 구성한다."

22. "계산 가능한 인간"은 새로 출현하고 있던 인간과학의 주제인데, 이는 Foucault, *Discipline and Punish*, 193쪽에 등장한다. "규율적 개인"이라는 표현은 227쪽에 있다.

23. 시간 통제에 대해서는 18세기 잉글랜드의 시간표에 관한 톰슨(E. P. Thompson)
의 연구뿐만 아니라 *Discipline and Punish*, 220쪽도 참조. "기본적인 국소화 또
는 **구획화**"라는 표현은 205쪽(강조는 원문)에 있다.

24. "권력의 실험실"이라는 표현은 *Discipline and Punish*, 204쪽에 등장한다. "기능
적 사이트의 규칙"이라는 표현은 243쪽에(강조는 원문), "신체를 공간 안에 국소화
하는 것"이라는 표현은 205쪽에 나온다.

25. 유순한 신체에 대해서는 *Discipline and Punish*, 135-169 참조. 규율적 공간이라는
주제 전체에 대해서는 Thomas R. Flynn, "Foucault and the Space of History,"
Monist 74 (1991): 165-186 참조.

26. *Discipline and Punish*, 203. 장소/공간/사이트는 그 각각에 세 종류의 건축을 대
응시키면 어떨까 상상해보도록 유혹한다. 예컨대 '장소' 건축술이라면 둘러침을
강조한다든가 더 일반적으로는 가정적인 미덕을 강조할 수 있을 테고, '공간' 건
축물은 제국 도시나 뉘른베르크 비슷하게 기념비적인 것일 테고, '사이트' 건조물
(constructions)이라면 푸코가 텅 빈 일망적(一望的) 계열성의 전형으로 꼽은 18세
기 건물들이 대표할 것이다. 그러나 더 정확히 말하면 현재 우리와 관련된 것은 **모
든** 건물에 이용 가능한 세 가지 질서화 방식이며, 따라서 하나의 방식만을 전형적
으로 드러내는 경우는 예외적일 것이다. 대부분의 경우, **모든** 건조물은 세 가지 방
식의 모든 측면을 포함한다고 할 수 있다. 희랍의 신전은 내부에 밀접히 결부된 방
이 들어 있다는 점에서 장소적 또는 장소 창조적이다. 그러나 이 신전은 더 커다
란 경관[예를 들면 빈센트 스컬리(Vincent Scully)가 제시한 적 있는 성스러운 산
의 형태 같은 것]과 결부된 방식에서 공간적이며, 또한 심지어는 그 신전을 같은
신전 단지에 있는 다른 건물에 대해 위치 짓는, 주의 깊게 계산한 기하학에 입각해
사이트화해 있기까지 하다. 거의 동일한 논리를 평범한 중산 계급의 가옥에 대해
서도 적용할 수 있다. 요컨대 그 실내는 주의 깊게 짜인 골조 내부에 있고, 이 골조
자체는 역으로 '건축 부지(site)'라 부르는 것 위에 위치 지어져 있다. (이러한 골조
를 건축 부지라고 부르는 것은 우연이 아니다.) 그리고 이 모든 것은 도시나 카운
티 또는 구(region)라고 부르는 적절하게도 '공간적으로' 확장한 것이라고 명명된
것 안에 위치 지어져 있다. 따라서 우리는 장소와 공간과 사이트를 주거 가능하고
내구성 있는 건물을 구축하고자 노력하는 **경우라면 반드시** 들어 있는 잠재적인 세
가지 방향성이라고 생각해야 한다. [이 점을 명확히 이해하는 데 톰 브로켈먼(Tom
Brockelman)과의 토론이 큰 도움을 주었다.]

27. 이는 벤담 자신이 "팬옵티콘"이라는 용어의 어원을 설명한 것이다. *The Works of Jeremy Bentham*, ed. J. Bowring (Edinburgh: Tait, 1843), 11: 97 참조.

28. *The Works of Jeremy Bentham*, 4: 44, 강조는 원문. "감시력"이라는 구절은 44쪽에 나온다.

29. Ibid., 44.

30. Ibid., 45, 강조는 원문. "……을 축으로 한 가시성"이라는 구절은 *Discipline and Punish*, 200쪽에서 푸코가 사용한 것이다. 이런 가시성은 수인들끼리의 서로에 대한 "측면적 가시성"을 통해 보완된다.

31. "공적인 시선에 가까움"이라는 구절은 *The Works of Jeremy Bentham*, 4: 177쪽에서 취했다. 원문에서는 "가까움"이라는 단어를 강조하고 있다. "투명한 건물"이라는 표현은 *Discipline and Punish*, 207쪽에서 취했다.

32. "그 감시 매커니즘 덕분에 〔팬옵티콘은〕 더 큰 효율을, 그리고 사람들의 행동에 침투해 들어가는 더 큰 능력을 획득한다. 지식이 그러한 권력의 진보를 따름으로써, 지식은 권력을 행사하는 모든 표면에서 지식의 새로운 대상을 발견한다"(*Discipline and Punish*, 204).

33. *The Works of Jeremy Bentham*, 4: 45. 이 인용문 앞부분의 "확실한 구치 장소"나 "노동 장소" 같은 구절의 인용 출처는 46쪽.

34. *Discipline and Punish*, 205. 그러한 "기능성은 어떤 장애나 저항 혹은 마찰로부터도 분리되어 순수한 건축학적 및 광학적 체계로서 표현해야만 한다"(p. 205).

35. "건축상의 단순 관념"이라는 구절은 *The Works of Jeremy Bentham*, 4: 207쪽에 나온다. 푸코는 이에 대해 다음과 같이 논평한다. "벤담은 〔다양한 **규율적 실천을**〕 **도처에서** 늘 경계 태세를 풀지 않은 채 공간적으로나 시간적으로 중단 없이 사회를 관통하며 흐르는 그러한 메커니즘의 네트워크로 바꾸기를 꿈꾸고 있는 것이다. 팬옵티콘적 배치는 이러한 일반화를 위한 정식을 제공한다"(*Discipline and Punish*, 205, 강조는 인용자).

36. *Discipline and Punish*, p. 207.

37. 벤담의 기획을 미국에서 응용한 사례에 대해서는 《감시와 처벌》의 도판 4~6 참조. 예컨대 스테이트빌(Stateville) 형무소.

38. *Discipline and Punish*, 205. 앞의 문장 중 "중앙 감시 원리"라는 구절은 *The Works of Jeremy Bentham*, 40쪽에 등장한다.

39. Hannah Arendt, *The Human Condition* (Chicago: University of Chicago Press,

1959), 6. 이 두 가지 비약은 그 소외시키는 힘(alienating power)이라는 점에서 근대 초기라는 시기를 가장 잘 특징짓는 두 가지 방향이다.

40. Immanuel Kant, "Thoughts on the True Estimation of Living Forces, and Criticism of the Proofs Propounded by Herr von Leibniz and other Mechanists in their Treatment of this Controversial Subject, together with some Introductory Remarks Bearing upon force in Bodies in General," as translated in J. Handyside, ed., *Kant's Inaugural Dissertation and Early Writings on Space* (Chicago: Open Court, 1929), 4. "인간 이성이 커다란 빚을 지고 있는 라이프니츠, 그는 물체에는 그 물체에 필수적인, 아니 연장보다 앞서 그 물체에 속한 힘이 갖춰져 있음을 가르쳐준 최초의 인물이었다." 활력에 대한 라이프니츠 학설의 표준적 전거는 *Philosophical Papers and Letters,* 2: 711-738쪽에 재수록한 그의 "Specimen Dynamicum"(1695)에서 찾을 수 있다. 힘에 관한 그의 사유를 좀더 자세히 다룬 것으로는 칸트의 1763년 논문 "Enquiry Concerning the Clarity of the Principles of Natural Theology and Ethics," trans. G. B. Kerferd and D. E. Walford, *Kant: Selected Pre-Critical Writings and Correspondence with Beck* (Manchester: Manchester University Press, 1968), 18-20 참조. 여기서 칸트는 연장되어 있는 실체의 불가입성, 즉 "저항"은 그 자체가 힘이라고 논한다.

41. Kant, "Thoughts on the True Estimation of Living Forces," 10.

42. 라이프니츠가 시도한 연역에 대해서는 그의 《신정론》(1714), sec. 351 참조. 순환 논증에 대한 칸트의 비판은 "Thoughts on the True Estimation of Living Forces," 10쪽에 있다.

43. "3중의 차원은, 실존하는 세계 내의 실체는 서로에 대한 작용의 강도가 〔그들 간의〕 거리의 제곱에 반비례하도록 이뤄진다는 사실로부터 생기는 것으로 보인다" ("Thoughts on the True Estimation," 11). 그러나 거리, 힘, 차원 간의 정확한 관계는 비록 그 전체적인 방향은 명백하다 할지라도, 칸트에 의해 분명히 밝혀지지는 않는다. 그 전체적인 방향이란 실체끼리의 상호 작용이야말로 모든 공간적 현상의 근저에 깔려 있는 생성적 요인이라는 것이다.

44. "Thoughts on the True Estimation," 12. "이 〔거리의 제곱에 반비례한다는〕 법칙은 자의적인 것이며, ……신은 다른 관계, 예컨대 세제곱에 반비례하는 관계를 선택할 수도 있었을 것이다. 그리고 …… 다른 법칙으로부터는 다른 특성과 차원을 갖춘 연장이 생겨났을 것이다."

45. 고유한 공간성을 갖춘 "홀로 존재하는 세계" 개념에 대한 추가적인 논의로는 칸트의 1755년 논문 〈형이상학적 인식의 제1원리에 대한 새로운 설명(A New Elucidation of the First Principles of Metaphysical Cognition)〉, in *Theoretical Philosophy, 1755-1770*, trans, D. Walford and R. Meerbote (Cambridge: Cambridge University Press, 1992), 42 참조. 그러한 고립적인 세계에 포함되어 있는 실체는 그 장소, 위치, 공간의 규정이 그 세계에 특유할 것이고, 따라서 우리가 사는 세계 와는 관계가 없을 것이다.

46. "혼은 공간 내의 위치를 갖는 것으로서, 혼 자체의 외부에 작용할 수 있어야만 한 다"("Thoughts on the True Estimation," 7). 훗날 칸트는 공간 내에서 작용하는 이 능력을 "활동 궤도"라고 기술한다. 이 궤도는 "공간 내에" 있기는 하지만, 어떤 주어진 실체에 의해 채워지거나 점유되는 현실의 공간을 초과한다. 칸트의 1755년 논문 "Physical Monadology," in *Theoretical Philosophy, 1755-1770*, 58-59("활 동 궤도"라는 구절을 논의하는 것은 바로 이 대목이다); "Dreams of a Spirit-Seer Elucidated by Dreams of Metaphysics"(1766), *Theoretical Philosophy* 참조. 뒤 의 논문에서 칸트는 공간"에 있어서 활동적인 것(being active in)"과 공간을 "채우 는 것"을 구별한다.

47. "Thoughts on the True Estimation," 7. "우리가 위치(position)라고 칭하는 것의 개념은 그것을 분석해보면 알 수 있듯 그 자체로 우리를 실체들 간의 상호 작용과 관련짓는다."

48. 이렇게 말한다고 해서 칸트가 초기 저작에서 한 번도 장소를 언급하지 않았다는 것은 아니다. 〈형이상학적 인식의 제1원리에 대한 새로운 설명〉에서 그는 "상호적 규정"과 "외적 연결"에 의한 "실체들 간 관계"의 1차적인 양태로서 위치 및 공간과 함께 로쿠스를 채택한다. *Theoretical Philosophy*, Proposition XIII, 40ff. 참조. 그러나 실체 및 실체에 고유한 힘과 비교하면, 실체끼리의 관계는 결정적으로 2차 적이다. 그리고 칸트는 **장소 없는** 실체도 존재할 수 있다고 추정한다. "만일 우리 가 실체를 많이 설정한다 해도, 그것이 동시에 그리고 그 결과로서 장소, 위치, 공 간을 규정하는 것은 아니다. ……그런 연유로 **실체는 어떤 장소 안에도 없다**고 명확 히 정하는 법칙과 일치되게 실체는 존재할 수 있다"(ibid., 42, 강조는 원문). 〈자연 적 모나드론(physical monadology)〉에서 칸트는 어떤 종류의 공간도—따라서 공 간의 규정인 장소 및 위치를 포함해—실체들 간 관계의 피조물이라는 점을 분명히 한다. "공간은 실체가 아니라 실체들의 외적 관계의 어떤 드러남이다"(ibid., 57).

우리는 이 마지막 정식화에서 기초 튼튼한 현상(phaenomenon bene fundatum) 이라는, 공간에 대한 라이프니츠의 유명한 정식화가 강하게 울려 퍼진다는 걸 인식할 수 있다. 칸트는 또한 라이프니츠의 공간관, 즉 공간이란 "오직 외적 관계라는 관점에서만 기술할 수 있"(p. 59)으며, 따라서 존재하는 실체들의 "외적 현전"에 전적으로 의존한다(p. 58)고 보는 순전히 관계주의적인 공간관을 복권시킨다. 다른 한편 실체의 "내적 규정은 공간 안에 없"(p. 58)으며, 이는 이 〈자연적 모나드론〉 안에 결코 해소되지 않는 이분법을 초래한다—그리고 이 이분법은 칸트의 후기 저작에도 여전히 그림자처럼 따라붙는다. 거기서 사물 자체는 비공간적인 것으로 간주되는데, 이는 항상 이미 공간화해 있는 현상들과는 대조적이다. 최종적으로 주의할 것은 1755년의 이 중요한 논문들 중 어디에서도 장소 자체를—고유한 권리를 가진 현상으로서—고유한 방식으로 논의하지 않는다는 점이다.

49. Kant, "Concerning the Ultimate Ground of the Differentiation of Regions in Space," in *Theoretical Writings*, 365-366. 나는 Gegend라는 말을 번역할 때, '방향(direction)'이란 뜻을 "방역(region)"으로 바꾸었다.

50. Kant, *Metaphysical Foundations of Natural Science*, trans. J. W. Ellington, in *Kant's Philosophy of Material Nature* (Indianapolis: Hackett, 1985), 24. 절대주의적 공간 해석과 상대주의적 공간 해석에 관한 논의는 18-21쪽에 등장하는데, 여기서 "상대 공간"은 "운동을 지각하는 공간"인 반면, "절대 공간"은 "궁극적으로 운동에 대한 모든 사유를 전개해야 할 공간"이다. 이리하여 상대 공간은 칸트에 의해 본질적으로 "가동적", 절대 공간은 절대적으로 부동적으로 간주된다. (칸트가 "부동"이라고 했을 때, 그것은 (예컨대 우주 같은) 하나의 **존재자로서** 운동 불능을 의미하는 것이 아니라, 공간의 절대적 실재성 **개념**으로서 운동 불능을 의미한다.) (이 설명을 포함해) 이번 절의 여러 가지 내용과 관련해 동료 제프리 에드워즈로부터 큰 도움을 받았다.

51. Ibid., 21. 마찬가지로 어떤 물리적 물체의 경우에도 "그 물체의 장소를 구성하는 점은 단 하나뿐이다"(ibid.).

52. Ibid., 30. Phora는 '운동'(더 구체적으로 말하면 '장소 운동(locomotion)')을 의미하는 희랍어이고, 따라서 운동학(phoronomy)은 물체를 그 단적인 가동성이라는 면에서만 고찰하고, 힘의 '동역학적인' 고찰은 고려하지 않는다. 그리함으로써 운동학은 물체를 여러 점들 사이에서 위치를 바꾸는 동점(動點, moving points)으로 간주한다. "운동 중인 물체는 그것이 통과하는 선상의 모든 각각의 점에 일순간만

존재한다"(*Metaphysical Foundations,* 25).

53. Kant, *Opus Postumum,* trans. E. Förster and M. Rosen (Cambridge: Cambridge University Press, 1993), 3. 이 진술을 통해 우리는 〈활력의 진정한 측정에 대한 사유〉(여기서 "능동적인 힘"은 모든 물질에 퍼져 나간다)와 《유작》 사이에 가로놓인 50여 년 동안 힘을 다루는 칸트의 방식에 근본적인 변화가 발생했음을 목도한다. 물론 이에 대해 《유작》에서 전개한 "에테르"라는 개념은 〈활력의 진정한 측정에 대한 사유〉의 활력(vis viva)에 관한 개념적인 연구 대부분을 이어받고 있다고 주장할 수 있다. 하지만 그러한 인수 작업은 오직 "장(field)"이라는 중요한 개념을 불러냄으로써만 이루어지는데, 장은 칸트가 겨우 시사할 뿐인 장소를 함의하는 개념이다. 그렇긴 하지만 《자연과학의 형이상학적 기초》에서 칸트는 물질을 연장과 별도로 고찰하고—이는 칸트가 아직 라이프니츠와 공유하고 있는 반(反)데카르트적인 조치다—싶다고 주장한다. 이리하여 칸트는 "나는 바로 이 물질이라는 개념을 연장 개념과 독립적으로 규정하고자 했고, 그랬기 때문에 물질을 하나의 점으로 간주할 수 있었다"(*Metaphysical Foundations,* 21)고 쓴다. 그러나 공간을 외적 관계의 문제에 불과하다고 보는 공간 개념(1755~1768년의 초기 저작에서 그토록 두드러졌던 개념)은 이제 눈에 띄게 사라져가고 있다.

54. "Metaphysical Foundations of Dynamics," chap. 2 of *Metaphysical Foundations,* 75쪽에서. 우리는 여기서 칸트가 지속적으로 역제곱 법칙에 매혹되어 있음을 목도한다. "점"이 "공간"과 짝을 이룬다는 점—나는 곧 이 연관 관계로 돌아갈 것이다—에 주목하라. 단, 라이프니츠가 사용한 "확산"이란 말에는 많은 걸 시사하는 양의성을 포함하고 있지만, 칸트의 "확산" 개념에는 그런 양의성이 없다.

55. Ibid., 21. 칸트는 독자들에게 "이 〔통상적인〕 설명과 반대로, 거기에는 발효 같은 내적인 운동이 포함되어 있지 않다는 점을 기억하는 사람들도 있을 것"(ibid.)임을 상기시킨다. 통상적인 설명에 따르면 맥주가 담겨 있는 통을 어떤 장소에서 다른 장소로 옮길 경우, 그 내용물은 장소의 변화와는 독립적인 발전 운동(motion of development)을 겪는다. 즉 "**한 사물의**(of a thing) 운동은 **이 사물 내의**(in this thing) 운동과 동일하지 않다"(ibid., 22, 강조는 인용자).

56. 클라크에게 보낸 다섯 번째 편지, *Philosophical Papers and Letters,* 2: 1147.

57. "모든 시간 규정은 지각에 있어 **고정불변적인** 어떤 것을 전제한다. ……이 고정불변적인 것의 지각은 오직 내(me) 밖의 **사물**을 통해서만 가능하다"(Kant, *Critique of Pure Reason,* trans. N. K. Smith (New York: Humanities Press, 1960), B275,

245, 강조는 원문]. 역설적이게도 "고정불변적인 것"에 대한 호소는 공간 상대주의의 복권을 수반한다. "내적 경험 자체는 어떤 고정불변적인 것에 의존해 있는데, 이 고정불변적인 것은 내 안에 있는 것이 아니고, 따라서 내 밖에 있는 어떤 것 안에만 있을 수 있다. 나는 나 자신을 이 무언가에 대한 **관계 안에 존립하는 것**이라고 보아야만 한다"(ibid., BXLI, 35-36, 강조는 인용자).

58. *Opus Postumum*, 160. 물론 칸트의 위치에 대한 표준적 전거(locus classicus)는 《순수이성비판》의 "초월론적 감성학(Transcendental Aesthetic)"이다. 그러나 나는《유작》의 몇 구절이 더 경제적이고 적절한 표현이라고 생각해 이를《순수이성비판》의 좀더 친숙한 문장들과 아울러 인용할 것이다.

59. Ibid. 칸트는 "지각한다"는 말을 강조한다. "직관의 한 양태"로서 공간에 대해서는 159쪽 참조. "공간은 직관의 대상이 아니라 …… 그 자체가 직관의 한 양태다."

60. Ibid., 강조는 인용자. 159쪽 참조. 거기서는 "공간에서의 운동력"을 형식적 직관에 있어 "가감적인 어떤 것"으로 표현한다. "멀리 떨어져 있는 물체를 끌어당기는 힘, 그리고 밀쳐내는 힘(이 척력이 있기 때문에 물체는 물체인 것이다. 즉 자기 한정적인 물질인 것이다)은 공간과 시간의 통일체로서 경험의 가능성이라는 개념 안에 이미 선험적으로 놓여 있다."

61. Ibid., 159. 아울러 다음과 같은 158쪽도 참조. "공간 안에 무엇이 존재하는지 결정하기 위해 우리는 우선 한 공간의 크기—그 형상(shape)뿐만 아니라 그 위치(position) 및 위치(situation)—의 직관적 표상을 가져야만 한다." 이 구절에는 공간이 갖는 용량적인 성격도 제시되어 있다. 즉 공간은 "직관에 있어서의 소재(연장), 소재의 변화(운동), 이 변화를 규정하는 법칙(운동력)"(*Critique of Pure Reason*, A49 B67, 87)을 포함한다.

62. *Opus Postumum*, 160. 공간과 시간은 "외감 및 내감의 가능한 지각 대상으로 이뤄진 복합물(complexus)의 형식적 요소일 뿐이다"(ibid.).

63. *Critique of Pure Reason*, A26 B42, 71. 〔참고로 박종현 역,《순수이성비판》(아카넷)에는 이렇게 번역되어 있다. "공간은 다름 아니라 외감의 모든 현상들의 형식일 따름이다"—옮긴이.〕

64. Ibid., A25 B41, 70. 순수함에 추상의 요소가 포함되어 있다는 것은 그리 놀라운 일이 아니다. 왜냐하면 순수 직관은 "우리가 이 대상들〔즉 감성의 대상들〕로부터 추상할 때〔우리가 감성적 직관에서 대상들을 도외시할 경우〕(A27 B43, 72) 생겨나기 때문이다. 이와 같은 구절을 보면 '잘못 놓인 구체성〔의 오류〕'가 18세기 후반

에도 여전히 크게 작용하고 있는 게 아닐까 싶다.

65. *Opus Postumum*, 160, 강조는 원문.

66. Ibid., 160, 강조는 원문. 더 간결하게는 "공간과 시간은 직관의 대상이 아니고 순수 직관 자체다"(p. 161)라고 표현되어 있다.

67. *Critique of Pure Reason*, A29, 74. 그런데 이상하게도 결정적인 이런 주장이 《순수이성비판》 2판에는 없다. "순수 형식"이라는 간결한 표현은 선험성을 보증하고 있으며, 그리하여 추가로 공간적 직관의 필연성과 보편성을 함의한다. 즉 "선험적인, 즉 경험적이지 않은 직관이 모든 공간 개념의 근저에 깔려 있다"(A25 B39, 69).

68. 공간의 절대적 측면에 대해서는 *Critique of Pure Reason*, A23 B38, 68 참조. "[공간의 어느 개별적 부분에 관해서도] 공간 표상을 전제해야만 한다." 공간적 무한성에 관해 칸트는 "공간은 하나의 양이고, 양은 늘 더 큰 양의 부분으로서 — 그리하여 무한한 것으로서 — 표상되고, 그러한 것으로서 **주어져야만 한다**"(*Opus Postumum*, 171, 강조는 원문)고 말한다. 공간은 이리하여 "무한한 **주어진** 크기로서 표상된다"(*Critique of Pure Reason*, A25 B39, 69, 강조는 원문). 제1이율배반(Antinomy)이 다루는 것도 공간의 무한성 문제다. *Critique of Pure Reason*, A426 B454-A427 B455, 396-397 참조. 경험적으로는 실재적이지만 초월론적으로는 관념적인 공간의 지위에 대해서는 *Critique of Pure Reason*, A28 B44, 72-73 참조.

69. *Critique of Pure Reason*, A23 B38, 68. 칸트가 "마음(Gemüt)"을 불러냄으로써 인간의 지식은 확실히 주관적인 것이 된다.

70. Ibid., A25 B41, 70. 칸트는 또한 여기서 다음과 같은 의미심장한 질문을 던진다. "그렇다면 어떻게 대상들 자체에 선행하고, 그 안에서 이 대상들의 개념을 선험적으로 규정할 수 있는 **외적** 직관이 대체 어떻게 **마음 안에** 존재할 수 있는 것일까?"(ibid., 강조는 인용자). 칸트가 공간과 시간을 신의 직관 — 뉴턴이라면 신의 감각 중추(sensoria)라고 불렀을 것이다 — 이 아니라며 부정하는 데 대해서는 A49 B71, 89-90 참조.

71. *Critique of Pure Reason*, A25 B38, 68, 강조는 인용자. 여기서는 "장소"뿐만 아니라 "방역" 또한 **공간에** 편입되어 있음에 주의하라. 우리는 다음 장을 시작하면서 방역의 지위 문제로 돌아갈 것이다.

72. Ibid., A25 B39, 69. 칸트는 이렇게 덧붙인다. "공간은 본질적으로 하나다. 공간 내의 다양[manifold]은, 그리고 따라서 공간의 일반적 개념은 오로지 [유일 공간의]

구획(limitations)에 의거한다"(ibid.). 마찬가지로 "공간은 우리에게 외적으로 현상하는 모든 사물을 포괄하는(comprehend) 것이지, 모든 사물 그 자체를 포괄하는 것은 아니다"(ibid., A27 B43, 72). 공간에 대해 **포괄적**이라고 말하는 것은, 공간이란 "이 모든 장소를 포괄하는 것"(클라크에게 보낸 다섯 번째 편지, *Philosophical Papers and Letters*, 2: 1146)이라는 라이프니츠의 주장을 떠오르게 하지만, 칸트의 눈에 라이프니츠는 현상과 사물 자체를 구별하지 못하는 것으로 보인다. 공간과 시간을 "혼란스러운" 표상 양식으로 만듦으로써 라이프니츠는 직관과 관념 사이에 하나의 연속체를 가정하는데, 이는 공간과 시간의, 직관적이지만 **비**개념적인 독립적 지위를 파괴해버린다. 이러한 혼란은 공간과 시간을 "튼튼한 토대를 가진 현상"—아직 궁극적으로 실재적인 실체는 아닌—으로 간주할 때 발생한다. 원숙기의 칸트가 라이프니츠를 비판하는 것(이는 따라서 칸트가 자신의 초기 저작을 비판하는 것이기도 하다)에 대해서는 "The Amphiboly of Concepts of Reflection," *Critique of Pure Reason*, A260 B316-A289 B346, 276-296 참조. 라이프니츠의 공간론을 칸트가 구체적으로 비판하는 것에 대해서는 Gerd Buchdahl, *Metaphysics and the Philosophy of Science: The Classical Origins, Descartes to Kant* (Oxford: Blackwell, 1969), 574-580 참조.

73. *Critique of Pure Reason*, A25 B39, 69, 강조는 원문. 논점을 보강하면서 칸트는 공간이 개념과 달리 "그 자체의 **내부에** 무한한 수의 표상들"(A25 B40, 70, 강조는 원문)을 포함한다고 말한다.

74. *Opus Postumum*, 163. 162쪽의 "공간도 하나, 시간도 하나뿐이다. 모든 것을 포함하는 절대적 단일성은 마찬가지로 이 대상의 무한성이기도 하다. 그리고 이 대상은 실제로는 주관이어서, 직관하고 있음과 동시에 직관되고 있다"는 구절도 참조. 《순수이성비판》에서 칸트는 단지 "공간은 본질적으로 하나다"(A25 B39, 69)라고 말한다.

4부 장소의 재출현

이행

1. Philoponus, *In Aristotelis physicorum libros quattuor posteriores commentaria*, ed. H. Vitelli (Berlin, 1888), 567. 인용 및 번역 출처는 Max Jammer, *Concepts*

of Space: The History of Theories of Space in Physics, 2d ed. (Cambridge, Mass.: Harvard University Press, 1970), 56.

2. 이 언명(Concepts of Space에서 야머가 인용한)을 계기로 최근 한 주석가는 이렇게 지적했다. "필로포노스는 공간을 위한 **이름**으로서 실제적으로 '공허'를 채택한다는 점에서, 플라톤주의자들이 일반적으로 취하는 노선을 뛰어넘는다"(David Sedley, "Philoponus's Conception of Space," in ed., R. Sorabji, Philoponus and the Rejection of Aristotelian Science (Ithaca: Cornell University Press, 1987), 141, 강조는 원문). 공허의 내재적인 "힘"에 대해서는 필로포노스의 다음 주장 참조. "어쩌면 이것이 공허의 힘일 것이다―이런 종류의 양(즉 공간)은 결코 실체로부터 분리될 수 없다는 사실"(필로포노스의 In Physica에서 인용. 나는 이를 Sedley, "Philoponus's Conception of Space," 144쪽에서 취했다).

3. "공허(진공)의 힘은 이 연장이 존재한다는 것과 이 연장에 물체가 없는 일은 결코 없다는 것, 모두를 입증해준다. ……그러나 포함된 물체와 구별되고, 그 자신의 정의상 텅 빈 연장물(이 존재한다)"(인용 및 번역은 Commentaria in Aristotelem Graeca in D. Furley's "Summary of Philoponus" Corollaries on Place and Void," in Sorabji, Philoponus and the Rejection of Aristotelian Science, 113쪽에서 펄리를 따랐다.)

4. Furley, "Summary," 132쪽에서 인용.

5. Critique of Pure Reason, A24 B38, 68. (박종현 역, 《순수이성비판》에서는 이 대목을 이렇게 번역한다. "우리는 공간상에서 아무런 대상들과도 마주치지 않는 것은 충분히 생각할 수 있어도, 공간이 없다는 것은 결코 표상할 수 없다"―옮긴이.)

6. 일찍이 아리스토텔레스가 받아들인 적 있는 에테르라는 개념에 대해서는 E. A. Burtt, The Metaphysical Foundations of Modern Science (New York: Doubleday, 1932), 111ff., 189f., 264ff. 참조. 놀라운 것은 칸트가 마지막 저작에서 에테르가 "세계-질료(Welf-stoff)"라는 보편적 매질로서 실존하며 또 필연적인 것임을 (초월론적 연역을 통해) 증명하는 일에 사로잡혀 있었다는 사실이다. Opus Postumum, trans. E. Förster and M. Rosen (Cambridge: Cambridge University Press, 1993), 62-99; Burkhard Tuschling, Metaphysiche und transzendentale Dynamik in Kants opus postumum (Berlin: De Gruyter, 1971); Jeffrey Edwards, Force, Substance, and Physics: An Essay on Kant's Philosophy of Material Nature (Cambridge: Cambridge University Press, 근간) 참조. 만일 에테르가 보편적인 질

료적 매질로서—심지어 물질 자체의 초월론적 장으로서까지—존재한다면, 이는 공간을 "물체가 결여된 연장"으로 생각할 수 있다는 (방금 인용한) 주장을 곤란하게 만들 것이다. 만일 에테르가 존재한다면, 그때 공간에 개체화한 물체가 실제로 없을 수는 있어도 물질이 없는 것은 아니다. 반대로 그 공간은 구체적인 질료적 '소재'로 가득 차 있다. 빛이라는 것은 공간 이론에서 지속적으로 중요했는데, 이 사실은 프로클로스의 사색에서부터 라이프니츠의 사색에 이르기까지 분명하다. 라이프니츠는 한때 빛을 보편적인 용매로 삼는 쪽으로 마음이 기울었을 정도다["On the Principle of Indiscernibles"(ca. 1696), in *Leibniz: Philosophical Writings*, ed. and trans. G. H. R. Parkinson (London: Dent, 1973) 참조]. 칸트는 자신의 입장에서, "우리의 눈과 천체들 사이에서 노니는 빛은 우리와 그 천체들 사이를 중개하는 공통성을 매개하는 상호성을 만들어내고, 그럼으로써 천체와 우리가 공존재함을 우리에게 보여준다"[*Critique of Pure Reason*, trans. N. K. Smith (New York: Humanities Press, 1965), A213 B260, 235]라고 썼다.

7. William Gilbert, *De mundo nostro sublunari philosophia nova* (Amsterdam, 1651), 144. 길버트의 이 언명은 장소가 자신의 고유한 힘을 갖지 않는다는 라이프니츠의 견해를 예시한다.

10 신체를 경유하여: 칸트, 화이트헤드, 후설, 메를로퐁티

1. "비좁은 협로를 통과하고 나면 우리 앞에 돌연 하나의 고지(高地)가 나타난다. 여기서부터 길은 나뉘어지는데, 모든 방향으로 최상의 전망이 열려 있다. 한동안 발걸음을 멈추어도 좋다"[Sigmund Freud, *The Interpretation of Dreams*, trans. J. Strachey (New York: Avon, 1965), 155]. 프로이트는 꿈을 이해하는 방법과 관련해 의식과 무의식이라는 두 가지 전망 앞에서 멈추지만, 여기서 우리는 장소의 본성으로 들어가는 일차적이고 주요한 경로로서 마음과 신체 사이에서 멈춘다.

2. '실마리(clue)'라고 번역할 수 있는 **아리아드네의 실**에 대한 칸트의 용법에 대해서는 *Critique of Pure Reason*, A76 B101, sec. 3, "The Clue to the Discovery of all Pure Concepts of the Understanding" 참조.

3. *Critique of Pure Reason*, A25 B41, 70, 강조는 인용자. 초월론적 관념론에 입각한 칸트 공간 학설의 문제적 지위와 관련해서는 Paul Guyer, *Kant and the Claims of Knowledge* (Cambridge: Cambridge University Press, 1987), chap. 16, "Transcendental Idealism and the Forms of Intuition," 참조.

4. 내가 "거의 전적으로 무시했다"고 말한 이유는 버클리가 (촉각 및 시각과 함께) 신체 운동이 거리—이는 그 자체가 장소의 기본 변수다—의 추산에 본질적이라고 생각하기 때문이다. "[사람이] 보는 것이 그 사람의 지성에 시사하는 것은 오직, 일정한 거리를 통과한 후에—그 거리는 **그 사람의 신체 운동을 통해 계측해야 하는** 것이며, 이 신체 운동은 촉각을 통해 지각 가능하다—그 사람이 통상적으로는 이러이러한 시각적 관념과 결부되었을 이러이러한 촉각적 관념을 지각할 것이라는 점뿐이다" [George Berkeley, *An Essay Towards a New Theory of Vision* (London: Dent, 1934), 33].

5. "상대적으로 우리에게 상, 하, 좌, 우는 늘 동일한 게 아니고, 우리 위치(thesis)와의 관계 속에서 우리 자신이 방향을 돌리는 데 따라 나타난다. 그렇기 때문에 좌와 우, 상과 하, 앞과 뒤는 동일물일 수 있다"(*Physics* 208b 14-18; Hussey translation).

6. Kant, "Concerning the ultimate Ground of the Differentiation of Regions in Space," trans. D. Walfold, in *Kant: Selected Pre-Critical Writings and Correspondence with Beck*, ed. G. B. Kerferd and D. E. Walford (Manchester: Manchester University Press, 1968), 43. 이후로는 "Concerning the Differentiation"이라고 약칭하기로 한다. [D. Walford and R. Meerbote, *Kant: Theoretical Philosophy, 1775-1770* (Cambridge: Cambridge University Press, 1988)에 같은 논문의 최근 번역이 실려 있는데, 이번 장의 다른 곳에서 인용할 때에는 이 번역을 따른다.] "우리 경험의 제1여건"이라는 구절은 후설이 탐구한 구체적 경험의 명증성을 연상케 한다.

7. 이 구절들은 칸트의 1770년 취임 논문 중 27절과 30절의 주—번역은 *Kant: Theoretical Philosophy*, 1775-1770, 410, 415-416쪽을 따랐다—에서 취한 것이다. 칸트가 본체적 존재자들(numinous entities)의 국소화에 대해 논하면서, 사뭇 풍자적으로 "비물질적인 실체들의 물체적 우주에 있어 장소가 어쩌니 저쩌니 따지는 하등 쓸데없는 물음들이 여기저기 퍼지게 되었다"고 말할 때, 그가 염두에 둔 것은 헨리 모어다. 한편으로 칸트는 모든 존재자가 감각 가능하다고 믿지 않지만—그는 모어만큼이나 신 또는 혼에 많은 여지를 남기고 싶어 한다—초감각적 사물에 국소적으로 현존할 어떤 정당한 이유가 있다고 보는 데에도 반대한다. 그렇지만 칸트 자신은 초기 논문 "Dreams of a Spirit-Seer Elucidated by Dreams of Metaphysics"(1766), translated in *Theoretical Physics,* 특히 308-313쪽에서 모어와 매우 가까운 입장을 취했다. 예컨대 칸트는 이렇게 묻는다. "이 인간적 영혼의 장소는 물체들의 세계 어

디에 있는가?"(p. 312). 또 311쪽에서는 이렇게 말한다. "영적 본성" 혹은 "영적 실체"는 장소를 "차지한다"고 하든가 "공간 내에 현전"한다고 하지, 물질적 실체들이 그러하듯 장소나 공간을 "채운다"고는 하지 않는다고 말이다. 그럼에도 불구하고 칸트는 영적 실체는 어떤 일정한 종류의 형상을 결여하기 때문에 진정으로 "연장되어" 있는 것은 아니라고 간주함으로써 모어에 대항한다.

8. *Inaugural Dissertation, in Theoretical Philosophy*, 409, 강조는 원문. 칸트는 이 공리의 영향력이 얼마나 널리 퍼졌는지 알고 있었다. 그는 "**존재하는 모든 것은 어딘가에 있다**"고 하는 것을 "대중적으로 잘 알려진 공리"라고 부른다(ibid., 408n, 강조는 원문). 절취의 오류는 "지성에 속하는 것과 감성에 속하는 것을 혼동하는 것"(p. 408)이라고 형식적으로 정의하며, 이 오류는 그 첫 번째 형식에 있어 "오직 대상의 **직관**이 가능한 그 동일한 감성적 조건이 바로 대상의 가능성 자체의 조건이다"(p. 409, 강조는 원문)라고 규정한다.

9. "**어딘가에 있는 것은 반드시 실존한다**"는 것은 "최고도의 진실성"을 갖는다(ibid., 408n, 강조는 원문).

10. *Timaeus*, 31c (Cornford translation). 여기에 플라톤은 다음과 같이 덧붙인다. "모든 유대 중에서 최선의 것은 그 자신과 그것이 연계해주는 항들을 가장 온전한 의미에서 일체화시키는 것이다"(ibid.). 우리는 이렇게 주장할 수도 있을 것이다. 즉 사물과 장소를 "가장 온전한 의미에서" 연계해주는 것은 정확히 신체라고 말이다. 플라톤은 토포스와 코라가 공히 본질적으로 방향 지어져 있다는 데 동의함에도 불구하고, 참으로 이상하게도 그러한 우주적 방향성의 구성에 있어 신체에 어떠한 능동적 역할도 부여하지 않는다.

11. 이것은 월포드와 미어보트가 칸트의 1768년 논문을 해설하면서 사용한 말이다. *Theoretical Philosophy*, lxix 참조. "종별로 구별했을 때의 여러 공간적 성질들"을 강조한다.

12. 칸트의 설명 방식은 이러하다. 두 대칭물은 "정확히 대등하고 또 유사할 수 있지만, 그것들은 여전히 본래적으로 달라서 한쪽의 한계가 다른 쪽의 한계일 수 없다"("Concerning the Differentiation," 369).

13. "거울상체" 개념에 대해서는 Graham Nerlich, *The Shape of Space* (Cambridge: Cambridge University Press, 1976), 특히 29쪽 참조. 널릭은 칸트 자신이 후기에 동요한 것은 물론, 거울상체에 대한 최근의 문헌까지 검토한 후 "칸트의 최초 착상은 문제 전체에 관해 거의 전적으로 옳았다"(ibid., 30)고 결론짓는다. 거울상체

에 대한 칸트의 견해에 대해서는 J. V. Buroker, *Space and Incongruence: The Origins of Kant's Idealism* (Dordrecht: Reidel, 1981)에서 포괄적으로 다루고 있다.

14. "Concerning the Differentiation," 371, 강조는 원문.

15. Ibid., 369. 주목할 것은 칸트가 이 논문에서 절대 공간으로 이동할 때의 어조가 독단적이며, 또한 위치·방역·신체를 논할 때 제공하는 상세한 논증이 없다는 점이다. 나아가 절대 공간을 "근본 **개념**"(p. 43)이라고 부른다—칸트는 이 견해를 이로부터 겨우 2년 뒤 '취임 논문'에서 취소하는데, 여기서 공간과 시간은 감성적 **직관**으로 특징지어진다. (칸트가 《순수이성비판》에서 더 명확히 말하듯 "공간의 근원적 표상은 선험적 직관이지 개념이 아니다"[A25 B40, 70].) "인상적인 것은 여기서 공간의 절대성의 증거로 제시하는 바로 그 불일치 대칭물을 후에는, 예컨대 *Prolegomena to Any Future Metaphysics* (1783), sec. 13에서는 공간의 초월론적 관념성의 증거로 제시한다는 사실이다. 불일치 대칭물과 절대 공간의 관계에 대한 좀더 상세한 논의로는 Peter Remnant, "Incongruous Counterparts and Absolute Space," *Mind* 62, no. 287 (1963): 393-399 참조. 그리고 불일치 대칭물에 대한 칸트의 해석이 변화하는 과정을 추적한 것으로는 N. K. Smith, *A Commentary on Kant's Critique of Pure Reason* (New York: Humanities Press, 1962), 161-166 참조.

16. "나는 절대적 원천이다"[M. Merleau-Ponty, *Phenomenology of Perception*, trans. C. Smith (New York: Humanities, 1962), ix]. 메를로퐁티가 미리 주어진 주변 세계에 대해 하는 말은 불일치 대칭물에 대해서도 해당하는 얘기다. "나의 실존은 나의 이전 행적으로부터도, 나의 물리적·사회적 환경으로부터도 유래하지 않는다. 오히려 **나의 실존이 그러한 것들을 향해 움직이고 그것들을 유지시킨다**"(ibid., 강조는 인용자).

17. Kant, *Prolegomena to Any Future Metaphysics*, trans. E. B. Baxter (London: Bell, 1883), 32, 강조는 인용자.

18. Ibid., 33.

19. Walford and Meerbote, résumé of the 1768 essay in *Theoretical Philosophy*, lxxx. 마찬가지로 xliv, lxx쪽도 참조. 월포드와 미어보트는 여기에 덧붙여 이렇게 말한다. "시간과 공간에 관한 칸트 견해의 전개 양상을 이해하는 데, 또한 그리하여 비판철학 자체의 출현을 이해하는 데 [1768년 논문이] 얼마나 중요한지

에 대해서는 아무리 강조해도 지나치지 않을 것이다"(p. lxx). 시사적인 것은 《형이
상학 서설》에서 칸트가 "유사하고도 동등하지만 일치하지 않는 사물들(예컨대 서
로 반대 방향으로 감긴 두 나선) 간의 구별은 어떤 개념에 의해서도 이해할 수 없
고, 오직 **직관에 직접 관여하는** 오른손과 왼손의 관계에 의해서만 이해할 수 있다"
(*Theoretical Philosophy*, 33, 강조는 인용자)고 썼을 때, 자신이 그 주제에 관해
신체적 해석과 정신적 해석 사이에서 동요하고 있음을 드러낸다는 점이다. 여기서
우리는 이렇게 묻고 싶다. 손이 둘이라는 사실에 대한 관계만으로는 불충분한가?
손이 둘임을 '직관'에, 즉 초월론적 철학의 꾸러미의 일부인 유심론적 항목에 '직접
적으로' 관련시킬 필요가 어디에 있는가?

20. "Concerning the Differentiation," 365. 달리 표현하면, 방역들은 위치의 집합을
"단일체로서 보편 공간"에 관련짓고, 그렇게 함으로써 방역들은 이 위치의 집합 혹
은 '체계들'을 "질서 짓는다". 즉 그것들을 방향 짓는다. ("단일체로서 보편 공간"
이라는 말은 365쪽에서 인용. "보편적인 절대 공간"은 369쪽에서 언급한다.) 그
러나 다시 한 번 말하지만 절대적 공간이나 보편적 공간에 호소하는 것은 아무
런 근거가 없어 보인다. 왜 방역들(뉴턴과 관련해서라면 장소 자체는 여기에 해
당하지 않는다)은 **절대** 공간과 그토록 긴밀하게 얽혀 있는가? 훗날 칸트는 《순수
이성비판》에서 상호 작용의 형식, 즉 "상호 작용의 철두철미한 공통성"의 형식에
서 초월론적 배치가 필연성이라는 점만을 계속해서 주장한다(*Critique of Pure
Reason*, A213 B260, 235). 그것은 실제로 "Thoughts on the True Estimation of
Living Forces"에서 표현한 첫 번째 견해를 복권시키는 견해다. 〔Gerd Buchdahl,
*Metaphysics and the Philosophy of Science: The Classical Origins, Descartes
to Kant* (Oxford: Blackwell, 1969), 580-584 참조.〕 그러나 결정적인 논점은 칸
트에게서는 방역들이 단지 위치들에 의해 구축되기보다 위치가 **방역**에 의존한다
는 것이다. 즉 "공간의 부분들의 상호 간 위치는 방역을 전제로 하는데, 이 방역
안에서 부분들 각각의 위치가 그러한 관계 속에서 질서화한다"("Concerning the
Differentiation," 365). 여기서 "방역(region)"은 Gegend를 번역한 것이다. 케임브
리지판 번역에서는 일관되게 이 독일어를 'region'이 아니라 'direction(방위)'으로
번역하는데, 이는 의미심장하다. 나는 문자 그대로 번역하는 쪽을 선호하지만, 월
포드와 미어보트가 direction이라는 번역어를 선택한 데에는 칸트의 텍스트에서
"방역"의 기능적 역할이 어떤 특정한 방역 속에 위치 지어져 있는 장소 및 사물에
방위를 부여하는 데에 있다는 사실을 주지시킨다는 장점이 있다.

21. "Concerning the Differentiation," 366-367, 강조는 원문. 나는 이 마지막 문장 속에서도 좀 전과 마찬가지로 '방위(direction)'라는 번역어를 "방역(region)"으로 바꾸었다. 남은 두 가지 차원적 방역, 즉 전/후와 좌/우는 바로 뒤인 367쪽에서 연역된다. 이 구절의 주장과 관련해 유익한 도식과 함께 통찰력 있는 논의를 펼친 것으로는 Hoke Robinson, "Incongruent Counterparts and the Refutation of Idealism," *Kant-Studien* 72 (1981): 391-397 참조.

22. "Concerning the Differentiation," 367, 강조는 인용자. 나는 Gegenden überhaupt 의 번역어로서 '방위 일반(directions in general)'을 "방역 일반(regions in general)" 으로 바꾸었다. 또한 나침반의 기본 방위를 "우주적 방역(cosmic regions)"으로 변경했는데, 이는 핸디사이드의 초기 번역과 일치하며, 의미상으로도 Weltgegenden 에 더 가깝다(J. Handyside, ed., *Kant's Inaugural Dissertation and Early Writings on Space* (Chicago: Open Court, 1929), 22]. 우리가 자신의 양측성을 정확히 어떻게 아는지 규정하려는 시도는 우리를 문제로부터 너무나 멀리 데려가버릴 것이다. 칸트 자신은 다만 우리에게 "우측과 좌측의 분명히 구별되는 느낌" 쪽을 가리켜 보인다("Concerning the Differentiation," 369). 하이데거는 그런 주장을 했다는 이유로 칸트를 비판한다. "좌와 우는 주관이 그에 대해 어떤 느낌을 갖는 '주관적인' 어떤 것이 아니다. 좌와 우는 이미 도구적으로(ready-to-hand) 존재하는 세계 속으로 방향 지어져 있는 우리 자신의 두 방위다. '나의 양쪽이 다르다는 단순한 느낌의 차이만 가지고는'(다시 말해 칸트를 인용하는 것만 가지고는), 나는 세계 속에서 나의 길을 결코 찾을 수 없을 것이다"(*Being and Time*, trans. J. Macquarrie and E. Robinson (New York: Harpter & Row, 1962), 143]. 하이데거에게 중요한 것은 신체적 느낌이 아니라 세계 내 존재에 의해 구성되는 무대 전체다.

23. "Concerning the Differentiation," 367.

24. "세상에서 가장 정밀한 천상의 지도도, 별들 상호 간의 위치를 지정하는 데 그치지 않고 또한 그 지도가 **나의 양손에 대해** 갖는 위치와 관련해 방위를 지정해주지 않는다면, 그 지도가 내 머릿속에 아무리 정확히 들어 있다 해도 이미 알고 있는 방위, 예컨대 북쪽을 기준으로 지평선의 어느 쪽에서 일출을 예상해야 하는지 나는 추론해낼 수 없을 것이다"("Concerning the Differentiation," 367, 강조는 인용자). 메이(J. A. May)는 이렇게 지적한다. "지도를 보는 데 익숙한 사람이라면 (칸트의) 이러한 관찰이 얼마나 진실된 것인지 잘 알 수 있을 것이다. ……일단 북극 지시성(指示

壃)을 정하고 나면, 사람은 자동적으로 동쪽을 오른손에, 서쪽을 왼손에 결부시킴으로써 그 지도에 자신을 방향 짓는다. 그리고 신체를 결부시키는 바로 이러한 행위를 통해 북쪽이라는 개념 자체가 다른 방위와 관련한 의미를 갖는다〔*Kant's Concept of Geography and Its Relation to Recent Geographical Thought* (Toronto: University of Toronto Press, 1970), esp. chap. 2〕.

25. "Concerning the Differentiation," 367-368. "방향 짓다(orientate)"는 "방역에 따라 위치 지을 수 있다(nach den Gegenden stellen können)"를 번역한 것임에 주의하라. "실제로(indeed)"는 ja를 번역한 것인데, '심지어(even)' 혹은 '특히(especially)'라고 번역할 수도 있다. 후자의 번역에 대해 우리는 이렇게 말할 수 있을 것이다—**특히** 우리 주변에 있는 여러 장소의 위치에 대한 끊임없는 지식은 바로 우리 자신의 신체의 역할에 의존하고 있다. 장소(및 방역)에 만일 그렇지 않으면 결여했을 방위성을 부여하는 것은 바로 신체다. 그렇지 않으면 장소들은 다만 "상호 간 위치 관계의 전체 체계"를 형성할 뿐이다. 이 상호 간 위치 관계의 체계는 '제3유추'에서 논의한 "철두철미한 상호성"에 있어 **여러 실체들**의 역동적 상호 작용이라는 사고방식과 비교할 필요가 있다(*Critique of Pure Reason,* A211 B256ff., n 25 위 참조).

26. 이러한 것이 "우리의 가장 통상적인 지식"이라는 표현이 갖는 힘이다. 셰이머스 히니(Seamus Heaney)의 다음 시행과 비교해보라. "통상적인 분위기가/프랑스에서 밤의 드라이브를 시작하자 자못 새로운 느낌이었다. ……/나는 너를 줄곧 생각하고 있었다. ……/그때 너의 통상성(ordinariness)이 새롭게 느껴졌다"("Night Drive," *New Yorker,* May 1994).

27. Immanuel Kant, *Was heisst: Sich im Deneken orientieren?* 〔*Gessammelte Schriften* (Berlin: Royal Prussian Academy of Sciences, 1902-66), 8: 131-147〕 참조. 이 사례에 대한 비판적 논의에 대해서는 May, *Kant's Concept of Geography,* 71-72 참조.

28. "신체의 한쪽, 즉 우측은 솜씨라는 점에서, 그리고 아마 힘에서도 다른 한쪽, 즉 좌측보다 유리하다는 데에는 논란의 여지가 없다"("Concerning the Differentiation," 369). 인류학자들은 문화적 표현이나 의식(儀式) 속에서 좌와 우의 가치 평가에 비견할 만한 비대칭성을 탐사해왔다. R. Needham, ed., *Right & Left* (Chicago: University of Chicago Press, 1973)의 여기저기 참조. 나는 이 문제를 *Getting Back into Place: Toward a Renewed Understanding of the Place-World*

(Bloomington: Indiana University Press, 1993), 88-97쪽에서 더 길게 논의했다.

29. Jacques Derrida, *Positions*, trans. A. Bass (Chicago: University of Chicago Press, 1981), 71. 이 문헌 참조와 관련해 메리 롤린슨에게 감사드린다.

30. 이 구절 및 실재적 지속에 대한 다른 기술에 대해서는 Henri Bergson, *Time and Free Will* [French title: *Les données immédiated de la conscience*, first published in 1889], trans. F. L. Pogson (New York: Harper, 1960), chap. 2, 특히 121-123쪽 참조. "텅 빈 동종적 매체"로서 공간에 대해서는 95ff. 참조. 시간의 공간화에 대해서는 97-98쪽 참조. 19세기 사상가들이 균일하지도 않고 양적이지도 않은 것으로서 공간의 측면을 무시해버린 일반적 경향에 비추어볼 때 윌리엄 제임스는 중요한 예외에 속한다. 그에게 특히 강한 인상을 준 것은 공간적 **깊이**의 차원, 즉 베르그송이 단지 시간 안에만 있는 것으로 인정하고 싶어 했던 차원이다[William James, *Principles of Psychology* (New York: Dover, 1890, 1950), 2: 134ff.]. 제임스는 또한 우리의 공간 경험을 "커다란 것에 대한 감각(sensation of voluminousness)"에까지 소급해감으로써 우리의 공간 경험에 신체적 기반이 있다는 낌새를 알아차렸다. 제임스가 깊이와 용적을—또 함축적으로 장소를—어떻게 다루었는지에 대해서는 Casey, "'The Element of Voluminousness': Depth and Place Reexamined," in *Merleau-Ponty Vivant*, ed. M. C. Dillon (Albany: SUNY Press, 1991), 1-29 참조. 칸트는 이미 "Thoughts on the True Estimation of Living Forces," in J. Handyside, *Kant's Inaugural Dissertation and Early Writings on Space* , secs. 10-11에서 공간의 다른 형식들이 실재할 가능성을 지적했다.

31. 앞서 인용했듯 화이트헤드의 견해에 따르면 《티마이오스》는 뉴턴의 《프린키피아》의) "일반 주해"와 나란히 "서구 사상에 주요한 영향을 미쳐온 우주론적 이론의 양대 진술"[*Process and Reality*, ed. D. Griffin and D. Sherburne (New York: Free Press, 1979), 93] 중 하나다. 베르그송의 공간화에 대해서는 Whitehead, *Science and the Modern World* (New York: Free Press, 1953), 51, 147; *Process and Reality*, 82, 114, 209, 220, 321 참조.

32. Kant, "Concerning the Differentiation," 368. 나는 Beziehung의 주격형과 호응 관계가 맞도록 referring를 reference로 바꾸었다. 앞 문장에서의 인용은 *Science and the Modern World*, 52, 58쪽에서. 이 문장의 첫 구절은 52쪽에서 인용.

33. 화이트헤드가 다소 전문적으로 표현했듯 "만일 하나의 영역이 단지 다른 존재자

들과의 일정한 관계의 집합을 가리켜 보이는 방식에 불과하다면, 내가 단순 정위라고 부르는 이 특징은, 물질적인 [물체는] 다른 존재자들에 대해 바로 그 위치 관계를 갖는다고 말할 수 있으며, 그것을 설명하기 위해 **동일한 존재자들에 대한 유사한 위치 관계로 구성된 별도 영역과의 어떠한 관계도 필요하지 않다**"(*Science and the Modern World*, 49, 강조는 인용자. 또한 이 내용을 재진술하고 있는 58쪽도 참조). 라이프니츠식으로 말하자면 만일 A와 B가 C, D, F, G라는 고정된 존재자들과의 관계에서 국소화해 있다고 한다면, 그렇게 형성된 결합체는 다른 결합체들과—이 다른 결합체들은 단순 정위**가 아니라는**(nonsimple location) 학설에 입각할 것이기 때문에—**더 이상** 관계하지 않을 것이다.

34. *Science and the Modern World*, 49, 강조는 인용자.

35. 방역에 대한 충분한 논의는 *Process and Reality*, 283-284, 300-302, 312-313 참조.

36. "Concerning the Differentiation," 371. 핸디사이드는 Ursprünglichen Raum을 primary space(1차적 공간)라고 번역한다.

37. *Science and the Modern World*, 58, 강조는 인용자.

38. *Process and Reality*, 51.

39. *Science and the Modern World*, 58.

40. Ibid.

41. Ibid., 59.

42. Ibid.

43. 이 주제에 대해서는 다음 저작도 참조. Carolyn Merchant, *The Death of Nature: Women, Ecology, and the Scientific Revolution* (New York: Harper & Row, 1983), esp. chap. 12; Morris Berman, *The Reenchantment of the World* (Ithaca: Cornell University Press, 1980), 여기저기.

44. *Process and Reality*, 64. 화이트헤드는 81쪽에서 "신체는 …… 각별히 친밀한, 세계의 한 단편일 뿐이다"라고 말한다.

45. *Science and the Modern World*, 91.

46. "그들[즉 17세기 철학자들]은 신체를 객관주의적 원리에 입각해 다루고, 세계의 그 밖의 것들은 주관주의적 원리에 입각해 다룬다"(*Science and the Modern World*, 91).

47. *Science and the Modern World*, 92, 강조는 인용자. "떨어져 있는 환경의 한 상"을 언급할 때, 화이트헤드는 의식적으로 단순 정위를 개선하고 있다. 두드러지는

것은 이 철학적인 개선 작업에 착수할 때, 화이트헤드가 라이프니츠의 사상, 특히 모나드는 자신이 표출하고/표상하는 세계를 비추고 통일한다는 사고방식에 극히 근접해간다는 사실이다.

48. *Process and Reality*, 91 참조, 강조는 인용자.

49. Ibid., 73.

50. 신체적 효과에 대해서는 *Process and Reality*, 312 참조. 파악적 통일에 대해 화이트헤드는 《과학과 근대 세계》에서 이렇게 말한다. "이 [신체의] 자기 인식은 자기 바깥에 있는 존재자들이 갖는 여러 양태적 현전(modal presences)에 대한 파악적 통일을 나타낸다"(p. 73). 객관화[즉 파악의 역(逆)]에 대해서는 *Process and Reality*, 23-25 참조. 인과적 효과에 의해 함의되는 것으로서 "순응"에 대해서는 A. N. Whitehead, *Symbolism, Its Meaning and Effects* (New York: Macmillan, 1927), 43ff. 참조.

51. 이 두 인용문의 출처는 *Process and Reality*, 81쪽이다. 화이트헤드는 자신의 학술용어 "인과적 효과(causal efficacy)"를 언급하고 있는데, 이에 대해서는 ibid., 119-121, 339쪽 그리고 특히 *Symbolism, Its Meaning and Effect*, 39-49쪽의 논의[여기서는 현전적(presentational) 직접성과 대조된다는 점을 제시한다] 참조.

52. *Process and Reality*, 81.

53. 오직 현전적 직접성의 견지에서만 2차 성질은 (투영된) '심적' 파악의 대상이다. 그러나 화이트헤드의 명확한 의도는 그러한 성질의 토대가 궁극적으로 지각자 자신의 신체의 물리적 파악에 있음을 보여주는 데 있다. "여기서 하고 있는 설명은 이러한 2차 성질의 근원이 '신체를 가지고 있다는 것(withness of the body)'을 통해 표현되는 물리적 파악에 뿌리박고 있다는 데까지 추적해간다"(*Process and Reality*, 64, 원문에서는 "가지고 있다는 것" 강조).

54. 반복에 대해서는 *Process and Reality*, 133-137 참조.

55. *Process and Reality*, 339. 하지만 화이트헤드는 또 반복의 사용만이 유기체의 미래에 "새로움의 기관(organ)"(ibid.)이 된다고 덧붙인다.

56. Ibid., 62, 강조는 원문. 이 인용문에서 "~을 가지고"가 어떻게 시각의 우위성에 이의를 제기하는지, 그 방식에 주목하라. "~을 가지고"에 관한 추가적인 논의로는 81, 311-312, 333쪽 참조.

57. Ibid., 311, 강조는 원문.

58. Ibid., 63. 이 주장에 입각해볼 때, 신체의 "~을 가지고"와 인과적 효과—인과적

효과는 늘 직접적 과거의 문제다—사이에 긴밀한 결부 관계가 있음이 분명해진다.

59. 화이트헤드는 "결합체"를 "현실적 존재자들 상호 간의 파악에 의해 구성되는 혹은—동일한 사태를 역으로 표현하면—그것들이 상호 객체화함으로써 구성되는 관계성의 통일 속에 있는 일련의 현실적 존재자들"(ibid., 24)이라고 정의한다. 파악과 객체화의 변증법은 결합체 내의 장소화가 단순 정위로 환원될 수 없도록 보증한다.

60. Ibid., 93, 강조는 원문.

61. Ibid., 311, 강조는 원문. 이곳/저곳 구조에 관한 추가적인 논의는 *Getting back into Place*, chap. 3 참조.

62. "감각 대상은 시공 속으로 **진입**(ingression)한다"(*Science and the Modern World*, 70, 강조는 원문).

63. *Science and the Modern World*, 70. 같은 쪽에서 화이트헤드는 거울 속 나무의 녹색을 지각하는 예를 제시한다. 녹색은 나의 "여기"에 있는 거울 표면에 나타나지만, 다른 한편 같은 이 거울에 비치는, 내 뒤 "저기"의 나무에 속하는 양태적 정위(modal location)도 동시적으로 갖고 있다.

64. 양태적으로 위치를 점하는 것에 대해서는 *Science and the Modern World*, 71 참조. 화이트헤드가 사용하는 "양태" 및 "양태적"이라는 말의 스피노자적 기원에 대한 논의에 대해서는 69쪽 참조. 이 대목을 *Symbolism* 53-56쪽에서 "국재화(localization)"를 다루는 내용과 비교하라. "다른 곳에 위치를 점하는 것"이라는 구절은 *Science and the Modern World*, 71쪽에 나온다.

65. *Process and Reality*, 7.

66. Ibid., 119. 이와 같은 주장은 라이프니츠와의 명백한 유사성을 뛰어넘어 C. S. 퍼스의 사고방식 또한 반영한다. 퍼스의 사고방식인즉슨 (번득이는 "추측적(abductive)" 가설이 스치고 지나갈 때 그 존재를 알 수 있는) 인간의 직관은 최근 제시된 "인간 원리(anthropic principle: 또는 '인본 원리'—옮긴이)"—이 원리에 따르면 우주는 궁극적으로 인간이 가진 오성(understanding)의 구조와 조화를 이루도록 형성된다—의 일부나 조각일 뿐만 아니라, 인간의 직관이 파악하려 시도하는 우주의 부분이나 조각이기도 하다는 것이다.

67. "현전화한 로쿠스"는 "감각 소여에 의해 정의되는 영역을 가진, 현전적 직접성의 양태로 지각된 동시적 결합체"(*Process and Reality*, 126)로 정의할 수 있다.

68. "[임의의 현실적 존재자의] 현전화한 로쿠스는 인간 신체와의 어떤 체계적 관계에

의해 한정된다"(*Process and Reality*, 126). 논점은 장소**보다** 신체가 우월하다는 식의 상대적 우위성이 아니라는 점에 유의해야 한다. 왜냐하면 그 역 또한 긍정될 수 있기 때문이다. "[신체의] 합생(合生, concrescence)이 토대를 이루는 이 영역을 전제로 하는 것이지, 이 영역이 그 합생을 전제로 하는 것이 아니다"(ibid., 283). 종국적으로 사이트화란 장소에 의한 신체의 이방적(二方的, bidirectional) 규정을 사이트화하는 것이며, 이것의 역 또한 마찬가지다. 이런 점을 우리는 임의의 주어진 현실적 존재자 속에 파악 및 객체화가 병존한다는 사실에서 확인할 수 있다.

69. 화이트헤드는 또한 칸트가 직관 형식을 경험된 세계에 순응하기보다는 오히려 그러한 세계를 **구성하는** 것으로 만들었다며 그를 비판한다. "칸트의 '직관 형식'은 소여로서 현실 세계로부터 나온 것이기 때문에, 칸트가 말했던 것처럼 "순수"하지 않다. 직관 형식이 질서정연한 세계를 산출하는 게 아니라, 거꾸로 그러한 세계로부터 직관 형식이 파생되어 나온다"(*Process and Reality*, 72).

70. 칸트는 1772년 2월 21일 마르쿠스 헤르츠((Marcus Herz)에게 보낸 편지에서 《순수이성비판》의 초기 계획에 관해 그 저작은 2개의 절, 즉 "현상론 일반"과 "그 본성과 방법에 따른 형이상학"으로 구성될 것이라고 썼다(translated in Kerferd and Walford, *Kant: Selected Pre-Critical Writings*, 111).

71. Edmund Husserl, *The Crisis of European Sciences and Transcendental Phenomenology*, trans. D. Darr (Evanston: Northwestern University Press, 1970), 98. 후설의 원문에서는 "나 자신"을 강조한다. 98쪽에는 "보편철학"이라는 구절도 보인다. 철학에서 초월론적 기획의 또 다른 정식화는 그것(초월론적 철학—옮긴이)이 "모든 객관적 의미의 형성 및 존재적 타당성의 근원적 장소로서 인식하는 주관성에로 돌아간다"(ibid., 99)라는 것이다. "근원적 장소"라는 구절은 장소화한 주관성을 시사하지만, 후설은 이 점을 더 이상 탐구하지 않는다.

72. Ibid., 99, 강조는 원문.

73. 《위기》 28절의 표제는 "칸트의 암묵적인 '전제', 즉 타당한 것으로서 당연시하는 생활의 환경 세계"다. "엄밀한 과학"이라는 구절은 99쪽에 있다. 후설의 1911년 논문 〈엄밀한 과학으로서 철학〉은 비록 후설이 특히 과학에 관한 초월론적 형식을 아직 지지하지 않았다 해도, 이러한 과학에 대한 저자의 정열적인 관여 방식을 보여준다.

74. *Crisis*, 107. 후설은 다음과 같이 덧붙인다. "순수하게 지각이라는 관점에서 볼 때, 물리적 물체와 살아 있는 신체(물체와 신체)는 본질적으로 다르다. 살아 있는 신체

란 곧 지각에 있어 〔그러한 것으로서 내게〕 현실적으로 주어지는 유일한 것, 즉 나 자신의 살아 있는 신체로서 〔이해되는 것이다〕"(ibid.). "온전히 유일한 존재적 의미"란 추정컨대 바로 이 살아 있는 신체가 지각적인 생활 세계에 말을 걸고 또한 그것을 조직화하는 특별한 방식을 가리킨다.

75. "나는 지극히 직접적으로, 즉 운동 감각적으로 제어한다—내가 그것을 통해서 제어하는, 혹은 잠재적으로 제어하는 특수한 기관들과 연결된 것〔으로서〕 …… 이 '제어'는 물체를 지각하는 모든 경우에 기능하는 것으로 제시〔된다〕"(Crisis, 107). 참여에 대해서는 106쪽 참조. "지각 장에 부재하는 경우가 결코 없는 우리의 체험된 신체가 특히 그에 상응하는 '지각 기관'(눈, 손, 귀 등)을 가지고 참여하는 것은 명백하고도 불가피한 일이다." '손'에 대한 언급이 있다는 게 흥미롭지만 후설은 거기에 더 이상 초점을 맞추지 않는다.

76. Crisis, 106. 운동 감각은 체험된 신체와 생활 세계 간 가장 깊은 "일치"의 기반이다. "어떤 〔지각된〕 물체가 이 하나의-동일한 물체(one-and-the-same body)로 지각 가능해지는 다양한 현상(appearances)에는 그 물체들에 걸맞은 운동 감각이 자신의 고유한 방식으로 이 〔체험된〕 물체에 속하는 운동 감각에 대응한다"(p. 107). 운동 감각의 특질—이 문제는 뒤에서 다룰 기회가 있을 것이다—은 차치한다 해도, 환경 속에서 "물체들"이 감각적으로 드러나는 현상과 그것들을 지각할 책임이 있는 체험된 신체 사이에는 깊은 공모 관계가 있다. 어떤 현상은 "보는 것에서만, 접촉하는 것에서만, 듣는 것에서만 지각적으로 제시된다"(p. 106).

77. "과거의 지평을 동반한 지금 시점"〔Husserl, The Phenomenology of Internal Time-Consciousness, as published in the series Husserliana, ed. R. Boehm (The Hague, Nijhof, 1966), sec. 10〕이라는 구절에서 "지금"과 같은 것.

78. 내가 여기서 말하는 것은 1905년 여름(현상학적 환원에 대한 착상이 떠올랐던 시기이기도 하다) 제펠트(Seefeld)에서 쓴 초고다. 그것은 예컨대 간주관성에 관한 3권짜리 책 중 1권—Husserliana 13: Zur Phänomenologie der Intersubjektivität, ed. Iso Kern (The Hague: Nijhof, 1973)으로 출판—의 첫 번째 텍스트다. 또한 ibid., vol. 1, 490쪽에 나오는 후설의 자서전적 논평도 참조. 〔이 문헌에 대해서나 그 밖에 후설이 공간을 어떻게 다루었는지에 관해 가치 있는 지적을 많이 해준 진 겝서 연구소(Jean Gebser Institute) 소장이자 Newsletter for the Phenomenology of the Body의 편집자이기도 한 엘리자베스 벤크에게 감사드린다.〕 공간과의 관계 아래 신체를 다루는 후설 초기의 가장 결연한 방식에 대해서는 Ding und Raum

[Husserliana 16, ed. Ulrich Claesges (The Hague: Nijhof, 1973)]이라는 제목으로 출판한 강의록과 부록 참조. 대표적인 구절들과 함께 이러한 초기 연구에 대해 설명한 것으로는 Ulrich Claesges, *Edmund Husserls Theorie der Raum-konstitution* (The Hague: Nijhof, 1964); Elisabeth Ströker, *Investigation in Philosophy of Space,* trans. A. Mickunas (Athens: Ohio University Press, 1987) 참조.

79. Husserl, "The World of the Living Present and the Constitution of the Surrounding World External to the Organism," trans. F. A. Elliston and L. Langsdord, in *Husserl: Shorter Works* (Notre Dame: University of Notre Dame Press, 1981), 246. (이후부터는 "The World of the Living Present"로 약칭. 이 원고는 1931년에 썼다).

80. Ibid., 247.

81. 나 자신의 신체[후설이 내 신체(Ichleib)라고 명명한]는 "사물 세계가 지각을 통해 나타날 때, 이 사물 세계 속에서 하나의 특권화한 위치를 점한다"(*Ding und Raum,* 80).

82. 나의 담지자로서 신체, 또한 여러 감각에 위치를 부여하는 것으로서 신체에 대해서는 *Ding und Raum,* 162 참조. 물체(Körper)로서 내 신체와 신체(Leib)로서 내 신체 간 차이에 대해서는 161-162, 279-280쪽 참조. 훗날 매우 유명해진 이 구별은 공간을 주제로 한 후설의 초기 저작, 즉 1906년부터 1907년경에 쓴 저작들에 이미 모습을 드러낸다.

83. "그곳이라는 감각의 구체적이고 구별 가능한 각 요소에는 그것의 위치, 그것의 여기가 대응한다. 그리고 이 이곳은 거리에 속하며, 거리의 여러 관계에 토대를 부여하는 하나의 계기다"(*Ding und Raum,* 283). 후설은 이러한 신체적 "여기"를 "눈 안에, 혹은 눈의 이면에"(p. 228) 국소화한 것으로서 기술한다. 다른 곳에서 후설은 "나는 늘 [내 신체를] 여기의 담지자로서 지각한다"(*Intersubjectivity,* 1: 236)고 말한다.

84. *Ding und Raum,* 80.

85. 이 세 가지 차원에 대한—따라서 거기에 포함되는 여러 방위에 대한—신체의 관계는 *Ding und Raum,* 80, 231 참조.

86. Ibid., 80: "Alles Erscheinende ist seine Umgebung."

87. "중심으로서 나"라는 표현은 *Ding und Raum,* 280쪽에 나온다. "점으로서 나"의

중심성에 대해서는 238, 281쪽 역시 참조. 후설의 분석에 따르면 체험된 신체, 나, 그리고 방향의 중심은 모두 한 가지로 수렴한다. 아니, 이들은 동일한 존재자의 다른 측면이다. 고유한 신체로서 나의 신체는 나 자신에게 늘 절대적으로 가깝다. "내 신체는 가장 가까이 있는 것이다"(*Zur Phänomenologie der Intersubjektivität*, 2: 546).

88. *Ding und Raum*, 280. 또한 283쪽 참조. 내가 공간 속에서 움직일 때 "세계 자체는 움직이고, 반면 나는 정지해 있는" 것처럼 보인다. "그러나 그 운동 후, 그것[이 세계]은 이전과 다름없이 정확히 동일하다—다만 내 신체가 그 세계에 대해 다른 위치를 갖고 있다는 점만 제외하면."

89. Ibid., 281: "der Leib bewegt sich, ohne sich zu 'entfernen.'"

90. 후설이 1931년의 한 텍스트에서 기술하듯 "나는 내 손이 멀리 날아가도록 내 손을 던질 수 없다"("The World of the Living Present," 249).

91. *Ding und Raum*, 80: "der immer bleibende Beziehungspunkt." 그렇다고 해서 신체로서 내 신체가 어떤 의미에서 장소를 변화시킨다는 걸 부정하는 건 아니다. 후설이 즐겨 표현한 대로 내 신체는 "방랑한다". 즉 "나 자신이 이 장소에서 저 장소로 움직일 때, 방향성을 부여하는 이 영점(零點)은 어떤 방식으로 객관적 공간의 끊임없이 새로운 점들과 일치하면서 방랑하는 것이다. 내 물체로서 신체가 방황할 수 있는 것은 오직 영점이 '방랑한다'는 사실 덕분이며, 또한 아울러 내 시각 공간이 '방랑한다'는 사실 덕분이다"(ibid., 308). 그러한 방랑은 순수하게 현상적인 운동으로 보이며, 따라서 "객관적 공간"에서의 운동과 혼동해서는 안 된다.

92. Ibid., 83. 장(field) 관념에 대한 추가적인 논의로는 sec. 23, 48쪽 참조. 시각 공간과 객관적 공간의 구별에 대해서는 367쪽(1916년 부록 IX)과 304쪽(후설의 1916년 논문 요약) 참조.

93. 이런 아이디어에 대해서는 *Ding und Raum*, sec. 53: "Das visuelle Feld als Ortssystem und seine möglichen Transformation" 참조.

94. *Ding und Raum*, 185, 275, 298-300 참조.

95. Ibid., 179: "die Ortsmannigfaltigkeit ist etwas absolut Invariables, immer Gegebenes."

96. Ibid., 180. 그러나 후설의 논점은 개개의 운동 감각이 개개의 장소와 결부된다는 점에 있는 게 아니라, "장소의 연장 전체와 운동 감각(K) 일반"(ibid., 180) 사이에는 확실한 상관관계가 있다는 점에 있다.

97. 이 점에 대해서는 *Ideen II*, ed. M. Biemel (The Hague: Nijhof, 1952), 57-58; Claesges, *Edmund Husserls Theorie*, 114 n 1에서 인용한 1921년의 짧은 논문 참조. "본래 거기서 각각의 (시각적이고 촉각적인) '세계'의 구성적 모습의 모든 체계에 속하는 것은 운동 감각적인 사건의 동기부여 체계이고, 이 사건들은 이 동기를 넘어서는 어떠한 의미도 갖지 못한다."

98. 시각적 운동 감각이 다른 종류의 운동 감각과 대비되는 측면에 대해서는 *Ding und Raum*, 299-300, 308 참조.

99. "Der Ort ist verwirklicht durch die kinäesthese, in der das Was des Ortes optimal erfahren ist"(인용 출처는 Claesges, *Edmund Husserls Theorie*, 82쪽 중 1932년 초고).

100. 후설은 1931년 초고에서 이렇게 쓴다. "이러한 방식으로 나는 그 전체가 독자적으로 구성된 사물들의 핵심-영역, 말하자면 핵심-세계를 갖는다. 이것은 사물들의 영역으로, 내가 나의 운동 감각에 의해 인도되는 영역이요, 내가 최적의 형태로 경험할 수 있는 영역이다"(Claesges, *Edmund Husserls Theorie*, 83 n 2에서 인용).

101. 클레스게스가 지적하듯 "운동 감각의 체계는 권능(enablement)의 체계로서, 어떤 운동 감각적 상황에 있어 언제나 부분적으로 현실화한다. 권능이란 '내가 할 수 있다'는 의미에서 가능성이다"(*Edmund Husserls Theorie*, 75).

102. Claesges, *Edmund Husserls Theorie*, 83쪽에 인용한 1921년의 초고에서. 후설은 가까움 자체를 "내가 시간이 '아주 조금' 뻗은 속에서—통일적인 포괄적 직관에 있어, 또한 통일된 의식에 한정해 여러 측면 전체와 관계 있는 운동 감각적 상(相)에 있어—볼 수 있는 것"(ibid., n 4, 동일한 초고에서 인용)이라고 정의한다. 근린 영역에 대한 추가적인 논의로는 Beilage 73, "Die Konstitution des Raumes im Synthetischen Übergang von Nahraum zu Nahraum"(Feb. 1927), *Zur Phänomenologie der Intersubjektivität*, 2 참조. 여기서 후설은 "공간은 먼 운동 감각을 통해 어떤 근린 공간으로부터 다른 근린 공간으로 이행하는 가운데 구성[된다]"고 말한다.

103. "나의 직관적 세계의 '형식'으로서 공간은, 따라서 하나의 전체로서 내 운동 감각적 체계와 그 지평-구조의 상관물이다"(Claesges, *Edmund Husserls Theorie*, 84쪽에서 인용한 1921년 초고).

104. Claesges, *Edmund Husserls Theorie*, 84쪽에서 인용한 1931년 초고. 후설은 장

소의 중요성을 알아차리기 시작할 때조차도, 충분히 구성된 동질적인 객관적 공
간이라는 관념을 결코 포기하지 않는다. "공간 자체는 점과 방위의 체계이며, 그
자체로 동질적이다"(*Zur Phänomenologie der Intersubjektivität*, 2: 54). 그러나
이 주장에는 의미심장한 함의가 있는데, 이에 대해서는 이 책 본문에서 바로 다음
에 인용하는 언명(주 105) 참조.

105. *Zur Phänomenologie der Intersubjektivität*, 1: 239, 강조는 원문.

106. "생생하게(lively, Leibhaftig)"는 '신체의', '살아 있는', '생동하는', '신체적', '몸
소'를 의미한다. 후설은 직관적 통찰의 명증성은 의심할 수 없다는 점을 특징짓기
위해 이 말을 사용한다.

107. Husserl, *Crisis*, 51. 후설의 원문에서는 "이념의 옷"을 강조한다. 여기에 후설은 다
음과 같이 덧붙인다. "이념의 옷으로서, 혹은 상징적 수학 이론에 있어 상징의 옷
으로서 수학과 수학적 과학에는, 일반적으로 과학자와 교양인들에게 '객관적으로
현실적이며 또한 참된' 그러한 자연으로서 생활 세계를 **대리하고**(represent) 그것을
치장해 덮어버리는 모든 것이 포함되어 있다"(ibid., 강조는 원문).

108. Ibid., 54, 강조는 인용자. 방법과 자연을 혼동하는 것에 대해서는 51쪽 참조. "우
리가 사실은 **방법**에 불과한 것을 **참된 존재**라고 믿어버리는 것은 이념의 옷을 통해
서다"(강조는 원문).

109. Ibid., 55.

110. "초보적인 규정 수단으로서 기본 형태에서 시작해 몇 가지 이념적 형태를, 나
아가 결국은 모든 이념적 형태를 조작적으로 규정하는 기하학적 방법론은 측량
과 측정 일반(surveying and measuring in general)에 의한 규정의 방법론을 소
급해서 가리켜 보인다"(ibid., 27). 현상학적 소여로부터 기하학(그중에서도 특
히 유클리드 기하학)이 발생했다고 보는 매우 엄밀한 또 다른 논의로는 Oscar
Becker, "Beiträge zur phänomenologischen Begründung der Geometire
und ihrer physikallischen Anwendungen," *Jahrbuch für Philosophie und
phänomenologische Forschung* (1923) 6: 385-560 참조. 아울러 베커의 이
후 저작인 *Gröss und Grenze der mathematischen Denkweise* (Freiburg:
München, 1959)도 참조.

111. *Crisis*, 27-28.

112. 이러한 지배와 인도에 대해서는 ibid., 28, 32 참조.

113. Ibid., 38.

114. Ibid., 29. 후설의 원문에서는 "순수한"과 "추상적인 형태"를 강조한다.

115. Ibid., 38.

116. "이 보편적인 이념화한 인과성은 모든 사실적 형태 및 충실을 그것들의 이념화한 무한성에 포함한다"(Ibid., 39).

117. 제2성질의 주관화에 대한 후설의 언명에 대해서는 Crisis, 36 참조. 여기서 "빛깔, 소리, 열, 무게"는 "사물 자체(그것 자체)"에 귀속되지 않고, "음의 진동(tone-vibration)"이나 "열의 진동(warmth-vibration)" 등으로 해석된다. 후설은 이러한 진동을 "형태의 세계 내 순수 사건"(ibid.)이라고 부른다. 그러나 이러한 진동이 지각하는 유기체의 생리학 안에 등기되는 것, 즉 그 유기체에 그 내부로부터 인과적으로 영향을 끼치는 것으로서만 기능한다는 점은 분명하다.

118. Ibid., 33, 강조는 원문.

119. 제2성질의 간접적인 수학화에 대해서는 ibid., 37ff. 참조.

120. Ibid., 34, 강조는 원문.

121. 첫 번째 구절은 Crisis, 216쪽에서, 두 번째 어구는 31쪽에서 인용.

122. Ibid., 50.

123. Process and Reality, 321, 316 참조.

124. Crisis, 217.

125. "가까운 사물들"에 대해서는 "The World of the Living Present," 249 참조.

126. Ibid., 107.

127. "살아 있는 현재 속에서 동시에 경험되는 사물 전체는 단순한 '함께 경험된 존재'가 아니라, 시공적 '전체'의 통일, 시공성 속에 함께 편성되어 있는 〔어떤 것의〕 통일이다"("The World of the Living Present," 245-246).

128. "The World of the Living Present," 248.

129. Ibid., 249. 《위기》에서는 이를 다음과 같이 표현한다. 개별적인 신체적 기관이란 "감응(感應, affections)과 활동의 자아(ego)"가 "제어"할 수 있게끔 해주는 것이다. Crisis, 107 참조.

130. "The World of the Living Present," 249.

131. Ibid. 나는 äusseren의 번역어로 '외부적(external)'을 '외적(outer)'으로 바꾸었다. 이 문장 속의 "흐름(Verläufe)"이라는 단어는 움직임, 특히 달릴 때의 움직임을 함의한다.

132. Ibid., 248. 이 논점과 관련해서는 《위기》에서의 정식화 쪽이 더 명료하다. "하나

의 물체는 다양한 모습을 통과하면서도 하나의 동일한(one-and-the-same) 물체로 지각될 수 있는데, 이런 다양한 모습에 상응하는 것은 다양한 모습들 각각이 저마다의 고유한 방식으로 이 물체에 속하는 운동 감각이다"(*Crisis*, 107).

133. "The World of the Living Present," 249-250. 이러한 여기/거기 관계에 대해서는 *Crisis*, 216 참조.

134. "맨 처음부터 생동하는 유기체는 구성적으로 예외적인 위치를 갖는다"("The World of the Living Present," 249).

135. "Hiersein ist herrlich"(Rilke, *Duino Elegies*, the Seventh).

136. "The World of the Living Present," 250.

137. Ibid.

138. 존속하는 사물들의 이러한 성취에 대해 후설은 이렇게 말한다. "걷기는 그럼으로써 주관에 나타나는 모든 공존하는 것들의 변양에 대한 감각을 받고, 이리하여 이제 사물의 나타남의 지향성은 처음으로 계속 보존된다. 자기 동일적인 사물들과 마찬가지로 방향 지어진 사물들 속에서, 그리고 방향성의 변화 속에서 자기-구성하는 존재로서"("The World of the Living Present," 250). 더 명료하게 표현하면 "운동 감각적으로 동기를 부여받은 나타남의 양태가 변화하는 가운데, 모든 외부적 사물은 저마다 동일물로서 구성된다"(p. 248). "장소들의 고정된 체계"에 대한 논의는 250쪽 참조.

139. "The World of the Living Present," 240.

140. "그리하여 여기서는 연합(association)이 작동한다—그리고 여기에는 연속적인 통각(統覺), 즉 예시(豫示)의 구성체로서 한 위치(die eine Stelle)에서 형성되는 종합적 통일이 포함된다"(ibid., 246, 강조는 원문).

141. "The World of the Living Present." 250. 독일어는 feste Ortssystem이며, 250쪽에서는 이를 "장소들의 고정된 체계"라고 표현한다. 하지만 feste는 확고하거나 안정된(steady or stable) 어떤 것을 함의하지, 적확한 지점을 갖는(pinpointed) 것을 의미하지는 않는다. 또한 **체계**는 유기적으로 조직된 전체(organized whole)—과학적으로 질서 지어진 총체성(scientifically ordered totality)이 아니라—라는 함의가 있다. 다른 곳에서 후설은 다음과 같이 명확한 의견을 덧붙인다. "우리는 주위 공간을 장소들로 구성된 한 체계로서, 바꿔 말하면 물체들 운동의 **가능적 종결점들**의 한 체계(a system of possible terminatioins)로서 갖는다. 이 체계 속에서 지구상의 모든 물체는 확실히 저마다의 개별 장소를 갖고 있다"("Foundational

Investigations of the Phenomenological Origin of the Spatiality of Nature," trans. F. Kersten, in Elliston and McCormick, *Husserl: Shorter Works*, 225(이후부터는 "the Origin of the Spatiality of Nature"로 약칭).

142. 나는 "기반-장소"라는 말을 "The Origin of the Spatiality of Nature"에서 빌려왔는데, 여기서는 이 말의 의미론적 범위가 "집-장소(home-place)"부터 궁극적인 "뿌리-기반(root-basis)"으로서 지구에 이르기까지 걸쳐 있다. Ibid., 226-227 참조.

143. Ortskontinuum. 장소의 체계와 장소 연속체는 잠재적으로는 동일하다. 이 점은 "The Origin of the Spatiality of Nature"의 한 구절에서 분명해진다. "지구는 장소의 체계로서 혹은 (심지어 수학적으로 생각할 수 없는 경우조차) 장소 연속체로서 내적 공간을 갖는다"(p. 225). 또한 다소 더 객관화한 "위치 연속체"라는 표현을 후설이 사용한다는 점에 주의하라. "(구성적으로) 하나의 연속체가 된 운동 감각적인 움직임은 가능적으로 정지 상태에 있는 것의 위치 연속체다"("The World of the Living Present," 250).

144. "Jeder hat seinen Ort"("The Origin of the Spatiality of Nature," 225).

145. "The World of the Living Present," 250, 강조는 인용자.

146. Ibid.

147. Ibid., 248. 후설은 이렇게 덧붙인다. 이러한 "나는 나 자신을 움직이게 하는 그 주관적인 운동 감각적 의미에서만 포착"(ibid.)된다.

148. Ibid., 248.

149. 이 논점에 대해서는 "The Origin of the Spatiality of Nature," 224-226 참조. 후설은 230쪽에서 "그 [지구의] 정지는 운동의 양태가 아니다"라고 말한다. 실제로 지구는 그렇게 근본적으로는 움직이지 않는 것이기에, 그 경우 지구를 "정지해 있다"고 일컫는 것은 필시 옳다고 할 수 없다—"정지"라는 것이 통상적인 물리적 물체의 경우 "운동"과 상관되는 것인 한, 또한 "지구는 움직이지 않는"(p. 225) 것인 한. 이는 지구를 평범한 의미에서 "물체"라고 말하는 게 정합적이지 않은 것과 마찬가지다.

150. "The Origin of the Spatiality of Nature," 224.

151. "The World of the Living Present," 245.

152. "The Origin of the Spatiality of Nature," 226. 후설은 225-226쪽에서 이렇게 주장한다. 체험된 신체의 유일성(uniqueness)이란, 이에 대해 우리가 "원초적인 경

험에 있어 (나의 신체는) 외적인 물체와 달리 운동도, 정지도 하지 않고 다만 내적 운동과 내적 정지를 가질 뿐이다"고까지 말할 수 있는 그러한 것이다. 하지만 그래도 여전히 체험된 신체는 **정지해 있다**고 느껴지며, 또한 신체 자신을 **운동 중**인 것으로서가 아니라 정지해 움직이지 않는 운동의 중심으로서 경험한다는 점에는 변함이 없다. 이러한 근본적인 사고방식에는 체험된 신체에 고유한 **장소**가 없다는 것이 부분적으로 함의되어 있다. 1934년의 짧은 논문―〈자연의 공간성의 기원〉을 집필하던 해에 쓴 논문―은 이렇게 말한다. "그 원초성에 있어 나의 체험된 물리적 신체는 이 신체에 대해 장소의 변화가 어떤 의미(sense: 또는 '방향'―옮긴이)도 갖지 않는―따라서 공간에 있어 장소 또한 갖지 않는―방식으로 구성되어 있다. (그런 까닭에 다른 것과 구별되는 독특한 의미를 갖는다)"(*Zur Phänomenologie der Intersubjektivität*, 2: 659). 이 "공간에 있어 장소"에 대한 최후의 부정은 정확히 후설이 지구에 대해 주장하는 사태라는 사실에 주목하라― 이는 지구와 신체 간에 심원한 유사성이 있음을 시사한다. (아마도 이는 만일 지구가 (신체가 내적으로 무장소한 것임에도 불구하고 그에 의존하는) 장소들의 궁극적 공급자라고 한다면 그리 놀랄 일은 못될 것이다.)

153. "The World of the Living Present," 239.

154. "The Origin of the Spatiality of Nature," 225, 강조는 인용자.

155. Ibid., 250. 나는 여기서도 "고정된"을 "확고한"이나 "안정된"이라고 번역했다. 아이린 클레이버는 이 구절에 대해 알려주며 신체 및 운동에 관한 후설의 후기 저작에서 정지가 얼마나 중요한 것이었는지 언급했다.

156. Wallace Stevens, "Tea at the Palaz of Hoon."

157. "The Impenetrability of Bodies in Space Rests on the Fact that Spatial Determinations are Substantial and Individuating"(February 7, 1915), in *Franz Brentano: Philosophical Investigation on Space, Time, and the Continuum*, trans. B. Smith (London: Croon Helm, 1988), 153, 152. 동일한 구술에서 브렌타노는 "절대로 텅 빈 장소"란 존재할 수 없다고 부정한다. "왜냐하면 우리가 절대적 공허에 대해 이야기할 수 있는 것은 오직 현실 속에 가능한 소재(所在)가 전혀 존재하지 않을 때뿐이기 때문이다"(ibid.). 장소를 공간으로부터 구별하는 것에 대해서는 1917년 2월 23일에 구술한 "What we Can Learn about Space and Time from the Conflicting Errors of the Philosophers," ibid., 156-181 참조. 기묘한 일치에 의해 장폴 사르트르는 신체(사르트르는 신체를 장소와 별도로 취

급한다)의 역할과 무관하게 장소[사르트르에게 장소는 우리의 사실적(factical) '상황'의 주요 변수(parameter) 중 하나다]의 중요성을 인식하고 있다는 점에서 브렌타노와 합류한다. *Being and Nothingness: A Phenomenological Essay on Ontology*, trans. H. Barnes (New York: Washington Square Press, 1992), 629-637 ("My Place") 참조.

158. 이 용어를 사용하는 메를로퐁티의 방식에 대해서는 Merleau-Ponty, *Phenomenology of Perception*, trans. C. Smith (New York: Humanities, 1962), 130 참조.

159. Ibid., 146.

160. "작동적 지향성"(이는 후설에게서 빌려온 말이다)에 대해서는 *Phenomenology of Perception*, xvii-xix, "근원적 지향성"에 대해서는 387쪽 참조. 이는 동일한 현상(체험된 신체 특유의 신체적 지향성)의 두 가지 표현이다. 작동적 지향성의 한 형식으로서 신체적 지향성에 대해서는 J. N. Mohanty, *The Concept of Intentionality* (St. Louis: Green, 1972), 139-143 참조.

161. 의식의 지향성에 대한 브렌타노의 원래 정식화에 대해서는 Brentno, *Psychology from an Empirical Point of View,* first published in 1874 and translated by L. McAlister (New York: Humanties Press, 1973), 77ff. 참조.

162. 지향궁에 대해서는 *Phenomenology of Perception,* 136, 157 참조. 체험된 경험의 이러한 특징을 명료하게 취급한 것으로는 Richard Zaner, *The Problem of Embodiment* (The Hague: Nijhof, 1971), 172-180; David Michael Levin, *The Body's Recollection of Being* (London: Routledge & Kegan Paul, 1986), 140-142, 293-300 참조. 나는 *Getting Back into Place,* chaps. 5-8에서 지향궁의 다양한 형식에 대해 논의한 바 있다.

163. 이러한 계류에 대해서는 *Phenomenology of Perception*, 144 참조.

164. 첫 번째 구절은 ibid., 250쪽에서, 두 번째 구절은 251쪽에서 인용했다. "연동 상태"는 engrenage를 번역한 것이다.

165. *Phenomenology of Perception,* 387.

166. Ibid., 140.

167. Ibid., 267. 후설이 "전-현상적(pre-phenomenal)"이라는 말을 사용하는 방식, 예컨대 *Ding und Raum,* 85ff.에서의 용법과 비교.

168. 메를로퐁티는 P. Lachièze-Rey, "Réflexions sur l'activité spirituelle constituante" (*Recherches Philosophiques*, 1933-1934), 386-387쪽에서 해석한 대로 칸트를

인용한다.

169. *Recherches Philosophiques*, 387, 강조는 인용자.

170. 공간화하는 공간과 공간화된 공간의 대비에 대해서는 ibid., 244 참조.

171. Ibid., 143.

172. "The Origin of the Spatiality of Nature," 225: "Die Erde bewegt sich nicht."

173. 공간에 관한 이 두 가지 해석을 메를로퐁티가 거부한 것에 대해서는 ibid., 140, 243 참조.

174. Ibid., 146. 방향성에 대해서는 102-103쪽 참조.

175. Ibid., 139-140, 강조는 인용자. 메를로퐁티는 148쪽에서 "우리 신체는 1차적으로 공간**의 안에** 있는 것이 아니라, 공간에 속해 있다"(강조는 원문)고 말한다. 또한 250쪽에서는 "[사람은] 광경에 거주한다"고 언급한다.

176. *Phenomenology of Perception*, 250.

177. 상황의 공간성과 위치의 공간성의 대비에 대해서는 ibid., 100 참조.

178. Ibid., 387. 또한 244쪽 참조.

179. Ibid., 104. "위치적인"은 여기서 **마음속에 명확히 위치 지어진 것**, 즉 표상을 의미한다.

180. Ibid., 197. "곳(where)"과 "것(what)"—아리스토텔레스의 기본적인 형이상학적 범주 중 두 가지—의 연결은 메를로퐁티의 이 문장 속에서 두드러지게 표현되어 있다.

181. Ibid., 5: "préjugé du monde."

182. Ibid., 249-250. 인용문은 실제로 후설이 품었던 신체적인 "나는 할 수 있다"를 달리 진술한 것이다(109쪽도 참조). 무한정한 지평이라는 개념에 대해서는 140쪽 참조. 여기서 메를로퐁티는 "내가 거주하는 공간과 시간은 공간과 시간의 다양한 방식으로 늘 무규정적인 지평들이다"고 말한다.

183. Ibid., 106. 현상적 장은 "서론" 4장에서 논의한다.

184. 장소-로서-신체에 대해서는 ibid., 106, 154, 254 참조. 이 주장은 후설의 확신, 즉 인간 신체는 지구와 마찬가지로 고유의 장소를 갖지 않는다는 견해와 대조적이다. 또한 엘리자베트 슈트뢰커(Elisabeth Ströker)의 견해도 참조. "나와 이미 리듬이 맞추어져 있는 공간에서 나의 현상적인 장소는 확인 가능하지 않다. 리듬이 맞추어진 존재로서 나는 이 공간 내에 규정 가능한 소재(所在)를 갖지 않는다"(*Investigations in Philosophy of Space*, 27).

185. *Phenomenology of Perception*, 105.

186. Ibid., 104.

187. Ibid. 관습적 신체에 대해서는 ibid., 82, 146 참조.

188. Ibid., 252. 자기 자신의 거주 환경을 아는 경우의 사례에 대해서는 129쪽 참조. 장소에 대한 신체적 앎에서 습관이 수행하는 역할에 대해서는 142-143, 146, 152쪽 참조. 관습적 신체에 대해서는 82, 146쪽 참조. 신체의 습관성에 대한 후설의 견해에 대해서는 Claesges, *Edmund Husserls Theorie*, 76 참조. 습관적 신체 기억에 대해서는 나의 논문 "Habitual Body Memory in Merleau-Ponty," *Man and World* (1984) 17: 279-297 참조.

189. *Phenomenology of Perception*, 106. 나는 région의 번역어를 "부분(part)"에서 "영역(region)"으로 대체했다.

190. *Process and Reality*, 41. 긍정적 파악으로서 느낌에 대해서는 23쪽 참조.

191. "느껴진 것으로서 현실적 존재자는 그 주관에 대해 '객관화한다'고 말해진다"(ibid., 41). 여기서 객관화는 부당한 이론화의 결과나 '이념의 옷'의 부과를 의미하지 않는다.

192. *Phenomenology of Perception*, 249. 베르트하이머의 실험을 논의하는 대목은 248-251쪽이다. 스트래튼(Stratton)의 실험(여기서는 피험자가 상하 축을 뒤집는 기능이 있는 안경을 쓰고 세계에 적응해야만 한다)은 244-248쪽에서 다룬다.

193. Ibid., 250. 공간적 층위라는 개념에 대해서는 248-254쪽 참조.

194. "한 층위를 구성하는 것은 그 어떤 것이라도 미리 수립된 다른 층위를 전제한다"(ibid., 249). 그런 까닭에 메를로퐁티에게 미리 수립되어 있는 것은 **장소들의 층위**이지, 후설적 의미의 장소들의 "체계"가 아니다.

195. Ibid., 251.

196. 이러한 것들 이상의 차원에 대해서는 *Phenomenology of Perception*, 266-267 참조.

197. 하이데거의 주장에 대해서는 *Being and Time,* secs. 22-24; "In and Out of Place with Heidegger"(Pittsburgh: Simon silverman Phenomenology Center, 1989), vol. 7에 실린 나의 주석 참조. 나는 11장에서 하이데거에 대한 훨씬 더 상세한 논의로 돌아갈 것이다.

198. M. Heidegger, *What Is Called Thinking?*, trans. J. Glenn Gray (New York: Harper & Row, 1968), 16 참조. "(우리의) 손작업"은 Handwerk을 번역한 것이다. 또한 Levin, *The Body's Recollection of Being*, 120-134 ("Thinking with

Our Hands") and 137-140 ("Lending a Hand to Being")도 참조.

199. 이는 월리스 스티븐스의 시 〈The Snow Man〉의 마지막 두 행에서 인용한 것이다.

200. 이것이 "잠재적인 신체"와 관계가 있을 때의 "가능한 거주처"라는 발상에 대해서는 Merleau-Ponty, *Phenomenology of Perception*, 250 참조.

201. Merleau-Ponty, *The Visible and the Invisible*, trans. A. Lingis (Evanston: Northwestern University Press, 1968), 133-134. 또한 148쪽과 특히 261쪽 참조. "접촉하기-접촉되기 …… 한쪽〔의 손가락〕은 다른 쪽〔의 손가락〕을 잠식한다. 그것들은 실재적인 대립 관계에 있다(칸트)—손가락의 국소적 **자기**. 그 공간이 느껴지고-느끼는 것이다"(강조는 원문). *Phenomenology of Perception*, 102, 141, 244, 266쪽에서 이미 오른손/왼손 관계를 특별히 주목해서 다룬다.

202. "나의 신체는 극단적으로 말하면 모든 사물이 그러한 바, 즉 **차원적인 이것**이다" (*The Visible and the Invisible*, 260, 강조는 원문).

203. Ibid., 141, 강조는 원문.

204. Ibid., 260.

205. Ibid., 141, 강조는 인용자.

206. Ibid. 이것을 생각 속에 품기 어려운 것은 사실 "한 눈이나 한 손만으로도 보거나 접촉하는 것이 가능하기 때문이며, 그리고 또한 그 시각들, 그 촉각들, 그 작은 주관성들, 그 '……에 대한 의식들'이 꽃다발처럼 하나로 뭉쳐질 수 있다는 걸 이해해야만 하기 때문이다"(ibid.).

207. Ibid., 216-217, 강조는 원문.

208. 오른손과 왼손의 대비에서 문제 되는 한 쌍의 중요성은 앞의 연구 노트에서 메를로퐁티가 강조했을 뿐만 아니라, 슈트뢰커 또한 강조하고 있다("인간의 행동에서 '오른손이 한' 일을 왼손 '알 필요는 없다'. 체험된 신체는 단지 양손이 있을 뿐만 아니라 두 손을 사용하는 것이다"(*Investigations in Philosophy of Space*, 66).

209. *The Visible and the Invisible*, 261.

210. "기능적 비대칭성"은 엘리자베트 슈트뢰커가 *Investigations in Philosophy of Space*, 65쪽에서 사용한 표현이다.

211. 예컨대 다음 문헌들 참조. Ervin Straus, "The Forms of Spatiality," in *Psychology of the Human World*, trans. Erling Eng (New York: Basic Books, 1966), and *The Primary World of Senses*, trans. J. Needleman (Glencoe: Free Press, 1963), 197-202, 246, 249, 316ff., 340; Eugene Minkowski, "Toward a

Psychopathology of Lived Space," in *Lived Time*, trans. N. Metzel (Evanston: Northwestern University Press, 1970), 399-433; Bruce Wilshire, *Role-Playing and Identity* (Bloomington: Indiana University Press, 1983); Otto Bollnow, "Lived-Space," trans. D. Gerlach, in *Philosophy Today* (1961): 31-39; Herbert Plügge, *Der Mensch und sein Leib* (Tübingen: Niemeyer, 1967), 1-47; Elisabeth Ströker, *Investigations in Philosophy of Space*, passim, J. H. Van den Berg, "The Human Body and Movement," *Philosophy and Phenomenological Research* (1952); and M. A. C. Otto, *Der Ort: Phänomenologische Variationen* (Freiburg: Alber, 1992).

212. 오른쪽과 왼쪽의 문자 그대로의 비가시성에 대해서는 Ströker, *Investigations in Philosophy of Space*, 65 참조. "좌-우의 차이화는 가시적이고 대칭적인 물리적 특징에 내재되어 있지 않다. ······나의 양손을 내 신체의 일부로서 '보는(look at)' 것은 완결적으로, 동등하게 형성된 두 구조를 발견하는 것이다." 바로 이런 연유로 접촉은 엄밀한 의미에서 봄(sight)과 대체 불가능한 것이다. "접촉이 그 공간 구성적인 활동에 있어 다른 어떤 감각 기능에 의해서도 되풀이될 수 없다는 점을, **심지어 시각(vision)에 의해서도 그러하다는 점**을 아는 것은 중요하다"(p. 144, 강조는 인용자).

213. 침전과 재활성화에 대한 후설의 주요한 논의는 "The Origin of Geometry," an appendix to *The Crisis of European Sciences*, 특히 361ff.에 있다. 메를로퐁티는 이 한 쌍의 용어를 1960년 6월 1일의 연구 노트에서 거론하고 있다. "그것은 역사와 초월론적 지리학의—'역사학적인'도 아니고 '지리학적인'도 아닌—**결합체**를 포착하는 문제요, 내가 보이는 것과 살에 대해 분석함으로써 발견할, 공간인 이 시간과 시간인 이 공간을 포착하는 문제이며, 하나의 역사적 광경 및 역사의 준-지리학적 새겨짐을 만드는 시간과 공간의 동시적인 근원적 설립을 포착하는 문제다. 침전과 재활성화, 그것이 바로 근본적인 문제다(*The Visible and the Invisible*, 259, 강조는 원문). 메를로퐁티가 여기서 '장소'를 언급하지 않는 것은 사실이다. 하지만 '장소'는 이 연구 노트에서 시종일관 작동한다. 실제로 "침전(sedimentation)"이라는 말부터가 그러하다. 이 단어는 '앉는다(sit)', '놓는다(settle)'라는 의미의 라틴어 sedere에서 유래하며, '거주한다(reside)'뿐만 아니라 '자리(seat)'라는 말과도 밀접한 관련이 있다.

214. 또한 이 두 요인은 특히 체험된 신체에 속한다(pertain). 그리고 이 신체 또한 그

습관성 안에 침전되어 있는 어떤 것이면서, 다른 한편 그 혁신적인 활동 속에서 무한정 재활성화 가능하다. 체험된 신체가 후설의 경우 생활 세계와 연속되는 것이나, 메를로퐁티의 경우 살-로서-세계(world-as-flesh)와 연속되는 것은 바로 체험된 신체가 이처럼 이중성을 가지기 때문이다. 이 두 철학자가 의견을 달리하는 것은 이 신체 자체의 실재론적 지위를 어떻게 볼 것이냐에 관해서뿐이다―후설은 이 신체가 그 장소화 활동 속에서 체험될 뿐만 아니라 연장된다고 간주하지만, 메를로퐁티는 이 신체의 연장성이 장소화에 장애물로 작용한다고 본다.

215. Merleau-Ponty, *Phenomenology of Perception*, 254. 같은 쪽에서 메를로퐁티는 이 신체-주체를 "개개의 초점들을 하나도 빠짐없이 어떤 일반적인 투기(投企) 속으로 끌어들이는 익명적인 '기능들'의 체계"로서 제시한다. 메를로퐁티에게서는 이후 푸코가 주장할 테제[제도적으로 수동적인 신체 혹은 "유순한(docile)" 신체는 타자의 권력-시선(power-gaze)을 등기 및 내면화하고, 이 타자는 그 신체들로부터 다른 상황에서라면 누릴 수도 있을 사밀성과 친밀성을 박탈한다]가 이미 어른거리고 있다. [M. Foucault, *Discipline and Punish: The Birth of the Prison*, trans. A. Sheridan (New York: Pantheon, 1977), 135-169.]

216. Hannah Arendt, *The Human Condition* (Chicago: University of Chicago Press, 1959), chap. 1, "The Public and the Private Realm" 참조. 아렌트에게 희랍의 폴리스는 공적 영역의 원형적인 모델이다. "공적 영역 자체인 폴리스에는 맹렬한 경쟁심이 충만해 있었다. ……그것은 사람들이 남과 대체할 수 없는 실제 자신이 누구인지를 보여줄 유일한 **장소**였다"(p. 38, 강조는 인용자).

217. 예컨대 Beilage 70 of *Zur Phänomenologie der Intersubjektivität*, 2: 515-516 참조. 여기서 후설은 타자의 신체를 동질적 공간 내의 공간적 사물로서 구성하는 사이의 친밀한 유대에 대해 논한다. 아울러 Beilage 73, 546-547쪽도 참조. 여기서는 "근린 공간"의 구성을 간주관성에 적합한 방식으로 논의한다. 후설은 *Intersubjektivität* 3권(그중에서도 특히 Beilage 48)에서 "집-세계"와 "바깥-세계"에 대해 광범위하게 논하는데, 이와 동일한 문제를 시사점이 훨씬 더 풍부한 방식으로 다룬다. 이상의 문헌 참조와 관련해 앤서니 스타인벅(Anthony Steinbok)에게 감사한다.

218. "입자적 사회"에 대해서는 Whitehead, *Process and Reality*, 35, 63, 72, 92, 99 참조.

219. 예컨대 *The Visible and the Invisible* 259-260쪽에 있는 "살-마음(Flesh-Mind)"이

라는 제목의 1960년 6월의 연구 노트 참조. 신체와 사회적 구조 간 미묘한 상호 작용에 대한 최근의 두 가지 연구로는 Susan Bordo, *Unbearable Weight* (Berkeley: University of California Press, 1993); Judith Butler, *Bodies that Matter: On the Discursive Limits of "Sex"* (New York: Routledge, 1993)를 들 수 있다.

11 우회해서 장소로 나아가기: 하이데거

1. 하이데거는 때로 신체를 언급하기도 한다. 《존재와 시간》에서 그는 "이 '신체의 본성' 은 그 자신의 문제성 전체를 숨긴다"(*Being and Time*, trans. J. Macquarrie and E. Robinson (New York: Harper & Row, 1962), 143)고 썼다. 그러나 이런 미미한 언급과 우리가 3절에서 다시 살펴볼 《논리학의 형이상학적 기초》의 다른 대목에서는 신체가 장소의 경험에 있어 필수불가결한 역할을 수행한다는 결정적 단언이 포함되어 있지 않다. 실제로 드레이퍼스가 단정하듯 "하이데거는 신체를 갖는다는 것은 현존재의 본질적 구조에 속하지 않는다는 점을 시사하고 있는 것으로 보인다"[Hubert Dreyfus, *Being-in-the-World: A Commentary on Heidegger's Being and Time, Division I* (Cambridge: MIT Press, 1991), 41].

2. Heidegger, *Being and Time*, 456. "염려의 존재론적 의미로서 시간성"이라는 표현은 65절의 표제다. 이 65절에서 우리는 "시간성은 그 자신을 본래적인 염려의 의미로서 드러낸다"(p. 374, 원문에서는 강조)라는 문장을 읽을 수 있다. 시간성의 정의는 "이미 존재하는 과정 내에 현재를 생기게 하는 미래의 통일성"(ibid.)이다. 그런 한에서 시간성은 **시간**과 혼동해서는 안 된다. 시간은 그 통속성 및 세계-내부성이라는 성격상, 시간성이 바닥 수준에 떨어진 동질적인 잔재일 뿐이다—이는 근대 초기에 공간이 장소의 평판화(Nivellierung)인 것과 마찬가지다. 시간화의 여러 양태야말로 "본래적 또는 비본래적 실존의 기본적 가능성"(p. 377)을 가능케 한다고 분명히 표현되어 있다. 1925년의 연속 강의 *The History of the Concept of Time: Prolegomena*, trans. T. Kisiel (Bloomingon: Indiana University Press, 1985) 참조. 아울러 1924년 강의 *The Concept of Time*, trans. W. McNeill (Oxford: Blackwell, 1992) 또한 참조.

3. 《존재와 시간》의 마지막 두 문장은 이러하다. "근원적인 **시간**으로부터 '**존재**'의 의미에 이르는 길이 있는가? 시간은 '**존재**'의 지평으로서 나타나는가?"(*Being and Time*, 488, 강조는 원문).

4. *Being and Time*, 40, 원문에서는 강조.

5. Ibid., 377, 강조는 인용자. "자체-의-외부"는 Ausser-sich를 번역한 것이다. 이 표현은 공간을 '외감'으로 보고, 영구적인 공간 세계를 주체의 '외부'로 보는 칸트의 공간 관념을 직접 상기시킨다. 《존재와 시간》에 나오는 하이데거의 자기 탈구축(self-deconstruction) 문제에 대해서는 나의 논문 "Derrida's Deconstruction of Heidegger's Views on Temporality: The Language of Space and Time," in *Phenomenology of Temporality: Time and Language* (Pittsburgh: Silverman Phenomenology Center, 1987) 참조.

6. *Being and Time,* 79. "안에 있음"에 대해서는 134쪽 참조.

7. *Being and Time,* 79 참조. 134쪽에서 하이데거는 "내부의 존재자와 그것을 둘러싸고 있는 존재자는 공히 공간 안에서 가까이-에-현전한다"고 말한다. "범주적"이라는 말로 하이데거가 의미하려는 것은 "그 '존재'의 종류가 현존재의 특징을 갖고 있지 않은 존재자에 속하는 종류의"(ibid.) 특징을 갖는다는 점이다. "소재-관계"를 언급한다는 것은 이러한 이해 방식이 화이트헤드가 말하는 의미에서 단순 정위와 얼마나 가까운지를 보여준다.

8. Ibid., 79. 하이데거는 앞에-현전하는 두 존재자의 포함자적 관계에 1차적으로 결여되어 있는 것은 **세계** 안에서 서로 "접촉하는" 능력이라는 점을 분명히 한다. "두 존재자가 앞에-현전할 때 ······ 〔그들이〕 그들 자체로는 **무세계적**(worldless)일 때, 그들은 결코 서로 '접촉할' 수 없다"(Ibid., 81, 강조는 원문).

9. Ibid., 80, 강조는 원문.

10. Ibid. 비록 하이데거가 친숙함이 있는 것으로 보는 이러한 행동이 매체로서 체험된 신체를 무시하고 있다 해도, 이 신체는 이러한 행동을 실행하는 일 안에 확실히 함의되어 있다.

11. Ibid., 83.

12. "세계-내-존재를 현존재의 본질적 구조로서 이해할 때에야 비로소 우리는 현존재의 **실존론적 공간성**에 대한 통찰을 얻을 수 있다"(Ibid., 83, 강조는 원문). 이는 《존재와 시간》에서 공간성을 "실존론적인" 것으로 언급하는 몇 안 되는 대목 중 하나다.

13. Ibid., 95, 강조는 원문. "세계-내부적인"은 innerweltlich를 번역한 것으로, 손-닿는 데-있는 존재자들이 일상 세계 안에서 실존하는 특별한 방식을 가리킨다.

14. Ibid., 119. "그 자신을 할당하거나 지시하는 이해(understanding) 행위의 '그 안에서'가 있는 덕분에, 사람은 여러 연관에 속하는 종류의 '존재' 안에서 다양한 존재자를 자신과 조우하게 만든다. 이 '그 안에서'는 세계의 현상이다. 그리고 현존재가

자기 자신을 거기에 할당하는 것의 구조가 곧 세계의 **세계성**을 구축한다"(ibid., 원문에서는 많은 대목을 강조한다).

15. 현존재의 실용적인 기본적 관계들을 한데 모으는 것으로서 "그 안에서"에 대한 추가적인 논의는 특히 *Being and Time*, section 18 참조.

16. "운신의 폭"에 대해서는 *Being and Time*, section 23, 특히 다음 대목 참조. "현존재는 거리-제거의 방식으로 본질적으로 공간적이기 때문에, 그 교섭은 늘 어떤 일정한 운신의 폭을 가지고 현존재로부터 거리-제거된 '주변 세계'의 내부에 간직된다"(p. 141).

17. *Being and Time*, 141. "앞에 오는 것"의 구조는 미래에 도래할 것으로서 우리를 향해 다가오는 방식의 공간적 유비다. 두 경우 모두, 여러 가지 열린 가능성을 갖는 운신의 폭은 현존재에 의해 투기(投企)되어 있다. 요컨대 그것은 **그 안에서** 현존재가 그 도구적 행위를 실현할 수 있는 운신의 폭이다.

18. 일정한 현전의 매우 해로운 역할에 대해서는 《존재와 시간》의 서론, 그중에서도 6절 "존재론의 역사의 해체라는 과제" 참조.

19. 3장 세 번째 부분의 첫 단락에 나오는 다음 구절은 틀림없이 아리스토텔레스를 암시한다. "이 표현[즉 '내부성(insideness)']은 그 자체로 연장되어 있는 한 존재자가 마찬가지로 연장되어 있는 어떤 것의 연장된 경계에 의해 둘러싸여 있음을 의미한다"(*Being and Time*, 134). "연장되어 있는"이라는 언급을 통해 데카르트도 함께 끌어들임으로써, 이 언명은 하이데거 스스로 공간 이론에 있어 자신의 주요 경쟁자—칸트를 포함해—라고 여긴 두 철학자에 대한 이중 비판이 된다.

20. *Being and Time*, 135. [참고로 국역본의 번역은 다음과 같다. "'손안에' 있는 존재자는 그때마다 각기 상이한 가까움을 가지고 있는데, 이 가까움은 거리의 측량을 통해서 확정되지 않는다." 이기상 역, 《존재와 시간》(까치, 2000), 145쪽)—옮긴이.] 아울러 140쪽도 참조. "**현존재에는 가까움을 향하는 본질적인 경향이 놓여 있다**"(강조는 원문). [이 문장에 대한 앞의 국역본 번역은 이러하다. "현존재에는 가까움에 대한 본질적인 경향이 놓여 있다"(앞의 책, 149쪽)—옮긴이.] 이 주장에 대해서는 3절에서 다시 다룰 것이다.

21. Ibid., 136, 강조는 원문.

22. "여기로"와 "저기로"는 도구적 맥락이 방역에 속한다는 사실을 분명히 표현하고 있다. *Being and Time*, 145 참조. "무엇을 위해"에 대해서는 145쪽 참조. "'어디로'는 배려의 '그것을 위해' 내에 확립되어 있는 지시 전체에 의해 미리 윤곽 지어진다."

이 밖에 "어디로"의 다른 특징과 관련해서는 다음 구절이 도움을 준다. "일반적으로 어떤 하나의 도구적 맥락을 위한 장소들 전체를 할당하는 '어디로'가 깔려 있기 때문에 그 바탕 위에서, 배치될(placed) 수 있는 것으로서 하나의 도구적인 전체의 '어딘가에-속함'이 가능해지는 것이다. ······사람이 둘러보며 뜻대로 할 수 있는 하나의 도구 전체성을 위한 장소들을 할당하거나 그런 장소와 마주치기 위한 어떤 가능성이 있으려면, 우선 방역 같은 무언가를 발견해야만 한다"(p. 136). 여기서 문제 되고 있는 구조에 대한 통찰력 있는 논의로는 Dreyfus, *Being-in-the-World*, 91ff. 참조. 아울러 *Being-in-the-World*, chap. 7, "Spatiality and Space," 128-140쪽은 《존재와 시간》 22~24절의 기본 주제에 대해 설명한다.

23. *Being and Time*, 136.

24. 눈에 띄지 않는 친숙함에 대해, 그리고 장소의 어긋남(misplacement)에 의해 방역을 의식하는 것에 대해서는 *Being and Time*, 137-138 참조. 여기에는 "둘러보는 '세계-내-존재'가 미리 계산에 넣는, 늘 손-닿는 데-있는-것들은 모두 **자신의 장소를 갖는다**"(p. 137, 강조는 인용자)는 전제가 작동한다.

25. *Being and Time*, 137, 강조는 인용자. "개별 장소들"은 einzelnen Plätze를 번역한 것이다.

26. 이 사례는 ibid., 137쪽에 있다. 설득력이 덜 하긴 하지만 이외에도 두 가지 경우가 있다. 하나는 매일매일의 여정을 통해 (즉, 해가 떠서 중천에 머물다가 지면 한밤중이 된다) 일정한 천체의 방역들을 가리키는 태양의 "장소들"이다. 또 하나는 교회는 해뜨는 쪽으로, 묘지는 해지는 쪽으로 정향되어 있다─이를 통해 "삶의 방역과 죽음의 방역"을 지시한다. (이 두 가지 사례는 모두 137쪽에 나온다.) 이 사례들의 설득력이 좀 떨어지는 것은 각각의 예가 시간─예컨대 일주(日周) 운동이나 생애─을 방역성과 섞어버리기 때문이다. (지금 논의하고 있는 주제가 바로 방역성이 그 구체성에 있어 비시간적이라는 점임에도 말이다.) 이 문제에 대한 추가적인 논의에 대해서는 Maria Villela-Petie, "Heidegger's Conception of Space," in C. Macann, ed., *Martin Heidegger: Critical Assessments* (New York: Routledge, 1993), 124ff. 참조.

27. "현존재는 거리를 제거하는 작용을 취하는 것과 꼭 마찬가지로, 이 방향들 또한 지속적으로 취하고 있다"(*Being and Time*, 143).

28. *Being and Time*, 144. 하이데거에게 중요한 논점은 자신의 단순한 느낌으로부터─혹은 세계 내의 외부적인 이정표로부터─방향성을 갖는 "무세계적인 주체"는

결코 없다는 것이다. 방향 부여(orientation)는 세계-내-존재에 의해 구성되는 특징을 갖는 현존재를 요구한다. 시종일관 하이데거는 "현존재는 자기 자신을 우선 그리고 대체로 자신의 세계라는 견지에서 이해한다"(p. 156)라는 명제에 충실하다.

29. Ibid., 144.

30. 《존재와 시간》의 토대가 되는 이 공적인 세계에 대한 계몽적인 논의로는 Dreyfus, *Being-in-the-World*, chapter 8, 특히 141-148쪽 참조.

31. *Being and Time*, 145, 강조는 인용자. "어떤 하나의 방역에서" 중 "에서(at)"는 bei 를 번역한 것이다. 이 bei는 보통 '곁에'로 번역하며 어떤 때는 "안에"로 번역하기 도 한다.

32. Ibid., 145. 이 다음 문장에서 인용한 "발견된 자기 자신의 방역"이라는 표현도 같은 쪽에 있다.

33. 두 단락 모두 ibid., 145쪽에서 인용, 강조는 원문.

34. 그렇다면 하이데거가 처음 "장소"를 도입할 때 도구의 가까움의 방향성을 암시하면 서 그리했던 것은 우연한 일이 아니었던 셈이다(*Being and Time*, 135-136 참조). 나아가 그는 같은 단락 앞부분에서, 이런 식으로 이해되는 장소는 "어떤 공간적 위치 내에 단지 무작위적으로 나타날 뿐인 것과 원리적으로 구별해야 한다"(p. 135)고 주장하는데, 이 또한 자의적인 것이 아니다. "무작위적으로"와 "어떤 공간적 위치 내에"라는 표현은 공히, 현존재의 개입 범위의 완전한 외부에 있는 환경을 의미한다. 여기서 우리는 오직 방향성만이 손-닿는 데-있는 물(物)과 현존재에 의해 공유되고 있다는 점에 유의해야 한다. 다른 한편 방향은 손-닿는 데-있는-것에만 속한다. 거리-제거가 현존재에게만 속하는 것처럼 말이다.

35. 만일 이런 이유로 현존재 없이는 어떠한 장소도 없는 게 사실이라면, 장소 없이는 어떠한 현존재도 없는 것일까? 하이데거는 결코 이 물음을 던지지 않지만, 나는 그가 긍정적으로 답할 것이라고 추측한다—현존재가 방향을 정해 거리를 제거하는 능력이 (a) 현존재 자질의 일부이고 또한 (b) 우리가 알고 있는 대로 장소를 구성한다는 점을 고려한다면 말이다. (이 질문의 적절성에 대해 깨닫게 해준 아이린 클레이버에게 감사한다.)

36. Richtung 혹은 "방향"은 방향성의 투기나 산물이 아니다. 역으로 방향성이 방향에 의해 유도된다—우리가 기본 방위에 '따를' 때처럼 말이다. 하이데거는 독일어 Form에 해당하는 라틴어 표현을 드물게만 사용하는데, 이로 인해 방역 내에서 이미 상호 연관 있는 것으로서 그 자신을 현전시키는 것이 갖는, 미리 규정된 지위가

더욱 강화된다.

37. 디디에 프랑크가 지적하듯 "도구와 같은 방식으로, 장소들은 손 닿는 곳 내에 있는 존재들이다"[Didier Franck, *Heidegger et le problème de l'espace* (Paris: Minuit, 1986), 69].

38. *Being and Time,* 145.

39. 위치가 장소로부터 자동 발생하는 것에 대해서는 ibid., 413 참조. "'망치는 무겁다'라는 '물리학적' 단언에서 …… 망치의 장소는 시간-공간상의 위치, 즉 '세계-점(world-point)'이 되고, 그때 이 점은 어떤 방식으로도 다른 것과 구별되지 않는다."

40. *Being and Time,* 145. "그 안에서"의 장소는 이리하여 "세계"—우리가 살펴본 대로 '그 안에서'라는 용어는 '세계'에 처음 붙여졌다—로부터 "공간"으로 이동했다. 그런 까닭에 그것은 '순수하다'. 하지만 세계와 공간이 상호 교환 가능한 것은 바로 데카르트적 형이상학(요컨대 하이데거에게는 근대의 앞에-현전하는 사고방식의 정수)이 함의하는 바다.

41. Ibid., 145.

42. Ibid., 146, 강조는 인용자.

43. Ibid., 146. 이 앞의 문장도 중요하다. "이전에 발견한 방역도, 일반적으로 그때마다의 공간성도 분명하게 시야에 들어오지 않는다. 그것들은 본래적으로, 가까이에 있는 물(物)들의 두드러지지 않음 속에서, 둘러봄을 위해 현전하고, 이 둘러봄은 가까이에 있는 물(物)들을 배려하는 데 매몰되어 있다. 세계-내-존재와 더불어 공간은 우선 이런 공간성 내에서 발견된다"(ibid.).

44. 이 결론에 대해서는 ibid., 146쪽, 특히 다음 문장 참조. "공간이 주체 안에 존재하는 것도 아니고, 세계가 공간 안에 존재하는 것도 아니다. 오히려 공간은 현존재를 구성하는 저 세계-내-존재에 의해 공간이 개시(開示)되는 한에서 세계'의 안에' 존재한다. ……여기서 '**선험성**(apriority)'이란 선행성(previousness)을 가리키며, 바로 이 선행성이 있기 때문에 손-닿는 데-있는-것과 주변 세계에서 조우할 때마다 공간을 (**방역으로서**) 조우하게 되는 것이다"(강조는 인용자).

45. 여기서 하이데거는 후설의 "기하학의 기원(Origin of Geometry)"이라는 테제를 선취한다. 그러나 후설의 "기하학의 기원"에서는 계보화 작업이 더 주의깊게 이루어져 있다. 하이데거는 각주에서 후설이 아니라 오스카어 베커(Oskar Becker)를 언급하며, 그가 〈기하학과 그 물리학적 적용의 현상학적 근거에 대한 기여〉(1923)에서 선구적인 작업을 수행했다고 말한다. 그러나 베커 자신이 후설의 학생이었고,

이 논문도 후설의 꼼꼼한 지도 아래 쓴 것이다.

46. 하이데거는 "Building Dwelling Thinking," 155쪽에서 더 완결된, 그리고 꽤나 다른 버전의 공간 계보를 제시한다. 우리는 나중에 이 문제로 돌아갈 것이다.

47. 이러한 전개 과정에 대해서는 *Being and Time*, 147 참조.

48. Ibid., 147. reinen의 번역어를 나는 '단순한(mere)'에서 "순전한(sheer)"으로 바꾸었다.

49. Ibid., 147-148.

50. Ibid., 147. 그리고 그는 이렇게 덧붙인다. "공간의 '존재' 또한 현존재에 속하는 '존재' 양식을 갖지 않는다"(ibid.). 이 구절에 관해 디디에 프랑크는 이렇게 주석을 단다. "탈-시간화한 공간은 더 이상 세계 내에 나타나지 않는다는 사실을 넘어선 곳에서, 보편적인 존재론을 통해 다루는 '존재'의 양태에 상응하지 않는 것이 어떻게 **존재할** 수 있겠는가? 공간이 **현존재**로서도, 손이-미치는-범위-내부에 있는 존재로서도 **존재하지** 않는다—그 자신을 **시간화하지** 않는다—고 말하는 것은 시간성이 현존재의 구성적 의미를 전달하지 않는다고 상정하는 것 아닌가?"(*Heidegger et le problème de l'espace*, 98, 강조는 원문).

51. 꺼림칙함에 대해서는 *Being and Time*, section 40 참조. 하이데거는 명시적으로 12절의 분석을 233쪽에 나오는 꺼림칙함에 결부 짓는다.

52. "불안에는 그것이 생겨 나오는 어떤 일정한 '여기'나 '저기'도 '보이지' 않는다. 사람이 그것에 직면해 불안을 느끼는 것은 위협하는 것이 **어디에도 없다**는 사실에 의해 특징지어진다"(*Being and Time*, 231, 강조는 원문). 이로부터 도출할 수 있는 결론은 이러하다. "불안이 그 앞에서 불안해하는 것은 세계-내적으로 손-닿는 데-있는 그 어떤 것도 아니다"(ibid.).

53. *Being and Time*, 230. 하이데거의 원문에서는 "방향을 튼다"를 강조. 그는 또한 군건한 지반을 다시 발견하려는 시도의 일환으로 이 존재자들에 대해 이야기한다. "일상적인 언설은 손-닿는 데-있는-것을 배려하는 일과 그에 대해 이야기하는 일로 향한다"(p. 231).

54. "손-닿는 데-있는 것이 '아무것도 없다'는 사실[즉 불안에서 경험하는]의 근거는 가장 근원적인 '어떤 것' 안에—세계 안에—있다. 그러나 존재론적으로 세계는 본질적으로 세계-내-존재로서 현존재의 '존재'에 속한다. 따라서 만일 '아무것도 없다'는 것—즉 그러한 것으로서 세계—이 자신을, 사람이 그것에 직면해 불안을 느끼는 것으로서 드러낸다면, 이는 **불안이 그 앞에서 불안을 느끼는 것이란 바로 세계-**

내-존재라는 것을 의미한다"(*Being and Time*, 232, 강조는 원문).

55. *Being and Time*, 232. 233쪽도 참조. 불안은 "현존재를 자신의 세계로서 세계에 직면"케 하고 "그리하여 현존재를 세계-내-존재로서 자기 자신에게 직면케 한다". 이 정식화에서 볼 수 있는 엄밀한 평행 관계는 단지 "세계"와 "세계-내-존재"가 깊이 결부되어 있음을 반영하는 것이다―이러한 결부 관계는 또 다른 정식화인 "현존재는 실존하면서 자신의 세계로 **존재한다**"(p. 416, 강조는 원문)에 명백히 드러나 있다.

56. Ibid., 232, 강조는 원문. 엄밀히 말하자면 "가능적-존재"는 "현존재가 그에 대해 불안을 느끼는 그것"이다―반면 그것은 **던져진**(thrown) 자신의 세계-내-존재에 직면할 경우 달아나버린다. 이 구별에 대해서는 235쪽 참조.

57. Ibid., 148. 여기에 하이데거는 다음과 같이 덧붙인다. "현존재 자신의 공간성이 '세계-내-존재'라는 그 근본적인 구성 틀에 본질적인 것과 꼭 마찬가지로, 공간은 여전히 세계를 구성하는 물(物)의 **하나다**"(ibid., 강조는 원문).

58. Ibid.

59. 그것은 또한 순수한 "'자연'의 균질적인 공간"(ibid., 147)에 도달하는 일이기도 하다. 이는 근대 초기의 과학이 거둔 승리이며, 또한 하이데거에 따르면 특히 "세계성을 빼앗긴"(ibid.) 상태 내에 존(存)하는 것이다. 파스칼이 바로 그러한 공간의 말 없는 무한성에 대해 정관(靜觀)할 때 깊은 불안에 내몰렸던 것도 놀랄 일은 못된다! 〔그렇긴 하지만 바로 이 동일한 평탄 공간은 또한 형이상학적 위안의 원천일 수도 있다―나는 이 책의 종론(終論)에서 이러한 논점으로 돌아갈 것이다.〕

60. "**실존론적-존재론적 관점에서 볼 때, '편치-않음'은 더 근원적인 현상으로 파악해야 한다**"(ibid., 234, 강조는 원문).

61. Ibid., 234.

62. Ibid., 231, 강조는 인용자. 다음과 같은 의심이 머리를 치켜든다. 즉 공간이 어디에도 없는 상태는, 공간을 그 자체로 개별적으로는 어디에도 소재화하지 않는 "특정한 무한량"으로 보는 칸트의 초월론적 학설에서 암묵리에 현전하고 있는 것 아닌가? 이 견해는 프랑수아 라풀에 빚진 것이다.

63. Ibid., 231.

64. "오직 현존재가 일정한 성격의 시간성을 갖는 한에서만, 앞질러 달려가는 결단성이 갖는 '전체-존재'에 대한 본래적 잠재성이―우리가 기술한 것처럼―현존재 자신에게 가능해진다. **시간성은 그 자신을 본래적인 염려의 의미로서 드러낸다**"(ibid.,

374, 강조는 원문). 염려 자체는 현존재의 다양한 **실존 범주**가 최초로 통일되도록 이끄는 기능을 갖는다. 그러나 염려는 그 자신의 통일을 위해 시간성에 의존한다. 즉 "염려 구조의 근원적 통일성은 시간성 안에 놓여 있다"(p. 375, 원문에서는 이 문장을 강조).

65. "현존재의 공간성은 시간성을 바탕으로 실존론적으로 수립되어 있다는 의미에서 시간성에 의해 '포괄되어' 있다"(ibid., 418).

66. "Time and Being," in M. Heidegger, *On Time and Being*, trans. J. Stambaugh (New York: Harper, 1969), 23. 하이데거는 틀림없이 사태가 거의 정반대일 것이라고 주장한다. "우리가 장소의 고유한 특성들 속에서 공간의 기원에 대한 통찰을 미리 얻고, 장소의 그러한 특성들을 충분히 사고했을 경우에라야"(ibid.,). 〔참고로 국역본의 번역은 다음과 같다. "우리가 먼저 장소의 고유한 특성에 관해 충분히 사유한 이후에 이렇게 사유된 특성으로부터 공간의 유래를 통찰할 경우에, 비로소……"(문동규·신상희 역, 《사유의 사태로》(길, 2008), 73-74쪽―옮긴이.)〕

67. Ibid., 418.

68. 이 문장의 인용과 번역은 S. Sambursky, *The Concept of Place in Late Neoplatonism* (Jerusalem: Israel Academy of Sciences and Humanities, 1982), 37쪽에서 취했다.

69. *Being and Time*, 418.

70. Ibid.

71. "〔현존재의〕 공간성이 실존론적으로는 오직 시간성을 통해서만 가능하다는 것을 증명하는 작업이, 공간을 시간으로부터 연역해내거나 공간을 순수 시간으로 해소해버린다거나 하는 것을 목표로 삼을 수는 없다"(ibid.). 이 문제들에 대해서는 Franck, *Heidegger et le problème de l'espace*, 특히 《존재와 시간》에서 손의 역할, 또한 더 특정하게는 살의 역할이 현존재의 그 어떤 시간적 분석도 초월하고 또 그에 대해 이의를 제기한다는 프랑크의 웅변적 논의 참조. "손깍지를 끼는 것, 〔즉〕 원래는 공간화하는 것인 살의 얽힘은 근본적 존재론에 의해 인식되는 '존재'의 양태들 중 그 어느 것도 갖지 않는다. ……〔이 공간성을〕 탈자적인 시간성으로 환원할 수 없는 것은, '존재'〔의 양태들〕가 앞에-현전하든가 손-닿는 데-있든가 하는 그런 세계 내에 있는 존재로서 **현존재**의 공간성이 손깍지를 끼는 것을 전제하기 때문이다"(*Heidegger et le problème de l'espace*, 97).

72. *Being and Time*, 420.

73. Ibid.

74. Ibid., 419, 강조는 인용자. 전문은 이러하다. "현존재는 공간을 취해 들인다(einnehmt). 이는 문자 그대로 이해해야 한다." einnehmen이라는 단어는 〔본래〕 공간을 점하는, 혹은 차지하는 걸 의미한다. 그러나 하이데거는 언어 유희를 통해 ein-nehmen, 즉 '안으로-취한다(take in)'는 뜻으로 사용한다.

75. Ibid., 419. 하이데거는 이를 몇 문장 뒤에서 "현존재가 자신을 위해 여지를 만드는 일은 방향 잡음과 거리-제거에 의해 구성된다"(ibid.)라고 구체적으로 표현한다.

76. "공간을 째고 들어가기"에 대해서는 *Being and Time*, 421 참조. 그러나 "오직 탈자적-지평적 시간성의 기반 위에서만 현존재가 공간을 째고 들어갈 수 있다"(ibid., 원문에서는 전체를 강조)고 덧붙인다고 해서 사정이 더 나아질 수 있을까?

77. 하이데거는 "손-닿는 데-있는 도구에 속하는 어떤 것"(p. 423)을 뜻할 때 일관되게 Platz라는 단어를 사용한다. 그러나 그가 Ort라는 단어를 사용하는 용법은 일관적이지 않다. 그는 이렇게 언급한다. 하나의 도구를 단지 앞에-현전하는 것으로서 고찰할 때 "그 도구의 장소(Platz)는 아무래도 상관없는 게 되지"만, "그렇다고 해서 앞에-현전하는 것이 그 소재(Ort)를 전적으로 상실한다는 걸 의미하지는 않는다"(p. 413). 여기서 Ort는 화이트헤드가 말하는 단순 정위에 가까운 어떤 것을 의미한다. 그러나 본문에서 앞서 인용한 구절의 Ort에는 진정한 실존론적 의의가 담겨 있다. 왜냐하면 오직 현존재만이 "자기 자신의 소재를 규정할" 수 있기 때문이다. 용어법상의 이러한 애매함은 초기 저작에서 하이데거가 장소의 중요성에 대해 양가적이었음을 드러낸다. 즉 장소는 너무나도 자주 손-닿는 데-있는 영역으로 넘겨져버리는데, 그때 얻어지는 실존론적인 지위는 단지 우연적인 것일 따름이다.

78. *Being and Time*, 420. 하이데거는 또한 이 동일한 운동을 자신의 시간적 분석 안에서 분명히 인식한다. "우리가 어떤 것을 그것의 '거기(thence)'로부터 가까이에 초래함으로써 그것을 현전시킬 때, 이 현전화는 '저기(yonder)'를 망각하고 그 자신 안에서 그 자신을 상실한다"(p. 421).

79. Ibid., 420, 강조는 인용자. 하이데거는 "방역"을 강조한다.

80. *History of the Concept of Time*, 224. 1925년의 이 텍스트 25절("세계의 공간성")에서 하이데거는 현존재의 "1차적인 공간성"에 대해 논의하는데, 이는 《존재와 시간》 22~24절에 등장하는 결정적인 정식들의 초기 형태로서 특히 흥미롭다.

81. *The Metaphysical Foundations of Logic*, trans. M. Heim (Bloomington: Indiana University Press, 1984), 138.

82. ibid., 강조는 원문. 나는 Zerstreuung의 번역으로 하임(Heim)의 "산종(dissemi-

nation)"을 택했다. 〔비록 "분산(dispersion)"(《존재와 시간》의 영역자가 선택한 번역어)이 부적합한 것은 아니지만 말이다.〕 "산종"—고유한 명사형을 부여받음으로써 이제 위엄을 갖춘—은 새로운 분석의 분산적 방향이야말로 근원적인 것임을 강조하는데, 이는 정당한 것으로 보인다.

83. Ibid., 137-138.

84. Ibid., 138.

85. Ibid., 강조는 원문.

86. Ibid., 강조는 인용자.

87. Ibid.

88. "strew(흩뿌리다)"는 고대 게르만어의 어간 strau-에서 파생한 것인데, 이 어간은 독일어 Zerstreuung(산종)뿐만 아니라 streuen(흩뿌리다)의 바탕에도 깔려 있다. strew라는 영어 단어의 기본적 의미 중 하나는 "펼쳐짐 혹은 흩뿌려짐"(*Oxford English Dictionary*)—이러한 정의는 산종 작용을 바깥으로-확산됨이라는 전제 조건과 결합시킨다—이다.

89. *The Metaphysical Foundations of Logic*, 221.

90. Martin Heidegger, A*n Introduction to Metaphysics,* trans. R. Manheim (New Haven: Yale University Press, 1959), 205, 강조는 원문. 나는 Stätte의 번역어를 '사이트(site)'에서 "장소(place)"로 바꾸고 '사람(man)'을 "현존재(Dasein)"로 바꿨다. 또한 Sein(존재)을 홀로 사용할 경우에는 따옴표를 붙였다.

91. *An Introduction to Metaphysics,* 152, 강조는 원문.

92. "역사의 이 장소와 무대에는 신, 신전, 사제, 제전, 경기, 시인, 사상가, 통치자, 원로평의회, 민회, 군대와 전함이 속한다"(ibid., 152).

93. Ibid., 62.

94. Ibid., 60, 강조는 원문. 나는 Seiendes(존재자)를 '본질 존재자(essent)'가 아니라 "존재(being)"로 옮겼다.

95. "Building Dwelling Thinking," 154, 강조는 원문. "현전하기"는 Wesen(본질)을 번역한 것이다. 호프슈테터(Hofstadter)는 Grenze를 "경계(boundary)"라고 번역한다. 하이데거는 희랍인의 논의에 있어 peras를 염두에 두고 있다. "공간이란 〔어떤 것을 위한〕 여지가 만들어져 있는 것, 훤히 밝혀진 자유로운 곳, 즉 경계(희랍어로 peras)의 내부다"("Building Dwelling Thinking," 154).

96. 실제로 손-닿는 데-있는 존재자와 앞에-현전하는 존재자는 "최종적인 결과가 더

이상 한계의 틀 속에 맞춰진 것, 즉 자신의 형태 안에 놓여진 것이 아닌"(*An Intro-duction to Metaphysics*, 62. "자신의 형태 안에 놓여진"은 원래 괄호 안에 있는데 나는 그 괄호를 제거했다) 바로 그때에 생기는 것이다.

97. 폴리스에 대한 진술로서 "역사의 장소"라는 표현은 "Building Dwelling Thinking," 152쪽에 나온다. 현전 작용과 현전이 공통적으로 갖고 있는 실제적 터전(estate)이 라는 의미에 대해서는 *An Introduction to Metaphysics*, 61 참조. 라틴어 status를 매개로 독일어 Stätte와 영어 estate가 맺는 관련성 또한 주목해야 한다.

98. Ibid., 37-38.

99. Ibid., 38.

100. Ibid., 38-39.

101. 이 무시무시한 방향—정치적으로 해로움(그것이 분명 히틀러를 지지한다는 점을 고려할 때)과 동시에 철학적으로 수상쩍은("국가"나 "중심" 등등에 대한 이야기와 함께 우리는 앞에-현전하는 것의 실재 속으로 타락해버린 것 아닐까?)—에 대한 추가적인 논의로는 나의 논문 "Heidegger in and out of Place," in *Heidegger: A Centenary Appraisal*, given in 1989 at the seventh annual symposium of the Silverman Phenomenology Center (Pittsburgh: Duquesne University, 1990), 62-98 참조. "정신"과 형이상학 그리고 나치즘 간의 연계성—이 연계성 은 1933년의 '총장 취임 강연'에서 더 명백하게 드러난다—에 대해서는 Jacques Derrida, *Of Spirit: Heidegger and the Question*, trans. G. Bennington and R. Bowlby (Chicago: University of Chicago Press, 1989) 참조.

102. *An Introduction to Metaphysics*, 151.

103. Ibid., 151.

104. Ibid., 161. 원문에서는 "폭력적인 자" 강조.

105. Ibid., 152-153, 강조는 원문. "법규"는 Satzung을 번역한 것이다.

106. Ibid., 161. 나는 "거기에 존재하는 것(being-there)"을 "현존재"로 바꿨다.

107. 하이데거는 "승리처럼 보여지는 수백만 명이 참석한 대중 집회"의 "망령"(Ibid., 38)을 인용할 때 명백한 경멸감을 표현한다—실제로 그가 "한 권투 선수를 한 국 가의 위인으로 간주한다"(Ibid.)는 걸 알았을 때만큼이나 분통스럽게. 여기서 한 권투 선수는 분명 조 루이스(Joe Louis: 미국의 전설적인 권투 선수—옮긴이)를 가리킨다.

108. 하이데거는 다음과 같은 헤라클레이토스의 격언에서 영감을 얻는다. "전쟁은 모

든 것의 아버지이고 모든 것의 왕이다"(Diels, fr. 53, Kahn translation). 하이데 거는 이렇게 논평한다. "여기서 거론한 전쟁은 신적인 것과 인간적인 것 모두에 앞서는 지배적인 전쟁(conflict)이지, 인간적인 의미의 전쟁(war)이 아니다. …… 여기서 뜻하는 전쟁(struggle)은 근원적인 전쟁이다. 왜냐하면 그것은 싸우는 자 들을 생겨나게 하기 때문이다"(Ibid., 62).

109. Friedrich Nietzsche, *Will to Power*, bk. 3, sec. 822 (1888), in Walter Kaufman's translation. 이 구절에 대해서는 Erich Heller, "Nietzsche's Last Words about Art versus Truth," in Heller's *The Importance of Nietzsche* (Chicago: University of Chicago Press, 1988), 158-172 참조.

110. "The Origin of the Work of Art," trans. A. Hofstadter, in *Poetry, Language, Thought* (New York: Harper & Row, 1971), 60-61.

111. Ibid., 61. "현전하는 존재들"은 Anwesenden을 번역한 것이다. 우리는 여기서 《존재와 시간》 70절에서 처음 발견한 논리, 즉 운신의 폭으로부터 장소로 돌아가는 운동의 근원적 논리를 재발견한다, 비록 "장소" 자체에 해당하는 말은 Platz가 아 니고 Stätte지만 말이다. 그러나 문제의 장소는 더 이상 손-닿는 데-있지 않다.

112. Ibid., 41. 또한 18쪽 참조. "우리는 예술이 의심할 여지없이 실질적으로 지배하고 있는 장소에서 예술의 본질을 발견하려 시도할 것이다."

113. 마지막 두 문장의 내용은 Ibid., 61쪽에 나온다. 나는 이번 장에서 지금까지 사용 한 용례와 일치하도록 호프슈테터의 번역 중 몇 군데를 변경했다.

114. Ibid., 41. 하이데거는 42쪽에서 이렇게 말한다. "거기에 선 채 그 건물은 암반 위 에서 안식하고 있다."

115. Ibid., 56.

116. Ibid., 41-42. 특히 62쪽 참조. "진리는 세계와 대지의 이러한 전쟁으로서 작품 안 에 수립될 것이다."

117. Ibid., 55.

118. Ibid., 45. 세계의 넓음에 대해서는 42쪽, 세계의 "광활한 길"에 대해서는 48쪽, "길을 밝히는 것"에 대해서는 55쪽 참조.

119. Ibid., 46.

120. Ibid., 47. 또한 46쪽도 참조. "거기로 작품이 자신을 다시 세우는 그곳, 그리고 이렇게 자기를-다시-세우는 가운데 작품이 전면에 나오도록 하는 그곳, 그곳을 일러 우리는 대지라고 불렀다. 대지란 전면에 나오면서 감싸는 것이다. 대지는 스

스로에-의거할 뿐 애써 노력할 줄도, 지칠 줄도 모른다."

121. Ibid., 47, 강조는 인용자.

122. Ibid., 46, 원문에서는 전체 강조.

123. 두 구절 모두의 출처는 ibid., 47.

124. Ibid., 55. 대지가 "출생지로서 출현하는" 것은 **오직** 작품의 세계가 대지로 되돌려지는 경우**뿐**이다(ibid., 42).

125. Ibid., 42, 강조는 인용자.

126. Ibid., 50. "안식"은 die Ruhe를 번역한 것이다. 하이데거는 이것을 단순한 평화나 조화와 혼동해서는 안 된다고 역설한다.

127. "내밀함의 단일성"이라는 표현은 ibid., 49쪽에, "공통의 틈"과 "균열"이라는 표현은 63쪽에 나온다(본문에서는 "내밀함의 단일성"을 직접 인용하지 않고 "내밀함"의 면모로 표현하고 있다—옮긴이).

128. Ibid., 63-64, 강조는 인용자. 나는 "자기-닫기(self-closing)"를 "자기-폐쇄(self-secluding)"로 바꾸었다.

129. Ibid., 64, 강조는 원문.

130. Ibid., 64. 여기서 "장소에 고정하는 것"은 feststellen(즉 '확실히 하거나 수립하는 것', 그러나 더 특정하게는 '두는 것' 혹은 '안정되게 하는 것')을 번역한 것이다. Stellen 자체는 '배열한다' 혹은 '설치한다', '둔다', '배치한다'는 의미다. 하이데거는 Stelle라는 명사형을 피하면서(이는 아마도 하이데거가 근대 초기 철학에서 단적인 '위치'가 파생적이고 경화된 지위를 갖는다는 점을 인식했기 때문일 것이다), stellen의 유래를 찾아 희랍어 thesis, 즉 "비은폐성 안에 설립함"(ibid., 61)으로까지 거슬러 올라간다. 그러나 이 정식은 대지보다 세계를 더 중시한다. 또한 1956년에 추가한 보유(補遺)에서 하이데거는 자기 자신이 말한 것을 정정한다. 이제 thesis는 "그 광휘와 현전 속에서 전면에 놓여 있게 함"을 의미하는 것으로 해석된다. 이렇게 해석하는 것은 "'장소 안에 고정한다(fix in place)'에서 '고정한다'가 '경직된', '부동의', '안전한' 같은 의미를 결코 가질 수 없다"(p. 83)는 걸 의미한다. 어떤 구도 안에서 진리를 장소에 고정한다는 것은, 진리를 규정된 위치에 못 박는 게 아니다. 그것은 진리가 사방팔방 움직이면서 방사(放射)할 수 있도록 진리를 '열린 터' 안에 놓는 일이다.

131. Ibid., 84.

132. Ibid., 83.

133. Ibid.

134. "지침으로서 척도"에 대해서는 ibid., 44쪽, "한도를 설정함"에 대해서는 47쪽 참조.

135. Ibid., 41.

136. 하이데거는 작품의 장소를 Ort(소재)로서 특징지어서는 안 된다고 거부한다. 하이데거에게 Ort는 단순한 소재(단순 정위), 예컨대 신전의 단순한 소재를 가리키기 위한 말이다. "우리는 파에스툼(Paestum)의 신전을 그 신전의 소재지에서 찾는다"(ibid., 40-41). 안식이나 휴식과 조화를 이루는 운동 또한 단순한 소재의 변화가 아니다. 이에 대해서는 48쪽 참조. 그리고 작품의 장소는 예술 작품이라는 물체를 설치하는 것으로 결코 환원할 수 없다. "'설립한다'는 것은 더 이상 단순히 세워놓음을 의미하지 않는다"(p. 44).

137. Ibid., 46.

138. 예술을 수공업 모델로 바라보는 것과 관련한 하이데거의 비판에 대해서는 ibid., 58ff., 특히 64쪽 참조. 작품의 도구적 특징을 부정하는 것에 대해서는 특히 29-30쪽 참조.

139. 작품의 "자기-충족성"에 대해서는 ibid., 29 참조.

140. "작품 속에서는 진리의 생기(生起)가 진행되고 있다. 그러나 이렇게 진행 중인 그것은 작품 **속에서** 그러하다"(ibid., 58, 강조는 원문).

141. M. Heidegger, "Conversation on a Country Path," trans. J. M. Anderson and E. H. Freund, in *Discourse on Thinking* (New York: Harper, 1966), 64. 나는 이곳과 또 다른 곳에서 번역에 변화를 주었음을 밝혀둔다. 지평은 "초월(transcendence)"과 쌍을 이루는데, 왜냐하면 표상적인 사고는 둘러싸는 지평**을 향해** 대상을 초월하기 때문이다. 이 지평은 말하자면 모든 것을-싸는(all-englobing) "열린 터"의 내적(內的) 표면이다.

142. Ibid., 65, 강조는 원문. "방역"은 Gegend를 번역한 것이고, "쉬는"은 ruhe를 번역한 것이다. "거기에 속하는"이 《존재와 시간》에서 상술한 손-닿는 데-있는 방역들의 "속함(belongingness)"과 결정적으로 다르다는 점에 주의하라.

143. Ibid., 66. 머무름으로써 회귀하는 것에 대해서는 68쪽 참조.

144. Ibid., 65. 우리를-만나러-다가오는 것은 지평 내의 대상이 우리를 만나러 오는 방식과 유비적이다. "[지평이] 둘러싸는 시계(視界)로부터, 대상의 나타남(appearance)이 우리를 만나러 온다"(ibid.) 이 언명 안에서, 우리는 다시 한 번 앞서 몇 번인가 마주친 적 있는 **부터/에로 돌아감**이라는 근본적인 공간 도식을 인지할 수 있

다. 우리는 또한 "이렇게 '우리 앞에 나옴'에 있어서만, 현재의 세계가 본래적으로 손-닿는 데-있다"(*Being and Time*, 141. 원문에서는 전체 강조)는 초기 주장의 메아리를 포착할 수 있다.

145. "Conversation on a Country Path," 66. "넓음(expanse)"은 Weite를 번역한 것 인데, 똑같은 단어를 〈예술 작품의 근원〉에서는 세계의 "폭넓음(breadth)"을 기술 하기 위해 사용한다.

146. "Conversation on a Country Path," 68-69.

147. Ibid., 72. 여기서 "방하한다"는 gelässt를 번역한 것으로, 이 말은 문자 그대 로 '있는 그대로이게 한다'라는 의미다. 방하란 자기 자신을 사물에로 풀어놓음 (release: 또는 '해방함'—옮긴이)으로써 사물을 있는 그대로이게 하는 것이다. "방하"의 근본적인 운동은 방역화-하는-존재—"그것과의 관계에서 방하가 본래 모습으로 존재하는"(p. 70)—속에서 발견할 수 있다. 더 구체적으로 말하면, 방 하 안에서 사람은 방역화-하는-존재를 **수용한다.** "그렇게 건실하고 차분한 것으 로서 방하는 방역화-하는-존재의 방역화 작용을 수용하는 일일지도 모르겠습니 다"(p. 81). 방하에 대한 더 분명한 논의로는 〈들길에서의 대화〉보다 이전 논문인 〈기념사(Memorial Address)〉(이 기념사는 작곡가 콘라딘 크로이처 탄생 175주년 을 맞이해 1955년 10월 30일 메스키르히(Meßkirch)에서 개체된 축제에서 발표했 다. 국역은 마르틴 하이데거, 신상희 역, 《동일성과 차이》(민음사, 2000) 중 "초연 한 내맡김"이라는 제목으로 실려 있다—옮긴이) 참조.

148. Ibid., 72.

149. "사유가 방역화-하는-존재에 대한 방하인 까닭은 사유의 본성이 방하를 방역화 함에 있기 때문이다"(Ibid., 74). 참으로 자발적인 사유는 그 방역적인 근거 덕분 에 "안에-사는 일"에 도달한다. 현자는 말한다. "그러므로 방역화-하는-존재에 대한 방하 안에 산다는 것(방역화-하는-존재에 이르는 초연한 내맡김 가운데 내 존함)은 사유의 자발성의 진정한 본성이겠지요"(p. 82).

150. Ibid., 68. 〔참고로 마르틴 하이데거, 신상희 역, 《동일성과 차이》에는 이 구절에 대 해 다음과 같은 역주(281쪽의 후주 38)가 달려 있다. "'먼 것(das Ferne, distance)' 이란 표상적인 사유로는 도저히 가늠할 수 없는 '존재의 열린 터'를 가리킨다. 이 러한 존재의 열린 터 가까이에 이른다는 것은 표상적인 사유에 의해 이루어지 는 것이 아니라, 오히려 그런 사유로부터 떠나서 초연한 내맡김을 숙고하는 사 유(das besinnliche Denken) 혹은 기다리는 사유에 의해 서서히 성취되는 것이

다―옮긴이.]

151. Ibid., 86.

152. Ibid.

153. Ibid., 89. Diels no. 122에 해당하는 단편이다. 칸트는 이렇게 언급한다. "D. 122에 기재되어 있는 단 하나의 단어가 과연 진짜인지 의심할 이유는 없겠으나, 또 한 이 문장의 맥락이 어떤 것인지에 대한 암시도 없기 때문에 이 말을 의미 있는 단편으로 해석할 방법도 없다"[C. Kahn, *The Art and Thought of Heraclitus* (Cambridge: Cambridge University Press, 1979), 288].

154. "Conversation on a Country Path," 89. 나는 "자기 자신"을 "당신 자신"으로 바꾸었다. 방역화-하는-존재의 고유화에 대해서는 73쪽 참조. "방하는 방역화-하는-존재로부터 생겨나는데, 그것은 방하 내에서 인간이 방역화-하는-존재로 방하되기 때문에, 그리로 실제로 이 방하 자체를 통해서 그렇게 되기 때문입니다. 인간이 본디 방역화-하는-존재에 속하는 것인 한 인간은 자신의 존재에 있어 (그 본질상) 방역화-하는-존재로 방하되는 것이지요. 인간이 처음에 방역화-하는-존재에로 **고유화하는** 한, 아니 실제로 이 방역화-하는-존재 자체를 통해서 고유화하는 한 인간은 방역화-하는-존재에 속하는 것입니다"(강조는 원문). 하이데거에게 그러한 고유화는 인간이 **방역화해 있음**, 즉 방역화-하는-존재의 가까움 안으로 초래된 것의 한 사례다. 가까움 속으로 들어간다는 개념에 대해서는 David Michael Levin, *The Body's Recollection of Being* (London: Routledge & Kegan Paul, 1986), 134-137 참조.

155. *Being and Time*, 140, 원문에서는 강조. "가까움"은 Nähe를 번역한 것이다.

156. "Inwiefern und weshalb? Sein qua beständige Anwesenheit hat Vorrang, Gegenwärtigung."

157. M. Heidegger, "The Thing" in *Poetry, Language, Thought,* 165. 여기서도 "가까움"은 역시 Nähe를 번역한 것이다.

158. ibid., 여기에 하이데거는 이렇게 덧붙인다. "모든 거리를 다 정복해버렸음에도 불구하고 사물의 가까움은 여전히 부재한 상태다"(p. 166). "거리"는 Entfernung을 번역한 것이다.

159. Ibid., 166. 달리 표현하면, 모든 것은 "말하자면 거리가 없다"(ibid.).

160. 이 후자의 역설에 대해서는 ibid., 166 참조.

161. Ibid., 181: "Dingen ist Nähern von Welt."

162. Ibid., 178.

163. 가깝게 함은 가까움의 본성임과 동시에 물화에 본질적인 것이다. "가까움은 가깝게 함에서 사물의 물화로서 작용한다"(ibid., 178). 또한 181쪽도 참조. "가깝게 함은 가까움의 본성이다." 이와 거의 비견할 만한 분사(分詞), Näherung은 이미 *Being and Time* 140쪽에서 사용한 바 있다—그러나 그 효과는 매우 다르다. 사물과 장소의 관계에 대해서는 하이데거가 "사물이란 무엇인가?"라는 제목으로 진행한 1935년부터 1935년까지의 연속 강의 참조. *What Is a Thing?* trans. W. B. Barton, Jr., and V. Deutsch (Chicago: Regnery, 1967), 14-28.

164. "The Thing," 177-178. 인상적인 것은 하이데거가 여기서 《존재와 시간》에서 끌어들였던 nahebringen(가까이에 초래함)과 똑같은 동사를 사용한다는 점이다.

165. Ibid., 181. 전문은 이러하다. "사물은 4원을 머물게 한다—그것을 모아들여 통일한다. 사물은 세계를 물화한다. 각각의 사물은 4원을 세계의 단일한 일성(simple onehood)의 생기(生起) 속으로 머물게 한다." 세계 자체는 이제 "대지와 하늘, 신적인 것들과 죽을 자들의 단일한 한 겹(simple onefold: '하나로 포개짐'—옮긴이)"(p. 179)으로 정의된다.

166. Ibid., 178.

167. *Being and Time,* 148.

168. "The Thing," 181, 강조는 인용자.

169. "Building Dwelling Thinking," 151.

170. "세계에 매몰되어 있다는 의미(훨씬 더 면밀한 해석을 요구한다는 의미)에서 세계 곁에 거함은 '내-존재(Being-in)'의 기초 위에 수립된 하나의 실존 범주다"(*Being and Time,* 80-81). "세계에 매몰되어"는 Aufgehens in der Welt를 번역한 것이다.

171. 비록 이 중대한 기로에서 하이데거가 가까이 함을 명시적으로 불러내는 것은 아니지만, 다음과 같은 언명에서 가까이 함이 중대하게 문제 되고 있다는 점은 확실하다. "사물들은 자신이 사물**로서** 그것의 현전화함 속에 있도록 그대로 두어지는 **때에만**, 4원을 보전한다"("Building Dwelling Thinking," 151, 강조는 원문). 사물을 그것의 현전화함 안에 있는 그대로 두는 것은 사물을 그 자신의 가까움에로 방하하는 일이다.

172. "Building Dwelling Thinking," 154. 강조는 대부분 하이데거의 원문에 있는 것. 나는 "여러 지점들(spots)"을 "여러 위치들(positions)"로, "사이트(site)"를 "터(seat)"로 바꾸었다. 건축함과 거주함 간의 관계에 대한 추가적인 논의로는 나

의 저서 *Getting Back into Place: Toward a Renewed Understanding of the Place-World* (Bloomington: Indiana University Press, 1993), chap. 4, 5 참조.

173. "소재(Ort)는 이중의 의미에서 4원을 위한 여지를 마련한다. 소재는 4원을 **인정**하고, 소재는 4원을 **설립한다**"("Building Dwelling Thinking," 158, 강조는 원문). 다리-사물은 이리하여 4원을 위한 **터**를 제공하는데, 이 점은 우리에게 플라톤이 공간(chōra)을 "자리(거주 장소)"로 특징지었던 것을 연상시킨다.

174. "Building Dwelling Thinking," 154 참조.

175. Ibid. "경계"는 Grenze를 번역한 것이고, "훤히 밝혀진, 자유로운"은 Freigegebenes 를 번역한 것이다.

176. Ibid., 원문에서는 전체 강조.

177. Ibid., 155.

178. Ibid., 155-156, 강조는 인용자.

179. *Being and Time*, 148, 강조는 원문.

180. "그것들(즉 거리, 폭, 방향 같은 물(物))이 연장을 갖는 모든 것에 대해 **보편적으로** 적용 가능하다는 게 사실이라고 해도, 그러한 사실이 수적인 양을 수학의 도움으로 측정 가능한 공간이나 소재의 본성의 **근거**(Grund)가 되게끔 만들어주는 일은 어떤 경우에도 불가능하다"("Building Dwelling Thinking," 156, 강조는 원문). 장소와 더불어 궁극적인 근거를 부여해주는 것은 바로 물(物)이다. "우리가 일상적으로 지나다니는 공간은 소재지에 의해 주어진다. 그러한 공간들의 본성은 건물 같은 유형의 사물 안에서 근거 지어진다"(p. 156). 위의 두 인용문에 있는 "공간"은 소재나 국지성으로서 장소와 등가다.

181. "Building Dwelling Thinking," 157. "이미 마련되어"는 schon eingeräumt를 번역한 것이다. "공간"은 'die' Raum('저' 공간, '그' 공간)을 번역한 것이다.

182. "그리고 죽을 자들은 그들의 본성에 의해 공간에 두루 퍼지고 또 여러 공간에 걸쳐 존속한다는 오직 그 점 때문에 그 공간을 통과할 수 있다. 그러나 우리가 그 공간을 통과하는 가운데 그 공간 안에 서기를 포기하지는 않는다"(ibid., 157). 나는 이 구절에서 "공간"을 장소와 개념상 등가로 간주한다.

183. Ibid., 156, 강조는 원문.

184. "우리는 바로 여기 이 지점으로부터 저곳에 놓여 있는 다리 곁에 존재한다─우리는 결코 우리 의식 안에 있는 어떤 표상적인 내용 곁에 존재하는 게 아니다"(ibid., 157). 내가 *Getting Back to Place* 50-54쪽에서 여기/저기 관계에 대해 논

의한 것 참조.

185. "Building Dwelling Thinking," 157.

186. Time and Being, 11, 강조는 인용자.

187. Ibid., 10.

188. Ibid., 12. "시간-공간"에 대해서는 14ff. 참조. 사실 하이데거가 이 말을 처음 사용한 것은 *Beiträge zur Philosophie* of 1936-1938, published in the Heidegger *Gesamtausgabe* (Frankfurt: Klostermann, 1989), vol. 65. 특히 227ff.과 323쪽에서다. 여기서는 "시간-유희-공간"이라는 합성구(合性句)를 명시적으로 사용한다. 본문에서 이어지는 11장 6절과 7절 참조.

189. Time and Being, 15. 차원성은 "단지 측정 가능한 구역으로서가 아니라, 가로지르면서 뻗어나감으로써 환히 밝히는 건네줌 속에 존재한다". 외연적인 양에 대한 추가적인 논의는, 특히 공간적 및 시간적인 '매개변수'의 규정이라는 관점의 논의에 대해서는 "The Nature of Language," in M. Heidegger, *On the Way to Language*, trans. P. Hertz (New York: Harper & Row, 1971), 102f. 참조.

190. Time and Being, 15. 전문은 다음과 같다. "시간의 세 차원의 통일은 각각이 서로를 향해 건네줌(서로를 향한 각각의 상호 작용―옮긴이) 속에 있다. 이러한 서로 건넴은 시간의 고유한 영역 안에서 본래적으로 노는 확장으로서, 말하자면―단지 말하자면 그렇다는 것만 아니라, 사태의 본성상으로도―네 번째 차원으로서 밝혀진다." "서로 건네줌(상호 작용―옮긴이)"에 대한 논의는 *Beiträge zur Philosophie* 169-170쪽에도 있다.

191. Time and Being, 15. "문자 그대로 다가와-받아들이는 건네줌"은 an-fangende Reichen을 번역한 것이다. 〔《사유의 사태로》 중 "시간과 존재"에서 역자 문동규와 신상희는 "an-fangend라는 낱말은 angehen(다가오다)의 an-과 empfangen(받아들이다)의 -fangen이 결합된 단어로 이해된다. 그래서 이 낱말을 '시작하는'이라고 옮기지 않고, 이 낱말의 사태적 의미에 따라 '다가와-받아들이는'이라고 옮긴다"고 말한다(국역본 55쪽의 각주 47) 참조―옮긴이.〕

192. "우리는 더 이상 그렇게 어디에 있느냐는 식으로―즉 시간의 장소에 대해―물어서는 안 된다. 왜냐하면 본래적인 시간 자체는, 즉 가깝게 하는 가까움에 의해 규정되는 시간의 3중적(threefold) 건네줌의 경역은 선(先)-공간적인 국지성으로, 바로 이러한 국지성을 통해 비로소 어떤 가능한 '어디(where)'가 주어지기 때문이다"(ibid., 16, 나는 "방역(region)"을 "국지성(locale)"으로 바꾸었다). 여기서 하

이데거는 "시간의 장소"란 '단순 정위'를 의미한다는 점에서, 다시 화이트헤드와
합류한다.

193. Ibid., 16.

194. Ibid., 15.

195. Ibid., 15-16. 가깝게 하는 가까움은 "미래와 과거와 현재를, 그들의 거리를 멀게
만듦으로써 서로 가까이에 초래한다"(p. 15). 〔앞의 국역본 번역은 이러하다. "가
깝게 하는 가까움은 도래, 있어왔음, 현재를 서로 떨어뜨림(entfernen)으로써, 그
것들을 서로에게 가깝게 합니다"(p. 55).—옮긴이.〕

196. Ibid., 22.

197. Ibid., 22-23. 하이데거는 다음과 같이 덧붙인다. "'존재'는 '생기' 속에서 사라진
다"(p. 22). 이 대목의 '생기'는 Ereignis를 번역한 것인데, 영어로 좀더 온전히 번
역하면 "event of Appropriation('생기' 사건)"이다. 〔참고로 본문의 인용문 제일
앞에 나오는 '존재의 운명'을 《사유의 사태로》의 역자들은 '존재의 역운'(역사적
운명)이라고 번역한다—옮긴이.〕

198. Ibid., 23 참조. 이 대목에서 우리는 이번 절의 제사(題詞, epigram)를 찾을 수 있
다. 〔Ereignen(일어나는 일, 사건)에서 유래한〕 Ereignis의 어원을 엄밀하게 따
져보면 er-äugnen, 즉 눈앞에 초래하는 것, 틀어쥐는 것(to grasp), 눈에 보이
게 하는 것〔Auge=눈(eye)〕에서 파생한 것이다. "동일성과 차이"에 대한 세미나
"Identität und Difference" (Pfullingen: Neske, 1957) 참조. 이 문헌에 대해 알려
준 프랑수아 라풀에게 감사한다.

199. "Time and Being," 23. "공간"은 Raum을, "근원"은 Herkunft를, "장소"는 Ort를
번역한 것이다.

200. "Building Dwelling Thinking," 157, 강조는 인용자. 이리하여 후설의 "절대적인
여기"의 신체중심주의에 다시 한 번 이의가 제기된다. 앞 단락의 "자유로운 범위"
라는 말은 앞의 주(註)에서 밝힌 것처럼 Beiträge zur Philosophie와 "The Nature
of Language" 106쪽에서 볼 수 있다. 앞 단락의 "활짝 열려 있는"이라는 표현은
같은 쪽에 있는, 공간은 "국지성과 장소들을 활짝 연다(throw open)"는 대목에
나온다.

201. "이중적인 의미에서〔즉 공간을 '허용하고' '설립함'으로써〕 '공간을 마련하는 것
(space-making: '여지를 마련하는 것'—옮긴이)'으로서 소재지는 4원을 위한 은
신처다"("Building Dwelling Thinking," 158).

202. 코라에는 근대성의 무한 공간이 예시되어 있다는 것, 바로 이것이 하이데거가 《형이상학 입문》에서 주장했던 점이다. 무경계라는 개념, 궁극적으로는 무한정한 것(apeiron)이라는 훨씬 더 고대에 속하는 관념에 그 뿌리를 둔 개념이 또 하나의 다른 개념으로 이어진다. *Introduction to Metaphysics*, 66; Charles Kahn, *Anazimander and the Origins of Greek Cosmology* (New York: Columbia University Press, 1960), 특히 232ff. 참조. 이 문헌들은 코라가 족보상 무한정한 것(apeiron)에 속한다고 주장한다.

203. "세계의 네 방역"으로서 4원에 관해서는 "The Nature of Language," 104 참조. 이들 방역은 단지 널리 텅 비어 있는 것뿐만 아니라, 거기에는 복잡한 귀퉁이, 곧 죽음, 부재, 밤, 지하 같은 어둔 끝자락이 포함되어 있다.

204. "The Nature of Language," 93.

205. "다리는 대지를 강 주변의 풍경으로서 **모아들인다**"("Building Dwelling Thinking," 152, 강조는 원문).

206. "Building Dwelling Thinking," 154.

207. "가까움"에 대해서는 "Time and Being" 15 참조. "접근"에 대해서는 "The Nature of Language" 104 참조. "우리는 이 점, 즉 그 운동이라는 견지에서의 가까움을 '접근'이라 부를 것이다."

208. 하이데거가 명백히 말하는 것처럼 "매개 변수로서 공간과 시간은 가까움을 낳을 수도 없고, 또한 측정할 수도 없다"("The Nature of Language," 104).

209. 근린 관계가 "가까움을 처음 창조하는 게 아니라, 오히려 가까움이 근린 관계를 발생시킨다"("The Nature of Language," p. 101).

210. "The Nature of Language," 93.

211. Ibid., 82. 하이데거는 이렇게 덧붙인다. "둘이 서로 얼굴을 마주하며 산다. …… 한쪽은 다른 쪽과 대면하며 살고, 다른 쪽의 가까움 속으로 끌어들여진다"(ibid.).

212. M. Heidegger, *Hebel der Hausfreund* (Pfullingen: Neske, 1957), 13. "우리는 이 다면적인 사이를 **세계**라 부르는데, 왜냐하면 세계란 죽을 자들이 거주하는 집이기 때문이다"(강조는 원문). 하이데거 자신은 바로 이 다음 문장에서 개별적인 장소들이 다면적인 사이를 모아들인다고 주장한다. "그렇긴 하지만 개개의 집이나 마을, 도시는 그들 자신의 안과 주변에 그 다면적인 사이를 모아들이는 건축물의 각각의 사례다."

213. "The Nature of Language," 107.

214. Ibid., 106. 이 글에 나오는 "모두"는 "시간이 물러나 우리에게 초래하는 일"(ibid.)
을 포함한다. 같은 쪽에서 하이데거는 공간과 시간의 좀더 능동적인 의미─"시간
이 시간화한다(time times)", "공간이 공간화한다(space spaces)"는 구절로 표현
되어 있는 의미─를 회복시키려 시도한다. 그런 능동적인 의미에서 공간의 공간
화는 "국지성이나 장소를 성립시키고, 그것들을 비움과 동시에 모든 사물을 자유
롭게 해서 시-공으로서 동시적인 것을 수용한다". 이렇게 갑작스러운 우선성의
역전은 장소의 우위성과 공명한다. 즉 하이데거가 여기서 공간에 할당하는 것을
행하기 위해 공간은 장소 자체로부터, 추정하건대 (지극히 근대주의적인 관점에
서 보면) 공간 자신의 파생물일 그것으로부터 여러 가지 특성을 빌려와야만 한다.

215. "Die Kunst und der Raum," in *Gesamtausgabe*, vol. 13 (Frankfurt: Klostermann,
1983), 206-207.

216. "Doch was ist der Ort?"(ibid., 207).

217. Ibid., 207. 그는 다음과 같이 덧붙인다. "그러나 이는 동시에 다음을 의미한다.
여러 사물이 함께 속하도록 그것들을 모아들임〔에 의해〕, 그것들을 보호하는 일"
(pp. 207-208). "모아들임"은 "여러 사물을 그들의 방역 안에서 해방시키며 보존
하는 일"(p. 207)을 의미한다.

218. Ibid., 208. 지배에는 '힘을 행사한다', '우월하다', '수중에 둔다'는 함의가 들어
있다.

219. 전문은 이러하다. "따라서 조형적인 것〔혹은 3차원적 예술〕은 여러 장소들의 구
체화일 것이다. 그리고 이 장소들은 하나의 방역을 열고 보호하면서 그 자신의 주
변에 모아들인 '자유로운 것'〔열린 터〕을 보존한다. 〔그리고 역으로〕 이 '자유로운
것'은 사물들을 위한 항상적인 어슬렁거림(lingering: 또는 '머무름'─옮긴이)을,
또한 그 사물들 한가운데 인간을 위한 거주를 지켜준다."

220. Ibid., 209.

221. "The Nature of Language," 92-93. 나는 "언어를 가지고"라는 말을 생략했다─
이는 어떤 한정된 화제(topic)를 생략한 것이 아니라, 그 장소(topos), 즉 하이데
거 후기 사유에 있어 다른 화제들에 관해 가장 포괄적인 방역을 생략하는 것이
다. 왜냐하면 언어가 가능케 하는 논구(論究)는 서양 사상사에서 '존재'와 관련
한 언사(saying)의 "이끄는 말(leading words)"을 식별하는 일에 비길 데 없이 적
합하기 때문이다─이 역사 자체는 이러한 언사의 장소들의 계기(繼起)로서 파악
할 수 있다. 논구에 대한 명쾌한 논의로는 Otto Pöggeler, *Der Denkweg Martin*

Heideggers (Pfullingen: Neske, 1963), 280ff. 참조.

222. *Being and Time,* 174. 나는 여기서도 "단순한(mere)"을 "단적인(sheer)"으로 바꾸었다.

223. 나는 다음 구절을 염두에 두고 있다. "원리상 의자는 결코 벽에 닿을 수 없다. 비록 의자와 벽 사이의 공간이 0과 마찬가지라 해도 말이다. 만일 의자가 벽에 닿을 수 있다고 본다면 그런 생각에는 벽이 의자와 **만날 수 있기**(encounterable) '위한' 종류의 (사)물이라는 전제가 깔려 있을 것이다. ……두 존재자가 세계 내부에서 앞에-현전하고, 나아가 그들이 본래적으로 **무(無)세계적**일 경우, 그 두 존재자는 결코 서로 '접촉할' 수 없다"(ibid., 81, 강조는 원문).

224. 나는 여기서 하이데거의 언어 유희에 의거하고 있다. Gegend(방역)에는 gegen, 즉 'against(대해서)'나 'encountered(만나게 됨)'이 포함되어 있다—바로 이 지점으로부터, 우리가 풍경 안에서 조우하는 것으로서 "country(지방)"가 나올 수 있는 것이다. 다음 구절은 이러한 특징을 잘 보여준다. "지방은 단지 그것이 지방이기 때문에 길을 제공한다"("The Nature of Language," 92).

225. 이번 장 제사에 등장했던 것이 바로 이 문장의 전문이다. 이 제사는 1925~1926년의 '논리학' 강의에서 인용한 것이다. 인용 출처는 *Gesamtausgabe,* vol. 21, 267.

226. *Being and Time,* 148.

227. "그러나 사고하는 시작(詩作)은 참으로 '존재'의 장소론이다. 〔이 장소론은〕 그러한 시작에 그 본질의 국소성을 부여한다"〔*Aus der Erfahrung des Denkens* (Pfullingen: Neske, 1967, written in 1947), 23〕. 이 언명에 대한 Otto Pöggeler, *Der Denkweg Martin Heideggers,* 294ff.의 논의 참조. 토르 세미나에서 하이데거는 존재의 소재성이라는 표현이 "'존재'의 소재성으로서 진리"를 함의하고 있음을, 또한 이 표현이 "장소의 장소-'존재'에 대한 이해를 분명히 전제하고, 그것으로부터 존재의 장소론이라는 표현이 나온다"(1969년 9월 2일 세미나)는 점을 설명한다. 9월 6일 세미나에서 하이데거는 '존재'의 장소론으로 향하는 운동에 대해 이렇게 설명한다. "그러나 《존재와 시간》에서 '존재 물음'은 매우 다른 방향을 취하고 있다. 거기서는 '존재'로서 '존재'에 대한 물음이 문제다. 이 물음은 《존재와 시간》에서 주제상으로는 '존재의 의미에 대한 물음'이라는 이름을 갖는다. 이러한 정식은 뒤에 포기되고 대신 '존재의 진리에 대한 물음'이라는 정식으로 바뀌며—그리고 최종적으로는 '존재의 장소에 대한, 혹은 존재의 소재성에 대한 물음'이라는 정식으로 바뀐다—그것으로부터 존재의 장소론이라는 표현이 나온

다. 〔나의〕 사유가 밟아온 세 단계를 표시할 때조차 서로를 앞으로 나아가게 하는 세 가지 말은 '의미'-'진리'-'장소'다." 〔인용문 출처는 M. Heidegger, *Questions IV*, trans. J. Beaufret, F. Fédier, J. Lauxerois, and C. Roëls (Paris: Gallimard, 1976), 278. 첫 번째 인용문은 269쪽.〕

12 지금 장소에 얼굴 부여하기: 바슐라르, 푸코, 들뢰즈와 가타리, 데리다, 이리가레이

1. Bachelard, *La terre et les rêveries de la volonté* (Paris: Corti, 1948), 379. 바슐라르는 "대지의"를 강조했다.

2. 정신과 혼을 대비적으로 파악하는 것에 대해서는 *The Poetics of Space*, trans. M. Jolas (New York: Orion, 1964), xiv-xviii 참조.

3. Ibid., xi.

4. 정신적인 "반향"에 대해서는 Bachelard, *The Poetics of Space*, xii 참조. 바슐라르에 따르면 이 개념은 Eugène Minkowski, *Vers une cosmologie*, chap. 9에서 가져온 것이다. 바슐라르는 이렇게 쓰고 있다. "이 반향에 있어 시적 이미지는 존재의 울림(sonority)을 가질 것이다"(ibid.). 그 결과 생겨나는 공명은 독자의 삶 속으로 퍼져간다. "공명이 세계 안에서 우리 삶의 상이한 평면들 위로 흩어지는 반면, 그 반향은 우리를 이끌어 우리 자신의 실존에 더 커다란 깊이를 부여한다"(ibid., xviii). 엄밀히 말하면 공명은 이미지에 속하고, 반향은 독자들의 마음에 미치는 효과에 속한다. "공명-반향이라는 자매어"에 대한 논의는 xix쪽 참조.

5. Bachelard, *The Poetics of Space*, xix. 심적인 내면성과 외면성의 대비에 대해서는 9장 "The Dialectics of Outside and Inside" 참조. 바슐라르가 명시적으로 심적인 장소나 심적인 공간이 데카르트나 필로포노스적 의미에서 연장되어 있다고 주장하는 것은 아니다. 오히려 반대로 그는 그러한 공간이 "연장되어 있기를 추구하지 않고, 무엇보다도 우선 소유되어 있기를 원한다"(p. 10)고 말한다. 그렇긴 하지만 혼은 그 자신의 밖으로-뻗음(spread-outness)을, 그 자신의 문자 그대로 밖으로-늘어짐(ex-tension)을, 하이데거가 말하는 의미에서 그 "넓음(expanse)"을 갖는다.

6. "공간은 어쩌면 심적인 장치의 연장된 투영이 아닐까! 그 밖에 다른 데서 파생했을 개연성은 없다. 우리의 심적 장치에 대한 칸트의 **선험적인** 규정과 달리 **'마음'은 연장되어 있다.** 그리고 그에 대해 알려진 것은 아무것도 없다"〔Note of August 22, 1938, in S. Freud, *Standard Edition of the Complete Psychological Works*, (London: Hogarth Press, 1964), 23: 300, 강조는 인용자〕. 사후 출판된 《정신분석 개요》에

서 프로이트는 "공간 안에 연장되어 있고, 편의상 하나가 되어 인생의 절박한 상황에 의해 발달한 심적인 장치에 관해서 우리가 채택한 가설"(p. 196)에 대해 이야기한다.

7. 바슐라르는 *The Poetics of Space*, xxxiii에서 여러 층으로 이루어진 집에 대한 융의 꿈을 마음의 한 상징으로서 점검한다.

8. *The Poetics of Space*, 8. "국지성"은 sites를 번역한 것이다—이 단어는 프랑스어에서는 영어보다 폭넓은 함의를 갖는다. "심리학적"이라는 단어는 가장 넓은 의미에서 사용한 것이다. 여러 분야가 장소 분석 안에서 하나로 수렴된다는 점에 대해서는 xxxii쪽 참조. 바슐라르가 장소 분석은 "정신 분석에 대한 보조적인 분석"(p. 8)이라고 주장할 때, 그는 풍자적으로 말하고 있는 것이다. 장소 분석은 (꿈이나 징후가 아니라, 몽상과 백일몽 같은) 자신의 고유한 연구 대상을 갖는 한 정신 분석에 전혀 종속되지 않는다.

9. Ibid., xxxii.

10. Ibid., 8. 나는 suite의 번역어를 '순차(sequence)' 대신 "연속(series)"으로 바꿨다. 이 문장에는 베르그송(각설탕이 용해되는 방식으로 "녹아버리는" 것으로서 시간)과 프루스트("지나가버린 과거의 사물을 찾으러")를 참조한 대목들이 있다. 바슐라르가 자신의 사유를 베르그송의 사유와 구별하고자 끊임없이 노력한 것에 대해서는 나의 논문 "Image and Memory in Bachelard and Bergson," in *Spirit and Soul: Essays in Philosophical Psychology* (Dallas: Spring, 1991), 101-116 참조.

11. *The Poetics of Space*, 9.

12. Ibid. 더욱이 "전기(biography)보다 더 심원한 해석학은 우리의 운명에 어떤 작용도 미치지 못하는 시간의 결체(結締) 조직을 역사로부터 제거해버림으로써 운명의 중심점들을 밝혀내야 한다"(ibid.).

13. Ibid.

14. Ibid., 8. 여기에 바슐라르는 "공간은 그걸 위해 있는 것이다"(ibid.)라고 덧붙인다.

15. 인용한 두 구절은 *The Poetics of Space*, 9쪽에서 인용. 프랑스어 원문은 이렇다. "Ici l'espace est tout …… l'inconscient séjourne." 하이데거가 생기에 대해 말하는 걸 바슐라르는 여기서 무의식에 대해 말하고 있다—무의식이 수동적으로 주어진 것이기보다 생기하는 **사건**과 관련 있다는 점을 고려한다면, 이는 아마도 그다지 놀라운 일이 못될 것이다. 네지오가 (라캉과 관련해) 쓴 것처럼 "바로 그 사건 내에는 단지 하나의 무의식이 있을 뿐이다. ……〔그것은〕 마치 말하는 존재〔즉 무의

식)가 사건의 순간, 즉 이행의 장소에만 실재하는 것인 양"〔J. D.Nasio, *Laure: Le concept d'objet a dans la théorie de Jacques Lacan* (Parks: Aubier, 1987), 41, 29〕. 이 문헌 참조와 관련해 프랑수아 라풀에게 감사한다.

16. 무관심한 공간과는 대조적인, 찬양받고 사랑받는 지복의 공간과 연관된 개념에 대해서는 *The Poetics of Space*, xxxi-xxxii 참조. 대상화하고 동질화한 공간을 예시할 때 후설, 하이데거, 바슐라르는 모두 공통적으로 측량된 공간을 든다.

17. *The Poetics of Space*, 12. 또한 Yi-Fu Tuan, *Topophilia* (Englewood Cliffs, N.J.: Prentice-Hall, 1974), 여기저기 참조.

18. "사유의 시작적인 특징은 온통 뒤덮여 있다"〔*Aus der Erfahrung des Denkens* (Pfullingen: Neske, 1965, written in 1947), 23〕. "온통 뒤덮여 있다"에 해당하는 독일어 표현은 《존재와 시간》 22절에서 공간을 기술하는 내용과 같다.

19. *Being and Time*, 138.

20. "그러나 시작하는 사유는 실로 '존재'의 장소론이다. 그것은 '존재'에 그 본질의 고유한 장소를 부여한다"(*Aus der Erfahrung des Denkens, 23*).

21. *The Poetics of Space*, xxxii. 바슐라르가 "우리의 내밀한 존재"라는 말로 가리키고자 한 것은 바로 가장 깊숙한 안쪽에 있는 우리의 혼이다. 나는 학위 논문 "Poetry and Ontology"(Northwestern University, 1967)에서 바슐라르와 하이데거가 시(詩)의 철학적 측면에 대해 동일한 취지의 관심을 갖고 있었다는 점에 관해 체계적인 비교를 시도한 바 있다.

22. *Being and Time*, 62, 원문에서는 이 대목 강조.

23. Ibid., xxxii.

24. Heidegger, *Hebel der Hausfreund* (Pfullingen: Neske, 1957), 13, 강조는 원문. 개개의 집들은 마을 및 도심(town)과 함께, 인간의 거주가 가능하도록 다채로운 사이를 "모아들인다"(ibid., 13-14).

25. 이 두 가지 표현은 각각 *The Poetics of Space*, 4쪽과 7쪽에 있다. T. S. 엘리엇은 〈번트 노턴(Burnt Norton)〉 1연에서 "우리의 첫 세계"를 언급한다.

26. 첫 번째 구절은 *The Poetics of Space*, 5쪽에서, 두 번째 구절은 같은 책 31쪽에서 인용. "이미지의 진정한 시발을 만일 우리가 현상학적으로 연구해본다면, **거주하는 공간의 가치**를 보여주는 구체적 증거가 주어질 것이다"(p. 5).

27. "우리는 단순한 기하학적 형태에 대한 그 어떤 준거로부터도 아득히 멀리 떨어져 있다"(*The Poetics of Space*, 47). "집과 우주는 단지 병치되어 있는 공간의 두 요

소가 아니다"(p. 43).

28. 두 구절 모두 *The Poetics of Space*, 47쪽에서 인용. 원시적인 오두막과 이 오두막의 상당한 이미지적 잠재력에 대해서는 같은 책 31쪽과 그다음 참조. Joseph Rykwert, *On Addam's House in Paradise: The Idea of the Primitive Hut in Architectural History* (New York: Museum of Modern Art, 1972) 또한 참조.

29. "집에는 해가 드는 쪽과 그늘 지는 쪽이 있다. 집이 '여러 방들'로 분할되는 방식은 이들 두 쪽을 향해 방향 지어져 있고, 이 방들이 도구로서 갖는 특징에 따라 이루어지는 그들 내부의 '배열'도 그렇게 되어 있다"(*Being and Time*, 137). 공간에 대한 좀더 커다란 함의는 "Building, Dwelling, Thinking"에 제시되어 있다. "공간은 정주나 숙박을 위해 개시(開示)되어 있는, 혹은 해방되어 있는 장소를 뜻한다"[*Poetry, Language, Truth*, trans. A. Hofstadter (New York: Harper & Row, 1971), 154].

30. *The Poetics of Space*, 14.

31. Ibid., 15.

32. Ibid., 14-15.

33. Ibid., 46.

34. Ibid.

35. 신체와 집이 깊은 유비 관계에 있다는 것에 대해서는 Kent Bloomer and Charles Moore, *Body, Memory, and Architecture* (New Haven: Yale University Press, 1977), 2-5, 46-49 참조. 나는 이 유비 관계를 이전 저서 *Getting Back into Place: Toward a Renewed Understanding of the Place-World* (Bloomington: Indiana University Press, 1993), Pt.3, "Built Places"에서 탐구한 바 있다.

36. 첫 번째 진술은 *The Poetics of Space*, 18쪽, 두 번째 진술은 19쪽에서 인용.

37. Ibid., 19.

38. Ibid., 25-26. 이와 대조적으로 집의 2층에 있는 침실로 향하는 경우, 사람들은 자신이 상하 양쪽으로 움직이고 있다고 시각적으로 떠올린다. 이에 대해서는 26쪽 참조.

39. Ibid., 6.

40. Ibid., 25.

41. 이 주제에 대해서는 나의 논문 "Toward and Archetypal Imagination," in *Spirit and Soul*, 3-28 참조. 이 논문에서 나는 상상력의 선험적 구조에 대한 체계적인

"원-장소론(arche-topology)"이라는 관념을 탐구했다.

42. *The Poetics of Space*, 7. "존재의 내부에서, 내부의 존재 안에서, 감싸주는 온기가 존재를 따뜻하게 맞아들인다."

43. Ibid., 5. "이미지의 진정한 시발을 만일 우리가 현상학적으로 연구해본다면, **거주하는 공간의 가치**, 나(I)를 보호하는 나-아님(non-I)의 가치를 보여주는 구체적인 증거가 주어질 것이다"(강조는 인용자). "만족"과 "행복"에 대해서는 7쪽 참조. "인간 존재가 만족 안에, 존재와 원초적으로 결합되어 있는 그 행복 안에 놓여 있을 때."

44. "Building, Dwelling, Thinking," 160, 원문에서는 "근본 특성"이라는 구절 강조.

45. 첫 번째 인용은 "Building, Dwelling, Thinking," 147쪽에서(강조는 원문), 두 번째 인용은 160쪽에서(원문에서는 전문 강조) 가져왔다. 나아가 "우리는 오직 거주할 능력이 있을 때라야 건축할 수 있다"(p. 160). 바슐라르는 《존재와 시간》을 "형이상학자"(p. 212)의 작품으로 간주하고, 대조적으로 그 자신에 대해서는 이렇게 말한다. "나는 세부의 철학을 다루는 방법밖에는 알지 못한다"(p. 222).

46. *The Poetics of Space*, 216.

47. Ibid., 218.

48. Ibid., 212. '여기'와 '거기'는 "거기"가 하이데거의 Dasein, 곧 현존재의 표준적인 프랑스어 번역인 être-là('거기에-존재한다')라는 복합 부사구의 일부인 경우 특히 보잘것없다. 이 부사구를 염두에 두고 바슐라르는 "현대 철학의 언어 조직에서 볼 수 있는 기하학적 암성(癌性) 변화"(p. 213)에 대해 이야기한다. 나는 안에/밖에 대해서는 물론이고 여기/거기에 대해서도 이전 저서 *Getting Back into Place*, chap. 4, "Dimensions"에서 논의한 바 있다.

49. *The Poetics of Space*, 230.

50. *The Poetics of Space*, 190쪽에 있는 밀로슈의 《사랑 입문(L'amoreuse initiation)》에서 인용.

51. "방은 심층적으로 우리의 방이며, 그 방은 우리 안에 있다. 우리는 더 이상 그것을 **보지** 않는다. 그것은 더 이상 우리를 **한계 짓지** 않는다. 왜냐하면 우리는 방의 휴식의 궁극적인 깊이 속에 있기 때문이다. 방이 우리에게 선사해준 그 깊이 속에서 말이다. 그리고 우리가 이전에 경험했던 모든 방들이 이 방 속으로 들어와 알맞게 자리를 잡는다"(*The Poetics of Space*, 226, 강조는 원문). 바로 이러한 경우에 잘 들어맞는 인상적인 사례가 릴케의 *The Notebooks of Malte Laurids Brigge*에 들어 있다. 여기서 릴케는 집이 산산이 부서져버려 이제 마지막으로 벽만 남아

있는 장면을 환기한다. 이전에 방들이 있던 자취가 그 벽 안에 뚜렷하다. "이 방들의 끈질긴 생(生)은 자신이 짓밟히기를 거부했다. ……여기에서 나는 그 모든 것을 인식하며, 그로 인해 그 모든 것이 내 안으로 곧장 들어온다. 그것은 내 안에서 집에 있는 듯한 편안함을 느낀다"〔Martin Heidegger, *The Basic Problems of Phenomenology*, trans. A. Hofstadter (Bloomington: Indiana University Press, 1982), 172-173쪽에서 인용〕. 이 문헌에 대해 알려준 데이비드 마이클 레빈에게 감사한다.

52. *The Poetics of Space*, 223.

53. "만일 그러한 안과 밖 사이의 경계-선인 표면이 실재한다면, 그 표면은 양쪽 모두에 고통스럽다"(ibid., 218). 이 구절은 바슐라르가 지복의 공간에만 흥미 있는 게 아님을 보여준다. 214-215쪽에서는 내밀한 공간의 "불안정한" 성격—그리고 그 안에서 인간들의 "방황"—에 대해 더 많은 이야기를 하고 있다.

54. "공간은 그 여지가 마련되어 있는 어떤 것, 훤히 밝혀져 그 안에서 자유로울 수 있는, 희랍어로 peras라고 하는 그러한 경계 내에 있는 어떤 것이다"("Building, Dwelling, Thinking," 154).

55. "강화된 기하학주의"라는 표현은 *The Poetics of Space*, 215쪽에 있다. 220쪽에서 바슐라르는 "심리학자들은 기하학적 직관이라고 하는 게으른 확실성을 수단으로 해서 내밀성의 공간을 지배하려 한다"고 이야기한다. 이와 관련해 외젠 민코프스키의 "병적인 기하학주의"라는 관념 참조〔*Lived Time*, trans. N. Metzel (Evanston: Northwestern University Press, 1970), 277ff.〕.

56. *The Poetics of Space*, 32.

57. Ibid., 203.

58. Ibid., 33. 여기서 역점은 **이미지 안에서** 산다는(living) 데 놓여 있지, 이미지가 **우리 안에** 거한다(reside)는 심리학적으로 가정된 사실에 있지 않다는 것에 주의하라.

59. "안식처"로서 집에 대해서는 *The Poetics of Space,* 15 참조. 부동의(변함 없는) 기억들이 집을 만드는 데 대해서는 5, 8, 9쪽 참조.

60. Ibid., 215, 강조는 원문. "내밀한 광대무변함"에 대해서는 《공간의 시학》 8장 전체 참조. 《대지와 의지의 몽상》 12장 8절("광대무변한 대지")에서 바슐라르는 광대무변함을 단적인 물리적 거대함이라는 차원에서, 즉 "장관(壯觀) 콤플렉스(spectacle complex)"의 대상으로서 다룬 바 있다. 《공간의 시학》에서 광대무변함은 "한결 느슨하게 광대무변함의 이미지 속으로 참여하는 것, 작은 것과 큰 것 간의 한결 내밀

한 관계"(*The Poetics of Space*, 190)를 끌어들인다.

61. "축소화는 형이상학적인 참신함을 얻기 위한 훈련이다. 그것은 거의 위험 부담 없이 우리가 세계 의식(적)일 수 있게 해준다"(*The Poetics of Space*, 161). 예술의 세미화(細微化, miniturization), 특히 동남아시아 예술의 세미화에 대해서는 R. A. Stein, *Le monde en petit: Jardins en miniature et habitations dans la pensée religieuse d'extrême Orient* (Paris: Flammarion, 1987) 참조.

62. "공간은, 방대한 공간은 존재의 벗이다"(*The Poetics of Space*, 208). "절대적인 다른 어딘가"에 대해서는 207쪽 참조. 바슐라르는 하이데거를 풍자하면서 이렇게 언급한다. "**여기에-존재하는 것**(being-here)은 어딘가 다른 곳으로부터의 존재에 의해 유지되고 있다"(p. 208, 강조는 원문). 파스칼은 공간의 과잉에 고통 받았다. 그가 공간 앞에서 **불안을 느낀** 한에서, 그는 공간에 의해 압박을 당했다("불안"(anxiety)이라는 말이 어원학적으로 '좁은'이라는 기원을 가진다는 사실이 시사하듯).

63. *The Poetics of Space*, 218. 바슐라르는 이렇게 덧붙인다. "이 애매한 공간 속에서 정신은 그 기하학적 고향을 상실해버렸고, 영혼은 이리저리 떠다니고 있다"(ibid.).

64. 내밀한 공간의 잠재적인 측면에 대해서는 *The Poetics of Space*, 5, 227 참조. 독자들로 하여금 금지되지 않은 상상을 하도록 부추기는 이미지의 일반적 지위에 대해서는 229쪽 참조.

65. Ibid., 218. 〔《공간의 시학》국역본에는 이렇게 번역되어 있다. "내밀의 공간은 일체의 밝음을 잃어버리고, 외부 공간은 그것의 공백을 잃어버린다"(363쪽)—옮긴이〕.

66. Ibid., 193. (국역본 330쪽에는 이렇게 번역되어 있다. "내밀의 세계에서 **무한**은 하나의 **강렬성**, 하나의 존재의 강렬성, 내밀의 무한하게 드넓은 전망 속에서 발전해가는 존재, 그런 존재의 강렬성"—옮긴이.)

67. 예컨대 *la formation de l'esprit scientifique* (Paris: Vrin, 1938); *The Poetics of Reverie*, trans. D. Russell (Boston: Beacon Press, 1971) 참조.

68. *The Poetics of Reverie*, 196. 바슐라르는 "유착된다"를 강조한다. 거주와 관련해 고요한 물이 갖는 고유한 특성에 대해서는 또한 *The Poetics of Space*, 210 참조, *Water and Dreams: An Essay on the Imatination of Matter*, trans. E. R. Farrell (Dallas: Pegasus Foundation, 1983), chap. 2 또한 참조.

69. *The Poetics of Space*, 191. 우리는 이것을 융의 "앰플리피케이션(amplification, 여한화)" 방법과 비교할 수도 있다. 이 방법에 의해 꿈 이미지는 (그리고 다른 이미지들도 마찬가지로) 심리 치료에 있어 자유 연상을 진행하는 과정에서 확장해간다.

70. 나는 "다포적인"이라는 말을 프로이트로부터 빌려왔다. "〔자아의〕 방어 또한 **다
포적으로** 된다(Draft N, May 31, 1897, in *Standard Edition of the Complete
Psychological Works* 〔1960〕, 1: 256, 강조는 원문).

71. 이미지는 비록 덧없는 것이지만 그럼에도 불구하고 물질적 원소성을 요구한다. "이
미지는 대지와 하늘, 실체와 형상을 필요로 하는 식물이다"(*Water and Dreams*,
3). 나아가 "만일 몽상이 쓰여진 작품만큼 항상적으로 추구되는 것이라면 …… 몽
상은 자신의 **물질**을 발견해야만 한다. 어떤 물질적 원소는 자신의 실체를, 또한 자
신의 개별적인 규칙이나 시학을 제공해야만 한다"(p. 3, 강조는 원문).

72. 첫 번째 구절은 *La philosophie du non: Essai d'une philosophie du nouvel
esprit scientifique* (Paris: Presses University de France, 1940), 41쪽, 두 번째 구
절은 *Water and Dreams*, 159쪽(원문에서는 강조)에 있다. 사르트르는 《존재와 무
(無)》에서 "상황(situation)"을 논의하는 가운데 "역행률"이라는 말을 거론했다.

73. "존재와 상상적인 것은 사르트르에게 '대상'이요, '존재자'다―내게 그것들은 '원
소'(바슐라르가 말하는 의미에서)다. 즉 대상이 아니라 장(fields), 억제된 존재, 비-
정립적인 존재, 존재 이전의 존재―나아가 자신의 자기-기재(auto-inscription)
를 끌어들이는 것이다"〔1960년 11월 작업 노트, *The Visible and the Invisible*,
trans. A. Lingis (Evanston: Northwestern University Press, 1968), 267〕, 바슐라
르의 "원소" 개념을 메를로퐁티 자신이 창조적으로 전유한 데 대해서는 139-140쪽
참조.

74. *The Poetics of Space*, 210.

75. Michel Foucault, "Of Other Spaces," trans. J. Miskowiec, *Diacritics* (Spring,
1986), 24.

76. Ibid., 22. 전문은 다음과 같다. "오늘날 우리의 관심, 이론, 체계의 지평을 형성하
는 것처럼 보이는 공간은 아주 새로운 것이 아니라는 점에 주의할 필요가 있다. 공
간 자체가 서양의 경험에서 하나의 역사를 가지며, 따라서 시간과 공간의 운명적
인 교차를 무시하는 것은 불가능하다."

77. Ibid., 22-23 참조.

78. Michel Foucault, "Questions on Geography". 1976년에 마르크스주의 지리학 잡
지 *Hérodote*에 실린 인터뷰로 *Power/Knowledge: Selected Interviews and Other
Writings 1972-1977*, ed. C. Gordon, (New York: Pantheon, 1980), 69쪽에 재수
록. 또한 "언설적 실재를 공간화하는 기술(記述)은 그에 관련된 권력의 효과에 대

한 분석으로 통한다"(ibid., 70-71)는 푸코의 언급도 참조.

79. "Of Other Spaces," 23. 이 강의는 다음 문장으로 시작된다. "우리가 알다시피 19세기는 역사에 대대적으로 강박되어 있었다. 그것은 발전과 정체, 위기와 순환 같은 주제에 대한 강박이요, 또한 엄청난 수의 사자(死者)들과 위협적인 세계의 동결화를 동반하는, 갈수록 누적되어가는 과거라는 주제에 대한 강박이었다"(p. 22). 물론 푸코가 지금 시대에 적용하기 위한 자신의 역사주의—특히, 구체적으로 니체적인, 즉 '계보학적' 형태의 역사주의—를 **19세기로부터** 차용한다는 것은 역설이다. 다음과 같은 푸코의 언급 참조. "니체 이래로 진리에 대한 이러한 물음은 변형되었다. 그것은 더 이상 '진리에 이르는 가장 확실한 길은 무엇인가?'가 아니라 '진리가 밟아온 위태로운 이력은 무엇인가?'이다."("Questions on Geography," 66). 또한 다음 인터뷰도 참조. "Truth and Power," in *Power/Knowledge*, 109-133.

80. "Of Other Spaces," 22.

81. 하이데거의 표현을 빌리면 곁에-나란히-있는-것은 단지 **앞에-현전할** 뿐이며, 그런 점에서 손-닿는 데-있는-것에 있어 중요한 것, 즉 순전한 "접촉"이 갖는 가까움을 결여하고 있다. 메를로퐁티가 명시적으로 말하듯 "가령 내 팔이 책상 위에 있을 경우, 나는 재떨이가 전화기와 나란히 존재하는 것과 같은 방식으로, 내 팔이 재떨이 **와 나란히**(beside) 존재한다고 말할 생각은 결코 떠오르지 않을 것이다. 내 신체의 윤곽은 하나의 최전방 경계선으로서, 통상적인 공간적 관계라면 그 경계선을 가로지르는 일이 없다. 그것은 신체의 여러 부분이 특이한 방식으로 상호 관계되어 있기 때문이다. 즉 그 부분들은 곁에 나란히 펴져 있는 게 아니라, 서로의 안에 싸여 있다"[*Phenomenology of Perception*, trans. C. Smith (New York: Humanities Press, 1962), 98, 강조는 원문]. 여기서 메를로퐁티는 공간-내-존재에 대해 병치 모델은 옳지 않다고 거부하면서, 나아가 가까움에 대한 하이데거의 설명에서 빠진 고리(missing link), 즉 체험된 신체를 보충해 넣는다.

82. "Of Other Spaces," 23. 나는 번역을 약간 변경했다.

83. "신성한 것의 은닉된 현전"이라는 표현은 "Of Other Spaces," 23쪽에 있다. 거기서 푸코는 탈신성화하지 않은 일련의 대립에 대해서도 논의한다.

84. Ibid. 나는 "다양한 양"을 "다양한 질"로 바꾸었는데, 이는 그 주장하고자 하는 의미와 더 잘 부합시키기 위해서다.

85. Ibid.

86. Ibid. "빛의 다양한 색조로 채색한다"는 언급은 *L'air et les songes*(Paris: Corti,

1943)에서 공기(대기)라는 원소에 대해 바슐라르가 수행하는 분석을 가리킨다.

87. "Of Other Spaces," 24. 나는 여기서도 번역을 약간 변경했다.

88. "실재하는 장소를 갖지 않는 사이트"라는 표현은 ibid., 24쪽에 나온다. 다른 저 작에서 푸코는 다른 근거에 입각해 유토피아와 헤테로토피아를 구별한다. 유토피 아는 완벽한 미래 사회를 투사하는 경우에조차 통사법(syntax)과 질서를 존중하 는데, 후자는 사회적으로 질서 잡힌 것을 근저에서 뒤흔든다. 따라서 헤테로토피 아는 "통사법을 우선 파괴하고", "발화(speech)를 건조하게 만들며", "말(words) 을 그 자리에서 정지시켜버린다"[*The Order of Things: An Archaeology of the Human Sciences,* (New York: Random House, 1970), xviii 참조].

89. "이런 종류의 장소[즉 헤테로토피아]는 비록 그 소재지를 실재 안에서 가리키는 게 가능하다고 해도, 모든 장소의 바깥에 있다"("Of Other Spaces," 24). 나는 단지 그것이 "가능"해야 한다는 것이 아니다. 푸코는 헤테로토피아가 힘으로 충만해 있 다고 상정하는데, 만일 헤테로토피아가 그러한 힘으로 충만해 있을 수 있다면, 그 것은 심지어 **필연**이기도 하다는 게 내가 말하려는 것이다.

90. "우리가 살고 있는 공간에 대한, 신화적임과 동시에 실재적인 종류의 이의 제기로 서 이러한 기술(記述)[즉 대항 사이트에 대한 기술]은 헤테로토피아론이라 부를 수 있을 것이다"("Of Other Spaces," 24).

91. "Of Other Spaces," 26.

92. 보르헤스의 이 구절에 대한 푸코의 분석에 대해서는 *The Order of Things*의 서문, 특히 xv-xix쪽 참조.

93. 제1원리는 "Of Other Spaces", 24쪽, 제2원리는 25쪽에 나온다(원서에는 이 두 곳 의 출전이 *The Order of Things*라고 잘못 나와 있다―옮긴이). 그중 한 대목에서 푸코는 두 가지 원리 간 긴장 관계를 인지하지 못한 채 부주의하게 두 원리를 병치 시킨다. "[제1원리는] 모든 인간 집단의 불변하는 요소다. 그러나 헤테로토피아가 지극히 다양한 변주 형태를 가진다는 점은 분명하며, 그래서 모르긴 몰라도 절대 적으로 보편적인 형태의 헤테로토피아는 발견되지 않을 것이다"(p. 24). 푸코는 자 신의 생각 중 후자의 방향―내게는 그가 이쪽에 더 강하게 경도되어 있는 것으로 보인다―을 강화하면서, 이런 말을 하기도 한다. "각각의 헤테로토피아는 사회 내 부에서 엄밀하고도 분명히 규정된 기능을 갖고 있으며, 따라서 동일한 헤테로토피 아라도 그것이 나타나는 문화의 공시태(synchrony)에 따라 이런 기능을 가질 수도 있고 또 다른 기능을 가질 수도 있다"(p. 25).

94. Gilles Deleuze and Félix Guattari, *A Thousand Plateaus*, trans. B. Massumi (Minneapolis: University of Minnesota Press, 1987), 354.

95. ibid., 369. 후설 자신의 원래 논의는 *Ideas*, sec. 74, "Descriptive and Exact Sciences"에 나온다. 들뢰즈와 가타리는 막연한 본질, 즉 후설이 "형태론적 본질 (morphological essences)"이라 일컫는 것에 대해 *A Thousand Plateaus*, 367쪽 에서 논한다. 저자들은 "둥긂(roundness)"을 막연한 본질—이는 원(circle)의 형상 적인 완벽함과는 대조되는 것이다—의 전형적인 예로 간주한다. 그렇게 간주하는 가운데 들뢰즈와 가타리는 의도치 않게 바슐라르의 "둥긂의 현상학"에 합류한다. "원(둥긂)의 현상학"은 《공간의 시학》 마지막 장의 제목이다.

96. 무거움과 빠름이라는 기본적인 대조—여기에는 중력의 법칙과 수력학의 비정 형 물리학에 대한 대비적 분석이 포함된다—에 대해서는 *A Thousand Plateaus*, 370-371 참조. 기울기에 대해서는 489쪽 참조. "엄밀치 못한"이라는 말은 Michel Serres, *La Naissance de la physique dand le texte du Lucrèce: Fleuves et turbulences* (Paris: Mint, 1977)에서 빌려온 것이다. "근사"는 바슐라르의 초기 저 서 *Essai sur la connaissance approchée* (Paris: Vrin, 1927)에서 이어받은 용어 다. 아울러 여기서 말하는 "기울기"는 고대 '원자론자들'의 클리나멘(clinamen)이 라는 관념, 즉 원자가 직선에서 벗어날 때, 그 정도가 아무리 미미하더라도, 그 원 자가 취하게 되는 빗겨남을 말한다(그런 의미에서 통상적인 번역어대로 '빗겨남'이 나 '편위'라고 번역해야겠지만, 이 책에서는 중력과의 관계를 기술한다는 점에서, 내리막이나 해가 기울어진다는 함의까지 포함해 '기울기'라고 번역했다—옮긴이). 계량기하학, 사영기하학, 위상기하학 간의 구별은 *A Thousand Plateaus*, 361-362쪽에서 이뤄진다. 이러한 구분은 궁극적으로 피아제의 이론에서 유래한 것이 다. 피아제의 이론에 따르면 어린이들은 위상기하학에서 사영기하학으로, 그리고 다시 계량기하학으로 질서정연한 순서를 밟으며 공간 관념을 획득한다. J. Piaget and B. Inhelder, *The Child's Conception of Space*, trans. Langdon and J. L. Lunzer (New York: Norton, 1967) 참조.

97. 불레즈의 이러한 구별에 대해서는 Boulez, *Boulez on Music Today*, trans. S. Bradshaw and R. Bennett (Cambridge: Harvard University Press, 1971), 83ff. 참조. 이를 들뢰즈와 가타리가 자기들 식으로 전유한 것에 대해서는 *A Thousand Plateaus*, 477-478 참조.

98. *A Thousand Plateaus*, 371. "최소 편위"는 클리나멘을 가리킨다. "도관이나 수

로"란 미리 결정지어지고 한계 지어진 방식으로, 예컨대 평행한 수로들에 의해 물의 흐름을 통제하려는 노력―물의 흐름 그 자체의 변덕스러움에 대한 어떤 일정한 수용성과 대조되는 노력―을 가리킨다. 리좀이라는 중요한 은유에 대한 분석은 chapter 1, "introduction: The Rhizome," 3-25 참조.

99. 매끄러운 공간은 "촉각적인 공간 혹은 차라리 '촉감적인(haptic)' 공간, 요컨대 시각적이라기보다 그 이상으로 훨씬 더 음향적인 공간이다(소리가 들리는 것을, 귀가 음파를 촉감하는 것으로 생각해보라―옮긴이). 방향의 가변성, 방향의 다성성은 리좀형의 매끄러운 공간의 본질적 특질이며, 바로 이 특질이 매끄러운 공간의 지도 제작술(cartography)을 변경시킨다"(*A Thousand Plateaus*, 382).

100. *A Thousand Plateaus*, 382. 특개성에 대한 추가적인 논의로는 262-263, 276-277, 280쪽 참조.

101. Ibid., 382. 역설적으로 유목민에게 국지적인 절대성이라는 것은 그 유목민에 대해 책으로 읽는 사람한테는 "절대적인 다른 어딘가"―"절대적인 다른 어딘가"는 사막 생활에 대한 책을 읽었을 때 산출되는 장소의 의미를 가리키는 바슐라르의 표현이다―이다. (*The Poetics of Space*, 207 참조. "우리를 '여기' 안에 감금해 두려는 힘을 저지하는 절대적인 다른 어딘가.") 국지적인 절대성과 대조적으로, "한계 지어져 있으면서 또한 한계 짓는 것, 그것은 바로 홈 파인 공간, **상대적 포괄자**(the relative global)이다. 그 공간은 불변적인 방향을 할당받은 그 부분들 내에 한계 지어져 있다. 그리고 이 부분들은 서로에 대한 관계 속에서 방향 지어져 있고, 구역별로 분할 가능하고, 또한 서로 연결될 수 있다"(*A Thousand Plateaus*, 382, 강조는 원문).

102. *A Thousand Plateaus*, 383.

103. 오로지 홈 파인 공간이나 상대적 포괄자만 엄밀한 외연을 가진다. 유목 공간에는 어떤 엄격한 울타리도 없다. "〔두 가지〕 공간 사이에는 엄격한 차이가 있다. 정주 공간은 벽이나 울타리, 그리고 울타리 간의 도로에 의해 홈이 파여 있는 데 반해, 유목 공간은 매끄러운 곳으로서 단지 궤적에 의해 지워지고 또 치환되는 '특징선(traits)'에 의해서만 표시될 뿐이다"(*A Thousand Plateaus*, 381). 또한 380쪽도 참조. 유목 공간은 "인간(이나 동물들)을 열린 공간 안에 배분한다. 그것은 무한정하고 비소통적인(noncommunicating) 공간으로 거기에는 …… 경계선이나 울타리가 없다"(원문에는 첫 문장 강조). 그럼에도 불구하고 매끄러운 공간은 **실제로는** 홈 파인 공간들 사이에, 예컨대 한계 지을 수 있는 숲과 들판 사이에 실재한

다. 384쪽 참조.

104. 유목민에게는 "어떠한 점도, 경로도, 땅도 없다"(*A Thousand Plateaus*, 381). 운동을 **한정하는**(define) 점들이 있는 것은 오직 정주 공간 내에서뿐이다.

105. "절대를 하나의 특정 장소 안에 나타나게 하는 것은 종교의 매우 일반적 특징 아닐까? ······종교의 성스러운 장소는 근본적으로 하나의 중심으로서, 애매한 노모스를 쫓아내는 것이다"(p. 382). 이런 연유로 종교는 세속 국가 못지않게 제국주의적이다. "종교는 이러한 의미에서 '국가' 장치를 이루는 부품의 하나다. ······비록 그것이 이 모델을 보편자 수준에까지 고양시키는 혹은 절대적인 '제국'을 건설하는 힘을 자체 내에 가질지라도 그러하다"(pp. 382-383).

106. *A Thousand Plateaus*, 380. 이 문장의 앞은 이러하다. "길(a path)은 늘 두 점 사이에 있다. 그러나 사이-안(in-between)은 모든 일관성(consistency)을 떠맡은 것으로서 그 자신의 자율성과 방향을 모두 향유한다"(ibid.). 또한 478쪽도 참조. "홈 파인 공간 안에서 선이나 궤적은 점에 종속되는 경향이 있다. 사람들은 한 점에서 다른 점으로 나아가는 것이다. 매끄러운 공간 안에서는 정반대다. 거기서는 점들이 궤적에 종속되어 있다."

107. "유목민(nomad)"이라는 말은 nem-에서 파생한 것으로, nem-은 할당(allocation)보다는 배분(distribution)을, 예컨대 어떤 장(field)에 있어 동물들의 배분을 의미하는 어근이다. 따라서 노모스는 법이나 정의에 대한 배분적인 모델을 가리키며, 이 모델은 통제와 제한의 견지에서 일을 진행하는 폴리스 모델과 대조된다. *A Thousand Plateaus*, 557 n 51 참조. 여기서 저자들은 Emmanuel Laroche, *Histoire de la racine 'nem' en grec ancien* (Paris: Klincksieck, 1949)를 참조한다.

108. 첫 번째 구절의 인용 출처는 *Being and Time*, 138쪽, 두 번째 구절은 "Building Dwelling Thinking," 154쪽에 나오는 다음 문장을 각색한 것이다. "여러 공간은 자신의 존재(being)를 여러 장소들로부터 받는 것이지, '공간'으로부터 받는 것이 아니다"(원문에서는 강조).

109. *A Thousand Plateaus*, 494. 저자들은 이 테제를, 그들이 도처에서 전반적으로 강조하는 **생성**(becoming)과 연결 짓는다. "생성 자체와 일체를 이루는 것, 그것은 하나의 절대적인 것이다"(ibid.). 생성에 대해서는 chapter 10, "1730: Becoming-Intense, Becoming Animal" 참조.

110. Ibid., 383. "중심화한, 방향 잡힌 전체화나 보편화"란 '세계 종교'의 성스러운 중심에 존재한다는 종교적 경험을 가리킨다(바슐라르는 이에 동의하지 않는다. 그

에게 통상적인 유목민은 늘 사막의 중심에 존재한다. "유목민은 움직이지만, 그들은 항상 사막의 **중심**에, 초원의 중심에 존재한다"(*La terre et les rêveries de la volonté*, 379, 강조는 원문)]. "무한히 이어지는 국지적 활동"이란 "손으로 접촉하거나 미소한 촉각적 접촉"의 관념을 가리키며, 매끄러운 공간 내부에서 "근접한 것들끼리의 연결"은 "최소 편위의 공간"으로 해석된다(인용한 구절들의 출처는 모두 앞의 책 371쪽). 기본적인 테제는 매끄러운 공간이 "국지적 활동에 의해 구축되는 공간"(p. 478), 예를 들면 "발품을 팔아서(by legwork)" 구축되는 공간이라는 것이다.

111. 유목민에게는 "어떠한 점도 중계점이고, 오직 중계점으로서만 실재한다. ……유목민이 점에서 점으로 움직이는 것은 단지 결과로서, 그리고 사실적인 필연성으로서일 뿐이다. 원리적으로 유목민에게 점이라는 것은 궤적상의 중계다"(*A Thousand Plateaus*, 380). 377쪽도 참조. "외부성의 형식은 사유가 세는 일 없이 점유해야 하는 매끄러운 공간 속에 사유를 위치 짓는다. 그에 이르기 위해 가능한 방법이란 없으며, 그것의 반복 재생산도 상상 불가능하다. 오직 중계, 간주곡, 재개(resurgences)만이 있을 뿐이다."

112. *A Thousand Plateaus*, 479. "강도 공간"은 앞에서 고대 국가와 관련해 등장했는데, 그와 달리 '연장'은 제국주의적이고 균질화하는 경향이 있다는 점에서 근대 국가와 결부된다. 이에 대해서는 388쪽 참조. "강도 공간"에 대한 이러한 해석은 하이데거의 해석과 충돌한다. 하이데거에게는 "순수하게 강도 공간으로서 표상되는 공간 안에서 다리(橋)는 이제 어떤 위치에 있는 단순한 어떤 것으로서 나타난다. 이러한 위치는 다른 어떤 것에 의해 하시라도 점유당할 수 있으며, 단순한 표지에 의해서도 대체될 수 있다"("Building Dwelling Thinking," 155). 그러나 하이데거는 기하학적이거나 지리학적인 차원성이란 것이 주로 연장을 특징짓는다는 점에는 동의한다. "Building Dwelling Thinking," 155 참조.

113. "우리는 토인비(Toynbee)의 제안에 따라 유목민에 대해 이렇게 말할 수 있다. **그들은 움직이지 않는다**. 그들은 움직이지 않음으로써, 이주하지 않음으로써, 매끄러운 공간을 틀어쥠으로써 유목민인 것이다. 그들은 이 매끄러운 공간을 떠나기를 거부하며, 그들이 이 공간으로부터 떠나는 것은 정복하러 가거나 죽는 경우 말고는 없다. 장소 내에 있으면서 여행하기. 그것이 모든 내포성의 이름이다. 이 내포성도 연장 속에서 전개된다는 점에서는 마찬가지라 할지라도 말이다"(*A Thousand Plateaus*, 482, 강조는 원문). 움직이면서 움직이지 않는 것에 대해서

는 381쪽 참조.

114. "두 종류의 여행[즉 매끄러운 공간에서의 여행과 홈 파인 공간에서의 여행]을 구별 짓는 것은 측정 가능한 운동의 양도 아니고, 단지 정신 내에만 존재할 어떤 것도 아니다. 그것은 공간화의 양식(mode), 즉 공간 안에 존재하는 방식(manner), 혹은 공간에 대해 어떤 방식으로 존재하는가이다"(*A Thousand Plateaus*, 482).

115. 소실되어가는 호에 대해서는 *Getting Back into Place*, 199, 207, 216-218 참조.

116. *A Thousand Plateaus*, 479. "한계 지어지지 않는 것"에 대해서는 495쪽 참조.

117. ibid., 494. "시야가 근접적일 경우, 공간은 시각적이지 않다. 아니 차라리 눈 그 자체가 촉감적인, 다시 말해 비(非)광학적인 기능을 갖는다. 하늘과 대지를 분리하는 선은 어디에도 없다. 하늘과 대지는 동일한 실체에 속한다. 지평선과 수평선도 없고, 배경도, 원근법도, 한계도 없고, 윤곽이나 형태도, 중심도 없다"(ibid.). 거리(distance)와 크기(magnitude)의 구별에 대해서는 483쪽 참조.

118. ibid., 493. 저자들은 다음과 같이 덧붙인다. "방향성은 늘 불변하는 것이 아니라, 일시적인 식생이나 점유, 강수(降水)에 따라 변화한다. 그런 다양한 방향이 서로 교환될 수 있게 해주는, 그리고 밖에 있는 부동의 관찰자에게 할당될 수 있는 불변의 유(類, class) 안에 그것들을 통합하게 해주는, 그러한 준거점을 위한 시각적인 모델은 없다"(ibid.).

119. ibid., 494. 유목적인 거주에 대해서는 380-382쪽에 더 상세히 쓰여 있다, 특히 다음의 주장 참조. "[유목민의 경우에는] 거주와 관련한 요소조차 그들을 영원히 움직이게 하는 궤적이라는 견지에서 파악된다"(p. 380). 생성이라는 것이 얼마나 중요한지, 이 분석에서도 다시 한 번 분명하게 드러난다.

120. ibid., 381. 들뢰즈와 가타리는 이렇게 덧붙인다. "유목민에게 영토를 제공하는 그런 방식으로 대지 자신을 탈영토화하는 것은 바로 대지다. 땅은 더 이상 땅이 아니고, 단지 지반(sol) 혹은 토대(support)가 되려 한다"(ibid.). 이 일은 전체로서의 대지에 일어나는 게 아니라, "구체적인 소재지"에서, "삼림이 후퇴해가는 지점에서, 혹은 초원과 사막이 전진해가는 지점에서"(pp. 381-382) 일어난다. "안면성(faciality)"과 관련해 풍경을 논하는 것에 대해서는 chapter 7, "Year Zero: Faciality" 참조.

121. ibid., 476.

122. 매끄러운 공간의 비정형적인 성격에 대해서는 *A Thousand Plateaus*, 477 참조.

123. 홈 파임으로부터 등질성을 산출하는 것에 대해서는 *A Thousand Plateaus*, 488

참조.

124. *A Thousand Plateaus*, 494.

125. '한계 지어지지 않은 것'과 '전체'를 지배하려는 이러한 노력에 대해서는 *A Thousand Plateaus*, 379, 495 참조. 연결성을 끊는 선분화에 대해서는 206-207, 211-212, 222-224쪽의 "선분성(segmentarity)"에 대한 논의 참조.

126. *A Thousand Plateaus*, 474.

127. 이 예는 Paul Virilio, *L'insécurité du territoire* (Paris: Stock, 1975)에 나오는 폴 비릴리오의 "견제 함대" 관념에 대한 분석에 의거한 것인데, 이에 대해서는 *A Thousand Plateaus*, 363, 480 참조. 해양 공간은 "점점 더 엄격해지는 홈 파임의 요구에 맞닥뜨린 최초의 것[매끄러운 공간]"(p. 479)이다. 그러한 홈 파임은 차원성의 규정과 긴밀히 연결되어 있다. 나는 경선에 의한 홈 파임이라는 흥미로운 사례에 대해 *Getting Back into Place*, chap. 1에서 논한 바 있다.

128. A Thousand Plateaus, 500. "홈 파인 것보다 더 거대한 탈영토화의 힘을 늘 소유하는" 어떤 것으로서 매끄러운 것에 대해서는 480쪽 참조.

129. ibid., 372.

130. ibid., 478.

131. ibid., 486.

132. "The Column," in Jacques Derrida, *Dissemination*, trans. B. Johnson (Chicago: University of Chicago Press, 1981), 341. "'바벨탑', 즉 텍스트의 척주는 작품의 실(thread)에 따라 직조된 남근 기둥이기도 하다." 이 인용문에서는 신체와 건물과 텍스트를 한데 묶어 다룬다.

133. "Philo-sophe, Archi-tecte", a public discussion at Cooper Union, New York, September 28, 1988, p. 14 of transcript. 나는 "어떤(some)"을 "어떤 일정한 (certain)"으로 바꾸었다.

134. Ibid., 20. 데리다가 건축가 피터 아이젠먼에 대해 거론할 때, 그는 특유의 방식으로 이렇게 질문한다. "건축가를 위한 말[言]이란 무엇인가? 혹은 건축가를 위한 책이란 무엇인가?" 그리고 특별히 "왜 피터 아이젠먼은 그토록 좋은 **책들**을 쓰는가"[J. Derrida, "Why Peter Eisenman Writes Such Good Books," in *Eisenmanamnesie* (Tokyo: A+U Publishing, 1988), 133-134]. 처음의 두 가지 물음은 "Philo-sophe, Archi-tecte", 114쪽에 있다. 논문의 제목이기도 한 세 번째 물음에서 데리다는 니체의 《이 사람을 보라》의 장 제목 중 하나인 "왜 나는 이토록 좋은 책을 쓰는가"

를 가지고 언어 유희를 한다.

135. "존재(들)의 장은, 현전의 장으로 규정되기 이전에, 흔적의 다양한 가능성—발생적으로, 그리고 구조적으로—에 따라 구조화한다"(J. Derrida, *Of Grammatology*, trans. G. Spivak (Baltimore: John Hopkins University Press, 1974), 47. 나는 "존재자의 장(field of the entity)"을 "존재(들)의 장(field of beings)"으로 바꾸었다〕. "제도화한 흔적(instituted trace)"의 중요성에 대해서는 47쪽 참조. "심지어 새기기(incision), 파기(engraving), 그림, 혹은 철자와 결부되기 전에도, 자신에 의해 의미화하는 시니피앙(기표)을 일반적으로 지시하는 시니피앙과 결부되기 전에도, **기호 표기**(graphie)〔가능한 필기 체계의 단위〕개념은 **제도화한 흔적**이라는 틀을 함의하고 있다"(강조는 원문). "에크리튀르의 무대"에 대해서는 Derrida, "Freud and the Scene of Writing," in *Writing and Difference*, trans. A. Bass (Chicago: University of Chicago Press, 1978), 196-231 참조.

136. *Of Grammatology*, 65, 강조는 원문. 흔적화로부터 공간 및 시간이 공생성(cogeneration)되는 것에 대해서는 또한 "Ousia and Grammē," in *Margins of Philosophy*, trans. A. Bass (Chicago: University of Chicago Press, 1982), 29-67 참조.

137. 시간의 내면성과 공간의 무한성—특히 후자가 '신'의 외양을 띨 경우—에 대해서는 *Of Grammatology*, 66-67, 70-71 참조.

138. "특수 지대"라는 개념에 대해서는 *Of Grammatology*, 65 참조. 이 원-에크리튀르(archi-écriture)의 지대는 텍스트가 "여러 흔적의 연쇄와 체계"(ibid.)로서 출현하는 곳이다. 데리다는 이와 관련해 "이 연쇄와 체계는 이 흔적이나 자국(imprint)으로 짜여진 직물(fabric) 내에서가 아니고는 윤곽이 그려질 수 없다"(ibid.)고 지적한다. 다른 곳에서 데리다가 텍스트와 긴밀하게 결부 짓는 "조직(tissue)"에도 또한 장소—교직이 이루어지는 장소—가 함의되어 있다. *Of Grammatology*에 나오는 다음과 같은 언명도 참조. "공간 및 시간 경험의 기원, 차이에 대한 이 에크리튀르, 흔적의 이 직물이 경험의 통일성 안에서 공간과 시간 간의 차이가 분절화하고, 바로 그것 자체로서 출현하는 걸 가능케 한다"(pp. 65-66).

139. Derrida, "Freud and the Scene of Writing," 206-215 참조.

140. "저항성을 갖는 물질적인 두〔물체〕가 동일 장소를 점하는 것은 절대로 불가능하지만, 비물질적인 것은 상이한 램프에서 발산되면서 동일한 방 전체에 걸쳐서 상호 침투하는, 말하자면 빛과도 같은 것이다"(Syrianus, as reported by

Simplicius and translated by S. Sambursky, ed., 〔*The Concept of Place in Late Neoplatonism* (Jerusalem: Israel Academy of Sciences and Humanities, 1982), 59〕.

141. Derrida, "Point de Folie—Maintenant L'Architecture," trans. Kate Linker, AA Files, no. 12(1986): sec. 13. 그는 "fabrick"—18세기 영어에서 '건물' 혹은 '공장'을 뜻하는—과 "fabric(직물)" 간의 연계성에 대해서도 지적한다. ("Point de Folie"에서 인용할 경우, 나는 페이지보다 절 번호를 표시한다.) 엘리자베스 그로스는 텍스트의 은유가 건축에 적용될 때 발생하는 한계를 지적한다—그녀는 근원적인 외부성을 이야기하는 들뢰즈의 유목론적 모델 쪽을 선호한다. Elizabeth Grosz, "Architecture from the Outside"(1994, 미간행) 참조.

142. "Point de Folie," sec. 3. 원문은 이러하다. "une écriture de l'espace, un mode d'espacement qui fait sa place à l'événement."

143. 이런 연유로 데리다는 "Point de Folie"에서 "우리의 모습이 우리 자신에게 나타나는 것은 오직 건축에 의해서 이미 표시되어 있는 공간화의 경험을 통해서뿐이다"(sec. 3)라고, 또한 신체는 "이러한 다른 공간화〔즉 사람이 거주하는 건물〕를 받아들임으로써 자신의 몸짓을 발명하는 것이다"(sec. 10)라고 쓴다.

144. 건축을 촉발하는 것으로서 이 규범들에 대해서는 "Point de Folie," 특히 sec. 9 참조.

145. 인용 출처는 Gregory Ulmer, "Electronic Monumentality," *Nomad* (1992). 빌레트 프로젝트를 위한 데리다 자신의 설계—단순하지만 힘찬—는 대략 이런 모습이다.

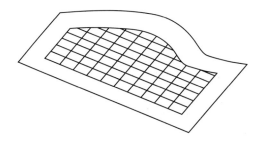

146. 이리가레이와 버틀러는 공히 코라가 본질적으로 코라 자체에 속하지 않는 것에 의해 직접적으로 형성되는 것은 불가능하다고 주장했다. (남성에 의한) 강제와 종속화에 대해 코라가 특유의 저항을 하는 것은 이 때문이다. Irigaray, "Une Mère de

Glace" in *Speculum of the Other Woman,* trans. G. C. Gill (Ithaca: Cornell University Press, 1985), 168-179; Judith Butler, *Bodies that Matter: On the Discursive Limits of "Sex"* (New York: Routledge, 1993), 39-42 참조.

147. "Point de Folie," sec. 3.

148. 'maintenant'의 다중적 의미에 대해서는 "Point de Folie," esp, secs. 1-3, 15 참조.

149. "Point de Folie," sec. 15. 데리다는 "약속된"을 강조한다. 나는 번역은 약간 변경했다.

150. Ibid., sec. 3, 강조는 인용자. 베르나르 추미는 최근 자신의 언명을 인용하는 가운데 이 점을 구체적으로 언급한다. "건축은 다양한 공간 자체에 관한 것이지만 그에 못지않게 공간 내에서 일어나는 다양한 사건들에 관한 것이기도 하다"(*Event-Cities(Praxis)* (Cambridge: MIT Press, 1994), 13]. 더 구체적으로 표현하자면 "행동이나 프로그램이 없는 건축은 존재하지 않는다"(*Event-Cities(Praxis)*, 117).

151. "Point de Folie," sec. 3. 데리다는 여기서 추미의 저작, 특히 *Manhattan Transcripts* (London/New York: Academy Editions/St. Martin's Press, 1981)를 참조한다. 이 저작에서 추미는 건축이란 다양한 이미지와 말(word)이 뒤범벅되어 이루어진 총천연색 복합물이라는 자신의 건축관을 내놓는다.

152. 데리다는 다시 한 번 추미의 *Manhattan Transcripts*를 참조하면서 다음과 같이 에둘러 표현한다. "표시가 붙은 것. 그것은 유발된, 규정된 **혹은** 전사(轉寫)된, 포착된 것, 어쨌거나 그것은 어떤 경우에도 늘 이행[한 장소로부터 다른 장소로, 어떤 에크리튀르의 장소로부터 다른 에크리튀르의 장소로의 전이나 이동, 월경(越境), 또한 접목이나 교잡]의 배경도법 안에서 유동 상태에 있다"("Point de Folie," sec. 9).

153. Aphorism no. 37 in "Fifty-Two Aphorisms for a Foreword," in A. Papadakis, C. Cooke, and A. Benjamin, eds., *Deconstruction: Omnibus Vojume* (New York: Rizzoli, 1989), 68. "[무엇]이 있다(il y a)"로서 사건이라는 주제에 대해서는 또한 Jean-François Lyotard, *The Differend: Phrases in Dispute,* trans. G. Van den Abbeele (Minneapolis: University of Minnesota Press, 1988), 59, 85, 164 참조. 데리다와 료타르, 양자가 공유하는 이 개념의 원형은 하이데거의 성기(性起, Ereignis)이다.

154. "Point de Folie," sec. 8. 이 문장 앞부분의 대목은 section. 4에서 인용한 것이고, 종속화에 관한 요점은 section. 3에서 찾아볼 수 있다.

155. Theodor Lipps, cited by Rudolf Arnheim, *The Dynamics of Architectural Form* (Berkeley: University of California Press, 1971), 86.

156. 초건축에 대해서는 "Point de Folie," sec. 9 참조. 이 문장 앞부분에서 인용한 구절은 section. 5에서 가져온 것이다.

157. "Point de Folie," sec. 9.

158. "원-장소", "공-장소", "반-장소"에 대해서는 *Getting Back into Place,* chap. 3 참조.

159. "Point de Folie," sec. 10.

160. ibid., sec. 8. "질료성"은 엄밀한 의미에서 건축의 물리적 요인을 가리킨다.

161. ibid., sec. 10. 데리다는 계속해서 이렇게 말한다. "그러한 기회는 거주자나 신봉자, 사용자나 건축 이론가에게 그냥 주어지는 게 아니다. ……[그럴 경우 사람들은] 어떤 장소 **안에서** 혹은 길 **위에서 걷는다거나** 빙빙 돌거나 이리저리 돌아다니는 데 더 이상 만족하지 않고, 장소나 길을 발생시킴으로써 그[즉 그 신체의] 운동을 변형시킬 것이다"(강조는 원문). 추미는 다음과 같이 덧붙인다. 자신의 건축에 있어 "그 결과 새로운 유형의 도시가 태어나는데, 그러한 도시는 정적으로 조합되어 있는 건물의 몸뚱아리와 도시의 축에 입각한 것이 아니라, 시시각각 변하면서 끊임없이 움직일 수 있는 조건에 입각해 있다"(*Event-Cities*, 193).

162. "Point de Folie," sec. 6.

163. Ibid., sec. 14. 추미 자신이 "비-구조화(dis-structuring)"에 대해 어떻게 진술했는지는 그의 논문 "Parc de la Villette, Paris" in *AA Files*, no. 12 (1986): 175ff. 참조. 그의 저서 *Architecture and Disjunction* (Cambridge: MIT Press, 1994) 역시 참조해야 함은 물론이다. *Event-Cities*에서 추미는 "건축의 내재적 이접 —공간과 사건 간, 건물과 건물 사용 간의 이접"(p. 279)이라는 대목을 강조한다.

164. "Anaximander's Saying," trans. D. Krell and F. Capuzzi, in M. Heidegger, *Early Greek Thinking* (New York: Harper & Row, 1975), 46-48 참조. 데리다는 "Ousia and Grammē," 34-35, 66-67쪽에서 이 논문에 대해 논평한다.

165. Bernard Tschumi, "Madness and the Combinative," in *Précis V* (New York: Columbia University Press, 1984) , cited by Derrida in "Point de Folie," sec. 14. "이접적인 힘"이라는 표현은 aphorism no. 40 in "Fifty-Two Aphorisms"에 나온다. "이접적인 힘이 건축 작품 안에 담길 수 있는 것은 그 힘이 모종의 비밀스러운 혹은 부정된 시너지(synergy)에 의해, 하나의 서사 질서 속으로 통합될 수

있는 순간에서뿐이다. 시작과 끝 사이의 역사, 집의 토대의 하부와 집의 최상층부 간 역사, 지하 저장실과 지붕 간 역사, 피라미드의 기저부와 꼭짓점 간 역사, 요 컨대 차원이 어떤 것이든 그 중단 없는 역사에 있어 서사 질서 속으로 통합될 수 있는 순간에만 가능하다." 바슐라르의 분석에 입각했을 때에는 집의 수직적인 역 학에 있어 연속적이고 안정감을 부여하는 그러한 요소들이 여기서는 비연속적이 고 위협적인 것으로 바뀌어버린다.

166. "Madness and the Combinative," as cited in "Point de Folie," sec. 14. 아울러 데리다의 다음과 같은 진술도 참조. "붉은 **점들 공간**(the red points space), 공간 화의 해리 안에 건축을 유지하는(maintaining) 것. 그러나 이 지금(maintenant)은 단지 과거와 전통을 유지하는 데 그치지 않는다. 그렇게 한다고 해서 어떤 종합이 보장되지는 않는 것이다. 그것은 중단을, 다른 말로 하면, 타자(the other) 자체와 의 관계를 유지한다"(ibid., 강조는 원문).

167. "Point de Folie," sec. 15. 데리다는 이렇게 덧붙인다. "그러나 사이를 끊어버리 는 것(inter-ruptor)은 타자와의 단절**과** 타자와의 관계 **양자를 공히** 유지한다. 그리 고 그것은 그 자체가 끌어당김(attraction)**과** 중단, 간섭**과** 차이 양자로서, 즉 관계 없는 관계로서 구조화한다"(ibid., 강조는 원문).

168. 점의 이러한 속성에 대해서는 "Point de Folie," sec. 5 and 15 참조. "Ousia and Grammē"에서 점을 다룬 논법에 대해서는 *Margins of Philosophy*, 40ff. 참조.

169. "'탈구축적'이면서 긍정적인 건축, 그것의 바다 없는 근거(le sans-fond)라고 하 면 현기증을 초래할 수도 있을 것이다. 그러나 그것은 공허(le void)가 아니고, 거 대한 아가리를 벌리고 있는 혼돈과도 같은 잔재나 파괴의 갈라진 틈도 아니다" ("Fifty-Two Aphorisms," no. 50).

170. 모나드적인 것으로서 잠언에 대해서는 "Fifty-Two Aphorisms," no. 24 참조. "진 정한 잠언은 결코 다른 잠언을 언급해서는 안 된다. 그것은 자기 자신에 대해 언 급하는 것으로 충분하다. 그것이 세계든 모나드든." 보지 못한다고 하는 맹목성에 대해서는 "Point de Folie," sec. 15 참조. "이 관점은 아무것도 보지 못한다. 그 관점은 **폴리**(광기) **안에서** 생기하는 것을 보지 못한다"(강조는 원문).

171. "Point de Folie," sec. 15.

172. "A Letter to Peter Eisenman," *assemblage*, no. 12 (1991): 11-12. "나는 취약함 에서 잿더미로 눈을 돌린다. 내게 그것은 발견유의, 흔적의, 에크리튀르의 본질 (본질적인 것이 아니라)을 가리키는, 즉 탈구축의 장소 없는 장소를 가리키는 다

른 이름 혹은 성(姓)이다. 탈구축이 자기 자신을 기입하는(inscribe) 거기." 아이
젠먼 자신은 토포스 내부에 있는 비장소적인 요소에 대해 이렇게 말한다. "건축
에서 '사이'란 무엇인가? 만일 건축이 전통적으로, 소재화하는 것이라면, '사이에
존재한다'는 건 어떤 장소와 무장소 사이에 존재한다는 걸 의미한다. 건축이 전통
적으로 '장소'에 관한 것, 즉 장소에 대한 어떤 관념이라고 한다면, 사이에 존재
한다는 건 '장소의 부재', 즉 장소 내부에 있는 비장소를 추구하는 것이다"(Peter
Eisenman, "Blue Line Text," assemblage, no. 12 (1991): 150). 비장소적인 요
소—분쇄하는 힘—를 장소에 도입하는 것은 정확히 점 아닐까?

173. "Post/El Cards: A Reply to Jacques Derrida," in assemblage, no. 12 (1991): 17.

174. "신체의 서명"은 "Point de Folie," sec. 10에서 데리다가 사용한 표현이다. 신체
와 건물 간 관계에 대해서는 Kent C. Bloomer and Charles W. Moore, Body,
Memory, and Architecture (New Haver: Yale University Press, 1977) 참조. 물
론 Getting Back into Place, chap. 5, secs. 3-4도 참조.

175. Peter Eisenman, Eisenmanamnesie, 121, 강조는 인용자.

176. 서양 건축의 네 가지 불변항에 대한 논의로는 Derrida, "Point de Folie," sec. 8
참조.

177. "Jacques Derrida in Discussion with Christopher Norris," in Deconstruction:
Omnibus Volume, 74쪽에 나오는 인터뷰에서 인용.

178. "Fifty-Two Aphorisms," no. 29. 노리스(Norris)와의 인터뷰에서 데리다는 이렇
게 말한다. "건축이 언제나 거주처—인간들을 위한 거주처, 혹은 신들을 위한 거
주처—로서, 혹은 거주처의 요소로서, 즉 신들이나 인간들이 현전하거나 모이거
나 생활하거나 하는 등등의 장소로서 해석되어왔다는 사실(은) …… 정말 그러했
던지 의문을 던질 수 있는 하나의 가치(이다)"(Deconstruction, 74).

179. "Fifty-Two Aphorisms," no. 41.

180. Tschumi, Event-Cities, 105.

181. Ibid., 246-247. 이 설계에 대해 추미는 다음과 같이 말한다. "우리는 프로그램으
로부터 또한 지극히 특이한 혹은 '사건으로 충만한(eventful)' 기능이나 활동을 추
출해냈다. 조합되면 '사건'을 생산하는 그런 기능과 활동을 말이다. 이리하여 우
리는 이미지 시어터(image theater), 스카이라운지, 웨딩홀, 헬스 클럽, 오락실,
고급 식자재 매장, 역사박물관의 조합을 '연출해(staged)', 그것이 우리가 발명한
새롭고도 복합적인 하나의 건축 요소가 되도록 만들었다. 이것이 바로 프로그램

적 추출기(programmatic extractor) 혹은 '스카이프레임(skyframe)'이다"(ibid., 223).

182. 노리스와의 인터뷰, *Deconstruction*, 73. 건축에서 탈구축이 발생하는 것은 "당신이 어떤 건축상의 철학이나 어떤 건축상의 가정―예컨대 미학적인 것이나 아름다움이 쥐고 있는 헤게모니, 유용성이나 기능성이 쥐고 있는 헤게모니, 즉 생활이나 거주가 쥐고 있는 헤게모니―을 탈구축시켰을 때다. 하지만 그러고 나서 당신은 그 모티프들을 작품 내부에 **재기입하지** 않으면 안 된다. 당신은 거주함, 기능성, 아름다움 등등의 가치를 단순히 추방해버릴 수는 없다(혹은 단순히 추방해버려서는 안 된다)"(ibid., 강조는 원문).

183. 탈구축적인 시선, 그중에서도 특히 안/밖이라는 쌍에 대한 탈구축적인 시선에 대해서는 "Fifty-Two Aphorisms," no. 49 참조. 또한 내가 이분법적인 이 두 항을 건축에 속하는 것으로서 다룬 *Getting Back into Place*, part 3 ("Built Places"), 122-125쪽도 참조. 잘 알려진 아이젠먼의 몇몇 집의 경우, 집 안에 **벤 자국들**(cuts)이 붙박혀 있다. 벽 안에 있는 근본적인 쨈 자국(incisions), 그것은 가정 공간의 안락한 연속성을 분쇄하고, 그럼으로써 급작스럽게 거주자를 그 공간 **바깥으로**, 주위 세계로 떠밀어버린다.

184. Tschumi, *Event-Cities*, 325ff., 특히 329쪽 참조. "프로그램 가로지르기, 즉 여러 유형의 프로그램을 각각의 공간적 배치와 함께 조합하기, 설령 그 프로그램들이 양립 불가능하다 해도 거기에 구애받지 않기." 우리는 프로그램 가로지르기의 실제 사례를, 추미의 프랑스 국립도서관 설계 도안 중 포럼 회장(會場)과 육상 트랙, 독서실이 조합되어 있는 것에서 볼 수 있다. 이 도서관은 "얼어붙은 기념물일 수 없다. 그것은 하나의 사건, 하나의 운동으로 전변(轉變)되어야 한다"(ibid.).

185. 건축에서 "투사"에 대한 비판으로는 "Point de Folie," sec. 8, and "Fifty-Two Aphorisms," nos. 38, 39 참조.

186. "Fifty-Two Aphorisms," no. 52. 건축에서 약속이 수행하는 역할에 대해서는 1988년 12월 16일 행한 이탈리아 트렌토에서의 강연, 16-17쪽 참조. 건축은 "약속이어야만 하는 하나의 계약 속에 자신을 묶어야 한다. ……어떤 구조의 약속도 없다면, 건축의 이 '지금(maintenant)'은 없을 것이다." 이 강연의 필기록과 "Philo-sophe Archi-tecte"의 복사본을 보여준 기욤 에르망(Guillaume Ehrmann)에게 감사한다.

187. 틀림없이 "시대 착오(anachrony)"와 "무정부 상태(anarchy)"를 염두에 두고 만들

었을 이 말(무정부 건축, anarchitecture)에 대해 데리다는 트렌토 강연에서 논의한다. 앞 주의 필기록 15쪽. 또한 "Point de Folie," sec. 9도 참조. 거기서는 건축과 무정부 건축 그리고 초건축을 간략히 비교한다.

188. Tschumi, *Event-Cities*, 435.

189. Philipe Sollers, *Nombres*. 데리다는 이 시를 *Dissemination*, 321쪽에서 본문과 같은 활자체로 인용한다.

190. Luce Irigaray, "Place, Interval: A Reading of Aristotle, *Physics IV*," in *An Ethics of Sexual Difference*, trans. C. Burke and G. C. Gill (Ithaca: Cornell University Press, 1993), 54. 그녀는 이렇게 덧붙인다. "〔두 성이 하나로 커플링되어 있는(the two sexes are coupled) 것 아니겠는가?〕 둘 중 어느 한쪽이 자기가 전체라고 주장하지 않는다면, 그리고 그의 세계를 하나의 닫힌 원환으로 구축하지 않는다면. 전체? 타자에 대해 닫혀 있는 것. 그러고는 상처를 벌리는 것 말고는 밖으로 접근할 길은 없다고 확신하는 것. 사랑을, 아름다움을, 세계를 구축하는 일에는 일체 참여하지 않으면서"(pp. 54-55). 상처 내는 것에 대한 언급은 마르두크의 가정, 즉 티아마트를 살해함으로써만 자신이 바빌론을 구축할 수 있는 그 마르두크의 가정을 상기시킨다. 프로이트가 (플라톤의《향연》을 매개로) 아리스토파네스를 불러내는 데 대해서는 프로이트의 *Beyond the Pleasure Principle* (Standard Edition of the Complete Psychological Works 〔1955〕, xxi, 57-58) 참조. 이 장의 본절 전체에 걸쳐 나는 "성(sex)"과 "젠더"를 체계적으로 구별하지 않는다는 점을 밝혀두어야겠다. 이는 그런 식으로 양자를 엄밀히 구별하는 것이 과연 유효한가에 대한 이리가레이의 의심을 존중하기 때문이다―그녀의 견해에 따르면 그러한 구별은 자연("성")과 문화("젠더")를 이분법적으로 가르는 문제적 방식을 다시 한 번 기입하는 것일 뿐이다. 그녀가 관심을 기울이는 곳은 성에 따라 분명히 구별되는(sexually specific)―'성에 따라 분명히 구별되는'을 '성에 의한(sexed)' 혹은 '성화된(sexuated)'이라고도 부를 수 있을 것이다―신체적 태도 및 실천 쪽이다(나는 엘리자베스 그로스 덕분에 이를 분명히 할 수 있었다. 또한 그로스는 이번 절과 관련해 내게 여러 가지 귀중한 논점을 제공해주었다). 성과 젠더가 **모두** 문화적으로 규정되어 있다고 주장하는 사람들은―언설의 효과로서, 퍼포먼스의 양식으로서, 혹은 각각 일관성을 갖는 역사 생성의 단계로서―전혀 다른 접근법을 취한다. 이 세 가지 해석 모델 중 첫 번째는 Michel Foucault, *The History of Sexuality*, trans. R. Hurley (New

York: Vintage, 1980), I: 154ff., 두 번째는 Judith Butler, *Gender Trouble: Feminism and the Subversion of Identity* (New York: Routledge, 1990), esp. 24-25, 33, 115, 134-141, 세 번째는 Ivan Illich, *Gender* (New York: Pantheon, 1982), 14 참조. 세 번째 모델에 해당하는 일리히의 앞 책에 따르면, "**젠더**와 **성**은 이상적 개념으로서, 어떤 하나의 양극성을 지시하기 위해 사용하는 극한 개념이다. 여기서 양극성이란 '젠더화하는(gendering)' 시스템으로부터 '성화하는(sexing)' 시스템으로 사회가 산업적으로 변용되는 것을 가리킨다. ……성과 젠더 양자는 모두 생식 기관을 사회적 실재로 변환시킨다"(강조는 원문). 이리가레이는 또한 105-126쪽 특히 105-126, 123쪽에서 "공간/시간과 젠더" 간의 관계에 대해 논의한다. "토착(vernacular) 공간[즉 국지적인 환경(중간들, milieus)의 집합]은 풍경과 집을 형성할 뿐만 아니라, 시간적으로나 공간적으로 국지적인 환경을 훨씬 뛰어넘는 과거나 저편에까지 이를 뿐만 아니라, 신체 자체에까지 확장된다. 이러한 사태는 여성의 경우, 남성의 경우와는 매우 다르게 이루어진다."

191. 바슐라르의 애가에 대해서는 *The Poetics of Reverie*, chap. 2, "Reveries on Reverie ('Animus'-'Anima')" 참조. 바슐라르는 아니마에 의해 특정화된 몽상에 집중하고 있으며, 아니마와 비교해 아니무스(animus)를 주제 삼아 논하는 일은 미래 저작—그는 이 저작을 쓸 때까지 살지 못했다—의 과제로 남겨둔다. 융에게 아니마가 어떤 것이었는지에 대해서는 *Anima: An Anatomy of a Personified Notion*, ed. James Hillman (Dallas: Spring, 1985)의 여러 곳 참조. 들뢰즈와 가타리의 "여성-되기" 논의에 대해서는 *A Thousand Plateaus*, 275ff. and 352 참조. 352쪽에서 저자들은 여성-되기를 "전쟁 기계"와 비교한다—그리하여 영감에 있어 독단적 남성중심주의를 품고 있는 마르두크의 전쟁 모델에 대해 역습을 가한다.

192. 전문은 이러하다. "유동성은 근본적인 조건이고, [우리의] 필요에 따라 여러 물체들로의 분할이—그에 대해 어떠한 장애도 없다면—행해진다"[Leibniz, *New Essays on Human Understanding*, ed. P. Remnant and J. Bennett (Cambridge, Cambridge University Press, 1981), bk. 2, chap. 13, p. 151].

193. "Place, Interval," 52. 나아가 이 구절을 이전 저작에 나오는 다음 구절과 비교. 향락은 "모든 방식의 전개를 다 기입할 수 있는 무제한적인 분류(奔流)"(*Speculum of the Other Woman*, 229)이다. 아이를-출산하는 신체-장소에 대한 가치 부여와 오르가슴을-위한-장소에 대한 가치 폄하에 대해서는 "Place, Interval," 52-53

참조. 일리히는 수태-의-장소로서 여성의 신체를 정당화하려 한다. "남성과 여성은 그 모든 움직임을 통해 편안해진다. ……그러나 오직 여성으로부터만 신체를 가진 생명이 세계로 나온다"(*Gender*, 122).

194. "Place, Interval," 52. 장소가 필연적으로 함의하는 무한 퇴행에 대해서는 34-35쪽 참조. 기록에 따르면 아르키타스는 이렇게 말했다고 한다. "다른 사물들은 모두 장소 안에 존재하는데, 장소는 무 안에 존재한다. 이것은 장소만의 특징이다. 그도 그럴 것이 만일 장소가 어떤 장소 안에 존재한다면, 이 장소 또한 다시 다른 장소 안에 존재할 것이고, 이런 식으로 얼마든지 계속될 것이기 때문이다. 바로 이런 연유로, 다른 사물들은 모두 장소 안에 존재하고 장소는 무 안에 존재한다는 것이 필연적으로 도출된다. (As cited by Simplicius from *In Aristotelis categorias commentarium* and translated by S. Sambursky, ed., (*The Concept of Place in Late Neoplatonism*, 37.)

195. "Place, Interval," 52, 강조는 원문. 프랑스어로는 "un sans lieu féminim".

196. Ibid., 35, 강조는 원문.

197. Ibid.

198. Ibid., 34. 이리가레이의 주장에 따르면 "'신' 안에서 무한을 탐색하는 것"은 "여성 안에서 어머니를 찾으려는 무한 탐색"과 긴밀히 연관되며, 또한 이 두 가지 탐색은 "끊임없이 서로 교차한다". 이에 대해서는 35쪽 참조. 이리가레이는 "Sexual Difference," 8-10쪽에서 이행 혹은 "간격"이라는 주제를 장소 및 욕망과 관련해 거론한다.

199. *Speculum of the Other Woman*, 227.

200. "Place, Interval," 35.

201. "그녀에게는 신체도, 내부 연장도, 외부 연장도 결코 결여되어서는 안 된다. 만일 그렇지 않다면 그녀는 구렁으로 곤두박질치고 그러면서 타자도 함께 그리로 끌고 들어갈 것이다"("Place, Interval," 35). 이리가레이를 플라톤의 코라와 관련해 통찰력 있게 다룬 Elizabeth Grosz, "Woman, Chora, Dwelling"(in *Space, Time, and Perversion*) 참조. 여기서 그로스는 "남성들이 자기를 표상하고 문화를 생산하기 위한 조건으로 여성성을 끝없이 은유화하는 것으로서, 그럼으로써 여성성이 스스로 발현되지 못하게 하는 것"(p. 124)으로서 코라를 끌어들일 경우 위험성이 있을 수 있다고 지적하며 특히 플라톤과 데리다를 언급한다.

202. "Place, Interval," 48. 성교 과정에서 성적 욕망이 실연(enactment)될 때, 여성은

이리하여 "장소를 가지고 장소 안에 재-포함된다"(p. 53).

203. *Physics* 220a27 (Hardie and Gaye translation). 아리스토텔레스는 이 공리를, 시간의 "이제는 지나버린(no longer)"과 "아직 오지 않은(not yet)"에 적용하고자 한다. 그러나 장소의 경우 관여에 의해 엮이는 한 쌍은 어떻게 하든 하등 차이 없이 배치된 상호 독립적인 두 항에 의해 구성되지 않는다. "Place, Interval"에서 이리가레이는 이렇게 묻는다. "장소의 동자(motor)가 둘 있다고? 장소의 원인이 둘〔있다고〕? 그리고 그것들이 하나로 됨. 두 가지 진동과 그 진동들의 변용. 한 진동의, 다른 진동의, 그리고 그것들의 상호 규정. **적어도 둘**. 이런 식으로 무한에 이르기까지?"(pp. 40-41, 강조는 인용자).

204. 여성의 성화됨(sexedness)에 본질적인 것으로서 '하나-보다-많음'이라는 주제에 대해서는 "This Sex Which Is Not One," trans. C. Reeder, in *New French Feminisms,* ed. E. Marks and I. Courtivron (New York: Schocken, 1981), 99-106, 특히 103쪽 참조. "**여성은 정확히 모든 곳에서 성적 기관(sex organs, 성기)을 갖는다.** ……〔여성이 욕망하는 바는〕 언제나 이 **한 가지**—예를 들면 성의 한쪽—이 외에 더 많다"(강조는 원문). 자기 관여의 결여가 둘이라는 성질(twoness)의 결여의 결과로 생긴다는 것은 메를로퐁티의 견해가 뒷받침한다. 메를로퐁티에 따르면, 인간의 살이라고 하는 것은 "가역적이다". 즉 인간의 살은 다른 것과 접할 때조차 자기 자신과 접한다 (Merleau-Ponty, *The Visible and the Invisible*, 133-138 참조). 이리가레이는 "Place, Interval"이라는 동일한 제목으로 행한 한 강의에서 이 대목이 들어 있는 장(chapter)에 대한 논의를 펼친다. "The Invisible of the Flesh: A Reading of *The Visible and the Invisible*, 'The Intertwining—the Chiasm,'" in An *Ethics of Sexual Difference,* 151-184 참조.

205. "다른 공간을 창조하는 것—그 어떤 틀에서도 벗어난. 열린 상태의 여는 작용" 〔*Elemental Passions,* trans. J. Collie and J. Still (New York: Routledge, 1992), 59〕.

206. "Place, Interval," 51. 이리가레이는 이렇게 덧붙인다. "경계들 사이에는 두 가지 접촉이 있는데, 이 두 가지는 동일한 게 아니다. 한 신체의 문턱에서의 접촉, 그리고 포함된 다른 신체의 접촉이다. 또한 태아의 신체의 내적인 접촉도 있다"(ibid.).

207 "The Envelope: A Reading of Spinoza," *Ethics*, 'Of God,' in An *Ethics of Sexual Difference*, 85, 강조는 인용자.

208. "남성은 남성을 규정하는 '신'을 정의한다"("The Envelope," 88).

209. "구멍난 공간"—들뢰즈와 가타리가 홈 파인 공간과 매끄러운 공간의 중요한 대안으로 상정했던, 하지만 그들이 충분히 탐사하지 못한—에 대해서는 Deleuze and Guattari, *A Thousand Plateaus*, 413-415 참조.

210. Aristotle, *Physics* 212a19-20, Hussey translation.

211. 메를로퐁티는 이렇게 쓰고 있다. "살이란 다음과 같은 두 가지 사실의 합이다. 첫째, 보이는 자인 내가 곧 보는 자(시선)라는 사실, 혹은 결국 같은 얘기지만 보이는 자인 내가 **내부**를 갖는다는 사실. 둘째, 외부의 보이는 것이 **보여지기도** 한다는 사실, 즉 그것은 내 신체의 울타리 안에까지 길게 연장되어 있고, 그래서 내 신체는 그 보이는 것의 존재의 일부라는 사실. 살＝첫 번째 사실＋두 번째 사실" (*The Visible and the Invisible,* working note of December 1960, 271, 강조는 원문). 이리가레이라면 틀림없이 메를로퐁티가 말하는 상황은 접촉 가능성이 등장하는 상황이기도 하다고 주장할 것이다. 그러나 메를로퐁티도 역시 같은 입장을 표할 것이다. 이와 관련해서는 *The Visible and the Invisible*, 254쪽에 있는 1960년 5월의 작업 노트 참조.

212. 입술의 특별한 특징에 대한 추가적인 논의로는 이리가레이의 "When Our Lips Speak Together," in *This Sex Which Is Not One,* trans. C. Porter (Ithaca: Cornell University Press, 1985) 참조. 입의 입술은 일치하는 대칭물이지만, 성기의 입술은 불일치하는 대칭물이다—따라서 음순에 대해서는 (입의 입술과 달리) '우'와 '좌'를 지정해줄 수 있다. "기관 없는 신체" 개념—이는 긴밀한 관계에 있는 "욕망하는 기계"라는 신체 관념을 암시한다—이 들뢰즈와 가타리에 의해 처음 전개되는 것은 *Anti-Oedipus*, trans. R. Hurley, M. Seem, and H. R. Lane (Minneapolis: University of Minnesota Press, 1983), chaps, 1, 2, 5에서다. 이 주제는 *A Thousand Plateaus,* 149-166, 256쪽에서도 다시 한 번 거론된다.

213. 이리가레이는 "장소는 사물 안에 존재하고, 사물은 장소 안에 존재한다"라는 취지에서 아리스토텔레스에 주석을 단다("Place, Interval," 40). 인용문의 전반부는 만일 장소가 어떤 사물 안에 존재한다면, 장소는 장소 안에 존재하게 되어버린다는 아리스토텔레스의 걱정을 반영한다. 이리가레이 자신의 입장은 아리스토텔레스의 그러한 난문을 변주한 것으로서, 다음과 같이 표현할 수 있다. 즉 **장소는 성화된(sexed) 신체 안에 존재하고, 또한 (그렇기 때문에) 그러한 신체는 장소 안에 존재한다.** 그녀의 주석은 이렇게 나아간다. "장소는 내부와 외부에 존재하고, 운동을 동반한다"(ibid., 원문에서는 이 대목을 강조). 장소와 신체 간 관계에 대한 이보다 훨씬

더 일반적인 설명―단, 이 설명은 젠더를 고려에 넣으려는 것은 아니다―은 나의 책 *Getting Back into Place,* chap. 4, esp. pp. 104-105 참조.

214. "여성적인 것은 일견 어떤 식으로도 배치할 수 있는 순수 '질료(matter)'처럼 보인다. 고요히 정지해 있지 않은 순수 수용체. 그렇다면 그것은 하나의 장소조차 아닌 것일까? 무시무시한 원초적 혼돈에 언제나 속하는"("The Envelope," 90). 이런 주장은 적어도 부분적으로는 냉소적인 것이다. 왜냐하면 여성은 **단지** 질료나 순수 수용체이면 일수록 그만큼 더 혼돈스러운 것에 불과하기 때문이다―그래서 하나의 장소조차 아니게 되기 때문이다. 그러나 이리가레이가 계속 긍정하듯 여성은 **곧** 하나의 장소**이다.**

215. *Elemental Passions*, 17.

216. "Place, Interval," 39.

217. "내가 남성의 장소 안에 존재하는 일은 결코 없을 것이며, 남성이 내 장소 안에 존재하는 일도 결코 없을 것이다. 어떠한 동일화가 가능하든 한쪽이 정확하게 다른 쪽의 장소를 점하는 일은 결코 없을 것이다―둘 중 어느 한쪽을 다른 쪽으로 환원하기는 불가능하다"("Sexual Difference," in *Elemental Passions,* 13).

218. "Sexual Difference," 강조는 인용자.

219. "자궁 같은 어머니의 신체라는 윤곽은 견고성에 대한 당신의 욕구를 바탕으로 그려진 것이다. 반석 같은 가정에 대한"(*Elemental Passions,* 80).

220. "Place, Interval," 39.

221. 사물로서 여성에 대해 이리가레이는 이렇게 말한다. "만일 어머니로서, 그리고 전통적으로 그러하듯 여성이 남성을 위한 **장소**를 표상한다면, 그러한 한계는 여성이 **사물**이 되는 걸 의미한다"("Sexual Difference," 10, 강조는 원문). 이 마지막 단락에 대한 생각은 동료인 메리 롤린슨과의 대화에서 착상한 것이다.

222. "Sexual Difference," 10-11, 강조는 원문.

223. 두 문장은 모두 "Love of the Other," in *An Ethics of Sexual Difference*, 142쪽에서 인용했다. 강조는 인용자. 이리가레이는 다음과 같이 덧붙인다. "최초이자 최후의 거주에 대한 그의 노스탤지어는 그가 타자와 조우하고 타자와 함께 사는 걸 방해한다. 노스탤지어는 윤리적인 세계로 넘어갈 수 있는 문턱을 막아버린다"(ibid.). 노스탤지어와 장소 간 관계에 대해서는 나의 논문 "The World of Nostalgia," *Man and World* 20 (1987): 361-384 참조.

224. "Love of the Other," 143.

225. "Place, Interval," 40.

226. "The Envelope," 93. 이리가레이는 93쪽에서 "개념화"와 "지각화"를 남성과 여성이 "공통으로" 갖는 것이라고 주장한다. 여기서 그녀는 "개념화"를 "겪는 것(to suffer)"으로, "지각화"를 "능동적인 것(to be active)"으로 해석한다.

227. "Place, Interval," 54. "한쪽과 다른 쪽 사이에는 운동하면서 서로 감싸는 것이 있어야 한다. 왜냐하면 이쪽이든 다른 쪽이든 모두 하나의 전체 내부에서 움직이기 때문이다." "각각의 성이 상대에게 자유와 필연성을 부여하는 것"에 대해서는 "The Envelope," 93 참조.

228. "Place, Interval," 40. 사람은 자기 자신의 장소를 발견하고 또 알고 있어야만 비로소 상호 장소화가 가능해진다. 왜냐하면 그런 장소화는 "우리 각각이 그의 혹은 그녀의 원인을 다시 발견하기 위해 그의 혹은 그녀의 장소로 회귀하고, 그리고 나서 다른 장소, 타자의 장소를 향해 회귀하지 않는다면"(ibid.) 생기할 수 없기 때문이다.

229. "The Envelope," 93.

230. 원인으로서 여성의 신체에 대해, 아니 자기 원인(causa sui)이라는 위치에 있는 여성의 신체에 대해서는 "The Envelope," 84-85, 92-93 참조.

231. 주디스 버틀러가 지적하듯 이런 맥락에서 볼 때, 이리가레이에게 "윤리적인 관계는 긴밀함, 가까움, 내밀함의 관계에 입각해야 하며, 이 관계는 호혜성 및 존중에 대한 관습적인 개념의 배치를 변경한다. 호혜성에 대한 전통적인 이해 방식은 그러한 내밀함의 관계를 폭력적인 말소나 대체 가능성, 전유 등의 특징이 있는 관계로 바꿔친다"(Judith Butler, *Bodies that Matter*, 46). 이리가레이의 물성(materiality)에 대한—특히 이리가레이가 플라톤의 코라를 어떻게 논하는지에 대한—버틀러의 논의는 특히 흥미롭다. ibid., 36-55 참조.

232. "The Envelope," 93.

233. Ibid., 83. 강조는 원문. '신'을 장소로서 논하는 다른 방식에 대해서는 나의 책 *Getting Back into Place*, 17-18 참조.

234. "Place, Interval," 53.

235. Ibid.

236. Ibid. 프랑스어 텍스트는 이렇다. "Ce lieu, production de l'intimité, est en quelque sorte une transmutation de la terre en ciel, ici maintenant." 이리가레이는 연금술을 여성의 영성과 관련해 두 번 불러낸다. 53쪽과 54쪽.

237. ibid., 50. 모태와 무한을 향해 가는 이중 경향은 50-51쪽에도 기술되어 있다.

238. ibid., 51.

239. 우리는 이전에도 '신'이 물리적인 존재자라는 관념과 마주친 적이 있다—그중에서도 가장 두드러진 것은 스피노자의 경우였다. 화이트헤드는 *Process and Reality*, ed. D. R. Griffin and D. W. Sherburne (New York: Macmillan, 1978), esp. pt. 5, chap. 2, "God and the World"에서 **생성 변화하는** 현실적인 존재자로서 '신'이라는 관념을 전개한다.

240. "The Envelope," 84.

241. "Place, Interval," 55.

242. ibid., , 강조는 인용자. "장소를 만들어낸다"는 fait lieu를 번역한 것이다. 이 표현은 앞서 5절에서 논했던, 데리다가 선호하는 "장소를 부여한다"라는 표현과 비교해야 한다.

243. "창조에 대한 희구"는 다음과 같은 상황과 대조된다. "한쪽과 다른 쪽이 전체를 획득할 수 있는 길이라 믿으며 상대의 장소를 파괴한다. 그러나 그들이 소유하거나 구축하는 것은 오직 전체라는 환상뿐이고, 그럼으로써 그들은 둘 간의 만남과 (끌림을 초래하는) 간격을 파괴한다. 세계는 그 본질적인 상징, 즉 성 행위에 의한 결합이 파괴된다. 세계는 크게 벌어져 심연에 이른다. 세계는 더 이상 산출을 기꺼이 받아들일 수 있도록, 창조에 대한 희구를 기꺼이 받아들일 수 있도록 경미하게 열려 있지(entrouvert) 않다"("Place, Interval," 54, 번역을 약간 수정했다).

종론: 재발견된 장소

1. 플라톤의 코라가 갖는 페미니즘적 함의—데리다는 부정하지만 이리가레이는 비록 에둘러 표현하는 경우가 종종 있긴 해도 긍정하는—에 대한 통찰력 있는 논의로는 Ann Bergren, "Architecture Gende Philosophy," in *Strategies in Architectural Thinking*, ed. J. Whiteman, J. Kipnis, and R. Burdett (Cambridge: MIT Press, 1992), 8-47 참조.

2. Aristotle, *Physics* 209a25-26, Hussey translation.

3. 더 완결적인 진술은 다음과 같다. "만일 남성과 여성이 신체이자 사유라고 한다면, 그들은 서로에게 …… 더욱 커다란 싸개, 더욱 광대한 지평을 제공한다. 하지만 무엇보다도 그들은 질적으로 더욱더 필연적이고 더욱더 다른 싸개를 서로에게 제공한다. 그러나 늘 그로부터 뭔가가 **분출되어 나오는**(overflowing) 싸개를"

〔"The Envelope" in *An Ethics of Sexual Difference,* trans. Burke and G. C. Gill (Ithaca: Cornell university, Press, 1993), 86, 강조는 원문〕. 동시에 이리가레이는 남성과 여성은 **또한** "유한성을, 한계를, 그리고 싸개가 전개됨으로써 신적인 것에 다가갈 가능성을 서로에게 제공한다"(ibid.)는 점에 주의하라고 지적한다.

4. 들뢰즈와 가타리가 *A Thousand Plateaus,* trans. B. Massumi (Minneapolis: university, of Minnesota Press, 1987), 382쪽에서 사용하는 이 자가당착적 용어는 라이프니츠가 이미 예견한 것이다. 라이프니츠는 "'**장소**'는 이 물체와 관련 있다거나 저 물체와 관련 있다고 생각될 때에는 **개별적**이고, 모든 것과 관련 있을 때에는, 그래서 어떤 물체든 그 모든 변화를 장소와의 관계에서 고려할 때에는 **보편적**이다"〔*New Essays on Human Understanding,* ed. P. Remnant and J. Bennett (Cambridge, Cambridge University Press, 1981), bk. 2, chap. 13, p. 149, 강조는 원문〕라고 주장했던 것이다. 분명한 것은 근본적으로 관계주의적인 견해에 입각할 때 장소는 개별적이면서 동시에 보편적이기도 하다는 사실이다. 이 점은 "비록 우주에 고정된 무엇이 전혀 존재하지 않는다 해도, 각 사물의 장소는 추론에 의해 여전히 규정을 받을 것이다"(ibid.)라는 라이프니츠의 추가 논평에서 분명히 밝혀진다.

5. Irigaray, "Place, Interval" in *An Ethics of Sexual Difference,* 41. 이미 알아차린 사람도 있겠지만 아이젠먼의 건축은 축이 자기를 중심으로 비틀리는 것(twisting)에 의존하는 경우가 종종 있다. 시각상의 왜곡을 빚어내는 그것은 양측적인 신체의 일그러짐에 상응하는 건축상의 유사물(analogue)로 간주할 수 있다.

6. 데리다의 사유에 있어 사건이 어떤 의의를 갖는지에 대해 가장 명료하게 진술한 것 중 하나가 최근의 인터뷰에서 다음과 같이 모습을 드러낸다. "〔사건은〕 우리가 결코 제거하거나 부정하지 못할 (혹은 단순히, 부정하려 하지 않는) 우발적인 사태의 측면을 가리키는 이름입니다. 그것은 언제나 타자가 겪은 경험의 또 다른 이름입니다. 사건이란 사건 자신이 어떤 다른 개념 아래에도, 심지어 존재〔함〕이라는 개념 아래에도 편입되기를 거부하는 것을 말합니다." ("The Deconstruction of Actuality: An Interview with Jacques Derrida," in *Radical Philosophy* (Autumn 1994): 32.) 단, 이리가레이는 '있다(il y a)'로서 사건을 "제의(celebration)를 연기(延期)하는" 것으로 간주하는 데 비판적이라는 점에 유의해야 한다(*An Ethics of Sexual Difference,* 14).

7. 남성인 푸코는 대부분의 경우 사회 끝자락에 존재하는 헤테로토피아의 가치를 유지하는 반면, 이리가레이는 현실적인 사회생활 한가운데서 발견되는 성적 차이에 대

한 태도에 급진적 변화를 초래하고 싶어 한다. 이것은 과연 우연일까?

8. "Place, Interval," 49.

9. ibid., 50.

10. Alfred North Whitehead, *Science and the Modern World* (New York, Cambridge: Cambridge University Press, 1926), 93.

11. Ibid.

12. Irigaray, *Elemental Passions*, trans. J. Collie and J. Still (New York: Routledge, 1992), 59. 그녀는 이렇게 덧붙인다. "만일 공간성이 우리 신체에 의해 산출된다면, 토지는 그저 황량한 채로 있을 수 없다"(ibid.). 이는 화이트헤드의 경우와 마찬가지로, 장소가 갖는 포괄적 힘의 기초는 신체에서 발견해야 한다는 것을 시사한다.

13. "자유롭게 대기를 가르면서, 그리고 그 저항을 느끼면서 비행하는 가벼운 비둘기는 텅 빈 공간에서라면 훨씬 더 쉽게 날 수 있으리라 상상할지도 모른다"[Immanuel Kant, *Critique of Pure Reason,* trans. N. K. Smith (New York: Humanities Press, 1965), 47]. 바슐라르는 열린 공간에서 자유로이 운동하는 상상을 자신의 상궤를 벗어난 저작《공기와 꿈》에서 탐사한 바 있다. *L'air et les songes* (Paris: Corti, 1943).

14. Ludwig Binswanger, "Freud's Conception of Man in the Light of Anthropology," in *Being-in-the-World,* trand. J. Needleman (New York: Basic Books, 1963), 178쪽에서 인용한 것을 재인용. 이와 유사한 사고방식에 대해서는 Nietzsche, *The Gay Science,* trans. W. Kaufmann (New York: Vintage, 1974), secs. 124-125 참조. 〔후자의 참고문헌(니체의 저작)과 관련해 나는 로버트 구딩윌리엄스(Robert Gooding-Williams)로부터 도움을 받았다.〕

15. 그러나 후설이 주장하는 대로, 우주선을 타고 대기권 바깥을 이동한다고 해서 구체적인 장소화로부터 벗어날 수 있는 건 아니다. 그것은 다만 집-장소를 바깥 공간(우주)으로 옮기는 것, 장소를 **다른 장소로** 재배치하는 것일 따름이다. 그 여정이 이어지는 내내, 지구는 "원-집(원초적인 집)"으로 남아 있다. 후설의 짧은 논문, "Foundational Investigations of the Phenomenological Origin of the Spatiality of Nature," trans. F. Kersten, in P. McCormick and F. Elliston, eds., *Husserl: Shorter Works* (Notre Dame: university, of Notre Dame Press, 1981), 228ff. 참조.

16. Jean-François Lyotard, *The Postmodern Condition: A Report on Knowledge,*

trans. G. Bennington and B. Massumi (Minneapolis: university, of Minnesota Press, 1985), 35, 66; Wallace Stegner, "Sense of Place," in W. Stegner, *Where the Bluebird Sings to the Lemonade Spring: Living and Writing in the West* (New York: Penguin, 1992), 199-206 참조.

17. Jean-Luc Nancy, *The Inoperative Community,* trans. P. Connor (Minneapolis: university, of Minnesota Press, 1991), 146, 강조는 인용자.

18. ibid., 146.

19. "'위'란 '천장에' 있는 것이고, '밑'이란 '바닥에' 있는 것이고, '뒤'란 '문간에' 있는 것이다"(*Being and Time*, trans. J. Macquarrie and E. Robinson (New York: Harper, 1962), 136)라는 하이데거의 견해를 상기하라.

20. 이 대목에서 나는 깊이를 신체와 장소라는 견지에서 재해석한 메를로퐁티의 주목할 만한 견해를 염두에 두었다. *Phenomenology of Perception*, 254-267.

21. *Being and Time*, 137.

22. *A Thousand Plateaus*, 493. 저자들은 이렇게 덧붙인다. "사람은 사물로부터 멀어질 수 있지만, 자신이 제작 중인 그림으로부터 멀어진다면 그 혹은 그녀는 좋은 화가가 못된다. 이는 '사물'에 대해서도 마찬가지다. 세잔은 밀밭이 **더 이상 보이지 않을 정도로,** 표지를 잃고 매끄러운 공간 속에 잠겨버릴 정도로, 밀밭에 다가갈 필요에 대해 말했다"(ibid., 강조는 원문). 데 쿠닝도 이와 유사한 언급을 한 적이 있다. 자신이 1960년대 후반, 1970년대 초반에 그린 작품들은 롱아일랜드 동부의 주변 풍경을 차를 타고 달릴 때 일별했던, 클로즈업된 장면이 원천이었다는 것이다. "[나에게] 영감을 불어넣어주는 것은 이러한 일별이다"(Willem De Kooning, *Sketchbook I: Three Americans* (New York: New York Times, 1979), 6]. 데 쿠닝의 경험에서 속도중심주의와 장소중심주의가 하나로 수렴한다는 점에 주목하라!

23. *The Inoperative Community,* 148. 같은 쪽에는 이렇게 쓰여 있다. "사막에서의 신전 경험과 관련해 남아 있는 것이라곤 텅 빈 신전들 앞에서의 궁핍뿐이다."

24. ibid., 149. 나는 "밖으로의 공간화(spacing out)"라는 말에 하이픈을 더했다.

25. ibid., 150.

26. "이 장소들은 모든 곳으로 퍼져 나가 새로운 공간들을 내어주고 방향 짓는다. 그것들은 더 이상 신전이 아니고, 차라리 신전 자체를 활짝 엶, 밖으로 공간화함이며, 이후 어떤 유보도 없지만 더 이상 신성한 울타리도 없는 탈-국지화다"(ibid., 150).

27. Ibid., 148. "공간은 도처에서 열려 있고, 그리하여 신의 신비로움이나 장려함을 수용할 그런 장소 같은 건 없다."
28. Ibid., 148. "우리는 그 공간의 한계 없는 개방성을 볼 수 있도록 허용되어 있다. 그리고―심지어 가장 통찰력 있는 학문보다도 예리하고, 어떤 의식보다도 빛나는 그러한 지식을 가지고―우리가 어떻게 아가리를 벌리고 있는 〔부재하는 신의〕 맨얼굴에 맡겨져 있는가를 아는 것은 우리 자신의 어깨에 달려 있다."

찾아보기

740(100), 746(19), 768(35), 750
(37), 763(9), 767(33), 768(34, 36,
41), 769(48, 52), 770(55~56, 59~
60), 771(66~67, 70), 772(72~73),
773(78), 774(4), 775(9), 776(14),
780(36), 784(2), 788(32), 796(79),
799(97), 800(101), 812(70), 819
(20), 822(31)

니덤 821(28)

니들먼, J. 839(211)

니디치, 수전 694(35)

니디치, P. H. 783(1)

니체, 프리드리히 27, 111, 423, 521,
671, 676, 682(1), 854(109), 874
(79), 881(134), 898(14)

니콜, A. T. 702(79)

니콜라우스 쿠사누스 14, 243~251,
255, 257~258, 265, 268, 295~
296, 751(45, 49), 752(52, 60),
753(61, 65), 754(74), 755(83, 89)

니콜슨, M. H. 764(2)

ㄷ

다드 모페르튀이, 피에르 루이 모로
803(16)

다락방 576~577

디미스키오스 192~193, 202, 204~
205, 207, 272, 308, 317, 395,

705(108), 736(70), 737(77), 741
(104), 761(2), 769(52)

다윈, 찰스 16

단순 정위 279~280, 419~420

단죄(1277년) 225, 228, 230, 232, 238,
240

담키나 70~71

대기 533

대지 523~529

대 플로티노스 14, 188, 192, 242, 569,
661

대항해 시대 19

던져짐 512

데리다, 자크 23, 90, 145, 147, 416,
565~566, 614~622, 624, 626~
629, 631, 633~635, 665, 673,
677, 697(54, 56), 699(61~62),
703(89), 711(27), 717(63), 724(89),
822(29), 853(101), 881(132, 134),
882(135, 138~139), 883(141,
143, 145), 884(149, 151, 153),
885(161, 164~165), 886(166~
167), 887(173~174, 176~178),
888(187), 889(189), 891(201),
896(242, 1), 897(6)

데모크리토스 170, 173, 175~176,
308, 661, 726(4), 729(17), 730(22),
775(9)

데미우르고스 81~82, 87, 90, 92~97,
99~100, 102, 112, 122, 128~130,

ㅌ

포함자 127, 154~156, 158

폭력 518~520

폴리스(Polis) 23, 515~521, 536

푀겔러, 오토 864(221), 865(227)

푸코, 미셸 14, 370~371, 373, 476,
565~566, 588~590, 592~597,
613, 619, 630, 659, 664, 669,
673, 804(18, 20~22), 805(26),
806(30, 35), 841(215), 873(75,
78), 874(79, 83), 875(88~89,
92~93), 889(190), 897(7)

프라이부르크 521

프라하학파 20

프랑크, 디디에 847(37), 848(50), 850
(71)

프랭크퍼트, H. 789(38)

프레이저, A. C. 784(2)

프로이트, 지그문트 70, 87, 153, 403~
404, 479, 570, 617, 639, 689(45),
691(9), 721(78), 815(1), 866(6),
873(70), 889(190)

프로클로스 137, 140, 142, 145~149,
192, 194~199, 203, 205, 264,
564, 661, 713(35~36, 38), 714
(41, 45, 50), 715(53), 716(58, 60,
62), 717(67), 720(76), 736(74,
76), 737(77, 79~80), 814(6)

프루스트, 마르셀 468, 867(10)

프톨레마이오스 249, 753(63)

플라톤 16~17, 62, 81~87, 89, 92~
93, 97, 100~101, 104, 106, 108,
110, 112~114, 118~119, 121~
122, 127~129, 131~133, 136,
138, 140, 144~146, 154, 157,
162, 164, 170~173, 185, 187,
189, 192~194, 214, 229, 242,
258, 260, 272, 275, 282, 285,
296, 308, 315, 324, 331, 367,
397, 406~407, 419, 481, 487,
496, 612, 638, 643, 657, 660,
666, 668, 695(45~47), 696(49,
51), 697(53, 57), 699(61),
701(71), 702(79), 703(93), 704
(103~104), 705(105, 108), 706(3,
6), 707(8, 10), 711(26), 714(49),
715(56), 716(57, 59~60), 726(1),
736(76), 756(95), 757(97), 785
(10), 817(10), 860(173), 889(190),
891(201), 895(231), 896(1)

플뤼게, 헤르베르트 839(211)

플린, 토머스 R. 805(25)

피렌체 아카데미 260

피슐러, 스탠리 687(29)

피아제, J.와 인헬더, B. 876(96)

피코 델라 미란돌라, 잔프란체스코
265, 759(109)

피타고라스 309

피타고라스학파 138~139, 144~145,
152

피터스, F. E. 713(39)

〈로컬리티 번역총서〉를 펴내며

로컬리티의인문학 연구단에서 번역총서를 내놓는다. 〈로컬리티 번역총서〉
는 고전적·인문학적 사유를 비롯해서, 탈근대와 전지구화의 관점에서 해
석되는 로컬리티에 대한 동서양의 다양한 논의를 담고 있다. 로컬리티 연
구는 동서양을 막론하고 학문적 교차점, 접점, 소통성을 확보하는 것이 중
요한 과제다. 이러한 의미에서 본 연구단에서는 장기적인 계획 아래, 로컬
리티 연구와 관련한 중요 저작과 최근의 논의를 담은 동서양의 관련 서적
번역을 기획했다. 이를 통하여 로컬리티와 인문학 연구를 심화하고 동시에
이를 외부에 확산시킴으로써 로컬리티 연구의 저변을 확대하고자 한다.

　우리가 로컬리티에 천착하게 된 것은 그동안 국가 중심의 사고 속에 로
컬을 주변부로 규정하며 소홀히 여긴 데 대한 반성적 성찰의 요구 때문이
기도 하다. 오늘날 로컬은 초국적 자본과 전 지구적 문화의 위세에 짓눌려
제1세계라는 중심에 의해 또다시 소외당하거나 배제됨으로써 고유의 정체
성을 잃어가고 있다. 반면에, 전 지구화 시대를 맞아 국가성이 약화되면서
로컬은 또 새롭게 거듭나고 있다. 그동안 국가 중심주의의 그늘에 가려졌
던 로컬 고유의 특성을 재발견하고 전 지구화에 능동적으로 대처하는, 이
른바 로컬 주체의 형성과 로컬 이니셔티브(local initiative)의 실현을 위해 부

단한 노력을 기울이는 모습들이 속속 드러나고 있다.

　이제 로컬의 현상들을 파악하기 위해 기존의 지역 논의와 다른 새로운 사고가 절실히 필요하다. 지금까지 지역과 지역성 논의는 장소가 지닌 다양성과 고유성을 기존의 개념적 범주에 맞춤으로써 로컬의 본질을 왜곡하거나 내재된 복합성을 단순화하는 오류를 범했다. 이에 우리는 로컬을 새로운 인식과 공간의 단위로서 재정립해야 할 필요성을 다시 확인하며, 로컬의 역동성과 고유성을 드러내줄 로컬리티 연구를 희망한다.

　〈로컬리티 번역총서〉는 현재 공간, 장소, 인간, 로컬 지식, 글로벌, 로컬, 경계, 혼종성, 이동성 등 아젠다와 관련한 주제를 일차적으로 포함했다. 향후 로컬리티 연구가 진행되면서 번역총서의 폭과 깊이는 더욱 넓어지고 깊어질 것이다. 번역이 태생적으로 안고 있는 잡종성이야말로 로컬의 속성과 닮아 있다. 이 잡종성은 이곳과 저곳, 그때와 이때, 나와 너의 목소리가 소통하는 가운데 새로운 생성의 지대를 탄생시킬 것이다.

　우리가 번역총서를 기획하면서 염두에 둔 것이 바로 소통과 창생의 지대이다. 우리는 〈로컬리티 번역총서〉가 연구자들에게 로컬리티 연구에 대한 기반을 제공해줌으로써 학제간의 경계를 넘나드는 심화된 통섭적 연구가 이루어지고, 나아가 '로컬리티의인문학(locality and humanities)'의 이념이 널리 확산되기를 바란다.

부산대학교 한국민족문화연구소
(HK)로컬리티의인문학 연구단